前言

林寶元和姓纂一書，於中唐以前姓氏族望，記載頗詳。其論得姓受氏，多源於世本、風俗通義、三輔決録、百家譜及姓苑等書。諸書後世頗多失傳，賴林氏之徵引，後之學者始得約略考知其梗概。新唐書宰相世系表、通志氏族略祖其文而損益之，蓋古姓譜之存於今而稱詳賅者，莫先於此矣。然林氏以二十旬而纂撰成帙，姓繁時迫，故援引訛謬者有之，考稽失實者有之，世代顛倒者有之，此其所以見譏於洪邁也。且是書於北宋時即頗有散佚。陳振孫直齋書録解題亦謂絶無善本，存者僅得十之七八而已。明初永樂大典收是書，則皆割裂其文，且分載於宋太祖御製千家姓下，非林書舊第。清四庫全書所列十八卷本，實即據大典參以諸書而輯成，此即所謂「庫本」者。其後孫星衍、洪瑩有録本於嘉慶七年刊行，光緒六年又有金陵書局翻刻本，以輯佚附入，則所謂「洪本」，又稱局本。逮近人羅振玉，曾就局本撰校勘記二卷，惟不録姓纂原文，稽檢爲難，學者惜之。及岑仲勉氏著元和姓纂四校記，乃參稽歷代典籍，網羅出土碑誌，旁搜博徵，詳加考校，補苴罅漏，細入毫釐，蓋前世所未有也。所以稱「四校」者，以「庫本」輯自大典，乃清人所校，一校也；「洪本」始麗以輯佚，亦清人所校，二校也；羅氏所讎勘，三校也；岑氏於綜彙諸家成果而外，更以大量史料充實之，證定之，此即四校也。岑氏自謂尤所致力者四事，曰伐僞，曰正本，曰拾遺，曰考誤。讀其書，足以驗其實，非虚語也。岑氏書出，而後姓纂之書，其正其誤，始有繩準可循；其是其非，存疑始得冰釋，信乎其有功學術，良非淺鮮。所不足者，岑書亦不附姓纂原文。有姓纂而無岑校，則姓纂不暢於讀；有岑校而無姓纂原文，則岑校不利於用；分之兩憾，合之兩便，兹編求爲彌縫，故并姓纂原文與岑氏四校記而匯刊之，治文史者庶幾一編在手，毋煩旁索轉檢之勞矣。至於蠡測管窺，亦隨文附見於各卷末之整理記中者，蓋所以益彰原著之美爾。壬戌仲夏，孫望、郁賢皓、陶敏於南京。

凡例

一、兹編將元和姓纂及岑仲勉元和姓纂四校記合刊，姓纂以孫星衍、洪瑩合校光緒六年金陵書局翻刻嘉慶七年刊本爲底本，四校記則以前中央研究院歷史語言研究所專刊本爲底本。

二、林寶、王涯姓纂原序，孫星衍校補元和姓纂輯本序及洪瑩後序，岑仲勉元和姓纂四校記自序、再序、凡例及卷首，均依次列於本編之首。岑氏四校記附録五種，仍予保留，依次附於本編之末。四庫全書總目提要中之元和姓纂提要、余嘉錫四庫提要辯證中之姓纂提要辯證，亦予收録，作爲本編新增附録。

三、姓纂原文及孫、洪校文，依洪本順序及體例，以存原貌。除皇族李姓外，其餘姓氏依四聲韻類排列。

四、岑氏四校記，分條置於姓纂各段原文之後，岑氏校文所引姓纂原文條目，保持其原有體例，不加標點；其考校文字，接條目引文。岑氏四校記中所列姓氏或郡望，有僅起標目作用而與校勘無涉者，則一律删去。

五、姓纂原文脱訛錯簡甚多，此次整理一般不作增删調整，但岑校已驗證其爲錯簡並予移正者，則據岑校作相應調整，原錯簡處仍保留原貌，並在移正處及原錯簡處括號中作簡略説明。岑校所補及引用前人所補條目，插入姓纂正文，標明爲何人所補。前人所補姓纂條目，有岑氏以爲係複補或誤補者，若不予補出，則岑氏校語無所附麗，且岑氏元和姓纂補目亦兼收前人誤補之姓目，故仍予補出，是非得失，讀者閲岑氏校語自明。

六、姓纂原文以郡望分段，但一望之中人數較多者，則根據世系適當劃分段落，每卷各段皆按順序編號，以便尋稽。姓纂原文中有應提行空格之郡望誤連該姓姓源或他郡望文字下岑校已指出者，一般仍保持原貌。如該處文字較多，爲使讀者閲讀方便，則據岑校予以分段，提行空格，並加注或在整理記中説明。

七、姓纂原文，根據岑氏校記加以標點。其中脱、訛、倒、衍之文，難以標點，讀者可參閲岑校及整理記。岑氏四校記原標點與今通行標點出入較大，此次整理，一律改爲新式標點。

八、姓纂原文，以文淵閣、文瀾閣本校勘，有重要異文而岑校未及者，則寫入整理記，附於各卷之末。姓纂原文及岑校之有疑義者，曾查稽世本、新唐書宰相世系表、通志氏族略、古今姓氏書辯證諸書，並參閲歷代史籍及詩文集，管窺蠡測，容有淺見，亦寫入整理記中。

岑氏校文中偶有排印上之明顯錯誤，則予逕改，不寫入整理記。整理記亦適當吸收今人研究成果，均予標明，不敢掠美。整理記按各卷分段號編排，正文中以＊爲標記。

九、輯本姓纂原無目録，岑氏四校記卷首有元和姓纂補目，乃綜合諸家考訂成果另行編製，與姓纂及四校記順序不同，故兹編新編目録，以姓纂姓氏標目爲序。諸家新增姓目上加△爲標記；姓目有脱、訛、衍、倒者，據岑校將改正後之姓目置原姓目下之圓括號中；某姓或冒或兼含他姓之文者，則將所冒或所含他姓姓目置於該姓目後之方括號中，並低一格，以資識别。

十、爲便於讀者查稽，特編製姓氏索引及人名索引，附於全書之末。

元和姓纂(附四校記)

總目

韻目

二冬

三鍾

四江

卷二

五支

八微

九魚

十虞

卷三

十一模

十二齊

十八諄

十九臻

二十文

卷四

二十一欣

二十二元

二十三魂

二十四痕

二十五寒

二十六桓

二十七删

二十八山

卷五

一先

八戈

九麻

十陽

十一唐

十六蒸

十七登

十八尤

十九侯

二十一侵

二十三談

二十四鹽

卷六

五旨

九麌

卷七

二十一混

二十三旱

二十四緩

二十五潸

二十六産

二十七銑

二十八獮

二十九篠

三十小

三十七蕩

三十八梗

三十九耿

十遇

十一暮

十二霽

十三祭

十四泰

卷十

一屋

二沃

三燭

四覺

五質

六術

八物

二十陌

二十一麥

二十二昔

二十三錫

二十四職

〔敕〕

二十五德

〔勒〕

元和姓纂原序

元和壬辰歲，詔加邊將之封，酬屯戍之績，朔方之別帥天水閻者，有司建苴茅之邑於太原列郡焉。主者既行其制，閻子上言曰：「特蒙涣汗，恩沾爵土，乃九族之榮也；而封乖本郡，恐非舊典。」翌日，上謂相國趙公：「有司之誤，不可再也。宜召通儒碩士辯卿大夫之族姓者，綜修姓纂，署之省閣，始使條其原系，考其郡望，子孫職位，並宜總緝，每加爵邑，則令閲視，庶無遺謬者矣。」寶末學淺識，首膺相府之命，因案據經籍，窮究舊史，諸家圖牒，無不參詳，凡二十旬，纂成十卷。自皇族之外，各依四聲韻類集，每韻之內，則以大姓爲首焉。

朝議郎、行太常博士林寶撰。

元和姓纂原序

元和中，政平刑清，聖作賢輔，盡雍容揚搉之美，成緝熙愷樂之化。相國趙國公式是古訓，毗于大君，當八方之樞，總萬物之會。嘗以聖明臨照，思盡物宜，每與羣公拱承顧問，將謂經之於思慮，不若著之以文辭；著之以文辭，不若驗之于圖牒。昔漢祖所以知郡國豐耗，山川險夷，以蕭何得秦圖書，可披而案之故也。大凡邦國之會計，可以備應對者，著元和國計簿；地形之遠近，可以知要害者，著元和郡邑圖。*洎百執事所涖之司，士大夫所分之隸族，無不窮究其本末，申明其憲度，今之姓纂，卽其一也。趙公嘗創立綱紀，區分異同，得之于心，假之于手，以授博聞强識之士濟南林寶。寶該覽六藝，通知百家，東漢有紬書之能，**太常當典禮之職，其爲述作也，去華摭實，亡纚得精，條貫稟大賢之規，網羅盡天下之族，雖范宣子稱其世禄，司馬遷序其先業，若揭日月，備于縑緗，昭昭然蔑以加此矣。以涯嘗學舊史，繆官綸閣，授簡爲序，不敢固辭，無能發揮，承命而已矣。元和七年壬辰十月，中大夫、行兵部員外郎、知制誥王涯述。

* 庫本作「元國都國圖」。

** 「東漢」，庫本作「東觀」。

校補元和姓纂輯本序

唐林寶撰姓纂，其佚文存在永樂大典，散附千家姓之下。宋鄭樵作氏族略，王應麟作姓氏急就章，謝枋得作祕笈新書，俱引其文，又多爲永樂大典所遺。今採輯諸書，依林氏原書例，先以當時皇族，餘分四聲，仍爲十卷，其非永樂大典而見他書者，注明出處。

唐時氏姓書尚多，隋經籍志雖稱鄧氏官譜及族姓昭穆記晉亂已亡，自餘亦多遺失，而譜系篇所載尚有四十一部、三百六十卷。唐顯慶中詔呂才等撰姓氏録，開元中柳沖又改修其書，天寶中李林甫亦撰天下郡望姓氏族譜。林氏作書時，當得見之。其體例亦如元和郡縣志，不載出典。惟僻姓一二，引姓苑、風俗通及新説，間引當時家狀耳。其書宋時尚存，據書録解題云，在莆田以數本參校，後又得蜀本校之，互有得失，然粗完整，是陳振孫見其完書。鄭樵、謝枋得等亦用之，不知亡於何時，蓋在元明之間矣。

唐會要以姓纂爲王涯撰，因書有王涯序録言之。涯序稱相國趙國公創立綱紀，區分異同，以授博聞强識之士濟南林寶。案書録解題以爲宰相李吉甫以命寶，二十旬而成書，則以吉甫本趙郡人，唐書世系表趙郡李氏定著六房，宰相十七人，吉甫相憲宗；又吉甫本傳，元和二年杜黄裳罷相，乃擢吉甫知平章事，故亦得稱趙公也。涯序又稱濟南林寶，書録解題以爲三原林寶，寶傳不見於史，亦未知何以異。至郡齋讀書志作十一卷，則古人每兼序録爲卷數，不足異也。

姓氏與郡望相屬，乃知宗派所出。樂史作太平寰宇記，載人物著姓於郡縣之下，亦有深意。三代以上，官有世禄，各居其國都。自漢時徙豪右入關，而郡望非其土著。晉室板蕩，中原大族半皆南渡，譜牒亡失。北朝以三字、二字複姓改爲一字，或與古姓相亂，僅賴魏收官氏志以别之。及宋南遷，士夫復多喪其譜牒，至明太祖不能舉曾高之名。其後官無譜局，私撰家狀者率皆未見古書，不能遠考漢唐世數。數典而忘其祖，非族而神不歆，實搢紳先生之所恥。自有此書出，而譜牒一家之學不至失守矣。

永樂大典引此書，證之鄧名世古今姓氏書，詳略互見，當由輯録人有所去取。且所遺著姓，其見於祕笈新書及世族略者甚多，脱誤亦不少，如洪姓監察御史洪察闕「察」字，及「避孝敬諱」訛爲「避元宗諱」之屬，皆據祕笈新書訂正。齊人孟軻字子展，祕笈新書作「子輿」，亦兩存之。此外，有宋謝維新合璧事類類姓門亦引古今姓纂，按其詞有引通鑑云云，則不盡林氏原書。其廣韻所引氏姓亦有林氏之文，但不云出於姓纂，不敢濫補。

吾友尚書郎歙人洪瑩，篤愛此書，欲刊布傳遠，與予增校，條舉件繫，日得數十事，一旬而畢，猶有漏略，當俟來者云。

賜進士及第、東方觀察使者、署廉訪使、舊史氏孫星衍撰。

校補元和姓纂輯本後序

右唐林寶元和姓纂十卷，永樂大典作十八卷，今仍釐爲十卷，從其朔也。唐書無寶傳，其名見於藝文志，唐會要訛作「王涯撰」。鄭樵通志作「李林寶撰」，則以傳寫李吉甫、林寶二名之誤。樵譏寶不知林氏所自出，然樵作氏族略實祖之。他如鄧名世之姓氏辨證、王應麟之姓氏急就章亦多引其文。寶以二十旬而成書，速於蕆事，先容齋嘗議其書多妄，然陷而入于博，亦賢者之過也。案班固古今人表有太師疵、少師彊，爲殷末之樂官。顏師古云即論語太師摯諸人。今按本書亞飯一姓云，亞飯干，殷末賢人。與漢書合。又淮南王元覽改爲兀氏，説文，元，从一，兀聲。徐鍇以爲兀非聲，不知元之可讀亢，而髡之从兀，即近於元也。今元改爲兀，元、兀聲相近，與説文合。又其中引世本、族姓記、三輔決録以及百家譜、英賢傳、姓苑諸書，多有不傳於今者，賴其徵引，尚可考見。至其載列唐人世系，元元本本，尤爲詳核。唐藝文志譜牒類十七家、三十九部、一千六百一十七卷，今均散佚，漢晉以來，譜系一家之學，繫而不墜，實賴此書之存。黄伯思、陳振孫雖稱無善本，然全書未泯，又散附千家姓之下，錯見祕笈新書之中者甚夥，毘陵淵如夫子以所藏鈔本見示，因校而刊之，蓋夫子以力學復古爲己任，即以此志勉瑩也。刊既成而述其略於簡末。歙洪瑩識。

元和姓纂四校記自序

姓氏之不知，民族烏乎立？先進之國，類皆置重譜牒，凡以嚴内外之防，明種族之別也。中邦古禮，姓以統氏。姓，百世不變者也；氏，數世一變者也。氏同姓不同，可婚；姓同氏不同，不可婚。孳生之繁，緊實賴之。炎劉既興，混氏於姓，夫於是姓氏之別湮。魏、晉、六朝，相矜門第，迄於唐世，士大夫都稱郡望，猶得各溯其宗。五季之亂，譜學失墜，朝廷之上，不復過問。遼、金、元、滿，迭主華夏，來從遼朔，則惡乎種族之分，明起自草萊，則不願世家之稱述，離亂轉徙，宗系益蒙，於是言李必隴西，言張必清河，言劉必彭城，言周必汝南，而郡望之別復失，族姓之學，其替極矣。有能繼軌六朝，網羅百姓，書雖殘缺，大致猶具者，於今唯唐林寶之元和姓纂，巋然尚存，非氏族學者所亟宜攻治之書乎！

顧炎武裴村記，謂後世不能復封建之治，欲藉士大夫勢以立國者，必在重氏族，則須知世族之重，上古已然，非起於封建破壞之後，試觀漢傳世本自見之。

林寶李唐譜學大家也。宋章定著名賢氏族言行類稿（下省稱類稿），明淩迪知著萬姓統譜，均嘗引其書，而林姓下並無一語道及。近世山東（孫葆田等）、陝西通志（雍正沈青崖等）、濟南府志（道光成瓘等）亦不爲立傳。唯乾隆三原縣志一三文學類引明舊志云：「林寶，太常博士。元和中，朔方別帥閻某者封邑太原，以官非本郡，上謂宰相李吉甫曰，有司之誤，不可再也，宜使儒生條其源系，考其郡望，子孫職任，並總輯之，每加爵邑，則令閲視。吉甫以命寶，撰元和姓纂十卷，二十旬而成。」祇鈔撮林氏姓纂自序，他無所增。余按姓纂五林氏自序世系，其先蓋濟南人，自高祖登始居三原。王涯姓纂序稱濟南林寶者溯其望，書録解題稱三原林寶者舉其居。孫星衍校補元和姓纂輯本序顧云：「涯序又稱濟南林寶，書録解題以爲三原林寶，寶傳不見於史，亦未知何以異。」則並姓纂林姓之文，未嘗翻開一讀，何校補之有？寶之行事，其可考者，如唐會要八〇云：「贈司徒張建封，初博士林寶謚曰忠，博士崔詔改謚曰襄。」據舊書一四〇，建封以貞元十六年卒，如賜謚即在卒後，豈寶十餘年未遷一官？合觀下文，則當是追謚也。會要同卷又云：「贈工部尚書馬暢，太常博士林寶議謚曰敬。」據昌黎集二八暢妻扶風郡夫人誌，稱暢以元和五年卒。又元龜五五四云：「裴垍監修國史，元和五年十二月，與諸史官進德宗實録五十卷，憲宗覽而稱善，乃賜垍繒錦三百疋、銀器等，以祕書少監史館修撰蔣武（後名乂）爲諫議大夫直史館，密縣尉樊紳爲左拾遺内供奉，咸陽縣尉韋處厚爲右拾遺内供奉，萬年縣丞林寶爲太常博士，並仍舊職。」是寶於元和五年末，始自萬年丞晉太博。

新書五八云：「德宗實録，蔣乂、樊紳、林寶、韋處厚、獨孤郁譔。」趙希弁讀書後志一云：「唐德宗實録五十卷，……元和二年，詔蔣乂、樊紳、林寶、韋處厚、獨孤郁同修，五年，垍上之。」是寶預修實録，始於元和二年。

會要六四云：「（元和）六年四月，史官左拾遺樊紳、右拾遺韋處厚、太常博士林寶，並停修撰守本官。」舊書一四，元和五年十月庚辰，宰相裴垍進所撰德宗實録十五卷，是寶嘗與修德宗實録，書成而後停史館修撰。元和七年，寶自稱朝議郎行太常博士，吾人又確知六、七年間，寶實任太常博士。會要三九云：「至（元和）十三年八月，鳳翔節度使鄭餘慶等詳定格後敕三十卷，左司郎中崔郾、……國子博士林寶用修上。」「用」當「同」之訛。太常博士，秩從七品上，國子博士，正五品上，寶至是蓋已超升十階矣。

新書五八又云：「皇唐玉牒一百一十卷，開成二年李衢、林寶譔。」（百衲本、殿本及山東通志一三一引文均同。）惟舊書一七下開成三年四月云：「癸丑，屯田郎中李衢、汭王府長史林贊等進所修皇唐玉牒一百五十卷。」（殿本及岑刻同）又元龜五六〇云：「李衢爲屯田郎中，文宗開成三年四月，與汭王府長史林贊，進所撰皇唐玉籙一百五十卷。」年份、卷數，與新志不同，今且不論，惟此作「林贊」，是否傳誤，抑確屬兩人，尚待考定。元龜六二一云：「開成元年，閏六月乙未，召宗正卿李弘澤問圖譜，弘澤對以自肅宗已來，並未脩續，臣已請追林贊、鄭覃與李固言，林贊實有氏族學，時論以爲不公。癸卯，敕追汭王府長史分司東都林贊同修七聖玉牒，從宗正寺之謂（請）也。」（按舊紀及朔閏考均閏五月，此作「六」誤）按唐語林二云：「大曆已後專學者，……氏族則林寶。」祇聞有寶，不聞有贊。又直齋書録解題八云：「李氏皇室維城録一卷，屯田郎中李衢、汭王長史林贊修，止於僖宗，蓋昭宗時所録也。」陳氏此段著録，似足爲舊紀及元龜林贊説之佐證，但衢既開成三年官屯田郎中，其偕林氏修維城録，當與玉牒同時。如依陳氏之說，録止僖宗，則修書最早應僖宗末年（西元八八八），上距開成三年（西元八三八）恰五十載，李、林之書，何由敍及後事，抑李、林之官，何以依然不改？質言之，陳氏是否曾見其書，所見是否真本，根本上已多疑問，故解題之「林贇」，能作舊紀佐證者厥力甚微。重以（一）今本舊書及元龜舛謬太多；（二）姓纂林姓下及各姓氏書，均無林贇其人；（三）寶曾修元和姓纂，自爲譜牒名手，開成間再令執玉牒之役，事屬近情；（四）皇唐玉牒，不應開成二、三年兩次修撰，況李衢名同，可見新志、舊紀所載，寶同一事，而「林寶」或「林贇」，必任一有誤；（五）王府長史，從四品上，比國子博士，已進兩階，事雖相隔廿年，然宦海浮沈，非無可信；根是五點，余頗主與修玉牒者爲林寶。更有一重要證據在，玉海五一引新志皇唐玉牒，下注云：「舊紀、册府元龜云，三年四月癸丑進。□舊史作一百五十卷，屯田郎中李衢、汭王府長史林寶等。□開成元年閏六月乙未，召宗正卿李弘澤問圖譜，對以自肅宗已來，並未修續。癸卯，敕汭王府長史林寶同修七聖玉牒。」知應麟所見舊紀（一七下）、元龜（五六〇及六二一）均作「林寶」，不作「林贇」，今本爲傳訛無疑。新志之「二年」，亦殆「三年」之誤。

寶究終何官，卒何時，史闕有間，不復可知。其他如崇文總目二云：「姓史四卷，……繹按通志略不著撰人，宋志，林寶撰。」除宋志外，未見他家著録。同書又云：「五姓徵氏二十卷，林寶宗撰，……繹按宋志『徵字』（？）作『證事』。」通志訛「林寶」爲「李林寶」，舊紀、元龜又有「林贇」之異，豈此「林寶宗」者亦即「林寶」之訛文歟？同時人姓名相近者，如歐陽詹甘露述所記：「貞元壬申歲，福州福唐縣尉清源莆陽

（集作「田」）邑人濟南林公瓚太夫人終。公每一痛，至水漿不入口，或三日，或五日，内外羸憊，殆至隕滅。癸酉歲，將與先府君脩合葬之理。」（英華三七一）按瓚新書一九五孝友傳作「攢」，其人並未顯達，更無從疑其曾與修書矣。

姓纂纂修之動因

元和姓纂爲林寶撰，確無可疑。通志藝文略偶訛爲「李林寶」，提要已辨之。外此而有異文者，如元龜五六〇云：「王涯爲兵部員外郎知制誥，憲宗元和七年七月，撰姓纂十卷成，上之。」則因涯嘗爲是書作序而誤，與會要同，提要亦有辨正。若其纂修之動因，則寶自序云：「元和壬辰歲，詔加邊將之封，酬屯戍之績，朔方之別帥天水閻者，有司建苴茅之邑於太原列郡焉。主者既行其制，閻子上言曰：『特蒙渙汗，恩沾爵土，乃九族之榮也，而封乖本郡，恐非舊典。』翌日，上謂相國趙公：『有司之誤，不可再也。宜召通儒碩士辯卿大夫之族姓者，綜修姓纂，署之省閣，始使條其原系，考其郡望，子孫職位，並宜總緝，每加爵邑，則令閱視，庶無遺謬者矣。』……凡二十旬，纂成十卷。」又王涯序云：「趙公嘗創立綱紀，區分異同，得之于心，假之于手，以授博聞强識之士濟南林寶。」綜上兩節而剖解之，知姓纂之修，實根於下述各情狀：

（1）姓纂係奉旨而作，與私家撰述不同。

（2）姓纂之綱紀異同，間由李吉甫指授。

(3)姓纂因邊臣疏辨封乖本郡而作，則各姓原系，自不能不參據一般傳述及私家牒狀，以免將來之争辨。

(4)姓纂係專備酬封時省閣參考之用。

(5)唐代封爵頗濫，求免有司之再誤，其書不能不速成。

(6)憲宗謂子孫職位總緝，則無職位者不必其入録。

以上六節，於姓纂體例，饒有關係，非先洞察其要，未可與尚論林氏之書也。林氏謂二十旬而成書，王涯序則作於七年十月，以此推之，其始事約在七年三月。向達氏長安與西域文明云：「史未及(裴)玢後，林寶元和姓纂裴氏亦無京兆一房，或者以其異族，遂予刊落也歟。」(一〇頁)按今本姓纂裴氏已全失，唯辯證五裴姓末有云：「唐疏勒國王姓裴氏，自號阿摩支。」或許輯自姓纂。林書專備朝廷封爵之用，異族之姓源，存者尚多，尤無於裴玢一系特予刊落之理。此外讀姓纂時，尚有應記取者數點：

甲、成書在元和七年十月以後之事，或有時稍前之事，非彼所得記。

乙、書法以郡望爲重，係因其與封號相關，郡望與占籍，往往不同一地，例如韓愈郡望是南陽，而占籍在河陽。(見拙著唐集質疑)

丙、封爵之「公」字，有時是泛表封爵，不定是五等中之「公」。

丁、記兄弟數人時，不定依倫序爲先後。蓋林氏所據，是朝官之自狀，上狀之時，或子尚未生，或子已先死，而據現存唐狀觀之，似並不敍及兄弟。依此種種不完全之事態，林氏當日實無法顧及倫序（金石録二九謂李晟子倫次差謬，可參卷一校記）。例如寇塄、寇鈞皆泚子，兩人家誌，雖已發見，然孰長、孰次，仍有疑問（參卷九校記）。更古則文王諸子，舍伯邑考、武王外，咸有問題，書傳以管叔爲周公弟，而孟子、史記均曰周公之兄，蔡叔有第四、第五、第十或十四數説，霍叔第六或第八，郕叔第五（通志）或第七（辯證），康叔第八或第九，毛伯第九，聃季第十，郜子第十一，雍伯第十二或十三，曹叔第十三或第六，滕侯第十四，畢公第十五，原伯第十六，酆侯、郇侯均或言第十七，互有衝突，試問考據家能一一考定否？

戊、古人計世，有連本身、不連本身兩法，余曾列而論之。史傳或行狀稱幾世祖或幾世孫，其勢難於——或且不能一一查考，編書者祇可據傳狀入録，是無可如何之事。劉毓崧唐摭言跋云：「傳稱（王）璵爲方慶六世孫，連本身數之也，養新録稱搏爲方慶八世孫，除本身數之也，……然終以除本身數之者爲正例。」按計世數之最早而確鑿可據者，莫如胡亥二世，此連本身言之也，阮孝緒文字集略亦云：「高祖父，五世祖也。」（倭名類聚抄一）殊無正例或非正例之可言。

凡此皆常被後人忽略而責林氏以所不能者，無他，漠視客觀之弊也。

姓纂之卷數

元和姓纂，據自序及錢輯崇文總目二、新志五八，均作「十卷」。提要一三五云：「元和姓纂十八卷，……此本在永樂大典中，皆割裂其文，分載於太祖御製千家姓下，……今仍依唐韻，以四聲、二百六部次其後先，……仍釐爲一十八卷。」突出「十八卷」之新說，故錢輯崇文總目二亦云，今本十八卷。錢書序於嘉慶四年，其時洪刻尚未出也。洪氏不知提要之誤，乃云：「大典作十八卷，今仍釐爲十卷，從其朔也。」近人牟潤孫辨之云：「今通行本提要署十八卷，文津閣本亦然，而書實十卷，北平圖書館藏有姓纂鈔本，與文津閣著録本同，所附提要則作十卷，校上年月，鈔本爲乾隆三十八年，文津閣本爲乾隆四十五年，……當是元輯成十卷，其後館臣誤題十八卷，通行本提要沿襲其謁耳。」（大公報圖書副刊一三五期）夫洪氏所云十卷從朔，即據自序之謂，除此而外，大典散附，何有卷數？是「大典作十八卷」一語，非特沿誤，直不可通矣。

「十八卷」之誤，既如上述，顧又有「十一卷」之説，如郡齋讀書志二下云：「元和姓纂十一卷，右唐林寶撰，元和中封閤具於諸家姓氏太原，其人乃言非本郡，憲宗令宰相命寶纂諸家姓氏外，各依四聲類集，每韻之内，則以大姓爲首。」（影宋淳祐袁本）據王刊「具」作「某」，「外」字上多「自李氏」三字，惟王刊「太原」上又多「爲」字，今無論爲袁本之「封閤具於諸家姓氏太原」，抑王本之「封閤某於諸家姓氏爲太原」，語均難解，蓋後一行有「諸家姓氏」四字，此行之「諸家姓氏」四字，實是錯複，應正言「封閤某於太原」。袁、王兩刊皆誤也。孫序云：「至郡齋讀書志作『十一卷』，則古人每兼序録爲卷數，不足異也。」所釋溢出一卷之故，説頗足信。惟當日如何分卷，已絶無痕跡可尋，四庫本之釐分，不外酌量現存遺文，略爲支配，其中大姓，如上平之盧、崔、裴，下平之蕭、高、楊、梁、張、王，去聲之鄭，入聲之薛，均幾全文散佚，庫本卷第，不能合乎本來面目，可斷言矣。

原書體裁之蠡測

居今日而欲確知姓纂本來之編排格式，殊極不易，祇可就吾人所見姓氏書，逐項略施推測而已。

（一）單複姓之配列　林氏自序，第言皇族之外，依四聲類集，大姓爲首。言甚簡單，吾人於此，不能不發生下列之疑問：

甲、原本是先敍單姓，後敍複姓，如今本否？

乙、抑單姓依韻收，複姓不依韻收，各別其例否？

丙、如爲單複錯列，則複姓之收韻，以首字爲根據乎，抑以末字爲根據乎？更不然，則兩者並用乎？

涉於乙項，余嘗疑大典根據之類書，殆是如此（說見下文），宋本辯證補遺目録亦嘗見之，但林序固云各依四聲類集，則乙之疑未必然也。北宋本姓解、南宋本辯證，均單、複姓相雜，我國學者每好模倣前人，今假想其編列之法，彷彿姓纂，尚屬近情，則甲之疑亦未必然也。宋辯證目録，「丘」之後附丘敦、丘林、丘穆陵等，又附葵丘、蛇丘等，是複之附單，並不定取首字。然如公丘附公後，龍丘附龍後，是複姓有

「丘」字者，亦不定附丘姓之後。申言之，卽隨著者之意而編附是也。姓纂排列，果否如此，以證佐缺乏，難爲斷論；所知者，卷五丘敦云：「已具前卷注。」曰前卷，可見丘敦居丘後，且其位置比近，因同卷籍耳注云：「已附王氏注。」不曰前卷，故如是推測也。總之，姓纂於單、複姓之編列，似取丙項，惟丙項之法，是專取一種，抑兼採兩種，難言之矣。

（二）注文之格式　每姓後所附之文，原書稱之曰「注」，具見前引兩條。此「注」與經注、史注不同，無所依附，可知其非用夾行。今輯本姓目頂格寫，注文低一格寫，每逢郡望，又提行空格，其例不過清輯諸臣私定，林氏原本，未必如是也。知者，現餘殘本大典，注文均連續而下，祇遇郡望處空一格，大典之格式，雖未必卽姓纂格式，但清輯全憑大典，姓纂又別無宋、元、明本流傳人間，則今之格式，謂非清代私擬而何。

宋鄧氏得見姓纂，且同主收韻，則辯證之寫法，似有多少依傍林書。考宋本辯證，注文與姓目，均頂格寫，遇郡望祇空一格，不提行。觀大典殘本，雖無從推知姓纂注之是否頂格，但郡望空一格，正與宋辯證同，故吾敢信林氏原本，係注文頂格，郡望空格，並不提行，以姓纂內容充實觀之，尤足旁證也。

（三）進一步之推測　今姓纂有衍文十餘處，最足令人誤會，如：

韋　吉甫，司門郎中；生約，隋儀同、觀城公。

韋　覃生闐、共。闐次子秦寶。

于　亮生貴寧，主客員外郎、平昌公；生禮，周趙州刺史、安平公。

元　暖生寓忠。寓忠生盛。

元　曾孫虚受，朗州刺史；生野順，濮陽王。

元　生子上、子哲、子長。子長，壽興公，孫詮。

韓　滌生承徽、大敏。大敏，中書舍人。

宇文　護，太師、大冢宰、晉陽公；生連，杞公。

宇文　明達，太僕卿，生悦珍。

杜　乾祚曾孫操，殿中御史，生隒。隒生行敏。

祖　順五代孫德諱，撫州刺史，生敏。

沈　遠玄孫越賓、發。發生曇慶，宋祠部尚書。

魏　羔生鸞景，北齊司農卿。

竇　虚奬，右屯田將軍；生善，西魏華州刺史、永富公。

豆盧　志静生魯元。

豆盧　達堂姪曾孫子騫，監察御史，生陸渾。

陸　希質生瓘、悉、達、歸。歸，太僕卿。

上列十七條，以時代核之（分見校記），前一人遠在後一人之後，斷不能爲後一人所自出，故庫校於「韋約」之上，亦謂「生」字疑衍；余又嘗疑前一人之所生，或有奪漏；然細思之，其衍、其漏，俱非滿意解答，蓋不能説明衍、漏之發見，何以偏多在兩系接榫處也。根是而推尋，余頗疑林氏原書，於既畢一系接入他系之處，殆留空一格，或附特種符號，後世傳鈔者不明厥例，遂重上文一字，或並填入「生」字，使唐朝之人，變爲六朝人之父，累讀者費如許猜度矣。照此解釋，則其衍爲有因，且不必以衍文之多爲可怪。

唐人碑誌敍其先世入唐後受官者，率稱皇某某官，元和姓纂爲應制而作，程式當同斯例。今本多作「唐」不作「皇」，似已經後人改正，唯卷六呂姓之「皇安承慶，述七代孫也」，想猶是原書稱「皇」之殘餘。更有可徵者，如備要二七翟姓云：「陽翟，皇户部郎中翟弘武。」今本不作「皇」而作「唐」，知南宋見本，尚有未盡釐正者，類稿引文亦間見之，詳校記中。

唐高宗以後諱「世」，故碑誌中之「葉」、「諜」等字，均從省寫，「幾世」亦改稱「幾代」，則「世本」稱「代本」，自是應有之諱避。今元和姓纂均作「世本」，此蓋經後人追改者，可於備要、類稿等引林氏書有時作「代本」之處見之。

世系敍次之特點

姓纂世系敍例，其常式大約爲甲生乙、丙，乙歷某官，生丁、戊，……丙歷某官，生己、庚，……如此遞推。然亦有反平常式，或略去中間若干代者。以姓纂今本之殘訛難讀，正不可不撮録變例，供讀者之考證。

（一）不總提其所生之名，而用「生」字、「子」字等直貫於下舉數人者，其例屢見：

弓 志弘，陳州刺史；生嗣宗，祠部員外；嗣業，洛州司馬。

公孫 政生虞，唐庫部郎中；偁，職方郎中。

韋 嬰生士南，萬州刺史；士文，祕書少監。

又 昭訓生光宰，太僕少卿；光裔，少府監；光弼，大理少卿（光弼生薦、庠、庇、元）；光胄，太常少卿（生慶）；光輔，大理少卿。

辛 君昌，魏州刺史；生崇禮，工部郎中；崇敏，兵部郎中。

雲 師端，左武衛大將軍、順陽公；生弘允，汾州刺史；弘業，汝州刺史。

元 彭成王勰，生懿（七代孫鼎），……攸，孝莊帝。

又 大曆中書侍郎、平章事、潁川公元載，……生伯和，祕書丞；仲武，祠部員外；季能，校書郎。

袁 異弘，瀘府參軍；生恕己，中書令、南陽王；誨己，潞州刺史。

源 師從父弟惜（愔），益府司馬；生壯（莊），兵部員外；守，户部郎中。

周 孫續，唐司刑丞；生利涉，比部郎中；利貞，御史大夫。

劉　會次子元象，主客郎（中）；元育，易州刺史。

孔　構生若思，禮部侍郎；仲思，給事中。

許　孫義均，生景先，中書舍人、工部侍郎；景林，司講郎。

武　生承嗣，……（生延基……，延安……，延壽……，延秀……）承業……。

尹　六代孫朗，生正理，左拾遺、商州司馬；正義，度支郎中、宋州刺史。

趙　生璡，屯田郎中、魏州刺史；瓌，駙馬、右千牛衛將軍、壽州刺史。

又　生文皎，左金吾大將軍；文翽，營州都督。

丙　寬生孝旻，……道廣……。

柳　潭，駙馬、太僕卿，生晟，……暈，……杲。

又　寶積，職方員外；生明逸，刑部員外；明肅，度支郎中。

段　確，唐御史大夫；生孝機，中書舍人；孝叡，洛州刺史。

鄧　素子元挺，吏部侍郎；元機，兵部郎中。

陸　生欽嗣，左監門將軍、鄆州刺史；欽義，忠州刺史。

郭　生待封，左衛將軍；待聘，宋州刺史。

郝　子北叟，司議郎；南容，祕書郎。

柏　生者，諫議大夫；元封，進士。

蔣（佚文）　生錬，光禄少卿；鎮，工部侍郎。

（二）中間略去一兩代而用「孫」、「曾孫」等字下貫於數人者：

韋　思敬孫利器，諫議大夫；利賓，户部郎中（生向……）；利涉，主爵郎中。

又　正履曾孫彪，永州刺史；彤，太常博士。

元　元（玄）曾孫邕，江州刺史；無浾，榮州刺史。

劉　允之，楚州刺史；孫忻時，侍御史；叔時，殿中御史。

庚　孫安禮，唐齊王友、修史學士；師度，朐山令；師敬，鄂州刺史。

宇文　孫影，好時令；宿，均州刺史。

柳　慈明，職方郎中；孫弼，貝州刺史；愨，辰州刺史都督。

慕容　孫知廉，侍御史；知晦，兵部郎中、汾州刺史。

竇　竇覽孫孝仁，濟州刺史；孝鼎，司勳郎中。

就中如韋姓一條，彪與彤均略去父若祖，其爲同父，或祇同祖，或並非同祖，均不可知，新表七四上未審別據何書，補入彪父、祖二名，仍以彤附彪之後，但由姓纂此條及新表表式之混亂（説見後再序）合觀之，苟無他證，吾人勿能遽認彤爲彪之親弟也。竇姓一條亦然。

（三）生與姪並舉者：

于　生維謙，兵部侍郎平章事；生光宰、光弼、光嗣（光宰，都官郎中）；姪光偉、光業、光進。

唐人最重家諱，因「光」字聯名，故知光偉等是維謙姪。

（四）書例極變，非藉他種記載，無從得其確解者：

1元　禕曾孫谷神，扶州刺史；堂姪俯，宋州刺史；玄孫結，容府經略兼中丞。

2袁　袁生玄（曾）孫幹，……八代孫良。

依常例解釋，則元禕曾孫谷神，谷神堂姪俯，俯玄孫結，是也，顧從他書證之，始知曾孫、玄孫，均就禕立言，而堂姪者谷神之堂姪。又袁生曾孫幹，幹八代孫良，直讀當如是也，顧以世代核之，乃知曾孫、八代孫，均就袁生立言。是其書例，皆極反常者也。此種變例，今僅舉箇人所知，或更有不可思議者，端賴乎金石之補助矣。

林書之價值

對林書評價，論較持平者爲鄧名世，其序論三云：「如齊、秦、晉、楚，本非國姓，而亂其族系，他姓尚多有之，良由應劭一誤，後世相沿而未嘗有改。獨林寶作元和姓纂，稍能是正數十條，而齊、秦之屬，亦所未暇。至鉏丘、茅夷，指爲複姓，則又不勝其謬矣。」又同書一一「茅夷」下云：「元和姓纂曰，邾大夫茅夷鴻之後，見左傳。謹按世無此氏，而春秋時，夷鴻姓茅氏，謂之茅成子，則後世子孫，何至乃以『茅夷』爲氏，考之義理，極無依據。凡姓纂中誤引經傳，增收入姓，如罕夷者數十，如茅夷者又數十，皆當時門生討論者淺陋訛謬，雜之以穿鑿臆説，刊修官未嘗考按本書，因而附列。今舉凡以辯之。」鉏丘姓文今不可見，其他所論，亦頗中古代姓氏書之失。對姓纂作渾括之苛評者，首爲通志，其自序云：「林寶作元和姓纂，而自姓不知所由來。」按此卽氏族略三謂林應爲周平王庶子林開之後也。考廣韻引風俗通，林爲林放之後。張輯姓氏篇云：「按逸周書、史記解有林氏，路史云，比干死，其子堅避難長林山爲林氏，應説誤。」是林氏姓源，各家意見不同，林寶之族，來自濟南，當日定有其故譜或父老傳説，比干之溯，必非寶所首創，避難長林山而姓林，則爲氏於地，安見古人受氏無此義（鄭説）？容齋隨筆六云：「姓氏之出，茫不可考，千載之下，安所質究？」又揭文安公文粹一重修揭氏族譜序云：「揭氏稱漢安道侯之後者，我桂陽府君據夾漈通志而言也。盱江之族，與我同出，乃祖楚司揭氏。汝寧之族，則又祖漢陽信侯。三者政未知所定也。」

凡涉姓源之争論，存疑可矣。若氏族略三云：「著書之家，不得有偏徇而私生好惡，所當平心直道，於我何厚，於人何薄哉。」著書之家，鄭氏自道也，其意若曰，氏族略之作，固多採姓纂，然説有未安，卽不敢苟同，不得偏徇；於我何厚云云，卽鄭氏所以自解也。庫本林姓校注乃云：「夾漈稱其偏徇，有以也。」以「偏徇」一語爲譏林氏，直未明通志之意，宜乎洪刻删去矣。次則容齋四筆九云：「元和姓纂誕妄最多，國朝所修姓源韻譜，尤爲可笑，姑以洪氏一項考之，……。」此種批評，足以摇惑人心，究其實，則絲毫不負責任。隨筆一書，續至三、四，使誕妄極多，何難拓數行地，如姓源韻譜之可笑者，舉其概略，以昭示後人？風俗通，希姓可疑，洪氏嘗列舉之，寧姓纂獨不值其批評耶？大約辯證所駁正，洪氏見之，故拾人牙慧而爲此空空洞洞不負責任之妄評也，其言不足爲姓纂損。

外此作部分批評者，大率注重主觀，忽略客觀，多未足爲林氏之咎，兹舉數例明之。庫校郤姓有云：「十三年傳，郤毅御戎。杜預注，郤至弟也。傳又有郤稱、郤乞、郤溱，杜預皆不詳其系，姓纂記載，缺失良多。」按林書之作，非爲各姓傳譜牒，乃爲中樞資參檢，毅、稱、溱、乞，杜注已不詳其系，則非赫赫有名者可知，缺固應有之義，以云失，則非也。官氏志疏證渴燭渾下云：「案林、鄭説是矣，而姓纂十虞、十七薛……分爲三氏，又誤。」按北姓譯音，字無定寫，林書之旨，既在備檢，自應羅列各種寫法，庶無遺一漏萬之譏。林氏雖分著數姓，仍注稱疑隨音轉，揆諸官書慎重之道，尤爲綿密，不得以誤分繩林氏也。庫校可朱渾又云：「案北史，道元子名長舉，襲父爵，此誤。」按林氏書非爲各姓作歷朝詳細系譜，所著人物，率因其子孫仕唐，有狀可稽，故而帶及，生某某者非必襲爵嫡嗣，則不能斷長威、長舉爲同是一人，是庫校之論，乃昧於姓纂編例而妄發也。平津讀碑記四云：「（許）洛仁碑云，祖彪，齊儀同三司、善元郡守、武川鎮將，襲爵寧□縣公。康名與官爵已泐，尚有□□都督、□州刺史、江夏縣開國公可辨，亦視姓纂爲詳。」碑視姓纂爲詳，是當然之事，如每人之下，必詳敍其歷官，恐數十卷尚不能容，非唐廷當日所急需也。尋源二五子庭氏云：「按楚公子午字子庚，不字子庭，林説誤。」按今本子庭兼蒙子庚之文，故讀來不可通，此又張氏未能抉出今本之謬，而委其過於林氏者也。

質言之，吾人未作批評時，先須洞達編書之旨趣，與今本之傳謬，如是，則立論不至於求疵，林氏亦庶無受屈。

夫林氏以二十旬之功，成煌煌巨帙，舛誤之菽，任誰不免。虞慶則之「虞」，本姓魚氏，見於隋書，狀自承會稽之虞，而林氏曾未檢國史注明之；柏良器爲季纂玄孫，有李文公集可證，而今季纂列魏郡下，良器列濟陰下；陳兼爲叔明五世孫，有河東集兼狀可證，而今兼别列臨淮之下，不附長城，既未聯宗，復乏注説；皆可擬爲林氏之疏者。

雖然，林書之可取者固自多矣。寧氏九世爲卿，春秋世族譜祇著六世，得姓纂可以補兩世之缺，此其有裨於讀經者也。乙速孤行儼碑但云，以昆弟子令從爲嗣，得姓纂可以知令從之本生，此其有助乎金石者也。三國志注訛賀純爲賀齊伯父，得姓纂乃知「伯父」爲「祖父」之訛；周書達奚武傳不詳高、曾，得姓纂乃知武爲斤之玄孫；北史賀拔仁無世系，得姓纂乃知爲爾頭之孫；此外郭衍之父名嵩，折像之「折」作「析」，拓跋氏本稱拓后跋氏，皆可補歷史之缺，正傳述之訛者。誠能廣其致用，夫豈獨裨於考覈姓系而已耶！

宋代及以後傳本

四庫提要云：「書至宋已頗散佚，故黄伯思東觀餘論稱得富弼家本，已闕數卷，陳振孫書録解題亦稱絶無善本，僅存七八。」按東觀餘論下跋元和姓纂後云：「此富鄭公家書，甲子歲洛陽大水，公第書無慮萬卷，率漂没放失，市人時得而粥之，鎮海節度印章猶存。是書尚軼數卷，以鄭公物，姑致而藏之。政和二年，夏五月初吉，雲林子書。」是軼者特富弼所藏，黄氏之言，非就姓纂當日通行本立論，提要據爲北宋散佚之證，殊涉影響。惟書録解題八云：「頃在莆田，以數本參校，僅得七八，後又得蜀本校之，互有得失，然粗完整矣。」可爲南宋時難得完本之據。此外尚有從字裏行間領會得來者，如今本卷八魏失落魏徵、魏知古兩系，新表七二中乃至不能舉其父、祖（參拙著貞石證史五六一頁）；卷三齊姓「功臣表平敬侯齊受」，依漢書應作「平定敬侯」，而新表七五下亦奪「定」字。卷四桓姓，「護軍將軍、長社侯」乃桓景之官爵，今本奪「景」名，新表七五上乃以之上屬桓修。卷七趙姓本應云「居隴西。天水西縣，……」新表七三下乃云「世居隴西天水西縣」。若此之類（並參再序），一方面表示新表之因襲姓纂，一方面見得北宋時代——最少修新表者所據本——林書已多舛訛。唯是新表盧、裴、崔、蕭諸大姓，尚能詳其世系，又辯證猶能舉崔有清河、東武城、齊郡、高密、藍田五望（卷五），田有平涼、京兆、雁門、太原、天水、信都諸望（卷九），張有安定、范陽等四十三望（卷一三），其卷一一高姓復云：「按姓纂及唐表載高氏事詳矣。」是北宋至南、北宋之間，有唐巨室世系，猶可得見。第同時通志一九著録：「元和姓纂抄一卷。」則知時人已嫌林書卷帙繁重，其於繁縟世系不感興趣者，必祇撮取一般姓源，藉供參考，是爲林書殘闕之主因。若今本韋、杜、劉、陸諸姓，占篇幅稍多，幸得不墜者，或因與傳録人有關，未可定矣。章氏修言行類稿，亦似見及大姓世系尚存之本，麻爲僻姓，今卷二一詳列三望，以此可推想其他也。明永樂大典所收，係依何種本子，下文別有懸測，陳（士元）淩（迪知）兩家，則益無從涉想矣。焦竑國史經籍志三：「元和姓纂十卷，李林寶。」沿通志訛文，誤「林寶」爲「李林寶」，顯未嘗目見其書。伍崇曜奉天録跋云：「蓋焦氏所紀，多未見之書，……特據唐藝文志而仍録之耳。」與焦同時者，陳第世善堂書目上又著録：「元和姓纂十二篇，林寶。」温廷敬氏據此，因謂「其書至明季猶存，……及清初而遂亡」（見後引校補序），當非事實。曰十二篇，則與原爲十卷不符，充其量亦不過如永樂大典之殘本而已。

評庫本

庫本輯自叢殘，且非必出自一手，其間有步伐不齊及多少矛盾之處，自在意中；如「韋貫之」下注貫之相穆宗，「韋處厚」下注處厚相文宗，似知注意成書時代；而「封敖」下顧謂林書脱敖生望卿，則未知望卿固不應見。又穆、陸、奚、于爲北人八族，已先見劉、陸、穆三姓下，校者曾無一詞，及校到達奚，始提出異議。又今本羼文甚多，校者罕有見及，獨孤一條，大典原載爲姓纂文，祇據獨孤損一事，全條剔出，而別採通志，以意補入；又屠住一條，亦强採通志代庖，非大典原有，條下竟不加説明，皆迹近疏略。

其可取者，如證屠住冒精縱，填瀆冒赤張，子干冒子成，馬適冒馬服，奮冒萬，賀遂冒屋引，赤張冒漆雕，北人冒北海，北鄉冒北郭，北郭冒北人，莢冒俠，於紊亂之餘，已首發見其糅混之迹，尚不愧官書之鐵中錚錚者。校改訛字，如「期引」爲「斯引」，「丁若」爲「子若」，「苦久」爲「若久」，「祭北」爲「癸北」，「石伯」爲「召伯」，「葉陽」爲「華陽」，亦姓氏中之重要更正。獨顧、露互冒，文本易辨，而司校事者曾未覺察，滋可怪也。

其最可議者爲收韻舛誤，清代考試，失拈則有停科、出館之罰，而本書犯者纍纍，既非處矮屋低簷下（洪氏亦若熟視無覩），乃竟如此草草，無怪四庫書有罰陸氏賠修一段公案也。提要云：「今仍依唐韻，以四聲、二百六部次其後先。」是知收聲全依廣韻，不得以大典原誤爲藉口，況大典用韻，自與廣韻不同，湛姓，大典收二十二勘，而今姓纂收二十一侵，則更收韻非準乎大典之反證也。兹列舉其舛誤者如次：

二十五寒　單　應入三十三線。
一先　縣　應入三十二霰。
四宵　銚　應入三十四嘯。
二十一侵　湛　應入五十三豏。

二十二覃　參　應入二十一侵。

甘士　應入二十三談。

藍尹　同上。

二十四鹽　黔　應入二十一侵。

十二蟹　可朱渾　應入三十三哿。

可足渾　同上。

二十阮　娩　應入二十五願。

三十六養　上官　應入四十一漾。

四十四有　灸　應入四十九宥。

十一暮　俞　同上。

大洛稽　應入十四泰。

破也頭　應入三十九過。

破六韓　同上。

破落那　同上。

十二霽　税　應入十三祭。

勵　同上。

十五卦　解毗　應入十二蟹。

三十三線　單　應入二十五寒。

四十九宥　右(行)　應入四十四有。

十七薛　渴燭渾　應入十二曷。

十八藥　若干　應入三十五馬。

二十麥　翟　應入二十三錫。

夫翟方進之「翟」，廣韻收「錫」，而今則收「麥」，渴燭渾與渴單同讀，廣韻收「曷」，而今則「曷」、「薛」分收，是並未依乎唐韻也。周卿士之「單」，去聲，「可單改單」之「單」，平聲，而今收平、去互易，是並反乎古今之通讀也。縣，姓纂原讀去聲，有辯證可考，解毗附見解姓之下，有本文可證，而今縣收平聲，解與解毗，蟹、卦分收，是並背乎姓纂之原讀也。大及大羅四姓收「泰」，而大洛稽獨收「暮」，右尹等六姓收「有」，而右行獨收「宥」，則更步伐陵亂，難辭其疎忽之咎。

評孫本(附局本及其他諸家)

孫本從四庫本出，有極顯淺之憑據：

1六卷二十八頁九行後，及二十九頁八行後，均脱去庫本之半頁。

2七卷三頁背八行「隴西」二字，庫本原到腳，「天水」二字另行，今誤連，又衍「郡」字。

3八卷十七頁第一行「郎中」二字，庫本原到腳，「庫成」二字另行，今誤連。

惟此本「玄」改「元」（庫本「元孫」均作「玄」），「胤」改「允」，「丘」改「邱」（庫本均「丘」），與庫本亦有同異。孫本於庫本校注，幾完全因仍不變，間有字句小異，無非傳録之訛，其顯爲删節、改併或新增者，總計之約三十條，茲分項論之。

（一）删節十六條

a因改正而删節者七。

洪　既正「玄宗」爲「孝敬」。

司馬　既正「昌生懌，懌生善」爲「昌生無懌，無懌生喜」。

胡　既正「以無紇骨氏」爲「以兄紇骨氏」。

孔　既正孔父爲複姓。

紙　既删「左傳」二字。

宋　既正「棡柏」爲「桐柏」。

閣　既正「閣人」爲「閽人」。

按正「子若」爲「丁若」，别「精縱」於「屠住」，庫本已自開其端，此等删正，皆不足爲孫本病。吾人所當問者，改正之當否耳。孫本可議者，祇强删紙姓「左傳」二字。

b似有爲而删節者八。

冬日　原校謂荒誕不合於理。

舒　原校謂舒爲舒鳩、舒蓼之後。

西乞　原校謂術不姓百里。

袁　原校謂「爰」、「轅」相通。

林　原校附和通志，譏詆林寶。

士華　原校謂應云「華士」，非「士華」。

遾　原校謂所脱之字不可考。

孟　原校謂軻非齊人，字子展，不詳所本。

按所删節者，如姓纂既云舒子之國，則校注近於贅；「爰」、「轅」相通，究無涉於「袁」通「爰」、「轅」，則校注爲不諦。其餘四節，亦可有可無，孟氏一注，殆因孫序有兩存之論，故不復採；惟「士華」確「華士」之倒，竟爾削去，誠失考也。

（二）改併四條

驪　既乙正「應昭」爲「昭應」。

袁　原袁良、袁陽二校注，均據新表比姓纂，故併作一條。

尉遲　削去原校「長樂郡公」一句，祇云「史無兜樂」。

鵠　因孫本訛「督」爲「都」而修改。

改併中三條都無如何可議，惟尉遲，庫校引「侯兜封長樂郡公」，合諸卷八原校，殆含有「兜樂」即其奪誤之意，今孫校沿姓纂訛文，稱曰「侯兜」，已屬不合，又更假定「兜樂」爲人名，其識見殊出庫校下矣。

（三）新增十條

虞　不知于姓奪目而增。

淮夷　比較通志引文而增。

匏　比較廣韻不云姓而增。

陶叔　比較通志引文而增。

劉　比較漢書而增。

仉　解釋音義而增。

仝　解釋音義而增。

廖　因「立」字訛「廖」而增。

内八條均比庫本有所推進，得爲孫本勝處。廖姓一條，純因傳訛而誤會，今知庫本不誤，注自可删。獨于姓一條，孫所據祕笈，與原文大體從同，乃不知補奪漏之目，反增複見之文，無怪近人詆其憒憒也。

闕文　比較通志引文而增。

閣　同上。

孫校之長在補佚，計庫本原缺而經其輯補者，共四十五姓：

a 夫　蒙　辜　條　沙　稚　異　絮　錯　憲　淳　鄮　室孫　弋　據通志補十三姓。

b 梅　雷　崔　裴　錢　蕭　姚　包　高　毛　曹　羅　何　楊　梁　章　姜　張　常　汪

唐　康　黄　彭　程　邢　丁　蔣　傅　據祕笈補二十九姓。

c 忻　貫　角　據急就章補三姓。

内收韻外誤者，忻、姚、絮、錯四姓，唯絮誤收遇，故不知原本之「恕」即「絮」訛，且通志未明言引林書也。複補者于、顧、上官、廖（以上據祕笈）、植（據通志）五姓。誤補者賀谷（通志無姓此）、滿（急就章非引林書）二姓。蔣姓之文，今全見辯證中，所補亦可删。若忻姓呆補「忻氏」二字，條姓夾入鄭氏釋文，均應剔出。洪、詹兩姓，補入宋人譜目，尤失考之甚者。又如陳姓下補「六望」一句，今本陳姓實不止六望，則應入疑文之列。至一段内插入之補文，既無符號記其起訖，又不詳細注明，亦體例未善之處。

孫序云：「此外有宋謝維新合璧事類類姓門，亦引古今姓纂，按其詞有引通鑑云云，則不盡林氏原書。」孫氏此説，蓋未嘗取合璧事類備要（以下省稱備要）細讀之者。考備要二八云：「已上四百單八姓，並依目今書字俗本百家姓銓次，編輯姓纂，次事類。」彼所謂「姓纂」者，猶「編纂姓氏源流」之謂，非指林氏之「元和姓纂」，故其書中「歷代源流」、「皇朝源流」、「事理發揮」、「事類」等，外面均圍以方格，乃一類中之分目，與「古今姓纂」爲對舉，而並非所引書名，例如强姓下備要所引，與類稿同，類稿引姓苑，而備要所標，仍是古今姓纂也。又如備要一一尤姓云：「古今姓纂或曰『尤』、『游』同稱，或曰『尤』乃『石』姓之誤，乘訛傳襲，因以爲姓，或曰『尤』起於『仇』，仇者怨之義，尤亦怨之義，皆無所據者也。」此豈元和姓纂之辭者。又如備要一四之雲姓，敍述太繁，同卷花姓下「唐有倉部員外郎花季睦」（按「花」乃「范」之誤，范季睦，長慶初爲倉外，見元氏長慶集），均與元和姓纂之書例或成書年代不合。尤其是備要之孔、湯、錢、昝、巫、党、扈、慎、聶、鞠、敬、木、京、萬、俟諸姓之古今姓纂下，兼記五代及宋事，其非指元和姓纂，益昭昭矣。夫林寶之書，本名元和姓纂，不名「古今姓纂」，同以「姓纂」名者，復有北宋錢明逸之熙寧姓纂六卷（見通志略一九），建炎中黄邦俊之羣史姓纂韻譜六卷（玉海五〇），自萬姓統譜始誤引「古今姓纂」爲書名，孫氏更擬爲林書，何憒憒耶。

更嘗考之，孫氏所謂詞引通鑑者，即指備要二一洪姓古今姓纂「生經綸，諫議大夫」之下，接云：「通鑑，唐德宗建中元年二月，命洪經綸爲河北黜陟使。」今知「古今姓纂」四字，祇是備要自身之分目標題，可無疑於其引及通鑑矣。翰苑新書後集六洪姓姓纂下所引文與備要同，獨未聞孫氏以通鑑爲疑，則不特强行軒輊，抑亦自相乖牾。考翰苑新書類姓中，每姓分「姓纂」、「事實」兩類，互相對舉，是翰苑新書所謂「姓纂」，亦非指元和姓纂，此可於其姓纂下引及通鑑知之。惟如是，則孫、洪據翰苑新書（下省稱新書）以補姓纂之各條，直全體上根本摇動，一二誤補宋人書説，猶是小焉者耳。所幸宋代姓氏書，率因襲唐人成説（如「幾世孫」作「幾代」，「世本」作「代本」等可見），今以類稿所引林書，與備要、新書兩本對勘，除去議論文章外，殆大致相同，故此兩書涉各姓源流之處，仍可用爲校補林書之底本。

尚餘一問題，即孫氏所據，爲七閣中某一閣之本是也。卷六許姓校注，文津庫本（下省稱庫本）云：「案『遜』字下有脱文。」孫本作「『遜』字上」。卷十洛姓，庫本云：「『洛下閎』或作『落』。」孫本作「『落下閎』或作『洛』」。卷五周姓，庫本云「孫納言」，孫本作「訥言」，均比文津不誤，其非録自文津，殆可斷言。此外六閣，半歸喪失，勢已無從確考。

孫、洪兩序均祇提永樂大典，不提四庫，洪序云：「毗陵淵如夫子以所藏鈔本見示，因校而刊之。」一若全出自校者然，蓋雍、乾之際，文網甚密，四庫官本，於例不應私刊，孫、洪之閃爍其辭者，所以備萬一，非有意攘奪前功也，明乎時代背境者當諒之。

孫刻刊於嘉慶七年，中經亂離，版當已燬。金陵書局本印於光緒六年，係據孫本翻版，然亦間有小小異同（分詳校記）。最著者卷八「路侍愛」，孫本原依史改「恃愛」，今局本竟作「侍愛」，與庫本同。又卷七范姓四「宏」字改「弘」，似係當日主刊者有意校改，然刻後無跋，究出何人手筆，不可復知。此本後印者漸漫漶，如卷十達奚氏校注，「案魏官氏志」早印本「官」字甚明，後印本則其下方左竪已斷，極類「宫」字。

清以後致力此書者，張、沈、羅三家之著述，已詳見附録。其他較可稱道，則有勞格、陳毅，勞正冒文，如睦混於枝，鄔混於扈，孟混於甯，夏侯混於南郭，賀蘭全屬賀若，是也。陳正訛奪，如纂、表黎、庫六斤、唱盆、莫多那、可地延、解北是也。總之，前人成績，即片詞隻字，苟有所見，無不一一撮録，凡以見世之鉅工，非一人所能包辦，無用愛惡於其間也。

本校記致力之四點

民二十五，見報載牟氏校姓纂十數條，念其中訛文極多，非數紙可盡，乃摘其涉姓源處之屬於文字錯誤及顯而易見者，摘校若干，藉便覽讀。久之，覺未滿意，則又旁推於各姓人物，如是再三擴展，蓋不止於四次校勘矣。維時余適專注突厥集史材料之搜集，無暇分工，則乙勒其文，屬内人張蕙芳代任謄録。翌年，應本所聘，甫一月，即轉遷於滇，待圖書布置就緒（時已二十八年初），始續取全文、全詩、晚近出土唐誌（拓本仍多未見）及前未得見之典籍，陸續補入之。今取名四校記者，竊以爲四庫輯自大典，清臣所校，一校也。孫、洪録本刊布，始附入輯佚，二校也。羅振玉就局本成校勘記二卷，三校也。大埔温廷敬氏元和姓纂校補序，早於二十二年發刊（中山大學文史研究所月刊一卷一期），其文之上平一部，則延至二十六年，乃登廣州學報（一卷二期），值抗戰軍興，又戛然止，故不復數入，然其成績，仍大半撮入校記中。温序謂氏族略「十之七八，皆襲取姓纂，不著所出」，固拙見所同，然鄭樵要非完全剽竊者比（見再序），若出以揣測，勢必至補不勝補，故本篇補文，仍取嚴格主義，與温氏所見不盡同。由其概略言之，本校記所注重者，計有如下四點：

A 芟誤　今本傳訛之處，罕有隔兩行而不一見者，清代治者數家，合其所得，猶未什一，宜夫難讀也。大抵校書難，校氏姓書尤難，校氏姓書如姓纂者更難。他類之書，常有文義可循，不難想像而得，姓氏書則朝代之差（非核其時代，則奪羼無從知，如元氏之曾孫虛受是），昭穆之混，名字之舛，仕履之乖，非得史、集、碑、誌，相與比觀，有讀數過而莫知其誤者，一難也（例如卷七沈姓「戎次子齊」，庫校以「戎」字屬上讀，誤「象戎」爲一名。又卷二徐姓「元弼，中書侍郎徐安貞」，今本「元弼」上奪「生」字，中書侍郎乃安貞所官，徐松修全唐文六二二，竟誤云：「案元和姓纂，元弼，南昌人，官中書侍郎。」又卷一封姓「生淑。詢，北齊左丞」，應「淑」字斷句，原文甚明，羅校乃誤「詢」連上讀。卷二徐姓「監玄孫融」，前文已著「監」，羅校乃誤連上爲「國子博士監」。可見姓纂讀法之易於失句，在往日深通漢文者，時所不免）。唐前遺籍，或宋本、元本之殊源，或蜀板、閩板之異製，有可參契，正誤易分，若姓纂則輯自叢殘，亥豕既多，孫本即由庫本産生，更淵源無別，二難也。況姓纂著録人物，太半不見正史，而鉤稽之途愈狹矣。職是之故，此次校勘，余尤側重於唐人文集與唐代金石，計每讀一書，未嘗不開卷有益，所校訛誤，分詳卷中，難以撮要，兹僅舉其涉及姓目者（已由前人發見者不録，下倣此）：

嵩 「僑」之訛。

東邸 「虞丘」之訛析。

公士 「公上」之訛。

封貝 「封具」之訛。

差師 「羌師」之訛。

師子 「子師」之倒。

尸遂 「尸逐」之訛。

蔡仲 「蔡仲」之訛。

熙氏 「氏」字衍。

須朐 「須朐」之訛。

呼毋 「呼毒」之訛。

孤邱 「狐丘」之訛。

蜀 「蜀」之訛。

毒　「毒」之訛。

辛相　「辛廖」之訛。

坤　「根」之訛。

韓獻　「韓厥」之訛。

填瀆　「慎瀆」之訛。

毛渾　「屯渾」之訛，「屯渾」又「渾屯」之倒。

梁于　「梁餘」之訛。

强牟　「彌牟」之訛。

長仲　「仲長」之倒。

杭　「抗」之訛。

青尹　「清尹」之訛。

弘農　「有扈」之訛。

修氏　「氏」字衍。

舟相　「冉相」之訛。

技也　「拔也」之訛。

恃　「忖」之訛。

士成　似「上成」之訛。

士華　「華士」之倒。

子南　「子彊」之訛。

甫奚　「甫爽」之訛。

仵城　「賀遂」之訛。

祖南　「社南」之訛。

解瑟羅　「解」,「斛」之訛。

倍利　「倍俟」或「倍俟利」之訛奪。

小施　「少施」之訛。

坎氏　「氏」字衍。

地駱枝　「他駱拔」之訛。

蜚廉　即「飛廉」之異寫。

恕　「絮」之訛。

祭北　「癸北」之訛。

大臨　「大」字衍。

會庌氏　「氏」字衍。

快　「炔」之訛。

「古吝字」　上脱「遴」字。

蔄　「莔」之訛。

賀谷　無此姓，應删。

上粱　「卜粱」之訛。

上尹　「工尹」之訛。

右　「右行」之脱。

闞者　「闞耆」之訛。

鄓　「鄎」之訛。

祝固　「祝圉」之訛。

室孫氏　「氏」字衍。

悉君　「君」，「居」之訛。

肔　「肷」之訛。

不夷　「墨夷」之訛。

諾護　「護諾」之倒。

嚇　「赫」之訛。

已上六十一條，計訛字者四十五，倒錯五，衍文六，脱文三，異寫複出及本無其姓者各一，祇姓目舛誤，已纍纍如許，未經前人道及，則其他可想。

就收韻錯誤言之，「僑」之訛「嵩」，似林氏根本錯誤，因廣韻亦著録嵩姓也，「抗」訛「杭」，「忖」訛「恃」，「炔」訛「快」，均因字體相近，殆後人沿其訛體而改收也，此當注意者一。又就單、複兩姓分計之，實爲單姓者有嵩、熙、蜀、毒、坤、杭、修、忖、坎、恕、炔、蔺、鄭、肷、赫十五條，除嵩、杭、忖、炔之收韻錯誤，具釋如前外，其餘十一條字雖錯誤，仍未出韻，此當注意者二。余嘗綦冒文之解析，謂大典所據本，必係單姓四聲拘收，複姓自爲一類（説見後文），合觀上兩項結論，其説益得確立。蓋單姓四聲拘收，故字體雖訛，仍得附應入之韻而免出韻之弊，複姓則不然，無韻爲限，故字體一誤，輯録者唯知據訛體以收韻，遂致平仄之間，相差極遠矣。

校書莫難於勘定訛字，我國文字偏於形，故形近而訛者恆占多數。如于儒卿、辛長儒之「儒」，皆當作「孺」。唐石「粲」字常寫作「桀」或「粲」，故「荀粲」誤「荀祭」，「袁粲」誤「袁桀」，舊新唐書又誤「袁察」。顗、顓形近，故「荀顗」誤「荀顓」，「袁顗」誤「袁顓」，而「趙頤貞」反訛「趙顗貞」。又卷二刁姓下之「刁達」，廣韻注「刁逵」，卷四「元素達」，新書二〇「素蓮（連）」（魏書四五「韋逵」，北史二六及新表七四上作「韋逵」）；又趙一清見本梁書五四之「區逵」，余見本爲「區達」，水經注三六、晉書九七、隋書八二、南史七八均「區連」，後漢書一一六又作「區憐」，皆可相例，參拙著聖心二期占城屬國考一九——二一頁）。文雖不同，而亥豕之變，往往相似，清代校書者車載斗量，但從未有人揭其常見之轉訛，輯爲一錄，以供啓發，是亦一憾事也。

B拾遺　前賢補佚，洪氏以氏族略、姓氏急就章及祕笈新書，沈氏以金石錄及路史，羅氏以金石錄及姓氏書辯證，具詳之矣。淩、張（澍）兩家，曾徵佚文百餘條，然淩書蕪雜滋甚，張曾見今本，顧於引文異同之處，絶未比較，情殊可疑，故均别録爲篇。陳士元氏雖與淩同時，然書較簡潔可信，則入諸補佚之列。由是所獲，計有蔣姓全姓，則四庫誤輯入辯證者也。通志、急就篇各四條，則洪氏所遺也。金石録六條、辯證二十一條，則沈、羅兩家所遺也。乾道臨安志、江州河東昌黎三集序注、戰國策注、白文公年譜及大典各一條，則前賢所未搜也（參下凡例）。合諸類稿補五十九姓，姓觽補五十三姓，連同冒文應補之四十八姓姓目（見後文），亦不下二百，則處羣賢羅括之後而漏網者仍有此數，區區聊自慰矣。

翁　□（富）陽人（通志）。

戎子　姜姓（通志）。

封人　左傳，晉有蕭封人（辯證）。

韋　監察御史河東節度掌書記(江州集序)。

崔　兵部侍郎(金石録)。

新垣　新垣衍，畢公高之後(戰國策注)。

陳　出自嬀姓，虞帝之後。夏禹封禹子商均於虞城，三十二世(代)孫遏父，爲周陶正，武王妻以元女太姬，封之宛丘爲陳侯，以奉舜後，是爲胡公滿。九世(代)孫厲公他，生公子完，字敬仲，奔齊爲工正，以國爲氏。五世(代)孫陳桓子，字無宇，孫成子陳常(恆)，又以所食邑爲陳氏(辯證)。

田　平涼。京兆。鴈門。太原。天水。信都(辯證)。

泉　獻誠生元隱(金石録)。

歂　「顓孫」之字或作「歂」(辯證)。

毛　滎陽。河陽。北地(辯證)。

陶丘　齊大夫陶丘德，漢侍御史陶丘仁，後漢陶丘子林(辯證)。

張　安定。范陽。太原。南陽。燉煌。修武。上谷。沛國。梁國。滎陽。平原。京兆(辯證)。

王　文堉生仁皎(金石録)。

又　馮翊。長沙。金城。廣漢。廣陵。聊城。長安。高陵。河内。河間。藍田。上黨。鄴郡。

廣平。華陰。樂陵（辯證）。

又　王虔休，范陽人（金石録）。

房　孺復，河南人（乾道臨安志）。

章仇　河間　章仇大翼善天文，煬帝賜姓盧氏；天寶劍南東川節度、户部尚書章仇兼瓊，代居兗州，生湛（辯證）。

勞　其先居東勞山，因氏焉（急就篇）。

查　鄱陽查祥（急就篇）。

黄　江陵。洛陽。晉安（辯證）。

　　神仙傳有皇初平，居山陰；隋上州刺史新豐伯皇沖，自云漢皇運之後，出上洛（辯證）。

洋　（急就篇）。

周　（金部郎中）周敏道，衛尉少卿（周行譽）（辯證）。

又　已上九郡爲新望（辯證）。

湛　像章（大典）。

㪷　姒姓（通志）。

㪷戈　禹後（通志）。

黔婁（辯證）。

覃　本譚氏，避諱改「覃」，又音尋，今嶺南多此姓（河東集注）。

主父　漢有主父偃（辯證）。

五相（辯證）。

阪上　晉惠帝時有殿中將軍阪上囂（辯證）。

抱（辯證）。

蔣（全姓，文繁不備録）（辯證）。

杏（急就篇）。

衛　子之玄、中立（昌黎集注）。

戴　廣陵。清和（辯證）。

鄭　小白名茂，生胤伯，大鴻臚卿（金石録）。

竹　遼西竹氏，出自（孤竹君），本（姜姓，成湯封之遼西），今支縣竹城是也。裔孫（伯夷、叔齊）辭國，餓死首陽山，（子孫以）國爲孤竹氏，亦單稱（竹氏）（辯證增）。

夙沙　爲氏（辯證）。

薛　順先生苹（金石録）。

又　自勸，司勳員外郎、餘杭太守（乾道臨安志）。

白　（文見校記）（白文公年譜）。

據類稿補者，有下列五十九姓（散文或已見前者不計）：

施　司空　樗里　堅　邊　刁　堯　晁　譙　苗　膠　巢　茅　陶

和　麻　車　巴　陽　羊　房　萇　方　襄　莊　匡　郎　倉

桑　光　汪　英　平　京　荆　明　榮　成　寧　承　應　牟

譚　南　甘　伍　禰　米　閔　宛　罕　滿　后　太史　印　服

乞伏　帛　百里

據姓觿所補者，有下列五十三姓：

耆門　諸稽　盂　梧　新孫　親　革　便　羊舌　儵　周陽　謳　句龍　禽

鄅　士季　子寬　子暈　梓　鬼　鉅　郿　尹公　衍　展輿　蜎　佼　左公

黨　整　壽丘　後　母　糾　仲叔　虹　付　瓠　太室　鄃　少施　鑒

夙　繇　蜀　岳　佚　蔑　雪　柏常　益　弋　縶　涉其

抑須有於此附論者，前賢補佚，每犯四弊：（一）曰呆補，應通而變之。例如急就章謂姓纂有忻氏，則補忻姓之目可矣，洪氏既補忻目，復補「忻氏」二字，斯語不成文。又如辯證馮姓引姓纂：「出弘農者，弘孫西魏寧州刺史寧之後。」以全段引文與今本校，知「出……者」字是撮引可删，而羅氏照樣補入，視各條文體不符是也；試觀今姓纂一封姓：「子繡，通州刺史，生德潤、德輿、德如、德彝。」而集古録跋七則引作「隋通州刺史繡，生四子，曰德潤、德輿、德如、德彝。」可見便行文計，引文常有倒顛，而從姓纂書例觀之，則「生四子曰」四字，顯出歐陽意增，顧子繡是否祇四子，姓纂固無明文，若據歐陽文，遂謂子繡必四子，斯以詞害意矣。他如韓子年譜引「後漢司空稜，潁川人」，辯證七袁姓引「望出汝南者安後，出彭城者生後，出京兆及華陰者皆焕（涣）後，出襄陽者術後」，「望出陳郡陽夏者，自後漢、魏、晉至梁、陳，正傳二十八人，三公令僕一十七人」，同書二四隗姓引「後漢隗囂，望出天水成紀；隗紹，望出汝陰」，新書後集六馮姓引「本畢公高之後，食采於馮城，因而命氏，出杜陵及長安」，均可比觀今本而灼見古人引文，往往隨意撮略，此不特引姓纂如是，引他書亦往往如是，我國學者對古人引書，往往失諸泥看，故因論姓纂而詳言之。（二）曰複補，應審而定之。今本明明有「于」，祇漏目耳，而洪氏補「于」一條；今本明明有「萬」，祇錯冒耳，而羅氏補「萬」一條；又姓纂於諸鮮卑族改姓，常從附見之例，故羅補牒姓，原附云氏，若泥求字面而不全書貫通，斯難免重複之咎矣。（三）曰誤補，應慎以將之。如洪氏熊姓下補「熊克家譜曰」，詹姓下補「詹大卿體仁家譜曰」，熊與詹皆宋人也，胡爲見唐代之書？（四）曰妄補，應嚴以律之。如大典原文，屠住既誤冒精縱，則别立精縱之目，屠住祇存目可矣，乃竟取通志屠住之文，補入姓纂，非成法也。凡斯四弊，今兹之校，或未能免，然固常兢兢焉以自戒矣。

C正本　今本姓纂之大弊，莫如冒文，冒者本有此姓而誤載別姓之文之謂也（其故下再推論之）。前賢嘗示其端倪，猶未及什中一二，張冠李戴，胡得似君，夫於是論者益持議林氏之後矣。鄭樵作氏族略，實祖姓纂，提要、洪序嘗言之，似對於兩書之密切關係，已甚明瞭，故余對通志，初不願再多著力；逮兩校之後，略事比讀，始恍然前人施功之有限，乃將兩書逐條對勘之，不意所獲如是之鉅也。夫中唐之世，古代氏族諸志，多未淪亡，實縱空疏，要不難按籍而稽，何至指鹿爲馬，抑更何至指鹿爲馬者纍纍不絕？是用專稽通志，旁及姓書，使冒文者各各還原歸宗，今而後林氏庶可少減紕繆之譏矣。冒文之中，概別四類：

（一）旁冒　卽甲姓下敍本姓外，復冒乙姓之文是也，屬此者三十一姓：

公乘冒公上　枝冒眭　奇冒爲　馳冒禪
邳冒丕　蘄冒移　呼母（毒）冒唯徐　盆冒門
鮮于冒南郭東郭　陶叔冒陶丘　精縱（屠住）冒邵皓　南郭冒夏侯
甘士冒幹獻　三伉冒五鹿　骫冒姒　子庭冒子庚
魯陽冒偪陽　尹冒允　梗陽冒涇陽　灌冒冠
晏冒諫　向冒尚　正令冒壤駟　甯冒孟
舊冒富　富冒繆　闞冒譌　吸刺冒火拔

食冒敕　國冒勒　習冒隰

（二）互冒　如甲姓既冒乙姓，而甲姓本條又爲乙姓所冒是也，屬此者六姓：

彤冒肜　肜冒彤　露冒顧　顧冒露

鵠冒朴　朴冒鵠

（三）專冒　即甲姓專冒乙姓或乙、丙姓之文，其甲姓本條，今本已佚，或轉爲丁姓所冒是也，屬此者七十一姓：

公成冒成公　熊相冒倚相　戲陽冒孫陽　丕冒茲

祁夜冒封具　旗冒期　飛廉冒義渠　舒鳩冒爽鳩

樗里冒京相　巫咸冒舒鳩　壺丘冒桑丘及乘丘　鮭冒洼及鮭陽

芸冒芬　孫陽冒櫟陽　奔水冒祁夜　根冒屯

根水冒奔水　安都冒遬僕　安是冒根水　皋落冒落下

沙吒冒舍利　沙陀冒沙吒　常壽冒瞻葛　蒼頡冒接輿及白象

京相冒空相　成陽冒老陽　弘農冒有扈　三烏冒三苗

三邱冒三州　三苗冒三邱　瞻葛冒堂邑　紙冒倚

倚冒綺　技（拔）也冒叱利　是婁冒賀賴　是賁冒賀兒

是云冒是婁　是奴冒是賁　尾勺冒白侯　甫奚(爽)冒安是及葵丘

五鳩冒伍參　五里冒第二　五鹿冒五鳩　古野冒皐落

祖(社)南冒社北　補禄冒游棣　小(少)施冒有男　老陽冒太陽

火拔冒睒跌　社北冒三烏　壤駟冒息夫　爽鳩冒顓臾

冉相冒慎潰　恕(絮)冒鑪　太陽冒戲陽　遴冒慎

冠冒貫　邵皓冒羌憲　舍利冒執失　副冒忌

闞文冒闞者　闞班冒闞文　服冒處　祝固(圉)冒匠麗

甪里冒綺里　漆雕冒合博　落下冒落姑　伯成冒陽成

勒冒植　北鬟冒壽西　睒跌冒似和

(四)複冒　如甲姓冒乙姓之文，而此乙姓之文，固已別見(或大致相同)是也，屬此者十七姓：

封貝冒取慮　巫臣冒弗忌　須朐(朐)冒老萊　毛(屯)渾冒陸終

羌憲冒涓濁　士成冒上(卜)梁　馬矢冒長梧　幹獻冒函輿

壽西冒市南　御龍冒擾龍　匠麗冒列禦　闞者(耆)冒北旄

禄冒鹿　叔敖冒叔達　續祁冒洞沐　越椒冒嬰齊

北殷冒北旄

綜計冒文之未經前人指出者，約百二十姓，內（子）冒他而失卻本條者三十六姓，（丑）被冒而應行補目者四十八姓（前人所已提出者率不計）。茲再表示如次：

（子）項

相里　熊相　旗　蟄子　巫咸　須朐　安都　常壽　成陽　紙

拔也　是云　是奴　士成？　子干　尾勺　甫爽　五里　古野　寡

社南　補祿　趙陽　馬矢　馬適　虵咥　冉相　絮　賀蘭　鬬班

叔敖　甪里　伯成　北鄉　北髮　莢

（丑）項

公上　空相　移　爲　禆　期　茲　唯徐　注　葵丘

芬　顓臾　陽成　堂邑　成公　涇陽　乘丘　游棣　綺　綺里

倚相　子庚　伍參　有男　忌　義渠　第二　慎　賀賴　賀兒

尚　繆　處　遬僕　叱利　恤　謁　落姑　白侯　白象

偪陽　敕　櫟陽　息夫　北旄　執失　隰　合博

此外：

吐谷渾（十姥）與吐谷渾（十一沒）。

飛廉（八微）與蜚廉（八未）。

蔡仲（十四泰）與葵仲（六脂）。

召伯（三十五笑）與石伯（二十二昔）。

宿六氏（一屋）與庫六斤（十一暮）。

或音讀偶殊，或傳鈔轉誤，無論源自林氏，抑錯出後人，均應歸併更正，庶無貽謬。

大抵冒文之弊，最少起於宋、元之交，知者，王應麟姓氏急就篇上已引姓纂「晉有芸賢」也。今試將四項冒文解析之，則有共通之點一焉，卽必單姓冒單姓，複姓冒複姓是也。單何以不冒複，複何以不冒單，此中必有故存焉。抑冒文一項，合諸前賢所得，不下百三十姓，觀諸林氏事蹟，其人必不如是荒謬，當爲公論所同。更有明徵者：

1 熊相冒倚相，而熊相之佚文，見辨誤一，又尋源二四及辨誤一七所引倚相，正與今熊相文同。

2 樗里冒京相，而樗里之佚文，見類稿五七。

3 芸冒芬，而芸之佚文，見統譜二〇。

4 孫陽冒櫟陽，戲陽冒孫陽，而尋源一一所引孫陽，正與今戲陽文略同。

5 蒼頡冒接輿及白象，而蒼頡之佚文，見尋源一七。

6 三丘冒三州，而姓氏篇所引三州，正與今三丘文同。

7 御龍冒擾龍，而御龍之佚文，見姓氏篇。

8 奮冒萬，而奮之佚文，見尋源三四。

9 北人冒北海，而姓氏篇所引北海，與今北人文同。

10 扈冒鄔，而鄔姓佚文之一部，見尋源八。

11 五里冒第二，而姓氏篇所引第二，與今五里文同。

淩、張所引，當出宋末類書，是宋末時見本姓纂，並不如今本之訛冒也。然則誤冒之咎，不在林氏，不在南宋以前，斷在宋、元間或永樂大典之輯録者，可無疑矣。又嘗考之，肜、彤互冒，字體相類，倚之冒綺，行草難分，此可諉諸鈔胥者之筆誤；旁冒、複冒兩項，或見本殘破，無知者妄相連綴，亦在意中。特如露之冒顧，文内七箇「顧」字皆作「露」，蘇農冒沙陀，文内三箇「沙陀」皆作「蘇農」，苟不知書則已耳，字形匪近，知書者寧遂一誤再誤，且至於七八十姓乎？故鈔胥之咎不可解也。破本連綴，在旁冒、複冒者或可以此爲辭，今顧姓内有七「顧」字，破本應不作「露」，况破爛者未必恰巧在其姓也，故掇補之咎不可解也。余嘗根據單冒單、複冒複之原則以搆思，得一綫焉。考宋末類書，已有用一豎（|）以代標目之字者，例如近世韻書，東韻下注「在|」，猶云在東也，「易|」，猶云易東也，假使當日姓纂鈔（或刻）本，採用此例，則顧姓内七箇「顧」字，均用|代入，沙陀姓内三箇「沙陀」字，均用||代入；又假使其姓目於編纂或（永樂大典）轉録時，各誤推上或推下一姓，則前、後姓即生互相轉冒之弊，以次可至於無窮。

迨永樂大典寫正之際，不加審勘，就符號—或——處填入文字，遂鑄成今本姓纂之大錯矣。抑由類書符號轉譯文字之事實，更得於卷六「仵城」見之，蓋以姓冒姓，猶得舉前後推移爲解，若「仵城」在文内本一地名，何故轉訛爲姓，此必編類書者一時筆誤，訛標目「賀遂」爲「仵城」，原文「賜姓賀遂」，亦隨轉爲「賜姓——」，迨還原時，將訛目之「仵城」填入，遂變「賜姓仵城」矣。

復次四項冒文中，其姓有

1同聲同韻而冒者，如旗冒期、沙陀冒沙吒等。

2同聲不同韻而冒者，如丕冒兹、巫咸冒舒鳩等。

3不同聲而冒者：

a上平冒下平或上、去、入聲，如樗里冒京相，熊相冒倚相，飛廉冒義渠，孫陽冒櫟陽等。

b下平冒上平或上、去、入聲，如京相冒空相，成陽冒老陽，沙吒冒舍利，臯落冒落下等。

c上聲冒上、下平或去、入聲，如甫爽冒安是，古野冒臯落，老陽冒太陽，尾勺冒白侯等。

d去聲冒上、下平或上、入聲，如太陽冒戲陽，幹獻冒函輿，正令冒壤駟，舍利冒執失等。

e入聲冒下平或上、去者，如伯成冒陽成，用里冒綺里，祝圉冒匠麗等。（上平缺）

又冒文百餘條，單姓占三十六；内同韻相冒者二十六，不同韻者（就廣韻言之）十。彤（東）彤（冬）、蘄（之）移（支）、丕（脂）兹（之）、根（痕）屯（魂）、骫（紙）姒（止）、甯（徑）孟（映）、富（宥）繆（幼）、鵠（沃）朴（覺）、勒

（德）植（職）之九雙，或字形甚類，或分部相鄰，或晚世韻通，最差異者唯副（宥）之冒忌（志），然猶在同聲之内也。合是解析，余敢信大典所據之本，單姓仍四聲拘收，複姓則自爲一類，故複姓之相冒，乃不限於本聲也。以上解釋，雖出理想，然非如是，究無以明今本之必單冒單、複冒複，而未見乎單之冒複、或複冒單也（又如「萬」訛「奮」、而「吐萬」不訛「吐奮」）。夫精縱宣邪，無其人也，而尋源反以譏鄭、鄧，「吐萬」改「奮」，沿訛目也，而疏證竟深信其真，儻不速爲清釐，勢將習非成是，貽累學術，豈復淺鮮！孔子曰，名不正則言不順，言不順則事不成。今姓纂之名，不正者多矣，正本即所以正名也。

抑姓纂著録之姓，不見通志者可六七十，余嘗旁考乎廣韻、姓解、辯證三書（後此者率是轉販，益不可恃），以覘其有無訛冒，計不爲三家著録而可疑者，得如下三姓：

麭　盤麭之後（按庫校、洪校均疑之）。

周史　周史之後，其後氏焉。

北鬉　（原文冒壽西）

又原文可疑而未敢即決者，如：

東里　何氏姓苑云，東萊人（按廣韻引「何氏姓苑有東萊氏」，此許是東里兼冒東萊）。

水丘　吳興人（存疑）。

奻　官氏志，渴侯氏改爲奻氏（奻氏之「奻」必訛，所冒何姓，尚未決定，或即冒紙姓之文也）。

右將（今漢書作「左將」，存疑）

凡皆有待乎詳證者也。

D伐僞　私家著述，有書成而猶屢次修正者，非所論於官撰之書也。姓纂一書，奉敕修進，一經寫定，存諸省閣，斷未可任意增附，試取兩唐書勘之，便見元和人物下所記仕履，殆無不是六、七年間見任（分見校記中，茲不撮舉），其或有異，必後人附增無疑矣。清代諸儒，初得是書，目覩叢殘，補亡不暇，以故於羼亂之跡，絕少留心，或且評封望卿弗見爲脱文，韋貫之未相爲可怪，忽視時代，説不中程。又或操論過嚴，因噎廢食，獨孤全姓，祇爲損相昭宗，遂盡舉而入諸辯證，果如此判别，今姓纂之應行剔出者不下二十姓，其將誰歸，蓋過猶不及也。余校是書，非敢謂超越前賢，然持論務折乎中庸，凡應刪、應存之間，未嘗不細爲審度，補亡將以求其全，闢僞將以反其真，同是珍重遺編之意耳。或謂官書可以增修，然姓纂增修無明文，且未必限於某姓中一二人也。或又謂林氏而自録副本者亦可附增，林氏生卒雖不詳，然晚至僖、昭，甚而五代初期，必不然也。抑開成之際，林尚奉職京師，去修書二十許年矣，而卷五林姓下猶是元和七年自序之常博，寶之並未增改，蓋彰彰矣。外此，如卷五丘姓「世居扶風」之「世」字，佚文中子淵氏之「淵」字等，均現後人改正痕跡，大義無傷，不復具舉。傳曰，非其種者，鋤而去之。言真僞不可以並存也。故正本而後，余尤重在鋤非，統計全書中可決爲羼文者，約三十節：

公正　建安中朝邑令公正範，吳人。

龐（景昭生巖，）中書舍人。

歸（生融，）刑部尚書。

儲生嗣宗，校書郎；生隱，檢校郎中。

蘇贇生虔，……國子司業。

又持生循、楨。滌，兵部尚書、襄州節度，生粹、沖。

阿跌（跌）（光顏，）陳許節度。

皇甫（鎛）宰相，（生煥，）中書舍人、福建觀察使。

劉生允章，中書舍人。

庾（生威，）員外郎、湖州刺史。

又（敬休生道蔚，）翰林學士。

又（倬生簡休，）工部侍郎、左散騎常侍。

杜（元穎，協律郎，）平章事、西川都督，生審禮，京兆少尹。元絳生審權，平章事、浙江節度，生讓能、彥林、弘徽。讓能，太尉。弘徽，吏部尚書。彥林，中書舍人，生用礪。

又（生悰，）駙馬，平章事、須公，淮南、西川節度。悰生裔休、儒林。

又牧，中書舍人，生承澤、晦辭、德祥。晦辭，左補闕。德祥，御史中丞、禮部侍郎。顗，淮南節度判官。

又　甫生宗武，宗武生嗣業，貧無以給葬，收拾乞丐，云(去)甫殁四十年，啓子美柩，祔于偃師。

蔣　乂生係、伸、佶、偕。係，檢校左僕射、興元節度、中書侍郎、華州刺史，生泳。佶，國子祭酒(見補佚中)。

沈　(傳師，進士，)吏部侍郎，生樞、詢。樞，進士、諫議大夫、商州防禦使。詢，進士、浙東觀察、澤潞節度，生衛，進士。

又　生栖遠、栖逸。……栖遠，庶子知制誥、翰林學士、賓客致仕，梁徵詳定禮儀、户部侍郎。栖逸、拾遺。

啖　會昌中進士啖鱗，避武帝(宗)廟諱改澹(登科記考二七已疑爲後人所增)。

路　羣生巖、嶽。

又　(異生楷，)司農卿。

段　(生文昌，左補闕，)長慶、大和中書侍郎，西川、淮南、京東三節度。

又　嶷，右驍衛將軍、郇坊州刺史。

賀拔　長慶中進士賀拔悳(惎)。

陸　(詮生亘，太常博士，)越、宣二觀察，生墉、勳。墉，陝府觀察，生鉅。勳，吏部郎中。

穆（生栖梧，）泗州刺史兼丞。

又　諶改名仁裕，宣武節度、檢校兵部尚書，生延業，諫議大夫。

獨孤　生蒙、雲、霖。雲，吏部侍郎、東川節度，生回、損。霖，祕書監。（見佚文中）

柏（生耆，）諫議大夫。（元封，進士，）婺州刺史。

試合各條觀之，所增文字無一定規則，非有心羼亂者比，意當日傳鈔本中，有就箇人所見，隨時附注行間者，後人獲之，不及細察，遂誤併於姓纂原文歟？唐方鎮年表二宣武云：「按元和姓纂竟及仁裕，蓋後人竄入其書，似此非一。」與前引登科記考，已揭明羼入之跡，祇未一一拈出耳。

外此，尚有可附帶提及者，如匡謬正俗云：「或問人有複名單稱，于理云何？答曰，複名單稱，乃是流俗之事，隋大業中出敕，禁斷單稱複名。又云，或問今人稱字而不稱名，其故何也？」此爲隋、唐間人之結習，故竇庭華可爲竇華，咸廙業可爲咸廙，亦或名、字互用，如甯愷爲甯悌原，校唐人文字者，總須參酌史實，然後能定其異同，亦不可因一字之差，遽生誤會，此則十餘年來研究隋、唐史之小得也。

元和姓纂四校記再序

余今請舉一讀史凡例曰，未讀元和姓纂者，不能讀新唐書宰相世系表。歐陽氏文雄一代，先聲奪人，讀世系表者唯震其盛名，又見夫新書藝文志譜牒之類，著録餘千六百卷，遂設想夫修史之際，必羅列諸家宗譜，纂輯成書，欽崇之不暇，而新書亦迄未道史源所出，事將千年，幾無發其覆者。

爲上説者，如容齋隨筆六云：「新唐宰相世系表皆承用逐家譜牒，故多有謬誤。」又新舊書互證八云：「想修唐表時，祇取諸家譜系雜鈔之。」夫攻新書最力者莫如吴縝，然其人既舊書尚不檢對（語本十七史商榷），遑論他籍。趙明誠氏治金石極有名，所爲各跋，常旁參姓纂、新表，而猶未知後者即前者之蟬蛻，無怪乎洪、趙（紹祖）作是言矣。

清代史學翻新，責言日至，論最急激者，則有沈炳震，云：「唐書宰相世系表大端紕戾，官爵謚號，或書或否，或丞尉而不遺，或卿貳而反缺，或誤書其兄弟之官，或備書其褒贈之職，更或其生平所偶歷及曾未嘗居是官者，龐雜淆亂，不可究詰，以表序昭穆，此非所重，故不詳載，要之此書不足徵信，適以滋謬，舉不（？）可廢也。」望之奢，不禁責之切，謂其可廢，則與承用逐家譜牒之論，兩弗相容。余二校姓纂而後，乃知諸家所云，皆或過或不及之論，唯遼居録韋瓊誌跋云：「世系表述諸家世系，多據姓纂，故其詳略則相符也。」又丙寅稿格虞仁誌跋云：「姓纂載格氏，……世系表同，殆卽依據姓纂也。」爲能窺其祕，然舉證有限，未能徵信。余謂新表者，元和姓纂之嫡子也，姓纂所詳爲顯官，顯官莫如宰相，必舉全數以列表，則難於命名，唯擷宰相爲綱，斯姓纂菁華，幾盡入彀，表能利用史餘，成其創作（參拙著新書突厥傳擬注），良可嘉也。是故既知新表大部本姓纂（參卷九「竇懷恪湖州刺史條」校記），則吾人對之，不必爲過苛之論，所可議者，表不能廣參碑集，使新表之價值，益爲增高而已。

抑是説也，辯證亦嘗露其端倪，今卷四齊姓云：「唐宰相世系表全用其説，止除齊惡、豹、明兒三人，……故姓纂、唐表恥齊豹盗臣之名，喜太公大賢之後，鑿空傅會，以齊氏爲出姜姓而謚於國。」此文之前，似有脱漏，所謂新表全用其説者，全用元和姓纂之説也，惡、豹、明者，齊惡、齊豹、齊明也，「兒」字衍，試取兩書勘之，便知鄧説不謬。有疑吾言者乎？則更請以歐陽氏自道者證之，其與王深甫論世譜帖云：「惠借顔氏譜，得見一二，大幸，自五代迄今，家家亡之，……雖使人人自求其家，猶不可得，況一人之力，兼考于繆亂亡失之餘，能如所示者，非深甫之好學深思，莫能也。」曰得見一二大幸，則非網羅廣博也，新表之作，或許嘗有資於深甫其人，然非大部所自出也。論者於新表紕繆，往往不得其説，遂引顔師古漢書注：「私譜之文，出於閭巷，家自爲説，事非經典，苟引先賢，妄相假託，無可取信，寧足據乎？」按漢書七五此注，純爲眭姓音讀及「眭」、「炅」糅混而發，「家自爲説，事非經典」者，指命氏之源而言，故曰「文」，非概論也。一姓一家之私譜，纂輯者必其族人，中間縱有謬誤，而涉近代之昭穆、名字等，自比較最可信，斷無家自爲說。如謂私譜之昭穆、名字，亦難徵信，試問可徵信者何種？以是知顏氏之論，非概括私譜全部而言，引文者常陷於斷章取義也。今試舉一例言之，如新表七一上河南劉氏以去卑爲冒頓後，「文」也，七五下獨孤氏以去卑爲沛獻王後，亦「文」也，皆涉上代受氏之源，前者本自姓纂，後者本自毗陵集一〇獨孤通理靈表，表雜採各說，故爾乖牾。然表之紕繆，固多在近代世系而不在此，魯公集一〇杜濟碑云：「夫人晝哭茹毒，星言割哀，留子壻祕書省校書郎范陽盧少康遣二子匡、陟，緝寧家殘，獨與子肅匍匐萬里，以祇護喪櫬。」黄本驥云：「案唐書宰相世系表載濟爲高陵令惠之子，此碑及墓誌皆云惠之第三子，表闕其長、次二子。表又載濟五子，匡、陟、緝、寧、揚，集載此碑及墓誌皆云三子，而以『揚』爲『肅』。碑云遣二子匡陟緝寧家殘，獨與子肅匍匐護櫬，蓋『緝寧家殘』四字爲句，緝，和也；寧，安也；用湯誓『緝寧爾邦家』語，謂其妻韋氏留二子匡陟料理家事之殘缺，而攜其季子扶櫬於常州也。世系表據此碑録入，誤以『緝寧』爲二子之名，故云五子；全唐文據表改碑，云『遣四子匡陟緝寧』，則下『家殘』二字不成句矣。」夫「緝寧」非名，家譜斷不如此，濟二兄名闕，則因姓纂不載，兩相反映，益證表祇取顏集以補姓纂，非於杜氏家譜有所窺矣。

就兩書比讀，新表本自姓纂，厥證纍纍，兹約爲六類說明之：

（甲）宰相世系之闕載　宰相世系之脱略，諸家所舉，有：

1 李義府相高宗(考異五〇)。

2 武什方相武后(糾謬一一)。

3 杜景佺相武后(考異五〇)。

4 李景諶相武后(同上)。

5 王本立相武后(同上)。

6 王及善相武后(同上)。

7 孫元亨相武后(同上)。

8 任知古相武后(同上)。

9 張光輔相武后(互證八)。

10 于惟謙相中宗(糾謬一一)。

11 劉幽求相睿宗、玄宗。(考異五〇)。

12 陳希烈相玄宗(互證七)。

13 李忠臣相代宗、德宗(考異五〇)。

14 李懷光相德宗(同上)。

15 李訓相文宗(同上)。

16　李讓夷相武宗（同上）。

17　鄭肅相武宗（沈炳震）。

18　韋琮相宣宗（考異五〇）。

19　趙隱相懿宗（同上）。

20　豆盧瑑相懿宗（同上）。

21　朱朴相昭宗（同上）。

22　鄭綮相昭宗（糾謬一一）。

其漏者，考異五〇或爲之說曰：「又有李忠臣、李懷光二人，皆叛臣，故不敍其系。」互證七辨之曰：「案陳希烈在姦臣傳，其實亦叛臣也，表雖無世系，而總計處有名。喬琳與李忠臣同在叛臣傳，而表載喬氏宰相一人琳，則忠臣、懷光，非以其叛也，……自是疏漏，不能爲之說也。」

按2 3 11三項之失載，因姓纂亦失載也。7 8 13三項之失載，因姓纂孫姓河東下祇書元亨，任姓河東下祇書知古，董姓范陽下祇書忠臣，不舉所出及所生也。1 4 5 6 9及14六項失載，諒亦如此。15至22八項之失載，因時代皆在姓纂之後，表又不能旁採他書以彌其缺也。惟于惟謙、陳希烈，姓纂三均略載世系，此真新表脱漏之責矣（新表引得謂宰相名之脱漏者，休璟曾相武后、中宗、睿宗云云。按休璟即唐休璟，新表七四下唐氏祇宰相一人，表中固有休璟名）。此外如七一上僖宗朝之裴坦，誤計作南來吳

（考異五〇），亦嘗涉姓纂同姓名而誤會者，蓋南來吴「裴坦」之高祖仕於隋，坦名應得見於已佚之姓纂也。

李義府、張柬之世系，余曾據石刻一再補之（貞石證史）。李讓夷，舊書一七六固著其祖悦、父應規也，使嘗參乎舊傳者，何爲不譜？又李訓，固揆之族孫而逢吉從子也（舊書一六九），今揆及逢吉均詳其先系，使得諸家譜牒者，何爲獨遺訓？

（乙）或詳或略之關係

1 新書七二下葉酉，考證云：「案柬之、説、嘉貞、仁愿、文瓘、行成六人，本傳俱不詳其祖、父，不知表何所據。」

2 新書七四下袁恕己，考證云：「本傳不詳其父、祖。」

3 考異五〇云：「鷄田李氏，……按此表述世系甚略。」

4 不載郝處俊之孫（互證八）。

5 蘇世長後無務元（同上）。

6 狄仁傑子無景暉（同上）。

7 不載袁恕己曾孫德文（同上）。

8 不載桓彦範弟元範（同上）。

按新表記恕己父、祖，與姓纂同，由此可反證柬之等六人之祖、父，其必本自佚文之姓纂無疑也。鷄田李氏，姓纂阿跌下祇舉光進、光顔，新表所補，不過其父良臣，然三李墓碑，今巋然尚存，以是知新表於此，姓纂、本傳而外，未嘗旁參碑誌也。若4至8項，皆本傳所有，姓纂所無，又知新表於此，舍姓纂外，更不參及本傳也。本傳且不參，何有於九十八族之譜牒？

（丙）姓源敍述之痕跡　姓纂七趙姓云：「嘉子公輔主西戎，居隴西郡，天水西縣，公輔十三代孫名融。」以姓纂體例核之，「天水西縣」四字，原本必不與上文相連（參校記及前序），新表七三下則云：「世居隴西天水西縣。」夫隴西郡，天水亦郡，郡不能統郡，新表不得其讀，故爾誤連，於此足覘新表轉録姓纂之痕跡，此其一。

姓纂四桓姓云：「滎八代孫彝，……生嗣、謙、循。晉護軍將軍、長社侯桓過江，居丹陽，生尹，尹生崇之。」新表七五上則云：「生嗣、謙、修。修，晉護軍將軍、長社侯，過江居丹陽，生尹，尹生崇之。」兩文比讀，除循、修古常混寫外，新表比姓纂祇重一「修」字，省一「桓」字。按「尹」乃「伊」訛，伊爲長社侯桓景之子，葉酉氏久已拈出，但新表何以合二桓爲一族，厥因未明。余嘗診之，林氏敍桓彝世系，實至「生嗣謙循」而止，已下別敍桓景一支，故特提「桓」字，今本「桓」下奪「景」字，必北宋見本已如此，因不得其讀，遂以「護軍將軍長社侯」屬諸桓修，且沿姓纂訛「伊」爲「尹」也。轉録之跡，證據尤明，此其二。

漢書一六平定敬侯齊受，姓纂三作「平敬侯」，新表七五下同（通志諱「敬」，作「平恭侯」），此其三。

孫姓，惠孫生耳，新表七三下與姓纂説同，所敍孫武仲至良夫世數，亦與姓纂合，而與釋例迥異，此其四。

宋世良，北齊書有傳，姓纂作「生良，北齊東郡太守」，係避唐諱，今新表七五上亦作「良」，此其五。

（丁）資料限制之從同　此類可再分四點詳之：

（一）屬於後裔者。韋元整之後裔，今有韋瓊誌可考（存逸考一），姓纂二敍至元整止，故新表七四上亦祇敍至元整止。長孫龜之孫，今有獨孤通理靈表可考（毗陵集一〇），姓纂七祇敍其曾孫子哲，故新表七二上亦闕中間兩代。又姓纂辛猷、辛懿是昆弟，今新表七三上脱落懿名，混兩支爲一。姓纂祇云季超孫豁，故表亦不著豁父。

（二）屬於子數者。韋端妻誌有五子，紓居末（續編九），韋端誌亦五子，紓居次末（同上一〇），姓纂二祇載縝、紓二人，故新表七四上同。又韋抗碑有三子，姓纂祇著翹，故新表亦同。周書三〇竇熾子凡十四人，姓纂九祇記恭、覽、深、嶷、誼、威六人，故新表七一下亦祇得六數。韋知人子維、縝、縱、紹而外，尚有緄，見韋和上誌（芒洛遺文補），新表七四上同乎姓纂，不記緄名（又縝終申王府司馬，見毗陵集八神道碑，而表則縝、縱均缺官階，與姓纂同）。

（三）屬於闕名者。姓纂一封子繪孫智瞻，卷二韋師孫弘敏，均不詳其子，故新表七一下及七四上亦然。

（四）屬於官位者。孔戣終尚書左丞、右散騎常侍，孔戢終京兆尹、御史大夫，獨孤朗終工部侍郎、福建觀察，均有舊、新書本傳可考，姓纂稱戣，給事中；戢，庫部員外；朗，協律郎者，記其元和七年之見官，而新表竟相同。李華子肇，曾入禁林，颺歷中外，新表七二上只稱大理評事；獨孤朗官終福州刺史，新表七五下只稱協律郎；裴武元和七年以後，累官京兆尹、荆南節度（見舊紀一五），裴堪長慶初自工尚致仕（元氏集四六），今新表七一上書武，太府卿；堪，江西觀察使；杜羔歷振武節度，以工尚致仕（新書一七二），今新表七二上祇書羔，刑部郎中；李方乂誌，改授監察御史，充涇原節度判官，府罷，授陝州靈寶縣令，遂兼祕書郎，爲寶鼎令，又攝理解縣，未浹日，暴没，時元和九年二月（芒洛遺文中），新表七二上作李乂，監察御史；蓋皆此數人之七年見官，是新表於姓纂而外，並未參乎舊、新等書也。新書七四上，韋見素子益，工部員外郎；生顗，兵部員外郎。按舊書一〇八，益終刑部員外郎；又唐語林一亦云，敬宗時吏部郎韋顗，大曆中刑部員外郎益之子；今姓纂作益，工部員外，新表正與相同，此新表本姓纂之可見者也；顗雖不著於今本姓纂，但考昌黎集二九，長慶元年七月，愈自國子祭酒除兵部侍郎，舉韋顗自代狀，稱中散大夫、守大理少卿、驍騎尉韋顗，合前引語林觀之，顗固非終於兵外者，新表何以祇著其中間之官？循此推之，乃悟兵外實元和七年顗之見任，新表鈔自姓纂，而今本佚去其文，故因襲之迹晦。李抱真之曾祖永達，姓纂云不仕，而全文四四六董晉義陽王李公（抱真）德政碑記則云「開府儀同三司左武衞大將軍永（達）之曾孫」，今新表七五下，永達無仕歷，與姓纂同，與德政碑異；又姓纂四，桓法嗣，郇王諮議，舊書九一與桓歸秦誌均作「雍王」，而新表七五上與姓纂同；又竇寓曾歷令、尉，見其本誌，而新表七一下與姓纂同缺仕歷，均屬此例。

（戊）紀述錯誤之因襲　韋希損，一人也，有希損誌可證（存逸考一），而姓纂二析作兩人；蘇震非虔子也，有新傳可證，今姓纂三以訛錯之故，讀來恍如虔子；劉慶爲該子，有魏書、北史可證，而姓纂五以爲敏子；宇文韜生肱，肱生顒、泰，有北周書、北史可證，而今姓纂六訛爲「韜生肱、顒、泰」，此皆姓纂之顯然訛舛者也。又如姓纂三稱晉齊琰之五代孫逵仕於唐，同書八稱後魏七兵尚書給之玄孫仲羨仕爲燕渤海太守，以年代核之，均甚可疑，而新表皆與之同。由是知其多憑姓纂也。

蘇儇生昱，見蘇昱德政碑（山右石刻四），今姓纂訛奪爲「昺生昱」，新表七四上亦然。

温曦爲彦博曾孫，見涼國公主碑及新傳九一，新表七三下則同姓纂，以爲玄孫。

董晉義陽王李公德政碑記：「皇開府儀同三司涼州都督……中國公修仁之玄孫。」舊書五五李軌傳：「修仁，左武候大將軍，封中國公。」會要四五：「右武衛大將軍中國公安修仁。」均作「中國」，唯新表七五下作「脩仁，左驍衛大將軍、郕國公」，與姓纂全合。

趙慎己之子名駉，見趙珪誌，新表七三下同姓纂訛「駧」。

姓纂賈耽生疇、疇、疇。疇，太子中允。疇，司農主簿。今新表七五下疇、疇之官，雖與姓纂異（此因姓纂記七年見官，新表或據他書改終官），而行序則與姓纂同。按全文四七八鄭餘慶賈耽神道碑：「長子

疇，太常寺協律郎，凋於青春。次子疄，太子議郎。少子睬，京兆府參軍。」則三子以疇、疄、睬爲次

段文昌祖懷皎，父諤，見元龜一三一及廣記一五五引定命録，新表七五下竟同乎誤本姓纂，奪去諤

一代（林寶與文昌同時，原書必不誤）。

據曲江集一二，竇敬賓應希瓛之子，新表七一下同姓纂，以敬賓爲希瓛弟。

徐琇信都郡長史，見魯公集九，新表七五下同姓纂作「冀州刺史」。

依勞格考證，司勳員外餘杭太守乃薛自勸之歷官，新表七三下竟同乎南宋所見之誤本姓纂，列於自

勸兄自勉之下。

（己）表式排列之蒙昧　新表多出姓纂，最資證明者莫此條若，且由是知余所云未讀姓纂不能讀新

表之不妄也。今請分十節論之：

（一）堂弟　堂弟，同祖弟也。姓纂二西眷韋平齊公房：「懷質堂弟匡素。」既闕其父，則製表時「匡素」

上一格謂應書曰「未詳」，顧新表七四上則於韋貞（即懷質父）後一行之下一格書匡素名，使未讀姓纂者

觀之，必曰匡素，貞之子也。

（二）從父弟　似即同曾祖者。姓纂九，竇叔向從父弟彧，新表七一下不知別據何書，補彧父元昌，

但就表讀表，則元昌儼爲叔向之叔父，非從父也（唐人亦間稱伯叔父爲從父）。

（三）少子　姓纂六杜姓濮陽：「兼極孫順休，……兼極少子鎮。」新表七二上「極」作「拯」，於「兼極」

下空一格，再下一格書順休，又於「兼極」後一行下一格書鎮，其先順休一支者，以姓纂謂鎮爲少子也。

（四）兄子　姓纂二西眷韋平齊公房：「仁爽兄子容成。」卽略去容成之父也，新表七四上則於「仁爽」前一行之下一格書容成，未讀姓纂者覩之，必以爲弘敏之子矣，此其一。姓纂六呂姓：「諲兄子季重。」新表七五上卽於「諲」前兩行下一格書季重，此其二。姓纂一〇，祝欽明兄子騆，新表七五上則於「欽明」前一行下一格書騆，同時新表又不知別據何書，欽明有兄玄珪，但騆之名又不書玄珪之下，是新表亦未敢認兄子卽玄珪子也，而後世讀史者閱之，固儼然玄珪子矣，此其三。姓纂一〇郭待舉兄子秦初，新表七四上作「泰初」，而於「待舉」後一行下一格書之，姓纂庫校遂發生誤會，謂新表以泰初爲待舉子，而不知新表之製作無法也，此其四。

姓纂九豆盧通孫方則，易言之，方則卽寬姪也，姓纂不著方則之父，新表亦莫能考，於是以方則附於寬諸子之後，彼固非謂方則爲寬子，特其製表之法不合式耳；然因表式之蒙昧，於是清代金石家如筠清館，則疑「方則爲寬子」爲新表之誤，金石續編四又數方則在內而疑寬有四子，兩家所見雖相反，而並無一是，此皆由不明新表製法之故。

（五）堂兄子　姓纂九竇彧堂兄子端，新表七一下則於前兩行下一格書端，未讀姓纂者覩之，必以爲端亦叔向之子。

（六）堂姪　同祖兄弟之子也。姓纂六宇文全志堂姪順，新表七一下卽於「全志」後一行下一格書順，閲之則與全志之子無異，而不知其父、祖皆不詳也。姓纂八魏玄同堂姪確，新表七二中於「玄同」諸子後之後一行書確，致姓纂庫校誤會確爲玄同之子，謂與姓纂異，而不知未有異也，確固自有其父、祖也。

（七）再從姪　同曾祖兄弟之子也。姓纂二西眷韋平齊公房：「瑶再從姪峴。」新表於「瑶」後二行下一格書峴，乃如素立之曾孫，而不知實素立之曾姪孫；質言之，新表韋師一系，錯謬百出，真沈炳震氏所謂可廢者。

（八）兄孫　姓纂二西眷韋「素立兄孫瑶」，新表七四上於「素立」前一行下二格書瑶，依次讀下，則瑶儼仁爽之孫，但姓纂別敍仁爽，可決其不然也。姓纂一〇郭納兄孫冏（「冏」字原奪），新表七四上於「納」諸子之後一行下一格書冏，讀者遂誤會爲納之孫矣。

（九）姪孫　姓纂六許欽淡姪孫仲容，新表七三上於其後一行下二格書仲容，直與欽淡之孫，無少差異。

（十）堂姪曾孫　姓纂九豆盧達堂姪曾孫子騫，新表七四下於「達」之後一行下二格（卽姪孫）書子騫，又與達孫毫無分別。

此外如姓纂一封纂五代孫道瑜，實延之之胤，而新表附於興之之末。姓纂四源師（卽師民）從父弟惜（惜），生壯（實卽行莊），而新表七五上附行莊於師民表末，且同一横行，恍若兄弟者然。姓纂七馬默一支，與馬璘一支，不過同祖馬融，絶無服屬關係，而新表七二下以同出扶風，合爲一表。王氏太原第二房並無宰相，而新表七二中不嫌贅列。更有似異非異，其訛舛當生於製表時者，如新表七三下誤陸璪爲陸珙之子，七四上誤韋處厚爲韋衍之孫，凡斯之類，雖與今姓纂多少忤戾，要之青藍相出，厥跡躍然。

以姓纂爲骨幹，又不獨宰相世系表然也，即宗室世系表，亦可推而知之。例如宗閔父翻，表書其官爲金州刺史、虞部郎中，今白氏集三八翰林制詔有金州刺史李翻除虞部郎中制，居易自元和二年底至六年四月居翰苑，是金州刺史虞部郎中者，姓纂修書時之前官及見官也；翻後自宗正卿出爲華州刺史鎮國軍使，終右散騎常侍（參拙著唐史餘瀋），均較金刺、虞中高而貴，何爲不書而書元和七年時見官，謂非本據姓纂而何？若其子宗冉、宗閔等之官，固有參他史料增入者，吾故曰其骨幹爲姓纂也（新表竇鞏子名，本自諸藏言，羅振玉世系表補正曾揭之）。

歷代名畫記一〇云：「李平鈞，宗室也，淮安王神通之曾孫，爲江陵府法曹參軍、汴州陳留令，……平鈞之叔李權，工八分，叔樞，工小篆。」按新書七〇上，神通生膠西郡公司農卿孝義，孝義生璥，璥生泗州刺史孟犨，孟犨生金州刺史權、檢校虞部員外郎兼侍御史樞、歙州别駕軫等，其姪輩有萬鈞、千鈞、仁鈞、良鈞、正鈞、執鈞、直鈞等，唯未見平鈞。平鈞之父，是新表中何人，亦不可知，以排行「鈞」字推之，謂平鈞是權、樞之姪，應無疑也。據表，平鈞是神通五世孫，記作曾孫，誤。又石刻，陝西華陰上元元年題名，稱京兆府法曹參軍李樞；輿地碑記四成都府下大曆十年殿中侍御史李樞；竇泉述書賦注，皇室李權，金州刺史；弟樞，侍御史，工小篆；又全文三七一李軫泗州刺史李君神道碑，軫爲其父孟犨作，時大曆元年十一月也，碑云：「有子六人，長曰權，故金州刺史，次曰衡，故洛州清漳尉；次曰樞，故檢校虞部員外兼侍御史；次曰軫，歙州別駕；次曰房，故渭南令；季曰翼，陝府長史兼侍御史丞陝府都防禦觀察陝虢等使，惟軫與翼永號孤苦。」則權、樞均卒於大曆元已前，今郎官柱主外有李權，以其次序驗之，當文宗時任，勞考二六乃以此李權當之，非也。權居長，如平鈞是權親姪，則名畫記稱叔權亦不合。孟犨碑：「高祖諱亮。」斯軫爲亮五世孫，全文小傳稱「軫，鄭王亮四世孫」，係誤差一世。又新表記孟犨六子，歷官唯翼不同，云：「宗正卿、太子賓客。」則大曆元年後事也，是表當別有所本。又依上文所考年代，平鈞應得見於姓纂，今表無平鈞，殆姓纂從缺，故表遂不得而記之歟（李世三娘誌：「曾祖孟犨，祖翼，父高。」今新表無高）？

李錡從父弟宋州刺史銛、通事舍人銑，坐累貶嶺外，見舊紀一四。元和十一年，銑官少府少監，見舊書一九七。銑殆銛弟，而今新表則有銛無銑。又銛，七年正月自司農卿授京兆尹，八年十二月改鄜坊觀察，今表衹著京尹，亦本據姓纂之一事。

新表夷簡子匡文。考崇文總目，匡文著天潢源派、唐偕日譜、元和縣主譜、皇孫郡王譜、家譜、玉牒行樓等書，多涉於天家圖牒，非無仕履者，今表缺不書，此亦必姓纂撰修時匡文未仕，但舉其名，而新表據以入録耳，使嘗參乎匡文家譜（此書新志亦著録）者，斷不如是缺憾。

元龜六一六：「汾州司馬李思順，臨川公德懋子也。」今新書七〇上，德懋子祇思齊一人。

總觀宗室全表，中缺一代至三代者數數見，此當原文稱孫、曾孫或玄孫之故（最顯者，南陽公房昭仲下缺一代而爲元璋，再缺兩代而爲朏及晞；畢王房七世之師素，十一世之知保；雍王房五世之汭與說）。蔡王房琛下之裔孫居士，不詳其世，此當原文但稱裔孫之故。又同房「可信」下一格空，旁一格注「小老」，此當原文稱姪，不詳其父之故。又神通有子十一，見於本傳，今表僅得十人。凡若是，皆非援引完全譜牒之炳證。夫相敬宗之程，相文宗之石，相武宗之回，表均見之，又表謂文通破蔡州有功，去戒死王仙芝之亂，固多姓纂後之史料，余今所辨者，表先以姓纂爲骨幹，次乃參合他書而造成，非録自整箇之玉牒爾。

抑舊説謂各表資料，雜取諸家譜系，今除一二特例外（如曲江張氏），更有以知其不然者，試再廣之：封安壽有子爲臨邛令，見伯玉集五，據集，安壽當不止一子，而新表七一下祇著安壽子玄景一人。魏書四七，盧淵小字陽烏，有八子：長子道將，字祖業；弟亮，字仁業；亮弟道裕，字寧祖；弟道虔，字慶祖；弟道侃，字希祖；弟道和，字叔維；弟道約，字季恭；弟道舒，字幼安。詳明可考。今新表七三上祇列道將、道亮、道虔、道舒四人而闕其四，就令中絶，不應不列，是非徒譜諜之未見，抑魏書之失考矣。又陽烏一格，則道亮（卽亮）應二格，思演應三格，今道亮、思演，乃各誤推下一格，則父子爲兄弟，兄弟爲叔姪，而朗已下一支，是否均如此誤推，尚待考察。復次，全文七八四權德輿（整理者按：當爲穆員，岑氏誤記)盧嶽墓誌:「道虔生齊左庶子昌衞(衡),昌衞(衡)生隋澤州内部長寶素,寶素生皇朝綿州長史安壽,安壽生汝州司馬正紀,正紀生絳州聞喜令抗。」(按「抗」,表作「伉」)表所記無大出入;誌又云:「府君,聞喜之第二子也。……三子載、戣、戡,長齒未童,幼哀及禮,洎兄子嘉猶,稟伯父永州司馬嶠之命,泣血襄事,見託於銘。」按嶽爲第二子而有兄嶠,則兄子嘉猶,當卽嶠子,曰「伯父」者,專就載、戣、戡言之,不然,則兄子爲從兄子,緣嶽不得有兩親兄也,今表於「嶠」左側下及「嶽」右側下之一格書嘉猷(「猷」、「猶」通),意示嘉猷爲嶽之兄子,又不敢斷是嶠子,卽其游移態度觀之,足見此一段世系,幾全從權集録出,非本自譜牒也。永州司馬,乃立誌(貞元四)年嶠之見官,未必終於此職,今表竟如是書,尤足爲前説佐證。

盧士玫有兄士衍,字源一,見元氏集一八盧頭陀詩,今表無。

全文六八四陳諫登石傘峯詩序:「中書侍郎平章事高陽齊公,昔遊越鄉,閲翫山水者垂三十載,初棲於剡嶺,……其東偏石傘巖付令弟秀才推,俄而中書卽世,推高尚之致,文行之美,與伯氏相侔。」據舊書一三六,此齊公乃抗也。抗有弟推,諸書都不詳,而表亦闕。

源休有弟曰溥,見新書二二四下喬琳傳末,而表則無之。

高士廉有子六人,履行、至行、純行、真行、審行、慎行,見舊書六五及新書九五,而新表七一下祇著履行、質行(或卽至行)、真行、審行四人;又真行有子典膳丞岐,亦見舊、新傳及伯玉集六,而表顧略去。

高嶸誌有子祇等,嶸以開元十七年卒(芒洛續編下),新表七一下嶸子祇著惠恭一人。王美暢有兄,五爲縣宰，三遷州佐，見伯玉集四，而今新表七二中遺之。

據襄陽遺文，張柬之第二弟景之，子嶠，孫遬；三弟慶之、五弟敬之均無後；又有晦之，殆是四弟，子朏，孫回，今新表七二下均不著録。又新表以愿爲柬之長子漪之子，據遺文，實柬之次子嶧之子，開元二十一年時官駕部郎中。嶧尚有子點，早卒。愿第八子嘌，生珦、瑀、璪、璟。漪之長子名孚，子銚，孫迪。漪之四子軫，有子繟、紹、縉，而表亦不著。是知柬之世系，斷非本自譜牒，易言之，即可假定其採自姓纂（參拙著貞石證史）。

全文三一五李華楊騎曹集序：「君諱極，字齊物，隋觀德王之後。祖正基，魯王府諮議；父珣，永平令，得進士舉，邦族高之。君幼孤，……歷右驍衞騎曹參軍，……永泰二年，余旅疾延陵，故人之孤，更來候余，君孤子年十餘，……且名之曰德元，字之曰長宗。」按新表七一下，觀德王士雄生績，績生思禎，思禎生正基，不著歷官。正基祇一子，曰琮，比部郎中，亦不著其後，更不見珣名。是知正基之胤，僅舉郎省要官，此正姓纂著録之通例。

姓纂武攸望孫徹，洋州刺史，不詳徹之父，故新表七四上攸望與潵之間，亦空一格；通鑑二一四又言攸望子温昚，殆本自實録者，故新表亦著録温昚爲攸望子，但潵父之名與温昚子之名皆不詳，潵或即温昚之子，要未可定，由是知新表基據姓纂，間以他史料參之，故形成如是之缺陷形式，讀史者儻因潵與温昚各爲一行，遂確斷潵非温昚之子，則大違乎讀新表之竅訣矣。

同表，武弘度字懷運，下空一格，——卽失其子名——有孫勝。勝子克，字虛受。克三子，曰典、異、愿。今姓纂不著。考全文六九一符載賀州刺史武府君誌云：「左右僕射、司徒、太尉、尚書令、楚僖王士讓之玄孫，九江王弘度之曾孫，納言、司徒、同中書門下年（「平」之訛）章事定王攸暨之孫，尚書膳部員外郎徐州刺史勝之子。……府君諱充，字虛受，……嗣子曰異，曰典，……從子沇貳其窀穸之事。」據姓纂，攸暨是懷道子，非懷運子（新表同），懷道父士稜，非士讓（新傳二〇六亦稱士稜孫攸暨，唯新表以懷道爲士讓子，與傳異）。懷運之子，則攸歸、攸止、攸望也。反觀賀州墓誌，凡納言、司徒、同平章事、定王等，均與新攸暨傳合，「暨」字又非傳刻之訛，依此思之，乃恍然於新表之編制，除取姓纂爲基幹外，雜採他文以彌其闕，唯姓纂攸暨父懷道，賀州墓誌，攸暨父懷運，勢必須取一棄一，故特空懷運子之一格，而以勝附於懷運諸孫之列也。光字虛受，名、字相照，表作「克」，蓋涉形近而訛。墓誌充祇兩子典、異，表乃若三子，又不見從子沇，蓋沇、愿音近，當卽一人（未詳孰是）。新表凡於某人之從子不詳其父名者，輒附於某人之子之後方，恍若某人之子者，厥例已見前，不必再舉。

姓纂於宰相柳奭之正支，祇云：「旦，隋黄門侍郎，生燮、則、綽、楷、融（按此字衍）、亨，……則生奭，中書令、河東肅公。奭生知人，水部員外。」不著則之官，而新表七三上則云：「則，隋左衞騎曹參軍。」奭子知人外，表尚有奭子爽，爽子「嘉泰，字元亨，右武衞將軍」，及嘉泰子祐良。按全文三五一郭納右武衞將軍柳公神道碑：「公諱嘉泰，字元亨，……曾祖則，隋左衞騎曹參軍，……父爽，皇贈朝散大夫、鄜州司馬，……嗣子祐良等逷逷焉遏楷之孝也。」舊㬮傳祇著則官，可見新表係兼據嘉泰碑修補。

全文三六二封利建大唐睢陽郡柘城縣令李公德政碑云：「（上闕）員外丞鉅鹿魏崇仁，故太師鄭公之曾孫也。」今新表七二中徵曾孫無崇仁名。

路應有三子，曰貫、賞、貞，見昌黎集二六路應神道碑，而今新表七五不載，則以姓纂所無，而修表者漏不及補也。

據毗陵集，獨孤通理凡七子，曰汜，曰巨，曰憕，曰及，曰丕，曰萬，曰正，而姓纂則祇著汜、巨、及、丕四人（「丕」殆「正」之訛，說見拙著唐集質疑獨孤及系年録條），故新表七五下通理之子，亦祇著汜、巨、及、正四人，而別誤補澄（「憕」之訛）、丕、萬三子於獨孤楷之下，果其採據譜牒或詳讀毗陵集者，不應如是參錯也。由此可見新表純倚姓纂爲基幹，而間取唐文參補之者。

假定某家譜系，修於唐代某一時期，則尚未出生或官歷未至者不能豫知，如此說法，似尚可替新表解除一部責任。但私家譜牒，斷無知其子孫不知其父祖之理，更無祇著其弟不著其兄之理，申言之，私譜斷非可任意删略者。如曰新表主簡，又應有一定去取之例，今將表所見與所未見者相比較，固毫無規則，是從略之說，亦不能爲表作辯護。故謂姓纂已佚之世系，今多賴新表而傳，實不爲過。

新表史源之解釋，與姓纂、新表互證問題，饒有關係；例如新表七三上以柳楷子雄、亮爲一人，羅校因據之，而謂姓纂單稱亮者奪「雄」字。今假新表所據史料，與姓纂並不同源，其文作「柳楷生柳雄亮，雄亮生贊」，則吾人似可根據表文，斷姓纂單稱柳亮之奪去「雄」字。唯是吾人既知新表中元和以前之史料，率採自姓纂，便不能遽下此片面的斷定；因姓纂之「檜生雄亮」，可讀作一子，亦可讀如兩子，是羅氏據新表雄亮爲一名，而斷姓纂單稱亮之不合，吾人復可據姓纂「亮生贊」，而謂新表誤合雄與亮爲一人也。質言之，新表中元和已前史料，既知其率本姓纂，則兩書有從同者，吾人固不能準其任一以證他之必是，兩書有互殊者，尤不能準其任一以證他之必非，別須於兩者外覓獲源流確異之史料，始可假定其是非何在。

以上所舉，尚非揭發淨盡，而新表大部，本自姓纂，已無可疑。果使諸家譜牒，琳瑯滿目，將安得成此千創百孔之記載耶？鶴林玉露論歐陽修族譜云：「詢在唐初，至黄巢時幾三百年，僅得五世，琮在唐末，至宋仁宗纔百四十五年，乃爲十六（八）世，恐無此理。」陳祖范掌録上申其説云：「族譜有名者稱歐陽氏、蘇氏；歐譜：詢生通，自通三世生琮，爲吉州刺史，當唐末，黄巢陷州縣，率州民捍賊，鄉里賴以保全，琮以下譜亡。自琮八世生萬，爲安福令，公于安福爲九世孫。以時考之，詢在唐初，至黄巢時幾三百年，僅得五世，琮在唐末，至宋仁宗纔百四十五年，乃爲十八世，恐無是理，歐陽氏無他族混淆，尚脱誤如此。」

如其説（參序後附跋），則本宗之譜，猶未得完全者寓目，而謂能搜羅九十餘族之譜牒，夫誰信之？或者曰，今新表中固多林書未見者，子言得毋過歟？余應之曰，是有兩説焉：姓纂諸鉅族之散佚，人所知也，如李、如裴、如張、如楊、如崔、王、鄭、盧等，新表材料，當多出自佚文中（前已證明），又今存姓纂，殆經宋人一度删削，可由諸家所徵佚文見之，吾人特未覩其完本耳，此一説也。温汝适氏曲江集考證下云：「新書表、志，皆歐公手筆，其表宰相世系，他人或寥寥，而曲江特詳，豈因夢得之論，故備列之，俾覽者自悟歟？」新表七二下始興一房，下記至曲江九世孫，此可信其據家譜以成篇者（據廣州人物傳，宋景德三年，九世孫元吉獻墨蹟等，天聖六年，九世孫錫獻告身等，由此逆推，七、八世孫已是五代及宋人物，所收又嫌其太無朔限也）。同此例者有李絳一家，敍至絳之曾孫。歐陽通一家，敍至修之高祖。又李晟之後，雜採碑、傳。韓愈一系，雜採碑、狀，韓泰一支引柳集，元稹一支兼採白集，都可覆按（此不盡舉，於前文及校記中分詳之）。更有顯與姓纂立異者，如姓纂三于志寧列於所生宣道下，表列所嗣宣敏下，殆據隋書而改。姓源説之異乎姓纂者，如劉氏、閻氏之有文在手，烏氏之以鳥名官，褚氏之其德可師，丙氏爲李陵之裔。又元和七年已後諸相，例如孫偓一支，似增入材料不少，然試觀孫筥誌云：「烈考府君諱公器，……府君卽裴太夫人第七子也。」（芒洛遺文中）今新表七三下僅記公器子華清、正、簡、範、聚、晏六人，是知搜採者仍不過碑集材料，初非孫氏宗譜，以宗譜斷，未必遺筥一人也。夫新書，以良史自命者也，使全部照舊書鈔謄，不加隻字，史家之位早祧矣，尚得至今享盛名耶？抑新表非憑藉姓纂之根基，不能作宰相世系表，無可諱辨，其食德於林氏者匪鮮，顧所跋乙速孤神慶碑乃云：「元和姓纂但云代人，隨魏南徙而已，其敍神慶世次，又多闕繆。」核諸姓纂，則大謬不然（説見校記）。然後人因歐陽氏有此説，又以爲新表經其參修，遂並不疑新表之多本林氏，顧歐陽豈竟如是之食德反噬乎？余益有疑。考集古録跋六魏載墓誌云：「今據新唐書宰相世系表，鄭公諸房都無思温及載，而叔玉但著一子膺，爲祕書丞，豈載以官卑貶死，無後而殁不見邪？載死不幸，而家譜不録，史官不書，非事（？）載斯誌而誌録於余，其遂泯滅於無聞乎。治平元年四月二十三日書。」由前半節，則新表書、不書之故，歐陽氏尚未瞭然（易言之，卽不知史源），「家譜不録」，因而揣測之辭也。「史官不書」，卽指新表，使表係歐陽手修，謂應追惜修史時之不及見（治平元年在新書進上後四年），不應幸己之得録，且竟誚史官失書，吾故謂宰相世系表，必別一編修官所草創，非歐陽氏之自作也。

更有證者，同書五智乘寺碑云：「惠王名元懿，高祖第十三子也。有子十人，列於碑後。而第五子樂陵公闕其名。按唐書宗室世系表，樂陵公名球，不知何爲獨闕也。今唐書年表以嗣王「敬」爲「璥」，「樂平公珪」爲「樂安公」，「新平公璲」爲「遂」，三者皆史家之失，當以碑爲正。世系譜牒，歲久傳失，尤難考正，而碑碣皆當時所刻，理不得差，故集古所録，於前人世次，是正頗多也。治平元年清明前一日書。」使世系表爲修手撰，謂應巡承其過，胡反自鳴是正之功乎？抑今新表七〇下元懿子唯九人，非十人，吕國公又失名，何跋又舍此勿正，豈古今本有異同耶？

余嘗思之，新書刊修，起自慶曆，迄於嘉祐，編修官范鎮、宋敏求在局十六年，王疇十五年（據錢大昕修唐書史臣表），袞袞諸公，豈遂尸位素餐，毫無成就。書録解題四有言：「至和初，乃命修爲紀、志，祁爲列傳，范鎮、王疇、宋敏求、呂夏卿、劉羲叟同編修。」於表獨未提及。吴縝糾謬序云：「今唐史，本一書也，而紀、志、表則歐陽公主之，傳則宋公主之。」又同人進糾謬表云：「修撰帝紀、表、志而祁爲列傳。」與夫今本世系表題歐陽修撰，無非如解題所謂：「舊例修書，止著官高一人名銜，歐公曰，宋公於我爲前輩，且於此書用力久且深，何可没也，遂於紀、傳各著之。」特以刊修官總其名耳。夫修之入局，後先祇七年，豈遂具兼人之力，吴縝後輩，於當日局臣執筆，宜未瞭然，劉敞則與歐陽等相往還，言若可信者也，所行進書增秩制曰：「肆擇廷臣，筆削舊書，勒成一家，具官歐陽修、宋祁創立統紀，裁成大體，范鎮、王疇、宋敏求等網羅遺逸，厥協異同，凡十有七年，大典乃立。」網羅遺逸，卽所謂事增於前者也，而世系表爲舊書所無，尤遺逸之著。趙希弁讀書志附志五上云：「唐鑰五十卷，右張文忠公九成所著也，公嘗謂紀、志出於歐陽公，列傳出於宋公，天文、律曆、五行志則劉羲叟爲之，方鎮、百官表則梅堯臣爲之，禮儀、兵制初出於王景彝，未竟而卒，每患首尾不相貫屬。」於鎮、敏求、夏卿數人，所司何事，仍無指實。今考宋書三三一夏卿本傳：「夏卿長於史，貫穿唐事，博采傳記雜説數百家，折衷整比，又通譜學，創爲世系諸表，於新唐書最有功云。」又錢大昕表，至和二年十月：「歐陽修言，唐自武宗以下，並無實録，以傳記別説考證虚實，尚慮闕略，聞西京内中省寺、留司、御史臺及鑾和諸庫，有唐朝至五代已來奏牘案簿尚存，欲差編修官呂夏卿詣彼檢討，從之。」則宗室、宰相兩世系表，爲夏卿手修無疑。據錢大昕表，夏卿在局，最少應十一年，比歐陽先入，往日文士習氣，好矜祕得，往往有不顧他人窮其究竟者，然則此兩表之本據，歐陽不之知，固不足奇，抑更無怪乎歐陽之退有後言矣。是故謂表本姓纂者，其大部骨幹也，謂夏卿偶得一二家譜，可也，謂承用逐家譜牒，非也。姓纂敍例，常有甲生乙、丙，先列丙支，後乃及乙，其長幼之序，多不分明，今觀新表次第，往往合乎姓纂（又如常袞叔父無名，據墓誌，無名係楚珪第三子，今新表七五下以無名居前，殆亦據已佚之姓纂而然），未讀姓纂者必以爲新表順天倫之次，而争執疑議生焉，則將與庫校謂郭泰初爲待舉子，魏確爲玄同子，反持以疑姓纂者（引見前），同一誤會，貽累史界，不可究詰。然此特有可比勘耳，其他姓纂已佚之諸大姓，斯例諒復不少，苟非灼知新書有此不規則之表式，則世系疑案，終莫判明，所謂未讀姓纂，不能讀新表者此也。夫新書利用史餘，創製宗室、宰相世系，使姓纂已佚之姓，幸存不墜，未佚之姓，猶得互勘，表之功也。以史官之地位，既有前書憑藉，而補苴罅漏，猶不過就極狹隘之範圍，施極微弱之力量，歐陽氏且並其史源而不之知，真歐陽氏之過也。

四庫提要元和姓纂云：「鄭樵作氏族略，全祖其文，蓋亦服其該博也。」又洪氏校補元和姓纂序云：「然樵作氏族略實祖之。」庫校對今本舛誤之處，常據通志以立論，洪氏則由通志搜出佚文若干條，於其書固嘗一度用功者，是皆讀書有得之言也，故吾人又可立一凡例曰，讀元和姓纂者，不可不兼讀通志氏族略。

通志多本姓纂，可於字裏行間覘之；如今左傳婁堙，姓纂作「禋」，通志同。姓纂蘄姓旁冒移姓（移良），通志因有蘄良之誤。姓纂既著轅終古，復誤「輸終古」，而通志之誤，一與姓纂無異。唐人諱「淵」，故通志作「環泉」、「子泉」。此外姓纂與廣韻異，而通志與姓纂同者，有：

「威王弼」，廣韻「成王」。

「後魏何丘寄」，廣韻「楚人」。

「廣漢都尉古成雲」，廣韻「太守」。

「宋猛獲」，廣韻「尹獲」。

「燃」，廣韻「燃」。

「宋桓公之子向父肸」，廣韻「宋文公」。

「茀翰胡」，廣韻「翰胡」。

「末那樓富」，廣韻「末那樓雷」。

「合博胡害」，廣韻「合博虞」。

復如後人所引姓纂佚文，其與通志全同或大致無異者：

東宮　桐門　中叔　熊相　風　雍　隨　岐　知　樗里　淮夷　開　斆

軒轅　韓餘　安陵　端木　環　連尹　和　倉頡　邢　陘　投　南鄉　子服

子南　子家　子晳　子禽　子駟　宰　廣武　黨　巷　利　棄疾　御龍　具

步叔　第二　世　太史　蔡　蕢　印　奮　鄯善　華陽　慶忌　孟獲　轂

鄱　繆　續祁　杌　若敖　伯有　郤州　籍丘　激　力　特　中雉

由是可證提要及洪序所云，信非揣摩之説矣。大抵鄭氏著書，本風俗通「氏於」之意，側重在分類，「氏國」、「氏邑」二門，頗出匠心，自成壁壘，餘則拾襲姓纂，故文説多同。特以通志自序云：

林寶作元和姓纂，而自姓不知所由來。

有此迎頭痛擊之詞，讀其篇者遂不亟生鄭襲林書之擬議，此鄭氏之狡獪也。

吾人尤當知者，宋末所見姓纂，有與通志相混之痕跡，可於張引佚文中之

洪　肥　淮夷　林　頓　杌

數姓見之。今姓纂一公正云：「建安中，朝邑令公正範，吴人。」通志則云：「宋建中朝邑令公正範，吴人。」「建安中」乃「建中」之衍，範實宋人，何以闌入姓纂，更其混雜之顯然者也。

今姓纂多蒙冒，亦與通志有密切關係，例如：

通志奇之後爲爲，姓纂奇冒爲。

通志遴之後爲慎，姓纂遴冒慎。

通志貫之後爲冠，姓纂貫爲冠冒。

通志弗之後爲恤，姓纂弗冒恤。

通志食之後爲敕，姓纂食冒敕。

通志勒之後爲植，姓纂勒冒植。

通志莢之後爲俠，姓纂莢冒俠。

然此猶可以同韻或兩韻鄰比（如茀、恤、勒、植）爲解也，若複姓中

甲組　通志執失後爲舍利，姓纂舍利冒執失。

舍利後爲沙吒，　沙吒冒舍利。

沙吒後爲沙陀，　沙陀冒沙吒。

沙陀後爲蘇農，　蘇農冒沙陀。

蘇農後爲似和，　似和冒蘇農。

似和後爲睞跌，　睞跌冒似和。

睞跌後爲火拔，　火拔冒睞跌。

火拔後爲啜剌，　啜剌冒火拔。

乙組　通志 賀賴 / 賀兒 後爲 是婁，/ 是賁，姓纂 是婁冒賀賴。/ 是賁冒賀兒。

是婁 / 是賁 後爲 是云，/ 是奴，　是云冒是婁。/ 是奴冒是賁。

其他

通志甫爽後爲安是，姓纂甫爽冒安是。

唯徐後爲呼毒，　呼毒冒唯徐。

補禄後爲游棣，　補禄冒游棣。

屋引後爲賀遂，　賀遂冒屋引。

匠麗後爲祝圉，　祝圉冒匠麗。

越椒後爲嬰齊，　越椒冒嬰齊。

叱利後爲拔也，　拔也冒叱利。

屠住前爲精縱，後爲邵皓，　屠住冒精縱。邵皓。

其相蒙之姓，與通志姓序之或後或先，恍如具間接或直接關係者，則疑大典原據本内複姓之排列，多少同乎通志，故生如是現狀。既知乎此，則通志之視姓纂，與新表之視姓纂同，當考證引用通志時候，苟無別種不同之史料，吾人祇可謂鄭氏見本之姓纂，已是如此，不能遽援通志以定今本姓纂之是非，猶諸近人用姓纂校古今人表（見金陵學報），然姓纂舛誤甚多，不可專據也。質言之，新表利用姓纂之世系，吸其大部，姓纂之嫡子也。通志利用姓纂之姓源，吸其小部，姓纂之支子也。是二書者，皆得林氏之緒餘，因以名家，而其父、禰反寂焉不甚著於世，甚且效洪邁妄論，於新表則推其承用逐家譜牒，於姓纂則以爲誕妄最多，著述界寧尚有公論耶？是用本提要、洪序之卓識，與私人管見，重表章之。民二十六年五月，順德岑仲勉再識。

附跋歐陽修歐陽氏譜圖序

據明天順本歐陽文忠公集七一，此序計有三本。

（甲）石本　「自通三世生琮，爲吉州刺史，子孫因家于吉州。自琮八世生萬，又爲吉州安福令。……自琮至于安福府君，又八世而始見，……安福府君之九世孫曰脩。」

（乙）集本　「自通三世生琮，琮爲吉州刺史，子孫因家焉。……自琮八世生萬，萬爲安福縣令，萬生某，某生雅，雅生效，效生託，託生皇高祖府君。……自安福府君以來，遭唐末五代之亂。……某又嘗聞長老言，當黄巢攻破江西州縣時，吉州尤被其毒，歐陽氏率鄉人扞賊，賴而保全者千餘家（按「託」、新表七四下作「訑」）。」

（丙）集又一本　「自通三世生琮，爲吉州刺史，子孫因家于吉州。自琮八世生萬，萬又爲吉州安福縣令。」

按通父即歐陽詢，自通至萬共十二世，自萬至修共十世，三本無異辭。通以天授二年（六九一）相武后，詢以貞觀十五年（六四一）卒，如果略依（乙）本，「自安福府君以來，遭唐末五代之亂」，扞黄巢者爲安福令萬，則自唐初（六一八）至僖宗廣明元（八八〇），約二百六十餘年，前後十二世，尚非絶不可能（因詢卒時年已八十五）。唯廣明元至宋仁宗初葉，僅百五十載，乃有十世，確違事理。尤其是石本譜圖有云：「吉州府君諱琮，……當唐之末，黄巢攻陷州縣，府君率州人扞賊，鄉里賴以保全，至今人稱其德。安福府君諱萬，事跡闕。」置通之曾孫琮於唐末，大受後人攻詰。天順本序後附明人跋云：「前賢遺文，往往集本異於石本，……後或改定爾。」蓋深知各本異同之故。竊意歐陽氏石譜刊出，當時已必有質議者，修既覺其誤，因有「歐陽氏率鄉人扞賊」之改定，不復署扞賊者名，以救石譜之失。然唐初至仁宗，歷年僅踰四百，歷世竟達二十一，仍極可疑；歐陽後人，當有再次改定，將扞賊一節，完全删卻，以滅其迹者。由今觀之，假萬爲琮之下一世，則四百餘年間計十四世，正合三十一年爲一世之近代統計，歐陽譜世數之必誤，彼族人已自知之，今可無煩贅論矣。

附雜論姓氏書數條

玉海五〇：「（紹興）四年，三月乙亥，撫州鄧名世以所著……古今姓氏書辯證四十卷來上。」按辯證今有兩序，一爲宣和六年（一一二四）閏三月二十七日武陽高棐作（書内嘗舉棐名），未言卷數；一爲名世子椿年乾道四年（一一六八）三月朔作，蓋前後四十五載矣。椿年序云：「故古今姓氏書辯證凡三本焉，其五卷者成書於宣、政之間，時諱學史，方貧賤中，無書檢閲，闕文甚多。其十四卷者，後稍銓次增補之，蓋成書於建炎之初，……給禮上于法宫者是也。然居懷未滿之意，其後蒙恩，備數太史之屬者八年，始盡得銓曹命官脚色册、烏府班簿隱括次序之，稍稍備矣。紹興辛酉冬，放歸山樊，家書稍備，會韓衢州美成同寓臨川，借其家藏熙寧姓纂、宋百官公卿家譜，稽考參訂之。及將易簀，……椿年既得是語，乃盡裒手澤遺編斷稿，又取宋名公文集、行狀、墓誌，訂正次序之，釐爲四十卷，卽此本也。」是今四十卷本之成，在乾道四年，玉海所云，蓋誤混爲一。四庫提要不究原序，祇云：「文獻通考、宋藝文志俱作四十卷，宋會要作十四卷，中興書目作十二卷，殆傳寫之訛。」中興書目修於淳熙五年（一一七八），「十二」當「十四」之訛，卽紹興上本。若四十卷本，雖由椿年足成於乾道，然當日殆未獻上，不得並「十四卷」而統認爲「四十卷」之訛錯也。提要又云：「蓋始於政、宣而成於紹興之中年。」謂成於紹興中，亦與椿年序不合，蓋徒摭拾玉海之語以爲文耳。

錢熙祚所得辯證殘宋本，各條注並不低一格，與今刊姓纂異；分郡祇空一格，非如今姓纂之提行；又複姓附單姓同一字者之後，如由吾、邑由，均附由姓，丘之後附丘敦、丘林、丘穆陵，又附葵丘、蛇丘等，而公丘附公，龍丘附龍，錯綜不一，略類廣韻，非如今輯姓纂先諸單姓，後諸複姓，及複姓純依第一字分韻之齊整，此當承用林書之遺式。

辯證謂左公必非衞左公子洩之後（今本二一六），但又認右公爲右公子職之後（今本二一八），東觀記所云當塗高姓當塗名高，不過設想其有是人，而辯證竟以當塗爲姓（今本一一五），意見時有所偏，乃古代學者著書不能免之通弊。若火拔既見卷二六，而卷三一複出大拔，卷三二万姓下附万緒、万震，而緒實姓吐萬，震實姓萬，此則傳寫多誤，輯校者復不知是正，非鄧氏咎也（宋本目三三萬與吐萬分列，火拔在四○蕃姓補遺）。

儀顧堂續跋一一明抄名賢氏族言行類稿跋云：「案福建通志職官志，章定，嘉泰四年以承務郎知仙遊縣。嘉定己巳上距嘉泰四年僅五年，時代相合，當卽其人。」按章定仕履，提要云無考，故節録陸説於此。

王應麟急就篇比較詳覈，吾人固不願加以苛評，然析（毋）「畀」、「景」爲二文，稱蘇農爲羌姓，庫鈞分見於庫、厙，舌庸岐出於后、舌，倗宗、莽宗，誤廣韻認是兩人，杞嶷、抱嶷，考魏書未知同一，陶本七友，何別雒、雄，輒是將軍，訶差漢、越，「可單」、「渴單」之音讀迥殊，「賁郝」、「賁赫」之正訛並立，長倩則鄒、郰皆姓，逯並則漢、唐並生，凡上諸端，要屬可議。

張澍謂蘄良應爲移良，辛相爲辛廖，渾屯爲屯渾，韓獻爲韓厥，唐相爲唐杜，邵皓爲羌憲，皆其是正今本姓纂傳訛之處。張氏之蔽，有時過於偏信，例如急就篇上：「襲氏，後漢益州將襲肅，……風俗通，賓人七姓有襲。」尋源四三卽以「龔」爲「襲」誤，但急就篇下又稱：「後漢板楯蠻七姓有龔。」襲肅之爲賓人，猶屬揣測（尋源四五），豈能遽斷作「龔」之必非。又如廣韻「㔃邦」改「邦」，尋源三卽以爲作「邗」者誤，然此是一面之證（官氏志、唐韻均作「邗」），未爲定論。

元和姓纂四校記凡例

校姓纂與校他書不同，如姓氏、郡國、時代、世系、官歷等任一有誤，單從文義上極難看出。故各人散見之事迹（尤其是碑誌刻石及唐人説部），除正史有傳者多從省略外，均撮要引注，以備檢閲鉤稽。若相同材料，力避複述，去取之間，大率以時代先後爲主。姓氏類書如言行類稿、萬姓統譜、尚友録等所載，易於檢查，不復旁採。

本書複校多次，所見往往是陸續寫出，各條輯附之資料亦然，次序後先，或不一致，覽者諒之。

校文標目，錯誤者居多，在勢無可句讀，故其他不誤者統予略去，以期一律。

標目爲求省明起見，有時或近割裂，要於大體無傷。同屬一人之事實，因論點各異，亦常分節校之。名字、地理等舛誤，在同一處重見者，既經校正，即以「下倣此」示之，其後不再詳贅校文。

世系考查，儻無直接憑證，則生卒、享齡，均可補其闕憾，故此等材料，三致意焉（參前文跋歐陽氏譜圖）。

引書時所稱某年某人任某官，係就史料撮敍，非必謂是年始任，幸毋執泥，舊史記載，往往見此類疑似之辭，可參卷六許景先條下校記。

宋本古今姓氏書辯證，凡姓目、注文，均頂格寫，郡望不同者中空一格，並不提行，林書原卷，諒亦如此，今校文中所云「應提行空格」，衹對庫本、孫本之格式言之。

凡新補之文，下著（補）字，皆據各書明引姓纂，若僅出意揣，如温校李姓所補，均從割愛，以嚴界限、

據補之書目如左（涉考證所徵者，名目繁賾，不復詳列）：

宋王欽臣韋蘇州集序（嘉祐元）

趙明誠金石録

鮑彪戰國策校注（彪在吴曾前）

鄧名世古今姓氏書辯證

鄭樵通志略氏族略

晁公武郡齋讀書志

周淙乾道臨安志

柳河東集注

韓昌黎集注

羅泌路史

章定名賢氏族言行類稿

陳振孫白文公年譜

王應麟姓氏急就篇

王應麟困學紀聞

元胡三省資治通鑑注

明永樂大典殘卷影本

陳士元姓觿（嘉靖丙寅）

張澍姓氏四書所引姓纂佚文，其價值極難衡量（見附録二），故除在補目因事附見外，餘不復列入補目之内。

羅振玉補佚，除其中數條原補未全，録入校記討論外，餘則别成附録，置諸篇末，庶易覽其全功，亦無妨乎互見。

字體正宗，兩宋始嚴，具詳拙著隋會州通道記跋（本所集刊十二本一二期合刊），今所謂正誤問題，常對通行者言之，如「先穀」作「先縠」是也。若異寫或相通之類，如揔、總，職、職，刾、刺，悮、誤，鴈、鴈，聃、耼，註、注，躭、耽，韵、韻，裦、褒，已、以，辨、辯，協、恊，谿、溪，愽、博，享、饗，廐、廄，曆、歷等無關宏旨，俱不校論。

爲引文節省起見，書名率從略稱，兹撮其大要，以便查考，原文自明者不録。

互證（趙紹祖新舊唐書互證）

文字新編（毛鳳枝關中石刻文字新編）

平津記（洪頤煊平津讀碑記）

石華（黄本驥古誌石華）

合璧（謝維新合璧事類備要，亦省稱備要）

全文（全唐文）

存逸考（毛鳳枝關中金石文字存逸考）

考異（錢大昕廿二史考異）

牟校（牟潤孫氏校，參自序）

考異（司馬光資治通鑑考異，或朱熹韓昌黎集考異）

沈跋（沈濤書元和姓纂後）

芒洛（羅振玉輯芒洛遺文）

姓氏編（張澍輯風俗通姓氏編）

姓解辨誤（段朝端姓解辨誤）

官氏志（魏書官氏志，或省稱志）

急就篇（王應麟姓氏急就篇）

政要（吴兢貞觀政要）

洪校(卽今本姓纂洪瑩所校,參自序)

紀事(計有功唐詩紀事)

紀聞(王應麟困學紀聞)

庫本(指今文津閣本,係據陳援庵前輩校出)

校或原校(指四庫輯出時之校注)

御考(趙鉞、勞格合著唐御史臺精舍題名考)

陳校(初校此書時,陳援庵前輩曾以校本見寄,勉從書眉録出)

備要(謝維新合璧事類備要)

勞考(勞格、趙鉞合著唐尚書省郎官石柱題名考)

尋源(張澍姓氏尋源)

温校或温補(温廷敬氏元和姓纂校補,參自序)

統譜(淩迪知萬姓統譜)

萃編(王昶金石萃編)

補正(陸增祥八瓊室金石補正)

新表(新唐書宰相世系表)

新書（説姓源時，常指謝枋得祕笈新書，説各人傳記時，率指新唐書）
解題（陳振孫書目解題）
精舍碑（唐御史臺精舍碑銘）
寰宇記（樂史太平寰宇記）
辨誤（張澍姓氏辨誤）
錢注（錢熙祚古今姓氏書辯證校勘記）
叢編（陳思寶刻叢編）
羅校（羅振玉元和姓纂校勘記）
舊書（舊唐書）
類稿（章定名賢氏族言行類稿）
類編（寶刻類編）
釋例（杜預春秋釋例）
續編（陸耀遹金石續編）
辯證（鄧名世古今姓氏書辯證）
讀書志（晁公武郡齋讀書志）

元和姓纂四校記卷首

元和姓纂補目

今本姓纂，自永樂大典輯出時，並無目録，由宋代姓氏書如姓解、氏族略、辯證等觀之，似原書當有目録。今亦不必問此説是否合乎事實，衹爲全書整理經過及一般檢討利便起見，補目之舉，自不容緩。

姓纂原目類集之方法，可於林序約略見之，序云：「自皇族之外，各依四聲韻類集，每韻之内，則以大姓爲首焉。」所謂大姓，如一東之馮，三鍾之封，八微之韋，固可由本書内容及傳載世閥想像得之。但每一韻中，除去一二姓或三數姓，餘者孰大孰小，今已無由確知。四庫提要謂「今仍依唐韻，以四聲、二百六部次其先後」，試將今本先後，質諸廣韻（除記述較詳者許是大姓外），亦不盡循韻序。

宋代邵、鄭、鄧三家，當日均得見姓纂，其編纂方法，少不免模倣前人，考其排列，三書均單複錯雜，並無成法（辯證據宋本言）。復次，姓解以部收，氏族略以類收（收韻者衹無可附麗之單姓一類），辯證以韻收，三書編製，辯證尤與姓纂近，試取宋辯證目録觀之，則複姓之收，絶不一致，有採上一字編附者，有採下一字編附者，廣韻韻聯亦然，今庫輯純以單姓居前，複姓居後，三字複姓又居兩字後，意姓纂本不如是也。抑余嘗謂大典所據本，似是單姓四聲分收，複姓自爲一類（見弁言），然大典據者殆宋、元類書，非姓纂原本，是固不能相提並論矣。

補目所收之姓，以庫本原有、諸家輯佚及見余校記中者爲限。淩、張兩氏所徵佚姓，概不收入，其説詳附録該兩篇中。爲整齊計，今之補目、收韻，一依廣韻，聲序亦然，不復以大姓在前，因小大之間無標準也。單、複錯列，複姓純以第一字爲主，前者取其從衆，後者庶有依歸，皆所以便檢也。複姓首字相同者，排次依第二字之筆畫多寡及康熙字典部首，此必與林氏原目相差甚遠，然原目既不可復，無寧利於吾人之探索矣。

比庫本增加及應删之姓，均於目下附簡單説明，應删正者頂上加△爲記，新增訂者加○爲記。

李

上平聲

卷一

一東

東方

△東丘姓書無此姓，其文應併入虞丘之下。

東里

東宮

東郭其文有爲鮮于複冒者。

○東萊今本似誤併入東里。

東陽

東樓

同官見羅氏補佚。

童

僮

銅鞮

桐里此姓即相里之誤複，但鄧氏見本固有之。

桐門

中

中行

中英

中野

中黄

中壘

种

終見温補。

終古

終利

崇

嵩此應僑之訛，但姓纂原文似已如是。

戎子

莪

弓

躬

宫

彤其文今與「二冬」彤姓互冒，應各移正。

雄

熊

熊相冒倚相文，本條已佚，其佚文今於張氏引文見之。

熊率

馮

豐見温補。

酆

○空相其文今爲京相所冒，應補目移入。

公

〇公上其文今爲公乘所冒，應補目移入，並與公士合爲一條。

公之

公士卽公上之訛，應歸併。

公子見羅氏補佚。

公山

公父

公正

公石

公休

公成此冒成公之文，應移正，今祇存目，唯張氏引有佚文。

公伯

公沙

公孟

公明

公析

公沮見温補。

公金見温補。

公祖

公乘內冒公上，應移正。

公孫

公索

公族見温補。

公賓

公齊或說卽公肩。

〇工尹原訛上尹，依庫校訂正。

蒙

洪

紅

鴻

翁

通

䆗

二冬

冬日

彤其文今與「一東」彤姓互冒，應各移正。

竇見温補。

宗

宗正

三鍾

鍾

鍾離

龍

龍丘

容

松

庸

封

封人

封父

△封貝說見下條。

○封具原訛「封貝」，文冒取慮，復訛「具封」，本條又爲祁夜所冒，

應各移併。

雍

雍人

重

從

逢門

逢孫

邛叔見温補。

恭

龔

共

共叔

四江

江

涳

雙

龐

逄

卷二

五支

文

枝內有四節係睦姓文，應移正。

〇移其文爲蘄姓所冒，應補目移入。

〇爲其文爲奇姓所冒，應補目移入。

嬀

隨

奇內冒爲姓之文，應移出。

義

戲

戲陽冒孫陽文，其本條爲太陽所冒，應各移正。

宜見羅氏補佚。

儀

皮

蕃原注音皮，廣韻無此音，故附皮後。

驪

訾

卑

卑徐見沈跋。

○禆文爲馳姓所冒，應補目移入。

斯

斯引原訛「期引」，依庫校移正。

○施據類稿補。

△差師「差」乃「羌」之訛，應移正。

彌

彌且

○彌牟原訛「强牟」，兹訂正。

猗

馳内冒禆姓之文，應移正。

池

眭此姓之文，有四則爲枝姓所冒，應移入。

六脂

夷門

夷鼓

師

△師子乃子師之倒，應移正。

師宜

師祈

資

飢

郗

尸

尸逐説見下條。

△尸遂庫、孫兩本標目「逐」均訛「遂」，應改正。

○耆門據姓觿補。

祁

祁夜文冒封具，其本條爲奔水所冒，應各移正。

伊

伊婁

弜

○葵丘文爲甫爽所冒，應補目移正。

△葵仲蔡仲之訛，應删併。

○唯徐文爲呼毒所冒，應補目。

嫘

麋

邳内冒丕姓之文，應移正。

丕冒兹姓文，其本條爲邳姓所冒，應各移正。

七之

怡

時

司工

司功

○司空據類稿補。

司城

司徒

司馬内兼冒司空之文，應移正。

司寇

司揭

○期文爲旗姓所冒，應補目移正。

△期引斯引之訛，應依庫校移正。

旗冒期姓文，應移正，今祇存目。

綦今訛「綦」，誤入「二十四綫」，應依疏證移正。

綦毋

綦連

蘄内冒移姓之文，應移正、

詩見温補。

箕見沈跋。

釐子文冒舒子，應移正，今祇存目。

貍

菑

○熙說見後條。

△熙氏「氏」字衍，應删正。

治

蚩

慈

○玆文爲平姓所冒，應補目移正。

玆毋

八微

微生

韋

圍龜

斐

飛廉此冒義渠，又「飛」古通「蜚」，今卷八複出蜚廉，應各移倂。

非

肥

茈見溫補。

賁

幾

譏

依見溫補。

歸

九魚

魚

魚孫

舒

舒子文爲鬻子所冒，據溫校移正。

舒堅

舒鳩文冒爽鳩，其本條爲巫咸所冒，應各移正。

舒鮑

舒龍見諡補。

居

渠

渠丘

渠複

蘧

余

余丘

餘

輿

胥

鉏丘見辯證及紀聞。

樗

樗里此冒京相，本條今據類稿補。

疏

徐

徐吾

徐盧

於丘

於陵

閭內冒閭丘文，應移正。

閭丘有一節爲閭姓所冒，應移入。

諸梁

諸葛

○諸稽據姓觿補。

儲

如

△如稽和稽之訛，應依尋源移正。

茹菇

沮

沮渠

十虞

虞

虞丘有一則誤入東丘下，應删併。

愚

禺

務

無弋

無忌據温校補目。

無圉

無婁

無庸見温補。

無鉤

無懷見温補。

毋

毋將

毋終

巫

巫臣文冒弗忌，本條今據温補。

巫咸文冒舒鳩，本條已佚，今祇存目。

巫馬

于洪本漏目而複補，依陳校引庫本補正。

○盂據姓觿補。

瞿

須

須卜

△須昀説見後條。

○須昫原訛「須昀」，文複冒老萊，兹訂正，本條佚，祇存目。

須遂

繻見温補。

�

郱婁
殳
臾
俞
朱
扶
符
苻
夫蒙洪氏據通志補。
夫餘
廚人
俱
卷三

十一模

蒲
蒲姑
蒲圃
蒲盧
胡
胡毋
胡非
胡掖
壺
壺丘兼冒桑丘、乘丘，應分別移併。
狐
〇狐丘原訛孤丘，茲訂正。
△孤丘說見前條。
姑布
辜洪氏據通志補。
徒人

屠

屠羊

屠住庫校强以通志之文補入，應删文存目。

△呼毋呼毒之訛，應删。

呼延

○呼毒原訛「呼毋」，文又兼冒唯徐。

呼衍

軒

芧

吾

吾丘

○梧據姓觿補。

吴

盧

盧蒲

蘆

蘇

蘇農文冒沙陀，本條又爲似和所冒，應各依庫校移正。

烏

烏蘭

烏石蘭

烏那羅

烏洛蘭

十二齊

齊

齊季

黎

緹

遆廣韻無「遆」字，原注音蹄，故附此。

稽

奚

嵇

倪

兒

西

西乞

西方

西申

西周

西門

西宮

西陵

西鉏

犀

迷見温補。

○洼文爲鮭姓所冒，應補目移正。

△鮭冒洼及鮭陽之文，應删。

○鮭陽文爲趙陽及鮭所冒，應移正。

△蜀蜀之訛，應正。

○蜀原訛「蜀」，兹訂正。

△毒毒之訛，應正。

○毒原訛「毒」，兹訂正。

崽

十三佳

柴見温補。

十四皆

懷見温補。

淮夷

十五灰

瓱見沈跋。

梡見温補。
枚見温補。
梅洪氏據祕笈補。
傀見沈跋。
雷洪氏據祕笈補。
崔仝上。
裴仝上。
郿見沈跋。

十六咍

來見温補。
○臺據類稿補。

十七真

真
甄
茵

新
○新垣據戰國策注補。
○新孫據姓觿補。
辛
△辛相辛廖之訛。
辛廖原訛「辛相」，應依尋源訂正。
仁
神
○親據姓觿補。
申
申徒
申屠
申鮮
賓
賓牟

堇

陳

秦

頻

邠

十八醇

荀

郇

淳于

春

鈞

十九臻

莘

二十文

文

聞人

雲

芸文冒芬姓，本條已佚，唯於統譜見之。

云羅補牒姓，即此姓之一節，應删。

員

薰

軍

軍車

○芬文爲芸姓所冒，應補目移正。

卷四

二十一欣

○忻洪氏據急就章補，誤收魂韻，兹訂正。

殷

二十二元

元

原

原仲

源

袁

爰

垣

園

轅

湲

樊

言

軒

二十三魂

渾

○渾屯原倒爲「屯渾」，兹乙正。

昆

昆吾

温

温伯

温孤

門見温校。

門尹

孫

孫陽文冒櫟陽，其本條又爲戲陽所冒，應各移正。

尊

尊盧

罇

屯其文有一節爲根姓所冒，應移併。

△屯渾渾屯之倒，應乙正。

盆兼冒門姓，應移正。

盆成

奔水文冒祁夜，其本條又爲根水所冒，應各移正。

賁見羅氏補佚。

△坤「根」之訛，應移併。

△忻孫補誤收本韻，茲訂正。

二十四痕

根冒屯姓文，其本條訛作坤姓，應各移正。

根水冒奔水文，其本條又爲安是所冒，應各移正。

二十五寒

寒

韓

韓言別有韓信，存疑。

韓侯

韓厥原訛「韓猷」，茲據尋源訂正

韓嬰

韓籍

△韓猷韓厥之訛，應依尋源訂正。

邯鄲

△單此乃去聲單姓，應移正。

○單此乃平聲單姓，其文今誤收去聲，應移正。

丹

安

安平

安是冒根水文，其本條又爲甫爽所冒，應各移正。

安期

安都冒遂僕文，本條已佚，祇存目。

姍

檀

但

干

干己

藺
刊
二十六桓
桓
莞
欒見温補。
盤
潘
○芈據姓觿補。
二十七删
關
關龍
環
班
顔

顔成
菅
豻
二十八山
山
閒
卷五
下平聲
一先
△先穀「穀」,「穀」之訛,應依庫本訂正。
先穀洪氏訛「穀」爲「穀」。
天
○堅據類稿補。
肩吾
燕

○田據辯證及類稿補。

△填瀆慎瀆之訛，文冒赤張，應各移正。

涓濁文復見羌憲，應移併。

○邊據類稿補。

△縣姓纂原收去聲，應移正。

二仙

鮮

鮮于内冒南郭、東郭，應各移正。其一節誤入夏侯。

△鮮陽此已見卷七，羅氏複補，應删。

錢洪氏據祕笈補。

延州

延陵

連

連尹

偏

○便據姓觿補。

緜

○泉據類稿及金石録補。

宣

顓見羅氏補佚。

○顓臾文爲爽鳩所冒，應補目移正。

○歂據辯證補。

權

三蕭

蕭洪氏據祕笈補。

○刁據類稿補。

條洪氏據通志補，今據類稿再補。

△廖已見卷九，洪氏據祕笈複補，應删。

○堯據類稿補。

△姚洪氏據祕笈補，但「姚」入「四宵」，應移正。

四宵

〇晁據類稿補。

朝臣

〇譙據類稿補。

椒

△銚姓纂原收去聲，應移正。

〇姚洪氏補佚誤收「三蕭」，應訂正。

〇苗據類稿補。

橋見沈跋。

五肴

〇膠據類稿補。

〇巢仝上。

〇茅仝上。

茅地見沈跋。

茅夷

包洪氏據秘笈補。

鞄

六豪

高洪氏據秘笈補。

高車

高堂

高陵

〇高陽據姓觿補。

臯

臯落文冒落下，本條又爲古野所冒，應各移正。

〇勞據急就篇補。

毛洪氏據秘笈補。

△毛渾文冒陸終，「毛渾」又屯渾之訛，即渾屯之倒，目複出，應删。

〇陶據類稿補。

陶丘見下條。

陶叔兼冒陶丘，應移正。

曹洪氏據秘笈補。

曹丘

七歌

哥舒

〇他駱拔原訛地駱枝，兹訂正。

羅洪氏據秘笈補。

何仝上。

何丘

△阿丘洪本訛「何」爲「阿」，應依庫本改正。

阿單

〇阿跌原誤「阿䟢」，據庫校訂正。

△阿䟢説見前條。

阿史那

阿史德

阿伏干

八戈

婆衍

波斯

〇和據類稿補。

〇和稽「和」原訛「如」，兹依尋源移正。

九麻

〇麻據類稿補。

〇車據類稿補。

諸

蛇丘

華原見羅氏補佚。

瓜田

迦葉

瑕丘見沈跋。

○巴據類稿補。

沙洪氏據通志補。

沙吒文冒舍利，本條又爲沙陀所冒，應各移正。

沙陀文冒沙吒，本條又爲蘇農所冒，應各移正。

佘廣韻作「佘」。

○查據急就篇補。

十陽

○陽據類稿補。

陽丘

○陽成文爲伯成所冒，應補目移正。

楊洪氏據祕笈補。

○羊據類稿補。

○羊舌據姓觿補。

○洋據急就篇補目。

梁洪氏據祕笈補。

△梁于梁餘之訛，茲訂正。

梁丘

梁可

梁由

梁成

梁其

○梁餘原訛「梁于」，茲訂正。

商

商丘

商密

房據類稿、姓觿補。

章洪氏據祕笈補。

章仇見羅氏補佚。

○羌師原訛「差師」，茲訂正。

茺憲文複冒涓濁，本條又爲邵皓所冒，應各移併。

姜洪氏據祕笈補。

△長仲仲長之倒，應訂正。

長狄

長梧文又爲馬矢複冒，應移併。

長盧

○萇據類稿補。

張洪氏據祕笈補。

○方據類稿補。

方叔

○襄據類稿補。

相里羅氏複補於「四十一漾」，應删。

將匠

將鉅

將閭

○莊據類稿補。

常洪氏據祕笈補。

常壽文冒瞻葛，本條已佚，今祗存目。

○匡據類稿補。

王洪氏據祕笈補。

王子

王叔

王官

王孫

强

△强牟彌牟之訛，應移正。

强梁

十一唐

唐洪氏據祕笈補。

唐杜說見下條。

△唐相唐杜之訛，應依尋源訂正。

○堂邑文爲瞻葛所冒，應補目移正。

棠谿

○郎據類稿補。

琅

○倉據類稿補。

蒼頡文冒接輿、白象，本條見沈跋及張氏引文。

○桑據類稿補。

桑丘複見壺丘之下，當删併。

喪

康洪氏據祕笈補。

黄仝上。

皇見羅氏補佚。

皇子

皇甫

○光據類稿補。

○汪仝上。

△杭「抗」之訛，應移正。

臧見羅氏補佚。

臧文

臧孫

臧會

十二庚

庚桑原訛庚采，依辨誤訂正。

彭洪氏據祕笈補。

○英據類稿補。

○平仝上。

平陵

○京據類稿補。

京相文冒空相，本條又爲樗里所冒，應各移正。

○荆據類稿補。

○明仝上。

○滎仝上。

滎叔

行人見羅氏補佚。

十四清

○清尹原訛「青尹」，兹訂正。

精縱内冒邵皓，應移正。

嬰齊文又爲越椒複冒，應移併。

○成據類稿補。

○成公文爲公成所冒，應補目移正。

成王

成陽文冒老陽，應移正，本條已佚，祇存目。

程洪氏據祕笈補。

十五青

△青尹清尹之訛，兹訂正。

青牛

○涇陽文爲梗陽所冒，應補目移正。

邢洪氏據祕笈補。

陘

丁洪氏據祕笈補。

丁若原訛「子若」，庫校訂正。

泠

泠州

泠淪

令狐

○寧據類稿補。

甁廣韻有「缾」無「甁」，此即廣韻之「缾」。

十六蒸

○承據類稿補。

陵尹

陵終其文辯證引作陸終，當存疑，羅氏複補，應删。

陵陽

淩

○應據類稿補。

乘

○乘丘文爲壺丘所冒，應補目移正。

勝

鄫

稱

十七登

登見羅氏補佚。

曾

弘

△弘農此非姓，其文爲有扈之一節，應删。

騰

滕

滕叔

恆

十八尤

郵

優

劉

留

△樛羅氏補佚目作「樛」而文作「繆」，但其文已見「三十七號」。應删。

取慮原注「音秋盧」，廣韻無此音，又文爲封具複冒，應移併。

由吾

攸

游

○游隸文爲補禄所冒，應補目移正。

○儵據姓觿補。
牛
○修原衍「氏」字，兹訂正。
△修氏說見前條。
修魚
犨
周
周史
○周陽據姓觿補。
州
△舟相冉相之訛，兹訂正。
丘
丘敦
鳩摩
鄒

儔
疇
裘
仇
仇尼
求
浮丘
蓄
謀
○牟據類稿補。

十九侯

侯
侯史
侯莫陳
○謳據姓觿補。

歐

歐陽

甌庫本據辯證補，應存疑。

獳羊

樓

婁

僂

鉤弋

緱

句

○句龍據姓觿補。

二十一侵

侵

尋

鐔

郇

鄩見沈跋，原訛「鄩」。

林

林閭

郴

斟

斟戈

箴

箴尹

沈猶

△湛大典原入上聲，應移正。

任

琴

○黔原收「鹽」，茲移正。

○黔婁據辯證補目。

○禽據姓觿補。

金

陰

露

○參原誤收「覃」，茲移正。

岑

二十二覃

○覃據河東集注補。

○譚據類稿補。

○南仝上。

南公

南史

南伯

南門

南宫

南郭内冒夏侯之文，本條亦有爲鮮于所冒者，應各移正。

△參應收侵韻，茲移正。

△甘士應收談韻，茲移正。

△藍尹仝上。

二十三談

○甘據類稿補。

○甘士原誤收「覃」，内冒幹獻，應各移正。

三丘冒三州文，本條又爲三苗所冒，應各移正。

三州文又爲三丘所冒，應移併。

三伉内冒五鹿之文，應移正。

三苗冒三丘文，本條又爲三烏所冒，應各移正。

三烏冒三苗文，本條又爲社北所冒，應各移正。

三飯

三閭

○藍尹 原誤收「覃」，茲移正。

二十四鹽

閻

廉

詹 内有洪氏誤補之文，應删。

瞻葛 冒堂邑文，本條又爲常壽所冒，應各移正。

占

占尹

潛

箝耳

△黔 廣韻收「鹽」者不云姓 茲據移正。

鍼

二十五添

兼

二十六咸

咸丘

函輿 文又爲幹獻複冒，應移併。

二十八嚴

嚴

二十九凡

凡

卷六

上聲

一董

董

孔

孔父

二腫

鞏

三講

項

四紙

紙冒倚姓文，應移正，本條已佚，祇存目。

是

是云冒是婁文，應移正，本條已佚，祇存目。

是奴冒是賁文，應移正，本條已佚，祇存目。

是婁冒賀賴文，本條又爲是云所冒，應各移正。

是賁冒賀兒文，本條又爲是奴所冒，應各移正。

骩内冒𡚸姓文，應移正。

△技也拔也之訛，兹訂正。

倚冒綺姓文，本條又爲紙所冒，應各移正。

○倚相文爲熊相所冒，應補目移正。

○綺文爲倚姓所冒，應補目移正。

○綺里文爲角里所冒，應補目移正。

錡

蔿

○鄢據姓觿補目。

闖

蘧

介朱

介繇

芈

芈尹

五旨

姳卽路史之㚷，非收「四十四有」，沈跋誤。

履

水丘此條殆冒鈕或禁姓文，待考。

壘

癸北今誤「祭北」，應移正，羅氏複補癸北，應删，沈跋又訛「癸比」。

六止

市南

△恃此當忖之訛，説見忖條。

紀

己氏

似和文冒蘇農，本條又爲畋跌所冒，應各移正。

姒有一節爲㪁姓所冒，應移正，本條所冒何姓，待考。

史

史晁

史葉

里

理

杞

士

士丏

士吉

士成文複冒卜梁，應移正，士成似上成之訛。

○士季據姓觿補。

士思

士孫

士弱

△士華華士之倒，應乙正。

士蔿

俟

俟吕鄰

子

子工

子干文冒子成，祇存目。

子午

子玉

子州

子有

○子成文爲子干所冒，據庫校移正。

子羽

子伯

子宋

子尾

子我

子芒

子言

子叔

子孟

子季

子尚

○子庚文爲子庭所冒，應補目移正。

子枋

○子南原訛「子彊」，兹訂正。

子建

子扁

△子若丁若之訛，庫校訂正。

子重

子革

子乘

子夏

○子師原倒「師子」，兹乙正。

子家

子庭內冒子庚之文，應移正。

子桑

子郢

子揚

○子游據姓觿補。

子華

子陽

子雅

子寤

子旗

子軮

子齊

○子寬據姓觿補。

○子鞏據姓觿補。

△子彊子南之訛，應移正。

子蕩

子輿

子獻

子囊

○梓據姓觿補。

七尾

尾

尾勺文冒白侯，應移正，本條已佚，衹存目。

○鬼據姓觿補。

八語

吕

吕相

吕管

旅

汝

處

褚

許

○鉅據姓觿補。

所
楚
楚丘
楚季
莒
莒子

九麌

羽
羽弗
禹
宇文
○鄅據姓觿補。
△甫奚甫爽之訛，兹訂正。
○甫爽原訛「甫奚」，文冒安是、蒦丘，應各移正，本條已佚，祗存目。

武
武仲
武安
武城
武强
武羅
輔
鬴
豎
豎侯
庾
△庾采庾桑之訛，應依辨誤訂正。
主
主父
萬

楀見羅氏補佚。

十姥

吐突

吐奚

吐賀

吐萬

吐難

吐谷渾文又複見「十一没」，無論收上聲或入聲，均應併合爲一條。

杜内錯簡祖姓一節。

魯

魯陽内冒偪陽，應移正。

堵

古

古成

古孫

古野文冒臯落，應移正，本條已佚，衹存目。

古口引

鼓

五

五里文冒第二，應移正，本條已佚，衹存目。

○五相據辯證補目。

五鹿文冒五鳩，本條又爲三伉所冒，應各移正。

五鳩文冒伍參，本條又爲五鹿所冒，應各移正。

○伍據類稿補。

○伍參文爲五鳩所冒，應補目移正。

△仵城此非姓，應删，文冒賀遂，應移正。

祖其一節錯簡於杜姓，應移正。

△祖南「祖」、「社」之訛，文又冒社北，應各訂正。

鄔文爲扈姓所冒，應依勞氏移正，亦見張氏引文。

苦

△苦久「苦」，「若」之訛，應依庫校訂正。

苦成

扈內冒郞姓，應依勞氏移正。

普

普六茹

浦

補

補禄文冒游棣，應移正，本條已佚，衹存目。

十一薺

禮

○禰據類稿補。

啓

○米據類稿補。

十二蟹

解

○解吡原訛「解北」，又誤收「卦」，兹依解姓文訂正。

△解瑟羅「解」，「斛」之訛，兹訂正。

△可朱渾應收哿韻，兹訂正。

△可足渾仝上。

十四賄

隗

十五海

海

宰

宰氏「宰」字殆訛，作複姓亦誤。

宰父

采

倍利倍俟或倍俟利之訛奪。

十六軫

軫

○閔據類稿補。

十七準

尹內冒允姓，應移正。

○尹公據姓觿補。

尹午

允文又爲尹姓所冒，應移併。

二十阮

阮

偃

偃師洪亂湛師，依庫本正。

△娩應收願韻，兹訂正。

圈

卷

苑見沈跋，兹據類稿補。

○宛據類稿補。

卷七

二十一混

○忖恃乙或謂應作付乙，但姓纂似作忖，故收此韻。

本

二十三旱

○罕據類稿補。

罕夷

二十四緩

管

琯

纂文冒綦姓，應移正，今祇存目。

○滿據類稿補。

二十五潸

阪上

二十六産

産

簡

棧

二十七銑

洗　廣韻先禮切，又音銑，今粵讀與末音合，故仍之。

典

二十八獮

鮮陽　辯證收平聲，似從鄧讀爲是，否則依廣韻收去聲。

○衍　據姓觿補。

展

○展輿　據姓觿補。

蹇

善

雋

○蜎　據姓觿補。

免

二十九篠

鳥俗

蓼

三十小

小王

△小施　「小」，「少」之訛，應移正。

趙

趙陽　文冒鮭陽，應依辨誤移正，本條已佚，祇存目。

擾龍　文又爲御龍複冒，應移併。

繞

矯

蟜

△表黎　「表」，「素」之訛，應移正。

三十一巧

○佼據姓觿補。

絞

鮑

三十二晧

昊

浩生

浩星

○抱據佚文補。

老

老成

△老城孫本訛，應依庫本正作考城。

老萊文又爲須朐複冒，應移併。

老陽文冒太陽，本條又爲成陽所冒，應各移正。

棗

保

考城說見前老城條。

三十三哿

我

△可地末奪「延」字，應補正。

可沓

○可地延見前可地條。

可朱渾原誤收「盤」，兹訂正。

○可足渾仝上。

左

左人

○左公據姓觿補。

左尹

左史

三十四果

火拔文冒跌跌，本條又爲啜剌所冒，應各移正。

三十五馬

馬

馬矢文複冒長梧，應移併，本條已佚，祇存目。

馬服依庫校增。

馬師

馬適據庫校文冒馬服，應移正，本條已佚，祇存目。

虵咥文已佚，祇存目。

賈

夏羅氏於「三十九過」誤補，應删。

夏父

夏后

夏里

夏侯文又爲南郭所冒，應移併。內一節屬鮮于。

社北文冒三烏，本條又爲社南所冒，應各移正。

○社南原訛「祖南」，兹訂正，本條已佚，祇存目。

○若久原訛「苦久」，兹依庫校訂正。

○若干原收「十八藥」，兹依廣韻，與若久同收「馬」。

三十六養

養由

蔣洪氏據祕笈補，原文今從辯證發見，洪補可删。

鞅

掌

仉

爽鳩文冒顓臾，本條又爲舒鳩所冒，應各移正。

壤駟文冒息夫，本條又爲正令所冒，應各移正。

賞

長孫

△上官應移收「四十一漾」。

劉

三十七蕩

廣

廣成

○黨據姓觿補。

党廣韻不收「党」字。

汻

三十八梗

梗陽內冒涇陽，應移正。

丙

邴

邴意

秉

景

永

○杏據急就篇補目。

猛

三十九耿

耿

四十靖

靖

○整據姓觿補。

井

四十四有

有

○有男文爲少施所冒，應補目移正。

有偃

有扈有一節誤析爲「弘農」，應移併。

右尹

右史

○右行原脱「行」字，並誤收「宥」，兹訂正。

右宰

右師
右將此姓疑。
右歸
柳
九方
△炙茲依廣韻移入「四十九宥」。
臼季
咎
槊
羑
○壽丘據姓觿補。
壽西文複冒市南，本條又爲北髮所冒，應各移併。
酒
△劒廣韻「有」無此字，姓氏書皆音敕救反，應收去聲。
△姇見沈跋，即「五旨」之「婣」，應删。

四十五厚
○後據姓觿補。
○后據類稿補。
郈
○母據姓觿補。
母丘
苟
耦
口

四十六黝
○糾據姓觿補目。

四十七寑
枕
沈
沈尹

審

四十八感

△湳洪氏誤據急就章補，應删。

昝

昝盧此姓疑。

○坎原衍「氏」字。

△坎氏依通志，「氏」字應衍。

四十九感

啖

五十琰

斂

檢

冉

○冉相原訛「舟相」，文冒慎濆，今祇存目。

染

㽎

奄

五十三豏

○湛原收「侵」，兹訂正。

△湛師洪本、㔻師訛「湛師」，依庫本正。

五十四檻

撖

五十五范

范

卷八

去聲

一送

洞沐文又爲續祁複冒，應移併。

貢

仲

仲行

○仲叔據姓觿補。

○仲長原倒「長仲」，兹訂正。

仲孫

仲梁

仲熊

仲顔

二宋

宋

統

三用

用

雍

四絳

絳

○虹據姓觿補。

巷

五寘

賜

刺

義

○義渠文爲飛廉所冒，應補目移正。

譬歷辰

智

戲

六至

摯

遂

祕

寘

備
利
稚洪氏據通志補。
冀
翠
貳
四飯
肆
駟
季
季尹
季夙
季孫
季連
季融
季隨
季嬰
季騧
△地駱枝他駱拔之訛，應訂正。

七志

寺人
事父
異洪氏據通志補。
侍其
○忌文爲副姓所冒，應補目移正。
意
意如

八未

貴
緯

魏

魏强

尉

△蜚廉平聲既有飛廉之目，應移併。

費

既

九御

御

御龍文複冒擾龍，應移併，本條已佚，唯於姓氏篇引文見之。

鐻文爲絮冒，應移正，本條存疑。

據

△絮絮之訛文，又冒鐻姓，應各移正。

庶其

庶長

茹

○絮原訛「恕」，其文已佚，洪補又誤收「遇」，應移正。

十遇

遇

樹

樹黎

樹機

住

附

鑄

喻

務

務成

具

△具封封具之倒，應移併。

○付據姓觿補。

傳洪氏據祕笈補。

趣馬

△絮洪氏據通志補，今御韻有絮，應移併。

十一暮

慕利

慕容

慕輿

度

路

路洛

露文與顧姓互冒，應各移正。

潞

顧文與露姓互冒，應各移正，洪氏據祕笈複補，應删。

○護諾二字原倒，誤收入聲，玆訂正。

○瓠據姓觿補。

素和

○素黎原訛「表黎」，玆移正。

○錯洪補依通志附入聲，玆從廣韻收「暮」，說詳校記。

庫

△庫六斤宿六斤之訛，應依疏證移正。

庫成洪本失提目，應依庫本正。

庫狄

庫傉管

步

步大汗

△大洛稽此誤收，應移入「十四泰」。

△破也頭此誤收，應移入「三十九過」。

△破六韓仝上。

△破落那仝上。

十二霽

○第二文爲五里所冒，應補目移正。

第五

第八

○棣說見下條。

△杕庫本杕，洪本訛「秋」，當正作棣。

羿

計

薊

惠

吞

○炔原訛「快」收「夬」，茲訂正。

荔非

△稅此誤收，當入「十三祭」。

△鷵仝上。

十三祭

△祭北癸北之訛，應移正，羅氏複補，應删。

衞

芮

裔

彘

○稅原誤收「霽」，茲移正。

○鷵原誤收「霽」，茲移正。

十四泰

太

太士

○太史據類稿補。

太伯

○太室據姓觿補目。

太師

太傅

太陽文冒戲陽，本條又爲老陽所冒，應各移正。

艾

大

大季

○大洛稽原誤收「暮」，茲移正。

△大臨「大」字衍，應移入侵韻。

大羅

帶

會

○會庌說見下條。

△會庌氏洪據通志補，「氏」字衍，應訂正。

兑

○郃據姓觿補。

蔡

蔡仲本條又複訛爲「葵仲」，應移併。

賴

十五卦

△解北解毗之訛，此誤收，應移正。

十六怪

祭

介

蒯

十七夬

△快「炔」之訛，應移入「十二霽」。

卷九

十八隊

背

内史

十九代

代

載

能

佴

戴

二十一震

信都

胤庫本「胤」，洪本避諱作「允」，

△允說見前條。

遴本條脱標目，而標目又誤冒慎姓文，應各移正。

藺

○慎文爲遴姓所冒，應補目移正。

○慎潰原訛「填潰」，文又爲冉相所冒，應各移正。

晉

進

○印據類稿補。

△鐕見沈跋，字書無此字，乃「錯」之訛，兹訂正。

二十三問

運

奮冒萬姓文，應移正，本條已佚，唯於尋源引文見之。

二十四焮

靳

二十五願

萬文爲奮姓所冒，應移正，羅氏複補，應刪。

蔓

曼丘

○婏原誤收「阮」，兹訂正。

建

獻

憲洪氏據通志補。

二十六慁

頓

論

二十八翰

幹

幹獻文複冒函輿，本條又爲甘士所冒，應各移併。

二十九換

貫洪氏據急就章補，本條又爲冠姓所冒，應移正。

灌內冒冠姓文，應移正。

冠冒貫姓文，本條又爲灌姓所冒，應各移正。

冠軍

爨

段

三十諫

諫其文有爲晏姓所冒者，應移入，羅氏複補，應删。

晏內冒諫姓，應移正。

三十一襇

綦龍

○莔原訛「萠」，兹訂正。

△蔄莔之訛，兹訂正。

三十二霰

○縣今本收平聲，兹訂正。

縣潘

練

見

燃廣韻從女旁。

薦

三十三線

戰

△單此是平聲單姓，應移正。

○單此是去聲單姓，原誤收平聲，兹訂正。

眷

變

卞

賤

三十四嘯

○銚今本收平聲，茲訂正。

邵

邵皓文冒羌憲，本條又爲稍縱（居住）所冒，應各移正。

三十五笑

召

召伯文又複訛爲「石伯」，應移併。

少

少室

○少施原訛「小施」，文冒有男，應各移正，本條據姓觿補。

三十六效

校

孝

淖洪氏據通志補。

三十七號

到

郜

浩廣韻「號」無此字，原音告，故附此。

嫪羅氏於平聲複補，應删。

暴

漕

好

三十八箇

賀

△賀谷無此姓，洪氏據通志誤補，應删。

○賀兒文爲是貢所冒，應補目移正。

賀拔

○賀若文爲賀蘭所冒，應依勞氏補目移正。

賀悦

賀婁

賀術

賀遂文冒屋引，本條又誤析爲仵城，應各移正。

○賀頼文爲是婁所冒，應補目移正。

賀蘭文冒賀若，應移正，本條已佚，祇存目。

三十九過

播

○破也頭原誤收「碁」，兹訂正。

○破六韓仝上。

○破落那仝上。

△夏已見馬韻，羅氏複補，應删。

△斥應收禡韻，羅補誤收，應移正。

△華士原倒「士華」，應收禡韻，羅補複誤，應删。

四十禡

亞飯

晉

謝

謝丘

下軍

○斥見羅氏補佚，但誤收過韻，應移正。

柘

舍

舍利文冒執失，本條又爲沙吒所冒，應各移正。

射

華

○華士原倒「士華」，應乙正，羅氏複補，應删。

○華陽原訛「葉陽」，依庫校訂正。

傘

四十一漾

諒

向內冒尚姓文，應移正。

暢

匠麗文冒列鬻，本條又爲祝圉所冒，應各移正。

○尚文爲向姓所冒，應補目移正。

尚方

△上尹工尹之訛，應依庫校移正。

上成

上官原收養韻，兹移正，洪氏據祕笈複補，應删。

△上梁卜梁之訛，應移正。

△唱盆嗢盆之訛，應移入「十一没」。

△相里已見「十陽」，羅氏據辯證複補，應删。

四十二宕

○抗原訛「杭」，兹訂正。

伉

四十三映

敬

竟

競見羅氏補佚。

慶

慶師

孟文有爲甯姓所冒者，應移入。

四十五勁

正令內冒壤駟，應移正。

聖

鄭

盛

四十六徑

甯內冒孟姓文，應移出。

四十七證

乘馬

四十八嶝

鄧

鄧陵

四十九宥

○灸原收有韻，茲依廣韻移入。

廄尹

晝

舊內冒副姓文，應移正。

副文冒忌姓，應補目移正，本條爲舊姓所冒。

富內冒繆姓，應補目移正。

富父

○俞原收「有」，茲移正。

廖洪氏據祕笈複補於「三蕭」，應删。

廖叔見羅氏補佚。

就

授

△右右行之脱，應移入有韻。

五十候

寇

鄮洪氏據通志補。

豆盧

竇

鬬

鬬文文冒鬬者，本條又爲鬬班所冒，應各移正。

鬬門

△鬬者鬬者之訛，茲訂正。

鬬班文冒鬬文，應移正，本條已佚，祇存目。

○鬬耆文複冒北施，本條又爲鬬文所冒，應各移併。

鏤　五十一幼

○繆文爲富姓所冒，茲補目移正。

五十二沁

禁　五十四闞

闞　五十六㮇

念　五十九鑑

○鑒據姓觿補。

監　六十梵

氾

卷十

入聲

一屋

屋引文又爲賀遂所冒，應移正。

屋南「屋」字疑。

屋廬

獨孤本條誤收辯證，而以通志文補入，應依勞氏移正，各補文均删。

獨孤渾

轂梁

谷

斛律

斛斯

○斛瑟羅「斛」原訛「解」，茲訂正。

禿

禿髮

○遬僕文爲安都所冒，應補目移正，羅氏複補，應删。

禄内複冒鹿姓文，應移併。

鹿説見前條。

甪里文冒綺里，應移正，本條已佚，祗存目。

卜

○卜梁原訛「上梁」，又爲士成複冒，兹訂正。

濮陽

木

木蘭

沐

福子

伏内冒服姓文，應移正。

宓廣韻原收「賔」，但孟康以後，均謂「宓」即「伏」字，故仍附此。

○虙文爲服姓所冒，兹補目移正。

服説見前條，本條據類稿補，又有一節爲伏姓所冒。

陸

陸終文又爲毛渾複冒，應移併，羅氏所補，已見陸終，應删。

鞠

麴

鬻

祝

祝史

祝其

△祝固「固」，「圉」之訛，兹訂正。

○祝圉説見前條，文冒匠麗，應移正，本條見羅氏補佚。

叔

叔向

叔夙

叔夜

叔服

叔孫

叔帶

叔敖文複冒叔達，應移正，本條已佚，祇存目。

叔魚

叔達文又爲叔敖複冒，應移併。

竹

竺

郁

○鄭原訛「鄭」，兹訂正。

肅

宿

○宿六斤原訛「宿六氏」，又複訛爲「庫六斤」，應移併。

△宿六氏說見前條。

宿勤

夙

夙沙

○夙繇據姓觿補。

玊

潚

穆

牧

牧師

二沃

沃

督

鵠與朴姓互冒，應移正。

僕

褥

三燭

項

○蜀據姓觿補。

蕁

束

曲

續

續祁內複冒洞沐，應移併。

粟

四覺

角洪氏據急就章補。

○岳據姓觿補。

樂

樂尹

樂王

樂正

樂利

朔

卓

朴與鵠姓互冒，應各移正。

學

五質

郅

實

帙

△悉君「君」，「居」之訛，玆訂正。

悉居原訛「悉君」，玆訂正，羅氏複補，應删。

一斗卷

漆

漆雕文冒合博，本條又爲赤張所冒，應各移正。

疋婁

吉

○佚據姓纂補。

栗

室中

○室孫說見後條。

△室孫氏洪據通志補。「氏」字衍。

畢

帥

叱奴

○叱利文爲拔也所冒，應補目移正。

叱伏列

密革

乙

乙干

乙弗

乙速孤

六術

術

△肥無此字，「肷」之訛。

○肷原訛「肥」，茲訂正。

○恤文爲茀姓所冒，應補目移正。

八物

勿忸于

弗忌文又爲巫臣複冒，應移併。

△不夷墨夷之訛，茲訂正。

不更

不蒙

鄅

鬱

尉遲

屈

屈侯

屈南

屈突

佛圖

茀内冒恤姓文，應移正。

九迄

○乞伏據類稿補。

乞扶

十月

越

越勒

越椒文複冒嬰齊，應删併，佚文見羅引辯證。

越質詰

闕内冒謁姓文，應移正。

○謁文爲闕姓所冒，應補目移正。

十一沒

沒鹿回

骨咄禄

突黎人

吐谷渾已見「十姥」，無論收入聲或上聲，均應併合爲一條。

○嗢盆原訛「唱盆」，茲訂正。

兀

杌

紇干

紇豆陵

紇奚

紇骨

紇單

十二曷

褐餘

鶡冠

妲見羅氏補佚。

渴單

○渴燭渾今收「薛」，非是，應移此以歸一律。

達

達步

達勃

達奚

葛

葛伯

十三末

末

末那樓

脫

○拔也原訛「技也」，復冒叱利，本條已佚，秖存目。

拔略

十四黠

滑

滑伯

察

十六屑

節

鉄弗

鉄伐

○陜跌文冒似和，本條又爲火拔所冒，應各移正，並依集韻音收此韻。

謟

○蔑據姓觿補。

十七薛

薛

薛孤

列

列宗

列禦文又爲匠麗複冒，應移併。

△揭揚目作「揚」而文作「陽」，應從一律。

○揭陽說見前條。

△渴燭渾原與渴單分收兩韻，非是，兹移正。

舌

○雪據姓觽補。

悦

悦力

説

啜刺内冒火拔，應移正。

別

十八藥

藥

△若干應依廣韻，與若久同收馬韻。

約

矍相

十九鐸

鐸遏

莫

莫且婁

△莫多那莫那婁之訛，應依疏證正。

莫多婁

莫折

○莫那婁原訛「莫多那」，兹訂正。

莫侯婁

莫者

莫胡盧

幕

落

落下文冒落姑，本條又爲皋落所冒，應各移正。

○落姑文爲落下所冒，應補目移正。

絡

洛

駱

拓王

拓跋

作

△錯洪氏據通志補，應依廣韻移入「暮」。

閣

恪

鄂

薄

郝

△郝骨見沈跋，即赫胥之訛。

索

索盧

△諾護護諾之倒，應乙正。

霍

郭

二十陌

○白據白文公年譜補。

白石

白狄

○白矦文爲尾勺所冒，應補目移正。

白馬

白鹿

○白象文爲蒼頡所冒，應補目移正。

白楊堤

○帛據類稿補。

伯

伯夫

伯比

伯成文冒陽成，應移正，本條已佚，唯於姓氏篇引文見之。

伯宗

伯昏

伯夏

伯高見羅氏補佚。

○百里據類稿補。

柏

柏侯

○柏常據姓觿補。

劇

郤

○赫原訛「嚇」，玆訂正。

△嚇赫之訛，當即沈跋之郝骨。

格

澤見沈跋。

△翟玆依廣韻，移收「二十三錫」。

虢射

二十一麥

麥

麥丘

獲

革

二十二昔

昔

○益據姓觿補。

易

釋

適

奭

赤

赤張文冒漆雕，本條又爲慎潰所冒，應依庫校移正。

赤章

石

石之

△石伯召伯之誤複，依庫校訂正。

石駘

席

夕

籍

辟閭

射

二十三錫

錫

析

析成

酈

○櫟陽文爲孫陽所冒，應補目移正。

狄

○翟原收「二十麥」，依廣韻移正。

糴

俠

△郥原作「鄍」，乃「郥」之訛，兹訂正。

戚

二十四職

職

力

○敕文爲食姓所冒，兹補目移正。

食内冒敕姓，應移正。

息

○息夫文爲壤駟所冒，兹補目移正。

植文爲勒姓所冒，洪氏據通志複補，應删。

啬

棘

弋洪氏據通志補，今據姓觿再補。

弋門

翼

即

即利

稷

稷丘

○偪陽文爲魯陽所冒，兹補目移正。

二十五德

勒文冒植姓，本條又爲國姓所冒，應各移正。

黑肱

黑齒

墨

○墨夷原訛「不夷」，兹訂正。

万俟

塞

北人文冒北海，本條又爲北郭所冒，應各移正。

北門

北宫

北唐

○北旃文爲闞耆、北殷所冒，兹補目移併。

北殷文冒北旄，應移正，本條見羅氏補佚。

〇北海文爲北人所冒，應補目移正。

北郭文冒北人，本條又爲北鄉所冒，應各依庫校移正。

北野

北鄉文冒北郭，應移正，本條已佚，衹存目。

北鬖文冒壽西，應移正，本條已佚，衹存目。

國內冒勒姓，應移正。

二十六緝

〇執失文爲舍利所冒，兹補目移正。

習內冒隰姓，應移正。

〇隰文爲習姓所冒，應補目移正。

〇縶據姓觿補。

汲

邑裘

二十七合

合

〇合博文爲漆雕所冒，應補目移正。

二十八盍

蓋

二十九葉

葉

△葉陽華陽之訛，依庫校移正。

接

接輿文又爲蒼頡複冒，應移併。

捷

聶

輒

△陜跌文冒似和，本條則爲火拔所冒，應各移正。又廣韻「葉」無「陜」字，集韻音縝，兹改收「屑」。

三十帖

○俠文爲莢姓所冒，依庫校補目移正。

莢文冒俠姓，應移正，本條已佚，祇存目。

△牒羅補，卽云姓之文，應删。

牒云

○涉其據姓觽補。

甲	三十二狎
甲父	
	三十四乏
法	

元和姓纂卷一

〔岑校〕卷一　其下庫本注云：「上平聲東韻至江韻。」

李 據序稱，皇族之外，各依四聲韻類集。今仍以李置卷首，如林氏舊例。

1 帝顓頊高陽之裔。顓頊生大業。大業生女華*。女華生咎繇，爲堯理官，子孫因姓理氏云云。

2 裔孫理徵得罪于紂，其子利貞逃難伊侯之墟，食木子得全，因變姓李氏。

A〔岑校〕大業生女莘女莘生咎繇　羅云：「案『女莘』，新唐書宗室世系表作『女華』。」

3 利貞十一代孫老君，名耳，字伯陽，居苦縣賴鄉曲仁里。曾孫曇，生二子：崇、璣。崇子孫居隴西，璣子孫居趙郡。

A〔岑校〕曾孫曇生二子崇璣　羅云：「案世系表作『耳裔孫洪，洪曾孫曇，曇四子：崇、辨、昭、璣』，與此不合。」

4 崇五代孫仲翔，生伯考。伯考生尚。尚生李廣也。廣以後生唐高祖李淵。祕笈新書

A〔岑校〕尚生李廣也廣以後生唐高祖李淵　洪氏據祕笈新書所補，與章定名賢氏族言行類槁（下省稱類稿）三五所引幾全同，惟類稿「廣」上無「李」字，「以後」作「之後」，皆以類稿爲合，既敍李姓，不必重提「李」字也。各姓做此。温廷敬氏言「生唐高祖李淵」語必非原文（見廣州學報一卷二期，後省稱温補），是也。然温氏取姓氏辯證之不見於唐宗室、宰相兩表及五代史者，便以爲皆姓纂遺文，未免失之太濫。正如温氏所云「殊非忠實之道」，兹故不取。又余所見事類備要、祕笈新書（省稱備要及新書），文字都有小異同，如無關弘旨，則不復校録。

5　自挹，杭州刺史。（岑補）

A〔岑校〕乾道臨安志三：「李自挹，杭州刺史（唐宗室）。」兹據補。

6　沖八代孫虚中。（岑補）

A〔岑校〕讀書志三下云：「李虚中命書三卷。……虚中字常容，姓纂云，同之八代孫，……韓愈言同爲虚中十一世祖，誤也。」余按昌黎集二八虚中誌：「其十一世祖沖，貴顯拓拔世。」注稱：「舊注云，據元和姓纂，虚中乃沖八世孫。」讀書志之「同」，乃「沖」之訛。唐人諱「世」，志作「八代」是，集之「八世」，殆後人追改者，兹參據補之。

7　晟生愿、愬、憲、愬、聽、慧、慇、𢡟、應。（此係岑氏參據沈跋、羅校修補）

A〔岑校〕金石録二九云：「碑載西平子十二人，愿、聰、揔、愬、憑、恕、憲、愬、懿、聽、慧、慇，……而新、舊史列傳皆云晟有十五子，舊史云，侗、伷、偕無禄早世，豈以侗等早世故不載歟？又李石撰李聽碑云，西平有子十六人，疑更有未名而卒者爾。元和姓纂載西平子十人，以碑校之，姓纂闕聽、揔、憑、懿四人，而惎、應二子，墓碑、舊史皆無之；又其倫次差謬，亦當以碑爲正。」沈跋云：「案惎已見墓碑，不應云無。余所見明歸太僕抄本金石録作愻、應二子，當從之。」按姓纂書例，非必準倫次，此不足爲林氏責。西平之子，聽碑作十六人爲最多。今合晟碑、姓纂、舊史計之，知名者已十七。會要三八云：「(貞元)八年九月，以前太子賓客李愿爲太子賓客，前衞尉少卿李愻爲韶王傅，愿、愻皆太尉晟之子。」(據元龜三八八，係晟妻卒後除官)則愻行輩似長，官亦不卑，晟碑何至缺漏？故余頗疑愻或後來改名也。書此俟考。羅補缺愻、應二人，非是。復次，唐語林四：「李愿司空兄弟九人，四有土地。」下文敍愿、憲、愬、聽四人所任各節度。考元龜一三一，貞元十一年十一月，「辛亥，以前太子賓客李愿爲左領軍大將軍，李憑爲右威衞大將軍，……皆太尉晟之子，以免喪故，晟諸子同日授官者凡九人」。語林之「兄弟九人」，殆祇指免喪起復者言之，非晟子僅九人也。韓集點勘送李愿歸盤谷序云：「同時有兩李愿，一隱盤谷，一爲西平王晟子，……序作於貞元十七年，西平子時爲宿衞將，至和盧詩則元和七年也，西平子方官節度使，皆見唐史，無棲隱事。」葉森補古今同姓名録謂隱盤谷者卽晟子，非是。困學紀聞一七閻若璩箋亦常辨之。白氏集三五中書制誥有故光禄卿致仕李恕贈右散騎常侍制云：「某國老之子，藩臣之兄。」元和十年憲官絳州刺史，見寰宇記四六。全文六二三宋申錫李聽德政碑：「西平王第八子也。」碑則列於第十。元龜七七五：「李聰，西平王太尉晟之第十三子，七歲以蔭授太常寺協律。」同書九八七，元和十五年，聰官靈武節度。兩「聰」字均「聽」訛。元龜六二八：「李甚爲右龍武大將軍。甚，西平王晟之子，……累官至庫使，……貶宣州別駕。」「甚」，「惎」之訛（據同書九九九，事在大和五年六月）。唐文拾遺二八昔耘李琮誌，卒大和八年二月，同月十五日葬。誌云：「父愍，雲麾將軍，前右龍武軍將軍知軍事。」元氏集三七，元和二三年間有普州刺史李憖。別有李應，貞元十一年進士（紀事三三），元和十一年八月十五日，自户中授湖刺，遷蘇州刺史（吴興志一四），十四年官湖州刺史（會要八八及御覽八二八），勞氏郎官考一一以爲同一人，然晟碑不著，當非是。若千唐沈師黄誌，「公娶鴻臚少卿隴西應之女，勳德之家」，乃是此李應耳。又全文四二四于邵（代李晟）謝贈亡妻夫人表：「臣亡妻所生男憑，見任御史中丞，充張孝忠軍職務。」憑爲晟子，足與碑相佐證。

一東

馮

8 周文王第十五子畢公高之後。畢萬封魏，支孫食采於馮，遂氏焉。世本又云，姬姓，鄭大夫馮簡子後。漢書，秦末馮亭爲上黨守，入趙，其宗族或留潞，或在趙。秦丞相馮去疾、御史大夫馮劫、漢博成侯馮毋擇，並亭之後也。

A〔岑校〕周文王第十五子畢公高之後　文王諸子之行序，説各不同，故不具論。後倣此。

B〔又〕食采於馮　通志略引作「食采於馮城」，温據類稿亦有「城」字。

C〔又〕遂氏焉世本又云姬姓　温引類稿「遂」作「因」，「世」作「代」，「姬」作「歸」。按唐人諱「世」，原本必作「代」，今作「世」者，後人迴改也。下倣此。温又云：「案通志氏族略引世本亦作歸姓，『姬』字誤。」余案合璧九亦作「代本」及「歸」，然説文固云馮，姬姓國。既一支爲畢後，自得是姬姓。或馮簡子一支屬歸姓耳。

D〔又〕鄭大夫馮簡子後漢書秦末馮亭爲上黨守……秦丞相馮去疾御史大夫馮劫漢博成侯馮毋擇　按類稿「簡子」下有「之」字，「書」下有「云」字，「守」作「太守」，「馮去疾」以下無三「馮」字。又「毋」，漢表一六作「無」。

9 至馮唐，徙安陵，爲楚相。弟騫，自上黨徙杜陵。孫奉世，大將軍，生譚、逡、案馮奉世爲左將軍，此作「大將軍」，誤。又「譚、逡」下脱「立、參」二字。野王。野王，左馮翊。立，上郡太守*。參，宜都侯*。

A〔岑校〕孫奉世大將軍生譚逡野王　原校云：「案馮奉世爲左將軍，此作『大將軍』，誤。又『譚、逡』下脱『立、參』二字。」余按漢書七九奉世傳：「譚弟野王、逡、立、參。」又：「參，昭儀少弟。」本書下文先敍野王而後立、參，通志略引文亦云「孫奉世，左將軍，生譚、逡、野王、立、參」也，温校謂原校文「譚、逯」應作「野王」。

10 漢功臣又有關氏侯馮解散、穀陽侯馮谿，傳封六代。後漢司空馮勤，魏郡人。馮衍，杜陵人；生豹，尚書。司空魴，南陽人。廷尉馮緄，巴郡人。案關氏侯馮解散，漢功臣表作關氏節侯。

A〔岑校〕漢功臣又有關氏侯馮解散　原校云：「案關氏侯馮解散，漢功臣表作關氏節侯。」余按「節」爲其謚，姓纂於功臣表例不引謚也。

B〔又〕穀陽侯馮谿　温引氏族略作「穀陵」。。

C〔又〕後漢司空馮勤　通志略作「司馬」，後書五六實作「司徒」。

11 【潁川】　後漢征西大將軍夏陽侯馮異。

A〔岑校〕潁川　後漢征西大將軍夏陽侯馮異　羅校云：「案宋鄧名世古今姓氏書辯證引『出潁川者，漢左將軍奉世之後』，與今本不合。」按「潁川」，羅刻誤「穎川」（後倣此）。考本書上文有云：「弟竇自上黨徙杜陵。」下文又云：「『上黨，漢左將軍馮奉世本世居上黨也。』」正與漢書七九奉世傳稱馮參被殺，「死者十七人，宗族徙歸故郡」相合。況異爲潁川父城人，見後書四七本傳，鄧書「出潁川者」之下，蓋奪去「漢征西大將軍異之後，出上黨者」等字耳，可參尋源二引文。

12 【上黨】　漢左將軍馮奉世，本世居上黨也。

【長樂信郡】 漢宜都侯參後。晉有馮和，孫跋，僭號，都龍城，稱北燕。弟弘，爲後魏所滅。弘生朗。生姬。姬女弟魏文成皇后。燕。熙孫子琮，北齊左僕射、昌黎公。案北史，馮熙，文明太后之兄。父朗，追贈燕宣王。熙生誕。誕生穆。穆生岡，襲爵昌黎王。又北齊書，馮子琮，馮跋之後。父靈紹，子慈正。此文内「姬」字疑係「熙」字之誤。「熙孫子琮」曰字亦誤。疑「燕」字下有脱文。生慈明、慈信、慈讓。

A〔岑校〕長樂信郡（都） 弘生朗 「郡」，羅校爲「都」。樂安王妃馮氏誌：「曾祖道鑒，燕照文皇帝。祖朗，真君中入國，秦、雍二州刺史。父熙，和平六年爵昌黎王、侍中、太師。」（芒洛遺文四編）按道鑒即弘也，唯魏書未舉此名。又任城王妃誌：「曾祖東燕昭文帝，祖太宰燕宣王。」（六朝菁華一）廣州人物傳作「北燕僞昭武帝弘」，殆因新廟碑（全文八〇四）弘謚曰武而誤歟？馮宿碑：「其下十四葉立國王燕，是爲昭□皇帝。」萃編一一三云：「又據十三代孫馮元德撰昌黎馮王新廟碑稱：『王諱熙，伯祖諱跋，建國北燕，傳位于昭成皇帝諱弘，卽王之烈祖也。』然則此碑所稱『昭□皇帝』者，卽昭成帝馮弘也。」松翁近稿則據前兩誌以「昭成」爲誤，然拓本唐（貞觀十六年立）將仕郎盧君妻馮氏誌亦云「燕昭成皇帝七世孫」，是唐初所傳，已作「昭成」。

B〔又〕生姬姬女弟魏文成皇后燕熙孫子琮北齊左僕射昌黎公 庫校云：「案北史，馮熙，文明太后之兄。父朗，追贈燕宣王。熙生誕。誕生穆。穆生岡，襲爵昌黎王。又北齊書，馮子琮，馮跋之後。

父靈紹，子慈正。此文內「姬」字疑係「熙」字之誤。「熙孫子琮」四字亦誤。疑「燕」字下有脫文。」（洪本「罔」訛「問」，「四字」訛「曰字」）余按金石録補一三：「右碑題云唐故處士馮公墓誌銘並序，……序云，公諱懿，字承美。高祖子琮，齊吏部尚書、侍中、尚書右僕射、昌黎公。曾祖慈明，齊內史，以忠烈贈戶部尚書，謚忠武。祖怦，父蹇，皆唐刺史。以景龍三年卒，開元二十年六月葬。按傳，子琮妻，胡后妹也。以戚屬輔導太子，後出拜鄭州刺史，復還鄴，授吏部尚書而無侍中，俄遷左僕射而非右，未嘗封昌黎公，似當以碑爲正。子慈正而非慈明，豈子琮有別子耶？碑云慈明忠烈，贈謚交至。而不爲之立傳，史之闕失多矣。」傳作「左僕射」，正與姓纂同，「左」、「右」字易傳誤，究未知孰正也。誌稱昌黎公，可與姓纂互證。復次，北史五五子琮傳固云封昌黎郡公，子五人，慈明最知名。有附傳。隋書七一且有專傳。其官內史舍人在開皇時（北齊時官中書舍人）。葉氏未檢及耳。隋傳慈明謚壯武，北史同，誌作「忠武」，亦小異。又拓本貞觀十六年馮氏誌：「五世祖熙，魏太傅、太師、太尉公録尚書事，贈大司馬、昌黎武王，加黃屋左纛，備九錫。曾祖子琮，齊開府儀同三司、吏部尚書、尚書右僕射、昌黎公。」與馮懿誌略同。是子琮信是熙孫，本文不誤，惟「生姬，姬」應補正爲「朗生熙，熙」耳。

C〔又〕生慈明慈信慈讓　葉氏疑子琮有別子，其時姓纂未刊行，故不知明之外猶有信、讓也。貞觀馮氏誌：「祖慈明，齊中書侍郎、儀同三司，隋尚書兵曹郎，贈民部尚書。」

14 慈明生惇、怦。怦，兵部郎中；生騫，汾州刺史。慈明孫慶，雅州刺史。

A〔岑校〕慈明生惇怦　慈明事迹見前引金石録補。

B〔又〕怦兵部郎中　貞觀二十年光禄少卿馮怦，見元龜一六一。馮氏誌：「父怦，尚書兵部郎中、守吕州刺史。」蓋其見官。氏貞觀十六年卒於吕州，年二十九。

C〔又〕生騫汾州刺史　金石録補引馮懿誌作「騫」，與此異，未知葉氏有誤轉否。

D〔又〕慈明孫慶雅州刺史　全文二〇二有王博文林郎馮慶誌，卒咸亨四年，雖亦跋之苗裔，但世次、終官皆異，非同人也。

15 慈讓生摠、擲、捷。摠，監察御史；生元常，右丞、兵部侍郎。元常生光嗣，齊州刺史；孫令問，侍御史。思雍，刑部郎中。捷生淑，祠部郎中。

A〔岑校〕生元常右丞兵部侍郎　廣記一四六引朝野僉載，元常由浚儀尉轉雲陽尉，改監察，位至尚書右丞，後得罪，賜自盡。

B〔又〕元常生光嗣齊州刺史　英華四一四蘇頲制，朝散大夫、使持節黄州諸軍事守黄州刺史馮光嗣，可守揚州大都督府司馬。

C〔又〕孫令問侍御史思雍刑部郎中　郎官柱左中馮思邕，郎官考一以爲即此人。按邕、雍古通。復次，郎官柱思邕名次唐紹前，紹於太極元年已官左中，則邕官左中似在睿宗時。今如謂思雍承上「孫」字言之，爲光嗣之孫，則時代先後絶不符；思雍如非元常之子（承上「元常生」言之），則其上必有奪文也。宋僧傳四禮宗傳，景龍二年御史大夫馮思，或非同人。

D〔又〕捷生淑　勞考二一據郎官柱及舊書一八五上作「元淑」。

16【京兆】狀稱弘後。隋有兵部尚書馮業，生長命，唐尚書左丞。長命生義弘、禮本。義弘，膳部郎中。禮本，司農少卿。本足子昭泰，刑部刺史、安昌公。案張説集括州刺史工部尚書馮昭泰碑，曾祖兵部尚書世基。此避唐諱作「業」。又曰，考仁，高亮無禄，故昭泰幼襲安昌公。此作「本足子」，當有訛。又考昭泰嘗官邢州刺史，此作「刑部」，亦誤。

A〔岑校〕隋有兵部尚書馮業生長命……長命生義弘禮本……本足子昭泰　原校云：「案張説集括州刺史工部尚書馮昭泰碑，曾祖兵部尚書世基。此避唐諱作『業』。又曰，考仁，高亮無禄，故昭泰幼襲安昌公。此作『本足子』，當有訛。」余按説之集，「昭泰」誤「昭奏」。仁爲泰父，曰「無禄」，則許是繼子，故余疑「本足子」乃「本少子」之訛，卽仁早死無子，禮本以其少子繼之，仁當襲爵，故昭泰少得襲爵也。

B〔又〕生長命唐尚書左丞　長命曾爲御史大夫，貞觀初官荆州長史，見舊書六〇李瓌傳。又嘗爲岐州刺史，見廣記二二一引定命録。貞觀十三年十二月時官爵爲少府監、安昌縣開國男，見張彦遠法書要録四。貞觀十四年秋少府監馮長命，見珠林七九引冥報記。

C〔又〕義弘膳部郎中　八都壇神君實録，垂拱年立，「刺史馮義，故御史大夫安昌公之子也」。常山貞石志四云：「考安昌公當是馮長命，……若義本名義弘，而此碑祇稱馮義者，當是避孝敬諱而然。」補正三九云：「然文內三見『弘』字，並不改避，何獨於人名而易之？」殊不知義弘、弘暕，身爲朝官，省諱而單名義、暕，想已多年（諱「弘」在高宗時），非撰碑者所易，更無權追復其初稱。若文內三見「弘」字，此自書碑者不謹，陸氏之疑，不足以難沈氏也。宋僧傳四窺基傳：「爲以慈恩傳中云，奘師龍朔三年於玉華宮譯大般若經終筆，其年十一月二十二日，令大乘基奉表奏聞，請御製序，至十二月七日通事舍人馮義宣由此云。」似誤以「義宣」爲人名；今考慈恩傳一〇固作「通事舍人馮義宣敕垂許」，開元錄八同。「宣」屬下讀。此馮義卽義弘，亦高宗時義弘已避「弘」而單名義之證。

D〔又〕刑部刺史安昌公　原校云：「又考昭泰嘗官邢州刺史，此作『刑部』，亦誤。」按嚴州圖經一：「馮昭泰，景龍元年十月十九日，自邢州刺史拜。」據說之集二五，昭泰終官係括州刺史，卒景龍三年六月，邢州已後係貶官，故書邢州也。

17 生紹正、紹烈*。紹正，少府監。紹烈，兵部郎中、鴻臚卿。又銀青光祿大夫、直昭文館。紹烈生。敦直。從祖弟師訓，右領軍將軍。師訓生嘉勳，蓬州刺史。少師，唐駙馬、鴻臚卿、青州刺史*、陝東行臺右僕射，生文瓚。

A〔岑校〕生紹正紹烈紹正少府監　紹正，少府監，見昭泰碑及曲江集皇太子鴻納妃敕（開元二十一）。會要六六，開元十一年有少府監馮紹貞。今碑及二張集、姓纂均作「正」，會要誤。開元關輔大旱之年，紹正宫少府監，見明皇雜録（廣記二一二及唐朝名畫録）。高力士父喪，少府監馮紹正哭之，甚於己親，見談賓録（同前二四〇）。開元十年，承議郎、守殿中丞、知中書尚作事、安昌縣開國男馮紹正，見歷代名畫記三。開元中任少府監，八年爲户部侍郎，見同書九。開元十七年慶唐觀銘碑陰稱「少府監安昌縣開國子馮紹正」（山右石刻六）。

B〔又〕紹烈兵部郎中鴻臚卿　據昭泰碑，開元十八年時紹烈爲御史中丞。

C〔又〕又銀青光禄大夫直昭文館紹烈生敦直　馮本紀孝碑，先天元年立，題「嫡子銀青光禄大夫、留直昭文館、上柱國、長樂縣開國男敦直書」（萃編七〇）。碑稱府君諱本，祖悦，父賢。平津記五亦嘗引及姓纂之敦直，但謂「其祖、父之名俱不與碑同」。余按紹烈仕開元中，其子當不能於先天初位躋光禄，非特祖、父異名已也。由此推之，「紹烈生」三字殆應乙在「又」字之上而「生」下有奪文；已下别敍敦直一支，故姓纂插「又」字。

D〔又〕從祖弟師訓右領軍將軍師訓生嘉勣　前「師」字，庫本同。後「師」字，庫本作「思」。此云「從祖弟」，殆承敦直言之。

E〔又〕少師唐駙馬　按少師尚高祖女長沙公主，見會要六。是少師爲唐初人，當非師訓或嘉勣之子，其上似有奪文也。

18【河間】　監察御史馮師古，孫著、魯。著，左補闕。魯，兼監察御史。

A〔岑校〕監察御史馮師古孫著魯　江州集屢見寄贈馮著之作，同集四有送馮著受李廣州署爲録事詩，又卷五有答馮魯秀才詩。全詩五函二册盧綸有留别馮著，三册李端有客行贈馮著。

B〔又〕魯兼監察御史　裴度劉太真碑稱監察御史馮魯。

19【魏郡】國子祭酒伉，生芫、藥。

A〔岑校〕國子祭酒伉生芫藥　舊書一八九下伉傳，「子葯」，即「藥」之異寫。伉以祭酒卒元和四年四月，見舊書一四。元和六年芫判入等，見元龜。廣記一五五引續定命録，憲宗六年，芫判入等，授興平尉；大和五年，自太常丞除岳州刺史。德宗末任太常奉禮。

20【新平】御史中丞馮嘉賓。

A〔岑校〕御史中丞馮嘉賓　景龍二年，嘉賓爲御史中丞，死於突厥，見新書四。

21【諸郡馮氏】鴻臚少卿馮宗，中書舍人馮大和，並長安人。

A〔岑校〕鴻臚少卿馮宗　開元五年，宗爲太常博士，見會要一一及大唐郊祀録五。潤州江寧縣瓦棺寺畫像碑，約睿宗時立，稱邑人左補闕馮宗（全文二六六）。又韓休行制，通直郎、殿中侍御史内供奉馮宗可侍御史（同前二九五）。

B〔又〕中書舍人馮大和　廣記二八八引朝野僉載，馮太和之妻爲逆韋之妹，當即其人；大、太未詳孰是。又據記，太和卒在逆韋未敗前。

22 萬年縣令馮用之，洛陽人。

A〔岑校〕萬年縣令馮用之　章仇兼瓊碑，天寶十載立，撰人檢校倉部郎中馮用之，見集古録目。全文四〇四云：「用之，天寶朝官金部員外郎、考功郎中。」按用之實倉部郎中，今郎官石柱斷後，誤接於考功之下，故趙魏、王昶兩家均以爲考中，徐氏誤承不察也。說見勞格郎官石柱題名考及拙著郎官石柱題名新著録。曲石藏天寶七載李琚誌：「其所厚善則金部郎馮用之。」

23 庫部員外馮嶷，河東人。

A〔岑校〕庫部員外馮嶷河東人　全文六二八呂温湖南都團練副使廳壁記有馮郎中嶷。

24 虞部員外郎馮宿，長樂人；後徙東陽。弟定、審、寬。寬，中書舍人。大和中並舉進士。

A〔岑校〕虞部員外郎馮宿……弟定審寬寬中書舍人大和中並舉進士　據舊書一六八宿傳：「徵爲太常博士，轉虞部、都官二員外郎，元和十二年，從裴度東征。」三年任太常博士，見會要八〇；十二年任都官員外，見舊書六，則修姓纂時宿正任虞部員外也。宿弟定，從弟審、寬。宿，貞元中舉進士；審，貞元十二年舉進士（見舊傳）；定，十八年進士（登科記考一五）；寬雖不詳，殆亦貞元登第，則「大和中」爲「貞元中」之訛。登科記考二七云「按馮宿、馮定、馮審皆於貞元登第，言『太和』，誤」，是也。惟登科記考一四既據舊傳以馮審爲貞元十二年進士，同書一五及二二又引玉泉子以審爲貞元二十一年進士，當有一誤；進士非落第不再舉也。就其諸昆歷官審之，元和初年，寬官似未至中書舍人。「寬，中書舍人」一句，疑後人所增。李文公集五有送馮定序云：「是以再舉進士，皆不如其心。」叢編一九引諸道石刻銘義食堂記，元和四年立，又引復齋碑録毬場山亭記，八年立，均馮審撰文。

25【高州】高州都督、耿公馮盎，代爲酋領。

A〔岑校〕馮盎　庫本誤「馮益」。

26【岡州】竇州刺史、合浦公馮士翽，代爲酋領。兄煜，進士。

A〔岑校〕竇州刺史合浦公馮士翽代爲酋領　「岡」，庫本作「崗」。輿地記碑目三，化州下有唐羅州刺史馮士歲並妻吴川郡夫人墓記，「歲」當「翽」之訛。廣州人物傳，士翽入唐，累官至右武衛將軍，龍朔中尚存。金石補正三五誤作「馮仁翽」。又元龜三九七，武德六年，崗州刺史馮士翽以新會反，總管劉咸討降之，復其位。顯慶五年官右武衛將軍，見通鑑二〇一。今萬年宫銘有「右武衛將軍、行竇州刺史、上柱國、□□郡開國公臣馮□翽」，卽士翽也，「郡」上泐兩字殆卽「合浦」。

洪

27 共工氏之後。本姓共氏，因避仇，改洪氏。

A〔岑校〕改洪氏　類稿二作「改爲洪」。

28【宣城】吴有廬江太守洪矩。

29【舒城】唐清河丞洪孝昌，代居舒州。狀稱矩後。生厚，監察御史。

A〔岑校〕唐清河丞洪孝昌　急就篇下云：「集賢注記有洪孝昌。」開元初命撰緝貞觀、永徽五禮，見新書藝文志。河南博物館藏②拓本故宣德郎守潞州大都督府參軍事裴肅墓誌銘並序，開元二十二年三月建，末題「右(？)衛兵曹兼集賢院大學士洪孝昌撰」。

30【毗陵】監察御史洪察，原缺「察」字。或疑上文名厚者，據秘笈新書作「察」。常州人，本姓弘氏，避孝敬諱，改姓洪氏。生子興，起居舍人。生經綸，諫議大夫。據秘笈新書改。

A〔岑校〕監察御史洪察　庫本無「洪察」二字。校云：「按此脱名疑即上文名厚者。」按厚籍舒城，此籍毗陵，兩不相涉。洪氏據秘笈新書作「洪察」，與類稿一同。

B〔又〕本姓弘氏避孝敬諱改姓洪氏　「孝敬」，庫本作「玄宗」。校云：「按此與通志皆誤。玄宗諱隆基，無『宏』字，惟高宗有太子後號孝敬皇帝者諱此字，此作玄宗諱，恐有訛誤。」洪校云：「據秘笈新書改。」卽改「玄宗」二字爲「孝敬」，又增「洪察」二字也。但通志並非誤玄宗。又此弘某既避孝敬諱改姓洪，似當爲高宗時人，徵諸統譜一：「洪子輿，睿宗時爲侍御史。」時代亦合。若洪孝昌乃開元初人，其子厚之時代，應更居後，是知毗陵之監察御史洪某，斷不能爲舒城之監察御史洪厚。前文庫校所疑，殊不合也。容齋四筆一一云：「李含光本姓弘，易爲李；曲阿弘氏易爲洪。」

C〔又〕生子興起居舍人　平津記五以精舍碑洪子輿再見，疑「興」卽「輿」訛，是也。蘇頲授著作佐郎洪子輿守起居舍人制，見英華三八三。統譜一：「洪子輿，睿宗時爲侍御史。」而於洪經綸下則云：「父輿，起居舍人。」其矛盾率類此。按廣記三八〇引僉載，故御史洪子輿。會要七六，神功元年洪子輿及第（御覽六二九訛「子輿」，元龜六四五訛「子與」）。今類稿二、備要二一、新書六均訛「與」。

D〔又〕生經綸諫議大夫　金石録八聰明山銘，建中元年立，撰文者洪經綸。舊書一二七有傳。又續編九大伾山銘亦同年立，署銜諫議大夫。元龜一六二，建中元年二月，以諫議大夫吴經綸巡魏博、成德、幽州等道，「吴」乃「洪」之訛。奉天録一，建中末，經綸受朱泚僞官中書舍人、禮儀使；趙元一自序云：「洪經綸累代通儒，乃作趨時之士。」

弓

31 魯大夫叔弓之後，以王父字爲氏。漢有光禄勳弓祉。

A〔岑校〕魯大夫叔弓之後以王父字爲氏漢有光禄勳弓祉　姓氏篇引姓纂，無「以王父字爲氏」六字，蓋張氏據轉引本，非直引本書，故嘗不同也。類稿一「祉」下多「也」字。

32 【太原】弓祉案弓祉之「祉」一作「阯」。之後。後魏有博陵太守弓翊；曾孫逸。之、逵之。義，德州刺史、案弓翊曾孫逸，唐陳倉令，生羲之、逵之。羲之，德州刺史。此作「義」，又作「逸之」，疑訛。離石公，生志和、志弘、志元、彭祖。

A〔岑校〕後魏有博陵太守弓翊曾孫逸之逵之義德州刺史　校云：「案弓翊曾孫逸，唐陳倉令，生義之、逵之。義之，德州刺史。此作『義』，又作『逸之』，疑訛。」「疑訛」，庫本作「疑有訛」。余按庫校所引，見備要二三，蓋「逸」下脱「唐陳倉令生義」六字，「逵之」下又訛脱「義之」爲「義」也。温校引類稿二作「逵之」，云：「未知孰是。」

33 志弘，陳州刺史；生嗣宗，祠部員外；嗣業，洛州司馬。

A〔岑校〕生嗣宗祠部員外　「祠」，統譜一作「禮」，類稿二作「祠」，惟「外」下多「郎」字。

B〔又〕嗣業洛州司馬　按嗣業官洛州司馬，見朝野僉載，舊書九〇張光輔傳（「弓」訛「房」）及新紀四、急就篇上均訛「洛州」。元龜三三三，載初元年，韋方質坐與弓嗣業通謀，流嶺表。

34 志元，右金吾將軍、相州刺史、陽國公。

A〔岑校〕志元右金吾將軍相州刺史陽國公　「陽國」，類稿一及備要二三作「陽曲」。新紀四，永昌元年，殺相州刺史弓志元。

35 彭祖，揚府長史、蒲州刺史、晉陽公，生嗣初、嗣説。嗣初，雍州司功。

A〔岑校〕彭祖揚府長史蒲州刺史晉陽公　新紀四，永昌元年，殺蒲州刺史弓彭祖。又見陳伯玉集九，云：「死囚張楚金、郭正一、弓彭祖、王令基等以凶惡之罪，特蒙全活。」

B〔又〕嗣初雍州司功　唐詩紀事七，高正臣（見拾遺集九諫刑書）林亭之客有弓嗣初，云咸亨二年第一人登第。

熊

36 楚鬻熊之後，以王父字爲氏。熊克家譜曰，鬻熊爲文王師，著書一卷，號鬻熊子。至成王時，舉文武勤勞之後，以子男之田封熊曾孫繹於楚，是爲楚子熊繹也。三國時有徵士熊僧循、尚書熊睦乂。江陵志曰，黄帝有熊氏之後。自「熊克家譜」至此，據祕笈新書增。

A〔岑校〕熊克家譜曰鬻熊爲文王師著書一卷號鬻熊子至成王時舉文武勤勞之後以子男之田封熊曾孫繹於楚是爲楚子熊繹也三國時有徵士熊僧循尚書熊睦乂江陵志曰黄帝有熊氏之後□洪校云，「自熊克家譜至此，據祕笈新書增。」 余按熊克，宋人，宋史四四五有傳（嘉定赤城志八：「淳熙十一年，熊克，三月四日以朝請郎知（台州），建安人；十二年正月，以進九朝通略轉朝奉大夫；十三年正月二日召。」附識於此）。復考類稿一及備要一八於「楚鬻熊之後」下空一格，乃接「熊克家譜曰」，可知爲別一段引文，與上文不相聯屬。是「熊克家譜曰」五字，斷不能見於唐代之書，洪氏之妄補，其誤與卷五詹姓補「詹大卿體仁家譜曰」同。復次，三國人名兩字者世稱稀見，而僧循、睦乂均兩字名，亦可疑。據統譜一，熊睦，吴尚書。又據類稿，「乂」乃「又」之訛，屬下讀。

37 【南昌】晉侍中、太常卿熊遠，開元臨清尉熊躍，又户部郎中熊執易，並洪州人。

A〔岑校〕開元臨清尉熊羅　封氏聞見記九，熊羅爲臨清尉，與太原守宋渾同時。統譜一，開元中進士，爲貝州參軍，卽此人。全文三五一收熊曜琅琊臺觀日賦一篇。全詩三函八册岑參有呈熊曜詩，十一函八册有曜送楊諫議赴河西判官詩，「羅」應正作「曜」。

B〔又〕又户部郎中熊執易　執易，貞元元年及十年制科及第，見會要七六；元和二年任兵部郎中，見同書三九，元龜六一二作「户中」，「兵」乃「户」之訛。國史補稱執易建中四年進士。新書五九，武元衡節度西川時，卒於西川。貞元十二年官左補闕，見全文四七六崔損祭成紀公文。

童

38【雁門】顓頊生老童，子孫以王父字爲氏。

A〔岑校〕雁門　顓頊生老童子孫以王父字爲氏　按姓纂書例先通敍姓原，後乃分著郡望。「顓項」二句是姓原，不應敍於「雁門」之下，故疑二字是誤錯也；類稿一無此兩字。

39【東莞姑幕】後漢循吏童恢，晉有童景，宋有童厚民。

A〔岑校〕後漢循吏童恢　辨誤一七引洪氏説，童恢實姓董，漢隸寫「董」作「童」也。

僮

40 老童之後或爲僮氏。

41 【山陽】後漢有吴郡太守僮和。

中

42 何承天纂要云，漢少傅中云。案應劭風俗通，漢少府中京。通志引何承天纂要同。此作「少傅中云」，誤。戰國策，秦有中期。吕氏春秋，中尚，魏公子年之後。魏得中山，以邑與之，遂以邑爲氏。史記有中旗。

A〔岑校〕何承天纂要云漢少傅中云　校云：「案應劭風俗通，漢少府中京。通志引何承天纂要同。此作『少傅中云』，誤。」按類稿二亦作「少府中京」。又校注「魏公子年」，庫本「年」作「牟」，涉魏子牟之考證，可參籀高述林一子莫學説考。

崇

43 夏殷時侯國也。崇侯虎爲文王所滅。

嵩

44 史記有嵩極元子。

A〔岑校〕史記有嵩極元子　辯證一云："舊説風俗通有嵩極玄子，誤矣。謹按西京雜記，漢成帝時有安定嵩真，……詳此卽漢有嵩氏，而風俗通考之未精也。"余按廣韻、姓解"嵩"字下亦云："史記有嵩極玄子。"但史記無此名。通志略無嵩氏，惟"僑氏"云："風俗通，黄帝孫僑極之後。亦作『蟜』。"又史記一："高辛父曰蟜極，蟜極父曰玄囂。"家語五："玄枵之孫，喬極之子曰高辛。"姓解一僑姓："古今人表僑極，玄囂子也。"（唯同書又複出嵩姓）路史後紀九："僑，出僑極。"「喬」字舊時寫法類於「高」（如後書一一三法真字高卿，「高」一作「喬」），故誤爲「嵩」，「玄子」乃「玄囂子」之奪，清人諱作「元」，其舛誤之迹，乃益難尋矣。「嵩」目應剔除改正，移入卷五。姓氏篇云："按路史國名記，帝告次妃有娀後有嵩氏。又按西京雜記，安定嵩真與玄菟曹元理並明算術。是嵩真、嵩極玄子各一人。鄧名世以應劭爲失考，誤矣。"余按鄧氏所辨，意謂無嵩極玄子其人，非謂嵩真卽嵩極玄子，此張説之不明者一；此節之要證，在史記有無嵩極玄子其人，今徒主張其必有而不能舉證，此張説之不明者二。

莪

45 見姓苑。春秋有莪律。案左傳晉靈公車右戎津。此作「莪律」，與通志同誤。

A〔岑校〕春秋有莪律　辯證一云："誤矣，晉襄公車右大夫乃戎津也。"辯證注云："此『襄公』應作『靈公』。"今姓纂所校，卽襲鄧氏之説。類稿二一亦誤「春秋莪律」。

46 【河南】後魏官氏志，茷眷氏，改爲茷氏。案後魏官氏志乃茂眷氏改爲茂氏，此作「茷」，疑有誤。

A〔岑校〕後魏官氏志茷眷氏改爲茷氏　辯證一云：「今詳唐孔至姓氏雜録有代北茂眷氏改爲茂氏。『茂』當爲『茷』，必字畫之誤也。」此主以「茷」爲正者。類稿二「魏」下多「書」字，無末「氏」字。

躬

47 何承天纂要云，人姓。

A〔岑校〕何承天纂要云　「纂要」，類稿二作「姓苑」。

宫

48 虞大夫之奇之後。殿中御史志惲。

A〔岑校〕虞大夫之奇之後　類稿二及備要一三「夫」下均多「宫」字。

B〔又〕殿中御史志惲　通志略作「唐有殿中侍御史宫志惲」；類稿作「唐殿中侍御史宫志惲居河東」，連下「今河東有宫氏」。温校謂「唐」原當作「皇」，是也。後倣此。備要「志惲」上亦多「宫」字。

49 【河東】今河東有宫氏。大曆中侍御史宫項，或云恆州人也。

A〔岑校〕大曆中侍御史宫項或云恆州人也　按「中」，類稿作「兼」，無「也」字。

雄

50 舜七友雄陶之後。

A〔岑校〕舜七友雄陶之後　古今人表作「雒陶」。

51 【廣陵】今揚州有雄姓。

A〔岑校〕今揚州有雄姓　「姓」，類稿二作「氏」。

彤

52 尚書，彤伯，周同姓，爲氏成王宗伯。案周書彤伯，非「彤」也。通志，彤氏本彤氏，避仇改爲彤氏。疑爲近之。

A〔岑校〕尚書彤伯周同姓爲氏成王宗伯　校云：「周書彤伯，非「彤」也。通志，彤氏本彤氏，避仇改爲彤氏。疑爲近之。」羅校引辯證，温校復引通志、姓觿，均不得其解法。其實，類稿二「彤」下固云：「尚書彤伯，周同姓，爲成王宗伯。」後人將「彤」、「彤」兩文誤易，復衍「氏」字，遂若難通，然此非原書之誤也。參下「三鍾」彤姓條。

公

53 左傳，魯昭公子公衍、公爲之後。漢主爵都尉公儉。

鄤

54 文王第十七子鄤侯之後。

蒙

55 風俗通，東蒙主以蒙山爲氏。

紅

56 出自劉氏，漢楚元王子紅侯富之後。

A〔岑校〕出自劉氏漢楚元王子紅侯富之後　尋源引「元王」下有「交」字，備要二八同。

鴻

57 大鴻之後。左傳，衞有鴻聊魋。

翁

58 比部郎中翁義恪，富陽人。(末字三岑補)

A〔岑校〕比部郎中翁義恪富陽人(末三字補)　通志云：「唐有比部郎中翁義，洛陽人。一本作『翁義恪，富陽人』。」「一本」者，指姓纂言之。今本蓋奪「富陽人」三字。咸淳臨安志五一引姓纂作「翁義恪，富陽」。景宋鈔本叢編一引集古目：「唐翁公浮圖碑，唐湖州武康縣·主簿王待徵撰，不著書人名氏。翁公名義恪，字敬玄，杭州鹽官人，爲沂州刺史，市丞葉貞以冤繫獄，義恪辯而出之，造七級浮圖於州之義法寺以報德，碑以神龍元年立。」按富陽屬杭州，則作「富陽」者是。

通

59 巴大夫，食采通川，因氏焉。

A〔岑校〕巴大夫食采通川　「川」，通志同，類稿一一作「州」，當誤。

𩫖

60 古𩫖夷氏之後。左傳，鄭有𩫖蔑，魯有𩫖戾。案，齊有𩫖聲姬。

A〔岑校〕𩫖　庫本作「𩫖」，下同。依字書，則説文及諸韻書俱作「𩫖」也。

B〔又〕古𩫖夷氏之後　類稿一引無「古」字。

C〔又〕魯有酸戾　「魯」，通志作「晉」，誤。

种

61 本姓仲氏，仲山甫之後。後因避難，改爲种氏。後漢有种暠。

A〔岑校〕仲山甫之後……改爲种氏　類稿一引無「仲」、「氏」兩字。

62 【洛陽】後漢司徒种暠，生拂。拂生邵，大鴻臚卿。

A〔岑校〕拂生邵　「邵」，後書八六作「劭」，古「劭」、「邵」字通寫也。

終（温補）

63 陸終之後，以王父字爲氏。（温補）

A〔岑校〕温校據類稿二一補。按備要二六同。

豐（温補）

64 左傳，鄭穆公子豐之後，以王父字爲氏。有豐施、豐卷。魯有豐點，宋有豐衍。（温補）

A〔岑校〕温校據類稿二一補。按備要二八同。

東里

65 鄭大夫子産居東里，因氏焉。曹瞞有南陽太守東里昆，何氏姓苑云，東萊人。

A〔岑校〕曹瞞有南陽太守東里昆　羅校據廣韻謂「瞞」下奪「傳」字，温引通志作「狀」。

B〔又〕何氏姓苑云東萊人　按廣韻「東」字複姓十三氏内有東萊，云：「何氏姓苑有東萊氏。」今通志略「東里氏」下全文大致相同，但無此二句，疑誤併「東萊」於「東里」也。

66 太始先賢狀有東里𩲡。魏志有東里衮。

A〔岑校〕太始先賢狀　「太」，通志作「泰」。

B〔又〕魏志有東里衮　今三國志一，建安二十四年下注引曹瞞傳作「東里褎」。辨誤一以昆、𩲡、衮爲同人，其説待考。

東方

67 風俗通云，伏羲氏之後，帝出于震，以主東方，子孫因氏焉。

A〔岑校〕以主東方　温校引通志「以」作「位」。

68 【平原厭次】 漢大中大夫東方朔，字曼倩。唐禮部員外郎東方虬，云朔之後；生顥，左拾遺。

A〔岑校〕唐禮部員外郎東方虬　「虬」，庫本作「虯」，非正字。武后朝爲左史，見廣記二一〇一及二〇二引國史異纂洎譚賓録，又見廣記二五四引朝野僉載。

B〔又〕生顥左拾遺　開元中十八學士之一。統譜誤「東方顯」，以唐人諱「顯」故。歷代名畫記九，開元十一年麗正殿學士。

69【安德】　北齊南兗州刺史東方老。

東樓

70 夏禹後有杞東樓公，支孫氏焉。其後杞大夫有東樓羽。

東郭

71 齊公族，桓公之後也。齊大夫偃、東郭書，見左傳。又大陸子方號東郭賈，齊人。莊子有東郭子。魏文侯時東郭子惠，見説苑。

A〔岑校〕魏文侯時東郭子惠見説苑　子惠，見説苑一七雜言及姓纂卷五「鮮于」，謂與孔子同時。

72【齊郡】　漢有東郭先生拜都尉。

A〔岑校〕漢有東郭先生　見漢書蒯通傳。

73 【山陽】神仙傳有東郭延。

A〔岑校〕神仙傳有東郭延 統譜一一二五作「東郭延年」。

東陽

74 祖氏家傳，祖崇之娶東陽元旋女。又宋員外郎東陽元疑撰齊諧記十卷。

A〔岑校〕又宋員外郎東陽元疑 「元」誤，庫本作「无」，是也。亦見羅校。又辯證二引姓纂亦作「无」，唯隋書三三作「元疑」。辨誤一云：「按姓纂『無』作『元』，必因『無』字作『无』，『疑』與『旋』字形相近而誤。初學記引作『東無疑作齊諧』，脱『陽』字。」謂「元」爲「无」誤，驗諸庫本，張説良合。

B〔又〕撰齊諧記十卷 錢注云：「案『七』原本作『十』，據廣韻『一東』及唐藝文志改。」余按隋志作「七卷」。

東邱

75 【郯縣】晉龍驤將軍東邱進。

A〔岑校〕郯縣 晉龍驤將軍東邱進 考廣韻、姓解、通志、辯證及統譜均無東邱氏。宋書四九有虞丘進，東海郯人，義熙二年，除龍驤將軍，此乃冒虞丘之文也，應更正；「東丘」目亦删。尋源一謂郯縣有東丘姓，乃據此訛文立言，不足據。温校疑「葵丘」，亦非。

東宮

76 東宮棄疾隱嵩山，年三百歲。

A〔岑校〕東宮棄疾隱嵩山年三百歲　辯證二云：「姓纂又云，齊大夫東宮得臣，誤矣。」按此文廣韻、通志均有之，今本奪•。

公石

77 魯僖公生共叔堅，堅生惠叔，子叔爲公石氏。

A〔岑校〕子叔爲公石氏　「子叔」誤，庫本作「子孫」。述聞解詁下云：「案石蓋堅之字。」•

公士

78 古爵也，子孫氏焉。

A〔岑校〕古爵也子孫氏焉　此應與下文公乘氏之下半合併，别爲公上氏，「士」字訛，説詳後。

公山

79 魯公山不狃，一作「不擾」•。

公沙

80 見姓苑。

公孫

81 黄帝姓公孫，子孫因以氏焉。

A〔岑校〕因以氏焉　類稿五八引作「因以爲氏」•。

82 【河南】 隋沙州刺史、無終公公孫微；孫彦藻，唐通州刺史、昌平公。安生欽，洋商等州刺史。

A〔岑校〕孫彦藻唐通州刺史昌平公安生欽洋商等州刺史　按「安生欽洋商」五字均得爲唐代之一州（參拙著括地志序略新詮），故「安生」以下，可設想有四種讀法：

1彦藻爲通州刺史，又爲安、生等五州刺史。但如此書法，罕有其例。況生州僅有孤證，即爲一州，亦是羈縻，未必特命外人爲之。故此讀法可斷其不合理解。

2以下文怡姓之「生昂，郡公，光，清河公」爲例，則「安生」可爲彦藻之弟而任欽、洋、商等州刺史。

然欽州於隋爲寧氏世襲，其爲當地强族，至清末而勿衰，故唐初疑亦仍隋舊制。

3「安」與彥藻爲兄弟行，生子欽而任洋、商等州刺史也。如此讀法，仍覺未安。

4「安」字應乙於「欽」字之下，卽彥藻生欽，而任安、洋、商等州刺史也。四解中余頗主此，惜公孫世系，他史無徵，未能實證余說耳。

83【遼東】後漢有公孫延，生度，爲遼東太守；子康，生文懿，三代處遼東，後自立爲燕王。魏明帝遣司馬宣王平之。三代五十年而滅。後魏廣州刺史、因安子公孫表，稱度後；孫叡，尚書、燕郡公。曾孫遂，青州刺史；生長儒，北齊涇州刺史。孫正，唐揚州司法。

A〔岑校〕後魏廣州刺史因安子　「因」誤，庫本作「固」，亦見羅校。

B〔又〕孫叡尚書燕郡公曾孫遂青州刺史生長儒　據魏書三三，表第二子軌，軌二子斌、叡，叡賜爵陽平公，卒於南部尚書。賜爵燕郡公者軌，襲軌爵者斌，非叡也；又軌弟質第二子邃，終青州刺史，傳有云：「邃、叡爲從父兄弟。」邃非叡曾孫，亦非表曾孫也。邃有子同始、同慶，不著長儒。北史二七略同。

84【櫟陽】唐右衞大將軍、征陽公公孫武孫達；生雅靖，安西都護。

A〔岑校〕唐右衞大將軍征陽公公孫武孫達生雅靖安西都護　按「達」上之「孫」字衍。據舊書五七，武達初封清水縣公，進封東萊郡公，陪葬昭陵（新書八八同），不作「征陽公」（會要七九作「東萊」，惟四五作「沔陽」，殆誤）。又「右衛」作「右武衛」，雅靖亦祔昭陵，會要及長安志稱曰「大將軍」。

85 【菑川薛縣】 漢有丞相平津侯公孫弘；子度，爲山陽太守。隋菑川刺史公孫景茂，代居信都。狀云，弘子度後；生善政。政生虞，唐庫部郎中；倨，職方郎中。

A〔岑校〕隋菑川刺史公孫景茂代居信都　據隋書七三景茂傳，「菑川刺史」乃「淄州刺史」之訛，「州」字庫本不誤。景茂爲河間阜城人，卽魏志青州河間郡，阜城於隋屬信都郡，故云「代居信都」。千唐慈州□□□元善妻公孫氏誌：「□祖景茂，隋儀同三司、散騎常侍、伊道息淄四州刺史。」

B〔又〕生善政　公孫氏誌：「祖善政，隋灌陽令、東萊郡丞。」

C〔又〕政生虞唐庫部郎中　公孫氏誌：「父虞，皇朝東南道行臺左丞、庫部郎中、□□二州刺史。」

夫人卒儀鳳三年，年五十二。

86 【北地義渠】 漢有西平太守公孫渾邪，著書十五篇；子賀，丞相、葛繹侯，生敬聲，太僕。犯事，父子俱死獄中。

A〔岑校〕漢有西平太守公孫渾邪著書十五篇子賀　漢書六六賀傳稱：「賀祖父昆邪，景帝時爲隴西守……著書十餘篇。」顏注云：「藝文志陰陽家有公孫渾邪十五篇，是也。」則賀乃渾邪之孫，非其子。又漢無「西平郡」，亦誤。漢表一七稱公孫渾邪，隴西太守。

87 【遼西】 後漢前將軍、易侯公孫瓚。又春秋時諸侯亦爲公孫氏。

88 【上谷】 晉有隱者公孫鳳，上昌黎九城山。

A〔岑校〕晉有隱者公孫鳳　羅校據晉書正「風」爲「鳳」。

公伯

89 魯有公伯寮，仲尼弟子。

公父

90 魯季悼子紇生穆伯。穆伯生文伯歜。文伯歜生成伯。成伯生頃。頃爲公父氏，見世本。

A〔岑校〕魯季悼子紇　「悼」，庫本誤「綽」，按卷八「季孫」下亦稱「武子生紇，悼子」也。

公成

91 衞公成之後，以謚爲氏。

A〔岑校〕衞公成之後以謚爲氏　按通志無「公成氏」，有「成公氏」，云：「衞成公之後，以謚爲氏。」類稿五七引姓纂同，「公成」二字應乙，全文移入卷五之「十四清」（參附録二）。拓本大唐張氏故成公夫人墓誌銘幷序云：「夫人姓成公，滑州圍城人也。」誌永徽三年立。

92 【東郡白馬縣】 晉有散騎常侍公成綏，案晉書本傳乃成公綏，非「公成氏」，此有誤。字子安，有傳。後魏有公成興，學道仙去。

A〔岑校〕有傳　成公綏傳，見晉書九二。

B〔又〕後魏有公成興學道仙去　庫本無「去」字，語不完，寧從洪本。「公成」二字乙。成公興，見魏書九一。

公齊

93 孔子弟子有公齊定。

A〔岑校〕孔子弟子有公齊定　余按廣韻及姓解三作「公肩定」，通志作「公齊定」。辯證二「公肩」云：「孔子弟子公肩定，字子中，魯人。」又云：「謹按家語、史記無此人，未知何據。」辯證校注云：「案公齊定疑卽公肩定之訛。」

公析

94 衞穆公生公析黑臀；其孫成子朱鉏，以王父字爲氏。

A〔岑校〕衞穆公生公析黑臀　辯證二有「公析」，云：「史記、家語有孔子弟子公析哀，邵氏姓解以爲『祈哀』，蓋『祈』、『析』二字相近，而林、邵二家之説，容有一誤，今附見之。」余按廣韻作「公晳」，通志作「公析」，然廣韻孔子弟子既有公晳哀，復有公休哀、公祈哀，故鄧氏不能決也。又辯證二一錢注云：「案『臀』當作『背』，鄧氏亦承其誤。」考今通志正作「黑背」。　抑姓解三既著公祈哀，亦有公晳哀，固兩存其説。尋源二云：「姓纂作『公祈』，誤。」然今本固作「公析」，張氏當是據類書轉引者言之。

公索

95 魯有公索氏，將祭而亡其牲，見家語。

公祖

96 見纂要。　魯郡。　仲尼弟子公祖句茲。

A〔岑校〕魯郡仲尼弟子公祖句兹　「魯郡」字應提行空格。

公休

97 姓苑，趙平陵太守公休勝。

A〔岑校〕姓苑趙平陵太守公休勝　廣韻云：「何氏姓苑云，彭城人，趙平陵太守公休勝。」

公孟

98 衞襄公生公孟縶。縶生丹，爲公孟氏。

公明

99 衞大夫公明賈。

公賓

100 王莽校尉公賓就，斬莽首，傳于宛。就，北海人。

A〔岑校〕王莽校尉公賓就　就，見漢書莽傳下。

公正

101 古官也，其後氏焉。建安中，朝邑令公正範，吴人。

A〔岑校〕古官也　温校云：「通志作『周宫正』。」按通志公正氏下並無此語。温氏誤。

B〔又〕建安中朝邑令公正範吴人　按通志云：「宋建中朝邑令公正範，吴人。」是公正範乃南宋人，況朝邑縣隋始置，其非後漢建安中人物，尤爲確證。此二句是羼文也，應删卻。辨誤二亦云：「一引作『建安中』，非。」

公之

102 季悼子生思伯鞅，鞅生懿伯栩，爲公之氏。

公乘

103 古爵也，子孫氏焉。公乘不害，傳封四代。案此條疑有脱誤。

A〔岑校〕公乘不害傳封四代　校云：「案此條疑有脱誤。」余按史表一八，終侯公上不害；漢表一六，汲紹侯公上不害，曾孫廣德坐妻大逆棄市。姓解三云：「又年表有公上不害。」辯證云：「公上，古有公上不害。」均作「公上」。通志則作「公士氏」，云：「漢功臣汲侯公士不害，傳封四代。」士、上涉形似而訛也。由是知本文乃誤併「公乘」、「公上」爲一條，且有漏奪者。應將此二句分出，别立公上一目，併前公士爲一條。温校説略同。

公族（温補）

104 A〔岑校〕公族　温校據王圻續文獻通考引「韓後公族氏，見姓纂」補。若姓觿一之文，未必林氏原文，故不濫收。

公沮（温補）

105 右傳季武子庶子公沮之後*。（温補）

A〔岑校〕温校據姓觿一引補。

公金（温補）

106 秦公子金之後。（温補）

A〔岑校〕温校據姓觿一引補。

中行

107 世本，晉荀游敖生桓子林父，將中行，爲中行氏。漢有諫議大夫中行説。

A〔岑校〕晉荀游敖　「游」，庫本、又辯證二及六均作「逝」。

B〔又〕爲中行氏　沈濤書後云：「又（路史後紀）十卷『中行氏』注云：姓纂引世本作『仲行』，今孫本仍作『中』。」按中、仲古常通寫，且今姓纂既有「中行」，復有「仲行」，均引世本，沈氏失考。

C〔又〕漢有諫議大夫中行説　說見匈奴傳，不云「諫議大夫」。廣韻作「中行彪」。

中英

108 古帝少昊氏有六英之樂，掌中英者以官爲氏。

中野

109 潛夫論，微子之後。楚文王御史中野彪。

A〔岑校〕楚文王御史中野彪　此與廣韻之中行彪（見前）不審有相混否。

中壘

110 風俗通，劉向爲漢中壘校尉，支孫以官爲氏。

中黄

111 尸子，中黄伯。

A〔岑校〕尸子中黄伯　後書張衡傳注引尸子，「中黄伯曰，余左執太行之獶而右搏雕虎」云云，可參章宗源尸子輯本下。路史前紀六：「中皇氏，封禪之帝也。或云卽中黃，古有中黃子，道家有中黃經。」

桐里

112 漢御史、中謁者桐里斤；生儒，爲議郎。

A〔岑校〕漢御史中謁者桐里斤生儒爲議郎　「斤」，庫本作「斥」。羅校云：「案『斤』，古今姓氏書辯證引作『斥』。」余按卷五「相里」下云：「漢有河隄謁者相里斥。」校云：「案漢有河隄謁者相里平，此恐誤。」辯證二云：「謹案桐、相二字相類，而斥亦作相里氏，未知孰是也。」尋源一云：「又或『相里』訛爲『桐里』。」余按同是一人，不應兩姓。後世有相里，無「桐里」，此應删。温校未諦。

桐門

113 宋人氏。

A〔岑校〕宋人氏　温校據通志疑有闕文，是也。

銅鞮

114 晉羊舌氏之後•。

戎子

115 戎子駒支之後爲氏。

116 姜姓。(岑補)

A〔岑校〕通志云:「此允姓之戎也,而姓纂謂姜姓。」

終利

117 嬴姓,與秦同祖。

118 【下邳】 漢有雍門侯終利恭,後漢散騎都尉終利英。

A〔岑校〕漢有雍門侯終利恭 據廣韻,終利恭見東觀漢記。

終古

119 風俗通,桀内史終古,後氏焉。

熊率

120 楚熊率且比，後爲氏。

熊相

121 楚左史熊相之後，威王時有熊相季文，爲士官。

A〔岑校〕楚左史熊相之後威王時有熊相季文爲士官　按通志「熊相氏」云：「英賢傳，楚熊相宜僚之後，懷王時將軍熊相禖。」與此迥異。唯「倚相氏」云：「楚左史倚相之後，威王時有倚相季文，爲士官。」若將此兩「熊」字改「倚」字，正與相同，蓋以熊相冒倚相也（參張氏四書引文校記）。若「熊相」佚文，今略見辨誤卷一。辨誤一七云：「姓纂云，楚威王時有倚相季文爲士官。按爲士官者，乃熊相季文，林寶説誤。」則徒知根據現行混亂之本而以不誤者爲誤矣。温校作倚相，合；但謂是改文竄入，則仍未窺其藴也。姓觿五倚相引本書，亦云：「楚左史倚相之後。」

二冬

彤

122 本姓肜氏，避仇改姓彤，今道士彤也。案彤伯，周同姓國，爲成王宗伯者是也。又彤氏本肜氏，避仇改爲彤。姓纂前既以「彤」爲「肜」，此又誤以「肜」改「彤」，「道士」句亦有脱文。

A〔岑校〕本姓彤氏避仇改姓肜今道士肜也　按類稿二「肜」云：「本姓彤氏，彤伯之後，因避仇改姓肜，今道士。」今姓纂蓋肜、彤誤換，試將兩字互易，便是肜姓之文，合移回東韻之下。餘參前肜姓條。

宗

123 周大夫宗伯之後，以官命氏。齊有宗樓。

A〔岑校〕周大夫宗伯之後　類稿一引「後」上衍「子」字。

124 【南陽安衆】河内太守宗均。案豆盧詵嶺南節度判官宗義仲碑*，昔宋襄公之母弟仕于晉，至伯宗爲三郤所害，州犂奔楚，其子家于南陽，以王父字爲氏。此較「宗伯」之説似爲有據。又曰，遠祖均，東漢爲九江太守，累遷司徒。此作「河内太守」，亦異。族曾孫宗俱，司空。均元孫慈。慈十代孫躬。躬孫瓊，唐蘇州刺史。

A〔岑校〕河内太守宗均　校云：「按豆盧詵嶺南節度判官宗義仲碑，……遠祖均，東漢爲九江太守，累遷司徒，此作「河内太守」，亦異。」余按後書七一有宋均傳，金石録一八云：「又姓苑載南陽安衆宗氏云，後漢五官中郎將伯，伯子司隸校尉河内太守均，均族兄遼東太守京，京子司隸校尉意，意孫司空俱。元和姓纂所書亦同，則均姓爲宗，無可疑者。」何焯云：「案黨錮傳注引謝承書云，宗資字叔都，南陽安衆人也，家代爲漢將相名臣。祖父均，自有傳。則「宋」字傳寫誤也。南蠻傳中敍受降事正作「謁者宗均」，此即見於本書，可參校者。」是「宋均」即「宗均」之訛。據傳，永平元年，均自九江太守遷東海相；七年，徵拜尚書令，遷司隸校尉；數月，出爲河內太守。今校注不考之本傳而引豆盧氏之碑，疏矣。復據傳，帝欲拜均司徒而均辭。同書二，永平八年正月，司徒范遷薨，虞延代之。十四年三月，延免，邢穆代之。十六年五月，穆下獄死，王敏代之。十七年二月，敏薨，鮑昱代之。碑謂累遷司徒，亦於史不合。

B〔又〕族曾孫宗俱司空　俱，附見後書宋（宗）均傳，云均族子意，意孫俱，靈帝時爲司空。故曰「族曾孫」也。

C〔又〕均元孫慈　宗慈，後書九七有傳，但未著其爲均之玄孫，是可補史之闕也。

D〔又〕躬孫瓊唐蘇州刺史　宗瓊，見吳郡志一一牧守門。

冬日

125 晉趙衰，冬日之日，後因氏焉。

A〔岑校〕晉趙衰冬日之日後因氏焉　校云：「按此説荒誕，不合於理。」洪本刪。

宗正

126 狀稱本劉氏，楚元王交之孫劉德爲宗正，支孫氏焉。裔孫宗正稱。

A〔岑校〕裔孫宗正稱　「宗正稱」，通志作「宗正珍孫」，温引漏「孫」字。

127 【濟陰】唐朝殿中少監宗正辯。

賨(温補)

128 賨子後裔也。(温補)

A〔岑校〕温校云：「姓觿引姓纂誤入『宗』下，今改入『賨』，此脱。」

三鍾

鍾

129 宋微子之後。桓公曾孫伯宗，仕晉；生州犂，仕楚，食采鍾離，因氏焉。子孫或姓鍾氏。楚有鍾儀、鍾建。又鍾子期與伯牙爲友。

A〔岑校〕子孫或姓鍾氏　類稿二引「或」下有「單」字。

B〔又〕又鍾子期　類稿引無「又」字。

130 項羽將鍾離眜。眜中子樓，亦單姓鍾氏。

A〔岑校〕項羽將鍾離眜　「眜」，庫本及類稿作「昧」，按漢書一上師古注云：「眜，音莫葛反，其字從本末之末。」則洪本作「眛」，合乎舊説，下同。

B〔又〕眜中子樓　「樓」，庫本及類稿作「接」，亦見羅校引新書世系表。余按下文即云「接始居潁川長社」，則作「樓」者訛。

C〔又〕亦單姓鍾氏　類稿引無「亦」字。

131 【潁川】　接始居潁川長社。魏太尉鍾繇，生毓，侍中、廷尉。繇少子會，司徒。繇弟演。演元孫雅，過江爲晉侍中；五代孫韶。

A〔岑校〕潁川　接始居　類稿「接」上多「鍾」字。

B〔又〕演元孫雅　新表七五上，繇生毓，毓生駿，駿生曅，曅生雅，則雅爲繇玄孫，與此不合。按晉書七〇雅傳：「父曅，公府掾。」未言其爲繇後抑演後。集古後録云：「按書苑，紹京者，鍾繇十五世孫。按姓纂，繇弟演，演玄孫雅，雅五代孫韶，韶孫寵，寵曾孫法威，生紹京，乃鍾演十五世孫，繇十五世之姪孫耳。」（叢編三）則其見本固與今姓纂同也。

C〔又〕五代孫韶　羅校云：「『案』韶，梁書鍾嶸傳及唐書世系表作『蹈』。」余按集古後録引姓纂作「韶」。又梁書四九嶸傳云：「晉侍中雅七世孫也。」依此則七世者連本身計之。

132 韜生嶼、嶸、峴。嶼撰華林編略，梁山陰令。嶸撰詩評三卷。峴撰良吏傳十卷；生寵，梁臨海令；侯景時避地南康。

A〔岑校〕韜生嶼嶸峴　「嶸」，庫本亦作「嶼」，誤。

B〔又〕嶼撰華林編略　「編」，庫本作「遍」。羅校云：「梁書作『偏略』。」

C〔又〕峴撰良吏傳十卷生寵　羅校云：「又唐書世系表，嶼生寵，此作『峴生寵』，未知孰是。」余按梁書四九嶸傳，兄峴，弟嶼，新表祇稱二子嶼、嶸，顯漏峴一人，然則其所謂「嶼生寵」者，殆不可信矣。

133【南康】唐洛邑府統軍鍾山操，狀稱寵孫也，代居虔州贛縣。弟子威，安福令；生法遵，不仕；生紹京，中書令、户部尚書，越國公、緜蜀彭州刺史；生嘉羣、諤羣。嘉，中書令、晉州刺史。諤，典膳監也。

A〔岑校〕唐洛邑府統軍鍾山操狀稱寵孫也代居虔州贛縣弟子威安福令生法遵不仕生紹京　依此，紹京乃演十五世孫，與集古後録所引同。惟集古後録引寵曾孫法威，此稱法遵父子威，父子斷非同名，或後録所見本訛歟？

B〔又〕緜蜀彭州刺史　「緜」，庫本作「綿」，二字通用。温校謂新紹京傳不言緜、蜀，則未知舊書九七本傳固詳載也，以是見兩書不可偏廢。

C〔又〕生嘉羣諤羣　羅校引新表作「紹京子嘉璧、嘉諤、嘉偉」。

D〔又〕嘉中書令晉州刺史　按紹京之子幷未爲相，「中書令」三字衍（温校主此），否則「中書舍人」之訛，然史無可證也。「刺史」，新表作「長史」。

E〔又〕謌典膳監也　「監」，新表作「郎」，據舊書四四，無典膳監之官，應從新表。

封

134 姜姓，炎帝之後，封鉅爲黄帝師，胙土命氏。夏封父，侯國君也。今封邱是也。後有侍中封岌。

A〔岑校〕後有侍中封岌　「後」，温校引類稿二作「後漢」。余按備要一二同，此脱。

135 【渤海蓨縣】封岌始居蓨，五代孫仁。仁孫釋，晉侍中。釋生悝、悛。

A〔岑校〕五代孫仁仁孫釋晉侍中釋生悝悛　按類稿引不重「仁」、「釋」兩字。釋於永嘉初爲東夷校尉，見晉書一〇八。

136 悝生奕，燕太尉。奕生蘄，孫鑒，後魏滄水太守。案唐世系表，鑒三子，琳、回、滑。此「守」字下疑脱去「三子」二字。琳、回。

A〔岑校〕悝生奕　新表七一下作悛二子，放、奕。「奕」，晉書一〇八作「弈」，仕慕容廆。

B〔又〕奕生蘄　新表奕二子，蘄、勸。下文有勸，則此處脱文也。

C〔又〕孫鑒後魏滄水太守琳回　校云：「案唐世系表三子，琳、回、滑。此『守』字下疑脱去『三子』二字。」余按今新表作二子，琳、回、滑，而滑之名不見於史，則未知「二」當作「三」，抑「滑」爲衍文也。以姓纂書例言之，「太守」下補「生」字便合。温云「案本書例所載諸人子皆不備」，是也。

137 回，尚書僕射；生隆之，右僕射。案「隆之」下疑脱興之一人。隆之生子繪、子繡。孝琬。案「孝琬」字當衍。

A〔岑校〕生隆之右僕射　校云：「案『隆之』下疑脱興之一人。」余按依下文則延之一名，亦似在脱佚之列，説見後。

138 子繪，北齊祠部尚書。孫智贍。

A〔岑校〕孫智贍　「贍」，新表作「瞻」。

139 子繡，隋通州刺史；生德潤、德輿、德如、德彝。

A〔岑校〕生德潤德輿　新表七一下同。陳伯玉集五臨邛令封君遺愛碑云，曾祖子繡；祖德於，北齊著作郎、隋扶風郡南陽縣令；父安壽。以新表勘之，「於」殆「輿」之訛。又表稱，德輿，隋南田令。考隋扶風止有南由縣，作「陽」作「田」均誤。封泰誌云，高祖回；曾祖隆之；祖子繡；父德輿，扶風南由令；泰字安壽；子玄明，中牟令；次子玄景、玄震、玄節、玄慶（見遼居丙稿泰誌跋）。

140 德潤，隋青城令，生行賓、行高、梁客。行賓生廣成，雍州司法。廣成生希彦，中書舍人、吏部侍郎。行高，禮部侍郎。案唐世系表「廣成」作「廣城」，「希彦」作「希顔」，行高「禮部侍郎」，作「禮部郎中」。梁客，中。案梁客，中書舍人。此「中」字下脱三字。

A〔岑校〕德潤隋青城令生行賓行高梁客　芒洛四編四封抱誌云：「曾祖君明，隨任懷冀二州刺史、勃海公、食邑七百户；祖賓行，隋任汾州録事參軍；父孝瑜，唐任龍門主簿、鞏縣丞。」按賓行當卽姓纂之行賓。舊書七三有行高，誌之「賓行」，是否誤倒，待考。由此而推，君明應爲德潤（此非下文之君明，因時代不同也）。但青城令比刺史職卑，何以姓纂衹稱縣令，究是可疑之點。若誌稱河南洛陽人，不過舉其占籍，君明猶封渤海公，則無庁因姓纂列渤海郡望而疑其非同一系也。

B〔又〕廣成生希彦中書舍人吏部侍郎　校云：「案唐世系表『廣成』作『廣城』，『希彦』作『希顔』。」余按希顔先天末爲右補闕，見舊書九八。河陰金石考二元和十五年九月盧侗誌：「夫人渤海封氏，故户部侍郎希顔之孫，故齊州録事參軍猗之長女。」

C〔又〕行高禮部侍郎　庫校云：「按唐世系表……作『禮部郎中』。」余按舊書六三亦稱「禮部郎中」，此殆誤。

141 德彝改名倫，右僕射、中書令、密明公；生言道，駙馬、司門郎中、汝汴二州刺史，生思敏。思敏生守静，渠州刺史。守静生利建。利建生夏時，兼殿中侍御史。

A〔岑校〕德彝改名倫　「改」，集古録跋七引作「更」。

B〔又〕生言道駙馬司門郎中汝汴二州刺史　「汝汴」，新表作「汝宋」。舊書六三亦稱官至宋州刺史。會要六倒作「道言」，尚高祖女淮南公主。芒洛遺文上鄭瞻誌稱「淄州刺史」。糾謬六云：「公主傳，高祖女淮南公主下嫁封道言。今案封倫傳乃名言道，未知孰是。」新傳蓋緣會要之訛。

C〔又〕守靜生利建　金石録六源公石幢記，封利建撰，開元二十一年立。全文三六二云：「利建，天寶十三載柘城縣令。」

142 興之生孝琬、孝琰、孝璋。孝琰，北齊散騎常侍。孝璋生君誕、君夷。

A〔岑校〕興之生孝琬　孝琬女爲范陽王高紹義妃，見北齊書一二。

B〔又〕孝琰北齊散騎常侍　元龜一三〇稱周尚書左丞封孝琰。

C〔又〕孝璋生君誕君夷　千唐大理評事封無遺誌：「曾祖君夷，隋兖州都督府任城縣令。」

143 君誕孫叔廉，光州刺史，生悌、愔。

A〔岑校〕生悌愔　元龜六五八，開元中有淄川縣令封措，「措」疑「愔」之訛。

144 君夷生道弘，右司郎中、虢州刺史。道弘生踐一、踐福。踐一生無待，刑部郎中。無待生希奭。希奭生亮，司封員外、杭州刺史。亮生敖。案唐世系表，敖生望卿，此脱。踐福，黄州刺史；生無遺。

A〔岑校〕君夷生道弘右司郎中虢州刺史　新表七一下同。勞考一引新表疑「右」爲「左」誤。按左司無弘名，右司不可覩，而勞氏所引會要二六弘爲長史，襄陽耆舊傳弘爲刺史，絕不涉及左司，唯廣記二四八引啓顏録「曹左司郎中封道弘」（勞考未引此條。「曹」、「唐」之訛），始作「左司」，然廣記多誤，未可據也。無遺誌：「祖道弘，皇祖太府少卿。」

B〔又〕道弘生踐一踐福……踐福黄州刺史生無遺　按新表誤以踐福、無遺各推下一代。又封無遺誌：「父踐一，皇朝揚州都督府法曹參軍。」無遺卒開元三年，年五十五。有弟無擇。遺、遺字甚易互誤，踐福之子無遺，豈卽無遺而出後踐福歟？抑無遺、無遺各一人，或姓纂有誤歟？尚待研考。

C〔又〕踐一生無待刑部郎中　千唐有鄧州刺史封公故夫人李氏誌，卒開元八年，以下文考之，卽無待之妻也。

D〔又〕無待生希奭　前引李氏誌有「嗣子希奭」云云。

E〔又〕希奭生亮司封員外杭州刺史　全詩五函三册李益有寄楊子尉封亮詩。

F〔又〕亮生敖　校云：「案唐世系表，敖生望卿，此脱。」羅校云：「考舊史敖傳，敖爲元和十年進士，此書成於元和七年，望卿更後於敖，姓纂本不得有其名，非脱漏也。」

145 琳孫孝綽。

146 勸七代孫彦明，生崇正、崇真。崇正，刑部郎中，生若愚、若水。崇真生若虚、若沖。

A〔岑校〕勸七代孫彦明　依新表，勸爲奕子，上文奪去，説見前。

147 悛生放，案唐世系表，悛生放、奕。奕，燕太尉。奕二子，蔪、勸。與此不合。燕吏部尚書、令。昺、君明。

A〔岑校〕悛生放燕吏部尚書令昺君明　按魏書三二封懿傳，懿曾祖釋，父放，慕容暐吏部尚書。懿仕慕容寶，位至中書令，子玄之，謀亂伏誅。玄之四子同坐，唯宥其弟虔之之子磨奴字君明云云。今下文有懿，則此處顯脱懿名。又官制有吏部尚書，無「吏部尚書令」，疑「吏部尚書」之下，原文或應作「生懿，中書令，孫君明」也。所難決者，昺是否爲虔之之别名耳。

148 懿弟孚佽，燕太尉。佽孫軌，後魏廷尉卿，生君義、詢。君義，聘梁副使、五兵尚書，生淑。詢，北齊左丞，生道嗣。孫子都，生全福、全禎。全福生謀。全禎，刑部侍郎，生豎。

A〔岑校〕懿弟孚佽燕太尉佽孫軌後魏廷尉卿　按魏書三三封懿傳，懿兄孚，慕容超太尉，非懿弟，亦不名孚佽。又軌爲廷尉少卿，亦未明著其爲孚孫也。

B〔又〕生君義詢君義聘梁副使五兵尚書生淑　羅校云：「案北齊書封述傳，字君義。述弟詢。此以詢爲述子，未知孰是。」余按羅氏引文誤「詢」爲「洵」，此文應以「生淑」斷句，其「詢，北齊左丞」應連下「生道嗣」爲文，試觀本文「生君義、詢」，又北史二四詢位尚書左丞，便知姓纂固謂述、詢爲昆弟，特羅氏誤讀，致疑史與姓纂不合耳。蓋名字不可以文義測，故姓纂特難讀。偶不經意，便犯斯弊。復次，軌長子偉伯，字君良；次業，字君修；次翼，字君贊；次述，字君義；次詢，字景文，此書僅舉一二人。

C〔又〕全禎刑部侍郎　長安四年官大理丞，見通鑑二〇七。廣記四六七引廣古今五行記，封令禎任常州刺史，「令禎」當「全禎」之訛諱。

D〔又〕生豎　「豎」，庫本作「竪」。

149 纂五代孫道瑜。道瑜生綽；孫思業，户部郎中。

A〔岑校〕纂五代孫道瑜　案前文無纂，閱者不明。新表七一下似列道瑜爲興之五世孫。考北齊書二一，封隆之弟延之，子孝纂，北史二四祇云子纂，是纂爲延之之子。庫校云：「案隆之下疑脱興之一人。」依此，則延之亦脱矣。此文之上，似應補「延之生纂」四字。又姓纂苟不誤而五代不連本身，則道瑜、士泰兩行，新表均各誤推上一代，但余頗疑其訛在姓纂也。

B〔又〕孫思業户部郎中　久視元年思業官殿中侍御史，見元龜九八六。神龍二年持節大使封思業，見千唐杜忠良誌。

150 綽弟士泰，生松年。孫廷弼，京兆尹士曹，生綱。案唐世系表，廷弼，京兆府士曹參軍，生洄。與此不合。

151 【京兆】安西節度、攝御史大夫封常清。

A〔岑校〕孫廷弼　校云：「案唐世系表，廷弼。」校注之「廷」字，庫本作「良」，是也。

152 【河南】官氏志，賁氏改爲封氏。案魏書作「是賁氏」，此脱「是」字。

A〔岑校〕賁氏改爲封氏　校云：「案魏書作『是賁氏』，此脱『是』字。」余按通志與姓纂同。

龍

153 尚書，舜臣龍爲納言，子孫以王父字爲氏。又董父，己姓，賜氏豢龍，爲龍氏。

A〔岑校〕賜氏豢龍爲龍氏　類稿二引無「爲龍」兩字，應以此本爲合。

154 龍且•，楚人，爲項羽將。急就章，龍未央，亦楚人也。

雍

155 本於龍反，今俗呼去聲。文王十二子雍伯，受封於雍，在河内山陽，子孫以國爲姓•。

A〔岑校〕文王十二子雍伯　類稿同，通志作「十三」。

156 又宋有雍氏，本子姓也。鄭有雍糾。齊有雍廪。楚有雍子。漢有雍齒，沛人，封什邡侯。案今本漢書作「汁防」。

A〔岑校〕又宋有雍氏本子姓也　國名記甲引姓纂云：「宋之雍氏本姞姓。」潛夫論、急就篇顔注及通志亦作「姞姓」，此作「子」訛。

157 唐主客郎中雍惟良，信都棗强人。檢校郎中兼朝邑令雍寧。河陽三城使、懷州刺史兼御史大夫雍希顒。

A〔岑校〕唐主客郎中雍惟良　芒洛四編五王怡誌，開元二十年立，稱朝議郎、檢校大理正、上柱國雍惟良撰。英華四七九景雲二年文可以經國策，著録晁良貞、鄭少微、雍惟良三篇，登科記考五祇據毗陵集獨孤公靈表，以少微爲太極元年及第，因之晁、雍兩人，隨而移入。但景雲二年亦有文以經國科，徐氏於英華之異同，不置一詞，待考（全唐文亦徐氏輯，其卷二八二固稱良貞景雲二年進士）。

B〔又〕河陽三城使懷州刺史兼御史大夫雍希顒　按舊書一二，貞元元年五月，以河陽都知兵馬使雍希顔爲河陽懷都團練使。「雍希顒」卽「雍希顔」之訛。復次統譜一云：「顒，姓纂云人姓。」考廣韻、姓解及通志均無顒姓，或因「顔」訛爲「顒」，不知者因其字同在「三鍾」韻，遂别出一姓歟？茲姑存疑。

容

158 帝王世紀，黄帝臣容成造曆。帝舜皋八凱有仲容●，或云其後以王父字爲氏。

A〔岑校〕黄帝臣容成造曆　國名記己「容成」云：「有容氏，姓纂容成氏。」大約卽指此文，非必别有「容成」一條。

松

159 見姓苑。

160 秦始皇遇雨，道封松爲五大夫，後因氏。（温補）

A〔岑校〕温校據姓觿一引補。

庸

161 庸蜀，殷時侯國。周武王時來助伐紂，子孫以國爲氏。漢有庸光，又有膠東庸生。

A〔岑校〕周武王時來助伐紂　「伐」，庫本誤「代」。

B〔又〕又有膠東庸生　見漢書劉歆傳。

重

162 風俗通，重黎之後。少昊時南正重司天，以官爲氏。

恭

163 殷末侯國。周文王侵阮，徂恭，見毛詩。

龔

164 左傳，晉大夫龔堅。後漢鑾氏首有龔氏。漢有光禄大夫龔勝。案龔勝應在前，後漢鑾氏應在後。又巴中渠帥七姓，羅、朴、督、鄂、度、夕、龔，以龔爲鑾氏首，亦非也。

A〔岑校〕左傳晉大夫龔堅　辯證三云：「誤矣，晉無『龔堅』。」沈跋云：「（後紀）四卷注引姓纂。共、龔爲共工氏後，今孫本『三鍾』共姓下有之，龔姓下無『共工氏後』之文。」余按通志亦無是説，惟引顔師古云：「共，讀曰龔；龔卽共。」則疑後人因姓纂稱「共爲共工後」，遂以顔説引申其意而兼及龔氏耳。

B〔又〕後漢鑾氏首有龔氏　通志云：「後漢巴郡鑾酋有龔氏。」又校「巴中渠帥」之「帥」，庫本誤「師」。温校據通志正「首」爲「酋」，且云酋卽渠帥，原校辨龔非七姓首，殊爲費詞云。

從

165 東苑從氏。漢有將軍從成公。

A〔岑校〕東苑從氏　「苑」誤，庫本作「莞」，是；辯證三引誤作「筦」。

B〔又〕漢有將軍從成公　辨誤三謂「成」字誤，按類稿二一及備要二四均無「成」字。

共

166 共工氏之後。或云，鄭共叔段後。今河内共城，是其地也。

鍾離

167 世本云，與秦同祖，嬴姓也。戰國策，齊賢人鍾離子。漢有鍾離昧，楚人。鍾離岫撰會稽後賢傳。後漢尚書僕射鍾離意，會稽山陰人。鍾離意曾孫緒，樓船都尉，生駰。

A〔岑校〕漢有鍾離昧　「昧」，庫本作「眜」，不合，説見前鍾姓下。

B〔又〕鍾離意曾孫緒樓船都尉生駰　三國志六〇鍾離牧傳云：「漢魯相意七世孫也。」注引會稽典録云：「牧父緒，樓船都尉；兄駰，上計吏。」則緒爲意六世孫，以年代覈之，姓纂作「曾孫」殆誤。

逢孫

168 英賢傳，秦大夫逢孫之後。有隴西北部都尉逢孫依。

A〔岑校〕有隴西北部都尉逢孫依　通志「有」上有「漢」字。

逢門

168 漢古今人表有逢門子豹。藝文志有逢門子著兵法。

封貝

170 徐偃王子食邑封貝，因氏焉。今臨川有此姓。

A〔岑校〕徐偃王子食邑封貝因氏焉今臨川有此姓　在今本姓纂中，可再得兩條，與此文相近者

（一）卷二「祁夜」云：「鄭公子且食采開封，因氏焉。鄭大夫祁夜狐。」

（二）卷八「具封」云：「鄭公子具食采開封，因氏焉。鄭大夫具封狐人。」

按食采開封，與祁夜命氏絕無連係。通志「祁夜氏」云：「英賢傳，祁大夫之後。後漢龍驤將軍祁夜豐。」（辯證三略同）是知姓纂祁夜實冒他姓之文。「封貝」、「具封」，乍觀之似可各別爲姓；但貝、具二字僅差一畫，容易傳訛（如後漢貝瑗一作具瑗），是則「封貝」、「具封」，偶或互倒，即可由一姓而析爲兩姓。在姓纂今本訛錯之多，固意中事矣。余挾是疑，因驗諸通志，考志有「封具氏」云：「姬姓，鄭公子具食采開封，因氏焉。鄭城父大夫封具狐人。」無「具封氏」，唯是具、貝祇點畫之差（如具瑗，通鑑作貝瑗），「封具」、「具封」乃兩字之倒，何從何去，亦覺爲難，茲則採從衆之義（「具」字有兩證，「封」字在上亦有兩證，且以地冠人，於漢稱文義爲順），以「封具」爲可信。依是推論，則卷八「具封」一條，應全行刪卻。蓋既曰「封具狐人」，即不應別出「具封狐人」也。顧尚有難問在焉：即此條所謂「徐偃王子」者，究當何屬是也。余因此又別得一條：

（三）卷五「取慮」云：「徐偃王子食邑取慮，因氏焉。今臨淮有此姓。」

與本條所差者祇「封具」易爲「取慮」，又「臨川」作「臨淮」。考通志「取慮氏」云：「徐偃王子食邑取慮，因氏焉。姓纂云，今臨淮有此姓。」是又知今本之封具，誤冒取慮之文；臨淮地近徐，作「臨川」者誤也。

綜上探討，遂成如下之結論：

甲、卷一封具，純是取慮之文，祇以「封具」二字代入，且誤「淮」爲「川」。

乙、卷二祁夜，純是封具之文，祇以「祁夜」二字代入。

丙、卷五取慮，文不誤。

丁、卷八具封，純是封具之文而誤倒其姓。

唯取慮之文複，故封具之文他移；唯封具之字倒，故具封之文重出。由是觀之，今本姓纂之繆亂，苟非比勘通志，殆幾不可究詰矣。温校亦知本條屬取慮，但以爲竄入，則非是。

封父

171 夏、殷國名也。鄭有封父彌真，爲大夫。

A〔岑校〕鄭有封父彌真　通志及統譜一二五作「封父真」。

封人

172 古封畿之職爲氏。

173 左傳，晉有蕭封人。（岑補）

A〔岑校〕辯證三云：「元和姓纂曰，古封畿之職爲氏，左傳，晉有蕭封人。誤矣。」是鄧氏見本原有此七字。

龍邱

174 風俗通，吴郡漢時博士龍邱長。

A〔岑校〕漢時博士龍邱長　「長」，後書一〇六及通志作「萇」，長、萇六朝通用。後書未言其任博士，通志作「高士」，是也。

雍人

175 周禮雍人，以官爲氏。魯有雍人高檀，見左傳。

A〔岑校〕周禮雍人以官爲氏魯有雍人高檀見左傳　辯證三云：「誤矣，周官無『雍人』。魯有雍人高檀，則饔人之名，非以『雍人』爲氏也。」

共叔

176 鄭武公子共叔段之後。

邛叔（温補）

177 周大夫邛叔之後。（温補）

A〔岑校〕温校據姓觿一引補。

四江

江

178 嬴姓，顓頊元孫伯益之後*，爵封於江，後爲楚所滅，以國爲氏。

A〔岑校〕爵封於江後爲楚所滅　「後」，庫本及廣韻均誤「陵」。江陵乃後世之稱，且作「江陵」，則與下文「以國爲氏」不相應也。類稿三及新書六六均作「後」。

179 【濟陽考城】後漢有太常轑陽德*，其先居陳留圉縣，漢分陳留爲濟陽，因居考城，爲著姓。

A〔岑校〕後漢有太常轑陽德　「德」，辯證三同，庫本作「得」。

180 德十代孫蕤，晉譙郡太守、亢父男；生湛，侍中、吏部尚書。湛生恁。恁生斆，齊都尚書。斆生蒨、葺。

A〔岑校〕德十代孫蕤晉譙郡太守亢父男生湛　羅校云：「案據宋書江夷江湛傳，湛乃江夷子，非蕤子也。……此奪誤之甚。」余按陳書二七江總傳：「晉散騎常侍統之十世孫；五世祖湛。」依此，則湛爲統五世孫，即蕤七世孫也。「生湛」之上，當有奪文。

B〔又〕恁生斆齊都尚書　依南史三六，「都」下漏「官」字。

181 蒨，梁光祿大夫；生經。案陳書江總傳，總父紑。此作「經」，誤。經生總，陳尚書令。總生溢、溥、灌。溢，陳太子中庶子、唐瀘州合江令。溥，陳太子舍人、唐弘農丞。灌，唐隋州司馬。

A〔岑校〕溢陳太子中庶子唐瀘州合江令　按南史三六稱溢「入隋爲秦王文學，卒」，與此不合。姓纂以總之三子皆歷隋仕唐，亦有可疑。

182 葺，梁吏部侍郎；孫伯琳，西城令。

183 齊左僕射伯琳生祏。弟案江祏，濟陽考城人。祖遵，寧朔參軍。父德麟，司徒、右長史。祏弟祀，晉安王鎮北長史。祀弟禧，祏子廞，皆見南史，與此不合。「弟」字下疑有脱文。齊侍中、户部尚書謐，梁吏部尚書、左僕射、衛將軍、臨沮伯江淹，度支尚書江革，子孫並無聞。案江淹父康之，南沙令。江革祖齊之，宋都水使者、尚書金部郎；父柔之，齊尚書倉部郎。革子德藻，陳祕書監。德藻子椿，尚書右丞。德藻弟從簡，司徒、從事中郎。從簡子兼，以孝行聞。皆濟陽考城人。

A〔岑校〕齊左僕射伯琳生祏弟　「祏」，庫本訛「祐」，校注固作「祏」也。「伯琳」字涉上而複。其原文或應作「齊左僕射江祏弟祀」。

B〔又〕齊侍中户部尚書謐　依南史三六，謐爲左户尚書，卽左民尚書之諱寫，非户部尚書也。

184【趙國邯鄲】漢有水衡都尉江充。

185【齊郡臨淄】後漢諫議大夫江革。

186【鄠縣】唐起居郎江融，撰九州設險圖。

A〔岑校〕唐起居郎江融撰九州設險圖　則天時左史盩厔人江融，撰九州設險圖，魏玄忠就傳其術，見元龜三九一。曾官左史，亦見新一一五朱敬則傳。

187【汝陰】唐萬州刺史子建，世居潁川。

龐

188 周文王子畢公高之後，封於龐鄉，因氏焉。魏有龐涓，趙有龐煥。

A〔岑校〕周文王子畢公高之後封於龐鄉因氏焉　拓本開元十七年休寧令龐敬誌：「昔畢公用□

家□衆子系孫襲寵，錫土龐鄉，因地爲宗。」

B〔又〕趙有龐煥　「煥」，通志作「煖」，是。

189【南安今潁州】　後魏有將軍龐樹，戰死，夏侯道遷傳；狀稱，又居鄴郡，生景亮，以父功封襄邑男。六代孫茂，隋王記室；生仲惲，唐左武侯大將軍、濮國肅公，生同善、同福、同本。

A〔岑校〕後魏有將軍龐樹戰死夏侯道遷傳　「夏侯」上應補「見」字。樹亦自有傳，見同卷江悦之傳。

B〔又〕生仲惲唐左武侯大將軍濮國肅公　「侯」誤，庫本作「候」。「仲惲」，唐書作「卿惲」，舊書五七、新書八八有傳。龐履温德政碑，曾祖卿惲，左武候大將軍，謚曰肅（萃編八一）。又云：「南安人也，其先齊逢伯陵之裔。」平津記六云：「『卿惲』譌作『仲惲』。」又文館詞林四五三虞（世）南左武侯（「候」訛）將軍龐某碑序，余頗疑是卿惲。碑云：「公諱某，相州鄴縣人也。」舊、新書雖稱卿惲并州人，然姓纂上文著「狀稱又居鄴郡」，同者一。舊傳：「從太宗討隱太子有功，累拜右驍衛將軍。」碑：「九年六月，以業預艱難，……其年七月，詔授右驍衛將軍。」同者二。舊傳：「尋卒。」碑：「以今貞觀二年六月某日遘疾，薨於雍州長安縣之安仁里宅。」同者三。惟傳：「封濮國公，尋卒，追封濮國公。」碑祇言武德九年九月改封安化郡開國公，碑首亦云「其唯安化公乎」，此其不同之點。惜碑「父某，北海郡丞、正議大夫」，不著名，又「贈某官，謚某公」，不著謚，弗克與姓纂相勘定耳。碑之「曾祖某，齊中散大夫、陳留太守」，「祖某，齊襄城王西閣祭酒、鎮西將軍」，陳留屬北齊，襄城卽高湝，此顯是居北方者。

190 同善，右金吾大將軍；生敬嗣，都水使者。

A〔岑校〕同善右金吾大將軍　同善於乾封（原誤乾元）三年將兵，見會要九五。乾封元年官左金吾衞將軍，大破高麗，見元龜九八六。

191 同福，饒州刺史，生承宗、承訓。

A〔岑校〕同福饒州刺史　履温德政碑：「祖同福，并州大都督府司馬、饒州刺史、左衞將軍、安北都護。」

B〔又〕生承宗承訓　履温德政碑：「考承訓，通事舍人、鄭州司馬、贊善大夫、率更令、將作少監。」

192 承宗，右金吾大將軍、宗正卿、南安侯，生景昭、景喬、景劄、景良、景高。

A〔岑校〕承宗右金吾大將軍宗正卿南安侯　承宗，開元七年時爲詹事，見説之集一四。其碑稱太子賓客，二十八年立，見金石録六。叢編六引訪碑録則作「洺州司馬」。卒贈幽州都督，謚恭，見會要七九。

193 景高生晉、範。晉，湖州刺史。

A〔岑校〕晉湖州刺史　元龜五八，貞元四年門下言，倉工部郎中龐晉曾任縣令。今郎官柱倉中有龐謇，吴興談志一四：「龐謇，正(貞)元七年自倉部郎中授，遷絳州刺史。統記作三年。」以元龜徵之，統記似不碻。又元龜「工」字衍。

194 景劄，□州刺史；生説，今蓬州刺史。

A〔岑校〕景劄□州刺史　庫本作「虢州」。

B〔又〕生説今蓬州刺史　元龜七〇〇，説爲忠州刺史，元和十年貶端州司馬。蓋自蓬又移忠也。

195 同本，洛州刺史、左千牛衞將軍。

196 景昭生嚴，中書舍人。

A〔岑校〕景昭生嚴中書舍人　按嚴，舊書一六六有傳。元和中始登進士第，其知制誥在長慶二年後，姓纂不能預敍其歷官也，此爲後人羼入無疑。廣記一五六引前定録，元稹鎮浙東時，嚴解衢州刺史。

197 【京兆】　狀云，本望南安，漢太尉龐參後，今居京兆。後魏直閤將軍龐伯；元孫玉，唐左武候將軍、越州都督；；生廊，職方郎中。玉弟琳，隴州刺史。

A〔岑校〕孫玉唐左武侯將軍　「侯」誤，庫本作「候」。據元龜六二六，玉曾爲領軍、武侯(候)、監門三大將軍，不止武候將軍也，「候」上奪「大」字。新書一九三作「領軍、武衞、監門」，「衞」字疑誤。玉武德中爲梁州總管，見元龜三六五。會稽掇英總集一八唐太守題名記：「總管龐玉，武德元年十二月自右衞將軍授，武德二年七月，拜梁州都督。」「梁州」，嘉泰會稽志二引作「揚州」。

198【代郡】　狀云，本南安人。　後魏定州刺史、比陽公龐雅，生風。　風生晃，隋原州總管、比陽公；生相壽，右監門將軍、安宜公。　孫貞素，易州刺史、右屯田將軍。

A〔岑校〕龐雅生風風生晃　羅校引隋書晃傳，父虬，以爲此作「風」訛。

B〔又〕生相壽右監門將軍安宜公　相壽嘗爲濮州刺史，見通鑑一九三貞觀三年下。　羅校云：「晃傳，子長壽，不作『相壽』。」是後來改名，抑爲昆弟，尚待考定。

C〔又〕孫貞素易州刺史右屯田將軍　會稽掇英唐太守題名記：「龐貞素，神龍元年五月自右衞將軍授。」

199【河東】　狀云，龐涓之後。　漢龐儉，掘井得錢者。

200【北海】　燕慕容以北海龐美爲股肱。

A〔岑校〕燕慕容以北海龐美爲股肱　據晉書一〇八，慕容廆以北海逢羨爲股肱，則「慕容」下奪「廆」字，又逢一音龐，故「龍逢」亦作「龍龐」。　逢、逢、羨、美，均涉形近而訛也。　下文逢姓自有北海一支。

涳

201 出何承天纂要。若江、女江二反。

A〔岑校〕若江女江二反　「若」誤，庫本作「苦」。

雙

202 顓頊之後，封於蒙城，案通志作「雙蒙城」。因以命氏。

A〔岑校〕顓頊之後封於蒙城因以命氏　校云：「案通志作『雙蒙城』。」温校引類稿三亦有「雙」字。余按姓氏篇：「按姓纂云，蒙氏，高陽後，封以爲蒙雙，有蒙氏、雙氏。」大抵張澍氏未比勘姓纂，所據皆類書轉引之文，故與今本常不同也。參附録二。

203 【天水】　狀云，後魏有梁州刺史、疊水公雙上洛，因家天水；生彌，周河州刺史、平梁公，彌周生陽，唐右武衛大將軍、定相二州總管、杭州刺史、呂國公（三字岑補）。陽生萬弘、萬壽。

A〔岑校〕後魏有梁州刺史疊水公雙上洛　「上洛」，類稿及備要三五作「士洛」，又「梁」作「涼」，廣韻及姓解三作「仕洛」，此名説詳下文。

B〔又〕平梁公彌周生陽　類稿作「平涼公，生瑒，生士洛」（此條雖未明著引姓纂，應是本自姓纂者）。按「平涼」與「瑒」，備要及統譜三同。合而參之，「梁」、「陽」兩字均訛；「周」字衍；「瑒」下又奪「生士洛」三字。蓋父仕後魏，孫仕唐初，則其人正生當北周，前文之「周」乃朝號，非「彌周」爲名，今統譜亦作「彌周」，知誤讀者大有人矣。

C〔又〕唐右武衛大將軍定相二州總管杭州刺史呂國公(末三字補)　按新書一武德五年及同書八六黑闥傳有定州總管雙士洛。乾道臨安志三：「雙士恪，右武衛大將軍、定相二州總管、杭州刺史、呂國公，天水郡人，……右見元和姓纂。」全文一五六宣霧山鐫經像碑稱，武德六年四月八日，上柱國、本州諸軍事、定州刺史、定州都督、相州總管、杭州刺史、光禄大夫、呂國公士洛。依此足證「唐」上奪「生士洛」三字(參前條)。又類稿「杭州刺史」下亦著「呂國公」，復知今本奪「呂國公」三字，應據補也。大抵士洛與曾祖同名，内地罕見，無知者遂逞臆删去(余初校亦疑誤複)，殊未料彼方羌戎雜處，命名從質，無足怪也。

D〔又〕陽生萬弘萬壽　類稿以弘壽二人爲呂國公士洛子，蓋逞臆者既視前之「士洛」爲衍文，故此處之「士洛」，亦幷改爲「陽」，其貤繆之迹，猶可尋也。

逢

204 東郡白馬縣　唐瀛、莒二州刺史雙子符。

205 夏、殷諸侯有逢公伯陵，封齊土，其後子孫氏焉。左傳，齊大夫有逢丑父。

A〔岑校〕逢　按廣韻逢姓之字作「逢」，「逢值」之字則作「逢」，入「三鍾」。惟古今書本多「逢」、「逢」不分。

206【北海】　漢有大僕射逢信，後趙秦州刺史碧。唐中書舍人逢弘敏，狀云其後也。

A〔岑校〕漢有大僕射逢信　信，見漢書翟方進傳。

B〔又〕唐中書舍人逢弘敏狀云其後也　李昭德相則天時（延載），弘敏官鳳閣舍人，見元龜三三八。

卷一整理記

1 按「女莘」，新唐書宗室世系表作「女華」。又按史記秦本紀：「大業取少典之子曰女華，女華生大費。」則女華乃大業之妻，非其子。

3 A按新唐書宗室世系表謂洪生興族，興族生曇。則曇乃洪孫，非曾孫，羅校誤。

9 按通志氏族略「馮氏」：「野王，左馮翊，上郡太守。」未及立之官職。考漢書馮野王傳：「以秩出爲上郡太守。」馮立傳亦云：「遷五原太守，徙西河、上郡。……吏民嘉野王、立相代爲太守，歌之曰：『大馮君，小馮君……』」知野王、立相繼爲上郡太守。

文按漢書馮參傳，參爲宜鄉侯。此處「宜都侯」訛，通志氏族略正作「宜鄉侯」。

10 B按漢書功臣表作穀陽定侯馮谿，姓纂是，通志誤。

17 「生紹正、紹烈」五字，本當歸屬前段，只因岑校連續下文，姑歸至此段。

又「青州刺史」，文淵閣本作「青州總管」。

37 A按文淵閣、文瀾閣本「躍」正作「曜」。

37 B按新唐書藝文志三著録熊執易化統五百卷，注云：「執易類九經爲書，三十年乃成，未及上，卒於西川，武元衡將寫進，妻薛藏之不許。」全唐文卷六一三收熊執易武陵郡王馬公神道碑一篇。小傳云：「執易，貞元元年進士，官右補闕。

38 A按文淵閣本無「雁門」二字。

52 A按「彤」入「二冬」，非「三鍾」。

58 A「湖州武康縣」，「湖」原作「潮」，按武康縣屬湖州，潮州無武康縣，故改。

61 「後因避難」，文淵閣本作「魏因避難」。

64 按秦嘉謨輯補世本謂：「豐氏，鄭穆公子子豐之後（潛夫論世族譜）。」

66 B按今中華書局點校本三國志以「東里衮」爲誤，正作「東里袞」。

68 B按東方顥爲集賢校理，上書忤旨，左遷高安丞，見新唐書趙冬曦傳。

71 按東郭偃見左傳襄公二十五年及二十七年，東郭書見左傳定公九年及哀公十一年。又按古今姓氏書辯證卷二云：「春秋時齊有東郭書。又東郭賈字子方，食邑大陸，謂之大陸子方。」敍述比較清楚。

73 A按後漢書方術傳亦作「東郭延年」。

76 A按秦嘉謨輯補世本：「東宮氏，齊東宮得臣之後（姓氏急就篇下）。」

77 A按通志氏族略「公石氏」：「姬姓，悼公子堅字公石之後也。」

79 按秦嘉謨輯補世本：「公山氏，魯公族，後有公山不狃（潛夫論、左傳定公五年集解）。」

81 A「因以爲氏」，原作「因以爲民」，今逕改。

88 A按晉書卷九四有公孫鳳傳。

89 按秦嘉謨輯補世本：「公伯氏，魯同姓，其後有公伯寮（論語、廣韻）。」

94 按秦嘉謨輯補世本分兩條，其一與姓纂略同，其二云：「公析氏，魯公族，其後有公晳哀（潛夫論、史記仲尼弟子列傳）。」

99 按秦嘉謨輯補世本：「公明氏，魯同姓，其後有公明儀（禮記檀弓、廣韻）。」

100 按秦嘉謨輯補世本：「公賓氏，魯大夫公賓庚之後（後漢書劉聖公傳注引風俗通、通鑑注漢紀三十一、姓氏急就篇下引同）。」

101 A按通志氏族略「公正氏」：「周宮正，其後氏焉。」温氏不誤，岑氏誤。

102 按秦嘉謨輯補世本在此下有「魯大夫公之文」。

105 按温補無「右傳」二字，此二字乃岑氏所加。「右」當爲「左」之訛。

113 A按通志氏族略「桐門氏」云：「子姓。左傳，宋樂大心爲右師，食采桐門，因氏焉。」敍得姓之原甚明。秦嘉謨校輯世本略同。

114 按秦嘉謨輯補世本：「銅鞮氏，晉銅鞮伯華之後，晉之別邑也（氏族略三引風俗通）。」

124 「宗義仲」，文淵閣本作「宗義仲」。

125 A按此說見左傳文公七年：「趙衰，冬日之日也；趙盾，夏日之日也。」通志氏族略「冬日氏」列爲「以吉德爲氏」，並云：「晉趙衰之於人，如冬日可愛，故因氏焉。」

136 A「仕慕容廆」，原作「任慕容廆」，今逕改。

136 C按今中華書局點校本作「三子：琳、回、滑」。

140 A「庁」，原文如此，其義不明。

142 B王仲犖元和姓纂四校記書後：「犖按北齊書封隆之傳弟子孝琰附傳：『和士開死後，爲通直散騎常侍，尋以本官兼尚書左丞，與崔季舒等以正諫同死。』崔季舒等被殺，在北齊後主武平四年十月。孝琰未嘗入周，北周行周禮，亦無尚書左丞，元龜稱之曰『周尚書左丞』，誤也。孝琰以通直散騎常侍兼尚書左丞，姓纂『北齊』下脱『通直』二字。」

154 「龍且」，文淵閣本作「龍沮」。

155 「以國爲姓」，秦嘉謨輯補世本引作「以國爲氏」。

158 「容成造曆」，文淵閣本「容成」下有「紀」字。「帝舜」，文淵閣本無「帝」字。

175 按左傳無雍人高檀，惟昭公二十五年有饔人檀，饔人非姓，姓纂誤。

178 「元孫」，文瀾閣本作「玄孫」。

179 按轑陽侯江德爲前漢人，漢書田廣明傳稱「上封……德轑陽侯」，百官公卿表稱孝昭始元六年，「轑陽侯江德爲太常，四年坐廟郎夜飲失火免」。昭帝紀亦稱「四年五月丁丑，孝文廟正殿火，……太常及廟令丞郎吏皆劾大不敬，會赦，太常轑陽侯德免爲庶人」。姓纂作「後漢」，誤。

197 按岑校以「元」字屬上讀，以龐玉爲龐伯元之孫，然文瀾閣本「元」字作「玄」，疑「玄」字當屬下讀，意者龐伯仕北魏，玄孫仕唐，時代較爲合理。若龐伯玄仕北魏，孫仕唐，相距二百年，似不太可能，故斷作「後魏直閣將軍龐伯，玄孫玉，唐左武候將軍、越州都督」。

元和姓纂卷二

〔岑校〕卷二　其下庫本注云：「上平聲支韻至虞韻。」

五支

支

1 姓苑云，人姓。

2 【瑯琊】姓苑云，今瑯琊有支氏。

3 【西城】石趙司空支雄，傳云，其先月支人也*。晉有高僧支遁，字道林，天竺人。

A〔岑校〕西城　陳校云：「『西城』疑當作『西域』。」是也。類稿三、備要二〇均作「域」。

B〔又〕石趙司空支雄傳云　千唐大中朱賀撰尋陽丞支光誌云：「後趙司空、始安郡公曰雄七世孫也。」

C〔又〕其先月支人也　按類稿及備要「支」下均有「胡」字。

隨

4 周同姓國也。又杜伯曾孫晉大夫食采于隨邑，亦曰隨會*。漢有博士隨何，又有扶風隨蕃。

A〔岑校〕又杜伯曾孫晉大夫食采于隨邑亦曰隨會　依卷五士姓，會，杜伯玄孫，通志亦作玄孫。

B〔又〕漢有博士隨何又有扶風隨蕃　何見漢書高紀上及張良等傳。蕃，廣韻云，後漢人。

枝

5 楚大夫枝如子躬之後*，或姓枝如氏。案通志謂晉欒枝或秦公孫枝之後，以名爲氏者。若枝如子躬，其後自爲枝如氏。

6 【趙郡邯鄲】　爲郡著姓。漢有符節令弘，字孟。十一代孫固。邁生逸，燕易州刺史、昌黎公；生鎮，後魏七兵尚書*。曾孫爕；生仲讓，北齊國子祭酒。仲讓生彦通，滑州別駕。

A〔岑校〕趙郡邯鄲爲郡著姓漢有符節令弘字孟　按眭弘、眭固、眭夸，下文眭姓校注曾爲拈出，惟未知枝姓所列四郡望，皆眭姓文也。勞格氏著郎官石柱考，始抉其誤，於卷九眭逸文下引姓纂濮陽（見下）條，且系以説云：「原本誤入『枝氏』注，依古今姓氏書辯證正。」依是而推，所謂「符節令弘」者，即漢書七五之眭弘無疑，「字孟」者，「字孟」之訛也。此節暨後文義安、濮陽、馬邑三節，均應移入眭姓。

B〔又〕十一代孫固邁　眭固已引見原校注（參下眭姓）。又據魏書九〇，邁爲晉東海王越軍謀掾，夸之祖也。辯證三：「孟十一世孫固，固孫邁，邁生易州刺史逸。」則「邁」上似奪「固孫」二字。固見三國志一，黑山賊。

7【義安】　後魏有枝雅。

A〔岑校〕義安　後魏有枝雅　辯證三云：「義安，後魏有眭邦。」

8【濮陽】　唐考功郎中支逸文。

A〔岑校〕濮陽　唐考功郎中支逸文　「支」，庫本作「枝」，勞格氏謂此爲「眭逸文」之訛，説見前。惟辯證「濮陽」作「漢陽」云。余按辯證誤「逸」爲「希」。

9【馬邑】　後魏有枝夸。

A〔岑校〕馬邑　後魏有枝夸　「枝夸」應作「眭夸」，説見前。據魏書九〇，夸爲邁孫，似應附前文趙郡之下。傳又稱，夸，趙郡高邑人，無子，豈林氏誤「高邑」爲「馬邑」，故別出一望歟？辯證三亦云：「馬邑有眭夸。」

皮

10 風俗通，周卿士樊仲皮之後。皮氏。漢有諫議大夫皮究。

A〔岑校〕風俗通周卿士樊仲皮之後。　庫本無「周」字，通志有，類稿三引文亦有。

B〔又〕皮氏　温校謂通志無「皮氏」二字，但多「漢有皮尚」一句，類稿引亦無此兩字云。

C〔岑校〕漢有諫議大夫皮究　通志作「後漢有諫議大夫皮究。」類稿三引文同。姓氏篇謂「究」字誤，應卽漢書八八之琅邪皮容。按漢書祇云容至大官，全文七九九皮日休皮子世録則云：「前漢時名容者以善爲容，官至大夫。」豈「大官」爲「大夫」之訛歟？抑日休別有所本歟？「容」之草寫近乎「究」，通志、類稿作「後漢」，殆誤也（備要一六與通志同）。

11 【下邳】後漢上計掾秦嘉集敍，皮仲固撰。晉有尚書郎皮諶，宋武康令皮延年，並下邳人。王僧儒百家譜云，荀昭娶下邳皮仁之女。後魏有皮豹子。隋書旭州刺史皮子信，今大理司直遐叔，南昌人。

A〔岑校〕晉有尚書郎皮諶　「諶」，類稿引作「湛」。

B〔又〕宋武康令皮延年　「延」，庫本作「[illegible]」，字書無此字。

C〔又〕王僧儒百家譜云　「儒」誤，庫本正作「孺」。

D〔又〕後魏有皮豹子　皮子世録：「後魏世名豹子者爲魏名將。」

E〔又〕隋書旭州刺史皮子信　見隋書八三（說詳拙著隋書州郡牧守表一七頁）。皮子世録云：「隋朝名子信者爲刺史。」

F〔又〕今大理司直遐叔南昌人　皮子世録：「惟從祖翁諱瑕叔，舉進士，有名，……受蜀聘爲幕府，累官至刺史。」姓纂曰「今」，則元和初見官。日休記其終官也。又「瑕」與「遐」亦小異。

嬀

12 世本，帝舜之後。舜生嬀汭，子孫氏焉。漢有嬀皓。後改爲姚氏。文士傳有嬀覽。

A〔岑校〕舜生嬀汭　「嬀」，庫本作「溈」，非是，尚書固作「嬀」，且此處如作「溈」，則與下句「子孫氏焉」不相應。

B〔又〕漢有嬀皓　皓見後書竇武傳，類稿四訛「鵠」。

奇

13 見姓苑。云伯奇之後，以王父字爲氏。一曰，魯昭公子奇之後。漢書，南郡太守奇琨。

A〔岑校〕一曰魯昭公子奇之後漢書南郡太守奇琨　今漢書無奇琨，昭公子亦無名奇者。余按通志「奇氏」之後「爲氏」云：「姬姓，魯昭公子公爲之後，以字爲氏。後漢南郡太守爲昆。」（類稿四略同）廣韻「爲」字下亦稱：「風俗通云，漢有南郡太守爲昆。」乃知今本姓纂實誤併爲姓之文於奇姓也。此云

「一曰」，或其前尚有佚文，今姑存之，應正云：「一曰魯昭公子公爲之後，漢有南郡太守爲昆。」別標爲姓之目。爲昆見華陽國志。謝承後漢書，嬀皓之父亦名昆，南郡太守。

奇

14 河南 後魏官氏志，奇斤氏改爲奇。

A〔岑校〕奇斤氏改爲奇 「奇」下似應補「氏」字。

羲

15 羲和，堯掌天地之官*，子孫氏焉。

戲

16 伏羲之後，子孫氏焉。

A〔岑校〕伏羲之後子孫氏焉 類稿四「羲」作「戲」，方與目相應，因前條別有羲氏也。

儀

17 衞大夫。儀封人，見論語*。大夫儀楚。

A〔岑校〕大夫儀楚 廣韻、通志均作「徐大夫儀楚」，姓解一作「齊大夫」（統譜四同），康熙字典又以爲秦大夫。余按金文有郐王義楚鍴，又儔兒鐘云：「余義楚之良臣。」温校據姓觿文，「左傳有陳大夫儀行父，徐大夫儀楚」，因謂此本脱去上十字，但類稿四「徐大夫儀楚」句亦緊貼「見論語」下，故不取。

18 【西河】 漢有儀長孺

A〔岑校〕漢有儀長孺　見後書五四馬援傳。

驪

19 左傳，驪戎國之後，在昭應縣。案「昭應」舊本作「應昭」，古新豐縣，唐改名昭應。宋大中祥符中改臨潼縣，東有驪戎故城。

A〔岑校〕在昭應縣　庫本原作「在應昭縣」。又校云：「案『昭應』舊本作『應昭』。」庫本原作「案『應昭』，唐志作『昭應』。」余按通志作「昭應」。

卑

20 卑耳國人之後。或云，鮮卑衆類。漢有北平太守卑躬，河間人。

A〔岑校〕或云鮮卑衆類　「衆」，通志作「種」，是也。

B〔又〕漢有北平太守卑躬　通志作「右北平」，後書一〇下注無「右」字。

21【雁門】後漢太尉掾卑鳌。又魏志，公孫度將有卑衍。

A〔岑校〕後漢太尉掾卑鳌　廣韻云：「蔡邕胡太傅碑有太傅掾卑整。」此與類稿四作「太尉」誤。又整於熹平四年爲議郎，見後書一〇下。姓觿正作「傅」及「整」，此作「鳌」亦誤（參辨誤四）。

B〔又〕又魏志公孫度將有卑術　按魏志八，公孫淵將軍卑衍，不作「術」，惟類稿與此同。

訾

22 風俗通，帝嚳妃訾娵氏女。姓苑云，今齊人。漢書漢功臣表有樓虛侯訾順。

A〔岑校〕今齊人　温校因廣韻引姓苑「今齊人」下，有「本姓蔡氏」句，謂此處佚去云。按類稿四亦無之•。

23 黄帝時訾陬氏之後（岑補）

A〔岑校〕據姓觿一引。

斯

24 姓苑云，吴人。吴志，郯縣吏斯從也。

A〔岑校〕吳志鄒縣吏斯從也　見三國志六〇賀齊傳。

25【東陽】　南齊書，東陽郡有斯氏。

彌

26 史記，衞公孫彌。子瑕以王父字爲氏。三輔決録云，王莽時彌强。

A〔岑校〕史記衞公孫彌子瑕　温校據通志，以爲「彌」下奪「牟彌牟」三字。按依通志實奪「牟彌牟孫」四字，温校小誤。

B〔又〕三輔決録云王莽時彌強　後書四六鄧禹傳作「弭彊」，通志引決録同，參下條校注。常山貞石志六三門樓題名有弭氏。

27【新豐】　漢末新豐人中叔，見決録。

A〔岑校〕漢末新豐人中叔見決録　廣韻云：「三輔決録有新豐彌升。」（辯證三同作「彌升」）「四紙」「弭」字下不云姓。御覽引決録云：「弭生（一作「升」）字仲叔。」通志亦云：「漢末新豐人弭仲叔。」彌、弭互異，殆各據見本而録歟？中、仲古通，「中叔」上應補「彌」字。

猗

音伊。

28 史記，猗頓，魯國富人。

A〔岑校〕史記猗頓魯國富人　按類稿三引「記」下有「云」字，無「國」字。

29 【河東猗氏】猗頓自魯居之。

A〔岑校〕河東猗氏　類稿無「猗氏」二字。

馳

30 見姓苑。馳湛、馳竈。

A〔岑校〕見姓苑馳湛馳竈　廣韻「馳」云：「又姓，出姓苑。」但無馳湛、馳竈其人。考通志「禆氏」云：「鄭大夫禆諶、禆竈。姓苑云，今宣州有禆氏。」類稿三引姓纂同，惟姓苑上多「宣城」二字，知今馳氏之文，祇應有「見姓苑」三字（類稿同）。其「馳湛、馳竈」及下一條皆禆姓之文，誤併入於馳姓者也，應剔出，別立一目。

31 【宣城】姓苑云，今宣城有馳氏。

A〔岑校〕姓苑云今宣城有馳氏　此亦禆氏之文而爲馳氏所冒者也，說見前條下。「城」字，類稿引作「州」。

池

32 以所居爲姓*。漢有中牟令池瑗，魏有城門侯池仲魚。

眭

33 趙大夫食采眭邑，因以爲氏。案眭弘，見漢書；眭固，見魏志；眭夸，見北史。

A〔岑校〕趙大夫食采眭邑因以爲氏　類稿三引「采」下多「於」字。漢書七五師古注云：「眭音息隨反，今河朔尚有此姓，音字皆然，而韋昭、應劭並云音桂，非也。今有炅姓，乃音桂耳。」今通志作「睢」，訛也。又原校云：「案眭弘，見漢書；眭固，見魏志；眭夸，見北史。」知有弘、固、夸而不知眭姓之文，混入枝姓，所謂未達一間也。前枝姓趙郡邯鄲、義安、濮陽、馬邑四條，均應移補於此處。

34 趙郡邯鄲　爲郡著姓。漢有符節令眭弘，字孟。（温補）

A〔岑校〕温校據類稿引補。蓋未知今本混入枝姓，非缺文也。依此，更可證前文「字孟」爲「字孟」之訛。

蕃音皮。

35 其先出自魯大夫，食采於蕃，因以爲氏。後漢黨錮傳有蕃嚮。案廣韻「蕃」無皮音，惟集韻音皮。考左傳疏引魯國地理志曰：「蕃，讀如藩屏之藩，言魯國南藩也。汝南陳子斿爲魯相，子斿者，藩之子也。國人避諱，遂改皮音。」＊又白褒魯國記同。今附入支韻。

A〔岑校〕校云「汝南陳子斿爲魯相子斿者藩之子也……又白褒魯國記同」「斿」，庫本作「游」，「褒」作「褒」。

宜

36 隋西南地有宜繒、宜林。（羅補）

A〔岑校〕此姓係羅氏據辯證補。通志作「隋西南夷」，應據改正。即隋書附國傳之文。

施

37 魯惠公子施父尾，生施伯。伯孫傾叔，生孝叔，惠公五代孫也。因氏焉。漢有博士讎＊。（岑補）

A〔岑校〕據類稿三引補。新書後集六及備要一一引文略同，惟「焉」作「之」，「讎」上多「施」字。讎見漢儒林傳。温校漏補。

移

38 齊公子雍食邑，因氏。漢有弘農太守移良。（岑補）

A〔岑校〕前兩句據姓觿一引補。末一句今本訛幷於「七之」𨟵姓（説詳下），應移正於此，温校漏補。

彌且

39 後秦冠軍大將軍彌且婆獨，遼東侯彌且高地，立節將軍彌且成，後魏末都督彌且元進，夏州酋望也。唐右領軍將軍、延州刺史。

A〔岑校〕後秦冠軍大將軍彌且婆獨　廣韻、姓解、通志均作「彌姐婆觸」。

B〔又〕遼東侯彌且高地　通志作「彌姐要地」，若辯證三作「彌且亭立」，蓋誤連下文。辨誤四謂鄭、鄧皆誤。

C〔又〕立節將軍彌且成　通志作「彌姐威」。

D〔又〕唐右領軍將軍延州刺史　通志稱「彌姐長通」，此處蓋奪文也。

戲陽

40 英賢傳曰，秦穆公時有戲陽伯樂，善相馬。漢有侍御史戲陽放。

A〔岑校〕英賢傳曰秦穆公時有戲陽伯樂善相馬漢有侍御史戲陽放　按此以戲陽冒孫陽之文也。卷九太陽云：「風俗通，衞大夫太陽速，晉有太陽狀爲卿。」校云：「案左傳爲戲陽速。」驗諸通志「戲陽氏」，其文大致無異，應校正移附此條。又通志「孫陽氏」云：「嬴姓。英賢傳曰，秦穆公子有孫陽伯樂，善相馬，漢有侍御史孫陽放。」比此衹多三字，廣韻「陽」下亦稱孫陽伯樂、孫陽放，辯證同。辨誤八引作孫陽敖，疑「放」爲誤，恐未必然。温校云：「宜各改正，移還本處。」

差師

41 世本，魏公族有差師氏。

A〔岑校〕世本魏公族有差師氏　宋本辯證目有差師，但今本已無其文，唯羌師下引世本云：「衞公族有羌師氏。」魏、衞涉音近而訛（舊籍有其例）。差、羌涉形似而訛也。鄧書既有羌師，復有差師，蓋雜採諸書之故。今差師謂應闕疑，此條則依辯證改正，別標羌師，移附卷五之「十陽」。據潛夫論，衞公族誠有羌氏也。

卑徐（岑據沈跋補）

42 A〔岑校〕沈跋云：「又（後紀）八卷注云，茅夷、卑徐、鉏邱、茅地、蘧、澤皆以附邑爲氏，見姓纂。今孫本『五肴』有茅夷，『九魚』有蘧，而無卑徐、鉏邱、茅地、澤四姓。」

六脂

伊

43 帝堯伊祁氏之允。裔孫伊尹，名摯，相湯；生陟奮。

A〔岑校〕伊祁氏之允　類稿四「允」作「胤」，備要二三「胤」，此是清臣迴改，於此見例，後不一一舉也

B〔又〕生陟奮　通志同。類稿作「陟之」，當訛。

44 風俗通，漢有議郎伊推。又伊喜嘉爲雁門都尉，石顯黨也。

A〔岑校〕漢有議郎伊推　推見漢書瑕丘江公傳。

B〔又〕又伊喜嘉爲雁門都尉石顯黨也　漢書九三石顯傳，顯敗，御史中丞伊嘉爲雁門都尉。「喜」字涉形似而衍。類稿、備要均無之。

45 【山陽】蜀志，伊籍，山陽人。今右僕射、安廣節度伊愼，廣州人。

A〔岑校〕蜀志伊籍山陽人　伊愼碑：「其後伊籍以敏辨仕蜀爲將軍。」三國志三八有傳。

B〔又〕今右僕射安廣節度伊愼廣州人　愼，舊書一五一有傳。「安廣」乃「安黃」之訛（類稿、備要

正作「黄」)。「廣州」,傳作「兗州」,然載之集一七伊慎神道碑不著其籍,惟云初補廣州綏南折衝府都尉,則姓纂書作「廣州人」,似不能遽斷爲誤。類稿引姓纂亦作「廣州」,唯訛「右」爲「在」。又慎以元和六年十二月卒,此書作於七年,尚用「今」字,不審何故。貞元中安州伊慎加常侍,見廣記二八〇引羊異集驗。

46 【河南】 官氏志,伊婁氏改爲伊氏。後魏有伊婁馛,代人。

A〔岑校〕伊婁氏改爲伊氏　陳毅疏證謂:「通志略五亦稱伊婁後改婁氏。」余按氏族略五伊婁氏無此文。同書二伊氏下稱「改爲伊氏」,陳氏見本訛耳。

B〔又〕後魏有伊婁馛代人　羅校云:「案伊馛,魏書有傳,不作『伊婁馛』。」陳氏疏證云:「宋書索虜傳有并州刺史伊樓拔,即姓纂所稱後魏之代人伊婁馛。」按類稿引無「婁」字,温校云:「蓋從改氏後稱,故列此。若云伊婁馛,則當入伊婁下也。」又伊慎碑:「伊馛以勇力佐魏爲司空。」亦即指此,唯類稿作「猷」小訛。

郗

47 出自己姓,青陽氏之後。蘇忿支孫封郗邑,因氏焉。趙有郗疵。

A〔岑校〕出自己姓青陽氏之後蘇忿支孫封郗邑　路史後紀八注云:「姓纂以爲忿生支子,己姓,青陽之後，妄也。」「忿」下當補「生」字，支孫、支子亦小異，類稿三作「蘇忽（忿）生支子」。

B〔又〕逍有郗疵　「疵」，姓氏急就篇下引作「疵」。趙策，郗疵。原注晉人。補曰，説文作「絺」。姚注，元和姓纂，郗，己姓，青陽氏之後。

48 【高平金鄉】秦末，郗氏自晉陽徙高平。蜀有郗正，偃師人。

A〔岑校〕蜀有郗正偃師人　按三國志四二，郤正，河南偃師人，字亦作「郄」，與「郗」音讀各殊。陸龜蒙詩：「一段清光染郗郎。」是唐人固有誤讀者，無怪姓纂附郤正於郗姓下也（千唐張翃誌亦作「中書舍人郄昂」）。

49 漢魏之際，司徒郗慮。慮元孫晉太宰南昌公鑒，生超。超生愔。鑒五代孫曄，女爲梁武皇后。

A〔岑校〕司徒郗慮慮元孫晉太宰南昌公鑒　今晉書六七鑒本傳亦誤「郗」爲「郄」。

B〔又〕生超超生愔　據晉書六七，鑒二子，愔、曇。愔三子，超、融、沖。此誤。

C〔又〕鑒五代孫曄女爲梁武皇后　梁書七高祖德皇后郗氏傳，父燁，字從「火」旁。

50 唐庶子昂，蓋其後也。生士美，澤潞節度也。

A〔岑校〕唐庶子昂蓋其後也生士美　舊書一五七郗士美傳，父純，字高卿，不名昂。新書一四三同。然制詔集七授郗昂知制誥制固作「昂」，會要七九亦云郗昂贈户尚。英華著開元二十二年郤（郗）

昂進士。羊士諤集，乾元初郗昂自拾遺貶清化尉。太白集一八有送郗昂謫巴中詩。唐語林五：「郗昂……（中敍嘲源乾曜事）後與杜黄裳同學於嵩陽，二人同中第，郗以安禄山僞官，貶歙縣尉，黄裳入相後除中書舍人。」（元龜八二三，郗高卿爲中書舍人）是「昂」字不誤，殆因犯文宗諱而追改歟？然純亦犯憲宗諱，何以一避一不避也？姓氏急就篇既著郗純，復著郗昂，即因兩名而複出者。唐語林一郗士美下注云：「本名犯文宗廟諱。」按名昂者乃士美之父，非士美也，語林誤。元龜八四一及八九九，高卿位至左庶子，除太子詹事致仕。全文三一五李華楊騎曹集序，孫逖爲考功，高平郗昂高第。廣記二四二引國史補，郗昂與韋陟、吉温、房琯同時。貞元續開元釋教録中：「僧寳道唄讚六十首一卷，右朝散大夫、守太子詹事、賜紫金魚袋致仕、魯國郗昂字高卿撰。」「都」，「郗」訛。

B〔又〕澤潞節度也　案舊書一四，元和六年三月，以士美爲潞府長史、昭義節度，此正姓纂修書時士美之見官也。廣記四四〇引闕史：「許昌郗尚書士美，元和末爲鄂州觀察。」「末」字誤。方鎮年表六據舒元與鄂政記，著於元和三年，是也。畿輔通志一四八狗山題名，侍御史魯國郗士美，王樹柟跋以爲當在官坊刺之先。

祁

61 帝堯伊祁氏之後。左傳，晉大夫祁奚，生午。午生盈、生勝*。姓苑云，今扶風有此姓。唐刑部員外郎祁順。

A〔岑校〕唐刑部員外郎祁順　陳校云：「舊書一九〇中李邕傳有刑部員外郎祁順之。」余按精舍碑左側、郎官柱左外均有祁順之。金石録七開梁公堰頌，天寶六載立；又南叟訓，乾元二年立；皆祁順之撰文。類稿三、備要一七引文有「之」字，此脱。

52 【樂陵】祁順之後居滄州。

A〔岑校〕祁順之後居滄州　此可作兩解，（一）順之後來徙居滄州，（二）順之之後人徙居滄州。按順之天寶初人，去元和不過六十餘年，則似（一）解近是。或誤用第二解，故删去上條之「之」字也。類稿引「居」上多「代」字，未碻。

師

53 風俗通，師，樂人瞽者稱。晉有師曠，魯有師乙，晉師悝、師觸、師蠲。

A〔岑校〕師樂人瞽者稱　温校云，類稿四引「者」下有「之」字•。

B〔又〕晉師悝師觸師蠲　類稿「晉」下多「有」字，「悝」訛「俚」，句末多一「也」字。余按「晉」，通志作「鄭」•。

54 又師服，晉大夫也。（温補）

A〔岑校〕温校據類稿引補。

55 【瑯琊東武】 漢丞相高樂侯師丹＊。後漢師宜官，案師宜官別爲師宜氏。工書。晉石勒爲師歡奴。案晉書載記，師歡，茌平人。「歡」作「懽」。

A〔岑校〕後漢師宜官工書　全文四四七竇泉述書賦下：「雖宜官售酒。」注云：「後漢師宜官工書，嗜酒，每遇酒肆，輒書於壁，遠近咸觀，酒因大售，計價償足而滅之。」寰宇記六〇引衛恆四體書勢，耿球碑，袁術立，師宜官書。

B〔又〕晉石勒爲師歡奴　校云：「『師歡，茌平人。』『茌』字誤，庫本作『茌』。」

資

56 黄帝之後，食采益州資中，因以爲氏。

57 益州資中有資水，蓋古資國封地，後因氏。（姓觿引姓纂文，岑氏謂此殆後人爲姓纂加注）

A〔岑校〕見姓觿一引姓纂。温校疑是注文。余按此殆後人爲姓纂加注，非其本文也。（參附録二。）

58 【陳留】 風俗通，資成，陳留人。

A〔岑校〕風俗通資成陳留人　通志引同。姓氏篇云：「又按資成係後周時人，鄭氏引誤。仲瑗原文當與圈稱傳語同也，『資成』云云，係後人附益者。」其説待考。嘉泰會稽志三：「姓纂，漢有資成，南陽人，望出陳留，會稽。」

飢

59 左傳，殷人七族有飢氏。案左傳飢氏作「饑」。

尸

60 漢書，尸佼，晉人，爲商君師，著尸子。風俗通云，其先封于尸鄉，故爲尸氏。齊相有尸臣。案廣韻注，「晉人」作「秦人」。

A〔岑校〕漢書尸佼晉人　校云：「案廣韻注，『晉人』作『秦人』。」余按姓氏篇云：「又按漢書注：『尸子，魯人，……』『魯』，一作『晉』。」

嫘

61 出自西陵氏女嫘祖，爲黄帝妃。後世以嫘爲氏。

A〔岑校〕出自西陵氏女㜸祖　通志作「纍氏」，漢表二〇亦作「纍祖」，辯證三分纍、嫘爲二姓。

㓨

62 蜀有㓨達之後，避難改焉。案廣韻注作「㓨逵」，非「㓨達」。

A〔岑校〕蜀有㓨達之後　庫本校云：「案廣韻注作『㓨逵』，非『㓨達』。」温校據通志亦謂「達」字誤，余按類稿四作「達」，姓觿一作「逵」。

麋

63 楚大夫受封南郡麋亭，因以爲姓。

64 【東海朐山】漢有麋敬。蜀志有麋竺，生芳。案蜀志作「竺弟芳」。宋有麋昴之。又麋信撰説要，注穀梁。案麋姓之「麋」，一作「糜」字。

A〔岑校〕蜀志有麋竺生芳　庫校云：「案蜀志作『竺弟芳』。」余按類稿三引作「漢有麋竺、麋芳」。

B〔又〕又麋信　校云：「案麋姓之『麋』，一作『糜』字。」按庫本注原云：「案麋信之『麋』一作『糜』。」

邳

65 左傳，晉大夫邳鄭、邳豹。案左傳，邳鄭、邳豹俱不从邑。

A〔岑校〕左傳晉大夫邳鄭邳豹　校云：「案左傳，邳鄭、邳豹俱不从邑。」余按廣韻、姓解、通志、類稿丕鄭均作「丕」，姓纂似不應獨異，可疑者一。奚仲自薛封邳，因以爲氏，乃邳氏姓源，不應附信都之下，且據通志，邳在泗州，亦於信都無關，可疑者二。今姓纂丕姓下所敍，顯冒玆姓之文，是丕姓祇有存目，可疑者三。綜此尋究，乃知今本邳姓兼冒丕姓之文也。此應剔出，移附下文丕姓之下。温校略同。

66 【信都】風俗通云，奚仲爲夏車正，自薛封邳，其後爲氏。後漢二十八將有衛尉信都邳彤。

A〔岑校〕風俗通云奚仲爲夏車正自薛封邳其後爲氏　「風俗通」已下四句，係説邳姓姓源，應移前自爲一條，此處錯簡。温校略同。

丕

67 左傳，魯桓公。丕之後，以王父名爲姓。其後有丕無還。案魯桓公名允，此作「丕」，誤。且亦不得爲丕氏所自出。通志及急就篇俱作「晉大夫丕鄭父子豹之後」。「丕」，亦作「丕」。又徐廣曰，桓公名軌。

A〔岑校〕左傳魯桓公丕之後以王父名爲姓其後有丕無還　校云：「案魯桓公名允，此作『丕』，誤。

且亦不得爲平氏所自出。通志及急就篇俱作「晉大夫平鄭父子豹之後」。「平」，亦作「丕」。又徐廣曰，桓公名軌。」辨誤四亦拾其説，蓋均未洞悉誤之所在者。余按平姓之文，今誤併入邳姓，説已見前，此處平姓所録，實兹姓之文也。其證凡三：（一）檀弓上疏引世本：「桓公生僖叔牙，牙生戴伯兹。」（二）廣韻「兹」：「又姓，左傳，魯大夫兹無還。」（三）通志「兹氏」：「魯桓公之孫公孫兹之後。」合而校之，知兩「平」字皆應作「兹」，「桓公」下應依通志補「之孫公孫」四字，别標兹姓之目。温校略同。又類稿四兹姓亦云：「左傳，魯桓公孫公孫兹之後。」

伊婁

68 後魏獻帝與鄭第六弟爲伊婁氏，爲十姓，因官氏焉。

A〔岑校〕後魏獻弟與鄭　「鄭」誤，庫本及通志作「鄰」。

69 【河南】後魏徐州刺史濟南公伊婁信，生伊婁公。公生彦恭，隋武侯大將軍、濟陽公；生明傑，唐鄆州長史、九真男，生大辯、大昌。

A〔岑校〕公生彦恭隋武侯大將軍濟陽公生明傑　庫本作「伊婁公生彦恭」，此删「伊婁」二字。彦恭父蠱，已見羅校。又「侯」字誤，庫本正作「候」。隋書五四及北史七五均云「彦恭子傑」，不云「明傑」。

祁夜

70 鄭公子且食采開封，因氏焉。鄭大夫祁夜狐。

A〔岑校〕鄭公子且食采開封因氏焉鄭大夫祁夜狐　此是冒封具之文，說見卷一封具下，温校只知具封，尚未細考。祁夜本條，今爲奔水所冒。

師子

71 世本，鄭有師子濮。漢有北平太守師子將。

A〔岑校〕世本鄭有師子濮漢有北平太守師子將　廣韻引世本，鄭有子師僕，此作「師子」，誤倒也。僕爲鄭簡公時人，作「濮」亦訛（温校略同）。通志氏族略三，漢有北平太守子師將。氏族略四又作「子師磐」，辯證二二則作「子師礬」，未詳孰是。惟師子目應删，各「師子」字均應乙作「子師」，移入卷六「六止」韻下。

師祈

72 左傳，楚有師祈犂。漢有郎中師祈光。

A〔岑校〕左傳楚有師祈犂　廣韻云：「春秋釋例，楚有師祁黎。」與此小異。通志文同姓纂，但亦作「祁」。

B〔又〕漢有郎中師祈光　通志作「師祁番」。

師宜

73 後漢有南陽人師宜官

A〔岑校〕後漢有南陽人師宜官　廣韻、通志均以師宜爲複姓，唯辯證三云：「謹按晉史，宜官姓師，非以師宜爲氏。」廣記二〇六引書斷，師宜官，南陽人，靈帝時徵至。八分，宜官爲最。後爲袁術將鉅鹿耿球碑。似亦以師爲姓者。然前人或稱「葛亮」，則不能依此定斷也。參前師姓條「後漢師宜官工書」及庫校。

夷鼓

74 英賢傳，黄帝子夷鼓之後，見國語。秦大夫有夷鼓德宜。

A〔岑校〕秦大夫有夷鼓德宜　「德宜」，辨誤四引國語作「思宜」。

夷門

75 史記，魏隱士侯嬴爲夷門監者，因氏焉。

A〔岑校〕史記魏隱士侯嬴爲夷門監者因氏焉　辯證三引姓纂作「史記，處士侯嬴爲夷門抱關卒，因氏焉。」與今本小異。姓觿一引作「魏侯嬴爲夷門抱關，後因氏」（參附録二）。

尸遂

76 姓氏英賢傳云，南匈奴尸逐鞮裔孫尸遂降漢，以國爲氏。

A〔岑校〕南匈奴尸逐鞮裔孫尸遂降漢　「鞮」，庫本作「鞬」。「尸遂降漢」作「尸逐降漢」。牟校云：「洪刻本……下二『逐』字均作『遂』。」按局本中間之字正作「逐」，唯前後二字誤「遂」，又標目庫本仍誤「尸遂」。尸逐鞮，見後書一一九。庫本作「鞬」，亦有誤。

葵仲

77 蔡叔子葵仲胡之後。趙時有葵仲其。

A〔岑校〕蔡叔子葵仲胡之後趙時有葵仲其　余按卷八蔡仲下云：「蔡仲胡之後，趙將有蔡仲其。」（「趙將」，通志作「趙時」）大約後人訛「蔡」爲「葵」，故致複出此條也。應删卻。温校略同。

耆門（岑補）

78 楚公族。（岑補）

A〔岑校〕據姓觿一引補。温校漏。

七之

時

79 齊有賢人時子，著書，見孟子。新論有時農。

A〔岑校〕新論有時農　今桓譚新論遺文此名已佚。

80 【鉅鹿】魏有壽春令時苗，後趙有謁者僕射時軌，姓苑云，並鉅鹿人也。

A〔岑校〕魏有壽春令時苗　寰宇記五九邢州任縣：「時苗冢在縣東北二十里。魏略云，苗，鉅鹿人也。晉末移葬于此。」漢時苗爲壽春令，見廣記二四四引獨異志，與蔣濟同時。

81 【陳留】唐登州刺史時德叡，世居汴州尉氏。曾孫元佐，潁州刺史。

A〔岑校〕唐登州刺史時德叡　元龜一六六，武德三年九月，王世充蔚州刺史時德叡以其地來降。

B〔又〕曾孫元佐潁州刺史　叢編一四唐紀功銘幷將士題名引復齋碑録云，唐時佐元撰，元和二年秋九月，李錡作亂，至十月九日，當州討平。當卽同人。作「佐元」者，誤倒也。廣記一五五引續定命録，德皇之末，前進士時元佐任協律郎。全文六三一吕温祭座主顧公文，貞元二十年作，稱奉禮郎時元佐。吳興談志一四言，辛祕與平李錡，有時元佐紀銘其功。同書一八湖州紀功碑，元和中將仕郎前太常寺奉禮郎時元佐撰。姓纂修書時疑尚未官躋刺史耳。

怡

82 本姓墨台，孤竹君之後，因避事改焉*。後魏有怡寬，遼西人。生峯，後周樂陵公；生昂，鄀公；光，清河公。

A〔岑校〕本姓墨台　按周書一七：「本姓默台。」北史六五同。然後魏太公呂望碑「儒墨」作「儒默」（金石文字記六），「默啜」亦作「墨啜」，「默特勤」亦作「墨特勤」，在對音上二字無差別也。

B〔又〕生峯　羅校云：「案周書怡峯傳，高祖寬，曾祖文。此誤。」余按通志正作「玄孫峯」。

C〔又〕生昂鄀公光清河公　羅校云：「案『鄀』，周書靜帝紀作『鄀』，怡峯傳作『鄭』；『清河公』，峯傳作『龍河公』。」余按通志作「昂，長沙公；光，安平侯」，更與此異。據周書一九，安平侯乃光始封爵也。類稿三引「鄀」作「都」，亦訛。

旗

83 風俗通，楚大夫居旗思城，因以爲氏。

A〔岑校〕風俗通楚大夫居旗思城因以爲氏　按廣韻「旗」云：「齊卿子旗之後。漢有九江太守旗光。」通志略同，惟「光」作「况」。辯證又作「汎」。姓氏篇遽斷廣韻爲正，殊嫌孟浪。但無論如何，文與此不同，知旗氏又冒他姓之文矣。廣韻稱「風俗通有期思國」（「國」字誤），辯證四：「期，風俗通，楚大夫居期思城，因以爲氏。」由是可決此乃期姓之文，旗姓僅應存目。

蘄

84 漢有弘農太守蘄良。姓苑云，蘄春侯之後。

A〔岑校〕漢有弘農太守蘄良　廣韻引風俗通云：「漢有弘農太守移良。」姓氏篇云：「按移良即承宦官旨停楊震棺於道側者。氏族略引作『蘄良』，辯證引作『南郡太守』，皆誤。」依此，知今姓纂實誤合蘄、移兩姓爲一條，其混亂在北宋末已然，鄭氏不察，故轉引之，復别出移良。然由此益徵余謂通志文多同姓纂之不妄也。類稿四作「移良」。

B〔又〕姓苑云蘄春侯之後　類稿四云：「蘄春侯之後蘄如。」

貍

85 左傳，八元季貍之後。

A〔岑校〕左傳八元季貍之後　兩「貍」字庫本均作「狸」，辯證四作「貍」。據廣韻，「狸」，俗字也。

羅氏補文別見附録四。

菑音緇

86 見姓苑。北海孔融集，菑壯，青州人。

A〔岑校〕菑壯　「壯」，通志作「莊」，姓解二、類稿四作「壯」。

治

87 出何氏纂要文。音遲*。

A〔岑校〕出何氏纂要文　庫本無「文」字，按辯證四引此亦云「出何氏纂文要」（鄧書常稱「纂文要」）。

蚩

88 蚩尤之後，以國爲姓*。

慈

89 高陽氏才子之後。美其宣慈惠和，因以爲姓。

A〔岑校〕高陽氏才子之後美其宣慈惠和因以爲姓　此同急就篇顏注。王氏補注云：「『高陽』當作『高辛』。」又通志引此，作「因以爲氏」。

綦（羅補）

90 河南有綦氏。（羅補）

A〔岑校〕五字羅氏據辯證補。按卷七纂姓云：「河南，官氏志，纂連氏改爲纂氏。」「纂」均「綦」之訛，見陳毅疏證。辯證特節引耳。故此五字爲複補，應删卻，參看卷七校記，温校未諦。

箕（温補）

91 箕子，殷畿内同姓諸侯也。左傳，晉大夫箕鄭、箕遺。漢有西華令箕堪。（温補）

A〔岑校〕温校據類稿三引補。沈跋云：「又國名記四卷，箕，姓纂云，商之圻内。今孫本『七之』無箕姓。」國策地名考一八引姓纂：「箕，商圻内國。」蓋亦據路史言之，均非引其全文者。

詩（温補）

92 望出合浦。漢詩索，交趾朱鳶人；妻徵側，甚勇，同女弟徵貳反。（温補）

A〔岑校〕温校據續通志引補。按詩索，朱鳶人，見後書南蠻傳。統譜五亦云：「詩出姓纂，望出合浦。」

司馬

93 重黎之後。唐、虞、夏、商代掌天地。周宣王時，裔孫程伯休父爲司馬，克平徐方，錫以官族。在趙者曰凱，以傳劍知名；蒯聵，其後也。在秦者司馬錯，孫靳。孫昌，生無懌。無懌生喜。喜生談，太史公；生遷，漢中書令。據祕笈新書改。

A〔岑校〕錫以官族……在秦者司馬錯孫靳孫昌生無懌無懌生喜　庫本則云：「錫以官。……在秦者司馬錯，玄孫昌，生懌。懌生善。」其不同之處，即洪氏所謂「據祕笈新書改」也。庫本校云：「按史記太史公自序及漢書本傳俱作『昌生母懌。母懌生喜』。此誤。」余按史記一三〇自序作「無澤」，漢書六二作「毋懌」，庫校注作「母懌」者訛。又通志亦作「錫以官族」，唯尋源六引云「賜以官氏」，類稿五四引作「錫以官族，爲司馬氏」。「無懌」，類稿及備要三〇均引爲「無澤」，又「劍」下類稿多一「論」字，「聵」作「瞶」，但字書無「瞶」字，當訛。

94 【河内温縣】蒯聵元孫卬爲趙將，封武信君。案司馬卬爲趙武臣將，武臣封武信君，此作卬封武信君，誤。項羽封邛爲殷王，漢以其地爲河内郡，子孫家焉。孫楷，漢武都太守。孫鈞，後漢征西將軍。曾孫防，京兆尹，生郎、懿、孚、馗。七代孫楚之，後魏封瑯琊王。

A〔岑校〕項羽封邛爲殷王漢以其地爲河内郡子孫家焉孫楷漢武都太守孫鈞後漢征西將軍　按晉書一云：「秦亡，立爲殷王，都河内。漢以其地爲郡，子孫遂家焉。自邛八世生征西將軍鈞，字叔平。」本文「孫楷」、「孫鈞」之「孫」字，均應解作裔孫之孫，否則自邛及鈞纔五世耳，以世代核之，必不然也。

B〔又〕生郎懿孚馗七代孫楚之後魏封瑯琊王　「郎」乃「朗」之訛。三國志一五有傳。「馗」字應重，即「生朗懿孚馗。馗七世孫楚之」也。羅校云：「案魏書司馬楚之傳作『馗八代孫』。」按下文有云：「瑯琊王楚之，即彭城王權六代孫也。」據晉書三七，彭城王權爲馗子，則就本書互勘，代數尚合。孟縣志司馬昇墓誌跋云：「考晉書宗室傳，彭城王權子植，植子釋，釋子雄。雄坐奔蘇峻，更以釋子紘嗣。紘子玄，玄子弘之，皆襲封彭城王。更以魏書楚之傳所云太常馗八世孫推之，則楚之父榮期，與彭城王弘之爲昆弟輩行，或與弘之同出于玄，或出于玄之弟俊，皆未可知。」則志之所推，亦連本身始爲八世，前人計世數，或連本身計，或不連本身，往往差一數。又此節三「瑯琊」字，庫本俱作「琅邪」，與魏書三七同。千唐司馬銓誌：「自晉高祖宣皇帝弟戴侯馗洎君十五代。」所謂十五代，亦連本身計。

95 馗六代孫叔璠，後魏冠軍將軍。

A〔岑校〕馗六代孫叔璠　魏書三七，叔璠，孚之後。此云馗後，與史不合。余案金石萃編二七司馬元興墓誌銘，叔璠祖欽，河間武王，晉右衞將軍，遷散騎常侍中護軍，使持節侍中太尉。父河間景王曇之，晉侍中、左衞將軍。考欽名附見晉書五九河間王顒傳末，合同書三七觀之，則欽之世系如次：

孚——瓌——顒——融入嗣——欽入嗣

馗——權——植——釋——欽
　　　　　　　└融

然則稱馗後者其本支，稱孚後者其出嗣之支，各有所是，非牴牾也。温校未諦。

B〔又〕後魏冠軍將軍　按萃編二七司馬元興墓誌銘云：「晉祚流移，姚授冠軍將軍、殿中尚書，大魏蒙授安遠將軍、丹陽侯。」則冠軍將軍乃姚秦官，非魏官也。

96 汝南王亮五代孫景之，後魏蒼梧公。瑯琊、冠軍、蒼梧號三祖司馬氏。瑯琊王楚之即彭城王懽六代孫也。

A〔岑校〕瑯琊王楚之即彭城王懽六代孫也　羅校云：「案『懽』，晉書本傳作『權』。」子山集一三：「曾祖楚之，晉太傅録尚書、楊州牧、會稽文孝王之次子，元顯之幼弟也。」

97 楚之曾孫裔。裔曾孫元祚，唐庫部郎中，生希奭、希象。

A〔岑校〕楚之曾孫裔　子山集一三司馬裔碑云，曾祖楚之，祖金龍，父悦。天和七年卒，春秋六十五。世子侃（「天和」原訛「天保」，據同集一五訂正）。

B〔又〕裔曾孫元祚唐庫部郎中　司馬銓誌：「曾祖運，隨國賓、龍泉郡丞，封琅邪公。祖玄祚，隨國賓、琅邪公，皇朝膳部郎中、禮部侍郎、通直散騎常侍、琅邪縣開國男。」則「元」應作「玄」。又司馬望誌：「曾祖玄祚，唐膳部郎中、中書舍人、禮部侍郎。」

93 希奭，明堂尉，生鍠、銓、鐵。鍠，吏部、黄門、中書三侍郎，京兆尹，生蒼、鍾、益。鍾，魏郡太守。銓，庫部郎中，生望。

A〔岑校〕希奭明堂尉　銓誌：「父奭，……雍州萬年、明堂、長安三縣尉。」望誌：「祖希奭，唐長安、萬年、明堂三縣尉，贈懷州長史。」

B〔又〕鍠吏部黄門中書三侍郎京兆尹　鍠附見舊書一九〇中。證聖元年爲監察御史，見會要七五。又嘗官徐州刺史，見元龜六七一（通鑑二〇七系長安四年下）。全文二五八韋抗碑：「太選持衡者京兆韋嗣立，河内司馬鍾。」「鍾」當「鍠」之訛。千唐鄭齊舟撰大理寺丞司馬望誌：「父鍠，兵、吏、中書三侍郎，贈衛尉卿，謚曰穆。」銓誌稱希奭「神龍初，以長子中書侍郎鍠追贈懷州長史」。

C〔又〕生蒼鍾益　勞考一二云，「鍾」疑「垂」，是也。温校衍「鍾」字，非是。

D〔又〕鍾魏郡太守　禄山未反前，司馬垂官魏郡太守，見舊書顔真卿傳。

E〔又〕銓庫部郎中生望　全文二七三崔沔請勿廢仙州議稱刺史司馬銓。廣記二二二引定命録，宋州刺史司馬銓，當卽其人。千唐司馬銓誌，銓，希奭第二子，垂拱四年成均生，明經擢第，歷比部員外、庫部郎中，久之，除慈州刺史，丁内憂服闋，授户部郎中，再遷光禄卿，改仙州刺史，入爲薛王府長史，轉宋州刺史，開元十九年，終薛王傅，年六十七。長次子絳、寬早死，次子繇，次子寧云云，無望名。以望誌勘之，則望實鍠子，姓纂誤。據望誌，望爲鍠第四子。長兄蒼，扶風郡司馬；次兄垂，魏郡太守，次兄益，河南府（下泐），均先望云亡。望卒顯聖元（即上元二），年五十七。有子宣、審。又千唐中書侍郎司馬府君妻（按即鍠妻）盧氏誌，卒開元十一年，云：「長曰蒼，至□之邑丞；次曰垂、益，並郡之從事，季曰望，遊于國庠。」

99 希象，生爵郎中。

A〔岑校〕希象生爵郎中　勞考六正「生」作「主」。又同書五云：「新書文藝傳，希象終主爵員外郎。封外有希象名。此誤。」其説待考。

100 元祚再從子承禎，字子益，天白道士，有高行。元祚四從子仁節，大理評事，生晧、曜。曜，曹州刺史。

A〔岑校〕承禎字子益天白道士　「白」誤，庫本正作「台」。又按舊書一九二，承禎字子微。陳子昂昭夷子頌，嵩山道士河内司馬子微。桐柏觀頌，承禎一名子微（金薤琳瑯一五）。與此異。後頌言承禎「祖晟，仕隋爲親侍大都督，父仁最，唐與爲朝散大夫、襄州長史」。全文三〇六衞憑王屋山正一先生廟碣：「尊師族司馬氏，世居温，晉彭城王權之後，隋親侍都督晟之孫，皇代襄、滑二長史仁最之子。」又云：「宗師諱承禎，字子微。」七二一貞一先生傳：「後周瑯琊公司馬裔玄孫，名承禎，字子微。」

101 蒼梧公景之七代孫思温，唐左衛長史。冠軍房子孫無聞。

102 亮生南頓王宋，過江，令號江南司馬氏。宗八代孫宅相，太子洗馬。

A〔岑校〕亮生南頓王宋過江令號江南司馬氏宗八代孫宅相　按晉書五九，亮有五子，粹、矩、羕、宗、熙，合觀「宗八代孫」之文，知「宋」爲「宗」之訛。宗與兄羕俱過江，「令」字誤，庫本正作「今」。

B〔又〕太子洗馬　宅相當貞觀十五年時爲太子舍人，見會要三六。

103 生遜，晉譙剛王。七代孫筠、賢。筠，梁尚書左丞。賢孫待徵，唐撫州刺史。兄子利賓。

A〔又〕生遜晉譙剛王七代孫筠賢　「生遜」二字如屬上「宅相」讀，則遜爲宅相之子。但考晉書三七，譙剛王恬名遜，似未必如是巧合，待質者一。梁書四八筠傳云：「晉驃騎將軍譙烈王承七世孫。」依晉書，承爲遜子，謚閔王，非謚烈，謚烈者又承子無忌也；承卒贈車騎將軍，與子無忌均未任驃騎，待質者二。合而思之，姓纂是否著録宅相之子，無可憑斷。遜爲懿弟進之子，則前文及「生遜」之上，或奪進名，「晉譙剛王」之下，或奪「生承」等字，如是乃與筠傳承七世孫相合也。

B〔又〕兄子利賓　英華四〇〇孫逖授司馬利賓著作郎制稱行祕書省著作佐郎司馬利賓。舊書八四，裴光庭爲侍中時，引著作左（「佐」之訛）郎司馬利賓直弘文館。

104 【雲中】北齊司空司馬子如，稱晉南陽王模七代孫也。兄子瑞，吏部尚書。幼之，大理卿。瑞生同游，侍中。

A〔岑校〕司馬子如稱晉南陽王模七代孫也　北齊書一八子如傳稱八世祖模。又鄴下遺文二子如誌：「晉隴西王泰，即九葉祖也。」模爲泰子，則誌與傳符。

B〔又〕兄子瑞吏部尚書幼之大理卿瑞生同遊侍中　羅校云：「案北齊書司馬子如傳作『弟子瑞』。」余按北齊書一八：「子如兄纂，……纂長子世雲，……世雲弟膺之，……膺之弟子瑞，……子瑞弟幼之，……子瑞……諸子亦並居顯職。同遊，武平末給事黄門侍郎。」是「兄子瑞」云者，子如兄纂之子名子瑞，非子如之兄名子瑞也。詳言之，應曰「兄子子瑞」（温校同）。或後人不察，删去一「子」字，遂令語意模糊矣。羅氏不知「弟子瑞」爲膺之之弟而以爲子如之弟，誤一。錯讀子瑞爲子如之兄，誤二。

105　又刑部侍郎司馬逸容，稱琅琊王伷後。魏都官員外郎喬鄉，鄠縣人也。

A〔岑校〕又刑部侍郎司馬逸容　「容」，庫本作「客」，是。按逸客贈鴻臚卿，謚烈，見會要七九。全詩二函五册李乂、沈佺期均有夏日都門送司馬員外逸客孫員外佺北征詩，注云：「時相王爲元帥，魏大夫元忠爲副。」英華四五九，景龍四年五月，逸客官赤水軍大使、涼州都督。劉秀涼州衛大雲寺古刹功德碑：「時有明牧右武將軍、右御史中丞内供奉、持節西河（河西）諸君（軍）節度大使、赤水軍大使、監秦涼州倉庫使、檢校涼州都督、河内司馬名逸賓，晉南陽王模十三代系也。」（萃編六九）「逸賓」即「逸客」之訛。

B〔又〕稱瑯琊王馗後　前引劉秀碑稱模十三代孫，模即馗之孫也。

C〔又〕魏都官員外郎喬鄉鄠縣人也　廣記一〇三引法苑珠林(一八，本冥報拾遺)，唐大理司直河内司馬喬卿，永徽中爲揚州司户曹。「魏」誤，應作「唐」，「鄉」應作「卿」，「喬卿」上依前例亦當補「司馬」二字。

司徒

106 帝王世紀曰，舜爲堯司徒，支孫氏焉。衞文公生公子其許，之後案衞有司徒瞞成。此「公子其許」未詳。爲司徒氏。宋邊卭爲其司徒，後氏焉。陳成公子亦司徒氏。漢有安平相司徒肅，中謁者司徒發。

A〔岑校〕宋邊卭爲其司徒　「其」字費解，疑有誤。。温校謂「衞文公」以下數語訛脱不可讀，疑通志「衞有司徒瞞成，宋有司徒邊卭，陳有司徒公子招，其後皆爲司徒氏。」當係姓纂原文云。

107 禹爲堯司徒，支孫氏焉。帝堯後有隰叔，案凡下疑有脱誤。孫司徒發仕爲晉司徒，因氏焉。晉大夫號司徒季子。

A〔岑校〕禹爲堯司徒支孫氏焉帝堯後有隰叔孫司徒發仕爲晉司徒因氏焉晉大夫號司徒季子

洪本於「隰叔」下注云：「按凡下疑有脱誤。」「凡」字誤，庫本作「此」。今細考之，自「禹爲」已下曁後「京兆」一節，皆司徒兼冒司空之文也，應補目，别爲一條。其證者，通志略司空氏云：「禹爲堯司空，支孫氏焉。堯後有隰叔，孫士蔿爲晉司空，亦因氏焉。晉大夫胥臣號司空季子。」又類稿五六司空引姓纂云：「禹爲堯司空，支孫氏焉。帝堯後有隰叔，孫士蔿爲晉司空，亦氏焉。」依此，知第一、第三、第四「司徒」字，皆「司空」之訛，第二之「司徒發」，則涉前文而誤；應正作「士蔿」。「晉大夫」下脱「胥臣」二字，温校略同，但「仕」字不必衍。

108 【京兆】 上元潤州刺史司徒襲，成云河内人。署，虞部郎中。孫圖。

A〔岑校〕京兆 上元潤州刺史司徒襲成云河内人署虞部郎中孫圖 此節亦司徒冒司空之文，庫本「成」作「或」，「入」作「人」。考新書一九二張巡傳：「始肅宗詔中書侍郎張鎬代進明節度河西，率浙東李希言、浙西司空襲禮、淮南高適、青州鄧景山四節度掎角救睢陽。」則「襲」下脱「禮」字，其下應依庫本作「或云河内人」也。。復次，新書二〇三，司空曙，「字文初，廣平人，從韋皋於劍南，終虞部郎中。」知「署」卽「曙」之誤。曙是大曆十才子之一，元和初當可有孫。唯此「孫圖」似指唐末之司空圖。據舊書一九〇下，圖本臨淄人，與曙之廣平不合。圖曾祖遂，密令；祖彖，水部郎中；亦非曙孫。況據傳，圖實生開成二年丁巳（參名人年譜二），元和初尤未得有圖。頗疑「孫圖」兩字，係後人妄行羼入，非司空曙恰有孫名圖也。貞元四年，曙（字文初）以水部郎中佐韋皋幕，見全文六九〇符載西川寫真讚。曙嘗爲長林丞，見全詩五函二册盧綸。官終郎中，先盧綸卒，又嘗官主簿、拾遺，亦見綸詩。

司城

109 世本云，宋戴公生東鄉克，孫樂喜爲司城氏。陳哀公子郱勝之後，亦爲司城氏。

A〔岑校〕宋戴公生東鄉克孫樂喜爲司城氏　潛夫論箋九云：「襄九年左傳云，樂喜爲司城。杜注，樂喜，子罕也。禮記檀弓疏引世本云：戴公生樂甫術，術生石父（願）繹，繹生夷甫傾。傾，東鄉克•。克生西鄉士曹，曹生子罕喜。姓纂有脱文。」温校謂「生」當作「後」。

B〔又〕陳哀公子郱勝之後　温校衍「郱」字，待考。

司寇

110 世本云，衞靈公子郢子，孫爲司寇亥之後。風俗通，蘇忿生爲司寇，其後氏焉。禮記，惠子，魯大夫。

A〔岑校〕世本云衞靈公子郢子孫爲司寇亥之後　此文殊難解。今以檀弓下疏所引世本「靈公生昭子郢，郢生文子木及惠叔蘭。蘭生虎，爲司寇氏」核之，謂「子郢子」應乙爲「子子郢」，又「亥」字應乙於「孫」下，即「衞靈公子子郢，孫亥，爲司寇之後」，是也。「虎」字殆林氏諱改•。

B〔又〕禮記惠子魯大夫　「惠子」上謂應依通志補「司寇」字。

司功

111 世本，晉大夫司功景子，其先士匄也，因官氏焉。周有太史司功騎。

A〔岑校〕世本晉大夫司功景子其先士匄也因官氏焉　按廣韻云：「世本，士丏弟佗爲晉司功，因官爲氏。」通志云：「世本云，晉大夫司功景子，士丏弟他，因官氏焉。」此處「其先」乃「其兄」之訛。

B〔又〕周有太史司功騎　按下文司工氏云：「周宣王時司工錡。」不審同一人否。温校亦疑涉下而訛。

司揭

112 古今人表有司揭拘。又司揭扶，楚靈王大夫，見韓非子。

A〔岑校〕司揭　通志目作「司祝」，文作「司褐」，温校據通志以爲「揭」均「褐」訛。但考揭文安公文粹一重修揭氏族譜序云：「盱江之族，與我同出，乃祖楚司揭氏。」則「褐」固一作「揭」也。

B〔又〕古今人表有司揭拘　辨誤四云：「人表作『司馬狗』，『狗』又作『拘』。」

C〔又〕又司揭扶楚靈王大夫見韓非子　「揭」，通志亦作「褐」，按今韓非子似未見，唯十過篇曾記靈王事。

司工

113 周宣王時司工錡，因官氏焉。

司空（岑補）

114 禹爲堯司空，支孫氏焉。帝堯後有隰叔，孫士蔿，爲晉司空，亦因氏。（岑補）

A〔岑校〕據類稿五六引，備要三〇同。參前文「司徒」。

綦毋

115 左傳，晉大夫綦毋張。風俗通，漢有廷尉綦毋參。戰國策，綦毋子與公孫龍争辯。

A〔岑校〕漢有廷尉綦毋參 見後書班勇傳。

116 【會稽】後漢綦毋俊爲會稽主簿，因居焉。後漢交阯刺史綦毋闓與荀爽事陳太邱。魏有綦毋廣明，與管寧爲友。晉有綦毋俔。江左有綦毋邃，爲邵陽太守。前趙有綦毋達，爲特進。吕都公綦毋珍之爲中書舍人。

A〔岑校〕江左有綦毋遂爲郘陽太守　「郘」，庫本作「郤」，但考晉志，晉無郘陽郡，亦無郤陽郡，祇有郘陵郡。

117【南康】　開元右拾遺綦毋潛，虔州人。又北齊有信州刺史綦毋懷文，入藝術傳。

A〔岑校〕開元右拾遺綦毋潛　叢編一三引諸道石刻録聖壽寺碑，拾遺綦毋潛撰。新書六〇，潛字孝通，開元中由宜壽尉入集賢院待制，遷右拾遺，終著作郎。解題一九，開元十三年進士，唐才子傳二作「十四年」。著作郎亦見宋僧傳一四法愼傳。

B〔又〕虔州人　解題一九，南康綦毋潛。南康，今贛州。按唐之南康即虔州，後來之贛縣也。

C〔又〕又北齊有信州刺史綦毋懷文入藝術傳　此指北史八九言之，北齊書入四九方技傳。懷文亦見續僧傳二五勒那漫提傳。

綦連

118 代北人，號綦連部，因氏焉。

A〔岑校〕代北人號綦連部因氏焉　官氏志，其連氏後改爲綦氏。「其連」即「綦連」之異寫也。「因氏焉」，辯證四引作「因以爲姓」。

期引

119 西秦録記，乞伏氏與期引氏自漢北出陰山。案晉載記，乞伏之先與如弗斯、出連、叱盧三部，自漢北出陰山。無期引氏。又國仁以斯引烏堡爲佐輔將軍，當以「斯引」爲正。此「期引」誤也。

A〔岑校〕期引　校云：「……自漢北出陰山。……又國仁以斯引烏堡爲佐輔將軍。」「漢」誤，庫本及通志、辯證均作「漠」。「佐」誤，庫本作「左」。但考晉書一二五，以斯引烏埿爲左輔將軍者，乃乞伏述延，非乞伏國仁。埿音泥，則庫校所考亦有誤。又通志、辯證均作「斯引」，無「期引」，應依校注改正，移入五支。温校未盡。

熙氏

120 英賢傳，帝佶使元冥爲水正•，熙氏佐之，爲氏焉。

A〔岑校〕熙氏　依通志熙爲單姓，「氏」字應删。

B〔又〕帝佶使元冥爲水正　「佶」誤，庫本及通志作「嚳」。

鼇子

121 偃姓之後。僖公二年，徐滅鼇子，子孫氏焉。

A〔岑校〕偃姓之後僖公二年徐滅舒子孫氏焉　溫校云：「案春秋僖公二年無徐滅舒子事，惟僖公三年徐人取舒。通志『舒氏』：『舒子平，僖三年爲徐所滅。』『舒子』當作『舒子』，『二年』當作『三年』，補入『舒子』一條。舒子，辯證引世本曰，出自舒子觀起之後。楚大夫有舒子班。通志亦同。惟不著世本曰。『自』字作『楚』，並註云『舒』卽『僖』字（今本『字』誤『本』）。世本宋已佚，實俱出姓纂，宜入此條。」茲據改本條爲舒子，而空懸舒子之目。

茲毋

122 左傳，齊大夫茲毋還。漢有侍御史茲毋恆。

A〔岑校〕左傳齊大夫茲毋還漢有侍御史茲毋恆　前後兩「茲毋」字，庫本皆誤「茲母」，惟「茲毋還」正作「茲毋」。又辯證四云：「誤矣。茲毋還，魯人也。」余按上文平姓一條，實是茲姓，說已見前。彼既稱「還爲魯後」，斷無忽稱「齊大夫」之理（廣韻作「魯大夫」）。是「齊」字特傳錄之訛耳。然由此可見鄧氏見本業誤，不自明始也。又辯證引文，略變句法。

八微

韋

123 顓頊氏之後。大彭爲夏諸侯，彭子受封豕韋，周赧王滅之，以國爲氏，因家彭城。至孟，又遷魯。

A〔岑校〕彭子受封豕韋　新表七四上云：「少康之世，封其别孫元哲于豕韋。」今類稿四韋姓所引，顯經省節，故不校。

124 【京兆杜陵】孟元孫賢，漢丞相、扶陽侯，徙京兆杜陵，生元成。七代孫胄，魏安城侯；生二子，潛號「西眷」，穆號「東眷」。

A〔岑校〕生元成七代孫胄魏安成侯　全文七六四蕭鄴韋正貫碑：「玄成生寬，寬生育，育生後漢尚書令浚，浚生梓潼太守豹，豹生東海相著，著孫胄，仕魏爲詹事。」

B〔又〕潛號西眷穆號東眷　毘陵集一〇云：「從丞相賢後九世至本州大中正穆，始有東、西眷之號。」正貫碑：「胄少子曰穆，後著號爲東眷。」

125 西眷。潛八代孫周平齊公瑱，生師。師孫弘敏，太府卿、平章事。從父仁爽，鳳州刺史；素立，主爵員外。案唐世系表，弘敏、仁爽、素仁立皆兄弟，與此不合。爽兄子容成，邛州刺史。素立兄孫瑶，果州刺史。

A〔岑校〕西眷潛八代孫周平齊公瑱　周書三九瑱本傳，曾祖惠度，祖千雄，父英。又新表，潛曾孫惠度。則連本身計，瑱亦潛七代孫耳。

B〔又〕從父仁爽，鳳州刺史；素立，主爵員外　校云：「案唐世系表，弘敏、仁爽、素立皆兄弟，與此不合。」依庫本則「素仁」之「仁」字衍，蓋注脚適與下文正寫之「仁」字相連，故誤奪而衍於此也。勞考六以爲素立誤下一格。

C〔又〕爽兄子容成，邛州刺史　庫本作「仁爽」，洪本誤錯「仁」字於上文夾注中。又「邛州刺史」，新表祇云「驍衛將軍」。

126 弘敏從祖兄懷質，光禄卿；懷敬，右領將軍；生知藝，儀州刺史。案唐世系表，「儀州」作「襄州」。懷質孫顒，陰平太守；曾孫漸，陵州刺史，生宗禮、審規。懷質堂弟匡素，和州刺史；孫洽，考功郎中。洽生收。

A〔岑校〕懷敬右領將軍　新表七四上作「左領軍將軍」。全文二〇四，懷敬，龍朔中官右奉裕衛率。

B〔又〕曾孫漸陵州刺史生宗禮審規　新表以審規爲淡子，與此異。元龜九六五，長慶三年，審規官京兆少尹。白氏集三一有韋審規授西川節度副使御史中丞制，佐段文昌帥蜀也。又新表，漸尚有子文恪。白氏集三二，韋文恪父漸，贈太子少保。

C〔又〕洽生收　全文三一七之三賢論，中著韋收字仲成，以時代差之，當即其人。

127 瑶再從姪屺，宋州刺史。瑱三從兄法保，周安國公；孫繪，唐倉部員外。保兄子武威，邵州刺史。

128 東眷。穆八代孫旭，長子逍遥公敻，生康、洸、恭、案「恭」字下脱頤、仁基二人。又「恭」，唐世系表作「瓘」。藝、沖、約。

A〔岑校〕東眷穆八代孫旭　新表，穆曾孫楷，生遠。遠生闐，闐弟子真嘉生旭，則所謂八代者連本身計。

B〔又〕長子逍遥公敻　毘陵集一〇云：「二十三世至徵士敻。」係自楚元王傅孟數起，非承上東眷穆或韋賢言之也，但就新表所列，連本身亦祇二十二世耳。

C〔又〕生康洸恭　原校云：「又『恭』，唐世系表作『瓘』。」羅校云：「『康』當作『世康』，此避唐太宗諱省『世』字。」又云：「唐表，瓘字世恭，表書其名，此書其字，非有異也。」

129 康，隋吏部尚書；生福嗣、福獎。

A〔岑校〕康隋吏部尚書生福嗣福獎　隋書四七世康傳，長子福子，次子福嗣，少子福獎，新表誤列獎於第三格，是爲世康孫矣。開皇中，韋福嗣與杜淹入太白山陽言隱逸，見元龜九二四。

130 嗣生悰、憬。悰，御史中丞。憬，吏部郎中。元孫啟、肇、班。啟，左補闕，生彰。肇，吏部侍郎，生綬、貫之、纁。綬，左常侍致仕。貫之，中書舍人。案唐書，貫之相穆宗。纁，吏部員外。衢州刺史，生汭。肇三從弟乾度，豪州刺史。

A〔岑校〕悰御史中丞　貞觀四年爲尚書左丞，見會要四〇。據通鑑一九五，「四年」是「十四年」

之訛。全文一五九作「右丞」。十三年冬沙汰僧尼時，悰爲治書侍御史，見續僧傳二四法琳傳。珠林二七引冥報拾遺（參冥報記中），貞觀十四年治書侍御史韋悰。今本冥報記訛「壽悰」，大唐内典録一〇作「侍御韋悰」。

B〔又〕憬吏部郎中　新表作「尚書左丞」，疑涉「悰」而誤（見上條）。按憬爲吏郎，見郎官石柱。

C〔又〕元孫啓肇班　樊川集八韋温墓誌銘云：「逍遥公五世生潞州上黨尉贈諫議大夫希元，上黨生吏部侍郎贈太尉肇。」五世者，五世孫，略其名也。

D〔又〕啓左補闕　賈至有授劍門令韋啓左拾遺制，見英華三八三。

E〔又〕肇吏部侍郎　據新書一六九，肇卒代宗時，與下文鄖城公房者不同。舊紀一一，大曆九年十二月，自祕書少監爲此官。

F〔又〕生綬貫之纏　「纏」，舊書一五八及新表均作「纁」，亦見郎官石柱吏部員外郎内。此誤，下同。勞考一：「『纁』原誤『纏』。」「纁」亦「纁」之訛。

G〔又〕綬左常侍致仕　新書一六九及新表均作「左」，惟樊川集八韋温墓誌銘則云：「吏部生右補闕、翰林學士、右散騎常侍致仕贈司空綬。」

H〔又〕貫之中書舍人　校云：「案唐書，貫之相穆宗。」余按貫之元和七年時方爲中書舍人，見會要九一，此正是林氏原文。若入相則在元和九年十二月，林氏先兩年書成，焉能豫知其事耶？作校注者於著書時代，絕不注意，故有妄説。貫之相憲宗，非穆宗，所謂一誤再誤也。廣記一五四引續定命録，貫之與武元衡同年，武拜門下侍郎，韋羆長安尉，元衡以爲萬年丞，後數月除補闕。

I〔又〕纏吏部員外　纏爲吏部員外，見郎官石柱（金石萃編一一五）。新表作「吏部郎中」，現石柱所存郎中題名無之，疑誤。温校斷官郎中在後，未必信。

J〔又〕衢州刺史生汭　新表，班，衢州刺史，生汭。前文有班，則此「衢州」上殆奪班名無疑。衡、衢字近，未詳孰是。温校從「衡」，無的據。工部集一一有憑韋少府班覓松樹子詩，又於韋班處乞大邑瓷盌詩，同集一二有涪江泛舟送韋班歸京詩。全文三〇九孫逖制，朝散大夫守忠王府諮議參軍韋汭爲太子贊善大夫。其人時代較前，當是與此偶同姓名者。

K〔又〕肇三從弟乾度豪州刺史　永貞元年簡州刺史，元和七年吏部郎中，均見會要八〇。唐語林一，高崇文平西川，論薦韋臯參佐韋乾度，除兵中。裴度劉太真碑，元和中作，稱右司郎中韋乾度。元龜五二二，元和十二年，乾度自中丞貶朗州刺史。同書六〇四，長慶二年官國子祭酒。廣記四九七引乾𦠆子，韋乾度爲殿中侍御，分司東都，牛僧孺以制科刺（敕）首臺參。按僧孺爲元和三年敕頭，依前引各文，則元和三年乾度官不止殿中，乾𦠆子誤。

131 福獎生寡尤，洋州刺史。寡尤生璋、珍。璋，湖州刺史。案唐世系表，璋生籯金，籯金生黄裳。孫黄裳，昇州刺史、兼中丞、採訪使。

A〔岑校〕寡尤生璋珍　叢編七引京兆金石録有唐雍州刺史韋珍碑。璋與下文駙馬房者同姓名。

B〔又〕璋湖州刺史　宋嘉泰中談鑰吳興志云：「唐選士用五花判事，爲韋氏所建白，韋璋、韋南金、韋景先三世爲湖守，因以名亭。」又太平寰宇記，唐天寶中，刺史韋景先起五花亭。今新表璋有子籯金，籯金、南金，豈兄弟行歟？姓纂下文諸房有兗州都督南金，並不同房，然璋爲世康曾孫，景先爲藝玄孫，正相連兩世，如曰三世，則南金應爲璋之孫輩方合，以南金擬籯金昆仲，殊戾乎三世之數，但吳興志夾敍南金於璋與景先之間，又似南金高景先一代者，是須存疑以待考也。廣記三二七引續玄怪録，唐儉遇前太湖令韋璋，時代相合。吳興志一四又云：「韋璋，顯慶五年自少府監授，卒官。統記云，神龍三年，自博州刺史授。」

C〔又〕孫黃裳昇州刺史兼中丞採訪使　太白集九有贈韋侍御黃裳詩。舊紀一〇，乾元元年，自昇州刺史爲浙西節度。名亦見元氏集一四原注。廣記三七七引廣異記，上元中韋廣濟與黃裳爲從兄弟，黃裳終衢州刺史，即呂延之爲浙東節度之時。

132 洸，隋廣州總管、襄陽公，生協。協生仲鋭，金部郎中。鋭孫良嗣，案唐世系表，仲鋭弟叔鋭，生良嗣。良嗣生文彥。與此不合。給事中；生禎，給事中、京兆少尹知府事。

A〔岑校〕協生仲鋭金部郎中鋭孫良嗣　校云：「案唐世系表，仲鋭弟叔鋭，生良嗣。良嗣生文彥。與此不合。」余按新表，叔鋭生文彥，文彥生良嗣。校注誤。新表與姓纂異者，良嗣爲叔鋭孫而非仲鋭孫耳。

B〔又〕給事中　孝經序，天寶四年立，題名有朝請大夫守給事中韋良嗣。亦見三墳記，稱曰左史韋良嗣。　千唐德州司倉鄭元璲誌，開元十三年立，題「校書郎韋良嗣製」。

C〔又〕生禎　「禎」，庫本作「禛」，新表七四上作「楨」，此亦許庫本改寫者。岑氏以爲洪刻之誤，未是定論，因元龜一六二，建中元年，以司勳郎中韋禎巡山南西道、劍南東西川，字固作「禎」。或以百衲本亦作「禛」爲疑，則不知宋人固諱「貞」也（參下條）。

D〔又〕給事中京兆少尹知府事　建中三年京兆少尹韋禎，見元龜五一〇。温校因唐表不著禎給事中，疑涉上文而衍云。

133 恭，隋安州總管，生萬頃、仁基。萬頃生元整，曹州刺史。頤孫晤元，户部郎中。仁基，龍州刺史，生元祚、哲。元祚，司門郎中。曾孫霸，吏部郎中、汝州牧。祚元孫儹，案唐世系表，祚元孫儹作五世孫。駕部郎中。哲元孫輔元，生厚叔。案唐世系表，「輔元」作「元輔」，「厚叔」作「原叔」。

A〔岑校〕恭隋安州總管生萬頃仁基　新表七四上云：「逍遥公房八子：世康、洸、瓘、頤、仁基、藝、沖、約。」亦稱仁基，龍州刺史，與此書同。當非有兩仁基。又仁基子元祚，正與萬頃之子元整同以「元」排名。　毘陵集一〇獨孤夫人韋氏墓誌云：「逍遥公生民部尚書、建安公世恭，建安生上大將軍、宋州刺史仁祚。」趙懷玉校記云：「表作仁祚，乃仁基之子，本脱『祚』字，據表增。仁基乃世恭之弟也。」推而上之，則英華辨證三三云：「建安生上大將軍、宋州刺史仁，表作『仁祚』，仁祚乃仁基之子，仁基乃世恭之弟。」又李迥秀裴希惇碑：「夫人京兆韋氏。……祖恭，故上大將軍、隨州刺史、建安公。父仁基，故縣州別駕、龍州刺史。」(全文二八二)得此，益確決新表以仁基爲夐子之必誤。蓋父名晉不舉進士，唐人重諱，可見一斑，仁基之子，不應復名仁祚也。依英華及趙氏所見明本毘陵集，世恭之子祇名仁，若「祚」字乃據新表所增，「仁」卽「仁基」，避玄宗諱而省也。仁祚，仁基之避文也(避諱往往以善意字代用)。饋之一支(見下文)，據毘陵集，明是世恭之裔，表顧昭穆不辨，世恭、仁基同列，其誤一。仁基之外，復出「仁祚」，其誤二(一作龍州刺史，一作宋州刺史，此殆各舉一官，非必二人之證)。今應將仁基、元祚各推下一代，删去仁祚，斯與毘陵集及姓纂均符矣。校云：「案『恭』字下脱頤、仁基二人。」亦因過信新表而誤，祇脱頤耳。

B〔又〕萬頃生元整曹州刺史　文字新編四韋夐誌，曾祖元整，皇中大夫，使持節曹州刺史，上柱國。祖綝，益州成都縣令。父景，廣平肥鄉縣令。存逸考一云：「新唐書宰相世系表，……有名元整者官曹州刺史，卽夐之曾祖，惟表中僅載元整之名。」今姓纂亦祇載元整，此新表多本姓纂之確證也。唐初元整官城門郎，見元龜九二二。

C〔又〕頤孫晤元户部郎中　新表七四上祇作「晤」，按郎官石柱户部郎中題名有韋□元，或應是晤元也。温校云:「按此當作『元晤』,與其再從兄弟元整、元祚同首字。」亦備一説。抑此一節今附世恭一支内,新表以頤爲世恭弟,依仁基之例例之(説見前),殊極可疑。余頗信頤亦世恭子耳。姑識以待考。

D〔又〕生元祚哲　温校據唐表,仁基三子,元祚、仁祚、哲。元祚曾孫霸,仁祚五世孫儹,謂此處「元祚」下脱「仁祚」二字,下文「祚元孫儹」應作「仁祚」云。按依前文余所説,仁祚似實無其人。

E〔又〕元祚司門郎中　庫本作「祚,官司門郎中。」按以姓纂書例言之,「官」字應衍。牟氏主從庫本,未見其然。新表祇云「元祚,丹州刺史」。

F〔又〕曾孫霸吏部郎中汝州牧　新表作「汝州刺史」。按以典實言之,「牧」字雖可代刺史,以官制言之,仍作「刺史」爲是也。

G〔又〕祚元孫儹駕部郎中　校云:「案唐世系表,祚元孫儹作五世孫。」此即因新表將元祚誤推上一代,故不符也。獨孤夫人誌云:「唐許州司馬佼曾孫,渭南主薄懿(趙懷玉校云,唐世系表及英華皆作「懿」)之孫,兖州金鄉縣尉商伯季女,祕書省著作郎偉、睦州刺史儹之妹。……將軍生給事中旅,即許州之彌也。」將軍即仁基,以與姓纂校,旅與元祚疑是同人。叢編七引京兆金石録唐將作監韋贊碑,不審是此人否。下文大雍州房亦有儹,但不敍歷官。英華辨證三云:「著作郎偉、睦州刺史儹之妹,……表作『著作郎偉,睦州刺史贊』。」余按今殿本、百衲本之新表,字均作「儹」。全詩五函一册戴叔倫贈韋評事儹，以時代計之，應是此人。若元龜一二六九，建中四年九月，以侍御史韋纘爲工部郎中，時代較後，非「儹」之訛（獨孤夫人誌，大曆四年作）。

H〔又〕哲元孫輔元生厚叔　校云：「案唐世系表，『輔元』作『元輔』，『厚叔』作『原叔』。」余按郎官石柱户部郎中有韋厚叔，勞考一一謂世系表「原叔」誤。

134 藝，周齊州刺史、魏興懷公，生彤、或、晏、宣敏。

A〔岑校〕藝周齊州刺史　據隋書四七，藝拜齊州刺史，在文帝受禪後歲餘，「周」應正作「隋」。

B〔又〕生彤或晏宣敏　「或」誤，庫本正作「彧」，亦見羅校引新表。

135 彤生彥師、彥方。師，撫州牧；生承徽，忠州刺史。彥方生徽、同。徽生衡、衍、衢。衡，原州都督；生寂，左司郎、太府少卿。寂生峴、嶼、案「嶼」，唐世系表作「嶼、岵」。巘。衍，孫萬，案唐世系表「衍孫」作「衍子」。兼監察御史。萬生處厚，拾遺。案唐書，處厚相文宗。衍少子京，富平令。衢，殿中監閑廄使。同，密州刺史；生衎，右驍衛將軍。衎生少華，太府卿。

A〔岑校〕彤生彥師彥方　新表錯排彥方以下五代於彥師子承徽之下，大誤，説亦見松翁近稿韋塤誌跋。

B〔又〕師撫州牧　新表稱撫州刺史，此作「牧」，不合。見前「汝州牧」條。姓纂常省文，温校謂「師」上奪「彥」字，未碻。

C〔又〕衡原州都督　說之集一二有隴州別駕韋衡，應卽其人。若嘉定赤城志八寶曆二年刺史韋衡，與此時代不同（參下「韋珩」條）。

D〔又〕生寂左司郎太府少卿　「郎」下奪「中」字，見郎官考一。新表作「司農太府少卿」，誤。

E〔又〕寂生峴嶼嵫　「嶼」字下校云：「案『嶼』，唐世系表作『嶼、岵』。」庫本作「寂生峴、嶼、岵、嵫」。校注末無「岵」字，蓋洪刻誤將大寫之「岵」，變作小寫而誤入注內也。

F〔又〕衎孫萬兼監察御史　校云：「按唐世系表衎孫作衎子。」故依姓纂則處厚爲衎曾孫，依表則處厚爲衎孫。考芒洛四編六韋塤誌云：「曾祖衎，皇太中大夫、太子右贊善大夫。……君卽故中書相國韋公處厚從父之弟。」「從父之弟」應乙作「之從父弟」，知者因同卷塤妻溫氏誌云「韋公卽唐朝上相處厚之堂弟也，公諱塤」。夫處厚、塤爲從昆，塤，衎之曾孫，斯處厚亦衎之曾孫矣，故知今新表誤推上一代也。又全文六〇五劉禹錫韋處厚集序云：「後周逍遥公敻之八代孫。」如萬爲衎子，則祇七代，表誤無疑。集序又云：「江陵節度參謀、監察御史裏行、贈僕射某之元子。」某卽萬也。松翁近稿亦云，表誤以祖爲父。

G〔又〕萬生處厚拾遺　校云：「案唐書，處厚相文宗。」按舊書一五九處厚傳，元和初登第，拾遺乃其見官（六年四月官右拾遺，見會要六四）。相文宗是後事，修姓纂者不知也。劉禹錫爲屯田員外時，處厚方秀才，見廣記二二四引幽閑鼓吹。

H〔又〕衢殿中監閑廄使　「廄」，庫本作「廐」，與新表同，字之別寫。衢任是使，見會要六五及七八。元龜九三三，天寶六年，閑廐使、殿中監韋衢坐楊慎矜獄貶與遠官。

I〔又〕同密州刺史　新表作「洪州都督」。按全文五一二梁肅呂公表：「江夏郡夫人黃氏祔焉，……洪州刺史京兆韋同之甥。」「密」字殆訛。

136 或生元方，禮部郎中。

A〔岑校〕或生元方　「或」訛，庫本正作「彧」。

B〔又〕禮部郎中　元方當貞觀十四年任司門員外，見會要六五。與下文閬公房之元方，時代不同。

137 晏孫希仲，刑部郎中、宗正太常卿、扶陽公。希仲生景先、歇先、曾先、案唐世系表「曾先」作「冑先」。象先。景先，湖州刺史。歇先，拾遺。曾先，殿中侍御史。象先生珣，將作少監、通事舍人。

A〔岑校〕晏孫希仲刑部郎中宗正太常卿　英華三九六蘇頲制，左衞將軍、上柱國、兼通事舍人、內供奉韋希仲可宗正卿。

B〔又〕景先湖州刺史　開元二十一年景先官通事舍人，見元龜一七〇及九七一。天寶中官吳興（即湖州）太守，見寰宇記九四。吳興談志一四：「韋景光（先），天寶十二年自衞將軍授。免官。統記缺。」

C〔又〕歘先拾遺　新表七四上同。考武平一東門頌序稱今長史京兆韋公歘先，宣州之長史也(全文二六八)，則非官終拾遺者。此疑有誤。

138 宣敏生嶠，秋官侍郎。嶠生友直、友諒、友清。友直，司門郎中。友清生鄭，坊州刺史。

A〔岑校〕友清生鄭　新表不著友清，祇以鄭附於友直之後一行。

139 沖，隋户部尚書、義豐公，聘陳，生挺、德運。

A〔岑校〕沖隋户部尚書義豐公聘陳　羅據隋書本傳「公」作「侯」。又「聘陳」下奪「使」字云。余按姓纂之「公」字，或泛指五等爵言之。

140 挺，御史大夫，生待價、履冰、興宗、萬石。

A〔岑校〕挺御史大夫　新表作「象州刺史」。蓋一舉其最高之職，一著其終官也。貞觀六年挺方任是官，見會要三八。廣記二二一引定命録，隋末建成引挺爲率更，武德六年流巂州，九年六月追入，後卒蒙州刺史。「蒙」是「象」訛。

141 待價，左僕射、扶陽公；生令儀，案唐世系表，此下尚有烈一人。司門郎中、梁州都督。令儀生鑒、鑾、錡、鎔、鎰。鑾生應物，蘇州刺史。應物生慶復，監察御史、河東節度掌書記（此十一字岑補）鎔生繫，岳州刺史。鎰，監察御史；生武，兵部侍郎，生京京兆尹。案唐世系表，武爲京兆尹，後無人。此作「生京」，或因「京兆」字誤，未詳。

A〔岑校〕待價左僕射　按待價所拜是文昌右相，此稱「僕射」，乃舉其通用之名，後有倣此者不復一一辨正。然右相應爲右僕射，作「左」亦誤。但宋王欽臣蘇州集序引姓纂固作「左」也。

B〔又〕生令儀　校云：「案唐世系表，此下尚有烈一人。」余按下文有「烈曾孫弘景」，則此處奪文無疑。

C〔又〕司門郎中梁州都督　新表祇云宗正少卿，但考呂衡州集六韋武神道碑，祖銀青光禄大夫、梁州都督諱令儀，則梁州都督應屬諸令儀無疑。

D〔又〕令儀生鑒鑾錡鎔鎰　通鑑二〇九景雲元年有左千牛中郎將韋錡。唐朝名畫録：「韋鑾官至少監，……可爲邊鸞之亞，韋鑒次之。」歷代名畫記十，韋鑒，鑒弟鑾，鑒子鶠，今姓纂、新表均無鶠，此新表本姓纂之旁證。

E〔又〕鑾生應物蘇州刺史　廣記二〇四引甘澤謡，貞元（？）初，應物自蘭臺郎出爲和州牧。翟耆年籀史上云：「應物，周逍遥公夐之後。左僕射、扶陽公待價生司門郎中令儀，令儀生鑾，鑾生應物，應物生監察御史、河東節度掌書記慶復。」沈作喆爲應物傳云，夐之孫待價仕隋。困學紀聞疑二人同名，蓋未見王欽臣序。何焯紀聞箋謂作喆誤，是也。韻語陽秋四云：「或云韋應物乃韋后之族，……正恐非后族爾。」按應物，逍遥公房，與駙馬房異。葛氏何不引姓纂、新書駁之？

F〔又〕應物生慶復監察御史河東節度掌書記（末十一字補）　宋王欽臣嘉祐元年蘇州集序云：「林寶姓纂云，周逍遥公敻之後。左僕射、扶陽公待價生司門郎中令儀，令儀生鑾，鑾生應物，應物生監察御史、河東節度掌書記慶復。」姚寬韋集書後同，茲據補。慶復元和元年制科及第，見會要七六。

G〔又〕鎔生繫　温校云：「唐表『繫』作『繋』。」

H〔又〕鎰監察御史　據韋武碑，鎰自監察御史尚轉殿中御史，侍御史，禮、吏員外，中書舍人，給事中，禮、吏、户三侍郎。碑有云：「然亦由不一其名字，故家傳略而不盡也。」知姓纂止稱監察御史者固別有因矣。又碑云，「贈二部尚書諱謚」，「二」應作「工」，「謚」應作「鎰」。全詩十一函七册收韋鎰詩一首。廣記三三二引記聞，監察御史韋鎰自貶降量移虢州司户參軍卒，應存疑。

I〔又〕生武兵部侍郎生京京兆尹　校云：「案唐世系表，武爲京兆尹，後無人。此作『生京』，或因『京兆』字誤，未詳。」按舊紀一四，元和元年五月辛未，以兵部侍郎韋武爲京兆尹兼御史大夫。閏六月戊辰，以董叔經爲京兆尹，即碑所謂「凡七十日遇暴疾薨」也（實不足六十日）。「生京」二字，決是衍文，此之「兵部侍郎」，表之「御史中丞」，傳雖未詳，但其階皆在京兆尹下，則本傳從略耳。

142 烈曾孫弘景，司門員外郎、翰林學士。

A〔岑校〕烈曾孫弘景　烈即前文所云令儀之弟。據舊書一五七，弘景祖嗣立，父堯，今新表於堯下空一代，則弘景爲烈玄孫，誤也。又此之嗣立，與曾相中宗者同名異人。新書一一六以弘景爲宰相嗣立之孫，大誤。

B〔又〕司門員外郎翰林學士　舊紀一五，元和八年十月，翰林學士、司封員外郎韋弘景守本官。據勞考六，「司封」是「司門」之誤。姓纂所記，蓋其七年見官也。

143 興宗生令望、令悌、令裕。令望生叔卿，丹州刺史。叔卿生澣、滌。澣，昭應令。滌，饒州刺史。令悌孫汎，江州刺史。令裕，屯田員外。

A〔岑校〕澣昭應令　廣德□年華嶽題名有行華陰丞同正韋澣，疑即此人（鄖公房亦有澣）。

B〔又〕滌饒州刺史　新表作户部員外。然今郎官石柱無其名。貞元二年爲涇陽令，見宣公集四及元龜七〇一。

144 萬石，吏部郎中、太常少卿、知吏部選。

A〔岑校〕萬石吏部郎中太常少卿　萬石當儀鳳二、三年爲太常少卿，見會要一二、三二、三三、三八各卷及大唐郊祀録五。

145 德運生山甫、吉甫。山甫，屯田郎中。吉甫，司門郎中。

A〔岑校〕山甫屯田郎中　全文二三六寧義寺經藏碑（武后初作），稱故屯田郎中京兆韋山甫。續僧傳三慧淨傳稱京兆韋山甫。

B〔又〕吉甫司門郎中　嘗爲鄜州刺史，卒儀鳳三年，見元龜一三八。

146 生案「生」字疑衍。約，隋儀同、觀城公，生克己、後己。克己生遥光，萬年令。後己曾孫誠奢，殿中御史。誠奢生晊，兵部郎中。晊生公輔、公素、公度、公璵、公肅。

A〔岑校〕生約隋儀同觀城公　校云：「案『生』字疑衍。」按約爲夐子，已見上文，自非吉甫之子。作校注者因疑「生」字衍文，原屬合理之思索。余當初校時亦作是想。及再校開始，乃忽悟其非。説見篇首自序。又羅校謂約名世約，避諱省「世」字。

B〔又〕後己曾孫誠奢殿中御史誠奢生晊　「誠」，庫本及新表均作「諴」。余按精舍碑實作「誠」，則庫本、新表皆誤而洪刻合也。

C〔又〕兵部郎中　金石録九有兵部郎中韋晊誌，貞元十一年立。

D〔又〕晊生公輔公素公度公璵公肅　公素爲右司郎中，見李文公集一四。公肅元和七年爲太常博士，見會要一九。

147 旭次子鄖國公裕，字孝寛，周大司徒、尚書令，生總、壽、霽、津、静。案鄖襄國公六子，唐世系表尚有諶一人，此脱。

A〔岑校〕旭次子鄖國公裕字孝寛周大司徒尚書令　羅校據周書三一，孝寛名叔裕。古泉山館跋韋端誌云：「據傳所言，則孝寛之爲尚書令、鄖襄公，皆當在後周時，與志所言合。表屬之隋，失其實矣。」（補正七〇）以「隋」字爲誤，已洞見本原。顧其跋端妻王氏誌又云：「考史傳，孝寛……贈雍州牧，故此志稱隋雍牧，而宰相世系表乃稱隋尚書令，非也。」（補正六六）殊不知新表之誤，誤在「隋」字，雍州牧贈官，固不必書也。又全文三二六王維韋斌碑：「高祖孝寬，周大司空、鄖國公。」與周書合。此作「司徒」，誤。

B〔又〕生總壽霽津靜　庫本校云：「案鄖襄國公六子，唐世系表尚有諶一人，此脫。」羅校引周書本傳，長子諶。「霽」新表訛爲「齊」。周書孝寬傳、隋書壽傳固作「霽」也。

148 總生匡伯、圓照。匡伯生思言、思齊、思仁。思言生湜，光禄卿。思齊，司稼卿；生案唐世系表，思齊生紀，此脫。衛尉卿、懷寧公。思仁，尚衣奉御；生巨源、液。巨源，侍中；生明𢿺，華州刺史。液孫寡悔。圓照孫覲，生潤、案唐世系表，圓照生覲，覲生爽，爽生潤，與此不合。鴻。潤生昭信，滄州長史、中丞。鴻案唐世系表，「鴻」作「湜」。生昭訓，太僕。昭訓生光宰，太僕少卿；光裔，少府監；光弼，大理少卿。光弼生薦、庠、庇元。光胄，太常少卿，生慶。光輔，大理少卿。

A〔岑校〕總生匡伯圓照　匡伯誌，父總，柱國、京兆尹、河南貞公。匡伯終尚衣奉御，大業十三年卒（芒洛遺文上）。唐文拾遺六五楊夫人韋氏誌：「夫人魏太傅、鄖襄公之曾孫，周内史、京兆尹、河南公之孫，隨尚衣奉御、舒國公之第二女。」據新表七四上，其祖即總，父即匡伯。十二硯齋跋十失考。

B〔又〕思齊司稼卿　崔敦禮碑有太府少卿韋思齊。又龍朔二年思齊任太府少卿，見會要六六。

C〔又〕生明敭華州刺史　談鑰吴興志一三，開元二十四年刺史韋明敭。同書一四：「韋明敭，開元十八年自右清道府率授，還趙州刺史。統記云，二十四年。」

D〔又〕圓照孫覲生潤鴻　原校云：「案唐世系表，圓照生覲，覲生爽，爽生潤，與此不合。」余以後引王夫人韋氏誌勘之，疑兩書皆多出一世，誌之以待明證。

E〔又〕潤生昭信滄州長史中丞　温校疑「中丞」字衍，不過據新表言之，無他證。

F〔又〕鴻生昭訓太僕　校云：「案唐世系表，『鴻』作『湜』。」余按涇王妃韋氏誌，建中二年立，祖湜，潁王府司馬、贈光禄卿；父昭訓，太子僕，贈衞尉卿。續編九云：「元和姓纂，鴻生昭訓。誤『湜』爲『鴻』，可以此正之。」又按新表七四上亦作「太子僕」，此奪「子」字。玄宗納楊太真，爲壽王娶左衞郎將軍韋昭訓女，見通鑑二一五。拓本唐王夫人韋氏誌（「韋」字係據文補），題「堂弟宣德郎守都水使者元實撰」。誌云：「余京兆人也，……八世祖鄖國公諱孝寬。……夫人於余即堂姊。大王父諱昭□，皇太子僕。王父諱光憲，皇光禄卿。父諱賡，皇京兆府萬年縣主薄。夫人幼失所恃，養于季父諱康，皇黔南觀察使。」是元實與夫人均應爲孝寬八世孫，非九世，言世代則碑誌近信，疑姓纂及新表當多出一代也。誌不著紀元，唯言享年五十六，「卒之年丁丑中秋之五日，葬之年戊寅中秋之十四日」。唐中而後，戊寅非貞元十四，即大中十二，差以世代，此誌蓋立於大中云（誌末題「姪男鄉貢進士郜書」）。

G〔又〕昭訓生光宰太僕少卿　新表作「太府少卿」。

H〔又〕光裔少府監　光裔任殿中侍御，見舊書一一永泰二年。叢編七引京兆金石録有唐太子賓客韋光裔碑，貞元十一年立。元龜六九八，建中中，光裔爲汝州刺史，不任職，以李元平代之。

I〔又〕光弼大理少卿光弼生薦庠庇元　新表無「少」字，光弼生薦、庠、庇，庫本亦作「薦」（參下條）。「元」字殆衍。全文六八六皇甫湜枝江縣南亭記，京兆韋庇爲殿中侍御史、河南府司録，講掾南康，移治枝江。

J〔又〕生慶　嘉定赤城志八，貞觀十年刺史韋慶。與此人時代不同。

K〔又〕光輔大理少卿　新表七四上作「衢州刺史」。按叢編一三登石橋詩，貞元三年衢州刺史韋光輔建，韋荐書。類編四作「韋薦」。今姓纂薦是光輔姪，當卽其人。又光輔當大歷十年任太府少卿，見會要六六。

149 壽，隋恆州刺史、滑國公，生寧辯、義節。寧辯，右衞副率。孫知達，案唐世系表「知達」作「知遠」。監察御史。義節，刑部侍郎、襄城公；孫愼行、愼名、愼惑。愼行生潛、渙。潛，澧州刺史。渙，嘉州刺史。愼名，彭州刺史。愼惑，右驍騎將軍。

A〔岑校〕壽隋恆州刺史　新表作「毛州」。據隋書四七，壽遷恆、毛二州刺史。

B〔又〕生寧辯義節　羅校云：「案寧辯，唐表及隋書韋世康傳作『保辯』。」余按新表作「寧辯」，與此同。羅校誤*。

C〔又〕義節刑部侍郎襄城公　武德初，義節官虞州刺史，見元龜四五〇。

150 霽，隋岐州刺史、左常侍致仕。

151 津，隋隴州刺史、黄門侍郎、吏部尚書，唐諫議大夫、太僕少卿、壽光男；生金璧。案唐世系表，「金璧」作「全璧」。琬、琨、璲、瑜。

A〔岑校〕津……吏部尚書　據隋書四七及舊書九二，津嘗判民部尚書，此作「吏部」，或因避諱而訛歟？

B〔又〕唐諫議大夫太僕少卿壽光男　全文二二五八蘇頲韋抗碑：「鄖之子太僕少卿、陵州刺史、武陽公諱津。」同書三二六王維韋斌碑：「曾祖津，陵州刺史、壽光縣男。」

152 金璧生悦、忻、季重、憺。悦，給事中，生勉、幹。勉，復州刺史。忻，兵部郎中，生希先、夐、案唐世系表，「夐」作「奂」。希一、謇。希先，比部郎中。夐，虞部郎中、杭州刺史。季重生烈，都官員外。烈生邁、迪。憺生千里、持盈。千里生昂。昂生弘。

A〔岑校〕金璧生悦　按下文閬公房亦有悦。

B〔又〕生希先夐　原校云：「案唐世系表，『夐』作『奂』。」余按乾道臨安志三引姓纂：「韋夐，虞部郎中、杭州刺史。」作「奂」者殆誤。

C〔又〕千里生昂　羅校據唐表，千里名昂，以字行，疑「生昂」爲「字昂」之誤。

D〔又〕昂生弘　按文應「弘」字斷句，温校誤連「琬」字讀，遂謂「弘琬」不應與其曾伯祖同名，殊不知姓纂下文固有「生令則、叔夏、季良、才絢、安石、季弼」一句，依表皆成州刺史琬之子，如曰「昂生弘琬」，則令則等之父何名？蓋亦未之思耳。

153 琬，職方員外、成州刺史，生令則、叔夏、季良、才絢、安石、季弼。

A〔岑校〕琬職方員外成州刺史　韋斌碑：「祖琬，成州刺史。」

154 叔夏，禮部侍郎；生縚，太常卿、太子少師。縚生弘、協義。

A〔岑校〕叔夏禮部侍郎　永淳二年任太常博士。見舊書一二三。天授二年任春官郎中，見會要一二。神龍元年任太常少卿，見新書禮樂志。又神龍中爲國子祭酒，見元龜六〇七。終國子祭酒，封沛國郡公，見元龜八一九。又武后時曾官成均司業，見全文九五。

B〔又〕生縚太常卿太子少師　開元九年除國子司業，歷衛尉少卿，太常少卿，至二十三年二月，遷太常卿，天寶九載三月，除太子少師，見會要三七及各卷。廣記三八九引戎幕閒談，安石弟縚爲太常卿禮儀使，卒官。作「弟」誤，乃安石姪也。徐靈府天台山記，開元二十五年太常卿修禮儀使韋縚。青城山投龍壁記，開元十八年六月立，結銜行太常少卿韋縚（唐文續拾三）。孟浩然集敍，天寶九載正月作，結銜爲特進行太常卿禮儀使韋滔，「滔」應作「縚」。

155 才絢，温王府司馬，生求、冋、由、韶、嬰、最、睦。由，鴻臚少卿，生士炎、塤、址、墀。韶，明州刺史，生大冏。嬰生士南，萬州刺史；士文，祕書少監。

A〔岑校〕才絢温王府司馬　新表作「郇王」。

B〔又〕由鴻臚少卿生士炎　新表稱由，金吾將軍，生士英。元龜八六六，由爲右金吾將軍。全文

三一〇孫遂制，朝議大夫守太子中允韋由可守太原縣令。

C〔又〕士文祕書少監　元龜八二五，韋士伋爲黔中經略觀察使，貞元十六年，改名士宗，又名士文。舊德宗紀，十七年，士宗爲三軍所逐。

156 安石，中書令、郇文貞公，生陟、斌。

A〔岑校〕生陟斌　斌兄陟，見酉陽雜俎。

157 陟，吏部尚書；生士瞻、允。允，吏部員外、潁州刺史，四代入省。允生同元、同訓。

A〔岑校〕生士瞻允　「瞻」，新表作「贍」。陟子允，見酉陽雜俎。

B〔又〕允吏部員外潁州刺史　載之集一二有潁州刺史韋允。若全文三六四江州沖陽觀碑，開元時立，有長史京兆韋公允，殆非同人；又九八八九新鄉縣彌勒像碑稱縣令朝請大夫韋諱允，文有「屬開元運載」語，仍似屬沖陽觀碑之允。

C〔又〕允生同元同訓　龍花寺幢記，元和十三年立，撰人韋同元，結銜稱「朝議郎守都水使者、上柱國」（補正四七）。又武侯祠堂碑陰，元和四年立，有「朝散大夫守成都縣令、飛騎尉韋同訓」（同上

六八)。

158 斌，中書舍人、汝州刺史，生袞、曼、渢、褒、甹、澟、況。袞，駕部郎中，四代入省，生同懿、同休、同憲。渢，洛陽令。朗州刺史。況，諫議大夫。

A〔岑校〕斌中書舍人汝州刺史　新表作「臨安太守」，乃「臨汝」之訛，臨汝郡卽汝州。叢編七引訪碑録臨汝太守贈祕書監郇國公韋斌碑，王維撰，貞元九年立。全文三〇八孫逖制，國子司業韋斌可行中書舍人。三二六王維韋斌碑，斌，安石仲子，自舍人轉常少，貶巴陵太守，歷壽春、臨汝兩郡，卒於賊所。此曰「汝州刺史」者從改制言之。南部新書己：「天寶末，韋斌謫守蘄（?）春。」蘄春卽蘄州，壽春卽壽州。舊書二〇〇上，天寶十四年，臨汝太守韋斌降賊。

B〔又〕生袞曼渢褒甹澟況　載之集二二有膳部員外韋褒。

C〔又〕袞駕部郎中　新表作「員外」。韋和尚墓誌，大父諱斌，皇中書舍人、臨汝郡太守。烈考諱袞，皇司門郎中、眉州刺史（續編一〇）。古泉山館金石文編云：「而表誤『臨汝郡太守』爲『臨安太守』，斌子袞下不言其爲司門郎中、眉州刺史，而云駕部員外郎，皆當以墓志正之。」

D〔又〕生同懿同休同憲　白氏集三一有河陰令韋同憲授南鄭令制。

E〔又〕渢洛陽令　全詩五函一册戴叔倫有寄韋功曹渢詩。

F〔又〕朗州刺史　庫本上有「澟」字，與新表符。此奪。

G〔又〕況諫議大夫　貞元二年爲右拾遺，見元龜九八。元和元年閏六月，由前司封員外爲諫議大夫，見舊書一四，亦見載之集四六。全文四八七太子賓客權德輿舉諫議大夫韋況自代狀，言況徵拜諫列，乞歸故山。全詩四函十册戎昱有贈韋況徵君詩。廣記一六八引尚書故實，李約與韋徵君況相善。全文五一八梁肅送韋拾遺歸嵩陽舊居序：「初士儀與孔君述睿同隱於嵩丘，上嗣位，舉逸民，孔以諫議大夫徵，且調護太子。乘輿還自漢中，吾子……鶴板入谷，拜左拾遺，固辭獻納之任。」士儀，況字也。全詩五函六册李約有贈韋況詩。

159 季弼生廉，考功員外。廉生肅、端。端生鎮、紓。

A〔岑校〕季弼生廉考功員外　續編一〇謂姓纂記韋端先世，與韋端玄堂誌互異。其實所異者，姓纂訛津之「民尚」爲「吏尚」（此或涉避諱而訛，說見前）。又廉之「庫部郎中」爲「考功員外」，自餘不過詳略不同耳。然姓纂之爲書，自不能失諸過詳也。全文三〇九孫逖制，左補闕韋廉可起居郎。

B〔又〕廉生肅端　諸葛祠堂碑陰，元和四年立，稱左廂馬步都虞候、試太僕寺丞、攝監察御史韋端（補正六八）。端誌敍五仕而未及此，蓋皆非實職也。

C〔又〕端生鎮紓　鎮、紓均見貞元六年韋夫人誌及元和十五年韋端誌。鎮，勞氏讀書雜識七或誤「鎮」，與下南皮公房者同名。全詩六函二册劉禹錫傷韋賓客（自工部尚書除賓客）：「韋公八十餘，位至六尚書。」一作傷韋賓客鎮。韓子年譜，韋紓，貞元十八年進士。開成二年，紓官大理少卿，見元龜五八。全文六一三紓撰括郡廳壁記，自稱大和五年由司駕員外除處州。

160 琨，户部侍郎、太子詹事，生暢、展、初平、案唐世系表，「初平」作「幼平」。調、翼。暢生抗、揖、拯。抗，刑部尚書；生翹，同州刺史。拯，户部郎中，生演。展孫瀞，閬州刺史。初平生抱貞，梓州刺史。抱貞生綆、政。政生丹。丹生宙。調孫崟，隴州刺史。翼，太府卿。

A〔岑校〕琨户部侍郎太子詹事　太子詹事武陽侯琨，見伯玉集六，亦見長安志八。叢編八引京兆金石録唐贈秦州都督韋琨碑，咸亨四年立（「秦」，會要七九誤「泰」）。永徽二年任太常少卿，見會要三七。叔夏叔父太子詹事琨，見元龜八一九。蘇頲韋抗碑：「是生銀青光禄大夫、太子詹事、贈秦州都督謚曰貞，諱琄。」「琄」乃「琨」之訛，其右旁上下互倒也。冥報記中，貞觀十六年，琨爲給事中。

B〔又〕生暢展初平　校云：「案唐世系表，『初平』作『幼平』。」余考樊川集七韋丹遺愛碑云：「鄖公曾孫紡（幼）平爲岐州參軍，生抱貞，爲梓州刺史；生政，爲漢州雒縣丞；……雒縣生武陽公。」則唐表作「幼平」者是。韋抗碑：「是生司農丞贈金州刺史諱暢。」全文一八九，韋展，杜陵人，官少府監主簿。

C〔又〕暢生抗揖拯　庫本作「杭、楫、拯」。按抗、拯均見舊書九二，新表「抗」「揖」亦從扌旁，庫本從木，非也。

D〔又〕生翹同州刺史　制詔集八有授武部員外郎韋翹司駕郎中制（按「司駕」似當作「駕部」）。韋抗碑，約開元十四年作，云：「三子，長京兆士曹參軍曰載，次昭文生曰翹，幼某。」是抗有三子，今新表七四上亦祇著翹同州刺史，余謂新表本自姓纂，此一證也。

E〔又〕拯户部郎中　抗碑：「公之季左司郎中、萬年令、澤州長史曰某。」指拯言之，參郎官考一。

F〔又〕展孫澣閬州刺史　此與前逍遥公房之韋澣，同名異人。

G〔又〕初平生抱貞梓州刺史　「初」應作「幼」，説見前。英華四一四蘇頲制，通議大夫、前行剡王府諮議參軍事、上柱國韋抱貞可虢州别駕（全文二五三訛「抱真」）。又開元初爲益州司馬，見元龜六八〇及舊書八八陸象先傳（亦訛「抱真」）。

H〔又〕抱貞生綆政　羅校：「綆」，表作「鯁」。

I〔又〕政生丹　貞元十二年至十四年，丹官起居郎，見全文四七六崔損祭成紀公文及載之集四九。元和五年卒江西觀察，見昌黎集二五墓誌。廣記一一八引河東記，丹卒元和八年，誤。同書四九七引國史補，丹，江西觀察。永貞元年五月，自邕管經略爲河南少尹，同年十二月，自右諫議大夫爲東川節度，元和元年四月（舊紀奪四月），改晉絳觀察，均見舊書一四。又元和四年頃爲□南西道節度，見古刻叢鈔王叔雅誌。

J〔又〕丹生宙　東觀奏記，大中周墀相時，宙見任河陽觀察判官，宣宗令速與好官，遷侍御史。宙男澤、升，見廬山記五。

K〔又〕調孫崟隴州刺史　約大曆時，崟爲殿中侍御史兼隴州刺史卒，見廣記四五二引沈既濟文。

181 璲，倉部郎中。

A〔岑校〕璲倉部郎中　新表同。舊書九二作「員外」，按郎官石柱倉部郎中内今未見璲名。

162 瑜，歙州刺史。

163 穆五代孫闕，案唐世系表，「闕」作「閲」。後魏殿中尚書，生範。範生法儁、顥、祖歡*。

A〔岑校〕穆五代孫闕　原校云：「案唐世系表，『闕』作『閲』。」羅校據魏書本傳亦作「閲」。

B〔又〕範生法儁　羅校云：「案『法儁』（儁），魏書作『儁』。」余按魏書四五作「儁」，羅校誤。北齊書二七始作「儁」耳。

164 法儁生子粲、榮亮、道諧。子粲生孝謇，集州刺史。榮亮生綱。綱生文宗、文傑。文宗生德敏、德基。德敏，考功司郎中、太府少卿，生璆、珙、玢。璆，宗正卿，生元誠、元濟、元賁、元曾。元誠生彤，澧州刺史。元曾，吏部郎中。珙，光禄卿，生元方、元志。玢，尚書右丞，生元甫、元懌。元甫，尚書右丞、楊府長史，生悦，長安令。元懌生愃，巴州刺史。德基，金部郎中，生延安、球。延安，鄂州刺史。球生之晉。之晉，湖南觀察使，生祐。文傑孫玠，榮州刺史。玠生瞉，金部員外。道入山東類例。

A〔岑校〕法儁生子粲　「粲」，庫本作「燦」，余按魏書四五、北齊書一七、新表七四均作「粲」，與此同，庫本非是。

B〔又〕德皦考功司郎中太府少卿　新表祇稱太府少卿，庫本無「司」字，勞考一〇以爲「司」下奪字，余則疑「司」是衍文，然左右丞各掌十二司，着「司」字亦不誤，特與一般書法異耳。毘陵集一一元曾墓誌稱司農少卿德皦，又與此及新表異。

C〔又〕璆宗正卿生元誠　毘陵集一一元曾誌云：「衢州刺史、魯縣康公璆之子。」同集一二元誠誌亦作「衢」，新表作「衛州」及「元城」，均誤。又墓誌、新表均不書宗正卿。元龜一六二，先天二年官宗正少卿。

D〔又〕元誠生彤澧州刺史　毘陵集一二元誠誌稱，元誠，范陽郡倉曹參軍，故衢州刺史魯縣子韋璆第三子，以永泰二年葬，有子曰彤，季弟元曾。「澧」，新表誤「灃」。韋彤，姓纂凡三人，一見前逍遥公房，一見後彭城公房，元龜五八，貞元七年十月有萬年令韋彤，按彭城房之彤，當貞元九至十四年爲太傅，從七品上，萬年令正五品上，以官品推之，不相合，應是鄖公房韋彤也。

E〔又〕元曾吏部郎中　毘陵集一一作「元魯」，訛。同集一二元誠志亦作「元曾」，據集，元曾卒大曆二年。

F〔又〕珙光禄卿　新表作「少卿」。按英華三九六孫逖制，銀青光禄大夫、慶王傅員外置同正員、上柱國、扶陽郡開國公韋珙，可光禄卿員外置同正員，「少」字衍。

G〔又〕生元方元志　此元方與上文逍遥公房之元方，時代不同。

H〔又〕玢尚書右丞　新表云「司農卿」，長安志九同。英華三九八蘇頲制，正議大夫行太常少卿、薛縣開國男韋玢可兼司農少卿，仍分司東都。

I〔又〕元甫尚書右丞楊府長史　元甫卒贈户尚，謚昭，見會要七九。大曆三年正月，自蘇刺爲右丞，同年閏六月爲淮南節度，六年八月卒官，均見舊紀一一。毘陵集一七上元二年豫章冠蓋盛集記：「歲次辛丑，孟春正月，東諸侯之師有事於淮泗，……我都督防禦觀察處置使兼御史中丞韋公元甫。」永泰初，元甫爲浙江西道觀察使兼御史中丞，見全文三一四李華丹陽復練塘頌。同書三一九同人潤州天鄉寺故雲禪師碑：「永泰二年某月日，涅槃於潤州丹徒天鄉寺，……御史中丞韋公元輔頃臨潤州，……無何，韋公兼觀察領浙西，案部至京江，……韋公致别之明日，長老繩牀跏趺，無病而滅。」「元輔」，「元甫」之訛。同書六九四李紳大德神異碑：「永泰元年浙西廉察使韋元輔。」誤同。又九一八清晝蘇州大和尚碑：「大曆元祀州將韋公元甫。」元甫刺丹陽郡，見廣記二四四引乾臊子。宋僧傳一五蘇州辯秀傳，故觀察使韋元甫。同書二四大光傳，永泰元年浙西廉使韋元甫。同書二七道遵傳，大曆元年州將韋元甫。嘉定鎮江志一四謂元甫刺潤，或在寶應、廣德間，是也。

J〔又〕德基金部郎中生延安球　新表，德基生琳、球。琳生裕、延安。與此異。温校主新表，當可從。

K〔又〕延安鄂州刺史　次山集七别王佐卿序，廣德元年癸卯作，稱主人鄂州刺史韋延安。全文三一五李華登頭陁寺東樓詩序：「侍御韋公延安威清江漢。」三一六同人壽州刺史廳壁記：「工部郎中楚州張緯之代公爲州牧，某部郎中韋延安代張典此州。」

L〔又〕之晉湖南觀察使　大曆四年二月，自衡州刺史爲潭州刺史，見舊紀一一。

M〔又〕玠生敭金部員外道入山東類例　會要三六云：「乾元元年，著作郎賈至撰百家類例十卷。」按著作郎孔至撰百家類例，爲駙馬張垍所不滿，會要之「賈至」，當「孔至」之訛。又稱駙馬張垍不滿，應天寶時事，亦非乾元元年乃成書。會要又云：「至貞元中，左司郎中柳芳論氏族，序四姓，則分甲乙丙丁，頒之四海，世族則先山東，載在唐曆。」（柳芳氏族論有齊浮屠曇剛類例，見新書一九九）崇文總目：「百家類例一卷，韋述撰。」隋唐嘉話云：「代有山東士大夫類例三卷，其非士族及假冒者不見録署，云相州僧曇剛撰，後柳常侍沖亦明於族姓，中宗朝爲相州刺史，詢問舊老云，自隋以來，不聞有僧曇剛，蓋懼嫉於時，故隱名氏云。」所謂山東類例，當卽指此。但新書一〇九柳芳氏族論固稱齊浮屠曇剛類例，嘉話乃謂無曇剛其人，兩説何相左耶？「道」疑「選」之訛。敭，唐中葉人，則選入類例，當非指敭。此處忽插一句，殊不可解。豈指閬公房或已上韋姓各房言之歟？

165 顥孫謩，普安公。謩生士讓，雍州別駕。

A〔岑校〕顥孫謩普安公　温校，「普」，唐表作「晉」*。

B〔又〕謩生士讓雍州別駕　「雍」，新表作「羅」。

166 祖歡曾孫世師，唐博州刺史；生太真，户部侍郎。太真生瓊之、修業。瓊之，考功郎中。修業，水部員外。世師少子崇操，生月將、晶、忠。晶，眉州刺史。忠，普州刺史。

A〔岑校〕生太真户部侍郎太真生瓊之修業　新表，世師生真泰、修業。真泰生瓊。與此異。按郎官石柱司封員外韋瓊之，勞考六云：「表疑誤脱『之』字。」又同書一一云：「元和姓纂『真泰』作『太真』，蓋表誤倒耳。」太真，咸亨元年爲通事舍人，見元龜一〇五。

B〔又〕世師少子崇操　新表將崇操與世師列爲同代，疑有誤。

C〔又〕生月將晶忠　月將見舊書一八三武三思等傳。

D〔又〕忠普州刺史　輿地碑記目四唐西巖禪師受戒序，普州刺史韋忠開元十年建。

167 逍遥公從父義弟遠，周雍州刺史。弟暉業，繼爲雍州。號大雍州房、小雍州房。

A〔岑校〕逍遥公從父義弟遠　庫本「義弟」二字乙，按下文亦有義遠可證。

168 大雍州房。義遠生祖寅、祖彛。彛生儹、傑、倫。傑生思敬、思正、思安。思敬孫利器*，諫議大夫。利賓，户部郎中；生向，工部員外。向生彭壽，右司員外、明州刺史，三代入省。利涉，主爵郎中。思正生璉，深州刺史。思安，駙馬，嵐州刺史；曾孫騰，同州刺史。倫生惲，度支郎中。

A〔岑校〕義遠生祖寅　「寅」，庫本作「宙」。

B〔又〕霽生儹傑倫　此韋倫非南皮房德宗時之韋倫。

C〔又〕思敬孫利器諫議大夫　昇仙太子碑陰有朝議郎行安國相□府文學韋利器。又韋利器等造像銘，開元三年立，稱前祕書少監韋利器、前遂州刺史利賓、前藍田尉利涉爲亡妣造像。續編六云：「元和姓纂……不著利器之父，或疑『孫』乃『生』字之誤。」按闕代姓纂常有，非獲他證，未可信也。嚴州圖經一：「韋利器，開元八年六月□日自博州別駕拜。」

D〔又〕向生彭壽　彭壽，貞元四年及第，見會要七六。

E〔又〕利涉主爵郎中　開元七年爲長安主簿，見會要八五。

F〔又〕思安駙馬　尚太宗女晉安公主，見會要六。

G〔又〕曾孫騰　孝經序，天寶四載立，題名有朝議郎行丞、上柱國、賜緋魚袋韋騰。若黄石公祠記碑陰云「句曹掾韋騰，……郡之良也」，則偶姓名相同者。

169 小雍州房。　暉業曾孫敦禮，監察御史。

170 穆九代孫南皮公瓚，隋尚書右丞，生叔諧、季武、叔謙。

A〔岑校〕穆九代孫南皮公儹　新表，胄三子，潛、穆、愔。愔七代孫景略，生瓚，則瓚非穆之裔而爲胄九代孫。與此異。又毘陵集八韋縝神道碑云：「楚元王傅後五世長孺相漢，始自魯國徙家杜陵，其後十六世景略，仕魏爲青州刺史。」世數與新表符，「穆」字當誤。

B〔又〕隋尚書右丞　同上碑云：「青州生隋倉部侍郎南皮公瓚。」舊書一〇一湊傳：「曾祖瓚，隋尚書右丞。」全文九九三韋述韋湊碑：「曾祖諱瓚，隋倉部侍郎、司農少卿、尚書右丞、南皮縣伯，開皇中，受詔監河漕之運，以實關中，利國濟人，名書隋史。」

171 叔諧，庫部郎中，生元福、元奬。

A〔岑校〕叔諧庫部郎中　縝碑云：「次曰叔諧，典司庫部。」舊書湊傳：「祖叔諧，蒲州刺史。」貞觀三年爲庫中，見會要五七。韋湊碑：「祖叔詣（諧），皇朝薄（蒲）州刺史、員外郎（？）、散騎常侍、庫部郎中，貞觀初，奉使招夷越之酋，以清嶺外，息兵殷土，事具實録。」文館詞林六六四，貞觀年中安撫嶺南詔有員外散騎常侍韋叔諧，亦見詞林殘簡（適園叢書）之殘敕。考異一〇引魏文貞公故事，貞觀元年，前蒲州刺史韋叔諧。

B〔又〕生元福元奬　新表誤以玄奬列於玄福下一格。

172 元福，判兵部員外；生湊，河南尹。湊生見素，左相、左僕射、豳忠貞公。見素生倜、諤、益、哲。案唐世系表，「哲」作「晳」。倜，給事中、御史中丞；生頎，庫部郎中。諤，給事中。益，工部員外，六代入省。哲，光禄少卿。

A〔岑校〕元福判兵部員外　新表作「綏州刺史」。舊書，湊「父玄，桂州都督府長史」，奪「福」字。韋湊碑：「父諱元（玄）福，永徽中爲城門郎，爲外姻所累，貶授桂州長史，贈潤州刺史。」英華辯證三云：

「韋述韋湊碑，父諱玄福，表作『福，字玄福』，舊史止作『玄』。」

B〔又〕生湊河南尹　湊碑，開元十一年十二月，終河南尹、太原節度使，春秋六十五。

C〔又〕湊生見素左相左僕射豳忠貞公　「豳」，庫本誤「幽」。依舊書一〇八及新書一一八，見素封豳國公。韋出京兆，封幽則乖其本郡矣。天寶八載官尚書右丞，見湊碑。見素自吏侍拜相，見廣記二七七引廣異記。

D〔又〕生倜謂益哲　校云：「案唐世系表：『哲』作『晢』。」余按舊書一〇八亦云子「倜、謂、益、哲」。

E〔又〕倜給事中御史中丞　元龜七七一，見素子倜、謂皆至給事中。

F〔又〕生頎庫部郎中　「頎」訛，庫本及舊傳、新表均作「頌」，郎官石柱户部員外有韋頌，殆即此。大曆六年決殺之韋頌（舊書一一八），新紀稱是大理評事，若然，則與官終庫中者懸殊，當非一人。雍正江西通志四六著饒州刺史韋頌，未詳所據。

G〔又〕謂給事中　全文三六七賈至爲韋相讓豳國公表：「臣次男謂又特授五品官者。」

H〔又〕益工部員外　唐語林一，敬宗時吏部郎韋顗，大曆中刑部員外郎襲靈昌公益之子。舊書一〇八亦云：「益終刑部員外郎。」

I〔又〕哲光禄少卿　舊書一〇八：「哲終祕書丞。」

173 元奬生光乘，朔方節度。光乘生儇、倫、案唐世系表，「倫」作「儉」。俛。儇，江西觀察，生良、放。倫，太常少卿、太子少保，生敦、徵。俛，衛尉少卿，生正己。

A〔岑校〕元奘生光乘朔方節度　新表漏光乘一代，致將玄奘推下一格。光乘贈太子少傅，謚烈，見會要七九。

B〔又〕光乘生傒倫俛　校云：「案唐世系表，『倫』作『儉』。」余按倫，舊書一三八有傳，新表誤。

C〔又〕傒江西觀察　傒嘗爲江西觀察，見元龜八〇四及舊一八七下趙曄傳。全文三六六賈至制，司駕員外郎韋環可司封郎中，充淮南行軍司馬兼召募使，「環」當「傒」之訛。楊國忠爲劍南歲，遣御史韋傒出使，見廣記二六九引譚賓録。上元中潤州刺史韋傒，見宋僧傳一五朗然傳，又稱傒御史中丞洪府觀察使。嘉定鎮江志一四，上元元年十一月，劉展反，傒時以節度觀察副使領潤州刺史。

D〔又〕生良放　全文三六九李翺李則誌：「次女壻京兆韋放。」殆卽此之放。

E〔又〕倫太常少卿　據倫傳及舊紀一二，倫已自太常少卿遷太常卿。

F〔又〕生敦徵　叢編七引訪碑録蜀州録事參軍韋徵墓誌，弟曾撰，貞元九年立。考姓纂有兩韋徵。一爲藝曾孫。藝乃周、隋間人，其曾孫當不至生於天寶以後。據舊書倫傳，倫以貞元十四年卒，年八十三，則墓誌之韋徵，得爲倫子。惟姓纂不言倫子曾，下文别有韋曾，是墓誌之韋徵，恐非倫子也。

G〔又〕俛衛尉少卿　與下文彭城公房者同姓名。元龜一四四，貞元元年五月有鴻臚少卿韋俛，或是此人。

174 季武，主爵員外。

A〔岑校〕季武主爵員外　鎮碑云：「長曰季武，實居主爵。」新表及新書一一八均作「郎中」。按季武，貞觀三年爲主爵郎中，亦見會要五七。

175 叔謙，考功郎中；生知人，庫部員外。知人生維、縝、縱、紹。

A〔岑校〕叔謙考功郎中　鎮碑云：「季曰叔謙，歷吏部、考功。」貞觀二年爲刑外，見會要五七。孫逖韋虛心碑：「公曾祖叔謙，事太宗爲考功郎中，與兄叔諧、季武同在郎署，時人謂三列宿。」

B〔又〕生知人庫部員外　新表作「司戎大夫」。新書一一八，知人遷司庫員外兼判司戎大夫。司戎大夫，兵部郎中也。按鎮碑云：「考功生知人，以司庫員外郎爲職方郎中。」叢編七引京兆金石録有唐職方郎中韋知人碑，開元二十年立。然韋虛心碑：「大父曰知人，事高祖（「宗」之訛），歷司庫員外郎，贈職方郎中。」則「職中」乃贈官耳。

C〔又〕知人生維縝縱紹　鎮碑，鎮爲知人仲子，終申王府司馬，開元十二年卒。新表鎮次第三，非是。

176 維，户部郎中、庶子，生虛心、虛舟。虛心，工部尚書；生有方，左司員外，五代入省。虛舟，刑部侍郎。

A〔岑校〕維户部郎中庶子　集古録目跋唐韋維善政論云：「維字文紀，……爲坊州刺史，此實紀德碑也，以先天元年立。」又跋唐太子左庶子韋維碑云：「官至太子右庶子，碑以開元六年立。」舊書一〇一作「左」，新書一一八作「右」，未詳孰是。惟此處「庶子」上必奪一字也。開元元年時爲京兆少尹，見會要六七。韋虛心碑：「公烈考曰維，事睿宗，歷户部郎中，終於左庶子，贈絳州刺史。」或作「左」近是。

B〔又〕虛心工部尚書　新表及新書一一八同。廣記三六二引紀聞及舊書一〇一作户尚。張嘉貞相時，自中丞外貶，見元龜三三八。開元十三年時爲荆州長史，見會要七四。二十三年官揚州長史，見元龜一六二。全文三一三孫逖韋虛心碑云：「左右丞、兵部侍郎、以至於工部尚書。」卒開元二十九年，年七十。又同書三七五韋建薛舒碑：「夫人京兆韋氏，故工部尚書東都留守虛心之次女。」又均作「工尚」。全文二五一蘇頲行制，朝議郎守侍御史内供奉、判右司員外郎、上柱國韋虛心可守右司郎中。廣記二五〇引御史臺記，元福慶與韋虛名同爲監察。「虛名」，「虛心」之訛。廣記四四四引廣異記，户部尚書韋虛己子被怪投井事，與同書三六二引紀聞户部尚書韋虛心三子均死於怪一節，大致略同，則所謂虛己者，即虛心也。

C〔又〕生有方左司員外　有方，見虛心碑。

D〔又〕虛舟刑部侍郎　虛心碑：「季弟曰虛舟，事皇帝，歷户部、司勳郎中，今移左司。」全文三一九李華荆州大雲寺故和尚碑，稱名臣韋刑部虛舟。

177 縱生虛受、昭理。虛受，通州刺史。昭理，常州刺史。

A〔岑校〕虛受通州刺史　天寶九年通川郡（卽通州）太守韋虛受，見寰宇記一三七。

B〔又〕昭理常州刺史　徑山大師碑（文粹六四）有故潤州刺史韋昭理，亦見宋僧傳九玄素傳。

178 縝生幼成、幼卿、幼章、幼奇。幼成，武部郎中、漢中太守、山南採訪使。幼章，楚州刺史。幼卿生雄。雄生詡。

A〔岑校〕縝生幼成幼卿幼章幼奇　縝碑云：「仲子幼卿，洛陽縣丞，叔子幼奇，宋州楚邱縣令。」「縣丞」，英華作「尉」。

B〔又〕幼成武部郎中漢中太守山南採訪使　縝碑云：「天寶十年，自尚書兵部郎出守漢中，兼山南西道採訪處置使，移典河內。」則山南一職，非其終官。

C〔又〕幼章楚州刺史　縝碑云：「季子幼章，……自兵部郎中持節典泗、楚二州。」「兵」，英華作「武」。

D〔又〕幼卿生雄雄生詡　新表，幼卿生翃，翃生詞。按金石録二九云：「唐殿中侍御史韋翃墓誌，……墓誌云翃父幼卿，而傳作『台卿』，皆非也。」足證新表不誤，蓋「翃」之左旁與「雄」同，「詞」與「詡」近，故致輾轉傳訛，非姓纂原本之誤也。「台卿」之誤，更有毘陵集可證。廣記二七八引續定命録，元和六年，京兆韋詞爲宛陵廉使房武從事。「武」應作「式」。

179 紹改名絪，比部員外，生傳。詔再從孫清，左金吾將軍，生正牧、楚牧。

A〔岑校〕紹改名絪比部員外生傳詔再從孫清　新表，絪，陳王傳。誤移下一代，不著其子。新傳，知人子維、繩，繩終陳王傳，亦未稱其歷比部員外。今姓纂著録知人四子，無繩。繩與紹是否同人，頗難決定。惟余極疑「生傳」即「王傳」之訛，「詔」即「紹」之訛。不然，「再從孫清」究不知何人之再從孫也。倘謂「傳詔」爲紹之子，當是肅、代人物，其從孫在元和初似未仕歷將軍，故疑其非是也。

B〔又〕生正牧楚牧　元和十二年正牧爲曹掾，見元龜五七。

180 瓚堂孫元泰，度支郎中、陜州刺史，生光、堅。光，資州刺史。堅生佶，案唐世系表，「佶」作「信」。舒州刺史。

A〔岑校〕生光堅　此韋堅與下文彭城公房者同名同時。

B〔又〕光資州刺史　金石録七資州刺史韋光碑，天寶三載立。僉載，韋光與韋顗同年登第。

C〔又〕堅生佶　原校云：「案唐世系表，『信』作『信』。」余按校注據監本言之，殿本亦作「佶」。全詩四函一册錢起有送韋信愛子歸覲詩，不知是此信否。

181 瓚從祖弟子述。述曾孫鑑，案唐世系表，「鑑」作「鏗」。考功郎中，生少游、少華。少游，吏部郎中。少華，中書舍人。少游生復，建州刺史。

A〔岑校〕瓚從祖弟子述　新表不著述，致鏗之一支，恍如堅之子孫，誤也。

B〔又〕述曾孫鑑　校云：「案唐世系表，『鑑』作『鍳』。」勞考九云，「鍳」，姓纂誤「鑑」。玄宗即位，鍳時爲殿中御史，有嘲邵景(炅)、蕭嵩詩，見廣記二五五引御史臺記。

C〔又〕生少游少華少游吏部郎中　工部集二〇至德二載六月狀，稱左補闕韋少遊。全文三三六賈至制，左補闕、直弘文館韋少遊可檢校祠部員外郎。郎官柱亦作「遊」。

D〔又〕少華中書舍人　寶應初死於回紇之難，見舊書一九五。

182 瓚四代孫弘獻，刑部郎中。

183 鄖城公。穆八代孫鄖城公元禮，隋司農少卿；生孝恪，侍御史。孝恪生弘措、弘機、弘挺。

A〔岑校〕鄖城公穆八代孫鄖城公元禮隋司農少卿　温校謂「穆」上當補「房」字，是。舊書一八五上韋機傳：「祖元禮，隋浙(淅)州刺史。」同書一三五韋渠牟傳：「六代祖範，魏西陽太守，後周封鄖城公。」按載之集一二韋皋廟碑，六代祖範，字元禮，以字行，入隋爲沂州刺史，啓土鄖城。「沂」當作「淅」，此是穆八世孫，與前文閬公房之範是穆六世孫者同名異人。又叢編七引京兆金石録有唐廣南節度韋元禮碑，當非同人，因元禮似未入唐，唐初亦無節度名目。新書一〇〇韋弘機傳，孫岳子，岳子孫皋，別有傳。考異二二五云：「按韋皋傳，六代祖範，有勳力周、隋間，不言爲弘機之後，若依此傳，則皋爲弘機之玄孫，皋之六世祖即弘機祖也，此傳云祖元禮，隋浙州刺史(『浙』當作『淅』)，不名範，兩傳必有一誤。」則未知六朝人常以字行，元禮卽範之字也。又廟碑：「自扶陽重侯……積十六葉至六代祖範。」今姓纂賢生元成，七代孫胄，生穆，穆八代孫元禮，似元禮爲賢十七代孫；但若姓纂之八代連本身計，則兩者可以相符（元成七代至胄，不連本身，由新表知之）。否卽互差一世也。全文五〇六韋渠牟誌：「六代祖範，隋鄖城莊公。」又七六四韋正貫碑：「八世至隋郁（鄖）城莊公諱元禮。」

B〔又〕生孝恪侍御史　舊書韋機傳：「父恪，洛州別駕。」韋皋廟碑：「實生恪，……武德初，由侍御史爲洛州別駕。」

C〔又〕孝恪生弘措弘機　「措」誤，庫本作「楷」，下文亦有弘楷也。弘機，載之集一二及舊書一八五上作「機」，避孝敬諱也。

184 弘楷，出爲饒州刺史。

185 弘機，司農卿，生餘慶。餘慶生岳子、景駿、景林。

A〔岑校〕弘機司農卿　長安志一〇司農卿韋機宅，卽弘機。廟碑：「生司農府君諱機，……著西征記以獻，太宗嘉之，剖符澶州，……三典卿曹。」韋聿誌：「範之孫機，實居大農。」全文九八七大盧舍那像龕記，咸亨二年韋機官司農寺卿。

B〔又〕生餘慶　廟碑：「司農生坊州府君諱餘慶，……歷右饒（驍）衞兵曹參軍以至二千石。」渠牟誌：「曾祖餘慶，皇坊州刺史。」按叢編八引諸道石刻録唐贈坊州刺史韋餘慶碑，天寶十三載立，是贈官，非實職。

C〔又〕餘慶生岳子景駿　舊書機傳，餘慶子岳，岳子景駿。新書一〇〇弘機傳則云：「孫岳子、景駿。」汪輝祖因舊書作「岳」，疑新書之「子」字爲衍文。余按新傳所敍，與姓纂同，況韋述爲景駿子，傳稱其弘機曾孫，舊書蓋因岳子、景駿二名相連，遂誤讀如「岳之子景駿」耳。廟碑：「坊州生贈太子少保府君諱嶽，……在武后時以直忤旨，由太原令移佐睢陽，出入四紀，績宣中外。歷殿中監，剖符八州：廬、海、潮、虢、眉、徐、衛、陝。」省二名爲單名，亦唐文常見。

186 岳子，峽州刺史，生晉、恆、漸、賁、損、益、豐。恆，兵部郎中、華州刺史。賁，藍田尉，生聿、暈、皋、肇。聿，比部郎中、右庶子。暈，屯田員外。皋，太尉、中書令、劍南節度、南康王；生行立，工部員外。肇，兼御史大夫。損，職方郎中、潤州刺史，生彝、昇、弇。

A〔岑校〕岳子峽州刺史　舊、新兩傳及載之集一二均作「陝州」，蕭鄴韋正貫碑亦正作「陝」。

B〔又〕生晉恆漸賁損益豐　全文五〇六權德輿文：「機之孫贈太子少保岳，八子爲二千石，皆有風績。」今姓纂只舉七人。

C〔又〕恆兵部郎中華州刺史　正貫碑：「是生京兆少尹、河北採訪使府君諱恆爲王父。」元龜三三，天寶十載京兆少尹韋眥，乃明人諱改。

D〔又〕賁藍田尉　廟碑：「少保生贈太子太師府君諱賁，……歷藍田尉。」聿誌亦云「仕至藍田尉」。

E〔又〕聿比部郎中右庶子　全文五〇六權德輿韋聿墓誌云，「有才子四人，君爲冢嗣，終右庶子，元和三年卒，年七十五。」嘗官國子司業，見唐語林六。官右庶子，又見長安志七。

F〔又〕暈屯田員外　廟碑：「初公之仲兄曰暈，屯田員外郎，贈鄧州刺史。」

G〔又〕皋太尉中書令劍南節度南康王　廣記三〇五引續玄怪錄，皋初佐岐幕，奏大理評事，尋加監察，權知隴州。朱泚反，真除隴刺、奉義軍節度。駕還，授兵尚、西川節度。

H〔又〕生行立工部員外　廟碑：「嗣子工部員外郎行立。」

I〔又〕肇兼御史大夫　廟碑：「叔氏曰肇，太子左庶子兼御史大夫、贈左散騎常侍。」與逍遥公房之肇，同名不同時。唐會要七八貞元十三年劍南運糧使韋肇，應即此人。

J〔又〕損職方郎中潤州刺史　全文三一四李華潤州復練塘頌，永泰元年十一月，拜常州刺史。韋損爲潤州，亦見三二〇同人雲禪師碑。湖州刺史韋損，見宋僧傳一五朗然傳。大曆四年潤州刺史韋損，見同書一九惠忠傳。

K〔又〕生彝异弇　弇爲韋皐堂兄，見奉天錄二，亦見通鑑二三八。

187 景駿，房州刺史，生述、迪、起、迅、巡、冰。述，工部侍郎，撰國史，集賢學士，禮儀使，生州平、都賓。州平，水部郎中。都賓，太常博士。迪，户部員外，生宅相、夏有、啟强、嬰齊、柏𡰥。夏有，考功郎中。嬰齊，衞尉卿。冰一名達，生渠牟，太常卿。

A〔岑校〕景駿房州刺史　渠牟誌：「祖景駿，房州刺史。」

B〔又〕生述迪起迌巡冰　按玉篇，「迌」，古「起」字。既有起，復有迌，似未必爾。考舊書一〇二述傳，有弟逌，今不著，其中一字殆「逌」之訛也。逌當開元二十五年爲太常博士，見會要三二。

C〔又〕生州平都賓　通鑑二二八，建中四年，韋臯遣兄平、弇詣奉天。「平」殆即「州平」，再從兄也。

D〔又〕都賓太常博士　侯鯖録一：「唐德宗建中三年，用韋都賓、陳京請，借京城官商錢。」又建中三年爲太博，見舊紀一二。

E〔又〕迪户部員外　杜濟誌：「夫人京兆韋氏，太子中舍迪之第三女也。」（魯公集）誌，大曆十二年立。

F〔又〕生宅相夏有啓强嬰齊柏𡰥　「强」，庫本作「彊」；「𡰥」作「𡰣」。余按玉篇，「𡰥」，古文「夷」字。天寶十三載，宅相爲麟遊尉，見魯公集五。吉石本廬山記五，永泰丙午六月，東西林顔真卿兩處題名，均有韋柏尼（一作「𡰣」）同行。

G〔又〕夏有考功郎中　天寶十三載，夏有爲朝城主簿，見魯公集五。黄本驥云：「案杜少陵集（一六）有寄韋有夏郎中五言六韻詩。」「有夏」乃「夏有」之倒。

H〔又〕冰一名逵　載之集二三，冰，著作郎兼蘇州司馬，與韋堅弟鄠縣令冰（見舊書一〇五）同名。太白集一一及一三之韋南陵冰，又廣記三八〇引廣異記大曆八年司馬韋冰卒，均卽此人。

I〔又〕生渠牟太常卿　貞元十六年十一月，自太府卿爲太常卿，見舊書一三。叢編一九新步虛詞十九首，引諸道石刻録稱，朝議郎守太府卿韋渠牟撰，貞元十七年立。貞元十二年官右補闕，見全文四七六崔損祭成紀公文。十七年七月卒太常卿，見同書五〇六權德輿韋渠牟誌。

188 景林生咸，工部郎中。咸生覃，楚州刺史。覃生闐共。

A〔岑校〕景林生咸工部郎中　拓本唐河南府洛陽縣尉孫嗣初妻京兆韋夫人墓誌銘幷序云：「曾祖府君諱咸，皇朝尚書司勳郎中。」今郎官柱勳中亦見咸名，在崔圓前，此作「工部」，殆誤。因唐代郎中以前行爲貴，司勳前行，工部後行也。

B〔又〕咸生覃楚州刺史　同上韋夫人誌：「大父府君諱覃，皇朝長安縣令、廬楚等州刺史。列考府君諱本仁，皇越州録事參軍、潤州延陵縣令，……有弟一人名逢。」（夫人卒大中十三年，依誌文推之，約春秋四十五）誌又言夫人少丁父喪，則其父殆卒元和末，祖覃應仕德宗時，下文「覃生闐共」爲傳寫之訛，由是益瞭然矣。

C〔又〕覃生闐共　「闐」卽下文「闐次子」之「闐」，蓋因姓纂原本之空格而後人誤衍者，說見篇首自序。原校云：「此作覃生闐，邕生澄，俱誤。」蓋猶未明其誤所自起也。餘詳下條。

189 閬次子秦寶生邕。邕，彭城公房，生澄、淹。案唐世系表東眷韋氏，穆曾孫楷，晉長樂清河二郡守，生達，慕容垂大長秋卿；生閬，避地薊城，後魏太武召爲咸陽太守，子孫因自别爲閬公房。二子，範、道珍。道珍字秦寶，後魏威遠將軍、扶風馮翊二郡太守；生邕，著作郎、諫議大夫，生鴻胄。二子，澄、淹。因號彭城公房。此作寶生閬，邕生澄，俱誤。

A〔岑校〕閬次子秦寶生邕邕彭城公房　遼居稿韋項誌跋：「項字勵己，高祖邕，後魏奉朝請大著作。曾祖休業，後魏大丞相府東閤祭酒，上黨王諮議參軍，太中大夫，馮翊、扶風、宜陽三郡太守，使持節車騎大將軍，開府儀同三司，金紫光祿大夫，新豐縣開國公。……考唐書宰相世系表韋氏彭城公房，道珍生邕，邕生鴻胄。……誌則項曾祖休業，不作『鴻胄』，然表載鴻胄，後周儀同三司、本州大都督、新豐昭公，書爵與誌同，殆一人耶？……元和姓纂……中缺休業一代，當據誌、表補之。」按「邕生澄」之誤，庫校已指出，表本姓纂而表不缺，則今本姓纂「彭城公房」下當有奪文也。温校謂「彭城公房」四字應乙在「閬次子」上。至羅校所引「生雲起，封彭城公」，乃表前之辭，温氏疑其無據，未免疎略。

B〔又〕生澄淹　校云：「穆曾孫楷，晉長樂、清河二郡守，生達。」（羅校引誤「晉」爲「哥」）「生逵」，庫本原作「生逵」，羅校亦云：「案唐表，楷生逵，原校誤書『逵』作『達』。」余按魏書四五作「達」，北史二六作「逵」，故以洪本對新表及庫本言，「達」字誠誤，但不期而暗與魏書相同，則「達」、「逵」是非，尚須别爲考定矣。

190 澄，國子祭酒、彭城公，生慶嗣、慶植、慶基、慶競、慶祚、慶暕。

A〔岑校〕澄國子祭酒彭城公　新表作「綿州刺史」（「史」原誤「州」）。舊書七五澄於武德初任此兩職，新表舉其終官也。全文二九五韓休韋鈞碑：「曾祖澄，皇朝國子祭酒。」韋頊誌：祖澄，隋大丞相府法曹，東京兵部侍郎，定陵郡守，司勳侍郎，朝請大夫、尚書左丞、通議大夫、國子司業、皇朝上開府、國子祭酒、金紫光祿大夫、使持節綿州諸軍事綿州刺史，贈彭城縣開國公，謚曰敬。

B〔又〕生慶嗣　慶嗣見舊書七五雲起傳。

C〔又〕慶競慶祚慶暕　「競」，庫本作「兢」，新表則云，兢，初名慶儼。又「慶暕」，新表作「慶揀」。

温校據表，「兢」上衍「慶」字。

191 慶嗣生正紀、正履、正矩。正紀，工部員外。正履曾孫彪，永州刺史；彤，太常博士。正矩，駙馬都尉。

A〔岑校〕慶嗣生正紀　羅校言唐表「紀」作「己」。

B〔又〕正履曾孫彪永州刺史　「永」，新表七四上作「唐」。河東集三四注云：「中立史無傳，新史年表云，潭州刺史彪之孫。」是宋人見本又作「潭」。復考河東集二七永州韋使君新堂記注云：「韓本注刺史韋彪，……所謂韋公，蓋在七八年間者也。」又同集三四答韋中立論師道書云：「不意吾子自京師來蠻夷間，……僕自謫過以來，益少志慮，居南中九年。」注云：「此書元和八年在永作。」合上各條觀之，知彪於元和七、八年刺永，其孫中立南來，當是省祖，由是又可決姓纂稱永州刺史爲彪之見官，「永」字幷不誤（姓纂所書見官，新表間以所知之終官代入也）。寰宇訪碑録有獨孤愻、韋彪、韋紓題名，殆即其人。白氏集三三唐州刺史韋彪授王府長史制，有「宦久年高」語，則唐州是長慶初所官。若潭州刺史乃湖南觀察兼職，唐方鎮年表六湖南觀察不著韋彪，殆謂潭、唐發音相近而訛也。

C〔又〕彤太常博士　當貞元九至十四年爲太常博士，見會要一八及二〇，據新書二〇〇，應即此人，非前文兩韋彤也。又依姓纂本文觀之，彤應是正履曾孫（新表同），即澄五世孫。又方質爲淹曾孫，澄、淹本昆弟，則彤不過方質從孫耳。今新書彤傳乃云「四世從祖方質」，所差兩世，新傳必有誤，當作「四從祖」也，「世」字衍。

D〔又〕正矩駙馬都尉　叢編九引京兆金石録有駙馬都尉韋正舉碑，但會要六亦作「矩」。

192 慶植，倉部郎中，生璠、珣、珽、瑱。璠，駕部員外，生鈞、鉉。鉉，虞部郎中；生瑩，司門郎中。珣，生銑，給事中、楊府長史。曾孫宥，案唐世系表，「曾孫」作「五代孫」。台州刺史。珽，閬州刺史、生鎬，鳳州刺史。瑱，宗正卿；生鐬，太僕卿、駙馬都尉；生友信、友剛、友順。友信，婺州刺史，生鎮、綬。綬，屯田郎中。友剛，漳州刺史。

A〔岑校〕慶植倉部郎中　郎官石柱倉郎有韋慶基，無韋慶植。姓纂下文則稱慶基兵部郎中（新表同），新表祇稱慶植魏王府長史。韋項誌，父慶植，皇秦國公府録事參軍，秦王府司馬，倉曹郎中，舒、密二州刺史。韋鈞碑，祖慶植，皇朝舒、密二州刺史。遼居稾疑新表誤。按廣記一三四引法苑珠林，貞觀中，魏王府長史韋慶植卒（珠林又本自冥報記）。長史乃其終官。

B〔又〕生璠珣珽項璠駕部員外　羅校云：「案『璠』，唐表作『瑶』。」余按韋鈞碑亦云：「父瑶，皇朝駕部員外郎。」此作「璠」，誤。

C〔又〕生鈞鉉　叢編八引京兆金石録邠州刺史韋鈞碑，開元二十八年立。據全文二九五韋鈞碑，官終漢州司馬，邠州刺史是贈官；又鈞卒開元十一年，年六十四。

D〔又〕珣生銑給事中楊府長史　「楊」，庫本作「揚」。新表稱銑，魏州刺史河北採訪使。重修順祐王廟碑，先天二年立，稱今（潤州）刺史京兆韋銑（全文二六六）。徑山大師碑稱開元中潤州刺史韋銑（同前三二〇）。廣記一六九引明皇雜録，潤州刺史韋詵。以其昆仲名從「金」旁觀之，從「言」者誤。又開元中京口牧韋銑，見宋僧傳九玄素傳。嘉定鎮江志一四：「新唐書作『韋詵』，以漢荆王神廟碑（按卽順祐王碑）石刻爲證，當作『銑』字，新唐書誤也。」余按今殿本新書不訛。

E〔又〕曾孫宥台州刺史　新表作「宣州」。會要六，韋宥尚德宗女唐安公主。元龜四七，婚未成而主卒。似卽此人。集異記云：「元和中，故都尉韋宥出牧温州。」（廣記四二一）

F〔又〕珽閬州刺史　新表稱倉部郎中，惟郎官石柱無其名。

G〔又〕生鎬鳳州刺史　新表作「興州司馬」。

H〔又〕項宗正卿　新表稱工部尚書。項誌，遷宗正少卿，轉光禄少卿，又遷衛尉卿，卒開元四年，年八十一。誌亦題「衛尉卿」，遼居藁疑新表誤，待考。因此或得爲後來贈官也。

I〔又〕生鐵太僕卿駙馬都尉　尚中宗女永壽公主，見會要六。全文二五六蘇頲爲韋駙馬繡像贊，唐隆元年作，稱右金吾將軍駙馬都尉韋鐵。項誌稱鐵駙馬都尉，銀青光禄大夫，彭城郡開國公，上柱國，右金吾將軍，衛尉卿，左遷歙州別駕。

J〔又〕友信婺州刺史　韋氏小女子誌，曾祖友信，吉、泉、婺三州刺史。見遼居稾。

K〔又〕生縝綬　此縝與鄖國公房及南皮公房之縝同名，計凡三人。

L〔又〕綬屯田郎中　新表誤「緩」。按唐書有兩韋綬，其一屬逍遥公房，世康之後，舊、新書均附見韋貫之傳，即前文左常侍致仕者是也。其一即此，舊書一六二、新一六〇自有傳。舊傳云：「轉屯田郎中，元和十年改職方郎中。」屯田郎中即林氏修書時綬之見官也。九年閏八月，由此官爲太子諸王侍讀，見舊紀一五。韋氏小女子誌，祖綬，皇興元節度使，贈右僕射。父洙，主客員外，東渭橋結納使。又國史補（廣記二〇四），于頔幕客韋綬，據舊傳應即此人。新安志四：「元和四年刺史韋綬。」同書九：「有兩韋綬，其一元和相貫之之兄，德宗朝爲翰林學士；其一字子章，京兆人，穆宗朝吏部尚書。然貫之之兄晚得心疾，不知孰是。」余謂歙刺亦當是此人。

193 慶基，兵部郎中；生錫，台州刺史。

A〔岑校〕生錫台州刺史　匋齋藏石記二三韋必復墓記云：「韋必復字安和，高祖彭城公，曾祖台州刺史，祖巴陵縣令，父未仕。開元廿七年五月二十一日終。」「錫」，新表作「玄錫」。匋齋跋云：「唯據表，彭城、台州屬祖孫，據墓記，彭城、台州爲父子。表於世次往往有誤，當以記爲是也。」余按記非必可信，否則或慶基亦封爵彭城耳。

194 競，庫部郎中，生巨山。巨山生元旦、元曄、元晨。元旦，中書舍人。元曄，司勳員外。元晨，殿中御史，生涵、登。涵生顥，洋州刺史。登生萬、順、俛、顓。萬，忠州刺史。

A〔岑校〕競庫部郎中　「競」，庫本作「兢」，與新表同。又「郎中」，新表作「員外」。按上文慶嗣昆仲六人，以「慶」爲行，則此處似脱「慶」字。余初稿本持是説，但繼思新表有云：「兢，初名慶儆。」是由兩字名改爲單名，説果不妄，則此處作「兢」者合而前文作「慶兢」者反誤。惜郎官石柱已失右司，未能從石刻一證是非，姑從闕疑可也。

B〔又〕元旦中書舍人　金石録四唐美原神泉詩序，韋元旦撰，垂拱元年立。紀事一一，張易之罷，元旦貶感義尉，後終中書舍人。

C〔又〕元晨殿中御史　六絶紀文，長安二年立，河東主簿韋元晨撰（山右石刻五）。

D〔又〕登生萬順俛顓　此俛與前南皮公房者同姓名。又僉載有韋顓，與韋光同年登進士第，不同時，非此韋顓。

195 慶祚生行詳、行誠、行佺。案唐世系表，慶祚生潁，潁生行詳等。此作「慶祚生行詳」，中缺一代。行詳孫幹，太子詹事。行誠曾孫公右，昭應令。公右生及，三原令。行佺，尚書右丞，生良宰、利見。利見，廣府節度；生明宸，案唐世系表，「明宸」作「明宬」。劒州刺史。

A〔岑校〕慶祚生行詳行誠行佺　校云：「案唐世系表，慶祚生潁，潁生行詳等。」「佺」，庫本作「詮」，與新表同。諸昆名從「言」傍，從「人」者當誤。又庫本依新表作「穎」，此作「潁」亦訛。

B〔又〕行誠曾孫公右昭應令　華嶽題名有行華陰縣令韋公右，時約廣德前後，因其中題名有行丞同正韋澣，亦見於廣德年李仲昌等題名中也。

C〔又〕行佺尚書右丞　行佺贈禮尚，見長安志八。

D〔又〕利見廣府節度　乾元元年官此，見舊紀一〇。高力士傳，李輔國弄權，韋利見以中丞外貶。

196 慶暕，户部員外；生昇，澤州刺史。

197 澄弟淹，不仕•，生雲起、雲表、雲平。

198 雲起，益州行臺兵部尚書、司農卿；生師寶，虞部郎中。師寶生方質、方直。方質，地官尚書、平章事。孫岷，蓬州刺史。方直，兵部郎中。

A〔岑校〕生師寶虞部郎中　羅校云：「案『師寶』，唐表作『師實』。」余按舊書七五作「師實」，云官至華州刺史、太子少詹事，新表稱「秦州都督」，又説之集二五秦州都督師實，「實」字當訛。

199 雲表，工部郎中。

200 雲平，度支郎中，生師貞。師貞生元晟、元珪。元晟，緜州刺史；生汪，岷州刺史。元珪，宗正卿，生堅、蘭、芝。堅，刑部尚書；生誕，果州刺史。蘭，將作少監。芝，兵部員外。

A〔岑校〕雲表工部郎中　新表稱祕書監。

B〔又〕元晟緜州刺史　庫本及新表均作「綿」，按緜、綿字通，説已見前。

C〔又〕元珪宗正卿　開元七年官兗州刺史，見闕里孔廟碑（山左金石志一二）。官兗時爲河南道巡察劉知柔所薦，見元龜六五八。蘇頲制，自太子典膳監授通事舍人，見英華三八三。

D〔又〕堅刑部尚書　叢編七引京兆金石録長安令韋堅德政頌，天寶元年立，據舊書一〇五本傳，即此韋堅，非南皮公房之韋堅也。全文五〇〇權德輿王定碑：「前夫人京兆韋氏，刑部尚書贈太子賓客堅之女。」

E〔又〕生誕果州刺史　約貞元七年，誕自果州刺史坐贓廢，見會要五八，新表作「證」誤（百衲及殿本同）。

F〔又〕蘭將作少監芝兵部員外　均附見舊書堅傳。

201 穆八代孫延賓，生璋、福、議。

A〔岑校〕穆八代孫延賓生璋福議　此卽韋庶人房也。廣記二七五引朝野僉載，隋開皇中，京兆韋衮有奴曰桃符，放從良，令從韋姓，至今爲黃犢子韋，卽韋庶人其後也云云。與此異。

202 璋孫岌，生元郁、案唐世系表，「郁」作「都」。元諤、元誕。郁生瓚，職方郎中。諤生嬰、顗。嬰，左金吾將軍。顗，太子僕。元誕生瑗、瑅。瑗，司勳郎中。瑅，宗正少卿。

A〔岑校〕郁生瓚職方郎中　新表作「濬」，誤。舊書一八三韋溫傳固云「族弟瓚」。通鑑二〇九稱，衞尉卿韋瓚。景雲元年被殺。景龍三年九月，瓚官太府少卿，見全文一七。溫校謂「郁」上及下文「諤」上均脱「玄」字，非是。姓纂常見省稱之例。

B〔又〕顗太子僕　元和四年爲侍御史，見會要六〇。又七年十一月充吏部考官，見舊書一五。白居易花前歎：「樊李吳韋盡成土。」注云：「……韋侍郎顗，皆舊往還，相次喪逝。」（紀事四五引）

203 福孫昌，左騎衞大將軍、普安公。

A〔岑校〕福孫昌左騎衞大將軍　按唐有驍衞，無騎衞，「騎」應作「驍」。

204 議生弘慶、弘度、弘表、弘素。弘慶生元希、元瑾。元希生灌、濯。案唐世系表，「灌」作「淮」。灌，光祿少卿、曾國公。濯，駙馬、太僕；生會，贊善大夫。會生鶴、鵬、鶚。元瑾生涉，太僕少卿。弘度孫淑，衞尉少卿。淑生藏鋒。弘表生元儼、元貞。元儼，工部郎中；生灌、温、溍。灌生搆、播。搆，太僕少卿、魯公。播，吏部郎中、宋公。温，禮部尚書、平章事、太子少保、曹公。渭，太僕卿；生捷，祕書少監、駙馬都尉。元貞，蔡州刺史；女爲中宗皇后，廢爲庶人。生洵、浩、洞、泚。弘素生元昭。元昭生濬，衛尉少卿。

A〔岑校〕議生弘慶弘度弘表弘素　羅校云：「案唐表作『議生仁，仁生弘慶……』。」

B〔又〕元希生灌濯　校云：「案唐世系表，『灌』作『淮』。」案下文温之兄亦名灌，從祖兄弟中當不至同名，此作「灌」誤。

C〔又〕濯駙馬太僕生會　會要三，德宗韋妃祖濯，尚中宗女定安公主，官至衛尉少卿；父會昌中爲義王駙馬云云。按韋妃之父，斷不能生存至會昌時，蓋其名爲會，故誤作「會昌中」也。據舊書，玄宗子玭，開元十三年封義王。但王玭不得稱駙馬。舊書一〇五王鉷傳：「定安公主男韋會任王府司馬，……鉷遣賈季隣收於長安獄，入夜縊之。」則「駙馬」爲「司馬」之訛，「昌中」殆「天寶中」之訛奪。

D〔又〕淑生藏鋒　輿地碑記目四合州祭龍多山題名云：「天寶十四載十月十一日，大中大夫守巴川郡太守、真寧縣開國男、上柱國、賜紫金魚袋韋藏鋒準制醮祭。」

E〔又〕元儼工部郎中　舊書一八三，玄儼官至許州刺史，新表作「邢州」。

F〔又〕播吏部郎中宋公　今郎官柱吏中有名。景雲元年官長安令，被殺，見通鑑二〇九。

G〔又〕湑太僕卿　舊書一八三，湑左羽林將軍，新表同。

H〔又〕生捷祕書少監駙馬都尉　捷尚中宗女成安公主，見會要六。

I〔又〕元貞蔡州刺史　舊書七五一及一八三、又新表均云玄貞豫州刺史。據舊書三八，寶應元年始改豫州爲蔡州，此追諱也。韋庶人葬其父韋貞，號酆王，見廣記二八三引朝野僉載。

J〔又〕生洵浩洞沘　「沘」訛。舊書一八三及新表均作「泚」。

205 【襄陽】東眷穆元孫華，隨宋武過江，居襄陽縣。祖歸生纂、闡、叡。叡生放、政。放生粲。政生鼎、載。前史並有傳。

A〔岑校〕祖歸生纂闡叡　梁書一二叡傳，祖玄，父祖歸。又新表七四上，華生玄。則祖歸上應補「孫」字。

B〔又〕叡生放政放生粲政生鼎載前史並有傳　叡傳見梁書一二，放傳見同書二七，粲傳見同書四三，載傳見陳書一八，鼎傳見隋書七八。「政」，梁書作「正」。

206 纂曾孫弘瑗，生德倫、知止。

A〔岑校〕纂曾孫弘瑗　新表同。韋希損誌，畺，魏散騎常侍，生高祖瑗，隋陽武令（存逸考一）。祇作「瑗」，與此小異。當日或爲諱而從略。

207 德倫，任邱令；生仁慎、仁約，納言、博昌男*，生承慶、案唐世系表，德倫生思謙，思謙生承慶。嗣立、淑。

A〔岑校〕生仁慎仁約納言博昌男　校云：「案唐世系表，德倫生思謙，思謙生承慶。」余按舊書八八思謙傳：「本名仁約，字思謙，以音類則天父諱，故稱字焉。」校注殊未詳。唐語林三，高宗時仁約貶清水令。温校謂「仁約當是思謙原名」，蓋失檢舊傳。

208 承慶，鳳閣侍郎、平章事、扶陽子，生晉、長裕。晉，常州刺史。長裕，祠部員外。

A〔岑校〕承慶鳳閣侍郎平章事扶陽子　「子」，庫本作「公」。按舊書八八，封扶陽縣子，洪本蓋據校。吴興談志一五烏程縣：「唐韋承慶子（「字」訛）延休，儀鳳中由太子諭善出爲縣令。」景宋鈔本叢編一引集古目：「唐韋使君頌，唐當塗縣丞王待徵撰，不著書人名氏，韋使君名承慶，字延休，京兆杜陵人，自沂州刺史入爲鳳閣舍人，碑無所立年月。」按舊書八八本傳：「長壽中，累遷鳳閣舍人，……尋坐忤大臣旨，出爲沂州刺史，未幾，詔復舊職。」則此碑當長壽末立。唯同卷引集古目翁公浮圖碑，湖州武康縣主簿王待徵撰，神龍元年立，撰人相同而彼碑約後十二年，爲從八品以下之丞者乃反降而爲正九品下之主簿，豈中間左遷歟，抑彼碑久撰而未立歟？

B〔又〕生晉長裕　此韋晉與前鄅城公房者同姓名。

C〔又〕長裕祠部員外　舊書八八作「膳部員外」，今郎官柱祠外有鄭長裕，無韋長裕。萃編一一六云：「舊傳未任。」則未知「鄭」爲「韋」訛，抑鄭確嘗任祠外而韋乃膳外非祠外也。

209 嗣立，中書令、逍遥孝公，生子恆、濟、孚。孚，右司員外。恆，給事中、陳留採訪使。濟，户部侍郎，生逢、士模、案唐世系表，「士模」作「士楧」。士勛、奥、函。逢，虞部員外，生貞伯、成季。

貞伯，給事中。成季，兵部郎中。士模，彭州刺史。士勛，河南少尹。函，邵州刺史。

A〔岑校〕生子恆濟孚　此韋恆與前鄖城公房之韋恆同名。

B〔又〕孚右司員外　羅校云：「案『右』，唐表作『左』。」余按舊書八八作「左司」，今郎官石柱不見孚名，惟有韋姓單名者泐下一字，不知卽孚否。

C〔又〕恆給事中陳留採訪使　載之集一七有扶風太守韋恆，應卽此人。又元龜一六二，開元二十三年，令給事中韋常巡關内道，二十九年，太常卿韋常等分行天下，宋人諱「恆」，知韋常卽韋恆也。英華三九八。孫逖制，朝議大夫、守給事中、鄭縣開國男韋恆可守太常少卿。廣記一四七引定命録，韋恆爲陳留太守，未到而卒。郊祀録八，天寶十載，京兆尹少卿（？）韋恆祭河瀆，元龜三三作「京兆少尹韋嘗」，「卿」字殆衍文。

D〔又〕濟户部侍郎　新表作「馮翊太守」，依舊書八八，乃舉其終官也。白鹿泉神君祠碑，恆州刺史韋濟文　常山貞石志九云：「當卽此人。惟碑立於開元二十四年三月，傳稱二十四年爲尚書户部侍郎，不言其曾刺恆州，豈其人爲户部侍郎由恆州刺史内擢，在立碑之後而史略之耶？」據全文三〇八孫逖制，「朝散大夫守京兆少尹、奉明縣開國男韋濟，……自升華省，迨佐神州，……可試尚書户部侍郎」，則濟非由恆州刺史内擢户侍。濟二十二年官相州刺史，見通鑑二一四；但據大唐新語一〇及舊書一九一張果傳，濟是恆州，疑宋人避諱省寫，涉字形相近而轉訛爲「相」也。天寶七年官河南尹，見寰宇記五。

E〔又〕生逢士模士勛奥函　按下文祇敍函官，新表七四上「函」作「涵」而無奥，唯新書一一六有之。考金石録八有夏縣令韋公遺愛頌，貞元二年立，校記云：「韋公名澳。」按「澳」爲貫之之子，時代不同，必非其人。叢編四實作韋奥遺愛頌，卽此奥也。原校謂「士模」，表作「士樸」，羅校已正其誤。

F〔又〕貞伯給事中　貞元九年爲御史中丞，見會要七四。貞元二年爲藍田縣令，見元龜七〇一。又三年五月遷舒州刺史，見同卷。全文六三九李翺獨孤朗誌：「夫人京兆韋氏，給事中貞伯之女。」

G〔又〕成季兵部郎中　全文四七九貞元十九年許孟容祭楊郎中文，稱司封郎中韋成季。

H〔又〕士勛河南少尹　嚴州圖經一：「韋士勛，正(貞)元二十一年四月二十二日，自金州刺史拜。」

210 淑，安州都督。

211 仁慎，駕部郎中；生奉先，金部郎中。奉先生濬，梓州刺史。

A〔岑校〕奉先生濬　此與前駙馬房之韋濬同姓名。

212 知止，庫部郎中。孫嗣業，生希、損。希生明。案唐世系表，「明」作「朗」。損生常。

A〔岑校〕知止庫部郎中　希損誌：「瑗生曾祖知□□□建伯勳，領幽州刺史。」（文字新編三）「知」下所泐卽「止」字。誌著外官，此著京職也。考異一一引御史臺記，光宅初，薛仲璋與徐敬業等謀反，夜與江都令韋知止子茂道計議，未知卽此知止否？若千唐李夫人韋氏誌，「夫人之曾祖莊，皇許州司馬。祖知止，尚舍奉御。父嗣道，劍州司馬」，則世系不同，是姓名偶同者。

B〔又〕孫嗣業生希損希生明損生常　校云：「案唐世系表，『明』作『朗』。」希損誌：「生祖仁儉，儉早終；生考嗣業，……君卽祕書公第二子也。」（文字新編三）存逸考一云：「希損之祖，仁儉之名，及希損父嗣業官祕書，希損官京兆府功曹，表中均未載。得此可補其闕。」余按希損實一人，而姓纂誤分爲二，新表誤同。此可見新表史料，大半本自姓纂。又可知希損分爲兩人者，北宋見本已如是也。希損墓誌無明或常，唯言次子璞玉及子渾金等，豈卽明、常等之小字歟？毛氏既將誌與新表比定，竟不知表誤作兩人，亦其小失。又會要七九有贈右散騎常侍謚貞之韋常，不知是此否（亦得爲前文韋恆之諱改）。再新表之誤，金石補正五一已言之，唯補正疑其或別一人則非是。

213【京兆諸房韋氏】　主客郎中韋弼稱，東眷龍門公房。弼生伯陽、季莊、叔將。

A〔岑校〕主客郎中韋弼　按衡州集六韋夏卿神道碑云，大王父主客郎中萊、濟、商三州刺史，王父倉部郎中、太原少尹，考檢校都官郎中、嶺南節度行軍司馬。大王父，弼也。王父，伯陽也。考，迢也。又昌黎集二四元稹妻誌云，曾祖父伯陽，自萬年令爲太原少尹，王父迢以都官郎爲嶺南軍司馬。全詩二函五册沈佺期送韋商州弼有云：「聞君監郡史，暫罷尚書郎。」

214伯陽，倉部郎中，生建、迢、造。建，太子詹事致仕。迢，韶州刺史，生夏卿、周卿、正卿。

正卿生珩、瓘。

A〔岑校〕生建迢造　全詩三函一册劉長卿有送韋十七造赴任鄭縣詩。

B〔又〕建太子詹事致仕　長安志八及新表稱祕書監。按會要六七，貞元五年，以前太子詹事韋建爲祕書監致仕，各有所略，故若不同也。建與蕭穎士最善，字士經，見全文三一七李華三賢論。新表七四上作「建字正封」，所據未詳。全文三七五小傳亦云：「建字士經，天寶中爲河南令。」古制七十懸車，建應生開元初，非兩人也。全詩三函一册劉長卿有送韋九建赴任河南詩。

C〔又〕迢韶州刺史　舊書一六五，父迢，檢校都官郎中、嶺南節度行軍司馬。新表亦稱嶺南節度行軍司馬。與衡州、昌黎二集同。杜甫有送韋員外迢牧韶州詩（工部集一八）。

D〔又〕生夏卿周卿正卿　南部新書丁：「韋夏卿善知人，道逢再從弟執誼、從弟渠牟及丹三人，皆第二十四。」依姓纂，夏卿、執誼同高祖，應是三從兄弟。渠牟，鄖城公房；丹，鄖國公房；又祇是族弟，非從弟也。夏卿碑稱仲弟正卿。河東集注，大曆二年，夏卿、正卿同舉進士。

E〔又〕正卿生珩瓘　珩，貞元二十一年進士，見韓譜附考。元和元年制科及第，見會要七六。又有韋瓘温，當元和十五年爲左拾遺，見會要五五（據元龜五四六，乃「韋瓘、温會」之奪文）。長慶元年，珩官河陽節度參謀兼監察御史，見元龜五一〇。元氏長慶集四八有授韋珩京兆府美原縣令制。開成（？）三年珩台州刺史，見宋僧傳三〇廣修傳。吳興談志一四：「韋珩，大和五年四月，自江州刺史拜，未視事卒。」嘉定赤城志八，寶曆二年刺史韋衡。「衡」是「珩」誤。桂林風土記，韋舍人瓘，年十九人闕，應進士舉，二十一進士狀頭，敕下除左拾遺。登科記考一七云：「按此與韋珩之弟同名，別是一人。」不知何所見而云然，珩舉貞元二十一年進士，其弟舉元和四年進士，未見其不合也。瓘以左拾遺守右補闕，充史館修撰，見元氏長慶集四七。大和中，自中書舍人謫康州，大中初罷楚州刺史，見韋瓘題記（金石補正六一）。

215 季莊，扶風太守。孫宗卿，出繼堂伯建，户部員外。

A〔岑校〕孫宗卿　叢編八引京兆金石録楊明義先廟碑，韋宗卿撰，元和六年立。

218 叔將，蔡州刺史。

A〔岑校〕叔將蔡州刺史　新表作「豫州」，說見前。

217 弼兄會，生仲昌、叔昂、伯詳。度支郎中、京兆尹，生漸、苺。案唐世系表，仲昌，京兆尹•，生漸、苺。此「度支郎」上脫「仲昌」二字。苺，巴州刺史，生執中、執誼。執中，泉州刺史。執誼，尚書左丞、平章事。叔昂，右司郎中，生汎。汎生萬。伯詳，考功郎中。

A〔岑校〕度支郎中京兆尹生漸苺　校云：「案唐世系表，仲昌，京兆尹，生漸、苺。此『度支郎』上脫『仲昌』二字。」按郎官石柱度支郎中今殘泐，未見仲昌名，又前文西眷亦有韋漸。

B〔又〕執中泉州刺史　昌黎遺文同竇牟、韋執中、尋劉尊師不遇詩注：「公時任都官（員）外郎，同洛陽令竇牟、河南令韋執中以訪之，元和五年也。」全詩十一函九册有李益、韋執中聯句。

C〔又〕執誼尚書左丞平章事　元和初貶崖州司户參軍，見廣記四九七引嶺南異物志。

D〔又〕叔昂右司郎中　羅校云：「案『右』，唐表作『左』。」余按郎官石柱左司郎中有韋叔昂，可證。

E〔又〕生沉　前文逍遥公房亦有同名者。

F〔又〕沉生萬　此萬與前彭城公房者同姓名，但時代當較後。千唐建中元張翔誌：「外甥前河南府壽安縣主簿韋萬。」疑即其人，因此萬與執誼同輩，時代相當也。

G〔又〕伯詳考功郎中　元龜一二八，開元二十三年，採訪使舉涇陽縣令韋伯詳，當即此人。亦見郎官柱左中、户中。

218 蓬州刺史韋志儉稱閬後。兄子趙賓，秦州都督。

219 監察御史韋務靖稱東眷，今占韋城。五代祖或，高祖珍，後魏附傳。靖兄子光業，光州刺史；生南金，兗州都督。金孫説，賀州刺史。

A〔岑校〕監察御史韋務靖稱東眷今占韋城　按馮翊有韓城，「韋城」疑「韓城」之訛。貞觀二年，務静爲監察御史，見會要六〇。

B〔又〕五代祖或高祖珍後魏附傳　「或」誤，庫本作「彧」。考魏書四五，閬族弟珍，珍子彧，則此文應正作「五代祖珍，高祖彧」方合，「附傳」者，附見閬傳也。

C〔又〕生南金兗州都督　天寶八年，湖州刺史韋南金，見宋僧傳二六慧明傳。吴興談志一四：「韋南金，天寶八年自睦州刺史授，遷梁州刺史，統記云七年。」嚴州圖經一：「韋南金，天寶五載九月□日自台州刺史拜。」

220 職方員外韋密，占積泉。

A〔岑校〕職方員外韋密占積泉　唐無積泉縣，殆有誤。

221 唐南寧州都督韋仁肅稱西眷照平齊公同承策。壽堂兄案此下有脱文。曾孫光朝，萬年令；生曾，舒州刺史。

A〔岑校〕唐南寧州都督韋仁肅稱西眷照平齊公同承策壽堂兄　校云：「案此下有脱文。」余按舊書一八五上韋仁壽傳：「高祖以仁壽素有能名，令檢校南寧州都督。」亦見元龜七八，則「韋仁肅」乃「韋仁壽」之訛。亦即「壽堂兄」之「壽」，壽、肅涉形近而訛也。復依下文「稱東眷鄖城公同承頣」之書例，則「照」爲衍文，否即「堂兄」下所誤錯，曰策、曰頣，均其先代之名，惜史無可考矣。

222 職方員外弘仁稱東眷鄖城公同承頣。弘仁兄弘道，五代孫昌，著作郎；生競，京兆府法曹。

A〔岑校〕生競　「競」，庫本作「兢」。

223 著作郎韋安仁，祖翻，陳書有傳，稱東眷、居襄州，代仕今江左，今無。

A〔岑校〕著作郎韋安仁祖翽陳書有傳　安仁當是唐初人，考新書五八，與修隋書者有韋安化，疑即此。

B〔又〕稱東眷居襄州代仕今江左今無　「無」下，庫本有「聞」字，此奪。余謂「今江左」之「今」字應衍。

224【延陵】元成九代孫昭，吴侍中。裔孫齊中書侍郎遵。唐蘭陵令，生元静。其延陵諸韋並云承侍中昭。

A〔岑校〕裔孫齊中書侍郎遵唐蘭陵令生元静　按遵仕於齊，則斷非仕唐爲蘭陵令，故「遵」之下似有脱簡。由是而推，仕唐爲蘭陵令者何名，「生」字是否錯衍，未得他證，難以强解。

斐

斐音非。

225 左傳有斐豹，漢有斐禹。　案姓纂引左傳斐豹，正與廣韻注同。知今本作「斐」字誤也。

A〔岑校〕左傳有斐豹　校云：「案姓纂引左傳斐豹，正與廣韻注同。知今本作『斐』字誤也。」按前之「斐」字，似應正作「棐」，温校引姓觿作「棐」。

226 風俗通云，秦非子之後。

肥

227 戰國時趙賢人肥義之後。風俗通云，漢有黥布將肥銖。又仁恕掾肥親。

A〔岑校〕趙賢人肥義之後　庫本無「肥」字，然下文肥銖、肥親均著姓，此不應獨缺，洪本是也。

B〔又〕漢有黥布將肥銖　按銖見漢書灌嬰傳。通志引風俗通作「肥韶」，與今本漢書不符。又姓氏篇引姓纂云：「肥氏，漢有肥韶，英布將肥赫。」與今本不符，未審何據。

賁

228 漢功臣表，賁赫擊黥布，及平，封其思侯。案賁赫，漢表作「期思康侯」。

A〔岑校〕漢功臣表賁赫　按漢書注，賁，音肥。故通志於肥、賁兩氏下均引及賁赫也。

B〔又〕封其思侯　「思」，庫本作「恩」。然此不過舊本偶爾傳訛，洪刻逕予改正，未爲不合。

幾

229 風俗通，宋大夫仲幾之後，以王父字爲氏。

A〔岑校〕幾　姓氏篇以此姓入上聲，未審何據。

譏

230 後魏官氏志，俟譏氏改爲譏氏。

〔岑校〕俟譏氏改爲譏氏　官氏志作「俟幾氏改爲幾氏」。疏證謂「俟」應作「俟」，「譏」字不誤，因姓纂前條別出幾氏也。按通志作「俟譏」。

歸

231 左傳，胡，子國，歸姓，爲楚所滅，子孫姓歸氏。其後世居吳郡。

232 【吳郡】唐工部尚書歸崇敬；生登，工部侍郎；生融，刑部尚書。

A〔岑校〕唐工部尚書歸崇敬　廣記一七七引談賓錄，崇敬累轉膳中，充新羅册立使。

B〔又〕生登工部侍郎　裴耀卿碑，元和七年立，書人題銀青光禄大夫、行尚書工部侍郎、上柱國、長洲縣開國男歸登，此其見官也。據舊書一四九，登終工部尚書，元和十五年卒。又四年十月，以工部侍郎歸登充皇太子諸王侍讀，見全文六三憲宗册文。同書四七六，貞元十二年崔損祭成紀公文，右補闕歸澄。「澄」乃「登」訛。同書四八七權德輿起居舍人舉代狀，稱朝議郎行右補闕歸登。

C〔又〕生融刑部尚書　新書一六四，融以元和中及進士第，終太子少傅東都分司。據舊紀一八下，卒於大中七年正月。舊書一四九及新傳均未言其爲刑部尚書，此一句乃後人續貂者也。

微生

233 論語，微生畝，魯武城人也。又微生高，或云尾生也。

非（温補）

234 非子支孫，封於非鄉，因氏。（温補）

A〔岑校〕温校據姓觿一引補。

依（温補）

235 黄帝二十五子中有依姓。（温補）

A〔岑校〕温校據姓觿一引補。

飛廉

236 風俗通，飛廉國，秦所滅，因氏焉。漢書，光禄大夫飛廉安國。

A〔岑校〕風俗通飛廉國秦所滅因氏焉漢書光禄大夫飛廉安國　按通志飛廉氏云：「史記，秦嬴姓有飛廉氏。」文與此不同。唯義渠氏云：「風俗通，義渠，狄國，爲秦所滅，因氏焉。漢書，光禄大夫義渠安國。」辯證略同。義渠安國見漢書趙充國傳，知飛廉實冒義渠之文也（温校略同）。今應别行立目，移附卷八八未韻下。姓解二，「飛」，古作「蜚」，通用。卷八蜚廉之文，應併合於此。

圍龜

237 楚大夫鬭圍龜之後。

九魚

魚

238 風俗通，宋桓公子目夷，字子魚，子孫以王父字爲氏。漢有長安人魚翁俶也。

A〔岑校〕漢有長安人魚翁俶也　「俶」誤，通志作「叔」，見漢書張湯傳。

239 【馮翊下邳】苻秦有魚遵，元孫經，後魏吏部尚書，生徽、俊、代略。

A〔岑校〕馮翊下邳　據隋書六四俱羅傳，乃馮翊下邽人，「邳」字訛。

B〔又〕生徽俊代略　按「代略」卽下文之「世略」，或諱或不諱也。

240 俊生備，隋高唐公；生俱羅，隋安州刺史、高唐公；生懷節、讓、儼。世略，後魏雍州刺史、梁泉公；生叔攢，唐將作丞；生曄、嗑，度支郎中、司農少卿也。

A〔岑校〕生曄嗑度支郎中司農少卿也　魚承曄爲則天時酷吏，卽殘害宗支毒陷良善情狀稍輕者四人之一。貫京兆府櫟陽縣，見開元十三年之開元格（通典一七〇）。名亦見舊紀七。又馬懷素誌有潤州（據勞考一三考定）長史魚承嗑，蓋兄弟俱以「承」排行也。封氏聞見記四，則天時，魚保宗以徐敬業反，牽累伏誅，其父承曄自御史中丞貶義州司馬。曄、曄同音，當卽其人，「曄」字殆後世諱改者。「保宗」，通鑑二〇三作「保家」，云魚承曄之子。同書光宅元年承曄官侍御史。

徐

241 顓頊之後，嬴姓。伯益之後夏時受封於徐，至偃王爲楚所滅，以國爲氏。漢有河南太守徐守、徐明，又有徐儉。

A〔岑校〕伯益之後夏時受封於徐　「後」誤，庫本作「子」，類稿六、新書六、備要一九均同。按新表七五下云：「伯益生若木，夏后氏封之於徐。」

B〔又〕漢有河南太守徐守徐明　明爲涿郡太守，見漢書王尊傳，此處未審有奪誤否。

C〔又〕又有徐儉　儉未詳，不知卽新表之師儉否（引見下文）。

242 【東海郯州】自明居五代孫寧過江東，生祚之，生欽之、美之。案唐世系表，「美之」作「羨之」。

A〔岑校〕東海郯州　按漢書地理志，東海郡郯縣。晉書六四徐寧傳亦云，東海郯人，「郯州」應作「郯縣」（亦見勞考四）。

B〔又〕自明居五代孫寧過江東　「自明居」之下，當有脱簡，其意謂自徐明居此也。新表七五下，明生遷，遷生宣，宣生瑞，瑞生師儉，師儉生超，超生統，統生台，台生褚，褚生寧，則寧爲明九代孫，故知應有奪誤。温校謂當作「自明五代孫寧過江居東海」，世數與新表不合。

C〔又〕生祚之生欽之　羅校引訛「欽」爲「飲」。

D〔又〕美之　原校云：「案唐世系表，『美之』作『羨之』。」羅校引宋書本傳正作「羨之」。

243 美之，宋司徒。

244 欽之生逵之，宋沛郡太守，尚武帝女會稽公主；生湛之，司徒，生聿之；案唐世系表，湛之二子：恆之、聿之。恆之生孝嗣。此「聿之」下脱去「恆之，恆之生」五字。孝嗣，齊尚書令、太尉；生俔，案唐世系表，「俔」作「緄」。梁侍中，生君游、君舊、君敷。

A〔岑校〕欽之生逵之　羅校云：「案宋書徐湛之傳作『逵之』。」按殿本考證云：「逵之，胡藩傳及南史諸傳並作『逵之』。」此又逵、逵互訛之一例。

B〔又〕生湛之司徒生聿之　原校云：「案唐世系表，湛之二子：愃之、聿之。愃之生孝嗣，此『聿之』下脱去『愃之，愃之生』五字。」羅校云：「案宋書徐湛之傳，湛之三子：聿之、謙之、愃之。聿之生孝嗣，與唐表亦不合。」余按魯公集九徐琇神道碑亦云：「湛(之)生黄門侍郎聿之，聿之生齊太尉孝嗣。」新表誤。琇碑又云：「宋有中書侍郎逵之，司空羡之兄祕書監欽之，欽之子尚書僕射中書令湛之。」大誤，應正云：「宋有中書侍郎逵之，司空羡之兄祕書監欽之之子，生尚書僕射中書令湛之。」衍一「欽」字，補一「生」字，與下文「湛之生」、「孝嗣生」句調亦相合，今本傳訛耳。

C〔又〕孝嗣　依前條所釋，此上應補「生」字。

D〔又〕生倱梁侍中　原校云：「案唐世系表，『倱』作『緄』。」余按南史一五，孝嗣子緄，仕梁，位侍中。新表七五下作「齊侍中」誤，徐琇碑亦云孝嗣生梁侍中緄也。

E〔又〕生君游君舊君敷　按南史一五，緄子君蒨，蒨、舊形近，「舊」當「蒨」之訛。「君游」，新表作「君賓，字客卿。」「敷」，魯公集九作「敕」，當誤。

245 君游生澄。案唐世系表，「澄」作「澈」。澄生文遠，唐國子博士，生士安；生有功、有忠。有功，右司郎中、大理少卿；生倫，郇王案唐世系表，「郇王」作「岐慶二王」。司馬；生蛟，光禄少卿、安定太守；生濤，檢校員外郎。有忠，濮陽令；生渾，吏部員外、襄陳畱太守、採訪使。

A〔岑校〕君游生澄　原校云：「案唐世系表，『澄』作『澈』。」羅校云：「案唐表作『澈，一名澄』。」校者蓋未讀表之全文也。舊書一八九上文遠傳稱父徹，「澈」而訛「徹」，往往見之。

B〔又〕生士安　李華徐府君碑：「東莞生王屋令士安。」

C〔又〕有功右司郎中大理少卿　新表作「秋官侍郎」，誤。據本傳，有功未嘗任此官也。

D〔又〕生倫邠王司馬　原校云：「案唐世系表，『邠王』作『岐、慶二王』。」余按通鑑二一一又作「累遷申王府司馬」。「倫」，新書一一三作「惀」，元龜一三八作「倫」。開元二年自大理司直爲恭陵令（同書八六五作「太子司議郎」）。全文三四作「惀」。全文三一八李華徐府君碑則云：「君諱堅，字倫，名與宗人同，故以字稱，自大理司直拜恭陵令，歷陳、陝兩州别駕，入爲岐王府司馬，轉慶王府，開元十六年卒，春秋六十八。」

E〔又〕生蛟光禄少卿安定太守　李華徐府君碑：「嗣子光禄少卿縠，前蜀郡兵曹參軍殷，句容尉毅。……縠行備忠厚。」三子之名，右旁皆從殳。羅校亦云：「案『蛟』，唐世系表作『縠』」。

F〔又〕生濤檢校員外郎　新表作「壽，字浚源，侍御史」。今精舍碑似未見其名。

G〔又〕有忠濮陽令生渾吏部員外襄陳留太守採訪使　按新表七五下，有道字弘度，鞏丞。子惲，字揖，河内採訪使。與此不合。考郎官石柱吏部員外有徐惲，則作「渾」者誤。金石録七陳留郡太守徐惲碑，天寶五載立。又徐府君碑：「君從父弟惲，御史中丞、陳留太守、河南採訪，……大理殁而有中丞，中丞殁而有光禄。」知李華之碑，約撰於天寶五載之後。新表「河内」乃「河南」之訛，此處姓纂又略

「河南」字也。「襄」下，郎官考三以爲「有脱字」，是否尚待證實，亦許是羨文。吳興談志一四：「徐惲，開元二十五年自登州刺史授，不曾之任，遷洪州刺史，充江西采訪使，統記云二十九年。」吳興備志四訛「徐煇」。曲江集九，御史中丞徐惲，亦即此人。

246 君敷曾孫筠，唐禮部侍郎、右常侍，生晈、昭、昕。

A〔岑校〕君敷曾孫筠禮部侍郎右常侍　新表作「春官尚書」。魯公集九稱兼禮部尚書。京兆金石録有唐禮部尚書徐筠碑，天寶九年立（叢編八）。又集古録目云：「徐筠字南美，東海人也，垂拱中官至禮部尚書。」叢編八既於萬年縣下引田録著筠碑，又於咸陽縣下引歐録著南美碑，誤複也。

B〔又〕生晈昭昕　「晈」，新表作「皎」，二字通。

247 晈生詡、謐。詡，許州牧，生儀、向。儀，祠部郎，生雅、粲。粲，檢校户部郎中、兼御史中丞。向，司勳員外、陳宋荆州刺史。謐孫摯。

A〔岑校〕詡許州牧　「牧」字誤。新表作「許州司馬」。

B〔又〕儀祠部郎　新表作「祠部員外郎」，按郎官石柱祠部員外有徐儀，此脱「員外」字。續僧傳一七智顗傳，隋煬帝時有東海徐儀，與此時代不同。

C〔又〕粲檢校户部郎中兼御史中丞　粲，貞元中爲御史中丞，主楊子院鹽鐵轉運，爲侍郎張滂所按，徙嶺表，見元龜五一一。

D〔又〕向司勳員外陳宋荆州刺史　按郎官石柱司勳員外作「徐尚」，未詳孰是。又新表作「衢、江、陳、潁、鄭、宋六州刺史」，無「荆州」。大曆七年，向爲宋州刺史，見魯公集五。

248 昭，虞部郎中；生孟嘗，越相二州刺史，致仕。

A〔岑校〕昭虞部郎中　昭於乾封元年及第，見會要七六。

B〔又〕生孟嘗越相二州刺史致仕　新表作「安州都督」。

249 昕，萬年令；生琇，冀州刺史；生績，兵部郎中、諫議大夫；生縝、弘毅。縝，朗州刺史。弘毅，侍御史。

A〔岑校〕昕萬年令　新表作「洛州長史」。徐琇碑稱庫部郎中、萬年令、太子詹事。按天授二年，昕自并州録事參軍授著作郎，見會要六七。金石録八萬年縣令徐昕碑，大曆四年立。

B〔又〕生琇冀州刺史　「琇」，魯公集九作「秀」。天寶十二載拜信都郡長史，翌年卒官，未爲冀州刺史也。新表蓋沿姓纂而書。

C〔又〕生績兵部郎中諫議大夫　新表作「虢州別駕」。考舊代宗紀，大曆十二年，諫議大夫徐璜（勞考一八引新書元載傳以爲即徐績）坐元載貶。別駕，殆其貶官也。寶應元年租庸使徐演，見寰宇記一三九蓬州下。

D〔又〕弘毅侍御史　新表作「大理評事」。按今精舍碑有弘毅名。弘毅於貞元四年、十年及第，見會要七六。唐語林三，高平徐弘毅爲知彈侍御史。

250 儉孫充。充次子機，生韶。韶生逸、監。

251 逸元孫超之；生擿，梁左衞將軍，生陵、孝克。陵，陳尚書僕射，生儉、份。儉，右軍將軍；生德言，陳太子舍人、隋蒲州司功。份，陳中書舍人；生令言，唐中書舍人，生茂弘。孝克，陳都官尚書、隋國子博士。

A〔岑校〕生擿梁左衞將軍　全文九一八清晝洞庭山和尚墳塔銘：「八代祖擿，齊竟陵王西邸學士。」廣弘明集二三梁元帝法寶聯璧序，中大通六年作，稱新安太守前家令東海徐擿，年六十四，字士纘。廣記二四六引談藪，梁侍中東海徐擿，散騎常侍超之子。

B〔又〕生令言唐中書舍人　貞觀十一年爲睦州刺史，見舊書一二三。武德元年爲越王侗右丞，見通鑑一八六。

252 監元孫融，南昌令；生勉，梁尚書僕射，居相位二十年，生彝倫式序；生山松、悱、矩。案「矩」下疑脱「權」字。悱，晉安内使。矩，度支尚書。權，後梁右僕射。孫瑜，生元度，唐弋陽令。

A〔岑校〕監元孫融南昌令　羅校云：「案『元孫』二字疑衍文，否則『元孫』二字上有奪字。」又「南昌令」，梁書徐勉傳作「南昌相」。余按上文韶生逸、監。逸之來孫擿，仕梁爲左衞將軍；監之來孫勉仕梁爲尚書僕射，世代正合。羅氏特誤以「監」字屬上國子博士讀，遂强謂衍奪耳，原文幷不訛。

B〔又〕生彝倫式序　按此幷非勉子之名，考梁書二五勉本傳：「勉居選官，彝倫有序。」此「生」字衍。「彝倫式序」連上文「居相位二十年」爲句也。

C〔又〕生山松悱矩　原校云：「案『矩』下疑脱『權』字。」羅校云：「案梁書徐勉傳，長子崧，次子悱，此作『山崧』，疑誤。」

D〔又〕悱晉安内使　依梁書二五，「内使」卽「内史」。

253【東陽】偃王之後。漢徐衡徙高平，孫饒又徙東陽，七代至融。融五代孫之才、之範，並北齊有傳，繼封西陽王。之才，官至尚書令。孫師順，唐勝州總管、高平公。之範孫仲宗，衛尉大卿、任城公，生慶、祚。慶，右司郎中。祚，度支郎中。

A〔岑校〕孫饒又徙東陽七代至融融五代孫之才之範　鄴下遺文上徐之才誌云：「十二世祖饒，漢爵林太守。」七加五卽十二世也。復考南史三二，濮陽太守徐熙生秋夫，秋夫生道度，道度生文伯，文伯生雄，雄卽之才之父，然則姓纂之融，卽南史之熙歟？廣記二四七引談藪，稱之才父雄，祖成伯，以之才誌驗之，作「成」者誤。

B〔又〕慶右司郎中　則天時，慶官至司農少卿，誣與裴炎通謀應接徐敬業，被誅，見御覽四〇〇。全文二〇四：「徐慶，龍朔中官右武衛長史，封孝昌縣公。」同書二一八崔融代皇太子賀嘉壽表稱雍州司馬徐慶。廣記一四三引廣古今五行記，高宗時慶爲征遼判官，則天時累至司農少卿、雍州司馬。

254 【東莞姑幕】 漢費封東莞侯，因家焉。晉有邈、廣，子孫無聞。

A〔岑校〕漢費封東莞侯　「費」上似應補「徐」字。

255 【高平】 山陽縣。令隸兖州。後漢徐範生仲長，避難山陽居焉。北齊徐遠，仲長之後，官至西兖州刺史、新陽王，生榮。孫太元，唐倉部郎中。

A〔岑校〕山陽縣令隸兖州　「山陽縣」三字，庫本連上。又「令」作「今」，是也。此訛。

B〔又〕官至西兖州刺史新陽王生榮　北齊書二五徐遠傳，官至東楚州刺史，無封王事，此殆誤。長子世榮，此稱「榮」，避唐諱。

C〔又〕孫太元唐倉部郎中　今郎官石柱倉部郎中無徐太元，而倉部員外有周太元。考舊書八一李敬玄傳，總章二年，累轉司列少常伯，有杭州參軍徐太玄，坐事十餘年不調，敬玄特擢授鄭州司功參軍，太玄後官至祕書少監、申王師，是「太元」應作「太玄」也。

256 【長城】 與有功同承寧。寧曾孫廣之，晉吳興太守，因居長城。八代孫孝德，唐水部郎中；生齊聃，西臺舍人；生監，中書舍人、刑禮黄門三侍郎、左右常侍、東海文公，生峻、嶠。峻，金部郎中；生旻，駕部員外。嶠，中書舍人、河南少尹；生曇、暈。自孝德至旻，五代入省。自齊聃至嶠，三代中書舍人。

A〔岑校〕寧曾孫廣之晉吳興太守因居長城八代孫孝德唐水部郎中生齊聃　按曲江集一二徐文公神道碑，稱十二代祖晉江州刺史順陽簡寧侯，五代祖梁直閣將軍慈源侯整，整生綜，陳始安太守，生方貴，隋延州臨貞令，生孝德，唐果州刺史（「簡寧侯」乃「簡侯寧」之倒），則堅爲寧十二代孫。依姓纂計，堅爲寧十三代孫，差一代，豈八代孫之八代，連本身計耶，抑曲江集訛「十三」爲「十二」耶？果州刺史當是孝德終官，姓纂則記其京職也。叢編八引京兆金石録有果州刺史徐孝德碑，景宋鈔本叢編一：「唐刺史徐孝德清德頌，唐將仕郎葛玄暉撰，不著書人名氏，君名孝德，字順孫，高平昌邑人，嘗爲沂州刺史，後終於果州刺史，而沂州人爲立此碑，以顯慶五年立。」（引集古録目）

B〔又〕生監　「監」，庫本正作「堅」，郎官考五亦校正。

C〔又〕嶠中書舍人河南少尹　徑山大師碑（文粹六四）有故採訪使潤州刺史徐嶠。元龜六五八，開元中（初）臨城令徐嶠。開元二十三年頃爲中書舍人，見廣記三〇。兩浙金石志二唐徐嶠張愿詩刻：「遊石門山勅採訪大使、潤州刺史徐嶠，……吳郡守、兼江東採訪使張愿。」（志云：「張愿，史傳無考，蘇州郡志載其名。」按愿，柬之孫，書官與新表七二下合，參集刊八本四分五二二頁拙著）。昌黎集二七衢州徐偃王廟碑云：「開元初，徐姓二人（注云：「徐堅字元固，徐嶠字巨山。」）相屬爲刺史。帥其部之同姓，改作廟屋，載事於碑。後九十年，當元和九年而徐氏放復爲刺史，放字達夫，前碑所謂『今户部侍郎』，其大父也。」按元和九年前九十年，當開元十二年。據舊書一〇二徐堅傳，「及（岑）羲誅，堅竟免，坐累，出爲絳州刺史，五轉，復入爲祕書監。開元十三年……」，似開元初堅得官衢刺，但舊、新（一九九）堅傳均未言曾官户侍，惟放祖知仁爲户侍，見於本書（參下文「諸郡徐氏」條），則開元初之衢刺，知仁當占其一。又嶠之曾官衢刺，有徐氏山口碣可證（參下「嶠之」條）。合而觀之，昌黎文所指徐姓二人，確爲徐知仁、徐嶠之，並非徐堅、徐嶠，集注完全失考。「嶠之」與「嶠」名相近，固易傳訛。但據新傳，巨山實嶠字，注初非誤奪「之」字也。

257 【瑯琊】 晉僕射宣之後。宋有徐爰。

A〔岑校〕瑯琊　晉僕射宣之後　「瑯」，庫本作「琅」，但如同卷之支姓、師姓，字均作「瑯」，洪本改從一律，是也。　徐宣見三國志二二，乃魏僕射，此稱「晉」，誤。

258 【濮陽】 偃王之後。今無聞。

259 【於潛】 偃王之後。爲杭州望族。

260 【新豐】 本出高平徐範之後。西魏度支尚書、金卿男徐招，有傳云，父微，自高平從魏孝武入關，始居新豐。招生會、寔、雲。孫仁軌，襲州刺史。會生正則，眉州刺史。寔生莊，銀州刺史；生元揮，都官郎中。

A〔岑校〕金卿男　按縣有金鄉，無金卿，「卿」應正作「鄉」*。

B〔又〕招生會寔雲　叢編八引京兆金石録有隋光禄卿徐寔墓誌，大業九年立。

261 【瑕邱】北齊徐州治中，狀稱本高平人，世居瑕邱。曾孫仁會，高郵令，生彥伯，給事中、工部侍郎、右常侍、太子賓客，生鐈、鍔。鍔，洛陽令、司封郎中。

A〔岑校〕北齊徐州治中　「徐州治中」四字有脱誤。

B〔又〕生鐈鍔　徐鍔大寶積經述，稱前右拾遺徐鐈。

C〔又〕鍔洛陽令司封郎中　開元九年爲告成尉，見會要八五。全文三〇九孫逖制，司封郎中徐鍔可河南府洛陽縣令。

262 【諸郡徐氏】户部侍郎徐知，世居柳城，生抗、揖。抗，醴泉令。揖，檢校員外，生放，屯田員外、台州刺史。

A〔岑校〕户部侍郎徐知　勞御考一云：「脱『仁』字。」知仁於開元十二年任華州刺史，見會要二一七。參上「徐嶠」條。

B〔又〕生放屯田員外台州刺史　修禪道場碑，元和六年立，書人題朝散大夫、台州刺史、上柱國高平徐放，即放見官也。萃編一〇六云：「衢州府志名宦稱放字達夫，元和九年爲衢州刺史。」按志本昌黎集，引見前。

263 范陽節度徐歸道，居范陽；生濟，洛州刺史，生復、倰。復，祠部郎中。倰，比部郎中。

A〔岑校〕生濟洛州刺史　勞考二一疑「洛」字誤，殆因洛州於開元元年改府，而其子復仕憲宗，時代不合有此稱歟？

B〔又〕復祠部郎中　復當永貞元年爲太常博士，見會要八〇。又爲祠中兼御史中丞，見白氏集三九。

264 諫議大夫徐元之，居南昌。又生申，嶺南節度兼御史大夫；元弼。

A〔岑校〕諫議大夫徐元之居南昌又生申嶺南節度兼御史大夫元弼　按李文公集一一徐申行狀云：「祖玄之，皇考功員外郎，贈吏部郎中、諫議大夫。考義，皇汾州司户參軍，贈信州刺史。……公諱申，字維降，東海郯人，永泰元年寄籍京兆府。……有子元弼，前右衛倉曹參軍。」則知「元」之字本作「玄」，非元弼與其曾祖同名也。「義」字草寫類乎「又」，「居南昌」之下，應云「生義，義生申」也。申爲嶺南節度兼御史大夫，卒於元和元年。「元弼」之上，亦應補「生」字。復考載之集二四徐申墓誌，與行狀略同，唯云「元之生大凡」。再檢全文五〇二徐申誌，則作「元之生公烈考汾州司户參軍贈信州刺史乂，大凡自偃王而下」，乃知「大凡」二字屬下讀，載之集脱「乂」字，惟義、乂未詳孰是。又叢編八引京兆金石録復縣記碑陰，徐元弼撰，寶應元年立，時代不合。否則「寶應」或「寶曆」之誤也。吳興談志一四：「徐元（玄）之，開元七年自諫議大夫授，改邠王府長史，統記云十五年。」吳興備志四引一統志，元之，建昌人，十七第進士，累遷監察御史、諫議大夫，開元七年出爲湖刺，有集十卷。與申行狀異。廣州馮志一七，德宗朝，「徐伸，十八年廣州刺史，據張府志修。案阮通志作『徐申』。貞元十八年八月壬寅，以邕管經略使爲嶺南節度使。據舊唐書德宗紀及新唐書本傳，則非刺史，張府志不知何據，幷記於此。」「伸」應作「申」，若節度必兼刺史，此爲唐制，馮志殊不審。又全唐文六二二誤以「元弼」連下「中書侍郎」爲句。

265 中書侍郎徐安貞，居衢州龍邱。

A〔岑校〕中書侍郎徐安貞居衢州龍邱　安貞，舊書一九〇中有傳，信安龍丘人，官至中書侍郎。集古録目玄覽律師碑，工部侍郎徐安貞撰，開元十五年立。又金石録八徐偃王廟碑，亦安貞撰，大曆八年立，則改立或追立也。萃編八三開元二十八年田琬德政碑，安貞撰文。安貞亦見曲江集附卷。

266 諫議大夫徐瑩。刑部員外徐履道，生蕃。

A〔岑校〕諫議大夫徐瑩　吳興談志一四：「徐瑩，正（貞）觀十一年自括州刺史授，統記云遷刑（邢）州刺史。」統記以爲則天時。

B〔又〕刑部員外徐履道　曾官刺史，見次山集九；亦見精舍碑。

267 洛州刺史徐嶠之，居會稽，生浩、浚、濬。浩，吏部郎、東海郡公，有傳，生璹、現、玫。現，泌州刺史。浚生珽、瑱、瑒。珽，都官郎中。瑱，渭南領軍。瑒，閬州刺史。

A〔岑校〕洛州刺史徐嶠之　舊書一三七徐浩傳，父嶠，官至洛州刺史。法書要録及墨池編均作「洛州」（萃編一〇四引）。武平一徐氏法書記稱豫州刺史東海徐公嶠之（全文二六八），萬齊融法華寺戒壇院碑稱故洛州刺史徐嶠之（同前三三五），徐浩古跡記稱臣先考故洛州刺史、贈左常侍嶠之（同前四四〇）。吳興談志一四：「徐嶠之，開元十三年自吉州刺史授，遷洛州刺史，統記闕。唐史徐浩傳，父嶠之，不載爲守事。」開元三年姚懿碑，書人爲行將作大匠徐嶠之。平津記七引徐浩碑（貞元十五年立），浩爲銀□□禄大夫、洛州刺史、贈左散騎常侍嶠之之子，謂作「洛」者誤。補正六七亦謂碑作「洺州」。余按徐氏山口碣云：「廣德元年八月二十一日，制復贈公嗣子故銀青光禄大夫、洺州刺史、上柱國嶠之左散騎常侍，洺州君府歷典趙、衢、豫、吉、湖、洺六州，開元二十四年薨。」（古刻叢鈔）則「洛」誠「洺」之訛。又元龜一二八，開元二十三年十二月，採訪使舉洺州刺史徐嶠之，亦誤。復次，嶠之任湖刺時期，余曾有所討論（史料與史學下二八四頁），如山口碣所舉「趙、衢、豫、吉、湖、洺六州」，係循先後任爲序，則嶠之任衢刺，似在徐知仁前，可參看前文「徐嶠」條。

B〔又〕浩吏部郎　勞考一六疑「郎」上漏「侍」字。余按徐氏山口碣石，大曆九年十月刻，云：「浩自吏部侍郎貶明州別駕，歸鄉拜掃，換山口碣石，題此額篆。」（古刻叢鈔）漏「侍」字無疑。

C〔又〕生璹現玫　徐浩碑云：「璲爲□王府法曹掾，瑠、玫舉進士未第，伯仲之存者四人，現嘗以家傳遺文俛敍其志曰。」則浩子似不止四人，故今碑無璹，姓纂無璲、瑠也，現從「玉」旁。平津記七：「（徐浩）碑爲現書，結銜稱次子朝議大夫河南府新安縣令□□縣開國□，字尚可辨。」唯集古録跋八及集古録目辨正禪師塔院記作「峴」，金石録貞元七年立之大德律師塔銘作「峴」（元和八年立之靈珍禪師塔銘作「現」，寶刻類編四、又中州金石記三引墨池編均作「峴」，其兄弟從昆同從「玉」旁，似不應現獨從「山」也。又全文四八二韓方明授筆要訣：「貞元十五年，授法於東海徐公璹。」則浩碑立時，璹似生存。歷代名畫記二，建中四年，徐浩侍郎奏用其男璹。吳興談志一八袁高茶山述，刺史于頔撰，前滁州長史、上柱國徐璹書，亦見集古録目，係貞元七年五月立。玫爲昭義盧從史判官，從史既擒，玫流播州，見元龜五一五。

D〔又〕現泌州刺史　「泌」誤，庫本作「沁」。類編四，嘗任洹水縣令。

E〔又〕浚生珽項瑒　載之集二三，浚，同州司馬參軍。

F〔又〕項渭南領軍　嗣曹王皐誌，通直郎、行河南府功曹參軍事、餘姚縣開國男徐項書，貞元八年立。金石録九項書登封修縣記，亦同年立。遼居稾跋前誌云：「佩文齋書畫譜書家傳稱項官雲陽令，見唐書宰相世系表，考唐表所載官雲陽令之徐項，祖徵，父漢，雖名同，實非一人也。」

閭

268 齊大夫閭邱嬰之後，或單姓閭氏。

269 【頓邱】鄴中記有閭澄；王僧孺百家譜，瑯琊王緒娶頓邱閭澄女。河内苟元安娶頓邱閭法興女。唐朝左補闕閭知微。

A〔岑校〕瑯琊王緒　「瑯」，庫本作「琅」，亦不一律。

B〔又〕婺頓邱閭法興女　姓解一、統譜八均作「德興」。

C〔又〕唐朝左補闕閭知微　朝野僉載，張元一對武后，以閭知微騎馬爲可笑事。廣記二五四「閭」作「閻」誤。蓋武后時有閻知微，又有閭知微，「閭」取其與「驢」同音，故與馬吉甫騎驢同資笑柄也。作「閻」則無意義可言。

270【三原】唐蜀州司馬閭邱珣，上元中准制改姓閭氏，生雲。曇，倉部郎中。

A〔岑校〕唐蜀州司馬閭邱珣上元中准制改姓閭氏生雲曇倉部郎中　勞考一一謂「改姓閭氏」之「閭」字疑誤。余按卷三盧姓下云：「三原，倉部郎中盧雲，本姓閭氏。珣，蜀州司馬，上元中准制改姓盧氏。」又郎官石柱倉部郎中有盧雲。合而觀之，則知珣（參下文盧姓）本姓閭丘，後改姓盧，與閭姓絶無干涉。又「生雲、曇」似是兩子，但任倉部者乃雲而非曇，故「曇」字爲「雲」字之訛文，否則「曇」下應再補「雲」字。總之，此條實閭丘之文，不應附於閭姓也。全文二九七，閭丘均，中宗時人。考工部集四原注有「太常博士閭丘均之孫」云云，閭丘博士均，見全文八〇六侯圭觀音院記。又宋僧傳八弘忍傳：「開元中，太子文學閭丘均爲塔碑焉。」舊書四七收閭丘均集三十卷，均又見舊書一九〇中陳子昂傳。余疑「珣」（盧姓下作「垧」）即「均」之訛，至「上元中」之「上元」，乃後上元（肅宗）也，仍待考。

271【代郡】後魏征西將軍閭毗，本蠕蠕來降。

舒

272 風俗通云，舒子之後，以國爲姓•。

A〔岑校〕以國爲姓　庫本校云：「案即春秋羣舒、舒鳩、舒蓼之後。」洪本删。

居

273 晉大夫先且居之後，以王父字爲氏。漢來城侯居般。

A〔岑校〕漢來城侯居般　漢表一七作「東城侯居股」。此誤。

渠

274 周大夫渠伯之後。衞有渠孔•。漢渠參，封贊侯。

A〔岑校〕周大夫渠伯之後　温校據姓觿二引「伯」下補「糾」字，按類稿八祇云「渠伯之後」。

B〔又〕漢渠參封贊侯　漢表一七祇有昆侯渠復絫，見下渠複。通志同。此殆誤。

蘧 音渠

275 衞大夫蘧瑗字伯玉之後。漢大行令蘧止。

A〔岑校〕漢大行令蘧止　「止」，通志作「正」。按蘧政見後漢書順帝紀、梁商傳及五行志四。正、政古通，此誤。

余

276 見姓苑。

277 【新安】　風俗通云，由余子之後，以國爲姓，代居陝州。據祕笈新書增。

A〔岑校〕由余子之後　庫本奪「由」字，類稿六、新書六及備要一六均無「子」字。

B〔又〕代居陝州　此四字即洪氏據祕笈新書所增。按通志作「世居歙州」。廣韻引何承天姓苑云：「今新安人。」歙縣即屬宋新安郡，唐設歙州，是「陝」字顯誤，應依通志正作「歙」也。類稿、新書、備要均作「歙」。

餘

278 晉有餘頠，著複姓録，本出傅氏。案世本，韓宣子之後有韓餘氏。又英賢傳云，傅説子孫留傅巖者爲傅餘氏。然則餘之所出傅與韓，未可定也。前燕有餘元、餘和，並鮮卑種類。案北史，百濟王姓餘氏。

A〔岑校〕前燕有餘元餘和並鮮卑種類　通志云：「然既出傅氏，無因出鮮卑。」按一姓多源，姓纂中數見之。既出傅氏，復出鮮卑，安在其不可能也。鄭氏之評失諸泥。「元」，類稿八作「玄」。

輿

279 自云周大夫伯輿之後，以王父字爲氏。

280 【河南】官氏志，莫輿氏改爲輿氏。後魏有輿珍，見賀拔勝傳。

A〔岑校〕後魏有輿珍見賀拔勝傳　辨誤五云：「按賀拔度傳，父度拔爲衞可瓌所虜，度拔率州里豪傑珍、念賢等襲殺可瓌。王氏鳴盛不知「珍」上脱「輿」字，乃以「珍」爲衍字，是未契勘於後魏書賀拔勝傳也。」按史無賀拔度傳，當是「賀拔勝」之訛。今魏書八〇亦不載輿珍，唯周書一四言之，張氏亦誤。

胥

281 晉大夫胥臣之後有胥克、胥梁、胥帶、胥午、胥童。

282 【瑯琊】姓苑云，瑯琊有胥氏。

A〔岑校〕瑯琊　「瑯」，庫本作「琅」。然下文「瑯琊有胥氏」仍作「瑯」，殊欠整一。

疏

283 【東海】漢太子太傅疏廣。廣兄子受。世爲太傅。

樗

284 史記，秦國相樗里子之後。。

A〔岑校〕史記秦國相樗里子之後　「國」，通志作「丞」。

儲

285 後漢儲太伯。又富人儲姥，王莽亂，以五百人據大庾嶺。

A〔岑校〕後漢儲太伯　見後書鮑永傳。

286 開元汜水尉儲光羲，潤州人，生石。石生燕客。燕客生嗣宗，校書郎，生隱，檢校郎中。

A〔岑校〕開元汜水尉儲光羲潤州人　考新書五九，儲光羲，兖州人，開元進士第，歷監察御史，安禄山反，陷賊，自歸。解題一九，開元十三年進士。讀書志四上稱十四年。全文五二八顧況監察御史儲公集序：「開元十四年，嚴黄門知考功，以魯國儲公進士高第，與崔國輔員外、綦毋潛著作同時。」則作「十四年」者是。天寶十載任下邽尉，見全詩二函十光羲自作詩。又五月大酺之年，任安宜尉。

B〔又〕生石　儲公集序：「嗣息曰溶。」未知是名抑昆仲也。

C〔又〕燕客生嗣宗校書郎生隱檢校郎中　解題一九，儲嗣宗，大中十三年進士。是嗣宗乃元和後人，非特此四句爲羼文，卽上文之「生石，石生燕客」二句，亦未必姓纂原有矣。

如

287 桓譚新論有通人如子禮。漢書，長安富人如氏也。

A〔岑校〕桓譚新論有通人如子禮　「通人」，通志作「道人」。今本此名已佚。

288 【馮翊】魏陳郡如淳注漢書。

A〔岑校〕魏陳郡如淳注漢書　姓解一作「陳郡丞」。考顏師古漢書敍例：「如淳，馮翊人，魏陳郡丞。」此奪「丞」字。

289 【河南】官氏志，如羅氏改爲如。大曆有右羽林將軍如元擢。

A〔岑校〕官氏志如羅氏改爲如大曆有右羽林將軍如元擢　全文六二〇張賁然忠武將軍茹公神道碑：「……得茹茹之部，……則公之先也。公諱義忠，本家雁門，今爲雁門人矣。祖惠，隋定州深澤縣丞。父簡，皇澤州永固府左果毅都尉。……有才子三，伯曰元顥，皇易州遂城府左果毅。仲曰元晃，左羽林大將軍。季曰元曜，則今之驃騎大將軍、行左羽林大將軍知軍事、上柱國、雁門郡王。」余按類稿八「改爲如」下有「氏」字，「元擢」作「元曜」，正與碑同，卽此如元擢也，「擢」字當誤。又碑引茹茹爲先，則「茹」字不訛，而此作「如」，意因外族譯音，故無定寫歟？

沮音菹。

290 黄帝史官沮誦之後。

291 【廣平】魏志，袁尚謀臣沮授。前燕中常侍沮皓。

A〔岑校〕前燕中常侍沮皓　辨誤五云：「按燕之常侍乃湼皓，在慕容儁之世，希旨告段氏，欲連汙慕容垂者。」

魚孫

292 風俗通，宋大夫魚石奔楚，在國者因氏焉。

293 【北海】漢有魚孫登，仕北海相。孫静，瑯琊相；生欽，有孝行。曾孫晦，北海太守。

A〔岑校〕瑯琊相　此「瑯」字庫本又作「琅」。

294 後漢弘農太守魚孫和；生瑜，魏雍州刺史。瑜生瑋，晉濟南太守。下邳太守，生平原太守，生翹，清河太守；生邈之，居京兆，□東莞太守。案此條有脫文。

A〔岑校〕瑜生瑋晉濟南太守　見廣韻「孫」字下。

諸葛

295 諸葛氏，夏、殷侯國葛伯之後。英賢傳云，舊居瑯琊諸縣，後徙陽都。先有詹葛，時人謂之諸葛氏，因氏焉。風俗通云，葛嬰爲陳涉將軍，有功，非罪而誅，漢文追封子孫爲諸縣侯，因以爲氏。世本云，有熊氏之後爲詹葛氏，齊人語訛，以詹葛爲諸葛氏。案孔平仲雜記，諸葛氏以諸縣之葛徙陽都，因加「諸」字，以别於陽都葛氏。

A〔岑校〕諸葛氏　類稿五六、備要三〇均引作「本葛氏」，此誤。

B〔又〕舊居瑯琊諸縣　庫本作「琅」，類稿同。

C〔又〕先有詹葛　温校據類稿引文衍「詹」字，余按備要亦無之。

D〔又〕因氏焉　類稿引作「因以爲氏焉」。

E〔又〕葛嬰爲陳涉將軍　庫本作「葛伯嬰」，誤。廣韻、通志、類稿均祇云「葛嬰」。

F〔又〕漢文追封子孫　「子」，備要引作「其」。

G〔又〕世本云　備要引作「代本」，當是原文，後人迴改爲「世」也。

296 瑯琊陽都縣・漢司隸校尉諸葛豐。裔孫圭，後漢太山郡丞，生瑾、亮。瑾，吴大將軍、左都護、宛陵侯，生恪，喬。恪，中書令、揚州牧。喬生攀，翊武將軍；生顯，徙河東。亮，蜀丞相、武鄉侯；生瞻，蜀尚書僕射。瞻生京，晉江州刺史，與顯並徙河東。亮族弟誕，魏司空；兗州刺史；生靚，奔吴爲大司馬。靚生恢，東晉左僕射、尚書令；生䖍。

A〔岑校〕瑯琊陽都縣　此五字似應提行，并空一格，然後再接下文（温校同）。否則其語與上文不相承也。「瑯」，庫本亦作「琅」。

B〔又〕漢司隸校尉諸葛豐裔孫圭　「圭」，三國志三五作「珪」。

C〔又〕生顒徙河東　三國志三五，瞻次子京及攀子顯等，咸熙元年内移河東。不作「顒」。

D〔又〕瞻生京晋江州刺史　三國志三五注云，京位至廣州刺史。

E〔又〕與顒並徙河東　説見前。

297 梁有零陵太守諸葛銓，居丹陽；生潁，北齊太子舍人、隋著作郎。潁生會。唐有諸葛茂道。

A〔岑校〕諸葛銓居丹陽生潁　羅校云：「案隋書潁傳，祖銓，父規。此脱規一代。」

B〔又〕生潁……潁生會　「潁」，庫本作「穎」，按隋書七六實作「潁」，庫本訛。又羅校引隋書，「會」作「嘉會」。

諸梁

298 楚文子食邑諸梁，因氏焉。

A〔岑校〕楚文子食邑諸梁　　温校云：「案楚止有沈諸梁，卽葉公，蓋由諸梁之名，訛爲食邑諸梁，不聞更有文子食邑諸梁也。姓觽引姓源，楚大夫沈子食采諸梁，『文』字誤。」按尋源六引作「楚文王庶子」，待考。通志又作「楚莊王之後」。

閭邱

299 世本，齊閭邱產生嬰，嬰生歐，歐生莖，莖生施。

300 【齊郡】左傳，嬰、明及閭邱息並。齊宣王時閭邱邛、閭邱光。漢有廷尉閭邱勳。漢太常閭邱遵。有閭邱決，著書十二篇。晉有太常閭邱沖，南陽太守閭邱羨士，又家漢州。

A〔岑校〕左傳嬰明及閭邱息並　　按明爲嬰子，嬰事齊莊公，此句疑有奪誤。

B〔又〕齊宣王時閭邱邛閭邱光　　通志「時」下多「有」字，邛、光均見說苑。

C〔又〕漢太常閭邱遵有閭邱決著書十二篇　　通志作「後漢太常閭邱遵，魏有閭邱決」。按漢書三〇陰陽家閭丘子十三篇注云：「名快，魏人。」此顯奪「魏」字，快、決亦異。

D〔又〕晉有太常閭邱沖　　姓解一作「閭丘仲」，姓觽二作「沖」。

E〔又〕南陽太守閭邱羨士　　通志無「士」字，殆衍文。

沮渠

301 本臨松盧水人，先爲匈奴官號沮渠，因氏焉。吴有沮渠萬，爲張掖王。晉末沮渠蒙遜僭稱西河王，號涼，都張掖，二主，三十九年，爲後魏所滅。

A〔岑校〕本臨松盧水人　温校據通志「人」上有「胡」字，余按類稿五八亦作「胡人」。

B〔又〕吴有沮渠萬　通志作「沮渠萬年」。

C〔又〕僭稱西河王　晉書一二九，蒙遜僭稱河西王。「西河」二字應乙·，通志誤同。

渠邱

302 風俗通，莒有渠邱公，因氏焉。

303 【彭城】英賢傳云，彭城有渠邱氏焉。

渠複

304 漢武時屬國酋帥渠複累，封昆侯，傳子絶。

A〔岑校〕漢武時屬國酋帥渠複累封昆侯　漢表一七作「昆侯渠復絫」。「帥」，庫本誤「師」·。

於陵

305 風俗通云，陳仲子，齊世家也，辭爵灌園於於陵，子孫氏焉。

於邱

306 其先家於邱，因氏焉。漢有宛句人於邱略。

A〔岑校〕漢有宛句人於邱略　「人」，通志作「令」，此殆誤。

舒鮑

307 世本云，偃姓國也。晉悼公子舒鮑無終。

A〔岑校〕晉悼公子舒鮑無終　「子」誤，通志作「大夫」，是也。舒鮑，偃姓；晉，姬姓；悼公子不得姓舒鮑也。

舒堅

308 潛夫論，楚公族有舒堅文叔爲大夫。

A〔岑校〕潛夫論楚公族有舒堅文叔爲大夫　汪繼培潛夫論箋九云：「按潛夫論無文叔爲大夫之

文，當别引他書而傳寫失之。」

舒鳩

309 左傳，少昊氏官名，國於濟北*，以國氏焉。案舒鳩，楚屬國。左傳少皞五鳩氏無「舒鳩」，誤。

A〔岑校〕左傳少昊氏官名國於濟北以國氏焉　原校云：「按舒鳩，楚屬國。左傳少昊五鳩氏無『舒鳩』，誤。」余按通志「爽鳩氏」云：「左傳，少昊氏官名，國于齊土，因氏焉。」「齊土」、「濟北」，或形近而訛；非然者地理亦不誤。此蓋舒鳩冒爽鳩（温校略同），應移附卷七「三十六養」。又辯證二七「爽鳩」引姓纂云：「少皞氏司寇曰爽鳩氏，封爲諸侯，居齊地，以地爲氏。」字句小異，大意則同，惟「以地」之「地」字訛，應依本條作「以國」。

佘邱

310 齊公族，食采佘邱，因氏焉。漢有侍御史佘邱炳。又隱士佘邱靈，居曲河。

A〔岑校〕漢有侍御史佘邱炳　見廣韻。路史注作「蛇丘炳」。古佘、佘無别，佘、蛇同音，故爾歧出。

茹茹

311 其生蠕茹茹種類，爲突厥所破，歸中國。後魏蔚州刺史高平公茹茹敦思，周寧州刺史，洋公，生師寶、海賓。師寶，隋□騎大將軍、安次公，生盛壽。海賓，唐右屯衛大將軍。

A〔岑校〕其生蠕茹茹種類　「生」訛，庫本作「先」。但「蠕」字亦應衍。「茹茹」即「蠕蠕」之異釋，「蠕蠕」讀如而宣切，與「茹」姓音去聲者不同。

B〔又〕後魏蔚州刺史高平公茹茹敦思周寧州刺史洋公　據通志「敦」下無「思」字，有「生慎」二字，此當訛奪；非然者，洋公無名，且與高平公不知如何關係也。

C〔又〕生師寶海賓　「賓」，通志亦作「寶」，下同。

D〔又〕隋□騎大將軍　庫本祇作「隋騎」，非是，通志作「車騎」。考隋書二八，驃騎乃稱大將軍，車騎猶稱將軍耳。

樗里

312 見英賢傳。

313 【濟南】晉有樗里璠，著春秋土地記三卷。

A〔岑校〕晉有樗里璠著春秋土地記三卷　按通志「京相氏」云：「見英賢傳，望出濟南，晉京相璠作春秋土地名三卷。」知此實京相之文也。若「樗里氏」則云：「亦作『樗氏』，嬴姓，秦丞相樗里子之後也，名疾，秦惠文王弟。」其文逈異。京相璠著春秋土地名，見水經注及隋書三二。

314 秦丞相樗里子，因氏焉。（岑補）

A〔岑校〕據類稿五七引補。温校漏。

徐吾

315 左傳，鄭大夫徐吾犯之後*。

徐盧

316 漢景帝時匈奴徐盧庸來降*。

如嵇

317 改爲綾氏。案魏官氏志作「縷氏」，此誤。

A〔岑校〕改爲綾氏　校云：「案魏官氏志作『綾氏』。」「綾」誤，庫本作「緩」，但考今官氏志作「和稽氏後改爲緩氏」，不作「如嵇」。廣韻及姓解二亦作「和稽」，尋源六及一五以爲「如」係「和」譌，是也。

舒龍（溫補）

313 偃姓國。今舒城西南有舒龍故城，以國氏。（溫補）

A〔岑校〕溫校據姓觿二引文補。

諸稽（岑補）

319 大彭之裔封諸，徙封稽，因氏。（岑補）

A〔岑校〕據姓觿二引文。溫校漏。

鉏丘（岑補）

320 A〔岑校〕據困學紀聞一四補　紀聞云：「林寶元和姓纂十卷，……鄧名世謂稍能是正數十條，而齊、秦之屬，亦所未暇，至鉏丘、茅夷，指爲複姓，又不勝其謬。」翁注：「同年王穀塍曰，今所傳姓纂、姓氏辯證皆從永樂大典録出，不全之本，鉏丘一姓，兩書皆闕。」亦見前文卑徐下引沈跋。今廣韻、姓解均無此姓。

十虞

虞

321 虞有天下，號曰虞，子商均因以爲氏。又武王封虞仲於河東，亦爲虞氏。

A〔岑校〕虞有天下　類稿六、新書六及備要二〇均引作「舜有天下」，此訛。

B〔又〕子商均　温校據類稿下有「封虞」二字。

322 【會稽餘姚】*人趙相虞卿。秦有虞香。香十四代孫意，自東郡徙餘姚。五代孫歆。歆生翻。翻曾孫驤。驤七代孫荔。荔子世南，唐秦府學士、祕書監、永興公；生昶，工部侍郎；生茂世。孫遜，郎中、歷沔州刺史，云荔之後。

A〔岑校〕會稽餘姚人趙相虞卿　「會稽餘姚」謂應提行空格。「人」字衍。會稽、濟陽爲虞氏二望，見廣韻。類稿「會稽」上固空一格，但仍衍「人」字。

B〔又〕生昶工部侍郎　敦煌唐館本金剛經，咸亨四年寫，末有使官中大夫、守工部侍郎、永興縣開國公虞昶監款一行（據永豐鄉人稾甲跋）。

C〔又〕生茂世孫遜郎中歷沔州刺史云荔之後　據隋書六七，茂世乃荔子世基之字。且唐人諱「世」，如爲世南之後，似不得以「世」名也。世基、世南均荔子，班班可考。「云荔之後」一語，亦殊突兀。此處總有訛奪。全詩三函一册劉長卿聞虞沔州有替將歸上都登漢東城寄贈，應即虞遜。五函一册戴叔倫有與虞沔州謁藏真上人詩*。

323 【濟陽】　狀云，逸人虞仲之後。

324【靈武迴樂】狀云，本自會稽徙焉。後周有泌源公虞詳；生慶則，隋右僕射、魯公。孫操，唐長江令。

A〔岑校〕靈武迴樂　狀云本自會稽徙焉後周有泌源公虞詳生慶則　按隋書四〇慶則傳：「本姓魚，其先仕於赫連氏，遂家靈武。」此自承爲會稽之虞，非所謂數典忘祖者耶？林氏竟不一檢國史證之，亦太疏忽。又慶則傳，父祥，泌源縣公，作「詳」及「泌」均誤。庫本正作「沁」。

于（陳補）

325 周武王第二子邘叔，子孫以國爲氏。後去「邑」爲「于」。案淳于氏，唐避憲宗諱亦爲于氏。案此條及下條是于姓，應別入「于」字韻下。原本誤附「虞」字，今仍之，而據祕笈新書增于姓於後。

A〔岑校〕于　洪本無。陳校云：「此應依庫本補入。」

B〔又〕後去邑爲于　校注云：「案淳于氏，唐避憲宗諱亦爲于氏。案此條及下條是于姓，應別入『于』字韻下，原本誤附『虞』字，今仍之，而據祕笈新書增于姓於後。」自「案此條」以下共三十六字，乃洪氏所案，庫本所無，故連見兩「案」字。又類稿八引作「其後去『邑』，單爲于氏。」

326【東海】漢有于公，生丞相西平公定國；生永，御史大夫。魏有將軍于禁。唐中書舍人于季子，今居齊郡歷城，姪儒卿。

A〔岑校〕唐中書舍人于季子　大足元年，季子與修三教珠英，見會要三六。咸亨進士第，見紀事七。

B〔又〕姪儒卿　各書亦常寫作「孺卿」。開元十一年，孺卿爲河南尉，見會要八五。金石録六老子廟詩，十八年立，于儒卿撰。元龜六三七，崔琳爲吏侍，收選人于孺卿等十數人，無何皆入臺省。急就篇有趙孺卿，顔注云：「漢有蘇賢字孺卿。」王氏補注云：「牛邯、馬敦字孺卿。」則作「孺」者是。全文三九九，于儒卿，開元時擢書判拔萃科。會稽太守題名記：「于幼卿，天寶十三年自鄱陽太守授。」不知是此人否。廣記一五〇又有于仲卿，寶應二年自刑外貶廬州別駕。

327【河南】洛陽。後魏書官氏志，勿紉案「紉」當作「紐」字。于字改姓于。魏書，新安公于栗磾生洛拔，尚書令，生烈、勁、天恩。烈，勁殿中尚書、中書令。案北魏書，洛拔六子，烈、敦、果、勁、泊、天恩。烈，殿中尚書。勁，定州刺史。此以「烈勁」爲一人，誤。天恩生曾，尚書，生提。案北魏書，天恩生仁，仁生子安，子安生子提，子提生謹。與此不合。

A〔岑校〕河南　洛陽　「洛陽」二字，庫本連上，是也。

B〔又〕勿紉于字改姓于　「字」誤，庫本作「氏」，校注云：「案『紉』當作『紐』字。」今志作「忸」，譯音無定字也。參卷十勿忸于。

C〔又〕生洛拔　芒洛四編于景誌祇稱祖拔。

D〔又〕尚書令　于纂誌，曾祖新安公、尚書令；祖太尉、成景公；父散騎。纂卒孝昌二年，年三十九。丙寅稿謂曾祖即洛拔。

E〔又〕烈勁殿中尚書中書令　校云：「案北魏書，洛拔六子，烈、敦、果、勁、洎、天恩。烈，殿中尚書。勁，定州刺史。此以『烈勁』爲一人，誤。」余案于景誌，孝昌二年立，稱「父烈，車騎大將軍、領軍將軍，太尉公，鉅鹿郡開國公」。

F〔又〕天恩生曾尚書生提　校云：「案北魏書，天恩生仁，仁生子安，子安生子提，子提生謹。與此不合。」按魏書八三下，天恩子仁生，仁生子安定。校注以「仁」、「子安」爲名，蓋沿新表之誤，且謹之名不見於魏書，此特引新表耳。魏書，安定未爲尚書，亦與此不合。金石録二二云：「又姓纂及唐志宰相世系表皆云，謹，洛拔五世孫也。以後魏及周書考之，洛拔以太安四年卒，年四十五；謹以正光四年爲廣陽王元深長流參軍，年三十一，洛拔之卒，距謹之爲參軍，蓋六十四年矣。洛拔既早世，不應後六十四年已有五世孫年三十一也。以此知言謹爲洛拔五世孫者蓋未可信。又周書稱謹祖名安定，而唐書表作『子安』，亦莫究其孰失也。」沈跋云：「今孫本十虞于姓下並無此文。」余按「謹，洛拔五世孫」者，祇就其孕義推言之，不然，今新表亦無「此文」，寧得謂新表闕佚耶？沈氏之説，失諸太泥。惟依趙氏見本，則今姓纂天恩至謹祇四世，顯有奪文。復考金石録二一後魏太尉于烈碑，景明四年立。魏書三一，烈爲洛拔長子，卒景明二年，年六十五。由此以推，苟累世早熟，謹爲洛拔五世孫，尚非絶對不能，然究有疑竇耳。羅校又引周書謹傳，曾祖姿，祖安定。與此不合。

328【京兆】，提生謹，從西魏孝武帝入關，周文帝下令應從入關并爲京兆長安人，太師、柱國、燕文公，生寔、翼、義、智、紹、弼、簡。案唐世系表，燕文公九子，寔、翼、義、智、紹、弼、簡、禮、廣。此闕二人。

A〔岑校〕京兆　按「京兆」二字應提行空格，蓋自謹以後爲京兆人也。

B〔又〕生寔翼義智紹弼簡　校云：「案唐世系表，燕文公九子，寔、翼、義、智、紹、弼、簡、禮、廣。此闕二人。」余按下文有禮，則「禮」字應補。又羅校云：「案『智』，周書于謹傳作『智初』；『簡』，謹傳作『蘭』；『廣』，謹傳作『曠』。」余按周書一五謹傳：「禮弟智初爲開府，……智初弟紹。」「初」字屬下「爲開府」讀，周書不慎，誤衍「初」字，羅氏不細讀本傳，又從而致疑，非也。全文四二八于邵河南于氏家譜後序云：「今且從邵一房，自爲數例，有若九祖長房今太子少保譙國公頎。」九祖，謹九子也。頎是寔後，寔居長也。又「有若九祖第三房今襄王府録事參軍載」，載雖不見姓纂及新表，以前後文覈之，義後也。義居第三也。又「其文公第四子安平公房，此建平公已上三房衣冠人物全少，今與文公第五子齊國公、文公第六子葉陽公、文公第七子平恩公、文公第八子襄陽公、文公第九子桓州刺史併以六房同爲一卷。」「此建平公」乃「比建平公」之訛，勘諸周書，建平，義也；安平，禮也；齊國，智也。舊寫「華」字易與「葉」字混，故秦之「華陽君」訛「葉陽君」，華陽，紹也；平恩，弼也；襄陽，蘭也。蘭弟曠贈恆州刺史，宋諱恆，故轉爲桓，由是而知邵屬第二房，其先祖翼也。周書所排行次，與譜序全合。故「禮」字應補於「寔、翼、義」之下，新表以禮爲第八子者誤。

329 寔，周司空，固安公，案唐世系表，「固安公」當作「燕安公」，號爲蘭陵院。 生頵、仲文、惲、象賢。

A〔岑校〕寔周司空固安公　校云：「案唐世系表，『固安公』當作『燕安公』。」羅校云：「案隋書于仲文傳，父寔，燕國公。」余按周書一五寔傳云：「襲爵燕國公，……隋開皇元年薨，贈司空，謚曰安。」則唐表稱燕安公，正與前文謹稱燕文公者同，兩家均不檢讀寔傳，故校之不得其詳也。 又寔卒如在隋授禪後，則司空乃隋贈官，曰周司空，非也。 全文四九七權德輿于頔先廟碑亦云：「六代祖寔，周大左輔，隋贈司空、燕國安公。」

330 頵，隋黔州總管，生虔、案唐世系表「虔」作「世虔」。哲。 虔生儉，左屯衞將軍。 哲，亳州刺史。

A〔岑校〕生虔　原校云：「案唐世系表『虔』作『世虔』。」羅校又引隋仲文傳以爲此諱省「世」字。

331 仲文，隋左翊案「翊」下脱「衞」字。大將軍、延壽公；生，禮部侍郎；敏直，案唐世系表，仲文生欽明，欽明生敏同、敏直，敏同生經野，敏直生光運。此脱。 相州刺史；生光運，滁州刺史。

A〔岑校〕仲文隋左翊大將軍　校云，「案『翊』下脱『衞』字。」按新表作「隋右翊衞大將軍」，與隋書六〇仲文傳同。 此作「左」誤。

B〔又〕生禮部侍郎敏直相州刺史　校云：「案唐世系表，仲文生欽明，欽明生敏同、敏直，敏同生經野，敏直生光運。此脱。」余按敏直，相州刺史，亦見新表七二下，則禮部侍郎非其所官。據表，敏同，中書舍人。經野，户部侍郎。依此揣測，奪文應在「生」字之下，禮（或户）部侍郎乃經野所官也。原校及羅校均欠詳。敏直，高宗時人，附見新書二〇五。吴興談志一四：「于敏直，永徽五年自宋州別駕授，遷德州刺史。」統記以爲則天時。

332 惲孫敬之，復州刺史。

333 象賢，隋黔昌公，生德基、德威、案唐世系表「德威」作「德成」。德行、德方。

A〔岑校〕象賢隋黔昌公　于頔先廟碑：「五代祖象賢，驃騎大將軍、會昌定公。」「會」，「禽」之訛，參下文德方條。象賢亦見隋書三七李渾傳。

B〔又〕生德基德威　校云：「案唐世系表『德威』作『德成』。」余按載之集一二于頔家廟碑，四代祖郫縣令德威，新表誤。

334 德基生素，倉部郎中。

A〔岑校〕德基生素倉部郎中　新表七二下作「倉部員外郎」，按郎官石柱殘泐，倉中及倉外均未見于素。元龜九三二，高宗朝柳奭貶遂州時，于承素爲岐州長史。考素與下文之承慶、承範等爲從兄弟行，隋、唐間人往往由兩字名簡爲一字，今「素」與「承素」時代相當，疑卽一人。

335 德威生元範、敬同。案唐世系表，敬同乃仲文之孫，欽明之子。

A〔岑校〕德威生元範敬同　校云：「案唐世系表，敬同乃仲文之孫，欽明之子。」余按敬同，新表固列作德威之子，不過表格相去稍遠耳。下文亦云，敬同生安仁，若欽明之子乃敏同，生經野，與此迥異，校者可謂疏忽之極。又元範，載之集一二作「互範」，蓋「玄」之訛。

336 元範，安州司功，生汪。汪生公胄、庭順、庭誨、庭謂、蘐、可封。公胄生頵、頫。庭誨生顒，天興令。顒生畛。庭謂生頎、頴。案「頴」下疑脱「頲」字。頎，工部尚書、太子少保，生申、廣、翬。申，屯田員外。頲生富平令。案唐世系表，頲生當，吉州刺史。瓊案瓊當係德基、德威輩孫，今姓纂脱其所自。生頊、頔。頊，户部郎中。案唐世系表作「户部侍郎」。頔，左僕射、司空、平章事、燕公，生正、方、敏、季友。季友，駙馬、殿中少監。可封，國子司業。

A〔岑校〕元範安州司功　新表作「玄範，顯武令」。先廟碑亦云「緜州顯武令」。

B〔又〕生汪　先廟碑：「王父贈刑部尚書諱汪。」

C〔又〕汪生公胄庭順庭誨庭謂蘐可封　按下文有瓊，新表有敻，「蘐」蓋「敻」之訛。有載之集一二、集古録跋八、又金石録九及二九可證。

D〔又〕庭謂生頎頴　校云：「案『頴』下疑脱『頲』字。」兩「頴」字庫本均作「穎」，與新表同。此誤。

E〔又〕生申廣翬　大理卿許季同任使，于翬犯贓，見舊書一七一李渤傳。

F〔又〕瓊　校云：「案瓊當係德基、德威輩孫，今姓纂脱其所自。」按瓊即敻，説見前。校者特未細讀耳。新表明列敻爲汪子，卽德成（威）曾孫，今乃疑爲孫，亦殊昧昧。敻終泗州司馬，見于頔先廟碑。

G〔又〕頎戶部郎中　校云：「案唐世系表作『戶部侍郎』。」余按載之集一二稱頎戶部侍郎；貞元十五年三月遷，見舊書一三。此誤。

H〔又〕生正方敏季友　新表云：「正方，太原府少尹。」余按舊書一五六于頔傳：「其男贊善大夫正。」又「左贊善大夫正、祕書丞方並停見任。」正、方是兩人，新表併爲一人，謬極。正等四人亦見舊書一五。元龜八四九，方終和王傅。廣記二六〇引嘉話録，頔鎮襄陽，除其子方爲太常丞。元和元年裴承章誌，撰人署祕書省校書郎于方。全文五〇四權德輿李氏誌：「嗣子前左贊善大夫正、祕書丞方、某官季友、某官某等。」（元和十一年作）

I〔又〕季友駙馬殿中少監　依舊紀，此爲元和八年初見官，新表則稱絳、宋等州刺史。季友尚憲宗女普寧公主，見會要六。又大和七年官明州刺史，見阿育王寺常住田碑後記。（平津續記）元氏長慶集四六，于季友授右羽林將軍知軍事。新書四一，大和六年明州刺史于季友。

J〔又〕可封國子司業　叢編一〇引諸道石刻録國子司業于可封碑，調露元年立。按集古録跋八云，「右于敻神道碑，……碑又云，其弟可封好釋氏，敻每非之。敻，于頔父也。」則時代顯不合，蓋叢編涉前條國子司業于立政碑調露元年立而誤也。

337 敬同生安仁，江州刺史。

338 德行，恆州刺史，生元徹、思言。元徹，滄州刺史。思言，兵部郎中、太府卿。

A〔岑校〕思言兵部郎中太府卿　則天時官司府卿，見元龜六一六。全文二一七有則天朝崔融爲朝集使于思言請封中岳表。

339 德方，越州刺史、會昌男。

A〔岑校〕德方越州刺史會昌男　叢編一〇引復齋碑録越州于德芳碑，字作「芳」，麟德元年建。今殘碑已闕其諱。文字新編一作「芳」者沿叢編耳。新編又謂額題大唐故越州都督禽昌定公碑，禽、黔音通，其父固封黔昌者，此作「會昌」，「禽」字傳寫之訛也。若會要七九稱于德方贈隴州刺史、會稽郡公，謚定，則又由「會」而轉訛「會稽」矣。潛研堂跋云：「會要及唐書宰相世系表俱作『德方』，獨陳氏作『德芳』。」唐太守題名記：「于德方，永徽五年正月十七日自原州都督授。」（會稽掇英一八）

340 翼，周常山公、隋太尉，生璽、案唐世系表，「璽」下脱銓一人。鈞。

A〔岑校〕生璽　原校云：「案唐世系表，『璽』下脱銓一人。」羅校引周書翼傳，子璽，璽弟銓，銓弟讓。

341 璽，江陵總管、黎陽公。孫元嗣，右金吾將軍。

342 銓案銓，吏部下大夫、常山公。原誤作「詮」，今從世系表。曾孫瑾，駕部郎中。

A〔岑校〕銓　校云：「案銓，吏部下大夫、常山公。原誤作『詮』，今從世系表。」余按周書三〇翼傳及北史二三、長安志一〇均作「詮」，唯會要四八作「銓」，校者遽信晚出之書，逕改舊文，殊輕率。又會要稱銓延陵公，長安志稱延壽公，亦與舊史異。

343 筠，太僕卿；元孫抱誠，成州刺史，生邵、郢。

A〔岑校〕筠太僕卿　武德二年，總管于筠没宋金剛，見舊書一。八年任將作大匠，見元龜九九〇，舊書一三八稱户部尚書。又元龜一二六，武德三年四月，陝州總管于均自宋金剛所來降。應同一人。

B〔又〕元孫抱誠　依此則邵爲筠五世孫，舊書一三八邵傳：「曾祖筠。」以時代核之，姓纂可信。

C〔又〕成州刺史　全文四二六于邵與郭令公書云：「頃年令公先府君刺史于渭，家世出牧於岷。」牧岷者卽抱誠也。「世」疑「君」訛，唐人應諱「世」字。

344 邵，禮部侍郎、太子賓客，生案唐世系表尚有汝錫、訢、誠三人，此脱。允躬、臯謩、人聞。案唐世系表「允躬」作「尹躬」，「人聞」作「人文」。允躬，中書舍人、洋州刺史。臯謩，户部侍郎。人聞生德孫、晦。案唐世系表，德晦乃郢之孫，察師之子。

A〔岑校〕邵禮部侍郎太子賓客　舊紀一二及一三皆作「召」，古時往往通寫也。于邵以諫議大夫知制誥出拜杭州刺史，見乾道臨安志三。

B〔又〕生允躬臯謩人聞　校云：「案唐世系表『允躬』作『尹躬』，『人聞』作『人文』。」余按白氏集三七作「尹躬」(引見後)。又元龜九八〇，寶曆元年三月，以前蘄州刺史于人文爲司門郎中、攝御史中丞、充迴鶻弔祭册立使。「允」「文」二字當訛。

C〔又〕允躬中書舍人洋州刺史　白氏集三七有貶中書舍人于尹躬爲洋州刺史制，字作「尹」，新表同。全詩五函六册，尹躬，大曆進士。

D〔又〕臯謩户部侍郎　按新表作「臯參軍部侍郎」，考户部郎中題名有于臯謩，再以此文比之，知「參軍」乃「謩户」之訛。叢編一三引復齋碑録徐偃王廟記，臯謨撰，貞元十年立。元和初爲運糧使，盗用官錢，詔流嶺南，密令中使殺於途，見元龜三二八。

E〔又〕人聞生德孫晦　校云：「案唐世系表德晦乃郢之孫，竂師之子。」「竂」誤，庫本作「寮」。余按新表七二下，人文生德孫、德林、德晦。晦非郢孫，亦非寮師之子，校注殊粗率。「晦」上應補「德」字。長安志七有左散騎常侍于德晦宅。新安志九牧守門：「于德晦，大中十一年。」廬山記五：「有唐廬山簡寂觀熊君尊師碣，門人三洞弟子朝散大夫使持節杭州諸軍事守杭州刺史于德晦撰。」惟已佚其年。全詩十函三册方干有寄杭州于郎中詩，當即其人。

345 郢，衛尉少卿，生寮師、雍來。

346 義，隋潼州總管、建平公，生宜道、案唐世系表作「宣道、宣敏」，無「亮」字。宣敏生志寧。又案唐書志寧傳，父宣道，隋内史舍人。世系表誤以志寧爲宣敏子。今從本傳改「宣」。此作「宜」，亦異。亮。宜道生永寧、志寧、保寧。

A〔岑校〕生宜道亮　校云：「案唐世系表作『宣道、宣敏』，無『亮』字。」庫本無「唐」字，洪刻補之，是也。士恭墓誌稱曾祖宣道，隨左衞率，皇涼甘肅瓜沙五州諸軍使、涼州刺史、成安子（續編七）。「亮」字説見後。

B〔又〕生永寧志寧　原校云：「又案唐書志寧傳，父宣道，隋内史舍人。世系表誤以志寧爲宣敏子。」羅校云：「案隋書于義傳，作子宣道、宣敏，宣道子志寧出繼叔父宣敏，原校未詳。」

347 永寧，商州刺史；生遂古，隰州刺史。

A〔岑校〕永寧商州刺史　士恭墓誌稱祖永寧，皇商州刺史、增（贈）建平公。

348 志寧，左僕射、太子太師、燕公，生立政、愼言。

349 立政，吏部郎中、太僕少卿，生游藝、辯機、光遠、大猷。游藝生伯獻，涼州都督。辯機，揚州長史、左庶子、常絳二州刺史。光遠，職方郎中。大猷，隨州刺史。

A〔岑校〕立政吏部郎中太僕少卿　立政碑，調露元年立，見金石録四。顯慶元年，立政爲虢州刺史，見廣記三九三引廣古今五行記。

B〔又〕辯機揚州長史左庶子常絳二州刺史　新表作「兗州都督」，依知微碑（萃編七一），乃舉其終官也。辯機名知微，其碑開元七年立，見金石録五，亦見舊書八八。

C〔又〕光遠職方郎中　新表作「通、陵二州刺史」。英華四一七有李嶠授通州刺史于光遠加階制。

D〔又〕大猷隨州刺史　新表作明堂令，依碑（萃編六三），亦終官也。碑，聖曆三年立（金石録五）明堂令元遜、于大猷相繼卒官，見寰宇記一二五。

350 慎言生安貞，吳興令。安貞生仙鼎、默成。仙鼎，泌州刺史。默成，沛令。默成生嘉祥、休徵、休烈。烈，太常卿、工部尚書、東海公，生益、肅。益，諫議大夫。肅，給事中。肅生敖，監察御史。敖生球、珪、環、案唐世系表「環」下尚有「琄」，此脫。琮。

A〔岑校〕慎言生安貞吳興令　廣記二六八引朝野僉載：「（吉）項奏曰：于安遠告虺貞反，其事並驗，今貞爲成州司馬，……敕追于安遠還，除尚食奉御，頊有力焉。」似于之名得爲安貞。安貞，志寧孫，時代亦合。唯通鑑二〇六作「安遠」，與今廣記同。豈「今貞爲成州司馬」涉上「虺貞」而訛歟？待考。

B〔又〕仙鼎泌州刺史　「泌」誤，庫本作「沁」，與新表符。亦猶上文虞姓下訛「沁源」爲「泌源」也。

C〔又〕默成沛令　金石録八沛縣令于默成碑，大曆三年立。

D〔又〕烈太常卿工部尚書東海公　廣記一六四引談賓録，肅宗卽位，拜休烈給事中，遷太常少卿知禮儀使，又遷工部。

E〔又〕益諫議大夫　永泰元年白道生碑，撰人題朝議郎行尚書禮部員外郎、翰林學士賜緋魚袋于益。

F〔又〕肅給事中　翰林院故事：「于肅自比外充，考中又充，給中又充，卒。」千唐孫備夫人于氏誌：「高祖諱肅，入内庭爲給事中。」

G〔又〕肅生敖監察御史　據舊書一四九，元和六年，敖拜監察御史，此乃見官，新表作「户部侍郎」，則後來歷職也。孫備妻于氏誌：「祖諱敖，宣歙觀察使。」

H〔又〕敖生球珪環琮　校云：「案唐世系表『環』下尚有『琄』，此脱。」余按舊書一四九稱四子，球、珪、瓌、琮，皆登進士。敖至大和四年始卒，則琄許是後來所生，不能遽斷姓纂爲脱文。且姓纂不盡列者甚多，其例曷勝舉也。又「環」，新表亦作「瓌」，此獨作「環」，當誤。孫備妻于氏誌（卒咸通六年，年卅），父諱珪，擢第春官，赴東蜀周丞相辟，入藍簿，直弘文館，纂新會要，金陵幕中監察御史裏行•。

351 保寧生丞範、丞慶。丞範，平州刺史。曾孫結，諫議大夫。生亮。亮生貴寧，案貴寧與六世祖同名「寧」，似有誤。主客員外郎、平昌公。生

A〔岑校〕保寧生丞範丞慶　「丞」，新表均作「承」，按唐人往往承、丞混寫。芒洛三編于氏誌：「曾祖保寧，瀘州司馬。祖承慶，皇朝益州温江令。父處直，前越州山陰令。」（拓本未見）

B〔又〕曾孫結諫議大夫　新表結後無人，余謂保寧一支，當至此止，參下一條説明。全詩五函一册「于結，大曆間人，崔寧嘗欲薦爲御史，爲楊炎所沮」。

C〔又〕生亮亮生貴寧主客員外郎平昌公生　校云：「案貴寧與六世祖同名『寧』，似有誤。」此以「生亮」屬上「曾孫結」讀，故謂貴寧爲保寧之六代孫。余嘗尋繹數四，竊謂不然。考于謹九子，已前祇敍寔、翼、義三支，下文又略敍禮之一支（下文再說明），則此處得爲謹他子之後，所疑者一。貴寧與保寧、志寧等命名相似，得爲從祖昆弟，所疑者二。前文「生宣道」下衍「亮」字，恰與此處「生亮」之「亮」相同，亮荀與宣道同輩，卽貴寧與志寧、保寧同輩，所疑者三。郎官石柱主客員外有丁貴寧，「丁」、「于」相差一畫，當是碑版漫漶，轉録成訛，貴寧題名，高居第二，又必初唐人物，倘爲保寧六代孫，則時世不符，所疑者四。會要七九稱于貴寧洪州都督、平昌縣侯，都督乃盛唐已前之官，所疑者五。職此五疑，余謂「生亮」之上，殆脫于謹一子之名，此前截之解釋也。禮爲謹之一子，故貴寧所生，亦有奪文，否則「生」字應衍，此後截之解釋也。大約姓纂訛奪之處，首須根尋年代，前人未嘗於此點着力，故不克窮澈究竟也。

352 禮，周趙州刺史、安平公。禮周生武乾，倉部郎中。禮少子。　案此處脫名。周華陽公。孫德秀，彭州刺史。

A〔岑校〕禮周趙州刺史安平公禮周生武乾倉部郎中禮少子　周書一五：「義弟禮，上大將軍、趙州刺史、安平郡公。」又于孝顯碑：「父禮，周使持節大侯正大將軍、趙州刺史、安平郡開國公。」（金石續編四）此之名字、官爵，恰與相同。是禮爲謹子，禮既謹子，則無論前文如何解釋，「禮」字不能上與「生」

字相連。復次，「禮」爲名，「周」乃朝號，「禮周」之「周」字衍，猶諸前文「雙彌」之誤作「彌周」也。孝顯卒貞觀十年，春秋六十四，計生周建德二年，意孝顯卽禮之少子歟？

B〔又〕周華陽公　「禮少子」下校云：「案此處脱名。」其意以爲「禮少子」下連此句讀也。但孝顯而爲禮之少子，則其生去周之亡，不過七年，焉得封公（此非襲爵，因禮封安平公也）？若孝顯而非少子，則其弟比孝顯更幼矣，故知「周華陽公」與上「禮少子」純是兩橛，不能連讀。考周書一五，謹子紹，「上開府、綏州刺史、華陽郡公」。此「周華陽公」上所奪，當是紹名無疑矣。由是知謹凡九子，姓纂所敍，最少有寔、翼、義、□、禮、紹六支，新表祇列其三支耳。

C〔又〕孫德秀彭州刺史　武德中爲慶州刺史，見元龜六九四。德秀仕唐初，其不得爲禮之曾孫，益彰彰矣。

353 提次子彪，灃川公；生寬，隋右武將軍、清河公。孫仁表，兵部員外。

A〔岑校〕生寬隋右武將軍　「武」下殆奪「衞」、「候」等字，將軍無右武之名也。

354 【江陵】　狀稱定國之後，自東海徙焉。唐延州刺史子俊；生惟謙，兵部侍郎、平章事，生光宰、光弼、光嗣。光宰，都官郎中。姪光偉、光業、光進。

A〔岑校〕唐延州刺史子俊　移置唐興寺碑稱瀛州刺史東海郡公士俊。（萃編七一）平津記五云：「『子俊』卽『士俊』之訛。」千唐于偃誌：「曾祖士俊，銀青光祿大夫、瀛州刺史。」

B〔又〕生惟謙兵部侍郎平章事　惟謙，舊、新書均無傳，新世系表亦缺。據唐興寺碑，則金紫光禄大夫、中書侍郎、同中書門下三品、東海憲公也。舊書七，惟謙以神龍二年正月相，三年九月罷。千唐李素規撰武寧令于季文誌：「高祖惟謙，皇朝金紫光禄大夫、行中書侍郎、同中書門下三品，封東海郡開□□□。曾祖光嗣，皇太中大夫、泗州刺史。祖棻，皇朝散郎、□州司倉參軍。考偁，皇□州録事參軍。」季文卒元和八年，年五十七，有子縱、約。又千唐涼王府功曹于偃誌（誌末倒刻之標題無「王」字，是也）云：「祖惟謙，金紫光禄大夫、中書侍郎、同中書門下三品。父光寓，銀青光禄大夫、陳王傅。公即光寓之嫡子也。」偃卒天寶九載，年卅（？）一。全文二四二李嶠行制，文昌右司郎中于惟謙可朝請大夫守給事中。　全文拾遺一六大崇福觀記，聖曆二年作，稱司賓卿于惟謙。

C〔又〕生光宰光弼光嗣　據上碑誌，惟謙尚有子光庭，開元六年任聞喜縣令（亦見全文二五三蘇頲制）。又有光寓。

355【齊郡歷城】　唐屯田郎中于利貞，狀云本出東海。

356【長安】　唐右武侯大將軍于伯億，狀云于禁之後，居京兆長安。知機，太僕少卿、懷德公。

A〔岑校〕唐右武侯大將軍于伯億　「侯」誤，庫本作「候」，元龜六二七：「唐于百億爲朝請大夫。……及太宗踐祚，帝在武侯。」「在武候」乃「右武侯」之訛，且上下有訛奪也。同書七六六，百億仕隋爲左翊衞。會要七九，伯億贈涼州都督、懷縣公（此「懷縣公」不知與下文「懷德公」有關連否）。

B〔又〕知機太僕少卿　「知機」上殆有奪文，因不著其與伯億是何親屬也。

須

357 風俗通，太昊風姓須之後，有須句國。又殷有密須國，爲氏。魏有須賈。平陸侯須無，紹封傳四代。

A〔岑校〕風俗通太昊風姓須之後　「須」字衍，備要二八引文及類稿均無「須」字。

B〔又〕國爲氏　備要及類稿均作「並以國爲氏」。温校謂錯亂幾不可讀，非也。彼據通志增文，亦不可憑。

C〔又〕平陸侯須無　辯證同。唯漢表一六作「陸量侯須無」。「平」字上，備要、類稿均多「漢有」二字。

愚

358 愚公之後，今無聞。

禺

359 禺强之後，出姓苑。

芻

360 牛衰食芻案牛哀見淮南子，此作「衰」，恐誤。改姓芻氏，見姓苑。

A〔岑校〕牛衰食芻　校云：「案牛哀見淮南子，此作『衰』，恐誤。」余按通志亦作「哀」，尋源七云：「考淮南子爲公牛哀事，何氏脱『公』字。」

毌音無。

361 毌邱氏或爲毌氏。開元右補闕毌煚，洛陽人。一云吴人。案急就章「毌煚」作「毌景」。

A〔岑校〕開元右補闕毌煚　校云：「案急就章『毌煚』作『毌景』。」余按叢編七引諸道石刻録定水縣鐘銘，毌煚撰。開元九年煚編子庫書（原誤「照」），見會要三六（時官鄠縣尉，見元龜六〇八，惟訛「毌炤」，此可以舊書一〇二證之）。又十三年任拾遺、集賢直學士，見同書六四。廣記一四三引唐新語，右補闕毌旻後直集賢，不久卒，玄宗贈朝散大夫。作「旻」亦誤。開元十一年，麗正殿學士毌煚，見歷代名畫記九。又千唐同年十月龐夷遠妻李氏誌，題「麗正殿修書學士右拾遺毌煚撰」，字正作「煚」

（類稿八訛爲「渠」）。辨誤二四云：「按毋旻爲補闕，非『景』也。」考「煛」爲「㬎」之古文，音憬，故通志轉作「景」。今辨誤一八既以毋㬎入七虞，又以毋景入十五翰，析一人而二之，得毋如張氏所謂貤繆者乎。若急就篇上之「唐集賢學士毋㬎，右補闕毋景」，特王氏誤析一人爲二人耳。

巫

362 風俗通云，氏於事巫乙匠陶也。殷有巫咸、巫賢。漢有冀州刺史巫捷，又有巫都，著養性經。

A〔岑校〕巫乙匠陶也　廣韻、通志皆作「巫卜」，姓氏篇云：「又按唐書，柳芳氏族論引『巫卜』作『巫乙』，亦非。」按改「乙」爲「卜」，文便可通。温校以爲有脱文，不確。

B〔又〕又有巫都著養性經　姓氏篇云：「又按光武時淄川巫炎字子都，有陰道之術，即此人。」「性」，統譜一三作「生」。

于

363 周武王第二子邘叔，子孫以國爲氏，其後去「邑」，單爲于氏。

364 【東海】漢有于公，生丞相、西平公定國；生永，御史大夫。祕笈新書。

A〔岑校〕周武王第二子邘叔子孫以國爲氏其後去邑單爲于氏　東海　漢有于公生丞相　西平公定國生永御史大夫　陳校云：「此于氏條卽上文洪氏謂據祕笈新書增入者，庫本無，但已見前虞姓之後。」應删卻。

瞿

音渠。

365 晉東海王越參軍瞿莊，博陵人。

殳

366 尚書，殳斨，舜臣名，咎繇所讓共六人。南朝嘉興殳季真。

A〔岑校〕尚書殳斨舜臣名咎繇所讓共六人　「共」，類稿八作「二十」，温校謂「共」字當爲「廿」誤。然依此改法，文仍不可通，且與尚書異也（書言二十二人，又垂讓殳斨，非咎繇）。

B〔又〕南朝嘉興殳季真　通志作「南史有殳嘉興，又有殳真」，奪「季」字。宋明帝時人，見唐李渤文。類稿八作「南朝有殳嘉興」，備要二七亦引作「殳嘉興」。

符

367 魯頃公孫公雅爲秦符璽令，因爲氏。

A〔岑校〕魯頃公孫公雅爲秦符璽令　金石録二〇云：「以姓氏書考之，琅邪符氏，出於頃公之孫公雅爲秦符節令，因以爲氏。而武都苻氏出於有扈之後，爲啓所滅，奔西戎，代爲氏酋，本姓蒲，至苻堅以背有文改焉。」沈跋云：「此所云姓氏書，當即姓纂。今孫本符姓下『符節令』作『符璽令』，案漢書百官公卿志，少府秦官，屬官有符節令。續漢書百官志，符節令主符節事，尚符璽郎中主璽。漢書霍光傳亦有尚符璽郎，是符節令領符璽郎。漢因秦制，本書必應作『節』，通志氏族略亦作『爲秦符節令』，足證今本作『璽』之誤。廣韻十虞『符』字注，魯頃公之孫雅，仕秦爲符璽令。通典職官云，秦符璽令，漢因之，置符節令丞。皆非是。」余按今姓纂卷二枝（眭姓）亦稱「漢有符節令弘」，此處作「璽」，似傳抄之訛；然姓解二符姓又稱符璽郎，則未知果「節」之訛「璽」，抑爲「郎」之訛「令」矣。

368 【瑯琊】　漢有陳留相符季真。元孫表，後漢齊郡太守。又光禄大夫符融*。

A〔岑校〕瑯琊　「瑯」，庫本作「琅」。

苻

369 前秦主苻健，本以，有扈氏之後，爲啟所滅，奔西戎，代爲酋。本姓蒲。蒲洪以孫堅背上有草付文，改苻爲。

A〔岑校〕本以　類稿七、備要二一四引均作「本姒姓」，此訛奪。

B〔又〕代爲酋　類稿「爲」下有「氏」字。

C〔又〕蒲洪以孫堅背上有草付文改苻爲　「苻爲」二字誤倒，應依庫本乙之，沈跋亦云：「『改苻爲』二字乙作『改爲苻』。」

370【武都】＊　案蒲洪，略陽臨渭氏人，子苻健，晉永和七年僭位，都長安。「武都」二字有脱文。苻堅生丕。堅孫登，僭號長安。自健至登五代，爲姚興所滅。

A〔岑校〕武都　校云：「案蒲洪，略陽臨渭氏人，子苻健，晉永和七年僭位，都長安。『武都』二字有脱文。」「氏」誤，庫本作「氐」。又「位」，庫本作「立」。余按柳宗元賀趙江陵辟苻載啓云：「伏聞以武都苻載爲記室。」毛鳳枝氏云：「此云武都，蓋舉其郡望也。」金石録引稱武都苻氏，沈跋云：「案此並無脱文，……『武都』二字乃是族望，提行另起，則不誤矣。」類稿、備要亦作「改爲苻（氏）」。

B〔又〕堅孫登　羅校云：「案晉書苻登傳，堅之族孫。父敞。」

371 後周襄州刺史、龍居公苻猛，臨渭人。元孫遷敵，唐金州刺史。苻子珪，弟太子舍人璋＊。

A〔岑校〕元孫遷敵唐金州刺史苻子珪　案金州刺史如屬遷敵，則子珪無官歷，反之，則遷敵無官歷，頗疑「苻」字是「生」字之訛。約開元十八年頃，子珪官定州別駕，見全文九一四釋具大忍寺門樓碑

（唯訛「苻」爲「符」）。猛生北周，其五世孫仕開元，亦相當也。全詩十一函七册收符子珪詩一首。

臾音俞。

372 顓臾風姓之後。晉大夫臾駢。

俞

373 又吐溜反。前趙劉聰中常侍俞容。天后時俞文俊，江陵人。案列子有俞氏，以醫著。

A〔岑校〕又吐溜反　通志上有「平聲」二字，温校謂此處無之，則「又」字爲贅，殊不知「吐溜」亦讀平聲，未見「平聲」二字之必爲林氏原文也。類稿八訛「吐溜反」。

扶

374 漢有廷尉扶嘉。

A〔岑校〕漢有廷尉扶嘉　亦見廣韻。

375 【河南】官氏志云，乞扶氏改爲扶。

A〔岑校〕乞扶氏改爲扶　末「扶」字下，類稿六、備要三五引均有「氏」字。

俱

375 南涼有鎮北將軍俱延。開元國學士俱匡辟。

A〔岑校〕南涼有鎮北將軍俱延　廣韻及姓解一亦作「俱延」，通志作「俱起延」，殆誤。

B〔又〕開元國學士俱匡辟　通志作「國學博士俱康辟」，此奪「博」字，作「康」者，宋人避諱也。

朱

377 顓頊之後，周封曹挾于邾，爲楚所滅，子孫去「邑」以爲氏。一云舜臣朱虎之後。齊有朱毛。漢中邑侯朱進、鄢陵侯朱濞。

A〔岑校〕周封曹挾于邾　新表七四下云：「有六終，産六子，其第五子曰安，周武王克商，封安苗裔俠於邾。」杜譜亦作「俠」。

B〔又〕去邑以爲氏　類稿五、合璧一一、新書六均作「以朱爲氏」。

C〔又〕舜臣朱彪之後　温校云：「彪」當爲「虎」，避唐諱。

D〔又〕漢中邑侯朱進鄢陵侯朱濞　兩人均見漢表一六，「鄢」作「傿」，古通用。類稿訛「隱陵」。

378【吳郡】漢功臣有都昌侯朱眕。至買臣，會稽太守。吳有將軍朱桓，生異。唐諫議大夫朱子奢，云異之後。

A〔岑校〕漢功臣有都昌侯朱畛　「畛」誤，庫本作「軫」，同漢表一六。

379【錢塘】　漢槐里侯朱雲之後。八代孫至賓，後漢光禄勳，始居錢塘，爲著姓。十代孫遜之，齊吴平令，生梁領軍朱异。异曾孫延慶，唐倉部郎中也。

A〔岑校〕十代孫遜之齊吴平令生梁領軍朱异　羅校云：「案梁書朱异傳，父巽，吴平令，與此不同。」余按遜、巽古通用，「之」字或從省也。

B〔又〕异曾孫延慶唐倉部郎中也　郎官柱倉中有朱延度，勞考一七即引此爲證，并云「户外有延慶」。同一碑中或作「慶」，或作「度」，時代復相當，則似其人名字先用「慶」而後改「度」者；今考朱氏誌云：「曾祖長仁，隨水部員外郎、朝請大夫、司勳侍郎。祖延度，隨尚書倉部郎中。」（芒洛四編五）則其家乘亦作「度」也。朱氏（崔夫人）終開元二十八，享年八十四，計生顯慶二年丁巳，其祖應是唐初人。又由郎官柱户外、倉中之排列觀之，延慶或延度之官此，應在高宗初，今誌竟云隨尚書倉部郎中，是碑刻誤也。隋無郎中，更無論矣，碑刻亦不可盡信如此。

330【沛國相縣】　今有朱氏，自云丹朱之後，以王父名其後。

A〔岑校〕以王父名其後　「其後」誤，庫本作「爲氏」。

281【永城譙郡】　唐正議大夫、平章事朱敬則，工部侍郎。

A〔岑校〕唐正議大夫平章事朱敬則工部侍郎　按新表七四下敍其世系甚詳，當本林書，今闕文也。

382 【義陽】漢有朱穆。晉有朱序。序孫循之也。

A〔岑校〕序孫循之也　羅校云：「案『循之』，宋書本傳作『修之』。」按循、脩古人往往混寫，王氏讀書雜志已言之。後倣此。

383 【丹陽】後漢司空朱浮。晉有朱齡石。中書舍人朱巨川，生宿，右拾遺。宿生賀。

A〔岑校〕晉有朱齡石　「石」，庫本誤「右」。

B〔又〕中書舍人朱巨川　建中元年，巨川任起居舍人試知制誥，三年，自行司勳員外郎知制誥守中書舍人，見顏真卿所書巨川告身。又李紓巨川神道碑，年二十明經擢第，建中四年卒，年五十九。

C〔又〕生宿右拾遺　叢編一四引復齋碑録，貞元四年，王武陵、朱宿、竇羣同遊惠山寺有詩。又全文三九五巨川碑：「子宿，……甫逮弱齡，擢登秀士，與其弟端、靖、定等。」同書五一八梁肅送朱拾遺赴朝廷序：「先命大臣舉有道以備司諫，故朱君長通有拾遺之拜。」未知即其人否。全詩五函一册王武陵宿慧山寺詩序：「戊辰秋八月，吴郡朱遐景自秦還吴，南次無錫。」全詩又云：「朱宿字遐景。」

384 【大康】後漢朱岑。唐駕部郎中前疑，其後也。

A〔岑校〕大康　「大」，庫本作「太」，太康縣屬陳州。

B〔又〕唐駕部郎中前疑　朱前疑見郎官柱封外。元龜四八一，前疑爲駕部郎中時，有契丹之役，出馬三疋助軍，表求階級者數回，朝令歸私第。廣記二〇一引僉載作「兵中」，殆誤（同書二五四引作「駕中」）。又廣記二三八引唐國史，則天授前疑爲都官郎中。朱前疑着緑，逯仁傑着朱，見廣記二五四引朝野僉載。又二五八引同書，前疑授拾遺，俄遷郎中，賜緋魚袋，未入五品，於緑衫上帶之，後契丹反，納馬，表索緋，放歸卒。

385 【河南】官氏志，渴燭渾、可朱渾氏並改爲朱氏。

A〔岑校〕官氏志渴燭渾可朱渾氏並改爲朱氏　按今志作「渴燭渾氏改爲味氏」，無可朱渾氏，疏證謂「味」爲「咮」誤，是也。東胡民族考上以「渴燭渾」爲「味」之漢譯，未可信。

繻（温補）

386 鄭公子繻之後。（温補）

A〔岑校〕温校據姓觿二引文補。

盂（岑補）

387 晉侯之裔，食采盂邑，公傳晉大夫盂丙，是也。（岑補）

A〔岑校〕據姓觿二引文，温校漏。但「公」字應作「左」。

虞邱・

388 晉大夫虞邱書。楚莊相虞邱子薦孫叔敖自代。

A〔岑校〕晉大夫虞邱書　左傳襄公十六年，晉虞丘書爲乘馬御。通志作「虞丘子著書」，非是。

389 【趙郡】說苑云，漢光禄大夫虞邱壽王。漢書作「吾邱」。

A〔岑校〕漢書作吾邱　庫本漏「丘」字。

巫馬

390 史記，巫馬施字子期，魯人也，仲尼弟子。

巫咸

391 姬姓，皋陶之後。其國今舒州人。案「其國今舒州人」六字當有脱誤。

A〔岑校〕姬姓皋陶之後其國今舒州人　校云：「案『其國今舒州人』六字，當有脱誤。」余案皋陶，偃姓，見世本及潛夫論，此云姬姓，不合。通志「舒蓼氏」云：「偃姓，皋陶之後，楚東之境小國也。」與此條文多少相似。又今姓纂舒鳩之文已失，故余謂此條必冒舒鳩或舒蓼之文也。若通志「巫咸氏」云：「商卿也，其後氏焉。」與此迥異。温校以此爲舒鳩之文。

巫臣

392 晉大夫欒巫臣之後。案申公巫臣奔晉，巫臣，楚屈蕩之子屈申也。晉無欒巫臣。

A〔岑校〕晉大夫欒巫臣之後 校云：「案申公巫臣奔晉，巫臣，楚屈蕩之子屈申也。晉無欒巫臣。」余按校注説與通志巫臣氏略同。今姓纂一〇「弗忌」云：「晉大夫欒弗忌之後。」蓋以巫臣冒弗忌之文也。複出應删。

393 楚申公巫臣之後。（温補）

A〔岑校〕温校據姓觿二引補。

無婁

394 莒大夫無婁務胡之後。又無婁先生著書。

A〔岑校〕無婁 廣韻引姓苑作「毋婁」。

B〔又〕莒大夫無婁務胡之後 温校云：「通志無婁氏，莒公子無婁之後。『無』亦作『務』，此誤。」

395 【瑯琊】 今瑯琊有此姓。

A〔岑校〕瑯琊 今瑯琊有此姓 兩「瑯」字，庫本均作「琅」。

無圉

396 公羊，楚大夫無圉之後。

無鉤

397 潛夫論，楚鲝冒生蔿章，爲王子無鉤氏。

A〔岑校〕潛夫論　牟校云：「洪刻『夫』上空一格。」按今局本不空。

無弋

398 秦厲公時羌人無弋爰劒之後。今隴西人。

毋將

399 見姓苑。

400 【東海蘭陵】漢南郡太守毋將隆，本京兆尹、執金吾。又毋將衣明易，爲豫章太守。

A〔岑校〕又毋將衣明易爲豫章太守　按漢書八八，毋將永受高氏易，官至豫章都尉，與此不合。「衣」當「永」之訛。

毋終

401 左傳，毋終子嘉父，翟國君也，因氏焉。案左傳作「無終」。

A〔岑校〕左傳毋終子嘉父　「嘉」，庫本作「喜」，非是。

須遂

402 左傳，遂國在齊北，有須遂氏*。

須朐

403 須朐，楚賢人，著書。

A〔岑校〕須朐楚賢人著書　姓有須句，亦作「須朐」。「朐」，「朐」之訛也。然須朐國名，非人名。考卷七「老萊」云：「老萊子，古賢人，著書。」通志亦云：「老萊子，楚賢人，著書。」此蓋脱「子」字而複冒老萊之文者，應删文存目。辨誤六云：「按此説謬，須朐，魯地，楚不聞有此賢人。」説亦未諦。

須卜

404 改爲卜氏。

廚人

405 周禮廚人，因官爲氏。案周禮無此官，廚人濮見左傳。

A〔岑校〕周禮廚人因官爲氏　校云：「案周禮無此官，廚人濮見左傳。」余按辯證四云：「誤矣，周官無廚人。」

郰婁

406 公羊，郰婁子，曹姓也。子孫以國爲氏*。

A〔岑校〕公羊郰婁子曹姓也子孫以國爲氏　羅校云：「案古今姓氏書辯證引作『曹姓國，郰婁子之後，以國爲氏』。」余按羅引之文，見宋本辯證（校勘記中），但別一條引文（校勘記下）又無「國」、「之」兩字，可見前人引文，非必隻字不易，其義同而文略異者不必其果爲原文也。

夫餘

407 風俗通，吴公子夫槩王奔楚，餘子在吴者，因以爲氏焉。

A〔岑校〕風俗通吴公子夫槩王奔楚　廣韻、通志引均無「王」字，既曰「公子」，不應云「王」也，應衍。

百濟國王夫餘寬生璋，號帶方郡王；生義慈，大唐拜帶方郡王、金紫光祿大夫。貞觀入朝，生隆，熊州都督。隆生文宣，司膳卿、左衞大將軍、樂浪郡公。

A〔岑校〕生璋號帶方郡王　河南博物館藏永淳元年大唐故光祿大夫行太常卿使持節熊津都督帶方郡王扶餘君墓誌（隆）云：「祖璋，百濟國王。……貞觀年，詔授開府儀同三司、柱國、帶方郡王。」

B〔又〕生義慈大唐拜帶方郡王金紫光祿大夫　舊書一九九上，義慈拜帶方郡王，在貞觀十五年。又扶餘隆誌云：「父義慈，顯慶年，授金紫光祿大夫、衞尉卿。」據舊傳，是義慈虜至京師卒後所贈。

C〔又〕貞觀入朝　據舊書一九九上，扶餘義慈貞觀時幷未身入朝，祇遣使朝貢耳。

D〔又〕生隆熊州都督　依舊傳，隆爲熊津州都督，非熊州也。芒洛四編三扶餘隆誌云：「公諱隆，字隆。……祖璋，……貞觀年，詔授……帶方郡王。父義慈，顯慶年，授金紫光祿大夫、衞尉卿，……以公爲熊津都督，封百濟郡公，仍爲熊津道總管兼馬韓道安撫大使，……尋奉明詔，脩好新羅，俄沐鴻恩，陪覲東岳，……遷秩太常卿，封王帶方郡，……以永淳元年……春秋六十有八，薨于私第，贈以輔國大將軍，謚曰」　元龜一七〇，儀鳳二年二月，司農卿扶餘隆爲光祿大夫太常員外卿、加授熊津州都督、帶方郡王。乾封元年，隆司稼正卿，見孔廟碑陰（山左金石志一一）。平津續記云：「姓纂以『扶』作『夫』，當以碑爲正。」

E〔又〕隆生文宣　將軍扶餘文宣爲總管，見新書突厥傳。

夫蒙

409 今同蒲二州多此姓，或改姓爲憑。氏族略。

410 本西羌姓，後秦有建成將軍夫蒙羌，今蒲同二州多此姓，或改姓馬氏。（岑補）

A〔岑校〕洪氏據通志略補「今同蒲二州多此姓，或改姓爲憑」二句。此姓庫本原缺。今按通鑑二一五天寶三載下胡注所引，視通志較詳，故修補如上。夫蒙羌，廣韻作「大羌」，通志作「羌命」。復考玄宗朝之夫蒙靈詧，亦稱馬靈詧。以此推之，胡注謂改姓馬氏較可信，通志之「憑」，疑傳刻訛也。

無懷（温補）

411 古帝無懷氏之後。（温補）

A〔岑校〕温校據姓觿二引補。路史前紀九，無懷氏後有懷氏，無懷氏下注「姓纂」二字，是姓纂本有無懷一姓，而沈濤氏所漏舉者也（參附録二）。

無庸（温補）

412 楚王支庶。（温補）

A〔岑校〕温校據姓觿二引補。

無忌（温補）

413 A〔岑校〕温校據續文獻通考「韓後無忌氏，見姓纂」補目。若姓觿二所引世本文，未標本自姓纂，故不取。他倣此。否則補文將毫無界限也。

卷二整理記

3 按古今姓氏書辯證卷三支氏：「其先月氏胡人，後爲氏。石勒十八騎有支屈六。」

3 A按文淵閣本正作「西域」。

4 按古今姓氏書辯證卷三隨氏：「出自祁姓，陶唐氏之後。劉累孫杜伯，事周宣王，無罪見殺。子隰叔奔晉，生士蔿。蔿生會，爲晉上卿，食采於隨，謂之隨會。子孫氏焉。」秦嘉謨輯校世本：「士蔿孫隨武子會，食采于隨，曰隨會，爲氏。」古今姓氏書辯證又云：「姓纂曰，周同姓隨國爲氏，誤矣。」然通志氏族略隨氏則列爲「以國爲氏」，稱周同姓國。並云：「侯爵，今隨州是其地，楚滅之，子孫以國爲氏。」

5 「枝如子躬」，秦嘉謨輯補世本引廣韻「五支」作「枝如子弓」。

6 「後魏七兵尚書」，文淵閣本作「後魏爲七兵尚書」。

15 秦嘉謨輯補世本引廣韻「五支」：「羲氏，堯卿羲仲之後。」

17 古今姓氏書辯證卷三儀氏：「出自衞大夫，食邑於儀，因氏焉。……元和姓纂曰，衞有儀封人，誤矣，封人非以儀爲氏。」按「儀封人請見」，見論語八佾。此處「衞大夫」下疑有脱訛。

17 A按左傳昭公六年：「徐儀楚聘於楚。」杜預注：「儀楚，徐大夫。」

22 A秦嘉謨輯補世本據路史國名紀五引姓苑：「訾氏，本出於祭氏，周有訾荒。」

32 按秦嘉謨輯補世本引作「以所居爲氏」。

35 按後漢書陳蕃傳，蕃子逸，官至魯相。則此處「藩」字當作「蕃」。子斿（游）當爲逸字。

37 按古今姓氏書辯證卷三施氏云：「唯魯國施氏，出自姬姓。惠公之子尾，字施父，生施伯。伯孫頃叔，生孝叔，始以王父字爲氏。孝叔孫之恒，字子常，爲孔子弟子。裔孫漢博士讎，字長卿。」此節與姓纂内容同，敍述較清楚。

49 A按今中華書局點校本晉書已正作「郗」。

51 按左傳昭公二十八年：「晉祁勝與鄔臧通室。」杜預注：「二子，祁盈家臣也。」又：「祁盈將執之。」杜預注：「盈，祁午之子。」

53 A按通志氏族略引風俗通「者」下亦有「之」字。

53 B按通志「師蠲」下尚有「師成也」三字。

55 高樂節侯師丹，漢書卷八六有傳。

62 A王仲舉元和姓纂四校記書後：「犖按魏書刁雍傳：『渤海饒安人也。高祖攸，晉御史中丞。曾祖協，從司馬睿渡江，居於京口，位至尚書令。父暢，司馬德宗右衞將軍。初，暢兄逵，以劉裕輕狡薄行，負社錢三萬，違時不還，執而徵焉。裕誅桓玄，以嫌，故先誅刁氏。雍爲暢故吏所匿，奔姚興，後歸國。』姓纂謂『蜀有刁逵之後』，『蜀』字譌，『刁逵』亦當作『刁逵』，宋書、晉書皆作『刁逵』也。」

63 「因以爲姓」，秦嘉謨輯補世本作「因以爲氏」。

76 按通志氏族略作「尸逐氏」。又按後漢書南匈奴傳稱：「胡邪尸逐侯鞮單于長，永平六年立。」則「尸逐侯鞮」當爲匈奴部族名。

82 秦嘉謨輯補世本引路史後紀四注引莊子古注及姓氏急就篇下：「怡氏，姜姓之後。禹有天下，封怡以紹烈山，是爲壘台。成湯封之離支，是爲孤竹。」

85 按左傳文公十八年：「高辛氏有才子八人，伯奮、仲堪、叔獻、季仲、伯虎、仲熊、叔豹、季貍……謂之八元。」

87 「纂要文」，按文淵閣本作「纂文要」。

88 「以國爲姓」，秦嘉謨輯補世本作「以國爲氏」。

100 A按司馬承禎，兩唐書有傳。又按李太白全集卷一大鵬賦并序：「余昔于江陵見天台司馬子微。」

106 A疑「其」字當乙於「司徒」之下，即「宋邊邛爲司徒，其後氏焉」。則文字通順矣。

108 A按天寶十二載，司空襲禮在漢中郡太守任，見全唐文卷九九九鄭回南詔德化碑。

109 A按今禮記檀弓下孔穎達疏引世本：「戴公生樂甫術，術生石甫願繹，繹生夷甫傾，傾生東鄉克……。」此處第二「傾」字下脱「生」字。

110 A按左傳哀公二十五年稱「司寇亥」，則「虎」字非林氏所改。

114 A「司徒」，原作「司馬」，核之前文，此段文字實在「司徒」氏下，故改。

120 按「帝佶」，文淵閣本作「帝佶」。又按「元冥」當正作「玄冥」。

132 C文淵閣本作「稹」。今中華書局點校本新唐書宰相世系表四上亦作「稹」。

138 A按今中華書局點校本新表著友清，与姓纂同。

141 G按今中華書局點校本新表作「繫」，與姓纂同。

142 A按今中華書局點校本新表弘景爲堯子，禮部尚書，乃烈曾孫，與姓纂同。

147 A王仲犖元和姓纂四校記書後：「犖按韋孝寬西魏世已拜尚書右僕射，入周拜小司徒，歷大司空，薨，贈太傅、雍州牧，大象二年十一月[illegible]。北周行六官，無尚書令，以孝寬有平尉遲迥之功，隋受周禪，或又追贈尚書令，紀傳失載，而新唐書宰相世系表紀其事。大司徒疑由小司徒、大司空訛奪而成，蓋其家狀已然矣，非姓纂之誤。」

147 B按今中華書局點校本新表正作「霽」。

149 B按今中華書局點校本新表仍作「保巒」，與姓纂異，羅校不誤。

151 A王仲犖元和姓纂四校記書後：「犖按唐人諱『民』，故改民部尚書爲户部尚書，未聞有改吏部者。」

160 C按今中華書局點校本新表有「拯」，無「揖」。岑氏誤引。

163 按新表云：「穆曾孫楷，晉長樂、清河二郡守。生逵，慕容垂大長秋卿。生闡，字友觀，避地薊城，後魏太武召爲咸陽太守。時關中大亂，所部獨安，明元帝嘗曰：『我欲有臣皆如闡。』當時以爲美談。子孫因自别爲闡公房。」姓纂此下即叙闡公房。

164 C按今中華書局點校本新表作「衢州」、「元誠」，不誤。

165 A王仲犖元和姓纂四校記書後：「犖按隋書三八皇甫績傳韋譓附傳，譓封普安郡公，『普安』不誤，作『晉安』則誤矣。」

168 據下文，「思敬孫」下當補「利器、利賓、利涉」六字。

168 G按新唐書党項傳：「僕固懷恩之叛，誘党項、渾、奴刺入寇，衆數萬，掠鳳州、盩厔，大酋鄭廷、郝德入同州，刺史韋勝走。」此同州刺史韋勝當即韋騰，「勝」字訛。

171 按文瀾閣本「元福、元奬」作「玄福、玄奬」。下同。

171 B按今中華書局點校本新表玄奬與玄福同格，不誤。

173 A按今中華書局點校本新表有光乘，與姓纂同。

178 A按今中華書局點校本新表著録綱子豫、巽、咸、觀。

180 「元泰」，文瀾閣本作「玄泰」。

181 A按今中華書局點校本新表著述，不誤。

183 A王仲犖元和姓纂四校記書後：「犖按隋書地理志：『扶風郡鄠，舊曰平陽縣，西魏改曰鄠城，後周廢入周城縣。』太平寰宇記：『鳳翔府鄠縣，後魏廢帝因縣内鄠城，改爲鄠城縣，至天和三年，以鄠城縣併入周城縣。』是鄠城爲西魏所置，韋元禮之封鄠城縣公，當在西魏北周之世，廢於天和三年，隋世已無鄠城縣也。」

190 C按今中華書局點校本新表作「慶暕」。

197 按今中華書局點校本新表「淹」作「奄」。

202 按新表三「元」字均作「玄」。下同。

203 A文淵閣本正作「左驍衛大將軍」。

204 按本段中元希、元瑾、元儼、元貞、元昭之「元」字新表均作「玄」。

207 按「納言、博昌男」上當重「仁約」二字。

217 按今中華書局點校本新表稱「仲昌，京兆少尹」，非「京兆尹」。

223 B按文淵閣、文瀾閣本均無上一「今」字。

227 按仁恕掾肥親，見後漢書卷二五魯恭傳。

229 秦嘉謨輯補世本作「以王父名爲氏」。并云：「按氏族略於此下云，仲幾字子然，此『以名爲氏』者，蓋據春秋世譜而言。」

237 秦嘉謨輯補世本引潛夫論、左傳成十五年集解云：「圍龜氏，宋公子圍龜之後。」

245 E按今中華書局點校本新表作「轂」，不作「穀」。

245 F按今中華書局點校本新表亦作「濤」，不作「壽」。

255 B王仲犖元和姓纂四校記書後：「犖按北齊書徐之才傳：曾爲西兗州刺史，封西陽王。『新陽』或是『西陽』之誤。」

260 A「金卿」，文淵閣本正作「金鄉」。

270 A按郎官柱户部郎中盧雲題名在李巽後，竇彧前，庫部郎中題名在龐晉、苗粲後，□□述、陳諫前，當爲貞元時人。又盧雲爲長安縣令，爲裴延齡搆陷，見兩唐書趙憬傳。貞元十四年十二月在明州刺史任上被鎮將栗鍠所殺，見兩唐書德宗紀。據舊唐書陳子昂傳，閭邱均景龍中爲安樂公主所薦，起家拜太常博士。而公主被誅，均坐貶爲循州司倉，卒。則其生活年代似不可能遲至肅宗上元年間准制改姓，其子似亦不可能仕至貞元中。故此閭邱珣必非閭邱均。見卷三整理記7A。又按文淵閣、文瀾閣本「生雲」均作「生曇」。

272 按「以國爲姓」，秦嘉謨輯補世本引姓纂作「以國爲氏」。又按通志氏族略「舒氏」：「亦曰舒鳩氏。子爵，偃姓，皐陶之後也。舒子平，僖三年爲徐所滅，其後復立，襄二十一年舒鳩子爲楚所滅，子孫以國爲氏。今廬州舒城，本舊名也。其地在楚、徐之間，故爲二國所滅。或言舒之種類多，舒子平與舒鳩子自是二國，故舒城西有龍舒。或曰舒有五名，一曰舒，二曰羣舒，三曰舒蓼，四曰庸，五曰舒鳩。望出鉅鹿。」其叙得姓之原較詳。

274 按渠孔見左傳閔公二年。

275 A按文淵閣本正作「蘧正」。

277 按「以國爲姓」，秦嘉謨輯補世本引姓纂作「以國爲氏」。

284 按文淵閣本此下多「名疾」二字。

292 秦嘉謨輯補世本引廣韻「二十三魂」作「其孫在國者因以魚孫爲氏。」

296 「瑯琊陽都縣」，原連上文，今據岑校提行空格。

301 C「應乙」，「應」字原無，今逕增。

304 A「渠複累」，文淵閣本作「渠復累」。

309 按秦嘉謨輯補世本引姓纂作「國於淮北」。

311 C按隋書楊諒傳有「大將軍茹茹天保」，或即此「師寶」。

315 秦嘉謨輯補世本引廣韻「十一模」：「徐吾氏，鄭公子有食采于徐吾之鄉，後以爲氏。」

316 按漢書周亞夫傳：「其後匈奴王徐盧等五人降漢。」又景武昭宣元成功臣表：「容城攜侯徐盧，以匈奴王降侯，七百户。」均作「徐盧」，無「庸」字。岑氏失校。

322 「會稽餘姚」，原連上文，今據岑校提行空格。

322 C按岑氏校文以茂世爲虞世南弟世基之字，甚是。但世南兄弟由隋入唐，其孫遜何得與劉長卿、戴叔倫同時？斷誤。劉、戴詩中之虞沔州乃虞當。柳河東集卷十二先君石表陰先友記：「虞當，會稽人，爲郭尚父從事，終沔州刺史。」卷十一虞當子虞鳴鶴誄：「洎于漢陽（沔州漢陽郡，謂當），世德以昌，毗贊尚父，休徽用揚。惟我先君，並時翱翔，洽主記室，蔚其耀光。……惟昔夏首，羈貫相親……」舊注：「鎮爲鄂岳都團練判官，當爲沔州刺史。」按柳鎮爲鄂岳團練判官，約在建中、興元時（見柳宗元先侍御史府君神道表），時虞當刺沔，恰與劉長卿守隨州（漢東郡）、戴叔倫佐李皋湖南江西幕同時。岑氏失考。

327 按魏書于烈傳稱：烈弟敦，敦弟果，果弟勁，勁弟須，須弟文仁。與此異。

328 「京兆」原連上文，今據岑校提行空格。

331 A按文淵閣本正作「右」。

335 A按今中華書局點校本新表「元範」正作「玄範」。

336 F按今中華書局點校本新表正作「德威」。

342 A王仲犖元和姓纂四校記書後：「犖按周書于謹傳：『子寔，孝閔帝踐阼，進爵延壽郡公。』寔之子仲文，隋書于仲文傳：『封延壽郡公。』長安志謂于銓封延壽公，疑有誤，又周書于翼傳：『保定三年，改封常山縣公。隋文帝執政，封任國公。』北周之制，父進爵，舊封聽迴授次子，于銓，翼次子也。疑當襲封常山公。」

350 H按千唐誌唐故河南府洛陽縣尉孫府君(備)墓銘并序：「君娶伯舅珪女。」(按千唐誌編目稱此誌爲會昌元年立，誤。誌稱「今天子受英武至仁號之年」，乃咸通十二年上懿宗尊號，見舊紀。)

353 「澧川公」，文淵閣本作「豐川公」。

368 「又光禄大夫符融」，文淵閣本無「又」字。

370 「武都」原連上文，今據岑校引沈跋提行空格。

371 按苻子璋見御史台精舍題名。又全唐文卷六二一作「符」。

333 C按朱長通即朱放，非朱宿。新唐書藝文志四：「朱放詩一卷。」注云：「字長通，襄州人，隱居剡溪。嗣曹王皐鎮江西，辟節度參謀，貞元初召爲拾遺，不就。」岑氏失考。

388 按嘉慶刻本「虞邱」前有「辜」姓，引氏族略云：「今泉州晉安有此姓，不詳所出。」

402 秦嘉謨輯補世本引左傳莊公十七年云：「須遂氏，遂大夫族。」

406 秦嘉謨輯補世本據通志氏族略三引風俗通：「郲婁氏，郲婁之國，以郲婁爲氏。」

元和姓纂卷三

〔岑校〕卷三　其下庫本注云：「上平聲模韻至文韻。」

十一模

盧

1 姜姓，齊太公之後。至文公子高，高孫傒，食采于盧，因姓盧氏。秦有博士盧敖，漢有燕王綰，沛人。

A〔岑校〕姜姓　類稿五作「姜氏」，非，姜是姓，非氏。

B〔又〕食采于盧　類稿等此下引多「今盧縣是也」五字。

C〔又〕漢有燕王綰　「綰」上備要等引均有「盧」字。

2 【范陽涿縣】　後漢尚書慎，案漢有中郎盧植，范陽人，此「慎」字疑卽「植」字之誤*。敖之後。珽，晉侍中；生志，中書監；生諶，司空從事中郎，四世有傳。生。諶二子，勗、偃。案後漢盧植之子毓，魏司空。毓子欽，晉衞將軍。欽子浮，祕書監。欽弟珽，衞尉卿。珽子志，軍諮祭酒。志子諶，依劉偃爲從事中郎，姓纂云「謀」，「諶」字誤也。又諶之外有謀。諶之子勗、偃，晉書皆未見。勗號南祖，偃號北祖。勗*曾孫元生遷，按唐世系表，元生度世，字子遷。此作「遷」，疑避唐諱。生四子，陽烏、敏、昶、尚之，又號四房。偃中子昭。昭元孫辯、景裕、景先，兄弟三人，爲魏、周、齊三國帝師。

A〔岑校〕後漢尚書慎　校云：「案漢有中郎盧植，范陽人，此『慎』字疑即『植』字之誤。」余按盧植兩爲尚書，見後書九四植本傳，「慎」即「植」訛無疑。

B〔又〕珽晉侍中　依史傳，珽卽植孫，「珽」上當有奪文。

C〔又〕生謀司空從事中郎四世有傳生諶二子勗偃　羅校云：「按『生謀』以下八字疑羨文，當删。」余按原校云：「志子諶，依劉偃（『琨』之訛）爲從事中郎，姓纂云『謀』，『諶』字誤也。又諶之外有謀。諶之子勗、偃，晉書皆未見。」據晉書四四：「諶每謂諸子曰，吾身没之後，但稱吾司空從事中郎爾。」如正「謀」作「諶」，則此八字確非羨文。「傳」字誤，庫本作「傳」，亦見羅校。毓，三國志有傳，珽、志、諶，晉書有傳，故曰「四世有傳」。惟「傳」字下之「生」字應衍。羅説殊未諦，温校略同。

D〔又〕勗號南祖偃號北祖勗曾孫元　據魏書四七盧玄傳，玄爲偃孫，則「勗曾」二字似應正作「偃」，同書四六稱盧同爲玄族孫，又八四稱盧景裕爲同兄子，合諸本書下文景裕爲偃來孫，世代正合，故知「勗曾」二字誤也。羅校云：「唐書世系表又以元爲勗孫。」按新表七三上云：「偃仕慕容氏，營丘太守，二子，邈、展*。邈，范陽太守，生玄。」是明明玄爲偃孫，新書何嘗以玄爲勗孫耶。

E〔又〕生遷　原校云："「按唐世系表元（玄）生度世，字子遷，疑避唐諱。」羅云："「按魏書玄傳亦作子度世，字子遷。」"

F〔又〕偃中子昭　按新表七三上祇云二子，邈、闡。

3 涇，杭州刺史。（岑補）

A〔岑校〕乾道臨安志三："「盧涇，杭州刺史，范陽涿縣人。……右見元和姓纂。」按涇名亦見咸淳志，新表無涇而有盧澐，杭州刺史。勞格讀書雜識七頗以爲疑。余意「涇」、「澐」同從水旁，殆一字之轉訛，茲姑據補如上以待再考。

4 【濮陽】狀云祕書監盧浮。後魏許昌太守盧曾，自陳晉徙濮陽。又從孝武入關。曾生怡，周譙州刺史，生士謐、士獻、士良。晉、絳二州刺史；生師直，司僕少卿。士弘，度支郎中、趙州刺史。

A〔岑校〕狀云祕書監盧浮　按姓纂常有雜舉一地名人之例，然「狀云」者則必自承某某之後，「浮」下殆本重「後」字，不知者以下接後魏，遂刪去一文也。浮爲毓孫，見晉書四四。

B〔又〕自陳晉徙濮陽　「陳晉」乃「陳留」之譌＊。

C〔又〕生士謐士獻士良晉絳二州刺史生師直司僕少卿士弘度支郎中趙州刺史　此處必有奪誤。士弘似亦盧怡之子，則前截漏舉其名。今郎官柱殘泐，未見士弘，勞考亦失補。晉、絳刺史或是士良官歷，待考。

5【龍門】　唐左常侍盧虔，狀云偃子闡後，又徙晉州。子從史。

A〔岑校〕唐左常侍盧虔狀云偃子闡後又徙晉州子從史　山西通志九二：「工部尚書盧虔碑，貞元中，……『河津縣志，唐銀青光録（禄）大夫檢校工部尚書兼祕書監上柱國滎陽縣公食邑一千户盧虔墓碑，□□□開國侯鄭餘慶書。』……考元王思誠河津縣總圖記内云，盧虔字子野，永泰初，舉進士高第，……蓋即採之碑文也。……鄭餘慶，據唐書本傳，再相德宗，封滎陽郡開國公，此署爲侯，則碑當立貞元十四年前矣。」余按丙寅稿，虔實卒元和四年三月，碑非立貞元中，舊書一五八餘慶傳，元和十四年始封滎陽郡公，志殊疎忽。白氏集三九代祭盧虔文，内稱元和四年七月，可參證。

6【弋陽光山縣】　唐瀛州刺史祖尚，自云本范陽人，本姓雷氏，後周初，以「雷」「盧」聲相近，改姓盧氏。

7【三原】　倉部郎中盧雲，本姓閭氏。垧，蜀州司馬，上元中准制改姓盧氏。

A〔岑校〕倉部郎中盧雲本姓閭氏垧蜀州司馬上元中准制改姓盧氏　依前卷二閭姓下校文，雲本姓閭邱，此作「閭」，誤一（勞考一一亦疑脱「丘」字）。蜀州司馬名珣不名垧，字書亦無「垧」，誤二。珣爲雲父，則「珣」上漏「父」字，誤三（勞考一一亦疑脱「父」字）。復次，王仁求碑，聖曆元年立，撰文者成都閭丘均（萃編六二）。均之略歷，附見舊書一九〇中陳子昂傳，但未言其任蜀州司馬，且碑、傳皆稱成都人，與此係三原（亦可指其郡望）者略異。雲，貞元十四年在明州刺史任內，爲鎮將所殺，見舊紀一三。趙憬爲相時，雲官長安縣令，見元龜三〇七。匋齋藏石記三三，進士王茲撰唐范陽郡故盧氏夫人墓誌銘幷序云：「夫人盧姓，□范陽郡人，開唐之盛族也。曾祖恂，皇絳州龍門縣令。祖雲，□（按應是『倉』字）部郎中、長安縣令、明州刺史。父滙，皇朝請郎、嘉州龍遊縣令。」（夫人年卌，據跋，應卒大中四年前）。按盧氏此派本是改姓，撰文者乃以擬范陽，蓋已數典忘祖矣。「珣」作「恂」亦異，但因姓原既已舛誤，則誌之作「恂」，亦非碻鑿可據（參卷二閻姓）。

胡

8 帝舜之後。胡公封陳，子孫以謚爲姓。

9 【安定】漢有胡建，始居焉。後漢有太尉胡廣。魏胡質，荆州刺史；生威，清州刺史、平春侯，又居淮南。

A〔岑校〕生威清州刺史　羅云：「案『清州』，晉書威傳作『青州』。」

10 文案「文」疑「晉」字之誤。晉胡奮，安定臨涇人，官至左僕射。左僕射胡奮，石季龍入關，與梁、皇甫、韋、杜、牛、辛皆以華胄不在戍役之限。奮裔孫國珍，後魏司空，女爲宣武帝皇后，生孝文帝。

A〔岑校〕女爲宣武帝后生孝文帝　「文」字訛，應作「明」。

11 珍兄真，曾孫延，北齊太宰、安平王；女爲武成帝皇后，生後主緯。長安，隴東王。長懷、長穆、長洪、長成、長咸、長興，並封王。洪子文同。武帝皇后生孝文帝。珍兄真。案「武帝」至「兄真」十一字衍。唐緜州萬安令。

A〔岑校〕珍兄真曾孫延北齊太宰安平王　文館詞林四五七兗州都督胡延碑銘：「王諱延，字厶，安定臨涇人，司空文貞公之曾孫，相國文宣公之孫，中書監公之子，今上之外祖父也。」依姓纂前文稱國珍，後魏司空（魏書八三下作「司徒」），此「司空文貞」似指國珍，「曾孫」猶「諸曾孫」行，但魏書國珍謚文宣，非文貞也。碑有「魏肅宗明皇帝出自於我」語，則國珍與延當是一家，但北齊書四八長仁傳未之及，且稱延曰延之。又據碑，延卒梁州任内，其太宰、安定郡王，均是追贈，胡望出安定，故封安定，此作「安平」訛。隋、唐間人名字之混，溯始於北魏，碑只名延，與姓纂同，不能遽是北齊書而非姓纂也。

B〔又〕長安隴東王　羅校云：「案『長安』當作『長仁』。」余按長仁爲延之之子，則「長仁」上應補「生」字。

12 【新蔡】　胡奮之後，今無聞。已上舊望。

13 【弋陽定城】　唐刑部郎中胡元禮。

A〔岑校〕唐刑部郎中胡元禮　司刑少卿胡元禮，見元龜六一七。長壽中官侍御史，見同書五二一。朝野僉載，張元一對武后，以左臺胡御史(元禮)、右臺御史胡(指蕃人)爲可笑事(廣記二五四)。廣記二六八引御史臺記，天授中，王弘義拜御史時，元禮爲洛陽尉，及來俊臣敗，弘義流嶺表，元禮以御史使嶺南。又二六九引同書，元禮，定城人，進士擢第，累授洛陽尉，則天時右臺員外監察，尋卽真，加朝請大夫，丁憂起復，尋檢校秋官郎中，累遷司刑少卿、滑州刺史、廣州都督。宋僧傳一五大義傳，中宗正位時，越州都督胡元禮。會稽掇英唐太守題名記：「胡元禮，神龍二年八月自蘇州刺史授，拜廣州都督。」嘉泰會稽志二作「神龍三年」，近是。

14【義陽中州】唐鳳閣侍郎胡元範。

A〔岑校〕義陽中州　按郡縣以義陽稱者數見，此義陽縣於唐屬申州，「中」爲「申」之訛文。

B〔又〕唐鳳閣侍郎胡元範　顯慶三年爲監察御史，見會要六二。光宅元年，官鳳閣侍郎，流死瓊州，見通鑑二〇三。

15【洛陽】祕書少監胡皓，稱洛陽人。

A〔岑校〕祕書少監胡皓　皓有和御製詩，見說之集四。集古録目崔敬嗣碑，景雲二年立，稱檢校祕書丞兼昭文館學士。金石録五姚懿碑，開元三年立，亦皓撰文。補正五〇祇稱祕書丞，無「檢校」字。英華四〇〇蘇頲制(原缺「前人」字，茲以時代驗之，知亦頲作)，朝議大夫、檢校祕書丞、兼昭文館學士、上柱國胡皓可行著作郎(全文二二五一亦收蘇頲)。全文九二三史崇妙門由起序，先天時作，稱朝散大夫、檢校祕書丞、昭文館學士胡皓。宋僧傳一八僧伽傳，胡著作浩爲碑頌德。「浩」當「皓」訛。

16 【鄠縣】 刑部侍郎胡演。

A〔岑校〕刑部侍郎胡演　武德元年八月，演官寧州刺史，見通鑑一八六。貞觀三年爲大理少卿，見會要四〇(通鑑一九二作「二」年)。

17 【樂陵】 兵部員外胡曼倩。今大理□少卿胡垧。

A〔岑校〕今大理□少卿胡垧　庫本無□，應删去，又字書無「垧」字。昌黎集三〇胡珦碑云：「少府監胡公者諱珦，字潤博，……巽死，遷少大理，改少詹事，元和十二年，朝廷以公年老，……拜少府監兼知內中尚。」巽者，李巽。據舊書一二三，巽卒元和四年四月，珦於四年七月時爲大理少卿，亦見會要六〇，則姓纂修時正珦居少大理之日，「垧」爲「珦」訛無疑矣。集古録目亦有少府監胡珦碑。廣記四四三，胡向爲虢州。據誌，珦未爲虢州，但酉陽雜俎一四亦著虢刺。

18 【恆山】 代州總管、定襄郡王胡大恩，賜姓李氏。

19 【河東】 開元中胡瑜弟瑱、玘，並舉進士。瑜生諤。瑱生諒，大理評事。諤，右司郎中，生溦、洵、湘、潘。潘生裳吉。

A〔岑校〕開元中胡瑜弟瑱玘並舉進士　昌黎集胡明允墓誌注，明允父瑱，伯父玖(?)皆登第。全文三一四李華丹陽復練塘頌稱金壇令胡玘。

B〔又〕瑱生諒大理評事　韓子年譜引科名記，貞元八年，胡諒進士。

20【河南】官氏志，獻帝與鄰以兄紇骨氏，改爲胡氏。

A〔岑校〕官氏志獻帝與鄰以兄紇骨氏改爲胡氏　「兄」，庫本誤「無」，又於「胡氏」下注云：「按魏書，獻帝以兄紇骨氏改爲胡氏。『無』字應作『兄』字。」今洪本據以删正。陳毅疏證以爲紇骨改「胡」，純是取音，余則謂尚可進取義一解也。考新書二一七下「結骨」亦稱「紇骨」，即漢堅昆之族，亦所謂黄赤面者，意鮮卑强盛時，略服堅昆種人，併屬一部，故有紇骨之氏，我國古稱北荒不同種者曰「胡」，堅昆亦非鮮卑族類，因以胡爲氏也。

吴

21 周太王子太伯、仲雍封吴，後爲越所滅，子孫以國爲氏。季札之允居魯、齊間。

A〔岑校〕居魯齊間　通志同。廣韻作「魯、衞」。備要八及翰苑新書後集六此下尚有「吴季子名札，吴子壽夢之少子。出聘，請觀周樂，見子産如舊相識」數句。類稿七同，殆非林氏文。

22【濮陽鄄城】漢有長沙吴王芮。後漢有廣平侯吴漢，南陽宛人也。桓帝時吴遵。遵孫質。質六代孫隱之，晉廣州刺史。其先祖自濮陽過江，居丹陽，歷仕江左。七代孫景達，唐尚藥奉御。曾孫令珪，贈太尉，女即章敬皇太后也。珪子潡、澄、湊。

A〔岑校〕漢有長沙吴王芮　「吴王」二字應乙。

B〔又〕七代孫景達唐尚藥奉御　拓本唐陝虢都防禦押衙朝議郎試撫州司馬上柱國馮公夫人吴氏陰堂誌題「濮陽吴士範撰」，云：「洎五代祖景達，隋西閣祭酒。大王父思訓，唐綿州神泉縣令，三贈至太師。王父令瑜，開府儀同三司、光禄卿。皇考灣，朝議大夫、祕書郎、河中府田曹參軍，……祕書即章敬皇太后之從父弟也。……士範實夫人之從父弟。」夫人卒開成元年，年五十五。匋齋藏石記一七，貞觀四年吴景達夫人劉氏墓銘稱「大唐中散大夫、行□藥奉御、永安男吴景達」，跋謂「『藥』上泐字當是『尚』字」，是也。惟失引姓纂。

23 潡，左金吾大將軍、太子詹事，生士則、士明*、士鄰、士矩。士則，伊闕令。士矩，京兆司録。

A〔岑校〕士則伊闕令　元氏長慶集一九有贈吴渠州從姨兄士則詩，此其見官也。

B〔又〕士矩京兆司録　據元龜三一四，士矩開成初至江西觀察使，此乃其見官也。元氏長慶集六有寄吴士矩端公詩，官江陵士曹時作。

24 澄，駙馬、殿中監；生士彦，駙馬、衞尉卿。士彦生同正。

A〔岑校〕澄駙馬　據會要六，玄宗女壽春公主降吴澄江，新書八三同，當即其人。元龜三〇〇祇作「吴澄」，「江」字衍。又元龜三〇一，寶應二年，澄自左清道率同正授開府儀同三司、太子賓客。

B〔又〕生士彦駙馬 據會要六，代宗女普寧公主降吴士廣，新書八三同，當即此人。彦、廣未詳孰是。

25 湊，京兆尹、右金吾大將軍、檢校刑部尚書；生及，大理評事。

A〔岑校〕湊京兆尹右金吾大將軍檢校刑部尚書 德宗非時拜湊爲京兆尹，便令赴上，見廣記四九六引國史補。

26 果州刺史吴敬仲，亦云隱之後。孫訴，侍御史。訴孫損、震。諫議大夫、和蕃使。

A〔岑校〕孫訴侍御史訴孫損震 兩「訴」字均誤，庫本作「訢」，按精舍碑有吴訢，任侍御史并内供奉。

B〔又〕諫議大夫和蕃使 元龜六九三，吴損爲諫議大夫兼中丞，大曆中使吐蕃，卒蕃中，則損、震當是兩人，「諫議」上應補「損」字。

27 【渤海】 芮後。齊道州别駕安誕，居鄚縣。五世孫道師，唐吏部侍郎。孫納，安州刺史。又考功員外郎安慶，亦稱渤海人。

A〔岑校〕五世孫道師唐吏部侍郎 摭言一：「垂拱元年，吴師道等二十七人及第。」文苑英華注，「一作吴道古」，當即此人。景雲三年，師道官銀青光禄大夫、檢校祕書監，見全文九八八渾儀銘。

28【陳留】狀稱後漢河間相吴祐後。隋有吴轡，生子臧，見劉氏行年記。臧曾孫兢，左庶子、恆王傅。

蘇

29 顓頊、祝融之後。陸終生昆吾，封蘇，鄴西蘇城是也。蘇忿生，後至建，生武、嘉。十二代孫則。則次子遁。八代孫綽，周度支尚書、邳公；生威，隋左僕射、房公；生夔、季。案唐世系表「季」作「季子」。

A〔岑校〕顓頊祝融之後陸終生昆吾封蘇　羅云：「按唐書世系表，顓頊裔孫吴回爲重黎，生陸終，生樊，封於昆吾，昆吾之子封於蘇。與此不同。」温云：「然通志亦同姓纂，則並非有闕佚。」余按類稿七引亦與此同。且新書云「封於昆吾」，則昆吾爲國名，何又接稱「昆吾之子」耶？

B〔又〕蘇忿生後至建　備要一四云：「蘇忿生爲周司寇，居河内也。扶風武功，漢蘇建自河内徙扶風平陵。」翰苑新書後集六同。惟「也」字正作「地」。姓纂此處顯有奪文，因扶風爲蘇姓本望，今竟缺去知之。謂應依備要等於「蘇忿生」下補「爲周司寇」四字，别以「扶風武功」提行另敍。不然，此最大支之蘇姓，反失其郡望矣。温校略同。但類稿七亦訛「地」爲「也」。

C〔又〕則次子遁　新表七四上，則四子，恬、愉、遁、援。又云，則第三子遁。考三國志一六則本傳，則卒，子怡嗣，怡卒，無子，弟愉襲封，字不作「恬」。此云「次子」，應以廣義釋之。「遁」，蘇瓌碑作「遯」（萃編六九）。

D〔又〕生威隋左僕射　　隋書四一威傳不言遷左僕射，惟同書三大業三年七月，尚書左僕射蘇威坐事免，蓋元年二月楊素既自左僕射遷尚書令，威繼其任，傳失書也。

30 夔，隋鴻臚少卿，生勗、亶。勗，駙馬、吏部侍郎、秦府學士，生均、幹。均，虔州刺史，生儁。幹，工部尚書，生獻，駕部郎中。勗生昱，濟州刺史。

A〔岑校〕夔隋鴻臚少卿　　蘇昱德政碑：「祖夔，……鴻臚卿。」（山右石刻四）按隋書四一亦祗云「鴻臚少卿」。

B〔又〕生勗亶勗駙馬吏部侍郎秦府學士生均幹……勗生昱濟州刺史　　新表七四上，均、幹、昱皆勗子。考蘇昱德政碑：「父儇，隋尚輦直長、皇朝晉州司功。」（山右石刻四）知昱乃儇子，非勗子。勗、亶之間，蓋奪「儇」字，「勗生昱」又「儇生勗」之訛。新表與今姓纂誤同，則新表本自姓纂之一證。無論如何，此節必有誤。蓋既言勗生均幹，下文不應再提「勗生」也。又蘇昱德政碑：「魏都亭侯、河東相、侍中則之十一代孫。」（山右石刻四云：「惟據表，昱爲威曾孫，威爲則九世孫，在昱於則爲十二世孫，而碑云十一世孫，未知孰是。」余按新表七四上「魏都亭侯則第三子遁，八世孫綽」，實本姓纂。依文，八世孫應就遁立言，是威爲則十世孫，昱爲則十三世孫，胡氏所計世數亦不合，而姓纂視碑乃差兩世，就令一許本身，一不許本身，相差仍一代也。蘇威孫尚輦直長儇，見隋書四一。勗尚高祖女南昌公主，見會要六及新書八三，而元龜三〇〇、新書一二五又云勗尚南康公主，「昌」、「康」必有一誤。貞觀十七年，勗以吏侍爲右庶子，見通鑑一九七。勗貞觀中爲吏侍，亦見寰宇記三〇。貞觀十一年，行相州都督府司馬蘇勗，見歷代名畫記三。

C〔又〕幹工部尚書　元龜五二二，羽林將軍蘇幹遷東宫尚書，爲來俊臣誣繫獄而卒。「東宫」乃「冬官」之訛，事在長壽二年。

D〔又〕生獻駕部郎中　獻於開元四、五年爲太常博士，見會要一二及一七。

31 亶，台州刺史，生瓌、琛。

A〔岑校〕亶台州刺史　全文九太宗册亶女爲皇太子妃詔，稱祕書丞蘇亶。同書二三八盧藏用蘇瓌碑，祕書丞、池台二州刺史亶。

32 瓌，侍中、左僕射、許文貞公，生頲、冰、詵、乂、穎、顔。

A〔岑校〕生頲冰詵又穎顔　據舊書八八、新書一二五及新表，「又」乃「乂」之訛，庫本正作「乂」。又「穎」，新表從水作「潁」，下倣此。紀事八：「東明觀道士周彦雲……謂瓌曰，……不過頲相君諸子，五郎文（頲也）、六郎書（詵善八分）、七郎致石。」如其説，則姓纂所記，非循雁行之序。而新表與姓纂同，故曰新表之序列，不得視爲長幼之序列也。

33 頲，中書侍郎、平章事、許文憲公，生善。善生易、相。易，黄州刺史；生繫，滁州刺史。繫生贇。

A〔岑校〕頲中書侍郎平章事許文憲公　頲初爲烏程尉，見廣記四二五引廣異記。

B〔又〕生繫滁州刺史　繫於元和二年七月爲京兆府司録，見舊紀一四。依姓纂，繫乃瓌玄孫，紀祇云瓌孫，略也。抑繫元和二年始授司録參軍，是否七年修書時已躋刺史，殊有疑問。今可斷言者，姓纂最多祇能敍至「繫生贇」止，若「贇生虔，國子司業」二句，必後人羼附之文。

34 贇生虔。冰，虞部郎中。國子司業。案唐世系表，冰無所生，震乃虔之子。此句疑衍。生震，吏部侍郎、河南尹。震生敦、發、教、徹、嗷、政、儼。詵，給事中、徐州刺史。

A〔岑校〕贇生虔冰虞部郎中國子司業　校云：「案唐世系表，冰無所生，震乃虔之子，此句疑衍。」余按新表謂虔字執儀，國子司業，而冰不著歷官。考冰官至虞部郎中，見舊書八八。則知「冰，虞部郎中」句與「國子司業」句今本實誤倒。蓋既敍畢頲裔，順次應及冰也。校注疑其衍文，殊未諦審。

B〔岑校〕生震吏部侍郎河南尹震生敦發教徹嗷政儼詵給事中徐州刺史　校注據新表以震爲虔子，而不知表之大誤也。糾謬九云：「今按瓌傳，瓌之子詵，詵之子震，當禄山亂時奔靈武，代宗時爲河南尹而卒。且瓌爲相在睿宗時，至代宗時不過六十餘年耳，則震不當便爲七世孫也。由此言之，世系表必有誤處。況本傳以震爲詵之子，而表乃以爲虔之子，此大差互，其誤必矣。又瓌傳末云，文宗大和中録舊德，官其四代孫翔，而世系表不載翔之名字，可見表之脱略。又況震傳所述，皆肅宗、代宗時事，而世系表乃以爲七世孫，今翔當文宗時得官而止是四代孫，文宗去睿宗，尤更年遠，世次尚止四世，即震之非七世，亦明甚矣。」余按新書一二五，詵子震兩拜河南尹，舊書一一，廣德二年十月，河南尹蘇震卒。故知「生震」已下十八字，乃「徐州刺史」下倒錯之文。由此，又知姓纂此處錯簡，北宋見本必已然，故又誤震爲虔子，而新表資料，大半採自姓纂，益彰彰也。復次，大曆五年有汝州司馬蘇敦偕弟華陰令發、咸陽主簿敎、前華原丞徹、太常主簿敞、吏部常選曒、少府主簿教及瀓（時年十一）等題名（平津記七「瀓」作「儆」）。關中金石記三云：「宰相世系表，蘇氏河南尹震有七子，敦、發、教、徹、璬、政、儆，此云……不同者，「璬」疑即是「曒」，有「敦」不應後（復）有「璬」也，「政」疑即是「敞」，字形相近，此等要當以碑爲正。」萃編七九云：「按『敎』字，廣韻、玉篇俱不收，惟梅氏字彙云所斬切，窄也，恐未必取此爲名。世系表作『教』似可從，疑碑有泐訛。又字書無『璬』字，自當從碑作『曒』。」余按畢氏謂「璬」應作「曒」，與姓纂合，又謂「政」爲「敞」訛，説亦可從。若碑，震凡八子，姓纂記其七，顯漏一人。姓纂、新表之「教」，自有少府主簿者與之相當，王氏認「敎」作「教」，殊爲憒憒。「敎」字在當日許有別解，然命名何所不有，豈能憑後世訓詁，遽斷其不合耶。又「儆」作「瀓」，亦當從碑。徐州刺史蘇詵碑，開元七年立，見金石録五。會要六，玄宗女壽安公主降蘇發，殆即震子。徹嘗官河中府永安縣令，見澠水燕談録四。全文二五五蘇頲謝表，稱弟左司郎中詵除給事中。廣記三五八引廣異記，兖州刺史蘇詵子萊，天寶末至永寧令，死祿山之難，贈懷州刺史。代宗爲元帥，以吏侍蘇震等爲副使判官，見元龜二〇。千唐楊寧妻長孫氏殘誌（參「長孫」條），言故吏部侍郎蘇公震以女妻長孫縝。

35 又，京兆尹，生復、妙。妙，泉州刺史。

A〔岑校〕又京兆尹　「又」，「乂」之訛，庫本不誤。新表作「京兆少尹」。舊書八八言乂爲職方郎中。全文三四有授乂右補闕勅。二五五蘇頲謝表，稱臣第四弟乂授右補闕。

36 穎生盈、炎。盈，嘉王傅。

A〔岑校〕穎生盈炎　此及新表均不著其歷官。華嶽題名有開元二十六年朝請大夫守別駕臨潼縣開國男蘇穎，即其人也。

37 顔，淮安太守、左武衛將軍，生寬。

38 琛，廣州刺史，生炯，璡。璡，瑯琊太守。

A〔岑校〕璡瑯琊太守　「瑯」，庫本作「琅」。

39 又驍騎將軍季生澄，沁州刺史。澄生綰、紘。綰，工部郎中、荆南府司馬。

A〔岑校〕生澄沁州刺史　劉餗傳記有醫官蘇澄，不知是此人否。

B〔又〕澄生綰紘綰工部郎中荆南府司馬　全文三三四云：「綰，玄宗朝爲記室參軍。」按全詩二函一册有杜審言贈蘇綰書記詩，同函七册有孫逖送蘇郎中綰出佐荆州詩。廣記三六九引廣異記，武功蘇丕，天寶中爲楚丘令，殆即「纸」字之省。

40 則長子愉。愉七代孫彤，生雅、振。振生世長，唐秦府學士、諫議大夫；生良嗣，右僕射、温公，生踐言、踐竣*、踐義、踐節。踐言生務寂、務昇。竣生彦伯，駙馬。案脱「都尉」二字。下「駙馬」亦脱「都尉」二字。兄子震，駙馬。義孫廉*。節曾孫愃，太府卿。長從弟宣，司農少卿。

A〔岑校〕則長子愉　愉非長子，説見前。

B〔又〕振生世長唐秦府學士諫議大夫　珠林一八引冥報記，唐武德中，以都水使者蘇長爲巴州刺史，赴任溺死，與舊書七五世長本傳同。諱「世」，故單稱長也。但依傳應是貞觀事，記作「武德」誤。又今本冥報記中一條訛「巴州」爲「邑州」，事亦見大唐内典録一〇。

C〔又〕生踐言踐竣踐義踐節　「竣」，新表作「峻」。元龜六一六，良嗣有男踐言、踐忠、踐義。廣記三九三引五行記，司禮寺蘇踐言，左相、温國公良嗣之長子，居嘉善里，永昌年，與其弟崇光府録事參軍踐義，以元肅言、趙懷節之累，各解職，及良嗣卒，並流荒裔。

D〔又〕生彦伯駙馬　原校云，「案脱『都尉』二字，下『駙馬』亦脱『都尉』二字」。余按「都尉」二字，姓纂或書或不書（如韋姓駙馬房），最近上文如吴姓，皆略「都尉」二字，作校注者都未論及，何以此處忽生異議也。彦伯尚中宗女長寧公主，見會要六。

E〔又〕兄子震駙馬　此與瓌孫震同名者，尚玄宗女真（貞）陽公主，見會要六。新書八三，貞陽公主下嫁源清，又嫁蘇震。考異五一云：「按蘇詵子震，官至太常卿，彼傳不言尚公主，未審即其人否也。」蓋未知有同姓名者。

F〔又〕節曾孫憕　表作「檀」。

41【襄陽】則曾孫佐，晉末自扶風徙焉。十二代孫權，唐左驍衞將軍。

42【藍田】稱自武功徙焉。刑部尚書蘇洵生晉、瞻。瞻，駕部郎中，生端、平、寧、袒。端，比部郎中，四代入省，生弘。

A〔岑校〕刑部尚書蘇洵　「洵」乃「珣」之訛，舊書一二八祇稱其爲户部尚書。千唐李全昚妻蘇氏誌：「皇朝贈秦州長史孝充之曾孫，皇朝户部尚書珣之孫。」

B〔又〕生晉瞻　韋頊誌稱前中大夫、守泗州刺史、上柱國、野王縣開國男蘇晉撰（約開元四年立），見遼居稾。先天二年，中書舍人蘇瑨，見宋僧傳三菩提流志傳。靖邁續古今譯經圖紀，睿宗時，中書舍人、野王男蘇瑨，開元釋教録九、貞元新定目録一四同。但貞録訛「舒王男」。全文九二三史崇妙門由起序，先天時作，稱朝散大夫、中書舍人、内供奉、崇文館學士、柱國蘇晉。千唐李夫人蘇氏誌：「今銀青光禄大夫、左庶子、河南郡開國公晉之第五女。」氏卒開元二十二年，年二十三。

C〔又〕瞻駕部郎中　全詩二函十册儲光羲有瞻見贈作。

D〔又〕端比部郎中　大曆十二年，端自此官外貶，見舊書一一九楊綰傳。登科記考一〇據杜集錢箋，謂端及第當在乾元元年。全詩四函五册錢起有蘇端林亭對酒喜雨詩。

43【趙郡】　狀稱蘇章之後，因官趙州。唐鳳閣侍郎味道，生佃、份、倜、俛。佃，膳部員外。俛，職方郎中。味道弟味元，膳部員外，生偡。偡生汭、湯，郴州刺史。

A〔岑校〕唐鳳閣侍郎味道　廣記二五九引御史臺記，味道曾官御史。

B〔又〕佃膳部員外　羅云：「案『佃』，唐書世系表作『佃』。」

C〔又〕俛職方郎中　新表作「員外」。石壁寺彌勒像頌，開元二十九年立，其題額稱朝議郎太原府司録參軍事常山蘇俛。

44 又工部侍郎蘇弁，狀云與良嗣同房。弁兄衮、冕。冕生持、滌。持生循、楨。滌，兵部尚書、襄州節度，生粹、沖。冕撰會要三十卷。

A〔岑校〕又工部侍郎蘇弁狀云　羅校以「又工部侍郎」斷句，云：「案『又』，舊唐書蘇瓌傳作『又』。」大誤。蓋武功、趙郡，籍貫不同，此「又」乃聯系之詞，非名也。舊書一八九下、新書一〇三均言弁任户部侍郎，未舉工部。

B〔又〕與良嗣同房　舊書一八九下弁傳稱曾叔祖良嗣。

C〔又〕弁兄衮冕　元龜一四七，貞元十四年閏五月，貶弁兄贊善大夫衮爲永州司户，俄詔勒迴，任歸私第。

D〔又〕冕生持滌　「持」，舊一七下大和九年又新書一七九賈餗傳均作「特」，此誤。特事迹見勞格讀書雜識七。平津記七：「七種經咒真言幢，大中二年八月，……末題太中大夫使持節湖州諸軍事守湖州刺史上柱國蘇特，……元和姓纂作『持』，又不載其歷官，皆闕佚。」按此是姓纂書成後事，謂其闕佚，非也。吳興志一三，大中間刺史蘇時，「時」，「特」訛。同書一四：「蘇特，大中二年五月自陳州刺史拜，除鄭州刺史。」因話録三：「少卿（景胤）登第，與堂兄特竝時。」

E〔又〕持生循楨　循，五代史有傳，卒於後梁之末，去修姓纂時已百餘年，當未出生，此爲後人羼入者無疑也。僖宗光啓初，循官比部郎中知制誥，見益州名畫録上。

F〔又〕滌兵部尚書襄州節度生粹沖　據舊紀一八下，大中八年五月，滌始檢校兵部尚書、兼江陵尹、荆南節度，與上條均是僞文，應删削。滌事迹見郎官考九。元和十年滌爲涇州隴西公座客，見全文七三七沈亞之異夢録。嚴州圖經一：「蘇滌，會昌三年九月十四日，自給事中拜。」因話録三：「伯仲昆弟以史筆繼業，家藏書最多者，蘇少常景胤，堂弟尚書滌。」按滌鎮襄州，無考，殆「荆南」之誤。

G〔又〕冕撰會要三十卷　舊傳作「四十卷」。

45【武昌冀州】　前燕有期彤侯青，後魏鎮軍將軍。五代孫克忠，越州長史。又武衛大將軍、荆國公宣方，生慶節。

A〔岑校〕武昌冀州　按「武昌」乃「武邑」之訛，見後條。

B〔又〕又武衞大將軍荆國公宣方生慶節　據舊書八三，蘇定方，冀州武邑人，封邢國公，官至左武衞大將軍。子慶節，封武邑縣公，尚輦奉御。「荆」、「宣」兩字均訛（「荆」、「邢」往往互訛，如卷三陳姓下之「荆州」，新表作「邢州」是也）。

46【洛陽】蘇秦之後。今無聞。

47【河南】後魏官氏志，拔略氏改爲蘇氏。後魏恆州刺史蘇强，孫武安，袁州刺史，生順、孝慈。順，周眉州刺史，朝彤公；生沙羅，隋昂州刺史。沙羅生康，唐右武衞將軍、襄城男。康生守忠、守儉。守忠，駕部郎中。孝慈，隋兵部尚書、平公；生會昌，比部郎中。

A〔岑校〕後魏官氏志拔略氏改爲蘇氏　陳校云：「今官氏志作『撥略氏改爲略氏』，但卷十『拔略』下亦作『蘇』。」余按通志與姓纂同。

B〔又〕孫武安袁州刺史　羅校云：「案『武安』，隋書蘇孝慈傳作『武周』，並誤。蘇孝慈墓志（近年出土）作『武』。又『袁州』，孝慈傳作『兗州』。」又云：「案『平公』，隋書蘇孝慈傳及墓誌並作『安平公』，此奪『安』字，當據補。」余謂此文之「安」字，卽下文「安平公」所誤錯，非作「武安」也。孝慈墓志，父武，兗、雲二州刺史，（關中石刻文字新編三）「袁州」則「雲州」之音訛也。

C〔又〕順周眉州刺史朝彤公　按此「朝彤」，似與上文武邑之「前燕有期彤侯青」相涉，諒有一誤，待考。

D〔又〕生沙羅隋昂州刺史　羅云：「案『昂州』，孝慈傳作『邛州』。」

E〔又〕守忠駕部郎中　載之集二二賈耽誌：「夫人武功蘇氏，駕部郎中守忠之曾孫。」依此，則守忠非武功望，權文蓋以蘇氏之著望稱之，此宋以後郡望統一之漸也。全文四七八鄭餘慶賈耽碑：「武功蘇氏，駕部郎中守忠之孫，處士珣之女。」以世數計之，康仕唐初，如至開天之間，祇得四世，似不近信。因耽生開元十八，唐代女子，往往十四而嫁，又當視耽更少，鄭文殆落「曾」字耳。

F〔又〕隋兵部尚書平公　勞考二五，據隋書，「平」上增「安」字，說見前。

G〔又〕生會昌　名見孝慈墓誌。

蒲

48 風俗通有詹事蒲昌，又有蒲遵。晉書苻洪傳云，其先居池上生蒲，皆長三丈，因號蒲家，遂以爲氏，後改爲苻也。

A〔岑校〕其先居池上生蒲　類稿七引作「其先家居池中生蒲」。

烏

49 齊有烏餘、烏枝鳴。莒有烏存。秦有烏獲。

A〔岑校〕齊有烏餘烏枝鳴莒有烏存秦有烏獲　昌黎集二六烏氏廟碑云：「在莒者存，在齊有餘枝鳴，皆爲大夫。秦有獲，爲大官，其後世之江南者家鄱陽。」

50 【鄱陽】　姓苑云，今鄱陽有此姓。

51 【河南】　代北人烏石蘭改姓烏。　兼御史大夫烏洽。案韓愈集及唐書俱作「承洽」，此脱「承」字。洽從父弟玭。案唐書，烏承玭官檢校殿中監，此亦脱去。玭生重允，今爲河陽節度。案韓愈集烏氏家廟碑，承洽與重允，與此不合。

A〔岑校〕烏石蘭改姓烏　按下文云：「烏蘭改爲烏氏，烏石蘭改爲石氏。」又卷十石姓下云：「後魏官氏志，烏石蘭氏改姓石。」惟烏氏不見。官氏志疏證以爲「烏蘭」即「烏石蘭」之奪，「改烏」之説亦誤云。

B〔又〕兼御史大夫烏洽洽從父弟玭　校云：「案韓愈集及唐書俱作『承洽』，此脱『承』字。」余按新書一三六作「承玭」，金石書率作「玼」（元氏長慶集五〇亦作「玼」）。新傳並未提承洽。唯昌黎集二六烏氏廟碑：「是生贈尚書諱承玼。」注云：「『玼』或作『洽』」，新史承玼有傳，字德潤，重胤傳亦云，承玼子也。温公考異嘗加辨正，宋樊本皆作『承玼』，蓋許孟容嘗爲承玼碑，石本猶傳於世，新傳蓋本此也。」

夫洽官兼御史大夫，不見廟碑，姓纂又謂與玭爲從兄弟，顯是兩人。考異一五所舉韓集「承恩，承洽之兄」，特據其誤本，洽與承玭既非同人，卽不能因承玭之名，斷洽名承洽，尤不能因韓集「承玭」偶誤「承洽」，遂認新傳之承玭卽承洽也，吾故曰洽名承洽之説，殊無明證也。

C〔又〕玭生重允今爲河陽節度　校云：「案韓愈集烏氏家廟碑，承洽與重允，與此不合。」按庫本校注原作「案韓愈集烏氏家廟碑載承洽與重胤官職與此異。」今洪本有訛奪，故文義欠解。復次，舊書一六一重胤傳：「承璀與重胤謀，縛從史於帳下，……憲宗賞其功，授潞府左司馬，遷懷州刺史兼充河陽三城節度使。」又據同書一四，元和五年四月，以重胤爲河陽三城節度，則河陽節度乃重胤見官，故曰「今」也。校者往往不緊記姓纂修書時代，無怪疑所不當疑矣。況烏氏廟碑固云：「元和五年，……其四月……壬辰，詔用烏公爲銀青光禄大夫、河陽軍節度使。」（舊書一四誤「壬申」）事在修姓纂前二年，絶無所不合耶。廣記二二四引劇談録，張侍郎某爲河陽烏從裔從事，卽重胤，宋人諱改。

狐

52 周同姓，居於戎。太伯生突。突生毛及偃。毛生溱。偃生射姑，世爲晉卿。蜀有狐篤。

A〔岑校〕太伯生突　類稿六作「大狐伯」。温云，此脱「狐」字。

B〔又〕世爲晉卿　類稿引作「代爲」，仍是唐諱原文也。

屠

53 左傳，晉大夫屠蒯，禮記作「杜蒯」。又屠羊説，楚人。晉有屠岸賈。風俗通，漢末有屠景先，河東人。

A〔岑校〕禮記作杜蒯　備要二四、類稿五均引作「杜蕢」。

B〔又〕又屠羊説楚人　按下文別出屠羊云：「韓詩内傳，楚大夫屠羊説。」則一人分見兩姓之下。

C〔又〕晉有屠岸賈　「有」，庫本作「將」，類稿同。

蘆

54 【河南】後魏官氏志，莫蘆氏改爲蘆，或亦爲蘆氏。。

A〔岑校〕改爲蘆氏或亦爲蘆氏　温校謂下一「蘆」字當作「盧」，是也。類稿八兩「蘆」字均作「盧」，亦訛其一。

壺

55 衛有壺黯。漢諫議大夫壺遂。列仙傳有壺公。

A〔岑校〕漢諫議大夫壺遂　見漢書韓安國及司馬遷傳。

吾

56 夏諸侯昆吾之後。漢有廣陵令吾扈。晉交州刺史吾彦，吴人。

A〔岑校〕漢有廣陵令吾扈　亦見廣韻。

辜

57 今泉州晉安有此姓，不詳所出。氏族略。

A〔岑校〕今泉州晉安有此姓不詳所出　此及洪氏據氏族略所補，已下注「氏族略」三字者倣此。

軒

58 纂要云，人姓。

芊

59 姓苑云，沛人。

A〔岑校〕芊　通志及類稿八作「雩」，按廣韻無「雩」字。

梧（岑補）

60 以國爲氏。古梧侯國在鄭地，春秋襄十年，晉師城梧是也。漢功臣表，陽城延封梧侯，在彭城，非鄭之梧。（岑補）

A〔岑校〕據姓觿二引文補。温校漏，但不知全是姓纂文否。

胡母

61 齊宣王母弟封母鄉，遠本胡公，因曰胡母氏。。漢有太史胡母敬。

A〔岑校〕齊宣王母弟封毋鄉遠本胡公因曰胡毋氏　辨誤六云：「按胡毋氏本以遠本胡公、近取毋邑爲氏，宜讀爲父母之『母』，乃與應劭言胡公之後齊宣王母弟者合。」余按張氏所輯風俗通，大意與此條文同，「胡毋」之「毋」，固可取義毋鄉，非取義母弟，故通志入「以鄉爲氏」類，「毋鄉」之「毋」，寧得謂必讀父母之「母」耶。

B〔又〕漢有太史胡毋敬　敬見史記秦本紀；通志作「恭」，避宋諱也。辯證六訛爲貽繆，失考。

62 【泰山】漢景時博士胡母子都居齊，治公羊春秋。後漢執金吾胡母班。晉河南令，生輔之，字彦國，陳留太守、湘州刺史、揚武將軍，生謙之也。

A〔岑校〕晉河南令生輔之　晉書四九輔之傳：「高祖班，漢執金吾。父原，……終河南令。」此上奪「曾孫原」三字，羅謂此脱原一代，是也。

胡非

63 陳胡公後有公子非，後子孫爲胡非氏。戰國有胡非子著書。

A〔岑校〕戰國有胡非子著書　漢書藝文志有胡非子三篇。

胡掖

64 秃髮思復鞬娶胡掖氏，生烏孤。

呼延

65 匈奴四族有呼衍氏，入中國，改爲呼延氏。

66 【河南】前趙大司空、雁門公呼延翼，女爲劉元海后。七代孫叔歸，上谷太守。孫族，潞州刺史。曾孫呼延黄，河内令，生昉、昭、曦、晧。

A〔岑校〕呼延冀女爲劉元海后　「冀」誤，庫本作「翼」，呼延翼見晉書一〇一。

B〔又〕孫族潞州刺史　千唐𢓜州龍豪令呼延章誌：「高祖恃龍，後魏武騎常侍大將軍。曾祖族，北齊西洛州刺史、廬江郡王。」則恃龍是叔歸子，「潞」爲「洛」訛。誌又云：「祖貴，隨虎牙郎將。父裕，唐寧州司馬、朔州長史。」章卒上元三年，*年六十七，有子纂等。

呼毋

67 漢武帝時，匈奴王呼毋盧降，封容城，傳封三代。

A〔岑校〕漢武帝時匈奴王呼毋盧降封容城傳封三代　兩「毋」字庫本皆作「母」。前文卷二「徐盧」云：「漢景帝時，匈奴徐盧庸來降。」通志略同。又通志「唯徐氏」云：「按史記，景帝時有容成侯唯徐盧。」按史記一九作「唯徐盧」，漢書一七及四〇作「徐盧」。顧漢書四〇師古注云：「功臣表云『雎徐盧』。」「雎」、「唯」字近，是師古見表仍爲三字名，通志分別兩氏，蓋據見本不同故也。通志，唯徐之後爲呼毒氏，云：「漢武帝時匈奴王呼毒尼降，封下摩侯，傳封三代。」漢書一七作「下摩侯謼毒尼」，師古云：「『謼』字與『呼』同。」史記二〇作「呼」，但「下摩」作「下麾」。合而觀之，姓纂此條，乃徐盧（或唯徐）、呼毒兩姓混雜之結果。「毋」即「毒」之破文，正言之應云「漢武帝時，匈奴王呼毒尼降，封下摩侯，傳封三代」也。

呼衍

68 後漢書，匈奴四族有呼衍氏，見匈奴傳。

蘇農

69 西蕃突騎施酋也。神龍右驍衞大將軍、金滿州都督、張掖公蘇農金山。開元左羽衞大將軍、永壽郡王蘇農輔國，左金吾大將軍、酒泉公、蘇農盡忠。案此皆沙陀氏之人，此俱改爲蘇農氏。考貞觀中有蘇農泥熱，左屯衞大將軍、穀州刺史，亦北番歸化者。

A〔岑校〕蘇農　校云：「考貞觀中有蘇農泥熱，左屯衞大將軍、穀州刺史。」「泥熱」乃「泥孰」之訛，庫本不誤。此人今姓纂附於卷六似和之下，稱曰「似和泥熟」，校注據通志謂姓纂作「似和」誤。余按通志「蘇農氏」云：「貞觀左屯衞將軍、穀州刺史蘇農泥孰，亦北蕃歸化。」與此迥異。而「沙陁氏」則云：「西北蕃突騎施首領也，神龍右騎衞大將軍、（金）滿州都督張掖公沙陁金山，開元左羽林大將軍、永壽郡王沙陁輔國，左金吾大將軍同正、酒泉公沙陁盡忠。」與此姓之文幾全同，沙陁金山等名，史册固有考，是姓纂以「蘇農」蒙「沙陁」之文也（姓纂「左羽」下奪「林」字）。次通志「沙吒氏」云：「北蕃酋帥也，神龍左驍衞大將軍郕國公沙吒（忠）義。」與姓纂五之沙陀文殆同，而沙吒忠義見於舊、新書，是姓纂以沙陀蒙沙吒之文也。次通志「舍利氏」云：「北蕃酋帥舍利部大人，因氏焉。龍朔中，左威衞大將軍舍利阿博；曾孫葛旃，兼御史大夫，賜姓李氏，名奉國；從父弟澄，左神武大將軍。」與姓纂五沙吒之文殆同，然曰舍利部大人，明與沙吒無關，是姓纂以沙吒蒙舍利之文也。更推之，姓纂九之舍利，同於通志之執失（姓纂無執失），姓纂六之似和，同於通志之蘇農，姓纂一〇之跌跌，同於通志之似和，綜上結果，得姓纂、通志之關係如次：

姓纂	通志
跌跌蒙似和。	跌跌上接似和。
似和蒙蘇農。	似和上接蘇農。
蘇農蒙沙陀。	蘇農上接沙陁。
沙陀蒙沙吒。	沙陁上接沙吒。
沙吒蒙舍利。	沙吒上接舍利。
舍利蒙執失。	舍利上接執失。

由是知姓纂今本之錯亂，與通志各氏之排列，實有其直接關係，試再觀姓纂卷十賀蘭氏一條，益可決其非巧合之事，今姓纂無執失與賀若，則錯冒之故也。

B〔又〕開元左羽衛大將軍　依前條「羽」下奪「林」字。

C〔又〕永壽郡王蘇農輔國　「特進永壽郡王沙陁輔國」，見開元十七年慶唐觀銘碑陰（山右金石

六）。●輔國亦見唐書。

蒲盧

70 姜姓。有蒲盧胥，齊人，善弋射。

A〔岑校〕有蒲盧胥齊人善弋射　辨誤六謂即莊、列諸書之蒲苴氏，作「蒲盧」者本張華勵志詩，但是楚人，非齊人云。

蒲姑

71 左傳，蒲姑，殷諸侯，居齊也。

A〔岑校〕居齊也　「也」，通志作「地」，近是。

蒲圃

72 魯大夫，以地爲姓。

屠羊

73 韓詩内傳，楚大夫屠羊說。

A〔岑校〕楚大夫屠羊説　亦見前屠姓下。

屠住

74 英賢傳，芊姓，楚公子屠食采於住鄉，因氏焉。

A〔岑校〕英賢傳芊姓楚公子屠食采於住鄉因氏焉　按卷五「精縱」校注云：「以通志「屠住氏」之說，別録爲「屠住氏」。」是此數語爲通志文，非姓纂原文也。通志之文，由余總校之觀察，當與姓纂原文之意義，無大差別，但字句間未必盡同，今竟不於此附加説明，豈校書家慎重之道耶。

盧蒲

75 左傳，齊有盧蒲就，又有盧蒲癸、盧蒲嫳。

A〔岑校〕左傳齊有盧蒲就　按頃公有嬖人盧蒲就魁，見左成二，當補「魁」字。

吾邱

76 吕氏春秋，中山有力者吾邱象。

77 【趙郡】漢書，吾邱壽王，見上。

A〔岑校〕見上　見上「虞邱」也。

壺邱

78 陳大夫采邑。春秋文九年，楚侵陳克壺邱是也。後因氏。或云，卽狐邱也。（温補）

A〔岑校〕温校據姓觿二引補。

79 列子師壺邱子林，鄭人。漢書，壺邱子著書五篇。

A〔岑校〕列子師壺邱子林鄭人　「鄭」誤，庫本及通志作「鄭」。

B〔又〕漢書壺邱子著書五篇　今志著書五篇者有乘丘子，非壺邱子，姓觿四亦云：「漢藝文志有乘邱子著書五篇。」此蓋冒乘丘姓文。

80 【下邳】今下邳有壺邱氏。

A〔岑校〕下邳　今下邳有壺邱氏　通志無此文，而「壺丘氏」後之「桑丘氏」則云：「漢書，桑丘公著書五篇，姓纂云，今下邳有此姓。」此條當卽桑邱之複出者。

徒人

81 左傳，齊有徒人費。又國語，齊有徒人回。

A〔岑校〕左傳齊有徒人費　經義述聞左傳上云：「『徒』當爲『侍』，字之誤也，『侍人』卽『寺人』，……漢書古今人表作『寺人費』，是其明證也。……且徧考書傳，豈有徒人之官乎。……釋文出『徒人費」三字，顔師古注漢書「寺人費」曰，即徒人費也，廣韻「人」字注曰，亦複姓，齊有徒人費，元和姓纂同，皆據誤本左傳也。管子大匡篇作「徒人費」，亦後人據左傳改之。」

孤邱

82 晉大夫孤邱林之後，見世本。英賢傳，出自孤邱封人之後。

A〔岑校〕晉大夫孤邱林之後見世本英賢傳出自孤邱封人之後　通志「孤」均作「狐」，廣韻、姓解二亦稱史記有狐丘子林，此作「孤」，訛也（温校亦引通志）。張澍世本注云：「又按『狐丘』，一作『壺丘』，又作『瓠丘』。」今上文亦有壺邱子林，是殆因字寫不同而分爲兩氏矣。

姑布

83 趙簡子時姑布子卿，善相，見史記，相襄子者。

烏蘭

84 改爲烏氏。

A〔岑校〕改爲烏氏　今官氏志無。

烏石蘭

85 改爲石氏。

A〔岑校〕改爲石氏　今官氏志作「唱石蘭」。「烏」「嗢」一音之轉，疏證説同。通志於「烏石蘭改烏」（見烏氏下）、「烏石蘭改石」之外，更有「温石蘭改石」，殆「嗢」轉爲「温」，因而複也。昌黎集二五石洪誌，「其先姓烏石蘭，……居河南，遂去「烏」去「蘭」，獨姓石氏。」

烏那羅

86 北齊有烏那羅受九代。案此下當有脱文。

A〔岑校〕北齊有烏那羅受九代　校云：「案此下當有脱文。」余按烏那羅不見通志，疏證謂「烏那羅」即「烏洛蘭」，説未可信。廣韻「十一模」「烏」字注云：「又虜三字姓，北齊有烏那羅愛。」字作「愛」，與此異（姓解三亦作「愛」）。考北齊書三有烏那羅受工伐（通鑑一六〇同），「九代」乃「工伐」之訛，作「愛」者非，謂有脱文，亦不然也。

烏洛蘭

87 改爲蘭氏。

A〔岑校〕改爲闌氏 「闌」，官氏志作「蘭」，疏證云，作「闌」非*。

十二齊

齊

88 炎帝姜姓之後。太公望子牙封營邱，爲齊國，因氏焉。又衞大夫齊惡、齊豹，亦爲齊氏。戰國時齊明，周人也。漢有光禄大夫晉。功臣表，平敬侯齊受，傳封四代。晉有齊恭，注漢書。又有齊萬年*。前涼有後將軍齊肅。前秦左僕射齊難。

A〔岑校〕漢有光禄大夫晉 「晉」如是人名，則其上應補「齊」字，温校同。

B〔又〕功臣表平敬侯齊受 按漢書一六，平定敬侯齊受，此奪「定」字。新表七五下亦作「平敬侯」，通志避諱作「平恭侯」。

C〔又〕前秦左僕射齊難 「奏」誤，庫本作「秦」，亦見羅校，通志作「後涼」*。

89 【高陽】 狀稱齊受之後，世居高陽。晉有武邑侯齊琰，次子健。健裔孫處中，唐中書舍人，生珣。

A〔岑校〕健裔孫處中唐中書舍人 舍人齊處沖，見廣記二五五引朝野僉載，「中」疑「沖」訛。

90 【中山深澤縣】 稱琰少子粹居中山。元孫虔，唐光州刺史，生知元。知元生令令生濲。濲，吏部侍郎。左龍武兵曹；生抗，中書侍郎、平章事。抗生餗。户部郎中；生揔，衢州刺史。案唐世系表，濲生翧及珝。翧，左龍武倉曹參軍，生抗。抗生餗。珝官吏部郎中，生揔，衢州刺史。此本「左龍武兵曹」上脱「生翧」二字，「户部郎中」上脱「珝」一字。權德輿集有抗碑亦同。

A〔岑校〕稱琰少子粹居中山元孫虔唐光州刺史　按上文稱晉有武邑侯齊琰，則虔爲琰五世孫（新表全同）。

B〔又〕知元生令令生濲　羅校云：「案唐書世系表，知玄，長山令；生幹。此誤。」「幹」字誤脱水旁。

C〔又〕濲吏部侍郎左龍武兵曹生抗……抗生餗户部郎中　校云：「案唐世系表，濲生翧及珝。翧，左龍武倉曹參軍，生抗。抗生餗。珝官吏部郎中，……此本『左龍武兵曹』上脱『生翧』二字，『户部郎中』上脱『珝』一字。」余按新表作「吏部」，與此作「户部」亦小異。今郎官石柱兩郎中内均未見珝名。又舊書一三六稱抗父翧，不作「翧」。新表稱濲平陽太守者，舉其終官也。齊抗碑稱翧仕至左龍武軍倉曹，則「兵」字誤。碑又謂抗卒（貞元二十）之五年，餗調爲洛陽尉。拓本開元十二年四月大唐故閬州司馬鄧府君□□銘并序，題「朝散大夫、使持節汴州諸軍事守汴州刺史高陽齊濲撰」。李德裕北固懷古詩注，畢構、陸象先、平陽齊濲三賢，皆爲此郡（潤州）。濲，開元十二年官潤州刺史，見寰宇記八九。廣記一四七引定命録，吏侍齊瀚貶端州高陽尉，十年入爲陳留採訪使。「瀚」字誤。同書四二〇及四六七引廣異記，開元中，河南採訪使汴州敕使齊澣。「敕使」，「刺史」訛（四六七不訛）。拓本侯績誌：「夫人高陽齊氏，皇吏部侍郎、汴常潤濠等五州刺史、河南江東兩道採訪使、平陽郡太守、襄高陽公之曾孫也。」即澣。徑山大師碑（文粹六四），天寶十一載作，有故吏部侍郎齊澣。元龜一五二，開元十七年，守吏侍齊澣貶高州良德丞；同書一六二，開元八年官右庶子。舊書九八，睿宗初官蒲州司功參軍。全文二二五〇有蘇頲授澣紫微舍人制（自給事中內供奉改）。全文四九九權德輿齊抗碑：「烈祖贈太師府君諱澣，歷給事中、中書舍人、吏部侍郎，止於平陽太守。」廣記七九引異聞集，韓滉卒之年（貞元三），抗官度支員外。

D〔又〕生摠衢州刺史　貞元十八年四月（原奪）授此官，見舊書一三。元龜一〇〇作「三月」，殆唐實録原奪「四月」，故舊書、元龜同此誤也。全文四七九有許孟容停齊總衢刺表，舊紀亦作「總」，從「系」。按拓本大和九年侯績誌：「夫人高陽齊氏，……皇大理司直掄之幼女。」可見澣之孫命名從扌旁。

91【成都】　狀云齊受之後。唐黄門侍郎瓘生景曹，左丞、刑部侍郎。

A〔岑校〕唐黄門侍郎瓘　貞觀中，（黄門郎）齊瓘與崔鎧在成都同受春秋三傳，見拓本崔安平公誌。

B〔又〕生景曹　「曹」，庫本作「胄」，此誤。勞考三齊景胄下亦引此條。

C〔又〕左丞刑部侍郎　元龜一六二，先天二年少府監齊景胄宣撫關内、河東；同書一七二，開元六年二月，以少府監齊景胄爲益州長史。開元三年前，景胄官晉州刺史，見全文三一八李華李景晊碑。

92【河閒】狀稱琰中子澄自高陽居河閒。六代孫肅暕，唐虞部郎中；生説，檢校員外郎。説生倚*、暢，給事中。平章事、江西觀察使齊映，狀云代居瀛州。兄昭、晈，弟皞、照、煦。昭，兼殿中侍御史；生孝若，大理正。晈，澤州刺史。皞，京兆司録。照，倉部郎中、池州刺史。

A〔岑校〕六代孫肅暕　字書無「暕」，當作「暕」*。

B〔又〕説生倚暢給事中　「説」，庫本作「悦」。貞元九年暢官常州司倉，見全文五〇三權德輿華州司士誌。

C〔又〕平章事江西觀察使齊映狀云　輿地碑記目一池州大廳壁記，元和八年齊映爲守日建*。廣記一九〇引乾𦠆子，德宗幸梁、洋，中書舍人齊映爲御。

D〔又〕兄昭晈弟皞照煦　按新表七五下「晈」作「汶」，「皞」作「皡」*，依本書則映兄弟六人命名均取日旁之字。全文六九〇符載送徐十九遊潞府序：「崔君行先、齊君照，予之舊友也，……此數君子皆以宏才賓畫幕中。」（序又言載方被召爲江西從事。）畫墁集七，池州齊山因刺史齊照而名。唯拓本貞元十八年唐故相州臨河縣尉張府君（遊藝）墓誌銘并序云：「女三人，……次適于高陽齊氏，……齊氏有三子，長曰皡，試祕書省校書郎；次曰煚，攝監察御史；皆以文第于春官，並佐戎府；次曰煦，又膺秀士之選。」又千唐韋夫人齊氏誌，季弟孝曾撰，云：「曾祖餘敬，皇……滄州清池縣令。……祖玘，皇朝銀青光禄大夫、尚書工部郎中、贈太傅。烈考煚，皇朝朝議大夫、衛府少卿。」可見「照」字當作「煚」。誌又云：「洎先君由刑部郎中出刺鄱陽郡，召孤甥而遵遺旨焉。」考夫人爲煚長女，卒大中十四年，年五十九。誌又謂其嫁居七年而夫卒，嫠居將四十年。合觀後引元稹行制，煚自刑中出守，應在元和、長慶間。復次，今郎官柱倉中相當於元和時代之部分，不見齊煚，而倉外齊煚之地位，正是元和初期，則疑「倉部郎中」乃「倉部員外」之訛。若煦則據昌黎集一九注，係元和二年進士，元稹有前横海軍節度判官監察御史裏行齊煦授華州鄭縣令制。廣記一七〇引雲溪友議：「初李紳赴薦，嘗以古風求知吕温，温謂員外郎齊照及弟恭曰。……」語林四訛「照」爲「煦」，依稹制推之，元和初（即吕温生時）煦斷未官員外郎，可見友議之「照」，應爲「煚」訛（今元氏長慶集四八作「華州定縣令」者誤，華無定縣也。前文亦缺去煦之前官，嘉靖董刻蓋非宋本之佳者）。又白氏長慶集四九有饒州刺史齊照可朝散大夫制（制言由朝議郎一進及此），乃長慶初所行，饒州卽鄱郡，前文據齊氏誌，疑煚係元和末出守，與白集復合。蓋「煚」字罕用，故諸書多訛爲「照」。又昌黎集一九送齊暭下第序樊氏注云，齊映兄弟六人，昭、旼、映、暭、照、煦，無有暭者。按登科記，暭貞元十一年登進士第，登科記考一四云：「按『暭』與『皡』，字形相近而訛，」按「皐」字又寫作「睾」，與「睪」相近，或原文作「皡」而漏去一撇耳。合前文推之，樊注之旼，應正作「皎」（參下文）。姓纂之「皡」，應正作「皥」或「皞」，「照」應正作「昃」。

E〔又〕昭兼殿中侍御史　昌黎集一九注樊氏引登科記，齊昭，貞元十五年進士，登科記考一三引作「十年」。

F〔又〕生孝若大理正　洪興祖韓子年譜引科名記，貞元八年，孝若與韓愈同榜。統譜一三訛「季若」。文粹八六有令狐楚薦齊孝若書。

G〔又〕旼澤州刺史　歷代名畫記一〇，齊皎，高陽人，父玘，檢校户部郎中。皎，建中四年官至澤州刺史，年五十五。名从「白」，又一本作「旼」，皆誤。

H〔又〕照倉部郎中池州刺史　郎官柱倉外有齊昃，勞考一七疑卽此齊照，是也。元氏長慶集四八有授刑部郎中齊昃饒州刺史制。

93【清河】　唐冀州總管齊若行，狀云齊受之後。

A〔岑校〕唐冀州總管齊若行　按通鑑一八九，武德四年，竇建德部齊善行以洺、相、魏等州來降，以爲秦王左二護軍，「若行」當「善行」之訛，因字形下部相類也。同書一九五，貞觀十二年官夔州都督。全文三〇一何延之蘭亭始末記，太宗時，越州都督齊善行。又貞觀初，代劉感官廣州都督，見文館詞林殘簡與馮盎敕。續僧傳一四智凱傳，貞觀十九年越州齊都督，當卽善行。同書二〇僧倫傳言大業末善行附建德。會稽掇英唐太守題名記：「齊善行，貞觀十七年九月，自蘭州都督授。」

黎

94 周時侯國。風俗通云，九黎之後。尚書，西伯戡黎。亦見毛詩。左傳，齊大夫黎彌、且。字亦作「犂」*。

A〔岑校〕周時侯國　備要二四引「周」上有「殷」字，是也。温校據類稿八，「黎侯，殷周時侯國」，以爲此脱三字。

95【宋城】唐右拾遺犂昕。洛陽尉黎迥*，愛州人。京兆尹黎幹，生烑、炬、常、燧、煟、熉。煟生植，右常侍也。

A〔岑校〕唐右拾遺犂昕　上文雖云「黎彌、且，字亦作『犂』」，此應作「黎」方合，備要、類稿均作「黎」，又「右」作「左」。全詩二函八册王維有黎拾遺昕見過詩。

B〔又〕洛陽尉黎迥愛州人　備要、類稿「洛陽」上均有「九真」字，類稿「九」上空一格，即現時本書之另行也，下同。

C〔又〕京兆尹黎幹　備要「京兆」上有「壽春」字，類稿「壽」字上空一格，按拓本貞元六年□故銀青光禄大夫尚書兵部侍郎壽春郡開國公黎公墓誌銘幷序云：「□諱幹，字貞固，壽春人也。」則有「壽春」字方是，并應提行書之。幹，舊新書皆有傳。據誌，賜死時年六十四。誌又云：「七代祖魏東平將軍、壽春侯。高王父瑠瓌，隋戎州刺史（中敍曾、祖兩代不著名）。烈考道弘，皇越巂縣令贈華州刺史。」又拓本黎燧誌：「高祖義玄，皇漢州長史。祖諱道弘，皇巂州越巂縣令。」

D〔又〕生姚炬常燧熠熉　全詩三函七册韋應物、五函三册李端送陽翟黎少府。拓本黎幹誌：「子九人，前監察御史姚，河南府士曹燧，成都尉炬，陽翟尉熠，陸渾尉煖，煉、燭、煥、炤等。」則今姓纂所敍，雁序已亂，「常」字殆羨文。備要作「姚、燧、炬、熠」，序次正合。唯熠之次爲煖，此之「熉」，備要之「焴」均訛也。全詩五函二册盧綸送燧尉陽翟，余初疑其弟兄先後同任是官，及觀拓本唐故河南府士曹參軍黎公（燧）墓誌銘并序，則燧並未尉陽翟，「燧」當「熠」之訛。據誌，燧卒貞元十五年，年五十三。子監察御史裏行均及善通（誌開成二年追立）。誌銘云：「壽春英英，命世挺生，令胤十二，公實居次。」則幹子又不止九人，幹誌舉其九者，葬時存在之數也。類稿引作「生姚、燧、炬、熠、悄」，末兩文亦誤。

E〔又〕熠生植右常侍也　類稿引作「右散騎常侍」。按植，今郎官柱勳外及翰林學士壁記、寶刻類編六浯溪題名（大中元年）、新書李德裕、李訓兩傳均作「埴」，此作「植」訛。據壁記，開成五年三月方拜中丞出院，又據類編大中元年有浯溪之行（當是外貶），則其授常侍應在此後，「右常侍也」一句決是羼文，類編所見，已非原本。河朔訪古記，洛陽石刻有散騎常侍黎公碑，嗣子書，太（大）和中立。亦見叢編四，惜幹諸子所官未詳，不能互證也。拓本黎燧誌，開成二年立，題「第七姪翰林學士、朝議郎、右補闕内供奉上、輕車都尉埴撰」。

96 【河南】 官氏志，業黎氏改爲黎氏。

A〔岑校〕官氏志業黎氏改爲黎氏　志作「素黎氏」。疏證謂此作「業黎」者誤也。通志及備要、類稿則稱素嵇氏改黎。

稽

97 黄帝臣太山稽之後。風俗通云，稽黄，秦賢人。

A〔岑校〕黄帝臣太山稽之後　「太」，庫本作「大」。官氏志，太洛稽氏改爲稽氏。

B〔又〕風俗通云稽黄秦賢人　廣韻云：「吕氏春秋有秦賢者稽黄。」

嵇

98 夏少康封少子季杼於會稽，遂爲會稽氏。據祕笈新書增。漢初徙譙嵇山，改爲嵇氏。

A〔岑校〕夏少康封少子季杼於會稽　温校據類稿八「杵」爲「杼」訛，但以爲此句亦孫補則非，温氏未見庫本也。

B〔又〕遂爲會稽氏　此五字即洪氏據祕笈新書增者，類稿引文亦有之。

99 【譙郡銍縣】後漢太子舍人嵇蕃，子茂齊，生含，廣州刺史。武昌。生康，魏中散大夫；生紹，晉侍中。案晉書嵇康本傳，其先姓奚，會稽上虞人，以避怨徙譙，有嵇山，家於其側，因而命氏。又嵇含傳，祖喜，徐州刺史。父蕃，太子舍人。又文選註，嵇紹集曰，從兄太子舍人蕃，字茂齊。然則蕃於康乃其羣從，非祖孫也。又嵇康詩，「母兄鞠育，有慈無威」，則康乃少孤，爲其兄公穆所育。文選註引嵇氏譜亦不詳康公。「武昌生康」疑有脱誤，亦不知何據。

A〔岑校〕後漢太子舍人嵇蕃子茂齊　「子茂齊」之「子」字訛，庫本正作「字茂齊」。又校云：「文選注引嵇氏譜亦不詳康公。」「康公」，庫本正作「康父」。

B〔又〕生含廣州刺史武昌生康　温校以爲原文當作「武昌公。喜弟生康」。上文亦漏「喜」云。

100 【河南】後魏官氏志，紇奚氏改爲嵇氏。

A〔岑校〕紇奚氏　新書六、類稿八均引作「統稽氏」。

奚

101 夏車正奚仲之後。漢功臣表，魯侯奚涓。

102 【北海】奚涓之後。吳有臨海太守奚熙。

103 【廣陵】奚涓之後。唐滁州刺史奚凌澤，生千柏。柏生陟，吏部侍郎。

A〔岑校〕唐滁州刺史奚淩澤生千柏柏生陟　按舊書一四九，陟祖乾繹，天寶中弋陽郡太守，亳州人。夢得集二八奚陟碑：「大父乾繹，仕至光州刺史。」光州卽弋陽，若滁州則爲永陽郡，「淩澤」亦疑誤。陟碑又云，考諱某，終徐州司功參軍，贈和州刺史，卽千柏也。貞元九年，陟官中書舍人，見全文五〇八權德輿祭呂給事文。又同書五〇九同人十五年十二月祭奚吏部文，卽陟也（據陟碑，是年十月卒）。

鞮

104 風俗通云，晉銅鞮伯華之後，氏焉。

適音蹄。

105 今同州澄城縣多此姓。自云銅鞮氏避仇改焉。亦單姓蹄。案廣韻無此字，惟字典音提，註云，姓也。今附入齊韻。

A〔岑校〕今同州澄城縣多此姓自云銅鞮氏避仇改焉亦單姓蹄　由「亦單姓蹄」一語味之，則本條應爲複姓之文，不然者則曰「亦姓蹄」可矣，單固對複而立言也，可疑者一。曰「亦單姓」，言削去一字也，同蹄之姓，數見於碑文，雖云羌姓，然伯華何種，要自不清，羌姓之口姓，亦貫同州（見後卷七），謂同蹄改自銅鞮，亦單姓蹄，則語意聯貫，否者銅鞮改適亦姓蹄，固不必着一「單」字也，可疑者二。根此疑問，余頗疑此條原是同適（蹄）之文。今通志「適氏」下附説雖與此本相同，但鄭氏見本之姓纂，已有混亂（如前文靳姓），通志或不能盡據也（類稿亦然）。

兒

106 郳。郳犂來之後*。亦爲兒氏。兒良，六國時人，見呂氏春秋*。

A〔岑校〕郳郳犂來之後　温校據類稿八引，此複「郳」字。

107 【千乘】漢有御史大夫兒寬。

倪

108 邾武公封次子於郳，是爲小邾。後失國，子孫爲郳氏，避仇改爲倪。案世本云，邾顏居邾，肥徙郳。宋仲子注云，邾顏別封小子肥於郳，爲小邾子。則顏是邾君，肥始封郳。杜譜云，小邾，邾俠之後也。夷父顏有功於周，其子友別封爲附庸，居郳。曾孫犂來，始見春秋，附從齊桓，以尊周室，命爲小邾子。穆公之孫惠公以下，春秋後六世而楚滅之。世本言肥，杜譜言友，當是一人。姓纂前以郳犂來爲兒氏之祖，而以邾武公之卿爲郳氏之祖*，同一卿也，强爲分別。武公之號，於傳無徵，疑即公羊傳所稱顏公者。郳城在東海。據祕笈新書增。

漢有揚州刺史倪彦。

A〔岑校〕子孫爲郳氏　備要一五、新書六、類稿八均引作「郳氏」，此訛。

B〔又〕避仇改爲倪　校云：「其子友別封爲附庸，居郳。……杜譜言友，……而以郳武公之卿爲郳氏之祖，同一卿也，强爲分別。」「居郳」，庫本作「居倪」，「言友」作「云友」，又兩「卿」字誤，庫本正作「郳」。雪堂金石文字四云：「碑賈劉金科持此殘石二紙乞售云，近年出土，不知何碑也，……尚有□□泉字若水，其先高辛氏之□□云云。又有『改賀兒氏爲兒氏』語，據是，知爲倪若水碑。唐書本傳，若水字子泉，據碑則名子泉字若水也。」此碑果爲倪若水碑者，則若水之倪，其先出於鮮卑矣。

C〔又〕郳城在東海　此五字乃洪氏據祕笈新書所增，類稿亦有。

D〔又〕漢有揚州刺史倪彦　「彦」，廣韻、姓解、通志作「諺」，考後漢有揚州刺史倪説，見馬嚴傳，辨誤七謂卽此人（統譜一四訛「倪誰」）。

109【中山】　唐刑部侍郎倪若水，中山藁城人也。

A〔岑校〕唐刑部侍郎倪若水　遼居稾跋倪若水誌云：「案若水未嘗爲刑部侍郎，乃『户部』之譌。」又云：「誌稱曾護，祖範，考基，可補史文之略。」（拓本未見）會要七五，長安二年，雍州長史薛季昶舉咸陽丞倪若水。廣記二二五九引御史臺記，睿宗朝，若水爲御史。同書一五〇引前定録：「（李）揆以書判不中第，補汴州陳留尉，……既至陳留，時採訪使倪若水以揆才華族望，留假府職。」按舊書一二六揆傳：「開元末舉進士，補陳留尉。」而同書一八五下，若水約卒開元七年後不久，其時當不相及，雖廣記同卷引前定録，又有裴譖七年至大梁，遇陸士佳座客陳留尉李揆、前襄州功曹參軍房安禹之説，然條末復言安禹開元二十一年始進士及第，則七年時安得爲前襄州功曹？是知前定録兩條均有舛誤也。

西

110 姓苑云，西門豹之後，改爲西氏。

犀

111 史記，秦有犀首。

鮭

112 【中山】後漢有鮭陽鴻，爲少府，傳孟氏易。

A〔岑校〕後漢有鮭陽鴻爲少府傳孟氏易　按後書一〇九上鮭陽鴻，注云：「姓鮭陽名鴻也。」廣韻云：「漢複姓，漢有博士鮭陽鴻。」字又作「鮭」，見後書牟融傳。是鮭陽非單姓，今本姓纂蓋誤合鮭陽與注爲一條，應各自析立，并删鮭姓之目。通志既有鮭陽，又有鮭，殆沿見本姓纂而誤。辯證四有漁陽鴻一條，亦非是。尋源九謂單姓宜从「魚」，複姓宜从「角」，殊無的據。同書又以鄧名世謂鮭無單姓爲疏，則沿今本姓纂之誤而立言，不可從也。

113 【南陽淯陽】 後漢大鴻臚鮭丹。

A〔岑校〕後漢大鴻臚鮭丹　洼丹見後書一〇九上儒林傳。廣韻：「洼，姓也。漢有大鴻臚洼丹。」姓解、通志、辯證略同，足見此條當別立洼姓一目而今本誤併他。

蜀下圭反。

114 見纂要。

A〔岑校〕蜀　據廣韻、姓解應作「䖍」，从圭得聲，類稿八亦然。

毒下圭反。

115 見纂要。

A〔岑校〕毒　同上應作「毒」，類稿八亦然。

嵬下圭反。

116 見纂要，云人姓。案集韻，生，姓也。一曰蜀閩，梁四公子名，或作「𡸁毒」。

A〔岑校〕見纂要云人姓　校云：「案集韻，生，姓也。一曰蜀閩，梁四公子名，或作『𡸁毒』。」「生」誤，庫本作「注」，余以爲應作「𡸁」。又「蜀」應作「蜀」，「𡸁」應作「𡸁」。姓解一云：「𡸁音攜，出姓纂。」

迷（温補）

117 羌種，迷吾之後。（温補）

A〔岑校〕温校據姓觿二引補。

齊季

118 齊襄公子季，奔楚，因氏焉。魯有大夫齊季窺，見世本。

西方

119 見姓苑。云少昊金天氏位主西方，今因氏焉。

120 【北平】前燕慕容廆以西方武爲股肱。又西方罔以文章知名。

A〔岑校〕北平　前燕慕容廆以西方武爲股肱　按晉書一〇八作「北平西方虔，」廣韻同，此誤。

西門

121 鄭大夫居西門，因氏焉。列子有西門子。魏文侯時西門豹爲鄴令。漢王莽時有道士西門思。洞仙傳有西門惠。案漢書王莽傳，道士西門君惠，無名思者。此又分思惠爲兩人。唐宦官有西門思恭。

西乞

122 秦將軍百里術字西乞，其孫以王父字爲氏。

A〔岑校〕秦將軍百里術字西乞其孫以王父字爲氏　庫本校注云：「按術不姓百里。」洪本删。

西鉏

123 左傳，宋大夫西鉏吾。漢有御史西鉏吾，見英賢傳。

A〔岑校〕漢有御史西鉏吾　通志作「西鉏虛」，按上文已有西鉏吾，疑通志是也，温校同。

西申

124 瑞應圖，周成王時西申國獻鳳，留中，因氏焉。

A〔岑校〕留中因氏焉　通志作「留中國」，此奪「國」字。温校同。

西陵

125 世本，春秋時有大夫西陵羔。

西周

126 周末分爲東西二周，各以爲氏。

西宫

127 人姓，未詳。

十三佳

柴（温補）

128 姜姓，齊文公子高後。高孫奚以王父字爲氏。十代孫高柴，仲尼弟子，孫舉，又以王父名爲柴氏。漢有棘蒲侯柴武，裔孫文。（温補）

129【平陽】柴文，晉末爲晉陽太守，因家焉。（溫補）

A〔岑校〕溫校據類稿九引補。按備要二六同。

十四皆

懷（溫補）

130 無懷氏之後。（溫補）

A〔岑校〕溫校據王圻續通考引補。余按路史前紀九無懷氏後有懷氏，無懷氏下注「姓纂」二字，沈濤跋未拈出。

淮夷

131 周有淮夷小國，後世氏焉。氏族略作「淮夷小國，入周，因氏焉。其地今淮甸」。

A〔岑校〕周有淮夷小國後世氏焉　洪校云：「氏族略作『淮夷小國，入周，因氏焉。其地今淮甸』。」

庫本無此校注。

十五灰

梅

132 殷後。紂時有梅伯，以國爲氏。。

133 【汝南】漢將軍梅鋗；六代孫嘉，始居汝南。祕笈新書。

A〔岑校〕孫嘉　「嘉」，辯證五作「喜」，又此全條亦引見類稿九。

雷

134 方雷氏之後。女爲黄帝妃，生元嚻，蓋古諸侯國也。後漢有雷義，蜀有將軍雷同。吴陸抗傳有宜都太守雷譚。晉有豐城令雷焕。祕笈新書。

A〔岑校〕方雷氏之後……晉有豐城令雷焕　此是孫氏所補，類稿九引文全同。

崔

135 姜姓。齊太公生丁公伋，生叔乙，讓國居崔邑，因氏焉。自穆伯至沃、杼、成、良，代爲卿大夫。良十五代孫意如，秦東萊侯，生二子，伯基、仲牟。伯基居清河東武城，仲牟居博陵安平，並爲著姓。見姓氏英賢傳。祕笈新書。

A〔岑校〕齊太公生丁公伋生叔乙讓國居崔邑因氏焉自穆伯至沃杼成良……　此條係孫氏據新

書補。類稿十引亦同。羅云：「案新唐書世系表作『丁公伋嫡子季子，讓國叔乙，食采於崔，遂爲崔氏』，與此小異。」温云：「考姓觿引世本亦作『叔乙讓國』，與表異。又表，季子生穆伯，今無此句。則『自穆伯』句無根。」又辯證五崔姓，因號六房崔氏「連」字下注云：「姓纂作『遭』。」則姓纂有崔遭其人。

136 敦禮孫貞慎（據沈跋、羅校補），兵部侍郎。（岑補）

A〔岑校〕羅氏補佚作「員慎」，手民之訛也。按貞慎，長安中爲太子僕，見舊書一〇二。金石録二五云：「右唐崔兢墓誌云，公諱兢，字明慎。祖敦禮，父守業；按舊唐書敦禮列傳云，孫貞慎，神龍初爲兵部侍郎。元和姓纂、新史宰相世系表所書亦同，今以墓誌考之，其家世及名位皆合，惟不著其名，而以『明』爲『貞』者，皆唐史及姓纂之闕誤也。」依此，似可再補「兵部侍郎」四字。

137 誠生儀表。儀表生敬嗣。敬嗣生悦。悦生光遠。（岑參據沈跋、羅校補）

A〔岑校〕金石録二五云：「右周崔敬嗣墓誌云，祖咸，考表。而元和姓纂以咸爲誠，表爲儀表。」又云：「又新唐書崔光遠傳，……訪敬嗣已死，卽授其子汪五品官。汪生光遠，……然墓誌載敬嗣長子悦，次子協，而無名汪者。而姓纂亦云悦生光遠，然則以悦爲汪，蓋史誤也。」（參附録四）

138 水部郎中、杭州刺史崔恂，鄭州人。（岑補）

A〔岑校〕乾道臨安志三：「崔恂，水部郎中、杭州刺史，鄭州人。」兹據補。新表七二下，恂隸鄭州崔氏。

裴

139 嬴姓，伯益之後。秦非子支孫封蜚鄉侯，因氏焉。今聞喜蜚城是也。六代孫陵，周僖王封蜚邑君，及除「邑」从「衣」。

A〔岑校〕六代孫陵周僖王封蜚邑君及除邑從衣　按廣韻云：「後徙封解邑，乃去『邑』從『衣』。」「蜚」當「解」之訛。「及」，「乃」之訛。前文已云「封蜚鄉侯」，似非再封蜚邑君，秘笈新書誤也。且余見本新書六及備要二二、類稿九均作「解」，則其誤似在孫氏。末句類稿訛爲「又徐邑從依」。羅校引新唐世系表，溫校引通志説略同。

140 【河東聞喜】陵裔孫蓋，漢侍中。九代孫遵，始自雲中從漢光武平隴、蜀，徙居河東安邑。安、順之際，又徙聞喜。元孫茂，侍中、尚書。生三子，輯號東眷；徽號；子明，子孫又號中眷；徽與子遐號「八裴」。秘笈新書。

A〔岑校〕元孫茂侍中尚書生三子輯號東眷徽號子明子孫又號中眷　羅校云：「案唐世系表，茂三子，潛、徽、輯。又唐表，中眷裴出自嗣中子天明。」按三國志二三注，潛少弟徽，字文季。新表七一上則稱茂長子徽，字文秀（按潛之子名秀，新表作「文秀」殆誤），均不號子明。徽生四子，黎、康、楷、綽。又新表，黎二子，粹、苞。苞三子，軫、丕、彬。軫生嗣。嗣三子，邕、奣、策。奣之後爲中眷。易言之，即中眷出自徽之來孫奣也。奣音瞥，明也。羅刻破「奣」爲兩字。復考「生三子」，備要、類稿作「生二子」，當訛。備要又言：「徽號西眷，徽曾孫天明。」（類稿同）余所見翰苑新書祇作「徽號明」，無「子」字。合而校之，似當作「徽號西眷，徽來孫奣」也。温校略同，文繁不備引。

B〔又〕徽與子遐號八裴　備要一二三云：「徽與子楷、康、綽，兄孫頠、邈，楷子瓚，綽子遐，號八裴。」類稿同。惟「攢」作「瓚」，同晉書。新書此處顯有奪文，羅校亦據晉書疑其誤。

141 正生歸厚，歸厚生昚。（岑據沈跋、羅校補）

A〔岑校〕金石録二六云：「右唐裴守真碑云，守真曾祖景，周富平令。祖正，長平郡贊持。考昚，鄭令。新唐史宰相世系表云，景生正，隋散騎常侍。正生昚，字歸厚，爲鄭令。而元和姓纂乃云『正生歸厚，歸厚生昚』者誤矣。……而世系表言爲散騎常侍，又云昚字歸厚，不知何所據也。」

142 兵部郎中、杭州刺史裴常棣，河東聞喜人。（岑補）

A〔岑校〕乾道臨安志三：「裴常棣，兵部郎中、杭州刺史，河東聞喜人。」兹據補。裴以河東聞喜爲大族，姓纂原文，當先列郡名，其下分敍各人世系。今原文不可確知，姑如是補之。他倣此。新表七一上，常棣屬南來吴裴。

陘（岑補）

143 A〔岑校〕據沈跋補。

傀（岑補）

144 A〔岑校〕同上。沈跋云："又如路史前紀第四卷，陒傀氏後有陒氏、傀氏，注云『見元和姓纂』，今孫本『十五灰』無陒、傀二姓。"余按廣韻此兩字下均不云姓。

鄜（岑補）

145 出伯鯀，國在虞、芮間。（岑據沈跋補）

A〔岑校〕沈跋云："（國名記）六卷，鄜，姓纂以爲出伯鯀，在虞、芮間，今孫本『十五灰』無鄜姓。"余按通志「鄜氏」云："普肯切，穆天子傳，鄜伯鯀之後，國在虞、芮之間。"讀作仄聲，與廣韻異，其文大約同姓纂也，辨誤一四訛爲「蒯」。

枚（温補）

146 六國時賢人枚被，見孟子。（温補）

A〔岑校〕温校據類稿九引補。但云："今孟子亦無枚被。"

槐音回。（温補）

147 魯大夫富父槐之後。（温補）

A〔岑校〕温校據姓觿二引補。又「魯」原訛「晉」，温據通志校正。

十六咍

來（温補）

148 子姓，殷後。支孫食邑於郲，因以命氏。後避事，去「邑」爲「來」。齊有來章。秦末徙義陽之新野。風俗通，楚有來英。漢功臣表，軑侯來蒼。（温補）

A〔岑校〕温校據類稿九引補。

臺（温補）

149 臺駘之後。漢有侍中臺崇。後漢高士臺佟。前趙録特進臺彦高。（岑補）

A〔岑校〕據類稿九引。温祇據續通考云：「臺駘之後有臺氏，出姓纂。」并參通志以補之，不知何故失此文也。

十七真

真

150 風俗通云，漢有太尉長史真俗。

A〔岑校〕漢有太尉長史真俗　「俗」誤，廣韻、姓解、通志及類稿一二皆作「祐」。

陳

151 嬀姓。亦州名，本太昊之墟，畫八卦之所。周武王封舜後胡公滿於陳，後爲楚所滅，以國爲氏。出潁川、汝南、下邳、廣陵、東海、河南六望。據祕笈新書增。秦有陳涉、陳嬰，漢丞相曲逆侯陳平也。

A〔岑校〕亦州名本太昊之墟畫八卦之所周武王封舜後胡公滿於陳　自「亦州名」至「周武王封」十七字，卽洪氏據祕笈新書增（亦見類稿一一引），庫本「胡公滿」下有「受封」二字，洪氏既據增，故删去也。

B〔又〕出潁川汝南下邳廣陵東海河南六望　此十五字亦洪氏據祕笈新書增，類稿同。按今姓纂六望之外，尚有京兆、河東等十三望，語殊不符。唯此語今見廣韻「陳」字下，疑謝氏誤以廣韻之文當姓纂耳，當移入存疑之列。

152 出自嬀姓，虞帝之後。夏禹封舜子商均於虞城，三十二世孫遏父爲周陶正，武王妻以元女太姬，封之宛丘，爲陳侯，以奉舜後，是爲胡公滿。九世孫厲公他生公子完，字敬仲，奔齊爲工正，以國爲氏。五世孫陳桓子字無宇，孫成子陳常又以所食邑爲田氏。（岑補）

A〔岑校〕此係辯證六引元和姓纂曰云云，下接「今詳」兩字，則全段皆姓纂文也。比祕笈新書所引，又加詳矣。惟各「世」字均當作「代」，唐人諱「世」也。「陳常」應作「陳恆」，宋人諱改也。温補較多，但無確據，故不取。

159【長城】　諶曾孫準，晉太尉、廣陵公。陳武帝稱準後。孫達，晉長城令，因居之。九代孫文瓚。瓚生茂先。茂先，梁右衛率，生文帝、頊。案陳本紀，文帝諱蒨，宣帝諱頊。「文」應作「宣」。項生後主叔寶。四帝三十四年，爲隋所滅。

A〔岑校〕陳武帝稱準後　「準」，庫本作「隼」，傳鈔之訛也。前文諶曾孫準，固作「準」。又三國志二二注、陳書一、新表七下均作「準」。

B〔又〕孫達　陳書一，準生匡，匡生達，則達爲準孫。唯新表，準生伯暢，伯暢生匡，二子，赤松、世達。則達爲準曾孫矣。此不稱世達，避唐諱也。考異五〇疑同（參下條）。

C〔又〕晉長城令　沈跋云：「（後紀）十二（一）卷帝舜後有陳氏，注云，姓纂……出長城晉中郎將達（今刊本作「達」，誤），十世爲陳武帝，今孫本……又「中郎將」作「長城令」（案陳書、南史亦但云出長城令，無「爲中郎將」之文），則其微有不同也。」余按陳書一、南史九及新表均作「達」，無作「逵」者，沈氏未舉他證，遽依路史謂作「達」爲誤，殊失輕信。

D〔又〕九代孫文瓚　羅云：「陳書高祖紀，唐書世系表作『文讚』。」

E〔又〕瓚生茂先　羅校云：「案『茂先』當作『道譚』，唐書世系表作『談先』，亦誤。」案道譚見陳書二。文帝有子名伯茂，如作「茂先」，是祖孫同名，固知其不然也。

F〔又〕生文帝項　校云：「案陳本紀，文帝諱曇，宣帝諱項，『文』應作『宣』。」「曇」，庫本作「蒨」，亦見羅校。余按新表七一下稱文帝名曇倩，宣帝名曇瑱，則「曇」字亦非毫無所本，誤而不盡誤者也。又文、宣二帝皆道譚子，則亦許「項」上漏「蒨、宣帝」三字。

武帝霸先，生衡陽王昌。昌生德會，梁州刺史。文帝生伯山、伯固、伯仁、伯義、伯謀。宣帝生叔寶、叔英、叔卿、叔明、叔堅、叔武。

154

A〔岑校〕昌生德會　羅校云：「案陳書衡陽王昌傳，昌無子。」余按陳書一四，昌無子，以世祖第七子伯信爲嗣。又新表七一下，伯信生法會，梁州刺史。姓纂蓋脱一代。「德」、「法」字行寫相近，未詳孰是。

B〔又〕叔明　近歲出土有大業十一年正月二十八日禮部侍郎陳叔明墓誌，拓本未見。

C〔又〕叔堅　按下文世系有叔達，無叔堅，此或「叔達」之訛，否亦脱去「叔達」也。

D〔又〕叔武　羅校云：「案陳書及唐書世系表皆作『叔彪』。」余按北史三〇「盧叔彪」，北齊書四二作「盧叔武」，此人疑實名叔彪而唐人諱改，故有「武」、「彪」兩寫矣。

155 叔寶生允、深、莊、蕃。蕃，唐忠州刺史、豫章王。

A〔岑校〕叔寶生允深莊蕃 蕃爲後主第十子，見陳書二八，新表七一下誤列蕃爲莊子。

156 叔英生弘、徽。弘曾孫履，華州、夔州刺史。案唐世系表，履華，夏州刺史。此作「履，華州、夔州刺史」，不合。徽生元凱，申州刺史。

A〔岑校〕弘曾孫履華州夔州刺史 校云：「案唐世系表，履華，夏州刺史。此作「履，華州、夔州刺史」，不合。」按新表資料太半本自姓纂，已於自序詳切言之，今本姓纂雖多訛文，而新表之訛，亦自不少，未得他證，遽斷姓纂不合，殊非考據家之正道。

157 建安王叔卿，孫正，循王傅。

A〔岑校〕建安王叔卿孫正 新表七一下以正爲叔卿之玄孫。

158 宜都王叔明，孫繹、弘。繹，侍御史。弘，荆州案唐世系表，「荆州」作「邢州」。刺史。

159 義陽王叔達，唐侍郎、禮部尚書、江忠公，生政德、元德、賢德、紹德。政德曾孫義，少府少監。元德生仲方，潁州刺史。賢德，水部郎中、汾州刺史。紹德曾孫盩厔縣令。案唐世系表，紹德孫復，盩厔令。此作「紹德曾孫盩厔令」，而無名。「曾」字衍。「孫」字下脱「復」字。

A〔岑校〕政德曾孫義少府少監 開元十年，朝議大夫檢校少府監陳義，見歷代名畫記三。同書九，陳義，叔達玄孫，玄宗少與之善，爲武德、南薰、中尚等使、銀青光禄大夫、少府監。唐文拾遺二三，侯鋂左驍衞將軍陳義墓版，卒永貞元年，非此人。

B〔又〕元德生仲方潁州刺史　新表及庫本均作「順州」，此誤。

C〔又〕紹德曾孫盩厔縣令　校云：「按唐世系表，紹德孫復，盩厔令。」余按表作盩厔尉，或見本不同歟？

160 叔武，光禄少卿。

A〔岑校〕叔武光禄少卿　陳書二八，叔彪入關，卒於長安，似在隋時。新表亦未言其任光禄少卿。

161 【廣陵】　胡公之後。漢末魯相失名無子，以外孫劉矯爲嗣。魏司徒東鄉侯生騫，晉太尉。

A〔岑校〕漢末魯相　校云：「失名。」按通志亦無名。

162 【汝南】　胡公之後。漢太傅、尚書令陳蕃。

A〔岑校〕汝南　胡公之後　沈跋云：「（後紀）十二（一）卷帝舜後有陳氏。注云，姓纂，出武南、東海者，胡公後；出武當者，太邱長後。……今孫本十七真陳姓下但云東海，無武南。」按「武」乃「汝」之訛，沈氏未細考耳。

163 【下邳】　淮浦人。後漢太尉陳球。球弟子珪，沛國相，生登。

164 【東海】胡公之後。晉有衞武貞侯陳壽。

165 【京兆】胡公之後。唐揚州長史陳敬之，狀稱大邱長仲弓裔。孫默，徙長安，即敬之高祖也；生思齊，主客員外、婺州刺史。敬之從父弟騫之，湖州刺史，生崇禮、九言。崇禮，水部員外、嘉州刺史。九言，右司員外。

A〔岑校〕唐揚州長史陳敬之　舊書六，嗣聖元年九月，徐嗣業殺長史陳敬之，據揚州起兵。按敬業殺敬之，亦見廣記一六三引朝野僉載。嗣業，殆石晉諱改也*。拓本永貞元年唐故慶州長史趙郡李府君（肅字正言）墓誌云：「夫人潁川陳氏，即故揚府長史採訪本道敬之之曾孫，饒州紀綱掾邕之女也。」

B〔又〕狀稱大邱長仲弓裔　「大」，庫本作「太」。

C〔又〕敬之從父弟騫之湖州刺史　吴興談志一四：「陳蹇之，永徽元年自陳州司馬授，免官。」統記云大足元年授。」字作「蹇」，與此異。以敬之及九言歷官時代推之，統記說爲信。

D〔又〕九言右司員外　孫逖制，九言自太子舍人、攝殿中侍御史、朔方節度判官授起居舍人，見英華三八三。

166 【河東桑泉】後魏征南將軍、許昌公琬；元孫述，生元盛、毓、藝。元盛孫正觀，潞、襄二州刺史。藝生義方，禮部侍郎、知吏部選。毓字大德，職方郎中、荔州刺史。

A〔岑校〕後魏征南將軍許昌公琬　按下文新安條有後周熊州刺史許昌公琬，殆同一人而由魏入周者，兩狀各書其一官，故不同也。

B〔又〕元盛孫正觀潞襄二州刺史　英華三九九蘇頲制，正議大夫、前襄州刺史、上柱國陳正觀可行將作少監。廣記四三九引廣異記，潁川陳正觀卒天寶中。唐文續拾一一，姚意妻造象記（意卽崇父）有「夫陳正觀任中」等殘字，時代正合，正觀蓋姚氏之壻也。

C〔又〕鯍字大德　陳校云：「『鯍字』疑『鯍生』之訛。」

D〔又〕職方郎中荔州刺史　貞觀十四年，遣職方郎中陳大德迎勞高麗長子於柳城，見元龜六六一。十五年八月，職中陳大德使高麗迴，見同書一四二。「荔州」待考。

167 【新安】　後周熊州刺史、許昌公琬之後。曾孫義感，唐右司郎中、虢州刺史。

168 【馮翊】　狀稱陳宣帝子沅陵王叔興之後。唐倉部郎中惠滿，生伾，刑部郎中。

A〔岑校〕唐倉部郎中惠滿　全文二五一蘇頲制，朝請大夫、行尚書祠部員外郎、兼判倉部員外郎、上柱國陳惠滿，可行倉部員外郎。

B〔又〕生伾　金石録七陳太邱祖德碑，天寶九載立，伾撰銘。

169 【廬江】　襄安人。隋廣陵太守陳稜，孫崇業，唐御史大夫，生琨。琨生熊。熊生審，明州刺史。

A〔岑校〕隋廣陵太守陳稜　「廣陵」應作「江都」，説見拙著隋書牧守編年表。

B〔又〕熊生審明州刺史　審爲明州刺史，貞觀十九年配流崖州，見元龜七〇〇。

170 【武當】　狀云太邱之後。開元左、太子太師希烈，世居均州。右司郎中、鴻臚大卿。訥，少府少監。潤，户部郎中。洳，祕書少監。希烈兄振鷺，司封郎中、國子司業；生泉，明州刺史。

A〔岑校〕開元左太子太師希烈　按舊紀九，天寶六載四月，希烈爲左相，十三載八月，以希烈爲太子太師。「左」下奪「相」字，勞考三亦云然。希烈父瑾，見陳諸誌。廣記一七〇引定命録，希烈初進士及第，與人作碑，則天時其人破家，被誣與反者通，得河南尹薛季昶而解（按舊書一八五上，季昶，長安末爲洛州長史）。

B〔又〕右司郎中鴻臚大卿　勞考一一疑上脱「生」字，陳校云：「『右司』上應脱人名。」按此疑是希烈子所歷官而奪其名也。

C〔又〕訥少府少監　東都冢墓遺文有處士陳訥墓誌，與此同名異人，參看下會稽條。芒洛續編下陳諸誌云：「父訥，前太僕少卿兼少府少監。」諸，訥之長子，以貞元十年卒，年五十七，至元和四年而諸妻獨孤氏卒，訥尚親爲誌，約其年殆九十矣。

D〔又〕潤户部郎中　勞考一一謂「潤」是「澗」誤。唐詩紀事三九有陳潤，大曆間人，終鄜城令，白居易外祖，非此人。

E〔又〕希烈兄振鷺司封郎中　「鷺」，郎官石柱作「露」，元龜八三二作「鷺」，云客崔湜門下。

171

【廣漢射洪】　左拾遺子昂，生光，祠部員外。

A〔岑校〕生光祠部員外　郎官石柱祠外有光名。趙儋旌德碑則云，官至膳部郎中、商州刺史。大温國寺進法師塔銘，約開元二十五年立，撰人爲太子司議郎陳光（萃編七）。

172

【臨淮】　右補闕陳兼，生當、萇、京、歸。當，贊善大夫。萇，京兆法曹。京，給事中。歸，考功員外。

A〔岑校〕右補闕陳兼　新表七一下於叔明後下一代書某，會稽郡司馬；生某，晉陵郡司功參軍；更下一代即爲兼，右補闕、翰林學士。蓋據河東集八陳京行狀聯其世系也。按叔明，隋人，余初讀新表，以年世核之，頗疑其妄。及觀柳集，疑乃豁然。因行狀書五代祖某，陳宜都王；繼書曾祖某，皇會稽郡司馬；中間實缺高祖一代。新表不察，以「孫」爲「子」，誤矣。夫柳文之書宜都王，重其王孫之後也；缺高祖不書者，未仕或非仕於唐也。兼於天寶十一載以前，曾任封丘縣丞。「右補闕」，勞考五謂新表作「左」，蓋見本之誤。

B〔又〕當贊善大夫萇京兆法曹　陳兼・狀云：「伯兄前監察御史璿，仲兄前大理評事萇，以公文行之大者，告于當吏于公者，使辭而陳之。」狀作於永貞元年，則此二職猶是早年之官，新表不從姓纂而從柳集，未見其得。當於元和二年任滎州刺史・，見元氏長慶集三七。五年貶吳川縣尉，見元龜七〇〇。又新書一九四陽城傳有陳萇（本自傳載），辯證六以爲即此人。叢編一四引復齋碑録烏程縣新陞望記，縣尉陳萇撰，大曆十三年立。又河東集一三李夫人誌，貞元十九年作，云：「潁川陳萇爲校書郎、渭南尉。」萇係陽城請俸，見南部新書丙及語林三。

C〔又〕京給事中　全文四八七權德輿中書舍人舉代狀，稱朝議郎、守尚書司封郎中、充集賢殿御書院學士判院事、上騎都尉陳京。又云：「歷博士、補闕，三爲郎官。」又八八八徐鍇陳氏書堂記：「其先蓋陳宜都王叔明之後，曰兼，爲祕書少監；生京，給事中；以從子褒爲嗣，至鹽官令；生瓘，至高安縣丞。」全詩五函七册武元衡有懷陳京昆季詩。

D〔又〕歸考功員外　歸，貞元二十年官考功員外，以選舉不當，爲監察御史韓泰奏劾，配流恩州，見元龜五二六及六三八。又貞元十四年自考外奉使賑卹，見同書四八一。

173【會稽】　太常博士陳齊卿，堂弟景津，生允叔、允衆、允初。允叔，侍御史。允初，殿中侍御史。

A〔岑校〕太常博士陳齊卿　開成三年陳汭墓誌云：「卽南康郡王休先七世孫。曾祖承德，皇登進士科，陰平郡別駕。祖齊卿，繼升進士，再判高等，自監察御史終太常博士。先考諱位，天寶末家國禍難。」則齊卿是休先五世孫也。全文四〇六云：「齊卿，天寶時擢書判拔萃科。」與汭誌符。拓本天寶二年唐故絳郡龍門縣尉沈府君（知敬）墓誌銘并序，題「洛陽縣尉陳齊卿撰。」匋齋藏石記二四陳周子墓誌，卒天寶二年，春秋二十，末云：「父洛陽縣尉齊卿述焉。」

B〔又〕堂弟景津生允叔允衆允初　汭墓誌云：「興元中，季父允衆佐太尉李公復京邑。」

C〔又〕允叔侍御史　庫本漏「史」字。咸淳志五一，餘杭令陳允升，唐上元二年有碑以頌德政。與此允叔同時，「叔」、「升」草寫相近，未詳孰是。

D〔又〕允初殿中侍御史　紀事二八，秦系，大曆間人，有將移耶溪留呈嚴長史陳校書允初詩。同書四七允初有與鮑防、吳筠等聯句。或訛「元初」，全詩四函八册有陳孫移耶溪舊居呈陳元初校書詩，「陳孫」即「秦系」音寫之訛。十二函一册靈一有送陳允初卜居麻園（源）。宋僧傳一七神邕傳稱校書陳允初。

174【趙郡】檢校司徒、平章事陳少游，稱宣帝後，生正儀。

A〔岑校〕檢校司徒平章事陳少游　廣記二三九引談賓録，少游檢校職方員外郎，充迴紇使，尋除桂管觀察，數日，拜宣歙觀察，改浙東，遷淮南節度。

B〔又〕生正儀　貞元十三年爲大理評事，見會要五九。元龜一〇〇作十二年。

175【廣宗】後魏瀛州刺史陳肅；六代孫處政，唐岳州刺史。

176【洛陽】夏官郎中、冀州刺史璲，生鉞、鍵。

A〔岑校〕夏官郎中冀州刺史璲　英華四一四有李嶠（嶠）授陳璲涼州都督府長史制，稱刑部司馬、上柱國陳璲。「刑部」，「邢州」之誤。因制有云：「題與趙北，未展器能；分乘河西，佇清邊徼」也（全文二四二正作「邢州」）。

B〔又〕生鉞鍵　「鍵」，庫本作「鋋」。

177【萬年】　隋利州總管陳永貴，本姓白，隋初改姓陳氏。叡，隋驃騎將軍，生貴。貴次子諧。諧孫令哲、令英。令哲，唐洮州刺史。令英，右衛將軍、岐州刺史。

A〔岑校〕隋利州總管陳永貴　陳伯玉集六，陳該之父，亦名永貴，非同人也。

B〔又〕叡隋驃騎將軍　「驃」，庫本誤「標」。

C〔又〕令英右衛將軍岐州刺史　陳伯玉集四有爲金吾將軍陳令英請免官表，又嘗爲豐安道總管，見新書突厥傳。

178【諸郡陳氏】　司農卿陳思門，左豹韜將軍陳集原，右鷹揚將軍陳元光，河中少尹兼御史中丞陳雄，河東人。鳳州司馬陳懷古，安陽人。尚藥奉御陳行修，江陵人。禮部員外郎陳讜言，京兆人。太常博士陳章甫，江陵人。殿中侍御史陳憎，河内人。京兆功曹陳仲雍，河内人。

A〔岑校〕司農卿陳思門　按舊紀八，開元二十二年十月甲辰，試司農卿陳思問以贓私配流瀼州，此作「思門」，當誤。

B〔又〕左豹韜將軍陳集原　舊書一八九有傳。龍龕道場銘，聖曆二年立，集原撰文，結銜爲「冠軍大將軍行左豹韜衛將軍上柱國潁川郡開國公」（平津續記）。

C〔又〕右鷹揚將軍陳元光　統譜一八云：「以鷹揚將軍隨父攻戍閩，父死，代爲將。永隆初，擊降潮州盜，請創置漳州，就命元光鎮撫。久之，以討賊戰没，因廟食于漳。」「攻」乃「政」之訛。通鑑一八七，武德二年五月，「癸巳，梁州總管、山東道安撫副使陳政爲麾下所殺，攜其首奔王世充。政，茂之子也。」（亦見元龜四三七）似兩陳政非同一人。考通鑑胡注：「隋書陳茂傳，政歸唐，卒於梁州總管，不言死於山東。通鑑當是據實録諸書。但是時山東無梁州，或者政先爲梁州總管，後安撫山東而死也。」所釋合於情事，茂爲河東猗氏人，具詳隋書六四及茂碑（萃編三九）。今姓纂下文接云：「河中少尹兼御史中丞陳雄，河東人。」「河東人」三字，當是承上數人言之。統譜多雜採後世書説，錯誤迭見，所稱隨父政戍閩父死一節，未必可信。政殆即陳茂之孫，武德二年死難之陳政之子也（如元光幼而喪父，則武后初年可七十）。輿地碑記目三漳州陳元光威烈廟記，唐垂拱二年。全文一六四元光請建州縣表云：「泉潮守戍、左玉鈐衛翊府左郎將臣陳元光言，伏承永淳二年八月一日制，臣進階正議大夫、嶺南行軍總管者，……幸賴先臣緒業，叨蒙今日國恩。」又同人漳州刺史謝表云：「伏奉垂拱四年六月二十九日制，除臣中郎將、右鷹揚衛率府懷化大將軍、輕車大都尉、兼朝散大夫、持節漳州諸軍事守漳州刺史、贊治尹嘗田長春宫使者。」按正議大夫，正四品上；朝散大夫，從五品下；豈散官及反降階乎？又高宗諱治，垂拱之初，不應有「贊治尹」之稱，此皆文之可疑者。同書五一三吳與漳州圖經序：「皇唐垂拱二年十二月九日，左玉鈐衛翊府左郎將陳元光平潮州寇，奏置州縣。」全詩一函九册：「陳元光字廷炬，光州人，高宗朝以左郎將戍閩，進嶺南行軍總管，奏開漳州爲郡，世守刺史。」有示珦詩，注云：「元光子也。」廣記二六七引摭言，周嶺南首（酋）陳元光責啖人肉。今摭言無其文，王氏書似亦不載此類事，實朝野僉載之訛。

D〔又〕河中少尹兼御史中丞陳雄河東人　新書五八：「陳翃郭公家傳八卷，子儀，翃嘗爲其寮屬，後又從事渾瑊河中幕。」余按讀書志二下云：「汾陽王家傳十卷，右唐陳雄撰，雄本汾陽王郭子儀僚吏，後又從事渾瑊幕府，故傳不名。」按雄從事河中幕，與此稱「河中少尹兼中丞」合，余以爲即是一人。但崇文總目又作「陳翊」，錢繹云：「按讀書志，汾陽王家傳十卷，『陳翊』作『陳雄』，誤。……通志略作『陳氏』，不著名。」是陳氏之名，有三種寫法不同。讀書志四上：「（韓）雄詩興致繁富。」應正作「翃詩」。可見「雄」、「翃」兩字，易於互訛。全詩五函二册盧綸酬陳翃郎中歸河中舊居見寄，和陳翃郎中拜本府少尹兼侍御史獻上侍中，陳翃郎中北亭送侯釗侍御，陪陳翃郎中晨謁上公，秋夜宴集陳翃（一作雄）郎中圃亭，陳翃中丞東齋賦白玉簪，據余合考諸書，似作「翃」者近是，説詳拙著讀全唐詩札記五函二册盧綸條。後檢廣德元年美原丞元復業誌，題「朝散郎行大理□□□紫魚袋陳翃撰」（北平圖書館墓誌目誤「陳雄」）當是同人，尚幸所見之不妄也。

E〔又〕禮部員外郎陳讜言京兆人　潁川陳讜言士然，見全文三一七李華三賢論。全文四〇六：「讜言（一作「儻言」）字士龍，玄宗時擢書判拔萃科。」作「儻」及「龍」皆誤。全詩二函十册王昌齡有寄陳讜言詩。

F〔又〕太常博士陳章甫江陵人　章甫制策登科，見唐語林。全文三七三云，開元中進士。全詩二函九册李頎有送陳章甫詩，三函十册高適同觀陳十六史興碑序云：「楚人陳章甫，繼毛詩而作史興碑，遠自周末，迨乎隋季。」

179【河南】官氏志，侯莫陳氏改爲陳。後魏汾州刺史、長蛇公陳紹；生弘，唐泉州刺史。龍川公陳賀略，端州首領也。

A〔岑校〕龍川公陳賀略端州首領也　通鑑一八九，武德四年八月，以大將軍陳智略爲嶺南道行軍總管，鎮撫寇盜，疑卽其人。「賀」、「智」涉形近而訛也。全文二作「大將軍、合浦縣公陳知略」。智略初充世充冠軍大將軍被擒，見通鑑一八八。

秦

180 顓頊，嬴姓，秦後。伯益裔孫非子，周孝王封之秦，隴西秦亭是也。至始皇滅六國，子嬰降漢，子孫以國爲氏。

A〔岑校〕顓項嬴姓秦後　備要一一、新書六、類稿一一均作「之後」。姓觿二引作「嬴秦之後」。困學紀聞一四翁注:「同年王穀塍曰,……鄧氏……於秦明出自姬姓,而不辨姓纂嬴姓之説,意有佚文。」余謂此亦鄧氏之片面的駁論耳。

B〔又〕周孝王封之秦　類稿引作「封之於秦」。

181 又魯有秦堇父,生丕兹,及秦並秦祖人、秦商楚人、據祕笈新書增,疑有脱誤。秦冉、秦非,並仲尼弟子。漢有潁川太守秦彭。

A〔岑校〕又魯有秦堇父生丕兹及秦並秦祖人秦商楚人秦冉秦非並仲尼弟子　洪校云:「據祕笈新書增,疑有脱誤。」考庫本原作「又魯有秦堇父,生丕兹,及秦祖、秦冉、秦非,並仲尼弟子」。造語極明。洪氏於「及秦」下增「並秦」二字,「祖」下增「人秦商楚人」五字,便滋謬戾。然祕笈之誤,要亦不難訂正。考史記六七:「秦商字子丕。」鄭玄曰:「楚人。」索隱云:「家語,魯人,字丕慈,少孔子四歲,其父堇與孔子父紇俱以力聞也。」正義云:「家語云,魯人,字丕兹。」由索隱、正義之説,則秦丕兹、秦商即一人,祕笈則認前者爲魯人、後者爲楚人而分作二人者也。史記同卷:「秦祖字子南。」鄭玄曰:「秦人。」「秦冉字開。」不詳何許人。「秦非字子之。」鄭玄曰:「魯人。」綜上各説,則祕笈此文,祇衍「秦並」之「並」字,乙「秦祖」二字,其文即變爲「又魯有秦堇父,生丕兹,及秦祖秦人、秦商楚人、秦冉、秦非,並仲尼弟子。」義便瞭然。此不過出仲尼弟子列傳。洪氏舊學家,竟不一爲比證,其能辭粗疏之咎耶。温校略同。

182 【太原】狀稱晉太常博士秦秀之後。裔孫生行其、行師。行其，渭川刺史；曾孫守，庫部郎中、同州刺史，生昌舜。行師，右監門大將軍；生無害，桂州都督、安南公也。

A〔岑校〕狀稱晉太常博士秦秀之後　秀，晉書五〇有傳。云：「爲博士前後垂二十年，卒于官。」千唐秦脩誌乃云：「九代祖秀，晉金紫光禄大夫、太常卿。」非也。

B〔又〕裔孫生行其行師　「生」上奪名。

C〔又〕行其渭川刺史　「川」誤，庫本作「州」。

D〔又〕曾孫守庫部郎中同州刺史　全文一〇〇竇希瑊碑，開元五年河南少尹秦守一，時代正合。「守」下奪「一」字，同書二五三蘇頲制，守一自楚州刺史授萬年縣令；又二五二同人制，自萬年縣令授京兆少尹。睿宗時，守一爲河南令，見廣記一二九。千唐敬昭道（原誤姓張）誌，言昭道爲京兆少尹秦守一所陷，自殿中貶尉氏令。

E〔又〕生昌舜　開元二十六年任明州刺史，見會要七一。英華四一〇孫逖制，稱中散大夫、守常山郡太守秦昌舜。唐太守題名記：「秦昌舜，天寶二年自通川郡太守授，六年除江華太守。」（會稽掇英）嘉泰會稽志二則云：「天寶元年改刺史爲郡守，昌舜自……」張津等四明圖經一二倒爲「秦舜昌」。

F〔又〕行師右監門大將軍　説之集二二稱天水秦氏廬陵郡公行師，子遊福嗣公。又行師爲太原元從、洪州都督，見會要四五，食實封三百户，見舊書二。

183【齊郡】　狀稱秦彭之後。裔孫瑶之，曾孫景通，通子暕，並太子洗馬、崇賢學士。

A〔岑校〕曾孫景通通子暕並太子洗馬崇賢學士　按舊書一九〇上景通傳：「與弟暐尤精漢書，當時習漢書者皆宗師之，常稱景通爲大秦君，暐爲小秦君。」元龜二六〇亦作「秦暐」，此稱通子暕，疑有誤。元龜七一一，暐爲太子舍人，從幸定州，守洗馬，還京未幾卒。

184【鄜州洛川縣】　唐瓜州刺史秦孝言，狀云彭後，生懷洛、相如。懷洛，兵部郎中。相如，吏部郎中。

A〔岑校〕唐瓜州刺史秦孝言　會要六二，龍朔二年有監察御史秦令言，時代相同，不知是一人否。

B〔又〕生懷洛相如懷洛兵部郎中　元龜一五二，咸亨二年，婺州司馬秦懷恪坐贓，斬之，字作「恪」。疑卽此「懷洛」。全文一四亦作「恪」，足見古人固有讀「恪」如「洛」者。

C〔又〕相如吏部郎中　顯慶四年上第，見會要二六。

185【河内】　武德。狀云彭後。唐金部郎中叔恂*，生善丕，都官員外郎。

A〔岑校〕武德狀云　按「武德」應連上「河内」爲目，空一格，然後再接「狀云」，武德縣屬河内也。

辛

186 姒姓。夏后啓別封支子於莘。莘、辛相近，祕笈新書引作「子孫去『艸』爲辛」。遂爲辛氏。左傳，周太史辛甲，案劉向別録云，辛甲，故殷之臣，事紂去，至周文王，以爲公卿，而封其長子。漢藝文志道家有辛甲二十九篇。又左傳有辛甲，爲太史，命百官箴王闕者是也。辛伯、辛俞美爲昭王友。秦有將軍辛騰，家中山苦陘，曾孫蒲。漢有辛武賢。

A〔岑校〕莘辛相近　洪校云：「祕笈新書引作『子孫去草爲辛』。」余按類稿一二亦然，但廣韻、通志皆作「莘、辛聲相近」，祕笈未可遽信。

B〔又〕辛伯辛俞美爲昭王友　温校云：「辛俞美當卽辛游靡，『俞美』、『游靡』，一音之轉。」類稿引無「辛伯」字。

C〔又〕曾孫蒲　爲趙、魏名將，見廣韻。

187 【隴西狄道】辛蒲以名家，漢初徙隴西。至破羌將軍武賢生慶忌，左將軍、光禄大夫、常樂公。五代縣孟興，二子：恩、殷。

A〔岑校〕五代縣孟興　「縣」誤，庫本作「孫」，亦見羅校。余按新表七三上，慶忌生子産，曾孫茂，茂生孟孫，孟孫生伯真，伯真生孟興。則孟興爲慶忌七世孫，與此異。

188 恩生子焉。子焉生寅、裕。元孫顔，生猷、懿。

189 A〔岑校〕子焉生寅裕元孫顏　依新表七三上，「玄孫」上應補「寅」字，否則有類乎裕之後裔矣。

猷孫巨明，後魏侍中；生顯崇，雍州刺史。顯崇生元忠、慶之。元忠，青州刺史、平陽伯；生迪，隋隴州刺史。迪生德本，唐黄州刺史、平桑公。慶之，周度支尚書、祕書監；曾孫源，案唐世系表「源」作「道源」。監察御史；生思禮，邵州刺史。鳳元孫義感，駕部郎中。

A〔岑校〕生顯崇雍州刺史　名與周書三九同。新表作「顯宗」訛，據傳，顯崇爲馮翊郡守，贈雍州刺史，新表稱馮翊太守，舉其實官也。

B〔又〕生迪隋隴州刺史　「隴」，庫本作「龍」，殆誤。新表亦作「隴」。

C〔又〕鳳元孫義感　「鳳」字未詳，疑有誤。

190 懿生宗。宗生安國、季超。安國曾孫懃，北齊都官尚書；生文粲，鳳州刺史。季超孫豁，生昂、政、寬。昂，周潼州總管、繁昌公。政生肇。肇生茂將，右丞、侍中。茂將生希業，駕部郎中。寬生謂，中書舍人。

A〔岑校〕安國曾孫懃北齊都官尚書　此爲懿之一支，新表七三上附於猷後，不著其所出，誤也。據表，懃父珍之。考魏書七七，珍之子懿，武定末開府鎧曹參軍，則與五代祖同名，北史五〇作「懃」。蓋「懃」、「懿」字近而訛。懃爲尚書，附見北齊書四三源彪傳。

B〔又〕生文粲　據新表，文粲乃懃之孫。

C〔又〕季超孫豁　新表亦不明著豁所自出。

D〔又〕肇生茂將右丞侍中　舊書四，顯慶三年，大理卿辛茂將爲侍中，四年十一月卒。永徽二年，官大理少卿，見珠林七九引冥報記。

E〔又〕寬生諝中書舍人　元龜一四四，貞觀元年九月，遣檢校中書舍人辛諝等分往諸州存問。廣弘明集二一釋慧浄（法琳同時人）析疑論有太子中舍辛諝。

191 寅孫晏，次子遷。六代孫彦，隋禮部尚書、任城公。孫處儉、處仁、處元。處儉，中允。處仁生曜卿，侍御史。處元，屯田郎中。

A〔岑校〕六代孫彦　按辛彦之，隋書七五有傳，此脱「之」字。

B〔又〕處儉中允　武德初處儉自太子舍人出爲萬年縣，見貞觀政要二。

192 裕五代孫晁，生敬宗、闡、季恭。

193 敬宗曾孫術，北齊吏部尚書，生衡虞，案唐世系表「衡虞」作「衡卿」。唐太常丞。衡虞生郁，禮部尚書。敬宗次子靈寶，曾孫公義，隋司隸大夫，生亮、融。亮，唐侍御史。融，户部員外郎。

A〔岑校〕敬宗曾孫術北齊吏部尚書　千唐辛衡卿誌：「祖琛，魏代郡太守。父術，齊吏部尚書。」新表作「琛，後魏南梁太守」。

B〔又〕生衡虞唐太常丞　校云：「案唐世系表『衡虞』作『衡卿』。」羅校云：「案北齊書辛術傳，子閣卿，尚書郎；閣卿弟衡卿，隋大業初卒於太常丞。此誤。」余按衡卿誌：「隋開皇初，奉朝請，秩滿，遷館陶、高陽二縣令，以治績尤異授民部員外侍郎，尋除太常丞，又轉倉部侍郎，大業元年八月七日，春秋五十，死於東京之第。」則北齊書所記尚合，惟衡卿官終倉侍小異。

C〔又〕衡虞生郁禮部尚書　羅校云：「案唐書世系表作『禮部侍郎』。」按衡卿誌，貞觀廿二年合祔，云：「其子郁。」廣記二四九引御史臺記，辛郁，管城人，舊名太公，年十八，太宗於行所命直中書。

D〔又〕敬宗次子靈寶曾孫公義　羅校云：「案『曾孫』上有奪字，否則『曾孫』二字衍。」據新表，靈寶生徽，徽生季慶，季慶生公義。則「曾孫」二字幷不誤，亦不能謂之有奪文，羅氏蓋不知曾孫屬靈寶言。此種句法，例如急就篇顏注：「又陳宣公之孫御叔之子號夏徵舒。」御叔，宣公孫，徵舒，宣公玄孫也。。

E〔又〕隋司隸大夫　寰宇記一二五大業八年有舒州懷寧令辛公義。按隋書七三、北史八六公義傳均未載懷寧之任，且傳言從征遼至柳城卒，則「八年」想亦不得爲懷寧令也，是否「開皇」之訛，待考。

194 闌元孫寶剛，生興、暠。

A〔又〕闌元孫寶剛　新表以爲曾孫。

195 興生澄、良。澄生元慶、元同。元慶生怡諫，職方員外郎、壽州刺史。元同，户部員外郎。良，禮部侍郎；生元道，比部郎中。元道生廣嗣、長儒。廣嗣，禮部侍郎，生恆、晉。長儒，都官郎中，生咸。

A〔岑校〕興生澄良　郎官柱主外有辛世良。勞考二六云：「案『良』疑即『世良』，蓋避太宗諱省「世」字。」

B〔又〕元慶生怡諫職方員外郎壽州刺史　百門陂碑，長安四年立，前成均進士辛怡諫撰文（萃編六五）。千唐林慮尉邢超誌（開元廿九年）云：「故妻隴西辛氏，即壽州刺史怡諫之長女。」

C〔又〕良禮部侍郎　按復齋碑録有唐司禮少常伯辛良碑，龍朔三年立，見叢編八。

D〔又〕生元道比部郎中　新表作「玄道，比部侍郎」，按比部乃部曹，無侍郎，新表誤•。

E〔又〕元道生廣嗣長儒　按精舍碑，殿中侍御史有辛長孺，當即其人。此作「儒」（新表同），殆誤。

196 昺曾孫利涉，度支員外郎。

197 季恭曾孫塋*，生懸、君昌。懸生崇階，施州刺史。君昌，魏州刺史；生崇禮，工部郎中；崇敏，兵部郎中。崇禮生道瓘，度支郎中。

A〔岑校〕懸生崇階　「階」，庫本作「堦」。

B〔又〕君昌魏州刺史　謚靖，見會要七九。全文九二三江旻王真人立觀碑，貞觀時作，稱前刺史辛君昌，觀在茅山，蓋潤州刺史也。冥報記中言君昌曾爲邛州刺史，在貞觀七年已前。

198 殷十代孫子馥，生德源，北齊中書舍人、聘陳使、隋蜀王諮議；孫元馭，刑部郎中。孫烈，庫部員外郎。

C〔又〕崇敏兵部郎中　洛陽石刻録有永徽五年參軍辛崇敏造象。

A〔岑校〕殷十代孫子馥　千唐辛驥誌：「曾祖子馥，後魏平原相、散騎常侍、左衛大將軍、尚書右丞、太常（？）卿、三門公。」

B〔又〕生德源北齊中書舍人聘陳使隋蜀王諮議　德源，隋書五八有傳。辛驥誌：「祖德源，齊散騎侍郎、尚書比部郎、聘陳使、待詔文林館、中書舍人、渭州大中正，周納言上士，隨蜀王諮議。」

C〔又〕孫元馭刑部郎中　「元」，庫本作「玄」，統譜一九同。按德源生齊、隋間，則其孫正當唐初。會要六三，貞觀廿年有刑部員外辛丘馭，新書五八，辛丘馭與修晉書，應即其人，殆由「玄」訛「丘」也。後檢刑部郎中定州司馬辛驥誌云：「君諱驥，字玄馭。」見唐人名字，往往混用，且作「元」之非。誌又云：「父正臣，隨承奉郎、餘杭郡司法書佐。」按正臣名附見德源傳。誌又云：「（貞觀）廿二年，勅授屯田員外，太宗躬刊晉史，傍招筆削，……尋以幹用，勅授刑部員外。」知新志「丘」字殆訛。玄馭官終定州司馬，卒顯慶四年，年五十八。

199 子焉少子胥，十四代孫義元，唐洛州司兵；曾孫如璿，遂昌令；生祕，汝州刺史。

A〔岑校〕子焉少子胥十四代孫義元唐洛州司兵　據新表，子焉三子，寅、裕、胥。寅之十一代孫德本，裕之十一代孫郁，均仕唐，則胥之十四代孫固當仕唐也。

B〔又〕生祕汝州刺史　舊書一五七祕傳，召拜左司郎中，出爲汝州刺史，元和九年，徵拜諫議大夫，此其見官也。酉陽雜俎，祕五經擢第，後二十餘年爲渭南尉。吴興談志一四：「辛祕，元和二年正月自兵部員外郎授。」

200 殷孫普後，晉有侍郎勉。七代孫，西魏五原公；元孫瑜，唐將作丞。

A〔岑校〕七代孫西魏五原公　「西魏」上闕名。

B〔又〕元孫瑜唐將作丞　聖曆二年昇仙太子碑陰有「朝議大夫、行安國相□府倉曹參軍辛道瑜」，當卽其人。

201 胥十代孫纂，後魏西荆州刺史；弟蕃，生子璣，工部侍郎。子璣生德璉，唐隰州温泉丞。

202 天寶進士辛平；生惲，殿中侍御史。大曆都官郎中辛昇之，訪未獲。

A〔岑校〕大曆都官郎中辛昇之　工部集一二有江亭送眉州辛別駕昇之詩。

203 周河中總管、宿國公辛威，居抱罕，稱慶忌後。孫弘亮，右武衛大將軍。堂弟有道，祕書郎。

A〔岑校〕周河中總管宿國公辛威　按周書二七，威嘗爲河州刺史，「河中」乃「河州」之訛。子山集一四普屯威碑亦稱建德四年，授河州總管，卽爲河州大中正。

B〔又〕孫弘亮右武衞大將軍　全文二〇四：「辛宏亮，龍朔中官右奉宸將軍。」徐避清諱，改「弘」爲「宏」。

204 唐右監門將軍辛萬福，狀云與良同承晉侍中奭。福孫知微，光禄大夫。

A〔岑校〕與良同承晉侍中奭　奭，前文未詳。

205 後魏扶風太守辛明，狀云慶忌之後。曾孫文陵，左武衞大將軍、并洛二州長史、長山公。孫嗣本，左領將軍，弟光嗣、温恭。本生昱，通事舍人。本姓巢父，果州刺史；生本姪萬年縣丞。案此有脱誤。

A〔岑校〕曾孫文陵左武衞大將軍長山公　庫本無「衞」字，但唐無左武將軍，萬年宫銘有兼右武候將軍、柱國、長山縣開國男辛文陵，金石補正三五謂稱「公」是後來進爵，殊不知姓纂内「公」字常泛用，非得他證，不能遽作如是解也。顯慶中，文陵與薛仁貴破契丹於黑山，見元龜三九三。龍朔三年防吐蕃，見通鑑二〇一。

B〔又〕孫嗣本左領將軍　「領」下應補「軍」字。

C〔又〕本姓巢父果州刺史生本姪萬年縣丞　校云：「案此有脱誤。」余謂「本姓」乃「本姪」之訛，「本姪」則涉上文而複衍，此處奪去其名也。全詩四函十册戎昱（五函一册作「戴叔倫」）有同辛兗州巢父相思獻酬之作，又叔倫有贈辛兗州巢父二首。

206 金城，左衛郎中辛養，代居蘭州。

A〔岑校〕金城左衛郎中辛養代居蘭州　按下文既列「金城」之目，此復著「金城」，顯有錯誤。復次，下文「生懷節」之上不著名，亦必訛奪。余謂此「金城」二字應另行空格，下文「金城」二字衍，所云「狀慶忌後」者，卽辛養之狀；懷節者，養之子也。如此，則兩文綴合矣。「郎中」應「郎將」之訛。

207 【金城】 狀慶忌後。 生懷節。 懷節生言，都水使者。 言生雲京、雲果、雲晁、京升。 雲京，太原尹、河東節度、檢校右僕射、平章事、金城郡王，生浩、液、溶。 祕，興州刺史。 雲果，湖南觀察兼御史大夫；生晟，太子中允。 雲晁、京升，並開府。

A〔岑校〕金城　狀慶忌後　「金城」二字衍，「狀慶忌後」已下，應上接於「代居蘭州」，說見前條。

B〔又〕言生雲京雲果　羅校云：「案趙氏金石録辛雲杲碑跋引作『雲杲』，又金石録云，據碑作『懷節生思廉，思廉生雲杲』，雲杲爲雲京從父弟，此誤。」余按金石録二八云：「按元和姓纂載『辛氏』云，懷節生言，爲都水使者，言生雲京、京杲，而碑乃云，……金城郡王之從父弟，新史所書亦同，金城郡王卽雲京也。然則姓纂以京杲爲言之子，雲京之同父弟，誤矣。」實作「京杲」，與制詔集一、長安志七作「京杲」者同，羅氏引作「雲杲」，涉此本訛「雲杲」而誤也。

C〔又〕雲京太原尹河東節度檢校右僕射平章事金城郡王　廣記一七六引談賓録：「郭氏舊史說

辛雲景曾爲公之吏使，後除潭州都督。「景」亦「京」訛。又「太」，庫本「大」，古通。

D〔又〕生浩液溶祕興州刺史 叢編七引京兆金石録太常少卿辛浩墓誌，大曆十三年立。又祕與隴西之祕同名，此處殆有訛奪。匋齋藏石記二六辛公夫人李氏誌，以大曆十三年七月二十四日立，文云：「有子曰浩，霜露增感。」則七月底浩猶未卒。

E〔又〕雲杲湖南觀察兼御史大夫 制詔集一二授辛杲京（一作京杲）湖南觀察使制云：「開府儀同三司、試太常卿、兼御史中丞、同朔方制（節）度副使、上柱國、晉昌郡王辛杲京，……可使持節都督潭州諸軍事行潭州刺史、兼御史大夫，充湖南都團練守捉及觀察處置使。」此外如芒洛遺文盧嶠誌及舊書一一均作「京杲」。全文四三肅宗命郭子儀充諸道兵馬都統詔：「以開府辛京杲充使朔方留後。」同書四六代宗封辛京杲晉昌郡王制，稱同朔方節度副使京杲。廣記二二三引獨異志，王鍔爲長沙帥，辛杲偏裨，即「京杲」之奪。

F〔又〕雲晁京升並開府 大曆二年後雲晁官代州都督，見全文九九三金光照和尚碑。

208 【藍田】 唐庫部員外郎辛承業。

209 【天水】 周有項亶，賜姓辛氏；生偃武，唐洛州刺史；生義同，屯田郎中。

A〔岑校〕周有項亶 據下卷六項姓文，「項」當作「項」。

B〔又〕生偃武唐洛州刺史 「洛」，庫本作「洺」。

C〔又〕生義同　寰宇記六卷六項姓下作「義周」，未詳孰是，「周」、「同」字常互訛也。

甄

210 皐陶次子仲甄之後。陳留風俗傳云，虞舜陶甄河濱，因以爲氏。或音堅。漢末太保甄邯，生豐，司徒，爲中山著姓。據祕笈新書增。案此有脱誤。（首十四字岑補）唐廬陵令。

A〔岑校〕皐陶次子仲甄之後陳留風俗傳云（補）　姓觿二引姓纂，下接云：「舜陶甄河濱，後因氏。」茲據補。温校漏。

B〔又〕或音堅　說之集一八云：「言舜居陶甄之職，命爲甄氏，錫姓因生，如堅之讀。」

C〔又〕甄邯生豐司徒　此六字洪氏據祕笈新書增。

D〔又〕唐廬陵令　按後文「中山無極」下有「詡曾孫懷素，唐廬陵令。」則此四字乃羨文也。備要二二、類稿一二引文均無之。

211【中山無極】邯六代孫逸，後漢上蔡令；女爲魏文帝皇后，生明帝，後追封安城侯。逸子嚴，案魏志「嚴」作「儼」。孫暢。暢生紹。紹生述。六代孫元成，梁吏部尚書，生詡。詡曾孫懷素，唐廬陵令。

A〔岑校〕中山無極　邯六代孫逸後漢上蔡令女爲魏文帝皇后生明帝後追封安城侯

○，無極縣有魏給事中甄逸墳。

B〔又〕孫暢　寰宇記，無極又有魏驃騎大將軍甄陽墳。但據魏志五，甄后兄曰儼，逸適孫曰像，像子暢，嘉平三年卒，追贈車騎將軍，未知「陽」即「暢」之訛否。合魏志觀之，則像即儼子也。

C〔又〕暢生紹紹生述　今類稿祇作「暢生術」，奪去一代。

D〔又〕六代孫元成　周書四八作「玄成」，庫本仍作「元」，但備要、類稿引均作「玄」。

212 邯裔孫穎。穎元孫霞，北齊將作大匠；曾孫元度，唐常州長史。穎孫凝。凝生琛，後魏吏部尚書，元孫善。

213 【濟北】稱邯後，自中山徙焉。至鴻爲扶溝令，又居許州；生權、立言。權有文學，隋朝散大夫。立言，員外散騎常侍。

A〔岑校〕權有文學隋朝散大夫　廣記二一八引譚賓録，甄權年一百三歲，太宗幸其宅，拜朝散大夫。「隋」字誤，應正作「唐」（或「皇」）。

214 【河南】官氏志，郁原甄氏改爲甄氏。

〔岑校〕官氏志郁原甄氏改爲甄氏　今志作「郁都甄氏」。

申

215 姜姓，炎帝四嶽之後，封於申，號申伯。周宣王元舅也•。時，有申公巫臣、申包胥、申亥。韓有申不害，著漢書。案阮孝緒七略，不害著申子三篇。此「漢書」字誤。漢有申巡。石趙有申鍾，爲司徒。

A〔岑校〕周宣王元舅也時有申公巫臣申包胥申亥　備要三五「元舅也」之下接云：「晉有申書，魯有申豐，鄭有申侯，楚有申叔時、申公巫臣。」……今姓纂「時有」二字上下不相承，顯是「申叔時」之殘文，應據以校補。類稿一一引同備要，惟「元舅」作「母舅」，温校略同。容齋隨筆六云：「姓氏所出，後世茫不可考，不過證以史傳，然要爲難曉。自姚、虞、唐、杜、姜、田、范、劉之外，餘蓋紛然雜出。且以左傳言之，申氏出於四岳，周有申伯，然鄭又有申侯，楚有申舟及有申公巫臣，魯有申繻、申棖，晉有申書，齊有申鮮虞。賈氏，姬姓之國，以國氏，然晉有賈華，又狐射姑亦曰賈季，齊有賈舉。黄氏，嬴姓之國，然金天氏之後，又有沈、姒、蓐、黄之黄，晉有黄淵。孔氏出商，孔子其後也。然衛有孔達，宋有孔父，鄭有孔叔，陳有孔寧，齊有孔虺，而鄭子孔之孫又爲孔張。高氏出於齊，然子尾之後又爲高彊，鄭有高克，宋有高哀。國氏亦出於齊，然邢有國子，鄭子國之孫又爲國參。晉有慶鄭，齊有慶克，陳有慶虎。衛有石碏，齊有石之紛如，鄭有石臭，周有石尚，宋有石彄。晉有陽處父，楚有陽丐，魯有陽虎。孫氏出於衛，而楚有叔敖，齊有孫書，吴有孫武。郭氏出於虢，而晉有郭偃，齊有郭最，又有所謂郭公者。千載之下，遥遥世祚，將安所質究乎？」

B〔又〕韓有申不害著漢書　校云：「案阮孝緒七略，不害著申子三篇，此『漢書』字誤。」余案通志祇云著書，「漢書」涉下「漢有」而衍也，類稿亦無「漢」字。

C〔又〕石趙有申鍾爲司徒　周書三二申徽傳，六世祖鍾，爲後趙司徒。「鍾」、「鐘」古常通用。

216【魏郡】　申鍾後，爲著姓。裔孫徽，後周北海公；生靖，郴國公；生寧，唐考功部員外郎。

A〔岑校〕裔孫徽後周北海公　據周書，徽封博平公，與此異。

B〔又〕生靖郴國公　全文三二〇李華雲禪師碑：「長老法號法雲，……曾祖寧，皇朝考功員外郎；祖靖，睦州遂昌縣令；父儉，不仕。」是靖爲寧子，未必祖孫同名，此處當有錯誤。羅校云：「案『靖』，周書申徽傳作『静』。」是也。

C〔又〕生寧唐考功部員外郎　「寧」，勞考一〇引唐摭言一五作「世寧」，蓋後來避太宗諱省也。「考功」下勞注云：「有脱字。」余按前引李華雲禪師碑：「曾祖寧，皇朝考功員外郎。」似考外即爲世寧終官，然則「部」字或衍文，非必「考功」下有脱字。

217【丹陽】　狀稱申不害之後。陳有南徐州申禺。禺八代孫堂構，唐虞部員外郎，生稷。

A〔岑校〕丹陽　禺八代孫堂構唐虞部員外郎　新書六〇，丹陽集有武進尉申堂構。復按李華雲禪師碑：「長老兄弟之子曰堂構，爲當代詞人。」則堂構是寧玄孫，今姓纂以寧附魏郡，以堂構附丹陽，又不舉其世系相屬，蓋失考也。萃編九〇天寶十三載孫志廉誌，題「朝議郎、行陜郡平陸縣尉申堂構撰」。

B〔又〕生稷　大曆中爲建昌令，見統譜一九，殆「寶曆」或「大和」之訛，因全詩五函五册王建有幽州送申稷評事歸平盧詩，以堂構之時代核之，知大曆時稷斷不得爲縣令也。

仁

218 姓苑云，彭城人。

神

219 風俗通云，神農氏之後。漢有騎都尉神曜。

220 【瑯琊】姓苑云，今瑯琊有神氏。

A〔岑校〕瑯琊　姓苑云今瑯琊有神氏　上「瑯琊」，庫本作「琅邪」，下「瑯琊」作「琅琊」，此亦校寫不一之弊。

新

221 出自荀氏新稚穆子之後，别爲新氏。

A〔岑校〕出自荀氏新稚穆子之後　通志、辯證均作「新穆稚子」。

堇

222 魯大夫堇父之後，生丕茲。

A〔岑校〕魯大夫堇父之後生丕茲　按前文既以秦丕茲爲秦姓，此又附堇姓下，似不照應。然謂其後裔别姓爲堇，亦非不可通也。姓解、辨誤謂「不得以堇爲姓」，祇片面之論。

賓

223 左傳，賓須無。周賓起爲王子朝傅。

A〔岑校〕左傳賓須無　類稿一二引「傳」下有「齊大夫」三字。

頻

224 風俗通云，漢有酒泉太守頻暢。

A〔岑校〕漢有酒泉太守頻暢　姓解一：「一云名陽。」

郱

225 周太王居郱，支孫氏焉。

茵

226 姓苑云，人姓。

親（岑補）

227 A〔岑校〕姓觿二云：「親，七人切，出姓纂。史記，齊有親弗。」茲據補，温校漏。

申屠

228 周幽王后申氏兄申侯之後，支孫居安定屠原，因以爲氏。一説云，申徒狄，夏賢人，後音轉改爲申屠氏。或云，申屠，楚官號也。

A〔岑校〕或云申屠楚官號也　類稿五六引作「申徒，楚官號」，其他小同異無關要旨者不校。

229 【梁國】漢丞相、故安侯申屠嘉，扶風茂陵人。七代孫剛，後漢大中大夫、尚書令。

A〔岑校〕後漢大中大夫　「大」，庫本作「太」，與後書五九同。

230 【陳留】後漢徵士申屠蟠，字子龍。地官郎中、祕書少監申屠場。

A〔岑校〕地官郎中祕書少監申屠場　「場」，庫本作「瑒」，勞考一一亦云：「『場』，『瑒』誤。」今郎官石柱户部郎中則作「申屠錫」也。丙寅稿崔哲誌（約久視元年立），天官郎中申屠瑒撰文。

申徒

231 風俗通云，本申屠氏，隨音改爲申徒。尸子云，狄，夏賢也。湯以天下讓，狄以不義聞己，自投於河。

A〔岑校〕狄以不義聞己自投於河　温校據通志「狄」下補「恥」字，按如讀「狄以不義聞己」句亦通，猶云「聞於己」也。

232 莊子，申徒嘉，兀者，鄭人也。漢有西屏將軍申徒建。

A〔岑校〕漢有西屏將軍申徒建　見前漢原涉、王莽傳，又後書劉玄傳。

申鮮

233 左傳，齊有申鮮虞。漢有中謁者申鮮溋。

辛相

234 英賢傳，楚大夫辛相之後。漢有河間相辛相通。

A〔岑校〕英賢傳楚大夫辛相之後漢有河間相辛相通　通志作「辛廖氏」，文全同，唯無「英賢傳」三字，辯證六「相」亦作「廖」，目及文均應改正。尋源一〇云：「姓纂作『辛相氏』謁。」是也。

賓牟

235 禮記，魯有賓牟賈，孔子時人。

236 魯臧孫之後。（温補）

A〔岑校〕温氏據姓觿二引文（「魯」原訛「楚」）校補。

新垣（岑補）

237 新垣衍，畢公高之後（岑補）

A〔岑校〕戰國趙策，魏王使客將軍新垣衍。鮑彪注云：「元和姓纂，衍，畢公高之後。」是姓纂本有新垣姓。「畢公高之後」五字，亦當是林氏原文，故以意綴補如上。

新孫（岑補）

238 A〔岑校〕姓觿二云：「新孫出姓纂。」玆補，温校漏。

十八諄

荀

239 周文王第十七子郇侯之後，以國爲氏，後去「邑」爲荀•。晉有林父，生庚。裔孫況。據祕笈新書增。

A〔岑校〕周文王第十七子郇侯之後　按卷一鄄姓下云：「文王第十七子鄄侯之後。」此又云「十七子」，必有一誤。

B〔又〕以國爲氏後去邑爲荀　洪氏據祕笈新書增「以國爲氏後」五字，類稿一二引亦有。

240 【潁川】 潁陰人也。況十一代孫遂。遂子淑，字季和；生儉、緄、靖、爽，號八龍。案荀淑子八人，張蕃漢紀曰•，儉、緄、靖、燾、詵、爽、肅、旉。此脫四人。儉生悅。緄生彧。彧生惲、顗、侯、祭。案彧字敬侯•，子惲嗣侯，官至虎賁中郎將。此「顗侯祭」三字有脫誤。爽曾孫勗。勗生藩。藩生邃，歷漢、魏、晉，位並高。

A〔岑校〕況十一代孫遂遂子淑　後漢書九二，稱淑爲荀卿十一世孫。

B〔又〕生儉緄靖爽號八龍　校云：「案荀淑子八人，張蕃漢紀曰，儉、緄、靖、燾、詵、爽、肅、旉，此脫四人。」余按後書九二作「儉、緄、靖、燾、汪、爽、肅、專」。杭世駿考證云：「按魏志注引張璠漢紀『汪』作『詵』，『專』作『旉』，此傳注云，『專』本或作『敷』，疑『專』爲傳寫之誤。」校引作「張蕃」，非也。

C〔又〕彧生惲顗侯祭　校云：「此『顗侯祭』三字有脫誤。」余按三國志一〇彧子一名俁，與「侯」近，一名顗，與「顗」近，一名粲，與「祭」近，「顗侯祭」即「顗、俁、粲」之譌。四人者皆彧子也，下文「袁顗」

亦誤「袁顗」，可證。

241 或元孫崧，晉録尚書；生羨，徐州刺史。開元有郿縣尉荀軻，許州人，云或後；姪尚，書工部員外。案此下有脱名。

A〔岑校〕姪尚書工部員外 校云：「案此下有脱名。」余按制詔集一〇授荀尚史館知修撰制云：「勑處士荀尚，……來自山東，……可華州下邽縣尉充史館修撰。」軻爲開元人，尚爲大曆人，時代相合，此卽荀軻之姪也。姓纂書例恆省稱某某員外，罕有冠用「尚書」二字者，後人不察，於「尚」名下誤增「書」字，故庫校又以爲脱名也。又元龜一三九，興元元年，以前工部員外荀尚爲駕部員外，因朱泚時潛不仕故。

郇

242 周文王第十七子郇侯之後。

鈎

243 風俗通，楚大夫元鈎之後。漢有御史鈎喜。

A〔岑校〕楚大夫元鈎之後 辨誤七，無鈎，蔿章之字。「無」，古作「无」，故譌「元」。余按前文，薳章爲無鉤氏，非「無鈎」。

B〔又〕漢有御史鈎喜 「御史」，廣韻作「侍中」。姓氏篇云：「按氏族略引作『御史』，非。」此亦偏徇一面之判決也。類稿一一亦作「御史」。

春

244 風俗通云，楚相黄歇，號春申君，子孫氏焉。

淳于

245 風俗通曰，春秋時小國也。一號州淳于公。元和初，避上嫌名，改于氏。

A〔岑校〕一號州淳于公 温校據通志、類稿衍「淳于」字，云：「按春秋，州公如曹，左傳作『淳于公如曹』。故風俗通云爾。」

B〔又〕元和初避上嫌名改于氏 舊紀一四，永貞元年十一月壬寅，姓淳于者改姓于。

246 【濟北】 始皇時博士淳于越。史記，太倉公者，善醫，臨淄人，姓淳于，名意。又有扶風衞尉、定陵侯淳于長。後漢有侍中淳于泰。晉有淳于智，善易，爲司馬都督。唐登州判官、巢國公淳于難，以本州歸國。

A〔岑校〕後漢有侍中淳于泰　按淳于恭爲後漢侍中，范書六九有傳，此作「泰」誤。

B〔又〕晉有淳于智善易爲司馬都督　智，晉書九五有傳。太元末爲司馬督，不稱「都督」。

C〔又〕唐登州判官巢國公淳于難以本州歸國　元龜一六四，武德四年九月，文登賊帥淳于難降，以其地爲登州，拜難爲登州刺史，封萊國公。與此作「巢國」異。統譜一二八作「晉國」。山左金石志唐故登州刺史淳于公神道碑，有「故晉國□公」、「郭尚書從晉公之」、「詔到便可赴闕別行委任公捧詔」等殘文，合觀之，疑卽淳于難之碑，若然，則統譜之「晉國」不誤也。

十九臻

247 【會稽上虞】列仙傳有淳于斟，字叔孫。

莘

248 夏后啟支子封莘，因氏焉。音轉爲辛。

二十文

文

249 風俗通云，周文王支孫以謚爲姓。

250 【廬江】漢有蜀郡太守文翁，居廬江舒縣。裔孫揚州刺史文欽，又居譙郡，奔吴，爲幽州牧、譙侯，生鴦。又後將軍文聘。文穎注漢書。開元太學博士文元忠。

雲

251 縉雲氏之後。

A〔岑校〕縉雲氏之後　温校於「二十一欣」下云："「雲，縉雲氏之後。河南，後魏書官氏志，宥連氏改爲雲氏，類稿引，此脱。」按以上之文，今均見「二十文」雲姓，姓纂並未脱。且雲姓亦不入「二十一欣」也。温氏誤。

252 【河南】後魏書官氏志，宥連氏改爲雲氏。狀稱本姓赫連，夏主敖雲，太子璝，生袖，後魏太武改爲雲氏。袖孫光禄，北齊中書監、廣陽公。

A〔岑校〕宥連氏改爲雲氏　東胡民族考上以爲宥連卽雲之漢譯。

B〔又〕後魏太武改爲雲氏　疏證謂「太武」當作「太和」，是否待考。

253 【定興】，唐右武衛大將軍、歸德公，生師德、師端。師德，右威將軍，生弘善、弘暕。弘善，駕部郎中。弘暕，主客郎中。師端，左武衛大將軍、順陽公；生弘允，汾州刺史；弘業，汝州刺史。端姪昌，左金吾大將軍、隴西公也。

A〔岑校〕定興　唐右武衛大將軍歸德公　按雲定興之女，爲隋廢太子勇昭訓。後仕於唐，附見隋書六一宇文述傳。「定興」之下，不應空格，且當與上文「袖孫光禄，北齊中書監、廣陽公」相連，不應另行。惟定興與光禄之關係，中間有奪文耳（疑奪「生」字）。大將軍雲定興，見續僧傳一二道判傳。

B〔又〕生師德師端　會要八九，武德七年有同州治中雲得臣（新書地志同），不知即師德否。

C〔又〕師德右威將軍　即右威衛將軍，舊史於衛名兩字者往往省「衛」字，如武候、驍騎是也，惟衛名一字者都不省「衛」字，如武衛、威衛是也（勞考六於「右威」下注云：「有脱字。」）。

D〔又〕弘暕主客郎中　八都壇神君實録，垂拱年立，有司馬雲暕，常山貞石志四云：「暕，疑即弘暕，亦以避孝敬諱，故省『弘』耳。」金石補正三九云：「然文内三見『弘』字，並不改避，何獨於人名而易之。」按唐人諱「弘」，始高宗朝，弘暕之去「弘」而單以暕行，當早在高宗之世，彼爲見任官吏，撰碑者豈能擅代改易，若碑文三見「弘」字，此自書碑者不謹，不能相提並論，陸氏所云，直昧於事理之談耳。

E〔又〕師端左武衛大將軍順陽公　會要七九，師端贈梁州都督、順義郡公，謚壯，與此作「順陽」異。

F〔又〕生弘允汾州刺史　姓氏急就篇上有雲弘嗣，「允」疑原作「胤」，宋人避諱，改寫爲「嗣」也。吴興談志一四：「雲洪嗣，武德七年自右庶子授，遷鄭州刺史。」「洪」又「弘」之諱改。

員

254 前涼録，安夷人員平，金城人員敞，大夏人員倉景。唐吏部郎中員嘉靖，華陰人。蓋其後也。

A〔岑校〕金城人員敞　「敞」，庫本作「敞」，備要、通志同。

B〔又〕大夏人員倉景　備要二九及類稿四四引作「員倉、員景」，分爲兩人。

C〔又〕唐吏部郎中員嘉靖　「靖」，精舍碑及郎官石柱均作「静」，通志同。舊書九九，開元八年，嘉靖官吏部員外。又元龜一三九，開元十五年九月制，故桂州都督員嘉静奄隨化往，良深震悼云云。

255【平涼】水部郎中員半千，狀云本姓劉氏，彭城綏輿里人。宋宗室營陵侯劉遵考；子起居部郎中凝之，後宋亡，因背劉事魏太武，以忠諫比伍員，改姓員氏，賜名懷遠，官至荆州刺史。

A〔岑校〕宋宗室營陵侯劉遵考子起居部郎中凝之後　按新書一一二半千傳：「十世祖凝之，事宋起部郎。」又宋書三九，宋高祖初，加置起部郎，是「居」字、「中」字應衍。備要、類稿引文亦無「居」字。

B〔又〕宋亡因背劉事魏太武　新傳只云：「及齊受禪，奔元魏。」按武帝之世，與宋文帝相當，宋亡齊受禪則爲太和之世，或因「太和」而訛作「太武」歟？類稿則引作「及齊受禪，因留北魏。」

C〔又〕官至荆州刺史　新傳云：「終鎮西將軍、平涼郡公。」

遠六代孫半千，唐右諭德、陜州刺史。自隋末又居臨汾。半千生叔儼。叔儼生太乙。太乙生錫、結。錫，越州刺史。結生寓，侍御史。寓生峴、叔。峴，刑部郎中。叔，祕書郎，生凝。

A〔岑校〕六代孫半千　新半千傳，十世祖凝之，生宋、齊間。半千生貞觀初，相去斷無十世，新傳誤也。辨誤八乃云：「而鄧名世以半千爲前涼員懷遠之六世孫，謬矣。野客叢書云，嘉祐雜記載白水縣民得員半千墓誌云，十八代祖凝。」據姓纂，懷遠卽凝賜名，固非前涼人，前涼至唐初，固不止六世，而劉宋末至唐初，又斷無十世也。張氏不按事實立論，亦是疎略。路史後紀一〇云：「唐書云，半千七世祖改。」見本作「七」，不作「十」，「十」字當傳刻之訛。

B〔又〕唐右諭德陜州刺史　半千官歷，舊書一九〇中祇著濠州，新傳祇著棣、豪、蘄三州。全文九二三史崇妙門由起序，先天時作，稱銀青光禄大夫、崇文館學士、上柱國、平涼縣開國子員半千。廣記一六四引廣德神異録，半千本名餘慶，撰封禪壇碑，遷正諫大夫兼控鶴供奉。

C〔又〕錫越州刺史　舊書一一五，錫與韋元甫同時爲韋涉判官。開元中，河南採訪使汴州刺史齊澣開河時，有御史員錫，見廣記四六七引廣異記。廣記四二〇引同文訛爲「貢錫」。會稽太守題名記：「員錫，自職方郎中授，充觀察團練使，不之任。」

D〔又〕結生寓侍御史　洪興祖韓子年譜引科名記，員結，貞元八年進士。又舊書一二二裴胄傳，楊炎爲相時有酷吏員寓，疑卽此之寓。統譜一〇〇云：「員寓，德宗時殿中侍御史。」按結與錫如是昆弟，則結似不應遲至貞元中始舉進士；又結與寓如是父子，則德宗時寓不應已官御史。此處世系當有誤，頗疑結與寓均錫子也。

E〔又〕寓生峴叔峴刑部郎中　全文四〇五員峴云：「玄宗時擢書判拔萃科。」此如不誤，則峴斷非結之孫，亦非寓之子矣，待考。

F〔又〕叔祕書郎　李繁鄴侯家傳，開元十六年，玄宗御樓大酺，泌姑子員俶年九歲，昇高座講論，玄宗奇之，召入樓中問姓名，乃曰半千之孫。「叔」、「俶」字近，疑卽其人。

芸

257 風俗通，晉大夫芸賢，見戰國策。

A〔岑校〕風俗通晉大夫芸賢見戰國策　通志文全同，唯「芸」作「芬」。考廣韻「芬」字下云：「又姓，戰國策晉有大夫芬質。」姓解二、辯證六亦作「芬質」，「芸賢」是「芬質」之訛，蓋以芬冒芸也，應改正。急就篇上云：「芸氏，姓纂，晉有芸賢。」是知宋、元之際，姓纂已有冒文之弊。姓觿二，芸質之「質」字固不誤，温校翻疑其誤，非也（姓觿芬質、芸質並存）。

云

258 本雲氏，省作云。（温補）

A〔岑校〕温校據姓觿二引補。

259 風俗通，祝融之後。

260 【平陵】漢有諫議大夫云敞。

A〔岑校〕漢有諫議大夫云敞　漢書六七有傳。

261 【河南】官氏志，牒云妘氏改爲云氏。

A〔岑校〕牒云妘氏改爲云氏　疏證云：「『妘』字誤衍。」蓋涉「邧」或作「妘」而衍也（牒云具仁見魏書蠕蠕傳）。羅氏補佚據宋辯證補牒姓：「後魏，牒云氏改爲牒氏。」當即此文之複出，惟作「改牒」則與此及官氏志異。按姓纂以此條附云姓後，原見本必是改「云」，如是改牒，則於云姓無關，何爲附見？依此以推，辯證之作「改牒」，殆所見本訛，而羅氏之複補當删也。

軍

262 冠軍侯之後，因以爲姓。

熏

263 姓苑云，人姓。

聞人

264 風俗通云，少正卯，魯之聞人，其後遂以聞人爲氏。漢有太守聞人通，沛人，治后氏禮。

A〔岑校〕漢有太守聞人通　按漢書八八：「授沛聞人通漢子方。」如淳云：「聞人，姓也。名通漢，字子方。」則「通」下應補一「漢」字。又漢書，通漢由太子舍人至中山中尉，此作「太守」，亦誤。備要三○引及類稿五七均作「太子舍人」。

265 【沛國蘄縣】後漢書，聞人敬伯，沛人，太僕。聞人生普，河東太守。普生襲，再爲太尉。梁有聞人蒨，詩人玉臺集。

A〔岑校〕聞人生普　「聞人」字疑誤，似當作「敬伯」。

B〔又〕普生襲　襲見後書靈帝紀。

C〔又〕梁有聞人蒨　「蒨」誤，庫本及姓解一作「蒨」。如前徐姓下「君蒨」之誤「君舊」也。温校云，玉臺新詠六有梁聞人倩（？蒨）春日詩。

266 代北複姓。

卷三整理記

2 「誤」，文淵閣本作「訛」。

又「昴」下文淵閣本有「偃」字。

2 D按今中華書局點校本新表稱偃二子：邈、闡。「展」字誤。岑校後文引新表亦作「闡」。

4 B「陳晉」，文淵閣本正作「陳留」。

4 C按「士謐」，文淵閣本作「士謐」；「士獻」，文淵閣本作「士叡」。

7 A按閭丘均，武后、中宗至玄宗時人，似無可能至肅宗上元時准制改姓盧氏，此閭丘珣當是另一人。岑氏誤合二人爲一人。參見卷二整理記270A。

8 「以謚爲姓」，秦嘉謨輯補世本引姓纂作「以謚爲氏」。

11 A王仲犖元和姓纂四校記書後：「犖按姓纂此段脱訛甚多，岑説亦多未諦。據魏書胡國珍傳：『女以選入掖庭，生肅宗，即靈太后也。靈太后臨朝，國珍封安定郡公。延和初，遷司徒公。神龜元年薨，追崇假黃鉞使持節侍中相國都督中外諸軍事太師領太尉公司州牧，號太上秦公，謚文宣公。又詔國珍祖父父兄下逮從子，皆有封職。」岑云姓纂之司空，應作司徒，是也。至兖州都督胡延碑銘之司空文貞公，蓋指國珍父淵，相國文宣公，則指國珍。中書監公指國珍子祥，魏書胡國珍傳：「子祥，歷位殿中尚書、中書監、侍中，改封東平郡公」是也。胡延亦作胡延之，疑與胡延爲一人。魏故胡昭儀墓誌銘：昭儀諱明相，「聖朝散騎常侍征虜將軍使豫州刺史誕之曾孫，散騎常侍征西將軍金紫光禄大夫使持節岐雍二州刺史高平侯洪之孫，散騎常侍征虜將軍都督并州諸軍事使持節并州刺史陰槃伯樂世之女」。誕即延，洪即長洪，樂世則長洪之子。誌又云「宣武皇帝崇訓皇太后之從姪」。崇訓皇太后即靈太后，與胡昭儀相距已四世，昭儀嬪於北魏肅宗明皇帝，而肅宗即靈太后之子，胡氏即其外家，乃取其表姪孫女爲昭儀，此則已不可糾詰矣。胡延爲國珍之孫，祥之子。延有女爲北齊武成帝皇后，后生北齊後主高緯。延長子長仁，見北史外戚傳。傳云：「齊武成皇后長兄也。父延之，魏中書令、兖州刺史。大寧中，贈司空公。長仁以内戚，歷位尚書左僕射、尚書令，封隴東郡王。天統五年，賜死。尋而後主納長仁女爲后，重加贈。」元和姓纂於延稱「北齊太宰安平王」，疑後主立長仁女爲后時，加長仁謚贈，亦封贈長仁之父延也。長仁下君璧，襲爵隴東王，君璧弟君璋，並見北史外戚傳。君璧又有弟君瑜，見北齊書祖珽傳：「珽欲因后黨爲援，請以皇后兄胡君瑜爲侍中、中領軍，又徵君瑜兄梁州刺史君璧，欲以爲御史中丞。」又魏書胡國珍傳：「初國珍無男，養兄真子僧洗爲後，後生子祥。」「真子寧，女爲清河王亶妃，生孝静皇帝。武定初，贈太師、太尉公、録尚書事，謚曰孝昭。」寧「子虔字僧敬。元叉之廢靈太后，虔時爲千牛備身，謀殺叉，坐遠徙。興和三年，以帝元舅超遷司空公，薨，贈太傅、太尉公、尚書僕射、徐州刺史，謚曰宣。子長粲」。北史外戚傳：胡長粲，「後主踐阼」，「正爲侍中」，「號爲八貴」。又寧弟盛傳，〔北魏〕明帝後納其女爲皇后。北史后妃列傳：「魏孝明皇后胡氏，靈太后從兄冀州刺史盛之女也。」蓋胡氏北魏、東魏、北齊三朝外戚，一門四后，北魏宣武帝靈太后，明帝胡皇后，北齊武成胡皇后，後主高緯胡皇后，一貴嬪，北魏明帝胡貴嬪，一帝母，清河王亶妃，東魏孝靜皇帝母。今譜列胡氏世系如後：

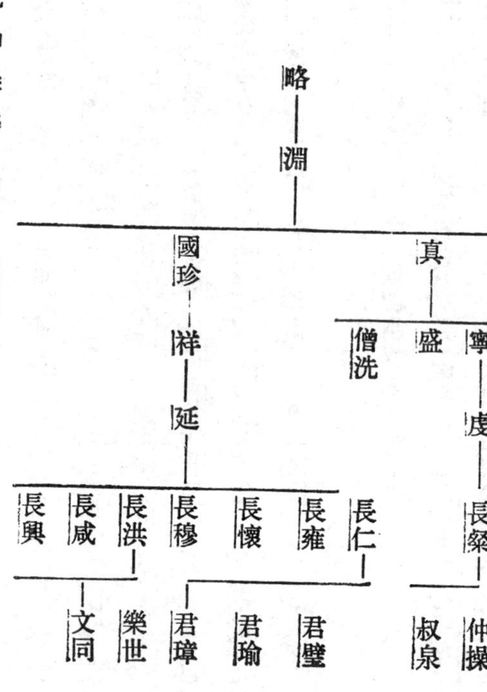

姓纂應作「裔孫國珍，後魏司徒，女爲宣武帝皇后，生肅宗孝明帝。國珍兄真，生寧、盛、僧洗。寧女爲後魏清河王亶妃，生東魏孝静帝善見。寧生虔，司空。虔生長粲，北齊侍中。盛女爲後魏孝明帝皇后。國珍子祥，中書監。祥生延，北齊太宰東平王，女爲北齊武成帝皇后，生後主緯。延生長仁，隴東王，延女爲後主皇后。長仁弟長雍、長懷、長穆、長洪、長咸、長興，並封王。長洪子樂世、文同，皇緜州萬安令。」及北齊滅，胡氏亦中衰。隴東王胡長仁，國珍之曾孫也。李延壽撰北史，國珍、長仁同列外戚傳，同卷異傳，於其世系，似已不能考詳。姓纂據家牒，於胡氏安定一支，其世系似較魏書、北齊書、北史爲有系統；惜乎篇章殘缺，亦無以致詳也。」

17 A「據誌」之「誌」當作「碑」，蓋卽謂韓愈撰胡珦碑。

19 傅璇琮等唐五代人物傳記資料綜合索引：「舊唐書卷一六三胡証傳，謂証河東人，『父瑱，伯父玫』。証卒於文宗大和二年。証子溵，文宗大和末死於李訓之難，其弟湘時爲太原從事。姓纂於胡姓河東條謂……按姓纂作於元和初，不及見胡証、胡溵死事，舊傳云証『元和四年，由侍御史歷左司員外郎』，亦與姓纂謂胡諤爲『右司郎中』大致相合，由此可見，胡証與胡諤其籍貫、仕履亦基本相同，當爲同一人，舊傳與姓纂之胡溵亦爲同一人，所不同者，諤父瑜，証父慎（瑱），所載小異。」按胡玫即韓昌黎集之胡玖，玖、玫形近，未詳孰是。又「裳吉」爲一人或二人未詳。

20 A按今中華書局點校本魏書官氏志「兄」下有「爲」字，「改」上有「後」字。作「獻帝以兄爲紇骨氏，後改爲胡氏」。

23 「士明」，文淵閣本作「士平」。

29 B按新表「蘇氏」云：「蘇忿生爲周司寇，世居河内，後徙武功杜陵，至漢代郡太守建，徙扶風平陵，封平陵侯。三子：嘉、武、賢。」

32 A「潁」，文淵閣本正作「潁」。

40 「竣」，文淵閣本均作「峻」。

又按今中華書局點校本新表稱踐義子務廉，踐言子亦以「務」聯名，則此處「義孫廉」有誤，當正作「踐義子務廉」。

42 按，洵、晉(瞻)、端，僅得三代，與「四代入省」之語不符。據舊唐書蘇晉傳，晉官至吏部侍郎，開元二十二年卒，年五十九。如謂「四代入省」，不當不敍晉官職，反敍官卑之瞻、端，故「生晉」之下當有脱文。且蘇瞻年輩與儲光羲相若，約生活於玄宗後期，端則大曆中方官監察御史(全唐文卷四二六于邵與元相公書)，六年爲高陵令(金石録卷二八唐高陵令李峴遺愛頌跋語)，以時代計之，瞻當是晉子。洵、晉、瞻、端，方爲「四代入省」。「生晉」下恐脱「晉，吏部侍郎，生」諸語。

42 C按儲光羲詩見全唐詩卷一三八，題爲蘇十三瞻登玉泉寺峯入寺中見贈作。

43 「味元」，當作「味玄」，避清諱改。明活字本沈佺期集卷三有酬蘇員外味玄夏晚寓直省中見贈詩，他本或作「味道」，然初學記亦作「味玄」。

47　F「平公」，文淵閣本正作「安平公」。

54　「莫蘆氏改爲蘆」，文淵閣本作「莫蘆氏改爲盧」。

61　按廣韻「十一模」：「齊宣王母弟別封母鄉，遠本胡公，近娶母邑，故爲胡母氏。」

61　B按胡母敬兩見漢書藝文志，謂蒼頡一篇，博學七章，太史令胡母敬所作。史記秦本紀未見胡母敬名，岑說誤。

66　B「卒」，原誤作「欸」，逕改。

87　A「闌」，文淵閣本正作「蘭」。

88　氏帥齊萬年僭號稱帝，見晉書惠帝紀等。

88　C齊難爲後秦姚興僕射，見晉書姚興載記。作「前秦」、「後涼」均誤。

92　「倚」，文淵閣本作「猗」。

92　A按今中華書局點校本新表正作「晽」。

92　C按據舊唐書齊映傳，齊映卒於貞元十一年，不可能於元和八年任池州刺史，輿地碑記目誤。

92　D按今中華書局點校本新表作「暭」，與姓纂同。

94　通志氏族略「黎氏」：「字亦作『犂』。子姓，侯爵，商時諸侯。」又云：「齊有大夫犂彌、犂且者，即齊之黎邑也，此以邑命氏者。」按犂彌見左傳定公九年。

95 「黎迥」，文淵閣本作「黎迴」。

95 C按黎幹、黎燧兩誌，上海圖書館藏有拓片。

106 按郳犂來，見左傳莊公五年。文淵閣本「犂」作「黎」。

又按漢書藝文志兵家有「皃良一篇」，顏師古注云：「六國時人也。皃音五溪反。」

108 「郳氏之祖」，文瀾閣本「郳」字作「倪」。

115 按文瀾閣本「毒」正作「毒」。

123 A按「御史西鉏吾」，文淵閣本作「御史西鉏語」。

132 按此「十五灰」下梅、雷、崔、裴共四姓，文淵閣、文瀾閣本均無，乃洪本據祕笈新書所補。

144 A「同上」，岑氏謂據沈跋補。

又「路史前紀」原作「路氏前記」，逕改。

150 A按文淵閣本正作「真祐」。

165 A按今中華書局點校本舊唐書正作「敬業」。

172 B按「兼」當作「京」，卽柳宗元陳京行狀。岑氏誤書。

又元和年間無滎州，疑爲「榮州」之訛。

185 按郎官石柱金部員外有秦叔惲，列於第一行第三人，爲唐初人。勞格謂姓纂之叔恂即叔惲，故於金部郎中補叔恂名。岑仲勉郎官石柱題名新著録謂「恂」、「惲」形近，未知孰是。

189 B按今中華書局點校本新表作「龍」。

193 C按文淵閣本正作「禮部侍郎」。

193 D「玄孫」，據岑引急就篇顔注，當作「曾孫」。

195 D按今中華書局點校本新表正作「比部郎中」。

197 按「瑩」，文淵閣本作「瑩」。

204 按「光禄大夫」，文淵閣本作「光禄少卿」。

205 C「本姓」，文淵閣本正作「本姪」。

209 A「項」，文淵閣本正作「項」。

215 「元舅」，文淵閣本作「之舅」。

216 A王仲犖元和姓纂四校記書後：「犖按周書三五裴俠傳有北海公申徽，爲武成二年前事，本傳失載。」

216 C按文淵閣本正作「考功員外郎」，無「部」字。

221 A按國語晉語：「(昭公)使新稚穆子伐狄。」韋昭注：「穆子，晉大夫新稚狗也。」

228 A按文淵閣本「左傳」下正有「齊大夫」三字。

239 秦嘉謨輯補世本引竹書紀年：「荀氏，晉武公滅荀以賜大夫原氏黯，是爲荀叔，其後爲荀氏。」秦氏按：「荀氏之姓，諸書無言之者。惟史記趙世家云：『主君之子將克二國於翟，皆子姓也。』正義曰：『謂代及智氏也。』則知氏乃子姓也。荀氏與智氏同祖，故左傳士匄問後于荀偃，答曰：鄭甥可。既娶于鄭，則非姬姓可知。左傳莊二十八年稱晉惠公之母曰『小戎子』，或荀、知皆戎人之後，故趙世家以爲克二國於翟歟？戎翟蠻夷，散言之則通也。姓纂以爲郇侯後，氏族略以爲姬姓，皆誤。」

240 按「荀淑」，文淵閣本作「荀彧」。「張蕃」，文淵閣本作「張璠」。

又按「彧字敬侯」，文淵閣本作「彧謚敬侯」。據三國志荀彧傳，作「謚」是。

256 按「太乙」，文淵閣本作「太一」，下同。

256 C按「韋涉」當作「韋陟」。舊唐書韋陟傳：「李林甫忌之，出爲襄陽太守，兼本道採訪使，又改陳留採訪使。」按韋陟天寶四載在襄州任，其改陳留採訪使約在天寶五載。員錫與韋元甫齊名，當在韋陟陳留採訪使幕。韋元甫傳誤作「韋涉」。

256 E「擢書判拔萃科」，「書」字原脫，今逕增。

元和姓纂卷四

〔岑校〕卷四　其下庫本注云：「上平聲欣韻至山韻。」

二十一欣

殷

1 子姓，成湯國號也。二十四代、三十四王、六百二十九年，爲周所滅。子孫以國爲姓。。

秦末居河内野王，漢初遷汝南。

A〔岑校〕二十四代三十四王　備要一五、類稿一二均引作「二十二代，四十四王」。

2 【陳郡長平縣】漢北地太守殷續，始居長平。魏有褒，生昱。昱生敞，過江。六代孫高明，生不害、不占、不佞。

A〔岑校〕魏有褒　寰宇記九：「晉殷褒字元祚，爲滎陽令。」當即其人，唯稱晉而不稱魏。

B〔又〕生不害不占不佞　周高祖從陳之請，放殷不害、王克等南還，見周書四一庾信傳。

3 不害孫開山，唐吏部尚書、鄖節公。開山姪元嗣，文州刺史。開山堂姪祚，部尚書。堂姪日用，宣歙州觀察、御史中丞。

A〔岑校〕開山姪元嗣文州刺史　元龜八六三：「唐殷元，吏部尚書嶠弟之子。嶠無子，以元嗣。」按嶠卽開山之名。依元龜，則開山之姪名元，而「嗣」爲承嗣之嗣，非其人名「元嗣」，但元嗣墓誌，貞觀二十一年立，見金石録三。

B〔又〕開山堂姪祚部尚書　「祚」下勞考云：「原有脱字。」庫本作「刑」。祚所書撰之碑，有道感法師塔銘，萬歲通天二年立。長安四年，巡察使殷祚奏置黎州，見寰宇記七七。萬歲通天元年葬之契苾明碑，題「左肅政御史殷玄祚書」，當卽其人。

C〔又〕堂姪日用宣歙州觀察御史中丞　全文三一六李華衢州刺史廳壁記，元年建寅月作，稱蘇州刺史陳郡殷公繼典此邦，當是日用；又三一八同人台州乾元國清寺碑（乾元後作），稱今刺史陳郡殷公日用。會稽掇英唐太守題名記：「殷日用，自蘇州刺史授，充觀察團練使，不之任。」「州」字可衍。

4 不占孫聞禮，太子中書舍人，生令名、令德、令言、令威。令名，金部郎中、國子司業；生容，冬官郎中。容生丞業，宗正少卿。令德曾孫嘉紹，工書。嘉紹再從弟佐明，倉部郎中。令言孫踐猷，生寅，永寧尉。寅生亮，給事中、杭州刺史、駕部郎中。

A〔岑校〕不占孫聞禮　魯公文集一一殷踐猷墓碣云，君諱踐猷，字伯起，陳郡長平人。五代祖不害，高祖英童，曾祖聞禮，祖令言，父子敬。今姓纂不害別爲一支，而稱聞禮爲不占之孫，意不占中絶而由不害之後繼之歟。舊書七三，武德中，聞禮奉詔修魏史；又武德五年任著作郎，見會要六三。

B〔又〕太子中書舍人　勞考一五云：「原衍『書』字。」按魯公集一〇、舊書五八均稱太子中舍人，惟魯公集一一亦誤太子中書舍人。舊書四四，太子右春坊有中舍人二人也。歷代名畫記九殷令名下一條云：「殷聞禮，字大端，書畫妙過於父，武德初爲中書舍人、趙王友兼侍讀、弘文館學士。」似誤以聞禮爲令名子，因下一條又云「聞禮子仲容」也，「中書」之「書」字亦衍。

C〔又〕令名金部郎中國子司業　令名嘗任太子少詹事，見長安志九。裴鏡民碑，貞觀十一年立，稱行金部員外郎。全文一五二顯慶三年尉遲恭碑，稱光禄少卿。山右石刻四云：「按令名，唐書無傳，……畫家傳云，陳司農卿不害子。……法書要録又云，令名，開山子。考陳書孝行傳，殷不害子僧首，弟不佞，子梵童。唐書殷嶠傳，父僧首，是開山爲不害之孫，又云從祖弟聞禮有文學，子仲容亦有名，是仲容爲聞禮之子，開山之猶子，不佞之曾孫，聞禮或即令名，唐人多以字行，亦未可知，然決非開山之子，與不害相去更遠矣。」余按舊書「子仲容」乃「孫仲容」之訛。令名世系，姓纂記之至晰，胡氏特未檢此書，故勞如許辨論，疑聞禮爲令名，尤誤。

D〔又〕生容冬官郎中　此卽唐碑上有名之殷仲容也。舊書五八，聞禮子仲容，官至申州刺史。余按新書一九七稱殷踐猷爲不害五世從孫，其從父仲容，終冬官郎中，與姓纂合。舊書以爲聞禮子，誤也，「子」當「孫」之訛。全文四四七竇臮述書賦下注云：「殷仲容，陳郡人，不害之孫，令名之子，……官至禮部郎中。」「之孫」當作「之玄孫」，否則「孫」字應爲廣義之「裔孫」解，然與顏文以閏禮一支爲不害後者則同也。顏、殷世結朱陳，於其先世，似不至誤。而據山右石刻所引證（見上文），開山亦明是不害之後。歷代名畫記九：「殷令名，陳郡人，父不害。」蓋承述書賦而訛。又云：「聞禮子仲容，天后任太僕、祕書丞、工部郎中、申州刺史。」亦誤祖孫爲父子。

E〔又〕容生丞業　新書一九九作「承業」，「承」字往往作「丞」，前文已見之。承業，開元初任祕書丞，見會要六四。全文三〇九孫逖制，朝議大夫、宗正少卿殷承業可太子左諭德。

F〔又〕令德曾孫嘉紹工書　令德，右清道率，見魯公集一〇。嘉紹，武康丞，工小篆。父履直。

G〔又〕嘉紹再從弟佐明倉部郎中　黄本驥云，殷佐明官正字（約大曆八年，見魯公集一二）。太白集八酬殷明佐見贈五雲裘歌，繆本「佐明」，是也。

H〔又〕令言孫踐猷　開元九年，編經庫書，見會要三六。嘗官曹州司法，見舊書一〇二。全文五〇三權德輿叔父華州司士誌：「夫人陳郡殷氏，皇曹州司法、麗政殿學士踐猷之孫。」

I〔又〕生寅永寧尉　寅著姓略，見魯公集八勤禮碑（乾元二年），仕爲永寧尉，見同集九幼輿碑，貶澄城丞，見同集一一踐猷碑。據文苑英華，寅，天寶四載進士。權德輿華州司士碑：「清河尉寅之女。」全詩三函八册岑參有送殷寅充淮南判官詩。

J〔又〕寅生亮給事中杭州刺史　華州司士碑：「故給事中杭州刺史亮，其兄也。今侍御史郴州刺史永，其弟也。」（貞元九年作）永泰中，亮與顏真卿同次東林西林二寺，見魯公集六。寶應二年官校書郎，見舊書一一四。

5 不佞生芊，唐東宮學士；孫躋。

A〔岑校〕不任生芊唐東宮學士　通鑑一八六，武德元年，越王侗以陳杲仁爲司徒，殷芊爲左丞。芊有集三卷，見舊書四七。

6 融生浩師。師生仲堪。堪元孫鈞，梁五兵尚書，有傳。曾孫藹，唐蜀文學。

A〔岑校〕融生浩師師生仲堪　按融，上文無所承。晉書八四仲堪傳，祖融，父師，浩師爲兩人抑一人，頗難斷定。但此非咄咄書空之殷浩，則可斷言，因浩爲羨子，非融子也。

B〔又〕堪元孫鈞　梁書二七鈞傳稱晉太常融八世孫，依姓纂，則鈞爲融六世孫耳。

C〔又〕曾孫藹唐蜀文學　庫本「蜀」下有「王」字，此奪。

二十二元

元

7 左傳，衞大夫元咺之後。其先食采於元，因氏焉，今元城是也。其後子孫無聞。

8 【河南洛陽縣】後魏書官氏志曰，拓拔氏改爲元氏。自云黃帝子昌意之後，居北土，代爲鮮卑君長。宋書云，李陵之後*。昌意三十九代，至昭成帝什翼犍，始號代王，都雲中。道武改號魏，卽尊號。孝文帝都洛陽，改爲元氏。十一代、十五帝、一百六十一年，爲後周所滅。獻明帝生實、壽鳩、紇根、翰、力真、闕婆。

A〔岑校〕獻明帝生實壽鳩紇根翰力真闕婆　羅校云：「案獻明帝及實、壽鳩、紇根、翰、力真，並昭成皇帝子，此誤。」文當乙「生」字於「獻明」上，補作「昭成帝生」，温校謂「獻明」當作「昭成」，仍誤。又「實」卽「獻明」，應衍，否則當作「實君」*。

9 常山王壽鳩生遵。遵生素達。素達生羽鄰、忠、倍斤、尉、貨敦、菩薩、淑。

A〔岑校〕常山王壽鳩生遵　丙寅稿元佴誌跋：「碑陰記六世祖昭成皇帝，五世祖第八皇子諱受久，高祖右丞相常山王遵。……考魏書宗室傳，……壽鳩卽誌之受久，蓋譯音無定字，誌稱遵字勃兜，故元昭墓誌作曾祖兜。」按元昭誌稱曾祖兜，使持節撫軍征南大將軍、右丞相、常山王。

B〔又〕遵生素達　魏書一五，常山王遵子素，羅氏宗室傳注二云：「元昭墓誌，祖連，常山康王，不作「素」，而官謚均合，確爲一人，魏人名字通用不別，殆素名而連字耶。」余按舊書一〇二行沖傳：「後魏常山王素連之後也。」「連」、「達」形近，往往轉訛（如梁書之區達，水經注等作「區連」，參看聖心二期拙著諸蕃志占城屬國考一九——二二頁），「素達」卽「素連」之訛，實一名，非名字合，庫本固作「連」也。後閱丙寅稿，知羅氏已取消其前說。元佴誌，曾祖侍中、使持節征西大將軍、都督河西諸軍事、常山康王諱素連。又元昭誌，祖連，使持節侍中、征西大將軍、都督河西諸軍事、內都坐大官羽真統萬突鎮都大將常山王謚曰康。

C〔又〕素達生羽鄰忠倍斤尉貨敦菩薩淑　羅校引此條至「菩薩」止，不合。因淑亦素連之子也。魏書一五，素長子可悉陵，「陵」、「鄰」音轉，「可」字與「羽」字相類，羽鄰即可悉陵無疑，陪斤即倍斤，惟倍斤弟忠、忠弟德爲異耳。

10 羽鄰曾孫文遥，北齊左僕射，生行恭、行恕。行恭，隋主爵侍郎。行恕，隋毛州司馬，生務整、務真。務整，唐兵部郎中，生知敬，知默。知敬，吏部郎中。知默，主客員外。務真，工部侍郎；生知讓，虞部郎中、太府少卿。讓生昭、晊、晪、曉、曖。晊，侍御史。晪，尚書右丞、右常侍，生宰、寬、寔。曖生寓。忠寓。

A〔岑校〕羽鄰曾孫文遥　北齊書三八文遥傳：「魏昭成皇帝六世孫也，五世祖常山王遵。」按遵爲昭成孫，則文遥爲昭成七世孫，北齊書誤。

B〔又〕生行恭行恕　行恕，北齊書三八及北史五五作「行如」。

C〔又〕行恭隋主爵侍郎　周大象元年九月，行恭爲內史次大夫，見續僧傳一九法藏傳。

D〔又〕行恕隋毛州司馬　温校云：「『毛』當爲『亳』字之訛。」按隋有毛州，見拙著隋書牧守表，温失考。

E〔又〕生知讓虞部郎中太府少卿　開耀元年，知讓充太府少卿，見陳伯玉集六。

F〔又〕讓生昭晊暕曉曖　開元中（初）有海州東海縣令元曖，見元龜六五八，以時驗之，殆卽此人，又鬱林觀東巖壁紀有「行東海縣令元曖字徽明」，開元七年立，金石補正五一疑卽此處之曖，是也。寰宇記二二作「隋開皇十五年東海縣令元曖」，當是「唐開元」之誤，「十五」兩字亦疑，餘參拙著貞石證史「光大晊」條。

G〔又〕暕尚書右丞右常侍　全文二六八武平一東門頌序，稱前荆州長史尚書左丞元暕，同書二五七蘇頲張良娣碑，景龍二年尚書左丞元暕。

H〔又〕曖生寓忠寓忠生盛壽興　羽鄰一支，敍至寓而止，此後卽接敍忠之一支。「忠寓」二字衍，魏書及隋太僕卿元公誌可證。溫校略同。

11 忠生盛、壽興。盛生懋，左僕射、北地王。孫煥，隋工部侍郎。煥生公瑶。公瑶生大士，唐吏部、中書二侍郎。大士生遜、邃、逵、遥。

A〔岑校〕盛生懋左僕射北地王　依周書三八元偉傳，順（野順）爲盛子，下文復有野順一支，則「生懋」之下，應補「野順、懋」三字。

B〔又〕公瑶生大士唐吏部中書二侍郎　全文二〇四：「元大士，龍朔中官詳刑寺少卿。」

C〔又〕大士生遜邃逵遥　廣記三六一引廣古今五行記，永淳初同州司功元邃。

12 遜，司門郎中；生季良，比部郎中、仙州刺史。季良生績。績生撥，兼殿中御史。

A〔岑校〕遜司門郎中　遜與于大猷相繼卒明堂縣令，見寰宇記二五。

13 逵生子恭，潭州司倉。恭生澥、全柔。澥生敦義，潮州刺史。全柔，御史中丞、黔中觀察兼御史大夫。曾孫虛受，朗州刺史。

A〔岑校〕澥生敦義潮州刺史　高郢嘗薦前監察御史元敦義，見元龜八九七。

B〔又〕全柔御史中丞黔中觀察兼御史大夫　河東集一二云：「元全柔，……入爲太子賓客。」注云：「建中二年九月，自杭州刺史拜黔中觀察使，貞元二年四月，遷湖南觀察使。」余按舊書一二，建中元年四月，「御史中丞元全柔爲杭州刺史。」南部新書癸：「建中元年貶御史中丞元全柔，二年貶中丞楊頊，皆四月晦日。」

C〔又〕曾孫虛受朗州刺史　按全柔仕貞元初，其曾孫虛受，在元和初必不能位至刺史，「曾」之上必奪去人名，否則此二句爲後人羼入，兩者之中，余究主前者近是也。

14 生。野順，濮陽王。野順生雄。雄生胄，右衛大將軍、朗陵公。胄生仁惠。懷簡、懷節、懷景。懷簡，吏部員外。懷節孫煒、煒。懷景，尚書右丞、武陵公，生彥將、軍令。

A〔岑校〕生野順濮陽王野順生雄　野順，周書三八、隋書四〇祇作「順」，羅校以「野順生雄」之「野順」爲衍文，余謂「生野順」之「生」亦衍文，因此處着「生」字，究不知何人所生也。羅校又云：「案

『順，濮陽王』上當有『昭成皇帝曾孫』六字，當據隋書元胄傳增。」此蓋因周、齊、隋書均作「順」，故以「生野」二字屬上「曾孫虚受」讀，但以姓纂著作時代覈之，虚受之後，未必再有所敍。況素連一名，魏書祇稱「素」，墓誌祇稱「連」，則野順之「野」字，不能斷其必衍。猶世祖紀「王倍斤」，王建傳止作「王斤」，靜帝紀「潘相樂」，北齊書止作「潘樂」，魏書「陸昕之」，比干碑陰止作「陸昕」也。若謂當補「昭成皇帝曾孫」六字，更屬非是，因順爲盛子，盛業見上文，則應於盛所生下補入，忽提「昭成」，豈非抹煞盛與野順之父子關係。又野順爲昭成六世孫，云是曾孫，亦誤。蓋羅氏一言而數失備也。温校謂前「順」字上有闕文，亦未諦。

B〔又〕雄生胄右衞大將軍朗陵公　羅校云：「案『朗陵公』，隋書元胄傳作『武陵公』。」余按下文胄子懷景亦封武陵公，則「朗」字誠誤也。胄傳又謂胄爲昭成六代孫，亦誤，當作「八世」。

C〔又〕胄生仁惠　説之集二〇元仁惠石柱銘，稱仁惠爲昭（成）皇帝十世孫，蓋連本身計之，否者九世，正與前條余謂胄爲昭成八世孫相合。惠於總章二年卒涼州長史。

D〔又〕懷簡懷節懷景　説之集二〇稱仁惠子懷貞，右司員外、太子舍人，使懷簡三人果爲仁惠弟者，則懷貞不應與諸父同名，再觀同卷元懷景墓誌（原誤「景懷」），景爲仁惠季子，曾充太子通事舍人，則勞考二謂懷貞爲懷景初名，「懷簡」上應補「生」字，均是也。懷景任左司員外，見郎官柱，但會要五八言永昌元年懷貞自洛州司户參軍爲右司員外，與仁惠石柱之右司員外相同，豈懷景嘗兼歷兩司歟，抑集與會要均訛歟。

E〔又〕懷景尚書右丞武陵公　景誌云：「維開元十年正月己未，庶子武陵公河南元公薨於東京留守之内館。」又金石録六有幽州刺史元懷景碑，開元二十八年立，依誌，乃贈官也。懷景以工部尚書致仕，見元龜八九九。廣記一七〇引定命録，懷景以女妻張説。

F〔又〕生彦將　勞考三云：「案以會要及毗陵集證之，知即『彦沖』之訛。」余按説之集二〇作「彦仲」，「仲」、「沖」形近而訛，勞説是也（參下文）。

G〔又〕軍令　「軍令」誤，庫本作「暉令」，下文亦有暉令，可證，蓋涉上文之「將」，故誤「暉」作「軍」也。

15 暉令生子柔、子求。

A〔岑校〕暉令生子柔子求　全詩十二函二册皎然有酬元主簿子球別贈，時代相當，應即其人，惟「求」、「球」小異。

16 彦將，給事中、陳留太守、採訪使，生子上、子哲、子長。子長。

A〔岑校〕彦將給事中陳留太守採訪使　會要八二作「彦沖」。開元二十年爲給事中，二十三年官越州刺史，見元龜一二八。全文三〇九孫逖制，稱朝議大夫、使持節都督越州諸軍事守越州刺史元彦沖，開元二十四年時在越州都督任内，見宋僧傳一四玄儼傳。唐太守題名記：「元彦沖，開元二十二年

自襄州刺史授，二十六年，拜衞州刺史。」（會稽掇英）

B〔又〕生子上子哲子長子長　按盛之一支，敍至子長止。「子長」二字重出，應删。輿地碑目有撫州元子哲遺愛碑，大曆五年立，刺史顔真卿文。統譜二二，元子哲，崇仁令，「晢」字殆誤。千唐有開元二十六年（上泐）州參軍元子上妻鄭氏誌。

17 壽興公孫詮，生祐、禮臣。祐曾孫孝綽，梓州刺史。禮臣，汾州刺史。

A〔岑校〕壽興公孫詮　「公孫」殆「曾孫」之訛，否則「公」字衍。余以世代核之，則前説近是。蓋盛之玄孫仁惠，仕於唐初，則壽興之玄孫禮臣仕於唐初，爲時代相當也。

B〔又〕生祐禮臣　元祐，大業末爲隋太僕丞，見舊書五六沈法興傳。

C〔又〕禮臣汾州刺史　貞觀二十二年爲燕然副都護，見元龜九七三；卒贈涼州都督，謚壯，見會要七九。

18 懷節孫待聘，生琇，户部侍郎、右丞；生佑，工部員外郎。

A〔岑校〕懷節孫待聘　上文已著懷節孫焯、煒，轉入壽興一支，今此處復出「懷節孫」云云，先後當有錯誤。金石録八有鄭州司馬元待聘碑，貞元二年立。

B〔又〕生琇户部侍郎右丞　舊書一二，建中三年三月，自容管爲嶺南節度，興元元年九月，自嶺南節度爲户侍；貞元二年二月，改尚書左（右）丞；同年十二月，貶雷州司户（十二月下作「右丞」，故知二月下作「左」者殆誤）。廣州馮志一七，德宗朝，「元秀，建中三年廣州刺史，據張府志修。」作「秀」訛。

C〔又〕生佑工部員外郎　元和六年，元祐爲工外，見會要三二，當卽其人。元氏長慶集四八：「朝散大夫守京兆尹、上騎都尉元佑，……聞爾佑以甲乙科爲校書郎，甚有名譽，一朝以先臣不幸爲黜而自晦其身者二十年，……可使持節洋州刺史。」則作「佑」者是，先臣指琇言之。

19 壽興少子昺，司徒、樂平王，生亶。亶生文豪，太僕少卿，生思齊、思哲、思元。思齊，鄭州刺史。思哲，舒州刺史。思元，右領軍。思元生直，南州刺史。

A〔岑校〕壽興少子昺司徒樂平王　隋太僕卿元公墓誌稱祖昺、父最。平津續記：「『昺』卽『最』字之訛。」金石續編三云：「壽興卽昺，李延壽撰北史，避唐世祖諱，改『昺』爲『景』，故曰姓元名景，魏收書多亡闕，後人以北史補之，故仍唐諱。……城陽進王樂平，謚愼，史皆未及。」按壽興名昺，「昺」爲「最」訛，洪、陸二說良允，庫本原作「最」也。惟最入西魏始封樂平王，本非襲忠之爵，亦非忠由城陽進王樂平，事見北史一五，陸氏已自引之，何又謂史皆未及耶（今北史壽興傳末有缺文，謚愼許在缺文之內）。至羅氏宗室傳注二引北史作「洛平王」，謂元槧本「洛平」作「樂平」，今竹簡齋本固正作「樂平」也。

B〔又〕生亶亶生文豪太僕少卿　余據毛氏金石存佚考所疑，以太僕少卿爲亶之歷官，說見拙著隋書牧守編年表，但平津續記已先毛氏疑之。

C〔又〕思哲舒州刺史　集古録目有元府君德政碑云：「府君名思哲，字知人，河南洛陽人，以絳州夏縣令卒于官，縣人……爲立碑以頌德，以調露二年立，在夏縣。」按亶生隋末，其孫仕唐高宗，時代正合，應卽此人。但録謂卒夏縣令而此云舒州刺史，豈思哲曾左降而集古録失記歟？又金石録四任成令元明府清德頌，八分書，無書撰人姓名，調露二年十二月立。黄本驥云：「元明府名思哲。」按此碑與集古録所著録者同是無書撰人姓名，同是元姓縣令，同以調露二年立，黄氏謂是思哲，度卽因此。但夏縣當高宗時屬絳州，正與地志相符，而唐無「任成」，祇有任城，係隸兗州，是否趙録誤記，尚無明據，似未能斷是思哲也。 山西通志九一訛「思」爲「司」。

20 倍斤生昭。昭生元、綱。元曾孫邕，江州刺史；無泯，滎州刺史。綱生經。經生弘嗣、弘則。弘嗣，隋黄門侍郎，生仁人觀。觀，易州刺史、右武衛將軍，生博古、述古。述古孫晧。弘嗣姪孫希古，都官員外。

A〔岑校〕倍斤生昭　昭見魏書一五。子山集一六元氏誌：「祖某，京兆康王。父昭，驃騎大將軍、開府儀同三司、録尚書司州牧、汝陽郡王。」乃名姓相同者。京兆康王卽景穆之子子推，今魏書一九上不著此元昭名。松翁近藁魏尚書左僕射冀州刺史元昭誌，昭爲使持節征西大將軍、定州刺史常山簡王之子，卽倍斤也。

B〔又〕昭生元綱元曾孫邕……綱生經　據魏書一五，昭子玄，非姓元又名「元」也，此兩「元」字庫本亦不作「玄」。羅校云：「案『綱』，隋書元弘嗣傳作『剛』。」

C〔又〕生仁人觀觀　羅云：「按弘嗣傳，子仁觀。此衍『人觀』二字，當删。」

D〔又〕弘嗣姪孫希古都官員外　密州刺史元希古誌，開元五年立，見蒿里遺文目録續編，誌言希古卒開元四年，不詳年壽。又「曾祖麟，宇文朝驃騎將軍、使持節延州刺史、谷陽縣開國公。祖大保，皇朝滑州衛南、貝州經城二縣令。父正則，皇朝蘇州録事參軍、安南都護府南定縣令。」麟是否綱子，待考。

21 孫祥，生子端、子建。子端生善慶、師奬。善慶孫慈，不仕；生行沖，兵部郎中、國子祭酒、左常侍、中山獻公，生允殖、允修。允殖，和州刺史，生軾。

A〔岑校〕孫祥生子端子建子端生善慶師奬善慶孫慈不仕生行沖　按此「孫祥」斷非上接「弘嗣姪孫希古」或「弘嗣」而言，否則弘嗣仕隋，姪孫希古卒開元四年，而行沖始仕在武后之世，倘上承希古或弘嗣，則應爲其七世孫，以生殖之理觀之，可決其不然也。「孫祥」究何所承，余有兩解：（一）祥爲倍斤之孫；（二）祥爲尉之孫，尉亦素連之子，見前文，恰居倍斤、貸敦之間。此兩解孰當，抑或再有别解，存以待質。子端與下文太武帝後者同姓名，又師奬與下文成帝後者同姓名。

B〔又〕兵部郎中國子祭酒左常侍中山獻公　元行沖賓客爲太常少卿，見廣記二〇三引國史纂異。

22 貸敦元孫德整，生寶藏、寶林。寶藏，魏州總管、武陽公；生神霽，青州刺史。寶林生威，洛州總管，生守真。守真生澄、湛。澄，遂州刺史。湛生誼，饒州刺史*。誼生申，右武衞將軍。申生諸，兵部員外。諸生從質。質生谷。

A〔岑校〕貨敦元孫德整　中州遺文元温誌：「十二代祖後魏昭成皇帝，大丞相常山王遵之後也。高祖顔子，西安郡王、尚書令。曾祖雅，金紫光禄大夫、魏郡太守、浮陽郡開國公。」以誌下文勘之，雅即姓纂之德整也。依姓纂，連本身計，昭成爲温之十二世祖。

B〔又〕寶藏魏州總管武陽公　温誌云：「祖寶藏，唐銀青光禄大夫、魏州諸軍事、魏州刺史、河北道行軍大總管、武陽郡開國公、食邑二千户。」隋書四，大業十三年九月，武陽郡丞元寶藏以郡叛歸李密。元龜一六四，元寶藏據魏郡，行人魏徵説下之，寶藏執楊恭仁送京。據同書一二六，寶藏係武德二年正月降。

C〔又〕生神霽青州刺史　温誌云：「父神霽，唐朝請大夫、潞州司馬，襲封武陽郡公。」

D〔又〕澄遂州刺史　華嶽題名大曆八年有虞部員外兼殿中侍御史元澄，平津記七謂即此人。新突厥傳，開元八年有涼州都督屬官元澄，恐非此。昌黎集二合江亭詩注云：「前(衡州)刺史元澄無政，廉使中丞楊公憑奏黜之。」

E〔又〕湛生誼饒州刺史　舊紀一二，貞元十一年七月，權知洺州，十二年正月，元誼、李文通率洺州兵五千、民五萬家東奔田緒，又貞元時官邢州刺史，見新書三九。元龜一六五，貞元十(?)年七月，昭義行軍司馬元誼據雒州謀亂，誼弟諒時爲兵外，帝遣諒以書諭之。蓋由「洺」訛「洛」，復由「洛」而訛轉爲「雒」也。元龜一七七誤同。全文四四五王行先爲王大夫奏表云：「洺（洛）州元誼等防秋將士，以今月日盡發上道訖。」又四八四權德輿賀表：「元誼、李文通等蒙恩宥過，以今月七日將領將士出洺州城者。」同書六二〇崔行先爲王大夫謝中使招撫狀，亦説誼事。案全文稱「王行先，肅宗時人」，與元誼不同時，爲王大夫奏表應是崔行先之作而誤編王行先者。

F〔又〕誼生申右武衞將軍申生諸兵部員外諸生從質質生谷　從質於元和十三年爲集賢校理，見會要三九，其不能爲誼之曾孫，可由上文澄、誼等校記知之，故余斷此數句中必有誤字。其誤之所在，或爲「申生諸」一句，蓋諸、誼均從言旁，或即從昆。由是而推，「申生」許爲「澄生」之訛也。惜文史無據，姑懸以俟考。

23 菩薩，趙郡王；孫裕，生武榮、武幹。武榮，唐汾州刺史、蘄春公；曾孫湛，試太府卿兼河南尹、衡州刺史。武幹生大簡，陝州長史，女爲讓帝妃*，贈少師。

A〔岑校〕菩薩趙郡王孫裕生武榮武幹武榮唐汾州刺史……武幹生大簡陝州長史女爲讓帝妃贈少師　「孫裕」之「孫」，如不作裔孫解，則武榮爲菩薩曾孫，應與獻文帝同輩。但考萬年宫銘，永徽五年立，題名中有前汾州刺史、柱國、蘄春縣開國伯臣元武榮，其年代亦相距太遠，故「孫裕」之「孫」，應作裔孫解。温校謂「孫」上下必有闕文。

24 淑生季海、振。季海，馮翊王、司空。振六代孫光嫌，考功郎中、給事中。

A〔又〕振六代孫光嫌考功郎中給事中 「嫌」，庫本作「謙」，今郎官石柱未見，惟精舍碑有元光謙，勞御考二疑「嫌」爲「謙」誤，是也。

25 紇根生虔，陳留王。孫建，生琛、永壽。琛孫暉，隋兵部尚書。暉生仁器。永壽生景安，北齊太保，賜姓高，周復本姓。孫慈政，唐邛州刺史；生善應，司賓卿、同州刺史。

A〔岑校〕紇根生虔陳留王 丙寅稿元弼誌，曾祖根，清河桓王。根即紇根。

B〔又〕生琛永壽 「永壽」，北齊書四一祇作「永」。匋齋藏石記一三，武平五年張思伯造浮圖記云：「潁州刺史元永用爲州兼主簿。」亦祇作「永」。

C〔又〕生善應司賓卿同州刺史 全文七八五穆員元盛誌，魏昭成帝之十二代孫，皇朝金紫光祿大夫、司膳卿、汝陽公善應之曾孫，集州司馬崇敏之孫，處士履清之季子。」盛卒貞元十一年，年五十五。

26 翰，秦王，生儀、觚。儀七代孫公瞻，駕部員外郎。觚十一代孫撝謙，兼御史。三從兄杭，少府少監。

A〔岑校〕翰秦王生儀觚 丙寅稿元平誌跋：「平字平國，昭成皇帝之後，驃騎大將軍左丞相衛王埿之孫。……考昭成子孫無衛王埿，惟秦明王翰子儀，於太祖時官左丞相，進封衛王，則埿即儀也。……『涅』即『泥』别字。」

27 力真生意烈、勃。意烈生伏千，廣川王。元孫公濟。濟孫福果。福果生江乘。江乘生攸。勃元孫植，生巖、成。巖，隋兵部尚書、平昌公，生琳。琳生義恭、義端。

A〔岑校〕力真生意烈勃　「勃」，新表七五下作「意勁」，魏書作「意勃」。

B〔又〕意烈生伏千廣川王　羅校云：「案魏書昭成子孫傳作『拔干』。」按「拔」、「伏」音近，鮮卑譯語，往往字無定寫也。唯魏書一五祇言賜爵武遂子，不言進王。疑有誤。

C〔又〕勃元孫植生巖成　羅校云：「按植，隋書元巖傳及唐世系表作『禎』。」

D〔又〕生琳琳生義恭義端　新表七五作「巖生琳、弘。琳生義恭。弘生義端。」按巖卒，子弘嗣，亦見隋書六二巖本傳。英華辨證三云：「崔湜元希聲碑（按即説之集二五元希聲碑銘），曾大父弘，大父恭，皇考孝節。世系表以弘爲琳之兄，琳生義恭，義恭生孝節。」新表實以弘爲琳弟，辨證「兄」字乃涉筆之訛。又白氏集六一元稹誌：「五代祖弘，隋北平太守，高祖義端，魏州刺史。」簡言之，依張、白兩家文集，則義恭、義端皆弘子，依姓纂今文，則義恭、義端皆琳子，依新表則義恭琳子，義端弘子，三説不同。頗疑姓纂之文，應作「生弘、琳，弘生義恭、義端」，但尚未有以證其必然也。

28 義恭生孝節，工部員外、黄州刺史，生通理、希聲。通理，給事中，生從、備。右司員外郎、壽州刺史從。修生至，河南少尹。希聲，中書舍人、吏部侍郎；生寄，壽州刺史。

A〔岑校〕義恭生孝節工部員外黄州刺史　孝節，黄州刺史，見説之集二五。

B〔又〕通理給事中　希聲兄，見説之集二五。叢編三豫州刺史狄梁公碑，元通禮撰，殆即其人。

C〔又〕生從備右司員外郎壽州刺史從修生至河南少尹　庫本「從備」「從修」均作「從脩」，是從脩爲一人。新表則云，從，右司員外郎。脩，河南少尹。脩後無人。是從、脩爲二人。余按李文公集一五李則墓誌云：「夫人河南元氏，壽州刺史從之女。」是新表作二人者合。「生從備」之「備」，應正作「修」，而「從修生至」之「從」字，應乙於「右司員外郎」之上。勞御考三祇謂「備」字衍，非也。會要七六有元修，元和元年制科及第，時代不同，偶同名耳。温校云：「案『從備』依下文作『從修』，『修』、『備』形近致訛。唐表以從修分作二人，而以從修子至河南少尹之官爲修官，疑唐表誤，從修未官壽州刺史，涉下聲子寄官衍。」則未知從官壽刺，固別有明文，新表略去耳。惟河南少尹是修官，抑修子至（表不著）之官，尚待考定。

D〔又〕希聲中書舍人吏部侍郎　聖曆二年爲京兆士曹（會要七五），大足元年與修三教珠英（同上三六）。又説之集二五故吏部侍郎元公碑銘，以世系考之，即希聲也。碑稱十三代祖魏昭成帝，勘諸姓纂，連本身亦祇十二世耳。希聲，景龍三年卒。又聖曆中，侍郎鄭杲注元希聲京兆府士曹參軍，亦見廣記一六九引談賓録。

29 義端，魏州刺史，生延壽、延福、延景、延祚。

A〔岑校〕義端魏州刺史　見前引元稹誌。

B〔又〕生延壽延福延景延祚　元稹誌：「曾祖延景，岐州參軍。」

30 延壽，睦州刺史；生愷，通州刺史。

A〔岑校〕延壽睦州刺史　嚴州圖經一：「元延壽，通天二年正月十五日，自徐州刺史拜。」

31 延福生怡。怡生偕、伓、偉。偕，歸州刺史。偉，三原尉。

A〔岑校〕偉三原尉　新表作「平原尉」。江州集五有酬元偉詩，全詩五函三册李端有薦福寺送元偉。

32 延景生俳，南頓丞。俳生寬、霄。寬，比部郎中，生拒、楨、監察御史。霄，侍御史。

A〔岑校〕延景生俳南頓丞　元氏長慶集五九告祀曾祖文，稱岐州參軍府君，即延景也；又告贈皇祖文，稱陳州南頓縣丞、贈尚書兵部員外郎府君，即俳也，白氏集六一作「悱」，羅校云：「案『俳』，舊唐書元稹傳及唐表作『悱』。」

B〔又〕寬比部郎中　元氏集五七元秬誌：「後五代而生我比部郎中、舒王府長史府君諱某。」即寬也。其仕歷又見同集五八元氏誌、白氏集二五鄭氏誌及六一元稹誌。

C〔又〕生拒楨監察御史　「拒」是「秬」誤，「楨」是「稹」誤，已見羅校。舊籍「稹」字往往改右旁「真」爲「貞」，如劉稹之「稹」是也。今元氏集五八第二頁下三行及五行均然。秬字玄度，官終侍御史內供奉、鹽鐵轉運河陰留後，元和十四年卒，年六十七，有子四人，曰易簡、從簡、行簡、弘簡，見墓誌。姓纂修時，稹已貶江陵户曹，此書監察御史者，舉其前任京職也。溫校謂「監」字上當複一「稹」字。稹母鄭氏誌：「夫人有四子、二女。長曰沂，蔡州汝陽尉；次曰拒（秬），京兆府萬年縣尉；次曰積，同州韋（韓？）城尉；次曰稹，河南縣尉。」廣記三九四引劇談録，元積鎮江夏卒，「積」乃「稹」之訛。又舊書一六六稹本傳，謂稹爲昭成帝十代孫，大誤。以此書及新表計之，應是昭成帝十三代孫。

D〔又〕霄侍御史　新表作「宵」，見羅校。　秬誌云：「先府君□養之歲，前累月而季父侍御史府君捐館。」

33 延祚，司議郎；生平叔，緜州長史，生抱、撝、持。抱，吏部員外，生注、洪、錫。錫生緜。銑。洪，饒州刺史，生晦。撝，太常博士。持，都官郎中。

A〔岑校〕生注洪錫錫生緜銑　據新表七五下，銑爲錫弟，則「銑」字似應移置第一「錫」字之下。又「注」，新表作「汪」。全詩五函三册李端有題元注林園。全文五一八梁肅送元錫赴舉序：「初元之明年，予與君昆兄洪，俱參淮南軍事。」君昆，元錫字。廣記四六七引戎幕閑談，元和九年春古東吳太守元錫。宋僧傳一二大安傳，元和十二年福州刺史元錫。元龜九一七，錫初歷衢、蘇二州，除福建觀察，移鎮宣州，又除祕書監分司，以贓發貶壁州。全文六九三有元錫蘇、福、衢、宣四州謝上表各一首，蘇州表稱睿聖文武皇帝，即憲宗尊號，表又稱曾歷衢、婺兩州。又江州集中多寄贈元錫之詩。　唐語林一，裴垍爲相時，錫官衢刺。輿地碑記目一惠敏律師碑，台州刺史陳諫撰，蘇州刺史元錫書。集古録目云：「唐淄王傳元錫碑，……錫字君貺，……代王什翼犍十四世孫，位至淄王傅，贈尚書右僕射，碑以開成四年七月立。」十四世者連本身計之也。諸葛武侯新廟碑，貞元十一年立，書人題節度推官、將仕郎、試太常寺協律郎元錫。萃編一〇三云：「唐書宰相世系表，……錫字君貺，……祇載其官淄王傅。……又據韓文考異，衢州徐偃王廟碑，韓愈撰，福州刺史元錫書。是錫又嘗官福州刺史矣。」余按錫自福州刺史調宣州刺史，見舊紀一五元和十四年六月。

B〔又〕洪饒州刺史　貞元末嘗爲鄧州刺史，見舊書一五六。

C〔又〕生晦　晦見元氏長慶集五三，會要七六，寶曆元年制科及第。晦嘗刺建州及官浙東觀察，見全文七五二杜牧薦韓乂啓。會稽掇英唐太守題名記：「元晦，會昌五年七月自桂管觀察使授，大中元年五月追赴闕中，路除衞尉（卿）分司東都。」。

D〔又〕撝太常博士　全詩三函八册岑參有寄元撝詩。

E〔又〕持都官郎中　大曆二年，夔府別駕元持，見工部集七。或作「特」，非。今郎官柱吏外作「特」，封外作「持」，由其諸昆挹、撝均從扌旁觀之，故謂作「持」者是也。

34 太武帝生景穆帝，嗣王*，生天賜、子推、新成、雲、休、楨、胡兒。

35 天賜，汝陰王，殿侍中；生尚書循義，案魏書「循義」作「修義」。右僕射。安昌王均。孝則、孝矩、孝方、孝整。孝則，周少師；生案此處脱名。隋太府卿。孝矩，隋洛州總管、洵陽公，生端、竭。孝方，順陽公，生韶、震。韶，唐沙州刺史。震，鄭州刺史。

A〔岑校〕生尚書循義右僕射安昌王均孝則孝矩孝方孝整　羅校云：「隋書元孝矩傳，祖修義，父子均。孝矩弟雅，字孝方；褒，字孝整，此誤。當據改。」余按北史一七：「二秦反，假修義兼尚書右僕射。……子均，位給事黄門侍郎，後入西魏，封安昌王。」祇名均，不名子均，隋傳是否誤以子孫之「子」爲其名之上字，今無他證（因魏書此傳卽北史・），謂當闕疑。又北史同傳，則字孝規，與此云「孝則」小異。周書三八有大將軍、納言、小司空、荆州總管安昌郡公元則，卽其人也。復次，「尚書循義右僕射」，其語不文，安昌王乃均之封爵，依此校補，文當正爲「生修義，尚書右僕射；生均，安昌王，生孝規、孝矩、孝方、孝整」便合。易言之，卽將「尚書」與「循義」乙之，「安昌王」與「均」乙之，中間幷補兩「生」字而已。松翁近稿周始平國太妃盧氏墓誌跋：「此誌署題使持節侍中、驃騎大將軍、開府、尚書左僕射、雍州刺史、司空公、始平文貞公，……乃汝陰王天賜第五子修義字壽安，近洛陽有墓誌出土，則作名壽安字修義。」

B〔又〕孝則周少師生隋太府卿　羅校云：「案『隋太府卿』上脱名，據隋書元文雅（『都』訛）傳，父孝則，文都官至太府卿，是此處脱『文都』二字，當補。」

C〔又〕生端竭　隋書五〇孝矩傳祇云，子無竭嗣。

D〔又〕韶唐沙州刺史　武德五年，韶爲瓜州道行軍總管，見新書一。元龜九九〇誤「元韻」。若順宗時有河陽節度元韶（舊紀一四及會要六四），非此人。

38 京兆王子推生恆芝，中書監，生昇、暹。昇，江夏王；孫孝直，渝州刺史。暹生澤，唐梁州都督、新安王，生禮誠、大智。誠生懷式，撫州刺史。大智生萬頃、光賓、觀賓。

A〔岑校〕生恆芝　北史一七云，恆改名芝。然魏書肅宗紀均作「恆芝」，與此同。

B〔又〕生昇暹昇江夏王　北史不著恆芝之後，惟恆芝兄子西河王昴，「昴」與「昇」相類，又昴弟汝陽王暹，均非恆芝子，如云出後，亦不得有二人，文疑奪誤。

C〔又〕暹生澤唐梁州都督新安王　按此文之暹，如即魏傳之汝陽王，則其人卒於興和元年（五三九），去唐初已八十年，中間疑缺去一代。澤，舊書一〇九中元萬頃傳作「祖白澤，武德中總管」。又新書二〇一萬頃傳：「祖白澤，武德中仕至梁、利十一州都督，封新安公。」唐代異姓罕封王，知「王」乃「公」之訛也。

37 萬頃，鳳閣侍郎。

A〔岑校〕萬頃鳳閣侍郎　舊、新書有傳。垂拱元年爲鳳閣舍人，見新書禮樂志。乾封中通事舍人，見元龜四一四。爲遼東道記室，坐草檄誤，流於嶺南，見廣記四九三引談賓録。曾撰辨真論一卷，見珠林一百。又河南博物館藏拓本永淳元年大唐鄜州司倉參軍事李君亡妻裴氏墓誌銘幷序，後題

「姑夫著作郎、弘文館（中汭）舍人裏供奉元萬頃製」（北平圖書館誌目「頃」訛「傎」）。

38 光賓生詢、倩。倩生正，兼監察御史。正生義方、季方。義方，鄜坊觀察兼御史中丞。季方，兵部侍郎。

A〔岑校〕光賓生詢倩倩生正　新書二〇一以正爲萬頃孫，與此不同，或有出嗣之故歟？

B〔又〕義方鄜坊觀察兼御史中丞　元和七年正月，自京兆尹爲鄜坊觀察，見舊書一五，此其見官也。廣記四二三引國史補，元義方使新羅。

C〔又〕季方兵部侍郎　新書二〇一祇言兵部郎中，未記其遷侍郎。按季方於永貞元年任兵部郎中，亦見會要九五。

39 觀賓，少府少監。

40 陽平王新成生衍、安、匡。衍，盧陵王；生叔暢，祠部尚書；元孫仁虔，疊州刺史。仁虔生思忠。思忠生權，廬州刺史。權生涉、潮、泚、液。液，懷州刺史，生銅、銛。銛生宗簡。叔暢六代孫邸，比部員外。

A〔岑校〕生衍安匡　北史一七，陽平王長子安壽，安壽弟衍，字安樂，又第五子匡，出後廣平王，其從昆中有名安者，則爲安定王長子，幼年早卒。

B〔又〕衍盧陵王　北史一七，衍賜爵廣陵侯，請假王，不許。非王也。「盧」乃「廣」之訛。

C〔又〕生叔暢祠部尚書　北史一七，暢字叔暢，從孝武帝入關，拜鴻臚。

D〔又〕元孫仁虔疊州刺史　千唐攝楚州長史元貞誌：「公諱貞，字潭，……後魏景穆帝之苗裔。……曾祖仁虔，疊州刺史。」又千唐信安縣主及元思忠誌：「後魏景穆帝之八代孫。曾祖義全，歷官至巴州刺史。祖翽，幷州大都督府録事參軍。父仁虔，累遷拜使持節疊州諸軍事疊州刺史。」

E〔又〕仁虔生思忠　元貞誌：「王考思忠，滑州靈昌縣令。」思忠誌，官終靈昌令，卒大足元年，年五十四。

F〔又〕思忠生權廬州刺史　元貞誌：「考瓘，廬州刺史。」此作「權」，當訛。下同。以後引元濬長誌計之，瓘卒乾元元年。。思忠誌立於開元五年，文云：「長子永康陵丞守一，次子河南府新安縣尉瓘，少子邠王府掾瓌等。」

G〔又〕權生涉潮泚液　按元貞誌，貞字潭，姓纂未載。貞卒大曆四年，年五十三，有子構等。又千唐處士元公誌：「公諱乄，字濬長，廬州府君之第十四子，京兆府君之愛弟，……年十二，丁廬州府君之憂，……子一人曰仲素。」其銘云：「昭昭景穆，赫赫新城，……逮于疊州，……次子仕唐，宰民靈昌。」合觀姓纂及元貞誌，知濬長是瓘第四子，今姓纂止著録四人，曾未及其三分一矣。誌由姪京述，姪章書。處士卒貞元二十年，年五十八。又千唐處士元襄誌：「曾祖思忠，滑靈昌令。祖瓘，廬州刺史。……皇考潮，河南府河陰令。」誌又言襄長弟充，次弟京。襄卒貞元十七，年卅一（？）。又千唐錢唐尉元真誌，真字深，瓘之長子，卒至德二年，春秋四十，無子。

H〔又〕生銅鋸　白氏集三二，元宗簡父鋸，贈尚書刑部侍郎。全文六六二又作「琚」。

I〔又〕鋸生宗簡　元氏長慶集四六有元宗簡權知京兆少尹制，張司業集有送酬宗簡詩。據白氏集，宗簡初自金部員外遷郎中，改京兆少尹卒，即集中屢見之元八是也。同集五九有故京兆元少尹文集序。

41 任城王雲。生淑、紀。淑，左僕射。紀，黄門侍郎；曾孫旻，左武衛大將軍。

A〔岑校〕任城王雲生淑紀淑左僕射　據魏書一九中，淑、紀乃雲之孫，非雲之子，此脱一世。又傳云，淑早卒，不著歷官。

B〔又〕曾孫旻左武衛大將軍　畿輔通志一四八引畿輔碑目有萬歲通天元年元旼妻趙氏等造像記，按旻之同輩如萬頃，亦仕武后朝，時代似合，「旻」字又可移上下爲左右，但碑目从攵不从文，或非一人。

42 安定王休生燮，孫景山，唐安州總管、宋安公；生成壽，青州刺史。

A〔岑校〕安定王休生燮孫景山唐安州總管　温校云：「案隋書景山傳，祖燮，魏安定王；父琰，宋安王。景山拜安州總管，坐事免卒。是景山爲燮孫，此『燮』下脱去一『燮』字。」殊不知「孫」字屬「燮」言之，姓纂及古人固有此文法（引見前卷辛姓敬宗條下），不必複「燮」字也。羅校云：「案『唐』當作

『隋』，景山未曾仕唐也。」羅說是。

43 南安王楨孫聘，東海王。梁武帝立之，號建安王。曾孫武壽，左武衞將軍。

A〔岑校〕南安王楨孫聘東海王梁武帝立之號建安王　魏書一九下，南安王孫之奔梁者，祇有元略，梁封爲中山王，後還北封義陽王，改封東平王。惟「聘」庫本作「曄」，依魏書則爲爾朱世隆所立，年號建明，廢帝立，改封東海王，此誤。

B〔又〕曾孫武壽左武衞將軍　鄭元果誌：「夫人河南郡君，河南元氏，後魏景穆皇帝第九子南安王楨七代孫右衞將軍壽之姪。」（存逸考一，審拓本應作「玄果」，補正五〇作「玄杲」亦非）壽之名位，與武壽相近，依誌，壽爲楨六世孫，依姓纂，武壽爲楨五世孫，但連本身計則六世，殆是同人。又魏書一九景穆十二王傳未明言諸子行序，惟序傳則南安王楨居第九，玄果誌所謂第九，豈卽據是以爲長幼之序歟。

44 樂陵王胡兒，以天賜子永全繼。永全曾孫斌，生文儼、文俊。文儼生利貞，鄜州刺史。文俊，辰州刺史。

A〔岑校〕樂陵王胡兒以天賜子永全繼　雪堂金石文字樂安王元彥誌跋云：「誌稱君諱彥，字景略，恭宗景穆皇帝之曾孫，侍中樂陵之孫，樂陵密王之世子。考魏書，……樂陵王胡兒，……無子，顯祖詔胡兒兄汝陰王天賜之第二子永全後之，襲封，後改名思譽，薨，謚曰密王。子景略，字世彥。」

B〔又〕文後辰州刺史　按自「太武帝生景穆帝嗣王」起至此止，應移於下文「純，卬州刺史」之後，今本則敍次失倫也。

45 道武帝生淮南王熙。熙曾孫繼，江陽王，生乂、羅。乂，侍中、尚書郎。羅曾孫靈遵，通州别駕。

A〔岑校〕道武帝生淮南王熙熙曾孫繼江陽王　按熙封陽平王，其長子他乃改封淮南王。又據魏書一六，繼爲京兆王黎之後，與此似不符，惟溯其本生，實未有異。蓋廣平王連無後，以熙之第二子渾繼，京兆王子江陽王根無後，又以渾子霄之第二子繼爲後，故江陽王繼之本生曾祖，實爲陽平（非淮南）王熙也。復次，江陽王根卒於太延四年（四八三），至顯祖時（四六六——四七〇），始以繼爲根後，事隔三十年，則爲後者奉其宗祀之謂，非謂爲其嗣子也。蓋以譜系論，繼乃根之三從姪孫，羅氏不審昭穆，誤認繼爲南平王渾之子，升置十世，使與其父霄同輩（魏宗室世系表八頁下），失察甚矣。魏書一六京兆王黎傳云：「子根襲，改封江陽王，加平北將軍，薨，無子，顯祖以南平王霄第二子繼爲根後。」北史一六略同。余初覲羅表，亦疑「南平王霄」或爲「南平王渾」之訛，但考陽平王熙傳，熙以泰常六年（四二一）三月卒，年二十三，熙長子他以太和十二年（四八八）卒，年七十三，則生於泰常元年（四一六），即熙以十八歲生子，傳稱熙有七子，則第二子渾可生於泰常二年（四一七），倘繼爲渾第二子，則繼可生於太延三年（四三七——即由渾生之歲再加上二十年），繼卒於永安二年（五二九），是其卒時可九十餘歲，由傳文觀之，殆未享此高壽，故知繼乃霄之子，傳幷不訛也。

B〔又〕生乂羅乂侍中尚書郎　依魏書一六，「尚書郎」乃「尚書令」之訛。松翁近稿，江陽王元乂誌跋云：「傳稱叉字伯儁，小字夜叉，……然以字伯儁考之，取『儁乂』之義，則誌作『乂』者是，史作『叉』者非也。」又元玕誌跋云：「今此誌亦作『叉』，與傳同，……知乂初名正作叉，後殆以其不馴雅，遂改爲乂字伯儁，……然『叉』固非『乂』之譌矣。」卽此，可見名字之間，有時難以理測。

46 明元帝晃案魏書明元帝名嗣。晃乃太武帝之太子景穆帝，此作「明元帝晃」，與魏書不合。生範，樂安王，生良。良生法益、滕、忻。法益，梁侍中，生顧達，梁州刺史。顧達生神力、神儼、案此下疑脱善微一人。神威、律師。神力，蒲州總管。神儼，右衞郎將。善微，右領軍將軍。神威，杭州刺史。律師，左驍衞大將軍。滕，安樂王、吏部尚書，生榮。榮生康、慎。慎生端。端生欽、志儉。欽，荆州刺史，元孫彦英、蕡。志儉，蘇州刺史、成安公。慎生禕、均。禕六代孫時中。均曾孫思温，鄜州刺史、平陰公，生若拙、德秀。若拙，江夏令，生亘，宣、楚等州刺史、將作監。德秀，魯山令。均少子爽，隴州刺史。忻孫通，隋魏州刺史，生雄、純。雄生元敬，襄州刺史。純，邛州刺史。

A〔岑校〕良生法益滕忻法益梁侍中生顧達梁州刺史　羅校云：「案梁書元顧達傳，祖明元帝。此疑誤。」余按顧達倘爲良後，則此文可不誤，因良卒於太和元年（四七七），而顧達卒於大同三年（五三七），年五十七，則生於太和五年（四八一），斷不得爲良子也。惟是梁書三九未言願達父奔梁，願達入梁，初爲湘州刺史，後徵侍中，則疑「梁侍中」三字，應移置「生願達」之下，而「梁州」應正作「湘州」也。

B〔又〕律師左驍衞大將軍　貞觀政要二，貞觀十二年，魏徵對太宗，有即位之初，處元律師死罪，孫伏伽以爲法不當死，遂賜之蘭陵公主園，直錢百萬語。今舊、新孫伏伽傳均失載此事。

C〔又〕榮生康愼愼生端　按下文又有愼生褘、均，疑此應作「康生端」也。

D〔又〕元孫彦英藇　元微之文集或作「輿」，或作「輿」，約元和末爲杭州刺史，見勞氏讀書雜識七；余按郎官柱主外作「藇」，叢刊本元集四八作「萸」，乾道臨安志三引白氏集，稱右司郎中河南元藇。

E〔又〕愼生褘均　按千唐長安三年元舒温誌：「曾祖褘，隨潞州刺史；祖察微，寧州别駕；父德秀，登州司馬。」舒温卒時年三十四，有子誠、詢、諏。「褘」、「褘」雖小異，時代尚可相當，然姓纂與誌，各有缺略，無從證其是否同人也。

F〔又〕均曾孫思温鄜州刺史平陰公生若拙德秀　據舊書一九〇下元德秀傳，父爲延州刺史，不著其名。李華元魯山墓碣亦云：「延州使君之子。」（文粹六九）

G〔又〕生亘宣楚等州刺史將作監　貞元八年爲將作監，見會要二三。故將作監河南元公亘，見全文六二八吕温裴氏海昏集序。會稽掇英唐太守題名記：「元亘，貞元二年十二月，自楚州刺史授，三年二月勅，郤分兩道，置都團練按察使。」

H〔又〕忻孫通隋魏州刺史　千唐元玄慶誌：「曾祖奉伯，本朝大將軍、左光禄大夫、幷州諸軍事幷州刺史、武功王；祖通，隨驃騎將軍、士（按應作「上」，石刻誤）儀同三司、河陽縣開國公。」（本朝指魏言）則通父名奉伯，可補姓纂之缺。

I〔又〕生雄純　玄慶誌：「父雄，唐朝滕王府主簿。」

J〔又〕雄生元敬　玄慶誌：「君諱字玄慶。」則疑元敬之「元」，亦當作「玄」。誌又云：「即後魏明元皇帝之十四代孫。」此誌誤也，以世數核之，「明元」應作「神元」，在神元爲十四世，在明元爲七世，均不連本身。玄慶終婺州武義令，卒大足元年，年六十。有子峻。

47 太武帝燾生臨淮王、太尉譚。譚生提、建。提生祐、孚*。祐孫義遐，光禄少卿；生仁昉，工部員外。孚生子端、仲仁。子端，周納言；元孫將茂，主客郎中。仲仁生將旦，莒州刺史。建七代孫思莊，侍御史。

A〔岑校〕孚生子端仲仁　據北史一六，孚子名端，不作「子端」。

B〔又〕元孫將茂主客郎中　開元九年爲河南府法曹，見會要八五。

C〔又〕建七代孫思莊侍御史　拓本廣德元年大唐京兆府美原縣丞元府君墓誌銘幷序云：「府君諱復業，河南人，……曾祖濬，皇隨州刺史、左武衛大將軍、襲雲寧公。祖乾直，泗州刺史。父思莊，朝散大夫、右肅政臺侍御史。」復業，思莊第四子。舉孝廉，歷新鄉尉，白水、美原二丞，卒開元二十八，年六十。子四人，日棣、日啓、日用、日涉。

48 獻文帝弘生禧、幹、雍、羽、勰。咸陽王禧。趙郡王幹；元孫元景，左衞率。高陽王雍，生斌、端。廣陵王羽；生欣，周上柱國；孫巖，隋龍涸公。羽少子恭，愍帝。彭城王勰生懿；七代孫鼎，思州刺史。

A〔岑校〕高陽王雍生斌端　據魏書二一上，斌爲泰子、雍孫，此誤。

B〔又〕孫巖隋龍涸公　此與前文力真後裔之元巖同姓名，彼之元巖，隋書六二有傳，此之元巖，不見於他史。温校云：「隋書元巖傳，爵平昌郡公，『龍涸』字疑誤。」則未知同姓名而不同人，「平昌」已見前文矣。

C〔又〕羽少子恭愍帝　按西魏追謚恭爲節閔皇帝，不作「愍」，庫本正作「閔」。

49 攸，孝莊帝。生安樂王長樂。長樂生銓。五代孫師獎，鄯州刺史。

A〔岑校〕攸孝莊帝生安樂王長樂樂生銓　攸上承彭城王言之。據魏書二〇，安樂王長樂乃文成帝之子，生子銓，其墓誌及庫本均作「詮」，不作「銓」。蓋「攸孝莊帝」之下，奪「文成帝濬」四字也。此文成帝一支，謂宜移在臨淮王譚一支之後，獻文帝弘一支之前。

B〔又〕五代孫師獎鄯州刺史　廣記一九一引朝野僉載，將軍元帥奬與將軍辛承嗣同時，承嗣在青海被吐蕃所困。「帥奬」當「師奬」之訛，殆唐初人；前文昭成帝後雖有同姓名之師奬，然鄯州近吐蕃，疑是此人也。

50 孝文帝弘生廣平王懷。五代孫寶綝，綏州刺史、韓公；生顧道，明堂令。

A〔岑校〕孝文帝弘生廣平王懷　松翁近稿元悌誌跋：「考諱懷，字宣義，侍中、使持節都督中外諸軍事、司州牧、太尉公、黄鉞大將軍、廣平武穆王，……近洛中又出范陽王元誨墓誌，亦稱廣平武穆王之子。」

B〔又〕五代孫寶綝　羅云：「案綝，唐書世系表作『琳』。」

51 文帝鬱律生烏孤。平陽王樂真。五代孫孝政，隋衡州刺史，生仲文、季梁。仲文，唐右領軍將軍、河南公。季良，隋雍州司馬；生懷，唐恆州別駕。懷生令表、令本。令表，工部侍郎、司賓卿，生欽俗、匡。欽俗，都官郎中、京兆少尹。令本生欽微。樂真次子陵。孫案此處脱名。莘山王贊，大司馬。孫德瑜，生千禄，鍾離縣令。

A〔岑校〕文帝鬱律生烏孤平陽王樂真　「文帝」應作「平文帝」，據魏書一四，其第四子孤，不作「烏孤」。孤生斤，斤生樂真（今傳倒爲「真樂」，但太祖、太宗二紀皆作「樂真」），改封平陽王。此文奪去「斤」一代，應補入。

B〔又〕生仲文季梁　「梁」，庫本作「良」，下文亦作「良」也。仲文食實封四百户，見舊紀二。

C〔又〕欽俗都官郎中京兆少尹　全文二五三蘇頲制：「正議大夫行雍州藍田縣令元欽裕……可

行雍州櫟陽縣令。」時代相合，疑即一人，「俗」、「裕」字肖，未詳孰是，或「俗」爲近是。温校云：「『俗』疑當作『裕』。」但未舉證（下文源姓有光俗）。

D〔又〕樂真次子陵孫莘山王贊大司馬　據魏書一四，樂真子禮，禮弟陵，陵子瓌，瓌子鷙，封華山王，孝静初入爲大司馬。是贊爲陵孫，原校謂「陵孫」之下脱名，非也。「華」作「莘」，「鷙」作「贊」，傳刻之訛耳。魏書宗室傳注一云：「元鷙墓誌，父肱，散騎常侍、撫軍將軍、冀州刺史。不作『瓌』。」余按北齊書五〇高阿那肱傳：「初天保中，顯祖自晉陽還鄴，愚僧阿秃師於路中大叫，呼顯祖姓名云，阿那瓌終破你國，是時茹茹主阿那瓌在塞北强盛，顯祖尤忌之，所以每歲討擊，後亡齊者遂屬阿那肱云。雖作『肱』字，世人皆稱爲『瓌』音。」則當日「肱」、「瓌」二字，音實相同，非有異也。

E〔又〕生千禄鍾離縣令　「千」，庫本作「干」。按自「平文帝」起至此一節，謂宜移在「獻文帝」一節之前以明統系。

52【太原】　唐都官郎中元善禕，稱昭成帝後。南宫故事云，代居太原，著姓。禕曾孫谷神，扶州刺史；堂姪俯，宋州刺史。元孫結，容府經略兼中丞；生友直，爲京兆少府。

A〔岑校〕唐都官郎中元善禕稱昭成帝後　金石録一八云：「按唐書列傳，結，後魏常山王遵十五世孫，而碑與元氏家録序皆云十二世，蓋史之誤。又碑與元和姓纂皆云，結高祖名善禕（三長物齋本作『禕』，唯魯公集二八又引作『禕』），而家録作『善禕』，未知孰是也。」金石萃編九八云：「考昭成帝稱代王，建元建國，始於晉咸康四年戊戌，自此下推至結，當天寶十二載癸巳舉進士之年計之，得四百七十五年，除昭成父子二代約七十五年，則自遵至結約四百年，不過十二代而已，不至有十五代。則傳誤也。」「禕」，庫本作「褘」，非是。石刻元結墓碑亦作「禕」。

B〔又〕南宮故事云　載之集三嘗引此書，撰南宮故事者有梁之丘仲孚，唐之王方慶、盧若虛，皆在姓纂前。

C〔又〕禕曾孫谷神扶州刺史堂姪俯宋州刺史元孫結容府經略兼中丞　元結碑，高祖善禕，封常山郡公；曾祖仁基，襄信令；祖利貞，霍王府參軍；父延祖，延唐丞；是「曾孫谷神」、「元孫結」皆就禕立言。由是以推，似中間「堂姪俯」亦當是禕之堂姪。但考載之集一〇稱，貞元七年，其妻之表姊壻元俯爲宣武從事，權理宋州，則俯爲德宗朝人，斷不能爲禕之堂姪而應爲谷神堂姪，此處行文欠明白，非獲別證，誠難爲正確之解釋矣。「姪」，庫本作「侄」，前後不一致，洪本通改爲「姪」，是也。

D〔又〕生友直爲京兆少府　結碑，二子以方、以明，無友直，殆即其一之號也。友直，建中元年及第，見會要七六。雪堂金石文字跋四云：「據（墓）表則二子以方、以明，次山集則長子友直，次子友正。唐韋詞修浯溪記又偁結季子友讓（友讓又見新書顧少連傳），諸説不同，著之俟考。」余按次山集中無長子友直、次子友正之文，羅氏誤引。

53【紇骨元】後魏獻帝與淑長元匹麟爲紇骨氏。十七代孫紹，右司員外，天授中詔改姓元氏。

A〔岑校〕紇骨元　後魏獻帝與淑長元匹麟爲紇骨氏　據魏書一，獻帝名鄰，同書一一三：「獻帝以兄爲紇骨氏，後改爲胡氏。」「長元」者，「長兄」之訛。又姓纂三稱獻帝與鄰，姓纂七稱獻帝與憐，「淑」字誤。

54【是云元】隋内史令元壽，狀稱景帝後。任城王澄子孫，避尒朱榮亂，投匿是云家，因從其姓，至隋改姓元氏。壽孫元哲，開州刺史；元質，水部郎中，生兆、殷、暢。暢生韶，河陽節度、中丞。

A〔岑校〕隋内史令元壽狀稱景帝後任城王澄子孫　按元壽，隋書六三有傳。祖敦，魏侍中、邵陵王。父寶，周涼州刺史，唯其名不見於魏、周二書，世代無可考。「景帝」應作「景穆帝」，已見前。

B〔又〕暢生韶河陽節度中丞　永貞元年二月爲河陽節度，是歲九月卒，見舊書一四及會要六四，與前文景穆帝後之元韶同名。全文四八二有路隋不載元韶事迹議，因修憲宗實録故也。同書五四三令狐楚白楊神新廟碑：「乙亥歲，今尚書隴西李公廉刺并部，選第郡政之尤異者，得昌化守南康郡王河南元韶，……移理於代，……是歲夏五月赤車彤幨，至自石州。」乙亥，貞元十一年。

55【扶風】大曆中書侍郎、平章事、潁川公元載，自云景穆後。父景升，同敬同，案唐書，載本寒微，母攜載適景升，冒姓元氏。此脱。並不仕。代居扶風岐山。本姓景氏，或云孫姐氏。垂拱初，曹王明妃元氏，紛田在扶風，令畀董其農植，著勞，遂改姓元氏。生伯和，祕書丞；仲武，祠部員外；季能，校書郎。

A〔岑校〕父景升同敬同　前「同」字疑「祖」之訛，因下文云「並不仕」也。庫本校云：「案唐書，載本寒微，母攜載適景升，冒姓元氏。此脱誤。」洪本漏「誤」字。嗣檢元龜一三一，大曆四年追贈元載祖故左衞郎將敬同爲兵部尚書，益證「同敬同」乃「祖敬同」之訛，惟曰「故郎將」，則非不仕也。

B〔又〕令畀董其農植　「畀」誤，庫本作「升」，按舊書「景升」作「景昇」，「昇」、「畀」涉形近而訛。

C〔又〕生伯和祕書丞　全詩四函十册耿湋有寄元校書伯和相國元子詩。元載子伯和弄權，亦見廣記一八八引幽閑鼓吹。又伯和貶揚州，見同書二三九引談賓録。

D〔又〕仲武祠部員外　載子仲武，見廣記二三九引談賓録。

袁

56 媯姓，舜後陳胡公滿之後。胡公生申公。申公生靖伯庚。庚生季子惛。惛生仲牛甫。甫七代孫莊伯，生諸，字伯爰，孫宣仲濤塗，以王父字爲氏。代爲上卿。據祕笈新書及唐世系表增。字或作「爰」、「轅」，其實一也。轅頗十一代孫袁生。

A〔岑校〕媯姓舜後陳胡公滿之後　「後陳」二字，洪氏據祕笈新書增。此下「胡公生申公」至「代爲上卿」共四十七字亦然，類稿一三引「之後」作「之胤」。

B〔又〕申公生靖伯庚庚生季子惛　類稿引作「申公生靖伯甫」。温校云，類稿「靖伯」下脱「庚」至「仲牛」九字，余按實脱「庚，庚生季子惛，惛生仲牛」凡十字。

C〔又〕惛生仲牛甫甫七代孫莊伯　依新表七四下，甫生聖伯順，順生伯他父，他父生戴伯，戴伯生鄭叔，鄭叔生仲爾金父，金父生莊伯，不連本身計，祇是六代，連本身計乃七代也（後人云幾代孫，多依前項計法）。

D〔又〕生諸字伯爰孫宣仲濤塗以王父字爲氏　急就篇顔注云：「陳申公生静伯甫，伯甫八世孫爰諸，生爰濤塗。」則濤塗祇静伯九世孫，與此文以濤塗爲靖伯十一世孫者異。況顔注「静伯甫」，此云「靖伯庚」，「甫」與「庚」名亦不同，頗疑今本顔注「静伯」下奪去兩代，復訛「仲牛甫」爲「伯甫」，一誤也。古人多以王父字爲氏，是濤塗爲伯爰孫，比較可信，顔注又訛「孫」爲「生」，二誤也。温校云：「案姓觿引姓纂，陳胡公七世孫莊伯生諸，字伯爰，其孫以王父字爲氏。古文『爰』、『袁』、『轅』、『溒』、『榬』、『援』通用，左傳，伯爰孫轅濤塗，濤塗子轅選，濤塗孫轅頗、轅僑，與此小有異同。據下文『轅頗十一代孫』句，則上文必先敍濤塗至頗，疑姓觿引爲是。」余按胡公滿，武王時人，濤塗，左僖四年始見，當不止胡公十世孫，姓觿所引，亦自有脱誤（周惠王是武王十六世孫）。類稿引文「甫七代孫莊爰伯諸生濤塗」脱誤更多，宣仲即濤塗字，見春秋釋例九，但釋例以濤塗爲「申公九世孫」，依世代核之亦不合。

復次，釋例稱轅僑爲濤塗四世孫，與姓觿引文異。

E〔又〕字或作爰轅其實一也　庫本校云：「按左傳晉作『爰田』，外傳作『轅田』，說文『𤔲』，籀文以爲車轅字，古字通也。」洪本刪。余按史記「爰盎」，漢書作「袁盎」，此卽所云「袁」或作「爰」、「轅」也。急就章顏注云：「爰氏之先，……其後或爲『轅』字，又作『袁』字，本一族也。」是姓纂亦有所本。困學紀聞二〇翁注云：「北史，李繪與梁人汎言氏族，袁狎曰：『未若我本出自黃帝，在十四姓之限。』繪曰：『兄所出雖遠，當是共車千秋分一字耳。』可爲『轅』、『袁』一族之證。」・蓋言漢袁良碑祖轅生也。

F〔又〕轅頗十一代孫袁生　新表七四下，頗裔孫告辟難居河洛，少子政以袁爲氏，九世孫袁生，則生非頗十一代孫，與此異。「袁生」，漢書一作「轅生」。

57【陳郡夏陽縣】袁生元孫幹，封貴鄉侯，居陳郡，爲著姓。八代孫良，生昌。昌生安。安生京、敞。京生陽。案唐世系表，良二子，昌、璋。此脫「璋」。京生陽，「陽」字作「湯」。陽生逢、隗，四代五公，盛於東漢。

A〔岑校〕陳郡夏陽縣　袁生元孫幹　「夏陽」應依羅校乙。辯證七亦引作「陽夏」也。「元孫」當作「曾孫」，見下文。

B〔又〕居陳郡爲著姓　金石録一四引「居」上有「始」字，此奪。溫校同。

C〔又〕八代孫良生昌　庫本校云：「案唐世系表，良二子，昌、璋。此脫『璋』一人。」今洪本合後注爲一條。余按良生昌、璋，羅校又據金石録引文爲證，然下文固云璋生滂，本書亦可自證也。金石録一四云：「右漢國三老袁君碑，……以此碑及後漢書考之，姓纂與唐表殊爲疎謬，袁安列傳云，安祖父良，平帝時舉明經，爲太子舍人，建武中至成武令。今據此碑，良以永建六年卒，相距蓋百餘年，以此知非一人無疑。又安以永元四年薨，良之卒乃在其後三十九年，以此知非安之祖亦無疑也。蓋安，汝南汝陽人，滂乃陳郡扶樂人，其鄉里、族系亦自不同，而安與滂相去歲月甚遠，不得爲從父兄弟明矣，豈二人之祖，其名偶同，遂爾差謬邪？又此碑與李利涉編古命氏皆云，良，幹五世孫，而姓纂、唐史皆以爲八代孫，碑云幹，袁生之曾孫，而唐史以爲玄孫。」余按碑既稱幹爲生曾孫，此作「玄孫」當誤。由曾孫合五代孫計之，恰爲八世，是所云「八代孫良」者承上袁生言之，不過姓纂敍述欠明，趙氏又生誤會耳。温校謂「下汝南云，(安)後又居汝南，所云里系不同，不足以難」云云，殊不知汝南下所書，乃誤合袁安於陽夏後之説，吾人不能倒果爲因也。

D〔又〕京生陽　庫本校云：「案唐世系表『陽』作『湯』。」今洪本合前注爲一條。羅云：「案後漢書袁安傳亦作『湯』。」

58 璋生滂，司徒。滂生渙。渙生侃。侃六代孫弘。准曾孫質，生弘、豹。弘元孫翻。翻生叔德。豹生洵、濯、淑。濯生㮤。洵生顒。顒生昂。昂生君政、敬。

A〔岑校〕渙生侃　「侃」下應補「準」字，見下文。

B〔又〕侃六代孫弘　據晉書九二，袁宏爲猷孫，又同書八三，瓌、猷皆煥（涣）之曾孫，合兩系計之，宏乃涣之來孫，侃之玄孫。易言之，卽侃四代（連本身五代）孫耳，此作「六代」誤。弘卽著後漢書之袁宏。

C〔又〕准曾孫質生弘豹弘元孫翻翻生叔德　余謂「弘玄孫翻、翻生叔德」二句，應移接上文「侃六代孫弘」之後，如是，則「質生豹」與「豹生洵、濯、淑」二句緊接，世系更明，今本特錯簡耳。質有子湛、豹，見晉書八三瓌傳。此云「質生弘、豹」，特涉下「弘玄孫」而訛或衍耳（温校亦謂「弘豹」當作「湛、豹」）。準附見晉書八三瓌傳，爲瓌之從祖。依袁氏世紀，乃涣子、侃弟（三國志一一注），史姓韻編一一以爲猷孫，大誤，此作「准」，省寫也。上文未言準，則「涣生侃」之下，應補「準」字，否則系無所承矣。温校云：「案晉、宋二書，弘、準同爲瓌弟猷孫。」則未知晉書目録、猷附瓌傳，準傳另自標目，使準是猷孫，何不附傳？且温氏特未繹晉書傳文耳。瓌、猷事晉元帝，瓌子喬，喬仕於桓温既貴之日，準子沖，沖子耽，耽則濟桓温於未達之時，依此言之，準之年輩，尚應先於瓌與猷，何得爲猷孫也？

D〔又〕豹生洵濯淑　羅校云：「案據宋書袁湛傳，洵爲湛子，非豹子也（湛乃豹兄，見晉書袁耽傳）。淑乃豹子，見宋書袁淑傳，此誤。」余按羅氏此説，乍覩之似可糾姓纂之誤，但余檢宋書五二袁湛傳，固云「子淳，淳子桓卒」下乃接敍湛弟豹事，末文「子洵」云者，豹之子，非湛之子也。大約羅氏檢書時，祇看傳之首尾，不詳讀中間傳文，故鑄此大錯。史姓韻編一一以洵爲湛子，亦同犯此病。況夫唐代袁氏子孫以洵爲豹子，尤有一重要證據，舊書一九〇上袁朗傳云：「質生丹陽尹宋公長史豹，豹生宋吳郡太守洵。」羅氏遽斷姓纂之誤，緣考之未悉也，温校之誤與羅同。

E〔又〕濯生粲　羅校云：「案『粲』，南史作『粲』。」余按宋書八九亦作「粲」，「粲」字往往易訛，如前文「荀粲」誤「荀祭」，舊書及新書（二〇一）「袁粲」誤「袁察」。

F〔又〕洵生顗顗生昂　羅校引宋書、梁書、南史、唐表，「顗」並作「顗」，「顗」應作「顗」，斷無疑義，猶之前文「荀顗」之誤「荀顗」耳。

G〔又〕昂生君政敬　按梁書三一、陳書一七及二四、又新表均作「君正」，且據新表，君正有曾孫名士政也（見姓纂華陰下）。拓本（上汾）故台州録事參軍袁府君（弘毅）墓誌之銘云：「曾祖昂，梁侍中、吏部尚書、左僕射、司空、穆正公。祖君方，梁蜀郡太守、右尚書。父梵，陳黄門侍郎、行丹陽尹。……長子師節，任東宫左勳衛。」（弘毅卒龍朔二年，年七十五）

59　君政生樞、憲。樞生朗，唐給事中。憲曾孫續，駕部郎中。

A〔岑校〕樞生朗唐給事中　朗與修藝文類聚，見新書五九。元龜八四〇，朗歸朝爲給事中卒。

60　敬孫利貞，員外郎。

A〔岑校〕敬孫利貞員外郎　敬有子曰元友，見陳書一七敬傳。依新表，利貞即元友之子。唐語林五，高宗時利貞爲太常博士，遷祠部員外，名亦見郎官柱祠外，「員外郎」上脱「祠部」二字也。統譜二二謂利貞字「敬孫」，大謬。

61 袁氏自後漢、魏、晉至梁、陳，正傳世二十八人，三公、令僕一十七人。

A〔岑校〕袁氏自後漢魏晉至梁陳正傳世二十八人三公令僕一十七人　按辯證七引姓纂云：「望出陳郡陽夏者，自後漢、魏、晉至梁、陳，正傳二十八人，三公、令僕一十七人。」「世」字疑衍。

62 【汝南】　安後又居汝南，至紹、術絶矣。

63 【彭城】　袁生之後，今無聞。

64 【樂陵東光縣】　狀稱紹中子熙之後。裔孫令喜，唐同州治中，生異弘、異式。

A〔岑校〕唐同州治中　「治」，新表七四下誤「侍」。

B〔又〕生異弘異式　異弘、異式之間，依新表七四下，當脱「異度」名，説見下文。

65 異弘，瀘府參軍；生恕己，中書令、南陽王；誨己，潞州刺史。恕己生建康，淮陽太守；生高，給事中。高生德御*。度，支，職方郎中、太府少卿。

A〔岑校〕生高給事中　吴興談志一四：「袁高，正(貞)元二年自韶州長史員外置同正員授，遷給事中。統記云，袁高，建中二年。」據舊書一二，建中二年四月，貶韶州長史。又興元元年八月，「己未，前湖州刺史袁高爲給事中。」其遷湖固不晚在貞元二年，但亦恐不在建中二年也。温校謂「『高』上奪『建康』二字。」但今本如此者不勝舉，文亦自通。

B〔又〕高生德御度支職方郎中太府少卿　新表高後無人，而異弘、異式之間，多一異度，云太府少卿，今郎官石柱未見德御名，舊、新書高傳又不著其所出。余對於今本姓纂與新表之同異，久乃得其正解。考舊紀一四，元和二年袁恕己孫德師相次敍用，又劉公嘉話録：「袁德師，給事中高之子也。」是高有子名德師；又全詩八函一册鮑溶有見袁德師侍御詩，是德師曾官侍御史；德師既於元和二年以功臣後敍用，則侍御史殆即七年修姓纂時之見官；得此兩據，再參諸新表，始決姓纂前文「異弘、異式之間，確奪去「異度」之名。此節之文，應校正爲「高生德師，侍御史。異度，職方郎中、太府少卿。」「生德」下奪「師侍」兩字，原「御史異度」四字，既奪去「異」之一文，故又訛「史」爲「支」而錯爲「御度支」也，姓纂之難校如此。袁異度，今郎官柱金中題名見之。全文一五一許敬宗賀隰州等龍見表：「伏見隰州刺史表裏（?）異度表稱某日月青龍見隰州城北。」「日月」二字應乙，「表」乃「袁」之訛（例如「覆袁川」訛爲「覆表川」）既訛「袁」爲「表」，不知者遂誤衍「裏」字。元龜二四，貞觀十二年十月，隰州言青龍見，異度官隰刺，蓋即其時。又汝南袁德師，故給事中高之子，見廣記二五一。德師與竇羣同在浙西幕，見同書二六〇引嘉話録。全文五三四李觀常州軍事判官廳壁記，略言汝南袁德師，南陽公之孫，韋給事出守常州時，方爲義興尉，貞元六年冬郊天恩典，授常州軍事判官，九年冬，復命襲爵南陽公云云，「孫」字是泛用，否則應正云曾孫也。全詩四函十册竇羣有送内弟袁德師詩，五函六册劉商有袁德師求畫松詩。

66 異式，户部郎中。異式姪曾孫偶、偁。案唐世系表，偶、偁皆異式孫，無「姪曾」字。偶，工部員外郎，生師儉。

A〔岑校〕異式户部郎中　顯慶五年任監察御史，見會要六二。乾封時，劉仁軌當國，遷詹事丞及司元大夫，見通鑑二〇一。今郎官柱户中有名。仁軌海運失船，李義府差御史袁異式推之，見廣記二二一引定命録。

B〔又〕異式姪曾孫偶偁　校云：「案唐世系表，偶、偁皆異式孫，無『姪曾』字。」余按唐表行款多誤，未能證今本姓纂之必錯。全詩五函二册盧綸有送袁偁詩，三册李端有雲陽觀寄袁稱，一作寄元稱。「元」、「袁」之訛，「稱」、「稱」又皆訛亻旁爲禾也。又同人送袁稱游江南，亦同。

67 【京兆】狀云涣之後。唐舒州刺史處弘，生公瑜、公玘。玘生暉，中書舍人。公瑜，刑部侍郎，生忠臣、仲將。忠臣，左羽林將軍、潁州刺史。公瑜孫守一，監察御史。

A〔岑校〕狀云涣之後　辯證七引「涣」誤「焕」，下文「華陰」條同。

B〔又〕唐舒州刺史處弘　千唐鄧州司法參軍袁承嘉誌云：「字承嘉，扶樂人也。……曾祖欽，周伏波將軍、昌城太守、汝陽郡開國公。……祖處弘，唐大理寺正、雍州萬年縣令、舒州諸軍事舒州刺史。」又千唐狄仁傑撰公瑜誌：「曾祖虯，魏車騎大將軍、行臺大都督、汝陽郡開國公。祖欽，周昌城太守、汝陽郡開國公。父弘，唐雍州萬年縣令、舒州刺史。」

C〔又〕生公瑜公玘　全文九四九收袁玘對射御策一首，未知卽此公玘否。

D〔又〕玘生暉中書舍人　暉，景雲二年制科及第，玄宗初爲左補闕，見會要七六及七五；又有奉和答張說南出雀鼠谷詩，見說之集四。開元中，馬懷素校正羣籍，暉自邢州司户與焉，見紀事一三。千唐開元十年大聖真觀楊法師(曜)生墓銘并序，題「朝散大夫、行禮部員外郎袁暉撰」。廣記二五五引朝野僉載，補闕袁輝，卽其人。

E〔又〕公瑜刑部侍郎　龍朔中，公瑜爲西臺舍人，見元龜三三七。永徽六年，官御史中丞(?)，見通鑑一九九。顯慶初官大理，見舊書八四。顯慶四年中書舍人，見同書二〇〇。承嘉誌：「父公瑜，唐中書舍人、刑部侍郎、安西副都護，皇朝贈相州刺史。」千唐相州刺史袁公瑜誌，歷官都官、兵部員外，兵部郎中，中書舍人，司刑少常伯，庭州刺史、安西副都護，永隆歲流振州，又徙白州，垂拱元年卒，年七十三，如意初追贈相刺。

F〔又〕生忠臣仲將　據承嘉誌，則承嘉亦公瑜子，終鄧州司法，卒久視元年，年四十七。

G〔又〕忠臣左羽林將軍潁州刺史　久視元年公瑜誌稱：「孤子殿中省丞、奉宸大夫内供奉忠臣等。」

H〔又〕公瑜孫守一監察御史　中宗時官監察御史，見元龜一四九(景龍元年)。自萬年尉除監察，遷右臺侍御史，後流端州，見僉載(廣記二五九)。官侍御史，亦見同書(廣記二八五)。

68 【華陰】 隋左衛將軍袁温，案唐世系表，「袁温」稱作「袁子温」。涣之後，因官居華陰；生士政，唐南州刺史；曾孫曅，丹州咸寧令；生滋，中書侍郎、鄭滑節度，生都、郊。

A〔岑校〕隋左衛將軍袁温涣之後　庫本於「温」下校云：「唐世系表『袁温』作『袁子温』。」又「温」下有「稱」字，洪本注增一「案」字，又誤以注脚大寫之「稱」錯入夾注内。余按昌黎集二七袁滋先廟碑：「孝侯生隋左衛大將軍諱温，去官居華陰，……左衛生南州刺史諱士政，南州生當陽令諱倫，……當陽生朝散大夫石州司馬諱知玄，司馬生贈工部尚書咸寧令諱曅，是新表作「子温」者衍。同上集注云：「袁滋履歷，並詳本傳，碑特其概耳。唐書新傳以滋爲袁範之後，則又誤矣。」余按新書一五一祇云：「陳侍中憲之後」，不作「範」，但憲父君正仕陳，滋之先仕魏與周，並非一派，謂新傳誤，是也。

B〔又〕生滋中書侍郎鄭滑節度　舊書一五，元和七年十月，滋自鄭滑節度爲户尚，此其見官也。廣記一七一，李勉鎮鳳翔，滋在幕中。

C〔又〕生都郊　涉都、郊事迹，可參拙著翰學壁記注補「袁郁」條。

69 【河東】 唐秋官尚書、同三品、太原侯袁智弘，狀云本陳郡人；孫濣，兼御史中丞。

A〔岑校〕唐秋官尚書同三品太原侯袁智弘狀云　智弘相武后。廣記一六九引朝野僉載云：「袁智弘鍛鍊者，(徐)有功寬之。」。

B〔又〕孫濣兼御史中丞　新表七四下以濣爲智弘子。

70【襄陽】狀云袁術敗後，子孫分散，因居襄陽。唐尚書左丞袁仁敬，又祕書少監致仕袁歆，膳部郎中同直。左拾遺袁瓘，宋州。

A〔岑校〕襄陽　狀云袁術敗後子孫分散因居襄陽　辯證七引姓纂云：「望出汝南者，安後；出彭城者，生後；出京兆及華陰者，皆焕（涣）後；出襄陽者，術後。」試一一比對，便知鄧氏祇引大意也。

B〔又〕唐尚書左丞袁仁敬　神功元年及第，見會要七六。開元十三年自大理少卿爲杭州刺史，見元龜六七一及乾道臨安志三。廿一年七月卒大理卿，見會要六六及通典二五。二十二年追贈故大理卿袁仁敬爲越州刺史，見元龜一四一。

C〔又〕又祕書少監致仕袁歆膳部郎中同直　全唐文六一二，袁歆，襄陽人，官膳部郎中。勞格讀書雜識八引此云：「其官膳部郎中者，乃同直也。」考舊書一九六下，貞元三年有試左金吾兵曹參軍袁同直，又文苑英華，袁同直，大曆十四年進士第五人，則「同直」上應補「袁」字。廣記一七九引嘉話録，潘炎進士牓袁同直，入番爲阿師。

D〔又〕左拾遺袁瓘宋州　按「宋州」下，依庫本奪「人」字。紀事二〇，瓘有惠文太子挽詞，云明皇時人。全詩二函七册張子容有寄贛縣袁少府瓘詩。

樊

71 周太王子虞仲支孫爲周卿士，食采於樊，因命氏，今河内陽樊是也。周有樊穆仲，字山甫。樊仲皮、樊齊，並其後*。又殷人七族有樊氏*。仲尼弟子遲，魯人，蓋其後。

A〔岑校〕因命氏　備要二〇、類稿一三均引作「因邑命氏」。

B〔又〕仲尼弟子遲　備要、類稿引「遲」上均有「樊」字。

72 【南陽湖陽縣】樊齊之後。漢有舞陽侯樊噲，曾孫嘉，爲南陽太守，因家焉。後漢有樊重，子弘，封壽張侯*。重迺光武外祖也，一宗五侯。

A〔岑校〕南陽湖陽縣　「湖」，庫本作「胡」，非是。漢地志及後漢書樊弘傳均作「湖」。

B〔又〕曾孫嘉爲南陽太守　此非漢書九一宣曲任氏傳之富人樊嘉，彼乃王莽時人。山右遺文上樊寬誌：「漢南陽令德雲之末孫。」未審卽指嘉否*。

73 晉永嘉南遷，樊氏居淮南。裔孫南齊廣平太守道理，生方興，梁同州刺史、魚復侯。方興生文熾，新蔡侯。文熾生靖、猛、毅。毅，陳護軍、逍遥公。猛，陳荆州刺史、富川侯，生逵、邃、迪。邃生慶德，唐左司郎中、千牛將軍。逵孫文，司衞少卿。文孫晃，兵部員外、潤州刺史。

A〔岑校〕生方興梁同州刺史魚復侯　「同州」誤，據陳書三一毅傳，乃「司州」也。

B〔又〕猛陳荆州刺史富川侯　「川」，庫本誤「順」，據陳書三一毅傳，封富川縣侯，富川，南齊屬湘州。

C〔又〕逵孫文司衞少卿　通鑑二〇三，光宅元年，嵩陽令樊文獻瑞石，時代相合，卽此人。又廣記三九一引宣室志，上元初，郜成縣令樊文，中宗御極，文男欽賁獻石本。

D〔又〕文孫晃兵部員外潤州刺史　金石録八怪石銘，樊晃撰，大曆十年立。新書六〇：「杜甫集六十卷，小集六卷，潤州刺史樊晃集。」余按少陵集附録有潤州刺史樊晃杜工部小集序云：「今採其遺文凡二百九十篇，各以事類，分爲六卷。」其名及官與姓纂合，則新志之「涯州樊冕」，實「潤州樊晃」之訛。「晃」、「冕」字形近也。復次，全文三九八收楚冕書判一篇，云「楚」一作「樊」，冕，開元時擢書判拔萃科，以新志訛「樊晃」爲「樊冕」之例例之，此「樊冕」亦卽「樊晃」，復「樊」訛「楚」也。唐景崇藝文志注於「涯」、「冕」兩字之訛，亦未校正。全詩三函一册劉長卿和樊使君登潤州城樓，「使君」當是晃。四函七册皇甫冉和樊潤州秋日登城樓，又同樊潤州遊郡東山。宋僧傳一五朗然傳，潤州刺史樊冕（當在大曆十三年前），同書一七金陵元崇傳，更明著「大曆五年刺史南陽樊公」。復次，嘉定鎮江志一四引新唐藝文志亦作「潤刺樊晃」，則當日見本固不訛。志又云：「唐文粹有琴會記，載大曆六年，浙西觀察使、蘇州刺史、兼御史大夫贊皇公祇命，朝於京闕，春正月夕次朱方，刺史樊公以琴相和。贊皇公係李棲筠，以舊唐紀考之，棲筠除在八月，今琴會記載次朱方月日，恐是七年春正月爾。」丹陽集，句容有硤石主簿樊光，按集舉之官，係編詩時見任，可於蔡希寂、申堂構等見之。依姓纂，樊氏自晉已徙淮南，則晃固南人，余極疑樊光即樊晃，晃亦工詩，故有彙輯工部集之舉。鎮江志一八似未詳考。晃曾官汀刺，見新書二百林藴傳。

74 弘裔孫詠，制舉及弟，今止河東；生澤，檢校右僕射、襄陽節度；生宗師、宗易。

A〔岑校〕弘裔孫詠　「詠」，昌黎集三四作「泳」。千唐樊宗師撰左贊善大夫樊泧誌：「祖弘，皇太中大夫、金州刺史。」或即此弘也，此弘疑非前文後漢之弘。蓋宗師於泧爲從孫，則泧、泳殆同出，而金州弘爲泳祖，泳即弘孫（非裔孫），豈「弘」下原有奪文，後人見前文後漢之弘，因誤合爲一，贅加「裔」字歟。

B〔又〕制舉及弟　「弟」，庫本作「第」，按漢碑，「高第」字從廾。

C〔又〕今止河東　勞考一五以「止」字爲疑，余謂止，猶居也，下文亦言「今止江陵」可證。

D〔又〕生澤檢校右僕射襄陽節度　廣記一七〇引談賓録，澤嘗舉賢良方正，于邵見之曰，將相材也，不五年澤爲節度使。舊書一三七部傳作十五年。余按澤傳，建中元年舉賢良方正，又貞元三年爲節度，則作「五」或「十五」者均不合，應云「不十年」也。

E〔又〕生宗師宗易　李絳爲相，以宗易爲朝官，見唐語林三。

75 左監門中郎樊思賢，稱逵後，今止江陵，生沈。沈，遂州别駕；生紬，左補闕。

A〔岑校〕左監門中郎樊思賢稱逵後　「中郎」下似應補「將」字。「逵」，庫本作「達」，按前文有「生逵、遼、迪」及「逵孫」，庫本皆不作「達」，此而作「達」，未見其可信。

B〔又〕生沈沇遂州別駕　上「沈」字，庫本亦作「沇」，温氏未見庫本，故謂「遂」上奪一字。

C〔又〕生紬左補闕　按會要六四，元和六年四月，左拾遺樊申與林寶同修德宗實録，「紬」應「紳」之訛，補闕，其見官也。

76【廬江】　樊弘之後。晉有樊僧遠，始居廬江。裔孫道則，梁越州刺史；生儒，北齊仁州刺史。儒生子車，隋户部尚書、齊國公。孫思孝，唐亳州刺史•，生忱、惈。忱，户部尚書；生禀，萬年丞。惈，蜀州刺史。

A〔岑校〕儒生子車隋户部尚書齊國公　羅校云：「案隋書樊子蓋傳，父儒。子蓋官民部尚書，濟公。此『子車』疑『子蓋』之誤。」温校則疑其名車字子蓋而以字行也。

B〔又〕忱户部尚書　神龍元年爲地官侍郎，見舊書七。元龜一〇五，神龍三年有户侍樊悦，「悦」當「忱」之訛。

77【沛國】　樊噲之後，今無聞。

78【諸郡】　諫議大夫樊系，潤州人。吏部員外樊元表，監察御史樊衡，並相州安陽人。屯田郎中樊朏，洛陽人。

A〔岑校〕諫議大夫樊系　系事迹見勞氏讀書雜識八。廣記二七七引定命録，員外郎樊系，王正卿牓下進士，自校書郎調選，吏侍達奚珣注金城尉，不受，改涇陽尉。朱泚之亂，系自殺，見奉天録一。全文九一七清晝畫救苦觀世音菩薩讚，又畫藥師琉璃光佛讚，均有湖州刺史、諫議大夫樊公，即系。吴興談志一四：「樊系，大曆十二年自諫議大夫授，遷濠州刺史。統記云十年。」拓本建中二年十二月鴻臚少卿陽濟故夫人彭城縣君劉氏墓誌銘，太常少卿、賜紫金魚袋樊系撰。

B〔又〕監察御史樊衡　開元十五年制科及第，見會要七六。

原

79 周文王第十六子原伯之後，封在河内，子孫氏焉。周有原莊公、原伯，魯畿内諸侯也。魯人原壤，陳有原仲，晉原軫，亦爲原氏。

A〔岑校〕周文王第十六子原伯之後　通志「原氏」下亦稱「十六」，但又云：「按譜文王十七子，然原、郇二侯不在其列，此譜系之家失於記載。」

B〔又〕周有原莊公　類稿一三引下多「襄公」兩字。

C〔又〕晉原軫　類稿「原」上有「有」字。

80 【魯郡兖州】　今有原氏，仲尼弟子憲之後。

A〔岑校〕仲尼弟子憲之後　類稿作「原憲」。

81 【南陽】漢有漢陽太守原陽南陽太守原季，自陽翟徙茂陵；生涉，天水太守，葬父南陽，子孫因居之。

A〔岑校〕漢有漢陽太守原陽　「漢陽太守」六字疑是羨文。温校據後漢郡國志，西漢未設漢陽郡，謂此六字是衍文。

源

82 後魏同出代北，其先聖武帝詰汾，長子匹孤，七代孫秃髮傉檀，生賀，歸後魏，至太尉、隴西王。魏太武帝曰，卿與朕同源，因賜姓源氏。

A〔岑校〕後魏同出代北　温校云：「『後魏』上當有『與』字。」

B〔又〕其先聖武帝詰汾長子匹孤　羅校云：「案『詰』，唐書世系表作『喆』。」余按魏書及姓纂八「樹機」下本作「詰汾」。「匹孤」，姓纂八作「疋孤」，音同。

83 賀生懷，尚書令、隴西王；生子邕。西平樂都官縣。案北史，源子邕官樂平縣公、北討都督，此脱誤。周、隋之際，居鄴郡安陽，懷後。子邕，子恭生師，並有傳。師生崑玉、直心、誠心。

A〔岑校〕生子邕西平樂都官縣　「子邕」，魏書四一作「子雍」，北史二八作「邕」。余按三國志五二顧雍傳注引江表傳云：「雍從伯喈學，……故雍與伯喈同名也。」則古時「邕」、「雍」字可通。又校云：

「案北史，源子邕官樂平縣公、北討都督，此脱誤。」余按北史二八云：「源賀，西平樂都人。」是此語乃涉其籍貫，故下文接云周、隋之際，居鄴郡安陽，温謂當校正爲「居西平樂都，官雍州刺史，樂平縣公」。余謂應衍「官」字，將「西平樂都縣」提行便合，不然，先既言懷，何下文又提「懷後」耶！

B〔又〕懷後子邕子恭生師　羅校云：「案北齊書源彪傳，父子恭，彪子師。唐表作懷二子，子邕、子恭。子恭生彪，彪生師民（源彪傳作『師』，乃避唐太宗諱省『民』字），此誤。」余按拓本開元十年唐故使持節隨州諸軍事隨州刺史河南源公（杲）墓誌銘并序云：「南涼景王，……公卽景王之七代也。」以姓纂下文差之，此處蓋傳本誤奪一代，非林氏原書之誤（景王卽傉檀）。

C〔又〕師生崑玉直心誠心　直心，新傳一二七同，新表七五上作「悳」誤。丙寅稿崔哲妻源氏誌跋云：「唐表之『悳』，當爲『直心』二字之譌，觀其弟作『誠心』可知。」

84 崑玉，比部郎中，生翁歸。翁歸生循業，少府少監，生光裕、光垂、光賓、光譽。光裕，左丞、刑户二侍郎。光垂，同州刺史。光譽，户部侍郎、京兆尹。光裕生洧，給事中、江陵節度、採訪置後使。譽生休。

A〔岑校〕崑玉比部郎中生翁歸　新表七五下，崑玉、翁歸均比部郎中。按全文五二一梁肅源氏誌：「曾祖翁，皇朝尚書比部郎中。」「翁」下奪一字；又千唐柳芳撰太子詹事源光乘誌：「是以隨刑部侍郎之嫡子諱崑玉，貞觀中爲比部郎中，比部之子諱翁歸，明慶中爲雍州司户。」則肅文及新表稱翁歸

「比部郎中」者均誤。千唐源溥誌:「曾祖翁歸,皇雍州録事參軍。」但龍朔二年十月司庫大夫源翁歸,見杜君綽碑(唐文續拾二),是翁歸曾官庫部郎中也。

B〔又〕翁歸生循業少府少監　羅校云:「案『循』,唐表作『修』。」「修」或作「脩」,「脩」、「循」兩字,唐人寫法甚近,故常混也。源氏誌:「祖修業,涇州刺史;父光時,濟陰太守。」新表七五下亦祗稱涇州刺史。又姓纂無光時,新表有之,唯誤推下一代,然新表又無光賓。千唐源溥誌:「祖脩業,皇涇州刺史,贈相州刺史。」又源光乘誌:「司户之子諱循業,長壽中爲洛州司馬、涇州刺史。」誌又云:「府君即涇州之第三子也,……昆弟七人,並推麟驥。」則姓纂、新表於脩業之子,均未全録。拓本貞元十三年唐故殿中侍御史張府君夫人河南源氏墓誌銘云:「皇相州刺史諱脩業之曾孫。」

C〔又〕生光裕光垂光賓光譽　今新表七五上誤以光乘、光譽、光時及譽子休各低列一格,致光乘等乃如裕之子孫也。羅校云:「按光垂,唐表作『光乘』。」今以千唐誌勘之,作「垂」者訛。光乘誌又云:「時府君元昆左丞光裕。」此及新表作「裕」,殆誤(新表之誤,當沿誤本姓纂之故)。

D〔又〕光裕左丞刑户二侍郎　開元十三年,以大理卿爲鄭州刺史,見元龜六七一。「裕」應作「俗」,見前條。

E〔又〕光垂同州刺史　「垂」應作「乘」。光乘誌,天寶初除絳郡、馮翊太守,請閑,入拜太子詹事,卒天寶五載,年七十七。誌又云:「長幼四子,皆謂人賢,季今鴻臚,……嗣子左羽林軍倉曹洌,左清道

兵曹佋。」貞元張夫人源氏誌：「同州刺史諱光乘之孫，光祿寺主簿諱侹之女。」（夫人卒貞元十二年，年六十二）

F〔又〕光譽户部侍郎京兆尹　光譽見精舍碑之殿中侍御史并内供奉。舊書一二七源休傳：「京兆尹光輿之子也。」勞考一三謂作「輿」誤。天寶五年，命鴻臚少卿源光譽等分道巡按，見元龜一六二。千唐楚州長史源溥誌：「父光譽，皇京兆尹，贈太子太傅。」溥卒建中三年，年五十五。其子晉，時爲汝州襄城丞。溥誌又云：「公即西平王賀十一代孫也。」西平是賀初封之號，今以魏書、姓纂等合計之，賀——懷——子恭——彪——師民——崑玉——翁歸——脩業——光譽——溥，由賀至溥，不過十世，誌乃謂十一代，未詳。

G〔又〕光裕生洧給事中江陵節度採訪留後使　元龜二二四，天寶十四載□南道觀察源涓，「涓」乃「洧」之訛。新表亦作「洧」。

H〔又〕譽生休　此句似應移接於「光譽，京兆尹」之下。

85 直心，尚書左丞、司刑太常伯，生乾珍、乾曜。乾曜，侍中、左丞相、安陽公。自師三代左丞。四子，復、弼、潔、清。復，兵部郎中、華州刺史。弼，工部郎中。潔，河南令。清，駙馬。

A〔岑校〕直心尚書左丞司刑太常伯　舊書九八亦稱「司刑太常伯」，新表七五上作「司刑太常丞」。按舊書四二，龍朔二年，改刑部爲司刑，尚書爲太常伯，新表作「丞」誤。據會要三九，直心爲是官，正龍朔二年也。顯慶末官舍人，見通鑑二〇一。流死嶺南，見全文一八九。

B〔又〕乾曜侍中左丞相安陽公　廣記三八九引戎幕閒談，監察御史源乾曜自京尹拜相爲侍中，近二十年，按舊書九八本傳，開元八年春，復自京尹拜相，十九年卒太子少傅，惟自四年冬由左丞初拜相計，乃約近二十年也。

C〔又〕自師三代左丞　元龜八六三，乾曜以曾祖名師，辭太子少師，乃拜太子少傅，按舊傳作「祖名師」，與姓纂合，「曾」字衍。

D〔又〕四子復弼潔清　千唐陶戴撰源夫人誌（卒貞元元年，年二十三）云：「侍中乾曜之曾孫，同州別駕廣□之孫，右驍衛胄曹寰之女。」所謂「廣□」者，其下一字似「潔」字，待考。

E〔又〕復兵部郎中華州刺史　訪碑録有唐明皇勅冀州刺史源復詔（叢編六），全文二三訛「原復」。開元中（十四年後，二十年前）嘗貶澤州刺史，見舊書一九九下；卒贈潞州大都督，謚貞，見會要七九。英華四一〇孫逖制，稱太中大夫、使持節徐州諸軍事守徐州刺史、上柱國源復。

F〔又〕弼工部郎中潔河南令　開元中，乾曜爲侍中，改其子河南府參軍弼爲絳州司功，太祝潔爲鄭縣尉，見元龜三一五。

G〔又〕清駙馬　尚玄宗女真陽公主，見會要六。

86 誠心，洛州司馬，生禕•、匡贊。乾珍生匡度，黄州刺史、臨漳公。匡度生安都，太原少尹。禕，吏部員外。匡贊，國子祭酒，生伯良、初良、少良。伯良生歇幹，處州刺史。少良，司勳員外。

A〔岑校〕誠心洛州司馬生禕匡贊乾珍生匡度　「禕」，庫本作「禕」，「贊」，新表作「讚」，據新表，匡度爲誠心子，名與匡贊、匡友同排，倘爲乾珍子，則是與從叔同排，疑姓纂有誤。又新表無禕，而乾珍亦無後，豈禕卽乾珍所生歟？若然，則錯簡甚矣。又勞考四，疑「禕」上脱「玄」字。繼考千唐天寶九載慕容夫人源氏誌（卒年卌？七）云：「夫人高祖誠心，洛州司馬。曾祖匡友，□州刺史。祖晉賓，鄭州别駕。父俊，聖朝前晉陵郡義興縣令。」知新表列匡友爲誠心子之不妄。由此可推匡度必非乾珍子，大約北宋見本姓纂尚不誤，此處「乾珍」兩字，乃後來錯衍也。全文二〇五：「源誠心，龍朔中官萬年縣令。」

B〔又〕生伯良初良　羅校引唐表「初」作「幼」。

C〔又〕伯良生歇幹處州刺史　新表作「虔州」。羅校「歇」，唐表作「歇」•。

D〔又〕少良司勳員外　少良於開元十一年知貢舉，見唐才子傳一•。

87 師從父弟惜，益府司馬；生壯，兵部員外；守，户部郎中。

A〔岑校〕師從父弟惜益府司馬生壯兵部員外守户部郎中　按新表有行莊，與師民同列，恍如師民之弟，實卽此文之壯，蓋師民之從姪也。以一人之族屬，附於表末而不著所出，使讀者誤爲與前表同其世代，新表往往犯此弊。又新表稱行莊爲户部侍郎，殆混合其父子之歷官而然。守，卽郎官柱勳外之行守，會要二八，顯慶四年任。芒洛四編五源氏誌，曾祖愔，皇朝度支侍郎。祖行莊，皇朝兵部員外郎。父杲，皇朝隨州刺史。應以誌爲正。作「惜」、「壯」者訛。丁戊稿跋亦云然。拓本源杲誌：「高祖子恭，後魏侍中、尚書、左僕射、司空、文獻公。曾祖文舉，齊驃騎大將軍、豫州刺史。祖愔，皇朝益州大都督府司馬。考行莊，兵部員外郎、岐州司馬。」由誌知愔爲文舉子；按文舉，北齊書四三有傳，然所記官歷，均與誌異，豈贈官歟？杲卒開元十年，年八十。長子前杭州於潛縣尉撝，少子撰。

88 懷少子纂，生雄，隋徐州刺史。

垣

89 漢西河太守垣恭之後。

A〔岑校〕漢西河太守垣恭之後　見後漢書注引風俗通。

90 【洛陽】南燕慕容德吏部尚書垣敞，石季龍略陽地徙之於鄴。敞與子遵、苗並降晉，敞拜龍驤將軍，遵散騎常侍，苗屯騎校尉。苗生護之、詢。

A〔岑校〕洛陽　羅校云：「案當據宋書垣護之傳作『略陽』。」按本書下文亦有「略陽」字可證。惟廣韻亦誤「洛陽垣恭」，類稿一三引正作「略」。

B〔又〕南燕慕容德吏部尚書垣敞石季龍略陽地徙之於鄴　庫本作「略洛陽」，無「地」字。按南史二五護之傳：「石季龍時自略陽徙鄴。」「洛陽」字誤，已如前校。余謂「略陽地」上奪「自」字耳，庫本非是，後見類稿引文，果有「自」字。

C〔又〕苗生護之詢　羅云：「案宋書垣護之傳，弟詢之，此作『詢』誤。」温校亦引南齊書崇祖傳，父詢之。

91 【下邳】垣敞子孫歸晉，居下邳。護之，宋徐州刺史、益陽侯。詢生崇祖，齊五兵尚書。詢兄子榮祖，兗州刺史，封樂安子。

A〔岑校〕詢生崇祖……詢兄子榮祖　「詢」下應依羅校各補「之」字。

B〔又〕封樂安子　據南史二五，封將樂縣子。

爰

92 陳胡公九代孫伯諸之後。後漢侍中爰延，陳留人。魏郎中令爰節。

A〔岑校〕陳胡公九代孫伯諸之後　據前袁姓文及校記，諸字伯爰，爲胡公十一世孫，此誤。類稿一三引作「爰伯儲」，亦不合。

93 【濮陽】晉益州刺史爰邵。唐部國公子幹，代居濮州，狀云其後也。

A〔岑校〕晉益州刺史爰邵　辨誤八云：「姓纂乃云魏有郎中令爰節，蓋邵也。誤作『節』。」此特張據本誤耳。張氏不參今本而立論，失之率。爰邵見三國志二八鄧艾傳。

溒

94 何氏纂要云，人姓也。

園

95 四皓園公之後。風俗通云，氏於所居城郭園池，是也。

轅

96 陳轅濤塗之後。（温補）

A〔岑校〕温校據類稿一三引補。

97 漢功臣禦兒侯轅終古案漢書「禦」作「蘌」，「轅」或作「榬」。

A〔岑校〕漢功臣禦兒侯轅終古　校云：「案漢書『禦』作『蘌』。」「蘌」字誤，庫本正作「禦」。

軒

98 風俗通，軒轅之後，漢有諫議大夫軒和。

言

99 仲尼弟子言偃之後，今蘇州多此姓。

原仲

100 陳大夫原仲之後，楚大夫有原仲蔑。

二十三魂

忻

101 忻氏。姓氏急就章。

A〔岑校〕忻氏　庫本無此姓。洪氏據姓氏急就章補。考廣韻「忻」同「欣」，入「二十一欣」。通志「欣氏」云：「望出西河。」姓氏急就章引姓纂忻氏，猶云姓纂著忻姓耳，非謂其文作「忻氏」二字也。洪氏未免呆補，應删文存目。辯證七有訢氏。

孫

102 周文王第八子衞康叔之後，至武公生惠孫。惠孫生耳，爲衞上卿。耳生武仲，以王父字爲氏。元孫良夫，生林父。林父生嘉。（「爲衞上卿」四字岑補）

A〔岑校〕至武公生惠孫惠孫生耳爲衞上卿（末四字據沈跋補）　金石録一七：「又按姓苑、姓纂諸書皆云，孫氏，周文王子衞康叔之後。衞武公子耳爲衞上卿，因氏焉。」沈跋云：「今孫本無『爲衞上卿』之語。」按今姓纂耳爲武公孫，非武公子，新表七三下同，金石録殆訛也。新表亦云耳爲衞上卿。

B〔又〕耳生武仲以王父字爲氏元孫良夫生林父　依此計算，武公至林父共九世，惠孫至林父八世。考左成公十四年疏引世本云：「孫氏出於衞武公，至林父八世。」八世似由武公子起計，若然，則姓纂與世本合也。唯釋例九：「孫莊子紇，武公三世孫，孫昭子，武公四世孫，孫良夫桓子，孫林父文子。」即由武公起計，至林父衹七世，差一代，若由惠孫起計，更差兩代。釋例無惠孫及耳，武仲亦未知即莊子否，特以年世核之，則姓纂可信也。廣韻云：「至武公子惠孫曾耳，爲衞上卿，因氏焉。」姓解一及類稿一四同。夫曰「以王父字爲氏」，則「惠孫」是字，斷不能截「孫」字爲子孫之「孫」，可知廣韻「惠孫」下應補「生」或「子」字。若惠孫生耳，新表七三下與姓纂説同，其敍武仲至良夫世數，亦與姓纂合，而與釋例迥異，應别論之。

103 又楚令尹孫叔敖及荀況並爲孫氏。吴有孫武、孫臏。漢有孫會宗、孫寶。

104 【太原中都】漢西河太守會，十一代孫資，生南陽太守弘。弘生晉馮翊太守楚；生纂；生綽、統*。從父弟盛，晉尚書右侍。會宗裔子福，爲太原太守，遇赤眉難，遂家焉。

A〔岑校〕漢西河太守會　庫本作「會宗」。按上文言漢有孫會宗，下文又言會宗裔子福爲太原太守，「會」下顯奪「宗」字。新表七三下則云，詢字會定，安定太守。考會宗爲安定太守，見漢書楊敞傳，西河人。此誤。

B〔又〕從父弟盛晉尚書右侍　按三國志一四劉放傳注及晉書八二孫盛傳，均稱盛官終給事中、祕書監，未言「尚書右侍」。

C〔又〕會宗裔子福　依新表，詢字會定（宗），生鸞，鸞生爰居，爰居生福。温校以爲自此至「遂家焉」三句，應乙在「十一代孫資」之上。

105 【樂安】孫武之後。漢有賓碩，魏有清河太守孫煥。晉有孫顗，避地於魏，故屬樂安，因家焉。

A〔岑校〕漢有賓碩　孫嵩，北海安丘人，字賓石，見後書鄭玄、趙岐傳。「石」、「碩」古通。

B〔又〕晉有孫顗避地於魏故屬樂安因家焉　全文三一三孫逖父嘉之誌：「魏郡武水人也，故屬安樂（二字乙），蓋齊大夫書之後，至晉長秋卿道恭，有子曰顗，避地河朔，後世居焉。」又千唐孫保衡撰藍田尉孫嬰誌：「蓋齊大夫書、晉長秋卿道恭之後。」

106 五代孫惠蔚，案唐世系表，顗四代孫士和，二子，苑、蔚，字伯華，魏祕書監。此「惠」字疑衍。魏光禄大夫。五代孫希莊，唐韓王興籤，始居上黨涉縣；生嘉之，襄邑令、宋州司馬致仕；生遜、遹、遘、造。

A〔岑校〕五代孫惠蔚魏光禄大夫　庫本校云：「案唐世系表，顗四代孫士和，二子，苑、蔚。蔚，字伯華，魏祕書監。此『惠』字疑衍。」洪本漏一「蔚」字。余按嘉之誌：「顗五世孫魏光禄大夫惠蔚，爲本朝大儒。」與姓纂合。新表省「惠」字也。孫嬰誌：「長秋六世孫魏光禄大夫惠蔚」。「惠」字非衍，羅校亦云：「此作『惠蔚』，是也。北史、北齊書均作『惠蔚』。」

B〔又〕五代孫希莊唐韓王興籤始居上黨涉縣　嘉之誌：「公卽光禄玄孫也。曾祖孝敏，隋大業中，幷州晉陽縣令。……祖仲將，皇朝鄆州壽張縣丞。父希莊，皇朝韓王府典籤。」是希莊祇惠蔚曾孫，與此作「五代」者不合。新表七三下以希莊爲蔚玄孫，亦復互異。又孫嬰誌：「自光禄以降，世載清德，不隕其業，以至于隋晉陽令諱孝敏。」則似孝敏非直承光禄惠蔚者。但顗是西晉人，下逮唐初約三百年，由顗五世至惠蔚，惠蔚五世至希莊，十世而當三百年，尚無大差也。「興籤」誤，庫本正作「典籤」，亦見羅校。舊書一九〇遜傳及新表均作「典」。嘉之誌又云：「府君四歲而孤，無所怙恃，外祖劉世傑因官居於潞之涉縣，府君自幼及長，外族焉依。」則始居涉縣者嘉之，非希莊也。輿地碑記目四合州石門彌陀像，唐開元二十三年州別駕張釗爲刺史孫希莊作。按開元二十四年孫遜已知制誥，其祖希莊與此刺史希莊不同時，蓋姓名偶同者。

C〔又〕生嘉之襄邑令宋州司馬致仕　嘉之誌，歷洛州曲周、宋州襄邑二縣令，秩滿退休，會遜拜中書舍人，特授宋州司馬，仍聽致仕，開元二十七年卒，年八十三。亦見魯公集五、芒洛四編六孫二十九女誌及舊書一九〇中。

D〔又〕生遜遹遘造　「造」，庫本誤「遣」。按舊書一九〇中：「遜弟遹、遘、造。」新表同。又千唐孫保衡撰孫嬰誌：「父造，天寶初，應文詞清麗舉，與郭納同登甲科，官至詹事府司直。」（嬰官藍田尉，以母喪解，卒貞元十七，年五十七，子曰集慶）千唐孫公輔撰故詹事府司直孫公夫人李氏誌，自稱第十三姪承議郎行河南府陸渾縣丞。考新表七三下：「造，詹事司直。」又云：「一子嬰，……以貞元四年……殁于厥子嬰藍田之官舍，時年六十一。」依前誌，造子嬰，藍田尉。則此誌是造與其妻李氏合祔誌也。銘云：「季父作主，夫人爲賓。」於造之行序亦合。又千唐貞元十七年再從兄保衡撰孫氏女誌：「詹事司直府君諱造之孫，藍田縣尉府君諱嬰之次女也。」尤可證。

107 遜，中書舍人、刑部侍郎，生宿、絳、成、視。宿，中書舍人、華州刺史；生公器，邕州經略使。絳，檢校郎中。成，桂府觀察兼中丞。視生替否。

A〔岑校〕遜中書舍人刑部侍郎　廣記一七〇引談賓録，開元八年，侍郎王丘拔山陰尉孫遜，不數年掌綸誥。按遜二十四年始拜中書舍人（舊書一九〇中），非「不數年」也。

B〔又〕宿中書舍人華州刺史　宿佐子儀幕，見廣記一九引神仙感遇傳。千唐孫幼實誌：「曾祖府君諱宿，皇華州刺史。」

C〔又〕生公器邕州經略使　貞元九年七月，自信州刺史爲邕州總管，見舊書一三，亦見舊書一九〇及芒洛遺文孫筥誌，芒洛四編六孫讜誌，千唐孫幼實誌。又千唐咸通十一年弟孫徽撰孟州司馬孫府君誌云：「大父府君諱公器，皇邕管經略使，累贈司空。烈考府君諱簡，皇太子少師，檢校司空，累贈太師。」誌不著諱，以新表七三下勘之，卽簡子景裕也。

D〔又〕絳檢校郎中　新表作「右補闕」。

E〔又〕成桂府觀察兼中丞　舊紀一三，貞元四年七月，以蘇州刺史孫晟爲桂管觀察，五年十月卒，卽此孫成也。建中二年，成官京兆少尹，見廣記四五二引沈旣濟文。千唐故桂州刺史孫夫人盧氏誌：「府君廉省桂林，天實降禍。」府君卽成無疑。誌云：「嗣子右金吾胄曹惟肖，進士保衡，右羽林録事微仲，脩武縣主簿審象。」誌立於永貞元年。又元和二年鄭君亡室孫氏誌，「仲兄保衡撰，弟審象書」，云，「桂州府君之第二女也」（卒年三十二）。又千唐孫簡撰汝州司馬孫審象誌：「烈考府君諱成，少以門子入仕，……累遷蘇、信二州刺史、桂府觀察使、兼御史中丞。」（審象卒會昌元年，年六十一）又貞元六年桂州刺史孫成誌，拓本未檢得。

F〔又〕視生替否　千唐誌有顯聖二年壬寅（卽寶應元）太常寺主簿孫府君誌云：「公大諱父（按

「諱父」二字，石刻誤倒）嘉之，爲宋州司馬。考諱遜，爲中書舍人、刑部侍郎。」則此府君是遜子。誌又云：「以弘文生出身，調補律郎，轉太常寺主簿。」據姓纂著録遜四子，除宿、絳、成均不合外，新表七三下稱：「視，太常寺太祝、協律郎。」誌之「律郎」，卽「協律郎」也。舊志四四，太祝正九品上，協律郎正八品上，主簿從七品上，以此觀之，誌爲視誌無疑。新表或漏去末一升階耳。誌又云：「今之主祭則誰，鄧侯無嗣。」替否殆以兄弟子入繼。據誌，視卒顯聖二年，年三十五。

108 遹生會，常州刺史。

A〔岑校〕遹生會常州刺史　芒洛四編六孫嗣初誌，大王父遹，左羽林軍兵曹參軍，□□（王父）會，常州刺史。全文三一三孫遜祭亡弟故左羽林軍兵曹參軍文，由嗣初誌觀之，卽祭遹文也。文云：「余年有五，爾實以生，四十餘載，而爲弟兄，……蓬也未立稷（英華本作『穆』）仍稚。」不知蓬若稷是會之小名否。丙寅稿孫瑝誌，曾王父遹，關内營田判官、左羽林兵曹參軍、京畿採訪支使，贈左散騎常侍。全文五一八梁肅賀蘇常二孫使君鄰郡詩序：「初伯氏用雅度碩畫，掌柱下史（一作方書），出擁麾幢，四領江郡，仲氏以茂學達才，由尚書郎貳京兆，守上饒，興元、貞元間，偕以治行聞，天子器之，於是仲有吳苑之寄，伯受晉陵之命。」仲指孫成，伯指孫會。據孫瑝誌，王父會，侍御史，郴、温、廬、宣、常五州刺史，晉陽縣開國男，贈工部尚書。四領江郡，郴、温、廬、宣也。全文三六二孫會蘇仙碑銘云：「巨唐開元二十九年也，……時郴州太守樂安孫會，文房之士也，遂爲之銘。」拓本後唐天成元年唐故朝散大夫守尚書工部侍郎柱國賜紫金魚袋樂安孫公（拙）墓銘并序云：「曾祖會，廬、常等五州牧，累贈吏部尚書、宣州觀察使。祖公乂，廬、饒等五州牧，工部尚書致仕，累贈太尉。考瑝，前御史中丞，累贈司空。」

109 遘，右補闕、河内司馬；生公輔，誠大理評事。案唐世系表，遘四子，長公彦，次客卿，次公輔，次起。與此不合。

A〔岑校〕遘右補闕河内司馬　新表作「亳州刺史」。按孫二十九女誌云：「祖遘，左補闕内供奉。」「右」字誤。千唐同州長史韋夫人孫氏誌：「烈考遘，左補闕、太子舍人。」（夫人卒元和四年，年五十七）。

B〔又〕生公輔誠大理評事　校云：「案唐世系表，遘四子，長公彦，次客卿，次公輔，次起，與此不合。」按孫二十九女誌，父起，白馬令，與新表合。余頗疑「誠」是「試」字之訛。公輔歷官，見前引千唐誌。

110【東宛】　孫臏之後。漢有孫揚，魏有孫耽，晉有孫牧，宋有孫奉伯，梁有孫謙。

A〔岑校〕東宛　「宛」誤，庫本作「莞」。按下文有孫謙，據梁書五三，謙，東莞莒人，可證。温校略同。

111【吴郡富春】　吴孫武子世居富春。堅，策、權。權爲吴帝，生亮、休。休子皓。唐尚書左丞孫彦高，廣陵，云權後。

A〔岑校〕堅策權　温校「堅」下當補「生」字。

B〔又〕唐尚書左丞孫彦高廣陵云權後　「廣陵」下當補「人」字。聖曆初默啜入寇，彦高時爲定州刺史，死焉。朝野僉載稱曰「文昌左丞」，此云「尚書」，從其元稱也。温校「高」下補「居」字，亦通。

112【富陽】孫武之後，世居富陽。裔孫遠，宋寧遠將軍。元孫瑒，陳祠部尚書、定襄侯。弟昕。曾孫瑛，唐雲州刺史、義興公。

A〔岑校〕温校據宋州郡志，晉簡文鄭太后諱春，孝武改富春爲富陽，不應分爲二望云云。案富春郡，孫姓之初望，其支分北出者必仍稱富春，留居者乃隨諱改富陽，是「富春」、「富陽」兩望，事實上許並立，非作姓書者之過，作姓書者亦不能強并之也，温説未通。

113又齊有孫瑀明，臨川王常侍；曾孫，案此下有脱名。唐淅州刺史也。

A〔岑校〕唐淅州刺史也　庫本誤作「浙州」。

114【清河】孫武之後。魏清河太守靈懷；曾孫處約，唐中書侍郎；生侹、儉、儆、佺。侹，延州刺史、富春男。儉，荆府長史、樂安子。儆，濟州刺史。佺，幽州都督、會稽公。

A〔岑校〕孫武之後魏清河太守靈懷　按「後」字應重。靈懷，後魏人，見新表。

B〔又〕曾孫處約唐中書侍郎　廣記一四七引御史臺記，來濟領吏部，注瀛州書佐孫處約爲通事舍人*。

C〔又〕生侹俊儆佺　處約五子，侹、儆、俊、侑、佺，見廣記二二一，「侹」應作「侹」，但儆、俊之序亦不同。

D〔又〕侹延州刺史富春男　河朔訪古記洛陽石刻有延州刺史孫公碑，開元二年立，時代相合，疑即侹碑。曲石藏唐故中書侍郎弘文館學士同中書門下三品樂安孫公夫人陸氏平原郡君墓誌幷序，係以延載元年合葬，中有云：「嗣子朝議大夫、前行絳州岳平縣令、上柱國、富春縣開國男侹等。」

E〔又〕佺幽州都督會稽公　佺官員外，從相王北征，見全詩二函五册李乂、沈佺期下。嚴州圖經一：「孫詮，神龍二年□月□日自右騎（下缺）。」似卽其人。廣記一六九引定命録，胡某隨張佺北征，「張」乃「孫」之訛。

115 又户部侍郎孫伏伽，清河人；孫履中，恆州刺史，生匪驕。

116 【河東】　夏官侍郎、平章事孫元亨，虞鄉人。户部員外孫上客，桑泉人。

A〔岑校〕河東　夏官侍郎平章事孫元亨　郎官柱封外，王作「亨」，趙、勞作「享」，又户中均作「亨」，按舊新紀同作「亨」，則從「亨」可也（唐人常寫「亨」爲「享」）。

B〔又〕户部員外孫上客　郎官柱作「尚客」，廣記一二六「崔進思」條，有郎中孫尚容，卽是一人，蓋姓纂訛「尚」爲「上」，廣記訛「客」爲「容」也，唯作「郎中」小異。郎官考一二亦謂「容」是「客」誤。

117 【華原】 唐處士孫思邈；生行，中書舍人；子濟，左司郎中、潤州刺史。

A〔岑校〕華原　唐處士孫思邈　廣記二一八引譚賓録，思邈，華原人，隱太白山，顯慶三年徵至，年九十餘，尋授承務郎，直尚藥局，永淳初卒。則邈亦非終於處士者。

B〔又〕生行中書舍人　舊書一九一思邈傳，子行，天授中爲鳳閣侍郎。

C〔又〕子濟左司郎中潤州刺史　開元十三年，濟官殿中御史，見元龜八五。全詩二函六册有張謂贈吏部孫員外濟詩。

118 【洛陽】 御史中丞孫景，狀云武之後。

A〔岑校〕御史中丞孫景　元龜五二〇，萬歲通天時有監察御史孫丞景，不知是此人否。

温

119 唐叔虞之後。温。晉公族，受封河内之温，因以命氏。又郤至食采於温，亦號温季。

A〔岑校〕唐叔虞之後　庫本作「唐虞叔」。按新表七二中及下文韓姓類稿一四引文、洪氏引祕笈新書，均作「唐叔虞」，庫本誤。

B〔又〕温晉公族受封河内之温因以命氏　按新表云：「以公族封於河内温，因以命氏。」前一「温」字殆誤（類稿引無，故温氏校亦衍此「温」字）。通志云：「按姓纂、唐表皆言唐叔虞之後，以公族封於河內，此即郤至之封。(又)言郤至食采于温，亦號温季，一事分而爲二，誤矣。」

120 漢功臣表，温疥封栒順侯，栒音荀。疥孫何，始居太原。

A〔岑校〕漢功臣表温疥封栒順侯　新表亦云封栒侯，謚曰順。余按漢表一六作「掉頃侯温疥」。師古云，掉音詢，又音荀，其音雖同，字寫迥異，「頃」與「順」亦不合。

121【太原祁縣】何六代孫序，後漢護羌校尉。七代孫嶠，晉江州刺史。嶠從子楷，晉末從桓謐入後魏。楷兄孫奇，後魏馮翊太守；元孫君攸，北齊開府參軍，見文林館記，生大雅、彦博、彦將。

A〔岑校〕元孫君攸北齊開府參軍見文林館記　君攸，新表、傳同，舊書六一作「君悠」，云：「北齊文林館學士，隋泗州司馬。」金石補正三〇於「文林館記」下注云：「句有缺。」按文林館記即後世學士壁記之類，非缺也。

122 大雅，禮部尚書、黎孝公，生無隱、釋允。無隱，工部侍郎，生克讓、克明、晉昌。釋允，坊州刺史*。

A〔岑校〕無隱工部侍郎　廣記一三四引冥報拾遺，顯慶年工部侍郎孫無隱，「孫」當「温」之誤。珠林五二引同書正作「温」。無隱約貞觀十五年時爲通事舍人，見新書二一五下。景龍二年故太中大夫泗州刺史趙本質妻温氏晉陽郡君墓誌：「郡君祖大雅，禮部尚書。……父無隱，瀛州刺史。」

彦博，中書令、左僕射、虔恭公，生振、挺。振，太子舍人，生翁歸、翁念。翁歸，庫部郎中、括州刺史，生緬、績、纘、紹、緘、絢。績案唐世系表「績」作「續」。爲閬州刺史，封虞公，生晧、晈、曦。曦，駙馬、太僕卿，生同正西華。西華，駙馬、祕書監同正，生瑒。紹生章，道州刺史。絢，比部員外郎。翁念，左司郎中、太僕少卿。挺，駙馬、延州刺史，生常節。常節生履言，右羽林將軍。履言生冬日、光嗣。

A〔岑校〕彦博中書令左僕射虔恭公　「虔」誤，依碑傳應作「虞」，故下文曾孫亦封虞公。金石補正三〇云：「碑封虞公，元和姓纂誤作『虔恭公』。」按彦博謚恭，具見於碑，「恭」字不誤，祇能謂誤「虞」爲「虔」耳。

B〔又〕績爲閬州刺史　新表作「朗州」。

C〔又〕曦駙馬太僕卿　據姓纂，曦爲彦博玄孫，新表七三下同。會要六，尚睿宗女涼國公主（「曦」訛「義」）。涼國公主碑：「故丞相虞公太原温彦博曾孫曦。」（萃編七五）新書九一從之，疑有誤。開元十一年南郊赦書，駙馬都尉温曦賜物三百疋，見英華四二四。

D〔又〕生同正西華西華駙馬祕書監同正生瑒　新表無「同正」，瑒爲西華子，涼國公主碑祇言子西華等。會要六，玄宗女昌平公主降温西華。合而觀之，知第二「同正」字屬上祕書監言，非正員也；第一「同正」字或應乙於上文太僕卿之下，否則涉下「祕書監同正」而誤複也。

E〔又〕紹生章　羅云：「案『章』，唐表作『暐』。」

F〔又〕翁念左司郎中太僕少卿　神泉詩，垂拱四年立，稱左司郎中温翁念字敬祖。

G〔又〕挺駙馬延州刺史　尚高祖女千金公主，見舊書六一，元龜三〇〇則云：「温挺，彦博次子，尚高祖女定安公主（後降鄭敬玄）。」

H〔又〕常節生履言右羽林將軍　「右」，新表作「左」。

124 彦將，中書侍郎、清源敬公，生瓚、瑜、瑾、璩。瓚生焯、煒、炫。瑜，祠部郎中、汴州刺史。璩，職方郎中、鄭州刺史；生道沖，和州刺史。道沖生任、佐、佚。任生襄。襄生初，國子主簿。

A〔岑校〕生瓚瑜瑾璩　温煒夫人李氏墓誌，逼先后嚴旨，不克徇柏舟之操，後改適中書侍郎温彦將孫，易州司馬瓚第三子潞州屯留縣令煒。羅振玉跋云：「唐書宰相世系表則作彦將子瓚、孫煒，與誌作孫瓚爲不合。疑誌文『改適温彦將孫』爲句，謂適温彦將之孫，其人爲瓚第三子，表固多誤，然以彦將爲彦博弟，彦博相太宗，以年歲考之，不應開元間勣之女孫嫁彦將曾孫，表殆不誤也。」余按誌之讀法，應如羅氏所疑，新表世系亦沿姓纂耳。彦將事太宗，玄宗爲太宗曾孫，則開元時彦將亦可有曾孫，況誌謂逼先后嚴旨，先后自是武后，煒以太極元年卒，則李夫人改適，固在則天時，非開元間事，羅氏之「不應開元間勣之女孫嫁彦將曾孫」云云，實犯兩重語病，「開元間」三字如改作「則天時」，則語較圓活矣。

B〔又〕瓚生焯煒炫　焯以太極元年卒，見同上墓誌。

C〔又〕璩職方郎中鄭州刺史　新表作「陝州」。

D〔又〕道沖生任佐佚　全文六二二收温任對承襲稱狂判一首。

E〔又〕任生襄　羅云：「案『襄』，唐書世系表作『衮』。」

渾

125 左傳，衞大夫渾良夫。

126 【河南】官氏志，吐谷渾氏改爲渾氏。

A〔岑校〕官氏志吐谷渾氏改渾氏　今志無「吐」字，通志有，疏證以爲涉下「谷渾改渾」而誤。又渾瑊出鐵勒部，此未詳，殆有闕佚。

昆

127 夏諸侯昆吾氏之後。齊有昆辯*，見戰國策，又見纂要文。

A〔岑校〕齊有昆辯　辨誤八云：「按國策，齊賢者貌辨，古今人表作『昆辯』，……元和姓纂作『崑弁」，……均非。」「崑弁」，亦張據本之訛，今本固與人表同也。

尊

128 古尊盧氏之後。

A〔岑校〕古尊盧氏之後　下文亦別出「尊盧」。

鐏

129 見纂要文。

A〔岑校〕鐏　「鐏」，通志作「鐏」，類稿一四作「鐏」。

屯

130 姓苑云，渾沌氏之後，去「水」爲屯。漢有常山太守屯英。

A〔岑校〕漢有常山太守屯英　漢書八八作「常山太守毛莫如」，蕭該引風俗通作「屯莫如」，此作「屯英」，訛奪也（類稿一四作「屯莫」）。又屯姓有一節，誤錯於下文根姓，說詳後。

盆

131 見姓苑。

132 【齊郡】 漢盆門氏改爲盆氏。

A〔岑校〕齊郡　漢盆門氏改爲盆氏　按通志「盆氏」云：「齊邑也，盆城子之後，漢盆謚爲中郎將，望出齊郡。」此作「盆門改盆」，顯有錯誤。温校云：「案『盆』字下闕名，『盆門』句當係門姓文訛缺竄入。類稿，門，莊子有門其，河南，官氏志，吐門氏改爲門氏。」余按「門其」，姓觿一作「門無鬼」，又金石録二一：「按魏書官氏志及元和姓纂有叱門氏後改爲門。」則作「吐」者訛。姓纂於後魏複姓，往往附見單姓之下，故此條可附見門姓，非必姓纂有「叱門」專條。由是知盆姓之文，實兼冒門姓，應移正。

坤

133 坤年子六國時著書，見風俗通。

A〔岑校〕坤年子六國時著書見風俗通　「年」誤，庫本作「牟」。考廣韻「根」字云：「亦姓，根牟子，古賢者，著書，見風俗通。」辯證七亦云：「六國時有根牟子著書，見風俗通。」則「坤」又「根」之訛。其文應移入根姓。「坤」，廣韻不云姓，辯證以根牟爲複姓，温校亦謂是「根牟」之訛。

賁（羅補）

134 魯孫賁父之後。晉有賁浦。漢有郎中賁光。晉又有汝南賁嵩，清操之士。又庾琛女適汝南賁氏。又有長水校尉賁顗。（羅補）

A〔岑校〕此係羅氏據辯證補佚。考通志「賁氏」云：「縣賁父之後。風俗通，魯有賁浦，賁音奔。」「孫」作「縣」，「晉」作「魯」，按縣賁父見禮記，辯證訛。尋源一一引亦作「縣賁父」。温校云：「類稿作……汝南，漢有郎中賁光，見論衡。晉書，汝南賁嵩，清操之士。……當以類稿爲是。『汝南』下另行。」

門（岑補）

135 叱門氏改爲門氏。（岑補）

A〔岑校〕據前盆姓條温校修補。

温孤

136 代人，改温。垂拱中有温孤元軌。

A〔岑校〕代人改温　「改温」，通志作「改爲温」，疏證謂温孤即志之嗢盆，余未敢信。

温伯

137 莊子有温伯雪子。

A〔岑校〕莊子有温伯雪子　廣韻「温」字下云：「又漢複姓二氏，莊子有温伯雪子。」

昆吾

138 世本，古己姓國，夏時侯伯祝融氏之後。

孫陽

139 風俗通，景母封孫陽侯，丹曾孫汾避亂隴西，因封爲氏。

A〔岑校〕風俗通景母封孫陽侯丹曾孫汾避亂隴西因封爲氏　「景母」，應依庫本作「景丹」。唯後漢書景丹傳封櫟陽侯，不封「孫陽」也。考孫陽之文，誤入戲陽，說已見前。廣韻云：「後漢有櫟陽侯景丹，曾孫汾避亂隴西，因封爲氏。」又通志「櫟陽氏」云：「風俗通，後漢景丹封櫟陽侯，丹曾孫分避亂隴西，因封爲氏焉。」是知今姓纂以孫陽冒櫟陽之文也，應改正移入卷十。温校略同。

盆成

140 孟子有盆成括，仕齊。

奔水

141 英賢傳，祁大夫之後奔漢水，氏焉。

A〔岑校〕英賢傳祁大夫之後奔漢水氏焉　按通志「奔水氏」云：「神農納奔水氏爲妃。」今姓纂錯附「根水」之下，復訛「奔」爲「根」，説見後。考通志「祁夜氏」：「英賢傳，祁大夫之後。」辯證略同。前「祁夜」之文，實冒「封具」，故其本條誤錯於此，應更正（温校略同）。尋源一一徒以姓纂爲謬，説未諦。

門尹

142 宋門尹般之後。宋又有門尹且渠。

屯渾

143 太昊之佐屯渾氏，其後爲氏。

A〔岑校〕太昊之佐屯渾氏　通志目作「沌渾」，文作「渾沌」。按前文屯姓下稱渾沌氏，此不應又作「屯渾」，應乙正。尋源一一謂作「屯渾氏」誤，是也。路史前紀四注云：「姓纂又有屯渾氏，云太昊佐，謬。」則羅氏見本已誤。

尊盧

144 古太昊時諸侯氏也。

二十四痕

根

145 後蜀法部尚書根度。

A〔岑校〕後蜀法部尚書根度　按廣韻「屯」字下云：「後蜀録有法部尚書屯度。」姓解三同。通志「屯氏」云：「巴都（「郡」誤）有後蜀法部尚書屯度。」此實屯氏之文而訛作根氏也，根姓之文，已見前文坤下，應各還其本。温校略同。

根水

146 神農納根水氏女爲氏。案世本，老童娶根水氏女。又通志神農娶奔水氏女。

A〔岑校〕神農納根水氏女爲氏　下「氏」字乃「妃」之訛。校云：「案世本，老童娶根水氏女。又通志，神農娶奔水氏女。」余按通志「根水氏」云：「世本，老童娶根水氏。」「奔水氏」云：「神農納奔水氏女爲妃。」此條實「奔水」之文而訛「奔」爲「根」者也，應改正，移附前奔水姓後。若「根水」本文，今誤附「安是」，説詳下「安是」。

二十五寒

寒

147 周武王韓侯之後，避難改爲寒氏。一云夏諸侯寒浞之後。

A〔岑校〕周武王韓侯之後　温校，「王」下補「子」字。

148 【魯國薛縣】後漢清河相寒朗。

A〔岑校〕後漢清河相寒朗　今後書四一有傳稱寒朗。姓氏急就篇上云：「後漢蹇朗，袁弘紀作寒朗，通鑑從之。」按通鑑考異二云：「范書作『寒』，……袁紀作『蹇』。」蓋今急就篇「蹇」、「寒」兩字互倒也。

韓

149 出自唐叔虞之後。據秘笈新書增。晉穆侯子成師生萬，食采於韓，因以命氏，代爲晉卿。

曾孫厥生起。起生須。須生不信，元孫景侯，分晉爲諸侯，八代至王安，爲秦所滅，復以國爲氏。據祕笈新書增。

A〔岑校〕出自唐叔虞之後　此七字洪氏據祕笈新書增。類稿一五引亦有。

B〔又〕食采於韓　「韓」下漏「原」字，庫本有，新表七三上亦云：「食采韓原。」通志同。辯證八云：「如元和姓纂、唐宰相世系表皆云晉曲沃成師生萬，食采韓原，因以爲氏。」可證。

C〔又〕八代至王安爲秦所滅　秦虜王安，見史記四五。新表云：「襄王倉爲秦所滅。」誤。

D〔又〕復以國爲氏　此五字洪氏據祕笈新書增，類稿亦有。

150 襄王孫漢韓王信。信生襄城侯嬰，弓高侯穨當。穨當孫龍頟侯說、案道侯說。說曾孫，大司馬。案此脱名。裔孫後漢司空稜，晉太常卿伯。

A〔岑校〕襄王孫漢韓王信信生襄城侯嬰　沈跋云：「又（路史後紀）十卷韓籍、韓嬰、韓信注云，籍、嬰、信三韓，見姓纂。今孫本『二十五寒』韓姓下有嬰、信，無籍。」余按路史所謂韓籍、韓嬰、韓信皆其氏，非其人也。「信」、「言」之訛也。今姓纂有韓籍、韓嬰、韓言三姓，沈氏未之詳審耳。温校據漢書，嬰乃信孫，此誤爲子。

B〔又〕穨當孫龍頟侯說案道侯說　「頟」，庫本作「額」，「穨」，漢表作「隤」，傳作「穨」。同書一六表，龍頟侯說以元朔五年封，元鼎五年坐酎金免，按道侯說以元封元年封，爲衛太子所殺。三三韓王信傳則云：「頹當孽孫嫣，……嫣弟說，以校尉擊匈奴，封龍頟侯。後坐酎金失侯，復以待詔爲橫海將軍，擊破東越，封按道侯。」師古注云：「史記年表并衞青傳，韓說初封龍頟侯，後爲按道侯，皆與此傳同。而漢書功臣侯表乃云，龍頟侯名譊，按道侯名說，列爲二人，與此不同。疑表誤。」姓纂所記，乃從漢功臣表也。百越先賢志以說爲粤人，非是。

C〔又〕說曾孫大司馬　校云：「案此脱名。」余按漢書三三，說爲衞太子所殺，子興嗣，又坐巫蠱誅，復封興弟增爲龍頟侯，神爵元年，代張安世爲大司馬。「增」，漢表一六作「曾」，新表七三上則云：「說生長君，長君生龍頟侯增。」以「增」或「曾」爲說孫，蓋卽姓纂之說，與漢書異，然則「曾孫」者「孫曾」之倒，注以爲脱名，非也。温校亦未諦。

D〔又〕裔孫後漢司空稜　新表亦作「稜」，後書七五作「棱」，洪氏韓子年譜引姓纂，與後書同。

151 【潁川長社縣】　漢御史大夫韓安國與稜，並潁川人。

152 【南陽堵縣】　頹當元孫騫，避王莽亂，因居之。

A〔岑校〕南陽堵縣　按漢書地理志，南陽郡有堵陽縣，韋昭云，「堵」音「者」，晉書三七韓延之傳作「赭陽」，洪興祖韓子年譜引姓纂亦作「赭陽」，「堵」下奪「陽」字。

B〔又〕頹當元孫騫　據新表七三上，隤當生孺，孺生說，說生長君，長君生增，增生騫，是騫乃頹當五代孫，此祇云「玄孫」，比表少一代，則似前文之「說孫曾」，應依漢表爲「說子曾」也。

153 魏司徒、甫陽恭侯案唐世系表「甫陽」作「甫鄉」。暨，六代孫延之，晉末從司馬休之奔姚興，又奔後魏，封魯侯。案唐世系表「魯侯」作「魯陽侯」。元孫褒，周少保、三水正伯，生仲良、遜、滂。

A〔岑校〕魏司徒甫陽恭侯暨　校云：「案唐世系表『甫陽』作『甫鄉』。」余按三國志二四韓暨傳，黄初七年進封南鄉亭侯，景初二年爲司徒，卒，謚曰恭侯。新表下文又云：「南鄉恭侯暨子孫，其後徙陽夏。」「甫」又「南」之訛也。

B〔又〕封魯侯　原校據唐表「魯侯」作「魯陽」，羅云：「案魏書韓延之傳亦作『魯陽侯』。」「陽」字蓋誤錯於前文「恭侯」之上。

C〔又〕元孫褒周少保三水正伯　羅校云：「案周書韓褒傳，爵三水縣公，謚曰貞，韓仲良碑亦作『三水貞公』，此誤。」按「貞」之作「正」，或是宋本避嫌諱所改。

D〔又〕生仲良　羅云：「又(仲良)碑稱仲良祖褒，父紹，此又誤以仲良爲褒子。」

154 仲良，唐户部尚書，潁川公；生瑗，侍中。孫澄，汲郡太守，生炅。孫檢，案唐世系表「檢」作「儉」。生琦、祐。琦，左監門大將軍；生滑，蜀州刺史。祐生溱，左補闕。溱生憬、協。憬，亳州刺史。協，駕部郎中。協生秦，祠部郎中。

A〔岑校〕仲良唐户部尚書潁川公　貞觀元年授户部尚書，見仲良碑，謚曰定，贈太子太保。會要七九謂謚貞，贈太子少保，非也。

B〔又〕孫澄汲郡太守　新表作「曾孫」，當可信（參下文），此奪「曾」字。統譜二四，澄官至汲郡太守，歷兵部郎中。元龜八六三，崔寧爲西川節度，奏本管兵馬使瀘州刺史韓澄與先代諱同，請改名清，許之。按寧官西川在大歷時，此韓澄當是偶同姓名者。又奉天録一有神武軍使、御史大夫韓澄，時代亦不合。

C〔又〕孫檢生琦祐琦左監門大將軍生滑蜀州刺史祐生溱左補闕溱生憬協憬亳州刺史協駕部郎中協生秦祠部郎中　校云：「案唐世系表『檢』作『儉』。」羅校云：「『滑』，唐世系表作『湑』。」余按「秦」誤，庫本作「泰」，即新書一六八韓泰，字安平，附王叔文，由户部郎中被貶，終湖州刺史者是也。新表七三下以泰別爲一支，不作協子，謂仲良孫某，郢州刺史，生某，著作郎，生某，萬州刺史，三子，慎、豐、泰。慎，温主簿。豐字茂實。泰字安平，祠部郎中。余初校姓纂，以爲泰，德宗時人，斷不能爲瑗（相高宗）十世孫，因從新表，以「協生」二字爲衍文。嗣讀河東集一一故温縣主簿韓君墓誌云：「有唐故温縣主簿韓慎，字某，漢弓高侯其先也，……傳世至今唐侍中諱瑗，……侍中兄子郢州刺史諱某，某生御史著作郎諱某，某生尚書庫部郎中萬州刺史諱某，……君萬州長子也，……季弟泰。」始知新表此一段世系，本自柳集。其不從姓纂以泰爲協子者，殆因（一）泰斷不能爲瑗十世孫，（二）泰三代歷官，與姓纂不合，所疑原都中理，余仍未致疑於新表之有誤也。繼又讀集古録目三云：「唐龍興寺碑，……此碑以景龍四年五月立。」又云：「唐龍興寺碑陰，唐薛融書，檢校陳州刺史韓琦等題名，凡五十六人。」説之集一九陳州龍興寺碑云：「刺史南陽韓府君名琦。」於是知琦爲中宗時人，斷非瑗七世孫，乃知新表殊不可信。試就姓纂尋之，則紹生三子，仲良、遜、滂。仲良、滂皆著其後，惟遜未之及，始悟「孫檢」（或「儉」）之上，實奪「遜」字。千唐崔歆（仲俊）誌有通人韓儉。以其時考之，應是龍朔初元，年代正合。依此，將新表改編之，可得表如左：

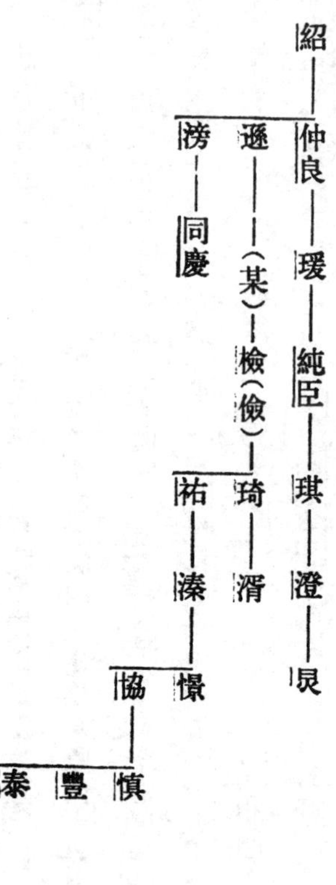

再將上表細爲檢討，得可信者兩點：（1）仲良仕高祖、太宗，其子瑗相高宗，其從曾孫琦仕中宗末，其玄孫澄仕天寶，其六世從孫泰仕德宗末，時代均屬相當。（2）琪、琦爲同輩，名用玉旁，澄、湑、溱爲同輩，名俱用水旁。所可疑者兩點：（甲）河東集稱慎爲瑗兄子之後，不稱從兄之後，然此特門閥攀附，含混其詞，非河東之責也，抑集於慎之三代，均闕其名，或不無微意也。（乙）依上表及河東集，祐應郢州刺史，溱應御史著作郎，協應庫部郎中、萬州刺史，而姓纂不著祐官（新書五八，開元十七年有韓祐上續古今人表，授太常寺太祝，殆非此人）。溱稱左補闕，協稱駕部郎中，似兩不相符。殊不知姓纂失載歷官，書中數見，若御史、補闕，階級相當，庫部、駕部，部屬同一（江州集二有對雨寄韓庫部協詩，卷五有答韓庫部協詩，是協常官庫部，又卷三有寄柳州韓司户郎中詩），且或舉贈官，或臚實職，則殊異亦自有因，即如傳謂泰累遷至户中，而姓纂祇稱祠中，尤其證也。總言之，新表此系，分據姓纂、柳集而編成，既不知姓纂奪去「遜」字，遂誤解瑗之九世孫得仕於元和已前，復不知泰實協子，遂强抹去姓纂之「協生泰」而别自爲系，一誤不已，至於再誤，皆其草率編製未經細考之弊也。河東集注云：「郢州、著作郎、萬州刺史，史皆不詳其名字。」失考與新表同。又琦爲左監門大將軍，見長安志七。泰爲貞元十一年進士，見河東集注，永貞元年再貶虔州司馬，見舊書一四，嘗任連州刺史，見夢得集二七。又泰題名云：「右泰長慶元年三月，自漳州刺史授郴州，四年六月轉睦州，八月九日沿流之任。」泰有子師仁、諡文，亦見題名。廣東黄志韓澄傳：「從孫子泰。」「子」字等衍。元和四年五月，泰在虔州，見全文六三八李翺來南録。吴興談志一四：「韓泰，太（大）和元年七月三日自睦州刺史拜，遷常州刺史。」嚴州圖經一：「韓泰，長慶四年六月二十五日自郴州刺史拜。」

155 滂生同慶，司勳郎中。

156 褒再從姪憲之，唐憲部郎中。

A〔岑校〕褒再從姪憲之唐憲部郎中　舊書四三云：「隋曰憲部郎，武德爲刑部郎中。」憲之官於唐初，故有憲部之名。

157 【昌黎棘成縣】晉員外韓安之，生潛、恬。後魏書云，並延之族弟，同隨州司馬休之自南入後魏。恬子都爲元菟太守*。因居昌黎。

A〔岑校〕晉員外韓安之　洪興祖韓子年譜引姓纂，「員外」下多「郎」字。

B〔又〕同隨州司馬休之自南入後魏　「州」字衍，韓子年譜引文亦祇云：「隨司馬休之入後魏。」

158 潛元孫建業，北齊司徒、安南王。曾孫孝城，唐左金吾大將軍、南康公；生令英，亳州刺史，生止水。

A〔岑校〕曾孫孝城唐左金吾大將軍南康公　叢編八引京兆金石録，稱右金吾衞大將軍韓孝成墓誌，乾封二年立。續僧傳二三明導傳，麟德元年有洛州長史（意即刺史）韓孝威，疑是同人。

159 都生普賢，後魏昌黎王。普賢生永興，高密公。高密公生長鸞、剬東。剬東，環州刺史；生處約，主客員外*。

160 後周有商州刺史、洪雅公韓護，狀稱潛後，居京兆。孫符，巫州刺史，生智。休、倩。智，洛州刺史司户參軍。

A〔岑校〕後周有商州刺史洪雅公韓護狀稱潛後　新表以護爲恬後。

B〔又〕孫符巫州刺史智休倩　載之集二〇韓洄行狀與全文五三〇顧況韓滉行狀稱符，潭陽郡太守，非也。唐初止曰巫州，亦無太守之目。又據行狀及新書一二六，休父大智，智兄大敏。又新表七三上，倩爲休兄弟，「生智。休、倩」應作「生大敏、大智」（下文有大敏）。「休倩」二字乃下文錯簡者。又新表，符尚有子大壽，勞考三謂姓纂脱去，是否待證。糾謬九云：「今案宰相韓氏世系表，則大敏乃大智之弟。」此殆姓纂原文不循行序，新表據以構成，故來吴氏之糾。

C〔又〕智洛州刺史司户參軍　其下應乙補「生休、倩」三字。據表、傳，「刺史」二字，文雖可通，亦當删去。載之集二〇、全文五三〇均作「河南府士曹參軍」。

161 休，黄門侍郎、平章事、少師，生浩、洽、洪、汯、滉、渾、洄。洽，殿中侍御史，生述、武。述，朗州刺史。武，温州刺史。洪，司勳員外，生章，工部尚書。汯，諫議大夫、知制誥，生卓，殿中御史。卓生準，洛陽令。滉，左僕射、平章事、晉國公，生羣、皋。羣，國子祭酒。皋，兵部尚書、東都留守。洄，户部侍郎、京兆尹。

A〔岑校〕洽殿中侍御史生述武　新表七三上作「監察御史」，與此及新傳異。又表以述、武二人爲渾子，今姓纂不著渾官，殆有錯奪。

B〔又〕述朗州刺史　新表作「閬州」。

C〔又〕武温州刺史　新表作「右拾遺」。

D〔又〕洪司勳員外　新表作「邢州長史」，舊、新傳則云，由司庫員外郎外貶，後爲華州長史。全文三六七賈至制：「襄陽太守韓洪、左補闕韓絃（「汯」之訛）等，令德之後，象賢而立，……洪可山南東道防禦使，絃（亦「汯」之訛）可考功員外郎知制誥。」今郎官柱勳外無洪名。

E〔又〕生章工部尚書　叢編一四引復齋碑録，修建功德銘，大曆六年立，武康令韓章撰。又貞元六年爲諫議大夫，見會要七四。全詩十一函九册清晝有與武康令韓章聯句，十二函二册有招韓武康章，霅溪館送韓明府章辭滿歸。元龜八九九，元和中章爲工尚，以太子少保致仕。吴興談志一八，大寧寺建功德碑，試大理評事兼武康縣令韓章撰。

F〔又〕汯諫議大夫知制誥　汯自左補闕授考功員外知制誥，見前韓洪條下引賈至制。宋僧傳一九無相傳：「乾元三年，資州刺史韓汯撰碑。」「汯」亦「汯」訛。

G〔又〕生卓殿中御史　新表作「殿中丞」。

H〔又〕卓生準洛陽令　全詩五函六册劉商有哭韓淮端公兼上崔中丞，按「淮」即「準」字，不知是此人否。

I〔又〕羣國子祭酒　舊書一二九，官至考功員外，新表作「禮部員外」，新書一二六，終國子司業，四説不同。

J〔又〕臯兵部尚書東都留守　白氏集三八除韓臯東都留守制云：「刑部尚書韓臯，……可檢校吏部尚書、東都留守。」又舊紀一四稱户尚，均不作兵部。臯自中書舍人除御史中丞，吕渭草敕，見廣記二四四引國史補。

K〔又〕洄户部侍郎京兆尹　新表作「兵部尚書」，誤，行狀及舊、新傳均未言任兵尚，其卒亦贈户部尚書耳。

162 倩，左庶子，生演、滁。案唐世系表「滁」作「滁」。演，和州刺史。滁生承徽。大敏。大敏，中書舍人。曾孫革，太府卿。

A〔岑校〕倩左庶子　新表作「殿中丞」。孝經序，天寶四載立，題名有朝請大夫、守國子司業韓倩。天寶三載送賀知章致仕，有韓倩屬和詩，見會稽掇英總集二。

B〔又〕生演滁　校云：「按唐世系表『滁』作『滁』。」按竹簡齋本正作「滁」。

C〔又〕滁生承徽大敏　「大敏」二字，乃前文所錯簡。

163 黄門侍郎生思復，稱昌黎潛後，代居雲陽；生朝宗，京兆尹。朝宗生賁、賞、質。賁，潤州刺史。賞，給事中。質，京兆少尹、中書舍人；生翃，拾遺。翃生倫、佾。佾，果州刺史。並云昌黎人延之族弟恬後焉。

A〔岑校〕曾孫革太府卿黄門侍郎生思復　據舊書一〇一思復傳，祖倫，思復少襲祖爵，則思復之父，顯未躋大位。又據傳，思復未爲太府卿而嘗任黄門侍郎，故余以爲太府卿一官，似屬於革；而黄門侍郎則思復之官也。由是而推，「生」字應正作「韓」字。思復當開元四年任諫議大夫，見會要四四。開元八年任德州刺史，見魯公集五。又會要七五，聖曆二年有太常博士韓復，據思復本傳，姚崇知政，擢授司禮（太常改名）博士，復即思復也。繼檢得全文三二七王維韓朝宗誌云：「曾祖諱倫，左衛率，賜爵長山縣男。祖某，隱居不仕。父諱思復，御史大夫、太子賓客，進封長山縣伯。」益知前證之不謬，而革與思復無關。又廣記一六九引談賓録，聖曆中，侍郎鄭杲注韓思復太常博士；拓本久視元年大周故承奉郎吴府君（續）墓誌之銘并序，題「朝議郎行司禮博士潁川韓思復撰」。千唐楊正本妻韓氏誌（卒聖曆二，年五十二）云：「京兆人也，……父倫，金紫光禄大夫、使持節亳州諸軍事亳州刺史、黄金公。」與思復祖同時，或是一人。但舊傳只言長山縣男，與韓朝宗誌同，則未能決定也。

B〔又〕稱昌黎濳後　按下文又言「並云昌黎人延之族弟恬後焉」，據前文濳、恬爲兄弟，此處前後殊不相應。

C〔又〕生朝宗京兆尹　天寶元年採訪使韓朝宗，見寰宇記一〇八虔州。同書一三三興元府下，開元十八年按察使韓朝宋，即「韓朝宗」之訛。廣記三八〇引朝野僉載，稱天寶中萬年主簿韓朝宗入冥，見故御史洪子輿及故刑部尚書李乂。考舊張嘉貞傳，開元作相，薦萬年主簿韓朝宗，擢監察御史，則「天寶中」乃「開元中」之訛。

D〔又〕生賁賞質　全文三二七王維韓朝宗誌：「長子曰某官，居憂而卒。次子某，前殿中侍御史，貶晉陵郡司户。次子某等倚廬野次。」知朝宗不止三子。朝宗，天寶九年卒（年六十五），十載十月葬。

E〔又〕賁潤州刺史　潤州刺史韓賁，見宋僧傳一五朗然傳，亦見柳識唐招隱寺大律師碑銘嘉定鎮江志一四。疑賁任潤刺在韋元甫後。

F〔又〕賞給事中　祭華嶽文，天寶元年撰，稱右補闕韓賞（集古録目）。徑山大師碑（文粹六四）有故給事中韓賞。全文三一九李華餘姚龍泉寺故大律師碑，約天寶十三年作，稱故兵部韓員外賞。宋僧傳九玄素傳，給事中韓賞。

G〔又〕質京兆少尹中書舍人　韋江州詩集四自注云：「時任京兆府功曹，攝高陵宰，别田曹盧康、户曹韓質，因而有作。」同集五酬韓質舟行阻凍詩。全詩五函二册盧綸有次新豐北贈韓明府詩。此條前文已多錯誤，頗疑「質」下之「中書舍人」四字，實翃之歷官而倒錯，下文「拾遺」二字，又他處所錯簡，惜質之仕歷，今不足徵，未能即成定案耳。

H〔又〕生翃拾遺　翃天寶十三年進士，見讀書志四上。新書二〇三，德宗時韓翃有二，一以駕部郎中知制誥、終中書舍人，即大曆十才子之一也，其一官刺史，此稱拾遺，與兩人所官均不合。全文四一四韓翃有謝追贈父官表，當非代作，表有云：「伏奉恩制，追贈臣亡父通直郎行京兆府醴泉縣尉成名禮部郎中者。」與韓質已官明府者不同，翃是否質子，應存疑。

I〔又〕翃生倫佾　思復父名倫，引見前，此又有倫，則與五代祖同名，此處世系疑誤。

J〔又〕佾果州刺史　貞元六年四月，佾爲果州刺史，見廣記六六引集仙録。

164

【陳留】本潁川人稜後，徙陳留。唐禮部郎中韓雲卿，弟紳卿，京兆司録。兄子會、愈。會，起居舍人。愈，職方員外。

A〔岑校〕本潁川人稜後徙陳留　韓子年譜引姓纂重「後」字，是也，此脱。又「稜」作「棱」。

B〔又〕唐禮部郎中韓雲卿　洪氏韓子年譜引文「唐」作「皇」，無「韓」字。新表七三上及洪譜亦作「禮部郎中」。昌黎集一三注云：「名雲卿，仕終禮部侍郎。」又三五注云：「次雲卿，禮部侍郎。」余按韓集三五韓氏誌：「尚書禮部郎中韓雲卿之孫。」李文公集一五韋氏誌：「自後魏尚書令安定桓王六世生禮部郎中雲卿。」則明明是「郎中」，非「侍郎」矣。李誌又言：「其文章出於時而官不甚高。」確非曾任侍郎者之語，獨怪勞氏石柱補禮中，竟不著雲卿，豈惑於注而未之信歟？然何以附存亦不見也，抑以爲在檢校之列歟？然固未有厥證也。又平蠻頌，大曆十二年立，撰人稱守尚書禮部郎中、上柱國韓雲卿；鮮于氏里門碑，同年立，結銜亦同（補正六四）；舜廟碑，建中元年立，結銜殘存者有「□議□□□□□□郎中、上柱國韓雲卿」等字（同上六五）。全詩四函五册錢起有鑾駕避狄歲寄别韓雲卿詩。

C〔又〕弟紳卿京兆司録　新表同。昌黎集三五韓府君誌則云：「嘗爲揚州録事參軍，……由是遷涇陽令。」未舉京兆司録。韓子年譜引文「京兆」下有「府」字。全詩五函三册李端有送韓紳卿，又戲贈韓判官紳卿，四册司空曙有雲陽館與韓紳（一作韓升卿）宿别。

D〔又〕會起居舍人　大曆十二年四月，自起居舍人坐元載黨貶官，見舊紀一一。韓會善歌，見國史補（廣記二〇四）。

E〔又〕愈職方員外　元和六年九月，愈尚任職方員外，見舊紀一四。後雖再爲太學博士，此著其郎署之職也。韓子年譜引文「員外」下有「郎」字。

165 侍御史韓彦，亦陳留人；生琬，殿中御史，生譓。

A〔岑校〕侍御史韓彦亦陳留人　新書一一二作「韓思彦」，云鄧州南陽人。會要七六，顯慶三年制科及第。

B〔又〕生琬殿中御史　御覽六二九及元龜六四五，萬歲通天元年制科及第。登科記考四云：「按會要作『韓璘』誤。」余按新書一一二亦云：「又舉文藝優長、賢良方正連中。」御覽八八〇：「則天天授初，淮南地生毛，……著作郎韓琬寓揚州親掇之。」琬，神龍中充判官至萊州，見廣記二五九引御史臺記。

166 【河東】　狀云本自潁川徙焉。唐給事中韓液，右補闕韓昆，並家蒲坂。

A〔岑校〕唐給事中韓液　英華三九九賈至制，行給事中韓液可守太常少卿。同書，液開元二十二年進士。曲石藏天寶七載洛陽尉李琚誌，題洛陽縣尉韓液銘。誌云：「洎開元二十二載，尚書考功郎孫公，……遂以鄉貢進士擢茅，……則予與公泉今洛陽尉韓液，皆同年擢桂之客。」

B〔又〕右補闕韓昆　南部新書甲：「韓昆，大曆中爲制科第三等敕頭。」

167【廣陵】狀云本潁川人。禮部員外韓擇木，生秀榮、秀實、翃。翃，國子司業。秀實，太子中允。

A〔岑校〕本潁川人禮部員外韓擇木　告華岳文，天寶元年四月立，韓擇木書，結銜稱諸王侍書榮王府司馬。萃編八五云：「述書賦注稱擇木，昌黎人，工部尚書，歷右散騎常侍；此碑結銜云諸王侍書、榮王府司馬，是其初官也。」余按舊書一一二，乾元二年，擇木官右散騎常侍。同書一〇，上元元年閏四月，以右散騎常侍韓擇木爲禮部尚書。二年九月，以太子賓客、集賢殿學士、昌黎伯韓擇木爲禮部尚書，翌年建辰月，以禮部尚書韓擇木爲太子太保，則姓纂之「員外」乃「尚書」之誤，而述書賦之「工部」，又「禮部」之誤也。萃編又云：「又據韓昌黎集，稱同姓叔父擇木書八分，以擇木爲同姓叔父，則不與之同系，唐書韓愈傳，鄧州南陽人，擇木是昌黎人，顯然二系。然據宰相世系表，河東太守純之後，徙昌黎棘城，或是擇木之先世，然表不載，擇木非純之後人矣。愈之先世，源出弓高侯隤當，與河東太守純仍屬一脈，故愈稱擇木爲同姓叔父也。」余按就廣義言之，韓出唐叔虞，則凡韓姓者均屬一脈，若就狹義言之，愈出潁川爲稜後，擇木亦本潁川，是與愈同系矣。若昌黎河東太守純，別是一支，非擇木先人，王氏說來，多不中肯，良由未考諸姓纂也。魯公集一七贈擇木亡母制，稱金紫光祿大夫、守太子少保、集賢殿學士副知院事、上柱國、昌黎郡開國公韓擇木。杜甫贈李潮八分歌：「尚書韓擇木。」此外如葉慧明碑，開元五年立，擇木爲國子監太學生；桐柏觀碑，天寶元年三月立，擇木官翰林院學士、慶王府屬；豆盧建碑，三載七月立，亦稱諸王侍書、榮王府司馬；又孫志直碑稱太子少保致仕，均見集古録目。元龜七〇八，肅宗爲陜王時，擇木侍書。

B〔又〕生秀榮秀實㢸㢸國子司業　臧希晏碑，大曆五年立，朝議郎、守衛尉少卿、淮陽縣開國男、賜緋魚袋韓秀㢸書。李元諒頌，貞元五年立，稱朝散大夫、守□□府長□（史），則此文應云秀㢸。秀㢸國子司業也。萃編九五云：「古今碑帖考載韓秀㢸、秀實、秀榮三人，云並以八分擅名，又俱同時，必其兄弟，諸書皆無可考。」讀姓纂，則知三人者皆擇木之子，大匠宗門，宜多異材矣（參平津記七）。王氏未檢姓纂，故云無考，至秀榮所書各碑，可參類編四。秀㢸更有貞元七年同官記，見叢編七，墨池篇載秀㢸八分凡六碑。

C〔又〕秀實太子中允　叢編八引京兆金石録辛浩誌，秀實書，大曆元年立。又集古録目郝玉碑，題稱前梁州都督府長史、翰林待詔韓秀實書，大曆九年立。又薛嵩碑，八年立，署銜相同而無「前」字。又李光進碑，十年立，稱梁州司馬（均集古目）。平蠻頌，十二年立，稱□議郎、守梁州都督府長史、武陽縣開國男、翰林待詔（續編八）。馬璘新廟碑，十四年立，稱太子中允、翰林待詔（集古目）。舜廟碑，建中元年立，亦殘存「府長史」字（同上九）。鮮于氏里門碑，大曆十二年立，結銜殘存者有「史武陽縣開國男、翰林待詔韓秀」十三字（補正六四）。匋齋藏石記二六，大曆十三年立之李氏誌，題「朝議郎、守太子中允、武陽縣開國男、翰林待詔韓秀實書」（「詔」上空格）。

168 【京兆】 邠寧節度、檢校僕射韓游瓌。

A〔岑校〕邠寧節度檢校僕射韓游瓌 「瓌」，庫本誤「環」，按游瓌，舊、新書均有傳。

169 【東郡】 檢校司空、平章事、汴宋節度使韓弘，弟權，右金吾將軍。

A〔岑校〕檢校司空平章事汴宋節度使韓弘 據舊書一四及一五六，此爲元和初弘見官。祖望、父海，見元龜一三一。

B〔又〕弟權右金吾將軍 元龜八二五：「韓璀爲鄜坊節度使，穆宗長慶元年，璀請改名充，許之。」「璀」，新書一五八作「璀」，考舊書一五六稱充於元和六年拜右金吾衛將軍，此正充之見官，「璀」、「權」字近，故又訛爲「權」也。

170 【范陽】 夏綏銀節度、檢校尚書右僕射韓全義。

單

171 周成王封少子臻於單邑，爲甸内侯，因氏焉。襄公、穆公、靖公，二十餘代爲周卿士。

A〔岑校〕單 按單姓，廣韻收「二十八獮」及「三十三線」，類稿三八引姓纂、又辯證二五均收入上聲。字書周後之單姓，無作平聲讀者，應移正。

172 漢功臣中牟侯單右將軍，案漢書，中牟共侯單右車，此作「右將軍」，誤。傳封六代。昌武侯單究，封七代。

A〔岑校〕漢功臣中牟侯單右將軍　原校：「按漢書，中牟共侯單右車，此作『右將軍』誤。」余按通志及辨誤二四又均作「左車」，與今本漢書異。

173 【濟陰】 後漢單匡爲濟陰太守，因家焉。隋有單雄信，仕李密；生道真，唐梁州司馬，生思敬、思禮、思遠。思敬，安東都護，生光業。思遠，河南尹、岐州刺史，生有鄰、不先。

A〔岑校〕隋有單雄信　「有」，庫本作「末」。

B〔又〕思遠河南尹岐州刺史　先天二年魏(?)州刺史單思遠，見元龜六七三。

C〔又〕生有鄰不先　全文三九八，單有鄰，開元時擢書判拔萃科。

174 【東陽】 山陽公單顧，生颺，居山陽。熙六代孫海藏，唐晉陵令，生頊。頊生南容、西游。

A〔岑校〕熙六代孫海藏　熙不詳何時人及官歷，疑有奪誤。

蘭

175 鄭穆公支孫，以王父字爲氏。漢武陵太守蘭廣後。漢匈奴四姓有蘭氏。遼東蘭河勃。

後燕北平王蘭審，慕容垂舅子也，鮮卑種類。

176 【河南】 官氏志，烏桓氏改爲蘭。唐右武衞將軍長基，真州刺史蘭火逺，房子令輿，並其後。

A〔岑校〕官氏志烏桓氏改爲蘭　陳校云：「志，烏洛蘭氏改蘭氏。若烏丸氏改桓氏，見下『二十六桓』。」余按烏洛蘭改闌（蘭），亦見上卷三，此誤。

B〔又〕唐右武衞將軍長基真州刺史蘭火逺房子令輿並其後　庫本漏「衞」字，又「火」作「大」，余按「長基」上應補「蘭」字，「火逺房」不知是三字名否？不然，則「房子」二字合讀亦通。

檀

177 姜姓，齊公族。有食瑕邱檀，因以爲氏。檀伯達爲周卿士。禮記，魯有檀弓。六國時齊有檀子。

A〔岑校〕齊公族有食瑕邱檀　通志引「檀」下有「城」字，此奪。類稿一五引同通志。

178 【高平南山縣】 晉改山陽爲高平，因爲郡人。後檀喜元孫檀播，六代孫道濟，宋司空、江州刺史、武陵公。兄祗，西昌侯。從祖父憲之，晉書有傳。宋有道鸞，撰晉陽秋。

A〔岑校〕高平南山縣　晉、宋高平均無南山縣。按下文云，「晉改山陽爲高平」，廣韻同。「南山」

或「山陽」之訛。

B〔又〕兄祛西昌侯　羅云：「案祛，宋書有傳，作『祇』。宋書檀韶傳亦作『祇』。」按「玄」、「氏」涉形近而訛。

C〔又〕從祖父憲之晉書有傳　按晉書，檀氏有傳者祇卷八五之檀憑之，爲道濟從父。此疑有誤。

安

179 風俗通，漢有安成。盧山記，安高，安息王子，入侍。

A〔岑校〕盧山記　「盧」當作「廬」，通志不誤。

B〔又〕安高安息王子入侍　温校謂當依通志「入侍」下補「遂爲漢人」四字，統乙在風俗通之上。「安高」上應補「吳有」兩字云。余按高僧傳一：「安清字世高，安息國王正后之太子也，……以漢桓之初，始到中夏。」本文「安高」承上「漢有」言，正與傳合，不應稱「吳有」，温氏誤信通志耳。唐人諱「世」，故省稱「安高」。

180 【姑臧涼州】出自安國，漢代遣子朝，國居涼土。後魏安難陁至孫盤娑羅，案唐世系表作「盤婆羅」。代居涼州，爲薩寶；生興貴，執李軌送京師，以功拜右武衛大將軍、歸國公，生恆安、生成。案唐世系表作「文成」。成生忠敬，右屯兵將軍。忠敬生抱玉，賜姓李氏，兵部尚書、平章事、涼國公。抱玉生自正，兵部郎中。自正生縱。

A〔岑校〕至孫盤娑羅　校云：「案唐世系表作『盤婆羅』。」余按唐表七五下祗云婆羅，説之集一六安忠敬碑，曾祖羅方大。

B〔又〕生興貴　新表云，生興貴、脩仁。按修仁兄興貴，見舊書五五，今姓纂下文有仁，此處應補「修仁興貴」四字方合，蓋脱文也。

C〔又〕拜右武衛大將軍　新表作「左武候」，説之集一六作「右武候」。

D〔又〕生恆安生成　校云：「案唐世系表作『文成』。」余按忠敬碑：「考文生。」「生」、「成」音近，故可作「文成」，此作「生成」，誤。新書五九：「李文成博雅志十三卷，安國公興貴子。」又元龜一三一，大曆四年，追贈抱玉祖左武衛郎將文成爲吏尚*。

E〔又〕成生忠敬右屯兵將軍　新表作松、鄯、會三州都督。説之撰碑，亦無右屯兵將軍之稱。金石萃編六九劉秀涼州大雲寺碑，景雲二年立，文有赤水軍副使、左金吾衛翊府中郎將安忠敬，即其人。唯説之集一六忠敬碑未敍左金吾衛之歷官也。寰宇記三七，開元七年會州刺史安敬忠，「敬忠」二字乙。

F〔又〕忠敬生抱玉　抱玉即忠敬碑之重璋。

G〔又〕抱玉生自正兵部郎中　新表作「少府監」。

181 修仁，左驍衛大將軍、郧國公，生永壽、永達、永昌。永壽，右領軍將軍。永達，不仕；生懷恪，陳州司馬；生齊㬊；生抱真，案唐世系表，永壽生齊管，懷洛生抱真，與此不合。檢校司空、平章事；生緘，少府少監。永昌生元暉，殿中御史、貝州刺史，生義穆、義仲。義穆生季明。義仲，閤門府果毅。

A〔岑校〕修仁左驍衛大將軍郧國公　全文四四六董晉李抱真德政碑：「皇開府儀同三司、涼州都督，河蘭鄯廓瓜沙甘肅九州大總管、中國公修仁之玄孫。」按舊書五五李軌傳及會要四五大曆十四年下均稱修仁申國公，與碑同。唯新表七五下作「郧國」，與姓纂合，此新表本姓纂之一證。全文七八四穆員抱真誌亦云：「啓封申國。」

B〔又〕永壽右領軍將軍　貞觀二十年任右領軍中郎將，見會要九六。

C〔又〕永達不仕　新表永達無仕歷。唯李抱真德政碑云：「開府儀同三司左武衛大將軍永之曾孫。」「永」下奪「達」字，與此作「不仕」者異。抱眞誌云：「曾祖永達，開府儀同三司左驍衛大將軍。」與碑「武衛」小異。頗疑今本「永達」之下，奪去官歷，其「不仕」兩字，則下文「齊㬊」之下所錯簡者，參下文自見之。

D〔又〕生懷恪陳州司馬生齊㬊生抱真　「㬊」誤，庫本作「管」。校云：「按唐世系表，永壽生齊管，懷恪生抱真，與此不合。」余按竹簡齋本正懷恪生齊管，齊管生抱真。與此同。抱真德政碑又云：「兵部尚書懷恪之孫，贈太子太保齊管之子。」「兵尚」是贈官，抱真誌因云「祖懷恪，陳州司馬，贈兵部尚書，考齊管，贈太子太保」也。抱真誌：「從父兄司徒涼國公抱玉。」舊書一三二亦沿稱抱真爲抱玉從父弟。此之「從父」，蓋泛言之。

E〔又〕生緘少府少監　新表祇云少府監。抱真誌，貞元十年作，云嗣子前殿中侍御史緘，次子幼成，季子幼清，今新表以幼戍、幼清爲抱真孫，誤。

F〔又〕義穆生季明　今唐表以義穆、季明平列，殆誤。

干

182 左傳，宋大夫干犨之後。陳干徵師。漢蜀郡尉干獻。吴軍師干吉。晉將軍干瓚。

A〔岑校〕陳干徵師　按干徵師互見下文干己姓下。

B〔又〕漢蜀郡尉干獻　姓氏篇引急就章作「漢有蜀郡都尉千獻」。云：「按氏族略引作『干獻』，非也。」以「干」爲誤，尚待佐證。

133 【新蔡】　干犨之後。晉丹陽丞干訾；生寶，著晉紀及搜神記。

A〔岑校〕晉丹陽丞干訾　羅云：「案『訾』，晉書干寶傳作『瑩』。」

但

184 姓苑云，漢有濟南守但巴。

A〔岑校〕漢有濟南守但巴　庫本作「太守」，此奪「太」字。又廣韻、姓解、通志均作「濟陰太守」，此誤「濟南」。

丹

185 堯子丹朱之後爲氏。

186 漢有長安富人丹君玉。（羅補）

A〔岑校〕此係羅氏據辯證補。姓氏篇引辯證作「丹玉君」。通志「丹氏」云：「漢有丹王君，長安富人。」辨誤八據顏注，乃賣丹王君房，非姓丹。

姗

187 古「删」字，見纂要，云人姓。

邗

音寒。

188 河南　官氏志，谸邘氏改爲邘氏。

A〔岑校〕官氏志谸邘氏改爲邘氏　考廣韻作「谸邦改邦」，尋源三因據之，以爲作「谸邘」者誤，然此是一面之證，未爲定論。類稿一五作「馥邘」。

邯鄲

189 晉趙襄側室子趙穿，武武，案趙盾子武，未嘗食采邯鄲。攷通志，邯鄲氏即穿後，二「武」字當衍。食采邯鄲，因氏焉。杜氏族譜曰，穿生旃，旃生勝，勝生午，午生稷。漢朝衞尉邯鄲義。後趙錄有邯鄲悼。

A〔岑校〕晉趙襄側室子趙穿武武食采邯鄲因氏焉　校云：「按趙盾子武，未嘗食采邯鄲。考通志，邯鄲氏即穿後，二『武』字當衍。」余按下文引杜氏族譜，亦曰「穿生旃」，校説是也。温校「襄」當作「盾」。

B〔又〕漢朝衞尉邯鄲義　後漢書七五稱廷尉邯鄲義。

190 【陳留】　漢有陳留人綽。魏有涼州刺史邯鄲商，支孫邯鄲淳上書，爲平原侯植文學。

A〔岑校〕漢有陳留人綽　「綽」上應補「邯鄲」字。

B〔又〕魏有涼州刺史邯鄲商　商見後書獻帝紀及張魯傳。

C〔又〕支孫邯鄲淳上書　「上」字誤，庫本作「工」。

韓言

191 世本，晉韓厥生無忌。無忌生襄。襄生魯，爲韓言氏。

A〔岑校〕襄生魯　通志、辯證均作「襄生子魚」。

B〔又〕爲韓言氏　路史後紀一〇引，訛作「韓信」。

韓籍

192 晉韓起子籍，字叔禽，爲韓籍氏。

韓嬰

193 晉韓宣子子孫韓嬰云韓嬰氏。氏族略作「晉韓宣子元孫也，爲韓嬰氏」。

A〔岑校〕韓嬰　洪校云：「氏族略作『晉韓宣子元孫也，爲韓嬰氏』。」此校庫本無。

韓侯

194 周宣王錫命韓侯，支孫氏焉。

195 韓侯至平王時失國，其裔韓厥事晉，復封韓原，凡二十四世而滅於秦。後有韓侯氏。（温補）

A〔岑校〕温校據續通考補。按依此則「支孫氏焉」四字可删。

韓獻

196 晉韓獻子，支孫因氏焉。

A〔岑校〕晉韓獻子支孫因氏焉　潛夫論有韓獻氏。汪箋九以爲「韓」當作「翰」，引氏族略四及辯證等爲證，然彼是宋後，此是韓後，不容紊也。考通志有「韓厥氏」云：「姬姓，韓獻子厥，支孫氏焉。」余謂目之「韓獻」乃「韓厥」之訛也。後讀尋源一二，知此論張氏已先揭之。

韓信（温補）

197 A〔岑校〕温云：「姓觿、王圻續通考幷云出姓纂。」余按姓觿雖别見韓言，但路史固誤引「韓言」爲「韓信」（見前），不知是否誤會而别出也，兹存疑。

安期

198 英賢傳，安期生，古仙人。漢有安期先生，蒯通友也。

A〔岑校〕漢有安期先生　漢書蒯通傳作「安其」，郊祀志作「安期」。

安平

199 齊將田單，封安平君，因爲氏焉。

安都

200 漢校尉安都多，見霍去病傳。

A〔岑校〕漢校尉安都多見霍去病傳　羅校據辯證補「遬僕」一條云：「漢校尉遬僕多，見霍去病傳。」余按通志遬僕氏文全同，是知安都冒遬僕之文也（温校同）。羅氏未詳考，故誤補。惟是漢書五五去病傳：「校尉僕多有功，封爲煇渠侯。」師古云：「功臣侯表作『僕朋』，今此作『多』，轉寫者誤也。」有僕多，無遬僕多，林氏殆涉上「遬濮王」而誤，遬濮爲匈奴王號，非校尉也。抑僕多已著録姓纂卷十僕姓下，是林氏既誤而又複，何鄭、鄧諸家竟昧焉不察耶？廣韻複姓有安都氏，辯證八云：「晉傳餘頗複姓録有此氏。」今姓纂之文已亡，存目而已（「遬僕」之誤，可參辨誤二七）。辨誤八祇以「安都多」爲誤，蓋未知其冒文。

安是

201 世本，老童娶安是女。

A〔岑校〕世本老童娶安是女　通志「遨僕氏」云：「英賢傳，晉厲公大夫安是叔施。」與此逈異。此條若將「安是」改爲「根水」，適與前引通志「根水氏」之文合，又可決姓纂以「安是」冒「根水」，應改正，温校同。若本條則爲「甫爽」所冒，見卷六。

干己

202 陳大夫干徵師，食采於己，因氏焉。漢京兆尹干己術。

A〔岑校〕漢京兆尹干己術　「術」殆誤。廣韻、姓解、通志皆作「衍」。

二十六桓

桓

203 姜姓，齊桓公之後，以謚爲姓。又宋桓公之後向魋亦爲桓氏。後漢太子少傅桓榮。

204 【譙國龍亢】桓榮後有司徒桓虞。榮八代孫彝，晉宣城内史，生雲、温、豁、祕、沖。温，大司馬、南郡宣武公，生元。豁生石虔、石虎。沖，荆州刺史、豐城公，生嗣、謙、循。案唐世系表「循」作「修」。

A〔岑校〕桓榮後有司徒桓虞　虞見後書章帝紀等。

B〔又〕榮八代孫彝　羅校云：「案晉書桓彝傳作榮九世孫。」余按新表七五上亦作榮八世孫，所差一世，或計法不同，寰宇記一七則作「九世」。

205 晉護軍將軍、長社侯桓，案「桓」字衍。過江居丹陽，生尹。尹生崇之。

A〔岑校〕生嗣謙循晉護軍將軍長社侯桓過江居丹陽生尹尹生崇之　校云：「案世系表『循』作『修』。」羅校亦引晉書彝傳，按「循」、「修」古常混寫，如漢書西域傳之「循鮮」，或作「修鮮」是也。校又云：「案『桓』字衍。」此大不然，考新表七五上：「生嗣、謙、修。修，晉護軍將軍、長社侯，過江居丹陽，生尹。尹生崇之。」沈炳震云：「晉書桓彝傳，桓玄篡位，封修爲安成王，宋高祖斬之。不言晉有長社封，亦未嘗爲護軍將軍，並不言過江居丹陽，有子名尹，都屬鑿空。」葉酉云：「按桓宣傳，桓景爲護軍將軍、丹陽尹，封長社侯。子伊。此惟以『伊』作『尹』，他皆脗合。然景乃譙國銍人，修則譙國龍亢人，又合二桓爲一族矣。」余初讀姓纂此節，亦莫明其誤。繼觀葉説，再取姓纂勘之，始恍然於新表誤之所在。蓋姓纂敍桓彝一系，至「生嗣、謙、循」句而止，已下別敍桓景一支，故特提「桓」字。今本「桓」下實奪「景」

字，大約北宋見本已如此，又不得其句讀，故以「護軍將軍、長社侯」上屬桓修，又下連桓伊爲子胤，幷沿姓纂訛「伊」作「尹」也。伊嗣子肅之，見晉書八一，崇之應其別子，葉氏所考，絶無疑義，沈氏未診癥結，遂謂鑿空。質言之，則新表資料，大半本自姓纂，得此而證佐益明。苟非姓纂倖存，將見桓氏血胤公案，千載而後，終無以判白矣。史源之不可不講求也如此。至鉉與龍亢，同隸譙國，桓宜之族，當亦分自龍亢，此又不必因葉氏之言，致疑於姓纂編繫之弗當矣。温校謂「晉」上脱一「修」字，亦誤。

206 唐郇王諮議桓法嗣，狀稱崇之七代孫也。法嗣生思敏，少府丞。思敏生彦範，侍中、扶陽王，臣彦範，京兆尹。 姪廷昌，刑部郎中，上元中准制改姓姜氏。

A〔岑校〕唐郇王諮議桓法嗣 舊書九一稱雍王府諮議參軍，桓歸秦誌亦稱太子洗馬、雍王府諮議、修文館學士。按高宗子素節，永徽二年封雍王，改封郇王，法嗣或連任諮議，雍、郇卽前後之異稱也。 貞觀九年，法嗣官太子左内率長史，見全文九二三江旻王真人立觀碑。 道士桓法嗣爲王充諫議大夫，見百衲本隋書八五，殿本訛「桓」爲「相」，見校史隨筆下。

B〔又〕狀稱崇之七代孫也 河南博物館藏唐故楚州司馬桓府君(歸秦)墓誌銘幷序云：「曾祖子玉，陳朝員外散騎常侍。」「子玉」卽法嗣之父。

C〔又〕法嗣生思敏少府丞 按歸秦誌云：「父思敬， 皇朝朝議郎襄州襄陽縣令。」(歸秦卒開元九年，年六十八)則法嗣尚有子思敬。

D〔又〕臣彦範京兆尹　羅校云：「案『彦』字衍文，當據唐表删。」是也。廣記一四七引定命録，汝州刺史桓臣範入考，改瀛州刺史，因病停官。會稽掇英唐太守題名記：「桓臣範，開元三年二月自殿中少監授，改瀛州刺史。」

E〔又〕姪廷昌　勞氏讀書雜識六引文苑英華三九二作「庭昌」，余按通志亦作「庭昌」，新表七五上以廷昌爲臣範子，松翁未焚藁沿其誤。

207【河南】官氏志，烏丸氏改姓桓。

A〔岑校〕官氏志烏丸氏改姓桓　「丸」，庫本作「桓」，按今官氏志作「丸」，桓、丸古通。

潘

208 周文王子畢公高之後，子伯季，食采於潘，因氏焉。周有潘惟司空。有潘父*。岳家譜云，潘氏，楚公族，芊姓之後；崇子尫*；生黨。漢潘瑾，後漢潘助。

A〔岑校〕子伯季　「伯季」，廣韻、姓解、通志俱作「季孫」，類稿一六、備要一四、新書六亦均引作「季孫」。

B〔又〕周有潘惟司空有潘父岳家譜云　温校云：「案詩『番惟司徒』，『空』字誤；『有』字上漏一『晉』字，『岳』上漏一『潘』字。」是也。

C〔又〕漢潘瑾　通志亦云：「漢有潘瑾，後漢有潘勉。」余按晉書五五潘岳傳，祖瑾，安平太守。是瑾、勗均後漢人，此分爲漢及後漢，誤也。

D〔又〕後漢潘助　今後書不見，通志作「潘勉」。余按三國志二一衞覬傳有建安末尚書右丞河南潘勗，注引文章志云：「勗字元茂，初名芝，改名勗。」「勗」、「助」形似，「勗」、「茂」、「勉」義同。此「潘助」即「潘勗」之訛無疑（温校同）。故下文接言「勗生茈、滿」也。

209【廣宗】　今宋城縣。勗生茈、滿。茈生岳。滿生尼。本居滎陽中牟，孫才，爲晉廣宗太守，因家焉。八代孫紹業，後魏隋州刺史；生子義，隋尚書右丞。孫求仁，唐屯田郎中、杭州刺史。

A〔岑校〕今宋城縣　庫本「今宋城縣」四字連上。

B〔又〕勗生茈滿茈生岳滿生尼　羅校云：「案晉書潘岳傳，祖瑾，父茈。潘尼傳，祖勗，父滿，與此小異。」余按三國志二一注引文章志，勗子滿，滿子尼。又云，尼從父岳，與晉傳岳從子尼合，如依舊史，則此文應作「瑾生茈，勗生滿」方合，是否待考。

C〔又〕八代孫紹業後魏隋州刺史　魏書七二，潘永基字紹業，爲東徐州刺史，此作「隋」誤。又「孫」庫本誤「生」。

D〔又〕生子義隋尚書右丞　文館詞林六九一，北齊武成帝以通直散騎常侍、判東平王開府中郎事潘子義兼持書侍御史。

E〔又〕孫求仁唐屯田郎中杭州刺史　全文一五一許敬宗賀表，言杭州刺史潘求仁，表稱錢唐縣界見青龍，又江州刺史左難當稱尋陽縣界見青龍，據元龜二四，貞觀十四年九月，杭州言青龍見，表又有「交河阻兵、西師獻捷」等語，乃十四年事也。舊書四七著録潘求仁集三卷。全詩十一函七册收求仁詩一首。

210 唐侍御史、岐王府司馬潘好禮，貝州人，亦尼後。

A〔岑校〕唐侍御史岐王府司馬潘好禮　睿宗時自上蔡令拜御史，見廣記二五九引御史臺記。

211 滎陽中牟。　瑾裔孫居中牟，爲著姓。

A〔岑校〕滎陽中牟　自此似應提行空一格，再接下文「瑾裔孫」云云。

212 才元孫聰·，生光，南燕太守；女適同郡鄭曄，生小白、同林、連山、幼林等。光七代孫義，長星，案此處疑有脱誤。相州安成令。

A〔岑校〕生小白同林連山幼林等　「同林」應作「洞林」，「幼林」應作「幼麟」，參卷九鄭姓。

213 【武陵漢壽縣】　吴志，太常潘濬，生祕，僕射。案吴志，濬生翥。又吴志，翥字文龍，拜騎都尉。僕射非孫吴之官，祕亦不見於史，蓋有脱誤。唐祕書監肅仁，江夏人，自云濬之後。

A〔岑校〕吴志太常潘濬生祕僕射　校云：「案吴志，濬生翥。又吴志，翥字文龍，拜騎都尉。僕射非孫吴之官，祕亦不見於史，蓋有脱誤。」余按三國志六一潘濬傳注引吴書曰：「翥字文龍，拜騎都尉，後代領兵，早卒。翥弟祕，權以姊陳氏女妻之，調湘鄉令。」全文不過二十九字，姓纂明明謂本自吴志，校者乃祇讀一截，不再向下看去，卽謂祕不見於史，其校勘草草，於此可見一斑。注又續引襄陽記云：「後祕爲尚書僕射，代（習）温爲公平，甚得州里之譽。」校注謂吴無僕射，亦非。

B〔又〕唐祕書監肅仁　元龜八〇，開元二十一年有皇太子諭德潘肅，未知卽此否。同書七〇八，肅宗爲陝王時，潘肅侍讀。

214【馮翊】狀云尼後。唐左屯大將軍潘道毅；弟神祐，膳部員外郎。

A〔岑校〕弟神祐　「祐」，庫本作「佑」。

215【京兆】狀云勗後。水部員外潘伯起。

216【河南】後魏官氏志，破多羅氏改姓潘氏。威狀云，十四代祖魏尚書僕射。子孫因晉亂没蕃，遂居代北。後魏潘長，懷朔鎮北將，生永興、龍興。右僕射•。生信安，齊司空、黄城王。孫神威，唐定城府統軍，今占鄠縣。永生相樂，北齊司空、河東王。

A〔岑校〕威狀云　「威」卽下文之「神威」。

B〔又〕後魏潘長懷朔鎮北將生永興龍興　「北」字疑衍。又北齊書一五潘樂傳只稱父永。

C〔又〕永生相樂　潘樂傳云，潘樂字相貴。魏書一二，武定五年作「潘相樂」。

217 唐監察御史潘玠，世居信言，稱相樂之後。玠生炎，禮部侍郎。炎生孟陽、高陽。孟陽，户部侍郎。高陽，晉州刺史。

A〔岑校〕唐監察御史潘玠　廣記二七七引定命録，玠除御史，同日趙自勤爲拾遺。

B〔又〕世居信言　「言」誤，庫本作「信都」。

C〔又〕玠生炎禮部侍郎　舊紀一一，大曆十二年四月，以右庶子潘炎爲禮部侍郎。全文四五二邵説讓吏侍表：「值慶緒奔逼，保於相城，……與潘炎始陷兇逆。」

D〔又〕孟陽户部侍郎　元龜一六二，永貞元年八月，令度支及鹽鐵轉運副使户部侍郎潘孟陽宣慰江淮。廣記二七一引幽閑鼓吹，孟陽初爲户侍，其母憂之，令招深熟者至，問末座慘緑少年何人，曰補闕杜黄裳云云。按新書一六九黄裳傳，入爲侍御史，十年不遷，貞元末拜太子賓客。舊書一六二，德宗末孟陽始權知户侍。謂孟陽爲户侍而黄裳猶是補闕，誤也。

E〔又〕高陽晉州刺史　元和十年，河南少尹潘高陽改均王府長史，見元龜一五三。

盤

218 盤瓠之後，與舟、譚、巴、季、田爲巴南六姓。案後漢書「盤瓠」作「槃瓠」。

A〔岑校〕盤瓠之後與舟譚巴季田爲巴南六姓　校云：「案後漢書『盤瓠』作『槃瓠』。」按「盤」、「槃」

古字通寫。「季」庫本作「李」。通志作「冉、元、巴、李、田」(後書一一六,巴郡鑾有瞫氏)。類稿一五作「冉、譚、巴、李、田。」「舟」字涉形似而訛。

莞

219 姓苑云,吴人。音宫。

A〔岑校〕音宫 「宫」當作「官」,庫本不誤,姓解二亦音官。

欒(温補)

220 唐叔虞之後,晉靖侯孫賓,食采欒邑,因氏焉。(温補)

A〔岑校〕温校據類稿五五引補。按備要二三與類稿同。

華(岑補)

221 A〔岑校〕姓觿二云:「華,比潘切,字同『籓』,又音盤,出姓纂幷姓氏急就篇,字與『華』不同。」余按廣韻「二十六桓」「北潘切」下「華」字云:「又姓,出姓譜。」姓觿之「華」係「華」訛,兹據補,温校漏。

二十七刪

關

222 風俗通云，關令尹喜之後。一云出自夏大夫關龍逢之後。漢長水校尉關陽。蜀前將軍、漢壽亭侯關羽，字雲長。

A〔岑校〕出自夏大夫關龍逢之後　關龍逢亦互見下文關龍姓下。

B〔又〕漢長水校尉關陽　通志同。按漢書二一九有長水校尉平陵關並。師古曰：「桓譚新論云，並字子陽，材智通達也。」則是名並字子陽，非名陽。

C〔又〕關羽字雲長　以下「羽」字凡三見，庫本均書作「某」。余按俗人誦明聖經，遇「羽」字均以「某」代，修庫本者殆迷信特深，猶讀「孔丘」如「孔某」也（「羽」字在他處固不諱）。

223 【河東】關羽代居解縣。羽子興，侍中。河東。狀稱關羽之後。唐中書侍郎、平章事、右僕射致仕關播。

A〔岑校〕唐中書侍郎平章事右僕射致仕關播　播常爲陳少遊賓客，見廣記二三九引談賓録。

顔

224 顓頊之後。陸終第五子曰安，爲曹姓。裔孫挾，周武王封邾。至武公字顏，公羊謂之顏公，子孫因以爲氏。出圈稱陳留風俗傳及葛洪要字。又王儉譜云，出自魯侯伯禽支庶，食采顏邑，因氏焉。真卿尚書譜云，未驗何所憑。案真卿語作「未知儉何所憑」，此誤。今依圈、葛二家及舊譜爲定。

A〔岑校〕顓頊之後　羅校云：「案古今姓氏書辯證引，『顓頊』上有『圈稱陳留風俗傳葛洪要纂皆曰出自』十五字，今本奪，當據補。」余按下文固云：「出圈稱陳留風俗傳及葛洪要字。」又云：「今依圈、葛二家及舊譜爲定。」若再補此十五字，是贅疣也。前人引書，未必隻字不改，鄧氏特顛倒其辭耳。羅氏此條，竟似未讀姓纂全文，何耶？温校所見略同，又據改下文「要字」爲「要纂」。

B〔又〕至武公字顏　羅校云：「案『字顏』，古今姓氏書辯證引作『字伯顏』。」余按顏氏家廟碑：「其裔邾武公名夷甫，字顏。」廣韻：「字曰顏。」均不云「伯顏」。

C〔又〕未驗何所憑　校云：「案真卿語『未知儉何所憑』，此誤。」「語」訛，當作「譜」。通志亦云，未知儉何所憑。

225 仲尼弟子達者八人，路、回、僕、噲、何、祖、辛也，案朱彝尊孔子弟子考，顏氏弟子達者八人，路、回、之僕、子何、噲、幸、子相、高八人也，缺高一人。又「幸」或作「辛」，通典作「柳」，咸淳臨安志作「韋」。「子相」，史記作「祖」。見書傳。顏叔子、顏丁、顏鷁、顏高、顏息，譜，魯人。顏子涿聚，齊大夫，子晉。

顏芝，河閒人；生貞，秦末藏孝經者也。漢大司農顏異，濟南人也。顏駟，江都人。後漢袁紹將顏良。

A〔岑校〕仲尼弟子達者八人路回僕噲何祖辛也　原校據朱彝尊孔子弟子考，缺高一人。温校云：「顏真卿西平靖侯顏公大宗碑銘曰，路、回、辛、驕、僕、噲、祖、何，姓纂本之，所脱當係『驕』字。」余按史記仲尼弟子傳，顏高字子驕，驕卽高其人，但姓纂下文又別出顏高。

B〔又〕顏子涿聚　温云：「『子』字涉下衍。」

C〔又〕漢大司農顏異　異爲大農令，見漢書食貨志及百官表。

D〔又〕顏駟江都人後漢袁紹將顏良　温校謂瑯琊與江都異望，下文「瑯琊江都」之「江都」字，當移在「顏駟」上，別爲一望，「瑯琊」下脱去「臨沂」字云云；若如此，則顏芝河間，顏異濟南，依例都應別爲一條，究不如説「瑯琊江都」是「瑯琊臨沂」之訛，似較簡捷也，餘參下文。

226

【瑯琊江都】　後漢臨沂人魏徐州刺史顏盛，始自魯瑯琊。曾孫含，西平靖侯，晉永嘉過江居丹陽，生髦、約。髦生綝、暢。暢孫師伯，宋侍中、左僕射。約孫延年，光禄勳。延年生竣、測、奐。竣，吏部尚書。奐，五兵尚書。綝五代孫協，生之儀、之推、之善。

A〔岑校〕瑯琊江都　後漢臨沂人魏徐州刺史顏盛始自魯瑯琊　按顏真卿顏含碑，稱盛始自魯居瑯琊，「魯」字下應補「徙」或「居」字（温校補「居」字）。庫本上「瑯琊」作「琅邪」，下「瑯琊」作「瑯邪」，殊不一律。温校據通志「後漢顔良爲袁紹將，臨沂人」，謂前文之「後漢袁紹將顔良」應删去「後漢」字，移在此處「臨沂人」之上，余按後書及三國志均未著良籍貫，通志恐不確。

B〔又〕曾孫含　「含」，庫本誤「舍」。按含，晉書八八有傳。魯公集七顔含碑亦稱盛生欽，欽生默，默生含。同集一四殷亮顔真卿行狀，稱十六代祖盛，十二代祖含，「二」乃「三」之訛也。

C〔又〕晉永嘉過江居丹陽　温校據宋州郡志，晉成帝時，於江乘立瑯琊郡及臨沂縣，因云：「宋書顔延之傳、梁書顔協傳、陳書顔晃傳、北齊書顔之推傳皆云瑯琊臨沂人，實則爲丹陽分立之瑯琊臨沂而已。」所辨大誤。唐以前史乘所記籍貫，率是郡望而非實居，余已屢次言之，故實居無論如何轉徙，郡望絶不相隨而更變，北朝人稱南望，南朝人稱北望，即根於此。若就實居言之，則延之等固未必盡居丹陽之「瑯琊臨沂」也（僑立之州縣，徒有其名，并無轄地）。

D〔又〕延年生峻測奂　羅云：「案宋書顔延之傳『測』作『惻』，『奂』作『㚟』。」温云，南史及大宗碑銘亦作「惻」、「㚟」。

E〔又〕緋五代孫協生之儀之推之善　北齊書四五之推傳，九世祖含，父勰。汪輝祖云：「按梁書顔協傳，含於之推當爲八世，『協』作『勰』亦不同，當以梁書爲正。」多一世者連本身計也，家廟碑亦作「協」。

227　之儀，後周御史大夫、平陽公。五代孫温之，司門郎中。

A〔岑校〕之儀後周御史大夫平陽公　周書四〇及魯公集七均稱御正中大夫，此誤。之儀在周進爵平陽縣公，入隋又進新野郡公，魯公集七稱新野公者隋爵也（御正中大夫亦見周書三六令狐整傳）。

B〔又〕五代孫温之司門郎中　魯公集七云：「温之有志行，舉方正，司門郎中。」

228 之推，北齊黄門侍郎，生思魯、愍楚、游秦。

A〔岑校〕生思魯愍楚游秦　愍楚，同顔氏家廟碑，北齊書四五作「敏楚」。

229 思魯，記室，生師古、相時、勤禮。

A〔岑校〕生師古相時勤禮　依下文則「勤禮」下應補「育德」一名。温校同。

230 爲侍郎、祕書監；案此處脱名。生趨庭，職方郎中。曾孫迢，元孫庶。

A〔岑校〕爲侍郎祕書監　「祕書監」下校云：「案此處脱名。」余謂依姓纂通常書例，名應補在官職之上，蓋勤禮并未任侍郎，嘗任中書侍郎及祕書監者乃師古，世人常稱爲「顔監」者也。此文「爲」字可衍，當作「師古，中書侍郎、祕書監」。

B〔又〕生趨庭　師古一子名揚庭，見舊書七三及匡謬正俗進表，趨庭應亦其子，上文當補師古名，得此更可證實。

C〔又〕職方郎中　魯公集七云：「趨庭，職方郎中、吉州刺史。」

D〔又〕曾孫迢　魯公集七惟貞碑云：「迢以清白稱。」

231 相時，秦府學士、禮部侍郎，生益期。期曾孫交。

A〔岑校〕相時秦府學士禮部侍郎　武德四年爲參軍事，見會要六四。又貞觀十五年時爲禮侍，見同書三六。

B〔又〕生益期　惟貞碑云：「益期，詳正學士。」

232 勤禮生顯甫。顯甫生元孫、惟貞。

A〔岑校〕勤禮生顯甫　惟貞碑，勤禮生昭甫，原注云：「本名顯甫。」避中宗諱改也。

233 元孫，滁州刺史；生杲卿，常山太守、贈太保、司徒、忠節公；孫証，右庶子，生縱覽。

A〔岑校〕元孫滁州刺史　重修順祐王廟碑，先天二年立，稱長吏顏元孫（全文二六六）。「長吏」當「長史」之訛。潤州長史也。

B〔又〕生杲卿常山太守贈太保司徒忠節公　杲卿爲湖南觀察，見廣記四九七引嘉話録。

C〔又〕孫証右庶子　証嘗爲左内倉曹，見魯公集八。

D〔又〕生縱覽　郎官柱及舊真卿傳皆作「從覽」。舊傳云：「如聞從覽、弘式，實真卿之孫。」黄本顏魯公世系表謂從覽、弘式皆魯公曾孫，亦誤。從覽乃真卿從曾孫也。據元龜一四〇，開成元年十二月詔實云：「如聞從覽、弘式，實杲卿、真卿之孫。」舊傳脱「杲卿」字，曰「孫」者廣言之，嚴言之應曰「曾孫」。嘉定赤城志八，開成五年刺史顏從賢，注云：「開成盡五年，壁記作六年。」「賢」蓋「覽」之訛。

234 惟貞生允南、真卿、允臧。允南，司封郎中。真卿，工部尚書、太保、贈司徒、魯文忠公。允臧生頵，楚州刺史。

A〔岑校〕允南司封郎中　魯公集七云：「累遷司封郎中、國子司業、金鄉男。」

B〔又〕真卿工部尚書太保贈司徒魯文忠公　初尉醴泉，制科高等，授長安尉，不數月遷監察御史，因奏哥舒翰貶蒲州司倉，見廣記二二四引戎幕閑談。

C〔又〕允臧生頵　魯公集七云：「允臧……再兼侍御史充荆南節度行軍司馬。」又黄本驥魯公世系表以頵爲真卿兄闕疑、喬卿、真長等之子，待考。

235 育德元孫防，同州刺史。

A〔岑校〕育德元孫防同州刺史　魯公集七云：「育德，太子通事舍人，司經局校定經史。」會要七九稱防閬州刺史，謚穆。考叢編七引京兆金石録同州刺史顔防墓誌，元和四年立，又引諸道石刻録唐河中尹渾瑊賀表，顔防書，貞元四年立。全文六九四李紳大德神異碑：「大師於永貞元年十二月，……示滅於法華寺之經院，……是日告刺史顔防善曰。」當即此顔防。「善」字衍。時防官湖州刺史，見宋僧傳二四大光傳（即紳爲撰碑之僧）。吴興談志一四：「顧防，永正（貞）元年四月自澧州刺史授，除常州刺史。統記作正（貞）元十二年。」董斯張備志四謂談志作「顔防」，勞志誤「顧」，則董見本未訛也。全文七二一謝楚爲同州顔中丞謝上表：「又臣伯父贈太師臣真卿。」中丞即防。又見牛僧孺辛祕碑。

236 游秦，鄆州刺史；生元勝，右補闕。

A〔岑校〕游秦鄆州刺史　魯公集七稱：「度支郎中、廉州刺史，見循吏傳。」據新書一九八，則先刺廉州，終任鄆州也。游秦爲廉州刺史，係在武德初。

B〔又〕先元勝左補闕　顏含碑，遊秦爲十代孫，十一代孫中無「元勝」名，惟十四代孫有「勝，進士、左補闕」，則「生元」殆「玄孫」之訛，否亦有奪文。

237 之善孫有意，沔州刺史。

A〔岑校〕之善孫有意沔州刺史　魯公集七云：「之善，隋葉令，侍讀。」又云：「有意，沔州刺史。」又益州學館廟堂記，永徽元年立，書人有意，署銜成都縣令（金石録四及二四）。

238 真卿生頵、顧。

A〔岑校〕生頵顧　家廟碑，真卿有子顧、碩。碑又云，頵好爲詩，富陽尉。按殷亮真卿行狀及令狐峘神道碑均祗載顧、碩二子（頵已前卒）。又據魯公集九，頵乃允臧子也，此誤。頵於元和六年爲廬州司户參軍員外置，見會要四一。

239 南昌。狀云，與師古同承緋。唐虞部員外謨有，生昭、粹。

A〔岑校〕南昌狀云　「南昌」字謂宜提行空格，再接「狀云」以下文也。

B〔又〕唐虞部員外謨有　温校作「有謨」，但無明據。

班

240 芈姓。楚若敖生鬭伯比。伯比生令尹子文，爲獸所乳，謂獸有文班，因氏焉。秦有班壹，避地樓煩，生孺。孺生長，長生回，回生況，況生稚，稚生彪。

A〔岑校〕謂獸有文班　温校據類稿一六乙爲「班文」。

B〔又〕況生稚　「稚」，漢書敍傳作「穉」。

241 【扶風平陵】 況女爲成帝婕妤，徙平陵。彪生固，固生顗，顗生澄。陳祠部郎中班投，始居汲郡，狀稱十三代孫也。挺元孫思簡，唐春官員外；生景倩，吏部侍郎、祕書監，生鈞、杭、懸、涣、弘、映、榮。弘，户部尚書，生肅。肅生震。震，夔州刺史。

A〔岑校〕陳祠部郎中班投始居汲郡狀稱十三代孫也挺元孫思簡　投與挺當是同人，未詳孰正。

B〔又〕挺元孫思簡唐春官員外　聖曆元年，思簡爲司禮博士，見會要一二。

C〔又〕生景倩吏部侍郎祕書監　開元九年爲大理評事，見會要八五，又嘗任宣州刺史，見集古録目唐良吏記（據元龜一六二，開元二十三年時官宣州）。天寶十載官祭酒，見元龜三三及郊祀録八（李林甫爲相時，見封氏聞見記五）。嘗爲潭府，見廣記一一一引卓異記。

D〔又〕弘户部尚書生肅肅生震震夔州刺史　勞考六於「班肅」下引姓纂此節，注云：「案班宏傳，貞元八年七月卒，不云『佐東川、爲嚴震壻』，似姓纂誤。」余按姓纂無「佐東川」等文，此蓋勞考後二條引河東先生集之注脚，誤附姓纂引文之下，「似姓纂誤」應正作「似柳集誤」也。考柳宗元送班孝廉序云：「家于蜀之東道，其嚴君以客卿之位，贊是方岳，爲大夫良，今將拜慶寧覲，光耀族屬，是其可歌也。外王父以將相之重，九命赤社，爲諸侯師，今又將亟駕省謁，從容燕喜，是又可歌也。」（集二二）集注以班孝廉爲班肅，又注云：「貞元十七年，禮部侍郎高郢知貢舉，班肅第一。」登科記考一五從之。依此，則柳序應作於貞元十七年，維時不特班弘早卒，如勞注所言，即嚴震之卒，亦已二歲（集注作「十三年」誤，應依舊新傳改爲「十五年」），從何而寧覲，從何而省謁？況舊書一二二，班弘爲劍南觀察高適判官，適爲此官，在寶應元年、廣德元年之間，興元元年六月，弘以吏侍入京宣諭（舊紀一二），建中二年二月，弘官給事中（見貞元續釋教録卷中），貞元元年九月，弘自吏侍爲較内外官考使（見元龜六三六），即使曾客佐東川，應爲興元前事，宗元猶在髫齔（宗元以大曆八年生，至貞元元年猶十二歲耳），焉得而製序？弘，貞元八年卒，年七十三。嚴震十五年卒，年七十六。弘比嚴震差長四歲，何爲而妻震之女？又肅於穆宗初即位時官祠部員外（元氏長慶集四七），長慶元年正月，自前坊州刺史改官封外（元龜一四〇），全詩四函七皇甫冉送夔州班使君詩，亦收五函二盧綸，無論作者何人，此班使君刺夔，當在代、德宗時，必即姓纂之震，是震不能爲肅子之證也（又五函四司空曙亦有送詩）。綜此以觀，非姓纂錯亂，即集注有誤，二者必居一於此矣。

環

242 楚有環列之尹，子孫氏焉。楚有環泉。案環泉本環淵，避唐諱作「泉」。漢有大守環饒。晉環濟撰要略。

A〔岑校〕楚有環泉　校云：「案環泉本環淵，避唐諱作「泉」。」姓氏篇云：「按環淵即蜎淵也。」

B〔又〕漢有大守環饒　「大」誤，庫本作「太」。通志作「河東太守環餘」。姓解二作河東太守環饒，當補「河東」字。

菅

243 魯大夫食采於菅，因氏焉。

244 【趙郡趙州】菅襲，趙郡李氏譜云，李叡娶晉郎中令同郡菅襲女*。唐乾元河東節度使菅崇嗣。案唐書作「管崇嗣」，此作「菅」字，與史不合。

A〔岑校〕魯大夫食采於菅因氏焉　趙郡趙州　菅襲趙郡李氏譜云李叡娶晉郎中令同郡菅襲女　唐乾元河東節度使菅崇嗣　校云：「案唐書作『管崇嗣』，此作『菅』字，與史不合。」余按通志魯邑下誤爲「管氏」，云：「魯大夫食采於管，因氏焉。」春秋隱十年，公敗宋師于菅。注，菅，宋地。又左傳宣十年，次于管。釋文本或作「菅」。管仲，武梁祠畫像作「菅仲」。則「菅」、「管」古常通寫，惟類稿一六亦作「菅」。至趙郡即趙州，疑「趙州」二字應連下「菅襲」，否則衍文也（類稿無前「菅襲」兩字）。崇嗣無傳，爲「菅」抑爲「管」，待考。例如苻澈，史亦誤「符」，不可必信（急就篇上菅氏下引崇嗣，與姓纂同）。管崇嗣，至德二年官鴻臚卿同正，見會要四五。舊書一〇，上元二年五月，以鴻臚卿、趙國公管崇嗣爲太原尹、河東節度副大使。又一一〇鄧景山傳，以管崇嗣代王思禮爲太原尹。元龜一二八，天寶十三年管崇嗣官隴右都虞候、兼安鄉郡太守。

馯立姦反*。

245 漢書，馯臂，吴人，治易。

A〔岑校〕漢書馯臂　見漢書八八，字子弓。

關龍

246 夏桀時忠臣關龍逢之後。

顔成

247 莊子有顏成子游。

二十八山

山

248 周山師之官，掌山林，以官爲氏。風俗通云，烈山氏之後。漢武都太守山昱。

A〔岑校〕漢武都太守山昱　昱爲益州刺史，見後書桓帝紀及莋都夷傳。

249 【河南懷縣】山昱之後。漢宣、元時，臨潁侯山君真，生儒，始自潁川徙陳留。五代孫若公，後漢鉅鹿太守，徙河内。八代孫輝，魏宛句令；生濤，字巨源，晉吏部尚書、司徒、新杏侯。案晉書，濤贈新杏伯，此誤。生簡，左僕射；生遐，東陽太守。

A〔岑校〕河南懷縣　漢懷縣屬河内郡，下文亦言「徙河内」，此作「南」訛。

B〔又〕八代孫輝魏宛句令　羅云：「案晉書山濤傳作『父曜，宛句令』。」

C〔又〕新杏侯　校云：「案晉書，濤贈新杏伯，此誤。」「杏」誤，庫本作「沓」，晉書作「沓」。

250 【河南】官氏志，吐難氏改爲山氏。後魏中書令、河東伯山偉，生子深、子渾。渾生顆•，唐左武衛將軍。

A〔岑校〕官氏志吐難氏改爲山氏　志作「土難」。通志亦作「吐難」。

B〔又〕河東伯山偉　羅云：「魏書山偉傳作『東阿伯』。」

閒

251 見姓苑。

卷四整理記

1 「子孫以國爲姓」，秦嘉謨輯補世本引作「以國爲氏」。

8 按宋書索虜傳：「索頭虜姓託跋氏，其先漢將李陵也。」

8 A按昭成帝什翼犍生太子寔，即道武帝珪父，早卒，追謚獻明皇帝。什翼犍又有庶長子寔君，見魏書卷三昭成帝紀及卷十五昭成子孫傳。新唐書宰相世系表五下稱什翼犍七子：一曰寔君，……寔君生道武皇帝珪。大誤。

22 按元誼實際未赴饒州任。據資治通鑑貞元十年及十二年記載，元誼聞王虔休爲昭義留後而作亂，詔以元誼爲饒州刺史，誼不行，十二年正月奔魏州。

23 按舊唐書李憲傳：「又制追贈憲妃元氏爲恭皇后，祔葬於橋陵之側。」

32 D按「霄」，新表作「宵」。傅璇琮等唐五代人物傳記資料綜合索引：「按其兄名寬，則當作『宵』。」是。

33 按新唐書李輔國傳云：「肅宗又爲輔國娶故吏部侍郎元希聲侄擢女爲妻。擢弟挹，時並引入臺省，擢爲梁州長史。」按今本姓纂，挹爲希聲從姪，然其兄弟無名擢者。挹官員外郎，當在肅宗朝。

33 A按今中華書局點校本新表已正作「注」。

又按韋應物與元錫詩多稱爲君貺，應物又有過扶風精舍舊居簡朝宗巨川兄弟、四禪精舍登覽悲舊寄朝宗巨川兄弟諸詩，頗疑即元注、元洪。蓋注與朝宗、洪與巨川，名字義正相應也。

33 C岑校引會稽掇英總集：「大中元年五月追赴闕中，路除衛尉（卿）分司東都。」岑氏原標點如此。然「闕中」之「中」字似當屬下讀。

33 D舊唐書李林甫傳，林甫子壻元㧑爲京兆府户曹。當天寶中任。新唐書李林甫傳則稱林甫卒後，「諸壻若張博濟、鄭平、杜位、元㧑」皆貶官。

34 「太武帝生景穆帝，嗣王。」按魏書卷四下、北史卷二世祖紀，拓跋晃乃太武帝燾長子，五歲立爲皇太子，年二十四，「薨於東宫」，高宗即位，追尊景穆皇帝，無「嗣王」之事，此疑有誤。

35 A岑校：「因魏書此傳即北史。」按原文如此，頗難解，疑岑氏以爲北史元脩義傳本於魏書脩義傳，今既引北史之文，故别無他證可取。若是，則「北史」下當增「所本」二字，或「即」爲「本」之誤。

40 F「璀卒乾元元年。」「璀」原作「權」。按岑氏前已證知「權」乃「璀」誤，後又屢云「璀」，故據改。

41 B王仲犖元和姓纂四校記書後：「犖按隋世有元旻，隋書儒林元善傳：『善嘗言於上曰：「楊素粗疏，蘇威怯懦，元胄、元旻，正似鴨耳。可以付社稷者，惟獨高熲。」』隋書房陵王勇傳：『左衞大將軍五原郡公元旻，並處斬。』隋書元胄傳：『房陵王之廢也，上正窮治東宮事，左衞大將軍元旻苦諫，上大怒，執旻於仗』，『遂誅旻』。旻仕隋至左衞大將軍，姓纂作『左武衞大將軍』，蓋姓纂衍『武』字。隋文帝殺元旻在開皇二十年（公元六〇〇年），至武則天萬歲通天元年（公元六九六年），已九十六年，元旻、元旼，決非一人。」

46 B按新唐書魏徵傳載此事。

47 按北史太武五王傳稱提子昌、孚。昌字法顯，未知是否即祐。

48 B王仲犖元和姓纂四校記書後：「犖按岑氏以隋有二元巖，是也。其一元巖，亦見隋書，謂不見於他書，非也。隋書列女傳：『華陽王楷妃，河南元氏之女也。父巖，仁壽中，爲黄門侍郎，封龍涸縣公。煬帝嗣位，坐與柳述連事，除名爲民，徙南海，後會赦還長安，有人譖巖逃歸，收而殺之。』」

50 按新唐書宰相世系表五下：「懷，廣平文穆王，生廣平文懿王悌。悌生侍中、驃騎大將軍、廣平王贊。贊生謙，後周韓國公。謙生菩提，周襄公。菩提生寶琳，綏州刺史，襄公。寶琳生昭、顧道。顧道，明堂令。」

50　B「寶綝」，文淵閣本正作「寶琳」。

52　D岑校云：「余按次山集中無長子友直、次子友正之文，羅氏誤引。」按元結將牛何處去二首云：「直者伴我耕。」自注：「直者，漫叟長子也。」又將船何處去二首云：「正者隨弱翁。」自注：「正者，漫翁次子也。」漫翁即元結別號，直當即建中元年及第之元友直，依例推之，正當即元友正。非不見於次山集中，岑氏失檢。

55　B「昇」，文淵閣本正作「昇」。「植」，文淵閣本作「殖」。

56　E按翁注引文，見北史卷三十三李渾傳。

58　F按「顗」，文淵閣本正作「顗」。

65　按「德御」，文淵閣、文瀾閣本作「德師」。

69　A按袁智弘長壽元年二月戊午拜相，同年九月癸丑流嶺南，見新唐書宰相表。新表及辯證均稱「相高宗」，誤。

69　B按今中華書局點校本新表以澣爲智弘孫，與姓纂同。

70　C按舊唐書吐蕃傳下：「貞元三年五月，渾瑊與吐蕃會盟於平涼，吐蕃背盟，盟會副使「（崔）漢衡，判官鄭叔矩、路泌，掌書記袁同直……等六十餘人皆陷焉」。七月，詔曰：「試左金吾兵曹參軍袁同直……以下，各與一子九品官。」全唐詩卷三七一呂温臨洮送袁七書記歸朝：「憶年十五在江湄，聞說平涼且半疑。」題下注：「時袁生作僧，蕃人呼爲袁師。」是永貞元年呂温使吐蕃時同直得生還。

70 D袁瓘當於開元十六年左右自左拾遺謫贛縣尉，全唐詩卷一三八儲光羲有貽袁三拾遺謫作，卷一六〇孟浩然洛中訪袁拾遺不遇謂其「江嶺作流人」，且有「聞説梅花早，何如北地春」之語，均謂袁瓘。

71 按通志氏族略樊氏：「姬姓，周太王之子虞仲支孫仲山甫爲周宣王卿士，食采於樊，曰大侯，因邑命氏。其地一名陽樊，今河南濟源東南三十八里皮城是也。以樊皮居之，故名皮城。」所敍比姓纂明確。又按秦嘉謨輯補世本引潛夫論及廣韻「二十二元」：「樊氏，周宣王封仲山甫於樊，後因氏焉。國在南陽。」秦氏謂：「按潛夫論謂滕姓樊尹駱下，即云此皆太古之姓。其解樊氏一條云：昔仲山甫亦氏樊，謚穆仲，封於南陽。是以樊仲山甫爲滕姓也。漢書卷六十，杜欽曰，仲山甫異姓之臣，無親於宣，就封於齊，益可見樊氏非姬姓。隸釋孟郁修堯廟碑云，仲氏所自出，蓋姬周之遺，天生仲山甫，翼佐中興，及諸氏姓書，皆以爲姬姓，皆據譜牒之言，未可盡信。周太王子虞仲支孫亦封於樊，爲樊氏，國在陽樊，兩相混而致誤也。」

72 又按「殷人七族」，文淵閣本作「殷十七族」。

72 按今中華書局點校本後漢書「弘」作「宏」。

72 B按漢書貨殖傳：「自元、成訖王莽，京師富人杜陵樊嘉，……樊嘉五千萬，其餘皆鉅萬矣。」與樊噲曾孫時代可相合，唯未及南陽太守，不可必其人。至於樊寬誌之「漢南陽令德雲之末孫」，名既不同，

「南陽令」與「南陽太守」亦異，必非此樊嘉。

73 D今中華書局點校本新唐書藝文志四已正作「潤州刺史樊晃」。

76 樊思孝垂拱四年在綿州長史任，見新唐書地理志六。

82 B「詰汾」，文淵閣、文瀾閣本並作「詰汾」。

84 B按貞元十三年二月四日張夫人源氏誌，上海圖書館藏有拓片。

84 G按舊唐書源洧傳稱「天寶中爲給事中、鄭州刺史、襄州刺史本道採訪使」，又云：「及安禄山反，既犯東京，乃以洧爲江陵郡大都督府長史、本道採訪防禦使、攝御史中丞，……洧至鎮卒。」則元龜「南」字上當爲「山」字。襄州、荆州均屬山南道。

86 「禕」，郎官石柱題名考卷四作「玄緯」，御史臺精舍題名考作「玄禕」，當爲同一人。

86 C按資治通鑑建中元年九月下稱：「江西觀察使路嗣恭按虔州刺史源敷翰，流之。」「敷翰」當爲「敭幹」之形訛。由此證新表作「虔州」是，姓纂作「處州」誤。

86 D岑校云：「少良於開元十一年知貢舉，見唐才子傳一。」按唐才子傳卷一崔顥傳云：「開元十一年源少良下及進士第。」當即岑氏所本。依此説，則源少良開元十一年已官考功員外郎。但玉芝堂談薈卷二稱源少良爲是年狀元。寰宇訪碑録卷三有天寶六載監察御史源少良天竺山題名，岑氏郎官石柱題名新考訂司勳員外郎亦列源少良天寶中，又少良兄伯良子源敭幹與元元年方爲州刺史，見前條整理記，故少良決無可能於開元十一年知貢舉，嘗從玉芝堂談薈是年爲狀元。唐才子傳蓋誤以「源少良榜進士」爲「源少良下進士」。

87 A按開元十年隨州刺史源杲誌，上海圖書館藏有拓片。

89 A按後漢書公孫述傳稱宗成將垣副殺成，以其衆降。李賢注引風俗通曰：「垣，秦邑也，因以爲姓。秦始皇有將垣齮。」並未及西河太守垣恭。

94 「纂要」，文淵閣本作「纂文要」。

104 按晉書孫楚傳稱，祖資，父宏。子纂，纂子綽、統。

105 B按千唐誌孫瑝撰唐故河南府洛陽縣尉孫府君(備)墓銘并序：「孫氏出於齊大夫後，在晉時嘗避地樂安，因氏居焉。」又云：「自宋魏至皇朝，代以儒學顯。故鉅名碩望，冠出他族。」與姓纂合。備卒「天子受英武至仁號之年」，即咸通十二年。千唐誌齋藏石續目録編此誌於會昌元年，今文物出版社版千唐誌齋藏誌因之。均誤。

106 C按千唐孫備誌稱「高祖贈祕書監諱嘉之，位不配德，果介繁祉」。

106 D按全唐文卷三一三孫逖宋州司馬先府君墓誌銘「造」誤作「追」。

107 A千唐誌孫瑝撰孫備誌稱：「我曾伯祖贈僕射文公諱逖。」

107 E按千唐誌唐故中大夫守桂州刺史兼御史中丞充桂州本管都防禦經略招討觀察處置等使上柱

國樂安縣開國男孫府君(成)墓誌銘并序:「遷京兆少尹……,出爲信州刺史,……遂遷蘇州刺史,……數歲積勞,除桂州刺史兼御史中丞充本管都防禦經略招討觀察等使。」貞元五年卒,春秋五十三。

108 A按千唐誌孫瑝撰孫備誌稱:「曾祖贈祕書少監府君諱遹」。

109 A按今中華書局點校本新表作「遘,亳州長史」。又按千唐誌孫備誌:「補闕府君,即君之曾王父也。祖白馬令贈尙書工部侍郎諱起。烈考故天平軍節度使檢校禮部尙書贈兵部尙書康公諱景商。君其嫡長子也。」

110 按「耽」,文淵閣本作「躭」。

114 B按新表三下:「茂道,初名處約,字歷道,相高宗。」或因避武后父士彠諱而改歟?

122 按「釋允」,新表作「釋胤」,是,「允」係清人避諱改。

127 按「昆辯」,廣韻「二十三魂」作「昆辨」。

144 按秦嘉謨輯補世本引路史前紀八注:「尊盧氏,在伏犧後。」

153 A今中華書局點校本新表正作「南鄉」。

153 D按新表亦誤以仲良、遜、滂爲褒子,與紹并列。

154 B按永泰元年有普州刺史韓澄,見新唐書代宗紀,未知是否此人。

154 C按韓泰終常州刺史,岑校後文引吴興談志有「遷常州刺史」可證。劉禹錫大和五年冬出守蘇州，途經洛陽，白居易作初見劉二十八郎中有感云：「欲話毘陵君反袂，欲言夏口我霑衣。」毘陵即謂韓泰，夏口謂元稹。由是知泰大和五年卒於常州任。岑氏謂「終湖州刺史」，誤。

157 按新表三上稱韓恬爲玄菟太守，二子：都、偃。

159 郎官柱主客員外有韓處約題名，在崔萬石、韋正己後，韋志仁、崔崇業前。

161 K按今中華書局點校本新表作「兵部侍郎」，非「尚書」。

164 B按韓雲卿有兄仲卿，即韓愈父。全唐文卷三五〇李白武昌宰韓君去思頌碑云：「君名仲卿，南陽人也。……七代祖茂，後魏尚書令、安定王。五代祖鈞，金部尚書。曾祖晙，銀青光禄大夫、雅州刺史。祖泰，曹州司馬。考睿素，朝散大夫、桂州都督府長史。……君乃長史之元子也。妣有吴錢氏，……成名四子。……少卿，當塗縣丞。……雲卿，文章冠世，拜監察御史，朝廷呼爲子房。紳卿，尉高郵。……君自潞州銅鞮尉調補武昌令，……兼操刀永興，二邑同化。」後爲採訪使皇甫侁「擢佐輶軒」，崔渙奏授鄱陽令。時在肅宗年間。

176 B按「房子」乃縣名，漢置，屬常山郡，唐屬趙州，天寶元年，改爲臨城縣，見舊唐書地理志。恐以「房子」二字合讀爲是。

177 按左傳成公十一年：「與檀伯達封于河。」又見漢書古今人表，顏師古注：「武王臣。」

179 按漢書藝文志小説家著録待詔臣安成未央術一篇。顏師古注引應劭曰：「道家也，好養生事，爲未央之術。」

179 A「盧」，文淵閣本正作「廬」。

180 D按今中華書局點校本新表文成列爲恒安子，誤。

181 E按今中華書局點校本新表以幼成、幼清爲抱真子，與緘平列，不誤。

182 按干犨見左傳昭公二十一年。

又陳行人干徵師，見左傳昭公八年。

又永和元年七月庚翼卒，翼部將干瓚、戴羲等舉兵反，見晉書卷八穆帝紀。

189 A按秦嘉謨輯補世本：「邯鄲氏，趙氏側室子穿稱趙武子，食采邯鄲，以國爲氏。」

191 A秦嘉謨輯補世本作「褭生魚」。

203 按既言姜姓，此「以謚爲姓」當作「以謚爲氏」，新表五上正作「以謚爲氏」。

又按廣韻「二十六桓」作「太子太傅桓榮」。

208 史記晉世家：「（昭侯）七年，晉大臣潘父弑其君昭侯而迎曲沃桓叔。

又潘崇、潘尫「事，見史記楚世家。

212 按「元孫」，文淵閣本作「玄孫」。

216 按此「右僕射」若屬龍興，則「右」上應重「龍興」；若別一人，則此處脱名。

225 按文淵閣本「缺」上有「此」字。

225 B顏涿聚，按史記孔子世家有「顏濁鄒」，漢書古今人表作「顏燭雛」，顏師古注：「即顏涿聚子也。」按曝書亭集卷五六孔子弟子考：「齊大夫顏子涿聚。」注：「或作『濁鄒』。」又云：「按呂覽云，顏涿聚，梁父之大盜也。學于孔子，爲天下名士，以絡其壽。而史記孔子世家稱弟子三千，身通六藝者七十有二人，如顏濁鄒之徒，受業者甚衆，則雖不在七十子之列，然不可謂非孔子之徒矣。」則姓纂「顏鴅」、「顏涿聚」與孔子世家之「顏濁鄒」、古今人表之「顏燭雛」當指同一人。

233 B按廣記四九七引嘉話録云：「湖南觀察使有夫人脂粉錢者，自顏杲卿妻始之也。」未云顏杲卿嘗爲湖南觀察。考杲卿於天寶十四載冬爲安禄山所殺，據新唐書方鎮表六，至德二載始置衡州防禦使，廣德二年始置湖南都團練守捉觀察處置使，治衡州，大曆四年徙治潭州。時杲卿早去世數年，何得任湖南觀察？岑氏失考。

244 按菅襲，晉書卷五九齊王冏傳作「管襲」。

245 按文淵閣、文瀾閣本作「馯」，音「丘姦反」。又按漢書儒林傳顏師古注：「馯，姓也，音韓。」

250 按「顆」，文淵閣本作「顒」。

元和姓纂卷五

〔岑校〕卷五　其下庫本注云："下平聲先韻至凡韻。"

一先

燕

1 弘農燕氏、廣念燕氏，皆漢以來自范陽徙居者。

A〔岑校〕廣念燕氏　羅校云："按『廣念』，古今姓氏書辯證引作『廣漢』。"按北齊書燕子獻傳稱爲廣漢下洛人，姓氏書所引或不誤。

2 史記，召公奭，周同姓，封燕，傳國四十二代，至王喜爲秦所滅，子孫以國爲氏。又南燕，姞姓國，亦爲燕氏。漢功臣宜城侯燕倉，後漢中郎將燕瑗。（岑補）

A〔岑校〕據類稿一七引。燕瑗，見楊秉傳。備要二六同類稿。

天

3 莊子有天根，注云，人姓名。

A〔岑校〕莊子有天根注云人姓名　按通志「吞氏」云：「音天，漢有吞景雲，望出晉陽，或作「天」者非。」又「虔氏」云：「風俗通云，陳留虔氏，黄帝之後，又莊子有虔天根。」廣韻亦著虔姓，然則此條似爲「虔氏」之文。但考姓氏篇有云：「又莊子虔天根，或引不連「虔」字，以天爲姓。」惟類稿一七天姓之文，與此同，則疑鄭氏立説，與林異耳。

縣

4 風俗通云，縣成父，孔子門人，見史記。案孔子弟子縣子成，字子祺，今家語作「子横」。又有縣亶父，字子象，見廣韻注。又「亶」，史記索隱作「豊」。家語無「父」字。此作「縣成父」，誤。漢甘陵相縣芝，吴中書令縣點。

A〔岑校〕縣　辯證九云：「近世姓源、韻譜、元和姓纂皆以此氏入去聲，音黄練切，誤也，今改正，止入先韻。去聲『三十三（二）霰』更不收。」余按縣姓，廣韻亦入「三十二霰」，是唐人一般如此讀法，今輯姓纂，自應仍歸去聲以存其真也。類稿四五亦收去聲。

B〔又〕風俗通云縣成父孔子門人見史記　校云：「按孔子弟子縣子成，字子祺，今家語作『子横』。又有縣亶父，字子象，見廣韻注。又『亶』，史記索隱作『豊』，家語無『父』字，此作『縣成父』，誤。」按「父」

者，古人尊稱之辭，非名也。縣成稱縣成父幷不誤，通志亦作「縣成父」。

C〔又〕吴中書令縣點　「點」，通志及類稿作「默」。

田（岑補）

5 嬀姓，舜後，陳厲公子完，字敬仲，仕齊，或號田氏。至田和篡齊爲諸侯，九代至王建，爲秦所滅。建弟假及田儋、儋子市、儋從弟榮、弟横、弟子廣，項羽時並裂地稱王。（岑補）

A〔岑校〕據類稿一七引。尋源一三所引與此異，參附録二。備要二〇略同類稿。

6 【平涼】（岑補）

7 【京兆】（岑補）

8 【雁門】（岑補）

9 【太原】（岑補）

10 【天水】（岑補）

11 【信都】（岑補）

A〔岑校〕辯證九云：「又有望出平涼、京兆、雁門、太原、天水、信都者，世系具元和姓纂。」依此，則田姓之下，可補上文六望。

邊（岑補）

12 子姓，宋平公子邊之後，以王父字爲氏。（岑補）

A〔岑校〕據類稿一七引，備要二六前半同。

堅（岑補）

13 潁川。後漢有二十八將揚化將軍、合肥侯堅鐔。蜀録有羅江都尉堅峻。（岑補）

A〔岑校〕據類稿一七引。

先穀

14 晉先穀之後，氏焉。

A〔岑校〕晉先穀之後氏焉　兩「穀」字，庫本均作「縠」，亦見羅校引辯證，余按通志作「縠」，此誤。

肩吾

15 莊子，肩吾，古賢者也。晉袁弘集有東海太守肩吾氏。

A〔岑校〕晉袁弘集有東海太守肩吾氏　「肩吾氏」，通志作「肩吾民」。

涓濁

16 呂氏春秋，夏首人涓濁梁善，畏明失氣而卒。案「涓濁」又作「羌憲」。

A〔岑校〕呂氏春秋夏首人涓濁梁善畏明失氣而卒　校云：「按『涓濁』又作『羌憲』。」非也。説見下羌憲。辯證九涓濁引文，正與上同。云：「謹按荀子『濁』作『蜀』。」

填瀆

17 莊子有赤張滿。案此條誤移于此，詳「二十二昔」赤張姓下。

A〔岑校〕莊子有赤張滿　校云：「案此條誤移于此，詳『二十二昔』赤張姓下。」按廣韻「二十二昔」引莊子，作「赤張滿稽」，「填瀆」之「填」亦誤，應作「慎」，移入去聲。廣韻云：「家語，魯有慎瀆氏，奢侈逾法。」辯證三二「慎瀆」云：「魯大夫慎瀆氏，其家奢侈逾法，孔子爲司寇，越境亡徙。」姓纂本文已佚。

二仙

錢

18 顓頊曾孫陸終生彭祖，孫孚，周錢上氏，因官命氏焉。戰國時有隱士錢丹，秦有御史大夫錢産，子孫居下邳。祕笈新書。

A〔岑校〕孫孚周錢上氏　祕笈後集六所引誤「士」爲「氏」，洪補漏「府」字。通志作「裔孫孚，周錢府上士」是也。辯證九及類稿一七、備要七同。沈跋云：「又（路史後紀）八卷注云，姓纂有彭祖孫子爲周錢府大夫，今孫本『二仙』錢姓下引祕笈新書補云，彭祖孫孚，周錢上氏，案路史注『子』字當是『孚』字之誤，古未聞以錢上命官，而周禮有泉府，『泉』、『錢』古通字，則新書『上』字必『府』字之誤也。」按如沈說改爲「錢府氏」，語亦難通。

B〔又〕因官命氏焉　類稿引「命」作「爲」。

宣

19 魯叔孫宣伯之後。　案宣氏，應劭風俗通爲宋宣公之後。

A〔岑校〕魯叔孫宣伯之後　校云：「案宣氏，應劭風俗通，爲宋宣公之後。」按類稿一七所引，比大典較詳，兹别補如次：

20 魯大夫叔孫宣伯之後，以謚爲姓。風俗通，宋宣公之後。後漢有司空宣酆。（岑補）

A〔岑校〕備要二一同。

鮮

21 鮮于氏之後，或單姓。

權

22 楚鬬緡之後爲權氏。

A〔岑校〕楚鬬緡之後爲權氏　按類稿一七引比大典詳，兹補正如次：

23 芈姓。顓頊之胤，封楚。楚若敖之孫鬬緡尹權，因氏焉。秦滅楚，遷大姓於隴西，因居天水。又傳云，楚武王克權，使鬬緡尹之。今南郡當陽縣東南有權城。（岑補）

A〔岑校〕備要二八同。

連

24 齊大夫連稱後。

緜

25 晉大夫食采緜上，子孫氏焉。

偏

26 古有偏軍。案下有脱誤。

A〔岑校〕古有偏軍　　校云："「案下有脱誤。」羅校云："「案古今姓氏書辯證引作『古有偏將軍』，今本奪『將』字。」余按通志云："「古偏將軍之後。急就章，漢有偏呂張。」類稿一七「古」作「右」，漏「張」字。

泉（岑補）

27 本姓全氏，全琮之後。琮孫暉，魏封南陽侯，食封白水，遂改爲泉氏。後魏洛州刺史、上洛侯泉企也。（岑補）

A〔岑校〕據類稿一七引，備要二三同。

28 獻誠生玄隱（岑補）

A〔岑校〕金石録二六云："「泉君者，蓋蘇文之孫，泉男生之子也。高宗時與男生同歸朝，仕爲衛尉卿。按唐書及元和姓纂皆云名獻誠，今此碑乃云諱實，字行於代而闕其字不書。又姓纂云，獻誠生元隱，而碑但云名隱而已。」茲據補。復考蒿里遺文目録續編有右羽林衛大將軍泉獻誠墓誌，大足元年立，比金石録著録之衛尉正卿泉君碑（開元十五年立）先二十六年，據丙寅録引，未舉其字，亦不云元名實，又引誌言長子玄隱，於久視元年昭雪時，以武騎尉、柳城縣男進游擊將軍、行右玉鈐右司階員外置同正員。次玄逸、玄静。蓋羅氏忘記趙録有跋，故於趙之所疑，均未論及也。又拓本調露元年泉男生誌，男生字元德，曾祖子遊，祖太祚，並任莫離支；父蓋金，任太大對盧。哀子衛尉寺卿獻誠。獻誠爲來俊臣誣其謀反，縊殺之，見元龜五二二（長壽元年）。天授元年，遷左衛大將軍，見舊書八一四。獻誠誌則言死天授二年。叢編四唐右衛大將軍泉府君碑，引訪碑録云：「唐劉應道撰，王知敬書，年月缺。」按長安誌，興寧坊有左衛大將軍泉男生宅。舊籍中「左」、「右」字往往互訛。又蒿里目録泉毖誌，父隱撰，約開元十七年立。

便（岑補）

29 以國爲氏。（岑補）

A〔岑校〕據姓觿三引。

歂（岑補）

30 顓孫之字或作「歂」。（岑補）

A〔岑校〕辯證九歂姓云：「元和姓纂曰，顓孫之字或作「歂」，誤。」今據補。

鮮于

31 箕子封于朝鮮，支子仲食采於于，子孫因合「鮮」、「于」爲氏。

A〔岑校〕鮮于　按兩京新記三云：「西北隅普集寺，隋開皇七年，突厥開府儀同三司鮮于遵義捨宅立寺。」（「集」字，據長安志一〇補）似鮮于之族，猶有出自突厥者。

B〔又〕箕子封于朝鮮支子仲食采於于子孫因合鮮于爲氏　魯公集九鮮于向神道碑云：「其先出於殷太師，周武王封於朝鮮，子仲食邑於于，因而受氏。」類稿引作「周武王封箕子於朝鮮。」又「子孫因以鮮于爲氏」。

32 子姓，殷後。（岑補）

A〔岑校〕據類稿五六引。

33 【漁陽】 後漢有京兆尹鮮于裒，魏志有太尉從事鮮于，案劉虞從事有鮮于輔，後事漢爲度遼將軍，此脱名，當卽輔也。後拜度遼將軍。北齊有鮮于榮，案齊書，鮮于世榮，此避唐諱闕「世」字。領軍將軍，封夷陽王，判右僕射。後周懷州刺史鮮于緒，生明，唐蒲州刺史、定襄公，生匡濟、匡紹。匡濟，左驍將軍。匡紹，閬同河利四州刺史，生建業、建宗。

A〔岑校〕後漢有京兆尹鮮于裒　同上碑云：「漢有京兆尹裒。」裒、褒古通，姓氏篇以爲「相似而易」，非也。姓氏篇又引姓纂云：「漢有平原郡尹鮮于褒。」未知所據何本。按後書第五倫傳：「第五倫，……京兆長陵人也。……倫始以營長詣郡尹鮮于褒，……後褒坐事左轉高唐令。」倫爲京兆人，所詣尹自是京兆尹，若高唐屬平原郡，則後來所降之地，非襃始爲平原郡尹也。況依漢代官制，平原郡祇有太守，固無尹之設置耶。全文四二三于邵鮮于叔明經武頌：「至西漢有京兆尹襃惠，東漢虎牙將軍輔。」「西」、「惠」兩字當誤。

B〔又〕魏志太尉從事鮮于後拜度遼將軍　校云：「案劉虞從事有鮮于輔，後事漢爲度遼將軍，此脫名，當卽輔也。」余按鮮于氏里門碑亦云：「魏有輔，爲度遼將軍。」（補正六四）

C〔又〕北齊有鮮于榮領軍將軍封夷陽王　校云：「案齊書，鮮于世榮，此避唐諱闕『世』字。」羅校云：「北齊書鮮于世榮傳作『義陽王』。」

D〔又〕匡濟左騎將軍　舊書四，永徽元年五月，遣右武衛將軍鮮于匡濟弔祭吐蕃。元龜九七九，永徽三年八月，遣左驍衛將軍鮮于濟往迎弘化長公主。宋人諱「匡」，故單稱濟，「左騎」乃「左驍衛」之訛奪。新書二二一上正作「匡濟」，但又作「右驍衛」。

E〔又〕匡紹閬同河利四州刺史　「河」，庫本誤「何」。唐無「何州」。顏集九，匡紹，隆州刺史。唐避玄宗諱，故改閬州，此亦追改者。元龜六七三：「鮮于紹爲隆州刺史，高宗儀鳳中，爲同州刺史。」卽此匡紹，殆宋人避諱，故略「匡」字，與匡濟同。全文四二三于邵鮮于叔明經武頌云：「粤有高祖父康紹，後牧於閬，解印，寓於新政縣，洎曾王父與王父因家焉。」以鮮于向碑勘之，謂匡紹爲叔明高祖，實誤（文作康紹，乃宋人諱改）。且頌言高、曾、祖而不及父，一可疑也。紹官儀鳳中，下去天寶末，不過七十餘年，而謂其玄孫或姪玄孫已位至大藩，且春秋六十二，二可疑也。經武頌必傳録有誤。

34【閬中】京兆尹、劍南節度鮮于仲通，云匡紹曾孫也，居閬中。鮮于偃、鮮于惠子，鮮于且于。

A〔岑校〕京兆尹劍南節度鮮于仲通　魯公集五稱鮮于向字仲通，天寶十二載終漢陽太守，同集九又有鮮于向神道碑。官京兆尹，見封氏聞見記五。

B〔又〕云匡紹曾孫也　據顔集，匡紹兄匡贊，生士簡、士迪。幼孤，爲叔父紹所育，簡生令徽，令徽生向，是向爲匡贊曾孫，此云匡紹曾孫，或因簡、迪爲紹所育，故稱之曰「父」歟？里門碑：「（上泐）刺史因家閬州。」補正六四云：「匡紹也，……仲通之高祖也。」「高祖」誤，應云「曾祖」。士簡官簡州長史，亦見里門碑。此下有一節誤錯於卷七「夏侯」，可參看。

C〔又〕鮮于偃鮮于惠子鮮于且于　余初讀其文，即疑「鮮于」無此類名字，繼檢通志「南郭氏」云：「莊子有南郭子綦，左傳有南郭偃、南郭且于。」乃知此首末兩句爲「南郭」之文，今姓纂「南郭」目已佚，應補。又東郭子惠，見卷一「東郭」，即此鮮于惠子也，則中句爲「東郭」之重文，應删。

延陵

35吴王子季札居延陵，因氏焉。趙襄子有謀臣延陵正，是其後也。案韓非子，趙襄子時有延陵生。

A〔岑校〕趙襄子有謀臣延陵正　辯證九同。通志引呂氏春秋作「延陵玉」。原校云：「案韓非子，趙襄子時有延陵生。」辨誤九以作「生」爲是。

延州

36 吴季札封延州來，氏焉。

A〔岑校〕吴季札封延州來氏焉　羅校云：「案『氏焉』，古今姓氏書辯證作『因氏焉』，今本奪『因』字。」按辯證引書，未必隻字不改，前已言之，今如卷三「周宣王錫命韓侯，支孫氏焉」，同卷「晉先穀之後，氏焉」，「西突厥首領有哥舒部，氏焉」，「氏焉」文自通，原本未必果有「因」字也。

連尹

37 楚大夫連尹襄老之後。

鮮陽（羅補）

38 漢有揚州刺史鮮陽進，其孫滔，散騎常侍。（羅補）

A〔岑校〕羅氏據姓氏書辯證補，余按此文今見卷七「鮮陽」下，羅氏複補。

三蕭

39 宋微子之後，支孫封於蕭，蕭叔大心子孫有功，因邑命氏焉。代居豐沛，至不疑，爲楚申君之客。祕笈新書*。

A〔岑校〕至不疑爲楚申君之客　此姓全是洪氏據祕笈新書所補。按新表七一下有云：「裔孫不疑，爲楚相春申君上客。」通志略同。祕笈祇稱「申君」，應奪「春」字。類稿一八引作「爲楚春申客」。

廖

40 風俗通，古有廖叔安。左傳作「飂」，蓋其後也。祕笈新書。

A〔岑校〕風俗通古有廖叔安左傳作飂蓋其後也　此係洪氏據祕笈新書所增，但全文已見卷九廖姓下，洪氏複補，應删。

姚

41 虞舜生於姚墟，子孫以姚爲氏。左傳，鄭大夫姚句耳。漢有諫議大夫姚平。舜後胡公封陳，至敬仲仕齊，又爲田氏。至田豐，王莽封爲代睦侯，奉舜後。子恢，避王莽亂，過江居吴郡，改嬀氏；五代孫敷，又立姚氏。祕笈新書。

A〔岑校〕姚　按姚，廣韻收「四宵」，此入「三蕭」，誤，應移正。

B〔又〕漢有諫議大夫姚平　見漢書京房傳。

C〔又〕子恢避王莽亂　類稿一八、備要一七、新書六引，均無「王」字。

D〔又〕又立姚氏　類稿作「又爲」。

42 善意。（岑據沈跋補）

A〔岑校〕金石録二六云：「右唐姚懿碑，懿，崇父也。據碑及唐書宰相世系表，皆云公諱懿，字善意，而崇子奕碑與元和姓纂乃云『名善意』，豈非以字行乎。」沈跋云：「今孫本『三蕭』姚姓下引祕笈新書補，並無此文。」

43 今宛句有此姓。宛句，曹州也。氏族志。

A〔岑校〕今宛句有此姓宛句曹州也　此姓洪氏據氏族略補，今據類稿一八別補如次：

|條

44 曹州冤句有條氏。條定，石趙時•。條假，冉閔時爲司空。苻秦録有北都尉條理（岑補）

刁（岑補）

45 風俗通，齊大夫豎刁之後。戰國時刁勃。漢刁間，齊人，以富聞，子孫居渤海。（岑補）

A〔岑校〕據類稿一八引，備要一九同。

堯（岑補）

46 帝堯之後，支孫以謚爲姓。（岑補）

A〔岑校〕同上類稿引。

四宵

椒

47 楚大夫越椒之後。

銚

48 潁川郟陽　後漢衞尉、安陽侯銚期。

A〔岑校〕潁川郟陽　後漢衞尉安陽侯銚期　　羅校云：「案後漢書銚期傳，潁川郟人，是『郟』乃『郟』之誤。」余按辯證一〇及類稿一八作「郟縣」，「郟陽」亦非，應作「郟縣」也。羅校又云：「又案古今姓氏書辯證引銚，以邵反，是姓纂銚姓原列『三十四嘯』韻內，當據改正。」余按宋本辯證云：「元和姓纂曰，以邵反，此唐人方言之誤也。」（據校勘記中引）又今本辯證一〇云：「謹按唐以前『銚』字未有音姚（掉？）者，……師古曰，銷即銚也，音姚，……玉篇亦曰，銚，温器也，弋昭切。自唐人作廣韻始音掉，蓋方言音變所致，而今人沿習久誤，不可復改。」「未有音姚」語，文氣不符，當是「音掉」之誤。但今廣韻銚姓固入「四宵」，非入去聲，豈鄧氏見本訛歟，抑今廣韻入「宵」，係經後人改正者歟？

朝臣

49 日本國使臣朝臣真人，長安中拜司膳卿同正；朝臣大父，拜率更令同正。朝臣，姓也。

A〔岑校〕朝臣大父　　羅校云：「辯證引作『副使朝臣大父』，今本奪『副使』二字，當據補。

橋（岑補）

50 黄帝葬橋山，支孫守冢者爲氏。（岑參據沈跋補）

A〔岑校〕沈跋云：「（路史後紀）五卷黄帝後有橋氏。注，姓纂，橋山支孫守冢者爲氏，今孫本「四肖」無橋姓。」按類稿一八引作「黄帝葬橋山，子孫守冢，因爲橋氏。」

晁（岑補）

51 左傳，周景王子王子朝之後，亦作「鼂」字。或云衞大夫史鼂之後。（岑補）

A〔岑校〕據類稿一八引，備要二七同。

譙（岑補）

52 大夫姓，食采於譙，因氏焉。漢譙隆爲上林令，以忠諫拜侍中。（岑補）

A〔岑校〕同上類稿引。

苗（岑補）

53 風俗通，楚大夫伯棼之後，子賁皇奔晉，（晉）人與之苗，因命氏焉。漢有長水校尉苗浦，王莽時有苗訢。（岑補）

A〔岑校〕同上類稿引，備要一四同，但重「晉」字。

五肴

包

54 楚大夫申包胥之後，以王父字因氏之。祕笈新書。

A〔岑校〕因氏之　類稿一九引作「爲氏焉」。

匏

55 盤匏之後。案高辛氏時有槃瓠，此作「盤匏」，未詳所自。廣韻此字下亦不云姓。

A〔岑校〕盤匏之後　按「盤瓠」互見卷三盤姓下，洪校注比庫本增「廣韻此字下亦不云姓」九字。

茅夷

56 邾大夫茅夷鴻之後，見左傳。

巢（岑補）

57 有巢氏之後，堯時有巢父，夏、殷有巢國。左傳，吳有巢牛臣*。後漢司空巢堪。（岑補）

A〔岑校〕據類稿一九引，備要二八同。

茅（岑補）

58 周公第三子茅叔，封茅國，子孫以國爲氏焉。左傳，邾大夫茅地，弟夷鴻。史記，秦有茅焦。神仙傳有茅盈。（岑補）

A〔岑校〕同上類稿引，備要一七同。

膠（岑補）

59 殷末賢人膠鬲之後。（岑補）

A〔岑校〕同上類稿引。

茅地（岑據沈跋補）

60 A〔岑校〕說見前卷二「卑徐」，但考類稿引「茅氏」著「邾大夫茅地」，林書是否以「茅地」爲姓，尚須存疑，茲姑補於此。

六豪

高

61 齊太公六代孫文公，子高，孫傒，以王父字爲氏。祕笈新書

A〔岑校〕齊太公六代孫文公子高孫傒以王父字爲氏　羅校云：「案唐書世系表作太公六世孫文公赤，生公子高，……與此不合。」余按類稿二〇引姓纂，與祕笈同。但史記齊世家，太公子丁公，子乙公，子癸公，子獻公，子武公，子厲公，子文公赤，則文公又是太公七世孫。新唐亦與史記不合。

62 士廉父勱。（岑補）

A〔岑校〕見沈跋，羅氏亦據金石録二四補。按録云：「唐史及元和姓纂皆云士廉父名勱，而北史作『勵』，今此碑與北史合，蓋唐史及姓纂轉寫誤耳。」羅氏未詳引趙説，或生讀者誤會，故并補録於此。復按今本「高氏」一條十八字，係洪氏據祕笈新書所補。考辯證一一詳敍高氏世系後有云：「以上出唐宰相世系表及元和姓纂。」是南宋之初，高姓未佚，鄧氏據姓纂、新表，「勱」亦誤「勵」也。

毛

63 周文王第九子毛伯，受封毛國，因以爲氏。支孫爲周卿士。毛伯過、毛伯得，並毛公之後也。趙有毛遂。漢有毛公，治詩，趙人也，爲河間王博士。毛萇亦治詩，爲詁訓。祕笈新書。

64 【滎陽】（岑補）

65 【河陽】（岑補）

66 【北地】（岑補）

A〔岑校〕今據辯證一一補上三望。辯證云：「唐時滎陽、河陽、北地毛氏世系，皆具元和姓纂。延壽畫人形，醜好、老少，必得其真。」末二句并不見是轉引姓纂，羅氏竟補此二語，余以爲誤也。

曹

67 顓頊元孫陸終第五子安爲曹氏。至曹挾，周武王封之於邾，爲楚所滅，遂復曹氏。周文王第十三子振鐸，封曹，亦爲曹氏。因宋所滅，子孫以爲氏。祕笈新書。

A〔岑校〕周文王第十三子振鐸　類稿一九同，辯證三一作「第六」。

B〔又〕因宋所滅　「因」，類稿一九引作「爲」。

C〔又〕子孫以爲氏　類稿及備要一二、新書六「以」下均有「國」字。

皋

88 望出廣陵。

陶（岑補）

69 陶唐氏之後，因氏焉。虞思爲周陶正，亦爲陶氏。陶叔爲周司徒。漢功臣開封侯舍生青，爲丞相。（岑補）

A〔岑校〕據類稿一九引，備要一二同。

勞（岑補）

70 其先居東勞山，因氏焉。（岑補）

A〔岑校〕引見姓氏急就篇上，茲據補。

高陵

71 秦昭王弟封高陵，因氏焉。漢有陳大夫高陵顯。

A〔岑校〕漢有陳大夫高陵顯　「陳」乃「諫」之訛，通志作「諫大夫」也。

高堂

72 風俗通，齊卿高敬仲，食采于堂，因氏焉。

高車

73 卽九姓回鶻種類也。入中國者號高車氏。後魏有高車解如。

A〔岑校〕後魏有高車解如　「解」，通志作「惑」。

高陽〔岑補〕

74 高陽氏之後。〔岑補〕

A〔岑校〕據姓觿三引。

陶叔

75 周司徒陶叔之後。晉有陶叔真爲原大夫，文公時陶叔孤。漢有陶叔卷爲青州主簿。氏族略作「青州刺史」。

A〔岑校〕漢有陶叔卷爲青州主簿　校云：「氏族略作『青州刺史』。」庫本無此注，當洪氏所增。

76 【平原】　今平原有此姓。

A〔岑校〕平原　今平原有此姓　按姓觿三，陶叔不云出平原，惟「陶邱」下云：「吴志有平原陶邱洪。」此當「陶丘」之文而誤隸「陶叔」者，應移正。

陶邱

77 帝堯子居陶邱，因氏焉。

A〔岑校〕帝堯子居陶邱因氏焉　沈跋云：「（路史後紀）十一卷注云，姓纂，丹朱居陶邱，爲氏。今孫本『六豪』『陶邱』下但云『帝堯子居陶邱，因氏焉』，無『丹朱居』之文。」余按路史引文有「丹朱」而無「帝堯子」，今本有「帝堯子」而無「丹朱」，文雖小異，旨義則一。辯證一一引姓纂，祇云「帝堯子居陶丘，因氏焉」，唯通志則作「帝堯子丹朱居陶丘。」

78 齊大夫陶丘德，漢侍御史陶丘仁，後漢陶丘子林。（岑補）

A〔又〕辯證一一云：「元和姓纂曰，帝堯子居陶丘，因氏焉。齊大夫陶丘德，漢侍御史陶丘仁，後漢陶丘仁子林。」考通志「陶丘氏」文祇云「齊大夫陶丘德，漢侍御陶丘仁」，今辯證有兩陶丘仁，殆誤。復考後書史弼傳注，陶丘洪字子林，疑辯證後「仁」字爲衍文，否則當作「後漢陶丘洪字子林」也。

皐落

79 漢武帝時皐落閔，通天文地理及曆數。案此疑卽因落下閎，訛以「落下」爲「皐落」。

A〔岑校〕漢武帝時皐落閔通天文地理及曆數　「閔」誤，庫本正作「閎」。校云：「案此疑卽因落下閎，訛以『落下』爲『皐落』。」余按卷十落姓云：「風俗通云，皐落氏，翟國也，以國爲姓，見左傳。漢有落下閎。」似落下之姓，本自皐落，此稱皐落閎，非不可通；惟本條與通志「落下氏」之文，祇差兩字（如通志「通」作「善」，又省「及」字，均與事實無關），而卷十「落下」之文，實屬「落姑」，乃知此條純冒「落下」，若「皐落」本文，今誤錯卷六「古野」下。

80【巴郡閬中】神仙傳有皐落。案此下脱名。

A〔岑校〕巴郡閬中　神仙傳有皐落　校云：「案此下脱名。」余按卷十落姓稱落下閎，巴郡人，通志亦言閎，巴郡閬中人，是巴郡閬中應連上，空格内當補「人」字，非指神仙傳之人籍巴郡也。通志落下氏又云：「神仙傳有落下公。」則「皐落」當改「落下」，并補「公」字。

曹邱

81 漢季布傳有曹邱生。

毛渾

82 祝融子毛渾之後。

A〔岑校〕祝融子毛渾之後　余按祝融子有陸終、吴回，無毛渾其人。前卷四「屯渾」云：「太昊之佐屯渾氏，其後爲氏。」「屯」、「毛」易混，説見拙著隋書牧守編年表「毛州」，唐碑常寫「屯」作「乇」。又漢書八八宋祁注云：「案此莫如非姓毛，乃應作『屯』字，……毛、屯相似，容是傳寫誤矣。」是知「毛渾」實「屯渾」之訛而複出（「屯渾」又「渾沌」之倒，說見前卷四）。又考卷十陸終姓云：「祝融子陸終之後。」試將「陸終」二字代「毛渾」，文便全同，復知此文亦冒「陸終」之文而複出也。故目與文均應刪除。至通志「回氏」云：「祝融子吴回之後。」文雖相類，惟回爲單姓，與此複姓者不相當，非誤錯之由，說詳卷首自序。辨誤一〇云：「按祝融子無『毛渾』，此誤，宜刪。」其論尚未諦。

七歌

羅

83 祝融之後，妘姓國。初封宜城，徙岷江。周末居長沙。漢有梁相羅懷。襄陽記有羅象。

據祕笈新書增。

A〔岑校〕徙岷江　自「祝融之後」至「襄陽記有羅象」，均洪氏據祕笈新書增。惟「徙岷江」，通志及類稿二一、新書六均作「徙枝江」，枝江兩漢爲縣國，岷江乃一流域，非地名，洪補訛也。

84 羅氏有齊郡、襄陽、河東三族。

A〔岑校〕羅氏有齊郡襄陽河東三族　此亦洪氏據祕笈新書所補，但余以爲姓纂三郡下必各附世系，其原文并不如是也，謂祇應補「齊郡」、「襄陽」、「河東」六字。辯證一二羅姓云：「元和姓纂有齊郡、襄陽、河東三族。」可證。

85 官氏志，叱羅氏改爲羅氏。祕笈新書。

A〔岑校〕官氏志叱羅氏改爲羅氏　此係洪氏據祕笈新書所補。但姓纂記代北氏族，其上必冠「河南」字，當準此例幷補之；後檢新書六及類稿二一所引，均有「河南」字，實洪氏誤脱。

何

86 周成王弟唐叔虞，裔孫韓王安，爲秦所滅，子孫分散，江淮間音以韓爲何，遂爲何氏。祕笈新書。

哥舒

87 突騎施本號西突厥，首領有哥舒部，氏焉。唐有清道率哥舒沮，代居安西；生道元，安西副都尉；生翰，天寶右僕射、平章事、西平王、東討先鋒兵馬副元帥，生曜、晃、曄。曄，尚書、東郡汝州節度使。案唐書，曜官尚書、汝州節度使。此作「曄」誤。曄官慶州刺史、御史大夫。峘，大理主簿。峘生。皓，試。案唐書，皓試太常卿兼御史中丞，蓋皓初試爲此官，「試」非名也。

A〔岑校〕唐有清道率哥舒沮　「有」，通志作「左」，舊書一〇四同。

B〔又〕生道元安西副都尉　據舊書一〇四及通志，「尉」當作「護」。景雲元年勅使哥舒道元，見開元釋教録九實叉難陀傳。

C〔又〕生翰天寶右僕射平章事　「右」誤，舊傳及通志均作「左」。

D〔又〕生曜晃曅　依通志，「晃」下應補「皓」名。舊書一一，大曆八年九月，嶺南節度吕崇賁爲部將哥舒晃所殺。十年十一月，路嗣恭破廣州，斬晃。

E〔又〕曅尚書東郡汝州節度使　校云：「案唐書，曜官尚書、汝州節度使，此作『曅』誤。」余按通志作「曜，檢校工部尚書、東都汝州節度使。」此訛脱。合觀新書一三五，知「郡」爲「都」訛。

F〔又〕峘大理主簿峘生皓試　校云：「案唐書，皓試太常卿兼御史中丞，蓋皓初試爲此官，『試』非名也。」余按通志作「(曜)生峘，大理主簿。皓，試太常卿兼御史中丞。曅，慶州刺史、御史大夫。」蓋依通志前文，皓亦翰子，第二「峘」字複衍，「生」字應乙於「峘」上，其下又奪皓、曅歷官也。元氏長慶集一六酬哥舒少府詩自注，稱哥舒大恒，登科記考一五，「恒」一作「垣」，余案此人當即姓纂之峘，惟「恒」、「垣」、「峘」未詳孰是。

阿跌

88 九姓阿跌部，爲鷄田州都督。今單于都護、振武節度、兼御史大夫阿跌光進，元和二年詔賜姓李氏。名光顔，陳許節度。弟光嗣，洛州刺史。案「阿跌」，唐書及通志皆作「阿跌」，亦曰「訶咥」，或爲「跌跌」，此疑誤。

A〔岑校〕九姓阿跌部 校云：「案『阿跌』，唐書及通志皆作『阿跌』，亦曰『訶咥』，或爲『跌(跌)跌』，此疑誤。」是也。下同(庫本正作「跌」)。

B〔又〕今單于都護振武節度兼御史大夫阿跌光進 據舊紀一四，元和五年十一月授此官，八年七月改靈武節度，又「阿跌」作「阿跌」；温庭筠醉歌作「阿㙋」。

C〔又〕元和二年詔賜姓李氏 據舊紀，賜姓在六年五月。

D〔又〕名光顔陳許節度弟光嗣洛州刺史 「名」乃「弟」之譌。據舊紀一四及一五，元和六年五月，光顔方任洛州刺史，九年九月，自洛刺遷陳州刺史、忠武軍兵馬使，十年十月，再遷許州刺史、忠武軍節度，則姓纂原文不應有「陳許節度」之豫書。光進昆仲，亦未聞有光嗣其人，惟光顔一字光遠。再綜合考證，「陳許節度」四字是羼文，「弟光嗣」三字或是衍文，「洛州」則「洛州」之訛也。山右石刻八李光進碑跋云：「碑又云，八年秋，……賜姓李氏。按舊紀，元和六年四月壬子，振武節度阿跌光進夙彰忠節，久立茂勳，宜賜姓李氏。……按以碑所述，則賜姓在八年遷靈武後，而舊紀則備列月日，實在六年，史與碑必有一誤。」余按姓纂所記，皆光進、光顔在七年已前歷官，而已云賜姓，則舊紀當必不誤，但碑固云「賜姓李氏，列於宗籍」，使六年已列宗籍，林氏書自應將光進一支，附於皇族之後。今仍入

「阿跌」，則似六年賜姓，未列皇宗，八年又復加恩，碑合爲一次言之，故致貌與史忤也。

阿單

89 改爲單氏。

阿邱

90 楚有阿邱子。後魏殿中將軍阿邱及敦。又列威將軍阿邱寄。

A〔岑校〕阿邱　楚有阿邱子　「阿邱」字凡四見，庫本及通志均作「何丘」，應改正。

B〔又〕後魏殿中將軍阿邱及敦　通志作「何丘勍」，辯證同。

C〔又〕又列威將軍阿邱寄　廣韻作「何丘寄」。辨誤一一云：「按姓纂以寄爲魏人是，而『威烈』作『列威』，『勍』作『及敦』二字，皆訛。」按張本廣韻作「列威」，不作「威烈」，是辨誤見本之廣韻，不足據信。

阿史那

91 夏后氏後，居涓兜牟山，北人呼爲突厥窟歷。魏晉十代爲君長。後屬蠕蠕，阿史那最爲首領。後周末，遂滅蠕蠕，霸强北土蓋百餘年。至處羅、蘇尼失等歸化，號阿史那。開元改爲史，並具史注。長安右衛大將軍、寅國阿史那忠節，左驍騎大將軍阿史那大節•，上，貞元神策將軍、兼御史大夫阿史那思暕，並其支族。

A〔岑校〕居涓兜牟山　此山名疑有誤，當别論之，類稿五九引作「夔牟山」，亦不合。

B〔又〕開元改爲史　金石録二四引作「開元中改爲史」，沈跋云：「今孫本脱『中』字。」

C〔又〕長安右衛大將軍寅國阿史那忠節　「寅」字誤，「國」下奪「公」字，通志作「賓國公」。

D〔又〕左驍騎大將軍阿史那大節　「騎」應依通志作「衛」，唐無驍騎衛。

E〔又〕上貞元神策將軍兼御史大夫阿史那思暕　「上」字衍，通志無。「暕」訛，新書一一一上党項傳同，舊書一九八党項傳又訛「昧」，然字書無「暕」字，應依寰宇記一八四作「暕」，唐人以「暕」字名者常見也。思暕在永泰、大曆後，官永安城鎮將。

阿史德

92 突厥如善可汗之裔，别號阿史德。通天司賓卿、瀚海侯阿史德元瓌，右武衛大將軍阿史德多覽，並其後也。

A〔岑校〕突厥如善可汗之裔　「如」，通志作「始」。

B〔又〕通天司賓卿澣海侯元瓕　「澣海」，應依通志作「瀚海」。陳校云：「『瓕』疑當作『珍』。」按通志作「珍」。高宗末附骨咄禄反者有阿史德元珍，與此當同名異人。

阿伏干

93 改爲阿氏。

A〔岑校〕改爲阿氏　今官氏志作「阿伏于」。

八戈

和（岑補）

94 羲和，堯時掌天地之官和仲、和叔，因以爲氏。晉有和組父，漢有和武。（岑補）

A〔岑校〕據類稿二一引，尋源一五引文略異，參附録二。備要一二同類稿，惟「組父」作「紐父」。

波斯

95 西域國人。

婆衍

96 見姓苑。

A〔岑校〕見姓苑　按通志入代北複姓，云「見複姓錄」。

九麻

麻（岑補）

97 風俗通，齊大夫麻嬰之後。漢麻光爲御史大夫，又麻達（注）論語。唐左司郎中麻察。（岑補）

98 【太原】狀云，石趙梁州刺史廣平麻秋之後。（岑補）

99 【（上谷）】唐功臣左金吾大將軍、涼國公麻（嗣）宗賜姓李氏，改名延昌，子藏珍。（岑補）

A〔岑校〕見類稿二一，原文雖未注引姓纂，但今類稿多脱誤，從其文格觀之，可斷全引林書也（祇兩「皇」字改「唐」）。麻光爲治曆大司農中丞，見漢律曆志，但通志與此同。「麻達」下奪「注」字，據通志、備要一八及姓觿三補。麻察今祇見郎官柱勳外。姓觿云：「後趙有麻秋。」通志：「唐麻嗣宗賜姓李，望出上谷。」姓解三：「唐執金吾麻嗣宗。」則嗣宗非望出太原，故補「上谷」及「嗣」字（備要亦作「嗣宗」）。李延昌事跡，可參拙著唐史餘瀋一。

沙

100 今東莞有沙氏。風俗通，晉有沙廣。又百濟八族，其一曰沙族。氏族略。

A〔岑校〕今東莞有沙氏風俗通晉有沙廣又百濟八族其一曰沙族　此姓洪氏據氏族略增。

諸

101 越大夫諸稽郢之後。

A〔岑校〕越大夫諸稽郢之後　諸稽郢卽國語「王使郢行成」者。辯證一六彭姓云：「大彭氏謂之彭祖，其後別封豕韋、諸稽、舟人三國，……諸稽之後無聞。」此有諸稽郢，漢書人表有諸稽到，未審卽諸稽之後否。

佘

102 今洪州有佘氏。

查（岑補）

103 鄱陽查祥。（岑補）

A〔岑校〕姓氏急就篇上云："「查氏，姓纂，唐鄱陽查祥。」當是撮引，兹姑如上補之。類稿二一云："「鄱陽，貞元富人查祥。」

車（岑補）

104 漢武帝時丞相田千秋，以年老詔乘小車出入省中，時號「車丞相」，子孫因爲氏。（岑補）

105 河南　官（氏）志，後魏獻帝命疎屬曰車焜氏，改爲車氏。（岑補）

A〔岑校〕據類稿二一引，備要二三作「因以爲氏」。

巴（岑補）

106 代本云，巴子國子孫以國爲氏。亦見左傳。後漢揚州刺史巴祇。（岑補）

A〔岑校〕同上引，參附録二。備要二三同類稿。

沙吒

107 北蕃酋帥舍利部大人，因氏焉。龍朔中右威衛大將軍沙吒阿博，曾孫葛旃，兼御史大夫，賜姓李氏，名奉國。從兄弟澄，武衞大將軍。

A〔岑校〕北蕃酋帥舍利部大人因氏爲龍朔中右威衞大將軍沙吒阿博曾孫葛旃兼御史大夫賜姓李氏名奉國從兄弟澄武衞大將軍　驗諸通志，乃知此實「舍利」之文，否則不得云「因氏」也。唯通志，「右威衞」作「左威衞」，又從兄弟之「兄」字顯訛，應依通志改作「父」。「沙吒」既冒「舍利」，故「沙吒」本文又誤附後條「沙陀」之後也。舍利葛旃，肅宗時人，見舊書一六一李光進傳，曾殺僕固瑒，事辛雲京。長安志一〇布政坊有左神武大將軍、河間郡王舍利澄宅，則此作「武衞」亦訛，通志正作「左神武」。

沙陀

108 北蕃酋帥也。神龍驍衞大將軍、酇國公沙陀忠儀。案通志作「沙陀義」。

A〔岑校〕北蕃酋帥也　此正是「沙吒」之文，說見前「沙吒」條下。考全文二四二李嶠行制：「清邊中道前軍總管、冠軍大將軍、行右武威衞將軍、上柱國、賓山郡開國公沙叱忠義，三韓舊族，九種名家，……可封酇國公，食邑三千户。」則沙吒乃三韓種，此稱北蕃不合。「沙陀」本條，今爲「蘇農」所冒。

B〔又〕神龍驍衞大將軍酇國公沙陀忠儀　校云：「案通志作『沙陀義』。」余按神龍初有靈武軍大總管沙吒忠義，敗於默啜，通志亦作「沙吒」，此作「沙陀」者誤冒也，說詳前條。「儀」應作「義」，又「驍衞」上通志有「左」字。若沙陀可考者，別有沙陀輔國、沙陀金山，均見唐書。全文二四二李嶠行制：

「冠軍大將軍、行右武威衛將軍、檢校左羽林衛、上柱國、郕國公、右奉宸内供奉沙吒忠義，……可行右金吾衛將軍。」

蛇邱

109 見英賢傳。

110 【濟北】 河漢河内太守蛇邱惑，生重，濟北太守，女適羊續。

A〔岑校〕河漢河内太守蛇邱惑　「河漢」，應依通志及宋本辯證作「後漢」*。「惑」，廣韻及宋本辯證同，通志及今本辯證三作「彧」，殆誤。

B〔又〕生重濟北太守女適羊續　通志「蛇丘氏」及辯證三説同。唯廣韻「星」字下引羊氏家傳：「南陽太守羊續娶濟北星重女。」則以重爲姓星，通志「星氏」下略同，蓋雜採各説而不知自相抵觸也。又宋本辯證云：「後漢河内太守蛇丘惑，……女適楊續。」錢校云：「今本『楊』作『揚』。」非也。今本正作「羊」。

迦葉

111 西域天竺人。貞元涇原大將、試太常卿迦葉濟。

A〔岑校〕貞元涇原大將　貞元，通志作「貞觀」，誤。

瓜田

112 王莽時，臨淮瓜田儀爲盜賊。

華原（羅補）

113 後周鳳州刺史拓義華原羆。（羅補）

A〔岑校〕羅氏據姓氏書辯證補。按拓義似是爵號之稱，則其下當有奪文，如公、侯等字，又北魏有招義縣，屬東楚州，「招」、「拓」字近，未知卽其訛文否也。

瑕邱（岑據沈跋補）

114 A〔岑校〕沈跋云：「又（國名記）五卷瑕邱注云，項羽紀有瑕邱申陽，孟康以爲瑕邱人，姓申名陽，姓纂自爲一姓，因文穎之誤，今孫本『十麻』無瑕邱姓。」余按廣韻亦著録瑕丘。

十陽

楊

115 周武王第三子唐叔虞之後。至晉出公遜於齊，生伯僑，歸周，天子封爲楊侯，子孫以國爲氏。一云周宣王曾孫封楊，爲晉所滅，其後爲氏焉。或曰，周景王之後。楊雄自叙云，伯僑不知周何別也。祕笈新書。

A〔岑校〕周武王第三子唐叔虞之後至晉出公遜於齊　類稿一二引作「周武王子唐叔虞封於晉，出公遜於齊」。

B〔又〕周宣王曾孫封楊　羅云：「案唐書世系表作『周宣王子尚父封楊侯』。」余按類稿引與祕笈同。

116 蔡州總管、杭州刺史楊行矩，上蔡人。（岑補）

A〔岑校〕乾道臨安志三：「楊行矩，蔡州總管，杭州刺史，上蔡人，……右見元和姓纂。」茲據補。

梁

117 嬴姓，伯益之後。秦仲有功，周平王封其少子康於夏陽，是爲梁伯。後爲秦所滅，子孫以國爲氏。晉有梁益耳、梁弘、梁由靡，並其後也。

A〔岑校〕秦仲有功周平王封其少子康於夏陽是爲梁伯後爲秦所滅子孫以國爲氏　千唐梁令直誌：「則畢公十世孫魏文侯少子畢封大梁王，自其後子孫即承梁王紹之後。」與此異（誌天寶十四載立）。

118 【安定烏氏】漢初以豪族自河東徙烏氏。祕笈新書。

A〔岑校〕安定烏氏　類稿二三、備要一八、新書六「氏」下均有「縣」字。

B〔又〕漢初以豪族　類稿「漢初」作「梁和」，當誤。

章

119 姜姓，齊太公支孫封鄣。左傳，齊人降鄣。子孫改爲章氏。章子，齊威王將。祕笈新書。

姜

120 炎帝生於姜水，因氏焉。生。太公封齊，爲田和所滅。子孫分散，後爲姜氏。祕笈新書。

A〔岑校〕炎帝生於姜水因氏焉生太公封齊　此姓純是洪氏據祕笈新書增。按通志「姜氏」云：「炎帝生於姜水，因生以爲姓。其後太公封於齊。」則「生」字應乙於「氏焉」之上。否者「生太公」之「生」，上無所承也。惟類稿二三所引，與祕笈同。

張

121 【天水上邽】漢初以豪族徙關中，遂居天水。祕笈新書。

122 黄帝第五子青陽生揮，爲弓正，觀弧星始制弓矢，主祀弧星，因姓張氏。祕笈新書。

A〔岑校〕黄帝第五子青陽生揮爲弓正　羅校云：「案唐書世系表作『黄帝子少昊青陽氏，第五子揮爲弓正』。」余按類稿二五引與祕笈同。路史後紀五註云：「姓纂更謂青陽生暉鼓。」與此小異。

B〔又〕主祀弧星　類稿引作「張星」，是也。否則「張」字無所出。

123 【安定】（岑補）

124 【范陽】（岑補）

125 【太原】（岑補）

126 【南陽】（岑補）

127 【燉煌】（岑補）

128 【修武】（岑補）

129 【上谷】（岑補）

130 【沛國】（岑補）

131 【梁國】（岑補）

132 【滎陽】（岑補）

133 【平原】（岑補）

134【京兆】（岑補）

A〔岑校〕辯證一三云：「元和姓纂曰，唐有安定、范陽、太原、南陽、燉煌、修武、上谷、沛國、梁國、滎陽、平原、京兆等四十三望，大抵皆留侯遠裔。」（亦引見羅氏佚文）。此蓋姓纂所列各望世系，而鄧氏撮言其大要，非姓纂原文必如是也，故祇照補上十二望，其不可知者尚有三十一望。

常

135 衞康叔支孫封常邑，因氏之。一云，黄帝常先後。祕笈新書。

A〔岑校〕因氏之　「之」，當依類稿二六引作「焉」。

B〔又〕一云黄帝常先後　此姓係洪氏據祕笈新書所補。但黄帝、常先乃兩人，語不可通，應依通志「黄帝」下補「臣」字。類稿及備要一五、新書六亦有「臣」字，蓋洪補誤奪。國策地名考一七云：「按姓氏急就篇云，黄帝使常儀占月。又有常先，常從老子師之，則常先非黄帝時人。」

王

136 吳王支庶封常，即今常州，後因氏。（岑補）

A〔岑校〕據姓觿三引。

137 王姓，出太原、琅邪，周靈王太子晉之後。北海、陳留，齊王田和之後。東海，出姬姓畢公高之後。高平、京兆，魏信陵君之後。天水、新平、新蔡、新野、山陽、中山、章武、東萊、河東者，殷王子比干子孫，號王氏。唐王宗，隋末改王氏。祕笈新書。

A〔岑校〕天水新平新蔡新野山陽　此姓純係洪氏據祕笈新書所補，「新平」誤，廣韻及辯證一四皆作「東平」。辯證又云：「山陽者曰堂邑王氏。」則是姓纂原文以「堂邑」標目也。末檢類稿二四、備要及新書六引文亦作「東平」（參附録一）。

B〔岑校〕唐王宗隋末改王氏　陳校云：「大業中，箝耳氏並改王氏，見下文『二十四鹽』。」余按「箝耳」下云：「宗，唐兵部侍郎。」即此王宗。

138 【烏丸】　冏，護烏丸校尉，因號烏丸王氏，生神念。（岑據沈跋補）

A〔岑校〕金石録二二云：「元和姓纂及唐史宰相世系表皆云神念父冏，爲護烏丸校尉，因號烏丸王氏。今墓誌乃云僧脩歸周，賜姓烏丸，……皆當以誌爲正。」沈跋云：「今孫本『十陽』王姓下引祕笈新書補，並無此文，亦不著烏丸族望。」羅校亦據録補「神念父冏爲護烏丸校尉，因號烏丸王氏」十六字。余按新表七二中云：「生冏，度支尚書、護烏丸校尉、廣陽侯，因號烏丸王氏，生神念。」試與金石録比照一觀，便知趙氏所引，衹刺取大意。姓纂書法，率順次敍下，新表又從姓纂産出，故今參酌其文，改補如上。余非謂必若是乃得姓纂之神似，第見夫清代輯佚諸家，其方法往往失諸呆板，故玆特示一例，俾從事此學者毋徒膠柱鼓瑟耳。

139 文洎生仁皎。(岑補)

A〔岑校〕金石録二六云:「右唐王洎碑,洎,王仁皎父也。元和姓纂、唐書宰相世系表皆云名文洎,而碑云名洎,字文洎,疑碑是。」上補五字,雖原文未必如是簡單,而大意不差也,又此條應附烏丸望下。

140 【馮翊】(岑補)

141 【長沙】(岑補)

142 【金城】(岑補)

143 【廣漢】(岑補)

144 【廣陵】(岑補)

145 【聊城】(岑補)

146 【長安】(岑補)

147 【高陵】(岑補)

148 【河内】(岑補)

149 【河間】(岑補)

150 【藍田】（岑補）

151 【上黨】（岑補）

152 【鄚郡】（岑補）

153 【廣平】（岑補）

154 【華陰】（岑補）

155 【樂陵】（岑補）

A〔岑校〕辯證一四云：「元和姓纂有居剡縣者曰東海王氏，泰（秦）州者曰天水王氏，同州者曰馮翊王氏，鄆州者曰東平王氏，萊州者曰東萊王氏，潭州者曰長沙王氏，山陽者曰堂邑王氏，又曰金城王氏，曰廣漢王氏，曰新蔡王氏，曰新野王氏，曰章武王氏，曰廣陵王氏，曰聊城王氏，曰長安王氏，曰高陵王氏，曰河内王氏，曰河間王氏，曰藍田王氏，曰上黨王氏，曰鄚郡王氏，曰廣平王氏，曰華陰王氏，曰樂陵王氏，凡新望二十四。」今除去已見祕笈諸望，計補郡望十六如上。

156 王虔休，范陽人。（岑補）

A〔岑校〕金石録二九云：「唐昭義軍節度使王虔休碑，……而碑與傳皆云，虔休，汝州梁縣人，元和姓纂以爲范陽人，非也。」茲據補。

157 苻秦録，强永、强帛，姚秦强起斌，西陽侯强景，並略陽人也。

158 【扶風】唐兵部郎中强寶質，孫修，御史中丞、户部侍郎，其先略陽人也。

A〔岑校〕唐兵部郎中强寶質　拓本麟德元年（河南博物館藏）（上泐）輕車都尉强君墓誌銘并序云：「君諱偉，字玄英，扶風人也。曾祖樂，後魏岐州大中正、直閤將軍、涼州諸軍事涼州刺史、廣興郡開國侯，贈二岐、秦、寧、義五州諸軍事五州刺史，改封漢（？）陽縣開國公，食邑一千户。祖畧，後魏岐州州都車騎大將軍、儀同三司、文州（諸軍事文州）刺史、襲封漢（？）陽公。父瑶質，皇朝始平縣令、大理司直、華州別駕、尚書倉（？）□□□、□州都督府長史、尚書兵部郎中、永州諸軍事永州刺史。」偉，麟德元年官終湖州長城令，年五十七，有子嬌、瑗、嬰等。

B〔又〕孫修御史中丞户部侍郎　會要八八：「先天二年九月，强循除豳州刺史充鹽池使。」又舊書一八五下，開元七年，「遂令師度與户部侍郎强循並攝御史中丞。」古時「循」、「修」二字往往互混，於姓纂原校及羅校數見之，故知强循即强修也。强脩連率夏州，按察關内，見説之集二五楊執一碑。舊傳稱循鳳州人，官至大理卿。松翁未焚藁云：「又姓纂載寶質子修而不及偉，偉子嬌、援、嬰，姓纂亦不及。」按姓纂明言寶質孫修，非子修也。寶質生唐初，其子偉貞觀中已仕，而修至開元初尚生，修必非寶質子也明矣，羅跋誤。英華四六一，開元四年七月，命靈州都督强循等各巡本管。唐大詔令集，開元四年，靈州都督强循爲諸道按察使（亦見全文二五三蘇頲制）。

商

159 衞鞅封商君，子孫氏焉。

A〔岑校〕衞鞅封商君子孫氏焉　按類稿二六引比大典詳，茲别補如後。

160 殷或號曰商，以國爲氏。魯有商瞿，仲尼弟子。秦有商鞅，本衞公子也。受封於商，子孫氏焉。（岑補）

A〔岑校〕備要二九略同。

陽（岑補）

161 周景王封少子於陽樊，子孫因氏焉。晉有陽處父，魯有陽貨。（岑補）

162 【北平無終】周末陽翁伯適北燕，遂家無終。秦置右北平，因爲郡人。漢有陽雍，於無終山立義漿，有人遺白石，令種之，生玉，因號玉田陽氏。見范通燕書。（岑補）

A〔岑校〕據類稿二三引。

羊（岑補）

163 晉羊舌大夫之後。生職，生赤伯華，生肸叔向，（鮒）叔魚生食我，春秋末始單姓爲羊氏。秦亂徙居太山。（岑補）

A〔岑校〕據類稿二三引，備要二二同，但多「鮒」字。

房（岑補）

164 帝堯子丹朱封爲房邑侯，子陵以父封爲氏。陵四十八代孫雅，王莽末爲清河太守，始居清河。雅十九代孫諶，隨慕容德南遷，因居濟南郡；生四子，豫、坦、遂、熙，號「四龍」。今稱四祖房氏。（岑補）

A〔岑校〕參據類稿二三及姓觿三所引，備要二一略同類稿（缺「德」字，又「今稱」下多「爲」字）。

165 房孺復，河南人。（岑補）

A〔岑校〕乾道臨安志三：「元和姓纂云，孺復，河南人。」茲據補。貞元初爲杭州刺史，見白居易吳郡詩石記。舊紀一三，貞元十年六月，自辰州刺史爲容管經略，十三年八月卒官。

萇（岑補）

166 左傳，周大夫萇弘之後。大曆有奉天尉萇總。（岑補）

A〔岑校〕據類稿二六引。

莊（岑補）

167 芈姓，楚莊王之後，以謚爲姓*。楚有大儒莊生，六國時爲蒙漆園吏，莊周，著書號莊子。齊有莊賈，周有莊辛。（岑補）

A〔岑校〕據類稿二六引，備要二六同。

匡（岑補）

168 左傳魯匡邑宰匡句須之後。廬山記，威王時有匡裕先生。（岑補）

A〔岑校〕據類稿二六引，備要二七同。

方（岑補）

169 周大夫方叔之後。風俗通云，方雷氏之後。（岑補）

A〔岑校〕同上引，備要一四同。

襄（岑補）

170 魯莊公子遂號襄仲，子孫以謚爲氏。（岑補）

A〔岑校〕據類稿二七引。

洋（岑補）

171 A〔岑校〕姓氏急就篇下云：「洋氏見姓纂。」洪氏誤補滳氏，説見卷七校記，兹據補目。統譜四八：「洋，姓纂云海陽人。」未詳所據，且其書多誤，應存疑。又廣韻、通志均無洋姓，唯姓解見之，姓觿三引千家姓云，海陵族。

陽邱

172 楚大夫食邑陽邱，以爲氏。

A〔岑校〕楚大夫食邑陽邱以爲氏　辯證一四引文同。

王孫

173 周有王孫滿，衞有王孫賈，楚有王孫由于。漢貨殖，王孫大卿。陳留耆舊有王孫骨，治三禮，爲博士。秦有夏大夫王孫氏，始皇時王孫謀。

A〔岑校〕周有王孫滿　類稿五八引下多「頃王孫也」四字。

B〔又〕陳留耆舊有王孫骨　「骨」，通志作「滑」。

王子

174 周大夫王子狐、王子城父之後。漢有王子中同，治尚書。

A〔岑校〕漢有王子中同治尚書　辨誤一三據史記田子莊何傳，東武人王子中同，子中字，同名，故漢書儒林傳稱東武王同子中，謂林氏誤以王子爲複姓也。

王叔

175 周有王叔陳生，楚恭王時大夫王叔學，鄭穆公時王叔明。

王官

176 晉有王官無地，楚有王官子羽，爲沄邑大夫。

將匠

177 風俗通，漢官有將匠少府，因爲氏。吴中散大夫將匠或，曲陽令將匠熙。晉侍御史將匠進。梁太史令將匠道秀。

A〔岑校〕吴中散大夫將匠或　「或」，通志作「彧」，疑是。

將閭

178 漢書藝文志云，將閭子名菟，著書，見莊子。

A〔岑校〕將閭子名菟著書見莊子　廣韻文略同。辯證一四云：「誤矣，此莊子所謂蔣閭葂者，林氏以「蔣」爲「將」，以「葂」爲「菟」。」

將鉅

179 漢藝文志云，六國時將鉅彰，著子書五篇。漢章帝時謁者將鉅彌。

A〔岑校〕漢藝文志云六國時將鉅彰著子書五篇　按今藝文志稱「將鉅子五篇。六國時。先南公，南公稱之。」

相里

180 咎繇之後爲理氏。殷末理徵，案理氏之先有理徵，此作「徵」。孫仲師，遭難去「王」姓里，至晉大夫里克，惠公所滅。克妻司成氏，攜少子李連逃居相城，因爲相里氏。李連元孫相里勤，見莊子。韓子云，相里子，古賢也，著書七篇。

A〔岑校〕殷末理徵　校云：「案理氏之先有理徵，此作『徵』。」理氏之「理」，庫本作「里」，按前後均作「理」，此似不應獨作「里」。廣韻稱殷有理徵，通志稱商末理徵，作「微」當誤。續僧傳二一九道積傳：「俗姓相里，……其先蓋鄭大夫子產之苗裔矣，昔子產生而執拳，啓手觀之，文成相里，其後因而氏焉。」此又説相里姓源之特異者。

B〔又〕攜少子李連　「李」，庫本及通志作「季」，下同。

181 漢有河隄謁者相里斥，案漢有河隄謁者相里平，此恐誤。侍書御史相里武。案唐志本名虎，此避唐諱作「武」。濟陰太守相里祉，始居河西。

A〔岑校〕漢有河隄謁者相里斥　校云：「案漢有河隄謁者相里平，此恐誤。」按通志作相里平，惟宋本辯證作「斥」，羅振玉依辯證複補於「四十一漾」。

B〔又〕侍書御史相里武　校云：「案唐志本名虎，此避唐諱作『武』。」「唐志」乃「通志」之訛。通志作「持書御史」。考後書百官志稱治書侍御史，唐人避諱故改「持」，「侍」又「持」之訛也。

C〔又〕始居河西　「河西」二字當乙，，下文亦云「西河隰城」。

182 前趙録，將軍相里覽。梁有相里係；孫元本，仕索虜東平王侍郎，大通二年歸化。

183 【西河隰城】　相里祉始居焉。今汾州相里城是也。

184 【魏郡冠氏縣】　祉十一代孫後魏清河太守、洛干侯相里僧伽，因封始居冠氏縣。五代孫諶，唐梁卿令、潞城公；生元亮、元將，唐棣州刺史•。曾孫造，唐河南少尹，生友弘、友諒。友諒，廣陵博士。造弟迴，太子中允；生友略，試校書卿。

A〔岑校〕唐梁卿令　唐無梁卿縣，疑訛，待考。

B〔又〕生元亮元將唐棣州刺史　「元將」，舊書一九九上作「玄奬」，貞觀十七年爲司農丞。「棣」，庫本誤「逮」，唐無「逮州」也。法苑珠林一八引冥報記，殿中丞相李玄奬，「李」，「里」訛（今本冥報記上正作「里」，但又訛「奬」爲「契」）。神龍間平真客碑亦見相里玄奬。

C〔又〕曾孫造唐河南少尹　造嘗爲杭州刺史，見白氏集二六冷泉亭記。代宗時自江西觀察爲禮中，見唐語林三。永泰元年官户中，見元龜四五九。廣記二五五引嘉話録，相里造爲尹，欲笞東畿尉苗登。大曆三年官户部郎中，見舊書一八四魚朝恩傳。咸淳臨安志四五白居易下云：「按公作冷泉亭記，謂有相里君造虚白亭，……或云相里君名造，然未有的據。」蓋誤會「造」爲「建造」。造事迹亦見勞氏讀書雜識七。

D〔又〕友諒廣陵博士　「廣陵」字疑，按舊書四四有廣文館博士，然又云天寶九載置，至德後廢，則時代似不符。但貞元八年廣文館，見唐摭言一；元和二年廣文館學生，見同書及元龜；中州遺文元和四年崔澹誌，撰文者稱廣文館學士□嗣之；新書世系表，鄭頊，廣文館助教，僖宗時人，則廣文館後來又復立也。金石録九相里友諒誌，長慶四年立。

E〔又〕生友略試校書卿　「卿」誤，應作「郎」，此七年見官也。白氏集三一中書制誥，前瀛漢（莫）等州都團練判官、朝議郎、侍御史内供奉、上柱國、賜緋魚袋相里友略，可檢校尚書屯田員外郎、兼侍御史，充山南東道觀察判官。

梁邱

185 齊大夫，食采梁邱，因氏焉。景公時有梁邱據。

186 【琅琊諸縣】

A〔岑校〕琅琊諸縣　按此下有佚文，庫本作「漢少府梁丘賀，王莽時有梁邱據」十三字，據通志，「據」應作「賜」，「據」已見前，非王莽時人，賜見漢書莽傳下及後書光武紀等。

梁于

187 晉下軍御梁餘子養之後，衞人也。亦作梁于氏。

A〔岑校〕梁于　通志作「梁餘」，是也．，故下文云「亦作梁于氏」。

B〔又〕晉下軍御梁餘子養之後衞人也亦作梁于氏　春秋名字解詁上云：「晉梁養字餘子，……文十一年左傳正義曰，古人連言名字者，皆先字後名。案『餘子』猶言『子餘』也，冉求字有而哀十一年傳謂之有子，『有子』猶言『子有』也，晉有梁五、梁由靡、梁丙、梁益耳俱以梁爲姓。梁餘子亦是也。……廣韻及元和姓纂以梁餘爲複姓，非也。」按王氏此駁，直未細讀林書，林非謂梁餘子姓梁餘，乃謂梁餘子之後人氏梁餘，於「姓」下附加祖之字而爲氏，固所常見，如下文梁由其一例也。同此者如韓餘氏，通志略三云：「世本，韓宣子餘子之後，因氏焉。」又傅餘、褐餘亦均相類。

梁成

188 漢昭帝時梁成恢，善天文。

A〔岑校〕漢昭帝時梁成恢善天文　恢見漢書天文志。

梁其

189 魯大夫梁其踁之後。英賢傳云，魯公伯禽庶子梁其之裔。

A〔岑校〕魯大夫梁其踁之後　通志入晉人名，「魯大夫」作「晉大夫」，誤。

梁由

190 晉有梁由靡。漢有將軍梁由先，安帝時人。

梁可

191 後魏上谷公梁可頭。又代郡太守梁可浪。

强梁

192 世本，衞將軍文子生慎子會，生强梁*，因氏焉。秦有左庶長校尉强梁皋。

A〔岑校〕世本衞將軍文子生慎子會生強梁因氏焉　潛夫論氏姓篇，鄭共叔之後亦爲彊梁氏，「彊」、「強」字通。

B〔又〕秦有左庶長校尉強梁皋　「左庶長」，通志誤作「左庶子」。

强牟

193 衛大夫王孫强牟之後，見史記。

A〔岑校〕衛大夫王孫強牟之後見史記　姓氏書無「強牟」，廣韻云：「何氏姓苑有彌牟氏。」辯證三「彌牟」云：「出自姬姓，衛大夫公孫彌牟之孫，或爲彌牟氏。」「王」字及兩「強」字均應改正，移入卷二之「五支」韻下。

商邱

194 衛大夫食邑商邱，因氏焉。漢有御史大夫秺商邱成。

A〔岑校〕漢有御史大夫秺商邱成　據漢表一七及通志「秺」下應補「侯」字，表言官大鴻臚也。

195 【高邑】列仙傳有商邱子胥。

商密

196 楚大夫，以地爲氏。

方叔

197 鼓方叔之後，見世本。漢功臣新壽侯方叔無咎。

A〔岑校〕漢功臣新壽侯方叔無咎　按今漢書功臣表無此名

羌憲

198 呂氏春秋，夏首南人羌憲梁善，畏明失氣而卒。

A〔岑校〕呂氏春秋夏首南人羌憲梁善畏明失氣而卒　此文見前「一先」「涓濁」，但無「南」字，蓋複冒「涓濁」之文也，應删。「羌憲」本條今誤入卷九邵皓姓，云：「世本，惠公族羌子，孫憲爲邵皓氏。」據通志，「惠」應作「衛」，「邵皓」應作「羌憲」，又據辯證一四，「子」應作「之」。

常壽

199 英賢傳，有熊氏之後。世本，宋大夫，景公時有常壽邦。

A〔岑校〕英賢傳有熊氏之後世本宋大夫景公時有常壽邦　按通志「常壽氏」云：「姬姓，吳仲雍之後。左傳，越大夫常壽過。」其文迥異。而「瞻葛氏」云：「英賢傳，有熊氏之後，世本，宋景公時有瞻葛祁爲大夫。」舍「祁」、「邦」涉形近而訛外，餘文意義無異，乃知此條實冒「瞻葛」之文也，應校正，移附下文瞻葛姓，此祇存目。卷二「諸葛」下言：「世本云，有熊氏之後，爲詹葛氏，齊人語訛，以詹葛爲諸葛氏。」可證也。

長仲

200 見纂要。

201 【山陽】後漢尚書郎仲長統著昌言，案仲長統不姓長仲，誤。代居高平。晉太宰參軍長仲穀著山陽先賢傳。

A〔岑校〕見纂要　山陽　後漢尚書郎仲長統著昌言　校云：「案仲長統不姓長仲，誤。」按通志「仲長氏」云：「見纂要文。」知姓纂原文當作「仲長」，後人誤倒其目爲「長仲」，遂入陽韻，致目曰「長仲」，文曰「仲長」，兩不相照也，應移入下文「一送」。

B〔又〕晉太宰參軍長仲穀　依前條，「長仲」二字應乙。

長盧

202 列子，楚賢者長盧子著書九篇。

長狄

203 鄋瞞長狄之後，複姓。

A〔岑校〕鄋瞞長狄之後複姓　見辯證一四引文。

長梧

204 莊子有長梧子。

A〔岑校〕莊子有長梧子　羅校云："「案長梧，古今姓氏書辯正(證)引作『長吾』。」按辯證一四云："「謹按莊子以『吾』爲『梧』。」

章仇(羅補)

205 齊公族姜姓之後。章弇，其後避仇，遂加「仇」字爲章仇氏。長安元年右史知貢舉張説進士章仇嘉昂。(羅補)

A〔岑校〕此係羅氏據辯證補，今辯證「之後」下有「本」字，「進士」上有「下」字，羅氏漏。按通志云："「姜姓，本章氏，齊公族，漢有章弇，因避仇，遂加「仇」字，唐長安元年右史知貢舉張説下進士章仇嘉勉。」是知辯證「本章」下約奪「氏漢有章」四字，否則文不可通也。萃編八八云："「『章弇』疑即『章邯』，音近而異。」登科記考四云："「案『嘉勉』本作『嘉勗』，岑植德政碑之句容縣尉章仇嘉勗即其人，鄭漁仲避神宗諱改之，……至鄧名世古今姓氏書辯證作『章仇嘉昂』，又『勗』字之誤耳。」

206 【河間】章仇大翼善天文，煬帝賜姓盧氏。天寶劍南東川節度、户部尚書章仇兼瓊，代居兖州，生湛。(岑補)

A〔岑校〕辯證一四章仇姓下既引前段之後，下空一格，接云：「河間，章仇大翼善天文，煬帝賜姓盧氏。天寶劍南東川節度、户部尚書章仇兼瓊，代居兗州，生湛。」以余診之，如祇稱天寶不言唐，「代居」不云「世居」，亦引姓纂文也，茲據補。章仇大翼，隋書三四同，惟七八作「盧大翼」。唐語林四：「或謂章仇大夫兼瓊爲陳子昂雪獄，……當時目爲義士也。」兼瓊，開元二十八年官益州司馬，見元龜九九二，通鑑二一四則謂二十七年十二月已改節度。全文三〇八孫逖制殿中侍御史章仇兼瓊可尚書主客員外郎。廣記三三五引廣異記，天寶中，兼瓊爲劍南節度，數載入朝。宋僧傳一九無相傳，益州長史章仇兼瓊，又見同書二七定光傳，但云「天寶末」誤。

羊舌（岑補）

207 晉靖侯之後，食采於羊舌邑，因氏焉。（岑補）

A〔岑校〕據姓觿三引。

十一唐

唐

208 帝堯陶唐氏之後裔封唐侯。又周成王封弟叔虞於唐，子孫以國爲姓。又左傳，唐成公國于比陽，今唐唐州是也。祕笈新書。

A〔岑校〕今唐唐州是也　既曰「今」，則不必言「唐」，「唐」字複出。類稿二七、備要一五、新書六引文均無之，洪氏誤複。

康

209 衞康叔之孫，以謚爲姓也。祕笈新書。

黄

210 陸終之後，受封守黄，爲楚所滅，以國爲氏。祕笈新書。

A〔岑校〕受封守黄　按廣韻、通志皆作「受封於黄」，類稿二七、備要一六、新書六同。洪補誤。

211 【江陵】〔岑補〕

212 【洛陽】〔岑補〕

213 【晉安】〔岑補〕

A〔岑校〕辯證一五「黄姓」云：「元和姓纂有江陵、洛陽、晉安三族，皆唐世士人新望。」茲據補三望如上。

杭

214 後漢有杭徐。

215 【丹陽】 太山都尉杭徐，代居丹陽。

A〔岑校〕後漢有杭徐　丹陽　太山都尉杭徐代居丹陽　按杭徐見後書七桓帝紀延熹八年及度尚傳，注引謝承書曰：「抗徐字伯徐，丹陽人，少爲郡佐史，……特遷長沙太守。」又引風俗通曰：「衛大夫三抗之後。」字作「抗」，不作「杭」，通志雖有平聲之「杭氏」，唯不著趙宋以前人物，去聲之「抗氏」則著録抗徐，可見字本作「抗」，後人訛「抗」爲「杭」，遂以改隸平韻也。備要二一云：「抗，去聲，後漢有抗徐，太山都尉抗徐代居丹陽。」亦可證。今應改正，移入卷九之「四十二宕」。據後書，徐無爲太山都尉之文，惟延熹八年正月罷太山都尉官，意檢書者不慎，遂誤涉徐爲太山都尉，通志則沿姓纂之誤也。姓氏篇以抗入平聲，亦失考，類稿四六入去聲，文同備要。

琅

216 齊有琅過。

A〔岑校〕齊有琅過　辯證引左傳襄公二十二年，齊大夫狼蘧，疏以爲琅過，即其訛奪。

喪

217 無定望。

皇（羅補）

218 吴青州刺史皇象，居江都，後裔徙吴郡。神仙傳有皇初平，居山陰。隋上州刺史、新豐伯皇沖，自云漢皇運之後，出上洛。（首十五字羅補，餘岑補）

A〔岑校〕按辯證一五皇姓云：「元和姓纂曰，吴青州刺史皇象，居江都，後裔徙吴郡。神仙傳有皇初平，居山陰。隋上州刺史、新豐伯皇沖，自云漢皇運之後，出上洛。」羅氏祗補前截，余以爲後截亦引姓纂之文，兹據補。惟「居山陰」、「出上洛」六字，或應删卻，而分敍於山陰、上洛兩郡望之下耳。

臧（羅補）

219 魯孝公子彄食采於臧，是爲僖伯。懷亮生希讓，渭北節度使。（首十三字岑補，餘羅補）

A〔岑校〕魯孝公子彄食采於臧是爲僖伯　據類稿二七引，與後「臧孫」之文略同，備要一七亦同類稿。

B〔又〕懷亮生希讓渭北節度使　羅校據金石録二六補。録又云：「右唐臧懷亮碑，……具載懷亮諸子，無名希讓者。以余家所有顏魯公書懷恪碑考之，希讓蓋懷恪子云。」羅校未引，故詳之。

郎（岑補）

220 魯懿公孫費伯，城郎，因居之，子孫氏焉。（岑補）

A〔岑校〕據類稿二六引，備要一四同。

倉（岑補）

221 黄帝史官倉頡之後。春秋時周有倉葛。（岑補）

A〔岑校〕類稿二七引。

光（岑補）

222 田光之後，秦末子孫避地，以光爲姓。（岑補）

A〔岑校〕同上引。

汪（岑補）

223 汪芒氏之後。禮記有汪踦，魯人也。（岑補）

A〔岑校〕同上引，備要一七同。

桑（岑補）

224 秦大夫子桑之後，以王父字爲氏。（岑補）

A〔岑校〕同上類稿引，備要二五前半同。

唐相

225 帝堯之允，在周爲唐相氏，因以爲姓焉。

A〔岑校〕帝堯之允在周爲唐相氏因以爲姓焉　廣韻、通志、辯證均無「唐相氏」，尋源一七以爲「唐杜」之訛。按姓纂卷五劉姓云：「帝堯陶唐之後，……在周爲唐杜氏。」卷六杜姓略同，是「唐相」應「唐杜」之譌。「允」，庫本作「裔」。

皇甫

226 子姓，宋戴公之子充石字皇父，子孫以王父字爲氏。漢興，改「父」爲「甫」。後漢安定都尉皇甫儁生稜，始居安定。稜子彪，有八子，號「八祖皇甫氏」，爲著姓。

A〔岑校〕漢興改父爲甫　尋源二七云：「按姓纂謂出宋戴公之子皇父，至秦改爲皇甫，遂以甫爲氏，非也。」余按今姓纂文意祇謂改「皇父」爲「皇甫」，非謂改「皇父」爲「甫」，張氏之説，殆出誤會。

B〔又〕後漢安定都尉皇甫儁生稜始居安定　白氏集六一皇甫鏞誌：「戴公之子曰皇父，因字命族，爲皇父氏，至秦徙茂陵，改「父」爲「甫」，及漢遷安定朝那，其後爲朝那人。」「儁」，通志作「儁」。

227【安定朝那縣】彪七代孫軌；五代孫璠，生誕。誕生無逸，唐户部尚書、滑國公，生惔，潙州刺史；生忠，殿中監。逸三從弟彬，郎中、祕書少監。

A〔岑校〕彪七代孫軌五代孫璠生誕　按依下文，軌少子弘，弘玄孫和，及稜七代孫真，真玄孫椿齡之例，此處應重「軌」字。

B〔又〕誕生無逸唐户部尚書滑國公　寰宇記八二：「唐武德四年巡檢皇甫無逸。」「巡檢」或「巡撫」之訛，舊書六二作「持節巡撫」。唐文拾遺一四皇甫誕碑，曾祖重華，使持節龍驤將軍、梁州刺史。祖和，雍州贊治。父璠，使持節驃騎大將軍、開府儀同三司、隨州刺史、長樂恭侯。

C〔又〕惔潙州刺史　全文二四〇宋之問有爲皇甫懷州讓官表，疑即其人，待考（唐代似無潙州，惟河北道有嬀州）。

D〔又〕生忠殿中監　據舊書六二，忠於開元中爲衛尉卿。昇仙太子碑陰有從官大中大夫、行安國相□府司馬、護軍皇甫忠（萃編六三）。又開元十年，自杭州刺史授越州都督，見勞氏讀書雜識七。十七年慶唐觀銘碑陰稱：「衞尉卿安定縣開國伯皇甫忠（山右石刻六）。」會稽唐太守題名記：「皇甫忠，開元十年八月，自杭州刺史授，十一年拜許州刺史。」

E〔又〕逸三從弟彬郎中秘書少監　毗陵集一三皇甫冉集序云：「伯父祕書少監彬尤器之。」勞考二五云，「彬」下有脱字；按郎官柱，主客郎中有彬名，或即奪「主客」二字歟？新書六〇，皇甫冉，「字茂政，潤州丹陽人，祕書少監、集賢院修撰林姪也。」「林」乃「彬」之訛。蕭令（嵩）知集賢院，奏皇甫彬等修續文選，見玉海五四引集賢注記。肅宗爲陝王時，皇甫彬侍讀，見元龜七〇八。嘉定鎮江志一八：「皇甫敬德，丹陽人，官銀青光禄大夫、潭州刺史。价，敬德子，官朝散大夫、饒州樂平縣令。彬，价子。……顗，彬弟，官中散大夫、潭州刺史。冉字茂政，顗子。」

228 軌子少弘。弘元孫和，北齊海陵太守；生聿道，代居滎陽，號鄭州皇甫。道生萬齡、屏度，吏部郎中。

A〔岑校〕軌子少弘　「子少」二字應乙。

B〔又〕弘元孫和北齊海陵太守　此殆北齊書三五有傳之皇甫和，非皇甫璠之父，蓋依上文，皇甫璠之父和爲軌四代孫，此皇甫和則軌五代孫也。惟北齊傳祇云和終濟陰太守，魏志亦無海陵郡，是又尚待研考者。

C〔又〕生聿道　隋書六六，開皇中安定皇甫聿道爲刑部。

D〔又〕道生萬齡屏度　「屏」，庫本作「並」。按郎官石柱，吏部郎中祇有皇甫知常、皇甫鎛，惟考功郎中之首名爲皇甫异度，考功屬吏部，固可混稱曰吏部郎中，「异」之字體與「屏」相近，「屏」殆「异」訛，庫本作「並」，又由音近「屏」而轉訛者也。勞考三亦云：「案考中、户外有异度，疑卽是。」

229 稜七代孫真。真元孫椿齡，居榮陽，號山東皇甫。椿齡生瑒。瑒五代孫思義、思智。瑒，考功員外；生銛，工部郎中。

A〔岑校〕瑒五代孫思義思智瑒考功員外　按皇甫瑒附見魏書七一裴叔業傳，魏書官氏志無考功員外之稱，且下文「生銛，工部郎中」又顯是唐官，「思智」下之「瑒」，當爲訛文無疑。今郎官柱考外有皇甫瑾，勞考一〇云：「案皇甫椿齡及子瑒，俱見北史裴叔業傳，『瑒』字疑『瑾』字之誤。」又勞考謂「思智」下有脱字，是也。

B〔又〕生銛工部郎中　「銛」，庫本誤「話」。

230 又軌三從弟況，生益、興。益五代孫元凱，商州刺史；生德驥，蔡州刺史。興六代孫公義，工部侍郎。四從姪思忠，卭州刺史。

A〔岑校〕又軌三從弟況　「況」，庫本作「沉」。

B〔又〕興六代孫公義工部侍郎　公義以左肅機檢校沛王府長史，見舊書八八韋思謙傳。又元龜一六一，乾封二年十月遣司平少常伯皇甫公議往諸縣巡問，當卽此人，因同卷總章二年下有左肅機兼簡較沛王府長史皇甫公議，官與舊傳同，故知之。

231 【壽春】　稱與無逸同承晉廣魏太守固。固子柴，徙襄陽，後又徙壽春。唐黄門侍郎皇甫文房，兄子鏡幾、鄰幾、知常、希莊。鏡幾生閈。案唐世系表「閈」作「恂」。閈生岳。鄰幾，洗馬，生憬、悰、惜、愉。洛州長史，案唐世系表「洛州長史」下有「知常」二字，此脱。生懌、悟。希莊生翼，尚書左丞。翼生淮。鏄，宰相；生焕，案鏄乃愉子，此系于希莊下，誤。又鏄子珪，字德卿。此作「生焕」，誤。中書舍人，福建觀察使。

A〔岑校〕唐黄門侍郎皇甫文房兄子鏡幾鄰幾知常希莊　羅校云：「案『鄰』唐表誤作『陵』。」余按竹簡齋本正作「鄰」。又新表七五下以希莊爲文房子，鏡幾、鄰幾、知常爲文亮子，今郎官柱度中、度外有文亮，勞考一三云：「考世系表文亮弟文房，黄門侍郎，姓纂同。蓋俱誤互易其弟兄官位也。」余按文亮，儀鳳三年任給事中，見舊吐蕃傳及會要九七。白氏集六一皇甫鏞墓誌，曾祖文房，高陵令。祖鄰幾，贈汝州刺史。考愉，累贈尚書左僕射太子少保。千唐監門衛長史皇甫慎誌：「曾祖珍義，皇歙州休寧縣令、資州長史。……祖文亮，皇鸞臺侍郎、楊魏等四州刺史。……父知常，汾、懷、汴等六州刺史，楊、洛二州長史。」合而觀之，知文亮、文房之官位，碻是誤易。又知鄰幾是文房子，知常是文亮子，姓纂、新表，各有舛誤。以余揣之，鏡幾、鄰幾以「幾」爲聯名，或同是文房之子，希莊或是文亮之子，然是否仍待史料證實也。愼爲知常第三子，今新表未載，卒開元十九年，年卌有□。千唐永淳元年張達誌：「洛州司馬皇甫亮，君之本部。」

B〔又〕鏡幾生閈　校云：「案唐世系表『閈』作『恂』。」余按皇甫恂，開元初爲益州司馬，見舊書八八蘇頲傳。廣記三〇二引通幽記，恂字君和，開元中授華州參軍，後爲太府卿，貶縣州刺史卒。又三八一引廣異記，安定皇甫恂以開元中初爲相州參軍，遷左武衛兵曹參軍，數載選授同州司士。

C〔又〕閈生岳　全詩二函十册王昌齡有至南陵答皇甫岳詩。

D〔又〕生憬悰惜愉　「惜」誤，庫本作「愔」，亦見羅校引新表。憬，開元十二年爲陽翟尉，見會要八五。白氏集三一，皇甫鏞父愉，贈尚書右僕射。

E〔又〕洛州長史　校云：「案唐世系表，『洛州長史』下有『知常』二字，此脱。」余按姓纂書例，常先名後官，「知常」二字，應補「洛州長史」之上，非在下，校誤。全文四二三楊炎杜鵬舉碑有洛州長史皇甫知常，亦見前引皇甫愼誌。

F〔又〕希莊生翼尚書左丞翼生准鎛宰相生焕中書舍人福建觀察使　校云：「案鎛乃愉子，此系于希莊下，誤。」按希莊生翼，翼生准，新表七五下同，幷未誤。復據舊書一三五、新表六二，鎛以元和十三年九月相，在姓纂書成之後。校又云：「又鎛子珪，字德卿，此作『生焕』，誤。」考重修壁記，珪於大中十二年八月拜中書舍人，十四年十月罷學士，改同州刺史，其官福建觀察，最早應在懿宗朝（唐方鎮年

表五以皇甫焕附大中九年下，不知「焕」爲「珪」訛，所謂一誤再誤也），新表不著珪官，可知北宋見本亦無「生焕」以下之文，故自「鎛宰相」起，至「福建觀察使」止，余以爲後人所改增，無怪其與前文不銜接也。「尚書左丞」，新表作「青州刺史」。 考翼於開元二十一年官檢校尚書右丞，見元龜一六二。英華四一七張九齡制又稱檢校尚書左丞。於開元九年官御史，見元龜一三六。爲潞州長史時家艱去職，起復爲揚州長史•，見元龜八六二。又全文二九五韓休行制，朝議郎、行河南縣尉皇甫翼可監察御史。千唐武德令楊岌誌，天寶五載卒官，誌有「先是時也，採訪使汴州刺史皇甫翼乃績其聲實，以課最上聞」之語。 全文六三〇韋夏卿碑，約元和元年撰，文稱今倉部員外郎安定皇甫鎛；集古目昭懿公主碑，元和六年立，鎛結銜爲權知吏部郎中。

232【樂陵】 狀云晉徵士謐後，安定徙滄州。 唐監察御史皇甫德參生宣過。宣生伯瓊、仲玉。 主爵郎中•。 玉生侁，尚書左丞；生政，浙東觀察使；生教、敏、徹。教，工部員外郎。徹，蜀州刺史。

A〔岑校〕安定徙滄州　「安定」上當補「自」或其相類之字。

B〔又〕唐監察御史皇甫德參　語林三，太宗時德參上書諫修洛陽宮數事；通鑑一九四貞觀八年下，自中牟丞拜監察御史，貞觀政要二則云，八年，陝縣丞皇甫德參上書忤旨。

C〔又〕生宣過　全文三一三孫逖王光晊碑：「初公娶於安定皇甫氏，即太子舍人德參之孫，洛陽縣丞寡過之女。」按光晊卒開元十六年，年八十四，始筮仕於儀鳳、調露之間，「宣過」殆卽「寡過」，形近之訛。誠如是，則下文「宣」字亦應正作「寡」。

D〔又〕宣生伯瓊仲玉主爵郎中　勞考五云：「案封外有伯瓊名，疑官封中者是伯瓊，蓋『仲玉』下有脫字。」按會要七六，垂拱四年詞標文苑科及第者有皇甫瓊，登科記考三云：「案文苑英華作『皇甫瓊』，引登科記作『皇甫伯瓊』。」卽以爲同人，但徐記依英華附光宅元年，與會要、元龜（六四五）稱垂拱四年者異。考垂拱四年亦有詞標文苑一科，正不知英華是否誤系也。全文五二一梁肅新鄭尉皇甫君誌云：「君諱某字某，皇朝監察御史某之曾孫，贈兵部侍郎某之孫，唐州長史某之第三子，尚書左丞侁之愛弟，……享年七十七，以興元元年正月三日啓手足。……」唐重郎官，今誌祇稱侁之父長史，勞氏所疑當不謬。全文三七三，李玭江州太平宮九天使者廟碑，約開元十九年撰，文云：「朝散大夫行長史楊楚玉、行司馬皇甫楚玉。」時代可與仲玉相當，兩人同名楚玉，未知誤否。

E〔又〕玉生侁尚書左丞　舊紀一〇，至德二載，侁任洪州刺史。高力士傳言李輔國弄權，左丞皇甫銑被貶，銑卽侁。

F〔又〕生政浙東觀察使　福州新學碑，約大曆十一年撰（毘陵集九），稱判官、膳部員外郎、兼侍御史安定皇甫政。又河東集一二云：「皇甫政，河南人，……由浙東廉使爲太子賓客。」注云：「貞元二年正月，自宣州刺史爲浙東觀察使，十三年三月，入爲太子賓客。」余按舊書一二作貞元三年二月，（原奪）政自宣州拜越州。廣記一四引會昌解頤及河東記，寶應中越州觀察使皇甫政。「寶應」字誤。越州刺史皇甫政，見宋僧傳一九懷一傳。又唐太守題名記：「皇甫政，貞元三年二月，自權知宣州刺史授，十三年三月，改太子賓客。」合觀舊紀，知河東集注訛「三」爲「二」。唐文粹四二崔祐甫廣喪朋友議云，「殿中侍御史安定皇甫政字公理，故尚書左丞之子，……大曆七年，余寓滁而公理寓楚。」全文五一三吳與漳州圖經序，大曆十一年政官福建觀察，同書五二一梁肅皇甫君誌，興元元年政官兵部郎中。

G〔又〕徹蜀州刺史　唐詩紀事四八，貞元十四年皇甫澈刺蜀州時，賦四相詩，「徹」、「澈」字常互訛。

皇子

233 莊子有皇子告教。

A〔岑校〕莊子有皇子告教　「教」，庫本作「敖」，亦見羅校引辯證一五，余按廣韻亦作「敖」，此誤。

臧孫

234 魯孝公子彄食采于臧，因氏焉。僖伯彄，彄生哀伯達。達生文仲辰。辰生宣叔達。達生武仲紇，爲臧孫氏。案世本，孝公生僖伯彄，彄生哀伯達，達生伯氏瓶，瓶生文仲辰，辰生宣叔許，許生武仲紇。此脱誤。

臧文

235 魯大夫臧文仲，後氏焉。

A〔岑校〕魯大夫臧文仲後氏焉　辯證一六引文同。

臧會

236 魯大夫臧須伯會之後，別爲臧會氏。案左傳，臧爲生昭伯，昭伯從弟臧會，會生賓如，賓如生臧疇。又臧石，臧紇之昆弟；臧堅，紇之族，皆見杜預註。此「須伯」誤。

A〔岑校〕魯大夫臧須伯會之後　校云：「此『須伯』誤。」羅校云：「案『須』，古今姓氏書辯正（證）引作『頃』。」余按春秋釋例：「臧會頃伯，宣叔孫。」「頃」、「須」涉形近而訛也。校又云：「賓如生臧疇。又臧石，臧紇之昆弟。」依庫本及釋例，「疇」、「石」二字應互易，洪本誤。

蒼頡

237 論語，楚隱者也，其後爲氏。案此有脱誤。蒼頡氏當是黄帝史官之後，今馮翊縣人也。。風俗通曰，頡衛，古之賢人*。

A〔岑校〕論語楚隱者也其後爲氏　庫本校注已指出此處脱誤。按論語中楚隱者惟接輿，今卷十「接輿」下云：「論語，楚狂接輿，隱者也，其後爲氏。」蓋彼處複錯之文也，應删。校云：「案此有脱誤，蒼頡氏當是黄帝史官之後，今馮翊縣人也。風俗通曰，頡衛，古之賢人。」「翊」，庫本誤「朔」。按通志：「倉頡氏，黄帝史官，子孫氏焉，馮翊縣人。」校注即據通志而立言者。沈跋亦云：「又（路史前紀・）六卷注引姓纂倉頡氏，馮翊人，今孫本『十一唐』倉頡姓下無此文。」復按頡衛是姓頡名衛，校注以爲即蒼頡，大謬。

238 白象，風俗通，先生，古隱者*，馮翊人。（後三字岑補）

A〔岑校〕白象風俗通先生古隱者　余按通志「白象氏」云：「風俗通，白象先生，古隱者。」辯證三九略同（「古」下多「賢人」二字），此蓋卷十原有「白象」一條，今佚其目，與前文同誤錯於此者。質言之，前半冒「接輿」文爲複出，應删；後半冒「白象」，應移補。

B〔又〕馮翊人　據沈跋補，説見前。

棠谿

239 左傳，吴王闔閭弟夫槩王，奔楚爲棠谿氏。漢書，棠谿惠治公羊。又五官中郎將棠谿典。

A〔岑校〕漢書棠谿惠治公羊又五官中郎將棠谿典　按「棠」，嵩高廟請雨銘（續篇一）及前書八八、後書九〇下均作「堂」。汪輝祖云：「按延篤傳作『唐谿典』，……注，『唐』與『堂』同。」可參續編一。

桑邱

240 下邳有桑邱氏。

A〔岑校〕桑邱　姓解二：「漢書藝文志有来丘生。」姓觿三略同。尋源三六云：「然漢藝文志乘丘子也，書多引作『桑丘』。」參卷三「壺丘」校記。

十二庚

彭

241 大彭爲商諸侯，以國爲姓，蓋陸終第三子彭祖，卽大彭也。祕笈新書。

平（岑補）

242 韓哀侯少子婼，食采平邑，因氏焉。秦滅，徙下邑。（岑補）

A〔岑校〕見類稿二八引，備要一六同。唐偃師令蒲州長史平真客碑云：「平氏之先，蓋周武王子唐叔虞之後，八代孫晉穆公，十一代韓哀侯，有子曰婼，食采平邑，因以爲氏。」與此正同，范壽銘循園金石跋尾下疑姓纂不應漏闕，則未知今本非完書，通志亦據姓纂爲文耳。

英（岑補）

243 左傳，英氏國，皐陶之後，以國爲氏。（岑補）

A〔岑校〕據類稿二八引，英氏之「氏」字應衍，備要二〇同類稿。

明（岑補）

244 虞仲之後，公族有井伯，卽百里奚也；生孟明視，子孫以王父字爲氏。（岑補）

A〔岑校〕據類稿二八引，備要一七同。

荆（岑補）

245 楚熊繹國亦號荆，支孫因氏焉。（岑補）

A〔岑校〕據同上類稿引，備要二八同。

京（岑補）

246 鄭武公少子段封京，謂之京城太叔，因氏焉。（岑補）

A〔岑校〕同上類稿引。

滎（岑補）

247 周大夫滎夷分（公）滎叔，其先食采於滎，因氏焉。（岑補）

A〔岑校〕同上類稿引，惟「分」字誤，通志及備要二二正作「公」。

京相

248 史記曰，殷後，京相氏，晉惠帝時有京相機。

A〔岑校〕史記曰殷後京相氏晉惠帝時有京相機　按「京相」之文，誤附卷二「樗里」，説已見前。依通志，此「京相」又冒「空相」之文也。志之「空相氏」云：「史記，商後有空相氏，晉惠時有空相機。」應將三「京」字改爲「空」，移附卷一東韻。

滎叔

249 周大夫滎叔之後。漢有大夫滎叔遥。

A〔岑校〕漢有大夫榮叔遥　「漢」，通志及辯證一六作「韓」。庫本漏「叔遥」二字，「遥」，辯證作「遇」。

平陵

250 史記，平陵老之後，氏焉。（末二字岑補）

A〔岑校〕史記平陵老之後氏焉（末二字補）　辯證一六「平林」云：「元和姓纂曰，史記，平林老之後，氏焉。」校注云：「案史記乃平陵老，元和姓纂亦作『陵』，此引爲『平林氏』，悮。」兹據補「氏焉」二字。尋源一八又引周書史記篇以「平林」爲是，「平陵」爲非。國名記己，平林，「史記有平林老（引見姓纂）。」

十四清

程

251 顓頊重黎之後，周程伯休父，其後也。祕笈新書。

252 知節生處亮。（岑據沈跋補）

A〔岑校〕金石録二四清河公主碑云：「下嫁程知節之子處亮。」知節碑及唐史知節列傳，元和姓纂所載皆同，惟公主列傳作「懷亮」，非是。」沈跋云：「今孫本「十四清」程姓下引祕笈新書補，並無此文。」羅校亦補「知節子處亮」五字。

成（岑補）

253 周文王第五子郕叔武之後，子孫以國爲氏。後爲楚所滅，子孫去「邑」爲「成」。成肅公、桓公並爲周卿士。左傳，楚大夫成得臣，若敖孫也。（成）大心、成熊，並其後也。（岑補）

A〔岑校〕據類稿二八引，備要一七同，唯「大心」上有「成」字。

精縱

254 英賢傳，周平王子精別封縱邑，因以爲氏。案此條原本載于「屠住氏」下，今據通志改爲「精縱氏」。以通志「屠住氏」之說，別録爲「屠住氏」。晉有平陽從事精縱宣邪。

A〔岑校〕英賢傳周平王子精別封縱邑因以爲氏　校云：「案此條原本載于「屠住氏」下，今據通志改爲「精縱氏」，以通志「屠住氏」之說，別録爲「屠住氏」。」以通志校正姓纂之錯文，是爲庫校之特識，惜其校正者有限，猶留多許餘隙，累後人猜擬耳。

B〔又〕晉有平陽從事精縱宣邪　按通志「精縱氏」下無此文。惟「邵皓氏」云：「晉有平陽從事邵皓宣邪。」今通志精縱之後爲屠住，屠住之後爲邵皓，合前校觀之，乃知大典本以精縱一姓冒屠住、邵皓兩姓之文，今庫本祇斥出屠住，而邵皓之文仍混其中，吾故惜輯大典者之功虧一簣也。辨誤二一五云：「辯證二，晉平陽從事邵皓宣，按氏族略引『宣』下有『邪』字，皆非也。晉有平陽從事精縱宣邪。」此皆由不知今姓纂冒文，故遂據以斷通志、辯證之誤，是知姓纂整理，萬不容緩，否則將如張氏之習非成是矣。

嬰齊

255 出芈姓，楚令尹子重曰公子嬰齊，後氏焉。

A〔岑校〕出芈姓楚令尹子重曰公子嬰齊後氏焉　辯證一六引文同。此條之大意，複見於卷十「越椒」，說詳後。又通志云：「楚穆王之子公子嬰齊之後也，嬰齊字子重，爲令尹。」文雖殊而義無異。尋源一八乃云：「按鄭說，子重爲嬰齊子，而林說，嬰齊爲子重也，大相差違，鄭說是。」蓋彼讀通志之「字子重」爲「子子重」也。

成陽

256 周有成陽子，修黄老術，見釋例。

A〔岑校〕周有成陽子修黄老術見釋例　按通志「成陽氏」云：「見姓苑。漢有安陽護軍成陽恢，生謁者僕射昇，河東人。」辯證一六略同。此條顯非「成陽」之文。廣韻云：「春秋釋例，周有老陽子，修黄老術。」可知今本以「成陽」冒「老陽」，應改正，移入去聲，「成陽」祇存目。

成王

257 楚成王之後。漢中郎成王翖。

A〔岑校〕楚成王之後漢中郎成王翖　通志氏族略五同。廣韻則作「威王」，云：「風俗通云，漢有中郎威王翖，出自楚威王後。」姓解二亦作「威王」。惟廣韻之「楚威王」，係在「王」字下引，非在「威」字下引。辨誤一四云：「故廣韻引于『威』字下，夾漈訛爲『成王』。」以此證「成王」之必訛，未見其的也。復次「威」與「威王」，似應同出，今廣韻又謂威姓出齊威王（姓解二同），是亦可疑之點。「成」、「威」孰正，尚待考核。

十五青

邢

258 周公第四子封於邢，後爲衛所滅，子孫以國爲氏。祕笈新書。

A〔岑校〕周公第四子封於邢後爲衞所滅子孫以國爲氏　此姓洪氏據祕笈新書增，類稿二九引同。按樊川集八邢涣思墓誌銘云：「邢氏，周公次子靖淵封爲邢侯，國滅，因以爲氏。西漢宇爲太尉，子綏爲司空，曾孫世宗，光武時爲驃騎將軍。世宗玄孫顒，因居河間。顒當曹魏時參太祖丞相事，終於太常。邢有河間、南陽，君實河間人，太常後也。」此節亦可作邢氏世系之參考資料，因録之。

259 後魏光禄卿邢虬。虬生臧，臧生元功，元功生思孝。思孝，豐州都督，生和璞。（岑參據沈跋補）

A〔岑校〕羅校同據金石録二六補，惟「光禄」下奪「卿」字。録云：「元和姓纂云，和璞父名思孝，爲豐州都督。而碑乃云公諱義，字思義，仕爲屯留令。又姓纂云，後魏光禄卿邢虬，虬生臧，臧生元功，元功生思孝，思孝生和璞，而碑乃云元功之祖名子良。皆當以碑爲據。」余按魏書六五，虬有二子，長子臧。而八五臧傳則云：「光禄少卿虬長孫也。」史姓韻編三一以爲「長孫」字誤，則「虬生臧」之文合。臧傳又云字子良，合諸碑文，知元功乃臧孫，非臧子，姓纂脱去一代。臧有子恕，附臧傳，未知是元功所自出否。

丁

260 姜姓。齊太公生丁公伋，支孫以謚爲姓。祕笈新書。

泠

261 音零，泠淪氏之後，音訛爲泠氏*。

A〔岑校〕音零泠淪氏之後　「淪」，通志作「倫」。按漢表二〇作「泠淪」，與此同。

262 【江都】 姓苑云，江都人有泠壽光。前趙録有徐州刺史泠道字安義。貞元兼監察御史泠朝陽，吴人。

A〔岑校〕江都　姓苑云江都人有泠壽光　羅校云：「案古今姓氏書辯證引作『後漢方伎傳有泠壽光，江都人』。」余按范書一一二下方術傳，泠壽光死於江陵，不舉其籍；水經注作靈壽光，神仙傳，靈壽光，扶風人。

B〔又〕貞元兼監察御史泠朝陽吴人　平津記七吴嶽祠堂記，興元元年立，將仕郎、行太子正字泠朝陽書。李嘉祐、錢起均有送泠朝陽及第歸江寧詩*。唐才子傳四，大曆四年進士。全文五一三朝陽小傳：「爲潞州節度使薛嵩從事。」全詩四函六册韓翃有送泠朝陽還上元詩。廣記一九五引甘澤謠，薛嵩座客泠朝陽。

陘

263 魯大夫有陘氏之後。

甀

264 後趙有甀删。

A〔岑校〕後趙有甀删　辯證一七引文同。「甀」，廣韻、通志作「瓶」。「删」，類稿二九作「剛」。

寧（岑補）

265 秦寧公之後，以謚爲姓。（岑補）

A〔岑校〕據類稿二九引。

青尹

266 楚大夫青尹弗忌，宋司城司馬青尹渠。

A〔岑校〕楚大夫青尹弗忌宋司城司馬青尹渠　「青」誤，通志作「清」，庫本則祇「清尹弗忌」作「清」，餘亦誤「青」，應改正，移入「十四清」。唯「宋司城」一語，與卷四「門尹」之「宋又有門尹且渠」相類，是否錯誤，待考。

青牛

267 魏略，初平有青牛先生，東山人。

A〔岑校〕東山人　「東山」字應依通志乙爲「山東」。

泠淪

268 黄帝樂官泠淪氏之後，氏焉。案此與前泠淪氏俱非本字，蓋出附會。

A〔岑校〕黄帝樂官泠淪氏之後氏焉　辯證一七引文同。「黄帝」，庫本誤「黄官」。校云：「案此與前泠淪俱非本字，蓋出附會。」其意似以爲應作「伶倫」也。但漢表同作「泠淪」，通志目作「伶倫」，舊文殊無定寫矣。

泠州

269 左傳，周泠州鳩之後*。

丁若

270 晉遂興令丁若賢，字弘固。案風俗通，齊丁公子懿伯，食采于若，因氏焉。原木作「子若」*，當是「丁若」之訛。

A〔岑校〕晉遂興令丁若賢字弘固　校云："案風俗通，齊丁公子懿伯食采于若，因氏焉，原本作『子若』，當是『丁若』之訛。"〔"原本"，局本訛"原木"。〕余按通志亦作"丁若"，志又云："晉遂興令丁若堅，高密人。"辯證一七云："晉有遂興令丁若某，字堅固。"本各不同。姓氏篇又引韻譜："漢有遂興令丁若謀，字弘固。"辨誤一四則作"堅固"，所徵後先復異，未詳所據。遂興，晉始置縣，謂是漢人，顯誤。

令狐

271 周文王子畢公高之後有畢萬，仕晉。孫魏犨武子，生顆，别封令狐，因氏焉；生頡。漢有令狐邁，避王莽亂，居燉煌，生稱。

272 【燉煌效穀縣】稱曾孫溥，後漢蒼梧太守。五代孫礬，晉諫議大夫。八代孫整，周御史中正大夫、彭陽公，賜字文氏；生熙，隋吏部尚書、武康公；生德棻，唐禮部侍郎、國子祭酒；生循己。案唐世系表"循己"作"修己"。生伯陽*。

A〔岑校〕八代孫整周御史中正大夫　據周書三六整傳，整官爲御正中大夫*，此誤。又新表七五下，礬孫亞，亞孫敏，敏五世孫虬，是整爲礬十世孫，與此不合。

B〔又〕生循己生伯陽　考新書一二四彰傳，父滈，天寶中任鄧州録事參軍，是彰字伯陽不過偶與德棻孫同名。非然者，德棻以乾封元年（六六六）卒，年八十四，下距天寶元年已七十六載，其子殆未必至天寶中尚任州參軍，不特溤與循己名字弗同已也。

273 又後周河州刺史纂，狀稱馨後。孫文軌，生思撫。思撫，唐地官郎中、鄭州刺史；思挹，萬年令。

A〔岑校〕又後周河州刺史纂狀稱馨後孫文軌　法苑珠林一八引三寶感通記，貞觀五年隆州巴西縣令令狐元軌。按纂仕後周，文軌子仕唐，「文」、「元」字亦近，則「元軌」或得爲「文軌」。同書又言元軌任憑（馮）翊縣令，大唐內典録一〇同。後檢匋齋藏石記一八馬君夫人令狐氏誌，氏卒上元二年，春秋五十。誌云：「曾祖文軌，皇汾州長史。祖思拯，皇利州嘉川令。父同瓬，蘭州金城令。」則此之文軌不訛。

B〔又〕生思撫思撫唐地官郎中鄭州刺史思挹萬年令　按思撫、思挹，當是兄弟，「生」字可下綰思挹，思撫之名不必重，否則第一箇「思撫」之下，應奪「思挹」二字。

274 又後周晉昌太守令狐儒，狀稱云本燉煌人。曾孫智通，左羽林將軍；生俊，左將軍。

A〔岑校〕又後周晉昌太守令狐儒狀稱云本燉煌人　續僧傳二一慧光傳言，北齊朝臣司馬令狐子儒，或非此人。

B〔又〕曾孫智通左羽林將軍　駱丞集四有翊府中郎將令狐智通。儀鳳元年至永隆元年，智通官監門衛中郎將，見通鑑二〇二。弘道元年官左監門將軍，見同書二〇三。

275 開元有丹陽郡司馬令狐滔，云熙後，生峴、峘、崿。峴，刑部員外。峘，禮部侍郎。崿，和州刺史。

276 天寶有鄧州録事參軍令狐。章，檢校左僕射、滑亳節度、霍國公，生建、運、通。

A〔岑校〕天寶有鄧州録事參軍令狐章　按「章」，兩唐書皆作「彰」，又鄧州録事參軍乃彰父潩所任官，引見前文。知「令狐」下實奪「潩生」二字也。

B〔又〕生建運通　建中末令狐建官御史大夫，見奉天録一。同書四，興元元年官羽林軍使。又元龜一三一，元和六年七月授通贊善大夫，十四年三月，自撫州司馬同正遷右衛將軍。全文五一二李吉甫請録用令狐通奏：「貞元中，長子建坐事死於施州，幼子運亦無罪流於歸州。」則通似居次。元和九年秋，通爲壽春守，見全文七三六沈亞之壽州團練副使廳壁記；同書七三七同人霍丘新城録，言九年冬，吴元濟叛，縱兵攻壽春，走其守令狐通，上聞之，怒謫其守。廣記三四四引乾䥣子，謂元和十二年通尚爲壽州刺史，於時通已貶矣。

十六蒸

凌

277 衛康叔支子爲周凌人，子孫以官爲姓。吴志有都督凌統。晉有凌嵩。

A〔岑校〕吳志有都督凌統　按三國志五五，統姓從氵旁，不從冫。廣韻凌姓亦從氵。

278【餘杭】凌統世居餘杭，二子，烈、封。八代孫嵩，晉廣陵太守。貞元都官員外凌準，杭州人，云其後也。

A〔岑校〕貞元都官員外凌準杭州人　準有墓誌，見河東集一〇，富春人，永貞元年九月，自都外貶和州刺史，十一月，再貶員外置連州司馬。輿地碑記目一：「唐和州刺史凌準墓誌，在新城縣，唐柳宗元文。」

279【管城】唐魏王文學凌敬，云統後，世居鄭州。

A〔岑校〕唐魏王文學凌敬　舊書四七，凌敬集十四卷，亦見舊書五四竇建德傳。

乘

280 風俗通，楚大夫子乘之後，以王父字爲氏。又乘睢，古賢人，見世本。漢煮棗侯乘昌。

案漢表，煮棗侯革朱，孫昌嗣侯。則昌爲革氏，無乘昌名。

A〔岑校〕漢贅棗侯乘昌　校云：「按漢表，贅棗侯革朱，孫昌嗣侯。則昌爲革氏，無乘昌名。」余按通志、廣韻亦作「贅棗侯乘昌」，惟姓纂卷十革姓又云「漢功臣棗陽侯革朱」，與此顯分兩人。考漢表一九下，景帝中三年，「煮棗侯乘昌爲奉常」，然則姓纂并不誤，校者特失考耳。

鄫

281 曾子支庶亦爲鄫氏。案鄫當出姒姓，鄫子之後。此誤。

A〔岑校〕曾子支庶亦爲鄫氏　校云：「案鄫當出姒姓，鄫子之後。此誤。」余按通志「曾氏」云：「亦作『鄫』，亦作『繒』，姒姓，子爵。」「曾子」云者，鄫國之子爵，非曾參之「曾子」也，特誤奪「阝」耳。類稿二九正作「鄫子」。

勝

282 本勝屠氏，後世避仇，改爲勝氏。

A〔岑校〕本勝屠氏後世避仇改爲勝氏　見辯證一七引文，但入「四十五勁」。惟廣韻亦入「十六蒸」。

稱

283 漢元帝功臣新出侯稱忠。

A〔岑校〕漢元帝功臣新出侯稱忠　「出」誤，庫本及通志作「山」，與漢表一七合。

應（岑補）

284 周武王第四子應侯之後，以國爲姓。（岑補）

A〔岑校〕據類稿二九引，備要二一同。

承（岑補）

285 衞大夫承成之後，見代本。（岑補）

A〔岑校〕同上類稿引。

陵陽

286 搜神記，陵陽子明上宣城陵陽山得仙，其後因山爲氏。

A〔岑校〕陵陽子明上宣城陵陽山　「上」誤，廣韻作「止」，是也。

陵尹

287 楚大夫陵尹喜、陵尹招之後。

A〔岑校〕楚大夫陵尹喜陵尹招之後　「招」，通志同，庫本作「昭」。

陵終

288 王莽曾孫翁儒，與東平陵終氏有惡。案莽曾祖翁儒，此作「孫」，誤。

A〔岑校〕王莽曾孫翁儒　校云：「案莽曾祖翁儒。」按庫本及通志作「曾祖翁孺」，與漢書九八合，訛「孺」爲「儒」，本書凡數見。

B〔又〕與東平陵終氏有惡　辯證三五「陸終」云：「元和姓纂曰，祝融子陸終之後，有陸終氏。又曰，王莽曾孫孺興與東平陸終氏有惡。謹按古有陸終氏，然『陵』、『陸』偏旁相近，必『陸』訛而爲『陵』也。」是鄧氏所見姓纂，「王莽曾孫」一句實附「陸終」之下，非「陵終」别爲一條。但考通志之文，多襲姓纂，其書固陸終、陵終並列，則鄧說亦有可疑。若辨誤一四以爲東平陵地名，屬濟南郡，引莽傳，分治；伯王于濟南東平陵，孺王于魏郡元城，證終爲單姓，則根本上解釋不同。同書二七又謂姓纂訛「翁孺」爲「孺興」，由張氏未契勘今本也。

十七登

曾

289 夏少康封少子曲烈于鄫，春秋時爲莒所滅。鄫太子巫仕魯，去「邑」爲曾氏，見世本。巫生阜；阜生參，字子輿，案曾子父點，字子晳。晳生參。通志作「巫生阜，阜生晳」。父子并爲仲尼弟子，生元申。裔孫偉，後漢尚書令。

A〔岑校〕見世本　類稿二九同。惟備要二八、新書六引皆作「代」，此乃後人追改。

290【盧陵】唐亳州治中曾恭，狀云曾子後。又庫部郎中、晉州刺史曾崇穎*，河東人；生叔政，隴州刺史。

A〔岑校〕盧陵　「廬陵」之訛，嘉慶本不訛。

滕

291 周文王第十四子滕侯之後。滕失國，子孫以國爲氏。吳有滕允，晉交州刺史滕含。

292【北海】吳大司馬滕允，世居劇縣。晉有黎陽太守滕恪。

293【河東】開元進士滕雲翼。今太學博士滕珦，婺州人，生邁。

A〔岑校〕今太學博士滕珦婺州人　全詩四函八册：「滕珦，東陽人，歷茂王傅，太（大）和初以右庶子致仕，四品給券還鄉自珦始。」六函三册劉禹錫贈致仕滕庶子先輩（時及第人中最老）自注：「時令子爲御史，主務在越中。」或即指邁言之。八函六册顧非熊有送滕庶子致仕歸江南，七函八册白居易有送滕庶子致仕歸婺州詩。叢編一三引諸道石刻録唐西安寺碑，右庶子致仕滕白撰，蓋省「珦」爲「向」，因而再訛「白」也。

B〔又〕生邁　唐詩紀事，邁，元和進士。全詩八函二册滕倪有留別吉州太守宗人邁，四册章孝標有和滕邁先輩傷馬，九函一册趙嘏有賀滕邁台州、送滕邁郎中赴睦州。廣記四九七引雲溪友議，滕倪之吉州謁邁。嘉定赤城志，開成四年刺史滕邁。

恆

294 風俗通，楚大夫恆思公之後，見世本。

295 【東安】漢有東安長恆裴，子孫因居之。

A〔岑校〕漢有東安長恆裴　類稿二九「裴」作「弈」。

縢

296 本滕氏，因避難改爲縢氏。後漢相縢撫。案後漢書，滕撫，北海劇人。傳作「滕」，从水，不从馬。查廣韻于「縢」下亦不載人姓。萬姓統譜有縢姓，亦作「滕氏改焉」。惟梁孝行傳有縢曇恭。今姓纂既有縢姓爲滕侯之後，而不載撫，反載撫于縢下，謬以「滕」作「縢」。撫官止左馮翊，此作「相」，亦誤。

A〔岑校〕縢　校云：「惟梁孝行傳有縢曇恭，今姓纂既有縢姓，爲滕侯之後。」按梁書四七作「滕曇恭」，非作「縢」。「縢姓」之「縢」誤，庫本正作「滕」。原校者之意，固誤曇恭爲縢姓，故云「唯有」。

B〔又〕後漢相騰撫　校云：「撫官止左馮翊，此作『相』，亦誤。」按通志作「北海相」，但據後書六八，撫亦未嘗爲北海相。

弘

297 風俗通云，衞大夫弘演之後。漢有宦者弘恭，爲中書令。吴孫權姊夫弘咨。

298 【曲陽】弘璆代居曲陽；生琚，吴中書令。

299 【晉陽】唐朝有弘執恭子孫，高宗時以太子名改姓洪氏。

A〔岑校〕唐朝有弘執恭子孫　「執」字疑衍，即謂此是漢弘恭之子孫也（古宦者多養子），卷一洪氏下亦無「執恭」之名。

登（羅補）

300 後漢有左馮翊登道，將作大匠登豹。蜀有關中流人登定。舊望出始平，今望出南海。（羅補）

A〔岑校〕此係羅氏據辯證補。通志云：「後漢有左馮翊登道，又將作大匠登豹；蜀録有關中流人始平登定。望出始平、南陽。」此作「南海」，當誤。

滕叔

301 滕叔繡之後爲氏。

A〔岑校〕滕叔繡之後爲氏　羅校又據姓氏書辯證補「楚考烈王時有大夫滕叔肅」十一字，「肅」，通志作「辛」。

弘農

302 英賢傳，今弘農人也。案有脱誤。

A〔岑校〕英賢傳今弘農人也　校云：「案有脱誤。」余按通志「有扈氏」云：「姓氏英賢傳曰，有扈氏，今爲弘農人。」然則應以弘農爲郡望，移附於卷七「有扈」之後，此目當删。

十八尤

周

303 帝嚳生后稷，至太王邑于周，文王以國爲氏。

A〔岑校〕按今本辯證一八周姓有「元和姓纂曰」一段，凡八百九十字，錢氏取以校宋本辯證，文全不合。其校記中有云：「此上四百二十一字，在「允元相武后」之下，今本乃有一千二十一字，與此文全不合，首有「元和姓纂曰」五字，疑永樂大典以元和姓纂附辯證下，而輯書者并取之也。」余嘗將此八九百字，持與洪本姓纂互校，袛字句微有不同，蓋必永樂大典先引辯證、次引姓纂，乾隆輯書非出一手，故既以姓纂之文採入姓纂，而輯辯證者不別起訖，又兼採姓纂之文，錢氏所猜，殆無疑義。錢氏謂一千二十一字，而今所得不足九百字者，則因「元和姓纂曰」之前，尚有一段約百餘字，非有異也。至此大典原文，何以與洪本（或庫本）互見異同，則疑輯書時館臣略事校改、未著其説所致。兹先將此段全文録出，姑名之曰「大典本」，以便引據，凡羅校周姓下所稱「古今姓氏書辯證引作……」者，皆即此大典本姓纂也。

汝南安城縣。周安平王次子秀，別封汝川，因家焉。漢汝南侯周仁徙汝南，六代孫燕。魏周斐孫浚，晉揚州刺史，生顗、嵩。顗，左僕射、安城侯；六代孫顒，生捨。捨生弘正、弘讓、弘直。弘正，陳左僕射；生墳；生若水。弘直，陳太常卿，有傳；生確，陳都官尚書。孫翼，唐江王友。孫訥言，岷州刺史。沛國。赧王之後。漢汾陰侯周昌，從父兄苛，御史大夫；子武，高景侯。又蒯成侯周緤，與昌並沛人。陳留。汝南同祖晉周震。尋陽。晉梁州刺史周訪，生建城公撫；生楚，益州刺史；生虓。五代孫羅睺，右武大將軍；生仲隱，唐平州刺史。臨川。狀云本汝南人，徙臨川。宋臨海太守周毅，玄孫寶玉，唐中州刺史；生子褒，永州刺史。陳西豐侯周敷孫弘毅，唐集州刺史、江陵公，生處靜、沖。廬江。狀稱仁之後。陳周士衡，桂陽王諮議；孫績，唐司刑丞；生利涉，比部郎中；利貞，御史大夫。太出。周燕子忠爲太山太守，因家焉。淮南。周仁之後。已上周氏八郡並舊望。永安。狀稱仁之後，代居黃州。梁保城侯周虛超，生法僧、法尚、法明。法僧生孝節，唐嘉州刺史；生鳳、鴻。鳳玄孫應，生克搆。克搆，房州刺史。克生儉。鴻生潘，給事中。法尚，隋永州刺史，生紹範。嗣孫沛，右拾遺。紹範，左屯大將軍、譙公；生道務，駙馬、左衞將軍，生伯瑜、勵言。瑜，楚州刺史；生釋從，宣州刺史，生萬。勵言，少府監；生光義，左金吾將軍。法明，黃州總管。河間文安縣。狀云仁之後。後周左僕射文安公惠達；孫舍恩，晉州刺史。臨汝。周仁之後。唐屯田員外基，生允元，鳳閣侍郎平章事。華陰。狀稱十代祖讜，自丹陽隨朱齡石入關，遂居華陰。隋樂州刺史樂陵公周儒，生護仁，皇右武衞大將軍、洛州長史、嘉川公，生志珪、玄珪。志珪，亳州刺史。玄珪，少府監；生履順，冀州刺史。河東汾陰。狀稱周仁之後。貞觀有周昶，生玄式、玄達。玄式生子敬、行沖。子敬，主客員外。行沖、登州刺史；生彭年、喬年。彭年，蜀州刺史。喬年，大理司直；孫戴，大理評事。玄達，國子博士。清河。唐鳳閣舍人周茂禎，輝州參軍。江陵。金部郎中周行謩，隴西人；生姒娣，安西都護；生泌，隴右節度；生皓，太僕卿。膳部郎中周謂，淮給人，弟澈，鄧州刺史。監察御史周子諒，京兆人；生頌，大理司直；生君巢，循州刺史。虞部郎中周文雄，比陽人。禮部郎中周琮，河間人。長安。本姬氏，赧王之後，先天中避玄宗嫌名，改姓周氏。後周太子太僕願，弟威；生權；生思忠、思恭。思忠，職方員外；生處遜，水部員外、萬年令。思恭，丹州刺史。願姪道斌，長安令、比部郎中。河南。後魏官氏志，獻帝次兄普氏，改爲周氏。西魏幽州總管濟北周搖賜姓車非氏，隨復本姓。搖孫處智，唐右千牛將軍，生思亮、思敬。昭州。唐樂州刺史周孝諫，代爲樂州首領；生萬才，永州刺史。萬才生柳州刺史君模。已上九郡爲新望。

錢氏所録宋本辯證四百二十一字，其末段三百一十字，亦冠「元和姓纂曰」五字，蓋鄧氏節引姓纂之文也，今亦全段録出，以見古人引書，常剌取大意，輯佚者須洞悉其情，方不至爲呆滯之補綴，凡涉引據，仍稱曰「宋本辯證」別之。

沛郡周氏，赧王之後。尋陽周氏，晉梁州刺史訪之後。陳留周氏，與汝南同出。臨川周氏，本汝南人，徙臨川，宋有臨川太守周毅。廬江周氏，漢周仁之後，淮南亦然。泰山周氏，周燕子忠爲太守，因家焉。已上八郡，並舊望。永安周氏，仁之後，世居廣州。河間文安周氏，臨汝周氏，並仁之後。華陰周氏，十代祖謨，自丹陽隨朱齡石入關，遂居華陰。河東汾陰周氏，亦仁之後。江陵周氏，唐金部郎中敏道，衞尉少卿行謇，隴西人，生以悌。又唐監察御史子諒，京兆人。長安周氏，本姬姓，赧王之後。顒曾孫處遜，先天中避明皇嫌名改焉。後周太子太保顒，弟威，生權。權生思忠、思恭。思忠，職方員外郎。思恭，丹州刺史。顒姪道斌，長安令、比部郎中。河南周氏，後魏獻帝次兄普氏改焉。西魏濟北穆公周瑤，賜姓車非氏，隨復本姓。昭州周氏，唐樂州刺史孝諫，世爲樂州首領；生萬才，永州刺史。萬才生柳州刺史君模。已上九郡，爲新望。

304【汝南安城縣】周安平王次子秀，別封汝州，因家焉。漢汝南侯周仁徙汝南，六代孫燕。魏周裔，孫浚，案唐世系表，仁十子，長曰球，球生應，應生道，道生約，約生燕，燕裔孫表，與此不合。又晉書，浚父裴，少府卿。浚仕魏，拜折衝將軍，封射陽侯。疑此有脱誤。晉陽州刺史，生顗、嵩。顗，左僕射、安城侯。案顗傳，封武城侯，此作「安」，誤。六代孫顒。顒生捨。捨生弘正、弘讓、弘直。弘正爲陳左僕射，生墳。墳生若水。弘直，陳太常卿，有傳；生確，陳都官尚書。孫翼，唐江王友。孫訥言，岷州刺史。

A〔岑校〕汝南安城縣　羅校訛爲「守城」。

B〔又〕周安平王次子秀别封汝州因家焉漢汝南侯周仁　新表七四下，周平王少子烈食采汝墳，其十九世孫秀，生仁，漢復封爲汝墳侯，賜號正公。與此異。羅校云：「案汝州，古今姓氏書辯證引作『汝川』。」考後書一一一周嘉傳注引謝承書云：「燕字少卿，其先出自周平王之後，漢興紹嗣，封爲正公，食采於汝墳也。」廣韻：「本自周平王子，别封汝川。」又樊川集七周墀墓誌銘云：「周平王次子烈封汝墳侯，秦以汝墳爲汝南郡，侯之孫因家焉，遂姓周氏。自烈十八世至西漢周仁，繼烈侯封。」通志亦作「平王」，惟大典本誤「安平」，周無「安平王」，「安」字衍。「州」應作「川」。丁戊稿據婁夫人誌，謂姓纂作「汝南侯」誤。

C〔又〕六代孫燕　後書一一一周嘉傳引燕云：「我平王之後，正公玄孫。」依前引新表，正公即周仁，則連本身始爲五代。又據新表七四下，仁生球，球生應，應生道，道生約，約生燕，則連本身始爲六代也。

D〔又〕魏周裔孫浚　校云：「案唐世系表，仁十子，長曰球，球生應，應生道，道生約，約生燕，裔孫表，與此不合。」余按六代、五代不過計法不同，若姓纂之浚，係對汝南一支言，新表之裔孫表係對臨汝一支言，各有所出，未得謂之不合也。校又云：「又晉書，浚父裴，少府卿。浚仕魏，拜折衝將軍，封射陽侯，疑此有脱誤。」余按大典本實作「魏周斐孫浚。」唐人寫裴姓字，亦常作「斐」，則周斐即晉書之周裴，館臣輯姓纂者不知匯通，强依新表改作「裔」，文遂不可曉矣。「裔」字應依大典本回正爲「斐」，惟此云斐孫，晉書云裴子，則相差一代，「孫」或「子」之訛。

E〔又〕晉陽州刺史　「陽」誤，庫本及大典本作「揚」，亦見羅校引晉書周浚傳。

F〔又〕六代孫顒　羅校云：「案南齊書顒傳作顗七代孫，梁書周捨傳顗八代孫，此以顒爲顗六代孫誤。」余按陳書二四稱周弘正爲顗九世孫，與齊、梁二書計世相合，然計法不同，便差一代，既未觀其詳系，不能即斷姓纂爲錯誤也。

G〔又〕捨生弘正弘讓弘直　羅校云：「案梁書捨傳，子弘義、弘信，陳書周弘正傳，祖顒、父寶，始弘正少孤，與弟弘讓、弘直俱爲叔父捨所養。據此，弘正、弘讓、弘直爲捨兄寶子。此誤。」

H〔又〕弘正爲陳左僕射　庫本漏「僕」字，大典本無「爲」字。按叢編一三陳惠集法師碑，諸道石刻録稱太建六年尚書左僕射、國子祭酒、豫州大宗（中）正周弘正撰。大典本亦作「左」，似陳書訛也。

I〔又〕生墳墳生若水　大典本不重「墳」字。

J〔又〕生礭　庫本作「礭」，亦誤，羅校引陳書作「確」，是也。大典本亦作「確」。

K〔又〕孫訥言　庫本作「納言」，大典本作「訥言」。

305【沛國】赧王之後。漢汾陰侯周昌，從父兄苛，御史大夫；子武，高景侯。案漢書，高景侯周成。「武」字誤。又蒯城侯周緤，與昌並沛人。

A〔岑校〕沛國　大典本同，宋本辯證引作「沛郡」。

B〔又〕子武　校云：「案漢書，高景侯周成。『武』字誤。」余按大典本亦誤「武」。

C〔又〕又蒯城侯周緤　羅校云：「案『城』，古今姓氏書辯正（證）引作『成』。」余按漢書四一周緤傳，更封緤爲蒯城侯。服虔曰：「音菅蒯之『蒯』。」蘇林曰：「音簿催反。」師古曰：「此字從崩從邑，音蒯非也，吕忱音陪，而楚漢春秋作『憑城侯』，『背』、『憑』聲相近，此其實也，又音普肯反。」漢表一六亦作「蒯成」。

306【陳留】汝南同祖晉周震。

A〔岑校〕陳留汝南同祖晉周震　「陳留」下應空一格，「汝南」上有奪字，或爲「與」，觀宋本辯證知之。「震」必「浚」之訛，涉音相近也。汝南者祖浚，則陳留者亦當祖浚，合汝南、沛國、潯陽、臨川、廬江、太山、淮南，卽下文所謂周氏八舊望，故「陳留」下當空格也，比觀大典本自見。

307 【潯陽】晉梁州刺史周訪，生建城公撫；生楚，益州刺史，生虓。案晉書，楚子瓊，瓊子虓。此言楚生虓，中有脱字。五代孫羅睺，右武衛大將軍；生仲隱，唐平州刺史。

A〔岑校〕五代孫羅睺右武衛大將軍　庫本作「羅侯」，誤。此與隋書六五及大典本同。又庫本、大典本無「衛」字，依隋書，羅睺由右武候大將軍進授上大將軍，庫本無「衛」字固非，此作「武衛」，亦與隋書不合。「潯」，大典本作「尋」，古通。

B〔岑校〕生仲隱唐平州刺史　仲隱，武德四年爲温令，見會要七〇。又元龜一二六，同年四月，王世充平州刺史周仲隱來降。拓本大唐故上柱國通直散騎常侍使持節唐州諸軍事唐州刺史平輿縣開國公周□君墓誌銘幷序云：「公諱仲隱，字孟脩，汝南安城人也。……祖法暠，梁冠武將軍、南康郡内史、臨蒸縣開國公，食邑二千户。父羅睺，陳雄信（將）軍、散騎常侍、太僕卿、隨武候大將軍、義寧郡開國公，食邑千五百户，謚曰壯公。」誌又言仲隱武德四年授柱國、平州刺史，其年，遷蓬州，授大將軍、平輿縣公、食邑一千户，貞觀六年改浦州，十一年遷雅州，進上護軍，二十一年改唐州，二十三年卒，年六十九。第二子續祖。則平刺非其終官。

308 【臨川】狀云本汝南人，徙臨川。宋臨海太守周毅元孫寶，唐中州刺史；生子褒，永州刺史。陳西豐侯周敷；孫弘毅，唐集州刺史、江陵公，生處静，處沖。

A〔岑校〕周毅元孫寶　羅校云：「案『寶』，古今姓氏書辯證引作『寶玉』，今本奪『玉』字。」

B〔又〕唐中州刺史　「中」字訛，應作「申」。

C〔又〕生處静處沖　大典本無下「處」字。

309 【廬江】狀稱仁之後。陳周士衡，桂陽王諮議；孫續，唐司刑丞；生利涉，比部郎中；利貞，御史大夫。

A〔岑校〕廬江　利貞御史大夫　新書二〇九云：「周利貞者，亡其系。」依此，則可補兩書之缺也。千唐邕府長史周利貞誌云，汝南廬江人也。據誌，利貞自廣府都督轉邕州長史，開元七年閏七月，疾終於府。與舊書一八六下、會要六二、新書二〇九均不合。誌蓋有所諱，卒年六十四，嗣子濟，太子内直丞。

310 【太山】周燕子忠爲太山太守，因家焉。

A〔岑校〕太山　「山」，大典本誤「出」。

311 【淮南】周仁之後。已上周氏八郡，並舊望。

312 【永安】狀稱仁之後，代居廣州。案永安周氏亦出自決曹掾九世孫防。防十三世孫靈起。避晉亂，徙居永安黄岡。此言「代居廣州」，與唐之世系表不合。梁褒城侯周靈超，生法僧、法尚、法明。

A〔岑校〕代居廣州　校云：「此言『代居廣州』，與唐之世系表不合。」按宋本辯證亦訛「廣州」，唯大典本作「黄」，「黄」常訛「廣」，如前文伊姓「安黄」之訛「安廣」也，羅校同。

B〔又〕梁褒城侯周靈超　大典本作「梁保城侯周虛超」，宋本辯證作「靈起褒城侯」，「虛」字誤。校云：「案永安周氏亦出自決曹掾九世孫防。防十三世孫靈起避晉亂，徙居永安黄岡。」羅校云：「又原校内『靈起』當作『靈超』。」余按校説如全本自新表而對新書立言，則「起」當作「超」，故庫本作「超」。顧事有湊巧，余檢隋書六五、北史七六周法尚傳均作「祖靈起」，又樊川集七：「其後逃西晉亂，南去黄崗，靈起仕梁爲桂州刺史。」後來羅氏丁戊稿忠州司馬妻君夫人墓誌跋，更引陳書周炅傳及此誌以爲姓纂作「靈超」誤，則洪本之靈起，或據史以改正，不能謂是誤文也。又「決曹掾」下庫本有「燕」字，「黄崗」作「黄崗」（新表及宋本辯證均作「岡」，嘉慶原刻作「崗」，然後世「岡」、「崗」常無別，如「岡州」或作「崗州」也）。復考新表，仁五世孫燕，決曹掾。燕九世孫防，防十三世孫靈超。合言之，即靈超最少爲仁二十五世孫。仁生漢初，去梁末約七百五十年，依三十一年一世計之，大致相合。若宋本辯證云：「永安周氏，亦出自決曹掾燕九世孫靈起。」則靈起祇仁十四世孫，揆諸計世之法，殊不合理，鄧氏蓋誤九世孫防爲九世孫靈起也。文館詞林四五三褚亮周孝範碑：「曾祖某，梁散騎常侍、太子左衛率、廬沔二州刺史、保城肅侯。」此卽靈起，考地理韻編：「保城，南齊縣，豫州齊昌郡，今闕。按當在湖北黄州府境。」靈起黄州人，封其本土正合，作「褒」者訛也。千唐周紹業誌亦云：「曾祖靈起，梁散騎常侍、桂州刺史、保城肅侯。」陳書一三炅傳作「保城」並不誤，羅跋據姓纂之訛字以改陳書，非矣。

C〔又〕生法僧法尚法明　羅校云：「案隋書周法尚傳，祖靈超，父炅，與此不同。」「靈超」，隋書作

「靈起」(竹簡齋及百衲本),羅云「靈超」,或見本不同。復考新表七四下云:「炅字法明。」則又以炅爲法尚之弟,與隋書異。樊川集七周墀墓誌銘云:「靈起……生炅,在陳爲車騎將軍。炅生法明。」似炅生法明,亦可爲「炅字法明」之訛,而新表不誤。但以文義覈之,炅既稱在陳爲車騎將軍,字不應敍於官職之下,且與下文「年二十一命爲巴州刺史」義亦不接,可疑者一。法明卒太宗時,墀相宣宗,相去餘二百年,依新表爲五代孫,可疑者二。質言之,新表所見樊川集必訛「炅生」爲「炅字」,故奪去一世也。繼檢周孝範碑:「祖陳車騎將軍、都督八十二鎮諸軍事、定安二州刺史、武昌壯公。」合諸墀誌,可信宋本姓纂已奪炅一世,新表不考,遂強合炅與法明爲一人,此表本姓纂之證也。紹業誌亦云:「祖炅,陳南豫州刺史、儀同三司、車騎大將軍,祀部尚書、梁城郡忠壯公。父法尚,隨金紫光祿大夫,卅八州諸軍事、左武衞大將軍、衞尉卿、譙郡僖公。」(敍炅之官歷,與陳傳有異)妻夫人誌,自汝墳侯至五代祖靈起,子女玉帛八百餘年。祖法明。丁戊稿跋云:「炅字文昭,仕至定州刺史,表誤作『字法明』,誤以炅與法明父子爲一人。據陳、隋二書,均作『靈起生炅,炅生法僧、法尚』,表以炅爲靈超子而不以爲法僧、法尚父,姓纂稱靈超生法僧、法尚、法明而失炅一代,誤以祖孫爲父子,至誌稱靈起爲夫人五世祖,法明爲夫人祖,則靈起以下,有高、曾兩世,而陳、隋書僅有炅一世,是中間尚缺一世也。」按羅跋前截甚合,但謂中缺一世則不然,因唐文間稱高祖爲五世祖也。

313 法僧生孝節,唐嘉州刺史,生鳳、鴻。鳳元孫應;生克構,房州刺史。克構生儉。鴻生璠，給事中。

A〔岑校〕法僧生孝節唐嘉州刺史　孝節見通鑑一八九武德四年下。又括州都督周孝節，見續僧傳一九普明傳。

B〔又〕生克構房州刺史　大典本重「克構」字。

C〔又〕克構生儉　大典本祇有「克」字，錢注云：「案『克』字疑衍，或下有『構』字。」余按大典本前文已重「克構」，則此處不必再提克構，如此處再提克構，則前文又不應重「克構」也。

D〔又〕鴻生璠給事中　大典本「璠」作「潘」誤，通鑑二〇六，神功元年，給事中周璠被殺。

314
法尚，隋永州刺史，生紹嗣。孫作生沛，左拾遺。紹範，左屯衛大將軍、譙公；生道務，駙馬、右衛將軍。道務生伯瑜、厲言。伯瑜，楚州刺史；生擇從，宣州刺史。擇從生厲。案唐世系表，擇從子萬，「厲」字誤。勵言，少府監；生先義，左金吾將軍。

A〔岑校〕法尚隋永州刺史生紹嗣　羅校以「生紹」爲句。云：「案紹，古今姓氏書辯證引作『紹範』，考作『紹範』是也。隋書周法尚傳，長子紹基，少子紹範，今本誤奪『範』字。」其説恰與庫本「紹」下有「範」字。余考隋書，法尚六子。新表七四下，法尚有子糾嗣，「糾」殆「紹」之訛。姓纂例亦有不總提生子某某而以「生」字貫下文者，今下文已有紹範，此復爲紹範，豈不複出？況考樊川集七周墀誌云：「炅生法明，年十二（二十），一命爲巴州刺史，陳滅臣隋，爲趙之真定令，隋亂，歸黄崗起兵，取蘄、安、沔、黄，武德中籍四州地請命，授總管安十六州諸軍事、光禄大夫，封國於道，太宗命虞世南銘書墓碑，相國爲六代孫。曾祖惲，汝州梁縣令。祖沛，左拾遺。」範在唐初爲勳臣，以誌文詳敍法明之例例之，不應缺略，是沛非紹範孫之反證也。顧姓纂，紹嗣爲法尚子。墀誌，沛爲法明後，亦不相合，則疑法明以兄弟子爲嗣，否卽「孫沛左拾遺」五字，乃「法明」下所錯簡者。又千唐周紹業誌，字宏業，父法尚，卒顯慶二年，年卌四，是生大業十年，正法尚卒之歲，則紹業殆最少之子。孝範於大業三年已起家爲官，非最少子也。千唐周夫人趙氏誌又云：「夫人年十有五，適汝南周府君諱紹業，唐上柱國、朝議郎、太穆皇后挽郎。曾祖靈起。……父法尚，隋伏波將軍、譙郡開國公。……是生二子，長子道沖，朝議郎、漢州司户參軍，早卒。次子道濟，朝請大夫、益州温江縣令。」（氏卒長安二年，年七十六）周孝範碑：「父某，隨大將軍、使持節永桂雲三州總管卌一州諸軍事、左武衞將軍，譙僖公。」合諸隋書六五，此法尚也。

B〔又〕孫沛左拾遺　洪校於「孫」下注云：「作『生』。」依前引樊川集，知洪校爲誤。又「左」，樊川集、新表、宋本辯證均同。唯大典本、庫本誤「右」。

C〔又〕紹範左屯衞大將軍　紹範，通典及舊、新書單稱曰「範」。大典本奪「衞」字。範本秦王庫旦（真）車騎，太宗卽位，累遷右屯衞將軍，俄遷左衞將軍，又範爲盧祖尚妻兄，祖尚被誅時範尚生，見元龜一七五及舊書六九。詞林四五三左屯衞大將軍周孝範碑，稱「公諱孝範」，不作「紹」，豈後來改名歟？碑稱貞觀五年襲爵譙郡公，七年加授左屯衞大將軍，是年卒，謚曰敬。

D〔又〕生道務駙馬右衞將軍　羅校云：「案『右』，唐表作『左』。」余按唐表七四下實作「左驍衞將軍」，非「左衞將軍」也，羅校誤。大典本亦作「左衞」。道務尚臨川公主，見説之集一四。約顯慶中，道務官桂州都督，見楊志本碑（全文二六七）。

E〔又〕道務生伯瑜厲言　依下文及新表，「厲」當作「勵」，大典本、庫本不誤，余記某碑録亦作「道務子勵言。」又大典本無「道務」字。

F〔又〕伯瑜楚州刺史　大典本、庫本無「伯」字。

G〔又〕生擇從宣州刺史　「擇」，大典本作「釋」，誤。擇從嘗爲湖州刺史，見顧况湖州刺史廳壁記（文粹七三）。吳興談志一四：「周擇從，天寶五年自饒州刺史授，改洪州刺史，統記云，六年遷宣州。」統記所載州名與此合。河東集六海禪師碑：「父曰擇交，同州録事參軍。叔曰擇從，尚書禮部侍郎。」

H〔又〕擇從生厲　校云：「案唐世系表，擇從子萬，『厲』字誤。」按大典本亦作「厲」，又無「擇從」字。然其從祖名勵言，不應犯嫌名也。全詩二函十册收周萬詩一首，傳云：「宣州刺史擇從之子，開元末登第。」按周萬開元末進士，見唐詩紀事。

I〔又〕勵言少府監　新表作「少府少監」。

315 法明，萬州總管。世系表作「黄州」。

A〔岑校〕法明萬州總管　洪校云：「世系表作『黄州』。」庫本無此注。惟「萬」作「黄」。按宋本辯證及大典本均作「黄」。萬州，貞觀八年始改名，亦未嘗設總管府，當依新表及庫本等正之。復考樊川集七東川節度周公墓誌銘云：「昊生法明，……隋亂，歸黄崗起兵，取蘄、安、沔、黄，武德中籍四州地請兵，授總管安十六州軍事。」御覽二九二亦稱黄州總管周法明。「萬」爲「黄」訛，益無疑義。元龜一六四，武德四年五月，周法明以蘄春等四郡地歸國，拜黄州刺史。據新紀一，卒武德六年。通鑑一八九，武德四年法明遣子紹德攻沔陽，紹德亦見婁夫人誌（芒洛三編）。

316【河閒文安縣】狀云仁之後。後周右僕射、文安公惠達，孫含恩，晉州刺史。

A〔岑校〕後周右僕射文安公惠達　周書二二同，大典本誤「左」。

B〔又〕孫含恩　大典本作「舍恩」。

317【臨汝】周仁之後。唐屯田員外基，生允元，鳳閣侍郎、平章事。

A〔岑校〕唐屯田員外基　新表七四下作「常州長史」。

B〔又〕生允元鳳閣侍郎平章事　廣記二一八引朝野僉載，則天時，鳳閣侍郎周允元退朝而卒。

318【華陰】狀稱十代祖謨自丹陽隨朱齡石入關，遂居華陰。隋樂州刺史、樂陵公周儒，生護仁，唐右武衛大將軍、洛州長史、嘉川公；生志珪、元珪。志珪，亳州刺史。元珪，少府監；生履順，冀州刺史。

A〔岑校〕隋樂州刺史樂陵公周儒　隋無「樂州」，當是「欒州」之訛，説見拙著隋書牧守編年表。

B〔又〕生護仁唐右武衛大將軍洛州長史嘉川公　大典本「唐」作「皇」，「嘉川」同；叢編九引京兆金石録有唐輔國大將軍嘉國公周仁護碑，嘉川亦縣名，但似「嘉國」爲近是，會要四五作「嘉州」，非。

319【河東汾陰】狀稱周仁之後。貞觀有周袒生元式、元達。元式生子敬、行沖。子敬，主客員外。行沖，登州刺史。行沖生彭年、萬年。彭年，蜀州刺史。萬年，大理司直。孫載，大理評事。元達，國子博士。

A〔岑校〕子敬主客員外　廣記三八四引朝野僉載，天后朝，地官郎中周子恭。「恭」字當是宋人諱改，猶「蘇敬」稱「蘇恭」也（拙著課餘讀書記）。今郎官柱主外有子敬。

B〔又〕行沖生彭年萬年　大典本無「行沖」字，「萬年」作「喬年」，下同，亦見羅校。

C〔又〕孫載　大典本、庫本「載」均作「戴」，亦見羅校。

D〔又〕元達國子博士　周玄達太學助教，與修尚書正義（新書五七）。河南博物館藏大和八年唐故鄂州永興縣尉汝南周君（著）墓誌銘并序云：「唐户部尚書諱玄達，京兆府美原尉諱釋否，洛州雞澤尉諱容，尚書之曾孫、美原之孫、鷄澤之嗣子，則公也。」著卒大和八年，年六十八，以世代差之，此玄達與貞觀之周玄達，時代、官歷不合，當是同姓名者。

320【清河】唐鳳閣舍人周茂禎，輝州參軍。

A〔岑校〕唐鳳閣舍人周茂禎輝州參軍　姓纂書例，亦嘗一人而兼記數官，但中書舍人正五品上，諸州參軍最高者不過從七品下，宜不帶敍，故疑官參軍者別是一人，其下有闕文也。「輝州」待考。

321【江陵】金部郎中。周行謩，隴西人；生奴娣，安西都護。奴娣生泌，隴右節度。泌生皓，太僕卿。

A〔岑校〕金部郎中周行謩　大典本作「行謩」（亦見羅校）・，宋本辯證則引作「唐金部郎中周敏道，衞尉少卿行謩」，考郎官柱金中有周敏道，但無「周行某」其人，「郎中」下應依宋本辯證補「周敏道，衞尉少卿」七字，「謩」、「謩」、「謇」三字孰正，待考。

B〔又〕生奴娣安西都護　大典本同。宋本辯證作「以悌」，舊書七及九七、又一九九下均作「以悌」，此誤。神龍中以悌任此官也。

C〔又〕奴娣生泌隴右節度　「奴娣」亦誤，大典本無「奴娣」字。舊紀一〇，至德元載七月，以河西兵馬使周佖爲河西節度使，二載正月，爲九姓商胡所殺，作「佖」不作「泌」。

D〔又〕泌生皓太僕卿　大典本無「泌」字。翰苑集一四稱皓曾任丹延都團練觀察使。皓官太僕卿，見酉陽雜俎一二。元龜八九〇，興元元年八月，以右武衞將軍周皓爲太僕卿兼御史大夫宣慰迴紇使。白氏集一四及一五有宴題周皓大夫宅亭詩。廣記二一三引畫斷，周昉，京兆人，節制之後，長兄皓隨哥舒征吐蕃，收石堡城，以功授執金吾，德宗時尚存，應卽此皓。

322 膳部郎中周謂，淮陰人。弟澈，鄧州刺史。

A〔岑校〕膳部郎中周謂　按郎官柱，祠部郎中有周渭。載之集二三有周渭誌，今其弟名澈，字從水，此作「謂」誤（參勞考二三）。惟渭誌止充膳部員外、祠部郎中，未爲膳部郎中，「膳」疑「祠」訛。誌云：「居太微積星之位，十年不徙官」，則非膳部之詞也。

B〔又〕淮陰人　「陰」，大典本誤「給」。渭誌云：「其先汝南人，六代祖衡，仕隋爲淮陰郡司馬，子孫因家焉。」

C〔又〕弟澈鄧州刺史　渭誌：「大曆末，常、潘繼居小宗伯，號爲得士，君與令弟澈聯中正鵠於二有司之下。」登科記考一一謂澈係大曆十二年進士，但引文訛「渭」爲「謂」。全詩五函二册訛「澈」爲「徹」。

323 監察御史周子諒*，京兆人；生頌，大理寺司直；生居巢，循州刺史。

A〔岑校〕生頌大理寺司直　大典本無「寺」字，應衍，因本書「大理」下均不綴「寺」字也。鮑防領太原尹，以大理司直周頌爲從事，見全文五一八梁肅送周司直序。全詩十一函九册有嚴維、鮑防、周頌等聯句。廣記三八二引廣異記，周頌，天寶中進士登科，永泰中授慈溪令。羅濬等寶慶四明志一六，周頌爲慈溪令，見香山智度寺常寂大師行狀碑。

B〔又〕生居巢　「居」，大典本作「君」，是。亦見羅校。如「悉居」或訛「悉君」是也。韓子年譜，周君巢，貞元十一年進士。韓愈送李礎歸湖南序，元和五年作，云：「愈與河南司録周君巢獨存。」河東集三二有答周君巢書，同集一二故殿中侍御史柳公墓表作「汝南周公巢」誤。元龜五六二，大和五年，君巢官衛尉卿（舊書一五九作「居巢」）。又昌黎集一〇自袁州還京行次安陸先寄隨州周員外詩注云：「諸本如此，但以「隨」爲「循」，……周員外，周君巢也，時爲隨州刺史。以經由道理考之，作『循』非是。」又云：「隨州之辨，則方得之，……「隨」又作「復」，當考。」按愈自袁還京，係元和十五年末。

324 虞部郎中周文雄，比陽人。

325 禮部郎中周琮，河閒人。

A〔岑校〕禮部郎中周琮　郎官石柱度支郎中有周悰，周琮亦見盈川集一，云天子幸於東都，皇儲監守於武德之殿，學士周琮以儒術進。又通鑑二〇四，垂拱四年司禮博士周悰，時代正合，且與郎官柱字从忄者相符，當即同人。

326 【長安】　本姬氏，赧王之後。先天中避元宗嫌名，改姓周氏。後周太子太僕顧。威弟，生權。權生思忠、思恭。思忠，職方員外；生處遜，水部員外、萬年令。思恭，丹州刺史。顧姪道斌，長安令、比部郎中。

A〔岑校〕本姬氏……後周太子太僕顧威弟　庫本作「弟威」，羅校云：「案古今姓氏書辯證引作『顧弟威，生權』。」按姬顧見周書六建德五年及宣政元年，下文又有顧姪道斌，則作「顧弟威」，是也。

「姬氏」，宋本辯證誤「姬姓」*。又「太僕」作「太保」，此及大典本作「僕」，殆誤*。

B〔又〕權生思忠思恭　大典本無「權」字。

C〔又〕生處遜水部員外　通志及辯證四作「郎中」，勞御考一引古今合璧事類備要續集二十五亦作「郎中」，大典本與此同作「員外」。又宋本辯證以處遜爲願曾孫，殆誤。

327【河南】後魏官氏志，獻帝次兄普氏改爲周氏。西魏幽州總管濟北穆公周瑤賜姓車非氏，隋復本姓。瑤孫虔智，唐右千牛將軍，生思亮、思敬。

A〔岑校〕西魏幽州總管濟北穆公周瑤　羅校云：「案瑤，隋書有傳，作『搖』，搖初賜姓車非，後復姓周，封金水郡公，謚曰恭，與此小異。」余按隋書五五搖傳云：「及爲丞相，徙封濟北郡公。」是濟北之號，後於金水，羅氏漏讀中間一段也。惟據傳，搖爲幽州總管，在開皇初（參拙著隋書牧守編年表），封濟北公在周末，今姓纂作「西魏幽州總管濟北穆公」，年代殊不明耳。大典本正作「搖」，唯奪「穆公」二字，宋本辯證有「穆公」二字，但仍誤「瑤」。

B〔又〕瑤孫虔智唐右千牛將軍　「瑤」，大典本正作「搖」。「虔」，大典本作「處」（見羅校）。「右」，庫本誤「石」。顯慶初，程知節討賀魯，有副將周智度。「度」、「虔」字相類，未審即其人否。

328【昭州】唐樂州刺史周孝諫，代爲樂州首領；生萬才，永州刺史。萬才生君謨，柳州刺史。

A〔岑校〕昭州 唐樂州刺史周孝諫 按隋無樂州，曾辨見前華陰下。唐之樂州，據舊書四一，武德四年以始安郡平樂縣改置，貞觀八年改爲昭州。「孝諫」，宋本辯證同，大典本作「練」。

B〔又〕萬才生君謨柳州刺史 大典本及宋本辯證均作「萬才生柳州刺史君謨」。

329 已上九郡爲新望。（岑補）

A〔岑校〕大典本及宋本辯證均有此九字，與上文「已上八郡並舊望」相對言也，茲據補。

劉

330 帝堯陶唐之後，受封於劉。裔孫劉累，事夏后孔甲，在夏爲御龍氏，在商爲豕韋氏，在周爲唐杜氏。杜伯子隰叔奔晉，爲士氏；孫士會，適秦，後歸晉，其處者爲劉氏。據祕笈新書增。又周大夫食采於劉，亦爲劉氏。康公、獻公其後也。士會之後周末家于魏，又徙豐、沛。至豐公生煓，字執嘉，生漢高祖。至光祖至獻帝逮王莽十八帝，年計四百二十五年。案「至獻帝逮王莽六字」於義不順，疑有誤。

A〔岑校〕陶唐之後 類稿三〇、備要一三及新書六引文「之」上均有「氏」字，此奪。

B〔又〕在夏爲御龍氏 庫本作「在夏后」，新表七一上作「事夏爲御龍氏」，惟類稿引文與大典同。

C〔又〕爲士氏 羅校云：「案『爲士氏』，唐表作『爲士師』。」余按姓纂卷六士姓下亦云：「爲晉士師。」但類稿引此作「士氏」。

D〔又〕孫士會　羅校云：「又案唐表，隰叔生士蔿，蔿生成伯缺，缺生士士會。是士會非隰叔孫。」（「生士士會」，複「士」字）余按下文卷六士姓下亦云：「隰叔爲晉士師，至士蔿生伯成缺，缺生會。」又卷七范姓云：「曾孫士會。」不以會爲隰叔孫，此或奪「曾」字。惟通志「范氏」云：「按隰叔生士輿，士輿生士蔿，而釋例云，士蔿，杜伯之孫，隰叔之子也。士蔿字子輿，因疑此而爲士輿也。」按舊説或以士蔿、士會爲兩人，但如此處作「孫士會」，則士會卽通志之士蔿，若依通志所見之釋例，則士蔿復相當於成伯缺矣。又自「杜伯子」起至「爲劉氏」止，共二十四字，乃洪氏據祕笈新書所增。

E〔又〕其後也　庫本無「也」字，通志及類稿有。

F〔又〕又徙豐沛　「徙」，庫本誤「從」。新表云「徙居沛」，類稿亦作「徙」。

G〔又〕至光祖　「祖」字誤，庫本正作「光武」。

331 【彭城】漢高弟楚元王交，生休侯富。富生辟强。辟强生陽城侯德。德生向。向生歆。子孫居彭城，分居三里，叢亭、綏輿、安上里。又豐縣、呂縣並附後。

A〔岑校〕富生辟強　「強」，漢書三六作「彊」。

332 右常侍劉子元云，承楚孝王囂。囂，宣帝子也。後漢劉般傳云，宣帝元孫，囂曾孫也。子愷，至太尉；生茂，司空，居叢亭里。愷六代孫訥，晉司隸校尉；孫憲，生羨。

333　羨生敏、該。敏生慶，徐州刺史。慶生雍之。雍之生芳，入後魏，中書令；生彧，司農卿。彧生遜、粲。北齊黄門侍郎狄。粲生逸人。逸人生仁宗、仁端。仁宗生克讓，唐監察御史。克讓生懷一、守忠、慎。懷一，駕部郎中、潞州刺史；生綰，太康令。綰生衡。衡生曾。守忠，沔州刺史。慎，改名聞一，司勳郎中、河南少尹。仁端曾孫元察，生深、灣。灣，職方郎中，生師老。粲孫客，尚書左丞、刑部侍郎。

A〔岑校〕羨生敏該敏生慶徐州刺史慶生雍之雍之生芳　羅校云：「按魏書、北史劉芳傳並作『祖該，宋青、徐二州刺史；父邕，宋、兗州長史』，與此不同。」余按下文又有「羨少子敏」一支，校云：「案上既有敏生慶，歷敍其世系矣，此又云敏元孫生軫，當有脱誤。」合兩校觀之，似此處之文，應作「羨生該、敏，該生慶」。惟新表亦作「敏生慶」，則其誤不自今始矣。至魏書源子雍，姓纂作「子邕」（見前文）雍、邕二字古通，芳之伯父名遜之，則邕亦許名雍之也。復次，魏書五五芳傳稱「六世祖訥」，依此乃爲七世，亦差一代。

B〔又〕彧生遜粲北齊黄門侍郎狄粲生逸人　羅校云：「案魏書劉芳傳作『彧子遜』。北齊書劉遜傳，『遜弟箮，此作『粲』，疑『箮』之誤。」并以「遜粲生逸人」之「粲」字爲衍文，「人」爲避太宗諱改。余按北齊書四五，遜官給事黄門侍郎，非箮所官，如徒衍下「粲」字，亦於一般書例不合。余謂第二「狄」字應正作「遜」（羅引作「逖」），并乙於「北齊」字上，如是則其文爲「彧生遜、箮，遜，北齊黄門侍郎，生逸民」，與一般書例合矣。「粲」字易於互訛，説見前袁姓下，「詧」、「察」通用，由「察」訛「粲」，亦猶舊書之訛「袁粲」爲「袁察」也。

C〔又〕懷一駕部郎中潞州刺史　説之集一一，景龍三年，懷一官潞州刺史。全詩一函九册云，自瀛州司法拜右臺殿中侍御史。集古録目北齊造像碑，北齊仁州刺史、黄門侍郎劉狄之撰，則逖亦名狄之。

D〔又〕生綰太康令　「太康」，庫本作「太原」，余按唐兼有太康、太原兩縣，未詳孰是。

E〔又〕守忠沔州刺史　匋齋藏石記一八祕閣曆生劉守忠誌，卒咸亨五年，跋云：「但世系、官職均不同，蓋同時同姓名者。」余按誌之守忠，在此守忠前。

F〔又〕仁端曾孫元察生深灣　全文二六八武平一東門頌序有兼主簿（宣城？）劉元察，即此元察。

G〔又〕灣職方郎中　彭城劉灣，見毘陵集七別王佐卿序。建中元年二月，以職方郎中劉灣巡關内，見元龜。又天寶十載劉灣下第，見同書六四三。紀事二五云：「天寶進士，天寶之亂，以侍御史居衡陽。」按十載尚未第，則天寶亂時當未至侍御史。元結劉侍御月夜讌會序云：「兵興以來十一年矣，……乙巳歲，彭城劉靈源在衡陽逢故人。」時蓋永泰之元。

H〔又〕生師老　金石録九云：「唐安邑縣新亭記，劉師老撰，……元和元年閏六月。」嘉話録，貞元末，以李齊運致仕，不得登第。元氏長慶集四六，侍御史内供奉劉師老以劉悟僚屬歸朝，授右司郎中。

自右中充西蕃盟會副使，見白氏集三一。貞元初進士劉師老，見廣記四九六引乾𦠆子（未第亦可稱舉進士）。

I〔又〕粲孫客　㊣勞考一二以爲「客」上奪「燕」字，是也，但又誤作劉粲曾孫。

J〔又〕尚書左丞刑部侍郎　燕客，永徽二年官刑侍，三年爲右丞，均見會要三九。貞觀二十年及永徽元年官刑侍，見元龜一六一。永徽二年官刑侍，見珠林七九引冥報記。

334 美五代孫禕，北齊睢州刺史，生瑗、珉。

A〔岑校〕美五代孫禕　「美」乃「羨」之訛*。據魏書五五，芳爲羨玄孫，芳族兄僧利生世明，世明生禕，是禕爲羨六代孫。又據新表，僧利爲敏從子，則禕祇是羨玄孫，均與此不合。「禕」，新表誤「偉」，舊書一九〇上作「禕之」*。

B〔又〕北齊睢州刺史　全文二六四李邕劉知柔碑：「高祖魏驃騎大將軍、北州刺史禕府君，謚曰懿。」字從示，亦與魏書異。「北州」殆「北齊睢州」之奪文。

C〔又〕生瑗珉　羅校云：「案北齊書劉禕傳，禕五子璿、玘、璞、瑗、瓚而無珉。」余按新表七一上亦作「珉」，或者唐人避嫌名缺末筆，「民」字變作「巳」，略草寫則與「已」甚近，故謂珉即北齊書之玘也。全文四四七竇臮述書賦上注云：「劉珉字仲寶，彭城人，彥英子，北齊三公、郎中。」注又稱「外五代祖劉珉」、「家舅繪」。據姓纂，繪爲珉玄孫，則北齊書之「玘」爲傳寫之訛無疑。據魏書五五，禕字彥英也。

全文知柔碑：「曾祖齊散騎常侍、文林館學士岷府君。」從「山」亦訛。

335 瑗生允之、行之。允之，楚州刺史。孫忻時，侍御史；叔時，殿中御史。行之生延祐、延慶。延祐，給事中、安南都護，孫猛。延慶生賁、居簡。賁爲太平尉；生液，管城令。液生汴、少楚、闢。居簡，左司郎中、太原少尹，生環。

A〔岑校〕瑗生允之　即新表七一上胤之，舊書一九〇上有傳。貞觀二十年任著作郎，顯慶元年時爲崇賢學士，均見會要六三。

B〔又〕孫忻時　新表作「欣時」。

C〔又〕行之生延祐　劉氏龕銘，天寶十三載立，云：「曾祖行之，唐蒲州永樂縣丞。祖延祐，安南都護。」（補正五八）

D〔又〕延祐給事中安南都護　叢編八引京兆金石録，唐監門衛將軍段業碑，龍朔元年立，劉延佑撰，或即此人。官都護時爲安南首領李嗣仙所殺，見舊書一八五上。

E〔又〕居簡左司郎中太原少尹　新表作「太原尹」。

F〔又〕生環　新表作「深」，庫本同，此殆誤。

336 珉，北齊睢陽太守，生務本。務本生藏器，比部員外。藏器生知柔、知章、子元。

A〔岑校〕生務本　英華辨證三云：「李邕劉知柔碑，祖朝散大夫陳留縣長玄邃，表作隋留縣長務本。」

B〔又〕務本生藏器比部員外　舊書一九〇上作「宋州司馬」，全文五二〇梁肅劉迥誌則作「大父皇朝尚書比部郎中、贈徐州刺史府君諱藏器」。據英華四九八，藏器與辛崇敏同及第，知柔碑亦稱考宋州司馬。

337 知柔，工部尚書、彭城侯，生繹、縉、案唐世系表「縉」作「緝」。綝、繪、繕。繹，金部員外。縉，巴陵太守。綝，和州刺史。繪，延州刺史。繕，桂州都督。

A〔岑校〕知柔工部尚書　開元六年任工尚，見舊紀八。又王仁皎開元七年卒，命尚書彭城劉知柔攝大鴻臚護喪，見說之集一四。先天二年宋(?)州刺史，見元龜六七三。卒開元十一年六月，年七十五，見李邕所撰碑。全文二五〇蘇頲制，自户侍授尚書右丞。又一制，自鴻臚卿授工尚。

B〔又〕繹金部員外　新表作「金部郎中」，按郎官石柱郎中有劉繹，員外無之，此誤。述書賦下注亦稱金部郎中。劉繹書印，又見歷代名畫記三。英華三九二孫逖制，行河南府倉曹參軍、關內道度支判官、上柱國、彭城縣開國侯劉繹可虞部員外郎。

C〔又〕縉巴陵太守　英華四一六李嶠制，朝散大夫行左肅政臺監察御史劉縉可封彭城縣開國男，食邑三百户・。

D〔又〕繪延州刺史　全文四四七竇臮述書賦下注云：「吾舅諱繪，彭城人也，延安都督。」

333 子元，中書舍人、左常侍，居巢文公，生晛、餗、彙、秩、迅、迥。晛，起居郎，生浹、滋。浹，州敦質。滋，刑部尚書、平章事，生約、緒。餗，河南功曹，生贄。贄生從周，左補闕。彙，尚書左丞；生贇，宣歙觀察。贇生茂孫、勝孫。秩，給事中、國子祭酒，生賁、製。迅爲左補闕。迥，給事中。

A〔岑校〕晛起居郎　孫逖制，晛自太常博士兼史館脩撰授起居郎，見英華三八三。全文四八六權德輿奏孝子劉敦儒狀，約元和八年上，稱敦儒年四十九。曾祖子玄，祖況，父浹。「況」應作「晛」。敦儒事親以孝，憲宗朝旌表閭，見因話録商部。敦儒，寶曆二年官起居郎，見元龜五九一。

B〔又〕浹州敦質　「州」誤，庫本作「生」，亦見羅校。白氏集一有哭劉敦質詩。全文六八五皇甫湜有答劉敦質書。

C〔又〕生約緒　廣記一八七引國史補，水部員外劉約以事出官。元氏長慶集四六，約行司門員外郎。全文七六〇小傳云，歷滄州、天平節度使，徙宣武卒。

D〔又〕餗河南功曹　舊書一〇二，餗，右補闕，集賢殿學士修國史。

E〔又〕贄生從周左補闕　重修學士壁記，元和八年正月，自左補闕充翰林學士，卒。此其見官也。

F〔又〕彙尚書左丞　羅校云：「案『左』，唐表作『右』。」余案舊書一〇二亦作「右」，唯辯證一八作

「左」。舊書一〇，至德二載正月，以永王傳劉彙爲丹陽太守。玄宗幸蜀，以前江陵郡都督府長史劉彙爲盛王傳（英華四六二）。

G〔又〕秩給事中國子祭酒　當開元二十二三年爲左監門録事參軍，見會要三七及八九。玄宗幸蜀，以隴西郡公試守右庶子，見英華四六二。

H〔又〕迅爲左補闕　按「爲」字應衍，姓纂通例不如此也。全文五二〇梁肅劉迥誌：「始公兄祭酒秩、功曹迅，並與故相國房公琯厚善，其終也，趙郡李公華志焉。」兩志今均不存。舊書一〇二則云：「迅，右補闕。」

I〔又〕迥給事中　給事中劉迥墓誌，建中元年立，見叢編七引京兆金石録，其文梁肅撰，今見全文五二〇，卒建中元年七月*。

339 羨少子敏，案上既有敏生慶，歷敍其世系矣，此又云敏元孫生軫，當有脱誤。元孫生軫、案唐世系表，軫乃敏孫，此作「元孫」亦不合。軏，子孫居豐縣。軫，北齊高平太守；生子將，隋毗陵太守。子將生德威、德敏、德智。

A〔岑校〕羨少子敏元孫生軫軏　羨少子敏，説已見前。校又云：「案唐世系表，軫乃敏孫，此作「元孫」，亦不合。」余按該之一支，至五代孫逖始仕北齊，軫亦仕北齊，則謂是敏玄孫之子，時代正合，余以爲新表誤編耳。新表又以軏與慶同世，亦誤。子將爲權從父，權爲軏孫（均見下文），軫、軏同從

「車」，可信其是兄弟行也。

B〔又〕生子將隋毗陵太守　按隋書六三劉權傳，子將名烈，官至鷹揚郎將。舊書七七德威傳，父子將，隋毗陵通守，乃「通守」，非「太守」也。新表，通字子將，隋毗陵郡通守可證。惟名通則與隋傳名烈異。千唐李謙誌：「夫人彭城劉氏，隨大將軍子將之曾孫，皇朝禮部尚書德威之孫，工部尚書審禮第二女也。」曰「大將軍」，各書亦未載。

340 德威，刑部尚書，生審理、崇業、延景。審理，工部尚書、彭城公；生易從，濮州刺史。易從生昇、正。昇，中書舍人。正，給事中。正生顒、顒。顒，殿中御史，生識。崇業生朏，左金吾將軍、汴州刺史。延景，司門員外、陝州刺史，生温玉、承顏、瑗、琪。延景女爲睿宗妃，生讓帝，追册肅明皇后。温玉，許州刺史；生寡悔，齊州刺史。承顏，宗正卿。瑗，國子祭酒，生爲輔、爲鱗。爲輔生商，檢校郎中。琪，左衛將軍，生爲翼、爲範。

A〔岑校〕生審理　羅校云：「案審理，唐表作『審禮』。」余按舊書七七、會要八〇、元龜九八六、新書一〇六均作「審禮」，唯辯證一八作「審理」。

B〔又〕生易從濮州刺史　舊書七七、新書一〇六只云歷彭城長史，新表作「漢州」，辯證一八又作「通州」。

C〔又〕易從生昇正　羅校云：「案『正』，唐書世系表作『晸』。」余按精舍碑兩見劉日正，郎官石柱吏部郎中有劉日政，徑山大師碑（文粹六四）有故江東採訪使、潤州刺史劉日正（據元龜一六二，係開元二十三年官），均同人。

D〔又〕昇中書舍人　昇有送張説詩，見説之集四。開元時官御史，見元龜。當卽精舍碑之劉升。附見新書一〇六，字作「昇」。考千唐故朝散大夫守太子右庶子任城縣開國男息誌云：「公諱穎，字楨，右庶子升之子也」。（天寶四載立）新傳云：「累遷中書舍人、太子右庶子。」則「昇」卽「升」無疑。天寶四載有太子右庶子任城縣男劉升墓誌，拓本未見。

E〔又〕正給事中　辯證一八誤爲「給事中晟」。開元十三年東封後，遣御史劉日政巡按，見全文三二六王維裴耀卿遺愛碑。嘉定鎭江志一四：「考通典、唐志置江東採訪使之年月，則劉日正、徐嶠之刺潤，當在開元二十一、二年間。」今以元龜證之，則開元二十三年辛亥初置十道採訪處置使，潤刺劉日正始兼其職，嶠更在後也（參前兩條）。

F〔又〕正生顥顒　全詩三函八岑參詩著劉顥，卽此顥。

G〔又〕延景司門員外陝州刺史　金石録二五有陝州刺史劉延景碑。拓本建中二年陽夫人劉氏誌，（誌末題「子聓前河東縣尉李幼（下泐）」云：「曾祖延景，皇銀青光禄大夫、陝州刺史，贈開府、左僕射、沛國公。」

H〔又〕生温玉承顔瑗琪　羅校云：「案金石録唐劉延景碑跋作温玉、承顔、瑍、琪。」余按金石録二五云：「碑載延景四子，温玉、承顔、瑛、琪，而元和姓纂以『瑛』爲『瑷』，蓋姓纂之誤。」（延景碑，景雲二年立，見同録五）但拓本陽夫人劉氏誌、千唐陽濟誌、全文三〇九孫逖制亦作「瑷」（引見下文），則未必恰同此誤，殆後來改名也。千唐大和劉茂貞誌，曾祖諱寬，定州别駕；祖諱琪，右金吾衛翊府中郎將。世系、官歷不同，非此之琪也。余嘗再詳之，舊紀一〇，開元二十三年，肅宗改名瑛，二十六年六月，立爲皇太子，改名紹，瑷方仕開、天之際（由孫逖行制知之），位屬懿戚，自當有所諱避，此爲由「瑛」改「瑷」之故。若延景碑立於景雲二年，不可並論。不思其故而輒訾舊籍爲訛誤者，觀此可以知謹矣。

I〔又〕延景女爲睿宗妃　元龜一一〇載儀鳳三年七月帝云：「比來與選新婦，多不稱情，近納劉延景女，觀其極有孝行。」

J〔又〕追册　繡明　皇后　依舊書五一，「繡明」乃「肅明」之訛，庫本不誤。陽夫人劉氏誌云：「老姑肅明皇后。」

K〔又〕瑷國子祭酒　開元二十八年國子祭酒劉瑷，見元龜六二〇，與上文褘生瑷之瑷同姓名而不同朝代。英華四〇〇孫逖授制，邠王傅、上柱國、豐縣開國男劉瑷爲國子祭酒。千唐陽濟誌：「夫人彭城郡君劉氏，國子祭酒瑷之孫。」又拓本濟妻劉氏誌：「祖瑷，金紫光禄大夫、國子祭酒。」

L〔又〕生爲輔爲麟　新表七一上作「爲鱗」。全文三九九收爲輔對賜則出就判一首。千唐陽濟誌，夫人劉氏，「扶風郡司馬爲輔之女。」濟妻劉氏誌：「父爲輔，皇朝散大夫、岐州司馬。」（卒建中二年，年卌）正貫母爲彭城劉爲麟女，見全文七六四韋正貫碑，作「麟」者是。

M〔又〕爲輔生商檢校郎中　唐才子傳四，商進士，貞元中累官比外，改虞外，數年遷檢校兵（紀事三二作「禮」）部郎中，後出爲汴州觀察判官。夢得集二八，商爲大曆詩人，新唐書六〇：「劉商詩集十卷，貞元比部郎中。」解題一六：「劉虞部集十卷，唐虞部郎中劉商子夏撰，武元衡爲之序。」廣記四六引續仙傳，商以病免，不復仕進。劉商官爲郎中，見唐朝名畫録。官至檢校禮部郎中汴州觀察判官，見歷代名畫記一〇。全文三一八李華淮南節度使崔圓頌德碑，約大曆二年作，稱合肥令彭城劉商，先后之族。

341 德敏，梁州都督，生崇術、悦。崇術，隨州刺史。悦，鳳州刺史。

A〔岑校〕德敏梁州都督　元龜九八五，貞觀九年七月，鹽澤道行軍副總管劉德敏擊破叛羌。

342 德智，施州刺史，生崇直、守敬、延嗣、守約、守悌。崇直，嘉州刺史，生體微，諫議大夫、衛尉卿。守約，生昌元、宅相。昌元，秦州都督。宅相，吏部員外。守悌，刑部侍郎。

A〔岑校〕德智施州刺史　羅校云：「案唐表作『儲州刺史』。」余按唐表實作「滁州」。説之集二三劉氏墓誌：「滁州刺史德祖之孫，汾州刺史延嗣之女也。」稱延嗣之父名德祖，與此異。

B〔又〕生崇直守敬延嗣守約守悌　吴興談志一四：「劉守敬，正（貞）觀二十一年自洛州刺史授，遷太常少卿。」統記云，聖曆二年授。」由其先代歷官推之，統記較可信。

C〔又〕崇直嘉州刺史　芒洛四編六劉思友誌云：「曾皇父崇直，蘇州嘉興縣令；王父綰，監察御史裹行，彭城叢亭里人也（此劉綰非姓纂前文之太康令綰）。思友生貞元五年，則其曾祖崇直，與此崇直時代約相當，但嘉興縣令及嘉州刺史，歷官不同，是否一人，尚待他證。

D〔又〕生體微諫議大夫衞尉卿　景雲（龍？）二年爲始平主簿，見會要七五。周公祠碑，開元二年立，稱朝請大夫、行令、博陽縣開國男（平津記五）。全文三〇九孫逖制，稱大（太）中大夫、前使持節鄭州諸軍事守鄭州刺史、上柱國、博陽縣開國男劉體微。

E〔又〕守約生昌元　羅校云：「案『昌元』，唐表作『昌源』。」余按南部新書己，劉昌源，開元初官縣令。

F〔又〕昌元秦州都督　「秦」，唐表作「泰」，誤。

G〔又〕宅相吏部員外　「員外」，唐表作「郎中」，按郎官石柱員外有宅相名，郎中無之。

343 軌孫榷，隋衞尉卿，生徹。

A〔岑校〕軌孫榷　「榷」誤，庫本正作「權」，亦見羅校引隋書、北史。

B〔又〕生徹　唐表作「澈」，徹、澈字常訛，如「苻澈」，舊書或作「苻徹」也。又權、徹兩人，新表均誤移上一代。羅校又云：「案徹，隋書劉權傳作『世徹』，此避諱省『世』字。」

344 綏輿里。宋武帝所承，生文帝；生孝武帝、明帝，宋四代八帝六十年，爲齊所滅。

A〔岑校〕綏輿里　羅校云：「宋書武帝紀作『綏輿里』。」余按前文亦稱「分居三里，叢亭、綏輿、安上里。」自「生徹」已上屬叢亭里，此下屬綏輿里也。庫本正作「綏」。

345 安上里。宋司空勔所承，生愎、愃、繪、縝。愎生孺、覽、遵。愃生苞。繪生孝綽、孝儀、孝威、孝勝、孝先。宋齊梁正傳十五人，羣從兄弟、父叔子姪七十人，並皆能屬文，近古未有。覽曾孫瑗，唐黎陽令。孝威曾孫讓，唐將仕郎。餘絶。

A〔岑校〕生愎愃繪縝　「縝」，南齊書四八及北史三九均作「瑱」。繪與前文之繪，時代不同。

B〔又〕繪生孝綽孝儀孝威孝勝孝先　按南史三九，孝綽弟潛，字孝儀。潛第二兄孝能，早卒。孝綽嘗云三筆六詩，三即孝儀，六謂孝威，第五弟孝勝，第六弟孝威，第七弟孝先。依此，則孝威、孝勝二名應乙之。

C〔又〕宋齊梁正傳十五人　「傳」乃「傳」之訛。勔傳見宋書八六，愎見南齊書三七，繪，瑱見同書四八，孺、覽、遵及孝儀、孝勝、孝威、孝先，均見梁書四一，愃、苞見梁書四九，孝綽及其子諒見同書三三，所謂「正傳十五人」也。

346 諫議大夫劉伯莊云，欽弟羨，生宥，都官員外郎。

A〔岑校〕諫議大夫劉伯莊云欽弟羨生宥都官員外郎　按此文必有佚奪。「羨」亦必非上文「羨生敏、該」之「羨」也。伯莊，舊書一八九上有傳，子之宏。考諸劉中名字相近者有劉芳之子廞，即懺之兄，嘗兼魏都官尚書，然厥弟亦無名羨其人，唯從闕疑而已。燉煌掇瑣九五，永徽四年二月刊定五經正義殘頁，題「國子博士、弘文館學士、輕車都尉臣劉伯庄」。

347【沛國相縣】楚元王交少子棘湯侯調，案下有脱誤。生翁叔，晉荆州刺史；生弘，丹陽尹；生琰，字真長。孫巘，梁文範先生。五代孫顯，生輶、臻。輶元孫允濟，唐中書舍人。孫伯華，工部郎中，生頌、莖、衮。頌，左補闕。衮，檢校郎中。臻，隋儀同、饒陽公，生通漢、通國、通隱。

A〔岑校〕楚元王交少子棘湯侯調　按漢表一五上作棘樂敬侯調。

B〔又〕生弘丹陽尹生琰字真長　按晉書七五「琰」作「惔」，云祖弘，光禄勳；父耽，晉陵太守。與此不合。又惔累遷丹陽尹卒官，是丹陽尹乃惔所歷之職，此文誤錯於弘下也。

C〔又〕孫巘梁文範先生五代孫顯　按南史五〇，劉巘，丹陽尹惔六世孫也。顯，巘族子也，梁天監元年謚巘曰貞簡先生。此文全誤。應云「六代孫巘，梁貞簡先生，族子顯」方與史合。

D〔又〕生輶臻　羅校云：「按梁書劉顯傳，三子，莠、荏、臻，南史顯傳作「莠、恁、臻」。」

E〔又〕輶元孫允濟唐中書舍人　長安二年，允濟爲鳳閣舍人，見會要六三。平真客碑殘存「□□郎修國史沛國劉允濟爲後銘」等字。

F〔又〕孫伯華工部郎中　全文五四二令狐楚代人狀云：「右臣劉氏堂外生，即故硤州刺史伯華嫡孫，左補闕某第三女。」按下文有頌左補闕，則狀似於「嫡孫」爲句，非左補闕爲伯華嫡孫也。

G〔又〕頌左補闕　殆即前條引狀之「左補闕某」。

H〔又〕臻隋儀同饒陽公　羅校云：「案北史臻傳作爵『饒陽伯』。」余按隋書七六亦云，初封饒陽縣子，進爵爲伯。

348 通漢生毓，庫部郎中。曾孫勱，殿中御史。

349 通國生翁彥、勃。翁彥，金部郎中，生崇基。崇基生庭璥、庭琦、庭琇。庭璥，金部郎中。庭琦，汾州長史。庭琇孫元質，殿中御史。

A〔岑校〕通國生翁彥勃翁彥金部郎中　按郎官柱左司郎中及户部員外見劉翁勃，又金部郎中見劉公彥，均唐初人，此文當誤，豈原作「生翁勃、公彥。翁勃，左司郎中；公彥，金部郎中」，而崇基爲公彥所出歟？識以待證。勞考一五以公彥爲翁彥其人，然「翁」、「公」字究有異，不能斷姓纂作「翁彥」之無誤也。元龜一六一，貞觀二十年有户部郎中劉翁勃。

B〔又〕庭琦汾州長史　唐摭言一，永淳二年及光宅元年均劉廷奇知貢舉，音似相同，但魯公集顏元孫碑及舊書忠義傳均單稱考功郎劉奇，登科記考三云：「按劉奇當作『劉廷奇』。」殊不知政會之子名奇，見姓纂及舊書、新表（參下文），其後證聖初官吏部侍郎，亦見姓纂及會要（參下文），似與知貢舉者爲同人。若然，則其人固以單名行，徐氏專主摭言，未必果合也。復考元龜四七，開元八年，岐王範接待文士劉廷琦等，廷琦坐累貶官。證諸庭琇之時代，正似相當，應即此庭琦。通鑑二一一正作「庭琦」，云自萬年尉貶雅州司户。

C〔又〕庭琇孫元質殿中御史　姜夫人誌，駙馬都尉天水姜慶初女，嬪故殿中侍御史劉元質，年七十三，開成三年卒（古刻叢鈔），慶初尚玄宗女新平公主，見會要六。

350 通隱生敬同。敬同生野尚。尚生諲，給事中、薛王傅。諲生希逸，工部侍郎、蒲州刺史、譙郡公。希逸生賓實，閬州刺史。

A〔岑校〕通隱生敬同　垂拱二年，命左豹韜衛將軍劉敬同討僕固，見拾遺集六，時代相當，疑即其人。

351 【蕭縣】劉承休侯富少子孺。至後漢馮翊太守徙於蕭沛縣。魯恭王子廣戚侯思仁，生嗣始，居沛。魏侍中劉育，晉劉秉，今並無聞。

A〔岑校〕劉承休侯富　據漢書一五上，楚元王子休侯富，非「承休侯」，上文亦言楚元王交生休侯富，「承」字似當乙在「劉」字上。

B〔又〕至後漢馮翊太守徙於蕭沛縣　「太守」下脱名，「蕭沛縣」當云「沛國蕭縣」。

C〔又〕魯恭王子廣戚侯思仁　考漢書王子侯表，恭王子有廣戚侯將，不名思仁。

352 【彭城呂縣】楚元王子文王禮之後。宋劉道産生延孫，又左將軍劉康祖，並呂人。

A〔岑校〕又左將軍劉康祖　據宋書五〇，康祖爲左軍將軍。

353 【弘農】漢高兄代王喜後。漢司徒琦始居弘農；生寬，太尉。十二代孫偉，爲周刺史、聘梁使；生士龍，隋左丞。士龍生本立、元立。本立，唐主爵郎中。元立，商州刺史。

A〔岑校〕漢高兄代王喜後漢司徒琦　「後」字應重。據范書五五劉寬傳，父崎，順帝時爲司徒，字作「崎」，庫本同。此誤。

B〔又〕生士龍隋左丞　隋書六六，開皇中弘農劉士龍爲考功。文館詞林六六九，大業八年士龍尚書右丞。

354 鄧州刺史劉欽忠，云寬次子松後，生元遂。元遂生長卿，工部員外。長卿生敞。

A〔岑校〕寬次子松後　范書云，寬卒，子松嗣侯。

B〔又〕元遂生長卿工部員外　此非詩人之長卿，別見下文「諸郡」條。

355 巫州刺史劉行實，狀云寬次子千秋後，生順之、元之。順之，司門員外，生穎。元之生珉、玘。

A〔岑校〕巫州刺史劉行實狀云　舊書九〇史務滋傳：「天授中，雅州刺史劉行實及弟渠州刺史行瑜、尚衣奉御行感、并兄子左鷹揚將軍虔，並爲侍御史來子珣誣以謀反誅，又於盱眙毀其父左監門大將軍伯英棺柩。」然則雅州刺史爲行實所終官也。　會稽掇英唐太守題名記：「劉伯英，乾封元年五月自冀州長史授，總章致仕。」嘉泰會稽志則云：「總章元年終於官。」又「冀」訛「翼」。又元龜一一七有劉英，貞觀十八年官眉州刺史、下傳（？博）縣男，未知同一人否。

B〔又〕順之司門員外　新書四，神功元年，殺司門員外劉順之。

C〔又〕生穎　全文三一七李華三賢論有中山劉穎士端，時代與此相當，若下文「諸郡劉氏」之刑部員外劉穎雖姓名相同，惟時代未悉；或謂姓纂著望弘農而華文稱中山，恐非同人，則姓纂陳讜言爲京兆人，華之三賢論顧稱曰潁川，韓愈之望本潁川或陳留，而人稱之曰南陽，彼自稱曰昌黎，祇郡望之異，不能遽斷其必非同人也。

D〔又〕元之生珉玘　千唐貞元四年陶戴撰源夫人誌：「大理評事兼鄆州東阿令劉君之妻，……劉君名揩，即常州別駕玘之元子也。」此之劉玘，時代可相當，惟未審同人否。

356【河間】　漢章帝子河間王開徙濮陽。十六代至炫，隋大儒，生懷。懷五代孫復禮，唐工部郎中。

357【中山】　漢景帝子中山靖王勝之後，居中山魏昌。裔孫劉蕃，晉宛陵令，生太尉越石。今無聞。唐都官郎中劉敏行稱其後。考功員外劉思立，宋州人；生憲，吏部侍郎。

A〔岑校〕唐都官郎中劉敏行稱其後　啓顏録稱唐劉行敏，長安令，與户侍武陵公楊文瓘同時，疑即其人（廣記二五四）。

B〔又〕考功員外劉思立　儀鳳二年爲侍御史，見會要三八及七七。通典一五，調露二年，考功員外劉思立奏明經、進士二科並加帖經（唐文粹二八楊綰疏，高祖朝劉思立爲考功員外郎，「高祖」乃「高宗」之訛），摭言一之「鄉貢」及「試雜文」兩條，均稱「劉思元」，登科記考二以爲「思立」之誤。

C〔又〕生憲　新書六〇著劉憲集三十卷。

358【梁郡】漢明帝子梁節侯裔孫海游，後魏南兗州刺史。五代孫寂，唐興州刺史。孫廣，安定太守，生柔僉。

A〔岑校〕漢明帝子梁節侯裔孫海游　千唐劉寂誌：「府君卽漢梁節王二十五代孫。」此「侯」字當作「王」。

B〔又〕五代孫寂唐興州刺史　千唐興州刺史劉寂誌：「府君諱寂，字無聲，梁國睢陽人也，……高祖景度，後魏太常卿、本州刺史。曾祖裕，北齊兗州刺史。祖霸，隋括州刺史。父瑗，皇朝雍州櫟陽縣令。」則景度應是海游子。誌又云：「入登尚書郎，……位至通議大夫，沔、興二州刺史。」卒神龍二年，年七十二。子通等。

359【南陽沮陽】漢景帝子長沙定王發，少子安衆侯丹徙沮陽。裔孫喬。喬生挺。挺生簡、耽。耽生柳，尚書令。曾孫虬，當陽令；生之遴*，梁都官尚書。姪孫斌，隋有傳。唐侍中、清苑公劉洎，云遴曾孫也；生廣宗，都官郎中。孫敦行，屯田員外，生朓、肱。簡元孫潛，入後魏。潛孫孝，太子洗馬、秦府學士；生損之，水部員外。

A〔岑校〕南陽沮陽　少子安衆侯丹徙沮陽　「涅陽」原誤「沮陽」，新表同。應據羅校改正。「徙」，庫本誤「徒」。

B〔又〕耽生柳尚書令　據晉書六一，耽爲尚書令，非柳也，新表同。「生柳」二字宜移在「尚書令」下。

C〔又〕生眺肱　全文四三六收劉肱書判二首。廣記一一二引報應記，開元初，晉州刺史劉肱；又一八九引譚賓録，夫蒙靈詧判官劉眺（「眺」字目旁稍缺下側）。

D〔又〕潛孫孝太子洗馬秦府學士　劉孝孫附見新書一〇二，遷太守（子）洗馬，未拜卒。又會要六四，武德四年爲東虞州録事參軍，此「孝」下脱「孫」字。吴王諮議劉孝孫，見續僧傳三慧浄傳。

360 【高平】魯恭王餘子郁郅侯驕，徙高平。九代孫表，字景升，荆州刺史。案「郁郅」漢書作「郁根」。

A〔岑校〕高平　洪本注云：「案『郁郅』，漢書作『郁根』。」庫本無此校。

361 【廣平陰城】漢景帝子趙敬肅王彭祖生陰城思侯蒼，始居廣平。十一代案唐世系表「十六代」，此作「十一代」。孫邵，字孔才，魏散騎常侍。十六代孫藻，自宋入後魏，居頓，生矜，兖州刺史、城陽公。孫林甫，唐中書侍郎，生祥道、慶道、應道。祥道，右相、廣平宣公；生齊賢，納言。慶道，祠部郎中。應道，吏部郎中；生植，禮部侍郎。植生孺之，京兆少尹。孺之生從一，户部尚書、平章事。

A〔岑校〕十一代孫邵　校云：「案唐世系表『十六代』，此作『十一代』。」羅云：「案唐表亦作『十一代』，與此合，原校誤。」

B〔又〕十六代孫藻　羅校云：「案『十六代』，唐表作『十一代』。」

C〔又〕居頓　此地名疑有奪文。

D〔又〕生矜兗州刺史城陽公　丁戊稿劉齊賢誌，曾祖會，周濮陽太守、儀同三司、大將軍、城場□公。由本文矜城陽公觀之，「場」當「陽」之訛（世系表補正上引文正作「陽」）。

E〔又〕孫林甫唐中書侍郎　貞觀元年爲中書侍郎，見會要五六。

F〔又〕祥道右相廣平宣公　麟德二年，祥道爲司禮太常伯，見舊紀。丁戊稿齊賢誌，父祥道，文昌左相，廣平公致仕，贈幽州都督。千唐劉氏誌：「左相祥道，其高叔祖也。」匋齋藏石記三〇尼劉性忠誌：「唐右相林甫公五葉孫，曾祖齊敬，徐州司馬。祖正心，趙州平棘縣令。考從乂，鄭州滎陽縣令。」（卒元和十年，年五十四）按唐中已後，中書侍郎便是右相，與初唐不同，此雖比傅，然亦不至如原跋謂紀載失實之甚也。

G〔又〕生齊賢納言　齊賢卽景先，丁戊稿齊賢誌，齊賢字景山。羅跋謂舊紀、新表爲誤，余則疑誌不可確信。

H〔又〕慶道祠部郎中　全文二〇五：「劉慶道，龍朔中官奉常寺丞。」

I〔又〕生植禮部侍郎　羅校云：「案植，唐書世系表、舊史劉從一傳、新史劉齊賢傳並作『令植』。」余案元龜八六六亦然。令植，開元七年爲中書舍人，見會要三九。千唐福昌丞李夫人劉氏誌：「曾祖令植，皇朝銀青光禄大夫、禮部侍郎，謚曰憲。祖暦之，皇朝河南府永寧縣丞。父從倫，滁州刺史。」（夫人卒元和十三，年二十五）

J〔又〕植生孺之京兆少尹　全文四七六，孺之官司封員外郎，遷京兆少尹。上元二年侍御史劉儒之，見同書七二七舒元輿新造中書院記，「儒」乃「孺」之訛。

362 祥道從孫元昺，曾孫迺，兵部侍郎；生伯芻，給事中；生允章，案唐世系表作伯芻生寬夫，寬夫生允章，此少一代。中書舍人。又宣伯，恭伯，咸陽令。

A〔岑校〕祥道從孫元昺曾孫迺　羅校云：「案唐書世系表，元昺乃祥道弟武幹之子；迺，元昺孫，與此不合。」余按羅氏之説，尚有未澈。考舊書一五三迺傳云：「高祖武幹，……林甫從祖兄子也，父如璠。」林甫卽祥道之父，是迺應爲林甫五世從孫，今新表列作四世，以武幹爲迺之曾祖，意新表亦自有誤也。故假元昺爲祥道從孫，則迺祇是元昺之孫；又假迺是元昺曾孫，則元昺祇是祥道從子；姓纂亦必有一誤。惜舊書不舉迺祖名，致無從決定耳。辯證一八廣平劉氏世系，實本新表，乃云：「應道，吏部侍郎，生令植、元勉。」(「元勉」即「元勗」)更謬，作「侍郎」亦非。南部新書己，大曆十四年六月，劉迺充三司使。

B〔又〕生伯芻給事中生允章中書舍人　校云：「案唐世系表作伯芻生寬夫，寬夫生允章，此少一代。」余按舊書一五三，伯芻生寬夫、端夫，寬夫生允章、煥章，校說是也。又同上舊書伯芻傳云：「轉給事中，裴垍罷相，爲太子賓客，未幾而卒。李吉甫復入相，與垍宿嫌，不加贈官，伯芻上疏論之，贈垍太子少傅。伯芻妻，垍從姨也，或譏於吉甫，以此論奏，伯芻懼，亟請散地，因出爲虢州刺史。」考新書六二，垍以元和五年十一月罷，吉甫六年正月復入，今姓纂常重內官略外官，故於伯芻仍祇稱給事中而不及虢州刺史。傳又云：「吉甫卒，裴度擢爲刑部侍郎，俄知吏部選事，元和十年以左常侍致仕卒，年六十一。」則元和五六年時，伯芻五十餘歲耳，假二十生子，伯芻之孫允章，當姓纂撰修之年，猶未及冠。夫其祖僅任正五品上之給事中，其父寬夫又遲二十年(寶曆中)乃入爲正八品上之監察御史(據舊書同傳)，允章任中書舍人，更遲在咸通(八年時任此職)，至乾符三年猶生(見舊紀)，「生允章」二句，可斷是後人羼入，非林書原有矣。叢編七引京兆金石録：「唐刑部侍郎劉伯芻碑，唐段文昌撰，沈傳師正書，元和三年。」「三年」字必誤，或是「十三年」也。又元龜四八，元和七年六月癸丑，伯芻以疾出爲虢州刺史。全文七四〇劉寬夫汴州糾曹廳壁記：「元和中，……先君僕射公時爲司績外郎。」南部新書乙，咸通九年劉允章放榜。至登科記考二三據承旨學士壁記，謂劉允章未爲中書舍人，舊本紀誤，其説未諦（參拙著壁記注補）。大中三年，允章官京兆，見李商隱樊南乙集序。

C〔又〕又宣伯恭伯咸陽令　「宣伯」以上，當有奪誤。

363【東莞姑幕】齊悼惠王肥生城陽景王章，傳國九代，至王津，光武封爲平萊侯，徙居東莞。裔孫晉尚書、南康公穆之。

364【高唐】平原高唐縣*。高帝子淮南厲王長，生濟北貞王勃。勃生崇，始居高唐。十一代孫實，字子真，晉太常、循陽侯。

A〔岑校〕生濟北貞王勃　與漢表一四同。唯晉書四一劉實傳則云，漢濟北惠王壽之後，殆誤。

B〔又〕晉太常循陽侯　據晉書四一，實初封循陽子，後進爵爲侯，庫本作「循陳」，誤。

365【東平】景帝子魯恭王餘，生允，東平侯，因居之。六代孫義，後漢河南尹。

A〔岑校〕生允東平侯　漢書王子侯表，魯恭王後無東平侯，東平侯慶乃城陽共王之後。

366【廣陵】漢武帝子廣陵思王子胥，六代孫晛，後漢司徒。今無聞。

A〔岑校〕漢武帝子廣陵思王子胥　羅校云：「案後漢書武帝諸子傳作『廣陵厲王胥』，此誤。」「後」字衍。

367【臨淮】漢光武子廣陵思王荆，子孫居臨淮。唐著作佐郎子翼，代居晉陵，云本自臨淮徙焉；生意之，給事中；禕之，鳳閣侍郎、平章事，生揚名。

A〔岑校〕唐著作佐郎子翼　貞觀二十年子翼任著作郎，見會要六三。貞觀十五年朝散大夫著作郎劉子翼，見續僧傳一四法恭傳。

B〔又〕代居晉陵云本自臨淮徙焉　元龜一三八，貞觀元年，勅召臨淮劉子翼入京，辭繼母老不赴。

C〔又〕生意之　「意」，唐表七一上作「懿」，庫本同，此訛。李肇翰林志：「乾封已後，始曰北門學士，劉懿之……爲之。」韋處厚翰林學士記亦云：「乾封則劉懿(之)、周思茂、范履冰之倫。」

D〔又〕生揚名　新書五九有劉揚名戚苑纂要十卷，當卽其人。亦見書録解題一四，本書下文林姓亦曾引戚苑。

368【琅琊】　城陽景王章之後，子孫居焉。

A〔岑校〕琅琊　此獨作「琅」，前後殊不一致。

369【東海】　光武長子東海恭王强之後。

A〔岑校〕東海恭王强之後　「强」，後漢書作「彊」，古寫也。

370【南郡】　漢武帝子代王參，曾孫義，封。

A〔岑校〕漢武帝子代王參曾孫義封　有脱誤。代王參乃文帝子，其孫義徙封清河，庫本下有「曲陽侯、子孫居」六字，「居」應作「居之」或「居焉」，然「曲陽」亦與史不符。

371【南陽】*。

372【高密】城陽景王章，傳國八代，後分城陽置高密，遂爲郡人。

373【竟陵】魯恭王餘裔孫，章帝封爲竟陵侯，因家。焉，後漢末益州牧，生璋。其後無聞。

A〔岑校〕因家焉後漢末益州牧　「焉」字應重，舊誤爲語助辭而省也。或將「焉」字加在「益州牧」下，則文義更明。

374【范陽】漢景帝子長沙定王發，傳國七代，支庶居本郡。後漢有司徒劉壽。

375【東萊】城陽景王章七代孫文王悝，支子別封掖侯，因爲郡人。唐吏部侍郎彤，云其後也。

A〔岑校〕城陽景王章七代孫文王悝　據漢表一四，「王悝」字作「俚」，王莽篡位廢，不言謚文也。

B〔又〕唐吏部侍郎彤　彤見舊書一八五下姜師度傳，開元七年爲左拾遺。又會要二〇，開元十七年爲給事中。元龜一六二，開元二十一年官檢校吏部侍郎。

376【丹陽　蘭陵　杼秋沛國屬縣　宣城　陳留】自丹陽以下檢未獲。以上劉氏二十六郡，並舊望*。

A〔岑校〕宣城　陳留　慶元己未宣城戴援跋顔魯公帖送劉太沖敍，有「纂云宣城劉留也」，「纂」上缺二字，余按「纂」上應爲「姓」字，即引此文也。

B〔又〕以上劉氏二十六郡並舊望　今試將前舉各郡次列，一彭城及彭城呂縣，二沛國相縣、蕭縣及杼秋縣，三弘農，四河間，五中山，六梁郡，七南陽湟陽及南陽，八高平，九廣平陰城，十東莞姑幕，十一平原高唐，十二東平，十三廣陵，十四臨淮，十五瑯琊，十六東海，十七南郡，十八高密，十九竟陵，二十范陽，二十一東萊，二十二丹陽，二十三蘭陵，二十四宣城，二十五陳留，不足一數。又彭城下有云：「又豐縣、呂縣並附後。」今篇中固未著豐縣也。廣韻亦舉二十五望，無廣平、范陽、東萊、陳留四望，而有頓丘、長沙、河南，更重出平原之高堂（唐）焉。

377【武功】　唐納言、魯公劉文靜。

A〔岑校〕唐納言魯公劉文静　「静」，庫本訛作「靖」。

378【濮陽】　唐濮州刺史劉穎考。

A〔岑校〕唐濮州刺史劉穎考　庫本漏「劉」字，應從洪本爲是。

379【尉氏】　唐左僕射、樂城公劉仁軌，狀稱本望河閒。後魏南陽太守、樂城公通，始居尉氏，通卽仁軌高祖。軌生溜、濬*。濬，工部員外，生晃、昂。晃，給事中、太常少卿。昂，考功郎中、京兆少尹。晃孫文鼎，侍御史、祠部員外。

A〔岑校〕唐左僕射樂城公劉仁軌　廣記二二一引定命録，軌，尉氏人，後爲陳倉尉，從給事中出爲青州刺史，知海運失船，免死除名，遼東效力，入爲大司憲，位至左僕射。

B〔又〕後魏南陽太守樂城公通　新表七一上作「樂城侯」。

C〔又〕通卽仁軌高祖　今新表於「通」下空一格，則通爲仁軌五代祖，疑是新表之誤。

D〔又〕軌生滔濬　輿地碑記目三歸州下云：「混元皇帝像在郡西五里天慶觀，開元二十九年牛仙客奏置，天寶元年劉守滔刻之石。」

E〔又〕晃給事中太常少卿　新表作「太常卿」。晃嘗爲連州刺史，見夢得集二七。説之集二有同劉光喜雨，又有應制和同劉晃喜雨，「光」乃「晃」之譌。劉感誌（天寶十二載立）云，祖諱晃，父因子貴，皇朝贈南礤郡司馬，非此人。

F〔又〕晃孫文鼎侍御史祠部員外　新表七一上，晃孫名熠，雅州刺史，不名文鼎。惟昂孫一名元鼎，慈州刺史，一名公輿，祠部員外郎，「元鼎」草寫與「文鼎」近，可疑者一。郎官石柱祠部員外有劉公輿，無劉文鼎，可疑者二。前文先敍晃官，後敍昂官，如是晃孫，照一般書例，應在晃後、昂前，不應於昂後復提晃孫，可疑者三。余故疑「晃孫」當作「昂孫」，且其數不止一人，名字官階均有訛奪也；後讀勞考二二，已依新表改「晃」爲「昂」，且謂「祠部」上脱「公輿」二字。蔡州破後，元鼎官蔡州刺史，見酉陽雜俎一五。自太子詹事授大理卿、兼御史大夫、充西蕃盟會使，見白氏集三二。元和中官員外郎，見全文七三八馮燕傳。公輿亦見白氏集。

380【濟陰】左僕射、彭城公劉晏，生執經，吏部郎中；宗經，國子祭酒。

A〔岑校〕左僕射彭城公劉晏　乾元時，晏爲隴州刺史，見廣記三三六引廣異記。大曆七年爲轉運使吏部尚書，見同書三三八引廣異記。

B〔又〕生執經吏部郎中　「吏」，庫本誤「史」。執經嘗任比部員外，見會要五八。

C〔又〕宗經國子祭酒　元和元年十一月，自給事中爲華州刺史，見舊書一四。四年十月官國子祭酒，見全文六六三憲宗贈高崇文司徒册文。

381【京兆武功】　隋通州刺史劉猛；孫弘基，唐右驍衞大將軍、太僕卿、夔襄公，生仁行、仁景。仁行生彦貞、彦方。彦貞，左金吾將軍。彦方，邠王長史。仁景，左金吾將軍、司農卿、沛公。

A〔岑校〕京兆武功　按上文已有武功劉文静，此復見京兆武功，殊嫌複出。據舊書五八，弘基乃京兆池陽（即雲陽）人也。

B〔又〕生仁行仁景　據舊書五八，弘基卒，子仁實襲封。新書九〇同。舊書又云，弘基從子仁景，神龍初官至司農卿，與此云弘基子不合。

382【廬陵】　漢長沙定王後，生安成侯倉，子孫徙焉。梁安成内史劉元偃，代居吉州，云其後也。曾孫紹榮，吉州刺史。孫行昌，左司員外。孫淑，殿中御史。淑生禹錫，屯田員外郎。

A〔岑校〕漢長沙定王後生安成侯倉子孫徙焉梁安成內史劉元偃代居吉州云其後也曾孫紹榮吉州刺史孫行昌左司員外　「安成侯倉」，漢書一五上作「安城侯倉」。依下文則劉元偃爲禹錫八代祖，紹榮爲五代祖，行昌爲曾祖。但夢得外集九子劉子自傳云：「其先漢景帝賈夫人子勝，封中山王，謚曰靖，子孫因封爲中山人也。」則中山靖王後，非長沙定王後，不符者一。傳又云：「七代祖亮，事北朝爲冀州刺史、散騎常侍，遇遷都洛陽，爲北部都昌里人，世爲儒而仕，墳墓在洛陽北山，其後地陋不可依，乃葬滎陽之檀山原，由大王父已還，一昭一穆如平生。」傳不著八代祖，姓纂又不著七代祖，無可比勘，但八代方仕梁，何以七代忽仕北，且覼傳文七代已前，似久居北部，非世居吉州，不符者二。傳又云：「曾祖凱，官至博州刺史。」與行昌之名之官均異，不符者三。

B〔又〕孫溆殿中御史　「溆」字疑，參下條。全文四九一權德輿送劉秀才登科後侍從赴東京覲省序：「小司徒以楚金餘刃，受詔兼領，彭城劉禹錫實首是科，……況侍御兄以文章行實，著休聞於仁義。」「侍御兄」即指禹錫之父。

C〔又〕溆生禹錫屯田員外郎　夢得遊玄都觀詩序，自稱貞元二十一年爲尚書屯田員外郎，後雖坐貶，然此是修姓纂前彼所歷最高之職，當是夢得無疑。然夢得外集九固自稱中山人，祖鍠，累轉殿中丞(?)侍御史。父緒，官至殿中主務。又舊書一六〇，禹錫祖雲，父溆，仕歷州縣令佐，各有小異。「溆」、「緒」音肖，「溆」、「溆」字肖，疑姓纂訛也。自傳稱中山，舊傳稱彭城，殆皆指其郡望耳。

383【南康】 楚元王交六代孫延壽，裔孫璠，居南康。六代孫惠騫，梁同州刺史。孫悔陵，唐少府監。

384【譙郡】 狀云宋文帝子義陽王昶後。貞觀志云勘非實。

A〔岑校〕宋文帝子義陽王昶　據宋史七二，晉熙王昶初封義陽王。

B〔又〕貞觀志云勘非實　「實」，庫本作「實」，此誤。

385【諸郡劉氏】 唐司農卿、武陵公劉瞻，今居京兆。

A〔岑校〕唐司農卿武陵公劉瞻　元龜三八四，武德初有浩州刺史劉瞻，同書四九八，劉瞻初仕隋太原縣長，高祖引爲將軍諮議，尋領河西道（？）守，討宋老生時，瞻督餽運。同書一三三，武德初瞻官涪州刺史，今據文館詞林四五九李百藥荆州都督劉瞻碑銘，「公諱瞻，字道洽，彭城綏輿里人也，今僑居亳州鹿邑縣」，則作「瞻」者是。姓纂謂今居京兆，又殆後來所遷矣。據碑，瞻曾祖方謩，祖英信，父玄寂。「河西道守」乃「河西通守」訛，武德元年改浩州，瞻爲刺史，其年九月封武陵郡開國公，五年頊除司農卿，貞觀五年除荆州都督，卒於任。「涪州」亦「浩州」之訛。全文三之勞涪州刺史劉瞻書，蓋承元龜而誤。

386 西魏有東雍州刺史劉亮，稱中山人；曾孫稱，鴻臚卿、彭國公。

A〔岑校〕曾孫稱鴻臚卿彭國公　「稱」，庫本作「順」，此殆誤。

387 秋官侍郎劉知璿，上邽人；弟如玉，右司郎中。

A〔岑校〕秋官侍郎劉知璿上邽人　新書五九：「萬歲通天元年，僧惠澄上言，乞毁老子化胡經，敕秋官侍郎劉知璿等議狀。」與此同。通鑑二〇六則稱神功元年，秋官侍郎上邽劉如璿流瀼州，就其弟名如玉觀之，又似作「如璿」者未必誤*。廣記二六九引御史臺記，如璿解褐唐昌尉，累遷乾封尉，爲侍御史，轉吏部員外，則天朝自夏官郎中左授都城令，轉南鄭令，遷司僕、司農少卿，秋官侍郎，爲來俊臣誣流瀼州，子景憲訟寃，徵復秋官侍郎，辭疾，授兗州都督。文集四十卷。

B〔又〕弟如玉右司郎中　李嶠有授太子舍人劉如玉右史制，見英華三八三。

388 同州刺史劉同昇，洛陽人，稱本自沛國徙焉。

A〔岑校〕同州刺史劉同昇　同昇見精舍碑。開元二十八年時任右司員外，見舊書九八（「昇」作「升」）。玄元靈應頌，天寶元年建，題朝散大夫、守户部郎中劉同昇撰頌。又徑山大師碑（文粹六四）有故採訪使常州刺史劉同昇。全文三六四趙晉用天寶五載賽雨紀石文，稱我明太守兼江南東道採訪處置漳潮等六郡經略使彭城劉公名同昇（時同昇爲晉陵太守，即常州）。又九一五德宣陳司徒捨宅造寺碑，亦天寶中立，稱太守劉公同昇兼江東道採訪使。

B〔又〕稱本自沛國徙焉　靈應頌有「時户部郎中沛國劉同昇」之語。

389 考功郎中劉慶約，宣州人。孫長卿，隋州刺史。

A〔岑校〕孫長卿隋州刺史　姓纂劉長卿有二，一見上文弘農，官工部員外。此官隋州刺史，卽詩人之劉長卿也。新書六〇：「劉長卿集十卷，字文房，至德監察御史，以檢校祠部員外郎爲轉運使判官，知淮西鄂岳轉運留後，鄂岳觀察使吳仲孺誣奏，貶潘州南巴尉。會有爲辨之者，除睦州司馬，終隋州刺史。」• 亦見舊書一三七趙涓傳。解題一六稱宣州人，開元二十一年進士。全文四九〇權德輿秦徵君校書與劉隨州唱和詩序：「貞元中，……七年春，始與予遇於南徐，……故隨州劉君長卿贈答之卷，惜其長往，謂余宜敍。」宋僧傳八慧朗傳：「至大歷十二年，新定太守蕭定述碑，司馬劉長卿書。」按新定卽睦州。

390 膳部員外郎劉瓘，京兆人；生全白，湖州刺史。

A〔岑校〕生全白湖州刺史　大曆九年爲湖州評事（魯公集七）。吳興掌故云：「劉全白先以評事游湖，後貞元爲守。」顧況湖州刺史廳壁記，貞元十五年作（文粹七三），亦著劉員外全白。李白碣，貞元六年膳部員外劉全白撰。吳興談志一四：「劉全白，貞元十五年自池州刺史授，遷祕書監致仕。」統記作七年。」全文六一八作「貞元十一年」，當誤。

391 户部郎中劉安都，宋州虞城人。

A〔岑校〕户部郎中劉安都　「安都」，郎官柱作「國都」。

392 祠部郎中劉穆之，部州沙河人。

A〔岑校〕祠部郎中劉穆之　全文二七〇，穆之，神龍時中書舍人內供奉。穆誌，穆字穆之，河間獻王德十七代孫。曾祖孝約，祖嚮，父守素。穆終石州刺史，卒先天元年，年六十二。子銳、銓、鍠等。

B〔又〕部州沙河人　按唐沙河縣屬邢州，「部」爲「邢」之訛，見勞考一二。劉穆誌（芒洛續編下）則稱河間鄭人。

393 駕部郎中劉師禮，陳留封邱人。

394 兵部郎中劉孝約，洛陽人。

395 劉仲邱，京兆人。

A〔岑校〕劉仲邱京兆人　此人無官歷。據新書一九九，乃開元初以進士與修書之役者，後老病還鄉里云。

396 虞部郎中劉志遠，長安人。

397 禮部侍郎劉單，岐山人。凡平，生契，舒州刺史。

A〔岑校〕禮部侍郎劉單　登科記考九云：「舊書楊炎傳，元載……初引禮部郎中劉單，單卒，引吏部侍郎薛邕。恐姓纂作『侍郎』誤。」余按「禮部郎中」，元龜三三七又作「吏部侍郎」，乾𦠆子亦有劉單侍郎之稱，似未能遽斷「侍郎」字爲誤。舊書一〇四，高仙芝令劉單草捷書，亦當此人。岑參有送劉單判官赴西行營呈高開府詩。

B〔又〕凡平生契　「凡平」二字有錯誤，庫本作「兄平」，當可信。

C〔又〕舒州刺史　勞考四以「凡平生契」至「上元人」爲一節，且云：「『舒州』當從舊傳作『信州』。今得庫本比讀，則知「兄平生契」，乃就劉單而言，由此再推，舒州刺史可爲契之歷官，非太真之歷官也，勞説殆不可信。然尚待有以明證其非耳。

398 刑部侍郎劉太真，潤州上元人。

A〔岑校〕刑部侍郎劉太真潤州上元人　舊書一三七，太真宣州人。叢編一五引諸道石刻録，禮部侍郎信州刺史劉太真碑，裴度撰，又同書一九引石刻録，愛同寺大律師碑，劉太真撰，貞元八年立。

399 水部員外郎劉復，工部員外劉澄瀾。刑部員外劉穎，訪未護。

A〔岑校〕水部員外郎劉復　紀事二九，復，大曆進士，嘗爲水部員外郎。明皇雜録亦稱水部員外劉復。全詩六函五册孟郊有寄東臺劉復侍御詩。

B〔又〕刑部員外劉穎　按舊書四七劉穎集十卷，次唐初陳子良之下，字从水小異，但新書六〇固作「穎」，从禾，此字甚易相混，疑卽其人。

C〔又〕訪未護　「護」誤，庫本作「獲」，是也。

400 監察御史劉遵古，云東平人。

A〔岑校〕監察御史劉遵古云東平人　元和四年九月時爲監察御史，見會要一八。長安志八有大理卿劉遵古宅，則後來歷官。貞元八年遵古舉進士，見洪興祖韓子年譜引科名記。嘗官商州刺史，見白氏集三一。廣記一五六引宣室志，稱故刑部尚書沛國劉遵古，大和四年節度東蜀。

401 平盧節度劉正臣，范陽人，生溢淮。

A〔岑校〕平盧節度劉正臣　元龜一三九，大曆九年，追贈故平盧節度柳城太守劉正臣爲工尚，本名客奴，禄山叛時遣使奉順。

B〔又〕生溢淮　劉全諒原名逸準，見舊書一三及一四五，「溢」、「逸」音同，「淮」即「準」，昌黎集三二、續酉陽雜俎七作「逸淮」。廣記二八〇引羊異集驗，貞元中，安州伊公慎、宋州劉公逸、壽州楊公淮同年加散騎常侍。據舊書一四五全諒傳，劉士寧以逸準代翟良佐爲宋州刺史，是亦逸準省稱逸之一證。

402 平原節度劉瑨，汴州人，生涇，駙馬、光禄少卿。

A〔岑校〕平原節度劉瑨汴州人生涇駙馬光禄少卿　據舊書一五二，劉昌，汴州開封人，官至涇原節度。子士涇，德宗朝尚主（順宗女雲陽公主），官至少列。同書一六，長慶元年士涇遷太僕（舊書一五二誤「府」）卿，云士涇父昌有邊功，久爲少列十餘年。元稹授制云：「訪其班資，則曰亞諸卿之間嘗十年矣。」合勘之，知「瑨」爲「昌」之訛，「涇」爲「士涇」之奪。光禄少卿乃姓纂修撰時見官也。又依載之集一二及舊書一三，「平原」應正作「涇原」。

403 陳許節度、右僕射劉昌裔。

A〔岑校〕陳許節度右僕射劉昌裔　奪去籍貫。據舊書一五一及韓集，則太原陽曲人也。昌黎集二七昌裔碑，稱檢校尚書左僕射，依本傳乃元和八年六月進階，在姓纂書成之後。「裔」，元龜七一七作「胤」，非是。千唐匡城尉崔夫人誌：「曾祖諱與順宗廟諱同，皇晉陽縣令，贈左散騎常侍。祖諱昌裔，皇左僕射、陳許等州節度使，贈太尉。父諱縱，皇陵州刺史。」（夫人卒大中元，年二十三）舊傳、韓碑均不著昌裔父，因諱故也。拓本李大使士素夫人曲氏誌：「及笄之年，初嫁劉僕射昌裔之幼子曰紆。」據昌黎集注：「昌裔四子，縱其長也」，餘二未詳。

404【東郡】其先匈奴貴族，漢以公主妻之，北俗重漢生，因取母姓。後漢末右賢王劉去卑，卽其後也，代爲部落大人。魏有庫仁，弟眷，生羅辰，與穆、陸、賀、婁、于、奚、尉爲北人八族。羅辰，征東將軍、永安公。七代孫政會，生奇，吏部侍郎。

A〔岑校〕東郡　與穆陸賀婁于奚尉　「奚」，官氏志作「稽」，參看卷十「陸」及「紇奚」。「東郡」，通志同，庫本訛「東都」。

B〔又〕七代孫政會　芒洛三王素臣誌：「妻阿（？河）間劉氏，曾祖會，祕書監。祖玄，德州司馬。父德，左衞將軍。」會與政會，玄與玄懿、玄象、玄育（見下文）均相類。又劉夫人卒神龍元，年六十一，時代亦相當。但據舊書五八，政會固官至刑尚，不止祕書監也，豈作誌者失考歟？姑存疑。

C〔又〕生奇　舊書五八，奇爲政會次子，與姓纂同。今新表以奇爲政會孫，殆誤。

D〔又〕吏部侍郎　證聖元年奇爲此官，見會要七五。垂拱初奇官考外，見舊書一八七下顔杲卿傳。石刻家廟碑及魯公集八均同，惟摭言一作「劉廷奇」，登科記考三以作「廷奇」者爲是，有此多證不信而信摭言，多見其偏也（參上文沛國相縣）。天官侍郎劉奇後棄市，見廣記二五五引御史臺記。又舊書，政會子玄意，今有劉玄意造像，稱「永徽元年十月五日汝州刺史、駙馬都尉、渝國公」，此外尚有玄意千佛山造象。玄意尚太宗女南平公主，見會要六。

405 奇生超、微、同、循。超，河南少尹，生全誠。微，吴郡太守、江南採訪，生方平。同，萬年令。循，金吾將軍。

A〔岑校〕奇生超微同循　新表以循爲奇弟，與此不合。

B〔又〕生全誠　全文五二八顧況禮外陶翰集序：「殿中劉全誠名自公出。」

C〔又〕微吴郡太守江南採訪　邵氏聞見前録，劉微之子聚，開元中以功臣之後，賜進士第，爲濟州東阿縣令，當卽此微。又吴郡志一一有江東採訪使劉微。

D〔又〕生方平　紀事二八：「方平與元魯山善，不仕，蓋邢襄公政會之後也。蕭穎士云，山東茂異有河南劉方平。」全詩四函七皇甫冉詩，又十二函九均見方平名。又書録解題一五，令狐楚纂御覽詩，自劉方平而下凡三十人。

406 會次子元象，主客郎；元育，易州刺史。

A〔岑校〕會次子元象主客郎　依新表七一上，應作「玄象，主客郎中」，此奪「中」字。舊傳，會子玄意，襲爵。次子奇。此稱「次子」者，廣義言之。

407 【河南】　代爲部落大人。魏有河間公提，生豐，以司徒封，爲河間劉氏。孫感，唐涇州總管、平原公。感生孝則。孝則曾孫公濟，工部尚書。豐生孫龍，案此有脱誤。將作大匠。豐曾孫法琮，唐右金吾將軍。琮從弟尚嶷、偉。尚嶷，右金吾將軍、隋梁州總管、洛陽公。偉曾孫貞脅，涇州刺史。並代人。

A〔岑校〕河南　魏有河間公提生豐以司徒封爲河間劉氏　北齊書二七劉豐傳，豐戰没，贈大司馬，司徒公、尚書令。「以司徒封爲河間劉氏」一語，當有奪誤。「河間」疑應作「河南」，前文已著「河間」，且標題亦作「河南」也。

B〔又〕孫感唐涇州總管平原公　廣州馮志一七：「高祖朝劉感，廣州刺史，據通鑑修。案册府元龜作劉咸爲廣州總管，阮通志。」按舊書一八七上云：「劉感，岐州鳳泉人，後魏司徒高昌王豐生之孫也。」繼言感武德初鎮涇州，爲薛仁杲所擒，被殺，封平原公。通鑑一八六書其事於元年九月己未之下，是此劉感早以武德元年死矣。又元龜三九七云：「劉咸爲廣州總管，武德六年，崗州刺史馮士翽以新會反，咸討降之，復其位。」通鑑一九〇書於六年七月丁丑下，唯「劉咸」亦作「劉感」，究「咸」、「感」孰正，尚待證明，然似非此之劉感矣。但文館詞林殘卷太宗與馮盎敕，言以齊善行代劉感爲都督，字又作「感」。若李震劉感墓誌（全文三七一），別是一人。

C〔又〕孝則曾孫公濟工部尚書　貞元十八年，自同州刺史爲鄜坊節度，二十年正月爲工部尚書，均見舊書一三。

D〔又〕豐生孫龍將作大匠　「孫龍」下校云：「案此有脱誤。」余按北齊書二七，劉豐字豐生，則「豐生」云者或舉其字。又隋書六八何稠傳：「劉龍者，河間人也。……及高祖踐祚，大見親委，拜右衞將軍兼將作大匠。」籍貫、官歷皆同，當即此人。但據北史五三，龍爲豐第三子，是姓纂之文，實應作「豐生龍」，「孫」字衍。又「將作」之上，應補「隋」字。下文「隋梁州總管」之「隋」，是否此處錯簡，待考。廣記四九三引談賓録，劉龍後名義節。

E〔又〕尚疑右金吾將軍隋梁州總管　此「隋」字或是前文所錯簡。

408 【雕陰】　唐左武衞大將軍、綏州總管、義成公大俱，晉右賢王豹之後，綏州代爲酋望。

A〔岑校〕唐左武衞大將軍綏州總管義成公大俱　庫本奪「衞」字。武德七年，大俱爲綏州刺史，見新書一。

B〔又〕綏州代爲酋望　「綏州」上有奪文。

409 【東陽】　贊後，並居婺州，爲郡豪族。又宋文帝子竟陵王誕構逆，誅，貶姓劉氏。吳有東海太守劉略，姚秦有揚威將軍劉松。

A〔岑校〕贊後　不詳其人。宋明帝第九子亦名贊，然九歲而卒，非其人也。

B〔又〕又宋文帝子竟陵王誕構逆誅貶姓劉氏　「劉」字誤，以誕本姓劉也，宋書七九作「貶姓留氏」。

牛

410 宋微子之後，司寇牛父，子孫以王父字爲氏。戰國時趙有牛翦，秦有牛缺。

411 【隴西】　漢牛邯爲護羌校尉，居隴西。又有牛崇、牛嘉。魏有牛金。漢牛霸，霸生真。姚秦時牛雙。案晉書，姚萇參軍牛雙。通志作「牛雙」。石季龍以韋、杜、牛、辛、皇甫、胡、梁七姓衣冠華胄，不在戍後限。

A〔岑校〕隴西　又有牛崇　曲江集一二涇州刺史牛公碑銘云：「崇爲隴西主簿。」

B〔又〕魏有牛金　中州金石記二牛氏像龜碑跋云：「碑云，□寇牛父，厥後有晉將軍□（牛字）金，下缺。按宰相世系表云……，而獨不及晉牛金，此可補史之闕云。」按此書隴西下記牛金，安平、富平亦皆云牛金之後，畢氏未及見也。

C〔又〕不在戍後限　「後」，當依庫本作「役」，此誤。

412【涇陽】狀云牛邯之後。裔孫興，西魏太常丞，始居涇陽。曾孫遵，唐原州長史，生元亮、元璋。元亮，郎中，生容。容生上士。上士生肅、聳。肅，岳州刺史。聳，太常博士。元璋，興州刺史。

A〔岑校〕元亮郎中　「郎中」上缺曹名。

B〔又〕肅岳州刺史　牛肅，見廣記一二九引紀聞，又見同書三六一；開元時人，開元二十八年肅在懷州，見卷三六二引同書，肅曾祖、大父皆葬河內，見卷四百引同書。

C〔又〕聳太常博士　全文四三六收牛聳書判一首。

413【安定】狀云牛金之後，逃難改牢氏，又改爲遼氏。裔孫後周工部尚書、臨涇公遼允，復姓牛氏。允生弘，隋吏部尚書、奇章公，案隋書牛弘傳，本姓寮氏，父允，仕周，賜姓牛氏。生方大、方裕、方智。方大，隋内史舍人。方裕，唐金部郎中。

A〔岑校〕後周工部尚書臨涇公遼允　隋書四九作「寮」，亦稱臨涇公，新表七五上誤「臨淮」。

B〔又〕方裕唐金部郎中　舊書二，貞觀二年七月，萊州刺史牛方裕配流嶺表，以與謀弑隋煬故也。

414【富平】案唐世系表，鳳及、僧孺皆出自漢主簿牛崇之後，當是安定牛氏。此于「安定」下另標「富平」，作牛金之後。春官侍郎牛鳳及，狀云牛金之後。

A〔岑校〕富平　春官侍郎牛鳳及狀云牛金之後　校云：「案唐世系表，鳳及、僧孺皆出自漢主簿牛崇之後，當是安定牛氏，此于『安定』下另標『富平』，作牛金之後。」按上文安定亦云牛金之後。崇，漢人；金，魏人，俱出隴西，則金亦許卽崇之後耳。樊川集七牛僧孺墓誌銘云：「八代祖弘，……贈文安侯，文安後四世諱鳳及，仕唐爲中書門下侍郎，脩國史，於公爲高祖。」新表，鳳及爲僧孺從高祖，樊川集之高祖，應作「高祖輩」解，不然，下文何不逕云鳳及生休克，乃云：「文安後五世、集州刺史贈給事中諱休克，於公爲曾祖。」作此紆迴之記述耶？復依樊川集，鳳及，弘四世孫；休克，弘五世孫；新表列鳳及爲弘曾孫，休克爲弘玄孫，則連本身計，未詳孰是。惟李珏僧孺神道碑竟云：「高祖鳳，中宗時爲春官侍郎，掌國史。曾祖休克，集州刺史。」（文粹五六）「鳳」下脱「及」字。且據史通，鳳及於長壽中官春官侍郎，又春官之稱，中宗復辟後卽廢，珏之碑詞，顯有失考，不如牧誌之可信。玉海四六引集賢注記，牛鳳及撰國史，迄于永淳。

415【靈臺】　侍中、幽國公牛仙客。

邱

416 齊太公封於營邱，支孫以地爲姓，世居扶風。左傳，邾大夫邱弱。

A〔岑校〕邱　按加阝是後人所改。類稿三一作「丘」，下倣此。

B〔又〕齊太公封於營邱支孫以地爲姓世居扶風左傳郱大夫邱弱　羅校云：「案『支』，古今姓氏書辯證引作『子』。」（按卽校勘記中）余按「左傳」，同書引作「左氏」。吳興談志一六引元和姓纂云：「齊太公封於營丘，子孫以地爲姓，世居扶風。左氏傳有郱大夫丘弱。」類稿三一引作「支孫」。備要一九及類稿「世居」作「代居」。尋源二〇引姓纂云：「齊大夫封于齊營丘，支孫以地爲姓。」不作「太公」，未審所據。

417【扶風】漢平帝時邱俊持節安撫江淮，屬王莽篡位，後俊遂留江左，居吳興。

A〔岑校〕漢平帝時邱俊持節安撫江淮屬王莽篡位後俊遂留江左居吳興　古今辯證引無「後俊」二字。吳興談志一六引云：「漢平帝時有丘俊，持節安撫江淮，屬王莽篡位，遂留江左，居吳興烏程。」又同卷丘騰下再引，無「漢」、「居」兩字。

418【吳興】邱俊居吳興烏程。松江太守邱靈鞠生遲，梁永嘉太守。五代孫仲昇，唐武臨尉。宋西卿侯邱道讓，亦俊後。七代孫悅，岐王傅，昭文學。右常侍邱爲，吳郡人；弟丹，倉部員外。左司郎中邱馮漸，貝州人；生絳，兼中丞。

A〔岑校〕松江太守邱靈鞠　「松江」上疑奪「裔孫」等類之字。

B〔又〕七代孫悅岐王傅昭文學　韋利器等造像銘，開元三年立，稱昭文館學士丘悅（續編六），「學」下奪「士」字。全文九二三史崇妙門由起序，先天時作，稱銀青光祿大夫、行太子右諭德、昭文館學士兼宋王侍讀、上柱國丘悦。悦著三國典略三十卷，見新唐書五八。全詩二函八王維有邱爲落第歸江東詩。

C〔又〕右常侍邱爲　貞元四年，爲由前左散騎常侍致仕，復舊官，見會要六七。爲致仕還鄉，特給禄俸之半，見廣記四九五引談賓録。新書六〇，丘爲，蘇州嘉興人，累官太子右庶子，卒年九十六。唐才子傳二，天寶初劉單榜進士。

D〔又〕弟丹倉部員外　江州集有與丘員外丹唱和之什。全詩五函三册李端送丘丹歸江東，十一函九册有嚴維、丘丹等聯句。丹亦見宋僧傳九法欽傳，同書一五道標傳稱户侍(?)丘丹，一七神邕傳稱諸暨長丘丹。又云：「至(貞元)十一年，户部員外郎丘上卿爲碑紀德焉。」疑亦指丹言之。

E〔又〕左司郎中邱馮漸貝州人　無憂王寺寶塔碑，大曆十三年立，殘文有「少尹、檢校司勳員外郎、兼侍御史丘公鴻漸」。「馮」，「鴻」之訛。全文六二一：「鴻漸，貝州人，官左司郎中。」當本自姓纂。又郎官考一引此作「鴻漸」，然孫氏原刻亦訛。

F〔又〕生絳兼中丞　南部新書丙：「有進士丘絳者，嘗爲田季安從事，後與同府侯臧相持争權，季安怒，斥絳攝下邑尉，使人先路穴地以待，至則排入而瘞之。」集古録跋七，田承嗣子緒碑，節度判官丘絳撰。全詩六函二册劉禹錫傷丘中丞引：「河南丘絳有詞藻，與余同升進士科，從事鄴下，不幸遇害。」

419【河南】　後魏獻帝七分國人，以弟豆真折爲邱敦氏，封臨淮王，孝文改爲邱氏。折生堆，堆生跋，跋生鱗，鱗曾孫大千*；生壽，野王公；生和，唐左武衛大將軍、譚國公，生師利、行本、行恭、孝恭、行整、行淹、孝忠。

A〔岑校〕後魏獻帝七分國人　按魏書官氏志，胡、周、長孫、奚、伊、丘、亥爲七族。

B〔又〕以弟豆真折爲邱敦氏　官氏志亦稱丘敦。子山集一一有丘乃敦崇傳，多「乃」字。

C〔又〕堆生跋跋生麟　羅校云：「案『麟』，魏書邱堆傳作『鱗』。」按「鱗」、「麟」二字易於互訛，如前劉爲麟或作「爲鱗」是。

D〔又〕生壽野王公　元龜八九七，丘和父壽，魏鎮東將軍。舊書五九同。

420 師利，左監門大將軍、冀州刺史、都督，譚國公；孫義餘，汝州刺史。

A〔岑校〕師利左監門大將軍冀州刺史都督譚國公　師利見舊紀一大業十三年下，亦見會要四五武德九年。

B〔又〕孫義餘　不知一或兩人，前上元時有右衛中郎將邱義，亦未審是此否。

421 行本，隋漢東令，生寶、及。及曾孫從心，生摸、據、拱、抃、撰。摸生抒。據，庫部郎中、兼御史中丞。

A〔岑校〕及曾孫從心　陳公廟碑，據叢編引復齋碑錄，乾元三年立，內稱毘陵郡司馬丘從心。

B〔又〕生摸據拱抃撰　全詩五函三册李端有酬丘拱外甥。全文三三六賈至制，澤潞司馬、殿中侍御史丘據可兵部員外郎，依前行軍司馬。

C〔又〕摸生抒　大唐傳載：「元和十五年，丘度、丘紓、杜元穎同時爲遺補。」紓當卽抒，似作「紓」者是。英華三九二有元稹授左補闕丘紓膳部員外郎制。

D〔又〕據庫部郎中兼御史中丞　華嶽題名，寶應二年有陳鄭澤潞等州節度行軍司馬、殿中侍御史丘據。新書五八稱據諫議大夫。

422 行恭首從義旗，以殊功左右武侯大將軍、陝州刺史、天水襄公，生神智、神績、神福、神鼎。神績，左金吾大將軍、鄧公。神福，睦州刺史。

A〔岑校〕行恭首從義旗以殊功左右武侯大將軍陝州刺史天水襄公　「侯」誤，庫本作「候」。貞觀十一年，行恭官右武候將軍，見寰宇記六。

B〔又〕生神智神績神福神鼎　依庫本「績」爲「績」之訛，下文亦作「績」也，唯舊書五九及一八六均作「勣」，元龜六二六，勣弟神鼎被奴告反，後釋放。

423 孝恭，右金吾將軍、益府長史、渭源公。

424 行淹，工部侍郎、少府監、沅陵平公，生貞明、貞秦。貞明生幾、莊。莊生子賂、子期、子游。子賂生佶，太子中書舍人。子游生芝、彪、彤。

A〔岑校〕行淹工部侍郎少府監沅陵平公　元龜一一七，貞觀十八年，行淹官少府少監。

B〔又〕生貞明貞秦　「秦」，庫本作「泰」。

C〔又〕貞明生幾莊　昇仙太子碑有行安國相王府掾丘知幾，或卽此之幾也。

D〔又〕莊生子賂子期子游　新唐書五八，丘啓期，開元管城尉，時代可相當，未知卽此子期否。

425 孝忠，衛尉卿、廣州都督、安南公，生承嗣、承業、承福。承嗣生文堂。堂生璘、隍。璘，贊善大夫，生沂、涔、浰。涔，試賓客、兼中丞、高平郡王，生贊方、直方。隍生遇運、遹運。遇運，尚衣奉御、史衛中郎，生元楚、元穎。遹運，檢校太子賓客。承業，蘭州刺史。

A〔岑校〕孝忠衛尉卿廣州都督安南公　山左遺文王慶誌，東萊人，誌稱龍朔初，刺史河南丘孝忠引爲談客，是孝忠嘗刺萊州。又元龜一一七，貞觀十九年孝忠官征遼總管。同書九八五，貞觀二十一年九月，遣中郎將丘孝忠造船。

B〔又〕涔試賓客兼中丞高平郡王　奉天錄二，韓滉將有丘岑，卽此。全詩四函十册竇庠靈臺鎮贈丘岑中丞，十二函二册皎然武源行贈丘卿岑，字均作「岑」。惟舊書一二九滉傳正作「丘涔」。

C〔又〕遇運尚衣奉御史衛中郎　官制有尚衣奉御，不名御史，又有某某衛中郎將，不名中郎，此文當有奪誤。

D〔又〕生元楚元穎　有丘穎，貞元十年制科及第，見會要七六。又十五年二月爲宣武判官，被害，見舊書一三。載之集亦有送丘穎應制舉序，不詳卽此元穎否。

游

426 左傳，鄭穆公子偃字子游之後，以王父字爲氏。孫吉，生速。漢有游尋，後漢游殷。

A〔岑校〕孫吉生速　類稿三二引作「春秋氏族圖，鄭國游氏，子游子太叔，公孫楚游速」。姓觿

四又引作「左傳，鄭大夫游良、游吉是也」。

B〔又〕後漢游殷　「殷」，通志避諱作「因」。見魏志注引決録。

427 【廣平】　後魏河南尹游迷，始居廣平。六代孫後魏尚書明根，生僕射肇。姪曾孫仁宗，唐比部郎中；生詳，金部員外。明根再從弟雅，後魏太子少傅。七代孫中台，匡城尉。根從祖弟奇，後魏梁州刺史。六代孫子騫，駕部郎中。

A〔岑校〕後魏河南尹游迷　羅校云：「案『迷』，金石録魏游君碑跋引作『述』。」余按叢編六引復齋碑録及辯證一八亦作「述」，此作「迷」誤。金石録二〇又云：「右大長秋游君碑云，君諱述，字庶祖，……惟姓纂云述爲河南尹，以碑考之，蓋未嘗爲此官。……述嘗爲宛句長、尚書郎、左丞、元城令、治書侍御史、南安北海安平東郡太守、符節令，遂爲大長秋。」據復齋碑録，述以晉泰始十年九月卒，後魏之「後」字亦衍，否則與下文「後魏尚書明根」之「後魏」，兩無區别矣。

B〔又〕生詳金部員外　「詳」，郎官柱作「祥」。

C〔又〕明根再從弟雅　北史三四謂根爲雅從祖弟，雅以世祖時進用，合觀北史所記雅贖明根，教

之讀書，謂雅長於根，事屬可信。此云根兄雅弟，與北史不合。

D〔又〕六代孫子騫駕部郎中　開元十一年，子騫爲太原少尹，見會要六八。英華三九二蘇頲制，稱行殿中侍御史、河北道度支營田使游子騫，可屯田員外郎。同上三九四有授營田使游子騫侍御史制。又元龜九九二，開元五年子騫官屯外。

鄒

428 子姓，宋愍公之後。正考父食邑于鄒，生叔良紇，遂爲鄒氏。齊有鄒衍、鄒忌。

A〔岑校〕宋愍公之後　「愍」，通志作「湣」，類稿三一引作「愍」。

B〔又〕生叔良紇　史記孔子世家，叔梁紇，據述聞名字解詁上，景德本儒行正義亦作「良」，類稿引作「梁」。

429【南陽新野】　魏鄒軌生琪，案晉書，鄒軌，南陽新野人，爲魏左將軍，生湛。湛生捷。此「琪」乃「湛」字之誤。晉侍中、少府。開元中有象先、紹先、彦先。象先生儒立，衡州刺史。彦先生穎，漳州刺史，云湛後。世居衡州。

A〔岑校〕魏鄒軌生琪　校云：「案晉書，鄒軌……生湛，……此『琪』乃『湛』字之誤。」余按下文亦有「云湛後」語可證。

B〔又〕開元中有象先紹先彥先　紀事二二云：「象先尉臨渙，蕭穎士自京邑無成東歸，以象先同年生也，作詩贈之，來年蕭補正字。」全詩二函二册穎士答象先詩：「桂枝常共擢。」則象先開元二十三年進士也。全詩三函一册劉長卿有送鄒紹（一作結）先赴河南充判官詩，四函六册張繼有送鄒判官往陳留詩，注云：「一作洪州送郄紹充河南租庸判官。」郄紹亦卽鄒紹先之訛奪；四函九册嚴維之留別鄒紹劉長卿，同奪「先」字。

C〔又〕象先生儒立衡州刺史　儒立，貞元四年及第，十四年爲殿中侍御史，見會要七六及六二。十七年鄭淮誌，題殿中侍御史、武功縣令，見芒洛續編補。江州集四有送雲陽鄒儒立少府侍奉還京師詩。昌黎集一題合江亭寄刺史鄒君詩，注謂鄒君逸其名，卽儒立也。全詩六函五册孟郊有和應物送鄒儒立少府扶侍赴雲陽詩。

裘

430 衞大夫食采裘氏，因姓裘。或云，本仇氏，改爲裘。

A〔岑校〕衞大夫食采裘氏因姓裘或云本仇氏改爲裘　宋本辯證引此云：「衞大夫食邑裘氏，因以爲姓。或云仇氏，避難改焉。」字句小異。仇氏，通志作「求」。

431 【會稽】姓苑云，會稽有裘氏。急就章有裘男弟。案顏師古注，求氏本居衞國裘氏之地，故稱裘焉。後又轉爲求氏。漢末有求仲，卽此族也。「裘」，急就章作「求」。「男弟」，非人名。又禮記，衞獻公與大夫柳莊邑裘氏。莊子，鄭人緩呻吟裘氏之地。考工記有裘氏。人複姓爲邑裘氏。

A〔岑校〕會稽　校云：「『裘』，急就章作『求』。」庫本漏「章」字。

B〔又〕姓苑云會稽有裘氏　嘉泰會稽志三：「姓纂云，會稽有裘氏。」

仇

432 宋大夫仇牧之後。王莽孫有仇延。案漢書，王莽時有仇延，此作「孫」，誤。

A〔岑校〕宋大夫仇牧之後　類稿三一引上有「左傳」二字。

B〔又〕王莽孫有仇延　延見莽傳，校云：「案漢書，王莽時有仇延，此作『孫』，誤。」按通志作「王莽時」。

433 【陳留考城】後漢仇香，一名覽，考城主簿。

434 【遼西】後燕尚書仇儒。開元左衞將軍仇克義，滄州刺史。

A〔岑校〕開元左衞將軍仇克義滄州刺史　本願寺三門碑有刺史仇公克義名，常山貞石志八以爲立於開元十三年之後，亦卽姓纂之仇克義也。余按碑言寺在趙之鹿泉，今在獲鹿縣，據舊志三九，鹿泉屬恆州，後改獲鹿，立碑之年，克義其殆非刺滄州乎？

謀

435 風俗通云，周卿士祭公謀父之後，以王父字爲氏。

州

436 風俗通，晉州綽其先食采於州，因氏焉。衞有公子州吁。漢州輔，魏州泰。

A〔岑校〕衞有公子州吁　辨誤一五云：「夫州吁，衞公子名，不姓『州』。」

B〔又〕漢州輔魏州泰　輔見後書曹騰傳，「泰」，通志及類稿三二均作「秦」。

郰

437 見姓苑。

A〔岑校〕見姓苑　類稿三二郰姓：「見姓苑，（臨）菑（淄）人。西京雜記，公孫弘郡人鄒長倩。」

優

438 史記，優孟，樂人也，子孫氏焉。

A〔岑校〕史記優孟樂人也　羅校云：「案『樂人也』，古今姓氏書辯證引作『楚人』。」余按史記一二六：「優孟，故楚之樂人也。」通志亦云「楚樂人也」，則辯證與今本姓纂皆未舉其全而各有所奪也（類稿三一引與今本同）。

留

439 衞大夫留封人之後。

攸

440 北燕有尚書攸邁。

A〔岑校〕北燕有尚書攸邁　羅校云：「案『邁』，古今姓氏書辯證引作『邈』。」余按廣韻、通志均作「邁」。

犨

441 晉大夫郤犨之後。

儔

442 見姓苑。

疇

443 風俗通，摯疇氏之後。

444 越王之後。左傳有越大夫疇無餘是也。（岑補）

A〔岑校〕據姓觿四引，與今本云「摯疇氏之後」異，姑據補如上。

求

445 本裘氏改焉。

A〔岑校〕本裘氏改焉　「裘」，通志及類稿三二作「仇」，辯證一八引姓苑作「仇」，姓纂作「裘」，云：「二說未知孰是。」

菴

446 音浮。（羅補）

A〔岑校〕二字羅氏據辯證補，但誤「菴」作「巷」，通志「菴氏」亦云：「音浮，見纂要。」

447 纂要文云，人姓。

鯈（岑補）

448 鄭大夫采邑，因氏。左傳文十七年「待於鯈（鯈）」，即其地。（岑補）

A〔岑校〕姓觿四於「二十六尤」下著「鯈，丑鳩切。」并引姓纂如上。按鯈收「一屋」，無讀平聲者。據左傳，字應从魚，不从黑，此殆陳氏之誤。又「鯈」，廣韻作「鮍」。

牟（岑補）

449 風俗通云，牟子國，祝融之後。漢有太尉牟融。（岑補）

A〔岑校〕據類稿三二引。

由吾

450 由余之後。仕吴，子孫入越，因號由吾氏。

451 琅琊 北齊諫議大夫、沐陽公由吾道榮。

A〔岑校〕琅琊 此又作「琅」，寫法不一。

B〔又〕北齊諫議大夫沐陽公由吾道榮 寰宇記二二「海州」云：「按州舊記有道士由吾道營，本沭陽人，精心好道，學窮祕籙，天意人事無不通，隋文帝時特徵之至都，拜諫議大夫。」按「榮」、「營」吾鄉同音，字形亦近，疑作「訾」者訛。地無「沐陽」，沭陽正屬海州，乃傳刻之誤。

浮邱

452 列仙傳，周太子晉學道浮邱伯，控鶴上嵩山。漢書，楚元王與申公學詩浮邱伯。浮邱，荀卿門人。

A〔岑校〕浮邱荀卿門人　庫本作「浮丘伯」。

修氏

453 元明之後又有修氏，因以爲姓。

A〔岑校〕元明之後又有修氏因以爲姓　按通志「修氏」云：「玄冥之佐有脩氏，因以爲氏焉。」辯證一八脩姓云：「英賢傳曰，出自少昊子脩，爲帝嚳、玄冥師，掌水官，其後氏焉。」是修爲單姓，非複姓，「氏」字應删。殆後人涉通志有「氏」字而衍。「元明」，應正作「玄冥」。「後」字疑當作「佐」。

修魚

454 秦嬴姓之後有修魚氏。

邛敦

455 後魏獻帝弟爲邱敦氏，爲十姓，孝文改爲邱氏。今姓邱氏，已具前卷「邱氏」注。

A〔岑校〕已具前卷邱氏注　按「邱」與「邱敦」，今同在卷五，原書編法不同也。

鳩摩

456 晉書，西域天竺人鳩摩炎，代爲國相；生羅行，爲僧，入中國。

A〔岑校〕生羅行　陳校云，「行」當作「什」。按通志作「什」。

仇尼

457 後燕録有營州刺史洛陽公仇尼倪。

458 昌黎　燕將軍仇尼歸，衞尉、河東公仇尼遂，並鮮卑人。

周史

459 周史之後，其後氏焉。

A〔岑校〕周史之後其後氏焉　廣韻、通志、辯證均無此姓。唯通志「王史氏」云：「周先王太史，其後號王史氏。」余頗疑「周史」爲「王史」之訛，「周史之後」句，亦疑有奪誤。

舟相

460 魯舟相氏，見家語。

A〔岑校〕魯舟相氏見家語　姓書均無舟相。唯說之集一六冉府君碑：「古天子有冉相氏，宅于相土，實曰冉姓。」姓觿六云：「莊子，冉相氏，古之聖王也。」昔時「冉」字寫作「冄」，與「舟」字類（參姓解二），故姓解亦以冉姓附舟部，然則「舟相」乃「冉相」之訛，應更正。更有進者，冉相與魯無關，家語復無冉相氏，考家語相魯篇，魯有愼潰氏者奢侈踰法，今姓纂「愼潰」訛「填潰」而文冒「赤張」，依此推之，「冉相」蓋冒「愼潰」而本條已失也，應各移正。

取慮音秋盧。

461 徐偃王子食邑取慮，因氏焉。今臨淮有此姓。

A〔岑校〕今臨淮有此姓　辯證一九引作「唐時臨淮郡多此氏」。鄧，宋人，故改姓纂之「今」爲「唐時」也。

周陽（岑補）

482 淮南王舅周陽侯趙兼之後。漢書酷吏傳有周陽由。（岑補）

A〔岑校〕據姓觿四引。

十九侯

侯

463 晉侯緡之後，適他國，以侯爲氏。鄭有侯宣多，生羽。魯有侯叔夏、侯犯。齊有侯朝。魏有侯嬴。

A〔岑校〕鄭有侯宣多生羽　類稿三二引作「侯宣多、侯多羽」。通志云：「鄭有侯宣多、侯羽。」按春秋釋例不云羽是宣多子，則「生」或是「侯」字之誤，類稿又衍「多」字也。

B〔又〕齊有侯朝魏有侯嬴　庫本無兩「有」字。

464 【上谷】 漢末侯氏徙上谷。唐刑部侍郎侯喜業，生知一，兵部侍郎。知一生令表、令儀。令表，工部郎中。令儀，生昇潤州刺史。

A〔岑校〕唐刑部侍郎侯喜業　會要六六有侯善業，神龍元年任大理少卿，時代不同。但元龜六九龍朔二年五月著司刑少常伯侯善業爲守詳刑正卿，會要所著年分誤也，詳刑卽大理寺改名。

B〔又〕生知一兵部侍郎　長壽二年爲兵侍，見會要五九。則天時，夏官侍郎侯知一年老敕放致仕，上表不伏，見廣記二五八引朝野僉載。

C〔又〕令儀生昇潤州刺史　按舊紀一〇，乾元三年正月，以杭州刺史侯令儀爲昇州刺史，充浙江西道節度兼江寧軍使，「生」字衍。元龜六九四，大曆前有容州刺史侯金儀，據舊一五七王翃傳，是「令儀」之訛。

465 【丹徒】　狀云漢司徒侯霸之後。陳司空、清遠公侯安都；生鳳，唐通川令。今富平令侯遵，世居鄮縣，云安都之後。陳太尉、零陵郡公侯瑱，亦丹徒人；孫則，唐江州録事參軍。

A〔岑校〕唐通川令　庫本作「通州縣」，誤。唐無此縣。

B〔又〕今富平令侯遵　元龜一四一：「貞元六年閏四月，詔原富平令侯遵罪，停其官。」下距姓纂修書已二十許年，遵未必再官富平令，「今」字於義應對元和而言，疑誤衍。

466 【三水】　代居邠州。後魏肥成公侯植，賜姓賀屯氏。植孫君集，唐吏部尚書、陳國公。

A〔岑校〕後魏肥成公侯植　羅校云：「案『肥成』，周書植傳作『肥城』。」

467 【絳郡】　狀云本上谷人。唐户部郎中侯師，夏官郎中侯昧處，或云安都後。國子祭酒侯嶠，著作郎侯瓛節，並河東人。節生劉，監察御史。劉生雲長、雲章。金部員外侯嶠，京兆人。

A〔岑校〕唐户部郎中侯師　勞考一一云：「案户外有侯師仁，疑卽是。」

B〔又〕夏官郎中侯昧處　「昧處」，勞考一校爲「昧虚」，是也。廣記二五五引朝野僉載，唐户部郎侯昧(?)虚著百官本草。

C〔又〕國子祭酒侯嶠　按下文又有金部員外侯嶠，豈姓名偶同歟？

D〔又〕節生劉監祭御史　全詩五函二册盧綸有留別侯釗詩，虢州逢侯釗詩，題侯釗侍郎(御?)新昌里詩，兼寄侯倉曹釗詩，送侯釗侍御歌，時代相合，唐人寫「劉」字與「釗」相近，惟未知孰是耳。

E〔又〕劉生雲長雲章　韓文考異，雲長，貞元十八年進士。又會要七六，寶曆元年侯雲章制科及第。摭言二，開成二年，雲章官京兆府司録。集古録目，濟祠新亭記，鳳翔節度使推官侯雲章撰，長慶二年立。

468【河南】官氏志，古引氏改爲侯氏。

A〔岑校〕官氏志古引氏改爲侯氏　按魏書一一三作「胡古口引氏」，姓纂卷六又作「古口引」，通志侯氏下作「古引」，沈濤謂此奪「口」字，疏證又謂「胡」非衍文，余意以爲「胡」、「古」音可通轉，字形亦類，當任衍其一，否則爲四字姓矣。

婁

469 風俗通，邾婁國之後，子孫以婁爲姓。左傳，齊大夫婁湮。

A〔岑校〕左傳齊大夫婁湮　通志同。今左傳作「婁堙」，下文「僂姓」亦作「堙」也。

470 【齊國】漢太常、奉春君婁敬，改封建信君，賜姓劉氏。

A〔岑校〕改封建信君　「君」應作「侯」，類稿三二引不誤，但又訛「建」爲「逮」。

471 【南陽】後漢末婁圭居南陽。

472 【原武】唐納言師德，相武后；生思穎，介休令。思穎生志學，千乘令。學生圖南。

A〔岑校〕生思穎　新表七四下作「思潁」，從水不從禾。全文四〇八，天寶進士婁元穎，亦未知是同人否。

B〔又〕千乘令　新表誤「子乘令」。

C〔又〕學生圖南　全詩六函一册柳宗元酬婁秀才詩注：「婁秀才圖南也，侍中師德之後。」

473 【河南】官氏志，匹婁氏改爲婁氏。後魏平遠將軍婁内千，女爲北齊神武皇后，生澄、洋、演、湛。内千子昭，并州刺史，生仲達、季略。仲達，右僕射。廣安王。季略，太子少保、衡陽王。孫武徹，唐崇道府統軍、武安公。

A〔岑校〕後魏平遠將軍婁内千　「千」，庫本作「干」，下同。亦見羅校引北齊書。

B〔又〕內千子昭并州刺史　據北齊書一五，昭終定州刺史，未爲并州。

C〔又〕仲達右僕射廣安王　據北史五四，仲達改封濮陽王，不云「廣安」；芒洛三編匹婁德臣誌亦稱濮陽郡王，唯其子普樂封廣安郡王，此處殆有脱文。

D〔又〕孫武徹唐崇道府統軍武安公　千唐古君夫人匹婁氏誌，卒證聖元年，年六十六，誌云：「曾祖睿，北齊封異姓八王，位歷三仕，讀齊史者詳焉。祖孝育，北齊散騎侍郎，襲爵廣安郡王，食邑二千户，隨鷹揚郎將。父武徹。」「睿」即北史之「叡」，傳謂是昭兄子，則武徹非昭之所出，與姓纂異。又傳，叡封東安王，誌云襲廣安郡王，封號亦小異。且與前引「普樂」者相同。傳謂叡子子産，「産」、「育」相關，子産當即孝育矣。誌敍武徹歷官爲「唐秦府庫真，驃騎將軍，右衛中郎將，檀、雲、朔等州刺史，安西都護使持節，上柱國，濟源縣開國公」，此作「武安」又不同。

樓

474　夏少康之後。周封杞東樓公，支孫以樓爲氏。秦有相樓緩。據祕笈新書增。漢有大尚書樓蝗。

A〔岑校〕秦有相樓緩　此五字洪氏據祕笈新書增。亦見類稿三一引文。

B〔又〕漢有大尚書樓蝗　「蝗」，庫本及通志作「瑝」。

475 【齊郡】漢樓護字君卿，王莽時爲前輝光。

A〔岑校〕王莽時爲前輝光　「輝」，漢書九二作「煇」，庫本同。

476 【譙郡】漢太常樓望。吴志，樓元。

A〔岑校〕吴志樓元　依三國志六五，「元」應作「玄」，唯庫本亦作「元」。

477 【東陽】後漢樓秦自譙徙會稽之西部，因居東陽烏程縣。唐新州治中樓仲興，其後也。

僂

478 齊勇士僂堙，亦作「婁」。

A〔岑校〕齊勇士僂堙　按此卽前文婁姓「齊大夫婁禋」也。作「堙」，同左傳。

歐

479 歐冶子，吴人，善鑄劒。案鄧名世古今姓氏辯證引元和姓纂曰，東甌王之後，亦作「歐」。此條脱，補入。

A〔岑校〕歐冶子吴人善鑄劍　校注云：「案鄧名世古今姓氏辯證引元和姓纂曰，東甌王之後，亦作「歐」。此條脱，補入。」所謂「補入」者卽下條「甌，東甌王之後」六字也，此注本應附甌姓之後。又按通志「甌氏」云：「亦作『歐』，東甌王之後也。」唯辯證一九歐姓引姓纂云：「東歐王之後，亦作『甌』。」

「歐」、「甌」互易，與校注所引異。若然，則是歐姓之文，不應別出「甌」也，存疑待考。

甌

480 東甌王之後。

緱

481 見姓苑。

482 【陳留】 孝子傳，陳留緱氏女名玉。

A〔岑校〕緱氏女名玉　見後書申屠蟠傳。

483 【河南】 官氏志，渴侯改爲緱氏。

A〔岑校〕官氏志渴侯改爲緱氏　「渴侯」下奪「氏」字，應依庫本及通志補。

句

484 句芒氏之後。史記有句強。

A〔岑校〕史記有句強　按史記六七，孔子弟子有句井疆。鄭玄曰，衞人。不作「句強」。廣韻、通志作「句疆」。

謳（岑補）

485 越王之後。左傳，越子伐吳，使大夫謳陽先及郊，是其後也。（岑補）

A〔岑校〕據姓觿四引。

歐陽

486 越王句踐之後，支孫封烏程歐陽亭，因氏焉。漢有歐陽和伯，授尚書；曾孫高，博士；孫也餘，少府。案釋文，「也餘」作「地餘」。

A〔岑校〕漢有歐陽和伯授尚書曾孫高　此同漢書八八。魯公集一〇歐陽琟神道碑：「漢有歐陽伯和，伯和孫高。」集古録跋七云：「諸史皆云字和伯，……又顏氏獨異，初無所據，蓋其繆爾。」

B〔又〕孫也餘少府　校云：「案釋文，『也餘』作『地餘』。」余按漢書八八（羅校亦引此）及百官公卿表、韋元成傳均作「地餘」，通志同。「也」字傳寫訛。

487 【樂安千乘】歐陽生曾孫高氏，代居千乘。元孫歙，文司徒。

A〔岑校〕歐陽生曾孫高氏　「氏」字必誤，或應作「後」。

B〔又〕元孫歙文司徒　「文」誤，當依庫本作「大」。後書一九〇上稱自歐陽生至歙八世，乃連本身計之。

488 【渤海】晉有歐陽建，字堅石，石崇外甥也，官至馮翊太守，爲趙王倫所殺。兄子質，奔長沙。

A〔岑校〕晉有歐陽建字堅石……兄子質奔長沙　集古録跋七云：「舊譜皆云堅石子質，南奔長沙。」余按姓纂下文又云：「歐陽建兄子質，避難居長沙。」修獨謂堅石子質，豈奪「兄」字歟。

489 【長沙臨湘】歐陽建兄子質，避難居長沙。九代孫頠，陳山陽公；生紇，陳廣州刺史，反，誅；生詢，爲江總所收養，博士、唐給事中、率更令；生通，兵部尚書、納言。紇弟約，生允，始州刺史、南海公。元孫何價，下邳令。

A〔岑校〕陳山陽公　此誤，庫本作「陽山」，亦見羅校引陳書、南史。按今魯公集一〇亦誤「山陽郡公」。集古録跋七云：「既得顔魯公歐陽琟碑，又得鄭真義歐陽諶墓誌，以與家所傳舊譜及陳書、元和姓纂諸書參校，……呂學士云，陳無山陽郡，山陽今楚州是也，當梁、陳時自爲南兗州，而以連州爲陽山郡。然則陳書及舊譜皆云穆公封陽山公爲是，而顔公所失者一也。」可見歐陽所據姓纂固作「陽山」。

B〔又〕生詢爲江總所收養博士唐給事中率更令　文德皇后喪，詢爲率更令，見廣記四九三引談賓録。「爲江總所收養」一句，疑後人羼入。廣記二〇八引書斷，詢官至銀青光禄大夫、率更令，貞觀十五年卒，年八十五。

C〔又〕生通兵部尚書納言　拓本調露元年十二月大唐故特進行右衛大將軍兼檢校右羽林軍仗內供奉上柱國卞國公贈并州大都督泉君(男生)墓誌銘并序，題「朝議大夫、行司勳郎中、上騎都尉、渤海縣開國男歐陽通書」。

D〔又〕紇弟約生允始州刺史南海公　歐陽琟碑，高祖紇，曾祖允。則允非約子。但碑有云：「曾祖允年十七，以名門子入侍，見賞於太宗。」考紇以太建二年(五七〇)被擒，就令允生於是年，其十七歲時猶不過開皇六年，太宗尚生在十餘年後，允安得爲紇子？是知真卿此碑，僅據謬誤之家牒而爲之，絶未加以細核也。碑又言回封南海郡公，施、光二州刺史，不記始州。集古録跋七云：「元和姓纂及諶銘皆云允，約之子，而顏公獨以爲紇子，其所失者四也。」辨尚未詳，故再申明之。又「允」，元龜六六四作「裔」，皆清、宋人避諱，應依通鑑正作「胤」。

侯史

490 風俗通，董狐爲晉侯史，因官氏焉。

491 【東萊】漢御史大夫桑弘羊故侯史吴，匿弘羊子遷。後漢侯史乾爲東萊太守，因家氏焉＊。晉少府侯史光，有傳。

A〔岑校〕故侯史吴　漢書六〇杜延年傳稱故吏侯史吴，此奪「吏」字，或引稱「漢有御史大夫桑弘羊吏侯史吴」（據姓氏篇），則又奪「故」字也。

鉤弋

492 英賢傳，漢昭帝母鉤弋夫人趙氏，居河間，又爲鉤弋氏。神仙傳，鉤弋君得仙道。

羺羊

493 左傳石碏宰羺羊肩之後。

句龍（岑補）

494 漢書句龍吾斯之後。（岑補）

A〔岑校〕據姓觿四引。下文宋史云云，係指趙宋言，非林氏之文。

侯莫陳

495 其先後魏別郡，居庫斛真水。周書云，代武川人，代爲渠帥，隨魏南遷，爲侯莫氏。

A〔岑校〕其先後魏別郡　「郡」誤（類稿五九引同誤），庫本及通志均作「部」。金石録二三引姓纂云：「其先後魏別部。」沈跋云：「今孫本作『別郡』，尤誤字之顯然者也。」亦見羅校。余按周書一六固作「其先魏之別部」。

B〔又〕周書云代武川人　按金石録二三引「代」下有「郡」字，類稿引漏「代郡」字。

C〔又〕爲侯莫氏　「氏」上應依通志補「陳」字，金石録二三及類稿引均有之。

496【河南】　後魏有侯莫陳白，生延，京兆公。延生提，相州刺史。提生元，武川鎮將、北平王。元生興，羽林監、清河公。興生順、從、瓊、凱。崇，八上柱國、尚書令、司徒、太保、梁國公，生芮、頖。芮，周司空，生奕。頖，桂州總管，生肅、文騫。肅字虔會，案北史，崇子穎。此「頖」字誤。穎子名虔會，此「肅字」二字衍。唐考功郎中、相州刺史、昇平縣男，生瓘、瑋、嗣忠。嗣忠，丹州刺史，生知節、知道。

A〔岑校〕提生元　周書一六「元」作「允」，已見羅校。金石録二三侯莫陳肅碑跋引涉墓誌，又以爲崇王父豐。

B〔又〕興生順從瓊凱　「從」誤，庫本作「崇」，亦見羅校。余按下文有「崇」無「從」，則「從」字誠誤也。

C〔又〕芮周司空　周書一六作「大司馬」。

D〔又〕頫桂州總管生肅文騫肅字虔會　　校云：「按北史，崇子穎。此『頫』字誤。穎子名虔會，此「肅字」二字衍。」羅校云：「案金石録侯莫陳穎墓誌跋載侯莫陳乾會碑云，名肅字乾會，元和姓纂同，是「肅字」二字非衍文。」按金石録三著録肅碑，貞觀二十一年立。

E〔又〕嗣忠丹州刺史　　庫本無「忠」字，嘉慶本「忠」字似挖補。曲石藏唐侯莫陳夫人誌，卒天寶十三載，春秋六十八，誌云：「故豐府長史嗣丹之女。」嗣丹不知與此有關否。

487 知節，汝州刺史，生澄、涣、涉。澄生起、超、越。起，唐州刺史，生鬲、昌。超，都官郎中，生遥、曇、昇。遥生愿、蒸、恁。蒸，醴泉令、同州長史。曇生忲、恕、協、應。昇，璧州刺史。涣，都官郎中，生逌、懍。涉。涉，相州刺史，生進。　字案「字」字衍。

A〔岑校〕生澄涣涉　　金石録二三侯莫陳肅碑跋云：「余嘗得穎及穎之孫涉墓誌。」「之」應作「玄」，因涉爲肅曾孫而穎之玄孫也。

B〔又〕超都官郎中　　全文三八開元二十六年册永王妃文，稱右羽林軍長侯莫陳超第五女。

C〔又〕生遥曇昇　　庫本「昇」下有「晏」字。

D〔又〕曇生忲恕協應　　代宗時華原尉侯莫陳忲改長安尉，與李栖筠同時，見元龜五一五。

E〔又〕昇璧州刺史　　「璧」，庫本作「壁」，待考。

F〔又〕涣都官郎中　　開元中，劉知柔巡察河南，薦濮州刺史侯莫陳涣，見元龜六五八。

G〔又〕生逌懍涉　「涉」字因下有「涉，相州刺史」而複衍，應删。

H〔又〕涉相州刺史　涉墓誌立於開元二十三年，見金石録六。吴興談志一四：「侯莫陳涉，神龍二年自睦州刺史授，遷商州刺史。統記云，開元九年。」

498 知道生濟。濟生傑、俊。

499 崇兄順。順孫詮，右率衛。

A〔岑校〕右率衛　「率衛」二字倒錯。

二十一侵

侵

500 見姓苑。

林

501 殷太丁之子比干之後。比干爲紂所滅，其子堅逃難長林之山，遂姓林氏。案通志，林氏出自姬姓，周平王庶子林開之後。開生林英，英生林茂、林慶。與此不同。魯有林放，仲尼弟子。左傳，林雍、林不狃、林楚，代仕季氏。左傳云，林楚之先，皆林氏之良也。齊有林阮，見説苑。

林類見列子。林回，見莊子。

A〔岑校〕比干爲紂所滅　類稿三三、新書七引「滅」作「戮」，是也。類稿林姓引文，比今本訛奪更多，不贅及，他倣此。

B〔又〕其子堅逃難長林之山遂姓林氏　校云：「案通志，林氏出自姬姓，周平王次子林開之後。開生林英，英生林茂、林慶。與此不同。」庫本無「與此不同」四字，但云：「世系甚明，因長林山得氏，說自林寶始，夾漈稱其偏，猶有以也。」余按古代得氏，恆有數說，究其來源，亦往往姓同系異。必謂林姓盡出比干，固爲不可，而謂林姓祇祖姬氏，要屬難稽。寶籍濟南，殆據本宗傳述。樵生閩地，偏聽晉安之言（閩多林姓）。說可並存，難爲軒輊。庫校專主夾漈後著之通志，正坐偏徇。洪氏改爲「與此不同」，持論尚不著邊際也。

C〔又〕皆林氏之良也　「林」，通志作「季」，類稿、新書及備要一九同。

502 **【濟南鄒縣】**風俗通云，林放之後。至林玉爲相，有九子，號「十德之門」，又居九門，據祕笈新書增。見戚苑。子孫秦末居齊郡鄒縣。漢分齊郡置濟南，遂爲郡人。

A〔岑校〕至林玉爲相　新書及備要「相」上有「趙」字。

B〔又〕又居九門　四字洪氏據祕笈新書增，類稿引文亦有之。

C〔又〕見戚苑　當即唐劉揚名所撰之戚苑纂要，引見前劉姓臨淮望下，庫本「苑」誤「菀」。

503 玉元孫摯，仕漢，封平棘侯，傳封四代，見功臣表。曾孫林遵，字長賓，受尚書于同郡歐陽高，官至少府、太子太傅，見漢書儒林傳。遵六代孫遡，後漢徐州刺史、清泉侯；五代孫喬，字伯昇，與釋道安爲友，見高僧傳。伯昇元孫道明，後魏清河太守；生勝，北齊散騎侍郎。魏分清泉爲臨清，今兖州臨清人也。

A〔岑校〕曾孫林遵　按漢書八八作「林尊」，「尊」、「遵」古讀通。

B〔又〕五代孫喬字伯昇　「昇」，庫本作「升」，下同。

504 勝生曇。曇生通。通生登，唐清苑、博野二令，以二子官居高陸，入關居三源縣，生游楚、游藝、游道、游真。

A〔岑校〕入關居三源縣　「源」當作「原」，唐屬京兆，亦見勞御考二。

505 游楚自萬泉令應變理陰陽科第二等，擢夏官郎中，出鳳、陳、鄜三州刺史，生希邱、希望、希禮。希邱，定平丞，生肅、琨。肅，延安主簿，生少良、伯成、季隨、賈。伯成，偃師尉。琨，司駕員外、知制誥，生禮、膳部、右司郎中、諫議大夫、中都男、贈兵部侍郎、工部尚書；生賁、贄、貴、寶。賁，左神武冑曹。贄，崇文校書，並舉進士。賁，定平丞*，三代進士。寶，太常博士。希禮生璠、玒。璠，京兆法曹，生伸、偃。伸，白水令。偃，司議郎。

A〔岑校〕生少良伯成季隨賈　叢編一三引復齋碑録有盧君女墓表，元和六年立，林賈撰文，此賈爲寶再從父，殆卽其人。

B〔又〕琨司勳員外知制誥　全文四五八云，琨，代宗朝官左司、司封郎中，知制誥，按今郎官柱封中有琨名。全詩十一函八册收琨詩一首。

C〔又〕生禮　勞考一云：「二字疑衍。」按琨之從父名希禮，其子似不應名「禮」，勞說是也。

D〔又〕璠京兆法曹　全詩十一函八册收林璠詩一首。

506 游道，高平令，生希業、濤、洋。業，河南法曹，生弼、賞。弼，王屋令。賞，監察御史。濤，渭南尉；孫清趙，鄠令。洋，密、衢、常、潤、蘇九州刺史，生曄、益、實、畢。曄，萬年尉。益，河陽丞。

A〔岑校〕濤渭南尉　全文六二一收濤對惰農判一首。

B〔又〕孫清趙　庫本作「清越」。

C〔又〕洋密衢常潤九州刺史　洋見精舍碑監察御史幷內供奉。元龜五四，天寶九載有吳郡太守林祥，應卽此人，「祥」乃「洋」之訛。舊書一四六，薛播伯父元暧之妻，爲濟南林氏，丹陽太守洋之妹。全文三六有玄宗賜丹陽太守林洋勅。嘉定鎭江志一四：「時練師李含光將赴金壇，故有是敕，石刻猶存，含光上表年月係天寶七載，則林洋守丹陽正其時也。」

D〔又〕益河陽丞　全文六二一收益五聲同色賦一首。

507 游真孫明，大理司直、榆次縣令。

508 【平涼】　後魏平涼太守林遯，稱遵後。晉永嘉後平涼。女爲魏孝文帝后，生廢太子恂。

A〔岑校〕平涼後魏平涼太守林遯稱遵後晉永嘉後平涼女爲魏孝文帝后　按北史一三云：「孝文貞皇后林氏，平原人也。父勝，位平涼太守。」魏書一三略同。是平原人，非平涼人；名勝，不名遯。「永嘉後」之下有奪文，或爲「徙居」等字。

509 【廣陵】　監察御史林袞，狀稱遵後。後漢末，恂仕吴，因居焉。恂蓋袞之先也。

A〔岑校〕監察御史林袞　全詩五函六册劉商有送林袞侍御東陽秩滿赴上都，此與登科記考二四大順元年下引淳熙三山志之林袞，時代不同。

510 【魏郡】　林放之後，狀稱本居廣平任縣，隋末徙魏州。唐率更令林庭珉，女爲元宗昭儀，生萬春、宜春二公主。其子寔，爲湖城令。

511 【晉安】　林放之後，晉永嘉渡江，居泉州。東晉通直郎林景，十代孫寶昱，泉州刺史。今領判官、監察林藻；江州判官兼監察林蘊，皆其後也。

A〔岑校〕今領判官監察林藻　黄御史集，明人曹學佺序引靈嵓寺碑云：「貞元中，侍御史林公藻、水部員外郎蘊各兹業文。」余按御史集五靈巖寺碑實云：「初，侍御史濟南林公藻與其季水部員外郎藴，貞元中谷茲而業文。」非謂兩林氏已官侍御、員外也。解題一六，藻貞元七年進士，官至嶺南節度副使。登科記考一二，藻，披次子。紀事四二，貞元七年杜黄裳知舉，訪名士於尹樞，樞言孤進有林藻，是年藻第十一（亦見廣記一八〇引閩川名士傳）。宣和書譜十收林藻深慰帖一，當即其人。

B〔又〕江州判官兼監察林藴　考歐陽行周集二有蜀門與林藴分路詩，同卷三有與林藴同之蜀詩，同集九又有送巴東林明府序，應即其人。明林俊見素文集，藴，披第六子，貞元四年明經及第（新書二〇〇有傳）。全詩六函一册歐陽詹玩月詩序：「貞元十二年，……予與鄉人安陽鄒楚長、濟南林藴、潁川陳詡亦旅長安。」閩人語：「歐陽獨步，藻藴横行。」

512【成都】漢有林閭，善古學，揚雄師之，見雄集。

513【河南】官氏志，邱林氏改爲林氏。

岑

514 呂氏春秋云，周文王封異母弟耀子渠爲岑子，其地今梁國岑亭是也。

A〔岑校〕呂氏春秋云周文王封異母弟耀子渠爲岑子　按通志同。唯新表七二中：「周文王異母弟耀子渠，武王封爲岑子。」唐句容令岑植德政碑：「周文王母弟輝，尅定殷虚，封爲岑子，今梁國岑亭，即其地也。」（續古文苑一八）均與此小異。

515【南陽棘陽】後漢征南大將軍岑彭後有岑晊，字公孝。晊孫軻，吳鄱陽太守，徙鹽官。十代孫善方，梁起居尚書、長寧公。又居江陵。生曼倩、景倩。案唐世系表，善方生之象，邯鄲令。之象生文本、文叔。文本相太宗，生曼倩、景倩。此作「善方生曼倩」，中缺二代。

A〔岑校〕十代孫善方梁起居尚書　按周書四八善方傳：「徵爲太府卿，領中書舍人，……尋遷散騎常侍，起部尚書。」新表則作「起居舍人、尚書」。考隋書二六記梁代官制有云：「又有起部尚書，營宗廟宮室則權置之，事異則省，以其事分屬都官、左户二尚書。」是「起居尚書」應正作「起部尚書」也。句容令岑植德政碑云：「高祖善方，梁驃騎大將軍，周起部尚書、開府儀同三司、長寧縣開國公、食邑一千二百户，贈侍中，謚曰敬。……曾祖之象，隋虞部員外侍郎，襲爵長寧公。」（續古文苑一八，景龍二年立）可證。大業初，江陵岑之象爲邯鄲令；子文本，年未弱冠，見廣記二九七引冥報記（亦見珠林六）。

B〔又〕生曼倩景倩　校云：「案唐世系表，善方生之象，邯鄲令。之象生文本、文叔。文本相太宗，生曼倩、景倩。此作「善方生曼倩」，中缺二代。」羅校云：「案唐表是也。周書岑善方傳亦作子七人，之元、之利、之象最知名。」仲勉按，下文亦有「文叔生長倩」，可證缺二代者爲今本脱簡。又據舊書七〇，憲公尚有季弟曰文昭，貞觀時任校書郎。岑植德政碑：「父景倩，周大中大夫、行麟臺著作郎兼弘文館學士。」

516 曼倩，雍州刺史，生獻、義、仲翔、仲休。獻，國子司業；孫定義，侍中、汝南公。仲翔，陝州刺史。仲休，駕部郎中，生炅。炅生贊，司門郎中。

A〔岑校〕曼倩雍州刺史　新表七二中作「長史」。

B〔又〕生獻義仲翔仲休　「義」應如羅校作「羲」。又「仲休」，今新表七二中作「仲林」。考舊書七〇有云：「時羲兄獻爲國子司業，弟翔爲陝州刺史，休爲商州刺史。」金石録引唐表亦作「休」，則作「林」者今本之訛也。曼倩尚有長子子輿，見金石録二五岑子輿誌，跋云：「按元和姓纂及新唐書宰相世系表載曼倩四子，獻、羲、仲翔、仲休而無子輿，今墓誌云，次弟獻，前太子典膳郎；次弟羲，前成均監主簿。而無仲翔、仲休。墓誌既云獻、羲等，則不載仲翔、仲休容有之，惟子輿乃曼倩長子，姓纂與世系表當書而闕者何也？」余按姓纂無長子必書之例，新表多承姓纂而書，趙氏所論，蓋未深究姓纂之體裁也。復次，舊書七〇文本傳，長倩子羲，長安中爲廣武令。沈炳震云：「按舊書作長倩子，新書作文本孫，觀下文韋嗣立薦羲曰，恨其從兄長倩犯逆爲累，則固非長倩之子，而亦非文本之孫，蓋長倩爲文本兄子，羲當是文本子也。」按今本舊書實作「其從父長倩」，沈氏見本誤耳。憲公以貞觀十九（六四五）年卒，羲以先天二（七一三）年卒，前後相去幾七十年，亦羲非憲公子之旁證。岑植德政碑：「君之兄羲。」岑嘉州集序：「曾太公文本，大父長倩，伯父羲。」（續古文苑一一）其世系甚明。

C〔又〕獻國子司業　獻妻爲顔真卿之姑，見魯公集一一。

D〔又〕仲翔陝州刺史　先天二年澤州刺史岑翔，見元龜六七三，卽此。上文引舊傳亦祇稱翔，不云仲翔。

E〔又〕仲休駕部郎中　依前文，仲休嘗爲商州刺史。又仲休，聖曆中爲溧水縣令，見全文七四〇仙壇山銘（參拙著全唐文拾誤）云：「寶曆二年善政縣令岑仲休。」「寶曆」，「聖曆」之訛。

F〔又〕生炅　「炅」，今唐表訛爲「靈」。

517 景倩孫參，嘉州刺史。

A〔岑校〕景倩孫參嘉州刺史　新表七二中同。杜確岑嘉州集序則云：「大父長倩。」序又言參有子佐公，今新表不載。又封氏聞見記九之舍人「岑參」，乃「高參」之訛，辨見拙著唐史餘瀋，唐無兩岑參也。

518 文叔生長倩，中書令、鄧公；生虛源、廣成。

A〔岑校〕文叔生長倩中書令鄧公　李衛公集一二論儀鳳以後褒贈狀，有故文昌右相岑長倩，吏部狀准制請復舊官爵。

B〔又〕生虛源廣成　羅校云：「案『虛源』，唐表作『靈源』。」余按舊書七〇，長倩子靈源，「靈」、「虛」常互訛（如「靈超」訛「虛超」）。

任

519 黄帝廿五子，十二人各以德爲姓，一爲任氏，六代至奚仲，封薛。魏有任座，秦有任鄙。漢御史大夫、廣阿侯任敖，武帝任安。

A〔岑校〕黄帝二十五子十二人各以德爲姓一爲任氏六代至奚仲　羅校云："「案唐書世系表作「黄帝少子受封於任，因以爲姓，十二世孫奚仲」。」

B〔又〕魏有任座　按漢書二〇人物表上下等内有任座。師古曰："「座音才戈反。」今字書「座」字無此音，「痤」字有之，金石録一五亦作「座」。

C〔又〕秦有任鄙　庫本無「有」字。

D〔又〕武帝任安　「武帝」下有奪文，通志着「時有」二字。

520 【樂安博昌】任敖之後。晉尚書任愷。梁新安太守任昉，生東里。

A〔岑校〕晉尚書任愷　愷，晉書四五有傳。全文拾遺一六任令則碑，稱魏吏部尚書愷，蓋仕魏入晉也，與後漢書一六之任愷同姓名。

521 【南陽宛縣】後漢河内太守任延。

522 【廬江】任敖十一代孫課，晉安東將軍，始居廬江。八代孫忠，小名蠻奴，陳鎮東大將軍、梁信侯。案南史，「鎮東」作「鎮南」，「郡侯」作「郡公」。弟定遠將軍寶；生懷，唐陜州都督、管國公；生公襘，州刺史。

A〔岑校〕弟定遠將軍寶生懷唐陝州都督管國公　按「懷」當作「瓌」，舊書五九本傳云：「父七寶，仕陳定遠太守。」不作「將軍」，瓌亦未嘗爲陝州都督，或贈官歟？寰宇記一二六：「任環字子瑋，合肥人，太宗朝累功拜大都督。」「環」字亦訛。又舊書五九、新書九〇均言「字瑋」，與寰宇記「字子瑋」異。管國公任瓌，見廣記二四八引御史臺記。

B〔又〕生公澮州刺史　唐無「澮州」，據庫本，「澮」下有「衡」字，此奪。

523【西河】任敖之後，徙西河。晉東平太守任誕，裔孫幹，唐司農丞，生元植、昭理。元植，殿中御史，曾孫肅、侗。侗，京兆少尹。昭理，汴州刺史。幹從父弟惠，孫正名，唐右司郎中，又居成都。

A〔岑校〕元植殿中御史　元植，庫本同。李文公集一四作「玄植」，樂安人。通鑑二〇四，垂拱四年，監察御史任玄殖以忤武后免。

B〔又〕侗京兆少尹　太白禪師塔銘（禪師元和四年卒）稱故劍南東川節度行軍司馬、檢校户部郎中任公侗，駐騎雲根（古刻叢鈔）。新書四一，貞元九年明州刺史任侗。

C〔又〕昭理汴州刺史　開元四年七月，令荆州長史任昭理等各巡本管，見英華四六一。廣記二六三引朝野僉載，任正理爲汴州刺史，「正」字疑誤。

D〔又〕孫正名唐右司郎中　隋唐嘉話，張沛在同州，任正名爲録事，劉幽求爲朝邑尉，誅韋氏時脱沛於死。耳目記稱左司郎中任正名。開元中，正名爲侍御史，又元福慶與任正名同爲監察，均見廣記二五〇引御史臺記。

524【渭州】狀云任放之後。唐兵部尚書、同三品任雅相；曾孫鵬，陵州刺史；生迪簡，真定節度使。案唐書，迪簡終工部侍郎，以不能朝謝，改太子賓客，卒，贈刑部尚書。新舊書無真定節度使之文。

迪簡生憲、宇。

A〔岑校〕渭州　庫本作「渭南」，按新表七三上亦云：「其後徙居渭南。」此誤。

B〔又〕狀云任放之後　「放」誤，庫本作「敖」。亦見羅校。

C〔又〕唐兵部尚書同三品任雅相　舊書四，顯慶四年五月，由兵尚參知政事。龍朔元年五月，爲浿江道大總管伐高麗，二年二月卒於軍。又會要八〇，卒贈荆州大都督，謚曰敬。

D〔又〕生迪簡真定節度使　校云：「按唐書，迪簡終工部侍郎，以不能朝謝，改太子賓客，卒贈刑部尚書。新、舊書無真定節度使之文。」羅校云：「案唐書世系表亦作『迪簡，易定節度使』。」覼原校注語，余又知其止讀傳末，不讀傳之中段也。舊書一八五迪簡傳云：「及張茂昭去易定，以迪簡爲行軍司馬，……尋加檢校工部尚書，充節度使。」是明明爲易定節度，原校顧謂無其文，非粗率而何。又舊書一四，元和五年十月爲義武節度。白氏集三九有答讓易定節度使表。全文六一憲宗詔：「新授右散騎常侍任迪簡、祕書少監獨孤郁等，如聞疾患日久，未在（？）視事，其俸料等宜令所司住給。」

E〔又〕迪簡生憲宇　新表七三上，憲字亞司，無字。郎官柱勳中有任憲，勞考七云：「元和姓纂亦不詳歷官。」蓋元和初或猶未仕，或尚在下僚，故不詳也。新安志九牧守門：「任宇，咸通七年。」殆卽此宇歟。

525【河東】　鳳閣侍郎、平章事任知吉。

A〔岑校〕鳳閣侍郎平章事任知吉　「吉」誤，按任知古以天授二年六月相，見新表六一。

526【陳留浚儀】　唐并州長史、樂安公懷玉，生照隣，改名輝，夏官侍郎；生進，鄱陽太守；生抨洌，興平尉。

A〔岑校〕唐并州長史樂安公懷玉　「并州」，庫本誤「並州」。懷玉，永徽二年官朗州都督，見元龜九八六。貞觀中爲安撫大使，見寰宇記一〇八。「懷玉」上應補「任」字。

B〔又〕生照隣改名輝夏官侍郎　「隣」，庫本及嘉慶本均作「憐」。通鑑二〇五，長壽元年，益州長史任令輝流嶺南，當卽此人。大唐新語稱天官侍郎任令暉，廣記二六七引御史臺記同。

陰

527周文王第三子管叔鮮之後。管夷吾七代孫修，適楚，爲陰大夫，因氏焉。風俗通又云，康氏之後。周有陰不佞，陰里人也。

A〔岑校〕風俗通又云康氏之後　通志及類稿三三、備要三五引作「陰康氏」，此奪。沈跋云：「（路氏前紀）九卷，陰康氏之後有陰氏，注見姓纂。今孫本『二十一侵』陰姓下無『陰康後』之文。」祇奪「陰」字，不審沈氏何以竟略過也。千唐顯慶陽城丞王夫人陰氏誌云：「其先晉大夫陰飴甥之後。」又與林氏所舉兩説異。

B〔又〕周有陰不佞陰里人也　通志同。姓氏篇引急就章，以陰里爲人姓名，殆誤。

528【南陽新野】漢末居焉。陰子方、子公有祠竈之祥，至衞尉陰典孫鄰，女爲光武皇后，案後漢書注引東觀記，陰子公生子方，方生幼公，公生君孟，名睦，卽后之父也。世本「睦」作「陸」，今此作「鄰女」，誤。生明帝。鄰子識，執金吾*。孫綱，女爲和帝皇后。

A〔岑校〕至衞尉陰典孫鄰女爲光武皇后　按子方孫君孟，名睦，卽光武皇后之父，原校已引東觀記辨之。考陰氏先世，固未顯達，安有任衞尉者？惟后弟陰興字君陵，始以后貴拜衞尉，然其孫亦無名鄰者。「典」、「興」字近，此固指陰興無疑。至原文如何舛錯，究難辨定耳。

529【武威陰】後漢衞尉陰綱，孫常，徙武威姑臧。八代孫襲，家荆州作唐，曾孫子春，梁侍中，生鈞、鑑。鈞，度支尚書。鑑，晉安太守。鈞孫弘道，唐禮部員外。孫行光，國子司業，卽張燕公妹壻也。

A〔岑校〕武威陰　「陰」字可衍。

B〔又〕八代孫襲家荆州作唐　按梁書四六陰子春傳：「曾祖襲，隨宋高祖南遷至南平，因家焉。」據宋書三七，作唐縣屬荆州南平郡，庫本作「作塘」誤。

C〔又〕生鈞鑑……鑑晉安太守　按南史六四，子春之子鏗，累遷晉陵太守，「鑑」當作「鏗」，陳代文人也。全文四〇八張均邠王府長史陰府君碑：「公高祖湘東内史鏗，梁州之子。」可證。

D〔又〕鈞孫弘道唐禮部員外　按新書五七，陰弘道，顥子，臨渙令。陰府君碑：「曾祖江州刺史、通道館學士顥，祖朝請大夫、國子博士弘道。」則弘道是鏗孫，此作「鈞」，誤。輿地碑記目四，大業七年有太常博士陰道弘，時代或可相及，是否同人，待考。

E〔又〕孫行光國子司業即張燕公妹壻也　紀事一七作「行先」，又云：「行先，開元間爲湘（？）州從事。」「湘」疑作「岳」，時説謫岳州，故得相陪吟咏也。陰府君碑：「考某官景明。」又今本祗云公諱某，則未知「行先」、「行光」孰是。碑又云：「又拜國子司業，邠王府長史，……春秋七十有五。……夫人范陽縣君張氏，丞相燕公之妹。」「燕公妹壻」一句，恐非林氏原文。

530【廣樂】後周光禄大夫陰嵩，狀稱本武威人，賜姓邱目陵氏，隋複姓。孫壽，隋幽州總管、趙國公；生師，案隋書，壽子世師，此脱一字，避唐諱。左翊將軍，留守京師，義師至，就戮。師孫崇，唐蘇州刺史。

A〔岑校〕隋複姓　羅校云：「案『複』當作『復』。」余按通志作「復」。

B〔又〕孫壽　羅校云："「又隋書陰壽傳，父嵩。『孫壽』亦誤。」

C〔又〕義師至就戮　高祖拔京城，斬陰世師，見舊紀一。

D〔又〕師孫崇唐蘇州刺史　陰崇見范成大吳郡志一一牧守門。

金

531 少昊金天氏之後，見風俗通。

532 【京兆】漢秺侯金日磾，匈奴休屠王子也，生賞。弟倫，生安上，爲侍中。

533 後漢末有武林太守金族。族生稺，見魏志。

A〔岑校〕生稺　「稺」，庫本及嘉慶本均作「穉」。

琴

534 家語，仲尼弟子琴牢，字子開，一字子張，衞人也。亦見左傳。

535 【趙郡】列仙傳，琴高，趙人，得水仙，恆于漢水乘赤鯉。

湛

536 豫章〔岑補〕後漢大司農湛重。

A〔岑校〕豫章（補）　後漢大司農湛重　「大」，庫本誤「文」。按「湛」，通志及類稿入上聲（「諶」，通志入平聲），廣韻「二十一侵」雖著「湛」字，但不云姓，稱姓者入上聲「五十三豏」，此録入下平，其誤與辯證一九同。永樂大典影本一九四二六之「二十二勘」，內列「湛氏」，其下注云：「豫章，元和姓纂，後漢大司農湛重。新淦，晉荆州刺史陶侃母湛氏。」餘與今本同。然則「後漢大司農湛重」上似應補郡望「豫章」二字，殆當日大典鈔本誤倒耳。不然，此二字無屬。況「湛重」一句，又非解釋姓源耶。

537【新淦】　晉荆州刺史陶侃母湛氏，新淦人。有湛氏方生。案漢有湛方，官司農。晉有湛方生，內軍諮議。梁有司州刺史僧智。今進士湛賁，袁州人。

A〔岑校〕晉荆州刺史陶侃母湛氏　大典引辯證云：「謹按陶母一作『諶氏』，未知何者爲是。」余按晉書九六作「湛」。

B〔又〕梁有司州刺史僧智　「僧智」上應依通志補「湛」字。大典「湛僧智」下注云：「姓名遥華湛僧智，梁武帝譙刺史，攻豫章，讓功夏侯夔。」按「譙」下當奪「州」字，此事見梁書二八夏侯夔傳。

C〔又〕今進士湛賁袁州人　大典「湛賁」下引袁州府志云：「湛賁，宜春縣人，初爲縣吏，唐貞元二十二（？）年登第，後鄉人詆之曰，湛郎登第，彭伉落驢。今赤板橋即其地也。彭伉蓋湛友壻，初伉登第歸，姻黨致（？）酒相慶，賁至，命飯於後閤，其妻責之曰，男子不能自勵，窘辱如此，復何爲容？賁感其言，舍役從學。後登第，遣僕歸報，伉方跨長耳驢出郊，聞賁登第，大驚墜驢，故有此語。」紀事三五作貞元十二年進士。貞元無二十二年，且以英華所收湛賁之日五色賦觀之，實與李程同年。知大典「二十」之「二」字衍。全文六一三小傳：「調江陰縣主簿，權知無錫縣，遷毗陵太守。」

郴

538 其先楚懷王孫心，號義帝，都郴，子孫氏焉。晉有郴寶。

539 【江夏】陶侃別傳，郴寶代居江夏。

箴

540 楚大夫箴尹闕克黃之後，子孫以官爲氏。

尋

541 古斟尋氏之後。晉有尋曾，河内，晉東海王屬。案此條文有脱誤。

A〔岑校〕晉有尋曾河内晉東海王屬　校云：「案此條文有脱誤。」余按尋曾字子貢，見廣韻。類稿三三尋姓云：「古斟尋氏之後。晉有尋魯。河内，晉東海王屬尋魯。隋末有尋相，尉遲敬德裨將。」似是全引姓纂者。如尋魯卽尋曾，則本書「河内」下當補「人」字，「晉東海王屬」者，猶云「東海王屬官」，例如舊紀一之「劉政會爲屬」，本書卷七之二（上官）庭芝，周王府屬」，費胤斌誌，「尋授秦州大總管府屬」（芒洛四編三），桐柏觀碑，韓擇木爲慶王府屬，是也。如尋曾、尋魯各一人，則「河内」字可提行空格，「屬」下補「尋魯」兩字。但姓觿四引千家姓云：「河内族，漢書有尋穆；晉書有尋曾，字子夏；隋書有尋相。」未提尋魯。以此推之，前説爲近。

鐔音尋，又音淫。

542 後漢有鐔顯。

A〔岑校〕後漢有鐔顯　見後書陳寵等傳。

543 【廣漢】　蜀志有太常鐔丞。漢有廷尉鐔政。

A〔岑校〕蜀志有太常鐔丞　三國志四二孟光傳作「承」，注引華陽國志同。今姓纂往往訛「承」爲「丞」也。通志、類稿亦訛。

B〔又〕漢有廷尉鐔政　「政」，廣韻作「顯」。顯官長樂衛尉，見後書陳寵班勇等傳，此作「政」，或避唐諱也。

鄩

544 斟尋氏之後，亦作鄩。左傳，周有鄩肸。

A〔岑校〕周有鄩肸　「肸」，庫本誤「肸」，嘉慶本作「肹」，今左傳作「肸」，「肸」、「肹」義同，從目則非。

斟

545 夏諸侯斟灌，斟尋氏之後，姒姓，（二字岑補），以國爲氏焉。案史記夏本紀，斟灌、斟尋氏之外，又單爲斟氏，亦夏同姓國也。

A〔岑校〕夏諸侯斟灌斟尋氏之後姒姓（補）以國爲氏焉　通志「斟氏」下引姓纂云：「斟尋、斟灌並姒姓。」似此可酌補「姒姓」二字。

䠙（岑據沈跋補）

546 A〔岑校〕沈跋云：「又（後紀）八卷注云，又有䠙氏，出姓纂，今孫本『二十一侵』無䠙姓。」按「䠙」，廣韻作「䠙」，侵韻無「䠙」字，茲據改補。

禽（岑補）

547 魯展禽之後。（岑補）

A〔岑校〕據姓觿四引。

露

548 纂要文云，人姓。

林閭

549 嬴姓之後也。後漢蜀郡林閭翁孺，博學，善著書，見文字志。

A〔岑校〕後漢蜀郡林閭翁孺　辨誤一六據華陽國志，閭爲名，翁孺爲字，謂林閭非複姓。

B〔又〕見文字志　「字」，廣韻同，通志作「章」。

箴尹

550 楚箴尹克黄，子以官爲姓。箴尹宜咎，故陳大夫。

A〔岑校〕楚箴尹克黄子以官爲姓　「子」下似當補「孫」字。

沈猶

551 家語，魯沈猶氏奢侈踰法。

斟戈

552 夏諸侯國，禹後（岑補），姒姓。

A〔岑校〕夏諸侯國禹後（二字補）姒姓 通志引姓纂云：「斟戈，禹後，亦姒姓。」此可補「禹後」二字。

黔婁（岑補）

553 A〔岑校〕辯證二〇「黔婁」云：「似其人黔姓婁名，未知姓纂何據，以爲複姓。」則是姓纂别有「黔婁」一條，其文今已亡矣。或者謂姓纂黔姓有云：「又黔婁先生，隱者。」辯證所引，或即指此。但考通志固兼有黔及黔婁二氏，黔氏下亦引黔婁先生。假姓纂非别出黔婁一姓，則黔姓下之黔婁，自是單姓，鄧氏固不必以複姓致疑也。

二十二覃

参

554 陸終二子曰胡之後，見世本。

A〔岑校〕陸終二子曰胡之後　按漢書二〇人物表，陸終六子，二曰參胡。通志及類稿三三亦作「參胡」，此奪。辯證一九云：「陸終第二子參胡之後。」（姓氏篇引訛作「第三子」）入侵韻，與廣韻同。今附覃韻，又編輯者之不慎也。

覃（岑補）

555 本譚氏，避難改覃，又音尋，今嶺南多此姓。（岑補）

A〔岑校〕據河東集一一覃季子墓銘注引補。姓氏急就篇下云：「覃氏，姓纂，本譚氏，避難改，……今嶺南多此姓。」（中間一節有引柳文，當非姓纂文）如避諱，似無衹去言旁之理，知避難爲正，茲參合補之。

南（岑補）

556 周宣王時南仲之後。魯有南蒯、南遺。又孟僖子生南宮敬叔，家語作「南宮縚」，仲尼弟子，或單姓南氏*。南宮縚字子容，妻仲尼兄孟皮女也。（岑補）

A〔岑校〕據類稿三三引。

譚（岑補）

557 譚子國，在齊州平陵縣西南，爲齊所滅。譚子奔莒，子孫氏焉。（岑補）

A〔岑校〕據類稿三三引。

南宮

558 文王四友南宮适之後。周有南宮極、南宮嚚。魯孟獻子生閱，案左傳昭公七年，孟僖子屬説與何忌于夫子，使事之。則敬叔乃孟僖子之子，説卽閱也。此爲獻子之子，誤。號南宮敬叔。叔生路，路生會，會生虔，爲南宮氏，見世本。仲尼弟子南宮縚，字子容，魯國人。。

A〔岑校〕文王四友南宮适之後　今辯證二〇南姓云：「出自子姓，成湯八世孫盤庚，妃姜氏夢赤龍入懷，因孕十二月而生子，手把『南』字，長荆州，因號『南赤龍』，生子條。條孫仲，爲紂將，平獫狁之難。宮括爲周文王臣，封南陽侯。宮括生邵，爲成王大司馬，封曰（？）水侯。邵生宮，宣王時爲南陽侯。又宮生伯，莊王時爲上大夫。春秋時有周大夫南季，聘魯，宜爲宮之子，伯之父兄。其後魯有南蒯、南遺。漢有南季，傳西京曹元禮算術。唐肅宗時，給事中南巨川，望出河東。開府儀同三司南霽雲，望出魏郡頓丘。霽雲生涪州刺史承嗣。」原校注云：「案辯證于東姓云，中國有東、西、南氏，高麗有北氏，必其先皆以方爲氏。而此條所引，並不言方，蓋以姓纂誤爲辯證也。今仍舊本。」校注者之意，蓋謂此一段是姓纂文，而大典誤爲辯證也。殊不知東、西、南氏於方，義取互見，因此段不言方，遂抉爲姓纂之文，論據極弱。況姓纂書例，係以郡望提起，下附世系，今文內有「望出河東」、「望出魏郡頓丘」等句，與姓纂文筆不同。又姓纂敍唐人時代，率冠年號，今此稱唐肅宗時，尤非唐人文字。且辯證南宮姓下又云：「舊說，文王臣南宮适，亦非複姓。」所謂舊說，不知何指，但由此可見鄧氏固主張南宮非複姓者，正與此文稱宮括後先掛對，其爲辯證文，非姓纂文，可無疑矣。觀前補類稿引南姓文，更爲強證。

B〔又〕周有南宮極南宮嚚　按類稿五五引，此下尚有「宋有南宮牛、南宮長萬」七字，今本奪。

C〔又〕魯孟獻子生閱　原校引左昭七年，孟僖子屬說于夫子，謂説卽閱，乃僖子之子，此云獻子之子誤；按類稿引姓纂，固作「魯桓公後孟僖子，生閱」，今所見者大典傳鈔之訛，非林氏之誤也。

D〔又〕叔生路路生會會生虔　庫本無「叔」字，類稿同，且不重「路」、「會」兩字，章氏所引，當是林書原文。

E〔又〕見世本　類稿引作「代本」，正林書原文。

559

【魯國】　今兗州有南宮氏。開元太史令南宮說，京兆人。孫傅，監察御史。

A〔岑校〕開元太史令南宮說　承議郎行司曆南宮説，見全文二四七李嶠神龍曆序。

B〔又〕孫傅　「傅」，庫本作「傳」。

南公

560 戰國時有南公，著書三十卷，言五行陰陽事；蓋衞南公子之後也。

南郭

561 虢仲自西虢遷上陽，號南虢，後爲南郭氏。（岑補）

A〔岑校〕據姓觿四引。

562 莊子有南郭子綦。左傳有。案左傳有南郭偃、南郭鉏，此脱文。光禄大夫南郭袓文，隨伯道遷入北，案此有脱誤。曾孫嗣本。嗣本，遂州刺史，生南郭翁慶。

A〔岑校〕莊子有南郭子綦左傳有 校云：「案左傳有南郭偃、南郭鉏，此脱文。」余按南郭鉏，通志作「南郭且于」，辯證一〇作「南郭鉏于」，此二名今誤爲「鮮于偃、鮮于且于」，錯簡於卷五鮮于姓之後，參看前文。

B〔又〕光禄大夫南郭袓文隨伯道遷入北曾孫嗣本嗣本遂州刺史生南郭翁慶 按後文「魏郡」一節，經勞考一四認爲「夏侯」錯簡之文。此一段内有「道遷」字，考魏書七一，夏侯道遷自南入北，則夏侯袓文者當道遷之姪，故曰「隨伯入北」也。校於「入北」下謂「案此有脱誤」，非是。又「南郭翁慶」亦當正作「夏侯翁慶」。

563【魏郡】狀云本譙人。後魏有興皇；生雄，唐刑部郎中，生處信、處讓、處節。處信，都官郎中、荆州長史；孫銛，給事中，生綏、締、維、紳。紳，庫部員外。處讓，都官郎中，生澧、收。

A〔岑校〕狀云本譙人後魏有興皇生雄唐刑部郎中生處信處讓處節處信都官郎中荆州長史孫銛給事中生綏締維紳紳庫部員外處讓都官郎中生澧收　勞考一四云：「原本誤入『南郭氏』注，今改正。」謂此節是「夏侯」文也。余按朝野僉載有夏侯處信。御史臺精舍碑之殿中侍御史及監察御史，又郎官柱之度外、金外，均有夏侯銛。銛以景龍二年及第，見會要七六；開元二十一年官給事中，見元龜四六九；知勞說不妄。

南伯

564莊子有南伯子葵•，出古賢人傳。

A〔岑校〕莊子有南伯子葵　「葵」，廣韻作「蔡」誤。李軌云，「葵」當爲「綦」，聲之誤也。蓋以爲即南郭子綦。

南史

565 左傳，齊有南史氏，後因爲姓。

南門

566 見姓苑。

甘士

567 世本，宋司徒華定甘士氏。周卿士甘平公爲王卿士，後氏焉。

A〔岑校〕世本宋司徒華定甘士氏周卿士甘平公爲王卿士後氏焉　按通志「甘士氏」云：「周甘平公爲正（王）卿士，因氏焉。」又「幹獻氏」云：「世本，宋司徒華定爲幹獻氏。」今姓纂卷九「幹獻」實複冒「函輿」之文，故應將此條「甘士」二字正作「幹獻」。易言之，即「世本，宋司徒華定幹獻氏」十字，須移附卷九「幹獻」之下，所餘「甘士」一條，亦應改入「二十三談」。

藍尹

568 楚大夫藍尹亹之後。

A〔岑校〕藍尹　按此姓應改收「二十三談」。

二十三談

甘（岑補）

569 風俗通，甘，夏時侯國也，以國爲氏。一云，周武王同姓，於畿内爲諸侯，因氏焉，甘伯恆（桓）公是也。又周封王子帶於甘，（甘）昭公使（是）也。殷有甘盤。秦有甘茂、甘羅，見史記。（岑補）

A〔岑校〕據類稿三三引。惟「恆公」應正作「桓公」，「於甘」下應重「甘」字，「使也」乃「是也」之訛（參姓觿四）。又林書既言周時甘始得姓，似不必引殷之甘盤以勞他人糾謬也。備要一四「恆」作「桓」，「使」正作「是」，又「甘羅」作「生羅」。

三伉

570 宋，子姓，微子之後。風俗通云，衞邑也。晉公子重耳封舅犯於三伉，支孫氏焉。漢有少府三伉充宗。代郡有陽縣有三伉氏。

A〔岑校〕宋子姓微子之後　三伉氏，子姓，見潛夫論。

B〔又〕風俗通云衞邑也晉公子重耳封舅犯於三伉支孫氏焉漢有少府三伉充宗代郡有陽縣有三伉

氏　按通志「五鹿氏」文，與此祇差數字（志多「姬姓」二字，無「云」字，「有陽」作「成陽」）。姓纂以「三伉」而兼冒「五鹿」也，此節應移入卷六「五鹿」之下。今「五鹿」之文，則應別補標目，參後卷六。復按，五鹿充宗見漢書百官表及藝文志等。地志，代郡祇「陽原」、「東安陽」二縣着「陽」字，「有陽」固誤，成陽亦屬濟陰，不屬代郡也。

三閭

571 楚公族屈、景、昭，爲楚之強宗，謂之「三閭」。（岑補）

A〔岑校〕據姓觿四引。如此，則下文「楚屈原」之「楚」字可省，姓觿亦引云：「屈原爲三閭大夫。」

572 楚屈原爲三閭大夫，因氏焉。

三烏

573 姜姓，炎帝之後，爲侯國，因氏焉。

A〔岑校〕姜姓炎帝之後爲侯國因氏焉　按通志「三烏氏」云：「風俗通，凡氏於職，三烏、五鹿，有三烏大夫，因氏焉。漢有三烏羣爲上郡計。」與卷七「社北」之文，祇差數字（姓纂「風俗通」下多一「云」字，又多「沛郡」二字），蓋「三烏」之文，誤錯於「社北」也。此處十二字，以通志勘之，應屬「三苗」。通志

「三苗氏」云：「姜姓，炎帝之後，爲侯國，因氏焉。」

三邱

574 孝子傳有三邱氏。

A〔岑校〕孝子傳有三邱氏　通志「三州氏」云：「孝子傳有三州昏。」「邱」顯「州」之訛，應改正，移附「三州」之下，若「三丘」之本文，即下「三苗」者是。

三苗

575 蜀志有三苗務。

A〔岑校〕蜀志有三苗務　「三苗」之文，今誤錯於「三烏」，説已見前。通志「三丘氏」云：「蜀志有三丘務。」應正「苗」作「丘」，移附前條。辨誤一六謂蜀録無三丘氏，係誤梁書之丘昂兄弟三人爲「三丘」云。

三州

576 三州孝子之後，亦單姓州。

A〔岑校〕三州孝子之後亦單姓州　辯證二〇引同。按「三州」之一節，誤錯於「三邱」，説已見前。彼云「孝子傳」，此云「三州孝子」，可知前者必非「三邱」之文矣。廣韻云：「三州孝子之後，有三州氏，後單姓州。」

三飯

577 三飯繚之後。

A〔岑校〕三飯繚之後　「繚」，庫本誤「缺」。

二十四鹽

閻

578 周文王之後•。武王封太伯曾孫仲奕于閻鄉，因氏焉。一云，唐叔虞之後，公族有食采于閻邑，因氏焉。漢末居滎陽。

579 晉有閻嘉，齊有閻職。（岑補）

A〔岑校〕類稿三三引文「食采於閻邑，因氏焉」之下，多此兩句，玆據補。備要二一六同。

580 【滎陽】狀，始晉成公子懿，食采於閻，因氏焉。（岑補）

A〔岑校〕類稿「閻職」下續引如上（備要同）。余以爲類稿中間略去「漢末居滎陽」一句，此則別提滎陽郡望，其下再接「後漢尚書閻章」云云。後漢書一〇下閻后紀：「河南滎陽人也，父章。」可爲證。

581 後漢尚書閻章；生暢，侍中、宜春侯，女爲安帝皇后，子顯、晏、景。顯，長社侯。裔孫嵩，後魏户牖侯，居武陽。七代孫爽止、晉止，唐左司郎中*；生敬言、敬受、敬仲。敬受生涉，鄧州刺史。敬仲生濟美，國子祭酒。

A〔岑校〕生暢侍中宜春侯　據後書一〇下，暢封北宜春侯。

B〔又〕生敬言敬受敬仲　南部新書庚有御史閻敬愛題詩，即此敬受，字涉相類而訛也。嚴州圖經一：「閻欽愛，至德二載十一月十日自蘇州別駕拜。」亦當是敬受，「欽」字殆宋人諱改。餘參拙著跋封氏聞見記。

C〔又〕敬受生涉鄧州刺史　江州集五酬閻員外陟詩，殆即其人。陟父任密州長史，見廣記二八〇引廣異記。

D〔又〕敬仲生濟美國子祭酒　舊書一八五下、新書一五九均不著其籍貫，亦未言嘗爲國子祭酒，此可補闕。廣記一七九引乾𦠆子*：濟美初舉劉單下落第，二舉王侍郎落第。會稽太守題名記：「閻濟美，元和二年四月自前福建觀察使授，其年十月追赴闕。」按嘉定鎮江志一四從通鑑考異，辨舊、新本傳濟美刺潤之誤，今觀題名記，又多一證。寶慶四明志一六，閻信美爲慈溪令，見常寂大師行狀碑，不知是濟美之訛否。拓本大中十三年孫嗣初妻韋誌：「外祖諱濟美，皇朝浙東觀察使、太子少保。」

582【天水】 西城侯、蜀巴郡太守閻竺，今無聞。

A〔岑校〕西城侯蜀巴郡太守閻竺　閻好問誌：「蜀巴西太守芝三十四代孫。」補正七七以爲與竺同一人，謂「『竺』與『芝』字涉形似，傳寫之誤也。」

B〔又〕今無聞　按姓纂自序云：「元和壬辰歲，詔加邊將之封，酬屯戍之績，朔方之別帥天水閻者，有司建苴茅之邑於太原列郡焉。」是天水之後，非無聞也，豈林氏當日修書以文職爲重，故謂無聞歟？

583【常山】 狀云閻章後。唐監察御史文逸，生朝隱、仙丹。朝隱，給事中。仙丹，洛州司兵。

A〔岑校〕生朝隱仙丹　舊書一九〇中、新書二〇二均作「仙舟」，此誤，下同。

B〔又〕朝隱給事中　景雲三年官正議大夫行祕書少監，見全文九八八渾儀銘。嘗官太子舍人，見全詩二函二册詩序。景龍四年官著作郎，見同書一函二册中宗聯句。卒在張說、徐堅之前，見廣記一九八引大唐新語。

C〔又〕仙丹洛州司兵　登科記考二七、大典引欒城縣志，閻仙舟舉進士，歷官朝散大夫。

584【廣平】 狀云本常山人。唐安固令閻春，生處逸、處節。處逸生交禮，長安尉。交禮生至言、至爲。至言生寬。至爲，太常博士，生訪，評事。處節生自厚。自厚生懿道。懿道生伯璵，刑部侍郎。璵生昂。璵從父弟伯均。

A〔岑校〕至言生寬　寬於天寶十三載時爲監察御史，見魯公集五。又天寶中爲太子正字，見集古録目（叢編三）。全文三七五有閻寬温湯御毬賦，天寶六載作。全詩三函九册小傳云，寬官醴泉尉。

B〔又〕至爲太常博士　全文九五四收至爲對行盪甕破奴死棄水判一首。

C〔又〕生訪評事　按紀事二六，閻防在開元、天寶間有文稱，以罪謫長沙。此訪與寬爲從昆，時代正相當，「訪」即「防」之訛。全文三一五李華楊騎曹集序，孫逖爲考功，常山閻防高第。前文云「本常山人」，故稱常山閻防也。全詩二函十儲光羲有貽閻處士防卜居終南詩，三函三册孟浩然有寄閻九司户防詩，同函八册岑參有憶閻防詩，四函八册劉昚虚寄閻防詩注：「時防在終南豐德寺讀書。」

D〔又〕自厚生懿道　全文五二一梁肅閻氏誌：「皇朝考功郎懿道之孫。」

E〔又〕懿道生伯璵刑部侍郎　「璵」，庫本誤「瑛」，下同。伯璵，玄宗時爲翰林，見會要五七。尉遲迥碑，開元二十六年立，稱前華州鄭縣尉閻伯璵撰。唐語林一，伯璵自袁州刺史改撫州，到職一年，代宗徵拜户侍，未至卒，與此作刑侍異。載之集一七王端神道碑：「公與河南元德秀、天水閻伯璵同歲中正鵠。」（叢刊本）登科記考八定爲開元二十一年，但引「伯璵」作「仲璵」，想見本誤也。梁肅閻氏誌：「銀青光禄大夫、尚書刑部侍郎伯璵之女。」語林之「户侍」殆誤。丙寅稿崔湛誌，撰人稱起居舍人、翰林院待制閻伯璵。

F〔又〕璵從父弟伯均　輿地碑記目二：「黄鶴樓記，在黄鶴樓，唐永泰中閻伯理撰。」「理」、「均」字頗相近，傳抄庸有訛舛，時代亦合。紀事七八，李季蘭有得閻鈞書詩。全文四四〇又作閻伯瑾黄鶴樓記。惟全詩三函九册李嘉祐有送内弟閻伯均歸江州，又包何有同閻伯均宿道士觀詩，十一函九册清晝有與閻伯均聯句，作「鈞」者殆訛。吴興談志一六稱天水閻伯鈞。

585【河南】代人。本居雲陽。魏有閻滿，孫善。善曾孫慶，周少司空、太安公，賜姓大野氏；生毗，隋將作少監、石保公。毗生立德、立行、立本。

A〔岑校〕魏有閻滿　毘陵一二用之墓誌云：「文四十五代孫滿，仕後魏太祖爲諸曹大夫，自馬邑家河南。」

B〔又〕善曾孫慶周少司空太安公　庫本作「大安」，據周書二〇，慶爲小司空，封大安郡公，下文立德亦封大安。此作「少」、作「太」，均誤。新表七三下作「小」，不誤；惟云「石保成公」，則非其所進之爵也。毘陵集一〇作「在隋爲少司空」，更不合。

C〔又〕生毗隋將作少監石保公　廣記四六三引大業拾遺，殿内丞閻毗。

586立德，唐工部尚書、大安公；生遂，司農少卿。遂生知微、巨源。知微，春官尚書。巨源生用之，左金吾將軍。用之生寀，吉州刺史。

A〔岑校〕立德唐工部尚書大安公　廣記二一一引談賓録，右相、博陵子閻立本，洎其兄工部尚書、大安公立德。

B〔又〕生邃　羅校云：「案『邃』，舊唐書閻立德傳及唐書世系表作『玄邃』。」今郎官柱度中有閻元邃。勞考一三疑是「元邃」，然「元」、「玄」字不同（勞考不諱「玄」字，如卷三著録徐玄之）。考毘陵集一二閻用之墓誌：「立德生元邃，……官至澤州刺史。」或本名作「元」不作「玄」歟？

C〔又〕知微春官尚書　據昇之集五，知微嘗爲少府丞、舍人内供奉。

D〔又〕巨源生用之左金吾將軍　毘陵集一二用之墓誌：「邃生巨源，嘗宰射洪，……公，射洪第二子也。……後遷左金吾將軍，……至德後（？）二年十二月，終於京師，春秋五十九。」集目作「唐故右金吾衛將軍」，又新表七三下以巨源爲玄邃孫，均誤。舊書一五一别有巨源傳，卒元和九年，非此人。

E〔又〕用之生寀吉州刺史　用之墓誌：「廣德中，寀以監察御史領高陵令，明年辭職。」又寀於貞元七年爲吉州刺史，見會要五〇。江州集四有送閻寀赴東川辟詩。全文六八四董侹閻貞範先生碑，先生名寀，天水人，再登憲府，不樂進取，求出爲武陵相，時淮將跋扈，召爲申州刺史。渠兇稱禍，貶韶陵，再貶韶州司户，復拜汝州，改澧州，居七歲，轉吉州，乞度爲武陵桃源觀道士。貞元七年卒，甲子三百九十八。揭文安公文粹二天華萬壽宫碑：「唐貞元中，吉州刺史閻侯隱於城東十五里大嶽山之夫容峯，後傳以爲仙云，……按廬陵志，侯名寀。」全詩四函十册戎昱送吉州閻使君入道二首。五函三册李端卧病寄闔宷，四册司空曙過閻采病居，字誤作「采」。

587 立行，少府監；生元秀，岐州刺史。

588 立本，中書舍人，生克儉、嘉賓。克儉，生叔子，同州刺史。嘉賓，司農卿。

A〔岑校〕立本中書舍人　舊書七七，立本初爲右相，咸亨元年，百司復舊名，改爲中書令，「舍人」二字乃「令」字之訛衍。貞觀時，官主爵郎中，見大唐新語。

B〔又〕生叔子　庫本奪「叔」字。

廉

589 顓頊曾孫大廉之後，以王父字爲氏。漢有廉丹。

590 趙有廉頗。（岑補）

A〔岑校〕類稿三三引文「以王父字爲氏」下有此句，兹據補。

591 【趙郡】又顓帝之後。

592 【京兆杜陵】漢右將軍廉褒，生丹，大司馬。丹孫昭，爲後漢廣漢太守。蜀郡太守廉范，字叔度，丹後。

A〔岑校〕廉范字叔度丹後　據後書六一，范亦丹孫。

593 【河東】狀云廉范之後。唐瀛州刺史方實，刑部員外郎廉瓘，海州人。

A〔岑校〕唐瀛州刺史方實　「方實」上應補「廉」字。

B〔又〕刑部員外郎廉瓘　按嘉定赤城志八，神龍二年刺史廉璡，其名同从玉旁，不知有關否。

詹

594 詹大卿體仁家譜曰，詹姓始于周宣王支子，賜姓曰詹，封爲詹侯。其後有詹父，爲周大夫。詹嘉處瑕以守桃林之塞。據祕笈新書增。又曰，楚詹尹之後，有詹何善釣。昭公九年有詹桓伯辭于晉。並據增。

A〔岑校〕詹大卿體仁家譜曰　此姓庫本衹云：「楚詹尹之後，有詹何善釣。」餘均洪氏據謝枋得祕笈新書增。余按宋史三九三有詹體仁傳，登隆興元年第，嘗任太府卿，後除司農卿，開禧二年卒（一二〇五）。枋得生於其卒後二十年（一二二六），河東集三六有上大理崔大卿啓。本書卷二徐姓：「之範孫仲宗，衛尉大卿。」是「大卿」爲「正卿」之通稱。詹大卿體仁乃南宋人無疑，其家譜雖許徵及姓纂，但「詹大卿體仁家譜曰」八字，其必爲謝氏之言，非姓纂原文，可斷言也。今洪氏竟以宋人言語補作佚文，可爲憒憒。況翰苑新書後集七固先引詹大卿體仁家譜，後始引「姓纂曰」，類稿三三及備要二四同，尤足見前一段非林氏姓纂文矣。續考景定嚴州續志三，詹儀之字體仁，郡人至之猶子，登紹興二十一年進士，淳熙二年知信州，後帥廣東，論廣鹽官鬻之弊，孝宗韙之，除吏部侍郎，知静江府，在任六年，貶袁州。光宗即位，以故宫僚許自便，既歸而卒。此字體仁者别是一人，宋史無傳，似未官大卿，并識之（又儀之，乾道九年授台刺，見嘉定赤城志八）。

B〔又〕昭公九年有詹桓伯辭于晉　此兩句係洪氏據祕笈補，類稿及備要引文亦有之。

占

595 陳子占之後，以王父字爲氏。

潛

596 見姓苑。

597 【臨川】 姓苑云，今臨川有潛氏。

黔

598 禮記，齊有黔敖。又黔婁先生，隱者。

A〔岑校〕黔　按廣韻黔姓入侵韻，故「黔昌」亦作「禽昌」（見上于姓），應改入侵韻下。

鍼

599 左傳，魯大夫鍼巫、鍼季。

箝耳

600 西羌人，狀云周王季之後，爲虞仁氏，音訛爲箝耳氏。姓氏英賢譜，本胡姓，天監初有箝耳期淩，自河南歸化。父同，祖光，並仕魏，爲三品也。

A〔岑校〕箝耳　通志作「鉗耳」，廣韻，「箝」亦作「鉗」。

B〔又〕姓氏英賢譜　「譜」，通志作「傳」，是。本書引文均稱英賢傳也。

C〔又〕天監初有箝耳期淩　「淩」，通志作「陵」。

601 【馮翊】後魏馮翊太守箝耳静；孫康買，周御伯大夫、聘梁使；生文舉，周寧州刺史，生宗、幹。宗，唐兵部侍郎。幹，湯陰侯。大業中以王侯兄弟並改姓王氏，已附王氏注。文舉弟文固；生愉，駕部員外。

A〔岑校〕周御伯大夫　「御伯」，庫本作「御史」，按周書各傳都無御史大夫之名，惟周書二七梁椿傳有「小御伯」，二二柳帶韋傳有「御伯下大夫」，三二陸逞傳及三五薛愼傳有「御伯中大夫」，庫本誤。

B〔又〕宗唐兵部侍郎　祕笈新書引姓纂：「唐王宗，隋末改王氏。」（見前王姓）即此王宗也。

C〔又〕大業中以王侯兄弟並改姓王氏　「侯」，庫本作「后」，按後世之制稱皇后，不稱王后，大業時代亦無「箝耳后」，庫本作「后」，殊比「王侯」爲難通，古籍稱君曰后，此處亦不適用。

D〔又〕已附王氏注　按姓纂之「王氏」已佚，覩此又知原本「王氏」下附箝耳改姓之一支也。

602 後魏伏波將軍箝耳進。進生通同，周南兗州刺史，賜大理稽遂氏，隋初復本姓。孫恪，唐右衛郎中、翟道男。

A〔岑校〕唐右衛郎中　「郎中」，當「中郎將」之訛。

603 後魏又有華山太守箝耳德；曾孫文衡，河州刺史、邯鄲男；生茂實，唐庫部員外，生靈丹、靈心。

瞻葛

604 漢張騫使西域，從百餘人，唯瞻葛氏人得還。

A〔岑校〕漢張騫使西域從百餘人唯瞻葛氏人得還　「瞻葛」之文，誤錯於「常壽」，説已見前。由通志考之，此實「堂邑」之文也。志云，「堂邑氏二人得還。」餘文同。

占尹

605 齊有占尹德，又有占尹應堅。

二十五添

兼

606 風俗通，衛太子兼之後。

A〔岑校〕衛太子兼之後　「太」，廣韻、通志及辯證二〇引姓源、韻譜均作「公」，此誤。

二十六咸

咸邱

607 齊有隱士咸邱蒙，見孟子。

函輿

608 晉范皋夷食采函輿，因氏焉。

A〔岑校〕晉范皋夷食采函輿因氏焉　應依卷九「斡猷」之複文，「晉」下補「大夫」二字。

二十八嚴

嚴

609 芈姓，楚莊王支孫，以謚爲姓。楚有莊周。漢武强侯莊不識，孫青翟，爲丞相。會稽莊忌夫子，生助。後漢莊光。避明帝諱，並改爲嚴氏。

A〔岑校〕漢武強侯莊不識　史記九六、漢書一六均作「武彊」，類稿三三、備要一二及新書七引文同。古寫也。唯漢表「不識」作「不職」，此誤。

610 【馮翊】稱青翟之後，代居馮翊。魏郃陽侯嚴校，又徙華陰。五代孫君協，唐洮州都督，生方約、方嶷。

A〔岑校〕魏郃陽侯嚴校　據魏書四三「校」當作「稜」，庫本不誤。類稿、備要及新書引文亦不誤。全文七八四穆員國子司業嚴（士元）誌：「其先有漢太子太傅彭祖，爲左馮翊，子孫家焉。十二代祖翰林，東漢末復守本郡，後四業（葉）至元魏平南將軍、郃陽侯稚玉。」依本文及魏書四三，「郃陽」，「部陽」之訛。稚玉，太和時人，自東漢末至太和，斷不止四世，文當有誤。

B〔又〕五代孫君協　毗陵集一一作「協」，元氏長慶集同。嚴士元誌：「又四葉至皇朝洮州都督君協。」豈五代者連本身計耶。

C〔又〕唐洮州都督　元氏長慶集五五嚴綬行狀：「高祖協，貞觀中文皇征遼，爲海東運糧使、洮州都督。」

611 方約，利州司功，生挹之、損之、挺之。挹之生丹，江陵令，生紳、綬。紳，光禄少卿，生簡。綬，檢校司空、右僕射。挺之，中書侍郎；生武，吏部尚書、鄭公。武生楚卿、越卿、鄭卿。損之，右庶子，生式、士良、士元。式，職方員外。士元，國子司業，生纂。士良，江州刺史；生謩，殿中御史。

A〔岑校〕方約利州司功　士元誌：「協生魏州司功參軍、贈太常少卿方約，公之祖也。」「魏」字疑誤。利州司功，亦見元氏集五五。

B〔又〕挹之生丹江陵令　元氏集，挹之，徐州符離縣尉；丹，殿中侍御史、東川租庸鹽鐵青苗等使。

C〔又〕生紳綬紳光禄少卿　「馮翊嚴紳，紳弟綬」，見全文五三一武元衡劉商郎中集序。全詩五函六册商有聽嚴紳巴童唱竹枝歌，七册武元衡有送嚴紳遊蘭溪。

D〔又〕挺之中書侍郎　尼戒香等尊勝幢記云：「先祖諱挺之，任中□□郎。」銘亦有「中書侍郎」字（金石補正四七），所泐者應即「書侍」兩字，惟本傳不載此官。廣記四五七引廣異記，挺之爲魏州刺史。

E〔又〕武生楚卿越卿鄭卿　尼戒香等尊勝幢，約開成元年已後立，文云：「皇考……諱武，……賢姪女隨芳□亮致，補闕嚴公諱楚之令淑也。」補正四七云：「據此文，則單名楚字，或名楚，字楚卿，以字行邪？姓纂不言其官補闕，或元和後之官也。」按武卒永泰元年，下去姓纂成書，幾五十載，似非元和後官也。平泉寺智寂等經幢記（開成元年立）云：「補闕嚴公諱楚之令女也。」亦作「楚」。全詩五函二册盧綸有賊中與嚴越卿曲江看花詩。

F〔又〕損之右庶子　天寶九載任會稽太守。士元誌：「方約生銀青光禄大夫、左庶子、贈宋州刺史損之，公之禰也。」作「左」異。又全文六〇三劉禹錫薦處士嚴毖狀：「右左庶子損之之孫，國子司業士元之子，舊名保嗣，……頃者李賓客渤常與之游，辟爲桂州支使。」按此「右」字係「右件」之「右」，合兩文觀之，姓纂之「右」字殆訛。廣記一四七引定命録，汜水令嚴損之，入爲著作郎，出爲真定太守，又改爲京城守。嘉定鎮江志一四引毗陵集（一一）損之墓誌：「其後歷太原、上谷、弋陽、餘杭、丹陽。」按誌上文有「領二縣，典七州」語，銘亦云：「公七剖竹，七著成績。」所列郡名未盡也。

G〔又〕式職方員外　毘陵集一一損之墓誌：「冢子曰式，官至江陵少尹。」

H〔又〕士元國子司業　同前誌：「仲子曰士元，由殿中侍御史爲尚書虞部郎。」又嘗爲連州刺史，見夢得集二七。士元誌，終國子司業，卒貞元八年，年六十五，子三人，曰纂、筠、篆。江州集三寄二嚴詩自注云：「士良婺牧，士元郴牧。」書録解題五秦傳玉璽譜一卷，協律郎嚴士元重修，殆即其人。劉長卿有送嚴士元詩。士元曾官國子司業，見前引劉禹錫文。

I〔又〕生纂　元和十五年，淄青營田副使兼齊州刺史嚴纂配流雷州，見元龜一五三。

J〔又〕士良江州刺史　損之誌：「少子士良，領祕書著作。」此與士元下所記，皆大曆三年時任，非終官也。貞元十一年，士良官江州刺史，見全文五一三東林寺遠法師影堂碑。江州州將嚴士良，亦見同書五九八歐陽詹弔碑材文。全詩四函五册錢起有送嚴士良侍奉詹事南遊詩，損之蓋以詹事致仕歟？（損之誌：「故位不過郡守宫尹。」宫尹卽詹事。）

K〔又〕生謩殿中御史　「謩」或作「謨」，寫法之異也。舊紀一五，元和十四年二月，以商州刺史嚴謨爲黔中觀察。昌黎集二一注，長慶元年入爲祕書監。白氏集三四有授祕書監嚴謨桂州觀察使制。又舊紀一六，長慶二年四月，以祕書監嚴謩爲桂管觀察使，「謩」、「謩」之訛。全文四二七于邵餞嚴判官序：「馮翊嚴氏之子曰謩。」廣記一七四引傳載，李程執政時，謩在南省。

612　方嶷，户部郎中；生安之，河南丞。

A〔岑校〕方嶷户部郎中　説之集六有送嚴嶷侍御詩，疑卽方嶷。全詩二函五册沈佺期别侍御嚴凝，殆同一人。

B〔又〕生安之河南丞　安之事玄宗，見元氏集二四原注。同書五五，嚴綬行狀：「先是開元、天寶間，安之尉京劇。」又安之爲赤尉，見封氏聞見記九。玄宗大酺，召安之處分觀衆，見廣記一六四引開天傳信記。天寶初，安之爲萬年縣捕賊官，見廣記三九〇引逸史。

613　禮部侍郎嚴善思，亦馮翊人，生宙、弘憲。憲，大理卿，生慥、懔、愉。愉，監察御史。

A〔岑校〕生宙弘憲　元龜七八四，善思子宙，爲趙郡司馬。亦見舊一九〇善思傳。

B〔又〕憲大理卿　按舊善思傳言宙弟向，少宙十歲，乾元中鳳翔尹，寶應中授太常員外卿。未言憲。不知憲、向是同人否。

614【燉煌】　青翟後。今無聞。

615【吴郡】　貞元給事中、同州刺史嚴説；生休復，膳部員外郎。

A〔岑校〕貞元給事中同州刺史嚴説　諸書多作「涚」，參勞考一。高力士傳，李輔國弄權，御史嚴銳外貶，疑亦此人。全文九一八清晝洞庭山和尚塔銘，貞元六年作，稱奉戒弟子前給事中嚴公涚。宋僧傳一五神皓傳作「奉戒弟子前給事中嚴涚」。大唐郊祀録一〇，貞元四年尚書右司郎中嚴説，會要二三作「涚」•。

B〔又〕生休復膳部員外郎　元微之集五一，元和十二年休復爲杭州刺史。此其見官也。廣記一七四引傳載，李程執政時，嚴休在南省，當是「休復」之奪文。

616【廣漢】　稱君平之後。唐檢校左僕射嚴震，世居梓州鹽亭，云本望馮翊，生協、公貺、公弼。協，晉州刺史。公弼，率更令。

A〔岑校〕世居梓州鹽亭　全文四九七權德輿嚴礪碑：「曾王父哲，……繇荆王府司馬出爲劍州刺史，因徙家鹽亭而休老焉。」礪爲震從祖弟，則其曾祖似即震之曾祖。顧全文五〇五同人嚴震誌則云：「本馮翊人，後徙家於梓潼。曾祖豐，皇劍州司馬。」嚴義言之，礪非震從祖弟也。

B〔又〕生協公貺公弼　載之集二一，長子慽，次子協，嗣子公弼，幼子公貺。公貺又見河東集二三。全文五二三楊於陵賀收劍門表，稱嚴礪下告捷官嚴公貺。

C〔又〕協晉州刺史　同上載之集，貞元十五年時，協爲殿中侍御史、劍南西川節度推官。

D〔又〕公弼率更令　同上年，公弼仕至國子監主簿。河東集一三注，公弼，貞元五年登第。裴度劉太真碑，元和中作，稱洺州刺史嚴公弼。河東集三七賀踐祚表，稱太子中舍嚴公弼。廣記四九六，震子公弼。又元龜六八三，柳公綽觀察山南時，公弼官隨州刺史。

617 震兄霈，生公瑾，兼御史。弟霆，司勳郎中；生公衡，刑部員外。

A〔岑校〕弟霆司勳郎中　無憂王寺寶塔銘，大曆十三年立，內有監察御史裏行嚴霆。又載之集云，霆四爲尚書郎，名見今郎官柱勳中。

B〔又〕生公衡刑部員外　元龜四八一，元和十三年，公衡自右司郎中出爲和州刺史。刑外，其見官也。全文七三〇，長慶中官吏部郎中。

618 震從祖兄侁，兼御史中丞。震從祖弟礪，檢校左僕射、山南西道節度使。

A〔岑校〕震從祖兄侁兼御史中丞　載之集云，從父兄侁，歷中執法，剖符盧山。岑嘉州詩有進士嚴詵，時代相當，未知卽此否。

B〔又〕震從祖弟礪　説見前。千唐鄭易撰鄭敬誌云：「時（山南西）使府有疾，朝廷陰詔監軍使察人心歸者，屢微諷於公，公自以爲山東布衣，……深拒之，遂拔兵馬使嚴勵爲之。」此一重内幕，舊一一七、新一四四勵傳均不載，知諫官屢劾而勵仍得安位者固有由也。

619 【東海】 唐穆州刺史嚴撰。

A〔岑校〕唐穆州刺史嚴撰　「穆」，「睦」之訛。全文八四懿宗賜嚴譔自盡勅：「前鎮南軍節度使、檢校工部尚書嚴譔。」譔是震從孫，「譔」、「撰」字異，時代復相懸。唯續僧傳二〇智巖傳言，唐初，「昔同軍戎，有睦州刺史嚴撰。」即其人也（新唐書五九，醫類著嚴譔，即前懿宗賜令自盡者，唯新唐訛「鎮南」爲「鎮西」，可參通鑑咸通六年）。

620 【濟北】 嚴助之後。今無聞。

二十九凡

凡

621 周公第二子凡伯之後。爲周畿内諸侯。見左傳。

622 【晉陵】 姓苑云，今晉陵有此姓。

卷五整理記

3 古今姓氏書辯證卷九引姓纂此條後云：「謹按，近世解注，莊子多寓言，而『天根』非人，今依姓纂。」又云：「黄帝之相有天老，後以爲氏。」

26 「案下有脱誤」，文淵閣本作「按下有脱文」。

39 按秦嘉謨輯補世本作「蕭氏，宋樂叔以討南宫萬，周封爲附庸之國，因以爲氏」。

44 按「石趙時」下當脱「人」字。

57 秦嘉謨輯補世本引姓氏書辯證作「巢邑大夫牛臣，亦或以巢爲氏」。

67 A按古今姓氏書辯證卷十一稱「陸終第六子安爲曹姓」。岑氏引作卷「三一」，又置於「周文王第十三子振鐸」下，均誤。

73 A王仲犖元和姓纂四校記書後：「犖按北史高車傳：『初，道武時，吐突鄰部在女水上，常與解如部相爲脣齒。登國三年，道武親西征，渡弱洛水，復西行，趣其國，至女水上，討解如部落，破之。明年春，盡略徙其部落而還。』」據此，作「解如」爲是。

75 古今姓氏書辯證卷十一「陶叔」：「出自周成王子陶叔之後，以國及王父字爲氏。」叙得姓之原較明白。

81 古今姓氏書辯證卷十一引此文後云：「謹按，曹丘生、轅固生，皆以諸生顯名，故姓名之下稱『生』。

傳曰，季布之名，曹丘揚之也。然則曹丘本非複姓，林氏誤矣。」

86 古今姓氏書辯證卷十二「何姓」引元和姓纂曰：「望出廬江、丹陽、東海、齊郡。」

87 按文淵閣本「峘」上有「生」字。

91 按史無阿史那大節其人。按舊唐書阿史那忠傳：「永徽初，封薛國公，累遷右驍衛大將軍。」新唐書阿史那忠傳：「字義節……擢右驍衛大將軍。」當即其人。蓋「義」訛「乂」，又訛「大」耳。唯「左」、「右」未知孰是。

92 B按文淵閣本正作「元珍」。

110 A按文瀾閣本正作「後漢」。

158 A「有子獝、瑗、嬰等」，「獝」字原矢旁僅爲一竪，疑岑氏所見强偉誌拓本如此。按岑校引松翁未焚稿强偉誌跋稱「偉子獝」，據改。

167 「以謚爲姓」，疑當作「以謚爲氏」，因前已有「芈姓」之文也。

174 按王子狐見左傳隱公三年。又按「王子城父」，左傳、公羊傳、穀梁傳文公十一年均作「王子成父」。

174 A按今中華書局校點本史記儒林列傳作「東武人王同子仲」。

175 王叔陳生見左傳襄公五年、十年等。

176 王官無地見左傳文公二年。

181 C「『河西』二字當乙」，「當」字原無，逕增。

184 按「生元亮、元將，唐棣州刺史」，棣州刺史乃元將（玄奬）所官，此處「元將」二字應重。

184 E按文淵閣本正作「郎」。

185 按梁丘據見左傳昭公二十年及定公十年。

186 A按文淵閣、文瀾閣本正作「梁丘賜」。

187 A按文淵閣本正作「梁餘」。

192 按文淵閣本作「真子會，會生强梁」。

227 C按岑氏疑宋之問爲皇甫懷州讓官表指潙州（嬀州）刺史皇甫悊，非是。按讓官表云：「剖符南峴，既恶民謡；作鎮西河，非寛人隱。二邦爲政，撫熊軾而無功。」南峴，指襄州，西河，即汾州，知此皇甫氏在刺懷州前已歷任襄州、汾州刺史。考千唐誌監門衛長史安定皇甫公（慎）墓誌銘并序：「父知常，汾、懷、汴等六州刺史，揚、洛二州長史。」慎卒於開元十九年三月二日。宋之問又有送懷州皇甫使君序：「皇甫使君累司寵職，……歷刺於外臺。」證知此皇甫懷州乃皇甫知常。岑氏於下文知常條引及皇甫慎誌，却未悟宋之問文中皇甫懷州即皇甫知常，可謂失之眉睫。

231 F按唐人以丁憂免喪後復授官爲「起復」，此誤「復」爲「服」，逕改。

232 按主爵郎中乃伯瓊所官，「主爵」上當補「伯瓊」二字。

237 按文淵閣本無「今馮翊縣人也」一句。

又本條與下條原爲一條，庫本校語在下條「古隱者」後，今因分段故，移置本條下。

237 A「路史前紀」原作「路氏前記」，今逕改。

238 本條原有庫本校語，今移前條下，見237條之整理記。

261 文淵閣本標目下夾注「音零」，與洪本將「音零」作正文處理不同。又按既云「音訛爲泠氏」，則標目似應作「泠」。

262 B全唐文卷四二八于邵送泠秀才東歸序，稱「江寧泠侯」，即送泠朝陽及第後東歸之序。

269 按古今姓氏書辯證卷十七云：「元和姓纂曰『伶州鳩之後』。誤矣。州鳩，周景王之伶人也。左氏、國語未嘗以『泠州』爲姓，後世亦無此氏。」按泠州鳩見左傳昭公二十一年。

270 「子若」，文淵閣本作「子苦」。

272 「生循己。生伯陽」，「循己」二字應重。

272 A按文淵閣本作「御史正中大夫」。

281 秦嘉謨輯補世本：「鄁氏，分封用國爲氏，魯有鄁鼓父。」

282 A按古今姓氏書辯證亦入「十六蒸」，岑謂入「四十五勁」，非。

280 「潁」，文淵閣本作「穎」。

305 C「蒯」，文淵閣本正作「蒯」。

313 B「克構」之「構」，姓纂原作「構」，岑氏校記則作「搆」，字通。今僅將岑校引姓纂文中之「構」改「搆」，餘仍其舊，下同。

319 C按作「載」是。元和十年，周載有北嶽廟題名，見寰宇訪碑録卷三。全唐文卷六四八元稹授蕭睦鳳州周載渝州刺史制：「前知鹽鐵轉運山南東道院事殿中侍御史周載，……可渝州刺史。」長慶元年作。大理評事當爲修姓纂時見官。全唐詩卷三五九劉禹錫送周使君罷渝州歸郢州別墅，即送周載之作。

321 A文淵閣本亦作「行謩」。

323 舊唐書張九齡傳：「初九齡爲相，薦長安尉周子諒爲監察御史。至是（開元二十四年），子諒以妄陳休咎，上親加詰問，令於朝堂決殺之。九齡坐引非其人，左遷荆州大都督府長史。」全唐文卷二八八張九齡荆州謝上表：「臣往年按察嶺表，便道赴使，訪聞周子諒，久經推覆，遥即奏充判官。……其後信安郡王禕奏將朔方驅使，便請授官。」則子諒曾充九齡嶺南按察使判官，時在開元十九年。九齡有酬周判官巡至始興會改秘書少監見貽之作兼呈耿廣州，即酬子諒。柳河東集卷九故御史周君碣：「有唐貞臣汝南周氏，諱某字某，以諫死，葬於某。……在天寶年，有以諂諛至相位，賢臣放逐，公爲御史，抗言以白其事，得死於墀下。」舊注云：「周子諒也。」然碣云其死「在天寶年」則誤。

326 A「姬姓」，原誤作「姫姬」，據岑校 303 A條引宋本辯證改。

又王仲犖元和姓纂四校記書後：「犖按姬願見周書武帝紀：『建德五年十二月，封神水公姬願爲原國公。宣政元年五月己丑，帝總戎北伐，遣柱國原公姬願等，率五道俱入。』岑説是也。大隋故太僕卿（元公）夫人姬氏之誌：『夫人姓姬，曾祖懿，魏使持節驃騎大將軍東郡□公。祖亮，魏使持節大將軍開府儀同三司燕州諸軍事燕州刺史東郡敬公。父肇，周使持節侍中驃騎大將軍開府儀同三司光禄大夫東秦州諸軍事東秦州刺史勳晉絳建四州諸軍事勳州總管神水郡開國公。』願舊爵神水公，則願蓋肇之子，襲父爵神水郡公也，願弟威，見隋書房陵王勇傳，『晉王始構奪宗之計』，『令段達私於東宫幸臣姬威，遺以財貨，令取太子消息，密告楊素。』『段達脅姬威曰：「東宫罪過，君能告之，則大富貴。」威遂許諾』，『勇由是遂敗』。北周東宫無太子太僕，宋本辯證作太子太保，或是也。犖又按大隋故太僕卿夫人姬氏之誌，『夫人姓姬』，姬下空二字。姓纂郡望繫長安。後魏都洛，代遷之人，悉爲河南洛陽人。西魏徙都長安，周書明帝紀：『元年詔曰：「三十六國，九十九姓，自魏南徙，皆稱河南之民。今周室既都關中，宜改稱京兆人。」』姬氏當亦以京兆爲郡望也。魏書衛操傳：『代人也。操與鄉親姬澹十數人同來歸國。』（國指北魏）姬澹，衛操立碑於大邗城南，姬澹名字，亦見於碑。十六國春秋亦作姬澹，而晉書劉琨傳作箕澹，蓋鮮卑譯音無定準，然以作姬澹爲是，此姬姓之見於東晉之初也。北史京兆王黎傳曾孫叉附傳有武川人姬庫根。周書晉蕩公護傳，護母閻媪與護書，追敍鮮于修禮起兵河北，閻媪與護『至定州城南，夜宿同鄉人姬庫根家」。此姬姓之見於元魏孝昌之際者也。姬庫根與宇文泰、宇文護爲武川同鄉，故姬庫根子孫後奔關西，出任西魏北周也。姓纂云赧王之後，當是據家牒之辭。大隋故太僕卿（元公）夫人姬氏之誌也稱姬氏之先，「圖開赤雀，文德暢於三分，瑞耀白魚，武功宣於九伐。大封四十，維城於是克昌，長享七百，本枝以之蕃衍」。亦以爲姬周之胤，蓋皆譜牒傅會，不能全信。」

334 A按「美」，文淵閣本正作「羡」。

又按「禕」，文淵閣本作「禕」。

337 C按據文苑英華卷四一六李嶠制稱劉縉，知姓纂是，新表作「縉」誤。

338 E貞元中李紳客遊蘇州，與劉從周等常陪刺史韋夏卿宴席，見全唐詩卷四八一李紳過吴門二十韻自注。

338 I按劉迴，文淵閣本及兩唐書作「迴」，文苑英華卷九四四梁肅作墓誌作「迴」。

340 B按「濮州」，文淵閣本正作「漢州」。

347 F全唐文卷四二七于邵送峽州劉使君忠州李使君序：「國有戎事，今茲十年。……尚書駕部郎中劉公、司門員外郎李公分命之拜……」時在廣德中。即送劉伯華序。全唐詩卷二三〇杜甫有寄劉峽州伯華使君四十韻詩。

351 C姓纂謂「魯恭王子廣戚侯思仁，生嗣始，居沛」。岑校云：「考漢書王子侯表，恭王子有廣戚侯將，不名思仁。」按漢書王子侯表稱：「廣戚節侯將，魯恭王子，元朔元年十月丁酉封，薨，侯始嗣。」姓纂「生嗣始」當正作「生始，嗣爵」。

359 按「之遴」，文淵閣本作「子遴」。

364 按此處「平原高唐縣」乃郡望，下應空一格。「平原」前「高唐」二字衍。

371 文淵閣、文瀾閣本「南陽」二字連綴於前條「封曲陽侯，子孫居」之下，不另行。

378 「以上劉氏二十六郡並舊望」十一字，文淵閣本作夾行注，非正文。

379 按今中華書局點校本新表一上尉氏劉氏誤以濬爲滔子。

385 A按「劉瞻」，文淵閣本作「劉瞻」。今文館詞林殘卷荆州都督劉瞻碑銘作「瞻」，全唐文卷三高祖勞涪(浩)州刺史劉瞻書亦作「瞻」。又按劉瞻碑銘稱：「出定西河，令公攝行軍長史。西河平，進授銀青光禄大夫，仍留公檢校西河都通守。……武德元年，以西河爲浩州，授公刺史。」浩州即後來河東道之汾州。由此知元龜之「河西道守」，乃「西河通守」之誤。「河西」二字應乙，岑氏失校。

387 A按今中華書局點校本新唐書藝文志三亦作「劉如璿」，不作「知璿」。

389 A按劉長卿肅宗朝自長洲尉貶南巴，大曆中復自淮西鄂岳轉運留後貶睦州司馬，新志誤混二事爲一事，詳見傅璇琮唐代詩人叢考劉長卿事迹考辨。

402 A按劉士涇尚順宗女雲安公主，岑氏於卷十20A條已辨雲溪友議「尚雲陽公主」之誤，此處誤書。

407 A王仲犖元和姓纂四校記書後：「犖按北齊書劉豐傳：『普樂人也。』北史劉豐傳：『第三子龍。』隋書何稠傳：『開皇時，有劉龍者，河間人也。』舊唐書忠義劉感傳：『岐州鳳泉人，後魏司徒高昌王豐生之後也。』祖孫三代，籍貫三處不同者，何邪？蓋劉豐世爲部落大人，初居靈州之普樂郡，豐妻父靈州刺史曹泥不附西魏，豐乃奔於東魏。靈州舊爲薄骨律鎮，時以鎮兵邊戍爲恥，故豐既離靈州之後，遂不復稱普樂人。後魏世，部落大人遷代者稱代人，遷洛陽後稱河南人。西魏都長安，代人遷長安者稱京兆人。豐奔東魏，時東魏已移都鄴城，不都洛陽，故劉豐不得稱河南人。劉豐父提舊封河間公，或者劉豐投奔東魏以後，家於河間，故豐子劉龍得稱河間人邪？周既滅齊，龍遂仕隋，移家關中，故舊唐書稱感爲岐州鳳泉人也。姓纂劉豐郡望繫河南郡，則以部落大人遷洛者，皆爲河南人爲例，而一概繫之於河南郡，其實劉豐未曾一日居洛陽也。」

407 D見前條。

412 A按文淵閣本「郎中」上有「户部」二字。

418 E按文淵閣本正作「鴻漸」。

419 按「大干」，文淵閣本作「大千」。

424 C睿宗李旦即位前爲安國相王，此「安國相王府」之「王」字原缺，今逕補。

431 按「人」，文淵閣本作「又」。

437 按古今姓氏書辯證卷十八鄄姓云：「出自王良，字無卹，爲晉趙簡子御，食邑於鄄，子孫以邑爲氏。」叙得姓之原比較清楚。

451 B按「沭陽」，文淵閣本正作「沭陽」。

454 秦嘉謨輯補世本：「修魚，分封以國爲氏。」

456 A按「行」，文淵閣本正作「什」。

467 B按「味處」，文淵閣本正作「味虚」。

469 A按「䄂」，文淵閣本正作「堙」。

472 按「學生圖南」，文淵閣本作「志學生圖南」。

491 「因家氏焉」，衍「氏」字。

495 B按北史侯莫陳崇傳亦作「代武川人」。

496 A按北史侯莫陳崇傳稱「祖元」，與姓纂同。

505 前已言「賁，左神武胄曹」，此處「賁，定平丞」之「賁」當爲「貴」之訛，文淵閣本正作「貴」。岑氏失校。

511 據岑校引直齋書録解題，「今領判官、監察林藻」當作「今嶺南判官、監察林藻」，「嶺」訛「領」，且脱「南」字。監察是其所帶憲銜，後遷嶺南節度副使。

518 B按今中華書局點校本新表亦作「仲休」。

519 按文淵閣、文瀾閣本「武帝」下均有「時」字，是，此處奪。

528 按此段舛錯特甚。據後漢書光烈陰皇后紀及陰識傳等可知「典」乃「興」之訛；「鄰」乃興字「君陵」之訛奪，「鄰子識」當作「君陵兄識」。「至衛尉」以下數句可約略定爲「（睦）子衛尉陰興，字君陵；女爲光武皇后，生明帝。君陵兄識，執金吾。」

529 E謂陰行先爲張説湘州從事，當據其和張燕公湘州九日登高詩。按張説九日登高云：「西楚茱萸節，南淮戲馬臺，寧知湘水上，復有菊花杯。」全唐詩「湘」下注：「一作『沅』。」唐詩紀事則作「洹」。作「洹」是。沅、湘二水均在楚地。而洹水在河北道，詩將所在之地與西楚、南淮對舉而言，時説當爲相州刺史，陰行先則爲相州從事，其詩題中「湘州」乃「相州」之訛。岑氏以唐無「湘州」，疑爲「岳州」之誤，無據。陰行先之名又或作「行真」，見舊唐書李憕傳。

530 A按文淵閣、文瀾閣本亦均作「復」。

556 按「緡」，史記仲尼弟子列傳作「括」。此云「南宫敬叔，家語作『南宫緡』。」則緡即敬叔。下「南宫」條又分爲二人。按史記仲尼弟子列傳索隱：「家語作『南宫緡』，按其人是孟僖子之子仲孫閲也，蓋居南宫因姓焉。」則實爲一人。

558 參見前條整理記。

564 按文淵閣本作「莊子南伯之葵」。

578 按秦嘉謨輯補世本作「周太王之後」，是。太伯乃周太王之子，見史記吳太伯世家。

581 「七代孫爽止、胥止，唐左司郎中」。按今郎官柱左司郎中有闕胥止，知左司郎中爲胥止官，此處「胥止」二字應重。

581 D廣記一七九引乾𦠆子，原作「廣志」，顯誤，今逕改。

585 A「昆陵一二用之墓誌」，「昆陵」下奪「集」字。

615 A傅璇琮等唐五代人物傳記資料綜合索引：「按嚴説爲五代周顯德時人，而嚴涚乃唐德宗貞元時人，參徐松登科記考卷二十六。元和姓纂作於唐憲宗元和時，則作『説』誤。」

〔唐〕林寶　撰　岑仲勉　校記
郁賢皓　陶敏　整理　孫望　審訂

元和姓纂

（附四校記）

第二册

中華書局

元和姓纂卷六

〔岑校〕卷六　其下庫本注云：「上聲董韻至阮韻。」

一董

董

1 黃帝之後，己姓國，有飂叔安，生董父，舜賜姓董氏。晉有董狐、董安于。據祕笈新書補。漢有董仲舒，清和廣川人。後漢有，犍爲人。案通志，後漢有董宣、董鈞。宣，陳留人。鈞，犍爲人。此蓋脫名。晉爲董京、董養。

A〔岑校〕有飂叔安　通志同。新表七五下及類稿三四作「飂叔安」，卷五廖姓下洪氏引祕笈新書亦作「飂」，即考古質疑所謂「左右互易」者也，庫本作「飄」非。

B〔又〕生董父　千唐董嘉斤（目訛升）誌：「自顓頊氏生董父，生代，始封鬷川，爰乃命族。」

C〔又〕晉有董狐董安于　「董狐」二字，洪氏據祕笈新書增，通志、類稿亦有。

D〔又〕清和廣川人　按廣川縣，後漢屬清河國，「和」當作「河」，庫本及通志不誤。

E〔又〕後漢有犍爲人　庫本校云：「案通志，後漢有董宣、董鈞。宣，陳留人。鈞，犍爲人。此蓋脱名。」

F〔又〕晉爲董京董養　「爲」，似應作「有」。

2 豢龍，帝舜賜姓董氏。又周大夫辛有二子適晉，董督晉之典籍，因爲董氏。左傳，晉董狐、董因、董叔、董安于，皆其後也。（岑補）

A〔岑校〕姓觿五引姓纂，「生董父」下有此文，比今本完好，兹據補。

3 【隴西】漢江都相董仲舒；少子安，子孫自廣川徙隴西。裔孫繇，生昭。昭七代孫德林，北齊匡城令，又居匡城。曾孫寶亮，安西都護、隴州刺史、天水公，生元質、元珍。元質，右監門將軍，生憬、忱、慎、恆、惲。憬，軍器監，生珣、琬、瑜。琬，度支郎中、晉陵太守、江南東道採訪使。慎，右常侍，生璿。恆，通州刺史。

A〔岑校〕少子安子孫　新表只云少子之孫。

B〔又〕曾孫寶亮　戎州刺史董寶亮碑，咸亨四年立，見金石録四。

C〔又〕元質右監門將軍　庫本倒爲「右門監」。

D〔又〕琬度支郎中晉陵太守江南東道採訪使　琬爲江東採訪使，見廣記四九五引辨疑志。

4 隋驍騎將軍、順政公董純。純孫恭訓，唐海陵縣令。

A〔岑校〕隋驍騎將軍順政公董純　羅校云：「案『隋』上有奪文。隋書董純傳，祖和，魏太子左衞率，父昇，周柱國。此並未詳。」按史傳詳其父、祖而姓纂不著者，所在多見，苟有奪文，則以書法推之，純名應先行，官職敍後，今先云隋官某某，乃及其名，則羅氏所疑，無明據也。

B〔又〕純孫恭訓唐海陵縣令　千唐隆州西水令董希令誌（卒萬歲登封元，年七十六）云：「曾祖純，宇文朝開府儀同三司、順政郡開國公。……祖玉，隨楊州司馬、徐泗密三州諸軍事、徐州刺史。」未知恭訓是玉子否。純之郡公是隋封，誌謂宇文朝誤。

5【弘農】隋有隋州司馬董洮，生慶。慶生感。感生敬元，倉部郎中、幽州刺史，生庭琰。

8【河東】狀云仲舒之後。唐右僕射、平章事董晉，生全道、谿、全素、澥。全道，殿中少監。谿，倉部郎中。全素，太子中書舍人*。案唐世系表，澥，太常寺太祝。

A〔岑校〕谿倉部郎中　「谿」，庫本作「溪」。新表稱商州刺史，據昌黎集二九溪墓誌，是其終官。又誌言溪歷度外、倉中、度中，考郎官石柱，倉部郎中無董姓，度支郎中除董晉外，尚有一董姓，泐其名，而度支員外則有董溪。元龜三三一八，元和初運糧使董溪盜用官錢，詔流嶺南，密令中使殺於途。

B〔又〕全素太子中書舍人　校云：「案唐世系表，澥，太常寺太祝。」按此不過新表據權德輿董晉碑、韓愈董晉行狀添入，乃貞元十五年所官，其後有無遷擢，未之知也。

7 【范陽】京兆尹董叔經、右史董思恭，范陽人。檢校司空、平章事秦，亦范陽人，大曆賜姓李氏，改名忠臣，從朱泚反，伏誅。

A〔岑校〕京兆尹董叔經　集古録目有貞元三年檢校太子庶子董叔經題名。貞元五年之李元諒頌，稱行軍司馬兼御史中丞。舊書一四，元和元年自祕書監爲京尹，尋卒。廣記四一七引宣室志：「大初年，董叔經爲西河守。」元和之前，最近者止有大曆，或「大曆初年」之奪文歟。山西通志九二：「開汾河記，貞元中董叔經書，舊在汾州，見墨池編。……唐書藝文志，博經一卷，貞元中董叔經上，即其人。」

B〔又〕右史董思恭范陽人　舊書一九〇上稱董思恭蘇州吴人，初爲右史，此言范陽，舉其郡望也。元龜一五二，龍朔三年，右史董思恭知考功貢舉，受贓，長流嶺表。唐語林八作「左史」，殆誤。

C〔又〕檢校司空平章事秦亦范陽人　「秦」上應依通志補「董」字。舊書一四五，李忠臣本姓董名秦。

孔

8 孔姓。殷王帝乙長子微子啟受封于宋，弟微仲衍曾孫愍公生弗父何。何生宋父周。周生世父勝。勝生正考父。正考父生孔父嘉，子孫以王父字爲氏。孔父生子木金父。木金父生睪夷父。睪夷父生防叔，仕魯爲大夫，生相夏。夏生鄹叔梁紇。紇生丘，仲尼。三歲，父卒。十九歲，娶宋幵官氏，一歲，生鯉，字伯魚。孔子爲魯司寇，攝相事，居鄹昌平鄉闕里，魯哀公十六年卒，年七十二。伯魚年五十，先仲尼卒。

A〔岑校〕孔姓　「孔」訛，備要一二、新書七、類稿三四均作「子姓」。

B〔又〕曾孫慇公　史記三八作「湣公」，通志作「閔」。

C〔又〕生弗父何　詩正義引世本，湣公生弗甫何，新書七五下同。葉酉考證云：「按孔子世家註，宋襄公生弗父何。」

D〔又〕木金父生睪夷父　家語作「皋夷」。「睪」，古「皋」字。

E〔又〕生相夏　史記四七作「伯夏」，類稿同，此誤。

F〔又〕紇生丘仲尼　「丘」下奪「字」字，備要、類稿均有。

G〔又〕娶宋幵官氏　庫本作「开」，字書不載，類稿作「亓」。養新録一二以爲「幷」之誤「幵」，實自明始，尋源五非之，謂應作「丌官」（亓）。

H〔又〕居鄹昌平鄉闕里　史記四七索隱云：「孔子居魯之鄹邑昌平鄉之闕里也。」庫本作「鄹邑平鄉闕里」，非是。「邑」字可略，「昌」字不可略也。備要、新書、類稿均有「邑」字。

9 伯魚生伋，字子思。子思爲魯穆公師，作中庸及子思子四十七篇，以祖業授弟子孟軻等。伋生子上白。白生子家求。求元孫允，爲魏相；生鮒，爲陳涉博士。五代孫吉，封宋公。吉八代孫潛。潛生竺，吴南昌太守。允次子騰。騰生襄。襄生忠。忠生武。安國。案唐世系表，武生延季，大將軍、太傅，延季生霸。武孫霸，生漢丞相、博山侯光。

A〔岑校〕求元孫允　允即胤。史記四七：「子高生子慎。」漢書八一：「箕生子高穿，穿生順。」慎、順古通，但祇是求之曾孫，非玄孫也。新表七五下又云：「穿生斌，字子慎，一名胤。」

B〔又〕允次子騰騰生襄襄生忠　羅校云：「案唐書世系表，騰字子襄，生忠，與此不合。」按史記四七：「鮒弟子襄……嘗爲孝惠皇帝博士。……子襄生忠。」是「子襄」爲字，猶子上、子家之類。騰、襄義相涉，故新表稱騰字子襄。惟漢書八一孔光傳云：「鮒弟子襄爲孝惠博士，長沙太傅。襄生忠。」末句略去子襄之「子」字，遂若襄爲名而「弟子」猶云其弟之子，此姓纂所以誤騰、襄爲兩人而作「騰生襄」也，新表不誤。載之集四一記其外舅崔造之言曰：「云鮒弟子襄，或者以爲鮒弟之子曰襄，今按家語及（連）叢，則鮒之弟曰子襄明矣。」知此論唐人早已言之。

C〔又〕忠生武安國　校云：「案唐世系表，武生延季，大將軍、太傅，延季生霸。」按隸寫「年」作「季」，字類於「季」，故新表誤延年爲延季。據史記四七：「忠生武，武生延年及安國。安國爲今皇帝博士。」遷與同時，説當可信。漢書八一則云：「忠生武及安國，武生延年。」據宋祁説，浙本、監本又作「襄生忠武及安國，忠武生延年。」是班書早有訛錯，余疑「及安國」三字，應乙於「武生延年」之下。後世家語後序、姓纂及新表等皆以爲忠生武、安國，特承漢書之訛文耳。合璧新書一二固作「忠生武，武生延年及安國」。

10【會稽山陰】 後漢末，潛避地會稽，遂爲郡人。潛子竺，生恬。愉，晉僕射、餘不亭侯，生闓、安國。闓生晉尚書令靖。靖五代孫奐，陳吏部尚書；生紹安，唐中書舍人，生構。構生若思，禮部侍郎；仲思，給事中。若思生至，著作郎。構弟楨，禮部員外。

A〔岑校〕潛子竺生恬愉晉僕射 晉書七八孔愉傳，曾祖潛，祖竺，父恬，此脱簡，下文有「竺次子沖」，亦可旁證。羅校云：「案『晉僕射』上奪『愉』字，當補。」蓋未知「愉」上之奪「生」字，而以恬、愉爲兄弟也。

B〔又〕闓生晉尚書令靖 此作「靖」，同宋書五四。羅校云：「案『靖』，晉書孔愉傳作『静』。」

C〔又〕生紹安唐中書舍人 武德五年，紹安任中書舍人，見會要六三。

D〔又〕生構 「構」，庫本作「構」，下同。

E〔又〕仲思給事中 太極元年時爲少府監，見會要六六。

F〔又〕若思生至著作郎 會稽孔至惟微，見全文三一七李華三賢論。著作郎孔至撰百家類例，見封氏聞見記一。

G〔又〕構弟楨禮部員外 「楨」，舊書一九〇上作「禎」，云累遷絳州刺史，會要八〇亦作「楨」。全文二四五有李嶠爲朝集使絳州刺史孔禎等進大酺詩表，稱金輪聖神皇帝賜酺五日云。同卷又有爲絳州刺史孔禎等上獻食表。嘉定赤城志八，麟德二年刺史孔（仁廟嫌諱），當即禎•。

11 安國，晉左僕射；五代孫範，陳都官尚書。範從祖弟德仁。仁孫，唐端州刺史。

A〔岑校〕五代孫範陳都官尚書　宋僧傳一四文綱傳：「曾祖範，陳都官尚書。祖濮，祠部侍郎。」範，南史七七有傳。

B〔又〕仁孫唐端州刺史　「孫」下奪名。

12 竺次子沖，七代孫梁都官尚書休源。源曾孫德紹。德紹生唐膳部郎中昌。太子賓客述睿。述睿生敏行。

A〔岑校〕竺次子沖七代孫梁都官尚書休源　羅校云：「案金石録周孔昌寓（寓）碑跋云，碑及梁史皆云休源，沖八世孫，而姓纂云七代，誤也。」余按金石録二五又云：「右周孔昌寓碑，載其世系甚詳，云宣尼父三十六世孫也。十四世祖潛，吴侍中，生晉豫章太守竺，竺生大尚書沖，沖生大司農偘，偘生祕書監滔，滔生江夏太守俟，俟生宋尚書左丞幼，幼生尚書右丞遥之，遥之生中書侍郎華，華生齊散騎常侍珮，珮生梁侍中休源，休源生陳黄門侍郎宗範，宗範生陳散騎常侍伯魚，伯魚生隋祕書正字德紹，德紹生昌寓。」合諸前姓纂所記世數，「七」應作「八」，然後昌寓爲三十六世也。

B〔又〕德紹生唐膳部郎中昌太子賓客述睿　羅校云：「案『昌』，周孔昌寓碑作『昌寓』。」考舊書一九二述睿傳，曾祖昌寓，膳部郎中；祖舜，監察御史；父齊參，寶鼎令；述睿終太子賓客。又新書一九六述睿傳，休源八世孫，高祖德紹，祖祖舜。按德紹爲休源曾孫，述睿爲德紹玄孫，則述睿者休源七世孫耳（連本身爲八世）。此處「昌」下奪「寓」字（羅校作「寓」，訛），又脱去述睿祖、父兩代也。述睿之祖，舊書名舜，新書名祖舜，亦小異。寓碑，長安三年立，見金石録五。又千唐上洛主簿孔望回誌：「曾祖齊參，蒲州寶鼎縣令，贈屯田員外郎。大父述睿，太子賓客，贈太保。」又拓本唐故河東郡寶鼎縣令會稽孔府君墓誌：「公諱齊參。……曾祖德紹，隨河間郡景城縣丞。祖昌寓，皇朝散大夫、尚書膳部郎中。父祖舜，皇朝□大夫、梁州都督府司馬。公即司馬府君之冢子。」是新傳作祖舜合，今舊傳殆校者誤删一「祖」字也。齊參卒天寶二載，年五十二，有嗣子全禎、述睿、克讓等。

C〔又〕述睿生敏行　舊書一九二，孔敏行，元和五年擢第。廣記二六一引盧氏雜説，起居郎孔敏行抗論淮南節度王播。千唐楊寧誌，葬元和十二年八月，書人題「前試太常寺協律郎孔敏行謹録上石」。又千唐孔望回誌，卒開成三年，年廿一，云「先之諫議大夫第四子」，諫議即敏行。

13【魯國】　武孫霸。霸曾孫均，漢封褒聖侯。晉封奉聖侯，魏封崇聖侯，隋汴侯，唐朝褒聖侯，並奉孔子祀。武德時，均十六代孫褒聖侯德倫。德倫曾孫褒聖侯齊卿，仲尼三十八代孫。

A〔岑校〕漢封褒聖侯　據漢書一八及八一，「聖」當作「成」，庫本不誤，亦見羅校引新表。

B〔又〕晉封奉聖侯　按芒洛四編孔神通誌：「漢平帝改封收男均爲裒成侯。……光武重興，還封均子志爲裒成侯。……魏文帝黄初元年，封羨爲崇聖侯。羨孫震，蒙晉改封爲𧄍亭侯。震男嶷，襲爵𧄍亭侯，嶷子撫亦爲𧄍亭侯。晉祚既滅，……未遑立封。至魏孝文皇帝，……封乘爲崇聖大夫。」新表則云：「損徙封褒亭侯，曾孫羨，羨以下皆襲奉聖侯。」説互不同。遼居稾跋神通誌云：「今證之魏黄初碑，則是『宗聖』，表作『奉聖』固非，誌作『崇聖』亦誤。……誌稱震、嶷、撫世襲𧄍亭侯，表作奉聖侯（廣記同，宋書禮志作奉聖亭侯），亦不合。宋書禮志稱宋文帝元嘉八年，奉聖亭侯孔繼之博塞無度，奪爵；至十九年，又授孔隱之，兄子熙先謀逆，又失爵；二十八年，更以孔惠雲爲奉聖侯，後有重疾失爵；孝武大明二年，又以孔邁爲奉聖侯，邁卒，以莽嗣，有罪失爵。。是在劉宋之世，屢封屢以罪黜。」按宋書一七禮志云：「晉武帝太始三年十一月，改封宗聖侯孔震爲奉聖亭侯。」是晉封奉聖固有據，意「奉聖」其號，「𧄍」者亭名，兩者當可並存，未可偏倚也。

C〔又〕魏封崇聖侯　孔子廟碑：「維黄初元年，……以魯縣爲户，命孔子廿一世孫議郎孔羨爲宗聖侯。」（萃編一三）是宗聖侯始封在三國之魏，非大代之魏，故余謂此句應乙於「晉封奉聖侯」之上，「崇」應作「宗」。

D〔又〕隋汴侯　新表作「紹聖侯」。按大業七年夫子廟碑：「以孔子三十二世孫前太子舍人、吴郡主簿嗣悊封紹聖侯。」（山左金石一〇）羅跋神通誌亦云不作「汴侯」。

E〔又〕唐朝襃聖侯　「朝」誤，庫本作「封」是。又庫本奪「侯」字，下文云「襃聖侯德倫」，可證也。

F〔又〕均十六代孫襃聖侯德倫　「十六」殆「十八」之訛。德倫名見舊書五。元龜五〇稱貞觀十年封，唐孔子廟堂碑則稱武德九年十二月二十九日，有詔立隨故紹聖侯孔嗣悊子德倫爲襃聖侯。

G〔又〕德倫曾孫襃聖侯齊卿仲尼三十八代孫　據新表，齊卿乃德倫玄孫，非曾孫。又新表之「長孫襲公」，「長」蓋長次之長，非名也。如依此計算，至齊卿恰爲三十七代，連本身三十八代。會要三五：「建中三年閏正月，以文宣王三十七代孫齊卿爲兗州司馬，襲文宣王。」其下又有三十八代孫惟昉、三十八代孫惟晊。惟晊以元和十三年襲封，見舊紀一五。又舊紀一二及元龜五〇「齊卿」均誤「齊賢」。

14【下博】　狀云，本出魯國。十七祖漢下博侯陽，因居冀州下博。裔孫唐國子祭酒、曲阜子穎達，生志元、志約、志亮。志元，國子司業；生惠元，國子司業，後拜春官侍郎，生立言、昚言。立言，祠部郎中。昚言，黄州刺史。志約，禮部郎中；生琮，洪州都督。志亮，中書舍人，生珪。

A〔岑校〕本出魯國十七祖漢下博侯陽　「十七」下當補「代」字。羅校云：「案『陽』，唐表作『揚』。」

B〔又〕生志元志約志亮志元國子司業生惠元　據穎達碑及新表，「志元」字作「玄」，「惠元」字作「元」，非父子同名也。新書一九八稱穎達子志，乃宋人諱省者。

C〔又〕國子司業後拜春官侍郎　長壽元年九月，春官侍郎孔思元流嶺南，見通鑑二〇五，「思」乃「惠」之訛。

D〔又〕眘言黄州刺史　孔慎言神怪志，見全文五二八顧況戴氏廣異記序。

E〔又〕志約禮部郎中　永徽二年稱前内直丞（會要一〇），又符璽郎（同上三七），顯慶二年任禮中（同上八二）。龍朔二年，志約官司禮大夫，見廣弘明集二九。敦煌掇瑣九五，永徽四年二月刊定五經正義殘頁，題「宣德郎、行太常博士臣孔志約」。

15 穎達族元孫巢父，給事中、御史大夫；兄子戣、戡、戢。戣，給事中。戡，殿中御史。戢，庫部員外。

A〔岑校〕戣給事中　舊紀一四，元和六年十月，以諫議大夫爲太子諸王侍讀。同書一五四本傳亦略去此歷階。

B〔又〕戡殿中御史　昌黎集二六戡誌，終衛尉丞，元和五年卒，年五十七。誌又云：「一歲再奏，自監察御史至殿中侍御史。」蓋檢校官也。

C〔又〕戢庫部員外　此七年見任也。五年官殿中侍御史，見昌黎集二六。長慶元年正月，自湖南觀察入爲少府監，見同集三三及注。

16 【常山】處州刺史孔令斌，代居恆州；生垂寶，河内尉。

17 【南陽】 本梁人，云仲尼之後。孔愉從弟羣，官至御史中丞，生沈。沈孫琳。春秋衞卿孔圉，生悝。鄭穆公公子嘉，字子孔，子孫亦爲孔氏，孫張，並不詳其後。

A〔岑校〕沈孫琳　羅校引宋書孔琳之傳，「琳」下奪「之」字。

孔父

18 微子之後*。宋大司馬孔父嘉，亦爲孔氏。

A〔岑校〕微子之後宋大司馬孔父嘉亦爲孔氏　庫本校云：「按此係雙姓，誤爲郡望。」大約大典原文，「孔父」已下接敍於孔姓之後，故庫本云然，今洪刻既刊正，所以删去此注也。

二腫

鞏

19 左傳，周卿士鞏簡公，晉鞏朔。漢侍中鞏攸。

20 【陽翟】 唐户部郎中鞏弘武，陽翟人。

A〔岑校〕唐户部郎中鞏弘武陽翟人　千唐咸通二年東都留守都防禦張夫人鞏氏誌：「其先張掖人也。……隋國子學生寧上書征遼，……至武德五年，拜虞州刺史，卽夫人六代祖也。曾祖玄敏……

歷仕至賀州司馬。祖弘武，……時值羯胡搆禍，大君蒙塵，……終衞州別駕。祖(父)禮。」(夫人卒年七十。)當即此弘武，但誌未言官户中，郎官柱亦未見。又備要二七引作「皇户部郎中」(類稿三四同)，正合唐人奉詔著書筆法，今之作「唐」字者，當皆後人改定也。

三講

項

21 左傳云，滅項。公羊傳曰，爲齊桓公所滅。子孫以國爲氏。項橐八歲服孔子。項燕，下相人，爲楚將，子梁。梁兄子籍，號西楚霸王。項他、項伯、項襄，並籍之族也，漢初並封侯，賜姓劉氏。

22 【隴西金城】後周有項亶，周武帝賜姓辛氏；孫義周，唐屯田郎中•。

四紙

紙

23 楚左紙相之後。

A〔岑校〕楚左紙相之後　庫本作「左傳，楚左紙相之後」，且於「紙相」下校注云：「案左傳，楚無紙相。」洪刻既删左傳字，故幷注删去也。余疑此特倚姓之訛文。通志「倚氏」云：「楚左史倚相之後也。」倚、紙誤錯，故變爲「楚左史紙相之後」，復奪「史」字，文益不可通矣。通志「紙氏」云：「官氏志云，渴侯氏改爲紙氏。」今應別標倚姓，若紙則存目。

是

24 吴志云，是儀本姓氏，孔融嘲儀曰，「氏字民無上」，乃改爲是，因姓是焉；仕吴，官侍中、都亭侯。天寶祕書少監是光又，改姓齊氏。

A〔岑校〕天寶祕書少監是光又改姓齊氏　按新書五九，開元末，是光乂自祕書省正字上所編書，授集賢院修譔，後賜姓齊，「又」乃「乂」之訛。急就篇上引集賢注記，亦訛「是光又」。唯玉海五四引集賢注記，開元二十二年十一月，祕書正字是光乂上十九部書語類，敕留院修撰。又天寶五載石刻删定月令表，稱宣城司馬齊光乂。。

25 齊大夫之後也。（岑補）

A〔岑校〕據類稿三四引補。

26 北海（岑補）

A〔岑校〕類稿引「吴志」上有此兩字，乃郡望也，茲據補。

錡

27 左傳，殷人六族，有錡氏。漢書藝文志，洛陽錡華。後漢荊州刺史錡嵩。

A〔岑校〕漢書藝文志洛陽錡華 見賦家，有賦九篇。

倚

28 漢四皓隱商山，號倚里先生，倚相後氏。案漢書顏師古注作「綺里季」，此作「倚里先生」，未詳所本。

A〔岑校〕漢四皓隱商山號倚里先生倚相後氏 校云：「案漢書顏師古注作『綺里季』，此作『倚里先生』，未詳所本。」余按倚姓之文，今誤作紙姓，綺里之文，今誤附甪里，說分見前後。通志「綺氏」云：「漢初，四皓隱商山，號綺里季，其後爲綺氏。」（類稿三四同）依此，則「先生」應正作「季」，「倚相後氏」應正作「後爲倚氏」，蓋涉甪里先生及左史倚相之聯繫而訛也。

骫

29 纂要文云，人姓。史記，夏后氏姓。

A〔岑校〕纂要文云人姓史記夏后氏姓 按廣韻骫：「又姓，出纂文。」通志，骫附委目而無文。史記，夏后氏姓無骫，唯有褒、費、杞、繒、辛、冥、斟戈，但費、杞、辛、斟戈等已別見。考類稿三四：「姒，史記夏后氏姒姓。」是此「史記夏后氏姓」六字乃姒姓之文，應移入六止。姓觿五亦引：「姓纂云，夏禹之先，姒姓，因氏。王莽時有姒豐。

蔿

30 晉士蔿之後，以王父字爲氏。

A〔岑校〕晉士蔿之後以王父字爲氏　辨誤一七云：「又按廣韻引晉大夫蔿伯，姓纂引士蔿，由不知晉之蔿伯，士氏也。」按廣韻固可議，但姓纂有「之後」字，士氏之支孫，別支爲蔿氏，何不可之有？張氏所辨非。

闖

31 國語有闖大夫。

A〔岑校〕國語有闖大夫　辯證二一云：「國語無此人。」按廣韻：「闖，闢也。國語曰，闖門與之言。」林氏或因此誤解歟。

薳

32 左傳，楚大夫薳章之後，有薳子馮、薳掩。

芈

33 楚姓，祝融子季連之後。漢初，楚懷王孫心，項羽封爲楚懷王，後爲義帝。

A〔岑校〕祝融子季連之後　按漢表二〇，季連爲陸終子，通志同。「子」應正作「孫」。

34 【南郡】隋右衛將軍芈雄；曾孫端，唐金吾將軍。

鄢（岑補）

35 A〔岑校〕據姓觿五引。

技也

36 西部大人，代爲酋帥，後魏初各依舊號，爲技也氏。後魏護軍將軍、臨江伯技也鍮石，生説誠，内部尚書。孫爾歸，生平，右衛將軍；生恭、長文義，北齊侍中、隋信州總管、新寧公。文義生旻，唐鳴水令。恭，隋丹州別駕；生寶倫，唐興國別將。

A〔岑校〕後魏護軍將軍臨江伯技也鍮石　按技也氏不見於魏書官氏志，同書八〇叱列延慶傳云：「曾祖鍮石，世祖末，從駕至瓜步，賜爵臨江伯。」是鍮石姓叱列，不姓技也。通志「叱利氏」云：「一云叱列，西部大人，世爲酋帥，後魏初，各依舊號爲叱利氏，後周改爲利氏。」顯見今本姓纂以技也冒叱利之文矣。又技也之「技」，爲「拔」之訛。通志叱利之後爲「拔也」，云「與斛律同祖，爲拔也部，後因氏焉。」即此可覘今本姓纂訛錯之迹，唯官氏志亦無拔也。

B〔又〕孫爾歸生平右衛將軍　魏書八〇，延慶兄子平，武定末儀同三司、右衛將軍。北齊書二〇，叱列平有傳。

C〔又〕生恭長文義北齊侍中隋信州總管新寧公　叱列平傳云：「子孝中嗣，弟長乂，武平末侍中、開府儀同三司，封新寧王，隋開皇中上柱國，卒於涇州長史。」就傳文讀之，似長乂可爲平弟。但北史五三平傳云：「子孝沖嗣，孝沖弟長叉。」字作「沖」不作「中」，作「叉」不作「乂」，且以長叉爲平子，或後説爲長。至姓纂之恭，即北齊書之孝中及北史之孝沖，「長文義」實即「長叉」之訛衍，蓋「叉」字類「文」，又像行草之「義」故也。隋書一，開皇二年六月，以上柱國叱李長叉爲蘭州總管；四年四月，以上柱國叱李長叉爲信州總管，字均作「叉」。叱李又叱列之異譯也。隋初例降爵，故新寧王降而新寧公矣。

D〔又〕文義生旻　依前條，「文義」當作「長叉」。

尒朱

37 其先契胡部落大人，代爲酋帥，居尒朱川，因以爲氏。後魏有羽健，秀容三百里封之，以爲世業。

A〔岑校〕後魏有羽健秀容三百里封之以爲世業　通志云：「後魏有爾朱羽健，從駕平晉陽、定中山有功，割秀容三百里封之，以爲世業。」

佘緜

38 魏蠕蠕渠帥緜他拔佘緜來降，改爲緜氏。

A〔岑校〕魏蠕蠕渠帥緜他拔佘緜來降　依通志，「佘」字應乙在「渠帥」之下，第二「緜」字衍。佘緜他拔見魏書四下太平真君十年，疏證謂姓纂止作「緜他拔」，蓋未知其誤倒也。

B〔又〕改爲緜氏　後魏書一一三官氏志：「佘綿氏後改爲綿氏。」緜、綿通用。

是婁

39 南燕有徐州刺史是婁盧。

A〔岑校〕南燕有徐州刺史是婁盧　按官氏志：「是樓氏後改爲高氏。」通志「是婁氏」亦云：「改爲高氏。」蓋是婁之文，今誤錯於是云之下也。（東胡民族考謂是婁即「高」之漢譯）若此條則爲賀賴姓之文。通志「賀賴氏」云：「南燕有徐州刺史賀賴盧。」可證。應補目，移附卷九。

是賁

40 改爲兒氏

A〔岑校〕改爲兒氏　官氏志：「是賁氏後改爲封氏。」通志「是賁氏」亦云：「改爲封氏。」（疏證亦以姓纂爲誤。）知是賁之文，今誤錯於是奴之下也。復依官氏志，「賀兒氏後改爲兒氏」，通志亦云「賀兒氏改爲兒氏」，應補賀兒子目，移附卷九。

是云

41 改爲高氏。

A〔岑校〕改爲高氏　此乃是婁之文，説已見前（疏證亦以爲誤）。官氏志：「是云氏後改爲是氏。」通志「是云氏」云：「改爲是氏。西魏有是氏，開府是云寶。」今姓纂是云之文已佚，存目而已。

是奴

42 改爲封氏。

A〔岑校〕改爲封氏　此乃是賁之文，説已見前（疏證亦以爲誤）。官氏志無是奴氏，通志有之，云「改爲是氏」，今姓纂文已佚，衹存目。案通志，各姓排列之序爲賀賴、賀兒、是婁、是賁、是云、是奴，是婁既冒賀賴，故是云上冒是婁，是賁既冒賀兒，故是奴上冒是賁，遞推而上，其所以錯簡之迹，固深可味焉矣。

五旨

芈尹

43 楚大夫芈尹，申無宇之後。

履

44 見姓苑。

婄

45 方几反。見纂要文，云人姓。

A〔岑校〕方几反見纂要文云人姓　沈跋云：「（國名記）六卷婄傳云，商有姚婄。姓纂、纂要方九切，今孫本『四十四有』無婄姓。」余按廣韻「四十四有」無「婄」字，唯「五旨」鄙組（方美切）云：「婄姓，出何承天纂文。」正與姓纂之「方几切」相當，知國名記「方九」爲「方几」之譌，沈氏又失考，遂謂姓纂無此姓也。類稿三四及尋源二四「妬」作「妚」。姓觿五云：「姓纂云，商有妚國，後因氏。」當涉國名記而云然，故不補（參附録一）。

壘

46 後趙録有壘澄，本姓裴，改焉。

水邱

47 吴興人。

A〔岑校〕吴興人　廣韻：「何氏姓苑云，漢有司隸校尉水丘岑。」按岑見後書董宣傳，作「水丘崇」，但均不言吴興人。考類稿四〇：「東晉鈕滔，吴興人。」又廣韻「五十二沁」：「禁，又姓，何氏姓苑云，今吴興人。」此語殆冒鈕或禁姓之文。

癸北（羅補）

48 國名也，女爲舜妃者，後爲氏。（羅補）

A〔岑校〕羅校據姓氏書辯證補。余按姓纂卷八「祭北」云：「國名也，女爲舜妃，黄帝史官，子孫因氏焉。」校云：「案姓氏辯證引作『癸北』。」則羅氏之補爲複出，應刪。

六止

史

49 周太史史佚之後。以女弟爲戾太子良娣，生史皇孫進。進生宣帝。恭子高、元。

A〔岑校〕以女弟爲戾太子良娣　「以」下有奪文。據漢書八二史丹傳，良娣，史恭之女弟也。通志則云：「以官爲氏。漢有史恭，其女弟爲戾太子良娣。」

B〔又〕恭子高元　此忽提恭，知前文定奪去恭名。漢書八二：「及宣帝卽位，恭已死，三子高、曾、元。」「元」，同書一六作「玄」，傳之作「元」，意宋人避諱所改也。通志亦云：「恭三子，高、曾、元。」高子丹，今下文屢言丹，「高玄」以下，亦有脫簡矣。

50 【建康史氏】　今隸酒泉郡，史丹裔孫後漢歸義侯苞之後，至晉永嘉亂，避地河西，因居建康。苞裔孫寧，後周安政公；生祥，隋城陽公。祥弟雲，期。雲生令卿，唐祠部郎中、杭州刺史。

A〔岑校〕後漢歸義侯苞之後　苞爲張掖都尉，封褒義侯，見後書竇融傳。

B〔又〕生祥隋城陽公祥弟雲　羅校云：「案『城陽公』，隋書史祥傳作『陽城公』。」祥兄雲，周書史寧傳亦作祥弟雲。」

C〔又〕祥弟雲期　周、隋兩書雲有弟威，不著「期」名。芒洛三編史信誌：「祖雲，隨任荆州刺史六州諸軍事、上柱國、期城公。」然則「期」乃「期城公」之奪。

D〔又〕雲生令卿　據史信誌云：「父嵩，唐任幷州長史、銀青光祿大夫、須昌縣開國男。」則雲又有子嵩（信卒麟德二年，年六十六）。

51【宣城】丹孫均。均子崇，自杜陵受封溧陽侯，遂爲郡人。崇裔孫宋樂鄉令瓌。瓌九代孫務滋，唐納言、溧陽子；孫翽，御史大夫。又江州刺史史元道*，亦云崇之後也。

A〔岑校〕均子崇自杜陵受封溧陽侯遂爲郡人　全文一六二史仲謨後漢溧陽侯史崇墓碑頌云：「隋末大亂，避地閩越，碑壞再立。」卽此史崇。又同書二七六史憲碑：「其先杜陵人，十三世祖崇，後漢建武中封溧陽侯，子孫因家焉。」

B〔又〕瓌九代孫務滋　「九代」，辯證二一作「七世」。

C〔又〕孫翽御史大夫　舊書一〇，乾元二年十二月，以御史大夫史翽爲山南東道節度，翌年四月，襄州軍亂，被殺。贈户部尚書，謚襄愍，見會要八〇。新表七四上以翽爲務滋曾孫，與此異。考英華，史翽，開元四年進士，務滋之相，在天授元年（六九一），相去祇二十六年，務滋未必有曾孫舉進士，新表當誤。翽出鎭襄陽之前，曾官京兆尹，見元龜七二九。與進士李蒙同時，見廣記二一六引定命録。全文四二四于邵爲崔鄴公謝表:「伏奉十二月日勅追赴京,仍待史翽到卽發。」

D〔又〕又江州刺史史元道　永徽二年爲太學博士(道元),見會要三七。顯慶四年爲太子洗馬,見同書三六。元龜二六〇及新書五八作「玄道」。

E〔又〕亦云崇之後也　全文二七六史巖史府君(憲)碑:「從孫中散大夫、太子洗馬、弘文館學士、江州刺史元道。」

52【高密】史丹之後,有史曇。曇曾孫節,唐禮部侍郎。

A〔岑校〕史丹之後有史曇曇曾孫節唐禮部侍郎　曇未詳。朱彝尊經義攷載史承節鄭玄碑銘云:「乃葬于高密縣城西北一十五里礪阜山之原,嗚呼哀哉。承節以萬歲通天元年行至州,見高密父老請爲文,因爲之銘。」唐初人往往兩名而以一名行,史節或卽史承節,但就文論之,承節未必如曝書亭集所云密州刺史也。

53【京兆】丹裔孫瓌,留長安。隋左領大將軍萬歲,狀稱瓌十二代孫。寶,唐鄜州都督原國公。

A〔岑校〕隋左領軍大將軍萬歲狀稱瓌十二代孫寶唐鄜州都督原國公　寶是否萬歲孫,史無可考,姑就本文讀之,當以「孫」字斷句,斷無可疑,然則寶爲萬歲何人乎?考舊書六〇李道玄傳有史萬寶,於武德五年時爲道玄副將,疑是萬歲之弟。若然,則「孫」下奪「弟萬」二字也,存以俟考。廣記三二七引兩京記：「長安待賢坊，隋北領軍大將軍史萬歲宅。」「北」乃「左」之訛，隋書本傳亦作「左」。又武德初，史萬寶與盛彥師鎮宜陽，見元龜三四五。河洛記，武德元年稱右翊衛將軍、上柱國、太平公史萬寶（考異九引）。廣記一八九引談賓録，李密反時，史萬寶留鎮熊州。

54【陳留考城】今隸曹州。後漢京兆尹敞，生弼。今無聞。

55【河南】本姓阿史那，突厥科羅次汗子，生蘇尼失。入隋，封康國公。懷德郡王。生大柰，子仁表，駙馬。生忠，左驍衛大將軍、薛國公。忠生晡，宋州刺史。晡生思元，右金吾大將軍。思元生震、晉、巽、泰。震，右監門將軍，生弘、寧寂、容。寧寂生備。容，冀王傅。巽，光祿少卿。泰，蜀州刺史，生寅、審。審，吉州刺史。

A〔岑校〕本姓阿史那　舊紀二，武德四年，太宗率史大柰、竇建德。阿史那單稱史者，在紀年中似以此爲始見。

B〔又〕突厥科羅次汗子生蘇尼失入隋封康國公懷德郡王　舊書一〇九蘇尼失傳所記世系，異常矛盾，新書二一五上亦不足徵。余常推尋舊文，斷蘇尼失爲沙鉢略可汗之子，見拙著突厥集史，說繁不備引。新書一一〇：「阿史那社爾，突厥處羅可汗之次子。」通志亦云：「貞觀內屬有阿史那社爾，乃突厥可汗之次子。」此「突厥科羅次汗子」，殆「突厥科羅汗次子」之訛，係敍社爾而奪其名者。蘇尼失以貞觀四年始降，封懷德郡王。「入隋封康國公」六字，殆後文「大柰」下所錯簡，將於次條詳之。

C〔又〕生大柰子仁表駙馬　文似大柰爲蘇尼失之子，但據新書一一〇，史大柰本西突厥特勤，與蘇尼失屬東突厥者支系已異；又大柰隨處羅入隋，在大業七年，蘇尼失至貞觀四年始降，後先亦相差廿載。大柰所自出，史已不詳，惟從高祖平長安，遂賜史姓，是阿史那之改史，大柰最先，康國公或其入隋時所授。此一節應抽置「本姓阿史那」之下，則蘇尼失封懷德郡王接於下文之「生忠」，斯統系與碑、史相符矣。阿史那忠碑，父蘇下幷不著康國公，史傳亦然。仁表尚太宗女普安公主，見會要六。

D〔又〕生忠左驍衛大將軍　忠碑，父蘇，卽蘇尼失也，不與大柰一支相接。又「左驍衛」，碑及舊、新傳均作「右」，此訛。

E〔又〕忠生晡宋州刺史　舊書一〇九云：「子暕襲封薛國公，垂拱中歷位司僕卿。」「晡」疑「暕」之訛，下同。

F〔又〕生弘寧寂容寧寂生備容冀王傳　此文如無舛誤，亦可有兩種讀法：一爲「生弘寧、寂、容寧，寂生備」也，二爲「生弘、寧寂、容，寧寂生備」也。兩者中似前者近是。若有脱衍，則更難以揣測矣。白氏集三一有史備授濠州刺史制，殆卽此之備，其前官爲將仕郎、守光州刺史、雲騎尉。

姒

56 官氏志，渴侯氏改爲姒氏。

A〔岑校〕官氏志渴侯氏改爲𡚱氏　按𡚱姓著於周初，其典非僻，此文不提，顯有脱佚。又官氏志：「渴侯氏改爲緱氏。」前卷五曾引之，與此亦異，通志則云「改爲似氏」。考廣韻「十九侯」「緱」字下不引官氏志，唯「四紙」「紙」字下引志云：「渴侯氏後改爲紙氏。」沈濤以爲姓纂不若廣韻之可據，説尚入理，疏證以爲渴侯之「侯」，與「改緱」之「緱」，皆當作「俟」，「𡚱」又「俟」之相假，殊近臆測。由前文𡚱姓混入䚡姓觀之，此條殆𡚱姓冒他姓之文，顧通志之改似，當本姓纂，是鄭氏所見者已錯冒矣。至改紙、改緱，兩説孰正，尚有待於論定。

紀

57 姜姓，炎帝之後，封紀，爲齊所滅，以國爲姓。漢有紀信；弟成，子通封襄平侯。

A〔岑校〕弟成子通　漢書一六作紀通父城。

58 【丹陽秣陵】吴有紀騭；生瞻，晉侍中、驃騎大將軍。

A〔岑校〕吴有紀騭生瞻　羅校云：「案晉書紀瞻傳，祖亮，父陟。」陟、騭字近，未詳孰正。

59 【天水上邽】隋司農少卿紀和整；生士騰，隋翼州刺史。士騰生儼、及。儼，唐雍州司倉參軍，生先知。先知生逡，吏部郎中、給事中、判御史中丞，生黄石。黄石生經，户部郎中。經生謙、咸。及，荆州刺史；生處訥，地官侍郎、太府卿、平章事、侍中、千乘伯。

A〔岑校〕隋司農少卿紀和整　按河南博物館藏拓本開元十一年大唐故雍州明堂縣丞紀君墓誌銘并序云：「君諱茂重，其先丹陽郡人也。……曾祖融，宇文朝任車騎大將軍、儀同三司、隴西太守。……祖弘整，隨太府少卿、吏部侍郎。……父仁卿，隨朝散大夫、永州長史。」(茂重卒永淳二年，年六十二。)司農、太府，性質相近，弘整當卽和整，蓋唐寫「弘」字右邊多從口，故訛爲「和」。

B〔又〕隋翼州刺史　庫本作「冀州」，與新表異，殆誤。

C〔又〕生先知　先知，武后時御史，見廣記二五五引朝野僉載。

D〔又〕先知生逖吏部郎中給事中判御史中丞生黃石黃石生經户部郎中經生謙咸　此一節與新表七五上世系迥異。新表，儼生先知、全經。全經，户部郎中(見郎官柱)，卽姓纂之「經」也。是姓纂爲曾孫者，新表乃爲兄弟。新表，先知生黃中，殆卽姓纂之黃石，則缺逖一代。唯經生謙、咸，兩書相同。

E〔又〕及荆州刺史　新表作「廓州」。

士

60 帝堯之裔*。杜柏之子隰叔，爲晉士師，至士蔿，生伯成缺，缺生會，會子孫氏焉。後漢末交阯太守士燮。

A〔岑校〕杜柏之子隰叔　「柏」當作「伯」，見前卷五劉姓下，類稿三四亦引作「伯」，庫本不誤。

B〔又〕生伯成缺　新表七一上作「成伯缺」，同索隱。類稿三四引作「生司空轂，轂生士會」，與程公説春秋分紀同。

61 【河南】 隋刑部侍郎案此下脱名。士燮後；生義總，唐户部郎中。

A〔岑校〕隋刑部侍郎士燮後　「侍郎」下原校云：「案此下脱名。」非也。考隋書六六：「河内士燮、平原東方舉、安定皇甫聿道俱爲刑部，並執法平允。」是隋有士燮，後人不知，因疑此支爲後漢交阯太守士燮之裔，妄增「後」字耳，「後」字應删。燮仕隋，義總仕唐初，則義總爲燮子殆無疑。勞考一一云：「『河南』，北史高構傳作『河内』。」今隋書原作「河内」，此作「河南」，疑訛。

B〔又〕生義總唐户部郎中　按郎官石柱户部郎中第二人名義惣，渺其姓，以此勘之，即士義惣也。

杞*

62 姒姓，夏禹之後。周武王封東樓公于杞，後爲楚所滅，子孫氏焉。

63 【齊郡】 齊有杞殖，字梁。今齊州有杞氏。

俟

64 風俗通，俟子著書，六國時人。

65 【河南】後魏獻帝以次子爲俟亥，後改爲俟氏。官氏志，俟奴氏改爲俟氏。

A〔岑校〕後魏獻帝以次子爲俟亥後改爲俟氏　按官氏志，獻帝以次弟爲俟氏，後改爲亥氏，與此異。疏證謂「俟」爲「侯」譌，「俟亥」爲「亥俟」之倒，亦卽万俟氏，後一節余尚未敢據信，頗疑俟奴實俟亥之複，因「亥」字歪寫與「奴」無異也。「次子」訛（辨誤一七），通志亦作「次弟」。復次，疏證大意以爲元氏改於太和十八年，代人改姓在十九年，辨魏書、北史之誤，然考比干碑陰有「給事臣河南郡俟文福」，稱河南，當是代人南徙者，是十八年已有改稱單姓之代人。十九年詔曰：「比欲制定姓族，事多未就。」蓋當日單姓，似係陸續改定，觀詔内有穆、陸八姓可證，陳氏必執在同時，説尚未得其通也。

子

66 帝嚳之後*，殷湯姓子。風俗通云，左傳有子鉏商。案左傳，叔孫氏之車子鉏商。杜注：車子，微者，鉏商，名。此文附會不合。鄭大夫子人九*。

A〔岑校〕殷湯姓子　尋源二五引作「子姓」，類稿三四引作「子姓，承殷湯」，文理更順。

B〔又〕風俗通云左傳有子鉏商　校云：「案左傳，叔孫氏之車子鉏商。杜注：車子，微者；鉏商，名。此文附會不合。」按姓纂轉引風俗通，則應劭固有是說。通志云：「家語注，姓子名鉏商。」其說可並存，卽附會亦不始林氏也。述聞左傳下則以子鉏爲氏，商爲名，可參觀。

C〔又〕鄭大夫子人九　述聞又云：「子服何、子人九之類，上一字皆以先世之字爲氏也。」

里

67 本理氏，春秋時改焉。晉有里克，魯有里華，鄭有里析。後居襄城者，又爲里相。

A〔岑校〕魯有里華　「華」，通志及類稿三四均作「革」。

B〔又〕後居襄城者又爲里相　按上文卷五「相里」下云：「逃居相城，因爲相里氏。」此作「襄城」、「里相」，均誤。類稿作「又爲相里氏」。

理

68 咎繇爲堯理官，子孫遂爲理氏。殷宋有理徵。

A〔岑校〕殷宋有理徵　「徵」，庫本作「微」，廣韻、通志作「徵」，參看前卷五「相里」下注。類稿三四：「殷末有理徵。」「宋」字訛。

恃

69 齊有恃乙，管仲誅之。

A〔岑校〕齊有恃乙管仲誅之　通志文全同，唯「恃」作「忖」。忖在「二十一混」，兩文廣韻均未言是姓，辯證忖姓有目，今無文，但無恃姓，作「恃」殆誤。辯證一八云：「按管仲所誅乃付乙，非恃已也，一作『鮒乙』，鄭氏作『忖已』譌。」同書二三云：「按荀子，管仲誅付里乙，古今人表作『鮒里乙』，説苑貴德作『符里』，説苑指武又作『史附里』，家語作『付乙』。」

梓(岑補)

70 魯大夫梓慎之後。莊子有魯人梓慶。(岑補)

A〔岑校〕據姓觿五引，末句是否林書，存疑。

子玉

71 衞大夫子玉霄之後。秦穆公時大夫有子玉房。

A〔岑校〕衞大夫子玉霄之後　通志同。姓觿五引作「衞大夫玉屑之後」，當誤。

子桑

72 魯大夫子桑伯子之後，見論語。秦公孫枝，字子桑，其後氏焉。莊子有子桑樗。

A〔岑校〕秦公孫枝　「秦」，庫本誤「奉」。

子我

73 曹叔孫成子生申，爲子我氏•。衞大夫有子我羽人。

A〔岑校〕曹叔孫成子　「曹」誤（尋源二五），通志作「魯」。

B〔又〕衞大夫有子我羽人　「羽」，通志作「封」。

子叔

74 世本，魯文公生惠伯叔肸，叔肸生聲伯嬰齊，嬰齊生叔老子叔，子叔生叔弓，叔弓生仲南文楚及伯張、穆伯、定伯，爲子叔氏。

A〔岑校〕叔弓生仲南文楚　述聞名字解詁下云：「案『文』疑『之』字之誤。春秋時，燭之武、佚之狐、文之無畏、耿之不比，皆以『之』爲語詞。」

子夏

75 陳宣公生子夏，其娣生御叔己師，己師生子南徵舒，徵舒生惠子晉，晉生定子御寇，爲子夏氏。

A〔岑校〕其娣生御叔己師　「娣」，庫本作「姨」，尋源二五引作「其姊」，殆誤。左傳昭二十二年疏：「夏生御叔。」釋例九亦以御叔爲子夏子，其娣殆指子夏之妾言之。

B〔又〕己師生子南徵舒　詩陳風株林：「從夏南。」左成二年傳：「戮夏南。」

子有

76 魯有若字子有之後，見禮記*。宋有子有恭叔。

A〔岑校〕魯有若字子有之後見禮記宋有子有恭叔　辯證二二云：「今詳禮記無此事。」

子雅

77 齊惠公孫子雅之後，見英賢傳。又魯季桓子生武叔竈，亦爲子雅氏。霄爲齊上卿。

A〔岑校〕齊惠公孫子雅之後　左昭三年傳：「齊公孫竈卒。司馬竈見晏子曰，又喪子雅矣。」韓子外儲説作「子夏」。

B〔又〕又魯季桓子生武叔竈亦爲子雅氏　是亦當名竈字子雅者，述聞名字解詁下漏引。

子囊

78 左傳，齊大夫子囊帶之後。

A〔岑校〕左傳齊大夫子囊帶之後　辯證一三引無「子」字。

子家

79 魯公族子家氏。魯大夫子家霸懿伯。

A〔岑校〕魯大夫子家霸懿伯　「霸」，庫本作「覊」，釋例八同。

子革

80 世本，宋司城子革之後。又曰，季平子支孫爲子革氏。

子州

81 莊子，堯以天下讓子州支父，舜以天下讓子州支伯。

子孟

82 魯公子孟之後，見英賢傳。齊簡公時，子孟卿爲大夫。

A〔岑校〕魯公子孟之後　應依通志重「子」字。

子建

83 楚平王太子建之後。頃襄王時有子建叔子，爲大夫。

子伯

84 左傳，衞大夫子伯季之後。魏有子伯先，子夏門人，居西河。

子庭

85 芈姓，楚公子午字子庭後。又子庭氏，魯大夫，以字爲氏。

A〔岑校〕芈姓楚公子午字子庭後　尋源二五引此，并云：「按楚公子午字子庚，不字子庭，林説誤。」詎其同頁「子庚氏」下又引姓纂云：「楚令尹公子午，字子庚，其孫以王父字爲氏。」余按林氏既知公子午字子庚，未必又謂公子午字子庭，此當後人轉販者或據誤本，訛「庚」爲「庭」，遂致同文而分作兩氏。其故可從今本舛謬錯出處見之，蓋非林氏之責，特張氏自誤耳。以余考之，「芈姓」兩句實子庚之文，標目子庭應正作子庚，下文「又子庭氏」之「又」、「氏」二字應衍，「子庭」即標目，試細觀之，「又」字猶有後人引文綴合之遺跡也。通志「子庚氏」云：「芈姓，楚公子午字子庚，其後以王父字爲氏。」通志多本姓纂，可作拙説之佐證。

B〔又〕又子庭氏魯大夫以字爲氏　「又」、「氏」二字衍，「子庭」應提作標目，「魯大夫」七字即「子庭」之注也，參前條。

子尚

86 世本，陳僖子生廩邱子尚意茲，因氏焉。國語，鄭大夫子尚伯父。

A〔岑校〕世本陳僖子　「子」，通志作「公」誤，辯證、路史均作「子」。

B〔又〕生廩邱子尚意茲　潛夫論箋九：「按廩丘蓋所食邑，子尚字，意茲名。」

子彊

87 衛公族昭子郢之後。案此疑亦採自世本。

A〔岑校〕衛公族昭子郢之後　校云：「案此疑亦採自世本。」余按通志無子彊氏，「衛人字」下有子南氏，云：「衞靈公之子公子郢之後。」鄭氏云：「公子郢字子南，已有子南氏，復有子郢氏，此後之人所以別族也。」今此文與後子郢姓同，其爲子南之訛也無疑。（參姓觿五子南姓文。）

子郢

88 世本，衞公族昭子郢之後。

子寤

89 陳僖子生宣子，其後爲子寤氏。

A〔岑校〕陳僖子生宣子　通志作「僖公」誤。辯證二二云：「季平子生昭伯寤，其後爲子寤氏。」與此異。

子輿

90 陳桓子生子石難，爲子輿氏。

A〔岑校〕陳桓子生子石難爲子輿氏　辯證二二及路史注均作「子石氏」，此與通志均作「子輿」，疑誤。姓觿則子石、子輿同爲桓子後。

子干

91 魯季平子干叔彭便之後。案古今姓氏辯證云，此條姓纂有氏無解，此句係後子成氏之文，誤繫於此，今子成氏條亦遺失。

A〔岑校〕魯季平子干叔彭便之後　校云：「案古今姓氏辯證云，此條姓纂有氏無解，此句係後子成氏之文，誤繫於此，今子成氏條亦遺失。」余按辯證一二「子成」云：「世本曰，魯季平子生子成叔彭侯之後。」庫本亦作「侯」，此條應加「生」字，并正「干」爲「成」，「便」爲「侯」，別立「子成」之目，若「子干」則有目無文。

子季

92 楚公族也。

子羽

93 晉公族子羽後，爲楚邑大夫。

A〔岑校〕晉公族子羽後爲楚邑大夫　通志，「邑」上有「隨」字，下云：「衞有行人子羽。」姓觿五引作：「晉大夫韓子羽，又衞有行人子羽，其後並有子羽氏。」

子陽

94 魯公有子陽者，其後以王父字爲氏。

A〔岑校〕魯公有子陽者其後以王父字爲氏　潛夫論箋九引此，「公」下有「族」字。箋又云：「又有子揚氏，……按陽、揚古通用，疑本一氏。」今庫本及通志均作「魯公族」。

子尾

95 齊惠公生子高祁，祁生子尾蠆，因氏焉。

A〔岑校〕齊惠公生子高祁祁生子尾蠆因氏焉　述聞名字解詁上：「呂氏春秋愼行篇注曰：齊惠公子高祈，……祁與祈通。」姓觿五引作：「魯公子施父字子尾，因氏。一云，齊公孫蠆字子尾，因氏。」

子重

96 楚公子重字嬰齊，子重之後。

子午

97 世本，楚公子午之後。齊大夫子午明。

子旗

98 齊惠公孫欒施，字子旗，子孫以王父字爲氏。

子獻

99 世本，陳桓公孫子獻之後。風俗通云，齊大夫子獻之後。楚文王時，子獻遼爲大夫。

A〔岑校〕陳桓公孫子獻之後　潛夫論九云：「按『桓公』當作『桓子』。」

子乘

100 楚屈蕩生子乘，因氏焉。

A〔岑校〕楚屈蕩生子乘　「蕩」，庫本作「湯」。

子華

101 莊子，韓有子華子，因氏焉。

子言

102 季平子生昭伯寤之後也•。

子齊

103 衞公族子齊氏。

A〔岑校〕衞公族子齊氏　通志「子齊氏」亦收入「衞人字」下。尋源一一五乃云：「是鄭氏、林氏作魏者誤矣。」強捏林、鄭兩家作「魏」，此特張氏自誤，何他人之尤！

子蕩

104 世本，宋威公生子蕩，因氏焉。

子枋

105 陳僖子生穆子安，爲子枋氏。

A〔岑校〕陳僖子生穆子安　辯證及路史注均作「子穆安」。又「子枋氏」作「子穆氏」。通志「子枋氏」有目無文，亦無「子穆氏」。

子宋

106 陳宣公生子楚，其後爲子宋氏。

A〔岑校〕陳宣公生子楚　潛夫論箋九云：「按『宣公』當爲『宣子』，卽僖子子夷也。」。

子扁

107 莊子有子扁子。

A〔岑校〕莊子有子扁子　辯證二二引同。

子工

108 世本，齊頃公子子工之後。

A〔岑校〕世本齊頃公子子工之後　「子工」，張輯世本引氏族略作「子公」，蓋所見本誤。

子鞅

109 陳僖子子生簡子齒，爲子鞅氏。

A〔岑校〕陳僖子子生簡子齒　「僖子」，庫本誤「僖公」。又依通志及汪箋九引文，第二「子」字應衍。

子揚

110 世本，季桓子生穆叔，其後爲子揚氏。

子芒

111 世本，陳僖子生子芒盈，因氏焉。

A〔岑校〕陳僖子生子芒盈　潛夫論箋九云：「按哀十四年左傳，杜注作『芒子盈』，疏引世本同。」

子游（岑補）

112 鄭公子偃之後。（岑補）

A〔岑校〕據姓觿五引。

子羽（岑補）

113 魯羽父之後。（岑補）

A〔岑校〕同上引。

子寬（岑補）

114 鄭大夫游速之後。（岑補）

A〔岑校〕同上引•。

士孫

115 漢書，平陵士孫張爲博士、揚州牧，明梁邱易；生仲徹，長安令、左馮翊，生芭。芭生充。曾孫奮，爲郡五官掾。六代孫眭，後漢弘農太守；生瑞，尚書令。瑞生萌，字文始，儀郎、灌津侯，生賢、穎。

A〔岑校〕漢書平陵士孫張　見八八梁丘賀傳。

B〔又〕曾孫奮　見後書梁冀傳。

C〔又〕六代孫眭　「六」，庫本作「吏」，殆誤。

D〔又〕生瑞尚書令　見後書獻帝紀及王允等傳。

E〔又〕瑞生萌字文始儀郎灌津侯　北堂書鈔引決録注，作「澮津亭侯」。

士蔿

116 隰叔生士蔿，爲晉士官，案「士官」當是「司空」字誤。支孫因爲氏。

A〔岑校〕隰叔生士蔿爲晉士官　校云："「案『士官』當是『司空』字誤。」余按通志「士蔿氏」云："「晉隰叔爲士氏之祖，士蔿其子也，爲晉士官，故以爲氏。」「爲晉士官」一語，亦可作承上隰叔言之，猶前文士姓「杜柏（伯）之子隰叔爲晉士師」，又下文范姓「杜伯之子隰叔奔晉爲士師」也。復考張輯世本云："「然考晉語，訾祐曰，隰叔子違周難於晉國，生子輿爲理。韋昭曰：理，士官也。」又云："「又按汲郡古文云，成王八年，王師滅唐，遷其民於杜，杜伯之子隰叔，違難奔於晉，生子輿，子輿卽士蔿也。」是則謂士蔿爲晉士官，亦自有說。

士思

117 古今人表，晉有士思癸，鄭有士思卜，秦將軍士思穆*。

士丏*

118 晉大夫士丏之後。

士吉

119 晉大夫士蔿生吉，爲士吉氏。

士成

120 莊子有士成綺也。

A〔岑校〕莊子有士成綺也　姓纂、通志之「士成」，均由「上成」轉訛而複冒「卜梁」之文者，參看卷九「上梁」。（急就篇下「士成」亦云，莊子士成綺。）

士弱

121 晉士莊子弱爲獄官，晉人謂之士弱氏。

A〔岑校〕晉士莊子弱爲獄官晉人謂之士弱氏　辯證二二引同。

士華

122 齊隱者士華，太公誅之。

A〔岑校〕齊隱者士華太公誅之　庫本校云：「案太公誅華士，非『士華』，亦非姓。」此節羅氏補於「華士」之下，蓋不知姓纂已著其文也。然由此可見姓纂本作「華士」，後人又倒訛爲「士華」耳，此目應乙正。復次，錢氏校勘記中引辯證云：「謹按太公時未有晉，又此人姓華名士，亦非複姓，合駁去。」按「晉」乃「齊」之訛，於本條見之。

士季（岑補）

123 晉范武子士季會之後。（岑補）

A〔岑校〕據姓觿五引。

史葉

124 韓例云，衞頃侯之後公子史，食采于葉，因氏焉。左傳作史華。案「韓例」未詳。

A〔岑校〕韓例云　校云：「案『韓例』未詳。」余按前卷五「成陽」下引釋例。「韓」，「釋」之訛。通志作「釋例」，尋源二四引同。

史晁

125 世本，衞史晁之後。

A〔岑校〕世本衞史晁之後　廣韻：「世本，衞有史朝朱駒。」張輯世本云：「晁與朝字通。」

似和

126 貞觀左屯衞、穀州刺史似和泥熟，亦北蕃歸化也。案通志，泥熟乃蘇農氏，此作「似和」，誤。又開元中有左威衛大將軍、赤水軍副使、武威公似和舒。

A〔岑校〕貞觀左屯衛穀州刺史似和泥熟亦北蕃歸化也　校云：「案通志，泥熟乃蘇農氏，此作『似和』，誤。又開元中有左威衛大將軍、赤水軍副使、武威公似和舒。」余按此條確爲「蘇農」之文，説已見前。似和本條，今又誤附於卷十跡跌。

市南

127 楚有市南熊宜僚，後以爲氏。

A〔岑校〕楚有市南熊宜僚後以爲氏　辯證二二引同。後文「壽西」下云：「左傳，楚人壽西宜僚，亦見莊子。」校云：「案左傳無『壽西』，字誤。」余已證以通志，決爲市南之文（參卷七），但其上截與此多少相複，應行删併。全條似當云「左傳，楚有市南宜僚，後以爲氏，亦見莊子」也。

巳氏

128 宋大夫司馬巳氏之後。

A〔岑校〕宋大夫司馬巳氏之後　宋本辯證亦以巳氏爲複姓，惟引文無「大夫」字。

俟呂鄰

129 改爲呂氏。

A〔岑校〕改爲呂氏　據官氏志，改呂氏者乃叱呂氏。通志又作「俟呂陵」，鄰、陵音通。復按官氏志，「叱利氏改爲利氏」，疏證謂當作「叱列改爲列氏」；又志，「叱呂氏改爲呂氏」，疏證謂叱呂卽叱利，志分爲二，係字訛。蓋陳氏之意，以爲應叱列、叱呂並列，不應叱利、叱呂並列也，此節讀者或易誤會，故并釋之。

七尾

尾

130 曾尾生，或云卽微生高也。

A〔岑校〕曾尾生　羅校云：「案古今姓氏書辯證引作『古有尾生。』」余按通志作「魯尾生」。魯、曾字近易訛，且同是一字，若「古有」則爲兩字，應從通志或從類稿三四作「魯有」。

鬼〔岑補〕

131 以國爲氏。〔岑補〕

A〔岑校〕據姓觿五引。

尾勺

132 後漢尚書郎尾勺擕。吴志云，尾勺子，張昭師也。

A〔岑校〕後漢尚書郎尾勺擕吴志云尾勺子張昭師也　辨誤一八云：「林説舛錯。」余按通志「尾勺氏」云：「左傳，商人六族，有尾勺氏。」其解釋姓源幷不誤，而三國志五二張昭傳云：「從白侯子安受左氏春秋。」初非尾勺。繼檢通志「白侯氏」云：「後漢尚書郎白侯僞。吴志，白侯子張。」乃知姓纂尾勺實冒白侯之文，然白侯子安不名「張」，此又鄭氏誤解姓纂，以張昭之「張」屬上讀也。尾勺文已佚，祇存目，此文應補目，移附卷十。

八語

許

133 姜姓，炎帝四嶽祕笈新書，「四嶽」作「炎帝」。之後。周武王封其裔孫文叔於許，後爲楚所滅，子孫分散，以國爲氏。晉有許偃。楚有許伯。鄭有許瑕。

A〔岑校〕炎帝四嶽之後　校云：「祕笈新書，『四嶽』作『炎帝』。」按如所校，則「炎帝」字重不可解。

通志則云：「炎帝之後，堯四嶽伯夷之子也。」又新書二〇、備要一一、類稿三六引，均作「姜姓，炎帝之後」，無「四嶽」字，校注蓋涉筆之誤。惟前卷三甲姓亦云：「炎帝四嶽之後。」

B〔又〕晉有許偃楚有許伯鄭有許瑕　庫本作：「晉許偃，楚伯，鄭許瑕。」「有」字可衍，「許」字不可衍也。且首末句均有「許」字，何中句獨删之耶•？

134【高陽】　北新城縣，今入博陵郡。漢大司農許據；生允，魏中領軍。允孫式。式長子畈，案唐世系表，「畈」作「販」。生晉徵君詢。詢元孫懋，有傳。懋孫善心，隋黄門侍郎，生唐中書令、高陽公敬宗。敬宗生昂、昇、昱、杲、景•。昂，皮化令，生彦伯、韶伯。彦伯，太子舍人；生望，右羽林將軍。望生遠，侍御史、睢陽太守。遠生峴，袁州刺史。韶伯，左屯衞將軍、蘇州刺史、平思公。昇，明堂令。景，工部郎中、判羽林大將軍。

A〔岑校〕北新城縣今入博陵郡　「高陽」下不應空格，「縣」字下應空格，猶下條之作「汝南平輿縣」也。

B〔又〕生晉徵君詢　庫本作「珣」誤，陳書三四及新表七三上均作「詢」，且如此處作「珣」，則「詢玄孫懋」句不應又作「詢」也。

C〔又〕詢元孫懋　新表七三上以懋爲詢曾孫。按梁書四〇稱懋爲允九世孫，陳書三四稱懋子亨爲詢六世孫（皆連本身計），合觀姓纂，應作「玄孫」方合，新表蓋缺去一代。

D〔又〕敬宗生昂昇昱杲景　「杲」，新表誤「果」，以其昆仲皆取「日」命名知之。新表又誤列昱、昇、杲、景爲昂子*。

E〔又〕昂皮化令　「皮」誤，庫本作「虔」，亦見羅校引唐表。

F〔又〕生彦伯韶伯　新表誤列韶伯爲彦伯子。

G〔又〕遠生峴袁州刺史　貞元七年，峴爲饒州司馬，見會要四五。

H〔又〕韶伯左屯衞將軍蘇州刺史　許韶伯見吴郡志一一牧守門。羅校云：「案『左』，唐表作『右』。」

I〔又〕平思公　羅校云：「案『思』，唐表作『恩』。」余按下文許圉師封平恩公，可證。

135 式次子邁，晉東海太守，號「北祖」。曾孫彦，後魏侍中、相州刺史；孫安，中書侍郎，生恂、惇。恂曾孫本行，唐給事中。遜生文宗、案「遜」字上有脱文，「文宗」下應有智玉。文通。文宗生正言，唐監察御史。智玉生知禮，殿中御史。文通生向蒽，監察御史。惇，字季良，北齊左右僕射*，生文紀。

A〔岑校〕式次子邁　此與晉書八〇之許邁非同人。

B〔又〕孫安中書侍郎生恂惇　羅校云：「案『惇』字上當是奪『遜』字。北齊書許惇傳，兄遜。以下文『遜生文宗』觀之，知『惇』下(上)奪『遜』字無疑。又案惇傳，惇父護，此作『安生恂、惇』，與傳亦不合。」余按魏書四六許彦傳，彦長子熙，生安仁，除中書郎。「安」乃「安仁」之奪，「中書侍郎」者，「中書郎」之衍也。傳又稱安仁生元康及護，護生瑞、絢、遜、曄、惇，今姓纂缺護一代。「恂」，傳作「絢」。

C〔又〕恂曾孫本行　勞考一二疑當乙作「行本」。

D〔又〕遜生文宗　校云：「案『遜』字上有脱文。」此由不知「恂」下脱「遜」字而遜無所承，故云然。庫本作「『遜』字下」，誤。

136【汝南平輿縣】後漢功曹許邵居召陵縣，漢太尉、祭酒許慎，今並無聞。

A〔岑校〕後漢功曹許邵　後書九八作「劭」，古時劭、邵常通寫。

B〔又〕居召陵縣　「召」，庫本作「邵」，後書一〇九下許慎傳固作「召陵」。

137【安陸】狀稱詢五代孫君明，梁楚州刺史，入周，徵不起。法光，案唐世系表，君明生弘周，宏周生法光，與此不符。岳州刺史；生紹，唐陝州刺史、譙公，生善、伯裔、智仁、圉師。

A〔岑校〕法光　校云：「案唐世系表，君明生弘周，宏周生法光，與此不符。」按「法光」之前，顯有脱佚，注文弘、宏並見，應改從一律（嘉慶本俱諱作「宏」）。考舊書五九許紹傳云：「梁末，徙于周，因家于安陸。祖弘，父法光，俱爲楚州刺史。」是紹祖名弘，若「周」字應屬下「楚州刺史」讀，校注乃稱爲「弘周」，疎矣。

B〔又〕生紹唐陝州刺史　新表七三上作「峽州」。舊書五九紹本傳前文稱「陝州」，下文又稱「硤州」。考武德初，紹爲夷陵通守，率黔安諸郡歸唐。隋書三一，夷陵郡卽硤州，是唐當日所授者硤州刺史，非陝州刺史也。後來蕭銑泝江圍硤，爲紹所破，其非河南之陝益明，字應作「硤」，新表從山亦非。後檢王得臣麈史引唐書，固作「峽州」，十七史商榷八六謂新、舊書皆傳寫之誤，所說略同。

138 善，隋宣城郡主簿；生力士，洛州長史，案唐世系表，「長史」作「刺史」。」生欽寂、欽明、欽淡。欽寂，夔州長史；生輔德、輔乾。輔乾，右金吾大將軍、光禄卿；生諫、論、詵、諷。諫，河南丞。論，監察御史。詵，歸州刺史。諷，監察御史。輔德，宕州刺史。

A〔岑校〕善隋宣城郡主簿　新表作「宣城縣」，誤。

B〔又〕生力士洛州長史　校云：「案唐世系表，『長史』作『刺史』。」羅校云：「案唐表作『長史』，與此同，原校誤。」余按舊書五九云，官至洛州長史。會要六八，顯慶二年爲洛陽（衍）州司馬。又同書六二，龍朔二年爲雒州長史。全文九三三杜光庭崇道記亦稱龍朔二年洛州長史、譙國公許力士。

C〔又〕生欽寂欽明欽淡　舊紹傳：「嫡孫力士襲爵，官至洛州長史卒，子欽寂嗣。」與此同。所謂「子」者承力士言，非承紹言也。十七史商榷八六乃謂欽寂、欽明本皆圉師子，舊傳「紹次子智仁」之「紹次子」三字係衍文云云，大誤，蓋由誤解舊、新兩傳也。

D〔又〕欽寂夔州長史　元龜三七三：「許欽明，萬歲通天元年爲夔州都督府長史。」「欽明」乃「欽寂」之訛。羅校引舊紹傳，謂新表作「夔州刺史」誤。

E〔又〕輔乾右金吾大將軍光祿卿　輔乾至光祿卿，見舊書五九。會要四五倒爲「乾輔」，封中國公。萬歲通天元年欽寂死節，則天授其子輔乾左監門衛中候，見元龜三七三。全文二五二蘇頲制：「雲麾將軍、檢校右羽林將軍、賜緋魚袋、上柱國、中國公許輔虔……可左羽林軍將軍。」當卽此人。

139 欽明，涼州都督、安西大都護，生戒言、戒非。戒惑，都官郎中、鴻臚少卿，生子房、季常、子端。季常，萬年丞。子端，岳州刺史。戒言，太僕卿、右武衞大將軍；生子餘，壽州刺史。

A〔岑校〕欽明涼州都督　羅校云：「案『涼』，唐表作『梁』。」余按舊書五九作「涼」，與此同，默啜自涼州執欽明東至靈州，若梁州深入內地，默啜未嘗爲寇也，新表訛。欽明與郝處俊鄉黨親族，見舊郝處俊傳等。廣記四四二引西（兩）京雜記，東都仁和坊許欽明宅*。

B〔又〕安西大都護　「護」，新表誤「尉」。

C〔又〕生戒言　「戒」，新表作「誡」，古通用。「戒言」上應補戒惑。

D〔又〕戒惑都官郎中鴻臚少卿　全文二五二有蘇頲授殿中侍御史許誡感太子司議郎制。考新表，「戒」作「誡」，「誡惑」、「誡感」，字甚相類，故致傳訛。以其昆仲戒非、戒言之名觀之，則作「誡感」者顯誤，實卽一人也。

E〔又〕戒言太僕卿右武衞大將軍　新表作「右衞」。英華三九七有賈至授金吾大將軍許誡言檢校太僕卿制。廣記三三二、四六六、四九四引紀聞，琅邪太守許誠言。

140 欽淡，深州刺史；生叔冀，淄青、陳留節度，兼御史大夫；生孝常，亳州刺史。淡姪孫仲容，鄧州刺史，生志倫、志雍。志雍，兼監察御史。

A〔岑校〕欽淡深州刺史　會要七八，開元八年，許欽琰除平盧節度，又舊書一九九下契丹傳，開元八年營州都督許欽澹，當卽同人。淡、琰、澹三字，或形似，或音同，未詳孰是。全文四二四于邵爲許卿謝表：「叔冀之父平盧節度使先臣某。」

B〔又〕生叔冀淄青陳留節度　新表作「滑汴節度」。舊書一〇，至德二載八月叔冀任靈昌太守，乾元元年八月，由青州刺史充青滑六州節度使；九月，又爲九節度之一；二年三月，充滑汴曹宋等州節度。全文四二四于邵爲許卿謝表：「伏奉今月二十二日恩制，除臣堂弟叔冀青州刺史、兼御史大夫，充淄青等五州節度使。」叔冀亦見廣記二七八引廣異記。又舊書二〇〇上，乾元二年九月，叔冀降於史思明。

C〔又〕生孝常亳州刺史　叔冀男季常，見舊書二〇〇上史思明傳，新思明傳亦作「季」。又舊書同卷建中四年，朱泚以季常爲京兆尹，唯全文五二德宗誅李迺詔，稱亳州刺史、兼御史大夫、食封五十户許孝常。孝、季字近，自易傳訛，考前文欽明已有孫季常，則未必再從昆弟內有兩人同名，似以作「孝」者近是也。

D〔又〕淡姪孫仲容鄧州刺史　新表七三上列仲容名於淡左下二格，未讀姓纂者觀之，卽以爲仲容，淡之孫而叔冀之幼子矣，又使不知新表本自姓纂者考之，必多所争議矣，此余所以謂未讀姓纂者不可先讀新表也。韓集點勘謂「仲容」是「仲輿」之誤，「鄧州」是「郢州」之誤，其説大謬，見下「仲輿國子司業」條。

E〔又〕志雍兼監察御史　王叔雅誌，元和四年立，撰文者前諸道轉運推官、將仕郎、試大理評事許志雍（金石録補一九）。昌黎集注一九，志雍，貞元九年進士，終監察御史。殊不知此乃元和七年時見官，樊注不加細考，濫用姓纂，附增「終」字，又爲後人開一疑竇，此余所以謂前人多未明姓纂讀法，然苟非知樊注史源，亦無以斷其必誤也。志雍自貶所量移永州司户，見白氏集三四。志雍亦見廣記二八三引靈異記。

141 智仁，右屯田將軍、懷州刺史、許昌公。圉師，黄門侍郎、同三品、平恩公、左丞、户部尚書，生自持、案唐世系表，「自持」作「自牧」。自遂、自正。自正，澤州刺史。

A〔岑校〕智仁右屯田將軍懷州刺史許昌公　「屯田」誤，應依新表作「屯衞」。會要八〇稱贈懷州刺史、孝昌縣男，舊書五九、新書九〇亦作孝昌縣公，「許」字殆訛。全文二一八有崔融爲許智仁奏懷州黄河清表（元龜二四，貞觀二十三年二月懷州河水清，不知是此否）。據舊傳，智仁貞觀中卒，復據舊書九四，融卒神龍二年或三年後，年五十四，則其出生不能在高宗前，又安能爲智仁草表，中必有誤。復次，王得臣塵史收大唐孝昌公許君墓碑，其殘文爲「七年入朝，加授太中大夫、使持節冀州刺史」，「二年，有詔追遷太僕少卿」，「長史公以儀鳳三年正月薨於汾州之官舍，春秋六十有二」等，曾定碑主爲智仁。以舊傳封爵孝昌及曾歷太僕少卿二事勘之，王說似合，然碑之許君，止生義寧元年，舊傳則謂武德時破蕭銑，拜智仁爲温州刺史，委以招慰，是又不可能之事也。碑又有嗣孫崇藝，易州司馬、互（五訛）回軍，使及崇述、崇烈，惜姓纂不著，無以互核，應存疑。

B〔又〕圉師黄門侍郎同三品平恩公左丞戶部尚書　安陸郝處俊與其舅許圉師，早同州里，俱秉鈞衡，見舊處俊傳等。

C〔又〕生自持自遂自正　校云：「案唐世系表，『自持』作『自牧』。」余按元龜三三七，圉師子有静福府果毅文思、奉輦直自然，今新表皆不載，此亦表本姓纂之證。

142 會稽陽羨。稱高陽同祖。後漢諫議大夫許武。武孫馘，太尉。今無聞。

A〔岑校〕會稽陽羨　自此應提行空一格，乃接「稱高陽同祖」云云。

B〔又〕武孫馘　按後書一〇六許荆傳：「祖父武，……荆孫馘。」是馘爲玄孫，字作「馘」，不作「馘」。

143 【晉陵】　漢徐州刺史聖卿。皇太子洗馬許叔牙，其後也；生子儒，唐天官侍郎，生臨謙、鳴謙。臨謙，右卿相將軍、曹州刺史。撫州刺史。

A〔岑校〕皇太子洗馬許叔牙　稱「皇」不稱「唐」，是林氏原文之尚存者。

B〔又〕生子儒唐天官侍郎　會要七四，長壽二年九月，子儒除吏部侍郎。新書五八，子儒字文舉，叔牙子也，證聖天官侍郎、潁川縣男。司馬貞索隱後序：「前朝吏部侍郎許子儒亦作註義，不覩其書。」全詩十二函八册，許子儒舊任奉禮郎，永徽中造國子學，子儒經紀。（據廣記二五四引啓顔録）子儒知選事，見廣記二五五引御史臺記。天后朝卒天官侍郎，見同書三八四引僉載。

C〔又〕生臨謙鳴謙　據舊書一八九上叔牙傳，潤州句容人；一五四孟容傳，長安人，且未舉其祖若曾之名。晉陵一支，顯有訛文，尚待考證。

D〔又〕臨謙右卿相將軍曹州刺史撫州刺史　「卿相」二字顯誤。據孟容傳鳴謙官至撫州刺史，則「撫州刺史」四字應乙於「鳴謙」下。

144 鳴謙，本高陽人也，詢之後，又家陳留，生孟客、仲輿、季同。孟容，兵部侍郎、京兆河南尹。仲輿，國子司業。季同，金部郎中。

A〔岑校〕鳴謙本高陽人也詢之後　按上文既云漢徐州刺史聖卿之後，此又云詢後，可疑者一。本是何處人，應於其先世叙之，再不然，鳴謙尚有兄，今忽叙於此，可疑者二。總之，晉陵一支，必有錯簡或奪文，惟未得佐證，難以臆揣耳。全詩四函七册，皇甫冉有湖山歌送許鳴謙。

B〔又〕生孟客　「客」當作「容」，庫本不誤，下文亦自作「容」。

C〔又〕孟容兵部侍郎京兆河南尹　元和四年七月，自右丞爲京兆尹，五年十月爲兵侍，七年二月爲河南尹，見舊紀一四及一五。又烏承玭碑，撰人許孟容，題左散騎常侍、河南尹（集古録目），金石録九以爲元和七年正月立，與舊紀授官先後不符。元和六年冬，兵侍許孟容知舉，見廣記二七八引續定命録。

D〔又〕仲輿國子司業　昌黎集一九送許郢州序注云：「或作送許使君刺郢州序，仍注『仲輿』二字，或作『志雍』。樊云，志雍，字（安）陸許氏，貞元九年進士，時于頔節制山南東道，……公貞元十八年上于頔書，故云愈嘗以書自通於于公頔，此序十九年作也。」按「字陸」乃「安陸」之訛，志雍爲安陸之許，見姓纂上文。韓集點勘云：「按以權文公送郢州序參證，蓋從水部郎出守，又舉其字曰叔載，則仲輿乃名也。又世系表『仲輿』作『仲容』，『郢州』作『鄧州』誤，至『或作志雍』之注，亦非。志雍乃郢州子，見世系表。」按依姓纂，仲輿乃孟容之弟，望出晉陵，仲容則欽淡姪孫，望出安陸，籍系迥異。仲輿事迹無考，此之國子司業，亦未知是終官（即仲輿或卒元和七年已前）抑元和七年見任（即姓纂修書時或仲輿尚生）。但考昌黎集一三徐泗豪三州節度掌書記廳石記，注謂是貞元十五年作，記有云：「歷十一年而掌書記者三人，其一人曰高陽許孟容，入仕于王朝，今爲尚書禮部郎中。」則孟容之弟，於貞元末出刺小州，自是可能。若志雍，貞元九年進士，比愈之登第，僅後一載，又欽淡諸昆，開元初均已顯達，以此合推，志雍之父仲容，當肅代間人，比愈爲前輩，今送序末云，「愈於使君，非燕游一朝之好也，故其贈行不以頌而以規」，乃對同輩語，非對前輩語，此亦郢州非仲容之旁證。唯雍正間姓纂未出，陳氏（一）不知仲輿之外，復有仲容其人，（二）因或作志雍，遂疑及志雍之父，（三）鄧、郢之字相類，故遂據斷新表之誤也。抑八士以伯、仲、叔、季爲次，仲輿兄名孟容，弟名季同，而彼之名字，兼用仲、叔，似亦命名特見，然三桓子孫，仲孫氏亦號孟孫氏，以此爲例，斯不足奇矣。舊書一五四，孟容元和十三年卒，年七十六，則貞元末時仲輿亦許行年五十矣。全文四九〇德輿送水部員外出守郢州序云：「其初以獻賦射策，取甲科如地芥，交諸侯之聘，車不輟軼。繇外臺察視入佐著作，休聲日揚。乃擢建禮，與伯氏左曹，萼跗相鮮。」據舊孟容傳，貞元中徵爲禮部員外郎，遷本曹郎中，卽「左曹」也。依此，更知郢州之非指仲容，而仲輿已前官歷，亦可約略得之。

E〔又〕季同金部郎中　附見新書孟容傳。會要七六，貞元十年制科及第。元龜一五三，元和六年官長安令。洪興祖韓子年譜引科名記，貞元八年，許季同進士。元氏長慶集四八授吉旼官制云，今京兆尹季同，亦卽昌黎集二一盛山詩序所謂洋州許使君爲京兆者（說見拙著唐集質疑）。舊紀一六，長慶元年十月，祕書監許季同爲華州刺史，二年十月，華刺許季同爲工部侍郎。白氏集三一，季同自大理卿授祕書監。劉闢之亂，季同陷賊，棄家歸朝，見舊書一七一。

145【中山】　狀云許北之後，居中山。北齊武川鎮將許彪，生康。康生緒、洛仁。緒，太府少卿、蔡州刺史、左常侍。孫義均，生景先，中書舍人、工部侍郎；景林，司講郎。洛仁，左監門將軍。

A〔岑校〕狀云許北之後　上文無「許北」，史亦不詳。考新表七三上云：「曾孫毗，漢侍中、太常。」「許北」豈許毗之訛歟？庫本作「兆」，「兆」則與「允」近，上文有許允。

B〔又〕北齊武川鎮將許彪生康　遼居稾滄州東光縣令許行本墓誌跋云：「誌稱行本字奉先，本河間高陽郡人，後家于晉陽，從牒徙居于河內，故今爲河陽縣人。曾祖彪，齊儀同三司、善元郡守、寧國縣公。……昭陵陪葬許洛仁碑，稱洛仁博陵安喜人，始自潁川徙焉。」千唐許義誠誌：「曾祖康，齊銀青光禄大夫、梁州諸軍事梁州刺史、江夏郡開國公。」又千唐許緒誌：「曾祖□，魏開府儀同三司。祖彪，魏瀛州刺史。父康，鎮西將軍。」又千唐潞州長史許行師誌：「曾祖彪，魏瀛州刺史。祖康，周鎮西將軍、梁州刺史。」又千唐許行本誌：「祖康，齊梁州都督、江夏縣公。」（洛仁碑同。）拓本唐故廣州都督府長史吳郡朱公妻潁川郡君許氏墓誌銘云：「齊都督、江夏公康之曾孫。」

C〔又〕康生緒洛仁　羅校云：「案緒，舊唐書有傳（附劉文靜傳），作『世緒』，此避太宗諱省『世』字。」

D〔又〕緒太府少卿蔡州刺史左常侍　「蔡」，庫本誤「葵」。行本誌，父緒，散騎常侍、司農太府等卿、瓜州都督、上柱國、真定郡公（合葬銘作「縣公」）。遼居稾云：「傳與姓纂均稱緒官蔡州刺史，誌則不載。」余按許義誠誌：「祖廿緒（『世』字缺筆），唐銀青光禄大夫，太府少卿，兵部侍郎，鄂豫二州諸軍事鄂豫二州刺史、真定郡開國公，食實封五百户。」元和時已諱改「豫」曰「蔡」，故從新名。誌又云：「父行本，唐越州都督府參軍事、滄州東光縣令。」義誠開元二年終桂府倉曹（千唐目漏「倉曹」字），年卌二，有子朔、眺、嘲、期、涓等。又千唐真定郡公許緒誌，言緒歷司農、太府卿，轉鄂瓜豫三州刺史，因入覲疾卒，年六十三，不言卒年，以顯慶五年葬。又行師誌：「父緒，唐司農卿、真定郡公。」（行師卒顯慶二年，年五十□，有子義方等。）又行本誌，行本卒上元二年，不著享壽，有子義琳等，其行本與妻崔氏合葬銘則云，「春秋五十五也」。又云，「考緒，太原佐命恕死第一等功臣、左侍極、外府司農卿、瓜州都督、豫州刺史、上柱國、真定縣開國公」，歷官蓋有據後制改稱者。又朱公妻許氏誌：「皇唐恕死功臣、散騎常侍、豫州刺史、真定公緒之孫，朝請大夫、東光令本之女。」（夫人卒開元十年，年六十。）

E〔又〕生景先中書舍人工部侍郎　景先，舊書一九〇、新書一二八有傳。舊傳云：「神龍初……擢拜左拾遺，累遷給事中。開元初……」今按拓本開元五年十月故通議大夫行廣州都督府長史上柱國朱府君（齊之）墓誌銘，猶題「朝議郎、殿中侍御史高陽許景先詞」，是其累遷給中，更在此後，史蓋先略敍其歷官，後再敍其行事。「開元初」三字，係指其上奏之年，非謂累遷給中在開元初已前也，若泥求之或且詆史誤，則昧於行文方法矣。

F〔又〕景林司講郎　全文九五六收許景休對立春設土牛判一首。按「休」字舊籍往往訛「林」，如穆元休封氏聞見三訛「元林」，又如姓纂杜姓之「儒林」，是「孺休」之訛，則此「景林」疑應作「景休」也。景休、景先，取名之用意亦近。

148【太原】狀云，許邵之後，因官居太原。唐太僕少卿、貝州刺史太寶，生謨。刑部郎中許自新。祠部員外許偉。

A〔岑校〕狀云許邵之後因官居太原唐太僕少卿貝州刺史太寶　廣記一三七引太原事跡云：「唐武士彠，太原文水縣人，微時與邑人許文寶以鬻材爲事，……及士彠貴達，文寶依之，位終刺史。」籍同官同，文、太字復相近，當即一人，再由後條觀之，作「太」者誤。

B〔又〕祠部員外許偉　偉名今見郎官柱祠外。拓本故（正議大夫？）龍州刺史上柱國許君墓誌銘云：「君諱觀，字玄觀，汝南平輿人也。曾祖諱華，字德茂，隨□縣令、鴈門郡守。祖諱（寶？），字文寶，皇朝啓運，授通議大夫、絳郡通守、太僕卿。父諱偉，字仲禕，皇朝京兆府士曹參軍，庫部、祠部二員外郎。」由誌觀之，前文之「太寶」，顯「文寶」之訛，偉卽文寶之子，姓纂此處文有舛誤（觀蒙旨令致仕，後卒開元七年，年八十二，嗣子廣先）。郎官考二一以新唐臨傳之江南巡察許禕附偉下，余亦疑通鑑二〇〇顯慶三年雍州司士許禕爲同人，今得誌更決不誤。偉字仲禕，唐初人好以字行，且常略其一字也。若廣記稱文水邑人許文寶，而誌稱汝南平輿者，誌特敍其郡望耳。

褚

147 子姓，殷後，宋若公子石爲「褚師」*，因氏焉。漢相褚大，案通志，褚大，漢梁相，此有脱字。元、成間褚先生少孫，並以儒學稱焉。

A〔岑校〕宋若公子石爲褚師　新表七二下云：「宋共公子段字子石，食采於褚，其德可師，號曰『褚師』。」「若」乃「共」之訛，庫本不誤。　類稿三六引同，廣韻作「恭」。「子」字應依通志重之。

B〔又〕漢相褚大　校云：「案通志，褚大，漢梁相，此有脱字。」余按褚大官至梁相，附見漢書八八胡母生傳，蘭陵人，從胡母生受公羊。史記一二一董仲舒傳又有褚大，仲舒弟子，蘭陵人，受春秋。史姓韻編四四云，「恐即褚大」，是也。類稿引亦有「梁」字。

148【河南陽翟】後漢褚重始居河南。晉褚䂮，安東將軍。褎，兖州刺史，贈太傅；女爲晉康帝后，生穆帝。曾孫秀之，晉侍中，生湛之、法顯。湛之，左僕射；生彦回，齊司徒。彦回生蓁。蓁，度支尚書。法顯生炫，齊侍中、吏部尚書。曾孫玠，御史中丞；生亮，唐左散騎常侍、陽翟侯。亮生遂賢、遂良、遂功、遂年。

A〔岑校〕晉褚䂮安東將軍褎兖州刺史　羅校云：「案晉書褚褎傳，祖䂮，父洽。此『褎』上脱『孫』字。」

B〔又〕曾孫秀之晉侍中生湛之法顯　羅校云：「案宋書褚叔度傳作『秀之弟湛之』。」余按南史二八、新表七二下均以湛之爲秀之子，今本宋書「秀之弟湛之」者，「秀之子湛之」之訛也。據宋書五二，秀之元嘉元年卒，年四十七，淡之景平二年（即元嘉元）卒，年四十五，裕之即叔度，景平二年卒，年四十四。是三人者秀之最長，次淡之，次裕之，新表所云「爽五子，秀之、粹之、陟之、裕之、淡之」，尚非純以長幼爲次也。若湛之卒大明四年，時年五十，則生於晉義熙七年，當秀之卒時年僅十四，其爲秀之子而非弟，固可信矣。宋書又云：「褚叔度……曾祖裒，……祖歆，……父爽，……長兄秀之，……秀之弟淡之。……二年淡之卒，時年四十五，謚曰質，子叔度名與高祖同。」「子叔度」之「子」爲衍文，否則裕之又爲淡之子矣。

C〔又〕生彥回　彥回，褚淵字。不稱名而稱字，避唐諱故也。

D〔又〕亮生遂賢遂良遂功遂年　新表誤「遂年」爲「逢年」。

149
遂賢，邠王友；生兼藝，永州司功。兼藝生璆、琇、珣。璆，吏部郎中。琇，給事中、常州刺史。珣，京兆士曹；生元方，大理評事。遂良，中書令、河南文忠公；生彥甫、彥沖、彥季。彥甫，祕書郎，生僑、休。彥沖，城門郎，生倫、儼。彥季，千牛將軍；生如松，司農少卿。遂年生鳴謙。

A〔岑校〕遂賢邠王友　新表作「郇王」。叢編七又引京兆金石録，雍王友褚遂賢墓誌，孟利貞撰，上元二年立。

B〔又〕生璆琇珣璆吏部郎中　新書一〇五有遂良曾孫璆，字伯玉，官禮部員外，未詳所終，與此同名，殆是一人，然璆固遂良從孫（新表同），非曾孫也，新傳誤。璆以神龍二年及第，見會要七六。璆於開元五年官吏外，見元龜一五五。全文二五一蘇頲制，監察御史裏行褚璆可侍御史。

C〔又〕琇給事中常州刺史　琇由試給事中、上柱國改爲守給事中，見曲江集附録開元十二年誥命。又集古録目楊乾緒碑，稱富平主簿褚琇撰，先天元年立。

D〔又〕彦季　新表作「彦李」，訛。

E〔又〕生如松　新表祗名松。

150【錢塘】與河内同祖。漢末褚盛爲鹽官，因居由拳；生泰，仕吴，封錢塘臨平侯，又居焉。裔孫義宗，尚書沈叔安外孫也；生無彊，國子祭酒、管國公，生廷訓、廷詢、廷誨。廷詢，駕部郎中。廷誨，給事中。

A〔岑校〕與河内同祖漢末褚盛爲鹽官因居由拳　按前文無河内，全文二五八蘇頲褚無量碑云：「其先邑河南之陽翟，十一代祖盛，後漢海鹽長，子孫因居，遂爲吴郡海鹽人也。」「内」，顯「南」之訛。「爲鹽官」句亦有奪誤。

B〔又〕裔孫義宗尚書沈叔安外孫也　同上碑：「祖範，隋豫章郡丞。父義宗，皇贈使持節和州刺史。」宋僧傳二六玄覽傳：「故王考宗，追贈和州刺史、右散騎常侍、封舒國公。無量則覽之元昆也。」（「右」，舊書一〇二作「左」。）

C〔又〕生無彊國子祭酒管國公　「無彊」乃「無量」之訛，有下文「無量五從姪」可證，庫本不誤。又據新書二〇〇，無量封舒國公。

D〔又〕生廷訓廷詢廷誨　「詢」，庫本誤「珣」，因訓、誨皆從言也，此作「珣」而下文又作「詢」，其誤與前許詢同。惟無量碑云：「長子河南澠池主簿庭詢，次左拾遺庭誨，次京兆渭南縣尉庭賓，三子之戚，二連所善。」字均作「庭」，一異也。無庭訓，有庭賓，二異也。庭詢居長，三異也。

E〔又〕廷詢駕部郎中　全文四〇三，廷詢，玄宗時擢書判拔萃科。

F〔又〕廷誨給事中　會要七六作「庭誨」，開元五年及第，石刻亦作「庭」，英華三八一作「廷」，事迹見勞氏讀書雜識七。紀事二二引梁肅越州開元寺僧曇一碑云，師與褚諫議庭誨等爲儒釋之遊。

151 無量五從姪思光，虞部郎中，生鉦。長儒，司勳員外。

A〔岑校〕無量五從姪思光虞部郎中　會要七六，思光開元七年及第。全文三九八，開元時擢書判拔萃科。全文三六二徐季鵨屯留令薛僅善政碑，開元末作，祇稱虞部郎中褚光，或奪「思」字。玉海四六引集賢注記，開元初韋述撰國史，蕭令嵩欲早就，奏太常博士褚思光等助之。

呂

152 炎帝姜姓之後，虞夏之際封呂，今南陽宛縣西呂亭是也。至周失國，子孫氏焉。太公號呂望。周有呂侯。秦呂不韋。單父人呂公，女爲漢高祖皇后，封臨淄侯。

A〔岑校〕虞夏之際封呂　姓觿五引作「太嶽爲禹心呂之臣，故封呂侯。古文膂、呂通用。」與此異。

B〔又〕女爲漢高祖皇后封臨淄侯　庫本無「高」字。據漢書一八，「臨淄」應作「臨泗」。全文五二二梁肅呂公表亦云：「漢興，以勳戚在侯服者二十人，臨泗侯之孫通，封於東平，其後國除，爲郡著族。」

153【東平】呂侯之後。魏呂處居任城，官至徐州刺史；七代孫述，後燕尚書左丞。皇安承慶，述七代孫也，生炯、焯。炯，膳部郎中、諫議大夫、左庶子。焯，左補闕。

A〔岑校〕魏呂處　「處」當作「虔」，新表七五上不誤，下文亦云虔後也。

B〔又〕皇安承慶　承慶，人名，「安」下有奪文，即其所歷官也，勞考七亦謂有脱誤。

C〔又〕生炯焯　「炯」，庫本、嘉慶本均作「烱」，下同。勞考七疑即郎官柱呂炯之誤。

D〔又〕焯左補闕　全文六二二收焯對臨宮判一首。

154 後魏東平太守呂行均，亦云虔之後。六代孫雄，黄左十四監，生崇粹。粹，兵部郎中、諫議大夫；生韶，進士。案唐世系表，「韶」作「詔」。

A〔岑校〕後魏東平太守呂行均　羅校云：「案『行均』，唐表作『行鈞』。」

B〔又〕六代孫雄黄左十四監　按新表云：「雄，左十四監。」由是知黄、皇同聲而訛，猶云皇朝左十四監也。新表於行鈞、雄之間，祇空一格，又不注明是六世孫，不合。復次，姓纂行均一支出東平，譔一支出河東，舊書一八五下呂諲傳，先代不詳，今新表合兩支爲一系，兩書中當有一誤。考辯證二三呂姓云：「霸十一世孫虔，字子路，魏徐州刺史、萬年亭侯，徙居東平任城。虔孫行鈞，徙居河東。行鈞，後魏東平太守。六世孫雄，生崇禮、粹崇，唐部郎中，生諲，相肅宗。」辯證注云：「案唐世系表，雄乃行鈞孫，此作六世孫不合。」錢注云：「案唐世系表，雄二子，崇禮、崇粹；崇粹，兵部郎中。此當有脱文。」辯證合行鈞、諲爲一系，蓋本新表，未能據以定姓纂、新表之是非，所云「虔孫」，應作裔孫解，否則後魏人之孫，斷非逮仕唐初也。「生崇禮粹崇」句，「粹崇」二字應乙，「唐部郎中」句奪「兵」字，若注以「六代孫」爲不合，則因新表表式不明而未加審核，故反以不誤者爲誤，惜衞密之呂諲家廟碑（金石録二七）今不克傳，無由確定諲之祖系也。

C〔又〕生崇粹粹兵部郎中諫議大夫　廣記一四三引廣古今五行記，東平人呂崇粹卒諫議大夫。

155【京兆】後魏定州刺史、范陽公呂祥，狀云本出東平；生真周，趙州刺史、房子公。曾孫武，生整，右衞將軍、滿州刺史，生懷人。

A〔岑校〕滿州刺史　「滿」誤，庫本作「蒲」，唐無「滿州」也。滿、蒲常涉形似而訛，如金蒲、金滿，是其一例。

156【馮翊】狀云，本望東平，後居馮翊蒲城。北齊虞州刺史、東平公呂晟；生和，岐州刺史。和生紹宗，唐領軍大將軍、涼州都督。紹宗生休璟、休琳。休璟，左領軍將軍、北庭都護。休琳生廣，太子舍人。廣生洞，太常博士。

A〔岑校〕後居馮翊蒲城　蒲城縣，隋屬馮翊郡。

B〔又〕和生紹宗唐領軍大將軍涼州都督　紹宗見通鑑一八六武德二年下。

C〔又〕紹宗生休璟休琳　開元四年正月制，稱豐州都督、西受降城使呂休琳（英華四五九），「琳」一作「璟」，非是。貞元新定釋教録一四，開元十八年安西節度使呂休林，當卽休琳。

D〔又〕休璟左領軍將軍北庭都護　景龍四年五月制，稱右領軍衞將軍、兼檢校北庭都護、碎葉鎮守使、安撫十姓呂休璟（英華四五九）。開元二年三月制，稱檢校左威衞將軍、靈州都督（同上）。又曾隸裴行儉麾下，見説之集一四。又開元三年，安西都護呂休璟爲監察御史張孝嵩作平阿了達干紀功碑，見西域考古録一二。

E〔又〕休琳生廣太子舍人　全文四四七竇㮚述書賦下注云，呂向有子曰廣，有吏才，拜監察御史。與此姓名相同。

157【河東】　黄門侍郎、平章事呂諲，生仁本、春卿、冬卿。春卿，尚書奉御。諲兄子季重，歙州刺史。中書舍人呂太一。

A〔岑校〕黄門侍郎平章事呂諲　新表合諲一支與東平爲一系，説已見前。廣記二七七引廣異記，諲妻兄顧況。。

B〔又〕生仁本春卿冬卿　舊書一八五下，諲有子震，員外郎，而新表又有夏卿，震或其中一人之名歟。

C〔又〕春卿尚書奉御　新表作「尚舍」，是也，從五品上，職官中無「尚書奉御」此訛。

D〔又〕諲兄子季重歙州刺史　寶應元年任著作郎，見次山集一〇。官歙刺，見寰宇記一〇四。

E〔又〕中書舍人呂太一　先天元年爲洹水令，見會要七五（參舊書九八）。舊書一一，廣德元年有宦官呂太一，非此人。考異四二云：「唐有兩呂太一。魏知古傳，薦洹水令呂太一，……張嘉貞傳，薦中書舍人苗延嗣、呂太一，……是也。韋倫傳，宦者呂太一官嶺南，杜子美詩云，『自平宮中呂太一』，即爲市舶使者。」全文五二二梁肅贈祕書少監呂公表稱：「郴州之嗣曰仁誨，以文學稱，以從父兄太一俱用射策科，太一歷御史、尚書郎、中書舍人、户部侍郎、右庶子。」全詩二函六册太一詩注云：「太一拜監察御史裹行，自負才華而不即真。」廣記四九四引御史臺記，太一爲户部員外郎。

158 趙州刺史呂延之，生諝、勯。諝，潭州刺史、湖南觀察，生温、宗禮。温，户部郎中、衡州刺史。侍御史呂守素。

A〔岑校〕趙州刺史呂延之　舊書一〇，乾元二年六月，明州刺史呂延之爲越州刺史、浙江東道節度。廣記三七七引廣異記，上元中，韋黄裳卒衢州刺史之年，呂延爲浙東節度。按其下文亦稱延之，此處奪「之」字。會稽太守題名記：「呂延之自明州刺史授充節度使，丁憂。」羅校云：「『趙州』，渭傳作『越州』。」「趙」字訛。南部新書辛：「呂衡州温祖延，父渭。」奪「之」字•。

B〔又〕生謂勸　羅校云：「案謂，舊唐書有傳，作『渭』。柳宗元撰呂恭墓誌亦作『渭』。」余按勞考六已指出「謂」爲「渭」之誤。

C〔又〕謂潭州刺史湖南觀察　全文四九六權德輿李巽遺愛碑：「皇帝在宥天下十九歲，……歲九月，制詔湖南長帥中執法李公巽爲江西，申命小宗伯呂公謂爲之代。」字亦訛「謂」。全詩十一函九册有嚴維、呂渭等聯句。韓皋除御史中丞，呂渭草敕，見廣記二四四引國史補。渭貞元二年爲舒州刺史，見寰宇記一二五。羅願新安志三：「興唐寺碑，唐司馬呂渭文。」

D〔又〕生温宗禮　河東集一〇呂恭誌云：「延之生渭，……生四子，温、恭、儉、讓。……恭字敬叔，他名曰宗禮，或以爲字。」

E〔又〕侍御史呂守素　景龍初以呂守素處置四鎮，見會要九四及舊書九七。

159 監察御史呂霈，生長輕，右衛兵曹。長輕生亢膺，右司郎中、諫議大夫。新豐尉呂令問。丕。

A〔岑校〕監察御史呂霈生長輕右衛兵曹　舊一五四呂元膺傳：「曾祖紹宗，右拾遺。祖霈，殿中侍御史。父長卿，右衛倉曹參軍。」此紹宗係與前文馮翊呂紹宗同姓名。霈之「殿中」，此作「監察」，小異。「長輕」當「長卿」之訛。

B〔又〕長輕生亢膺右司郎中諫議大夫　舊書一五四、新書一六二有呂元膺傳，元和初歷右司郎中，元和中遷諫議大夫、給事中。又據舊書一六，元和十五年二月，太子賓客呂元膺卒，此作「亢」誤。又四年十月，以給事中呂元膺充皇太子諸王侍讀，見全文六三憲宗册皇太子赦文。爲鄂岳團練，見廣記四九六引國史補，又爲東都留守，見同書四九七引芝田録。

C〔又〕新豐尉呂令問丕　三字名者絶少，「令問丕」三字當有誤奪。全文二九六，呂令問，玄宗時人。

160 監察御史呂晠，生崇質、崇賁。崇質，殿中少監，生逺、建。建，防州刺史。崇賁，劍南河南成都河中節度、鄆國公，生遐、超。晠弟暘，右武衛將軍。

A〔岑校〕崇賁劍南河南成都河中節度鄆國公　制詔集一〇授呂崇賁太府卿制，稱開府儀同三司、行太子賓客、上柱國公。舊書一〇，至德元年七月，以前蒲州刺史呂崇賁爲關内節度使、兼順化郡太守；同書一一，大曆七年十月，以太府卿呂崇賁爲廣州都督、嶺南節度；又八年九月，爲部將哥舒晃所殺。至德元年九月，釋潼關敗將呂崇賁，見元龜一五二。廣記三三六引廣異記，崇賁爲河東節度。宋僧傳二四三刀法師傳：「大曆七年十一月，廣州呂大夫被翻城。」年月與史不合。本文所列各節度名疑有訛。廣州馮志一七，代宗朝：「呂崇貫，大曆七年廣州刺史，據郝志修，張府志『貫』作『賁』。」作「貫」者誤。

161 【諸郡呂氏】右翊郎將呂元播，臨汝人，又家緱氏，生彬、渭輔、弼。彬生牧，庫部郎中、澤州刺史。牧生吳、穎、鏄、榮。渭輔生敞，監察御史。

A〔岑校〕彬生牧庫部郎中澤州刺史　河東集一二云：「呂牧，東平人，由尚書郎刺澤州卒。」全文四四三，牧，永泰二年進士。

B〔又〕牧生吳穎鏄榮　據英華，呂穎貞元十九年進士。登科記考一五據元氏長慶集一六作「頻」，謂作「穎」者誤，但姓纂、白氏集同作「穎」，則元集作「頻」，未必無誤。全文五九四，呂鏄，貞元十四年進士，惟登科記考不載，待考。昌黎集二五河南少尹李素誌，呂氏子炅棄其妻。又元氏長慶集一六酬哥舒少府詩注云，同年科第，弘詞呂二炅。登科記考一五云：「白居易和元九與呂二同宿話舊詩，『見君新贈呂君詩，憶得同年行樂時』，卽謂炅也。」余按白氏集五又有常樂里閑居偶題兼寄呂二炅呂四穎，前人以「吳」字命名者不多見，「炅」字稍行寫，便與「吳」字無異，因是余決「吳」實「炅」之訛，先炅後穎，亦與呂二、呂四之排行相合也。全詩十一函八册收呂炅詩一首。

C〔又〕渭輔生敞監察御史　全詩十一函八册收呂敞詩二首。

162 起居郎、司更大夫呂才，博州清平人，著隋紀二十卷，删陰陽書五十三卷，一子方毅。

A〔岑校〕起居郎司更大夫呂才　才，兩書有傳，永徽六年官尚藥奉御，見大慈恩傳八。

163 右拾遺呂因，汝州人；生皆，著作佐郎。

A〔岑校〕右拾遺呂因汝州人　名見殷府君夫人碑，與武平一等爲當日文人。全文四〇八：「因，玄宗時擢書判拔萃科。」

164 虢州司馬、侍御史呂元嗣，陝州人。

A〔岑校〕虢州司馬侍御史呂元嗣　按廣記二五五引僉載，有舍人呂延嗣。但官位亦不盡合。

165 清池令呂處真，絳郡人，又家京兆，生元晤、元智、元璪。元晤，陳王傅、光祿卿生同正、鄆鄜州刺史同正，生遜、造、崇訓，女適將軍高力士。崇訓，太子家令；生回，京兆倉曹、櫟陽令，生遥。元璪，博州刺史，生遇。元智，恆王傅，生進。

A〔岑校〕清池令呂處真絳郡人又家京兆生元晤元智元璪　按曲江集一二東平呂府君碑銘，稱公諱處貞，字虔求，東平人，曾祖賨，北齊幽州長史，祖伽，隋貫(?)州中正，父師，渝州清池令，起家玄州司户參軍，有四子，玄知、玄悟、玄智、玄爽。此作「處真」，殆宋本諱改，誤一。任清池令者呂師，非處貞，此稱「清池令呂處真」，誤二。若「悟」之作「晤」，無玄爽而有元璪，均與曲江集異。繼讀説之集一二玄州司户呂君墓誌，則稱公諱虔，大父賨，幽州都督府長史，考師，滄州青池令，名字視曲江集互易，曰虔或虔求，單複不同，又以賨爲祖，比曲江集少一代，兩文應同玄宗時作，不審何殊異如此，若清池屬滄州，不屬渝州，唐無青池，此又兩集之得失各半者也。(滄州清池縣見芒洛四編開元廿八年張仲臣誌)

B〔又〕元晤陳王傅光祿卿生同正鄆鄜州刺史同正生遜造崇訓女適將軍高力士　唐代官制有「同正」之稱，余初讀此，即疑其相涉而訛，然未有證。今據曲江集一二呂府君碑銘稱，處貞四子，惟玄悟至大官，中散大夫、使持節鄜州刺史，處貞女孫曰東平郡夫人，冠軍大將軍、右監門衞大將軍、渤海高公之夫人，鄜州刺史之女也。是鄜州刺史乃玄悟任官，高力士妻乃玄悟之女，「光禄卿」下之「生」字應衍，「同正生」又涉上「生同正」而複，本文應改正爲「玄悟，陳王傅、光禄卿同正，鄜鄜州刺史，生逖、造、崇訓，女適將軍高力士」也。平津記七疑呂氏爲「同正」之女，蓋未知「同正」非人名。高力士傳：「其妻東平呂氏，故岐州刺史元悟之女。」作「岐州」與曲江集及此異。

旅

166 漢高帝功臣有昌平侯旅卿，案，漢表作「昌圉侯」。傳封六代；又共侯旅罷師，傳封四代。又共通云，周大夫子旅之後。

A〔岑校〕有昌平侯旅卿　校云：「案，漢表作『昌圉侯』。」余按廣韻、姓解、通志、類稿皆作「昌平」。

B〔又〕又共通云　「又共」二字，涉上文「又共侯」而訛，應依通志作「風俗通云」也。類稿三六與通志同。

汝

167 尚書有汝鳩、汝方。左傳，晉大夫汝寬、汝齊。漢長水校尉汝隨。

A〔岑校〕左傳晉大夫汝寬汝齊　孫詒讓古籀拾遺下云：「經典釋文，女艾，女如字，又音汝；女齊、女寬皆音汝。林寶元和姓纂有汝姓無女姓，誤。」余按女、汝古今字，既出「汝」，可不必復出「女」，故廣韻「女」下亦不云人姓，未得爲誤。

168【潁川】後漢書孝子傳有汝郁。

A〔岑校〕後漢書孝子傳有汝郁　按今范書見賈逵傳。

處

169 漢書云藝文志，趙有辯士處子著書。風俗通，漢處興爲北郡太守。

A〔岑校〕漢書云藝文志　「云」字應依通志乙在「藝文志」下。

B〔又〕漢處興爲北郡太守　依姓解、通志及類稿，應作「北海郡」，此奪。興爲北海太守，見後書李章傳。

170【潁川】晉書處柾，又陳留相處就，並潁川人。

A〔岑校〕晉書處柾　「柾」，通志作「桂」。

171【沛國】晉有周馥母沛國處氏。

所

172 風俗通，宋大夫華所事之後，漢有諫議大夫所忠，武帝時人。

A〔岑校〕宋大夫華所事之後　見後書一一一注。

B〔又〕漢有諫議大夫所忠　見漢書石奮等傳。

173 【平原】後漢有所輔，平原人，小吏*；父奉，郎中。

楚

174 風俗通，芈姓，鬻熊封楚，以國爲姓。左傳，魯有楚尹、楚邱，趙襄子家臣楚隆。

莒

175 伯益之後封莒，爲楚所滅，以國爲姓。

鉅（岑補）

176 炎帝之裔，封鉅，後有鉅氏、巨氏。（岑補）

A〔岑校〕據姓觽五引。

呂管

177 英賢傳，漢呂管都尉呂管次祖，中山人。

A〔岑校〕漢呂管都尉呂管次祖　應依通志作「漢鉅鹿都尉呂管次祖」。

呂相

178 秦相呂不韋，本陽翟賈人，子孫因以氏焉。

A〔岑校〕本陽翟賈人　「陽」，庫本誤「暘」。姓觿五引云，「呂侯之後」，與本條異。

楚季

179 世本，楚若敖生楚季，因氏焉。陳大夫有楚季融。

楚邱

180 新序，楚邱先生，孟嘗君時人也。

莒子

181 春秋時莒子失國，子孫氏焉。

九麌

武

182 周平王少子，生而有文在手，曰「武」，遂以爲氏。漢初，武臣爲趙王，又有武涉。功臣表，梁鄒侯武彪，傳封六代，後居沛國。漢又有祭酒武忠，望出太原。據氏族志增。

A〔岑校〕周平王少子生而有文在手曰武　姓觿五引胡三省云：「此由武后而附會爲之説也，『平王』，姓纂作『文王』，尤謬。」此乃胡見本之誤。

B〔又〕漢初武臣爲趙王又有武涉　武臣見漢書高祖紀上及陳勝等傳，涉見項羽等傳。

C〔又〕功臣表梁鄒侯武彪傳封六代　按漢表一六作「武虎」，新書七四上則作「梁鄒孝侯臣」，言「臣」者避唐諱也。復依漢書，虎至曾孫國除（新表作「玄孫」，）表所列之六世孫，乃詔復家者，非傳封六世也。涉於傳封世數，姓纂常誤解漢表，此特舉其一例耳。互證八云：「案史記，武臣起在漢前，又史記功臣表，梁鄒孝侯武儒生子最，則武臣與梁鄒孝侯非一人。此表語不可通，似有脱誤。」余按新表之武臣，與梁鄒孝侯各爲一系，比觀姓纂自見。趙氏唯誤以「鄒孝侯臣」爲即武臣，故疑其語不可通耳。

D〔又〕漢又有祭酒武忠望出太原　此十一字，洪氏據氏族志增。

183 【沛國】　武彪裔孫周，魏南昌侯；生陔，晉左僕射、薛侯。五代孫洽，魏晉陽公，始封居太原永水，或號太原武氏。洽曾孫居常，北齊鎮遠將軍；生儉，永昌王諮議。儉生華，隋東都丞。華生士稜、士讓、士逸、士彠。

A〔岑校〕生陔晉左僕射薛侯　全文二四九李嶠攀龍臺碑：「晉尚書僕射、開府儀同三司、薛侯陔，其後也。」

B〔又〕五代孫洽魏晉陽公　攀龍臺碑：「六代祖洽，仕魏，封於晉陽。」載之集一七作「始」誤，全文五〇〇正作「洽」。

C〔又〕始封居太原永水　攀龍臺碑：「大周無上孝明皇帝，……太原文水人也。……六代祖洽仕魏，封於晉陽，食采文水，子孫因家焉。」舊書五八士彠傳：「幷州文水人也。」「永水」當作「文水」。又武氏一支諸人官封，新表與姓纂詳略不同，今不備舉，讀者可比觀得之（如武后時，伯父兄弟皆爲王，姓纂不盡書）。

D〔又〕洽曾孫居常北齊鎮遠將軍　龍城録：「武居常，天后高祖也。」

E〔又〕儉生華隋東都丞　載之集一七武就碑，洽生國子祭酒、受陽公諱神龜，受陽四葉至太原王諱華。

184 士稜，唐司農少卿、宣城公，生君雅。君雅生敬真、崇真。崇真，太子洗馬。

A〔岑校〕士稜唐司農少卿宣城公　新表同。攀龍臺碑：「封帝長兄司農卿士稜爲宣城郡公。」殆略「少」字。

B〔又〕君雅生敬真崇真崇真太子洗馬　新表七四上作君雅生敬真、敬宗，敬真太子洗馬，未詳孰是。

185 士讓，唐太廟令、路公，生惟良、懷道。惟良，衛尉卿，生攸宜、攸緒。攸宜，雍州刺史、都官尚書。攸緒，揚州長史，隱嵩上，神龍中拜太子賓客、巢公，徵不起，景雲中封安平王，亦不拜，生君訥。

A〔岑校〕士讓唐太廟令路公　永徽中卒，見元龜七五七武弘度條。全文六九一符載武充碑：「左右僕射、司徒、太尉、尚書令、楚僖王士讓之玄孫。」

B〔又〕生惟良懷道　依下文及新表，「懷道」下奪懷運名。

C〔又〕惟良衛尉卿　舊書五及一八三作「衛尉少卿」。

D〔又〕攸宜雍州刺史都官尚書　按「都官」非唐代之官，新表作「冬官」。舊書一八三亦云終工部尚書。

E〔又〕攸緒揚州長史　全文八一五顧雲武賓客嵩山舊隱詩序：「天授中，封安平郡王遷殿中監，出爲揚州大(都)督府長史，聖曆中棄官隱居嵩山。」

F〔又〕隱嵩上　語亦可通，但似應作「嵩山」也•。

G〔又〕景雲中封安平王　按舊書一八三，天授中封安平郡王，神龍初降巢國公，此誤。

H〔又〕生君訥　新表作「若訥」。

186 懷道，左監門長史，生攸暨、攸寧。攸寧，春冬夏尚書、納言、建昌王、江公、岐州刺史，生文瑛、荀瑛。攸暨，駙馬、司禮卿、定王、司徒、楚公，生崇敏、崇行。崇敏，宗正卿、上黨王。崇行，國子祭酒。

A〔岑校〕懷道左監門長史　羅校云：「案『左』，唐表作『右』。」

B〔又〕生攸暨攸寧　舊書一八三及新表同，新書二〇六稱士稜孫攸暨，誤。攷異五六云：「文苑英華載宋之問爲武攸暨請降王位表，稱臣亡兄攸寧屬纊之夕，再受（授）懇言，憂臣愚蒙，令臣退讓。乃知攸寧、攸暨實親昆弟，攸寧又爲攸暨之兄，傳以攸暨爲士稜孫，固誤，表列攸暨於攸寧之前，亦非也。」按前人以譜牒視新表，故多所責難，今知新表用姓纂爲骨幹，而姓纂又非注重雁序者，則可不必肆其苛求矣。

C〔又〕攸暨駙馬　尚高宗女太平公主，見會要六。

D〔又〕崇敏宗正卿　新表訛爲「字正卿」。

187 懷運，淄州刺史，生攸歸、攸止、攸望。攸歸，九江王、宗正卿；孫良臣，商州刺史。攸止，恆安王、司賓卿；女元宗惠妃，追封貞順皇后。攸止子昕、忠、信。忠，鴻臚卿。信，祕書監。攸望，會稽王、少府監、察公；孫徹，洋州刺史。

A〔岑校〕懷運淄州刺史　舊書五及一八三同，新表作「魏州刺史」。武充碑：「九江王弘度之曾孫。」據新表，弘度字懷運。

B〔又〕攸止子昕忠信忠鴻臚卿信祕書監　勞格英華辨證補云：「世系表，武昕忠，鴻臚卿，元和姓纂同。昕當是忠兄，表誤合一人，姓纂單作『忠』。」按姓纂云「昕忠信」，亦可分作三人讀，今「鴻臚卿」之上單作「忠」，如勞說，昕別爲一人，則姓纂固與新表異，不得謂之同，同者祇「鴻臚卿」耳。至英華三九七孫逖授武三思鴻臚卿制，勞氏謂「思」當作「忠」，「三」字衍，引舊后妃傳爲證，其說可信。

C〔又〕攸望會稽王少府監察公　羅校云：「按『察公』，唐表作『蔡公』。」余按舊書一八三作「鄰國」，新書二〇六作「薬國」。通鑑二一四稱攸望故連州司馬，子温昚，開元二十四年杖死。

D〔又〕孫徹洋州刺史　新表作「澈」，澈、徹常互訛，前已言之。前定錄：「寶應二年，户部郎中裴諝出爲廬州刺史，郡有二遷客，其一曰武徹，自殿中侍御史貶爲長史。」（廣記一五〇）

188 士逸，韶州刺史、六安縣公，生志元、仁範、安業。

A〔岑校〕士逸韶州刺史　舊書五八同。新表作「始州」誤。

B〔又〕六安縣公　舊書五八作「安陸縣公」，新表作「贊國公」。攀龍臺碑則云：「次兄行臺左丞相士逸爲安陸郡公。」武就碑云：「太原生鄭國節公諱士逸。」

189 志元，倉部郎中，生懿宗、嗣宗。懿宗，河内王、殿中監、汴魏州刺史、神兵道大總管，生瑾、瓌。

A〔岑校〕志元倉部郎中　舊書一八三，懿宗父元忠，倉部郎中。新表作「倉庫部郎中」，疑衍「庫」字，但今郎官石柱倉部郎中無武氏。

B〔又〕懿宗河内王　舊書一八三同，新表誤「河間」，則與仁範所封相複，攷異五〇已正之。

C〔又〕生瑾瓌　「瑾」，新表作「瑋」，且以爲嗣宗之子。余按嗣宗未叙其歷官，此當有脱簡。

190 仁範，雲陽令，生尚賓、重規、載德。尚賓，河間王、益府長史。重規，高平王、司禮卿，神龍朔方大總管、禮部尚書，生成節、成藝。載德，潁川王、殿中監、右千牛大將軍，生平一、敬一。平一，考功員外郎，生集、備、就、登。集，梓州刺史。備，殿中御史。先元衡，門下侍郎、平章事、成都尹。登生儒衡，殿中御史。

A〔岑校〕仁範雲陽令　武就碑：「節公生河間郡王諱仁範。」

B〔又〕生尚賓重規載德　舊書一五八元衡傳：「曾祖德載，天后從父弟。」商榷九一云：「考外戚武承嗣傳當作『載德』，此誤。」是也。

C〔又〕生成節　新表作「成卿」。

D〔又〕載德潁川王殿中監右千牛大將軍　武就碑：「河間生潁川武烈王諱載德。」儒衡誌：「曾大父載德，潁川郡王、左羽林將軍。」

E〔又〕生平一敬一　「敬一」，新表作「敬」。

F〔又〕平一考功員外郎　景龍四年正月，平一官此，見唐詩記事。儒衡誌：「大父平一，……中宗初徵拜起居舍人，考功員外郎。」貶金壇令，見全詩二函十儲光羲詩。武就碑：「潁川生考功員外郎、修文殿學士諱甄，字平一，以字行於時。」

G〔又〕生集備就登　武就碑：「公即考功府君第三子也。」儒衡誌：「父登，常州江陰縣令。」河朔訪古記，洛陽石刻有「江陰縣令武登碑，長慶四年立」。

H〔又〕備殿中御史先元衡　羅校云：「案『先』，金石録唐贈吏部尚書武就碑跋引作『生』。又案就碑、唐表並以元衡爲就子。」余按金石録二九云：「右唐武就碑。就，元衡父也。元和姓纂載平一四子，集、備、就、登，備生元衡。今此碑與唐書宰相世系表皆以元衡爲就子。姓纂，元和中脩，是時元衡爲宰相，不應差其世次，豈余家所藏本偶爾脱誤乎？當俟别本校正。」是趙氏見本已誤作「備生元衡」，今本又誤「生」爲「先」也。舊書一五八元衡傳：「父就，殿中侍御史。」（新表則云潤州司馬。）今備亦殿中侍御史，歷職相同，宜乎易於脱誤矣。據就碑，嘗爲殿中侍御史，終潤州司馬，卒貞元六年，年七十八。傳舉京朝官，重内也，表則舉其終官。

I〔又〕門下侍郎平章事成都尹　舊書一五，元和八年三月（原奪「三月」字），元衡由西川節度兼門下侍郎同平章事復入相，此其見官也。

J〔又〕登生儒衡殿中御史　全文六三九李翺武儒衡誌，鄭餘慶守東都，得監察御史，轉殿中御史，此其見官也；終權知兵侍，長慶四年卒，年五十六。全詩六函二册劉禹錫送張盥赴舉詩引，兵部侍郎武廷碩，即儒衡之字。

191 思元，一名安業，零陵令，追封渤海王；生求己，太僕少卿。

A〔岑校〕生求己太僕少卿　新表誤「太子僕少卿」，太子僕不名卿也。

192 士彠，唐工部尚書、利荆二都督、應國公，卒贈司徒、周國公，又贈太師，太皇太后追崇魏王云。武女爲則天皇后，生中、睿宗。

A〔岑校〕士彠唐工部尚書利荆二都督應國公　貞觀六年，士彠官荆州都督，見法苑珠林一三。

B〔又〕又贈太師太皇太后追崇魏王云　文有訛舛。考舊書五八，咸亨中贈太尉、太原王，則天臨朝，追尊爲忠孝太皇，庫本作「追崇爲帝云」，辯證二三亦作「太王太后追崇魏王云」。

C〔又〕武女爲則天皇后　辯證二三作「彠女爲則天皇后，生中、睿宗」，是也。「武」字誤。

D〔又〕生中睿宗　庫本「中」下有「宗」字。

193 彠子元慶、元爽。元慶，宗正少卿，生審思、再思、三思。審思，追封申王。再思，宫門郎，追封蔡王。三思，梁王、夏春天王尚書、内史，神龍司空同三品，降德静，爲節愍太子所殺，生崇訓、崇謙、崇烈、崇撝、崇操。崇訓，駙馬、太常卿、太子賓客；生繼植，左衛將軍。崇謙，光祿卿、梁公。崇烈，尚乘奉御。

A〔岑校〕襲子元慶元爽　元慶、元爽見廣記二二四引談賓錄。

B〔又〕夏春天王尚書　「王」當作「三」，庫本不誤。

C〔又〕降德静　應云「降德静郡王」。

D〔又〕崇訓駙馬太常卿太子賓客　尚中宗女安樂公主，見會要六。廣記二三六引國史纂異，景龍中駙馬武崇訓。

194 元爽，虞部郎中、少府少監，生承嗣，魏王、春天二尚書、納言、文昌左相，實封一千三百一户。生延基，駙馬、右羽林將軍、郯公；延安，光祿卿、邢公；延壽，衛尉少卿、燕公；延秀，駙馬、太常少卿、桓公。案唐世系表作「恆公」。承業，陳王、左驍衛大將軍；生延暉，駙馬、陳公、羽林衛將軍，孫暉、斌。承業次子延祚，光祿少卿、鄶公；延嘉，祕書少監、莒公。

A〔岑校〕少府少監　舊書一八三同。新表只云少府監。

B〔又〕生承嗣　此處似應補入承業名，否則上下文綫索不清。

C〔又〕生延基駙馬右羽林將軍　新表作「大將軍」。尚中宗女永泰公主，見會要六。

D〔又〕延秀駙馬　尚中宗女安樂公主，見會要六。

E〔又〕桓公　校云："「案唐世系表作『恆公』。」按舊書一八三，先作「栢國公」，後作「桓國公」，新書二〇六作「栢國公」。

F〔又〕生延暉駙馬　尚中宗女新都公主，見會要六。

G〔又〕延祚光禄少卿鄶公　新表同。惟據舊書一八三及新書二〇六，封鄶國公者乃重規，若延祚，則舊書云「降咸安郡公」也。新傳謂延禄爲咸安郡公，亦誤，武氏諸子無名「延禄」其人。互證八云："「誤作『延禄』耳，表無『延禄』也。」

庾

195 堯時掌庾大夫，以官命氏。至春秋時，周有大夫庾皮。皮子過，邑于緱氏。衞有庾公差。

A〔岑校〕堯時掌庾大夫以官命氏　庾賁德政頌云："「成周之時，世爲掌庾，因以命族。」千唐天寶五載庾（目訛「康」）若訥誌："「其先陶唐氏掌庾大夫，因命族焉。」

196 【潁川】　後漢始居潁川。魏襄城令庾乘，生太子中大史遁，案鄧名世辯證亦作「遁」，晉書作「道」。並見晉書。遁孫琛，晉會稽内史，生亮、冰、翼。亮，東晉司空、永昌公。冰，中書監、都鄉公，生穆之。五代孫衆，陳長沙内史；孫抱，唐太子舍人。

A〔岑校〕魏襄城令庾乘　按晉書五〇言乘未仕，此或魏以是徵而不之就歟。

B〔又〕生太子中大史遁　校云：「案鄧名世辯證亦作『遁』，晉書作『道』。」考晉書五〇峻傳「父道，……養志不仕。……及諸子貴，賜拜太中大夫。」「太子中大史」乃「太中大夫」之衍訛。

C〔又〕遁孫琛　按琛父名失傳，是否遁孫，史並不著，待攷。

D〔又〕生穆之　晉書七三，冰子七人，希、襲、友、蘊、倩、邈、柔，無名「穆之」者，唯希子名攸之，蘊子名廓之，此疑有誤。

E〔又〕五代孫衆陳長沙内史　舊書一九〇上庾抱傳，祖衆，陳御史中丞。

F〔又〕孫抱唐太子舍人　元龜八四〇，抱在隋爲延州參軍，後補元德太子學士。舊書四七有庾抱集六卷。紀事三，唐高祖起兵，抱爲建成記室，俄爲東宫學士，貞觀初徙趙王友，卒。

197【新野】漢末居南陽，後分赭防爲新野，遂爲郡人。後漢司空孟；五代孫滔，晉遂昌太守。長子會，爲新野太守，百姓生爲立祠；支孫庾告雲，爲青州刺史，羌胡爲之立碑。次子庾方。方元孫詵，齊徵黄門侍郎，不起，撰易林。孫季才，隋均州刺史，撰元象志。孫安禮，唐齊王友、修史學士；師度，朐山令；師敬，鄂州刺史。

A〔岑校〕五代孫滔晉遂昌太守　按隋書七八庾季才傳：「八世祖滔，……官至散騎常侍，封遂昌侯。」下文亦云「滔少子瑋」，此作「滔」誤。依姓纂所敍，滔次子方，方玄孫詵，詵孫季才，連本身計，季才爲滔八世孫也。

B〔又〕撰元象志　羅校云：「隋書庾季才傳作垂象志。」

198 庾滔少子瑋，晉永安太守；元孫易，南齊司徒主簿，有傳；生黔婁，潺陵令；庾肩吾，梁度支尚書，生衡、信、譯、掞。信，開府、洛州刺史、義城侯；生立真，隋逸樂令。立真生威士，唐翊衞。開元徵士齊人，云衡之後也，又家秦陵，生先、光烈。先，吏部侍郎、荆州長史、採訪使，生憑、伾、準、侹、侶。伾，開州刺史。準，尚書左丞、江陵尹、荆州節度使，生承恭、承慶、承邕、承師。承恭，萬年縣尉。侹，宋州刺史、鴻臚卿，生承歡、承初。承歡，大理評事。侶，左補闕；生承宣，度支員外。

A〔岑校〕生黔婁潺陵令庾肩吾梁度支尚書　羅校云：「案易生黔婁、肩吾，此敍述未詳。」余按姓纂亦間有以「生」字總括下文數支者，如前武姓元爽生承嗣……承業，是也。但此文之「庾」字，必須删去耳。

B〔又〕生立真　羅校云：「周書庾信傳作『立』，此衍『真』字。」按隋唐人往往省二名爲一名，此未能斷爲衍文。

C〔又〕生先光烈先吏部侍郎　舊書一八七下庾敬休傳：「祖光烈與仲弟光先。……光先爲吏部侍郎。」依此，知「生」下奪「光」字，應云「生光先、光烈，先，吏部侍郎」也。勞考六亦云：「疑脱『光』字。」

叢編八引京兆金石録，唐太子太傅庚光先碑，永泰二年立。宋僧傳一七神邕傳言，禄山之亂，御史中丞庚光先出鎮荆南。

D〔又〕荆州長史　「州」，庫本作「府」。

E〔又〕侹宋州刺史鴻臚卿　舊書一九五，貞元七年，庚鋌爲鴻臚少卿，弔祭回紇。會要九八同。當即此庚侹。鋌、侹未詳孰是。

F〔又〕生承宣度支員外　貞元十五年立之無垢淨光塔銘，撰人題攝觀察判官、宣義郎、前行祕書省校書郎庚承宣。又元和十三年權知禮侍，見會要七六及雲溪友議。新書二〇三歐陽詹傳，承宣，貞元八年進士・。又英華稱貞元十年制科及第。全文六一五承宣李元素二州慰思述，元和初作，自稱觀察判官、殿中侍御史。白氏集三一有刑部侍郎庚承宣授右丞制。

199 光烈，職祠部郎中、大理少卿，生何、倬。何，左司郎中、彭州刺史。生威，員外郎、湖州刺史。威。生敬休，左拾遺。敬休生道蔚，翰林學士。倬，大理正，祕書少監致仕。倬生簡休，工部侍郎、左散騎常侍。

A〔岑校〕光烈職祠部郎中　「職」可衍，否則或爲「職方」之略奪也。勞考二一疑脱「方」字。

B〔又〕生何倬何左司郎中　舊書敬休傳云：「父河。……河終兵部郎中。」何、河字古常通用，然郎官石柱左司員外之題名，字固作「何」。元龜一六二，建中元年二月，以右（？）司郎中兼侍御史庚何巡京畿。

C〔又〕生威員外郎湖州刺史威生敬休左拾遺　舊新傳均謂敬休父何，此多威一代，與傳不合，勞考一嘗疑之。按傳言何與弟倬、生當朱泚盜據宫闕之時，使敬休爲何孫，則元和初未必仕至左拾遺之職。光先子五人，其三人名從「人」傍，何、倬與爲從昆，事尤可信。舊紀一六，元和十五年正月，敬休自禮部員外郎充翰林學士，又白氏集三七有渭南尉庾敬休除拾遺制，則拾遺應是元和初見官（舊傳作「右拾遺」）。據會要七六，庾威元和二年始及第，故威之一代，疑有錯簡，且是羼文；又「員外郎」上不著曹名，應有奪字。元龜五六〇，元和十二年，敬休爲起居舍人。白氏集三一有禮部郎中庾敬休授兵部郎中知制誥制。國史補言王維嘗至招國坊庾敬休宅，此猶言敬休見時所居宅，因敬休與維時不相及也。元龜六九八，庾威，大和中爲湖州刺史，貶吉州長史。全文九九五有大和元年三月都省請復庾威等官議。又廣記二一五〇引盧氏雜説，裴度在相日，威爲郎中。吴興談志一四：「庾威，太和五年四月自長安縣令拜，貶吉州刺史。」

D〔又〕敬休生道蔚翰林學士　拾遺是敬休元和初見官，具如前考。樊川集一七有庾道蔚守起居舍人充翰林學士制，依重修壁記，是大中六年事，元和初斷未仕至學士，萬無疑義，故此文所敍歷官，必非姓纂原文（參勞考八）。咸通五年苗紳妻庾氏誌，從父兄道蔚撰（拓本未見）。

E〔又〕倬大理正祕書少監致仕　因話録商部：「新野庾倬，貞元初爲河南府兵曹。……倬生簡休。」

F〔又〕倬生簡休工部侍郎左散騎常侍　新書一六一稱簡休爲敬休弟，依此，則從弟也。敬休至文宗時方仕至侍郎，據舊書一八下，簡休亦至大中元年六月始以左諫議大夫爲虢州刺史，故余謂此非姓纂原文也（其再從兄弟承宣，長慶二年自尚書左丞出爲陝虢觀察，見舊書一六；大和元年，以吏部侍郎爲京兆尹兼御史大夫，見舊書一七上；四年爲兗海沂密等州節度使，七年入爲太常卿，九年檢校吏部尚書、充天平軍節度使，同年七月卒，見舊書一七下。又其從兄敬休，大和七年七月自户部侍郎遷左丞，九年三月卒，見舊書一七下，時代均可比勘）。

輔

200 左傳，晉大夫輔躒，本出黄帝之後。風俗通云，智果以智伯剛愎，必亡，其別輔氏。漢有輔很爲尚書令。案漢有尚書令輔粮，此作「很」，不同。「粮」亦俗字，疑益誤。河東有此姓。

A〔岑校〕智果以智伯剛愎必亡其別輔氏　語亦可通，唯通志作「必亡其宗，別爲輔氏」，於義更順。

B〔又〕漢有輔很爲尚書令　校云：「案漢有尚書令輔粮，此作『很』，不同。『粮』亦俗字，疑益誤。」「很」，庫本、嘉慶本均作「狠」，又「益」字誤，庫本作「並」，通志則作「輔狼」。

201 【襄陽】蜀志有右將軍輔果，字元弼。姚秦録有始平太守輔光，又東鄉侯輔鑒。

A〔岑校〕姚秦録有始平太守輔光　「秦」，庫本誤「泰」，又奪「太」字。

䩉

202 古釜字，人姓也，見纂要文。

羽

203 左傳，鄭大夫公孫揮之後，生羽頡。漢有俠士羽公。

204 【河南】魏官氏志，拂羽氏後改姓禹氏。

A〔岑校〕魏官氏志拂羽氏後改姓禹氏　按志云：「羽弗氏後改爲羽氏。」「禹」字訛，「羽弗」作「拂羽」亦誤（見尋源二六及四〇）。下文固云「羽弗改爲羽氏」也。姓解二作「羽弗」，通志「羽氏」下作「弗羽」，複姓内作「費羽」，總論又謂「費羽」、「拂羽」皆爲「羽」，疏證以爲聲訛又誤倒也。

禹

205 風俗通云，夏禹之後，支庶以謚爲姓。王僧儒百家譜云，蘭陵蕭道游娶禹氏女。

A〔岑校〕王僧儒百家譜云　「儒」當作「孺」，通志不誤。

豎

206 左傳，鄭有豎拊，齊有豎刁，晉有豎頭須，並閽寺賤者，子孫氏焉。

主

207 主父偃之後，或單姓主氏。今同州有此姓。

萬

208 漢有萬章，長安人。急就篇，萬段卿。

A〔岑校〕漢有萬章　見漢書游俠傳。姓觿五引云：「夏禹之後。」蓋所引者禹姓文也。

鄅（岑補）

209 禹後。（岑補）

A〔岑校〕姓觿五：「姓纂，鄅出禹後。非。」茲據補。

宇文

210 出本遼東，南單于之後，有普迴，因獵得玉璽，以爲天授，鮮卑俗呼天子爲「宇文」，因號宇文氏。或云以遠係炎帝神農有嘗草之功，俗呼草爲「俟汾」，音轉爲「宇文」。

A〔岑校〕出本遼東南單于之後　「出本」二字乙，通志又類稿五五引，均作「本出」。

B〔又〕有普迴　「迴」，周書一作「回」，字通用。

C〔又〕鮮卑俗呼天子爲宇文　按周書云：「其俗謂天曰『宇』，謂君曰『文』。」類稿引作「鮮卑謂天爲『宇』，因號宇文。」顯有奪漏。

211【河南洛陽】後魏拔拔陵陵，爲前燕駙馬、元菟公；生系，位至後魏内阿干，生二子，韜、阿頭。韜生肱。顥、泰。周文帝泰，西魏大丞相、大冢宰、安定公，生覺、毓、邕、震、直、憲、純、盛、達、通、迫*。閔帝覺生康，紀王。明帝毓生賢，畢王。武帝邕生贇、贊、允、兑、文*。宣帝贇生衍、術。静帝衍，禪隋。周四代五帝，二十四年。震，宋公。直，衞王。憲，齊王、大冢宰，生貴、質、實。員，趙王。儉，譙王。純，陳王。通，冀公。逌，勝王。顥，贈邵公，生什肥、導、護。什肥生胄，邵公。導，幽公，生廣。護，太師、大冢宰、晉陽公。生。連，杞公，生元寶。案北周書作光寶。

A〔岑校〕韜生肱顥泰　羅校云：「案北周書、北史太祖紀作肱生泰，此當作韜生肱，肱生顥、泰。」

余按新表七一下云：「韶三子，肱、顥、泰。」與此同誤。

B〔又〕周文帝泰西魏大丞相大冢宰安定公　補正五七云：「而姓纂所述西魏大丞相、大冢宰、安定公者爲内阿干之孫，恐係姓纂之誤，抑西魏所封者襲爵而進侯爲公耶？」按周書一，孝武帝末，宇文泰進位丞相；同書二，大統元年，改封安定郡公，十七年，以冢宰總百揆。姓纂既稱泰曰文帝，又再敍其西魏官爵，陸氏不檢周書，祇曰「内阿干之孫」，若不知爲泰也者，可謂疎略之極。

C〔又〕生覺毓邕震直憲純盛達通逌　「逌」，庫本正作「逌」，並見羅校。余按下文亦有「逌勝（滕）王」，可證。

D〔又〕憲齊王大冢宰生貴質賓　羅校云：「案北周書，憲六子，貴、質、賓、貢、乾禧、乾洽，員乃趙王招子。」余謂本文應以「賓」字斷句，其「員」字應屬下讀。「賓」卽「賓」之訛也，參下一條。

E〔又〕員趙王　按員爲趙王招子，未襲封而國除，此蓋誤以子代父也。

F〔又〕逌勝王　「勝」誤，庫本作「滕」。並見羅校。

G〔又〕導幽公　「幽」誤，庫本作「豳」。並見羅校。

H〔又〕生連杞公　據周書一〇，連爲太祖次兄，知上文顥、泰之間，又奪「連」字，「生」字衍，其故因原文空一格，無知者遂填補「生」字。羅校謂「生」下奪文，非也，說見自序。

阿頭孫興，大宗伯；生洛，封介公。洛生裕，裕生延，延生離惑，惑生庭立，並襲介公。立生邈，御史中丞。平昌公。弓丞。

A〔岑校〕阿頭孫興大宗伯　周書一〇作「宗師」。

B〔又〕生洛封介公　按上文各王公之上，皆不著「封」字，據周書一〇，介公乃隋封，新表亦稱隋介公，余謂「封」字應正作「隋」。

C〔又〕延生離惑惑生庭立　李郴夫人誌，高祖遠惑，皇任梁王掾。曾祖成器，絳州翼城縣丞，贈禮部員外。祖邈，御史中丞，左遷澧州刺史，贈太尉（？）。存逸考二云：「宇文邈、宇文瓚均見新唐書宰相世系表，遠惑及成器之名未載。」考新表書例，於不詳其父而詳其伯叔者，卽於旁別列一格以作姪之表徵，前後文已屢言之，今表庭立之下空出，而邈則列後一行，似宋人所見姓纂，實作「立姪邈」，非作「立生邈」也。使謂遠惑卽離惑，成器卽庭立，則郴妻之高、曾，並襲介公，正可爲誌銘增光寵，何竟缺而不書耶？

D〔又〕立生邈御史中丞平昌公弓丞　「弓丞」上當有奪文。貞元十四年鄭楚相德政碑，有左司郎中宇文邈。同年，爲御史中丞，見元龜四八一‧。柳河東集一二云：「宇文邈，河南人，……爲御史中丞。……然以直免官，復爲刺史卒。」注云：「大曆二年進士。」至「立生」疑「立姪」之訛，說已見前條。全文四三〇李翰鸛鵲樓集序：「上客有前美原尉宇文邈。」全詩四函八册，姚係有送宇文邈詩。拓本貞元六年黎幹誌，題「故吏守殿中侍御史、賜緋魚袋宇文邈撰」。「平昌公」三字，或是下文「節」所錯簡。

213 拔拔陵少子目原。目原元孫勤，後魏比部尚書，生賢。賢生漳。案唐世系表，「漳」作「璟」。漳生弢，隋禮部尚書。弢生儉、紹。儉生節，唐侍中。節生嶠，萊州刺史。嶠生融，黄門侍郎、平章事。融生寬、寧、審。寬，户部員外郎；生炫，刑部郎中。絡*，水部員外。

A〔岑校〕拔拔陵少子目原　據新表七一下，拔拔陵之第四弟曰目原，與此不合。

B〔又〕目原元孫勤　新表，目原孫跋，生直力勤，則勤爲目原曾孫，與此作「玄孫」異。

C〔又〕賢生漳漳生弢　校云：「案唐世系表，『漳』作『璟』。」羅校云：「案隋書宇文弢傳，祖直力勤，父珍，與此不合。」余按今本隋書五六作「父珎」，非作「珍」，豈由「璟」而轉訛爲「珎」歟？然姓纂比隋書究多出一代也。

D〔又〕儉生節唐侍中　舊書四，永徽三年三月，黄門侍郎、平昌縣公宇文節爲侍中，四年二月流桂州。前文「平昌公」三字，疑爲此處錯簡。

E〔又〕節生嶠萊州刺史　新表作「長史」。嶠字德陽，見王子安集六。

F〔又〕寬户部員外郎生炫　新表以炫爲審子，勞考一二謂「寬」爲「審」誤，待考。舊書二〇〇上，乾元元年，僞貝州刺史宇文寬歸順。

G〔又〕刑部郎中　貞元十四年時，炫官刑中，見元龜四八一。貞元三年官右補闕，見同書六〇四。昌黎集二合江亭詩「老郎來何暮」一聯，蜀本注云：「宇文郎中炫又增其制。」是炫嘗官衡州刺史。

H〔又〕絡水部員外　據上文及新表，「絡」當作「紹」。

214 拔南環，後魏大司徒，居武川，生中山、普陵。中山，内史、太官、順陽公，生逗顏。孫永，生深，安化公、周京兆司會、中大夫，生孝伯、明達。孝伯，少冢宰，生歆、元瑜、白澤。歆，右衞將軍；生思純，州刺史。白澤生仁簡，夏州都督。明達，太僕卿。

A〔岑校〕拔南環　上文未見。新表，拔拔陵陵之第二弟曰拔拔瓌，瓌、環形近，疑卽其人。

B〔又〕生中山普陵　周書四〇神舉傳作「高祖晉陵」。惟北史五七亦作「普陵」。

C〔又〕生逗顏　「逗」，周書二七宇文測傳作「豆」。

D〔又〕孝伯少冢宰　舊書四，麟德元年詔云：「周京兆尹、左右宫伯、大將軍、司衞上將軍、少冢宰、廣陵郡公宇文孝伯，……甘捐軀而徇節。」

E〔又〕歆右衞將軍　歆武德元年爲都水監，見舊書五五薛舉傳；四年破建德，見同書二；又五年爲洪州總管，見新書一；又爲右衞將軍，助元吉守并州，見元龜七一六。

F〔又〕生思純州刺史　舊書四詔云：「其孫左威衞長史思純，可加授朝散大夫。」則思純爲名，「州」上奪州名。

215 生悦、珍。悦孫永貴，周大司徒、許公，生忻、愷。忻，隋上柱國；生運，唐左領軍，生儉、懷志、懷義。儉，比部郎中。懷志，洋州刺史。懷義生楷，左軍將軍。愷，隋工部尚書、安平公，生儒童。童孫有意，膳部郎中、兗州刺史。珍孫虬，南安公。虬孫業，唐太僕少卿。

A〔岑校〕明達太僕卿生悦珍悦孫永貴周大司徒　此文苟不經意讀之，便以爲明達生悦、珍，悦孫永貴矣，然細審之則不爾。蓋依上文，明達乃孝伯之弟，孝伯死於周宣帝時，年三十六（同書四〇），明達之曾孫，焉能復仕於周？復考，永貴卽周書一九宇文貴之字，傳云，父莫豆干，昌黎大棘人，貴在正光末已以勇著，年且倍長於孝伯矣。下文又稱珍孫虬（周書二九有傳），虬孫業，唐太僕少卿，是知「生悦、珍」之上，或有奪文，宇文永一支，敍至「明達太僕卿」而止也。武德元年六月，遣太僕卿宇文明達招慰山東，見元龜一六一。武德初，太僕卿宇文明達爲河南北招撫，在相州爲賊王德仁所害，有子世壽，見續僧傳一三静藏傳。

B〔又〕忻隋上柱國　忻，隋書四〇有傳。拓本麟德二年大唐河東柳尚遠妻宇文夫人墓誌銘幷序云：「曾祖忻，隨右領軍大將軍、上柱國、薛（？）國公。」

C〔又〕生運唐左領軍　同上宇文夫人誌：「祖運，皇朝右領左右將軍、上柱國、義清縣開國公。」此作「左領軍」，或有訛奪。

D〔又〕生儉懷志懷義儉比部郎中　同上宇文夫人誌：「父懷儉，皇朝外府寺丞，」是兩「儉」字上均奪「懷」字。夫人卒麟德二年，年只十九，其時儉猶未官至比中也。

E〔又〕生儒童　唐初，宇文顥與從父弟儒童同奔李密，見元龜六二五。

216 普陵曾孫和，生神舉、神慶。神舉，周并州總管，生誼。誼生珽，職方員外；生敞，户部郎中。神慶，隋梁州總管、汝南公。曾孫瑛，蔡州刺史；孫顥，美原令，生皐、準。準，辰州刺史。

A〔岑校〕普陵曾孫和　羅校云："「案周書宇文神舉傳，高祖晉陵，曾祖求男，祖金殿，父顯和。」按此作「普陵」，與北史同，具詳前文。盈川集六宇文珽碑亦作曾祖顯和。金石録二五云："「史云祖名顯和而碑止言名和。」黄本驥云："「案(宇)文舉祖名，碑避中宗御名去『顯』字。」余按顯和是神舉之父，非其祖，録稱祖名，當是傳刻之訛，黄氏又承誤不察也。子山集一五宇文顯誌，公諱顯，字某，祖求南，父金殿，又無「和」字，由是知六朝人名常有省略，不必强爲考定矣。

B〔又〕生誼　宇文珽碑，「考誼」，與此合，一本作「父孝誼」，蓋誤「考」作「孝」，遂衍「父」字。

C〔又〕誼生珽職方員外　珽碑，珽字叔珉，自職方員外除晉州司馬，尋遷長史，終同州長史，此記其京職耳。

D〔又〕生敞户部郎中　金石録二五，後周宇文舉碑，神龍中其曾孫敞追建。

E〔又〕神慶隋梁州總管　「梁」當作「涼」，隋梁州不設總管，參拙著隋書牧守編年表。

F〔又〕孫顥美原令　金石録七，宇文顥山陰述，天寶十三載立。

217 【濮陽宇文】本武川人，姓費巳頭氏，案唐世系表作「費也頭氏」。屬鮮卑佚豆歸，案北周書作「侯豆歸」。後從其主姓，亦稱宇文氏。後魏時，代爲沃野□軍主。豆歸元孫盛。盛生歸、述、静。

A〔岑校〕屬鮮卑佚豆歸 校云：「案北周書作『侯逗歸』。」按新表七一下亦作「佚」。

B〔又〕後魏時代爲沃野□軍主 依周書二九宇文盛傳及新表，「野」字下當作「鎮」，庫本不缺。

218 歸生定及，唐德州刺史。定及生規，光禄少卿。孫影，案唐世系表，「影」作「實」。好時令；宿，均州刺史。

A〔岑校〕孫影好時令 校云：「案唐世系表，『影』作『實』」。余按新表，規生顒，顒生實、宿，故校注以影比實。但唐初至元和初只四世，殊背繁殖之理（見下條），且「影」字左旁略近於「顒」字左旁，故疑此之「影」，應與表之「顒」相當，表誤孫爲子，姓纂「影」下又有奪文也。

B〔又〕宿均州刺史 據全文六八四董侹修陽山廟碑，宇文宿字元明，元和初爲武陵牧。如依新表，宿祇定及玄孫，定及爲唐初人，至元和猶四世，時代殊不合。

219 述，隋右翊大將軍，生化及、智及、士及。化及，隋太僕卿，篡逆，與智及並爲竇建德所殺。士及，唐中書令、蒲州刺史、郢公。

A〔岑校〕述隋右翊大將軍 隋書六一述傳，煬帝即位，拜左衛大將軍，新表作「左翊衛」。按大業三年，改左右衛爲左右翊衛，此作「右翊」者訛脱。

220 静生福及。福及孫全志，工部員外。堂姪順，虞部員外，生憲。憲生巘。

A〔岑校〕福及孫全志工部員外　新表列全志爲福及子，稱左司員外。考郎官石柱左司員外有全志，惜右司已缺，不知全志曾任工部否耳。

B〔又〕生憲　「憲」，新表作「寰」。

221 【中山】唐虞部員外、和州刺史宇文守直，本河南人，後居中山。

武安

222 漢將白起，封武安君，因氏焉。漢有千乘侯武安恭。

A〔岑校〕漢有千乘侯武安恭　通志同。廣韻、姓解作「乘黄令武安恭。」

武城

223 風俗通，趙平原君勝封武城，因氏焉。

A〔岑校〕武城　辯證二三亦作「城」，廣韻、通志則作「成」，下同。

武强

224 漢二十八將王梁封武強，因氏焉。

A〔岑校〕漢二十八將王梁封武强　後書五二作武彊，古寫也，通志亦作「彊」。

武仲

225 臧武仲之後。

武羅

226 夏武羅國之後。

甫奚

227 英賢傳，晉厲公大夫甫奚叔施之後。龍驤將軍甫奚置。

A〔岑校〕英賢傳晉厲公大夫甫奚叔施之後龍驤將軍甫奚置　「甫奚」誤，通志作「甫爽」，云：「宋大夫甫爽之後。」與此逈異。唯後一條「安是氏」云：「英賢傳，晉厲公大夫安是叔施。」正與此前半相同。蓋安是既冒根水，故甫爽又轉冒安是也。龍驤將軍，春秋時無此官稱，其上顯奪朝代。試求諸通志，實

「葵丘氏」殘文，志云：「齊邑也。英賢傳，古有葵丘頎，石虎將有龍驤將軍葵丘直。」「直」與「置」類，未詳孰是。合言之，甫爽冒安是、葵丘二姓之文矣。尋源有甫奚一姓，是沿今本之訛，應删。

豎侯

228 左傳，曹有豎侯獳，宋大夫豎侯息。

A〔岑校〕宋大夫豎侯息　辯證二三云：「息未詳所出。」又引作「宋有大夫豎侯息，曹大夫豎侯獳。」見羅校。

羽弗

229 改爲羽氏。

A〔岑校〕改爲羽氏　通志無「羽弗」，有「費羽」。費，弗之訛，參前文羽姓。辯證二三云：「孔至曰，後魏爲弗氏。」其説又異。

主父

230 趙武靈王主父之後。

A〔岑校〕趙武靈王主父之後　類稿五七引文則云：「趙武陵王號主父•，支孫因以爲氏。」比辯證所引「趙武靈王主父之後，子孫以爲氏」（見羅補），文似更順，因「之後」兩字近於蛇足也。

231 趙有主父偃*。（岑補）

A〔岑校〕辯證「子孫以爲氏」下接此一句，亦應是引林書之文，兹故補入。

庚采

232 莊子庚采楚之後。

A〔岑校〕莊子庚采楚之後　通志無，唯「庚桑氏」云：「莊子庚桑楚之後。」庚、庚形似，「桑」之草寫近於「采」，故訛爲「庚采」，應改正，移附卷五「十二庚」。辨誤一八云：「按莊子有庚桑楚，林氏引謁。或林氏原書不誤，後人妄刊『庚采』。」後説是也。

十姥

杜

233 祁姓，帝堯裔孫劉累之後，在周爲唐杜氏。成王滅唐，遷封于杜。杜伯爲宣王所滅，杜氏分散，魯有杜泄是也。古有杜康。據祕笈新書增。六國時有杜赫。

A〔岑校〕在周爲唐杜氏　新表七二上同。卷七范姓及類稿三七引，均言「在周爲唐杜氏」，庫本奪「氏」字。

B〔又〕杜伯爲宣王所滅　庫本無「伯」字，類稿引有。

C〔又〕魯有杜泄　新表七二上作「杜洩」，類稿引作「適魯者杜洩是也」。

D〔又〕古有杜康　此四字，洪氏據祕笈新書增，亦見類稿引。

234 【京兆】漢御史大夫周，本居南陽，以豪族徙茂陵；子延年，又徙杜陵。延年孫篤，入後漢文苑傳。篤曾孫畿，河東太守；生恕，弘農太守；生元凱，晉荆州刺史、征南大將軍、當陽侯，長子錫；曾孫悊，生楚、秀。秀元孫果，後周尹興太守。當陽侯次子尹。尹六代孫顒，西魏安平公。

A〔岑校〕延年孫篤　後漢書一一〇上篤傳：「高祖延年。」新表則云延年生熊，熊生穰，穰二子敦、篤，又以篤爲延年曾孫，均與此不合。

B〔又〕篤曾孫畿　新表則云敦生邦，邦生賓，賓生崇，崇生畿，是畿爲敦玄孫。考篤生光武之世，畿仕曹魏，以年代計之，斷非篤之曾孫也。

C〔又〕生元凱　此不曰預而稱其字者，避代宗諱也，猶薯蕷之改稱「山藥」矣。

D〔又〕秀元孫果後周尹興太守　據周書三九，杜杲字子暉，知其當從日作「杲」。裴鏡民碑亦稱兵部尚書京兆杜杲（萃編四四），此作「果」誤。又杲傳祇記其任漢陽、修城二郡守。「尹興」，庫本作「義興」。杲傳，開皇初進爵義興公，再由下文義興公一語觀之，知「尹興太守」乃「義興公」之訛。新表七二上云，預子錫，錫曾孫悊，悊二子楚、秀，秀二子果、皎，照其計算，杲爲預六世孫，與姓纂爲九世孫者不合，然晉初至北周初，幾三百年，知新表必誤無疑。

E〔又〕當陽侯次子尹　新表稱預四子，錫、躋、耽、尹。

F〔又〕尹六代孫顒西魏安平公　魏書四五稱銓爲預五世孫。據姓纂下文，銓爲預玄孫，是五世云者連本身計。魏書又稱銓族子洪太生顒，是六代云者亦連本身計。「公」，羅校引銓傳作「伯」。

235 始平公攢，後魏度支尚書*，生士峻、士琳。士峻孫瓌之，比部郎中、楚州刺史。士琳孫延福，生元迡、元道、元逞。元迡，房州刺史，生行成、有鄰。行成生春、宋、昌。春，吉州刺史、右庶子。有鄰，侍御史、贊善大夫。元道，將作少監，生昆吾、仲連。昆吾，坊州刺史。仲連，太原令。元逞，左庶子、須王傅。

A〔岑校〕始平公攢後魏度支尚書　羅校云：「案『攢』，周書杜杲傳作『瓚』。」今瓚上無所承，似應云「杲族父始平公瓚」也。

B〔又〕士琳孫延福生元迡元道元逞　叢編八引京兆金石録，太僕少卿杜元道碑，子昆吾書，開元二十四年立，又左武衛大將軍杜元恭墓誌，姪昆吾撰，天寶五年立，知延福所生，尚不止元道三子也。金石苑杜昆吾石龜像銘：「公名昆吾，字景山，後魏黃門侍郎、始平憲公之五代孫。」世數與姓纂符。

C〔又〕春吉州刺史右庶子　春於貞元十四年六月自吉州刺史遷邕管經略，見舊書一三。

D〔又〕有鄰侍御史贊善大夫　舊紀九，天寶五載，有鄰官贊善大夫。

E〔又〕元道將作少監　「監」，庫本誤「匠」。昆吾石龜像銘：「皇朝太僕卿之子。」指元道也。

F〔又〕昆吾坊州刺史　「坊」，庫本誤「防」，唐無「防州」。天寶三載送賀監致仕，杜昆吾有屬和詩，見會稽掇英總集二。石龜像銘又言昆吾謫爲郡司馬，殘文有「歲次大泉獻」及「中部太守」字。河南博物館藏開元十一年大唐故王府君夫人故贊皇郡太君趙郡李氏墓誌銘并序，後題「前衛州司馬、上柱國杜昆吾撰」。

G〔又〕元湜左庶子須王傅　「須」字誤，下文「須公」，據洪校應作「郊」，唐無「須王」，豈此「須王」亦「郊王」之訛歟。元龜一六二，先天二年，元湜官光禄少卿。英華三九九蘇頲制，行光禄少卿、金城縣開國子杜元湜可殿中少監。

236 攢弟勝。孫周，則。周，夏官上士，生利仁、超。利仁，兵部郎中。超，左司郎中。義興公果，隋兵部尚書；兄暐，隋懷州刺史，生吒、淹。

A〔岑校〕義興公果隋兵部尚書　按「果」卽「杲」之訛。上文已言杲後周義興公，此復提義興公杲，則複出。自「隋兵部尚書」起，至下文「愛同兵部員外易州刺史」止，謂應移接於上文「杲，後周義興公」之後，蓋杲之一支，顯有後人羼入之跡，故其編纂如是陵亂也。天和元年正月，遣小載師杜杲使於陳，見周書五。開皇中，杲官兵尚，見裴鏡民碑。

B〔又〕兄暉隋懷州刺史生吒淹　校云：「案唐書如晦傳，祖杲，此作果兄暉之後，與史不合。」余按如晦與淹之世系，舊史説各不同，今先次列爲左表，再討論之。

出處					
周書三九	建，贈豫州刺史。	皎，儀同三司。	長暉。		
			杲，字子暉。	運。	
姓纂			暉，懷州刺史。	吒。	如晦。
				淹。	
舊書六六	徽，河內太守。	皎，開府儀同。	果。	吒。	如晦。
又		業，豫州刺史。	徽，河內太守。	淹。	
新表七二上	秀。	果。			
		皎。	徽，字暉，懷州長史。	吒。	如晦。
				淹。	

右表中，如新表之秀必非杲父，舊書之「果」應依周書作「杲」，前已辨明。又舊書六六之「徵」，當是「徽」字之訛，由新表所言，曄卽徽之字，幷非兩人，「長史」應作「刺史」，河内郡卽懷州，刺史、太守，文異義同，吒、咤乃字之異體。除去此數點外，再應討論者，舊書如晦傳云：「曾祖皎，周贈開府儀同、大將軍、遂州刺史。高祖徽，周河内太守。祖果，周温州刺史，入隋工部尚書、義興公。」按先曾後高，次乃及祖，一般無此書例，考異五〇以爲曾祖「當是高祖」，高祖「當是曾祖」。信如其言，則皎爲杲祖，非其父，先與周書不符。北周一朝不過二十四年，杲起家於永熙三年（五三四），尚先於周初（五五七）二十三載，若如舊書，徽爲杲祖，似不應下仕宇文，是舊書固誤而錢説亦不可信也。周書杲子無吒、淹，姓纂吒、淹非杲子，是皆唐人著作，比較可信。況金石録二三如晦碑跋云：「傳云其祖名杲而碑所書乃名徽，……蓋此碑乃太宗手詔世南，勒文於石，其官爵、祖父名諱不宜有誤，皆可以正史氏之失矣。」綜此以勘舊書敍次，乃知「高祖徽」之「高」爲衍文，「祖果」之上，當奪「從」或「叔」字，如是，則舊書敍次，整整有條，幷非顛倒，且與碑如晦祖徽，周書杲爲皎子，姓纂曄爲杲兄，舊書淹傳父徽河内太守，完全相合。新如晦傳稱祖杲，顯承舊書，由是又知舊書之誤，北宋見本已然，不自近始矣。推之新表言秀二子杲、皎，皎生徽，則「秀」下當有奪文；次應正言「皎二子徽、杲」，否則杲非如晦祖輩，與周書、姓纂、舊書之昭穆，均不合也。若周書杲兄長曄，是否卽徽其人，舊傳淹祖業有無舛誤（似可與周書之建相比定，若然，則爲淹之曾祖，非祖也），未獲他證，一時尚難斷定矣。

237 吒，隋昌州司馬，生如晦、楚客。案唐書如晦傳，祖果。此作果兄暐之後，與史不合。如晦，吏部尚書、左僕射、侍中、蔡國公，生構、荷。構，慈州刺史。荷，駙馬、尚衣奉御、襄陽公。楚客，工部尚書、蒲州刺史。

A〔岑校〕吒隋昌州司馬　新表七二上同。舊書六六作「昌州長史」。

B〔又〕蔡國公　庫本作「蔡成公」。

C〔又〕荷駙馬尚衣奉御　舊書六六作「尚乘奉御」。荷尚太宗女城陽公主，坐承乾事誅，見會要六。宋僧傳二四法朗傳：「龍朔二年，城陽公主有疾沈篤。……公主乃高宗大帝同母妹也，……降杜如晦子荷，荷死，再行薛瓘。」

D〔又〕楚客工部尚書蒲州刺史　貞觀十五年時官工尚，見元龜一五七。官蒲刺（貞觀十年已前），見續僧傳二九道積傳。貞觀四年官給事中，見貞觀政要九。

238 淹，御史大夫、知政事、吏部尚書、安吉郡公，生敬同、愛同。敬同，中書舍人、東陽公，生從則，工部侍郎。從則生自遠、昌遠、志遠。

A〔岑校〕淹御史大夫知政事吏部尚書　廣記二二一引定命録，淹遷侍御史，武德中爲天策府兵曹、文學館學士，六年流巂州，九年六月追入，拜御史大夫、檢校吏部尚書。

B〔又〕安吉郡公　庫本作「吉襄公」，誤。據舊書六六，淹封安吉郡公，謚曰襄，「郡」可作「襄」，

「安」字萬不能略也。

C〔又〕生從則工部侍郎　　長安志八稱蒲州刺史杜從則。英華四一四，中大夫、檢校尚方少監杜從則可雍州司馬，兼知尚方少監事，似是李嶠所行制（全文二四二收入李嶠）。

239 自遠生佐，大理正。案唐世系表，自遠生繁，繁生佐，與此不同。佐生元穎、元絳。元穎，協律郎、平章事、西川都督；案唐書元穎傳，元穎以學士承旨同平章事，此「協律郎」三字疑有脱誤。生審禮，京兆少尹。元絳生審權，平章事、浙江節度，生讓能、彦林、弘徽。讓能，太尉。弘徽，吏部尚書。彦林，中書舍人，生用礪。昌遠生倚，左衞將軍。志遠生倬、儋。

A〔岑校〕自遠生佐大理正　校云：「案唐世系表，自遠生繁，繁生佐，與此不同。」余按舊書一七七審權傳，稱萊成公如晦六代孫，祖佐，位終大理正，佐生二子，元穎、元絳。新書九六亦稱如晦五世孫元穎，與此以佐爲淹後者異。如依姓纂及新表，則審權是如晦六世從孫，元穎是如晦五世從孫也。

B〔又〕佐生元穎元絳　　「絳」，新表誤「降」。

C〔又〕元穎協律郎平章事西川都督　校云：「案唐書元穎傳，元穎以學士承旨同平章事，此『協律郎』三字疑有脱誤。」余按元穎以長慶元年始相，去姓纂之修已九年矣，林氏何得纂入？自此已下，蓋多後人羼增者。復考元穎，貞元末及進士第（新書九六），傳雖未記其任協律郎，但傳有云，「數從使府辟署，稍以右補闕爲翰林學士」，則其初官從略可知。如路隋（李文公集七）、韓愈（同上一一），皆嘗試太常寺協律郎，秩正八品上，補闕，從七品上，是元和初年時，協律郎固許是元穎之歷階也。若「平章事、西川都督」，則爲後人羼入，故不相聯。校注顧不疑其所當疑，而疑其所未必可疑，無乃忽大知小歟。（勞考八，元和十二年，元穎自太常博士改右補闕。）

D〔又〕生審禮　今新表元穎、元絳之下，誤空一代，故審禮等恍如元穎等之孫。攷異五〇云：「按審權即元絳子，中間不應空格。」

E〔又〕元絳生審權平章事浙江節度　審權約卒咸通末（八七三），去元和七年（八一二）已六十餘年，審權或尚未出世，否亦乳臭小兒耳，惡得書？故余謂自上文「平章事西川都督」起，至下文「生用礪」止，均非林氏原文。

F〔又〕讓能太尉　能以咸通十四年登第，拜太尉在景福元年，翌年（八九三）賜死，年五十三，則生於會昌元年（八四一），姓纂之修，已三十祀矣，餘不復一一論。

G〔又〕弘徽吏部尚書　舊書一七七、新書九六皆云，弘徽以户部侍郎被誅。

H〔又〕彦林中書舍人　舊、新書皆云「御史中丞」。

I〔又〕生用礪　新表誤用礪爲彦林之弟。

J〔又〕昌遠生倚左衛將軍　全文四三五收杜倚漉水囊偈一篇。

愛同，兵部員外、易州刺史。

241 安平公顒，雍州刺史，贈太尉，生景秀、景仲、景恭。

A〔岑校〕安平公顒　前文已云尹六代孫顒，西魏安平公，此又再提顒官歷，是爲複出，與上杜杲相同，故余謂此一段文至下「生㻋」止，應移接於前文「西魏安平公」之後。

B〔又〕生景秀景仲景恭　千唐柳太夫人杜氏誌：「曾祖景仲，周司會大夫、兵部侍郎、太常卿、岐山郡公。」

242 景仲。生孝彝、孝奬、孝弇。案唐世系表，景仲生整，整生孝彝等，與此不合。孝彝曾孫惟慎，案唐世系表，曾孫作孫。監察御史。孝奬，撫州刺史。孝弇生元琰，左金吾將軍。

A〔岑校〕景仲生孝彝孝奬孝弇　原校：「案唐世系表，景仲生整，整生孝彝等，與此不合。」余按同前杜氏誌：「祖整，隨庫部郎中、衛尉卿、禮部侍郎。……父孝奬，唐許州長史、撫州刺史。」今本姓纂有奪文也。

B〔又〕孝彝曾孫惟慎　校云：「案唐世系表，曾孫作孫。」羅校云：「案唐表……與此正同，原校誤。」

C〔又〕孝奬撫州刺史　孝奬爲隋撫州刺史，見杜濟墓誌。奬子元瑰，唐邢州司馬；孫濟，仕至登州司倉（松翁未焚藁），與下文給事中濟非一人。千唐垂拱元柳侃誌：「妻杜氏，即撫州刺史奬之長女也。」奬即孝奬，柳侃妻杜氏誌亦作父孝奬（氏卒永昌元年，年七十二）。

D〔又〕孝弁生元琰，左金吾將軍　「琰」，新表作「惔」。舊書一八九下，景龍中，元琰官左金吾衛將軍，元龜五二三同。

243 景秀，後周渭州刺史；生懿，隋禮部侍郎、殿內監、甘棠公。懿生乾福、乾右、乾祚。

A〔岑校〕生懿隋禮部侍郎殿內監甘棠公　「隋」，魯公集一〇杜濟神道碑作「周」。

B〔又〕懿生乾福乾右乾祚　「福」，新表誤「播」。「右」，當如下文作「祐」，蓋弟兄均從示旁命名也。

魯公集一〇亦作「祐」•。

244 乾福生崇允、嗣及。崇允，成州刺史，生正儀、正心。正儀生望之，溱州刺史。正心生昇、南榮。案唐世系表，正心生齊之，齊之生南昇、南榮，與此不合。昇，京兆功曹。南榮，長安主簿。嗣及，青州刺史。

A〔岑校〕乾福生崇允嗣及　依新表，「允」本作「胤」。

B〔又〕生正儀正心　「儀」，新表作「義」。新表又誤以正心、齊之及南昇、南榮三代列於望之之下。

245 乾祐生續•，主客郎中。續生知讓、知謙。知讓生盧、忠。盧生隋•，果州刺史。忠生濟，給事中、京兆尹。知謙，天官員外、邢州刺史。

A〔岑校〕乾祐生續主客郎中　顔集一〇，乾祐，隋符璽郎；續，唐度支員外、主客郎中。拓本崔安平公誌：「京兆杜續，公之姊聟，以主客郎中終。」

B〔又〕知讓生盧忠　「忠」，庫本作「惠」，下同，亦見羅校引新表。按顔集一〇，知讓，明堂丞，惠，高陵令，此誤。

C〔又〕忠生濟給事中京兆尹　濟終杭州刺史（顔集）。大曆二年七月，自遂州刺史爲東川節度（舊紀一一）。五年九月，除京兆尹（會要六一）。又八年五月，自京兆尹貶杭刺（舊紀）。大曆十二年京兆尹杜濟誌，拓本未見•。

246 乾祚曾孫操，案唐世系表，曾孫作孫。殿中御史，生隒。隒生行敏，常州刺史、荆益二長史、南陽襄公，生崇懿、恆。崇懿，宮尹丞、判左司員外；生希望，太僕卿、隴右節度；恆分判刺史，生位、佋、佑、任、供、巨卿。

A〔岑校〕乾祚曾孫操　校云：「案唐世系表，曾孫作孫。」羅校云：「案唐表……與此正同，原校誤。」

B〔又〕隒生行敏　據新表，景秀又生遜，遜生淹，淹生行敏，此作「隒生」，乃傳刻之誤。鄭鶴聲杜佑年譜以爲洪泰生遜（一三頁），更謬。行敏見司馬寔誌（芒洛遺文上）。又貞觀十七年官齊州兵曹，見舊紀三。

C〔又〕常州刺史荆益二長史南陽襄公　全文四九六權德輿杜佑遺愛碑：「曾祖諱行敏，皇銀青光禄大夫，荆益二州大都督府長史，南陽郡公。」同人杜佑誌同。

D〔又〕生崇懿恆　新表七二上無恆，疑涉下文「恆分判刺史」而誤補者，參下文。

E〔又〕崇懿宮尹丞判左司員外　「丞」，庫本「承」。「左」，新表作「右」，杜佑遺愛碑：「王父諱慤，尚書右司員外郎，麗正殿學士。」杜佑誌：「王父慤，皇中散大夫、尚書右司員外郎、詳定學士。」舊書一四七佑傳云：「祖慤，右司員外郎。」此作「左」誤。（勞考亦疑作「左」者訛。）姓氏書辯證二四又作「崇慤」，慤、懿字極相類，亦許轉訛，因其曾伯祖名懿也。

F〔又〕生希望太僕卿隴右節度恆分判刺史生位佋佑任供巨卿　按希望是佑父，彰彰可考，「恆分判刺史」五字，如「恆」是人名，則爲佑之從祖，不應夾錯於此。考舊書一四七，希望嘗官恆州刺史，故知此五字爲「恆州刺史」之訛衍。舊紀九，開元二十六年，希望官鄯州都督；通鑑二一四，同年六月爲隴右節度使。杜佑遺愛碑：「烈考諱希望，歷鴻臚卿、御史中丞，再爲恆州刺史，代鄯二州都督、西河郡太守、襄陽縣男。」佑誌略同。英華三九七孫逖制，朝議郎、守太僕少卿員外置同正員、使持節都督鄯州諸軍事兼鄯州刺史、隴右節度副使、仍知經略度支營田等留後事、賜紫金魚袋杜希望，可通議大夫、守鴻臚卿員外置同正員，攝御史中丞，餘如故。「供」，庫本誤「洪」，下文固云「供，洪州長史」也。又新表七二上以位、佋、任與希望列爲同代，大誤。

247 位，考功郎中、湖州刺史，生液。佋，詹事司直。任，河南兵曹參軍。

A〔岑校〕位考功郎中湖州刺史　工部集九有杜位宅守歲詩。李林甫傳，諸壻杜位等皆貶官。宋

僧傳二六慧明傳，湖州刺史杜位。吴興談志一四：「杜位，乾元元年自江寧少尹拜，卒官。統記云大曆四年。」·

248 佑，左僕射、平章事、司徒、岐公，太保致仕，生師損、式方、從都。師損，工部郎中、司農少卿。

A〔岑校〕生師損式方從都　「都」誤，庫本作「郁」，下同，亦見羅校，名附舊書一四七佑傳。全文六〇一代杜司徒謝表：「伏奉今月一日制，授臣長男師損祕書省著作郎，次男式方太常寺主簿。」

B〔又〕師損工部郎中司農少卿　白氏集四〇有答杜佑謝男師損除工部郎中表。全文五〇五權德輿杜佑誌，嗣子司農少卿師損，此正七年見官也。全文七五五，杜銓（新表作「詮」），「司農少卿贈給事中之子」。

249 式方，昭應令；生悰，駙馬、平章事、須公、案唐書悰傳，悰封邠國公，此「須」字誤。淮南西川節度。悰生裔休、儒林。·

A〔岑校〕式方昭應令　舊書一五，元和九年三月下稱前昭應令杜式方，佑誌亦稱昭應縣令式方，此其見官也。後官至桂管觀察，見李文公集一五。又舊紀一六，長慶二年四月，「庚辰，桂管觀察使杜式方卒」。劉公嘉話：「予嘗爲大司徒杜公之故吏，司徒冢嫡之薨於桂林也，柩過渚宮，予時在朗州。」·全詩八函一册，鮑溶有留辭杜員外式方。廣記一二二引逸史，中丞杜式方卒於桂州觀察使任所。全文六三九李翺寶曆李則誌：「次女壻桂州觀察使杜式方。」白氏集三四：「故桂州本管都防禦觀察等使、正議大夫、使持節都督桂州諸軍事守桂州刺史、兼御史中丞、上柱國、南陽縣開國男、賜紫金魚袋杜式方……可贈禮部尚書。」

B〔又〕生悰駙馬平章事須公淮南西川節度　校云：「案唐書悰傳，悰封邠國公，此『須』字誤。」余按舊書一五，元和九年三月，上召見悰，許尚主，同年七月，以太子司議郎爲殿中少監，尚岐陽公主，又樊川集八岐陽公主誌亦稱八年下嫁，是不特悰之入相，遠在武宗時代，卽悰尚公主，亦姓纂修成後之事也，故知自此已下，多是後人羼增。全詩八函一册，鮑溶有懷杜悰駙馬。

C〔又〕悰生裔休儒林　新表及新書一六六均作「孺休」。羅校云：「按『儒林』當作『儒休』。」未詳所據。此亦後人增入語。登科記考二三據唐語林，裔休咸通七年進士。摭言一三，咸通九年裔休官拾遺。舊紀一九上，十三年五月，由給事中貶端州司馬。其歷官亦略見承旨學士壁記。又舊紀一九下，乾符三年十一月，汴宋度支使杜孺休爲水部員外郎。桂苑筆耕集七有致湖州杜孺休常侍書。新紀十，大順元年八月，錢鏐殺蘇刺杜孺休。廣記四〇九稱給事杜孺休。廣記一八三引盧氏雜説，劉允章主試（咸通九年），給事中杜裔體論其題目不合。蓋因俗書之「体」近「休」，故轉訛爲「體」。摭言一三敍此事，作拾遺杜裔休。稱給事中者殆就其後來之官言之，因裔休咸通七年始登進士也。杜牧岐陽公主誌：「生男二人，長曰輔九，年十歲，次曰楊十，始二歲。」（全文七五六）其中或有裔休、孺休之小名歟。廣記四三引神仙感應傳，于琮南遷時，杜孺休給事刺湖州。宋僧傳一二文喜傳，乾符己亥（六年）湖刺杜孺休。吴興談志一三訛「儒林」，又一四訛「孺林」，云：「乾符六年自户部郎中授，遷司勳郎中，中和三年再授，後遷給事中。統記作五年工部授。」

250 從都，駕部員外，生牧、顗。牧，中書舍人，生承澤、晦辭、德祥。晦辭，左補闕。德祥，御史中丞、禮部侍郎。顗，淮南節度判官。

A〔岑校〕從都駕部員外　「都」應作「郁」，已見上。元和元年，自拾遺爲祕書丞，見會要五六。佑誌稱駕部員外郎從郁，即七年時見官也。

B〔又〕生牧顗　樊川集及舊書一四七皆作「顗」，新表誤「顗」，如姓纂前文荀顗、袁顗之均誤爲「顗」也。又據樊川集九顗墓誌銘，大中五年卒，年四十五，時牧年五十，則元和七年牧、顗不過六歲至十一歲之童子，故知已下數句，均非姓纂原文。

C〔又〕牧中書舍人　輿地碑記目二唐杜亭碑，元和中太常寺協律郎杜牧作，「元和」字疑，當是「大和。」

D〔又〕生承澤晦辭德祥　新表作「悳祥」，「悳」即「德」之古寫。

E〔又〕晦辭左補闕德祥御史中丞禮部侍郎　唐語林七：「曹師名晦辭，曹師弟名德祥，晦辭終淮南節度判官。德祥，昭宗時爲禮部侍郎知貢舉。……晦辭自吏部員外郎入浙西趙隱幕。」按此稱左補闕，是吏外以前歷官。又金華子雜編：「杜晦辭自南曹郎爲趙公隱從事于朱方，王郢之叛，趙相國以撫御失宜致仕，晦辭罷職。……永寧劉相國鎮淮南，又辟爲節度判官。」

F〔又〕顗淮南節度判官　自上文「生悰駙馬」起至此止，除「從郁駕部員外」外，均非姓纂本文。全詩八函七册杜牧有送杜顗赴潤州幕。廣記一八一引盧氏雜説，大和中，進士杜顗極有時稱。

251 供，洪州長史。巨卿，兼監察御史。

A〔岑校〕巨卿兼監察御史　新表作「兼侍御史」。

252 顒少子景恭，廓州刺史、慶成公；生德祐，案唐世系表，顒少子景恭，生悳裕，與此不合。殿中少監、安衆公，生敬則。敬則生元同、元志、元振。

A〔岑校〕慶成公　新表作「康城公」，庫本作「康成公」。

B〔又〕生德祐　校云：「案唐世系表，顒少子景恭，生悳裕，與此不合。」庫本誤「顒」爲「顥」，又「悳」作「德」。

C〔又〕敬則生元同元志元振　新表誤列元振於元志之下一代。

253 元同，萬年尉；生彥先，率更令。

A〔岑校〕生彥先率更令　與下文爲鹽州刺史者同名。

254 元志，考功郎中、杭州刺史，生逢時、緯、孝輔、參謨、嶠。逢時生伯卿。緯，殿中御史；

生繼、信，刑部員外、杭州刺史。孝輔，大理丞，生虔、興、賢、應、鸞、清。虔，大理司直。清，檢校員外，生師仁、師義、師禮。師仁，吉州刺史，生湘。參謨，陝州司倉，生寅、倫。寅，京兆法曹。倫，水部郎中、澧州刺史。嶠，監察御史。

A〔岑校〕元志考功郎中杭州刺史　杜行方墓誌，曾祖元志，杭州刺史（續編一〇）。又元志開元任考中、杭刺，見新書藝文志集部。全詩二函五册，沈佺期有和杜麟臺元志春情。

B〔又〕生逢時緯孝輔參謨嶠　「緯」，新表作「暐」。據下文及新表，「緯」之下當補「信」字•，新表又誤以嶠列於參謨之後一代•。

C〔又〕緯殿中御史　廣記四五七引牛肅紀聞，殿中侍御史杜暐嘗使嶺外。時代相合，當卽其人，惟今精舍碑不見。新表七二上作「暐」，則殆從日者是而從糸者訛。

D〔又〕信刑部員外杭州刺史　乾道臨安志三：「杜信，刑部員外郎、杭州刺史，京兆人，右見元和姓纂。」可見臨安志固不以「生繼」與「信」字連讀。全文四三六，杜信，肅宗朝擢書判拔萃科，未審同人否。新書五八，信字立言，元和國子司業。

E〔又〕生師仁師義師禮　照文面觀之，似清生師仁三子，新表七二上亦同。師仁，新表又作師古，但信之子已名師古，見於新表，不應從叔與姪同名。考叢編八唐太子賓客杜信碑，下引京兆金石録云：「杜信自撰，男師古書，姪師仁篆額，元和十四年。」是信子名師古，新表誤寫師仁爲師古，得此益可徵實。惟碑以師仁爲信姪，若依今本姓纂及新表，則師仁爲信姪孫，計相差一代。試就新表勘之，知信之昆弟尚有禮、佐、梅三人，未著其後，始恍然於「生師仁」之上，實奪其父名。其父究爲三人中何人，不可考矣。如此說法，則師仁、師義、師禮爲信姪，與碑相符，其合者一。名與從昆師古同排，其合者二。質言之，姓纂此處奪文，北宋見本已然，新表編製，大半根據姓纂，故姓纂奪文，新表亦從而訛差一代矣。

F〔又〕師仁吉州刺史　元龜九二五：「裴誼爲江西觀察使卒，前吉州刺史杜師仁坐贓，計稍(絹)三萬餘匹，詔師仁賜死於家。又詔，誼委之廉俗，都下(不字訛)舉察，宜削所贈工部尚書幷御史大夫。」舊紀一七下略同，且稱隨州刺史杜師仁。考裴誼觀察江西，在大和四至七年，既因師仁累譴，則師仁刺吉，必誼任内時事，是固在林寶修書後約二十年也，由是可決此「吉州刺史」四字，是後人羼入。

G〔又〕參謨陝州司倉　行方誌，王父參謨，陝州司倉。

H〔又〕生寅倫　「倫」，新表作「淪」誤。勞格讀書雜識一云：「元和姓纂，『淪』作『倫』是。韓愈贈太傅董公行狀，貞元十二年八月，上命杜倫自前殿中侍御史爲檢校工部員外郎、宣武軍節度判官。」倫以貞元四年制科及第，見會要七六。貞元五年，自殿中侍御史免官，見元龜六三六。行方墓誌，烈考倫。石華一八云，宰相世系表誤「倫」爲「淪」。

255　元振生諒、誠。

256 長廣公整，承漢文學篤。十二代孫闢，渭州刺史。整，隋左衞將軍，生揩。揩生元義、元逸、元景。元義，侍御史。元逸，司門郎中。元景，密州刺史。整姪德致，眉州刺史。

A〔岑校〕承漢文學篤十二代孫闢渭州刺史　庫本作「承漢文學，生篤，篤十二代孫闢」。余按後書一一〇上，篤仕郡文學掾，又新表篤父穰，諫議大夫，則庫本誤也，謂應正作「承漢文學篤，篤十二代孫闢」，「生」字則應乙於「渭州刺史」之下，參後一條。

B〔又〕整隋左衞將軍　據隋書五四，整父闢，渭州刺史，是「整」上應有「生」字，庫本誤錯於「篤」字之上，洪氏不察，逕行删去也。

C〔又〕生揩　羅校云：「案隋書杜整傳作『楷』。」唐寫扌、木常混用。

D〔又〕元逸司門郎中　和糴粟窖甎有左衞兵曹杜玄逸（續編四），陸氏以爲卽此人。

E〔又〕整姪德致　「姪」，庫本作「侄」，殊不一致。

257 漢陽公敦，延年之後。至後魏末陽太守登；孫良，周熊州刺史；生敦，隋鄭州刺史。敦生弘。弘生爽，駕部郎中。爽生進。

258 當陽侯少子躋，新平太守。生胄，苻秦太尉；生嶷，秦祕書監。嶷生銓，後魏中書侍郎。

A〔岑校〕當陽侯少子躋　新表，預四子，錫、躋、耽、尹。姓纂則以尹爲次子，躋、耽均曰少子，小異。庫本作「思陽」誤。

B〔又〕生胄苻秦太尉　庫本無「生」字，又誤「胄」爲「曹」。余按魏書四五杜銓傳：「晉征南將軍預五世孫也，祖胄，苻堅太尉長史。」此之五世，如非連本身計，則胄爲躋孫，而洪刻之「生」字誤。然無論如何，庫本「曹」（胄）字上必有奪文也。又太尉長史與太尉，亦高下迥異。

C〔又〕生嶷秦祕書監　依前條，嶷仕慕容垂，則應云燕祕書監。

D〔又〕嶷生銓　庫本作「詮」，誤。魏書四五、北史二六均作「銓」。

259【襄陽】當陽侯元凱少子耽，晉涼州刺史；生顧，西海太守；生遜，過江，隨元帝南遷，居襄陽。遜官至魏興太守，生靈啟、乾元。

A〔岑校〕生靈啓乾元　羅校云：「案『乾元』，周書杜叔毗傳作『乾光』。」余按「叔弼」乃「叔毗」之訛，下文亦云「乾光孫叔毗」可證。「元」當作「光」。

260 靈啟生懷瑀、懷瑤。懷瑀六代孫文範，唐中書舍人、御史中丞。懷瑤，蔡州刺史，生岑、嶷、巖、嵷、岸、崱、幼安。嵷，梁西荆州刺史。岸，梁州刺史。崱，江州刺史。崱生中規、孝友。友孫行紀、行繹。行紀曾孫某，河南尉。荆州刺史。巖，梁州刺史。兄弟父伯並梁州有傳。孫懿宗，唐吏部員外。

A〔岑校〕靈啓生懷瑀懷瑤　梁書四六作「懷寶」，南史六四作「懷瑤」。「瑤」，古文「寶」字，庫本作「瑶」，誤。

B〔又〕懷瑀六代孫文範唐中書舍人御史中丞　廣記二五四引御史臺記，文範，襄陽人，自長安尉應舉擢第，拜監察御史，遷殿中，授刑外，以承務郎特授西臺舍人，先與高上智俱任殿中。文範亦見同書二五八引大唐新語。又文範爲監察，見同書二五九引御史臺記。元龜八四，高宗上元三年，文範官御史中丞。

C〔又〕懷瑶蔡州刺史　梁書四六稱官至梁州刺史，南史六四稱梁秦二州刺史。

D〔又〕生岑嶷巖㟧岸崱幼安　梁書、南史均有巘無巖。又庫本誤「幼安」爲「幼定」，梁書、南史均作「幼安」也。

E〔又〕㟧梁西荆州刺史　據南史六四，任西荆州刺史者名嶷而非㟧。

F〔又〕岸梁州刺史　梁書、南史均作「北梁州」。

G〔又〕行紀曾孫某河南尉荆州刺史　尉與刺史階級迥殊，疑「尉」下、「荆」上有奪文。

H〔又〕巖梁州刺史兄弟父伯並梁州有傳　羅校云：「案『州』疑『書』字之誤。」是也。見於梁書四六杜崱傳者，其祖靈啓，父懷寶，兄嵩、岑、㟧、岌、嶷、巘、岸，弟幼安及岑子龕。姓纂無嵩、岌、巘而有巖，巖或即巘，但傳稱其爲南陽太守遇害，非梁州刺史也。梁傳既稱崱懷寶第七子，與傳末之行序亦不符。

261 乾光孫叔毗，周峽州刺史，生廉卿、憑石、安石、魚石、黄石。憑石生依德，蓬州咸安令；

生易簡，考功員外。安石生賢，倉部郎中。魚石生依藝，鞏縣令。依藝生審言，膳部員外。審言生閑，武功尉、奉天令。閑生甫，檢校工部員外。甫生宗武。宗武生嗣業，貧無以給葬，收拾乞丐，云甫殁四十年，啟子美柩祔于偃師。

A〔岑校〕乾光孫叔毗周峽州刺史　「峽」，周書四六作「陝」，舊書一九〇上作「硤」。千唐杜安誌：「河南洛陽人也。……曾祖毗，周硤州刺史。」則作「硤」者是。工部集二〇祭遠祖當陽君文云：「十三葉孫甫，……敢昭告于先祖晉駙馬都尉、鎮南大將軍、當陽成侯之靈。」按周書四六稱叔毗祖乾光，依此計去，甫祇是預之十一葉孫，即連本身，亦不過十二，惟若依庫本，叔毗爲乾光玄孫，則與祭文世數相合。

B〔又〕生廉卿憑石安石魚石黄石　定襄令杜安誌：「祖石，隨壽州霍山縣令。」驗其歷官，當非魚石，惟未知是憑石、安石抑黄石耳。誌又云：「父英，唐汝州魯山縣丞。」・安卒景龍二年，年六十五，子勖忠等。安蓋杜甫之三從祖也。廉卿見北史八五。

C〔又〕生易簡考功員外　監察御史杜易簡戲詠殿中御史格輔元遇盜，見廣記二五五引御史臺記。

D〔又〕安石生賢倉部郎中　郎官柱度外有杜依賢。勞考一四云：「案安石兄子依德，弟子依藝，則此當名依賢。蓋姓纂脱一字耳。」

E〔又〕魚石生依藝鞏縣令　元氏長慶集五六云：「晉當陽成侯姓杜氏，下世而生依藝，令於鞏。」「下世」乃「下十世」之訛奪。工部集二〇甫姑杜氏誌：「曾祖某，隋河內郡司功、獲嘉縣令。王父某，皇監察御史、洛州鞏縣令。……兄升，國史有傳。」（「升」、「幷」之訛。）杜幷誌（芒洛續補）：「曾祖魚石，隋懷州司功、獲嘉縣令。祖依藝，唐雍州司法、洛州鞏縣令。」

F〔又〕依藝生審言膳部員外　杜幷誌：「父□□，皇朝洛州洛陽縣丞，……聖曆中，杜君公事左遷爲吉州司户，」顧燮光夢碧簃石言二謂父「下空兩格，以審言尚在，故闕而不名」，是也。侯鯖録六：「又子美父閑常爲鞏縣令，故子美爲鞏縣人。」疑趙氏誤記甫曾祖依藝之官耳。

G〔又〕審言生閑武功尉奉天令　元氏長慶集云：「審言生閑，閑生甫，閑爲奉天令。」

H〔又〕甫生宗武宗武生嗣業貧無以給葬收拾乞丐云甫殁四十年啓子美柩祔于偃師　元氏集云：「嗣子曰宗武，病不克葬，殁命其子嗣業。嗣業貧，無以給喪，收拾乞匄，焦勞晝夜，去子美殁後餘四十年，然後卒先人之志。」此本之「云甫殁」，乃「去甫殁」之訛也。抑甫卒於大曆五年（七七〇），元氏所爲墓銘又云：「維元和之癸巳，粤某月某日之佳辰，合窆我杜子美於首陽之前山。」癸巳，元和八年（八一三），故云「餘四十年」，然則姓纂成書，甫尚未葬，且姓纂向不敍殯地，何爲於甫獨破其例？由是可決此段文字，乃後人取元氏之墓係序附入姓纂，非其本文也。樊晃杜工部小集序：「君有子宗文、宗武，近知所在，漂寓江陵。」

262 惇六代孫恆，隋水部郎中；生安期，唐亳州刺史。安期生利賓，雍州司法。

A〔岑校〕惇六代孫恆　惇，前文未見，殆有脱誤。

B〔又〕隋水部郎中　陳校云：「然則隋有『郎中』耶，此衍『中』字。」

263 【中山】與京兆同承魏僕射杜畿，後家中山。裔孫弼，北齊徐州刺史；生蕤，隋治中御史，生公瞻。臺卿。公瞻，隋著作郎，生之松、之亮、之元。之松，唐許州刺史。之亮，司勳員外，生休纂、延昌。休纂，淄州刺史。延昌孫朗，太子洗馬。

A〔岑校〕生蕤隋治中御史　按隋無治中，當是治書御史之訛。北齊書二四及隋書五八均云終開州刺史也，此處有錯奪，説見下條。

B〔又〕生公瞻臺卿　羅校云：「案北齊書杜弼傳，長子蕤，次子臺卿。隋書杜臺卿傳，父弼，兄蕤，蕤子公瞻。此誤。」余按「公」，庫本誤「功」。公瞻見隋書五八及北史五五，羅校又訛「瞻」爲「贍」。廣記一七四引談藪：「隋京兆杜公瞻，衛尉臺卿猶子也。」可與齊隋兩書相證，此蓋今本姓纂之錯奪。「臺卿」兩字應乙於前文「生蕤」之下，並於「治書御史」上補一「蕤」字，便合。

C〔又〕之松唐許州刺史　文粹八一有之松答王績書。舊書四七有集十卷。貞觀中爲蒲州刺史，見吕才東皐子集序（文粹九三）。

D〔又〕之亮司勳員外　廣記一〇二引報應記，之亮仁壽中爲漢王諒府參軍，坐諒反繫獄，遇赦免，顯慶中卒黃州刺史。匋齋藏石記二五長孫夫人陰堂文：「夫人京兆杜氏，曾祖之亮，隨黃州刺史。」之亮雖生隋，而官刺史則非在隋代，碑誌固不盡信也。

E〔又〕生休纂延昌　李嶠上高長史述和詩啓，稱錄事參軍杜延昌，當卽其人（全文二四七）。

F〔又〕延昌孫朗太子洗馬　匋齋藏石記長孫氏夫人陰堂文（聖武二年卒，年四十七）云：「祖延昌，皇朝邛州長史，父靈麒，皇朝盛王文學。」朗不知是靈麒子抑從子也。匋齋跋謂杜淹後有延雍，疑卽延昌昆弟行，殊失考。

264 臺卿，北齊黃門侍郎。

A〔岑校〕臺卿北齊黃門侍郎　衛尉卿京兆杜臺卿，見廣記二四七引談藪。

265 【濮陽】狀稱與京兆同承杜赫之子威，世居濮陽。陳留太守杜亮，生保。保生伽。伽生義博、（案唐世系表，亮生伽，伽生保。保生義博，與此不合。）義寬。義博生端人。（案唐世系表，「端人」作「仁端」。）端人生元撰，天官員外；生希彥，右補闕、太子洗馬；生華、萬，檢校郎中。

A〔岑校〕狀稱與京兆同承杜赫之子威世居濮陽　全文四二二楊炎杜鵬舉碑：「七代祖諱模，後魏爲濮陽守，衛人宜之。子孫世居東郡，故今爲濮陽人。」

B〔又〕陳留太守杜亮生保保生伽伽生義博義寬　校云：「案唐世系表，亮生伽，伽生保，保生義博，與此不合。」余按英華辯證三云：「孫逖杜諮議義寬碑，北齊膠州刺史保之孫，隋雁門郡守伽之子，表以保作伽，伽作保。」似是表誤。唯全文三一二載義寛碑云：「公諱義寛，……東都濮陽人也。……公則魏陳留郡守亮之曾孫，北齊膠州刺史竟陵縣開國侯保之孫（唐宰相世系表作北齊膠州刺史、竟陵公伽），隋本郡中正伽之子（唐宰相世系表作隋鴈門太守保）。」其注卽採自英華者，又與表同。由辯證觀之，似彭氏見本孫文猶有「鴈門郡守」字也。若碑作「開國侯」而表作「公」，此「公」字可是通稱，不必泥解。全文四二二楊炎杜鵬舉碑亦云：「濮陽生陳留太守諱亮，陳留生高祖北齊膠州刺史、竟陵公諱伽，竟陵生曾祖隋鴈門太守諱保。」

C〔又〕生希彦右補闕太子洗馬生華萬檢校郎中　全文三一三蕭穎士爲李中丞與虢王書：「謹遣江陽令杜萬往諮稟。」時代正合，疑卽此萬也。「希彦」，新表七二上作「希晏」（見羅校），且祇云太子洗馬。按補闕從七品上，洗馬從五品下，仍著補闕者意因洗馬爲東宮清閑之官也。廣記三五六引廣異記，稱杜萬員外之嫂姪，大曆中尚存。又廣記一四七引定命録述杜華之言，則華當與著定命録之趙自勤同時。自勤，天寶祕書監，時代相及，是華、萬爲兩人（新表亦然），檢校郎中乃屬萬言之。

266 義寛，滕王諮議，生無忝、慎言、承志。

A〔岑校〕義寛滕王諮議　義寛碑，大業九年孝廉高第，入唐官普州安康令、雍州高陵令，終蘇州司馬兼滕王府諮議，永徽六年卒官，年七十二。

B〔又〕生無忝慎言承志　義寛碑：「有四子，長曰儉，早世。次無忝，終於朝散大夫、梓州鹽亭令。

次曰慎行，終於益州長史、建平縣開國男，贈蜀州刺史。次曰惟志，終於吏部員外郎，贈吏部（中闕）……孝孫户部尚書暹，國之故相也。」羅校云：「案『慎言』，唐表作『慎行』。」余按下文校注有云：「又據元載作杜鴻漸碑文，亦云大父慎行爲荆州長史。」舊書一〇八鴻漸傳：「祖慎行，益州長史。」益州長史慎行亦見元龜一三一大曆下，則作「言」者誤。

267 無忝生兼授、兼極。案唐世系表，「兼授」作「兼愛」，「兼極」作「兼拯」。孫順休，兼殿中御史。兼極少子鎮，起居郎。荆州長史、建平侯，案唐世系表載荆州長史慎行，又據元載作杜鴻漸碑文，亦云大父慎行爲荆州長史，此下應有「慎行」二字。生鵬舉，安州都督；生鴻漸，中書侍郎、平章事、衞國公，生收、威、封、鼎。收，户部郎中、廬州刺史，生翁慶。鼎，丹王長史。

A〔岑校〕兼殿中御史　按上文言兼授、兼極，下文又言兼極少子鎮，則此處「兼」下或有奪文。新唐書七二則以「兼殿中御史」爲順休之官，但上文「生兼授、兼極，孫順休」（表作「兼拯」），順休爲何人之孫，已是不明，唐官雖有「兼」、「守」之别，惟姓纂極少著録，新表所見姓纂，已非完本，況「兼」字在此處，恰與「兼授、兼極」有涉，余尤不敢信表之無誤也。

B〔又〕兼極少子鎮起居郎　千唐濟南禹城令李庭訓誌，天寶九載立，「子壻朝請郎、行右羽林軍胄曹杜鎮撰」，時代相合，意即其人。

C〔又〕荆州長史建平侯　校云：「案唐世系表載荆州長史慎行，……此下應有『慎行』二字。」余謂依姓纂一般書例，「愼行」應補於「荆州長史」之前，不應補於其下也。「建平」，新表作「正平」，考延年本封建平侯，新表誤。又義寬碑：「次曰愼行，終於益州長史、建平縣開國男。」不知是後來晉贈爲侯否。復考全文三六九元載杜鴻漸碑：「垂拱中，大父愼行，荆州長史，以文武式南邦。」曰「南邦」，則「荆」字不訛，亦與姓纂合。舊傳則與義寬碑合。鵬舉碑云：「雁門生大父唐蘇州司馬諱義寬，蘇州生皇建平侯、荆益二州大都督府長史諱愼行。」蓋嘗官荆、益兩府也。

D〔又〕生鵬舉安州都督　新表同。考舊書一〇八鴻漸傳：「父鵬舉，官至王友。」王友祇從五品下。據廣記一三五引記聞，睿宗即位，召安州都督杜鵬舉遷其官，豈王友乃終官歟。元龜一五八，開元二十五年，自邠王府司馬遷豐王府長史，然元載杜鴻漸碑亦云，「開元之際，皇考鵬舉，安州都督，以大名涖淮浦」也。廣記三〇〇引處士蕭時和作傳，景龍末，故安州都督、贈太師杜鵬舉尉濟源縣，睿宗登極，拜右拾遺，後爲安州都督。畿輔通志一四九，據鵬舉碑稱安州刺史，以新表稱安州都督爲誤，則未知唐制州有都督者，皆以都督兼刺史，唐人碑誌往往互稱也。復次，新表鵬舉有子鳳舉，是否父子同名，未能斷定。惟舊一九八吐谷渾傳有鄯州刺史杜鳳舉（貞觀一五），則時代相懸，當非同人，故附及之。

E〔又〕生鴻漸中書侍郎平章事衛國公　庫本作「中黄二侍郎」，無「國」字。

F〔又〕生收威封鼎　建中初，鴻漸子封求補弘文生，見元龜四八〇，亦見舊書一四九令狐峘傳。

268 承志，天官員外，生遲、昱。遲，黃門侍郎、平章事、禮部尚書，生孝友、孝孫、孝恭。孝友，御史中丞、殿中監。昱，給事中。孝恭、孝孫並無位。案唐世系表，孝孫無官，孝恭殿中侍御史。

A〔岑校〕承志天官員外　義寬碑作「終於吏部員外郎」，今郎官柱吏外下兩見承志名。

B〔又〕生遲昱　新表以昱爲遲姪。考舊書九八遲傳：「遲在家孝友，愛撫異母弟昱甚厚。」新表誤（金石補正五五已言之）。

C〔又〕遲黃門侍郎平章事禮部尚書　廣記一六九，景雲中侍郎盧從愿注虢州參軍杜遲爲鄭縣尉。

D〔又〕生孝友孝孫孝恭　新表列孝孫、孝恭爲遲孫，非是。

E〔又〕昱給事中　昱以先天二年及第，見會要七六。又大智禪師塔銘，開元二十四年立，稱太僕少卿杜昱撰（續編七）。又薛氏優婆夷塔銘，二十六年立，稱守河南少尹。補正六六不敢斷言其同人，余以爲無可疑也。

269 【洹水】狀稱與京兆同承延年後。石趙時從事中郎杜曼始家鄴，後徙洹水。七代孫君賜，隋樂陵令，生正元、正藏、正倫、正儀、正德。正藏，唐長安尉，生僑。僑生咸、損。咸，工部郎中。正倫，中書黃門侍郎、同三品、度支員外尚書、中書令、襄陽公。

A〔岑校〕石趙時從事中郎杜曼始家鄴後徙洹水　昌黎集二六杜兼誌云：「杜氏自戴侯畿始分，……其季寬，孝廉郎中。寬後三世曼爲河東太守，葬其父洹水之陽。」

B〔又〕七代孫君賜隋樂陵令生正元……　羅校云：「案唐表作君賜生景，景生子裕，子裕生正玄。」余按隋書七六正玄傳：「八世祖曼，爲石趙從事中郎。」君賜七世，則正玄八世，似與隋書相合。惟新表謂君賜爲曼五世孫，正玄爲君賜曾孫，合之亦是八世（任樂陵令者乃子裕）。比觀兩説，新表多出二代名字，未必虚構，意者姓纂脱文，後人校以隋書，遂改君賜之五代爲七代歟。

C〔又〕生正元正藏正倫正儀正德　廣記一七九引談賓録，隋仁壽中，杜正玄、正藏、正倫俱以秀才擢第。

D〔又〕正藏唐長安尉生僑僑生咸損　昌黎集二六杜兼誌云：「襄陽公無子，以兄正藏子志静後，遂嗣襄陽公，生僑，爲懷州長史。……長史生損，爲左司郎中卒，贈少大理。」新表正藏一支，蓋即據韓集而製，是姓纂此文，奪志静一代。然新書一〇六固稱咸爲正倫從孫，卽使咸奉其大宗而稱「從」，猶相差一代也。

E〔又〕咸工部郎中　新表作「咸，涼州都督」。

F〔又〕度支員外尚書　據舊書七〇正倫傳，顯慶二年兼度支尚書。「員外」者猶員外置，非員外郎也。

270 【京兆】 唐武衞將軍杜德仁；右補闕杜梃，生正初、正元；正元，奉天令；隋復州刺史杜文瑶：並云義興公果同房。 坊州刺史杜元侃；元孫暹，右羽林將軍、將作少監；鄜州刺史兼御史中丞杜冕：並云始平公房。

A〔岑校〕京兆 按前文已有京兆，此爲再出，編纂之疎也。

B〔又〕右補闕杜梃 「梃」，庫本作「挺」。

C〔又〕正元奉天令 會要七〇，興元元年，以杜元爲奉天令，應卽此人。前文洹水下之「正元」依隋書作「正玄」，此之「元」不審是如字否也。

D〔又〕並云義興公果同房 「果」誤，應作「杲」，說見前。

E〔又〕坊州刺史杜元侃 「坊」，庫本誤「芳」，無怪前人有「杜若芳州」之誚矣。

F〔又〕元孫暹 與前文濮陽之杜暹同姓名。

G〔又〕鄜州刺史兼御史中丞杜冕 制誥集一三授冕開府儀同三司制，稱特進、試太常卿、使持節鄜州諸軍事兼鄜州刺史、御史中丞、充鄜州等五州都防禦使、上柱國、鄭國公杜冕。又舊紀一一，永泰元年九月，冕屯坊州。 貞元新定目録一六，准永泰元年六月十八日勅，鄜坊等州都防禦使、特進、試太常卿、使持節鄜州諸軍事、鄜州刺史、兼御史中丞、上柱國、鄭國公杜冕奏。

271 【陝郡】 後魏廣武太守杜德，云當陽侯之後。 曾孫賁陁，生善賢、賢意。 善賢，緜州刺史。賢意，涪州刺史。

A〔岑校〕善賢緜州刺史　善賢爲長安令，與李叔慎、賀蘭僧伽三人皆黑，劉行敏嘲之，見廣記二五四引啓顏録。

272【安德】　狀云延年之後，徙平原。唐司勳郎中杜文紀；生愼盈，國子司業。文紀孫照烈，虞部郎中。

A〔岑校〕唐司勳郎中杜文紀　文紀，見郎官柱勳中及度中。全文拾遺一四温彥博誌：「詔遣尚書禮部侍郎令狐德棻、水部郎中□文紀持節册贈特進。」同書一五彥博碑亦作「水部郎中□文紀」，缺姓。按四川成都志一一，貞觀六年，杜文紀以諫議大夫爲益州都督府長史，與彥博卒十一年正同時，當是杜文紀也。

B〔又〕生愼盈國子司業　元龜九八，神龍元年，愼盈官司業。

273【扶風郿縣】　唐宗正少卿杜令怡，孫沔、崔。

A〔岑校〕唐宗正少卿杜令怡　開元十四年，海州刺史杜令昭，見寰宇記二二，疑卽此人。怡、昭字近，未詳孰是。

274【偃師】　狀云本京兆人。唐禮部侍郎嗣光；孫溱之，兵部郎中。溱之生長文。溱之堂姪確，河中節度。

A〔岑校〕溱之堂姪確河中節度 舊紀一三，貞元十四年，確自太常卿爲同州刺史；十五年十二月，爲河中尹、河中觀察。河東集注，確大歷二年進士。書録解題五，楚寶傳一卷，杜確撰，肅宗乾元二年楚州尼真如獻寶事，殆卽其人。元稹鶯鶯傳，確繼馬燧爲河中廉察。

275 規生莊。莊生夙成，殿中御史。夙成生自虚。元軏，疊州刺史。大通次子孝紀生穎，主客員外。穎生愔，司階。愔生詠，有才名，修武德實録。（整理者按：據岑校，此段乃祖姓之文，洪刻錯簡，詳後祖姓。）

276 【成都】 魏初杜雄入蜀，因家焉，子輔。（陳補）

A〔岑校〕已下數條，均陳校據文津本補，應列偃師一節之後。考晉書九〇杜軫傳，蜀郡成都人，父雄，緜竹令，輔或軫之訛歟，抑軫之昆弟歟？

277 【河東】 狀云延年後。屯田員外杜頌，名犯諱。又給事中杜賓王，又補闕杜顔，右驍騎衞將軍杜賓客，生右庶子台賢，刑部郎中杜敏，並云京兆人。（陳補）

A〔岑校〕按唐人對避諱之字，多從改寫，或逕省略，求諸姓纂全書，未有着「名犯諱」三字者，此殆後人所加入耳。若卷七丙姓下有「以姓犯諱，賜姓李氏」，則爲敍事之筆，與此不同。全文三五八杜頠云：「頠，開元十五年進士。」所收灞橋賦、白環賦兩篇，均注云：「謹按此篇本係杜顔作，一誤作『杜顔』，今改正。」此處「又補闕杜顔」，疑是「右補闕杜頠」之訛。頠詩二首，收全詩二函十册。全文二五二蘇頲制：「雲麾將軍、前檢校左監門衞將軍、上柱國杜賓客……可起復右威衞將軍。」開元二年，賓客爲左監門將軍，見舊書九二薛訥傳；十六年破吐蕃，見舊書八；九年爲靈州刺史，見元龜一二八。又開元二十七年經幢，國子進士杜敏撰，見萃編六六。蘄州刺史杜敏生祠碑，乾元二年立，見集古録目。

278 【齊郡】　狀云延年後。皇太子太保、行臺尚書令、吴王杜威，賜姓李氏；生德儁，右驍衞將軍、宿國公。（陳補）

A〔岑校〕「威」上奪「伏」字。舊書五六威傳稱，封其子德俊爲山陽公。

279 【醴泉】　檢校右僕射、節度杜希全；生叔良，兼御史中丞。全弟希進，右神策將軍，又振武都護兼御史大夫。（陳補）

A〔岑校〕自上文「成都」起至此止，均洪刻誤脱之文，以下即接「杜從政河東人」云云，若洪刻「規生莊莊生夙成」一段，則祖姓之文，説見後。希全，舊書一四四有傳，終朔方節度。又舊書一五，元和十年七月，叔良自長武城使爲朔方節度。復考唐代官制，無振武都護，據元和志四，單于大都護府爲振武節度使理所，或因是而稱曰「振武都護」也。

280 杜從政，河東人。鹽州刺史兼御史大夫杜彦先。

A〔岑校〕鹽州刺史兼御史大夫杜彦先　不詳籍貫。疑上文「河東人」三字應屬下讀，否則「彦先」之下，或有奪文也。彦先名亦附見舊書一四四希全傳；貞元二年爲鹽州刺史，見會要九七（「先」訛

「光」〕；又十七年棄城奔慶州，見舊書一三。

281 【河南】 後魏書官氏志，獨孤渾氏改姓杜氏。

魯

282 周公子伯禽封魯，至頃公三十四代，九百餘年，爲楚所滅，子孫以國爲氏。漢魯賜，碭人也*。後漢中牟令魯恭。魏有魯芝。

283 【扶風郿縣】 魯芝官至荆州刺史。又晉光禄大夫魯褒。

284 【新蔡】 魯恭十代孫澄，永嘉亂，居江州新蔡。五代孫裴，齊衡州刺史；生益之，梁義陽太守；生廣達，陳侍中、齊將軍、綏越公，生廣陳子諒、子訥、子謨。子諒，廣荆州司馬。子謨，幽州録事參軍。

A〔岑校〕五代孫裴　據陳書一三魯悉達傳，「祖斐」，舊籍中亦往往書「裴」作「斐」，未詳孰是（説見前）。

B〔又〕生廣達陳侍中齊將軍　據陳書三一魯廣達傳，所歷爲右衛、仁威、安左、平南、安南等將軍，此作「齊將軍」者誤。

C〔又〕生廣陳子諒子訥子謨　「廣陳」二字涉上文而衍。廣達傳，長子世真及弟世雄，此均不著或爲名爲字，故不同歟？

D〔又〕子諒廣荊州司馬 「廣」是否「唐」字之誤，抑曾官廣荊兩州，待攷。

古

285 風俗通，古公亶父，後因氏焉。晉平公時舟人古乘。蜀志，廣漢功曹古牧。

286 【河内】北齊中散大夫古起。起子道，隋兵部侍郎。案古道子傳，父起，魏大中大夫，道子仕齊，歷官檢校御史、司空田曹參軍。此以起爲北齊中散大夫，起子道隋兵部侍郎，俱誤。

A〔岑校〕北齊中散大夫古起起子道隋兵部侍郎 校云：「案古道子傳，父起，魏大中大夫，道子仕齊，歷官檢校御史、司空田曹參軍。此以起爲北齊中散大夫，起子道隋兵部侍郎，俱誤。」余按魏人可仕北齊，齊人可仕隋，古道子在北齊書四五爲附傳，則其敍述當略，且傳未言道子終北齊，安知其不入隋爲兵侍耶？在余觀之，此正可補史之闕文，否亦存疑耳，遽斷姓纂爲誤，非是。又「道」下似應補「子」字。又姓觿五云：「合璧事類有詁姓。姓纂云『詁』，非『古』，今無傳。恐卽古姓也。」疑屬見本之誤，今不取。

287 【河南】官氏志，吐奚氏改爲古氏。

祖

288 子姓，殷後。殷王祖甲、祖乙、祖丁，支庶因氏焉。殷有祖己、祖伊。漢有祖所，治家涿郡。

A〔岑校〕殷王祖甲祖乙祖丁　姓觿五引，「祖乙」下多「祖己」字。

B〔又〕漢有祖所治家涿郡　通志作「漢有祖沂，始家涿郡」。下文有「沂裔孫」，則「所」爲「沂」訛無疑。又唐人諱「治」，「治」亦「始」之訛。類稿三七引，正作「沂始」，備要二四訛「泝」。

289 【范陽*】祖太沂裔孫訥，祖逖生約，並見晉書。後漢太常逖，十三代孫詢、禕。詢元孫晉義陽太守耶，訥從祖弟也。玄孫曠，廷尉卿，生温、敏。温生紹。紹生慶。曾孫崇儒，北齊鴻臚卿、臨川公，生孝孫、孝基、孝壽。孝孫，唐吏部郎中、太常少卿，生光。孝基，給事中、司農少卿。孝壽孫流謙，祕書郎。順五代孫德諱，撫州刺史。生敏。敏生季真，後魏鉅鹿太守；生瑩，右僕射；生孝徵，北齊左僕射，生君彦。(「孫晉義陽」以下一百十四字，陳補)

A〔岑校〕范陽　二字應提行空格。晉書六二逖傳，范陽遒人。

B〔又〕祖太沂裔孫訥祖逖生約並見晉書　「太」字依上文衍。按晉書有祖納，逖之兄也，祖約，逖之弟也。此作「訥」，又云「逖生約」，均誤。

C〔又〕後漢太常邈十三代孫詢禕詢元　依陳校文津本，洪刻此下奪一大段，録如後：「孫晉義陽太守耶訥從祖弟也玄孫曠廷尉卿生温敏温生紹紹生慶曾孫崇儒北齊鴻臚卿臨川公生孝孫孝基孝壽孝孫唐吏部郎中太常少卿生光孝基給事中司農少卿孝壽孫流謙祕書郎順五代孫德諱（？）撫州刺史生敏敏生季真後魏鉅鹿太守生瑩右僕射生孝徵北齊左僕射生君彦京兆狀稱與范陽同出沂後魏有祖平從孝武入關官至武州刺史生大通大通生孝義元」規元軌元此下即接洪刻杜姓内錯簡之一段。

D〔又〕詢玄孫晉義陽太守耶訥從祖弟也　「訥」誤，應作「納」，已見前文。按前文稱納爲沂裔孫，今又稱耶爲納從祖弟，以嚴義解釋，則納亦詢之玄孫矣，亦即太常邈之後矣。此處世系，敍來欠明白。

E〔又〕温生紹　拓本顯慶五年大唐故淄州淄川縣令祖君（忠）夫人墓誌銘并序云：「曾祖紹，齊青州刺史。」時代不相當，乃姓名偶同者。

F〔又〕曾孫崇儒北齊鴻臚卿臨川公　舊書七九孝孫傳，父崇儒，仕至齊州長史。

G〔又〕孝基給事中司農少卿孝壽孫流謙祕書郎　千唐裴夫人祖氏誌，卒天寶七載，年七十五，誌云：「唐司農少卿孝基之季孫，渠州司馬義臣之少女，祕書郎流謙之次妹。」依誌，似流謙爲孝基孫，然亦不能據此以定也。

H〔又〕順五代孫德諱（？）撫州刺史生敏　按依上文，敏爲温弟，而撫州唐代始置，則「生敏」兩字，顯是誤衍。「順」名前文不著。考法苑珠林一四云：「唐顯慶四年撫州刺史祖氏。」當即此撫州刺史，上推五代(約一百五十年),則順應後魏人物,殆前文誤奪歟?

I〔又〕敏生季真　魏書八二祖瑩傳,曾祖敏,祖嶷,父季真。此云敏生季真,少一代。

290【京兆】狀稱與范陽同出沂後。魏有祖平,從孝武入關,官至武州刺史,生大通。大通生孝義。元規、元軌。元規生莊。莊生夙成,殿中御史。夙成生自虛。元軌,疊州刺史。大通次子孝紀,生潁,主客員外。潁生愔,司階。愔生詠,有才名,修武德實録*。(前三十九字陳補,後五十字乃洪刻杜姓内錯簡,移於此。)

A〔岑校〕大通生孝義元規元軌　按下文,大通次子孝紀,孝紀生潁,即元潁,是孝義、孝紀以「孝」排行,如元規、元軌亦義、紀兄弟,則孝紀一名,何不插敍於其中而特提「次子孝紀」,可疑者一。元規、元軌果爲義、紀之兄弟,則孝紀子元潁與其叔父同名,可疑者二。故知孝義之下,實奪「生」字,如是,則二疑俱去,而元潁與其從昆同以「元」排行,益可信矣。

B〔又〕規生莊莊生夙成殿中御史夙成生自虛元軌疊州刺史大通次子孝紀生潁主客員外潁生愔司階愔生詠有才名修武德實録　「潁」,郎官柱作「元潁」。勞考二六云:「原本誤入杜氏注,今校正。」

C〔又〕夙成生自虛　全詩二函八册王維有哭祖六自虛詩,注謂「時年十八」。

D〔又〕愔生詠有才名修武德實録　廣記三四四引會昌解頤録:「進士祖價,詠之孫也。」書録解題一九,詠開元十二年進士。

扈

291 夏時似姓國也。漢有扈輒，又上郡太守扈育，廣陵太守扈商。

A〔岑校〕漢有扈輒　見漢書彭越傳。

B〔又〕廣陵太守扈商　商見漢書孫寶傳，稱廣漢太守，通志同。此作「廣陵」誤。

292 【京兆】魏有扈累。晉有射聲校尉扈懷。

293 【河南】官氏志，扈地干氏改爲扈氏。

A〔岑校〕官氏志扈地干氏改爲扈氏　今本魏書「干」作「于」，但舊籍往往誤「干」爲「于」，如「達干」作「達于」是也。

294 【南昌】唐扈臧之後。元昌，倉部員外。

A〔岑校〕唐扈臧之後元昌倉部員外　勞考一八鄠元昌下云：「原本誤入『扈氏』注，今改正。」余考通志，「鄠氏」入晉邑，云：「晉大夫鄠臧之後也，食邑于鄠。」蓋奪去子目而又訛奪「晉大夫」爲「唐」也，今應補鄠姓目，別爲一條。元昌，天寶中下獄，見舊書一八六下。廣記一一五引廣異記，鄠元昌爲鬼界城主，又四二〇引廣異記，開元中開河御史鄠元昌。又拓本開元二十九年大唐故忠武將軍攝右金吾衛郎將上柱國豆府君墓誌并序：「侍御史鄠元旦請監東都大和庫。」尋源八云，「羅泌又云鄠上聲，然集韻音烏，宜爲平聲。」余按廣韻，鄠姓入「十姥」，當是唐人讀法，今鄠錯於扈，其爲同韻，遺跡尚存。集韻宋人書耳，兹從廣韻讀。

五

295 本伍氏，避仇去「人」氏焉。蜀五梁。晉始興太守五允。

A〔岑校〕晉始興太守五允　「允」，通志作「裔」，避宋諱也。姓解作「五胤」。

堵

296 左傳，鄭有堵寇、堵叔、堵俞彌、堵汝父。又音者。魏志，張燕本姓堵。

A〔岑校〕魏志張燕本姓堵　辨誤一八云：「按燕姓褚，非『堵』。」

普

297 官氏志，後魏獻帝次兄爲普氏，改爲周氏。

苦

298 晉郤犨亦號苦成叔，子孫氏焉。風俗通，苦成，越大夫。漢苦均爲會稽太守。苦音庫。

A〔岑校〕晉郤犨亦號苦成叔子孫氏焉　按下文復出苦成一姓。潛夫論云：「郤犨食采於苦，號苦成叔。」

B〔又〕漢苦均爲會稽太守苦音庫　通志同，但「均」作「灼」。考廣韻「庫」云：「後漢輔義侯庫鈞。」鈞爲金城太守，見後書竇融傳，疑即其人。此稱會稽太守，疑誤。

鼓

299 左傳，鼓子鳶鞮之後，以國爲姓。又見姓苑。

浦

300 晉起居注有尚書令浦選。

A〔岑校〕有尚書令浦選　通志作「尚方丞」，辯證二四引作「有尚書令浦詳，或曰浦選。」見羅校。

補

301 見姓苑。

伍〔岑補〕

302 楚大夫伍恭（參），生擧，擧生奢，奢生尚、員。員字子胥，奔吴，其子又爲王孫氏，適齊。（岑補）

A〔岑校〕據類稿三六引。備要一六同，惟「恭」正作「參」。

五鳩

303 世本云，楚鳩氏。國語，楚昭王時有五鳩蹇。

A〔岑校〕世本云楚鳩氏國語楚昭王時有五鳩蹇　按通志「五鳩氏」云：「少昊氏官名，因氏焉。趙有將軍五鳩盧。」與下「五鹿」文相同，蓋姓纂以「五鹿」冒「五鳩」也。又「伍參氏」云：「世本，楚伍參之後，支孫以爲氏。國語，楚昭王時有伍參蹇。」「伍」，廣韻、姓解作「五」，知此實「五參」之文，「楚」、「氏」之間，約奪「五參之後，支孫以爲」八字（「鳩」字衍）。

五里

304 其先齊諸田，漢武帝徙之諸田，以門秩次第爲族。田廣田孫田登爲第二代人。案，此下疑有脱誤。

A〔岑校〕其先齊諸田漢武帝徙之諸田以門秩次第爲族田孫田登爲第二代人　校云：「案，此下疑有脱誤。」余考諸通志，此實「第二氏」之文也。「徙之諸田」之「田」訛，應作「諸陵」。「田孫」之「田」字衍，否則改作「田廣之」。「代人」則「氏」之訛衍。應改正，移附卷八。「五里」今衹存目。廣韻云，見姓苑。姓氏篇「第二」引文亦云：「田廣之孫田登爲第二氏。」

五鹿

305 左傳云，少昊氏，因官氏焉。案左傳無其文。五鹿，衞地。趙有將軍五鹿盧。

A〔岑校〕左傳云少昊氏因官氏焉趙有將軍五鹿盧　校云：「案左傳無其文。五鹿，衞地。」余按此是「五鳩」之文，説已見前。「五鹿」之文，今誤錯於卷五之「三伉」，當分別更正。

吐萬

306 代人，代爲部落酋帥。

A〔岑校〕吐萬　據此則吐萬是複姓。史姓韻編四五單作「吐」，非是。

307 【河南】周郢州刺史通；生緒，永壽公；弟纘，右武侯將通。已見「萬氏」注。

A〔岑校〕生緒永壽公　羅校引隋書，初襲元壽公，改封穀城公，不作「永壽」。

B〔又〕弟纘右武侯將通　「侯」、「通」二字均訛。應依庫本作「侯」及「軍」。

C〔又〕已見萬氏注　按今卷九「二十五願」中無萬姓，而「吐萬」附奮姓下。觀此，益確證「奮」之冒「萬」矣。

吐奚

308 後魏古弼，代人，本姓吐奚，名華，後爲司徒，賜姓古，名弼。

A〔岑校〕後魏古弼代人本姓吐奚名華　疏證云：「案『華』當爲『筆』之譌。據弼傳，賜名筆，取其直而有用，後改名弼，卽其證。」又東胡民族考上謂吐奚卽「古」之漢譯云。

吐賀

309 後魏吐賀氏。

A〔岑校〕後魏吐賀氏　語意不盡。通志作「後魏有吐賀真」。

吐突

310 代人。令中官右監大將軍吐突承璀。

A〔岑校〕代人令中官右監大將軍吐突承璀　「令」誤，庫本作「今」。新書二〇七謂是閩人。通志，

「監」下有「門」字，此奪。

吐難

311 改爲難氏。

A〔岑校〕改爲難氏　官氏志無吐難，有土難，云「改爲山氏」。通志作「吐難改爲山氏」。疏證據前卷四引作「改山」，謂「改難」乃涉上而誤。

古成

312 風俗通，郎古咸之後，隨音改焉。漢有廣漢都尉古成雲。姚興給事中、黄門侍郎古成詵，右將軍古成知。晉袁弘集有南海太守古成彡。開元中雲陽尉古成蕘。

A〔岑校〕風俗通郎古咸之後隨音改焉　「古咸」誤，通志作「苦成」，否者不云「隨音改」也。又金文𠭯尊𠙵自自，彔𢦏卣𠙵自，金文辭大系釋作「苦」，同時遇甗、㮚卣則作「古自」，是周時苦、古兩字可以通假。

B〔又〕漢有廣漢都尉古成雲　通志同。廣韻、姓解作「廣漢太守」。

C〔又〕姚興給事中黄門侍郎古成詵右將軍古成知　「詵」，通志作「詵」，「右」作「又」，「知」

作「和」。

D〔又〕袁弘集有南海太守古成𨑨　「𨑨」，通志作「彪」。

古野

313 山東古野氏，赤狄别種，其後氏焉。

A〔岑校〕山東古野氏赤狄别種其後氏焉　「狄」，庫本誤「秋」。按通志「古野氏」云：「晏子春秋。齊景公勇士也，一作『古冶』。」此顯以古野冒臯落之文也，説見前卷五臯落。通志「臯落氏」云：「東山臯落氏，赤狄别種。」尋源二七云：「按此説誤，古野卽古冶，何得爲赤狄之種？林氏殆以爲固野拔也。」説殊隔膜。固野拔或指拔野固，殆張氏記憶不清，故顛倒其名也。

古孫

314 姬姓，王孫賈之後，亦隨音改爲古孫氏。　據氏族略增改。

A〔岑校〕亦隨音改爲古孫氏　此句洪氏據氏族略增改，庫本原作「賈孫氏，後譌爲古孫氏。」余按羅校云：「案古今姓氏書辯證引，作『賈孫氏後譌爲古孫氏，音亦訛變』。」是庫本與辯證所引同，不過少一句耳。

苦成

315 晉卿郤犫食采苦成，因氏焉。潛夫論，苦成，城名，在監池東北。

A〔岑校〕在監池東北　「監池」，「鹽池」之訛，庫本及通志不誤。潛夫論云：「苦城，城名也，在鹽池東北。」

苦久

316 後燕步兵校尉苦久和。案後燕録作「若久和」，此非苦久和。

A〔岑校〕後燕步兵校尉苦久和　校云：「案後燕録作『若久和』，此非苦久和。」末句不可曉，殆應云「此作苦久和非」*也。復按廣韻、姓解、通志亦作「若」，通志文全同，應校正，依廣韻讀法移入卷七之「三十五馬」下。

仵城

317 晉州稽胡，晉初賜姓呼延，居西州。後魏正始年，呼延勒爲定州刺史於定陽，賜姓仵城，因住南汾州仵城縣。音訛轉，又爲賀悦。

A〔岑校〕晉州稽胡晉初賜姓呼延居西州後魏正始年呼延勒爲定州刺史於定陽賜姓仵城因住南汾

州作城縣音訛轉又爲賀悦　廣韻、姓解、通志、辯證均無「作城」，惟通志「賀遂氏」文幾全同，所差者「正始年」作「正始中」，「於定陽」下多「鎮」字，「賜姓作城」作「賜姓賀遂氏」，「音訛轉」作「音訛者」，以余揣之，必編類書者不解全文，誤以作城縣之「作城」標目，由是文內「賜姓——」，後來轉繙文字時，遂將「作城」填入，故致訛作城爲姓也。今既考出作城非姓，應刪目，其文則校正，移入卷九賀遂之下。「又居西州」句，疏證據辯證三十三補作「西夏州」。尋源二七立作城氏，亦沿訛，應刪。

魯陽

318 妘姓國也，在魯陽，爲魯所滅，子孫氏焉。潛夫論，芊姓，楚公族有魯陽氏。

A〔岑校〕妘姓國也在魯陽爲魯所滅子孫氏焉潛夫論芈姓楚公族有魯陽氏　按「潛夫論」以下，與通志「魯陽氏」文全同，但與上截殊不相接，余滋疑之。考通志「偪陽氏」云：「妘姓，祝融之孫陸終第四子求言之後，爲晉所滅。有（？）沂州承縣有偪陽城。」鄭氏在以國爲氏一類，多所改作，文與姓纂不盡同，殊無足怪。惟國姓同是妘姓，且屬兩字，地在沂州，卽魯之陽，魯、晉字又相近（姓解亦作「晉」），且涉上「魯陽」而易訛（卽「爲魯所滅」應作「爲晉」），吾是以知上半截實姓纂偪陽之文，而今混併於魯陽也，應析出補目，移附卷十。

祖南

319 風俗通，與社南皆齊倡也。漢高惕娶扶風祖南氏

A〔岑校〕風俗通與社南皆齊倡也漢高惕娶扶風祖南氏　通志無祖南氏，有社南氏，云：「其先齊倡，見風俗通。又姓苑云，扶風安陵有社南氏。」又「社北氏」云：「風俗通，與社南皆齊倡也。漢有高煬，娶扶風社北氏。」比觀即知「祖南」爲「社南」之訛，而其文又爲社北之文。以社北既冒三烏，故社南又冒社北也，統應改正，移入後文卷七。「惕」，志作「煬」，未詳孰是。

補禄

320 英賢傳，補禄子著書一篇，言法家事。

A〔岑校〕英賢傳補禄子著書一篇言法家事　按通志「補禄氏」云：「英賢傳，晉惠帝時殿中中郎補禄彪。」（辯證作殿中中郎將補禄彣。前文古成彪，通志作「彣」，或「彪」諱寫作「彣」也。）與此不類，而其後一條「游肆氏」則云：「英賢傳，游肆子著書一篇，言法家事。」所差者唯姓不同，準上各例，又可決「補禄冒游肆」之文矣。唯字書無「肆」。辯證一九引英賢傳作「游梓子」，云：「按此豈非藝文志游棣子誤「棣」爲「梓」乎？」「肆」近於「棣」，當是「棣」訛，應補目改正，移入卷五。

五相（岑補）

321 A〔岑校〕五相（補）　辯證二四「五相」云：「吴相伍員子孫，吴人號之五相之後，事見元和姓纂。」全文當是意引，玆據補目。但廣韻、通志均無此姓，唯姓解云：「五相見姓苑。」

吐谷渾

322 魏晉之際，鮮卑慕容廆兄吐谷渾，率部落止青海之西，國號吐谷渾，或歸中國，因氏焉。

A〔岑校〕魏晉之際鮮卑慕容廆兄吐谷渾率部落止青海之西國號吐谷渾或歸中國因氏焉　遼居乙藁吐谷渾璣墓誌跋云：「考魏書吐谷渾傳，……又稱吐谷渾孫葉延，自謂曾祖弈洛韓，始封昌黎公，吾爲公孫之子，案禮，公孫之子，得以王父字爲氏，遂以吐谷渾爲氏焉，載其得姓之源甚明。而元和姓纂云，吐谷渾歸化因氏焉，失其實矣。」按北種往往以人名爲族名，族名、國名又常缺明瞭之區別，林氏所記，未得謂之失實。公孫以王父字爲氏，恐外族未必知，此疑漢人爲之説耳。吐谷渾又收入聲「十一没」，説見後。

古口引

323 改爲侯氏。

A〔岑校〕改爲侯氏　官氏志作「胡古口引氏改爲侯氏」，前卷五引志作「古引氏改侯氏」。通志則有口引氏及若口引氏，均云改爲冠氏。姓解，古口引改古氏。孔至雜録，引音辰。

普六茹

324 周書，楊忠姓普六茹•。疑與普陋茹同。

A〔岑校〕疑與普陋茹同　官氏志，普陋茹氏改爲茹氏。

十一薺

禮

325 左傳，衛大夫禮孔、禮至。漢新市長禮長。

A〔岑校〕漢新市長禮長　「禮長」，通志及類稿三四均作「禮賢」•。

326 【平原】　後漢禮震，受尚書于歐陽歙。

A〔岑校〕後漢禮震受尚書于歐陽歙　見後書歙傳。

啟

327 夏后啟之後，以王父字爲氏。後燕有將軍啟崙。案「啟崙」，急就章作「啟籥」。

A〔岑校〕後燕有將軍啓崙　校云：「案『啓崙』，急就章作『啓籥』。」余按通志、類稿作「啓崙」，廣韻、姓解作「啓倫」。急就章云：「後燕將軍啓倫，通鑑，啓籥。」是引通鑑異文，校注欠詳。

米（岑補）

328 出西域米國。（岑補）

A〔岑校〕據類稿三四引。備要一七、姓觿五引同。

禰（岑補）

329 【平原】後漢人禰衡。（岑補）

A〔岑校〕據類稿三四引。

十二蟹

解

330 晉大夫解狐之後，其先食采于解，因氏焉。漢有御史大夫解延年，司隸校尉解光。

A〔岑校〕晉大夫解狐之後　千唐永徽六年解氏誌：「其先晉大夫解狐之後也。」類稿四四引，「大夫」下多「解揚」兩字。

B〔又〕漢有御史大夫解延年司隸校尉解光　延年見漢書八八毛公傳，但祇稱爲阿武令。光見李尋等傳。

331【濟南】晉雍州刺史解系。系弟結。結孫旆。唐御史大夫、濟南男解琬，鴈門人，徙家魏州。職方員外郎解忠順，魏州貴鄉人。

A〔岑校〕晉雍州刺史解系系弟結結孫旆　羅校云：「案由晉至唐，年代遼遠，不應祖爲晉人，孫爲唐人，此有奪誤。」按此特羅氏誤以「唐御史大夫」五字屬上讀耳，文并不誤，觀下條自明。

B〔又〕唐御史大夫濟南男解琬鴈門人徙家魏州　此文自爲一節，與上文不相連屬。據舊書一〇〇，御史大夫、濟南縣男，皆琬之官封也。

C〔又〕職方員外郎解忠順　忠順，開元三年時侍御史，見舊書一九四下。

332【河南】後魏官氏志解毗氏。

A〔岑校〕後魏官氏志解毗氏　陳校云：「『毗』，今志作『批』。」姓解亦作「批」。依庫本，其下奪「改爲解氏」四字。通志亦云「改爲解」。

解瑟羅

333 改爲羅氏。

A〔岑校〕改爲羅氏　按官氏志，改羅氏者爲叱羅氏。「解」誤（疏證説同）。通志作「斛瑟羅氏改爲羅氏」。斛瑟羅之名見唐代突厥史，應改正，移入卷十。

可足渾

334 前燕録，慕容儁皇后可足渾氏，又有散騎常侍可足渾恆。後燕城陽太守、新汲侯可足渾健，生譚，新平公。渴燭渾、可足渾，疑並與可朱渾同隨音轉耳。

A〔岑校〕前燕録慕容儁　「儁」，晉書作「儁」，通志同。可足渾與下文可朱渾兩姓，均應改收哿韻。

B〔又〕渴燭渾可足渾疑並與可朱渾同隨音轉耳　疏證云：「案林、鄭説是矣。而姓纂『十虞』、『十七薛』……分爲三氏，又誤。」按姓纂編修之原意，用以備檢。林氏所據舊籍，既寫法不同，分列數條，事所應爾，至其異同之迹，特附己見，尤稱綿密。陳氏竟以誤分繩之，則舊時學者不從客觀着想之刻論也。

可朱渾

335 出自代北，又居懷朔，隨魏南徙。河南。後魏都官尚書、樂陵公可朱渾昌，生道元，北齊太傅、太師、扶風忠烈王，生孝裕、長威。孝裕，北齊大將軍，生貴公。貴公生君招，長威生定遠，唐右領軍、右常侍、懷州刺史，生懷儼、懷敏。案北史，道元子名長舉，襲父爵，此誤。道元魏臣，云「北齊」亦誤。

A〔岑校〕河南　二字應提行空格。

B〔又〕生道元北齊太傅太師扶風忠烈王生孝裕長威　校云：「案北史，道元子名長舉，襲父爵，此誤。道元魏臣，云『北齊』亦誤。」余按姓纂著録之人物，率因其子孫仕唐，有履歷狀可稽，故遂帶及其先代，所云生某某者非必襲爵之嫡嗣也。北族多妻多子，長威、長舉，固未必同是一人，遽斷姓纂爲誤，殊非碻論。又據北史五三可朱渾元傳：「天保初，封扶風郡王，位太傅、太師。」則明明是北齊之臣，校注謂是魏臣，似未讀畢全傳而立言者。

十四賄

隗

336 春秋時翟國，隗姓，子孫因氏焉。

337 【天水成紀】 漢末隗義，弟崔。崔兄子囂，更始御史大夫。鄧禹承制，以爲西州大將軍，專制涼州朔方事。光武征隗，會卒，王元立其子純，明年降。

A〔岑校〕光武征隗會卒　「隗」下似應補「囂」字。

338 【汝陰】晉有隗紹，善易。

A〔岑校〕晉有隗紹善易　晉書九五作「隗炤」。「晉有」，庫本誤「昔有」。辯證二四引姓纂云：「後漢隗囂，望出天水成紀。隗紹望出汝陰。」蓋撮引也。

十五海

海

339 見姓苑。

采

340 黄帝封其子于右北平采亭，因氏焉。

341 【北平】漢渡遼將軍采皓，見英賢傳。晉東莞太守采耿。至隋漁陽郡主簿采强，狀云耿之後也，生宣明、公敏。宣明，給事中、刑部侍郎，生懷敬。懷敬，吏部郎中、宗正少卿，生庭芝、蘭芝。公敏　黄門侍郎；生泰眷，右金吾將軍、相州刺史。

A〔岑校〕至隋漁陽郡主簿　「漁」，庫本誤「魚」。

B〔又〕宣明給事中刑部侍郎　大理丞采宣明，見法苑一八引冥報記，又見冥報記下。

C〔又〕懷敬吏部郎中宗正少卿　今郎官柱吏中有懷敬。

宰

342 周大夫宰周公孔之後，以官爲姓。仲尼弟子宰予，字子我，魯人也。漢有司空掾宰直。

A〔岑校〕周大夫宰周公孔之後　類稿三八引作「周大夫宰孔宰周公之後」。按釋例八，宰周公卽宰孔，則今本姓纂文義不誤（參附録二）。

宰氏

343 范蠡傳云，陶朱公師計然，姓宰氏，案徐廣注，計然姓辛氏，名研，其先晉國之公子也。此作「姓宰」，誤；爲複姓，又誤。字文子，葵邱濮上人。

A〔岑校〕姓宰氏　校云：「案徐廣注，計然姓辛氏，名研，其先晉國之公子也。此作『姓宰』，誤；爲複姓，又誤。」余按通志亦作「姓宰氏」，但下文卷八計姓云：「姓辛字文子。」則「宰」字殆訛。

B〔又〕葵邱濮上人　辯證二四引作「夔邱」，見羅校。

宰父

344 仲尼弟子有宰父黑。

A〔岑校〕仲尼弟子有宰父黑　周校廣韻云：「史記仲尼弟子列傳作『罕父黑』。」余按姓解、通志、辯證均作「宰父」，史記會注考證謂「罕」爲「宰」訛。

倍利

345 斛律部別帥倍侯利，代人，後封孟都公。案倍侯利即斛律金之高祖，蓋後又分爲斛律氏，

A〔岑校〕斛律部別帥倍侯利　與目作「倍利」不符，尋源二八謂目應作「倍侯」也。

B〔又〕後封孟都公　通志作「後魏封」。

十六軫

軫 真上聲。

346 左傳，軫國，在楚之東南；「楚屈瑕將盟貳、軫」，注云，二國也。

A〔岑校〕左傳軫國在楚之東南楚屈瑕將盟貳軫注云二國也　辯證二四引云：「春秋貳、軫國，後爲氏。」

閔（岑補）

347 仲尼弟子閔損，字子騫，魯人。（岑補）

A〔岑校〕據類稿三八引。

十七準

尹

348 少昊之子，封于尹城，因氏焉。風俗通云，師尹，三公官也，以官爲姓。漢尹咸、尹賞、尹齊，後漢尹敏，晉尹奉。

A〔岑校〕漢尹咸　見漢書劉歆等傳。

349 周有尹吉甫。（岑補）

A〔岑校〕類稿三八引文「以官爲姓」下多此五字。

350 【天水】姚秦謨謀主尹緯。又西海太守尹玖，生猛，晉昌太守，又居京兆。六代孫惠，唐寧州司馬；生恩貞，刑户二部侍郎、御史大夫、户部尚書、天水公，生中和、中庸、中言。中和，庫部郎中、國子司業。中庸，平原安定等三郡太守、信王傅司正。中言，京兆府司録。

A〔岑校〕六代孫惠唐寧州司馬　唐贈荆州刺史尹惠碑，永徽三年立，見叢編八引京兆金石録。

B〔又〕生恩貞　據郎官柱及舊書一〇〇，「恩」當作「思」。會要五〇及辯證一五皆作「思正」，避嫌諱也。

C〔又〕信王傅司正　「司正」二字未詳，或「同正」之訛。

351 後魏燕郡太守尹思。曾孫景，同浙州刺史；生徹，隋梓州長史；生元備，左武侯郎將。

A〔岑校〕曾孫景同浙州刺史　「同」當「周」之訛，因其子徹爲隋梓州長史也。「浙」誤，當作「淅」。

B〔又〕左武侯郎將　「侯」當作「候」，庫本不誤。

352 【河間】稱尹敏之後。魏趙州刺史尹虚。曾孫軌，隋貝州刺史、上蒙公；生勢，唐嘉州刺史，生仁弘、仁德。仁弘，潞州司馬、長樂公，生元叔、元貞、元凱。元貞生日昇，鄭州刺史、光禄少卿。元凱，左史、鳳閣舍人。仁德，吴王户曹，生元繹、元超、元徽、子羽、子産。子羽，洛陽丞、宣州别駕。子産，澧州刺史。元徽，比部郎中、楚州刺史。

A〔岑校〕生元叔元貞元凱　舊書一八七上元貞傳稱，瀛州河間人。又一九〇中元凱傳稱瀛州樂壽人，觀此，則兄弟也。元凱大足元年與修三教珠英，見會要三六。裕明子河間尹元凱字鹹，見萃編六一。

B〔又〕元凱左史鳳閣舍人　六絶紀文：「左史尹元凱工於八體，□稱二妙。」（山右石刻五，長安二年立）與此同，胡聘之跋以爲「右史」，誤也，舊書四二，龍朔二年，改起居郎爲左史。

353 後魏太子洗馬尹翼。六代孫朗，生正理，左拾遺、商州司馬；正義，度支郎中、宋州刺史。

A〔岑校〕六代孫朗　全文四九八權德輿尹銚碑：「初都督之禰曰本古，仕至常州武進尉。武進之父曰正義，歷許相宋三州刺史、司農少卿。司農之父曰良，終滄州司馬。」良即朗，宋人諱改也。

B〔又〕正義度支郎中宋州刺史　尹正義先王熊爲澤州都督，見朝野僉載（廣記二六〇），但前引尹銚碑不著。會稽掇英唐太守題名記：「尹正義，景龍三年六月自宋州刺史授，其年便除相州刺史。」

354 【樂城】後魏太學博士尹珍。孫式，隋長寧王長史；生文憲，中書舍人、給事中；生奭，祠部郎中、給事中。又禮部員外尹知章，絳州翼城人。尹格之後，又有古尹姓之戎，居瓜州。案古今人表有堯師尹壽，又左傳作「允姓之戎」。

A〔岑校〕孫式隋長寧王長史　據隋書七六，尹式官至漢王記室。

B〔又〕生文憲中書舍人給事中　貞觀三年六月，遣給事中尹文憲往關內撫慰，見元龜一六一。

C〔又〕尹格之後又有古尹姓之戎居瓜州　校云：「案古今人表有堯師尹壽，又左傳作『允姓之戎』。」按下一條允姓即言「允格之後」，古無「尹格」其人，合觀左傳，即知此三句純係允姓之文而誤錯於尹姓者也。「允格之後」四字重出，應删，餘二句移入下文允姓。類稿三八允姓云：「允格之後。又古允姓之戎，居瓜州。」雖未明引姓纂，然實本自林書者。

允

355 允格之後。

A〔岑校〕允格之後　辯證一二五云：「元和姓纂曰，允格之後。允格，金天氏之裔，未知與三苗爲親疏也。」所引姓纂文似祇四字，以下乃鄧氏所釋。沈跋云：「（後紀）七卷注引姓纂云，允格後金天氏之裔，今歲（孫）本『十七準』允姓下但云『允格之後』，脱『金天』以下五字。」由前引辯證及類稿文觀之，此五字是否姓纂原文，應在存疑之列。

尹午

356 楚大夫嚚尹午之後。又楚大夫尹午子叔。

A〔岑校〕楚大夫嚚尹午之後　「嚚」，辨誤一八引作「敖」。

尹公（岑補）

357 尹氏世爲周卿，左傳尹公國是也，後因氏。孟子有尹公之他，善射。（岑補）

A〔岑校〕據姓觿五引。

二十阮

阮

358 殷有阮國，在汧渭之間。周文王侵阮徂共，見毛詩。子孫以國爲姓。後漢有巴吾令阮敦。據祕笈新書增。

A〔岑校〕在汧渭之間　「汧」，庫本及類稿三八、備要一八引均作「岐」，新書七作「汧」，國名記乙「阮國」注亦云「姓纂謂在岐渭之間」。

B〔又〕後漢有巴吾令阮敦　此八字，洪氏據祕笈新書增。按東漢兗州陳留郡有己吾縣，「巴」字訛。通志、辯證及類稿亦誤。

偃

359 少昊孫咎繇，生于曲阜，是爲偃姓。國語云，舒庸、舒鳩，並偃姓也。

圈

360 風俗通云，楚鬻熊之後。一本云姓卷氏，鄭穆公之後，秦末爲博士，避難改爲圈氏。

A〔岑校〕一本云姓卷氏　「本云」二字，應依庫本乙。

361 【陳留】後漢末有圈稱，字幼舉，撰陳留風俗傳。又有圈宣明。郭林宗傳有陳人圈文。

A〔岑校〕郭林宗傳有陳人圈文　通志作「陳留人圈文宣」。今後書郭泰傳無之，唯魏志注，圈文生以貨殖見捐，郭林宗所謂文生多情也，則「圈文」下奪「生」字。

卷

362 【琅琊】陳留風俗傳云，陳留太守琅琊卷焉，本姓圈氏，因避仇改，去口。

A〔岑校〕陳留太守琅琊卷焉本姓圈氏因避仇改去□　庫本兩「琅琊」字均作「琅邪」，庫、洪兩本寫法，俱欠一致。又廣韻引風俗傳云：「陳留太守琅邪徐焉改圈姓卷氏，字異音同。」其意謂姓徐之太守，使姓圈者改姓卷也，與此作太守本姓圈，自去□姓卷者迥異。又姓解引風俗傳云：「琅琊徐焉本姓圈，後改爲卷。」語更不可通，因本姓圈則是圈焉，非徐焉也。「卷焉」，尋源二八復引作「卷基」。

娩

363 古萬字，人姓，見纂要文。

A〔岑校〕古萬字人姓　廣韻「二十阮」雖有「娩」，不云人姓，其稱者姓入「二十五願」。本文亦云

「古萬字」，可見不應收上聲也，應移正。

宛（岑補）

364 左傳，楚有宛春，鄭有宛射犬。漢有下邳相宛暹，吳興太守宛方。（岑補）

A〔岑校〕據類稿三八引。姓觿五引作「魏大夫食采於宛，後因氏」，與類稿異。

苑（岑補）

365 狀云，殷武丁子受封苑，因氏焉。或有音怨，非也。左傳，齊有苑何忌。（岑補）

A〔岑校〕據類稿三八引。沈跋云：「又（金石録）九卷，漢荆州刺史苑鎮碑，姓氏書皆云苑氏出於左傳所載齊大夫苑何忌之後，今孫本『二十阮』無苑姓，疑亦脱文。」按「苑何忌」，廣韻作「菀何忌」。

湛師

366 出自嬀姓。陳悼太子偃師爲公子招所殺，裔孫以王父字爲氏。

A〔岑校〕湛師　庫本作「偃師」不誤，亦見羅校引辯證二五。

B〔又〕陳悼太子偃師　姓觿五引文，「悼」下有「公」字。

卷六整理記

6 按唐代職官無「太子中書舍人」，新表作「太子中舍人」，是。

8 G幵官氏之「幵」，文淵閣、文瀾閣本均作「亓」。

10 G按「楨」，文淵閣本亦作「禎」。

13 B遼居彙孔神通誌跋引宋書禮志：「又以孔邁爲奉聖侯，邁卒，以莽嗣，有罪失爵。」按莽，今中華書局點校本宋書禮志四定作「莠」，見校勘記。

18 按文淵閣本無「微子之後」四字。

22 按姓纂卷三辛氏作「義同」，岑校謂「卷六項姓下作『義周』，未詳孰是，周、同字常互訛也。」此處義周，即義同。古今姓氏書辯證卷六辛姓云：「後周項亶賜姓辛氏，生偃武。偃武生義同，皆顯於唐。」亦作「義同」。

24 A按全唐文卷八一三齊光乂陳公神廟碑：「光乂策名清時，亞位書府，宦遊日久，遲暮言歸。」知其官終秘書少監。據寶刻叢編卷十四，碑立於乾元二年。全唐文小傳謂光乂「乾符初官集賢院學士」，大誤。又按孟浩然有寄趙正字詩，敦煌寫本唐詩選作寄是正字，當即是光乂。

28 A按「倚相後氏」，文淵閣本作「倚相氏後」，岑氏謂應正作「後爲倚氏」，按據岑校前引通志「綺氏」文，當云：「應正作『後爲綺氏』。」

48 C王仲犖元和姓纂四校記書後："犖按降王爲公，當在北周滅齊之後，非隋初。"

51 「史元道」，文淵閣本作「史道元」。

55 F岑氏以爲讀作「生弘寧、寂、容寧，寂生備」爲近是。然容寧省略爲容，姓纂中此種用法甚少見。若無他證，似讀作「生弘、寧寂、容。寧寂生備。容，冀王傅」爲近是。又按岑氏於唐人行第録「史五」條下云："「全詩三函劉長卿送史九赴任寧陵兼呈單父史八時監察五兄初入臺詩有『趨府弟聯兄』、『河帶萬家城』等句，蓋史五、史八、史九爲昆仲，史八已任單父令，史九則方上寧陵令也。中唐史氏任宦者少，如史五兄弟三人聯翩入仕，尤其罕覯。考元和姓纂史姓『生弘寧寂容寧寂生備』一段，文顯舛誤，余嘗擬作兩種句讀法（四校記五五四頁），但均未妥。今觀劉詩昆仲三人，人數同姓纂，備以穆宗初爲刺史，其父輩可與長卿時代相當，頗疑兩「寧」字之一衍文，餘一則『寧陵』令之奪。惟三人名均不傳，無可取證，是爲憾耳。」

60 按「裔」，文淵閣本作「允」。

62 「杞」，據廣韻及漢語大字典，作姓者，字當作「杞」：字音義不同。

66 按「後」，文淵閣本作「允」。

67 A按文瀾閣本「華」亦作「革」。又「鄭大夫」，文瀾閣本作「鄉大夫」。

73 按通志氏族略三：「申，字子我，因氏焉。」比姓纂明確。

76 按通志氏族略三「子有氏」云：「魯有子有善祥，見禮記，宋有若是也。」又按禮記檀弓上：「有子蓋既祥，而絲屨組纓。」鄭玄注：「譏其早也。……有子，孔子弟子有若。」未言「字子有」，且除喪失禮，非通志所謂「善祥」。

79 A按左傳昭公五年：「魯……有子家覊。」杜預注：「覊，莊公玄孫懿伯也。」由此知當作「覊」。庫本作「䨲」、文淵閣本作「羇」、文瀾閣本作「羈」，䨲、羇均「覊」之異體。洪本作「霸」，誤。

86 按「子尚伯父」，文淵閣本作「子尚伯文」。

96 按通志氏族略三「子重氏」云：「芈姓，楚公子嬰齊字子重之後。」姓纂此處顯然有錯衍。

102 按通志氏族略三「子言氏」云：「姬姓，魯季平子生昭伯，字子言，其後也。」叙得姓之原比姓纂明白。又據前「子寤」下岑校引辯證文，姓纂此條似爲「子寤」之文。

105 A按左傳哀公十四年「陳成子兄弟」杜預注：「成子之兄弟……穆子安。」孔穎達疏：「案世本，僖子生……穆子安。」

106 A按左傳哀公十四年杜預注，陳成子兄弟有宣子夷，孔穎達疏引世本謂僖子生宣子其夷。潛夫論箋之「僖子子夷」當爲「宣子其夷」之訛。

113 A按謂據姓觿五引。

114 A按謂據姓觽五引。

117 按今漢書古今人表無士思癸、士思卜、士思穆之名。

118 「士丏」，局本原作「丐」，下同。今改正。丐、丏音義不同，左傳有「士匄」，即士丏。

124 按左傳閔公二年：「狄人囚史華龍滑與禮孔以逐衞人。」史華龍滑亦見漢書古今人表。

125 左傳昭公七年作史朝，漢書古今人表作史鼂，「朝」、「鼂」字通。

130 A按文淵閣本亦作「魯尾生」。

133 B按文淵閣、文瀾閣本「楚」下均有「許」字，不誤。

134 D按「昇」，今本新表作「昪」；昱、昪、杲、景爲昂兄弟行，不誤。

135 「北齊左右僕射」，文淵閣、文瀾本均無「右」字。按北齊書及北史許惇傳並作「右僕射」。

139 A按西京雜記不可能載唐人事，岑氏於「西」下注「兩」，當是以爲兩京新記之訛。

144 D按岑校考許仲輿歷官未盡。全唐詩卷三一七武元衡、卷三二三權德輿均有送許著作分司東都詩，並爲送許仲輿之作。其以著作郎分司東都，後復入爲水部員外郎，全唐詩卷三二六權德輿奉和史館張閣老以許陳二閣長愛弟俱爲尚書郎伯仲同時列在南北省會於左掖因而有詠詩自注：「主客、水部二員，東西對行，二閣老並在左掖也。」按許閣老，指許孟容；陳閣老，指陳京；貞元十七年前後同爲給事中。水部即指許仲輿；主客指陳京弟陳歸，其爲主客員外見郎官石柱題名。貞元十八年春仲輿與陸傪偕出爲州刺史，全唐詩卷三一七武元衡有酬陸員外歙州許員外郢州二使君詩。

145 E按山右石刻叢編卷五移置唐興寺碑，開元六年九月立，亦僅題「殿中侍御史，判職方員外郎高陽許景先撰」。碑及朱齊之誌均稱高陽，又與姓纂以景先爲中山許氏異。

147 據岑校引新表，「爲褚師」當作「號褚師」。

156 按呂洞伯祖休璟官開元中，洞當爲代、德間人。舊唐書韋執誼傳：「貞元十九年，……王仲舒、韋成季、劉伯芻、裴茝、常仲孺、呂洞等以嘗同官相善……。」（又見李藩傳）當即其人。全唐文卷四九〇權德輿韋賓客宅宴集詩序，稱與會之太常博士有「今裴、辛、呂三君子皆講學稱職」，序作於貞元十九年冬，「裴、辛、呂」即裴茝、辛秘、呂洞也。

157 A據傅璇琮唐代詩人叢考顧況考，呂諲之妻程姓，爲程楚賓之女，且爲河東人，與吴人顧況了不相涉。且呂諲入仕年歲亦遠較顧況爲早。則所謂「諲妻兄顧况」，純屬不根之言，岑氏失考。

158 A按北圖藏拓本呂渭子唐故中散大夫秘書監致仕……東平呂府君（讓）墓誌銘云：「曾祖諱崇嗣，以經術聞，徵授秘書郎，不就。顯祖諱延之，越州刺史、浙江東道節度使。」又誌載讓五子：焕、焜、煜、炫、烜，讓與烜同卒於大中九年，餘四子並在。道教典籍云「八仙」中之呂洞賓名巖者爲呂讓子，當出附會。

160 按文淵閣本「河南」下有「嶺南」二字。

161 B按「收吕炅詩一首」，原無「詩」字，今補。

173 「小吏」，文淵閣本作「小史」。

185 F按「嵩上」，文淵閣本正作「嵩山」。

192 C按文淵閣本無「武」字。

196 B按「太子中大史」，文淵閣、文瀾閣本均作「太子中大夫」。

198 F「貞元八年進士」，原誤作「貞元八進年士」，今乙正。

205 A按「儒」，文淵閣本正作「孺」。

211 按北史卷五八文帝十三王傳，文帝十三子：明帝（毓）、震、孝閔帝（覺）、武帝（邕）、直、憲、招、儉、純、盛、達、通、逌。周書卷十二文帝諸子傳同。姓纂此處脱招、儉二名，以下文有「儉，譙王」，又叙及招之子員而上無所承知之。岑氏失校。

211 按北史卷五八武帝六王傳，武帝七男，宣帝（贇）、贊、贄、允、充、兑、元。無文。周書卷十三武帝諸子傳同。姓纂此處「文」當爲「元」之訛。且脱充名。岑氏失校。

212 D按全唐詩卷二八七暢當南充謝郡客遊澧州留贈宇文中丞，當即宇文邈。注云：「一作王昌齡詩，誤。」是。王昌齡玄宗時人，與邈不相及。李郴夫人誌見八瓊室金石補正卷七六。

213 「絡」，文淵閣、文瀾閣本均作「紹」。

230 A按「趙武陵王號主父」，「陵」當作「靈」。

231 岑氏據古今姓氏書辯證補姓纂佚文云：「趙有主父偃。」按主父偃，漢武帝時人，非戰國時趙人。漢書主父偃傳：「齊國臨淄人也。」古籍亦非趙地。今檢古今姓氏書辯證卷二三「主父」云：「元和姓纂曰：『趙武靈王主父之後，子孫以爲氏。漢有主父偃。』」知辯證不誤，岑氏誤「漢」爲「趙」。

235 「後魏」，文淵閣本作「後漢」。

243 B「乾右」，文淵閣本正作「乾祐」，文淵閣本作「乾祐」。

245 「乾祐」，文瀾閣本作「乾祐」。

又「隋」，新表作「隨」。

245 C岑校云：「大曆十二年京兆尹杜濟誌，拓本未見。」按全唐文卷三四四顔真卿有京兆尹兼中丞杭州刺史劍南東川節度使杜公墓誌銘，即杜濟誌。岑氏屢引顔真卿杜濟神道碑，未及濟誌。

247 A岑校引吴興談志一四：「杜位，乾元元年自江寧少尹拜，卒官。統記云大曆四年。」按終唐之世，江寧僅一度置郡，未升府，無「少尹」之制置，此「江寧」乃「江陵」之訛。杜甫寄杜位詩原注：「頃者與位同在故嚴尚書幕。」謂在嚴武劍南幕也。又乘雨入行軍六弟宅，黄鶴注：「公大曆三年春抵荆南，是時衛伯玉爲節度使，故位爲行軍司馬。行軍六弟，即杜位也。」唐制，行軍司馬例兼少尹，知位大曆三年爲江陵少尹，四年遷湖州。統記所載爲是。

249 「儒林」，文淵閣本作「儒休」。下同

249 A岑校引劉公嘉話，謂杜式方卒時，劉禹錫「時在朗州」。按「朗」當作「夔」。式方卒長慶二年四月，已見岑校引舊紀，時禹錫已自朗州司馬量移連州刺史，後丁母憂又起復爲夔州刺史矣。參卞孝萱劉禹錫年譜。

254 B姓纂云：「元志，考功郎中、杭州刺史，生逢時、緯、孝輔、參謨、嶠。……緯，殿中御史；生繼、信，刑部員外、杭州刺史。」岑校云：「緯之下當補『信』字。」按岑說則信爲元志之子。考沈佺期有和杜麟臺元志春情詩。據唐會要卷六五祕書省：「光宅元年九月五日改爲麟臺……神龍元年二月五日復改爲祕書監如舊。」由此知杜元志武后時即已爲官。其子信焉能至元和中爲杭州刺史卒官（參見岑據寶刻叢編八引京兆金石録）？故知信斷非元志之子，應是元志之孫，緯之子，姓纂不誤。「生繼、信」下固可重一「信」字，然以姓纂之例，不補亦可。斷不可在「緯」之下補「信」字。參見後254E條。

254 B按今中華書局點校本新表嶠與參謨爲兄弟行，不誤。

254 E岑校此節均因誤以杜信爲元志之子而産生一系列誤解。寶刻叢編卷八京兆金石録，稱唐太子賓客杜信碑有「姪師仁篆額」之文，岑氏因誤以爲信爲元志之子，遂謂姓纂、新表與碑不合，且疑師仁兄弟非杜清子，而是杜信昆弟禮、佐、梅中任一人之子。其實，信爲元志孫，師仁等爲孝輔之孫、元志之曾孫、杜信之姪，姓纂、新表與碑完全相合。岑氏疑所不當疑。又按全唐詩卷四九七姚合有寄杜師義詩，時

代相合，當即其人。

261 B岑校引定襄令杜安誌：「父英，唐汝州魯山縣丞。」「丞」字原奪，據千唐誌齋藏誌杜安誌補。

277 A按劉賓客文集卷九鄭州刺史東廳壁記：「有天寶中詞人杜頠之文在。」

282 按漢魯賜，見漢書儒林申公傳。

284 D按「廣」，文淵閣本作「唐」。

289 「范陽」，原連前文，今據岑校提行空格。

290 按武德乃唐高祖年號，高祖實録乃敬播撰，房玄齡監修，許敬宗删改，貞觀十七年上（見新唐書藝文志二、唐會要卷六三），祖詠乃玄宗時人，不可能預修；又未聞玄宗時有重修高祖實録之事，疑此處有脱誤。

313 A文瀾閣本作「狄」，不誤。嘉慶刻本誤作「秋」。

316 A文淵閣、文瀾閣本均作「此作苦久和」。

324 按周書卷一九楊忠傳：「魏帝賜姓普六如。」由此知其名仍爲忠，非名楊忠也。此處「賜」字不可省，當補。普六茹即普六如，譯音無定字。

325 A「禮長」，文淵閣本亦作「禮賢」。

352 B全文卷二三一張説鳳閣尹舍人墓銘：「三典郡土，五行以正；再司府丞，百工興詠。」當即尹元凱墓銘。全詩卷八六張説有送尹補闕元凱琴歌，注云「公善琴」。全文卷二四一宋之問送尹補闕入京序：「河間尹公博物君子，解褐調慈州司倉，……不樂爲吏。有竹林近鄠杜南山，彈琴讀書，日益淪放。……無何，勅書到秦，徵詣函洛，……命典著書，職在補闕。」即送尹元凱序。

366 按左傳昭公八年云：「陳哀公元妃鄭姬生悼太子偃師。」史記陳杞世家雖分偃、師爲二人，但均哀公所出，亦稱悼太子師。由此知姓觿「公」字乃衍文。

元和姓纂卷七

〔岑校〕卷七　其下庫本注云：「上聲混韻至范韻。」

二十一混

本

1 姓苑有本氏。

二十三旱

罕（岑補）

2 鄭穆公子喜，字子罕，生子展。子展生子皮，以王父字爲氏。子皮名虎。（岑補）

A〔岑校〕據類稿三八引。

罕夷

3 左傳晉大夫罕夷之後。

A〔岑校〕左傳晉大夫罕夷之後　辯證二五引此條同。

二十四緩

管

4 文王子叔鮮封于管，因氏焉。管夷吾字敬仲，仕齊。又管至父。燕有管少卿。案世本，管氏自莊仲山生敬仲夷吾，夷吾生武子鳴，鳴生桓子啟方，啟方生成子孺，孺生莊子盧，盧生悼子其夷，其夷生襄子武，武生景子耐步，耐步生微。

A〔岑校〕文王子叔鮮封于管因氏焉　類稿三八引作「周文王第三子管叔鮮受封於管，以國爲氏焉」。

B〔又〕燕有管少卿　三國志一一管寧傳注引傅子云：「漢興，有管少卿爲燕令，……九世而生寧。」通志亦云：「漢有燕令管少卿。」此訛奪。

5 【北海】管少卿九代孫管寧，魏大中大夫。晉有南夷校尉管彥。

A〔岑校〕魏大中大夫　「大中」，庫本作「太中」，與三國志一一同。

6 【平原】漢末袁譚將東安太守管統。魏少府丞管輅，字公明。

纂

7 姓苑云，義興人。

8 【河南】官氏志，纂連氏改爲纂氏。

A〔岑校〕姓苑云義興人。

河南官氏志纂連氏改爲纂氏　志作「其連氏改爲綦氏」，疏證謂「其連」係「綦」奪半，前文「七之」有綦連，「纂」當爲「綦」。余按此兩條同通志綦氏，廣韻「綦」亦引何氏姓苑云，義興人，「纂」顯「綦」之訛，應正入「七之」。類稿三雖未標引姓纂，但亦云：「姓苑云，義興人。河南，官氏志，綦連氏改爲綦。」復次姓觿五：「纂，昨管切。梁書，高祖時有纂嚴。」豈林書原列此姓而今失其文歟，應存目。羅振玉復補綦姓於「七之」。

琯

9 何氏纂要云，人姓。

蒲（岑補）

10 風俗通，荆蠻有蒲氏，音舛變爲滿氏。漢有滿昌。（岑補）

A〔岑校〕據類稿三八引（備要二六略同）。滿昌見漢書韋元成等傳。

二十五潸

阪上

11 上黨屯留人，其先居阪上，因氏焉。見傅餘頠複姓録。晉惠帝時有殿中將軍阪上囂。（末十二字岑補）

A〔岑校〕上黨屯留人其先居阪上因氏焉見傅餘頠複姓録晉惠帝時有殿中將軍阪上囂（末十二字補）　辯證二五引有末十二字，兹據補。

二十六産

産

12 國語注云，祝産，己姓。

18 【彭城】姓苑云，彭城有産氏。

A〔岑校〕姓苑云彭城有産氏　廣韻産姓亦引姓苑云，彭城人。

棧

14 見姓苑。

15 【任城】 魏志，棧潛。

簡

16 周大夫簡師父之後。

A〔岑校〕周大夫簡師父之後　此敍姓原，與廣韻、通志皆不同。通志以爲晉大夫狐鞫居之後。沈跋云：「又（後紀）七卷注云，姓纂以簡出狐鞫居，今孫本『二十六産』簡姓……無出狐鞫居之文。」按類稿三八引云：「左傳，晉大夫狐鞫居食采續邑，因號續簡伯。漢有簡卿。」與通志略同（唯通志作「簡卿」）。則可作辯證及路史之證。但考春秋釋例八，周大夫亦有簡師父，豈林書兩列姓源而羅、章二家遺其一歟？存以俟攷。（姓觿五簡姓下引姓源云：「周大夫簡師父之後。」）并參附録四。

二十七銑

典

17 見風俗通。

18 【陳留】魏志有都尉典韋，生滿。

A〔岑校〕魏志有都尉典韋　「都尉」，庫本及通志作「校尉」，誤。三國志一八韋傳作「都尉」。

洗

19 又音線，南海人，見姓苑。

二十八獮

展

29 魯孝公子展之後。孫無駭，生展禽。又展喜、展莊叔，並其後也。梁善畫人展見乾。

A〔岑校〕梁善畫人展見乾　「見乾」，通志作「子虔」，姓解及姓氏急就篇上又作「隋展子虔」。考唐裴孝源公私畫史，隋靈寶寺、天女寺、雲花寺均展子乾畫，又子虔畫有王世充像一卷，似其人唐初尚存。歷代名畫記八，展子虔，歷北齊、周、隋，在隋爲朝散大夫、帳内都督。「梁」字顯訛。

21 【河南】官氏志，輾遲氏改爲展。

蹇

22 左傳，秦蹇叔。後漢小黄門蹇石。

A〔岑校〕後漢小黄門蹇石　「石」，後書靈帝紀等作「碩」。

雋

23 見姓苑。

24 【渤海】漢京兆尹雋不疑之後。

免

25 左傳，衞有免餘。亦音問。漢免乙爲上郡太守。

A〔岑校〕左傳衞有免餘亦音問漢免乙爲上郡太守　通志略同。廣韻亦云，免，衞有免餘。唯姓解三云：「風俗通，漢有上郡守勉昂。」分免、勉爲兩姓，且作「勉昂」，與此異。

善

26 善卷，古時高士，見呂氏春秋

蜎（岑補）

27 楚支庶之後。（岑補）

A〔岑校〕姓觿三蜎姓（十六先）云："又銑韻，姓纂云，楚支庶之後。"按廣韻「二仙」之「蜎」不云姓，惟「二十八獮」之「蜎」則云「又姓」，兹據補。

衍（岑補）

28 微子仲衍之後。（岑補）

A〔岑校〕據姓觿六引。

鮮陽

29 漢有揚州刺史鮮陽進，士孫滔，散騎常侍。

A〔岑校〕漢有揚州刺史鮮陽進士孫滔　「士」，庫本作「其」，與辯證同。通志，「進」作「戩」，亦云孫滔，「士」或「其」均衍。（姓解二亦作「戩」）。羅振玉複補此條於二仙。

展輿（岑補）

30 莒黎比公次子展輿之後。（岑補）

A〔岑校〕據姓觿六引。

二十九篠

蓼

31 咎繇子之後。

32 【太原】案蓼國，杜預注在安豐蓼縣，通志作壽州霍邱。此太原乃蓼氏望出太原，非其故地。皐陶之後封蓼，以國氏焉。唐有羽林將軍、晉陽公蓼崇業。

烏俗

33 伯益仕堯，有養鳥獸之功，賜姓烏洛氏。支孫又以「路洛」爲氏。史記曰，大費子太廉爲烏俗氏，誤作「洛」。

A〔岑校〕賜姓烏洛氏支孫又以路洛爲氏　按史記五索隱云：「以仲衍鳥身人言，故爲烏俗氏，『俗』一作『洛』。」今目及下文均言烏俗，此作「賜姓烏洛」，訛。通志又訛「烏」爲「鳥」。復次，通志目作「路洛」，文作「路浴」，考下文謂「誤作『洛』」，卷八亦作「路洛」，則作「路洛爲氏」者是。

B〔又〕史記曰大費子太廉爲鳥俗氏誤作洛　辯證二五引文全同，唯「氏」下多「俗」字，此奪。

三十小

趙

34 帝顓頊伯益，嬴姓之後。益十三代孫造父善御，事周穆王，受封趙城，因以爲氏。衰、盾之後，分晉，爲諸侯，都邯鄲。王遷，爲秦所滅，子代王嘉。嘉子公輔，主西戎，居隴西郡。

A〔岑校〕子代王嘉　史記四三及新表、通志均作「兄嘉」，此訛。

B〔又〕嘉子公輔主西戎居隴西郡天水西縣　庫本無「郡」字。按今本「西縣」之下空一格，然後再接「公輔十三代孫」云云，求諸全書，都無於半途空格之例。陳校云：「庫本每行廿一、二字不等，『隴西』二字適到脚，洪本從庫本出，『天水西縣』應另行。」是也。然今新表七三下云：「號曰趙王，世居隴西天水西縣，公輔十二世孫融，字長。」則似北宋見本，已是如此，否則「天水西縣」四字，不應連敍於「隴西」之下。即不然，亦應改變其文，因隴西、天水，同是郡稱，若不善會其意而連讀下去，即語不成文也。趙芬碑，融字稚長，新表奪「稚」字。類稿三八引文至「居隴西」句止，無「郡」字，則讀法不誤。

35 【天水西縣•】公輔十三代孫名融，後漢右扶風、大鴻臚。融曾孫密，晉南蠻校尉。生疑。茂，隋左僕射、蒲州刺史，生元恪、元愷、元叔、元楷。元恪，隋兵部侍郎。元愷，唐長安令、毛州刺史。元叔，隋工部員外。元楷，兵部郎中、殿中監、武强公，生崇道、崇嗣、崇素、崇孝。崇基，符璽郎，生慶逸。逸生。演，大理司直。演生偱。令言。令言生佩、玗、珦、玘。玗，鳳翔少尹。珦，少府監。玘，通事舍人。

A〔岑校〕公輔十三代孫名融後漢右扶風大鴻臚　庫本無「名」字。趙叡沖碑稱，融，漢吏部尚書，與姓纂異。「十三」，辯證二五作「十二」，與新表同。融見三國志八張楊傳注，靈帝時爲助軍校尉。

B〔又〕融曾孫密晉南蠻校尉生疑茂隋左僕射蒲州刺史　余按隋左（應作「右」）僕射、蒲州刺史乃趙芬（説略見拙著隋書牧守編年表），則茂當指芬，芬字士茂，或姓纂原文既舉其名，復舉其字（間有如此書例），故下文稱芬兄士亮也。芬之一系，當是密長子之後，因下文有次子嶷知之，由是而思，「南蠻校尉生」之下，蓋奪去趙芬遠祖之名及其後裔，而「疑」又爲「嶷」之訛（庫本作「嶷」），惜今芬碑殘破，不能據以補缺文耳。參下文「演大理司直」條。

C〔又〕元楷兵部郎中殿中監武强公　萬年宫銘題名有「金紫光禄大夫、行殿中監、上柱國、武強縣開國男臣趙元楷」（萃編五〇）。曲江集一一許州長史趙公墓誌銘所謂「祖某，金紫光禄大夫、殿中監、贈工部尚書、武強公」，亦指元楷也。毘陵集一一趙令則墓誌云：「曾祖元楷，隋殿中監、工部尚書、淮安公。」按淮安公是芬之封爵，隋書言子元恪嗣，則非元楷襲爵，「淮安」二字誤。工尚爲卒後贈官，毘陵集繫諸隋代，益不可信矣。元楷，貞觀十二年任蒲州刺史，見會要二七（參岑輯舊書逸文二）。又貞觀中官司農少卿，見元龜六二三。補正三五云：「武強稱公，當是後來進爵。」此未可決，因姓纂常泛用「公」字也。又貞觀（原訛「武德」）中爲交河道行軍總管，以誅侯君集故，左遷括州刺史，見元龜九三八（亦見廣記二四〇引談賓録）。貞觀十八年，自括刺往洪、饒、江等州造船，見同書九八五。全文一五五上官儀有爲殿中監趙元楷請致仕表。廣記二四九引啓顔録，元楷從駕至陝。貞觀政要六：「貞觀七年，太宗幸蒲州，刺史趙元楷課父老服黄紗單衣，迎謁道左。……太宗知，召而數之曰，……元楷慙懼，數日不食而卒。」按七年太宗未嘗幸蒲，此殆傳刻之訛。又元楷十八年後猶有事迹可考，謂其數日而卒，當是吴氏之誤。

D〔又〕生崇道崇嗣崇素崇孝　依下分敘世系，先崇基，次道，次嗣，次素，又次孝，則「生」下奪「崇基」二字，庫本不奪。

E〔又〕崇基符璽郎　全文二〇四：「趙崇業，龍朔中官右武衛兵曹參軍。」時代正合，與後引令則誌同觀之，疑即一人，許因後來避玄宗諱而改寫也。

F〔又〕（崇基符璽郎）生慶逸逸生演大理司直演生倩令言　羅校云：「案隋書趙芬傳，父演。此於演下書『生倩、令言』而不及芬，下文突出『芬兄士亮』文，疑『演生』下奪書芬名。芬生元恪、元楷。」以下文突出「芬兄」爲疑，固應有之義。惟是上文「茂隋左僕射、蒲州刺史」之下，已著「生元恪、元愷、元叔、元楷」，元恪、元楷爲芬子，則余謂「茂」爲「芬字士茂」之殘文，自是不易之論。苟如羅說，補芬於「演生」之下，是元楷將以其父爲玄孫，又再爲自己之五世孫矣，惡乎可？況據隋書四六，芬父演，周秦州刺史，與此云「演大理司直」者小異，羅氏所證，殊非充分之論。考曲江集一一許州長史趙公墓誌，其祖若父均不著名，祖應爲元楷，余前已言之。誌下文又云：「父某，符寶郎。」據舊書四三，門下省有符寶郎，舊名符璽郎，武后惡「璽」字改爲「寶」。昆陵集一二令則墓誌云：「祖崇基，國朝岐州郿縣令、符璽郎、右衛長史。」則許州長史之父，是崇基無疑。長史墓誌云：「有子曰令言，次曰令則。」又令則墓誌云：「烈考慶逸，正議大夫、許州長史。府君，長史第二子也。」（全文三二九田義晊陝州孔子廟堂碑，開元四年立，稱「□大夫行司馬趙慶逸」，所闕一字，當是「中」字。）是曲江集之許州長史趙公即慶逸，其長子令言，次子令則也。又令則墓誌云：「長子湖州安吉縣丞琪，琪弟某官瓘，蘇州嘉興縣丞瑝，太子舍人兼京兆府鄠縣令玗，晉州臨汾縣尉珮，臨晉縣尉珣，珣弟玘。」更知下文之佩、玗、珣、玘，皆令則所出。依此考證，再合隋書觀之，殆可決「演大理司直，演生偁」一節，爲他處所錯簡。（或即士茂之上；而偁爲士亮之名或其昆仲歟？）又「令言」下應補「令則」二字。復考魏書五二趙逸傳云：「天水人也，十世祖融，漢光祿大夫，父昌，石勒黃門郎。」逸稱融爲十世祖，斯昌應爲密長子（失名）之五世孫，但密已仕晉，而其六代孫昌及見石勒，則時間過促（晉起二六五年，勒卒三三二年），殊背事理。兹試合下列史料，列爲（甲）表觀之：

1魏書五二，逸父昌，逸兄溫，逸伯父遷，遷玄孫翼，翼從子超宗。
2趙芬碑，十一世祖融，曾祖琰，祖賓育。
3趙芬傳，父演。
4姓纂，融曾孫密，密次子嶷，六代孫超宗，生仲懿，懿生㬬。

融—○—○—密—○—昌—溫—○—琰—賓育—演—芬
　　　　　　　　　　　昌—逸
　　　　　　密—嶷—遷—○—○—○—翼
　　　　　　　　　　　　　　　　　翼—○—超宗—仲懿—㬬

則昌應爲密長子（失名）之子，而遷爲嶷子，但魏書五二固云琰爲溫第三子，今此表結果，琰爲溫孫，計相差一代也。又試合下列史料，别爲（乙）表觀之：
1魏書五二，逸父昌，逸兄溫，溫子琰，遷玄孫翼，翼從子超宗。
2魏書八六，琰子應，應弟煦，字賓育。
3趙芬碑，十一世祖融，曾祖琰，祖賓育。
4趙芬傳，父演。
5姓纂，融曾孫密，密次子嶷，嶷六代孫超宗，生仲懿，懿生㬬。

融—○—○—密—○—○—昌—温—琰—賓育—演—芬
　　　　　　　　　　　　　　　逸
　　　　　　嶷—遷—○—○—○—翼
　　　　　　　　　　　　　　　　○—超宗—仲懿—畟

此表結果，遷乃逸從祖，非伯父，亦相差一代也。且魏書五二稱逸十世祖融，今如依(甲)表則六世，依(乙)表則七世，果何從乎？就令依金石萃編三八之説，以七世爲定，而上舉各史料，仍未能融和，錯誤究在某點，非再得他證，終無以決也。

G〔又〕令言生佩玗珣玘　依前條引令則墓誌，此皆令則之子，令言應正作令則，「佩」當依墓誌作「珮」，因其諸昆命名均從玉旁也。「玗」，萃編及余見本毘陵集作「玕」，勞考及勞引毘陵集作「玗」。令則之子，除前條所引者，尚有殤子趙琚，亦見毘陵集一一。

36 崇道，太僕少卿、鄧州刺史。崇嗣，虞部郎中、商州刺史；生揆，夷州刺史。崇素，水部郎中、司農少卿。崇孝，鄧州刺史。芬兄士亮，案上有脱文。生方、改、海，唐職方郎中、太僕少卿，生本道、本質。道生思謙、琮、珽。琮，晉陽令。珽，義王之友；生懋伯，河南尹。懋伯生素、肇。本質，泗州刺史。

A〔岑校〕崇嗣虞部郎中商州刺史　英華四一五李嶠制，朝議郎、前行慶州同川縣丞趙崇嗣，可行隴州南由令。

B〔又〕芬兄士亮　校云："「案上有脱文。」余按此處文并未脱，脱處乃在其前六行，校注者惟不知「隋左僕射、蒲州刺史」爲芬歷官，故致疑也。芬字士茂，其兄爲士亮，名亦相符。

C〔又〕生方改海　此爲三人抑兩人歟？如是兩人，則方改、海乎，抑方、改海乎？無所質證，難以斷讀。

D〔又〕生本道本質　近出土有天授二年十月二十四日泗州刺史趙本質墓誌，拓本未見。景龍二年又有泗州刺史趙本質妻温氏墓誌。

E〔又〕道生思謙琮珽　「珽」，庫本作「挺」，下同。

F〔又〕珽義王之友　「之」字應衍。

G〔又〕生懋伯河南尹　舊紀一一，大曆十四年三月，河中少尹趙惠伯爲河南尹。考懋伯之父珽，仕爲義王友，義王以開元十三年封，下去大曆末不過五十餘年，則懋伯、惠伯應時代相當，殆同一人。元龜八九及九八亦作「惠伯」。楊炎之貶，惠伯貶費州多田尉，尋復殺之，見元龜九二五。曾佐郭子儀幕，見廣記一九引神仙感遇傳。德宗有批答趙惠伯表，見宣和書譜一。官河中尹，見舊一一八楊炎、新一四三嚴郢傳。

37 密次子嶷。六代孫超宗，後魏岐州刺史；生仲懿，尚書左丞。仲懿生煚，金城公、左僕射、冀州刺史。爽生信丞、正臣。正臣生德皆，唐殿中丞。

A〔岑校〕生仲懿尚書左丞　魏書五二稱：「子懿襲爵，歷員外常侍、尚書郎。」隋書四六爽傳則云：「父仲懿，尚書左丞。」與此同。

B〔又〕仲懿生爽金城公左僕射冀州刺史　「左」當作「右」，説見拙著隋書州郡牧守編年表。

C〔又〕爽生信丞正臣正臣生德皆唐殿中丞　按通鑑一八七，武德二年見貝州刺史趙君德。舊書三，貞觀八年吐谷渾拘我行人趙道德；同書一九八及新紀均作「鴻臚丞趙德楷」，「德皆」當「德楷」之訛，非謂數人「皆」爲唐之殿中丞也。

38 超宗弟令勝，後魏河北太守；孫懷訥，廣州刺史總管、懷化公，生慈景、慈皓。慈景，駙馬、兵部侍郎、華州刺史；生節，尚衣奉御。慈皓，巴州刺史；生持滿，左衞郎將。

A〔岑校〕孫懷訥廣州刺史總管懷化公　隋書八〇譙國夫人傳云：「時番州總管趙訥貪虐，諸俚獠多有亡叛，夫人遣長史張融上封事，論安撫之宜，并言訥罪狀，不可以招懷遠人。上遣推訥，得其贓賄，竟致於法。」仁壽初，改廣州爲番州，所謂懷訥者卽此趙訥也。魏書五二趙逸傳：「超宗弟令勝，……神龜末自後將軍、太中大夫出爲恆農太守，卒官。」故其孫仕於隋代矣。此不著「隋」字，傳鈔失記也。

B〔又〕慈景駙馬兵部侍郎華州刺史　尚高祖女長廣公主，見會要六。公主初封桂陽，見新書八三，亦見兩京新記。元龜三〇〇云：「趙景慈，番州總管納之子也。」「景慈」當乙（同書七五六正作「慈景」)，「納」應作「訥」。同書四二五稱其官華州刺史時爲堯君素所執，斬之。曲石藏唐故蘇州別駕趙益誌，卒大曆十四年，享齡七十四，誌云：「曾祖·□景，金紫光禄大夫、兵部侍郎、華州刺史、駙馬都尉。……及出征蒲坂，爲殘寇所陷，賞功褒德，追謚曰忠。……祖賓，朝散大夫、京兆府奉天縣令。父曦，朝散大夫、越州會稽縣令。」益有三子，曰著、禕、隨云。

C〔又〕生節尚衣奉御　庫本作「裳奉御」，蓋誤合「尚衣」爲一字也。節，貞觀時以暱承乾伏誅，見元龜五八。

D〔又〕慈皓巴州刺史　永徽二年爲曹王友，見會要一〇。貞觀元年，慈皓官豳州治中，見通鑑一九二。

E〔又〕生持滿左衛郎將　舊書一八三稱持滿爲涼州長史。説之集一六稱王方翼善射，與趙持滿齊名，持滿高宗時伏法。廣記一〇二引報應記，永徽六年時，持滿爲蘭州長史。廣記二三五引新語，梁州長史趙持滿與長孫無忌親，許敬宗誣其反，死獄中。

39【下邳】　漢丞相趙周之後。十二代孫廞，魏廣陵太守。元孫裔，晉平原太守，以宋武外祖贈金紫光禄大夫。生正倫，宋領軍。正倫生伯符，丹陽尹。七代孫綽，唐左領軍將軍；生璡，屯田郎中、魏州刺史；瓌，駙馬、右千牛衛將軍、壽州刺史，女爲中宗妃，追册和思皇后，子欽仁。

A〔岑校〕生正倫　羅校云：「案正倫，宋書有傳，作『倫之』，又孝穆趙后傳亦作『倫之』。」

B〔又〕七代孫綽唐左領軍將軍　舊書五一作「右領軍」，此非隋書六二之趙綽也。武德九年，命將軍趙綽護送突厥，見元龜九九一。

C〔又〕瓌駙馬右千牛衛將軍壽州刺史　舊書五一作「左千牛」。會要六，瓌尚高祖女長樂公主。垂拱三年時，爲壽州刺史，見舊書七六。上元二年，自定州刺史貶括州刺史，見通鑑二〇二。嘉定赤城志八，乾封二年刺史趙瓌，注云：「乾封盡二年，壁記作三年。」畿輔通志二五引定州志，高宗朝，趙懷，定州刺史。「懷」是「瓌」訛。

40【金城*】與天水同。前涼有趙顛。

A〔岑校〕金城　與天水同前涼有趙顛　陳校云：「『金城』以下應提行。」今本連綴於「下邳」之下，非也。

41【扶風】漢太常大夫趙禹。今無聞。

42【平原】後漢太傅趙喜之後，本南陽宛人，徙平原。裔孫奉伯，後魏洛陽令；生彥琛，北齊尚書、司徒、太傅、宜陽文獻王，生元將、仲將、叔將、公方。仲將，隋吏部尚書；生義綱，唐户部侍郎。叔將，邛州刺史；生尹平，祕書郎。公方，隋大理正，生仁溥、義高。

A〔岑校〕後漢太傅趙喜之後　「喜」，後漢書五六作「憙」，北齊書三八作「熹」。

B〔又〕生彦琛　羅校云：「案彦琛，北齊書有傳，作『彦深』。」

C〔又〕生元將仲將叔將公方　據北齊書三八，彦深有子叔堅，或即此之叔將歟。

43【河間蠡吾縣】　本名穎川，亦趙王遷後。漢京兆尹廣漢之後，徙河間。裔孫全穀，本名鍾，唐金部員外、洪州都督。

A〔岑校〕本名穎川亦趙王遷後　由下文「徙河間」一語觀之，「本名」乃「本居」之訛。

B〔又〕裔孫全穀本名鍾唐金部員外洪州都督　按曲江集一二瀘溪令趙公碣銘云：「有子曰瑝，歷官侍御史、尚書郎、洪州都督。」其前又云：「公太祖旰，北齊河間通守，因家于饒陽。」官歷里貫皆合，當爲同人。瑝、鍾字肖，未審何者爲正也。復考郎官石柱，金部員外有趙金穀，此作「全穀」，亦字體涉相似而訛（參勞考一六）。

44【中山】　稱本自天水徙中山曲陽，今定州鼓城縣。後周信州長史趙達，孫協，生寶符。自寶符生不器。不器生夏日、和璧、冬曦、安貞、居貞、彙貞、頤貞，兄弟七人舉進士。自寶符至冬曦、安貞孫鄭，又五代進士。

A〔岑校〕稱本自天水徙中山曲陽今定州鼓城縣　千唐趙夏日誌：「其先天水人，七世祖崇，東魏問（開）府儀同三司，封下曲陽公，因家之。至父不器，爲監察御史，徙居河南，故今爲河南縣人也。」與此所敍略異。

B〔又〕後周信州長史趙達　與周書一六趙貴之祖，非同一人。

C〔又〕孫協　按新書五七，修周易正義者有太學助教趙乾叶，叶、協字通，時代可相當，不知同一人否。

D〔又〕生寶符　「寶」，庫本及嘉慶本均作「實」，下同，此訛。

E〔又〕寶符生不器　不器爲監察御史。見夏日誌。

F〔又〕不器生夏日和璧冬曦安貞居貞彙貞顗貞兄弟七人舉進士　牛氏像龕碑云：「天水趙氏之七子者……曰頤貞，曰彙貞。」合觀精舍碑及新書二〇〇，「顗」當作「頤」（登科記考二七及勞御考二亦云然）。又舊書一〇二：「趙冬曦兄冬（徐松云「夏」之訛）日，弟知（「和」之訛）璧、居貞、安貞、頤貞等六人並詞學登科。」又廣卓異記引登科記，趙不器子夏日、冬曦、和璧、安貞、居貞、頤貞、彙貞父子八人，皆進士及第。今姓纂以冬曦次和璧後，頤貞次彙貞後，均不循行序。廣記三三二引記聞：「寧王文學趙夏日，文章知名，以文學卒官。」邠王府文學趙夏日誌，言六世以秀才進士見用，夏日進士擢第，終邠王文學，卒開元廿年，年五十九。

G〔又〕自寶符至冬曦安貞孫鄿又五代進士　就此文觀之，鄿應安貞之孫。不然者，冬曦兄弟七人皆進士，敍冬曦已足，不必插敍安貞也。顧下文又謂冬曦生湛，湛生鄿，與此不符，其爲此處「安貞」衍文，抑下文世系誤錯，尚待考證。

45 冬曦，中書舍人、國子祭酒；生湛，屯田郎中、國子祭酒，生鄴。安貞，給事中。居貞，比部員外、吴郡太守、採訪使；生昌，工部尚書、華州刺史。頲貞，員外職方郎中、安西都護。

A〔岑校〕冬曦中書舍人國子祭酒　冬曦，新書二〇〇有傳。少林寺賜田勅，開元十一年十二月二十一日牒，署「判官、殿中侍御史趙冬曦」（萃編七四）。又二十三年十二月，採訪使舉濮州刺史趙冬曦，見元龜一二八。二十六年亳州刺史趙冬曦考中上，見寰宇記一二。廣記一四九引會昌解頤録，冬曦任吏部尚書（？），既罷，除江南觀察使，却後二年卒。同書三九〇引紀聞，華陰太守趙冬曦先人壠在鼓城縣，兄弟七人皆秀才，四人至二千石。張説之集與冬曦有唱和之什。

B〔又〕生鄴　大曆六年華嶽題名，有前國子進士趙鄴。

C〔又〕安貞給事中　元龜一六二，開元二十九年五月，命給事中趙安貞等分行天下。

D〔又〕居貞比部員外吴郡太守採訪使　續古文苑一〇有趙居貞春申君新廟記，末署唐天寶單閼歲除日中散大夫、守吴郡太守兼江南道採訪處置使柱國、天水趙居貞，蓋天寶十載也（元龜三三作「江東道」，蓋卽江南東道）。又雲門山投龍詩，十一載立，稱北海郡太守、柱國趙居貞（山左金石志）。吴郡志一一：「趙居貞，比部郎中、採訪使。」大唐郊祀録八，天寶十載吴郡太守趙居貞。以先天二年及第，見會要七六（作「居正」）。

E〔又〕生昌工部尚書華州刺史　貞元五年，昌檢校户部尚書、泉州刺史，見寰宇記一〇二。

F〔又〕顗貞員外職方郎中　「顗」應作「頣」，見前文。勞御考二以爲「員外」上有脱字。全文三一九李華衢州龍興寺故律師體公碑，言趙太常頣真(貞)嘗爲此州。宋僧傳九慧忠傳，鄧州司馬、太常少卿趙頣貞。輿地碑記目二銓德觀碑，有開元二十年衡州司馬趙頣貞。

43 協孫大疑*。不疑，考功員外；生良公，太子舍人。

A〔岑校〕協孫大疑不疑考功員外　全文三九八，不疑開元時擢書判拔萃科。

47 【新安】稱自天水徙焉。後周有肅，生軌。軌生弘智，唐黄門侍郎；兄弘安，度支郎中。

A〔岑校〕兄弘安度支郎中　河東集一一趙矜墓誌云：「曾祖曰弘安，金紫光禄大夫、國子祭酒。」又武德三年，益州行臺郎中趙弘安，見元龜三〇六及舊書六一竇軌傳。

48 【南陽穰縣】稱自天水徙焉。後魏有太常卿趙鑒；生榮，隋庫部侍郎；生德昌，唐主客員外。德言生景、仁泰。

A〔岑校〕稱自天水徙焉後魏有太常卿趙鑒　「鑒」，新表七三下作「監」，宋本辯證作「鑒」。拓本唐故進士趙君(珪)墓誌銘云：「天水人也。趙氏自趙主臣二十一代，生後魏侍中封晉陵公静，生鑒，黄門侍郎。」

B〔又〕生榮隋庫部侍郎　新表同。趙珪誌則云：「鑒生榮，隋兵部侍郎。」

C〔又〕生德昌唐主客員外　羅校云：「案『昌』，唐表作『言』是。」余按下文亦云「德言生景、仁泰」，又舊書一八七下「貞觀中，主客員外郎德言曾孫也」可證，庫本不誤。唯趙珪誌云：「榮生君衡，原武令。」君衡之父與子，均與姓纂德言之父與子無異，獨中間一代，名字、官歷不同。其解法：(一)仁泰非德言子，今姓纂誤缺君衡，遂將仁泰併入爲德言之子；或(二)仁泰本德言子而出嗣君衡也。

D〔又〕德言生景仁泰　趙珪誌：「君衡生仁泰，唐邢州南和令。」與此異，説見前。

49 景，好時令；生歑先，殿中侍御史。歑先生驊，比部郎中、祕書監致仕。驊生宗儒，給事中、平章事、刑部尚書。

A〔岑校〕生歑先　新表七三下同。舊書一八七下作「敬先」。

B〔又〕歑先生驊　舊書一六七及新表、新傳同作「驊」，唯舊書一八七下作「曄」。紀事二七，驊字雲卿，開元進士，嘗陷禄山，貶晉江尉。全文三一五李華楊騎曹集序，孫逖爲考功，天水趙驊高第。同書三一七同人三賢論，天水趙驊雲卿。驊後拜補闕、御史，見全詩三函二册顔真卿寄趙七侍御詩注。舊傳稱驊嘗爲膳中，今據曲石藏趙益誌，係大曆十四年立，題「祠部郎中趙驊文」，疑舊傳膳中誤。

C〔又〕驊生宗儒給事中平章事刑部尚書　廣記一五五引定命録，宗儒罷興元，除檢校僕射。唐摭言，宗儒長慶初爲太常卿，罷相三(?)十餘年，年七十六。廣記四九七引盧氏雜説，宗儒檢校左僕射爲太常卿，改太子少師。

50 仁泰，南和令，生慎己、慎庶。

A〔岑校〕仁泰南和令生慎己慎庶　趙珪誌：「仁泰生晉己，内黄主簿。」

51 慎己，部城丞；生駟，京兆士曹參軍，生涉、渾。涉，侍御史，生傪、伉、伸。傪，監察御史。伉，昭應尉，生璘、璜、璉。渾，大理丞，生儹、佶。佶，兼監察御史。

A〔岑校〕慎己部城丞　新表又誤「告城」，宋本辯證作「告成」是。

B〔又〕生駟京兆士曹參軍　趙珪誌：「晉己生曾祖府君諱駉，制策登科，朝散大夫、魏郡司馬。」此作「駟」誤。新表本姓纂，故其誤同。

C〔又〕生涉渾涉侍御史　趙珪誌：「司馬生皇祖府君諱涉，進士及第，朝散大夫、侍御史。」又：「世以進士相貴重，自吾皇祖、皇考、伯傪、叔伸、叔（佶叔？）儹及吾昆仲，爰暨中外，咸以科名光顯記册。」

D〔又〕生傪伉伸　新表誤列伉爲渾子，宋本辯證同，參下一條。知今新表漏去伸名。

E〔又〕傪監察御史　因話録宫部，傪，貞元三（唐語林一作「六」誤）年進士。會要七六，貞元四年制科及第（今本訛「參」）。十七年序登科記，自稱校書郎。又因話録謂德宗時，傪自監察裏行、浙東觀察判官特授高陵令。傪亦見唐摭言一。

F〔又〕伉昭應尉　江州集五有澧上精舍答趙氏外生伉等詩數章。伉小名僩奴。趙珪誌：「侍御史府君生皇考府君諱伉，進士及第，監察御史。」因話録商部，言李約與璘先君同在浙西使府。

G〔又〕生璘璜璉　「璘」，新表作「璘」，宋本辯證作「璘」。按趙珪誌係次兄璜撰，云：「進士趙珪字子達，……秀才，監察府君第三子也。……長兄江西觀察判官、監察御史裏行璘。……次兄京兆府鄠縣尉璜。」此作「璘」誤。璉或珪初名，否則漏去。然新表謂璉字幾類，則字亦不同。珪既第三子，則新表厠璉於璘、璜之間（無論珪、璉是否同一）者雁序亦不合也。珪卒大中元年，年四十二，是生元和二年，在修書前纔數歲耳。又拓本大唐王屋山上清大洞三景女道士柳尊師真宫誌銘（開成五年）云：「唐故監察御史裏行天水趙府君夫人柳尊師……享年六十八，有子男三人。……長曰璘，以前進士赴調，判入高第，爲祕書省校書郎。次曰璜，進士及第。幼曰珪，應鄉舉。」璜大中三年官京兆，亦見李商隱樊南乙集序。唐語林四：「大中十年鄭顥知舉，宣宗索登科記，顥表曰，……臣尋委當行祠部員外郎趙璘，採訪諸科目記，撰成十三卷。」北夢瑣言一〇，璘爲裴相坦漢南從事。寶刻叢編唐延慶院經藏銘，趙璘撰，咸通九年六月建。漢州刺史趙璘，見新藝文志棲賢法雋下。咸通三年處州刺史趙璜誌，兄璘撰，拓本未見。

H〔又〕渾大理丞　輿地碑目二有大曆十年起居舍人趙運，時代相合，起居舍人與大理丞同階，或是同人而碑目訛作「運」也。若下文酒泉趙文皎之孫連，似時代較先（？）。

I〔又〕生價佶　「佶」，新表作「佶」是，宋本辯證訛「吉」，下同。廣記三四三引異聞録，元和四年下稱天水趙儹。

J〔又〕佶兼監察御史　佶爲度支郎中，坐皇甫鎛黨，貶永州司馬，見元龜九二五。貞元八年盧嶠誌，題「前鄉貢進士趙佶撰」。

52 慎庶，殿中御史。

A〔岑校〕慎庶殿中御史　庫本作「殿中侍御」，無「史」字，非是。

53 【酒泉】隋右武侯大將軍趙才。才生趙興，唐左金吾大將軍；生文皎，左金吾大將軍；文翽，營州都督。文翽生昌，户部員外。皎孫連，膳部郎中。

A〔岑校〕隋右武侯大將軍趙才才生趙興唐左金吾大將軍　庫本，「侯」正作「候」。羅校云：「案『武侯』，隋書趙才傳作『侯衞』。」余按隋書六五實作「右候衞大將軍」，不作「侯」，羅校誤。同書二八百官志，大業三年，改左右武候爲左右候衞，蓋姓纂從其原稱，似異而實際未異也。據舊書八三，才之子名道興，又萬年宮銘有「左武候將軍、上柱國臣趙道興」，「趙興」乃「道興」之訛。叢編八引京兆金石録，亦有揚州都督趙道興碑，永昌元年立。千唐司禮寺主簿趙睿誌（卒證聖元，年四十五）云：「曾祖才，隨金紫光禄大夫、左武候衞大將軍。」作「左」，亦與隋書小異。誌又云：「祖道興，唐輔國大將軍、左金吾衞大將軍、上柱國、天水縣開國伯，贈揚州大都督。」與姓纂及叢編符。誌又云：「父，通天中猶任明威將軍、檢校左金吾衞將軍。」按誌立於通天二年，文翽已敗死，則睿斷非翽子。姓纂下文「文皎左金吾大將軍」，與睿父檢校之銜同，再覩懷璡誌，則睿爲皎子也。舊傳：「子皎亦爲金吾將軍，凡三代執金吾，爲時所稱。」可互證。

B〔又〕生文皎左金吾大將軍　舊書八三只云「子皎」，亦猶文翽之單稱翽也。皎有子睿，說見前條。睿有子懷璡等，見睿誌。又千唐洛交長史趙懷璡誌，「皇輔國、執左□□金吾道與之曾孫，皇雲麾執左右金吾文皎之孫，皇朝請大夫□□司禮寺主簿玄俊之長子也。」（據睿誌，睿字玄俊）懷璡卒天寶十五，年八十四，有子方浩、溥、方湊等。

C〔又〕文翽營州都督　文翽於萬歲通天元年爲契丹所殺，見舊紀六。唐人往往省稱趙翽，如英華四六四「自趙翽失於鎮静，蕃部因北（此）攜離」，廣記一六三引朝野僉載，「俄而契丹反叛，殺都督趙翽」。

D〔又〕文翽生昌　此與前中山條下之趙昌同名。

E〔又〕皎孫連膳部郎中　郎官柱主中有趙漣，勞氏疑與此爲同人。

54【陝郡河北縣】狀稱後漢大鴻卿趙融後。七代孫瑤，後魏河北太守，因居焉。瑤六代孫仁本，同三品、左丞，生諠、諫。諠，左司郎中；孫景，門下侍郎、平章事，生元亮。諫，羽林將軍。

A〔岑校〕陝郡河北縣　通典一七七，陝州，天寶改陝郡。

B〔又〕狀稱後漢大鴻卿趙融後　「鴻」下奪「臚」字。

C〔又〕瑶六代孫仁本　新表所列六代，係連本身計。

D〔又〕同三品左丞　乾封元年仁本爲東臺侍郎，見會要三五。咸亨元年十一月，仁本爲左肅機罷知政事，見舊書五。韋利器等造像銘稱故司列少常伯仁本（續編六）。全文四九八權德輿趙憬碑：「曾王父仁本，皇司列少常伯、同東西臺三品，……乾封總章之際，號爲稱職。」

E〔又〕誼左司郎中　見郎官柱。載之集一三訛「右司」，云：「王父贈趙州都督誼，歷右司郎中、乾封縣令、司僕少卿。」作「誼」亦訛，有郎官柱可證。

F〔又〕孫景　「景」當作「憬」，舊書一三八有傳。

G〔又〕生元亮　載之集一三稱子宣亮、全亮、元亮、承亮。

H〔又〕諫羽林將軍　韋利器造像銘，開元三年立，稱今左威衛將軍、東都副留守諫（續編六）。

55【汲郡】　本自天水徙焉。唐宜禄尉昭夷子趙貞固；生微，主客員外；生需，左司郎中。

A〔岑校〕本自天水徙焉　伯玉集五昭夷子碑：「汲人也，本居河澗（間）。」然姓纂謂河間亦趙王遷後，趙姓以天水爲著望，故他支亦多附於天水也。

B〔又〕唐宜禄尉昭夷子趙貞固　陳伯玉集五昭夷子趙氏碑云，諱元亮，字貞固，昭夷子其私謚也。

C〔又〕生微主客員外　勞考一謂「生」下脱「廣」字，是也。元龜一二八，開元二十三年，採訪使舉荆州當陽縣令趙廣微。

D〔又〕生需左司郎中　語林六稱需水部郎中，與趙贊同時。嘉話録，德宗誕日，三教講論，儒者第一趙需。廣記二四二引國史補，稱郎中趙需。

56【河東】　狀云自天水徙焉。唐監察御史趙君煦，曾孫良器、良弼。中書舍人，生密、邑、董、復、縱、衮。密，檢校户部員外、都水使者。河南少尹。復，中書舍人，生元陽、真長。元陽，滁州刺史。真長，監察御史。縱，户部侍郎，生公昌、季黄。

A〔岑校〕狀云自天水徙焉唐監察御史趙君煦　趙叡沖碑，高祖顯和，隋平東將軍、渭源公；曾祖世立，開府儀同三司、博州刺史；祖君煦，唐監察御史；父徵，虢王府法曹參軍。

B〔又〕曾孫良器良弼中書舍人　同上碑云，二子良器、良弼，良器開元時官至中書舍人，良弼於肅宗朝官至陝華等七州刺史、御史中丞、浙東嶺南兩道節度使、太子賓客。依此，則良弼下應補「良器」二字（參平津記七）。訪碑録裴寬碑，開元二十四年立，金石録韋光碑，天寶三載立，均良器撰文。舊紀一〇，上元元年十月，以廬州刺史趙良弼爲越州刺史、浙江東道節度。廣記二七七引定命録，良器歷任十一政，至中書舍人卒。虞鄉縣志，唐中書舍人贈太子少傅趙良器碑，吏部郎楊綰撰；又唐陝華廬澧撫越廣等州刺史御史中丞嶺南浙東兩道節度使太子賓客襄武縣開國男贈揚州大都督趙良弼碑，顔真卿撰（山右石刻七）。英華三九二賈至行制，攝河東司馬趙良弼可行司庫員外郎，充朔方行軍司馬。唐會稽太守題名記：「趙良弼，自廬州刺史授節度使，加御史中丞，改嶺南節度使。」拓本開元二十八年唐故朝請大夫行晉州洪洞縣令敬公（守悳）墓誌銘云：「故喪事所給，皆在公之甥殿中侍御史趙良器之弟良弼。」

C〔又〕生密邑董復縱袞　同上碑云：「今聖踐極，嗣孫密、邕、薰、復、縱、袞等，咸擅才業，官成三署。」是「邑」爲「邕」誤，「董」爲「薰」誤（平津記七）。惟此六人者孰爲良器子，孰爲良弼子，碑欠分明，若依前補文，則俱良器所出也。山右石刻七云：「今以縣志考之，御史中丞密，施州刺史邕，禮部員外郎薰，工部侍郎縱，侍御史袞，太子右庶子、天水郡公復。……良弼子泳、陜、淮亦見縣志，而碑敍諸孫不及，當以未成官故。」

D〔又〕河南少尹　勞考二二據英華，於「河南」上補「薰」字。

E〔又〕復中書舍人　贈左散騎常侍，謚懿，見會要七九。山西通志九二：「太子右庶子兼御史中丞趙復碑，大曆中，舊在虞鄉縣。虞鄉縣志，……兵部侍郎賈至撰碑。」唐語林四：「進士趙櫓著鄉籍一篇，誇河東人物之盛，……曾祖、祖父，世掌綸誥，櫓昆弟五人，進士及第，皆歷臺省。」依此尋之，櫓當是復孫。

F〔又〕元陽滁州刺史　全詩五函二册盧綸有送長安趙元陽少府詩、酬趙少尹戲示諸姪元陽等詩，同趙進馬元陽春日登長春宮古城詩。

G〔又〕真長監察御史　全詩五函二册盧綸有送趙真長歸夏縣舊山依陽徵君讀書詩。

H〔又〕縱户部侍郎　舊紀一一，大曆十二年四月，户侍趙縱坐元載黨貶官。會要五一，建中三年又自太僕卿貶循州司馬。盈川集二有夜送趙縱一絶，時代不同，非此人也。杜牧詩聞慶州趙縱使君與黨項戰死，時代更後，合之則三趙縱矣。全文三三一楊綰汾陽王妻碑，約大曆十二年作，云次女適和州刺史趙縱。廣記二一三引畫斷，令公女壻趙縱侍郎，應屬此人。

I〔又〕生公昌季黄　全詩五函二册盧綸有春日卧病示趙季黄詩，注：「時陷在賊中。」

57 君晌兄孫珍，和州刺史，生匡、贊。匡，洋州刺史。贊，户部侍郎，生虔。

A〔岑校〕匡洋州刺史　大曆五年宦於宣歙使府，其年冬，隨使府遷鎮浙東，見全文六一八陸淳春秋例統序。又故洋州刺史趙匡，見全文六二六吕温代國子陸博士進集注春秋表。

B〔又〕贊户部侍郎　元龜一六二，建中元年，命禮部郎中趙贊巡山東等道。舊紀一二，建中三年五月爲户部侍郎，四年十二月貶播州司馬。

58 【長平】　狀云自天水徙澤州。唐有玉鈐將軍趙廉；生承恩，鴻臚卿。

A〔岑校〕生承恩鴻臚卿　舊書七，景龍四年有左右（？）金吾衛大將軍趙承恩。元龜一一八，開元二年以左羽林（大）將軍趙成恩爲左二軍總管，當即同人。新書四，長安五年下亦稱左羽林衛將軍趙承恩。同年官光禄卿，見通鑑二〇八。景雲元年，韋后命左屯衛大將軍趙承恩護守重福，見舊書八六。全文二五七蘇頲張良娣碑，景龍二年行鴻臚卿趙承恩。惟輿地碑記目四，漢陽太守趙承碑，開元(？)十二年建，又千唐裴處琟誌(天寶十二)，「趙氏武衛大將軍承慶之嫡孫」，卽未知與此有關否。

59【信都】尚書左丞趙涓，生博元、博宣、博文。博宣，監察御史。

A〔岑校〕尚書左丞趙涓　舊書一二，建中三年六月，以前衢州刺史趙涓爲尚書左丞。制詔集六有授給事中制。全詩五函二册盧綸有送丹陽趙少府詩，注：「卽給事中涓親弟。」又對雨寄趙涓給事。廣記一七一引談賓録，永泰初，宮中失火，趙涓爲御史巡使，及典衢州，韓滉以其年老奏免，卽日拜尚書左丞。

B〔又〕生博元博宣博文　歷代名畫記一〇，趙博文，尚書左丞涓之子，應進士不第，兄博宣。

C〔又〕博宣監察御史　乾𦠆子，趙博宣，潘炎下進士，紀事三二謂大曆十四年。廣記一七九引嘉話録，博宣爲冀定押衙。

60【諸郡趙氏】尚書左丞、華州刺史趙昇卿，林汝人。户部郎中趙謙光，汲郡人。司水部員外趙自勤，河南人。

A〔岑校〕尚書左丞華州刺史趙昇卿　元龜一六二，開元八年潤州刺史趙升卿。同書八九九，昇卿爲華州刺史，除國子祭酒致仕。全文二五一蘇頲制，朝議郎、前行兵部員外郎、上柱國趙昇卿可行駕部員外郎。又二五三同人制，朝議郎、守尚書户部郎中趙昇卿可守長安縣令。

B〔又〕林汝人　「林」當依庫本作「臨」，勞考三亦云「疑臨」。

C〔又〕户部郎中趙謙光　咸亨進士，見唐詩紀事二〇。自彭州司馬入爲大理正，遷户中，見廣記二四九引譚賓録。

D〔又〕司水部員外趙自勤　按工部之屬四，一曰水部，不名「司水部」。「司」字應衍。新書五九，自勤天寶祕書監。全文四〇八，自勤開元十二年自水部員外郎出爲括州刺史。著定命録，見全文五二八顧況戴氏廣異記序。嘗爲左拾遺，見廣記二一七。開元十四年冬賜紫，見廣記二二三引定命録。潘玠爲御史，自勤同日拜拾遺，見二七七引同書。

61 膳部郎中賓客，起居舍人趙晉，並河東人。給事中趙文，湖州刺史趙眘微，陽翟人。殿中監趙計，河東人。

A〔岑校〕膳部郎中賓客起居舍人趙晉並河東人　曰「並」，則必是二人，斷非「太子賓客」之奪，故依前後書例，「賓客」上應補「趙」字，惟勞考二三並未補入。

B〔又〕給事中趙文　元龜六一二，永徽元年，令給事中趙文等定律令。會要三九及全文一一均作「趙文恪」，此及元龜殆奪「恪」字。

C〔又〕湖州刺史趙眘微陽翟人　吴興談志一四：「趙謹徽，長壽二年自洪州都督授。統記云景雲二年自泉州刺史授，遷太子賓客到任。」按談志，元和前別無姓趙之人，謹、〔窅〕爲連綿字，微、徽形相類，當即一人，唯未知孰是耳。

D〔又〕殿中監趙計　大曆十二年十月，趙計自御史貶官，見舊紀一一。

62 兵部員外趙子卿，長安人。虞部郎中趙履沖，下博人。司封郎中趙昂，馮翊郃陽人。利州刺史趙儋，絳州人。檢校工部尚書、黔中節度、沂國公趙國珍，黔中人；弟國玉，改名孝先。檢校員外趙鼎；生震，監察御史。司農卿趙履温，萬年人。范陽節度使趙含章，醴泉人。

A〔岑校〕兵部員外趙子卿　全文四〇一云：「子卿，開元時人。」

B〔又〕司封郎中趙昂　文字新編四劉奉芝誌，上元二年立，稱宣義郎、行左金吾衞倉曹參軍、翰林院學士、賜緋魚袋趙昂撰，以翰林院故事年代較之，即此人也。

C〔又〕利州刺史趙儋　大曆六年立之右拾遺陳公碑，題前監察御史趙儋（陳伯玉集一〇）。

D〔又〕檢校工部尚書黔中節度沂國公趙國珍黔中人弟國玉改名孝先檢校員外趙鼎生震監察御史　「檢校員外」爲國玉抑鼎之歷官，文意不明。又「生震」之「生」字，似不能連貫於下文之趙履温，果如是，則鼎、震之籍貫亦不詳，或有奪誤。國珍，舊書一一五有傳。輿地碑記目四，黔南節度使趙國珍德政碑，上元二年立。

E〔又〕司農卿趙履温　神龍初自易州刺史入爲司農少卿，見通鑑二〇八。景龍三年爲司農卿，見會要八六。四年被誅，見舊紀七。廣記一六九引朝野僉載，司農卿趙履温助韋氏爲逆，夷三族。

F〔又〕范陽節度使趙含章　開元十八年爲幽州長史，見舊紀八；後坐贓，見宋廣平碑側記（金石録二八），亦見舊紀開元二十年下。全文六二三熊執易靈識和尚塔銘：「俗姓趙氏，本天水人，唐御史大夫、范陽節度使章之孫，侍御史陶之子。」和尚卒貞元十六年，春秋六十，則章卽含章無疑。唐方鎮年表考證謂含章本名頣貞，大誤（頣貞別見前文）。

𤣰

63　左傳，晉大夫𤣰父。漢將軍𤣰望。

A〔岑校〕左傳晉大夫𤣰父　𤣰父見後漢書逸民傳注，非出左傳，姓解、辨誤已拈出。

B〔又〕漢將軍𤣰望　「𤣰」，漢書作「蟜」，見朱博傳及百官表。又通志既於𤣰氏著𤣰慎，復於蟜氏著蟜慎，皆𤣰、蟜不清之例也。

64　【扶風】　後魏𤣰慎，扶風人。

A〔岑校〕後魏𤣰慎扶風人　𤣰慎見後漢書一一三，此作「後魏」誤。通志亦同誤。

65　【北海】　郭頒世語，北海高士𤣰應。

蟜

66 項顓元孫蟜牛之後，舜祖也。禮記有蟜固。

A〔岑校〕蟜牛之後舜祖也　姓觿三收四宵，引云：「舜祖蟜牛之後」

繞

67 左傳秦大夫繞朝之後。

小王

68 左傳衞大夫小王桃甲之後。

小施

69 禹後，姒姓有小施氏，見史記。

A〔岑校〕禹後姒姓有小施氏見史記　通志有「少施氏」，云：「姬姓。世本，魯惠公子施父之後。」廣韻、姓解均作「少施」，無「小施」，「小」字訛。文作姒姓亦異。考史記二，禹後有有男氏，通志「有男氏」云：「姒姓，禹後有有男氏。」文義無殊，此乃少施冒有男之文也，應改正。

擾龍

70 劉累之後。漢有侍御史擾龍羣。又擾龍宗爲侍御史，詣董卓白事，不解劍，卓撾殺之。

趙陽

71 漢少府趙陽鴻，治孟氏易。

A〔岑校〕漢少府趙陽鴻治孟氏易　按卷三鮭云：「後漢有鮭陽鴻，爲少府，傳孟氏易。」又通志「鮭陽氏」云：「音珪，漢少府鮭陽鴻治孟氏易。」知趙陽冒鮭陽之文也。若通志「趙陽氏」云：「姬姓。潛夫論，衞公侯（族）有趙陽氏。」與此迥異。辨誤一九云：「按林氏誤以鮭陽爲趙陽也。」徒責林氏，説亦未諦。

表黎

72 改爲黎氏。

A〔岑校〕改爲黎氏　據官氏志，「表黎」作「素黎」，通志同，此誤（疏證説同）。「素」易訛「表」，於卷九鄧姓復見之，應改正。

三十一巧

鮑

73 姒姓，夏禹之後有鮑叔，仕齊，食采於鮑，因氏焉。敬叔生叔牙，曾孫國，代爲齊卿。

A〔岑校〕有鮑叔　類稿三八引作「鮑敬叔」，是。下文亦云敬叔。

B〔又〕代爲齊卿　「代」，庫本作「世」。唐人諱「世」，作「代」者是，類稿引亦作「代」。

74 【東海剡縣】漢太尉昱子德，始居東海，永嘉亂，過江，居丹陽。德裔孫泉，梁信州刺史。泉弟，隋均州刺史、平遠；孫安仁，唐滁州刺史。

A〔岑校〕泉弟隋均州刺史平遠　隋書六六鮑宏傳，宏兄泉，宏後終均州刺史。則「泉弟」下應補「宏」字。傳又言周末賜爵平遥縣伯，及隋文受禪，進爵爲公。復知「平遠」當作「平遥」，其下且奪「公」字也。

B〔又〕孫安仁唐滁州刺史　武德四年大使鮑安仁，見寰宇記一二五舒州。

75 【襄陽】狀云宣之後。開元有鮑思遠；生防，京兆尹、□部尚書。

A〔岑校〕狀云宣之後　按前文未提鮑宣，當有奪文。

B〔又〕開元有鮑思遠　鮑防碑：「曾祖標（一作「諲」），皇隴州汧陽令。祖仁爽，雅州飛越尉，贈眉州刺史。父思温，彭州唐昌丞，贈工部尚書。」作「思温」，與此異。

C又：生防京兆尹□部尚書　庫本「部」上字不缺，作「工」。勘諸舊書一四六，防以工部尚書致仕也。全文七八三穆員・鮑防碑，防貞元六年卒，年六十九，有子宗由、宗參。廣記一七八引傳載故實，鮑祭酒防爲禮部帖經，落人亦甚。同書三八四引玄怪録，太原節度使馬燧之前任爲鮑防。

76【河南】官氏志云，俟力氏改爲鮑。

A〔岑校〕官氏志云俟力氏改爲鮑　志作「俟力伐」，疏證謂此奪「伐」字。

絞

77 左傳有絞國，在隋、唐之南，以國爲氏。

A〔岑校〕在隋唐之南　此「隋」字應作「隨」，不應省作「隋」。辯證二五引作「隨」・・

佼（岑補）

78 原伯佼之後。（岑補）

A〔岑校〕據姓觿六引。

三十二晧

槖

79 本姓棘，棘子成之後，因避難改焉。後漢棘元，潁川長。棗祇，爲陳留太守，生趙。趙生據，字道彥，太子中庶子，生腆、高。

A〔岑校〕後漢棘元　「元」，庫本作「袨」。又棘袨尚未改姓，應於棘下著之，今卷十棘姓下反無袨名，非也。

B〔又〕生腆高　羅校云：「案晉書棗據傳，父叔禕，子腆，弟嵩。」其意似謂嵩爲據弟也。余按晉書九二之「弟嵩」，承上「子腆」而言，六朝史中多如此敍法。唐藝文志有棗嵩集，「高」字訛。

老

80 風俗通云，顓頊子老童之後。左傳，宋有老佐。論語老彭，卽彭祖也。或云，老氏，老聃、老萊子之後。

保

81 周禮保章氏，因官爲姓。呂氏春秋云，楚保甲。

A〔岑校〕楚保甲　「甲」誤。庫本作「申」，廣韻、姓解、通志同。

昊

82 風俗通云，昊英氏之後。一云，少昊之後。

A〔岑校〕風俗通云昊英氏之後一云少昊之後　通志、類稿文略同。姓觿六引云，「太昊氏之後」，殆誤。

抱(岑補)

83 杞匡，避董卓難改爲抱。(岑補)

A〔岑校〕辯證一二杞姓云：「本姓杞，東樓公之後也。後漢靈帝時，杞注避董卓難改爲杷，元和姓纂又以『杷』爲『抱』，未知孰是。」同上二六抱姓云：「漢末有杞羌，避董卓亂改姓抱。北史有抱疑、抱老壽，皆其後。姓纂以『抱』爲『把』，未知孰是。」前云姓纂以「杷」爲「抱」，後云姓纂以「抱」爲「把」(即杷)，語殊矛盾。考辯證一二錢注云：「案『注』疑當作『主』，本『匡』字，宋人諱爲『主』，或爲『羌』。」余按辯證一四匡姓云：「宋改爲主氏，政和中多忌諱，官文書不得以『主』爲人姓，又改曰康氏。」故氏族略二杞姓下稱曰「巴康」，杞姓下稱曰「杞康」，是則杞注、杞羌，即杞匡之訛轉，本是一人而鄧氏分爲兩姓也。金石録二一云：「北史及魏書有宦者抱嶷，傳云，嶷終於涇州刺史，自言其先姓杞，後避禍改焉，今此碑題涇州刺史杞嶷造，疑後復改從其本姓爾。」通志氏族略亦謂杞康，漢末時避董卓難改姓抱，則姓纂當有抱姓（非把姓，鄧氏所云，或見本誤）。復次，路史後紀一三引本書云：「杷若辟董卓難改爲杷。」余按類稿二一：「把本姓巴氏，東樓公之後，後漢靈帝時巴匡避董卓難，改爲把氏，□安定，把匡爲安定太守，因居焉。」其文似本自林書。姓解一云：「『爬』本作『把』，東樓公之後，避難改焉。西魏有襄州刺史爬秀，今手部亦出之。」略同廣韻。又姓觿三云：「把，音義同上（蒲巴切）。姓考云，本姓杷，東樓公之後，避難改姓把。西魏録有衣（襄）州刺史把秀。」廣韻、姓解、類稿均祇有把姓，無抱姓，合而推之，廣韻等均訛「抱」爲「把」，路史所見，復有譌文，兹參合改補如上。

浩星

84 漢有浩星公，治穀梁。李廣傳有浩星公。又浩星賜，元國所善。案趙充國傳有所善浩星賜。

「元」乃「充」字之訛。

A〔岑校〕漢有浩星公　見漢書瑕丘江公傳，「浩」作「晧」。

B〔又〕李廣傳有浩星公　今漢書廣傳無之。

浩生

85 孟子，齊賢人浩生不害。

A〔岑校〕孟子齊賢人浩生不害　辯證二六云：「元和姓纂曰，以浩生不害爲複姓浩生氏。」「曰」字衍。

老成

86 老成子，賢人。裔孫老成方，仕宋爲大夫，著書十篇，言黄老之道。

老萊

87 老萊子，古賢人，著書。

老陽

88 神仙傳，秦有老陽子，白日昇天。

A〔岑校〕神仙傳秦有老陽子白日昇天　按廣韻：「神仙傳有太陽子，白日升天。」此老陽冒太陽之文也。老陽本條，今誤附卷五成陽下。

老城

89 老城氏，或爲考城氏。考城子，古賢人也，著書述黄老之道。列子有考城子，幼學於尹先生。

A〔岑校〕老城　庫本、姓解、通志均作「考成」，惟辯證二六作「考城」，此作「老」誤。文亦云「考城氏」、「考城子」，應改正。辨誤一九云：「林氏又有考成氏複姓，所引事仍是老成子，失之不檢。」按林書已明言老成或爲考成，何謂不檢？老、考是轉注字，或後世分作兩氏，寫法不同。林纂此書，專備朝廷參證，固應統予著録也。

B〔又〕老城氏或爲考城氏　辯證引文同。庫本、通志「城」均作「成」，下同。

三十三哿

左

90 齊氏公族有左右公子，因以氏焉。魯有左邱明*。楚左史倚相。

A〔岑校〕齊氏公族有左右公子　廣韻作「齊之公族」，通志作「齊公族」，此稱「氏」，不合。類稿三九、備要二一引均無「氏」字。

91 【齊國臨淄縣】邱明之後。魏左雍爲侍御史；生思，官至祕書郎。神仙傳有左慈。

92 【南陽沮陽縣】後漢左雄，尚書令。唐宣州都督、戴國公左難當，宣州人，云其後也。

A〔岑校〕南陽沮陽縣　按後書九一，左雄，南郡涅陽人。又前文劉姓下，羅校云：「案沮陽當作涅陽。」此同一例。

B〔又〕唐宣州都督戴國公左難當　卒贈左武衛大將軍，謚剛，見會要七九。元龜三七三，左難當，宣州人，武德中爲柱國、獻（？）池徽三州總管，輔公祏平，拜宣州都督，封戴國公。同書六九五，貞觀初爲江州刺史（亦見全文一五一許敬宗賀杭州等龍見表）。元龜一一七，貞觀十八年十一月，瀘州都督戴國公左難當爲副總管征遼。通鑑一九〇，武德七年有猷州刺史左難當，前文「獻」乃「猷」訛。武德四年猷州總管左難當，亦見寰宇記一〇五。

我

93 風俗通云，我子，六國時人，著書號我子。

左人

94 仲尼弟子左人郢，魯人，見史記。

左史

95 古者左史記言，因氏焉。楚有左史倚相。

〔岑校〕楚有左史倚相　羅校云：「案古今姓氏書辯證引此句，下有『（後）以官爲氏』四（五）字，今本奪。」余按前文既言「古者左史記言，因氏焉」，則此句特鄧氏作蛇足之加耳。

左公（岑補）

96 衞大夫左公子洩之後。（岑補）

A〔岑校〕據姓觿六引。

左尹

97 楚左尹郤宛之後。穀梁有左尹子息。

可沓

98 梁河南王可沓振。

可地

99 改爲延。

A〔岑校〕可地　辯證二六作「可地延」，姓解三同，當補「延」字。尋源二九作「可地」，沿今本之誤。

B〔又〕改爲延　按官氏志，可地延氏後改爲延氏。疏證謂姓纂「可地」下奪「延」字，余按「改爲延」下亦當補「氏」字。

三十四果

火拔

100 北蕃酋領也。

A〔岑校〕北蕃酋領也　按火拔本條，今誤錯於卷十啜刺。以通志驗之，此句實卷十咉跌之文也。

三十五馬

馬

101 嬴姓，伯益之後。趙王子奢封馬服君，子孫氏焉。奢孫興，趙滅之徙咸陽。

A〔岑校〕趙滅之　庫本無「之」字，是也。類稿三九、備要一四及新書七引文均無「之」字。

102 【扶風茂陵】漢馬權爲將軍，生阿邏、案漢書「阿邏」作「何邏」。通。通封重合侯，生昌。昌生況、余、援。余生歆、融。融，南郡太守。援子廖，女爲明德皇后，生章帝*。

A〔岑校〕生阿邏　庫本校云：「案漢書『阿邏』作『何羅』。」嘉慶本及局本，「羅」誤「邏」。又羅校，「扶風」訛「扶馬」。

B〔又〕通封重合侯生昌昌生況余援余生歆融　羅校云：「案唐表作通生賓，賓生三子，慶、昌、襄；昌生仲，仲四子，況、余、員、援；余二子，嚴、敷；嚴七子，固、伉、歆、鱄、融、留、續。」余按後漢書五四馬援傳：「曾祖父通。」注引東觀漢記云：「通生賓，宣帝時以郎持節，號『使君』，生仲，仲官至玄武司馬，生援。」則東漢、六朝人均以援爲通曾孫，與新表爲玄孫者異。唯漢記有賓、仲無昌，姓纂祇有昌無賓、仲，更少一代，是必訛脱可知矣。援傳：「援三兄況、余、員。」新表「況」誤「混」。又嚴有弟敦，見後書同卷嚴傳，今新表云二子嚴、敷，則「敷」許爲「敦」之訛文。嚴七子，新表與後書注同，唯新表訛「鱄」爲「鱄」耳。姓纂余生歆、融，亦顯脱一代。

103 歆十一代孫默，後魏雍州治中，生思歡。歡生祚。祚生重，隋京兆府長史，生匡武、匡檢。匡武，瀛州刺史、襄城公。匡檢生克忠，咸陽尉。克忠生構、措。構，駕部員外、湖州刺史，生曾、擇。擇，兵部員外、河間太守，生著、署。案唐世系表作「昔」。著。署生逢，監察御史。

A〔岑校〕生思歡　新表七二下同。説之集一九洛陽尉馬府君碑：「我高祖汾州刺史諱歸歡。」以下文世系詳之，應是此人，惟歸、思字異。

B〔又〕歡生祚　馬府君碑缺曾祖一代，無可比核，新表亦作「祚」。

C〔又〕祚生重隋京兆府長史　新表七二下作祚生仲緒，隋荆府長史。馬府君碑則作「我大父鷹揚郎將諱士幹」，三書不同。

D〔又〕生匡武匡儉　「儉」，新表作「僉」。馬府君碑則云：「嚴考獲嘉令諱果。」

E〔又〕匡武瀛州刺史襄城公　據千唐呼延章誌：「夫人馬氏，扶風縣太君，瀛州刺史、襄城公匡武之姪孫，絳州別駕、漣水男恪之女。」馬氏卒如意元年，年八十五。

F〔又〕匡儉生克忠咸陽尉　説之集一九故洛陽尉馬府君碑：「君幼而懷奇，……伯父匡武撫之曰，亢宗保家，……轉洛陽尉。……永昌元年孟夏辛卯卒官，春秋五十有七。」新表亦作「洛陽」，此作「咸陽」當誤。碑不著馬府君名，今勘合之，知卽克忠。

G〔又〕克忠生構措　「構」，庫本作「搆」。按「措」從扌旁，羅校云：「按『措』下奪『擇』字。」唐表，忠生搆、措、擇。」「擇亦從扌旁，馬府君碑，「厥子搆、據、擇，皆國之良也」，則作「搆」者是，惟「據」與「措」未詳孰正。荆州倉曹槐里馬擇，見盧藏用陳氏别傳。

H〔又〕構駕部員外湖州刺史　馬府君碑：「搆職太子僕，景龍初宰長安。」

I〔又〕生曾擇　羅校云：「案『擇』字衍文。」余按此「擇」字卽前條所錯簡者。元龜九八，天寶四年，以馬曾爲左拾遺，疑卽此人。

J〔又〕生著署　庫本校云：「案唐世系表作『昔』，此作『署』。」洪本漏「此作署」三字。余按新表七二下，擇生二子，昔、署，則作「署」者正與新表相同，所不同者著耳，校注誤。應云，「案唐世系表作『昔』，此作『著』」也。洪本既删去末三字，則其注應放在「著」字之下，今置「署」字之下，亦非是。韋續墨藪有馬署，或卽此人。若新書一七七敬晦傳山南東道府之馬曙，則時代在後。

K〔又〕著署生逢監察御史　庫本無「著」字，是也。會要七八：「元和二年正月，鄂岳等州觀察使吕元膺奏新妹壻京兆府咸陽尉馬縫授試大理評事，充京兆觀察支度使。」似卽其人。元氏長慶集一一有送東川馬逢侍御使回十韻，同集一六天壇詩自注，貞元二十年五月，得盩厔馬逢少府書。全詩六函三册，劉禹錫有送人赴江陵謁馬逢侍御詩，又十一函七册收馬逢詩。王仲舒與逢友善，見廣記四九七引國史補。裴度劉太真碑，元和中作，稱殿中侍御史馬逢。唐才子傳五，馬逢，關中人，貞元五年進士。

104 歆十二代孫岫，西魏上柱國、扶風公；孫懿，爲唐均州刺史、襄陽公。

A〔岑校〕歆十二代孫岫　羅校云：「案唐表，岫與默並列，上云歆十一代孫默，則岫亦十一代也。」余按新表七二下云，「歆十一世孫默，十二世孫岫」，是歆、岫各自爲支，既各自爲表，各自爲始，雖屬並列，兩不相涉，羅爲此言，讀書未免呆板矣。

B〔又〕孫懿爲　新表列懿爲岫曾孫，「爲」字應衍，恐非兩字名。

後魏平州刺史馬榮之，狀稱南郡太守融後，生熙。熙生亮。亮生琮。亮曾孫正會，左武衞將軍、鄯州都督，生暹、晁、晟。晟生璘，檢校左僕射、涇原節度，生旰、晞、曄。旰，代州都督。皓，左神武將軍。暹，光禄卿；生昂，江陵令。

A〔岑校〕亮曾孫正會左武衞將軍鄯州都督　舊書一五二璘傳作「右威衞將軍」。制詔集一七馬璘神道碑同。全文六二三熊執易武陵郡王馬旰碑則云：「在皇朝松安嶲鄯四府都督、隴右節度、加(嘉)鄘(眉)鄯三州刺史、右武左武二衞大將軍、扶風公、食邑千户、贈光禄卿、府君諱正會，公之曾祖也。」

B〔又〕生暹晁晟　武陵郡王碑：「左司禦率府兵曹參軍、贈太子少保府君諱晟，公之皇祖也。」馬璘碑同。

C〔又〕生旰晞曄　武陵郡王碑：「公之令弟皓，右神武軍將兼御史中丞。……次晞，前太常寺奉禮郎，次煜，前揚州參軍，並擢弘文館明經。」今下文有皓，則此處「旰」下脱「皓」字。璘碑稱嗣子旰等，與此作「旰」異。

D〔又〕旰代州都督　據武陵郡王碑，旰約卒大曆末年，嘗爲代州刺史，終蔚州刺史、横野軍使、代北都知兵馬使。

E〔又〕皓左神武將軍　旰碑作「右神武軍將兼御史中丞」，引見前，或後來轉官歟？

106 琮曾孫知廉，尚食奉御。

107 【京兆】 狀云融後。北齊治書御史馬觀國，元孫頠，唐兵部員外，自周齊代居憲府，舊號「御史馬家」。頠生光粹、光淑。粹生矩、該、真。矩。該生，安南都護。光淑，左司郎中、宋州刺史，生僖。

A〔岑校〕北齊治書御史馬觀國元孫頠唐兵部員外　全文七一四李宗閔馬總家廟碑：「公之五代祖曰士儒，爲隋江、亳二州刺史。亳州生伯達，入唐舉進士，爲懷河内尉。……河内生頠，舉進士，又舉八科士於高宗、天后朝，爲御史、尚書兵部郎。」

B〔又〕頠生光粹光淑　李宗閔馬公家廟碑，頠生光粹，舉進士，爲滎陽令。

C〔又〕粹生矩該真　下文稱「矩該生總」，則「矩該」爲一人。唯家廟碑云：「滎陽生皇考諱侅，……由檢校尚書職方郎中爲吉州刺史。」則似「矩該」是兩人，而下文之「矩」爲衍文也。該、侅亦異，待考。

D〔又〕矩該生安南都護　庫本「生」下有「總」字。據舊書一五七總傳，元和四年充嶺南都護，依新書一六三，嶺南爲安南之訛。全詩七函九册楊衡有與馬總鍾陵夜別詩。

E〔又〕光淑左司郎中宋州刺史生僖　「宋」，庫本作「宗」，「僖」作「僐」。按唐河南道有宋州，劍南道有宗州，然宗州羈縻之地，洪改爲是。沈浩豊誌，開元廿九年立（詳見沈姓下），中有「巡察使馬光淑」之文，惜豊歷官有泐，不知爲何道也。光淑任巡察，當在開元。又千唐開元十八年柏虔玉誌，題

「河南府士曹參軍馬光淑撰。」

108【郟郡】　後魏章武太守馬晃；元孫吴陁，唐監門將軍、荆州長史，生大通、大均。大通孫潁，營州刺史。大均，甘州刺史；生崇臺，左羽林將軍；生瓊，慶州都督。瓊生鋭、鉉、錫。鋭，揚府司馬。鉉，兼中丞，生淑。錫，諫議大夫、虢州下缺。

A〔岑校〕郟郡　唐無「郟郡」。按通典一七七，陝州或爲陝郡。「郟」者，「陝」之左右誤易也。

B〔又〕生崇臺左羽林將軍　元龜一一八，開元二年，以左羽林將軍馬崇爲右三軍總管，未知即此崇臺否。

C〔又〕錫諫議大夫虢州　洪校云「下缺」，庫本「虢州」下有「刺史」字，不注「缺」。貞元元年，錫官殿中少監，見元龜一四四。曾官虢州刺史，見全文六二八呂温虢州三堂記。

109【茌平】　北齊茌平令馬暹，因家焉；生瑗，本郡户曹主事；生周，中書、高唐公。周生載、恂。載，左丞、吏部侍郎，生觀、覬。覬，吏部郎中，生元振、元拯。恂，河南令、丹州刺史。

A〔岑校〕茌平　「茌」，庫本作「荏」，是也。

B〔又〕生瑗本郡户曹主事　「主事」，新表七二下作「從事」，是。

C〔又〕生周中書高唐公　按「中書」下應補「令」字。周初補博州助教，去，入京，客常何門，太宗召見，命直門下省，拜儒林郎、守監察御史，後轉給事中、中書舍人，官至宰相，卒贈右僕射、高唐公，見廣記二二四引定命録。

D〔又〕載左丞吏部侍郎　「載」，新書九八同，會要三九作「戴」。唐人戴、載常通寫。儀鳳二年爲吏侍。會昌進士别有馬戴，見新書六〇。

011【臨安】　唐嵐州刺史、大同軍使馬季龍，狀稱歆後，生炬、炫、燧。炬生當，右諭德。炫，刑部侍郎，工部尚書致仕。燧，司徒、兼侍中、北平郡王，生彙、暢。彙，太僕少卿。暢，少府監，生繼祖。

A〔岑校〕唐嵐州刺史大同軍使馬季龍　昌黎集三七馬彙行狀：「君才生珉，爲玉鈐衛倉曹參軍、事贈尚書左僕射，生季龍，爲嵐州刺史，贈司空。」全文五〇七權德輿馬燧行狀：「父季龍，皇大同軍使嵐州刺史、幽州經略副使。」

B〔又〕炫刑部侍郎工部尚書致仕　黄石公碑陰，大曆八年建，云：「玄宗季年，濟陽廢而東平兼領之。……頃歲馬公炫自郎官出牧。」德宗卽位初，炫官大理少卿，見全文五一三于公異代賀登極表。

C〔又〕彙太僕少卿　同前彙行狀云：「終喪，又拜太僕少卿，疾病一年，貞元十八年七月二十五日終于家，凡年四十有五。」

D〔又〕暢少府監　昌黎集二八扶風郡夫人誌：「少府監、西（北之訛）平郡王、贈工部尚書之夫人。」注云：「暢，元和五年終少府監，贈工部尚書。」誌下文亦云：「元和五年尚書薨。」德宗時，暢進宅，廢爲奉誠園，見廣記四九六引國史補。

E〔又〕生繼祖　同前誌云：「長子殿中丞繼祖，孝友以類。」集注：「『子』下諸本有『敖』字，或作『穀』，或作『彀』，晁本作『長子繼祖、殿中丞，孝友嗣類』，……方云，……暢子繼祖，公嘗誌其墓。暢只有此一子。世系表，燧之子彙、暢，彙子赦、勛，暢子亦只有繼祖，豈繼祖先名敖耶？或『敖』字當刪。」考異云：「今按馬少監墓誌云，君諱繼祖，則方説得之，仍當更從晁本刪『敖』字，但以其兄弟連名考之，則又疑作『敖』爲是。……少監誌云諱繼祖，或是反用此誌誤本補足，而世系表又承集誤，然不可考。」余按集三三注云：「繼祖始生，德宗賜名，退而笑曰，是有二義，謂之索繫組。事見國史補。」又姓纂此處亦作繼祖。李肇、林寶皆當時人，定不致誤，唯或本「子」下衍「敖」字，故以繼祖爲非名，再妄增「承考」二字於其下而足成一句也。繼祖如是御賜，應不敢妄易他名，唐人雖有一字之字，但爲其亡考作誌，於義又不合敍其子之字，「敖」字必衍文無疑。復考誌末云：「葬有日，（繼祖）言曰，吾父友惟韓丈人，視諸孤其往乞銘。」曰「諸孤」，則固不止一子，注謂暢止繼祖一子，非是。如無他子，前文似不必著「長子」字樣也。遼居稾南鄭縣丞馬攸誌跋云：「唐書宰相世系表及元和姓纂但著燧子暢、孫繼祖而不及其曾、玄。」按中州遺文補攸誌稱攸卒大中八年，年四十九，有子一人曰橈，少好學。是攸生元和元年，林氏修書時攸僅七歲，固許不入著録，曾孫尚未成年，何有於玄孫？舊學家缺乏時代觀念，此其一例。

111 【西河】 隋太子洗馬馬隋。孫元素，太府卿；生元直，金部員外。元直生廸。廸，檢校郎中，生翊、譜。

A〔岑校〕孫元素太府卿生元直　元直見郎官石柱。通鑑二〇四，垂拱四年有華令馬玄素，當卽其人，字應作「玄」，非父子同名也。

B〔又〕金部員外　輿地碑記目四：「馬元直開元中誥。圖經云，元直在唐爲滁州刺史，家有開元中誥。」

C〔又〕生翊譜　全文六二二收翊對舉抱甕生判一首。

112 【廣陵】 唐吏部侍郎、祕書監、常山文公馬懷素，生覬。覬生繼。

113 【諸郡馬氏】 唐左驍衞將軍馬文舉，長安人。左衞武軍馬四達，檢校員外馬丹，華陰人。馬吉甫、馬光嗣，正平人；兄秦客，右常侍。

A〔岑校〕唐左驍衞將軍馬文舉長安人　太宗征遼，文舉爲果毅都尉，見元龜三九六。以功超拜中郎將，亦見通鑑一九七。

B〔又〕左衞武軍馬四達　「武」，庫本作「將」。唐官制無「衞武」，有「武衞」。

C〔又〕馬吉甫　吉甫嘗爲中書舍人，見魯公集一〇。大足元年與修三教珠英，見會要三六。集古録目有周渭南縣令李思古清德頌，聖曆元年立，題直崇文館馬吉甫撰（通志誤馮吉甫），此處似奪去官歷。全文六二二吉甫蝸牛賦序云：「甲辰歲夏五月，余寓居官舍。」則長安四年也。朝野僉載，張元一對武后，以馬吉甫騎驢爲可笑之事（廣記二五四）。吉甫爲修文學士，亦見同卷。

D〔又〕兄秦客右常侍　景龍四年被誅，見舊書七。元龜八六二，秦客爲左散騎常侍，丁母憂，旬日起復。作「左」，與此異。

賈

114 唐叔虞少子公明，康王封于賈，後爲晉所滅，以國爲氏。又云，本自周賈伯之後。據祕笈新書增。

A〔岑校〕又云本自周賈伯之後　洪本據祕笈新書補此九字，類稿三九引文亦有之。

115 【長樂】漢長沙王太傅賈誼，洛陽人。十代孫龔，居武威。龔孫詡，魏太尉；生璣，長樂令，隸相州。裔孫琚，後魏潁川太守，生昭、申。申生廉。廉生均清，河南郡兵曹。均生言道、言忠。言忠，吏部、考功員外，生曾、閔、剡。曾，中書舍人、禮部侍郎，生深、至。深，職方郎中、徐盧夔岳四州刺史。至，中書舍人、禮兵二侍郎、京兆尹、右常侍；生孫，泉州刺史。

A〔岑校〕十代孫龔　據新表七五下，誼生璠，璠生嘉，嘉生夐，夐生汭，汭生曄，曄生淵，淵生丕，丕生昕，昕生秀玉，秀玉生衍，衍生龔，則龔爲十一代孫。

B〔又〕龔孫詡　羅校云：「案唐表作龔二子，綵、詡。」余按姓纂稱誼十代孫龔，龔子詡，雖互有不同，然詡則仍是誼十二代孫也。

C〔又〕申生廉　千唐張威誌：「夫人賈氏，涼（？）州長史廉之女也。」夫人卒咸亨四，享年□十有七，夫人之祖，頗疑同此賈廉。

D〔又〕言忠吏部考功員外　庫本作「言忠，考功吏二員外」。按舊書四三，吏部四曹，一曰吏部，四曰考功，如言忠嘗歷兩曹，則庫本造語爲明晰，否則以「吏部」冠「考功」上，人將誤會「吏部」爲部名，非曹名也。言忠總章二年爲殿中侍御史，見會要二八。又乾元（「封」誤）三年爲侍御史，見同書九五。

言忠撰監察本草，見廣記一五五引御史臺記。

E〔又〕曾中書舍人禮部侍郎　全文八八五徐鉉賈潭誌：「我七代祖黄門侍郎、平陽公曾。」按舊書一九〇中曾傳，曾未嘗官黄門侍郎，或是贈官耳。

F〔又〕深職方郎中徐廬夔岳四州刺史　此與隨顔杲卿赴難之賈深非同人，彼祗自真定令拜司馬耳。嚴州圖經一：「賈深，大曆三年十月二十五日自廬州刺史拜。」按此深與至同時，又嘗爲廬州，當即一人，惟深、琛字異。又畿輔通志二五引縣志，玄宗朝賈深，正定令。全文三一八李華淮南節度使崔公(圓)頌德碑,約大曆初作,稱祕書省少監、兼廬州刺史長樂賈深。

G〔又〕至中書舍人禮兵二侍郎京兆尹右常侍　賈潭誌:「我六代祖黄門侍郎、晉國公至。」據舊書

一九〇中,至亦未爲黄門侍郎。

H〔又〕生孫泉州刺史　陳校云:「『孫』,庫本作『系』,辯證亦作『係』。」按潭誌:「五代祖蓀,衡州刺

史;高祖穜,司門員外郎;曾祖昶,太子司議郎。」則殆作『蓀』者是而姓纂脱去卄頭耳。惟泉、衡是兩

任,抑任一有誤,未詳。

116 璣曾孫國,後燕代郡太守。曾孫叔願,後魏散騎常侍,聘齊使。孫慈明,北齊華山王諮

議;生仲璣,唐滄州魯城令。

A〔岑校〕璣曾孫國後燕代郡太守曾孫叔願　羅校云:「案魏書賈彝傳作潤曾孫禎,字叔願。」余按

彝傳亦稱彝兄代郡太守潤。

117 魏尚書賈興;元孫雲霽,唐合州刺史,代居坊州中部縣,生成、元珪、元敏。案元敏下疑脱

「元珪」二字。資興令。元敏,舒州牧。

A〔岑校〕生成元珪元敏資興令元敏舒州牧　校云:「案『元敏』下疑脱『元珪』二字。」按資興令可

爲元珪歷官,亦可爲成歷官,未獲他證,尚難決定。又「舒州牧」,應正作「舒州刺史」。

118 【宛句】誼九代孫秀玉,後漢武威太守,又家武威。王曾孫演。演孫真,晉兖州刺史,

宛句，後又徙宛句。真元孫思祖，後魏龍驤將軍；元孫暨，北齊太守；生武，隋鄱陽郡司空；生敦實、頵，滄洛等州刺史，生宣譽。

A〔岑校〕誼九代孫秀玉　此稱九代孫，知新表之秀玉生衍，衍生龔爲不誤，更足證上文誼「十代孫龔」之誤矣。

B〔又〕王曾孫演　按「王」乃「玉」之譌，秀玉也。全文七六三蘇絳賈島誌：「寅則晉尚書。」寅、演未詳孰是，但似即一人。

C〔又〕演孫真晉兖州刺史宛句後又徙宛句　前「宛句」兩字當衍。

D〔又〕生武　「武」，庫本作「式」。

E〔又〕隋鄱陽郡司空　「空」字疑誤。

F〔又〕生敦實頵滄洛等州刺史　按舊書一八五上，賈敦頤，貞觀中至永徽末歷滄洛等州刺史，弟敦實。字彙補，頵音頤，則頵即敦頤也。頤爲兄，故「生」下似應補「頵」字。金石録二五云：「按唐史循吏傳，賈敦頤、敦實相繼爲洛州刺史。……蓋其名乃敦賾也。又武后實録敦實傳中亦作『敦賾』，以此知唐史傳寫之誤。」今慈恩傳七，永徽二年下亦訛爲瀛州刺史賈敦頤。

119 敦實，司封大夫、右庶子，生承恩、伯業、伯起、伯饒、伯招、伯卿、膺福、通理。承恩，洛州武州均州司馬，生弇、全。全，越州刺史、浙東觀察。伯業，庫部郎中，生茂宗。膺福，兵部郎中，左常侍。

A〔岑校〕敦實司封大夫右庶子　河内大雲寺碑，賈膺福撰，云：「先君敦實，早膺朝寄，調露之際，出牧茲邦。」龍朔二年賈敦實爲左□議郎，見杜君綽碑（唐文續拾一）。

B〔又〕生承恩伯業伯起伯饒伯招伯卿膺福通理　同上大雲寺碑云：「吾昆伯仲，材標幹蠱，恭承綸渙，宏道作宰。」按膺福兄弟以「伯」名者五人，此「伯仲」之「仲」，不審訛否。

C〔又〕生弇全　河東集一二云：「賈弇，長樂人……爲校書郎卒。」注云：「大曆二年進士第。」紀事七三李益有送賈弇祕校東歸詩。全詩十一函九册有嚴維、賈弇等聯句。

D〔又〕全越州刺史浙東觀察　貞元二年爲咸陽令，見會要六九。十八年正月自常侍爲浙東觀察，見舊書一三。至永貞元年十月卒官，見同書一四。又貞元中全爲杭刺，見唐語林六。貞元中，官中丞，見元龜五二一。全文四六三陸贄除十縣令詔，賈全可咸陽縣令兼監察御史。又七八三穆員鮑防碑：「御史中丞武威賈全，公之甥也。」宋僧傳一五道標傳，浙東廉使賈全。會稽太守題名記：「賈全，貞元十八年正月自常州刺史授，二十一年加檢校右散騎常侍。」

E〔又〕膺福兵部郎中左常侍　集古録目大雲寺碑，大足元年立，撰文者稱太子中舍人賈膺福。先天二年被誅，見舊書七。全文九一三史崇妙門由起序，先天時作，稱銀青光禄大夫、右散騎常侍、昭文館學士權檢校右羽林將軍、上柱國、壽昌縣開國侯賈膺福。久視頃，官太子中舍，見宋僧傳二實叉難陀傳。智昇續古今譯經圖紀，久視元年庚子，太子中舍賈膺福監譯。

120【洛陽】 狀稱誼後。梁中軍長史賈弘；生䜣，北齊青州刺史；孫憲，生處靜、處澄。處靜，成州長史；生慶言，刑部郎中、滑州刺史。慶言生晉、㥄。

A〔岑校〕梁中軍長史賈弘　新表以弘爲執（見下河東）孫。

B〔又〕生䜣北齊青州刺史　拓本長壽二年墓誌，標題不見（或本無標題），唯云：「□□隱，洛陽人也，……梁太傅以才高漢國。……祖䜣，後□青濟等七州刺史。考寂，唐封州治中，領統軍府。」驗其先代，當賈姓無疑，但據新表，䜣二子嶼、巘，䜣之曾孫處靜猶尚仕隋，則䜣縱有子名寂，斷不能仕及唐代，䜣蓋死者遠祖，誌文簡陋，故滋疑耳（隱卒調露二年，年六十。北平圖書館誌目作唐隱墓誌，失考）。

C〔又〕孫憲　全文九四八辛滲尼韋提誌：「曾祖憲，朝請大夫、河南府陽翟縣令。」

D〔又〕生處靜處澄　韋提誌：「祖（闕一字）朝散大夫、衞尉寺主簿。」以姓纂驗之，尼之祖應是處澄，今全文祇云缺一字，與此不符，但唐人常有省兩字爲一字者，不能執一而論也。

E〔又〕生慶言刑部郎中滑州刺史　慶言即敬言（說見下條）。通鑑二〇七，長安四年，敬言司刑正。

F〔又〕慶言生晉㥄　勞御考二云：「疑脫一代。」羅校云：「案『慶言』，唐表作『敬言』。又表，敬言生令思，令思生晉、恆。」余按作「慶」者疑宋人避諱改也。開元十二年有賈晉爲渭南尉。拓本故汝州司户參軍張偭誌：「夫人賈氏，殿中侍御史、江南道採訪使晉之女。……乾元二年十月二日，先君而終，春秋四十有三。」全文六二二收晉對鐘官不充亭長易傳判一首。又全詩二函九册綦毋潛有送賈恆明府詩。

121 處澄生元褘。元褘生季鄰、季良。奉天尉季良，生岌，檢校員外。岌生稜、穜。稜，大理評事。季鄰，長安主簿，生岧、嶷。

A〔岑校〕元褘生季鄰季良　新表七五下，處澄二子，玄褘、玄暐，玄暐生季良、季鄰，與此異。按韋提誌：「父元褘，綿州昌明縣令。」又云：「上人之昆弟□或澄清□□，或從政郡邑。」此尼似卽季鄰、季良之姊妹，新表疑誤。

B〔又〕奉天尉季良生岌　「季良」兩字，應乙在「奉天尉」之上。全文六二二收季良對卒史有文學判一首。

C〔又〕稜大理評事　英華稱賈稜貞元八年狀元。

D〔又〕季鄰長安主簿　天寶十一載，季鄰官長安尉，見通鑑二一六。

122 【河東】晉有散騎常侍賈弼；生匪之，宋太宰參軍。希鑑，齊外兵郎，撰永明氏族稱；生執，梁少府太傅，講學，撰姓氏英賢傳。北齊鉅鹿太守賈延慶，云其支族也。延慶曾孫德達，唐大理丞；生楚珪，歸州刺史。

A〔岑校〕晉有散騎常侍賈弼　柳芳氏族論云，晉太元中散騎常侍河東賈弼譔姓氏簿狀，十八州、百十六郡，合七百一十二篇，甄析士庶無所遺（新書一九九）。據新表，弼爲秀玉十世孫。廣記二七六引幽明録，河東賈弼爲琅琊參軍。同書三六〇引西明雜録，河東賈弼之，義熙中爲琅琊府參軍。

B〔又〕生匪之宋太宰參軍　柳芳氏族論云，弼傳子匪之。新表作弼二子，躬之、匪之，躬之宋太宰參軍，四子希鏡云云，與此及柳芳氏族論異。

C〔又〕希鑑齊外兵郎撰永明氏族稱　「稱」誤，庫本作「狀」。又柳芳氏族論云，匪之傳子希鏡，希鏡撰姓氏要狀十五篇，尤所諳究。則「希鑑」上奪「生」字。元龜五六〇及新表亦作「希鏡」，鏡、敬音同，或石晉時諱「敬」而改「鑑」歟？元龜五六〇有氏族要狀十五卷，當即希鏡所著。

D〔又〕生執梁少府太傅講學撰姓氏英賢傳　隋書三三作姓氏英賢譜一百卷。柳芳氏族論亦云，希鏡傳子執，執更作姓氏英賢一百篇。新表云，希鏡，南齊外兵郎，生悅，義興郡太守，生執，梁太府卿。以執爲希鏡孫，與此及柳芳氏族論異。

123【廣平】狀云稱賈翊之後。北齊國子助教猶；曾孫元彥，唐太學博士，生元贊、大隱。元贊，太學博士。大隱，中書舍人、禮部侍郎，生幼知、日新。

A〔岑校〕狀云稱賈翊之後　「云稱」二字應任衍其一。「翊」爲「詡」之訛。

B〔又〕北齊國子助教猶　「猶」，庫本作「猷」。按賈玄贊殯記：「曾祖賓，齊襄州率道縣令。」依世數詳之，賓當猷子。

C〔又〕曾孫元彥唐太學博士生元贊大隱　按「元彥」是「公彥」之訛（見勞考一〇），非父子同名也。舊書一八九上，公彥子大隱。千唐賈欽惠誌：「曾祖隨太學博士演，祖大學博士、崇文館學（士）公彥。」「崇」應作「弘」，說見拙著唐集質疑。敦煌掇瑣九五，永徽四年二月刊定五經正義殘頁稱：「朝散大夫、行太學博士臣賈公彥。」

D〔又〕元贊太學博士　庫本亦作「元」，上同。依玄贊殯記應作「玄」也。記云：「祖演，隨齊王府文學。父公彥，皇朝朝散大夫、行大學博士、弘文館學士。……（君）又遷大學博士及詳正學士，嗣聖初，授朝散大夫、行大學博士。」（芒洛四編三）玄贊卒垂拱元年，參拙著貞石證史。又賈欽惠誌：「考大學博士、詳正學士玄贊。」欽惠開元二年終丞令，年四十一，有子司農主簿怡、雍縣尉勵言，均開元末前卒。勵言子名勝，勝從父弟收，書欽惠誌者稱姪棲梧。

E〔又〕大隱中書舍人禮部侍郎　儀鳳二年爲太常博士，見會要一七。垂拱三年鳳閣舍人，四年春官侍郎，見通鑑二〇四。欽惠誌：「叔父禮部侍郎大隱特器之。」

124【樂陵】賈誼之後。唐沁水丞賈元琰；生耽，左僕射、司空、平章事，生疄、疇、曣。曣，太子中允。疇，司農主簿。

A〔岑校〕賈誼之後唐沁水丞賈元琰生眈　新表七五下所列，就外面觀之，似眈爲敬言玄孫，然眈居相位十餘年，寶修姓纂時，距其卒不遠，果如新表之説，姓纂似不應列敬言於洛陽而眈又別出樂陵也。故新表何據，猶待考覈。又「元琰」，載之集二二作「琰之」，叢編七引京兆金石録祇稱賈琰。英華辨證三云：「鄭餘慶賈眈碑，考琰之。」余按全文四七八賈眈碑：「祖知義，皇沁州沁源主簿，贈揚州大都督。考炎之，贈尚書左僕射。」作「炎」疑清人諱省，故與彭氏見本異。碑下文又接云：「皆才光道溢，器位非偶。」則「贈尚書」之上，似脱去琰之所官沁水丞。顧全文五〇五權德輿賈眈誌又云：「都督生烈考琰之，燕居不仕。」所未詳矣。

B〔又〕左僕射司空平章事　眈官滑州刺史，見酉陽雜俎及廣記三九九引玉泉子。

C〔又〕生疄疇眯　賈眈碑：「長子疇，太常寺協律郎，凋於青春。次子疄，太子議郎。少子眯，京兆府參軍。」則眈之三子，固以疇居長，新表同姓纂，此表本姓纂之證。賈眈誌，嗣子疇，次子璘，少子眯，與碑同。白氏集三三，册迴鶻副使、朝議大夫、守少府少監、兼御史中丞、襲魏國公、食邑三千户、賜紫金魚袋賈疄。又有授制，見同集四四。

D〔又〕眯太子中允　新表作「楚州刺史」。

E〔又〕疇司農主簿　載之集二二云，太常協律郎，早夭。

【河内野王】中書舍人登。陝郡。庫部郎中賈彥璋。

A〔岑校〕中書舍人登　「登」上應補「賈」字。先天二年及第，見會要七六。全文三〇八孫逖制：「朝請大夫、守給事中、騎都尉賈登……可守中書舍人。」玉海四六引集賢注記，開元初韋述撰國史，蕭令嵩欲早就，奏賈登等助之。

B〔又〕陜郡　此二字應提行空格。

C〔又〕庫部郎中賈彦璋　全詩十一函八册收彦璋詩四首。

126【濮陽】　工部員外賈彦璿，弟彦璉，評事。水部郎中賈昇，刑部郎中賈虚舟，侍御史賈仁英，魏郡人。侍御史賈令恩*，河東人。右常侍、御史大夫賈隱*。

A〔岑校〕工部員外賈彦璿　李無慮誌，開元十七年立，工外賈彦璿撰（古刻叢鈔）。開元四年爲殺蝗使，見會要四四。賈氏誌，建中二年立，稱「烈考彦璿，朝請大夫、閬州刺史」。古泉山館及石華一三以爲卽此人，常山貞石志一〇則謂歷官及縣（郡）望不同，未敢決。補正六五云：「案李無慮誌，彦璿結銜稱工部員外郎，則卽元和姓纂之濮陽賈氏彦璿也，未必卽夫人之父，官職、族望均不符合。」詎其下又云：「夫人之父列銜閬州刺史。閬州本隆州，先天二年更名，彦璿爲刺史，當在玄宗時，爲李無慮撰誌之賈彦璿，亦在玄宗時，疑卽其人，惟族望何以不同耶？」按陸説前云「未必」，後云「疑卽」，殊不照應。賈氏卒建中二年，春秋七十六，是生神龍二年，其父仕開元中，時代正合，長樂爲賈姓舊望，故賈氏誌稱長樂人耳。

B〔又〕水部郎中賈昇　按孟浩然集四有送賈昇主簿之荆府詩，又和賈主簿弁九日登峴山詩，「弁」當「昇」之省寫。「昇」字頗僻，疑此「賈昇」爲「賈昪」之訛，姑識此以待考。

C〔又〕刑部郎中賈虛舟　御史賈虛舟，見全文三一三孫逖韋虛心碑。

D〔又〕右常侍御史大夫賈隱　舊書一四四，賈隱林累官至檢校右散騎常侍，又同書一二，興元元年，贈滑州兵馬使賈隱林左僕射，應卽此人，「隱」下奪「林」字。廣記一三七引神異録，德宗幸奉天，拜奉天尉賈隱林爲侍御史，尋遷左常侍。

夏

127 夏后氏之後，以國爲姓。又陳宣公孫御叔亦爲夏氏，徵舒其後也。

A〔岑校〕夏后氏之後　羅振玉複補此句於去聲。

B〔又〕又陳宣公孫御叔亦爲夏氏　庫本無「氏」字，類稿三九引文有。

馬師

128 世本，鄭穆公有馬師之官。馬師頡，馬師朔，馬師騤。列仙傳有馬師皇。

馬適

129 趙將趙奢，號馬適君，因氏焉。案此系當改入馬服姓下。漢功臣表有畢侯馬適建，當增入。此脱，又誤以馬服君改「馬適君」。

A〔岑校〕趙將趙奢號馬適君因氏焉　校云：「案此系當改入馬服姓下。漢功臣表有畢侯馬適建，當增入。此脱，又誤以馬服君改『馬適君』。」「系」訛，庫本原作「條」。又「建」，庫本原訛「育」，嘉慶本訛「有」。余按此條是馬服之文，誠如校注説，通志則馬服附見馬姓。又志「馬適氏」云：「英賢傳，漢有畢梁侯馬適育，漢功臣，馬適求聚黨討王莽，見害。」余按馬適建見漢書百官表及昭帝紀等，無「馬適育」，馬適求見莽傳下，校注作「功臣表有……」，辯證二六「漢功臣表有畢侯馬適育」，均未合。

馬矢

130 莊子有馬矢子。

A〔岑校〕莊子有馬矢子　余按通志「馬矢氏」云：「漢有大司徒馬宮，本馬矢氏。」與此異，辯證文亦不同，蓋冒他姓之文也。考卷五「長梧」云：「莊子有長梧子。」换去「長梧」二字恰相類，是知此條實複出，應删，馬矢今衹存目。

虵咥上音野，下音錢，都結反。案此姓注文，原本缺。

131 A〔岑校〕虵咥　校云：「上音野，下音錢，都結反。案此姓注文，原本缺。」庫本「咥」作「蛭」，「下音錢」正作「下音鐵」，又「案此姓注文原本缺」八字則爲另行低一格夾注。綜而觀之，「上音野」九字應是姓纂原注。「案此姓」八字殆係庫本重輯時加案也。通志「虵咥氏」云：「上音野，下音絰。」姓解二：「上音野，下音鐵。」虵音野，與「也」無大異。隋書八四鐵勒傳，伊吾以西，焉耆之北傍白山者有也咥，西突厥處羅可汗既敗，衆立薛延陀内俟斤字也咥爲小可汗。然則虵咥即也咥，本鐵勒之族也。洪本作「咥」，未爲不是。

夏侯

132 夏后之後，至東婁公，封爲杞侯。至簡公，爲楚惠所滅，弟他奔魯，魯悼公以夏侯受爵爲侯，因氏焉。　後去魯之沛，居譙，遂爲郡人。

A〔岑校〕夏后之後　「后」，庫本作「侯」。廣韻及類稿五四引文作「夏禹之後」。

B〔又〕魯悼公以夏侯受爵爲侯　文不可通。類稿引作「魯悼公以他夏後，授爵爲侯」，是也。

133 漢有太僕夏侯嬰，譙國人。　嬰孫夏侯建。　建三代孫竗才，魏征西將軍，轉博昌侯；生霸，仕蜀，雍州牧、郿侯。　七代孫詳，左僕射、豐城公，生夔。　夔生審端，唐祕書監、梓州刺史。審端生德昭，吉州刺史。德昭生遵業、遵本。

A〔岑校〕嬰孫夏侯建　按傳尚書學之夏侯建，附見漢書七五夏侯勝傳，未云是嬰孫，其殆同姓名者歟？參看後一條。

B〔又〕建三代孫紗才　「紗」，庫本作「妙」。三國志九，夏侯淵字妙才，舉其字，避唐諱也。說世系者罕稱三代孫，因三代孫卽曾孫也。假「三代」字不訛，則此夏侯建應爲東漢人，但余究疑是「十三代」之奪文耳。

C〔又〕魏征西將軍轉博昌侯　「轉」字疑「封」之誤。據三國志九，淵以建安十四年封博昌亭侯，二十一年始拜征西將軍。

D〔又〕七代孫詳左僕射豐城公生夔夔生審端唐祕書監梓州刺史　羅校云：「案梁書夏侯亶傳，弟夔。以此夔爲詳子，疑誤。」按梁書一〇夏侯詳傳，官右僕射，非左僕射。又據同書二八亶傳云，「詳長子也」，復云，「夔字季龍，亶弟也」，則夔明明詳子，姓纂不誤，羅氏特讀之未審耳。羅校又云：「又案詳子譔」之倒，「端禮」乃「審端」之訛。據舊書一八七上夏侯端傳：「梁尚書左僕射詳之孫也。」又云：「復爲齊梁間人，不應詳孫便爲唐人，此有奪誤。」據亶傳，子夔譔，次子譒，非端禮也。」按「子夔譔」乃「夔子譔」之倒，「端禮」乃「審端」之訛。據舊書一八七上夏侯端傳：「梁尚書左僕射詳之孫也。」又云：「復以爲祕書監，俄出爲梓州刺史。」是舊書之夏侯端，卽姓纂之審端，謂是詳孫，則兩書皆同。但考詳孫如誼、損、譒等，均已仕於梁武之末（見梁書二八），羅氏謂詳孫不應仕唐，誠有可疑。復次，「譒」字與

「審」近，豈端卽譒之子歟？姑懸所疑，以俟考定。又全文二六三李邕嶽麓寺碑，梁天監三年刺史夏侯公諱祥，卽本文之詳。

134 又後魏左光禄夏侯道謙，爲譙郡太守，子孫因家焉。弟叔明，檢校右僕射、劍南東川節度，生昇，原御史大夫。昇生仲。仲生昊，彭州刺史。

A〔岑校〕又後魏左光禄夏侯道謙爲譙郡太守子孫因家焉弟叔明檢校右僕射劍南東川節度　按叔明所歷官是唐制，則爲唐人，斷未有兄仕後魏而弟能仕唐者。勞考八謂叔明卽鮮于叔明，誤入夏侯氏，是也。叔明自大曆三年節度東川，至貞元二年止（參方鎮年表六），後賜姓李，舊、新書均有傳。又卷五南郭下有一節，經余考正爲夏侯氏之文，其文應云：「光禄大夫夏侯昶文，隨伯道遷入北；曾孫嗣本，嗣本，遂州刺史，生夏侯翁慶。」可參看。

B〔又〕生昇原御史大夫昇生仲仲生昊彭州刺史　庫本兩「昇」字均作「昪」。舊書一二二及元龜作「昪」，惟新書一四七作「昇」。「昇」字罕見，故易訛爲「昪」（例如前文水部郎中賈昇）。「昇原」是否兩子，無可考，新書固云昇兼御史大夫，則「原」字似衍，但無論「原」是否一人，「生昇原」一句必有錯誤也。復次，自上文「弟叔明」起至「彭州刺史」止，應移入卷五鮮于閬中望之下。

135【魏郡】狀云本譙人。後魏有興皇。生雄，唐刑部郎中，生處信、處讓、處節。處信，都官郎中、荆州長史；孫銛，給事中，生綏、締、維、紳。紳，庫部員外。處讓，都官郎中，

生澧、收。（岑補）

A〔岑校〕此節爲夏侯氏文，庫、洪兩本均誤錯於卷五南郭之後，經勞校指出，説已見前。父興皇生後魏而子雄仕唐，其不可信，與上文道謙弟叔明同。武德四年，泗州刺史爲夏侯雄才，見寰宇記一六疑卽此之雄。處信爲荆州長史，見廣記一六五引朝野僉載。

夏父

136 左傳，魯大夫夏父弗忌，宋大夫夏父徵。

A〔岑校〕宋大夫夏父徵　「徵」，通志作「徵」，辯證二六作「祉」。

夏后

137 史記，禹爲夏后，因國氏焉。

夏里

138 漢四皓夏里黄公，河内軹人。

A〔岑校〕漢四皓夏里黄公河内軹人　通志略同。此姓亦引見路史發揮四。

社北

139 風俗通云，凡氏於職，社北、五鹿，有社北大夫，因氏焉。

140 【沛郡】 漢有社北郡，爲羣上計。

A〔岑校〕風俗通云凡氏於職社北五鹿有社北大夫因氏焉漢有社北郡爲羣上計　郡、羣兩字，應依庫本及通志互乙。又此兩條是三烏之文，説見前卷五三烏，社北本條，又誤錯於卷六祖南，應各更正還原也。

三十六養

蔣

141 周公第三子伯齡，封蔣，子孫氏焉。國在汝南期思縣，宋改爲樂安。漢有蔣詡、蔣朗。祕笈新書。

A〔岑校〕周公第三子伯齡封蔣子孫氏焉國在汝南期思縣宋改爲樂安漢有蔣詡蔣朗　此係洪氏據祕笈新書所增，但姓纂蔣姓全文，今已發見，誤附辯證之内，此應删卻。

B〔又〕案此段（整理者案：「此段」指岑氏據古今姓氏書辯證所補姓纂蔣氏之文，即第142至149條，因原文過長，故分段列於此後，並繫以岑氏校語）今見辯證二七蔣姓之下，余謂此實姓纂文也。其爲永樂大典誤以姓纂當辯證，抑乾隆輯出時錯隸，今不可知。洪氏據祕笈新書補云：「周公第三子伯齡，封蔣，子孫氏焉。國在汝南期思縣，宋改爲樂安。漢有蔣詡、蔣朗。」與前文（除「因」、「郎」二字訛寫外）一字不差，類稿三九引文亦同，可證者一。通志之文，如非別伸己見者，率沿用姓纂，今氏族略二云：「蔣氏，周公之第三子伯齡所封之國也。杜預云，弋陽期思縣是。按期思，宋改爲樂安，今光州仙居縣是也。漢有隱者蔣詡，又有蔣期（『朗』訛），劉宋時有蔣恭靈異，後封爲蔣神。」與前文大致無異，可證者二。此段敍系簡潔，與鄧書文華繁冗者迥殊，鄧氏敍述，恆以官名冠人名上，所生曰若干子，前文不然，可證者三。姓纂所常見之「狀稱」，當日諸臣之狀也，辯證非引文，向不著此兩字，且彼亦似未得見此種行狀也，可證者四。今辯證誤收姓纂之文，如周，如獨孤，均經前人指出，其誤收蔣姓，更無足異。或云蔣伸相懿宗，不應見姓纂，殊不知今姓纂固多羼文，豈獨此段。以余觀之，自「並元遜之族也」已下，至「佶國子祭酒」止，確是續貂之作，其餘則與姓纂時代均相當，不必因一節而廢全體也（例如獨孤），茲以次考校之。

142 周公第三子伯齡，封蔣，子孫氏焉。因在汝南期思縣，宋改爲樂安。漢有蔣詡、蔣郎。（岑補）

A〔岑校〕因在汝南期思縣　據祕笈新書及類稿，「因」乃「國」之訛。

B〔又〕宋改爲樂安　宋書三六，「弋陽太守」下云：「期思令，漢舊縣。……樂安令，新立。」宋乃劉宋，非天水也。

C〔又〕漢有蔣詡蔣郎　宋人諱「朗」，常缺末筆，故訛爲「郎」，應據祕笈新書及類稿改正。詡見漢書七二鮑宣傳。朗未詳，唯全文三五四齊光義（「又」之訛）後漢亞亭鄉侯蔣澄碑云：「逮我高祖詡之臨兗州也，屬王莽秉政，歸卧長安。……曾祖助，會稽太守。祖冕，司徒公。……父横，大將軍、浚遒侯。……公卽大將軍之第九子也，諱澄，字少朗。」不知本文之朗是指澄否。

143【樂安】　今光州僊居縣也。宋有蔣恭。（岑補）

A〔岑校〕今光州仙居縣也　舊書四〇光州仙居縣云：「宋分軑縣置樂安縣，天寶元載，改爲仙居。」

B〔又〕宋有蔣恭　恭，宋書九一有傳。

144【義興】　詡十代孫休，自樂安徙義興陽羨縣。十一代孫元遜，陳左衞將軍。堂姪曾孫儼，唐蒲州刺史；生安遇，郢州刺史。（岑補）

A〔岑校〕詡十代孫休自樂安徙義興陽羨縣　陽羨屬義興太守，見宋書三五。蔣澄碑又云：「嗣子丹陽太守休，襲亞亭鄉侯。」依前引碑文，澄爲詡玄孫，則休乃詡五代孫，「十代」之「十」字殆誤。

B〔又〕十一代孫元遜陳左衞將軍　此「十一代」殆承休言之。澄碑云：「及將軍元遜，列於陳史。」

C〔又〕堂姪曾孫儼唐蒲州刺史　舊書一八五上、新書一〇〇有傳，卒太子詹事，其父名卿。澄碑云：「尚書孝儼，見於實録。」作「孝儼」，與舊、新書異。廣記二二一引定命録，儼征遼東，没賊七年，高麗平乃還，官至蒲州刺史，年八十三致仕，後數年卒。

145 儼再從姪岑，膳部員外、司農少卿；生晁，兼御史。岑堂弟勵己；生至，著作郎。（岑補）

A〔岑校〕儼再從姪岑膳部員外司農少卿　約開元十八年頃，岑官司農少卿，見通鑑二一三。澄碑云：「司農岑之盡力王室。」拓本唐蘇州别駕李公故夫人蔣氏墓誌銘云：「先父岑，開元中少司農，贈汾州刺史。」

B〔又〕生晁兼御史　毘陵集一六云：「揚州牧趙國崔公，使其部從事侍御史吴興蔣晁如京師。……既將命，趙公拜左僕射，蔣侯加尚書郎之位。」澄碑云：「裔孫監察御史晁，即司農第三子。」又李公夫人蔣氏誌：「庚戌歲八月甲子，蘇州别駕李公葬故夫人蔣氏于河南縣平樂原。……天寶四年二月十八日終於幽州。……季弟晁，尚書户部郎，歸贈會葬。」按天寶四年後之庚戌，應爲大曆五年，正與前引毘陵集「加尚書郎」之官階合，唯據朔閏考三，是年八月辛卯朔，月内無甲子。此「甲子」或是「某日」之代言耳。

C〔又〕岑堂弟勵己　全文三九九，勵己，開元時擢書判拔萃科。

D〔又〕生至著作郎　按「郎」爲「郎」之訛。輿地碑記目一：「前縣令李復碑，晏公類要云，在餘杭縣，唐大曆四年立，祕書郎蔣志文。」以時代覈之，應即此人。魯公集七，妙喜寺碑銘，大曆八年作，有祕書郎蔣志。字亦作「志」也。英華稱蔣至天寶五載進士，全文四〇七作天寶十年，余按徐氏登科記考九，至六載進士，亦據英華著録，唯登科記考以主試之年爲定，故比英華退後一年。至有罔兩賦，與是歲試題同，則作「十年」者誤。

146 儼五從挺，主爵郎中、國子司業，生列、湲、深。冽，尚書左丞；生先諫，光禄少卿；鎮，工部侍郎。（岑補）

A〔岑校〕儼五從挺主爵郎中國子司業　校云：「案『五從』下有脱字。」按儼卒垂拱三年，年七十八，挺之子洌，開元始入仕（參勞考六）。又舊書一八五上高智周傳，智周卒永淳二年，年八十二，少與鄉人蔣子慎善。子慎子繪，繪子捷（勞考六據新傳謂即挺），舉進士，開元中歷臺省，仕至湖、延二州刺史。又挺於開元二年任監察御史，見會要四〇。由此推之，挺殆儼之姪孫或姪也。又挺見精舍碑監察御史及郎官柱封中。開元十三年，自國子司業爲湖州刺史，見元龜六七一。吴興談志一四：「蔣挺，開元五年自國子司業授，選申王府長史。統記云十二年。」則統記近是也。全文二〇八謂挺，武后朝官殿中侍御史内供奉者，疑誤。

B〔又〕生列湲深　勞考六引此亦作「列」，其實木刻漫漶，故偏旁不明耳。其昆仲名湲、深，則洌當依碑從氵旁，非從冫旁。千唐裴迴夫人李氏誌亦作「洌」。「湲」當作「渙」，詳下文。

C〔又〕冽尚書左丞　「冽」當作「洌」，如前說。據舊書一八五上，洌歷禮、吏、户部三侍郎，尚書左丞。千唐裴迥夫人李氏誌，開元七年立，題「太子校書郎蔣洌撰」。

D〔又〕生先諫光禄少卿　舊書一八五上云：「洌子鍊。」名見精舍碑及郎官柱之户外、吏外、左外，字均作「鍊」（唯勞考二誤「練」）。勞考二引此云：「原誤『諫』。」是也。「先」字亦疑衍文。蔣鍊受朱泚僞官御史中丞，見奉天録一。全文三七六任華西方變畫讚：「前殿中侍御史蔣鍊，鍊弟前右拾遺鎮，鎮弟前無錫尉鏑，鏑弟前千牛鏠，鏠弟前協律郎錡等。」廣記二五五引大唐新語，朱泚僞黄門侍郎蔣鍊，字亦訛。

E〔又〕鎮工部侍郎　舊書一二七有傳，云，轉給事中、工部侍郎。亦見翰林院故事。

147 涭，禮部尚書、東都留守；生銶，起居舍人，國子司業；生將明，生乂，太常少卿。並元遜之族也。（岑補）

A〔岑校〕涭禮部尚書東都留守　洌子涣，見舊書一八五上。勞考三引此云：「原誤『涭』。」是也。舊紀一一，大曆七年五月，以檢校禮部尚書蔣涣充東都留守，亦見大曆四年、八年（誤「瓊」）下。

B〔又〕生銶起居舍人國子司業　校云：「案唐世系表，將明父瓌，此作『銶』，不符。」余按舊書一六五上云，「涣子銶，亦進士舉」（新書一〇六亦稱涣子銶），余頗疑與此之銶，實是一人。惟舊書一四九蔣乂傳云：「祖瓌，太子洗馬，開元中弘文館學士。父將明……」與此處世系合觀，似乎瓌爲涣子，但由大曆七年逆數至開元之末，已三十二載，易言之，卽涣檢校禮尚之前約四五十年，其子已躋清要，此必不可信之事也。千唐建中四年二月立之源溥誌，撰人題「宣德郎、守起居舍人樂安蔣鋭撰」。「鋭」，原目訛「鍊」，然諦觀實「鋭」字無疑。「國子司業」四字，或應依舊傳爲將明歷官，乙在「生將明」之下。制詔集九有授蔣將明侍御史制。

C〔乂〕生將明生乂太常少卿　錢注云：「案原本脱『乂』，據唐世系表補。」舊書一四九乂傳，乂本名武，裴垍罷相，李吉甫再入，以乂、垍之修撰，改授太常少卿，此蓋其見官也。吾故曰自「乂生」以下至「佶國子祭酒」，乃後人增入者。新表七五下稱乂祕書監，乃後來終官。德宗實録，元和五年十月上，裴垍上表（全文六一六）稱修撰官祕書少監蔣武。元龜八二五稱，元和五年，乂改名作武。乂撰宰臣録，見廣記二六〇引國史補。全文四七六貞元十二年崔損祭成紀公文，稱右拾遺蔣武。同書五〇九貞元十四年八月權德輿祭徐給事（岱）文，稱右拾遺、史館修撰蔣武。若廣記四四一引傳奇，寶曆中循州河源人蔣武，非此人。

D〔乂〕並元遜之族也　文氣至此已盡，下文復提乂生某某，顯見續補痕跡，否則此語應總結於「佶國子祭酒」之後也。

148乂生係、伸、佶、偕。係，檢校左僕射、興元節度。中書侍郎、華州刺史，生泳。佶，國子祭酒。（岑補）

A〔岑校〕乂生係伸佶偕　偕於大中八年任太常少卿，見會要六三。大中五年充史館修撰，見全文六八四自撰論諫集序。元龜五五四選任門，稱偕爲補闕，咸通中修文宗實録者，誤。

B〔又〕係檢校左僕射興元節度　據舊書一四九，大和初，係始授昭應尉，興元節度亦非其終官。

C〔又〕中書侍郎華州刺史　校云："「案唐史，伸相懿宗，此『中書侍郎』上疑脱去『伸』字。」是也。伸嘗爲華州刺史，見新書一三二。

D〔又〕生泳　登科記考二三據唐摭言，泳咸通七年進士。桂苑筆耕集一〇有致考功蔣泳郎中書。

E〔又〕佶國子祭酒　自「又生係、伸、佶、偕」起至此止，乃後人附增之文。

149【東萊膠東】　狀稱魏太尉蔣濟之後。唐吏部侍郎、大理卿蔣欽緒，生溆、演、漾、溢、溶、洸、清。溆，鳳州刺史，生郁、邵。演，兵部員外，生邗、酆。邗，殿中丞御史。酆，大理評事。漾，咸陽令。溢，長安丞，生郢、郕。溶，奉先令、安州刺史，生鄆。洸，刑部侍郎、大理卿；生郢，兼監察御史。清，鞏縣尉，兄子郕繼，施州刺史。緒堂姪溥。（岑補）

A〔岑校〕唐吏部侍郎大理卿蔣欽緒　十一月二十二日巡陵恩赦之年，欽緒爲魏州刺史，見廣記二八三引定命録。（按舊紀八，開元十七年十一月戊申大赦，即廿二日。）

B〔又〕生郁邵　蔣邵曾爲洪撫二州刺史，轉交州刺史，見浦陽人物記上。但苟爲同人，則蔣族顯達者甚多，宋氏不應獨記一蔣邵，豈姓名偶同者歟，抑邵始遷浦陽歟？

C〔又〕溢長安丞生郢郕　芒洛續編補蔣氏子墓記云：「其家君諱郕。……祖，京兆府長安□丞諱溢。」郕本出後而記言溢者，前人文字，往往記所生不記所後也（例如于志寧碑稱父宣道，不稱宣敏）。千唐濟州司户鄭揭誌，開元廿七年立，題「温縣尉樂安蔣溢文」。

D〔又〕溶奉先令安州刺史生鄖　錢注云：「案唐（書）蔣欽緒傳以鄖爲清孫，與此異。」余按依此書，則欽緒諸孫均以邑部字爲名，似新書一一二不合，但考元龜一三一，長慶四年八月，以獲嘉令蔣鄖爲伊陽令，安史之亂，鄖祖清著名節，故特寵之，豈「生鄖」兩字爲「施州刺史」下所錯簡者歟，抑「生」字訛歟？懸以待考。

E〔又〕沇刑部侍郎大理卿　舊書一八五下沇傳稱，沇兄演、溶，弟清，則沇在諸昆中年較幼者，其卒約在建中元年後不久（會要七八誤「況」），年七十四。據此以推，此文所敍沇諸子姪歷官，可決其是姓纂修書以前事也（參下二條）。紀事三二：「涣，儀鳳宰相智周之孫。」按智周自姓高，此因誤解舊書智周傳（引見前）之故。拓本天寶四載唐皇四從姑故正議大夫使持節鄴郡諸軍事守鄴郡太守上柱國賀蘭府君夫人金城郡君隴西李氏墓誌銘并序題「太子司議郎蔣涣撰」。

F〔又〕清鞏縣尉兄子郕繼　舊書一八七下、新書一一二均稱鞏縣丞，舊書一一二稱鞏縣主簿，同書九及二〇〇上稱判官。「兄子郕繼」者，即溢之子郕也（溢爲清兄，亦見舊傳）。天寶中，崔沔代河南裴尹謝賜表•，稱行鞏縣主簿蔣清（全文二七三）。廣記二七九引廣異記，清於洛被害。

G〔又〕施州刺史　按蔣氏子墓記："乃元和十一年十月三日也，其家君諱郧，是時貳官陜服，明年秋，始以其櫬歸於邙阜，未至而司馬亦棄養于家。"司馬卽郧，然則郧官終司馬，施州刺史殆元和七年時見官也。

掌

150 魯大夫黨氏之後。揚雄與劉歆書云，林閭蜀郡掌氏*。

A〔岑校〕魯大夫黨氏之後　拓本垂拱三年大唐故處士掌府君（徹）墓誌銘幷序云："樂陵人也，述涿侯之後。"

151 【琅邪】晉有琅邪掌同。

152 【燉煌】前涼有遂興侯掌據。

A〔岑校〕前涼有遂興侯掌據　辨誤二〇謂今本十六國春秋作"常璩"，晉書載記作"張璩"，皆錯，實應作"掌璩"云。

仉

音掌。案此卽"爪"字，反爪文也。

153 人姓，梁州有仉啓。

A〔岑校〕仉　注云：「音掌。案此卽『爪』字，反爪文也。」庫本無「案此」以下九字，蓋洪校也。「音掌」殆姓纂原文。

B〔又〕梁州有仉啓　「梁州」，通志同，疑「梁書」之訛，例如杜姓下之梁州。梁公子四人，一爲仉啓，字與「啓」同。

鞅 央上聲*。

154 見姓苑。

賞

155 江南有賞氏。

䦇 皮養切。

156 姓苑云，人姓。

A〔岑校〕䦇（皮養切）　辯證二七引姓苑，呼朗切。余按廣韻、姓解亦作「毗養切。」

長孫

157 【河南洛縣】後魏獻帝拓拔鄰*七分其國，兄弟各統領之，第三兄爲長孫氏，孝文帝以蒿宗室之長，改爲長孫氏。長兄爲紇骨氏。次兄普氏，孝文改爲周氏。太和中詔代北人並爲河南洛陽人。

A〔岑校〕河南洛縣　「縣」，當依庫本作「陽」。

B〔又〕第三兄爲長孫氏　按下文云「改爲長孫氏」，則此處着「長孫」二字，殊不相應。官氏志稱拓拔氏改長孫氏，陳毅疏證以「拓拔」爲「拔拔」之訛。考通志「長孫氏」下雖沿新表之説，然變夷條下又云：「拔拔氏改爲長孫。」由類稿五八引文「第三兄拔拔氏」觀之，知其本自當日姓纂見本，可爲陳説添一佐證。陳氏又云：「據志，拔拔係獻帝定氏，而太和十八年比干墓文碑陰有符璽郎中河南郡拔拔臻，可知氏改長孫，必在孝文定代姓時。林寶既誤以新姓蒙舊姓，歐陽復不諳收書盡用新姓不用舊姓之例，故説俱不合。」涉於此節，余有須附言者，今本姓纂乃傳刻之訛。又姓纂六，宇文之先亦名拔拔陵陵，則拔拔臻者非必後改長孫氏之族人也。

C〔又〕孝文帝以蒿爲宗室之長　「蒿」當作「嵩」，已見羅校。新表七二上云，「道武以嵩宗室之長」，與此作「孝文」異，惟周書二六亦作孝文改託拔爲長孫氏。又類稿引文作「以拔拔皇枝之長」。

158 道武時有上黨王長孫道、北平王長孫嵩。上黨靖王道生後魏司空旃。旃生觀，案魏書，道生子抗，抗子觀，此作道生旃，旃生觀，蓋與唐世系表同誤。爲殿中尚書；生稺，西魏尚書令、太師，生子裕、紹遠、澄、攜、巫。案魏書，稚凡五子，子彥、子裕、紹遠、士亮、季亮，又子彥本名儁。此所載與唐史同，與魏書異。又澄亦觀之子，此作穲子，與唐表亦不合。「儁」誤作「攜」。

A〔岑校〕上黨靖王道生後魏司空旃　上文「長孫道」當作「長孫道生」，具如羅校，此處似亦應重「生」字也。校云：「案魏書，道生子抗，抗子觀，此作道生旃，旃生觀，蓋與唐世系表同誤。」按旃、抗二字致誤，已詳羅校，舊書六五亦作「旃」。

B〔又〕生穲西魏尚書令太師　京兆金石録載西魏雍州刺史長孫穲碑，大統二年立，見叢編八。羅校引魏、周、隋三書，字均作「稚」。

C〔又〕生子裕紹遠澄攜巫　新表七二上又以紹遠爲子裕之子，與周書二六及此不合。校云：「又澄亦觀之子，此作穲子。」「穲」，庫本作「稚」。庫校又云：「案魏書，稚凡五子，子彥、子裕、紹遠、士亮、季亮，又子彥本名儁，此所載與唐史同，與魏書異。……『儁』誤作『攜』。」羅校云：「案澄卽士亮，此與魏書、北史均作稚子，與唐表異。又子裕，隋書長孫覽傳作裕。」余按北朝名字往往從省，觀後引長孫仁誌便見。

159 子裕，西魏右武侯將軍、平原公；生兕，後周絳州刺史、平原公，生熾、晟、敞、義莊。

A〔岑校〕子裕西魏右武侯將軍平原公　「侯」字誤，庫本原作「候」，新表作「衞」。千唐長孫仁誌：「曾祖裕，魏武衞大將軍、太常卿、平原侯。」

B〔又〕生兕後周絳州刺史平原公　長孫仁誌：「祖兕，魏左光禄大夫，周勳、绛、熊三州刺史，平原侯。」舊書六五作「光」誤，涉唐人寫作「兇」而訛也。又千唐長孫祥誌：「曾祖兕，周武衛大將軍，勳、絳、雄（字誤，當作『熊』）三州刺史，平原公。」

C〔又〕生熾晟敞義莊　新表七二上同。按芒洛續編補長孫氏誌：「曾祖敞。……祖義常，唐通議大夫、華容郡公。」使義莊爲敞弟，則敞子與叔父同排，殊極可疑，豈後人因下文敞生兕虎下有「義莊荆州刺史」一句，遂以義莊爲敞弟而於此加入義莊之名歟*？但須知姓纂常以「生」字綰數人（說見弁言），是亦可讀如敞之子也，書之以俟徵實（參下文義莊條）。續僧傳一五玄鑒傳有澤州官長長孫義，未知是此人否。

160 熾，隋户部尚書、饒陽公，生代。　案唐世系表，名安世，此避唐諱爲「代」。　代生祥，刑部尚書、御史大夫；孫孝紀，左司員外郎。

A〔岑校〕熾隋户部尚書饒陽公生代　校云：「案唐世系表，名安世，此避唐諱爲『代』。」羅校云：「案隋書長孫覽傳亦作『安世』。又『饒陽公』，覽傳作『饒良子』。」余按長孫仁誌：「公諱仁，字安世。……父熾，隋大理大卿、民部尚書、靖公。」則安世名仁，「代」乃仁訛，非諱「世」爲「代」也。仁在隋曾官上臺通事舍人，檢校陝縣令，卒武德四年，年五十一。又千唐東宮門大夫長孫家慶誌：「尚書之嫡孫，舍人之元子也。……以貞觀九年亡於雍州光德里第，春秋三十八。」按仁誌，仁與其妻陸氏均終光德里第，兩代官閥復合，則家慶是仁長子無疑（長安志及徐松城坊考，光德坊均未記長孫氏宅，可補入）。祥誌：「祖熾，隋户部尚書、饒良靖公。父安世，隋通事舍人、陜縣令。」無忌從父兄安世，仕王世充，東都平，死獄中，見舊書六五。

B〔又〕代生祥刑部尚書御史大夫　永徽四年御史大夫長孫祥，見元龜一五〇及六一七。顯慶元年刑部尚書，見同書一六一。自工尚出爲荆州長史，又常州刺史，被誅，見通鑑二〇〇。考千唐刑部尚書長孫祥誌：「尋轉御史大夫，又遷刑部尚書，□授荆州長史，又除常州刺史，累授□臺（下泐）……以顯慶四年□□□日，因事卒於雍州界，春秋六十一。」祥未爲工尚，通鑑誤，卒雍州界者，蓋追回而中道處死也。祥有子光等。永徽六年，祥（字作「詳」）爲雍州長史，見寰宇記三一，惟祥誌未敍此歷官。祥被殺亦見舊書六五。

161 晟，隋右驍衛將軍，唐贈司空、齊獻公。晟女爲太宗文德皇后。晟生无乃、无傲、无憲、无忌、无逸。无憲生安業，唐左監門將軍。无忌，吏部尚書、侍中、中書令、右僕射、司徒、太尉、趙國公，在相位三十四年，生沖、渙、濬、温、淨、淑、案唐世系表，「淑」作「儆」。澤。沖，祕書、駙馬；孫元翼，宣州刺史。渙，中州刺史。濬、淨，並奉御。淑，成州刺史。

A〔岑校〕晟生无乃无傲无憲无忌无逸　羅校云：「案隋書長孫覽傳，晟長子行布，次子恆安，少子無忌。」

B〔又〕无憲生安業唐左監門將軍　「左」，新表作「右」。唐初有監門將軍長孫業，見元龜九二二，即其人。通鑑一九二作「安業」，舊書五一謂安業是長孫后異母兄，與此異。

C〔又〕生沖渙濬温浄淑澤　校云：「案唐世系表，『淑』作『儆』。」余按新表作「淑」，從水旁。

D〔又〕沖祕書駙馬　「祕書」下應依新表加「監」字。崔敦禮碑，顯慶元年立，稱祕書監、駙馬都尉長孫沖。會要一四，顯慶三年，沖攝刑尚。叢編九引京兆金石録，有駙馬都尉長孫沖碑。沖尚太宗女長樂公主，見會要六。永徽五年萬年宫銘稱祕書監、駙馬都尉、柱國臣長孫沖。

E〔又〕孫元翼宣州刺史　「孫」字承上文沖言之。糾謬一二云：「今案無忌本傳，……止有上元元年以孫元翼襲封事，又案宰相世系表，延即無忌孫，而元翼則是曾孫。」合觀徐齊聃傳，當是表作曾孫合，新傳誤。

F〔又〕渙中州刺史　「中」疑「申」之訛。新表祇云「鴻臚少卿」。

G〔又〕濬浄並奉御　據新表，濬爲常州刺史，浄爲尚衣奉御。

162 敞，宗正少卿、汴州總管，生无虎，右監門將軍。

A〔岑校〕敞宗正少卿汴州總管　叢編九引京兆金石録，贈幽州都督長孫敞碑，永徽中立。會要八〇，謚良。長孫氏誌：「曾祖敞，隨金紫光禄大夫、宗正卿、平原郡開國公。」（石華八）據舊書一八三，敞任宗正少卿，非宗正卿，與封平原公皆太宗時事，誌統以隋代，誤也。寫禮廎讀碑記似過信墓誌。

B〔又〕生无虎　殿本新表七二上同。百衲本作「无慮」。按唐初諱「虎」，作「慮」者近是，寫禮廎讀碑記疑義常或旡虎之諱改。

163 義莊，荊州刺史。

A〔岑校〕義莊荊州刺史　新表作「邢州」。長孫氏誌：「祖義常，唐通議大夫、華容郡公。」補正四九云：「元和姓纂，敞宗正少卿、汴州總管；生旡虎，右監門將軍，義莊；荊州刺史。亦无義常。」是陸氏以「生」字貫下義莊讀，似未注意於姓纂前文之「兕生熾、晟、敞、義莊」也。惟是長孫氏之祖，果名義常，而敞弟又名義莊，叔姪同名，亦滋疑竇。豈義莊本敞子，後人不將「生」字連讀，誤爲敞弟，遂并於「兕生」之下誤補義莊名歟？抑依前條，義常爲旡虎諱改，亦備一解，但謂義常卽旡虎，尚乏明證（姓纂非必全敍各子）。新表多本自姓纂，今表列義莊爲敞弟，知姓纂作兕生義莊，北宋見本已如是矣。

164 紹遠，西魏大司空、上黨公；生監，案周書作「覽」，此作「監」。周大司徒、薛公，隋宜州刺史，生寬、龕、操、清。案唐世系表，「清」作「洪」。唐晉州刺史。

A〔岑校〕紹遠西魏大司空上黨公　稱上黨公，與周書二六、隋書五一同。新表作「河中獻公」，與舊史異。

B〔又〕生監　校云：「案周書作『覽』，此作『監』。」余按隋書五一亦作「覽」，注文應云：「此作『監』誤。」羅校亦以作「覽」爲是。

C〔又〕生寬龕操清　按新表七二上將寬之一行，各誤排低一格，故寬變如覽之孫，而庶幾乃如昭弟也*。校云:「案唐世系表,『清』作『洪』。」羅校云:「案隋書覽傳亦作『洪』。」余按同文及竹簡兩本今均作「洪」。

D〔又〕唐晉州刺史　新表作「普州」,係淇之歷官,於文例,「唐」上應補一名。

165 寬生昭,郢州刺史。昭生仲宣、庶幾。仲宣孫鑄,倉部員外郎。庶幾生勗,西河太守。

A〔岑校〕昭生仲宣庶幾　武后時,仲宣被趙推之告反,見元龜六一六。

B〔又〕庶幾生勗西河太守　全文二六八武平一東門頌序稱宣城令長孫勗。

166 龕,房州刺史;曾孫子哲,信安太守、右金吾大將軍。

A〔岑校〕曾孫子哲信安太守右金吾大將軍　毘陵集一〇獨孤通理靈表云:「薛國長孫覽之元孫,咸陽縣丞諱頓(英華作『頲』)府君之女,左(英華作『右』)金吾將軍諱子哲府君之妹。」龕下新表亦缺去兩代名字,知其史料採自姓纂也。

167 操,金部郎中、歸州長史,生憲、誼、鑒、詮。憲,屯田郎中、德州刺史。誼,陸州刺史;生詠,屯田員外郎。鑒曾孫湯。詮,駙馬、尚輦奉御。

A〔岑校〕操金部郎郎中歸州長史　贈并州都督、樂壽縣男,謚安,見會要七九。武德元年,操官陝東道行臺金部郎中,見寰宇記六引唐史。

B〔又〕憲屯田郎中　新表作「員外郎」。全文四三六收憲書判兩首。

C〔又〕誼睦州刺史　嚴州圖經一：「長孫誼，□年□月□日自江州（下闕）」列於永淳二與天授元之間。

D〔又〕生詠　「詠」，庫本作「泳」，新表作「永」。

E〔又〕詮駙馬尚輦奉御　新表作「尚衣」。尚太宗女新城公主，見會要六。元龜八〇四作「銓」，許敬宗誣其謀反，伏誅（顯慶四）。考異一〇引實録作「銓」，統紀、唐曆作「詮」。

168 穉三子澄，周秦州刺史、義文公，生嶸、緯、軌、始、愷。嶸生績。績生和人，司農少卿。緯曾孫貞隱，太常博士。軌元孫端，梁州司農，生縯、全緒。縯，長安令。全緒，右金吾將軍、宋州刺史*；生雅正，駙馬。愷生順德，澤州刺史、驃騎將軍、邳襄公；元孫有鄰，和州太守。順德姪曄，駙馬、黄州刺史。

A〔岑校〕穉三子澄周秦州刺史義文公　羅校云：「案『義文公』，北史作『義門郡公』，謚簡。」

B〔又〕績生和人司農少卿　崔敦禮碑有司農卿長孫知人，「和」乃「知」之訛。貞觀廿年官尚藥奉御，見元龜一六一。二十二年官司農少卿，見通鑑一九九。

C〔又〕緯曾孫貞隱太常博士　紀事七，高正臣林亭之客，有長孫正隱。宋人避諱，改「貞」爲「正」也。

D〔又〕軌元孫端梁州司農　千唐（上泐）大理司直兼殿中侍御史賜緋魚袋弘農楊公（中泐）誌銘

幷敍，題「（上泐）歙池等州觀察判官、將仕郎、監察御史裏行吳興錢徽撰」，以千唐楊寧誌及舊書一六八錢徽傳合勘之，蓋貞元年寧妻長孫氏殘誌也。誌有云：「河南長孫夫人……大父諱揣，歷官至洋州司法參軍。」知「端」字涉形似而訛，「梁」涉聲訛，「農」則「法」之誤（參下條）。

E〔又〕纘長安令　按舊書一一四有鄠縣令長孫演（寶應二年），時代相合，疑即是，例如卷二之徐纘，今舊書作「徐瓚」也。千唐楊寧誌，夫人長孫氏，「故長安縣令纘之女」。又楊寧妻長孫氏殘誌（說見前）：「王考諱纘，……累遷長安縣令。」

F〔又〕全緒右金吾將軍宋州刺史　廣德元年，全緒爲六軍使，見舊紀一一。寶應元年官左金吾大將軍，見元龜一〇四。大曆前，全緒嘗爲容州刺史，見元龜六九四。廣德元年爲羽林將軍，見舊吐蕃傳。

G〔又〕生雅正駙馬　今會要六諸公主無降長孫雅正者，惟高祖女高密公主降長孫孝政，而軌、愷之閒尚有始，豈林書本作「始生雅正」而傳抄奪去歟？否則全緒之子，不克上娶高祖之女也。

H〔又〕元孫有鄰和州太守　按「和州太守」之名，不合於唐代官制，當有誤。

I〔又〕順德姪曄駙馬黄州刺史　今會要六祇有太宗女新興公主降長孫曦，新書八三同。考元龜三〇〇：「長孫曄尚太宗女新興公主。」「曄」當「曄」之訛；作「曦」者殆誤。

169 稺第四子攜，後魏尚書令、平高公；生毗，隋工部尚書、絳公。

170 稺五子巫，周秦州刺史、清都公；生大敏，唐職方員外。大敏生希範，司門員外。

A〔岑校〕稺五子巫周秦州刺史清都公　千唐夫人長孫氏誌：「曾祖惣，隨肇州刺史。」依後條推之，夫人之曾應即巫，但名字、官歷不同，隋未聞有肇州，亦屬疑問。考千唐長孫眪誌云：「曾祖惣，隋金紫光禄大夫、趙州刺史。」則前誌之「肇」，當是「趙」字音近而訛。

B〔又〕生大敏唐職方員外　長孫氏誌：「祖敏，唐職方員外。」唐人兩字名往往省作一字，敏即大敏無疑。誌又云：「父希古，洛州福昌縣令。」希古與希範爲聯名，亦可證。夫人卒先天元年，不著春秋若干。又延州士曹長孫眪誌：「祖大敏，皇職方員外郎。父希古，皇洛州福昌縣令。」眪卒開元十九，年四十四，有子晟。

171 北平王嵩，後魏太尉。五代孫慶明，後名儉，周僕射、荆州總管、鄶公；生平、徹。平，隋工部尚書、襄陽公；生師禮，唐膳部郎中。徹生文則，庫部郎中。集生讓，光州刺史。敦生師，黄門侍郎。師生訥言。

A〔岑校〕生師禮　按隋書四六平傳，子師孝，爲王世充所害。今師禮官唐膳部郎中，或平不止一子歟？

B〔又〕徹生文則庫部郎中　續編四，貞觀二十三年窖甎有「大任（疑『使』訛，因又一甎稱『使人』也）殿中丞長孫文則」。

C〔又〕集生讓光州刺史敦生師黄門侍郎　按集與敦，前文均無所承，當有奪誤。師於貞觀五年任廣州都督府司馬，見舊書一九九上；七年官都水使者，見元龜一六一。考魏書，嵩有孫敦，或即此之敦歟？

172 【北海】梁賈執姓氏英賢傳云，北海長孫氏，左王魚家後*。

D〔又〕師生訥言　訥言曾官德州司户參軍，見王仁昫本切韻。

上官

173 楚懷王子蘭爲上官邑大夫，因氏焉。秦滅楚，徙隴西之上邽。漢右將軍、安陽侯桀，生安，桑樂侯，女爲昭帝皇后，拜車騎將軍，以反誅。裔孫勝。

A〔岑校〕楚懷王子蘭爲上官邑大夫　考異五〇云：「按史記，『上官大夫』乃靳尚，非令尹子蘭。」「懷王」，姓解三作「莊王」。又上官與上成等之「上」，音讀當同，應移入去聲「四十一漾」。洪氏在去聲複補上官一姓者，卽因作去聲讀，同時又失察上官之已誤收上聲也。

174 【天水】蜀太尉上官勝，生二子，曰茂，曰先。茂案下有「東郡上官先元孫迥」，此應作「先徙居東郡」，作「茂」誤。徙居東郡。

175 【京兆】上官茂裔孫霽，後魏藁城公，生思慎。思慎生昇，後周秦州刺史；生政，隋西郡太守，義清人。政生懷仁，唐右武將軍、舒州刺史。政少師案政已見前，此有脱誤。裕，安州刺史、安義，生翼伯。翼伯生義同。義同生宗素。宗素生式。

A〔岑校〕生思慎思慎生昇後周秦州刺史　文館詞林四五三褚亮隨右驍衞將軍上官政碑銘：「公諱政，字匡濟，京兆某縣人也。」又：「王父某，魏使持節大行臺、原州刺史」，此思慎也；「父某，周使持節大將軍、某州刺史」，此昇也。

B〔又〕生政隋西郡太守義清人　「人」，庫本作「公」。按「西」下奪「平」字，可參拙著隋書牧守編年表。又政碑：「（仁壽）十一年，進授上大將軍，改封義清縣開國公，食邑一千五百户。」足徵庫本作「公」之是，唯仁壽無十一年，「十一」蓋「二」之訛破，其下文有三年、四年也。碑只云某年某月卒，春秋五十有五，以金石録三勘之，蓋卒於大業六年。

C〔又〕政生懷仁唐右武將軍舒州刺史　「武」字下當有奪文，非「衞」則「候」。武德四年爲太子内率，見元龜九八五。又貞觀十二年爲右武候將軍，見舊紀三，則所奪當是「候」字。

D〔又〕政少師裕安州刺史安義生翼伯翼伯生義同　「政少師」下校云：「案政已見前，此有脱誤。」余謂「少師」應是「少子」之訛，此種書例，姓纂常見之，裕則其名也。「安義」或是封號而奪去爵等，否則安義生翼伯，翼伯生義同，祖孫同名，亦恐未必。廣記四四七引廣異記，麟德時上官翼爲絳州司馬，時代相當，殆即此之翼伯。

176 【東郡】 上官先元孫廻，後周定襄太守。孫弘，隋比部郎中、江都總監，因居揚州；生儀，西臺侍中、平章事，二子庭芝、庭璋。庭芝，周王府屬，生怡容*。庭璋，太子僕射，生經野、經國、經緯。經緯生詔，侍御史。

A〔岑校〕孫弘隋比部郎中　陳校云：「『中』字衍。」按新表亦有「中」字。

B〔又〕江都總監因居揚州　舊書八〇，上官儀父弘，隋江都宮副監，因家於江都，大業末爲陳稜所殺。

C〔又〕庭璋太子僕射　「射」字衍，新表七三下作「太子僕」，是也。

D〔又〕生經野經國經緯　容齋三筆一二，天寶九載，經野官檢校鄱陽郡太守。

E〔又〕經緯生詔侍御史　新表亦作「詔」。按華嶽題名，大曆十三年有侍御史上官沼。關中金石記三云：「宰相世系表有上官詔，當卽其人，宜從碑作『沼』爲是。」

壤駟

177 風俗通，息公子邊爲大夫，氏焉。案此有脫誤。漢有光禄大夫、宜陵侯壤駟射。案家語，孔子弟子有壤駟赤，秦人。

A〔岑校〕風俗通息公子邊爲大夫氏焉漢有光禄大夫宜陵侯壤駟射　校云：「案此有脫誤。」又云：

「案家語，孔子弟子有壤駟赤，秦人。」余按此冒文也。通志「息夫氏」云：「嬀姓。風俗通，息公子邊爲大夫，因氏焉。漢有光禄大夫息夫躬，世居河内河陽。」躬封宜陵侯，見漢書四五本傳。「射」則「躬」之訛也。通志「壤駟氏」云：「家語，壤駟赤，秦人，孔子弟子。」姓纂之文，今誤附正令下。

爽鳩

178 左傳，爽鳩，附庸國，伏羲後，風姓也。

A〔岑校〕左傳爽鳩附庸國伏羲後風姓也　通志「爽鳩氏」云：「左傳，少昊氏官名，國于齊土，因氏焉。」與此異，亦冒文也。尋源三〇仍録此爲爽鳩氏文，大誤。余以爲此文應屬顓臾。通志「顓臾氏」云：「風姓，伏羲氏之後，魯附庸國。」造語雖異而意義一同。爽鳩本條，今誤附卷二舒鳩下。

179 少皞氏司寇曰爽鳩氏，封爲諸侯，居齊地，以地爲氏。（羅補）

A〔岑校〕此係羅氏據辯證補，正合爽鳩姓源。觀此，益知前條之爲冒文也。但爽鳩文已見卷二，羅氏複補，應删。

養由

130 楚養由基之後。

三十七蕩

党

181 本出西羌。姚秦將軍党耐虎，自云夏后氏之後，代居羌豪。又吴平男党娥，子孫居同州。

A〔岑校〕姚秦將軍党耐虎　姓解三亦稱党耐虎。唐人諱「虎」，此殆後人所改正者。辯證三三党姓引稱黨耐虎，二一七作「党删」，殆誤。

B〔又〕代居羌豪　通志作「世爲羌豪」，辯證三三及備要三五作「代爲羌豪」。「居」字應正作「爲」。

182 【馮翊】後魏寧州刺史、北地公党弘。六代孫仁弘，唐陝瀛等州刺史、廣都公；生敬元，濮州刺史。監門將軍、婺州都督党孝安，職方郎中党曄，並同州人。

A〔岑校〕六代孫仁弘唐陝瀛等州刺史廣都公　元龜一五〇，貞觀十六年，廣州都督党仁弘坐賕，太宗黜爲庶人，徙欽州。同書三五七倒爲「弘仁」。唐初官左武候將軍、檢校陝州總管，見元龜四九八。嘗爲戎州都督，見同書六八九。貞觀初，爲南寧州都督，見同書六九二。貞觀十四年爲竇州道行軍總管，見同書九八五。

B〔又〕職方郎中党曄　曄字茂宗，上元元年罷大理評事，後又爲監察御史，見次山集三。

183 【華陰】姚秦羽林監党成，後徙華陰。

黨（岑補）

184 左傳，晉（魯）大夫黨氏之後。（岑參據姓觿及類稿補）

A〔岑校〕姓觿六引文「黨」作「党」，但前文已云「党出西羌」，今考類稿三九黨姓之文恰同，亦當本自林書，故改正補入如上。又「晉」應作「魯」，參附録二。

汻

音晃，呼浪反。

185 姓苑云，人姓。

廣

186 風俗通云，廣成子之後。

廣成

157 神仙傳，廣成子，古仙人，居崆峒山，黄帝造焉。

三十八梗

丙

188 齊大夫丙歜之後。漢功臣表有高苑侯丙猜，傳封八代。

189 一云，本姓邴，後去「邑」爲丙氏。（岑補）

A〔岑校〕姓觿六引文有此。

190 【魯國】 漢丞相、傅陽侯丙吉*，代居于魯。晉大夫丙豫，食采于丙，因氏焉。齊有丙意茲。漢士丙丹。

A〔岑校〕漢士丙丹　漢書七二及八八作「邴丹」，但漢書丙吉，史記九六亦作「邴」。

191 【北海朱虚縣】 魏有丞相徵士丙原，字根矩，孫後周信州總管丙明。丙明生粲，唐監門大將軍、應國公，高祖與之有舊，以姓妃諱，賜姓李氏。粲生寬，太常卿。寬生孝旻，

案唐書李元紘傳，元紘父道廣，祖寬。此于寬下止載生孝旻，脱道廣一人。紀王户曹。孝旻生承業、承嘉。承業，絳州刺史。承嘉，御史大夫、户部尚書。

A〔岑校〕魏有丞相徵士丙原　三國志一一作「邴原」。

B〔又〕孫後周信州總管丙明　「孫」上當補「裔」字，否則應作廣義解釋。

C〔又〕以姓妃諱　「妃」字訛，庫本正作「犯」。

D〔又〕粲生寬太常卿寬生孝旻　校云：「案唐書李元紘傳，元紘父道廣，祖寬。此于寬下止載生孝旻，脱道廣一人。」按姓纂書例，有以「生」字分貫數人或數支者，下文有道廣，其上不著「生」字，正可依此例爲解，非必脱文也。復次，孝旻，新表七二上祇作「旻」，且以爲寬之弟，説果不誤，則此文舛錯已甚矣。今未獲他證，尚未能決旻爲寬子抑弟也。太常卿，新表作奉常正卿。據舊書四四，龍朔二年改奉常，光宅改司禮。新書一二六稱寬高宗時爲太常卿，則新表作「奉常」，或正是寬歷官時之稱謂。

192 E〔又〕承嘉御史大夫户部尚書　承嘉事蹟見勞考八。

道廣，殿中監、平章事、益州長史、金城侯，生元綜、元繹、元紘、元緘。元綜，屯田郎中、荆州長史；生舒，工部郎中。舒生莒。元紘，户吏中書三代郎、平章事、户部尚書致仕，生有孚、有容、有功。元緘，鄆州刺史。

A〔岑校〕生舒工部郎中　名見精舍碑及郎官柱之祠外、度中。

B〔又〕元紘户吏中書三代郎平章事　「代」字誤，庫本正作「侍」。

C〔又〕生有孚　「孚」，新表作「季」。

景

193 芊姓，楚公族也。漢初，徙山東豪族于關中，今好畤華陰諸景是也。楚有景風。吴志有西湖人景養。

A〔岑校〕今好畤華陰　類稿四〇引訛「華陽」。

B〔又〕楚有景風　通志又類稿及備要二四引，均作「楚有景差，漢有景風」，此奪。

194 【廣陵】後漢景鸞善詩、易，辟不起，見儒林傳。

A〔岑校〕後漢景鸞善詩易　「鸞」，庫本作「彎」。依後書一〇九下，則洪本所改是也。傳又稱鸞，廣漢梓潼人，是「廣陵」亦「廣漢」之訛。

195 【平陽】後燕録有平陽州景安。

A〔岑校〕後燕録有平陽州景安　「州」，庫本作「人」，是也。

196 【河東】唐河南少尹景延廣，案此與五代之景延廣非一人。生彬。

A〔岑校〕唐河南少尹景延廣生彬　校云：「案此與五代之景延廣非一人。」余按制詔集一〇授景延之大理少卿制，稱朝議大夫、前守河南少尹、騎都尉景延之，而新五代史二九，景延廣亦終河南尹，意後人誤會爲一人，故改「延之」爲「延廣」也。

邴

197 晉邴豫食采于邴，因氏焉。

A〔岑校〕晉邴豫食采于邴因氏焉　按前文丙姓下云：「晉大夫丙豫食采于丙，因氏焉。」丙、邴相通，自漢已然。類稿四〇引文，「晉」下有「大夫」二字。

198 齊有邴意茲。（岑補）

A〔岑校〕據類稿引。

秉

199 漢有秉寬。

杏（岑補）

200 〔岑校〕杏（補目）　姓氏急就篇上云：「杏氏見姓纂。」茲據補。按廣韻，杏不云姓，姓解、通志有之，通志云：「見姓苑。」

猛

201 左傳猛足。案左傳作「猛獲」。

永

202 見姓苑。

梗陽

203 秦宣太后弟封梗陽君，因氏焉。漢有駙馬都尉梗陽犨。晉有梗陽巫臯。漢有侍御史、謁者梗陽貞。

A〔岑校〕秦宣太后弟封梗陽君因氏焉漢有駙馬都尉梗陽犨晉有梗陽巫臯漢有侍御史謁者梗陽貞　按此以一姓而冒涇陽、梗陽兩姓也。梗陽犨已上，與通志涇陽氏文全同，所差者兩「涇」字誤「梗」字耳，應補目，移入卷五。「貞」，通志作「真」，避宋諱也。姓解二作「梗陽」，與諸姓書異，非是。姓觿四引文亦云：「秦涇陽君之後，漢書有駙馬都尉涇陽犨。」

郉意

204 齊大夫郉意茲之後。

三十九耿

耿

205 殷時侯國，爲晉所滅，因氏焉。尚書「祖乙圮於耿」是也。據祕笈新書增。

A〔岑校〕殷時侯國爲晉所滅　庫本無「爲」字，類稿四〇引文有。

B〔又〕尚書祖乙圮於耿是也　此九字，洪氏據祕笈新書增，庫本無，惟類稿引文亦有之。

四十靜

靖

206 風俗通，單靖公之後，以謚爲姓。一云，齊田氏之族靖郎君之後。中山*。著姓略云，河東裴公纘娶散騎常侍、章公中山靖延康之女。

A〔岑校〕一云齊田氏之族靖郎君之後　「郎」訛，廣韻、通志皆作「郭」。拓本龍朔元年大唐故騎都尉靖君（徹）墓誌銘并序云：「河南洛陽人也，齊靖郭君之苗裔。」

B〔又〕中山著姓略云　尋源三〇靖氏下：「姓纂云，中山著姓。」按中山著姓略是氏姓之書，張氏引文，義雖可通，要屬誤會。新書五八，路敬淳有著姓略記二十卷，疑即其書。芒洛三編李崗誌：「故氏族志洎著姓略，文憲公及叔父允王鳳昇，並爲四海盛門。」·

C〔又〕河東裴公纘娶散騎常侍章公中山靖延康之女　按新書五八，武德七年有涇州別駕靖延，亦見元龜六一二，未審即此延康否。

207 【陳留】隋有靖德立，與裕處仁等爲「八俊」。

A〔岑校〕隋有靖德立與裕處仁等爲八俊　「裕」字誤，當依庫本作「格」。考舊書七〇格輔元傳，伯父德仁，隋剡縣丞，與同郡人王孝逸、繁師玄、靖君亮、鄭祖咸、鄭師善、李行簡、盧協等八人，以辭學擅名，當時號爲「陳留八俊」云云。丙寅稿格處仁誌跋云：「誌作同母兄德仁，昔在隨朝，譽聞四海，時稱『八俊』。……新史非而舊史是也。」則德仁、處仁爲昆弟，作「處」者誤。急就篇上又云：「隋靖德玄、唐靖君亮號『陳留八俊』。」分德玄、君亮爲兩人，余頗疑君亮即德立（玄？）之名或字也。鄴下遺文下靖策誌云：「君諱策字，廣平列人也。……曾祖君亮，齊任龍襄將軍、諫議大夫、廣平侯之曾孫，因官徙居鄴，遂爲相州安陽人焉。……齊龍襄將軍、廣平侯。」此之靖君亮，在北齊已至顯官，且爲相州人，與舊傳稱同郡人羅川郡户曹靖君亮者總覺多少不合，豈姓名偶同歟？抑墓誌亦不可盡信歟？

井

208 穆天子傳，周有大夫井利，又天子爲井公博。左傳，虞大夫井伯。漢司徒掾井宗。

A〔岑校〕又天子爲井公博　類稿四〇引「爲」作「與」。

整（岑補）

209 嬴秦之後。（岑補）

A〔岑校〕據姓觿六引。

四十四有

有

210 風俗通，有巢氏之後。仲尼弟子有若，魯人。漢有禄。案姓氏急就篇云，風俗通，漢光禄勳有光。今本風俗通無此句，亦無有禄之名。

A〔岑校〕風俗通有巢氏之後仲尼弟子有若漢有禄　校云：「案姓氏急就篇云，風俗通，漢光禄勳有光。今本風俗通無此句，亦無有禄之名。」按光禄勳有禄，見漢書百官表，今風俗通姓氏一篇已佚，「有光」又涉「光禄」而訛也。舊籍之誤，當有其因，校注殊未諦。

柳

211 周公孫魯孝公子展，展孫無駭，以王父字爲展氏，生禽，食采柳下，遂姓柳氏。魯滅，仕楚。案大典作「楚狂」今從祕笈新書。秦并天下，柳氏遂遷于河東。

A〔岑校〕展孫無駭以王父字爲展氏生禽　按貞元六年千唐李師稷撰考城令柳均誌云：「展孫無駭，駭孫禽。」與此云「生禽」異，新表七三上則與此同。類稿四〇引作「至展禽」，不作「生」。

B〔又〕魯滅仕楚　庫本原作「魯滅楚狂」。校注云：「按唐世系表作楚滅魯，仕楚。原本誤脱。」余按通志及柳子厚年譜同新表，洪本既依祕笈改，故削去庫本注，别加注「案大典作『楚狂』，今從祕笈新書」十二字。類稿引亦作「魯滅，仕楚。」又姓觿六柳姓：「姓纂云，陳懷公柳之後。」此文他書未引，并附於此。

212【河東解縣】秦末有柳安，惠裔孫也，始居解縣。安曾孫隗，漢齊相。六代孫豐，後案豐，後漢人。此脱「漢」字。光禄勳。六代孫僧習，案唐世系表，豐六世孫軌，晉吏部尚書，生景猷，晉侍中，二子，耆、純。耆，太守，號西眷，二子恭、璩。恭，後魏河東郡守，南徙汝潁，遂仕江表。曾孫緝，宋州别駕、宗安郡守，生僧習。據此，則僧習乃豐十二世孫也。此本作「六代孫僧習」，與唐書不合。後魏尚書右丞，生鷟、慶、虬、檜、鷟。

A〔岑校〕安曾孫隗　新表七三上作「安孫隗」。

B〔又〕六代孫豐後光禄勳　校云：「按豐，後漢人，此脱『漢』字。」余按新表云：「六世孫豐，後漢光禄勳。」

C〔又〕六代孫僧習　校云：「案唐世系表，豐六世孫軌，……生景猷，……二子耆、純。耆太守，號西眷，二子恭、璩。恭，後魏河東郡守，……曾孫緝，宋州別駕、宗安郡守，生僧習。據此，則僧習乃豐十二世孫也。」羅校云：「案『宗安』當作『宋安』。」余按周書二二及新表均作「宋安」，庫本不誤。又依新表計算，僧習爲豐十三世孫，校注作「十二」，亦誤。緝，周書二二作「緝」。柳均誌：「自士師（禽）至晉黄門侍郎純爲三十代。純二子，長曰道年，次曰道載，始分爲東、西眷。」與新表所言亦有不同，表謂純生卓，號東眷也。

D〔又〕後魏尚書右丞　魏書七一，僧習終潁川太守，與周書二二均未記其嘗任右丞，唯新表同姓纂。

E〔又〕生鷟慶虬檜鷟　「虬」，周書二二及三八均作「虯」。

213

鷟生帶韋，周黄門侍郎。帶韋生祚、續。祚生震、範、幹。震，郢州刺史；生俊，棣州刺史。

A〔岑校〕鷟生帶韋周黄門侍郎　新表同。惟周書二二本傳及芒洛遺文中柳氏誌均未言任黄門侍郎。

B〔又〕帶韋生祚續　柳氏誌，祖祚，隨司勳、主爵、水部三司侍郎，襲康城縣公。又隋末，續官職方郎，見通鑑一八五。

C〔又〕祚生震範幹　庫本「震」上衍「祚」字，洪校删去，是也。

D〔又〕震郢州刺史　新表七三上作「鄆州」。

214 範，尚書右丞；生齊物，案唐世系表，祚生齊物，齊物生範，範生喜。此以範爲祚子，齊物爲範子，與世系表不合。睦州刺史，生喜。喜生賁、并、案唐世系表，「并」下有「淡」字。中行、宷。并，殿中侍御史，生道倫。案唐世系表，道倫作并孫。淡字中庸，洪府户曹。

A〔岑校〕範尚書右丞　柳氏誌，考範，尚書右丞，商蔚淄雅婺五州刺史，揚州大都督府長史。又貞觀十一年，範爲侍御史，見會要六一。拓本開成五年柳尊師誌：「高祖範，皇朝尚書右丞。」

B〔又〕生齊物睦州刺史　校云：「案唐世系表，祚生齊物，齊物生範，範生喜。此以範爲祚子，齊物爲範子，與世系表不合。」羅校云：「案唐表亦作祚生範，範生齊物，原校誤。」余按周公祠碑立於開元二年，中有佐官司録柳齊物（全文三〇三），今知範仕貞觀，則範斷非齊物之子。合觀柳氏誌祖祚、考範，柳尊師誌高祖範、曾齊物，姓纂所敍，斷然不誤。嚴州圖經一：「柳齊，開元十□年□月□日自萊州（下缺）」朱氏開有益齋讀書志引勞格云：「『齊』下脱『物』字。」柳尊師誌：「曾祖齊物，萊睦二州刺史。」又因話録宮部：「玄宗柳婕妤……乃尚書右丞範之女，睦州刺史齊物之妹也。」

C〔又〕生喜　全詩十二函二册皎然有贈柳喜得嵩山法門自號嵩山老詩。拓本柳尊師誌：「祖喜，冀州武邑主簿，避燕寇江南，因自絶禄仕。」

D〔又〕喜生賁并中行宷　校云：「案唐世系表，『并』下有『淡』字。」按下文亦有「淡字中庸」，可證。

新書二〇二作「談」，誤，河東集一二云：「柳氏兄弟者，先君族兄弟也。最大幷，字伯存，存爲文學，至御史，病瞽遂廢。次中庸、中行，皆名有文，咸爲官，早死。」（「名」字應乙在「文」字下）幷爲穎士門人，見所作送劉太真詩序（文粹九六）。全文三五八唐故左金吾將軍范陽張公（嘉祐卽嘉貞弟）墓誌銘，柳賁撰文。嘉祐以天寶元年葬，時代似稍先，未知是此柳賁否。

E〔又〕幷殿中侍御史　唐語林二，代宗獨孤妃薨，時殿中侍御史柳弁字伯存，掌書記奉使在郊。「弁」，「幷」之訛也。全文三七二有幷代汾陽王祭貞懿皇后文（本因話録）。同書意林序，幷於貞元三年丁卯作。全詩十二函六册吴筠有舟中遇柳伯存歸潛山詩。廣記四三三引元化記，柳幷爲監察御史，入嶺推覆。幷官殿御，亦見載之集二四。解題一六，蕭穎士集有門人柳幷序。稗海本因話録宫部：「時予外伯祖殿中侍御史（諱芳，字伯存）掌汾陽書記。」（卽前引唐語林所本）又商部：「余外伯祖殿中侍御史柳君（諱芳，字伯存）掌汾陽書記，時有高堂之慶。」兩「芳」字均「幷」訛。同書商部下，固稱芳爲「郎中芳」，可以反證。

F〔又〕生道倫　校云：「案唐世系表，道倫作幷孫。」余按全文六一五：「道倫，貞元中進士。」幷爲柳宗元父之同輩，貞元初尚生，宗元亦貞元登第，合此推之，道倫當非幷之孫也。羅校云：「案唐表正作幷子道倫，原校誤。」

G〔又〕淡字中庸洪府户曹　全詩五函三册李端有留別柳中庸，送張芬歸江東兼寄柳中庸，宿瓜洲寄柳中庸，江上别柳中庸，江上逢柳中庸，溪行逢雨與柳中庸。十二函二册皎然送柳淡扶侍赴洪州注：「此子素少宦情，共予有西山之好。」柳尊師誌：「父淡，幼善屬文，學通百氏，詔授洪州户曹掾，不就。……娶揚府蕭功曹穎士女。」（師卒開成五年，年六十八。）因話録商部：「太子陸文學鴻漸，名羽，……與余外祖户曹府君（外族柳氏，外祖洪府户曹諱澹，字中庸，别有傳）交契深至。」據同書徵部：「武宗皇帝廟諱炎，改兩火相重，其偏旁言『談』字已改爲『譚』，『淡』改爲『澹』。」故柳淡又作「柳澹」。孫樵西齋録諱裴炎字，十七史商榷八七云未詳，蓋失考。又因話録商部：「（蕭）功曹（穎士）以其子妻門人柳君諱澹字中庸，即余之外王父也。」

215 幹，工部員外，生渾、儒。渾孫奕，昇州刺史。儒，户部郎中；孫翊，膳部員外。續，儀曹郎中。

A〔岑校〕生渾儒　羅校云：「案唐書世系表作『惲』。」否則與下文曾爲宰相之渾同姓名。

B〔又〕渾孫奕昇州刺史　元龜三三三，天寶十載有太子中允柳奕，亦見郊祀録八。

C〔又〕儒户部郎中　羅校云：「案『郎中』，唐表作『侍郎』。」余按新表七三上正作「郎中」，與姓纂合，羅校誤。開元十年，儒官趙州刺史，見元龜四九七。

D〔又〕孫翊膳部員外　鹽池靈慶公碑，貞元十三年立，碑陰有下封塲官、儒林郎、試右威衛兵曹參軍柳翊。

慶，後魏右僕射、平齊景公，生機、弘、旦、肅、勃。機，隋納言、建安簡公，生述、遜、逵、逞。述，隋兵部尚書。遜，職方郎中，生允、莽。允，隴州刺史；曾孫叔瑞，端案唐世系表作「叔璘，瑞州刺史。」州刺史；生應規，兼殿中御史。允孫光庭，祠部員外、薊州都督。案唐世系表，光庭弟充庭，蘇州都督。逵，考功郎中。逞，禮部郎中。

A〔岑校〕慶後魏右僕射平齊景公　「右」，新表作「左」。按周書二二慶傳，由右僕射轉左僕射。千唐柳偘誌：「曾祖慶，後魏驃騎大將軍、開府儀同三司、兼司會尚書、左右僕射，後周萬宜二州刺史、京兆尹、大冢宰、平齊公，謚曰景。」

B〔又〕機隋納言建安簡公　機，周、隋書均有傳。柳偘誌：「祖機，後周内史，車騎大將軍，隨少宗伯、納言、太子宮尹、開府儀同三司、建安公，謚曰簡。」

C〔又〕生述遜逵逞　「逵」，新表作「建」，疑誤。

D〔又〕遜職方郎中　柳永錫誌云：「祖遜，皇朝屯田、職方二郎中，散騎常侍，泉州刺史，上柱國，樂平縣開國公。……父偘。」處士柳偘誌：「父遜，皇朝屯田、職方二郎中，散騎常侍，泉州刺史，上柱國，樂平縣開（國）公。」偘卒年六十七，以垂拱元葬，第二子崇約，始州黄安丞。又千唐偘妻杜氏誌：「歸于柳氏皇辟諱偘字承茂，即……樂平公之第三子也。」又云：「長子崇約，前始州黄安縣丞、常州司法參軍事。」

E〔又〕生允莽　允即新表之胤。

F〔又〕生應規兼殿中御史　元和七年末，應規爲太常博士，見會要八〇。嘗爲水外，見因話録二。

G〔又〕允孫光庭祠部員外薊州都督　校云：「案唐世系表，光庭弟充庭，蘇州都督。」羅校云：「案『蘇』當作『薊』。」余按薊州上是否奪充庭名，待證。

H〔又〕逞禮部郎中　貞觀十七年官此，見全文一五五上官儀爲朝臣賀涼州瑞石表。又與李襲譽爲涼州刺史同時，見廣記三九八引録異記。

217 旦，隋黄門侍郎，生燮、則、綽、楷、融、亨。燮，都官郎中，生案此下脱「子房」二字。子寶。子房，户部侍郎。則生奭，中書令、河東肅公。奭生知人，水部員外。綽，膳部郎中。

A〔岑校〕生燮則綽楷融亨　羅校云：「案金石録隋柳旦墓誌跋作旦六子，燮、則、綽、楷、濬、亨，而姓纂與唐書世系表皆云旦五子而闕其第五子濬。據此，則此當云生燮、則、綽、楷、亨，『融』字乃衍文也。唐表以融爲楷子，尤可爲『融』字衍文之證。」按如金石録二二之説，則趙氏見本無融。「融」爲衍文，信如羅校，且庫本下文亦云「楷生融」，尤可證也。

B〔又〕燮都官郎中　隋末，燮官河内郡掾，見元龜一六四。

C〔又〕則生奭　全文三五一郭納柳嘉泰碑，曾祖則，隋左衛騎曹參軍，皇贈蒲州長史。

218 D〔又〕奭生知人水部員外綽膳部郎中　新表作知人，水部郎中；綽，膳部員外。

楷，濟州刺史。融生。子敬、子夏。融孫元寂，主客員外、撫州刺史。子敬生約，房州刺史。子夏生從心、從裕。從裕生察躬。躬生鎮，侍御史。鎮生宗元，禮部員外。

A〔岑校〕楷濟州刺史融生子敬子夏　「融生」，庫本作「生融」，是也。柳譜亦云：「三子融、子敬、子夏。」（參前文羅氏校記。）河東集一〇柳寬誌云：「其小宗曰楷，至於唐，刺濟房蘭廓四州。」

B〔又〕融孫元寂主客員外撫州刺史　羅校云：「案唐表，元寂主客員外，元寂子少安，撫州刺史。此『員外』下奪『生少安』三字。」按少安未詳。

C〔又〕子夏生從心從裕從裕生察躬　裴夫人誌：「清池府君諱某（諱從裕），繼之以茂實。德清府君諱某（諱察躬），承之以善政。以至于侍御史府君諱某（諱鎮）。」

D〔又〕躬生鎮　察躬是宗元之祖，「躬」上應補「察」字，否則讀者或誤會「察」、「躬」爲兩人也。（顔真卿妙喜寺碑別有柳察。）全詩五函三册李益有期柳鎮（一作雄）未至詩。六函五册孟郊有兼呈李益端公柳鎮評事詩，余以爲「鎮」即「鎮」之訛•。

219 E〔又〕鎮生宗元禮部員外　新表作「柳州刺史」，舉其終官也。

亨，岐州刺史、太常卿，生子陽、子貢。子陽生誠言。誠言生渙、澤。渙，中書舍人。澤，華州刺史。子貢孫良器，冀州刺史。

A〔岑校〕亨岐州刺史太常卿　永徽五年萬年宮碑陰題名有太常卿、兼攝岐州刺史、上柱國、壽陵縣開國侯臣柳亨。卒贈禮尚，謚敬，見會要八〇。又貞觀廿三年官光禄少卿，見元龜六二〇（同書九七四無「少」字）。補證三五云：「姓纂脱『州刺』二字。」大誤，本固不脱也。光禄卿柳亨嘗爲邛州刺史，見珠林七及廣記二九八引冥報記（冥報記下，「邛」作「曹」，誤）。

B〔又〕子陽生誠言　「誠」，新表作「誠」。

C〔又〕渙中書舍人　平陽太守，謚貞，見會要七九。全文二五〇蘇頲制，守司門郎中柳渙可守給事中。同書二五一同人制，前行左司員外郎柳渙可守司門郎中；又一制，行起居舍人判左司員外郎可行左司員外郎。渙爲晉州刺史，見廣記一三〇引通幽記。張嘉貞石橋銘（文粹六七）稱河北道推勾租庸兼覆囚使判官、衛州司功參軍河東柳渙。

220 肅，隋吏部郎中；生大隱，台州刺史。

A〔岑校〕肅隋吏部郎中　新表作「工部郎中」。按隋避嫌諱，無郎中之官。據隋書四七，肅召守禮部侍郎，轉工部侍郎也。

B〔又〕生大隱台州刺史　嘉定赤城志八引新表，以大隱爲開皇時台州刺史，大誤。新表本云「肅字匡仁，隋工部郎中，大隱，台州刺史」，台州上不著朝號，通例係指唐言之，一也。隋無台州，據舊志，武德五年始改名，二也。隋傳不著大隱，肅於大業始官禮、工兩侍，其子在隋當未至刺史，三也。

221

虯，周中書侍郎，生鴻漸、蔡年、止戈、待價。鴻漸五代孫暉，寧州刺史。蔡年生謇之、諤之、潁之、挺之。謇之，隋黄門侍郎，生威明、慈明、然明。威明，吏部郎中。慈明，職方郎中。孫弼，貝州刺史；慤，辰州刺史都督，曾孫立。然明，施州刺史。諤之生保隆，膳部郎中。潁州，案唐世系表：「潁州」當作「潁之」。屯田員外；孫存業，宿州刺史；生栖朝，案唐世系表無「朝」字。嬀州刺史。挺之，中書舍人。止戈孫建，案唐世系表，建係止戈五代孫。金部郎中。待價孫言恩，祠部郎中。

A〔岑校〕虯周中書侍郎　全文五〇四權德輿柳氏誌：「中書孝公虯。」

B〔又〕生鴻漸蔡年止戈待價　金石録二二，開皇六年興國寺碑陰有襄州鎮副總管柳止戈。

C〔又〕鴻漸五代孫暉　新表作鴻漸玄孫。

D〔又〕謇之隋黄門侍郎　廣記二五八，隋内史舍人河東柳謇之，歷位光禄卿。

E〔又〕慈明職方郎中　山右遺文補柳真召誌云：「曾祖慈口，口銀青光禄大夫、貝州刺史。祖仁秀，唐朝散大夫、睦州司馬。父慤，朝請大夫、辰州都督。」山西通志九二依新表所敍世系，謂「慈」下泐字應爲「明」字。補正五九云：「誌稱貝州刺史，與職方郎中不符，當以碑爲是，或姓纂、世系表誤系於弼也。」按祖孫同官，事所常有，慈明歷官，姓纂與誌當然不能盡舉，補正所疑，未見必是。

F〔又〕慤辰州刺史都督　柳真召誌、乾元二年立，誌云：「父慤，朝請大夫、辰州都督。」（山右石刻七）補正五九云：「世系表同，惟『辰州』下無『刺史』二字，與誌尤合。殆姓纂誤衍歟。」余按都督例兼本州刺史，「刺史」二字雖可删，要不能謂之「誤衍」，陸氏特未明唐代官制耳。據誌，真召有子銛、淟、沔、潊。

G〔又〕曾孫立　河東集二六四門助教廳壁記，約貞元十五六年作，云：「至是河東柳立始以前進士求署茲職。」山西通志九二謂真召誌末有「立」名，必真召適孫云云。今審之，殆誤「泣血」之「泣」爲「立」字，誌固未敍及其孫也。山右石刻七謂立必真召之孫，係沿通志誤。因話録商部僕射柳元公條：「族孫立疾病，以兒女託公，及廉察夏口，嫁其孤女。」不知是此柳立否。

H〔又〕潁州屯田員外　「潁」，庫本作「穎」。校云：「案唐世系表，『潁州』當作『穎之』。」余按上文亦有「蔡年生穎之」，可證。

I〔又〕孫存業宿州刺史　「宿」，新表作「肅」。

J〔又〕止戈孫建　校云：「案唐世系表，建係止戈五代孫。」余按河東集補遺萬年丞柳元方誌：「七代祖虬，……季父建。」止戈爲虬子，是此處奪「五代」字無疑。止戈見隋開皇六年興國寺碑陰，稱襄州鎮副總管府長史（元豐金石跋尾）。全詩三函八册岑參有招正字柳建詩。全文五〇四權德輿柳氏誌：「孝公生止戈，後周洛州刺史，洛州孫皇海州長史憬，憬生皇伊陽縣丞璿，夫人之祖、禰也。」憬與璿未知是建所承否。

K〔又〕待價孫言恩　　羅校云：「案『言恩』，唐表作『言思』。」

222　檜生雄亮。亮生贊，都官郎中；曾孫鄭卿，咸安太守。

A〔岑校〕檜生雄亮亮生贊　　羅校云：「案『亮』當作『雄亮』，此奪『亮』字。」按「檜生」之下，既舉全名，則複言之時，省去上字，或者去排行之字，此例姓纂常見之，如下文「道茂生孝斌，斌生客尼」，是也。抑羅氏以雄亮爲雙名，不過依據新表，然新表實本姓纂，是否讀法不誤，未獲質證。考貞觀政要二，貞觀十二年魏徵對太宗，有徐州司户柳雄妄加隋資，將處死罪，戴胄數諫，然後赦之之語，慶子機、旦、肅等均仕於隋，則檜子雄亦可仕隋，故司户柳雄是否檜子，「雄亮」是否二人，尚待考覈。

223　賁次子據，五代孫懷表，生該、謨。該生岑。岑生澄、温、潭。温，光禄少卿。潭，駙馬、太僕卿；生晟，右金吾大將軍。晟生。暈，韓王傅；杲，駙馬。謨，衛州刺史；曾孫紳，柳州刺史。

A〔岑校〕賁次子據　　此非上文喜生賁、幷之賁也。蓋賁之曾祖範，已仕唐高宗時，斷不容賁有十一世孫得見於姓纂，其誤也無疑。以余繹之，上文所敍，乃耆長子恭之一支，耆次子爲璩（參新表），璩、據字近，知「賁」爲「耆」訛。「賁」之字形亦略類乎「耆」也。惟是新書一五九謂晟六世祖敏，而周書三二，敏爲晉太常純之七世孫，則晟之一支，應耆弟純之後，非耆之後，豈璩出嗣於純歟，抑周書或姓纂所記有誤歟？此處既提耆，而前文不見，則知姓纂前文有闕佚，又下文敍昂（敏子）敍敏，而此處不及敏，則此處亦有闕佚也。

B〔又〕五代孫懷表　和政公主神道碑云：「潭，周太保敏之五代孫，皇蘄州刺史懷素之曾孫。」（魯公集八）則「懷表」應作「懷素」，懷素卽敏孫也。敏爲純七世孫，而璩乃純姪，可見「五代孫」之上，必有佚脱。

C〔又〕該生岑　全文七三八沈亞之柳晟行狀，曾祖該，皇任陵州録事參軍，贈陵州刺史，祖岑，皇贈祕書監。

D〔又〕潭駙馬太僕卿　尚肅宗女和政公主，見舊書一八三。元龜一七二作「譚」，誤。

E〔又〕生晟右金吾大將軍　舊書一八三作「左金吾衞大將軍」，新書一五九同。元龜一七二，「晟」訛「成」。

F〔又〕晟生暈韓王傅杲駙馬　和政公主碑云：「其男試太常少卿、賜紫金魚袋晟，鴻臚少卿暈，試祕書丞、賜紫金魚袋杲。」則暈、杲皆晟弟，「晟生」二字衍，或下有奪文。杲尚代宗女義清公主，見會要六。

224 昂，周内史，隋禮部尚書、文成公；生調，行臺丞。

A〔岑校〕昂周内史　羅校云：「案『昂』上當有『敏子』二字。」然縱如此，敏仍是突如而來，故姓纂最少尚當如新表補「晉太常卿純六世孫懿，懿生敏」等字也。柳均誌：「公系于西眷，至後魏車騎將軍汾州刺史懿。汾州生敏，周開府儀同三司、太子太傅，太傅則公之六代祖。太傅生務，隨唐州刺史。」

（均卒大曆九年，年五十五）

B〔又〕文成公　羅校云：「周書柳昂傳、隋書柳機傳並作『文城公』。」

C〔又〕生調行臺丞　武德二年，竇建德以右司郎中柳調爲左丞，見通鑑一八七。

225 敏案唐世系表作後魏車騎大將軍、汾州刺史懿生敏，隋上大將軍、武德郡公。從祖弟道茂，生孝斌。斌生客尼、五臣、寶積。客尼生明偉，義川令。明偉生正己、正禮。正己孫甫。正禮，邠州司户，生子華、案唐世系表，「子華」作「子兼」。子温、子金、子平。子華，池州刺史。子温，丹州刺史，生公綽、公權。公綽，湖南觀察兼中丞。公權。案公權太子太保，此有脱文。子金，南鄭令。明亮曾孫惟則，檢校員外。生湛，和州刺史。案唐世系表，明諶和州刺史，係五臣子。寶積，職方員外；生明逸，刑部員外；明肅，度支郎中。

A〔岑校〕敏從祖弟道茂　昂固敏子，此處忽著敏，知前必闕佚。

B〔又〕斌生客尼五臣寶積　唐文續拾一〇，貞觀十四年容甑有水部郎中柳仵臣，時代相當，殆即五臣。又拓本開元廿二年唐故定州唐縣丞柳府君墓誌銘云：「君諱正礭，字隱之。……鄜州別駕諱客尼，君之王父也。……洪州豐城縣令諱明傑，君之皇考也。」（正礭卒開元廿二年，年六十六）則客尼子除明偉、明亮外，尚有明傑。

C〔又〕客尼生明偉義川令　新表七三上誤「儀川」。又下文有明亮，依新表，乃明偉弟，此奪。

D〔又〕正禮邠州司户　「邠」，庫本作「汾」，舊書一六五公綽傳及新表同作「邠」，庫本誤，洪校是。

E〔又〕生子華　庫校誤謂唐表作「子兼」，已經羅校糾正。

F〔又〕子華池州刺史　新表作「檢校金部郎中」，依新書一六三，乃舉其終官也。子華由守池州刺史入補昭應縣令，見制詔集一二。廣記四二四，柳子華爲城（成？）都令，罷秩不知所之。按子華官至刺史，非終於成都縣令，所謂罷秩，不知指何時言之。

G〔又〕子温丹州刺史　公綽父子温，贈尚書右僕射，見白氏集三二。全文六九二收子温對判一首。

H〔又〕公綽湖南觀察兼中丞公權　校云：「案公權，太子太保，此有奪文。」余按舊書一六五公綽傳，元和六年吉甫復輔政，以公綽爲潭州刺史、兼御史中丞，充湖南觀察使。今姓纂所著，正修書時公綽守官也。公權之下，或有奪文，但據同傳，公權元和初進士擢第，釋褐祕書省校書郎耳。若太子太保（此據新表言之，舊傳祇稱咸通初太子少傅，改少師卒，贈太子太師，與新表異）乃書成五十年後公權之歷官，林氏烏乎知之？新表所書，修改姓纂而成者也。廣記二六一引盧氏雜説，起居郎柳公權抗論淮南節度王播，又三〇八引唐統紀，穆宗郊天之歲（長慶元），公權爲起居郎。

I〔又〕明亮曾孫惟則　依新表，明亮乃明偉弟，今忽提出，知前有脱簡，因「客尼生」三字難以貫讀至此也。

J〔又〕明肅度支郎中　元龜六一六，徐有功稱逆人柳明肅等身先殞殁，不許推尋。

226 東春。卓過江，生輔、恬、傑、奮。輔生平，歸北；孫敬起，生昶、粹。昶孫詵，生杲仁、崇禮。崇禮，房州刺史，生固節、仲矩。粹七代孫季華。恬。生元景、淑宗、淑珍。案唐世系表，恬生憑，憑生叔宗、叔珍。元景，司空。

A〔岑校〕東春卓過江　「春」誤，庫本正作「眷」，亦見羅校。此著「東眷」，知前文嘗著「西眷」字，而今佚矣。河東集八柳渾行狀云：「晉永嘉年，有濟南太守卓者去其土，代仕江左。」注云：「西晉末，柳純位平陽太守，純子卓避永嘉之亂，自本郡遷於襄陽，官至汝南太守。今云濟南，恐誤。」

B〔又〕生輔恬傑奮　新表七三上敍文亦作「恬」，惟表内誤「括」。

C〔又〕生杲仁　羅云：「唐表作『果仁』。」

D〔又〕粹七代孫季華　新表作「六代」。

E〔又〕恬生元景淑宗淑珍　校云：「案唐世系表，恬生憑，憑生叔宗、叔珍。」羅校云：「案宋書、南史柳元景傳並作祖恬、父憑。」余按宋書七七元景傳：「曾祖卓。」可證新表不誤。惟同書四二柳霞（即姓纂之遐）傳：「曾祖卓。……祖叔珍。……父季遠。」則叔珍爲卓子，所差兩世。兹合勘之，乃知周書所謂曾祖，乃叔珍＊曾祖，非霞曾祖，當日修史者必於文字上有誤會，以原來史料叔珍之曾祖，當霞之曾祖，故鑄此錯也。霞傳應正作「五代祖卓」，方合。

227 淑宗生彥緒，齊尚書。彥緒生惔、憕、忱、怡。惔，梁僕射、曲江公，生昞、暉、映。昞生裘，周内史大夫，隋大將軍；元孫湛，右金吾將軍。暉，梁吏部尚書；生顧言，隋祕書監、漢南公。顧言生逐。逐生尚真，司門員外。

A〔岑校〕淑宗生彥緒　彥緒，世隆字。稱字者避太宗、玄宗二諱也。

B〔又〕彥緒生惔憕忱怡　南史三八，世隆長子悦，次子惔，惔弟惲，惲弟憕，憕弟忱。忱兄弟十五人，則怡當其一也。又梁書一二，惔第四弟憕，第五弟忱，忱以天監十年（五一一）卒，年四十一。又同書二一，惲以天監十六年（五一七）卒，年五十三，惲爲憕兄無疑矣。今下文有惲，則此處「惔」之下，「憕」之上，應補「惲」字。

C〔又〕惔梁僕射曲江公　梁書一二、南史三八及新表均作「曲江侯」，然芒洛四編柳氏誌亦稱：「迺祖惔，梁尚書右僕射、安南將軍、相州刺史、贈撫（？）將軍，曲江縣穆公。」丙寅稿載朝邑令柳尚善誌則云，高祖惔，梁宣城太守、寧朔將軍、梁州刺史、中領軍、侍中、醴陵縣侯，除太子詹事、尚書左僕射、雍州大中正，贈撫軍將軍，謚穆侯。按柳氏誌去梁較近，則「曲江」可信。後誌之「左」，亦殆記憶之訛，「公」字則當是泛稱耳。

D〔又〕生昞暉映　羅校云：「案『昞』，隋書柳裘傳作『明』。」余按「昞」犯唐諱，或修史者改曰

「明」也。

E〔又〕元孫湛右金吾將軍　「湛」，新表作「偡」。按元龜三三，天寶十載有太子左諭德柳偡。

F〔又〕暉梁吏部尚書　隋書五八作「都官尚書」。柳氏誌祇云侍中、散騎常侍，尚善誌則言曾祖暉，梁雍州別駕，除吏部郎、御史中丞、都官尚書，又除侍中。

G〔又〕生顧言隋祕書監漢南公　隋書五八柳䛒傳，䛒字顧言，煬帝嗣位，拜祕書監，封漢南縣公。尚善誌祇云，祖顧言，梁國子祭酒，隨晉王諮議、中書侍郎、祕書監，不及其封。柳氏誌云：「曾祖顧言，隨內史侍郎、祕書監、漢川郡康公。」意誌亦有誤歟？柳順誌固作「漢南」。

H〔又〕顧言生逐　柳氏誌：「祖逐，隨晉王府典籤、扶樂縣令。」丙寅稿云：「表載顧言子逐而不及約與尚善。」按此亦新表本姓纂之證。又千唐衞尉寺丞柳順誌（卒景龍四，年卌□）：「高祖顧言，隋內史侍郎、祕書監、漢南公，贈大將軍，謚曰景。曾祖約，隋義鄉縣令，襲爵漢南公。祖尚寂，右金吾□駕。父善寶，皇任幽州司馬。」（「□駕」，羅振玉世系表補正下作「引駕」。）

I〔又〕逐生尚真司門員外　柳氏誌：「父尚真，司門員外郎，殿中丞，洛陽縣令。」

映生莊、奭，陳度支尚書。奭曾孫慶休，生識、渾。識，屯田郎中，徵不起。渾，兵部、左常侍，平章事。惲，梁侍中，生偃。憕，梁侍中、吏部侍郎、尚書。

A〔岑校〕映生莊奭陳度支尚書　此與前文之唐柳奭、下文之隋柳莊同名。「度支」無論爲莊或奭官，「奭」下均應補一字。

B〔又〕奭曾孫慶休　據呂衡州集七河東郡君柳氏墓誌，奭生善才，唐荆王侍讀；生尚素，江寧令。尚素卽慶休之父。

C〔又〕生識渾　柳渾行狀云：「自卓至公十有一代。」曰「自」，似當連卓本身計之，然若依新表計算，則由卓至渾共十二代也。

D〔又〕識屯田郎中徵不起　集古録目玄靖先生碑，大曆四年立，祕書郎柳識撰。又叢編一四引復齋碑録，朗然律師碑，識於建中三年撰。宋張敦頤六朝事迹編類下（紹興庚辰撰），大唐祠宇官白鶴廟記，大曆十三年三月立，水部員外郎柳識文。全文三一七李華三賢論，柳識方明，與元魯山爲友。同書三七七，大曆二年識官左拾遺，見識所作草堂記。宋僧傳一五朗然傳：「屯田員外郎柳識爲碑頌焉。」

E〔又〕惲梁侍中生偃　「偃」，庫本作「匽」。按梁書二一，惲少子偃，字彦游，則作「偃」是也。庫本訛。

229 淑珍生慶遠、季遠。慶遠，梁侍中、雍州刺史、雲杜侯；生津，梁兵部尚書。津生仲禮、敬禮。仲禮，梁州刺史、西魏侍中，生元、彧。元，曾孫滿，案唐世系表，「滿」作「行滿」。諫議大夫、給事中。彧，隋侍書御史；生紹，左庶子。曾孫晦，文州刺史。彧元孫如芝，衡州刺史。

A〔岑校〕淑珍生慶遠季遠　子山集一五柳遐誌：「祖叔珍，宋員外散騎常侍，義陽内史。」此「淑」字與前文之「淑宗」、「淑珍」均應正作「叔」。

B〔又〕生津梁兵部尚書　新表作「左民部尚書」。考梁書四三稱太子詹事，南史三八稱歷散騎常侍、太子詹事。

C〔又〕仲禮梁州刺史西魏侍中　新表作「司州刺史」。據南史三八，仲禮嘗爲梁之司雍二州刺史，此「梁」字非州名，乃對西魏立言，「梁」下奪州名也。拓本大唐護軍魏王府主簿唐遜故夫人柳氏墓誌銘幷序云：「曾祖仲禮，梁尚書僕射。」

D〔又〕生元彧　隋書六二彧傳，七世祖卓。按今姓纂所記，祇是六世，觀此，益知前文奪去憑一代也。

E〔又〕元曾孫滿　校云：「案唐世系表，『滿』作『行滿』。」余按新表以行滿爲玄孫，與此作曾孫亦不合。

F〔又〕彧隋侍書御史　同前引唐遜夫人柳氏誌：「祖彧，隨御史治書。父自然，九門縣令。」（氏卒貞觀十二，年卅三）此作「侍書」，沿唐初諱「治」而改也。

G〔又〕生紹左庶子　彧傳祇稱介休令，此當是入唐後所官。

230 季遠，梁中書侍郎；生遐，周侍中、霍州刺史；生莊，隋黄門侍郎，生慶孫。慶孫生楚賢，光禄少卿、杭州刺史。楚賢生温、洽、沖。洽孫昇，長安令，生元輔、應。沖，左常侍、太子賓客、平陽公，修國史。

A〔岑校〕季遠梁中書侍郎　新表作「中書侍郎、宜都太守」。隋書六六祇云梁司徒從事中郎。子山集一五及周書四二則云臨川王諮議參軍、宜都太守。

B〔又〕生遐周侍中霍州刺史　羅校云：「案遐，周書有傳，作『霞』。」余按子山集一五、隋書六六及新表均作「遐」。續編一一修法堂記：「武宗昇霞。」遐、霞兩字，大約唐人常有混寫。

C〔又〕楚賢生温洽沖　此柳温與前文光禄少卿者同名。

D〔又〕洽孫昇　「昇」，新表作「升」，亦猶柳霞字子昇（周書四二），新表則作「子升」，字常混用也。萃編九六，永仙觀碑有天寶二年美原縣令河東柳升。華嶽題名有華陰丞柳升。又舊紀九，天寶三載五月，長安令柳升坐贓，於朝堂决殺之，當卽其人。

E〔又〕沖……平陽公　舊書一八九下，沖封河東縣男，不言平陽公。

231 傑孫雙虬、文明。虬生崇。文明生元章、仲仁、季和。案唐世系表，元章、仲仁、季和，俱作雙虬子。元章生景賓、景鴻。景賓元孫季誠，金部郎中、揚州刺史。景鴻生儉，隋書有傳。仲仁曾孫崇貞，太原令；季貞生賁，長安丞。季和生贊，冀州刺史；七代孫貞，案唐世系表，季和曾孫貞望，江州刺史。此作七代孫。江州刺史。

A〔岑校〕傑孫雙虬文明虬生崇　案文明與崇，新表均不著。

B〔又〕元章生景賓景鴻景賓元孫季誠……景鴻生儉隋書有傳　羅校云：「案隋書柳儉傳，祖元璋，父裕，與此不合。又『季誠』，唐表作『秀誠』。」按元章當卽元璋，隋書所不同者父裕耳。隋、唐人往往名字互行，則裕許是名而景鴻是字也。又同文本唐表正作「季誠」，與羅見本異，惟郎官柱確作「秀誠」。廣記一〇二引法苑珠林（一八，原據冥報記），稱唐邢州司馬柳儉，大業十年任岐州岐陽宮監，義寧元年坐誣繫獄，似卽隋傳之人。但傳謂恭帝既立，儉自弘化太守歸京，相國（卽高祖）賜三百段，就拜上大將軍，歲餘卒於家，則行藏迥異也。

C〔又〕仲仁曾孫崇貞　新表作玄孫。

D〔又〕長安丞　羅校云：「案『丞』，唐表作『令』。」

E〔又〕季和生贇冀州刺史　「冀」，新表作「翼」。

F〔又〕七代孫貞江州刺史　校云：「案唐世系表，季和曾孫貞望，江州刺史。此作七代孫。」羅校云：「按唐表，奮七代孫貞。此『七代孫』上奪『奮』字，原校誤。」余按庫、洪二本奪「奮」字，誠如羅校。然唐表固作「貞望」，羅校引作「貞」亦不合。復次，吉石本廬山記五佛馱跋陁羅碑，開元十七年建，條下有「江州刺史河東柳太（□）樹」等字，其名之上截不類「貞」。且貞望究屬某一時代亦不知，未審有關係否，姑録之備考。

232 又太子學士柳彦昭，云僧習子虬後；生芳，職方郎中。芳生登、冕。登，祕書省少監。冕，吏部侍郎、福建觀察使。

A〔岑校〕又太子學士柳彦昭　「學士」，新表作「文學」。舊書九三，張仁愿在朔方，用太子文學柳彦昭爲管記。

B〔又〕生芳職方郎中　酉陽雜俎言柳芳爲郎中。廣記二二二引定命録，芳進士，歷校書郎、畿尉丞，韋述荐充太博。千唐源光乘誌，天寶六載立，題「前右武衛胄曹參軍柳芳撰」*。

C〔又〕登祕書省少監　酉陽雜俎，登爲右庶子，年至九十*。

233 【濮陽*】狀云本河東人。杭州刺史柳德又*，生萬齒。齒生翼之。馮翊。諫議大夫伉其後。

A〔岑校〕濮陽狀云　陳校云：「另行。」按「濮陽」下應空一格，再接「狀云」以下。

B〔又〕杭州刺史柳德又生萬齒齒生翼之馮翊諫議大夫伉其後　乾道臨安志三：「柳德義，杭州刺史。……右見元和姓纂。」「義」之草寫爲「乂」，故訛「又」，應據改正。復按，杭州隋始立，又德義爲唐人，由是「馮翊」字可有兩種解法：（一）「馮翊」上奪「徙」等字；（二）否則「馮翊」又應再另行而其下有奪文。據舊書一一一，廣德元年，伉爲太常博士。困學紀聞引登科記，柳伉，乾元元年進士。

𠛎勑久反。

234 【吳興】漢有𠛎東，未詳所出。姓苑，吳志孫韶伯父河，本姓𠛎，吳人也。晉將軍𠛎縱。

案廣韻不載此字。正字通，𠛎即「𢻫」字，變體作「𠛎」。然案「𢻫」乃古文「好」字，廣韻、集韻俱不言人姓。又丑、好音亦不同，似非一字。又妞，音紐，人姓，今高麗人有之，疑即「𠛎」字之變。

A〔岑校〕𠛎（勑久反）「久」，庫本及嘉慶本均作「救」，路史同，是此姓應依廣韻入去聲，何以入上聲「有」？孫本作「勑久反」，殆遷就庫本之編韻而改者（尋源三〇引姓纂作「敕救切」，「救」誤「枚」）。類稿四八：「俞，勑救反，又音逾。」

B〔又〕漢有𠛎東未詳所出　姓解三云，漢有司徒掾俞運，即指此人。廣韻、辯證又作「連」，路史作「達」，字皆相近。尋源三〇以作「連」者爲是，未有的據。

C〔又〕姓苑吳志孫韶伯父河本姓𠛎吳人也　按三國志五一韶傳：「伯父河，字伯海，本姓俞氏，亦吳人也。」字作「俞」不作「𠛎」。又「河」，庫本、嘉慶本作「何」。河、何字古人往往通寫，前文已言之。校云：「案廣韻不載此字。正字通，𠛎即『𢻫』字，變體作『𠛎』。然案『𢻫』乃古文『好』字，廣韻、集韻俱不言人姓。」余按廣韻「二十二皓」「𢻫」下固云「人姓」，校注者未知所據何本。又辯證三四「四十九宥」俞姓云：「姓苑曰，漢有俞連，吳志，孫韶伯父何，本吳人，姓俞。集韻曰，俞音冑，姓也，丑救切。武陽高棐曰，一畫爲俞，音餘，平聲，兩畫爲𠛎，音冑，去聲，今衡州有此氏，乃音丑，蓋音變也。」注云：「案元和姓纂有俞氏，亦引此。俞、俞疑即一字。」余按辯證三四既有俞，復有阧，殊嫌複出。

D〔又〕晉將軍俞縱　按俞縱見晉書七四。楊超音義，俞，丑又反。

咎

235 風俗通云，湯司空咎單。左傳，咎，舅犯字也。

灸

236 見姓苑。

棸

側紂反。

237 晉有棸儔。今江南，襄陽並有此姓。

A〔岑校〕晉有棸儔　「儔」，通志作「籌」。

238 出郰氏之後，去「邑」從木爲棸氏。（岑補）

A〔岑校〕據姓觿四引，彼收平聲。

羑

239 古「牖」字。羑里，殷秋官，子孫因氏。

酒

240 周禮酒正，因官氏焉，見纂要文。

有扈

241 夏初諸侯國也。

242 己姓，高陽之後。夏書，啓命六卿征有扈，是也，後因氏。（岑補）

A〔岑校〕姓觿六引文云：「夏時侯國，己姓……」茲據補。

243 【弘農】英賢傳，今弘農人也。（岑補）

A〔岑校〕此條今誤别爲一姓，見前卷五，茲據通志，實有扈之文，應并補入此處。

有偃

244 皐陶偃姓之後。有偃子皐爲晉士官。

右師

245 世本，宋武公生公子中，代爲右師，因氏焉。漢有中郎將右師譚。

A〔岑校〕宋武公生公子中　通志作「宋莊公生公子申。」張輯世本云：「又按文七年傳，公子成爲右師。……無所謂公子申也，疑公子成卽公子申。」

B〔又〕漢有中郎將右師譚　見漢書息夫躬傳。

右歸

246 潛夫論，宋右歸氏，子姓也。

A〔岑校〕潛夫論宋右歸氏子姓也　潛夫論箋九云：「元和姓纂右歸氏引此書。按『歸』蓋『師』之誤。姓纂有右師氏，引世本云，宋武公生公子中，代爲右師，因氏焉。氏族略四，武公公子中作莊公公子申。成十五年左傳疏引世本云，莊公生右師戊（戌）。」

右尹

247 楚公子辛爲右尹，子孫氏焉。

右史

248 右史記事，因氏焉。周右史戍，見世本。

A〔岑校〕周右史戍　通志作「周右史武。」

右宰

249 左傳，衞大夫右宰穀，因官爲姓。

右將

250 漢下鄌侯右將萬周，駱越人。

A〔岑校〕漢下鄌侯右將萬周駱越人　按漢書一七：「下鄌侯左將黄同，以故甌駱左將斬西于王功侯，七百户。」左右、黄萬、同周，字均相類，林氏見本殆與今異也。宋本辯證亦有「右將」之目。

九方

251 列子，秦穆公時九方皐，一名歅，善相馬。

A〔岑校〕一名歅　「歅」，廣韻作「甄」。

壽西

252 左傳，楚人壽西宜僚。亦見莊子。案左傳無「壽西」，字誤。

A〔岑校〕左傳楚人壽西宜僚亦見莊子　按壽西之文，今誤錯於北髮，説見卷十，此則冒市南之文也。通志「市南氏」云：「左傳，楚人有市南宜僚。亦見莊子。」但前卷市南已言「楚有市南熊宜僚，後以爲氏。」則此上截近於複出，當删併。

臼季

253 齊公子臼季之後。魯有臼季宣孟。

A〔岑校〕齊公子臼季之後　通志同。尋源三〇云：「按胥臣字季，食邑于臼，謂之臼季。……作『齊公子』尤舛。」按此許是同名者。

壽邱（岑補）

254 黄帝生壽邱，後因氏。（岑補）

A〔岑校〕據姓觿六引。

四十五厚

255 國語，黄帝之後。漢有苟實、苟參。

A〔岑校〕國語黄帝之後　經義述聞國語下云：「路史疏仡紀，『苟』作『苟』，云『苟』國語、史記皆作『苟』，非。……且元和姓纂及廣韻引國語竝作『苟』，不作『苟』也。……又潛夫論志氏姓篇，『苟』作『拘』。拘、苟古聲相近，故『苟』通作『拘』也。」

256 【河南】山陽苟實，世居河南。漢有少府儒。晉兗州刺史苟晞，字道將；弟苟純，青州刺史。唐監察苟敬恩，懷州人，云其後。

A〔岑校〕山陽苟實世居河南　苟參見漢書七〇陳湯傳，父賓。同書九八云：「更嫁爲河内苟賓妻。」山陽屬河内郡，然則姓纂之苟實，殆即今漢書之苟賓也。賓、實形似，故易傳訛，「南」字似當正作「内」。

B〔又〕漢有少府儒　「儒」上似應補「苟」字。

C〔又〕晉兗州刺史苟晞　羅校云：「案『晞』，晉書本傳作『晞』。」余按羅氏對校之本，爲洪氏原刻抑金陵局本，原序不詳。若局刻則正從日傍，不從口傍，唯「日」字之中畫，祇見其右半耳（余所有者是早印本，晚印本則中畫全缺）。意羅氏所見即此種，故有如上校語也。校檢嘉慶本，「日」字中畫雖蒙昧，然字形仍斷是「日」字。

D〔又〕唐監察苟敬恩　「監察」下應有「御史」字。

257 【隴西】 苻秦衞將軍苟長之後。庫部郎中苟言，云其後。

口

258 羌種也，今同州有此姓。

耦

259 風俗通，宋卿華耦之後。漢有侍中耦嘉。

260 【廣平】 姓苑云，廣平有耦氏。

郈

261 風俗通，魯大夫郈昭伯食采於郈，因氏焉。

A〔岑校〕風俗通魯大夫郈昭伯食采於郈因氏焉　經義述聞左傳下云：「昭二十五年傳言季郈者一，言郈氏者二，言郈昭伯者三，言郈孫者四，『郈』字皆當作『后』，『后』者『厚』之借字也。……后昭伯，漢書古今人表作厚昭伯。史記魯周公世家索隱曰，系本昭伯名惡，魯孝公之後，稱后氏。五行志昭公二十五年，劉歆以爲時后氏與季氏有隙。……若郈則叔孫氏之邑而非惠伯革之字，不得爲昭伯所受之氏。……而元和姓纂引風俗通曰……已誤以后孫之『後』爲郈邑之『郈』。」餘參原文。

后(岑補)

262 后土之後，漢有少府后會。(岑補)

A〔岑校〕據類稿四〇引。惟「會」，廣韻作「蒼」。

毌(岑補)

263 毌邱氏之後。(岑補)

A〔岑校〕據姓觿六引。

後(岑補)

264 本姓侯，改姓後。(岑補)

A〔岑校〕同上姓觿引。

母邱

265 其先食采母邱，因氏焉。

A〔岑校〕母邱　羅振玉璽印姓氏徵序：「孫輯姓纂，訛『毌丘』作『母丘』，列入厚韻，誤。」按姓纂非孫輯，語誤。

266 【河東】後漢末將作大匠母邱興；生儉，魏幽州刺史，奔吴，拜鎮北將軍、幽州牧、譙侯，生甸。

A〔岑校〕生甸　按三國志二八毌丘儉傳，稱儉子甸，註引世語云：「甸字子邦。」知作「旬」者訛。

四十六黝

糾（岑補）

267 〔岑校〕姓觿六云：「居黝切，出姓纂。」茲據補目。

四十七寑

沈

268 周文王第十子耼食采於沈，因氏焉。今汝南平輿沈亭，卽沈子國也。秦有沈郢，徵丞相不就。據祕笈新書增。郢十二代孫戎。

A〔岑校〕周文王第十子聃食采於沈　羅校云：「唐表作『聃叔季』。」余按類稿四一、備要十、新書七引均作「聃季」。又姓觿六引文「於沈」下有「卽夏禹支庶所封地」一句。

B〔又〕今汝南平輿沈亭卽沈子國也　「平輿」，庫本作「平陽」。按宋書一〇〇自序：「沈子國，今汝南平輿沈亭是也。」復次，漢書地理志，汝南郡平輿縣，應劭云：「故沈子國。」洪校作「平輿」，是也。庫本訛。

C〔又〕秦有沈郢徵丞相不就　庫本無後五字，乃洪氏據祕笈新書所增，類稿引文亦有之。羅校云：「案郢，宋書沈約自序作『逞』。」余按自序亦云：「徵丞相不就。」新表七四上則云：「郢字文明，召爲丞相不就。」字又作「郢」。

D〔又〕郢十二代孫戎　按沈約自序，逞曾孫保，保子遵，遵子達，達子乾，乾子弘，弘子勗，勗子奮，奮子恪，恪子謙，謙子靖，靖子戎。新表，郢生平，平生遂，遂生悰（悰卽自序之保，又弘作「泓」，恪作「格」，餘同），則戎爲郢十三代孫，「十二」字訛。

269【吳興】武康縣。漢光禄勳、海昏侯沈戎，後居會稽烏程。吳興分烏程爲吳郡。孫景，見後漢書。晉沈袞，宋沈慶之，梁沈約，並景後也。景生産。産生晃、規。晃孫謙。謙生勉。勉生琛。

A〔岑校〕武康縣漢光禄勳……「武康縣」三字，庫本連上，是也。空格應在「縣」字下。

B〔又〕漢光禄勳海昬侯沈戎　寰宇記九四引沈氏家傳云：「後漢沈戎居郡烏程縣餘不鄉。」又引吴均入東記云：「後漢青州刺史姚恢與海昬侯沈戎過江陰，争柯日山居之。」千唐著録浩豊誌，詳其文實姓沈，目録以爲浩姓誤。誌云：「漢封戎爲述善侯，始過江，爲著姓之最。」卽此沈戎，豈嫌海昬之惡名而改曰「述善」歟？餘説詳下。

C〔又〕後居會稽烏程吴興分烏程爲吴郡　按沈約自序：「順帝永建九年，分會稽爲吴郡，復爲吴郡人。靈帝初平五年，分烏程、餘杭爲永安縣。吴孫皓寶鼎二年，分吴郡爲吴興郡，復爲郡人，雖邦邑屢改而築室不遷。」新表七四上：「孫皓分吴郡爲吴興郡，晉改永安爲武康，卽爲郡人。」是知吴興之「興」，應乙於「吴郡」兩字中間，卽云「吴分烏程爲吴興郡」也。

D〔又〕孫景見後漢書　沈景，吴郡人，侍御史、河間相，見河間王開傳。嘉泰吴興志一二，河門相沈景墓。「門」，「間」之訛。

E〔又〕晉沈袞宋沈慶之梁沈約並景後也　考晉書，沈氏有專傳者唯沈勁，其父充，與王敦構逆被殺。姓解一亦稱晉沈充。充、袞字近，「袞」乃「充」之訛。約爲戎第二子滸之後，見沈約自序，此作景後，誤。

F〔又〕景生產　羅校云：「案『產』，唐表作『彥』。」余按下文沈伯儀、沈萬石皆稱彥後，可證。嘉泰吳興志一二有荆州刺史沈彦墓。

270 琛生祚、楚。祚生卲之、慶之。

A〔岑校〕祚生卲之慶之　羅校云：「按宋書沈慶之傳、沈文秀傳並作『劭之』。」余按卲、劭古常通寫，前已言之，今南史三七文秀傳亦作父卲之。吳興志一三：「宋元嘉三年，戎之八世孫司空慶之、吏部尚書曇慶。」依下文所考，曇慶比慶之低一代，又慶之，依姓纂係戎十代孫。

271 慶之生文昭。文昭生毅，齊五兵部尚書*。孫巡，生君理、君攸、君高。君理，陳侍中、僕射，女爲隋煬帝后。君高孫悦，唐將作少卿、餘杭公；生嶷，和州刺史。嶷生璟、瑱、瓚。璟，屯田郎中。瑱，水部員外、諫議大夫。瓚，都水使者。慶之生文季，後魏平南將軍。六代孫法牧，唐譚州長史。慶之，宋司空、始興公；生文秀，宋左僕射。六代孫揚庭，唐金壇令。

A〔岑校〕慶之生文昭　羅校云：「案宋書沈慶之傳作慶之生文叔、昭明，又案此既云慶之生文昭，下又云慶之生文季，又云慶之生文秀，複衍訛誤，亟當改正。」余按宋書七七，慶之長子文叔，文叔子昭明，并非慶之生文叔、昭明，羅校誤。又南史三七，慶之長子文叔，文叔子昭明，昭明弟昭略，昭略弟昭光。所謂「文昭」者顯混兩世而爲名，惜陳書君理傳未上溯其高曾，而沈毅，北齊書亦無傳，不能決「文昭」之正文應云何耳。參看下文。

B〔又〕生君理君攸君高　周書四八作「沈君游」。吴興備志三二引隋經籍志及藝文類聚，以爲應作「君攸。」

C〔又〕君理陳侍中僕射女爲隋煬帝后　此大誤。據陳書七，君理女乃陳後主后也。煬帝后爲蕭氏。

D〔又〕君高孫悦唐將作少卿餘杭公　按通鑑一八八，武德四年，王世充鄭州司兵沈悦降。悦，君理之孫也，與此作「君高孫」異。又「將作」是「監」，此稱「卿」，亦訛。

E〔又〕瑱水部員外諫議大夫　全文四〇一云：「瑱，開元時官諫議大夫。」按下文又有比部郎中沈瑱，姓名相同，惟時代略後。

F〔又〕慶之生文季後魏平南將軍　文叔弟文季，見南史三七，爲東昏所害，未嘗投北。據同卷文秀傳，終於北者文秀也。傳云：「文秀字仲遠，慶之弟子也，父邵之。」此文應云「邵之生文秀」。「慶」、「季」字均訛。

G〔又〕唐譚州長史　「譚」誤，庫本正作「潭」。

H〔又〕慶之宋司空始興公生文秀宋左僕射　按上文慶之未敍官歷，此不爲複。文秀投北，已見前文，曾任左僕射者乃文季，事在齊永元元年，見南史三七，應正云「生文季，齊左僕射」也。羅校亦引魏書文秀傳，謂文秀爲慶之之姪。

272 孫勉。寂，晉光祿勳，生宣。宣生懷遠，宋侍中。遠元孫越賓。

A〔岑校〕孫勉寂晉光祿勳生宣　宋書八二沈懷文傳，祖寂，晉光祿勳，父宣。則「孫勉寂」三字應乙爲「勉孫寂」，勉即前文「謙生勉」之勉也。

B〔又〕宣生懷遠宋侍中　宣爲懷文之父，具見前條。懷文弟懷遠，但官祇至武康令，任侍中者乃懷文（宋書八二）。「遠」當作「文」方合。

C〔又〕遠元孫越賓　長安志九云：「貞觀永徽間，……著作郎沈越賓亦住此坊。」但由前條觀之，越賓爲懷遠抑懷文玄孫，尚待研考。

273 發。發生曇慶，宋祠部尚書。六代孫大禮，唐濮陽令。

A〔岑校〕發發生曇慶宋祠部尚書　曇慶，宋書五四有傳，懷文從父兄，父發。依此，則發固勉曾孫也。「發」上應補「勉曾孫」三字。

B〔又〕六代孫大禮唐濮陽令　「沈大禮，濮陽令。」見吳興談志一六。

274 琛次子楚。五代孫君攸，陳衞尉卿；生叔安，唐刑部尚書、吳興公，生訓之、道之、眷之、禴之。訓之生成業，漢荆州刺史。道之生成福，簡台盧等州刺史。叔安堂姪緝，荆州刺史。

A〔岑校〕琛次子楚五代孫君攸陳衞尉卿　此節不特複見，世系亦相違舛。蓋據上文，祚生慶之，慶之生文昭，文昭生毅，毅孫巡，巡生君理、君攸、君高，則君攸爲祚六世（如文昭爲一世）或七世孫（如文昭爲兩世），楚則祚之弟也。今云祚五代孫君攸，則祚、楚之系既不同，且亦相差一兩代矣。周書四八：「沈君游，吳興人，祖僧旻，左民尚書，父巡，東陽太守。」與陳書君理傳父祖相同，可知「君游」卽「君攸」之異寫，然未言其仕陳，豈同時有兩君攸歟？未得他證，本條不可據信。

B〔又〕生叔安唐刑部尚書吳興公　贈荆州大都督，謚定，見會要七九。叢編一〇引京兆金石録，有潭州都督吳興郡公沈叔安碑。武德七年，遣刑尚沈叔安赴高麗，見舊書一九九上。又刑尚沈叔安，見續僧傳一三慧因傳。有集廿卷，見舊經籍志下。

C〔又〕生訓之道之眷之嵩之　拓本龍門尉沈知敏誌：「曾祖叔安，皇光禄大夫、刑部尚書、吳興郡開國公，贈禮部尚書、荆州大都督。祖導之，朝散大夫、益州都督府司馬。」「道」作「導」。

D〔又〕道之生成福簡台廬等州刺史　成福有議移睦州治所疏略。全文二〇〇云，永徽時人。按嘉定赤城志八，垂拱四年刺史沈福，當卽成福。拓本沈知敏誌：「父成福，通議大夫、台州刺史。」知敏是第三子，卒天寶元年，年四十八，有嗣子晤等。

275 勉次子盤。盤七代孫弘，周司水大夫。弘周孫士衡，唐陝令，生介福、餘慶。介福，主爵員外，生易直。易直，大理正；女爲代宗妃，追尊睿聖皇后，生德宗。易直子震、濟。震，祕書少監；生房，右金吾大將軍。濟生華，殿中監。華生翬，駙馬。餘慶，庫部員外，生從近，右司郎中、翼州刺史，孫對。

A〔岑校〕盤七代孫弘周司水大夫弘周孫士衡　司水大夫爲北周官制，則盤之七代孫名弘，非名「弘周」。「孫」上「周」字衍。

B〔又〕唐陝令生介福餘慶介福主爵員外生易直易直大理正　按舊書五二云：「父易直，祕書監。……贈太后父易直太師，易直子庫部員外郎介福贈太傅，介福子德州刺史士衡贈太保。……貞元七年，詔外曾祖隋陝令沈琳贈司徒。」新書七七則云：「德宗即位，乃先下詔贈后曾祖士衡太保，祖介福太傅，父易直太師。……貞元七年，詔贈外高祖琳爲司徒。」兩文比讀，知舊書「易直子」、「介福子」兩「子」字均當作「父」（沈炳震已言之），「外曾祖」又「外高祖」之訛。曾、高云者，就太后自身言之，非就德宗言之也。元龜三〇三云：「介福，易直之父也。士衡，介福之父也。」尤爲明證。元龜一四一作「貞元七年，詔贈外祖隨令沈琳贈司徒。」「贈外」當「外曾」之倒誤，「隨」下奪縣名。謂琳爲外曾祖，殆本自舊傳之文。抑舊傳以琳爲隋陝令，士衡德州刺史，介福庫部員外，易直祕書監，均與姓纂所記官歷不合。勞考六云：「舊后妃下代宗睿真皇后沈氏傳，德宗外曾祖隋陝令沈琳，又德州刺史士衡，士衡當是琳子，姓纂誤合爲一也。」余按姓纂略去士衡之父一代，安見其必合琳與士衡爲一？在勞氏之意，無非因舊傳稱琳爲陝令耳，然父子繼任一官，乃常有之事，就令不然，然今傳文訛父爲子，其他官歷，亦總與姓纂不符，又安見姓纂之必誤而舊傳不誤耶？勞氏此種斷定，偏於片面觀，在未獲他證之前，充其量祇當存疑而已。

C〔又〕女爲代宗妃追尊睿聖皇后　「睿聖」，舊書五二、新書七七皆作「睿真」。

D〔又〕易直子震濟　魯公集五云：「過江二十葉孫御史中丞震。」如由戎子起至震，恰二十代。黄本驥顔魯公年譜云：「公撰吴興沈氏述祖德記云，南齊徵士沈驎士過江，二十葉孫御史中丞震。」（吴興備志一〇已如此讀法。）按由南齊之初（四七九）至唐太宗末（七七九），不過三百年，驎士焉得有二十葉之孫？董、黄誤矣。抑驎士祖膺期仕晉，父虔之仕宋，子彝，今姓纂震之先代，未著其名，雖謂盤後六代名字不詳，許在其内，然真卿之記，不云驎士若干代孫震，而云「過江二十葉孫震」，則震不過闡揚其族祖，亦可於言外得之矣。真卿行狀，真卿爲平原太守，以前侍御史沈震爲判官，吴興備志一〇疑即此沈震，是也。

E〔又〕生房右金吾大將軍　貞元七年，房官金吾將軍，見元龜六〇。又興元元年，自屯田郎中爲太常少卿，見同書一三六。其超爲金吾，約在貞元二年，見同書二六九。吴興談志一六云：「沈房，大曆中進士及第，官至監察御史。」姓名、年代皆與此同，惟歷官異，吴興備志一〇疑其同人。興元元年四月，房爲太常少卿兼御史中丞，見舊書一九六下。又兼御史大夫，見全文四六四陸贄制。

F〔又〕華生翬駙馬　會要三，貞元中沈翬用姑睿真皇太后廕云云。按翬爲易直曾孫，則於沈后是姪孫，應云「祖姑」也。翬尚順宗女西河公主，見會要六。

G〔又〕生從近右司郎中冀州刺史　「近」，庫本作「道」，「翼」作「冀」。

規生郅，晉冠軍長史。郅孫叔，生僧朗、演之。僧朗元孫不害，陳尚書左丞。孫齊家，唐祕書郎；生朝宗，婺州武義主簿。朝宗生既濟、克濟。既濟，進士，唐翰林學士，生傳師、弘師、述師。傳師，進士，吏部侍郎，生樞、詢。樞，進士，諫議大夫、商州防禦使。詢，進士，浙東觀察、澤潞節度；生仁衛，進士。既濟次子宏師，進士，不禄。述師。

A〔岑校〕規生郅晉冠軍長史　規即前文「産生晃、規」之規也。晉書八九，沈勁父充，與王敦構逆，被殺，勁仕至冠軍長史。古人常寫「劭」作「邵」，前已言之，是「勁」亦可作「郅」矣。惟姓纂以充爲規，略有不符，豈一爲名而他爲字耶？參下一條。

B〔又〕郅孫叔　據晉書八九，勁子赤黔，赤黔子叔任，小異。宋書六三演之傳亦云，高祖充，曾祖勁，祖赤黔，父叔任。

C〔又〕孫齊家唐祕書郎　舊書四七有沈齊家集十卷。全文七五六杜牧沈傳師行狀：「公曾祖某，皇任泉州司户參軍。」即齊家也。

D〔又〕生朝宗婺州武義主簿　傳師行狀：「祖某，皇任婺州武義縣主簿。」寰宇記九四德清縣：「唐天寶末，邑人婺州武義主簿沈朝家養母鵝一。」「朝」下脱「宗」字。

E〔又〕既濟進士唐翰林學士　建中元年任左拾遺，見會要六三。翰苑集一四奉天薦袁高等狀，亦有既濟名。傳師行狀：「父某，皇任尚書禮部員外郎。」廣記四五二引既濟文，建中二年，既濟自左拾遺適淮*。惟既濟未嘗爲翰學，傳師爲翰學又遲在元和十二，在林書後，故知「唐翰林學士」五字，乃後人記傳師所歷而誤錯於此者。

F〔又〕傳師進士吏部侍郎生樞詢樞進士諫議大夫商州防禦使詢進士浙東觀察澤潞節度生仁衞進士　大典引蘇州府志，傳師貞元廿一年進士。據舊書一七下，傳師卒於大和九年四月（同書一四九誤元年），年五十九，則元和七年時僅三十五歲，以紀、傳互勘，其入爲吏部侍郎，當在大和八年九月，故知自「吏部侍郎起」至「生仁衞進士」止，均後人羼入之文。又「仁衞」爲「仁偉」之訛，見勞格讀書雜識七，僖宗時官中書舍人。傳師爲宣武節度，見廣記三七四引聞奇録*。南部新書戊：「沈既濟生傳師，傳師生詢，詢生丹，丹生牢，牢巢寇前爲錢唐監使。」全詩九函一册趙嘏有落第寄沈詢。詢，會昌元年進士，見大典引蘇州府志。嘗爲禮侍，見廣記一九九引北夢瑣言。咸通四年在昭義軍節度任爲內豎所殺，見二七五引同書。會稽唐太守題名記：「沈詢，大中九年九月自前禮部侍郎授，十二年六月追赴闕，其月四日，遷户部侍郎。」

G〔又〕既濟次子宏師進士不禄述師　此作「宏」而前文作「弘師」，則改之未盡者也。記卒爲姓纂特例，用「不禄」字，尤特例中之殊異者，似亦後人羼入。惟弘師登第，可得在姓纂修書之前耳。（新書一三二，傳師貞元末舉進士。）「述師」下或有奪文。沈著作述師，見全詩八函七册杜牧張好好詩序；又注，述師嘗任集賢校理。

277 長子許。十一代孫案梁沈約乃景後，此「十一代孫」上應有「景」字，脱。林子、田子。林生映。映生約，梁左僕射、特進、隱侯。約生旋。旋生象。戎案梁書，約祖林子，生璞，璞生約，約生旋，旋生實。此以「璞」作「映」，以「實」作「象戎」，與本傳不合。次子齊，十五代孫恪，陳侍中。曾孫賁，唐大理評事。

A〔岑校〕長子許十一代孫林子田子　許即宋書一〇〇之滸，惟自序謂戎第二子滸，此作「長子」，小異。新表七四上以酆、懿、齊、恭爲戎之四子，滸、仲、高、景爲酆之四子，自序以酆、滸、景爲戎之三子，姓纂又以滸、齊爲戎之二子，各書復不同。但無論如何，「長子」上當補「戎」字。下文有「戎次子齊」，可證也。校云：「案梁沈約乃景後，此『十一代孫』上應有『景』字，脱。」余按約自序明説是滸後，滸子鸞，鸞子直，直子儀，儀子憲，憲子矯，矯子陵，陵子延，延子賀，賀子警，警子穆夫，穆夫子林子，恰十一代（自序稱史臣七世祖延，乃連本身計之），若演之、慶之、曇慶（自序脱「慶」字）、懷文等，乃景後耳。作校注者祇沿姓纂前文，不參自序，誤一；又以「長子許」屬上「述師」讀，誤二。

B〔又〕林生映映生約……約生旋旋生象　校云：「此以『璞』作『映』，以『實』作『象戎』，與本傳不合。」兩「象」字庫本皆作「衆」。按沈衆。陳書一八有傳，云，祖約，父旋。作「象」者訛也。唯庫本校注，「林子」倒爲「子林」，又以「戎」字屬「衆」爲句，均誤。梁書一三，旋卒，子實嗣。「嗣」者嗣其爵耳。然旋非必止一子，姓纂所書，與譜牒有異，非專於嫡嗣，今竟認實之外不能生衆，可謂泥古不化。若映、璞形近，「映」爲「璞」訛無疑。

C〔又〕戎次子齊十五代孫恪陳侍中　「戎」字應連「次子」讀。庫本校注以屬上讀，非也。齊卽新表七四上鄷、懿、齊、恭之齊，依姓纂，衆爲澣十五代孫，仕於陳，恪爲齊十五代孫，亦仕於陳，世代固相當。

278 給事中、薛王傅沈務本，稱寂孫。挺。生利賓，大理評事。利賓生忌。忌生建、迴、逵。逵，閬州刺史。

A〔岑校〕給事中薛王傅沈務本稱寂孫挺生利賓　寂卽前文「勉孫寂」之寂，乃晉末人，則唐代之沈務本，乃其裔耳。而務本與挺是何關係，文竟不詳。利賓之孫逵爲閬州刺史，閬州至先天二年始改名，故知全節當有脱文。豈「寂」下或「挺」下奪「後」字，猶之下文「沈伯儀稱彦後，孫浩僊、浩源」歟？然薛王，睿宗始封，如至元和初而傳巳五代，亦似過促。後檢輿地碑記目一：「烏程令韋公德政碑，在烏程縣治，唐至德二年沈務本撰。」又吴興談志一八云：「烏程令韋公德政碑，在烏程縣治，唐至德二年沈務本撰，沈仲昌書。」亦見金石録七。則務本，肅宗時尚生。又談志一六云：「沈務本，吴興人，務本官至給事中，子利賓。利賓子志，志子達，四世進士及第。」則「挺」字非衍卽奪。「志」，本書作「忌」，「達」作「逵」，均形近易訛，未詳孰是。

B〔又〕利賓生忌　「忌」，吳興志作「志」，說見前。

C〔又〕忌生建迴逵　迴見貞元十一年立之諸葛武侯新廟碑，稱山南西道行軍司馬、檢校尚書刑部員外郎、□□御□（當是監察御史），事蹟參勞氏讀史雜識七。「逵」，吳興志作「達」，說見前。

279 國子祭酒、修史學士沈伯儀，稱彥後。孫浩僊、浩源。浩僊，殿中丞。浩源，武功尉，生廙、庠。廙生周、明、琚、珂。珂，京兆功曹。庠，監察御史；生瑱，比部郎中。

A〔岑校〕國子祭酒修史學士沈伯儀稱彥後　「修史」，庫本作「修文」，與新書一九九伯儀本傳符，「史」字訛。彥即前文「景生彥」之彥。吳興志一三引統記云：「沈伯儀，武康人，有儒學，解褐授太子文學，國子祭酒。」新傳作吳興，乃舉郡望。浩豐誌云：「公諱浩豐，字寬饒，吳興武康人也。……曾祖弘爽，隨臨潁令，皇贈揚州大（中泐），父伯儀，皇國子祭酒、武康縣開國男、食邑三百户，歷嘉婺亳許四州刺史，贈禮（中泐），祕書省校書郎、右金吾胄曹。」以郡望及伯儀歷官觀之，可知浩豐姓沈。伯儀之孫名浩僊、浩源，與浩豐爲聯名，又知豐是伯儀孫，「父」上泐「大」字，其「祕書省」已下，則敍豐父所官，名不得詳矣。豐卒年頗漫泐，似尚存「八年三月」等字，殆卒於開元廿八年三月（享年六十五），葬則在二十九年十一月也。

B〔又〕浩僊殿中丞　全文二三五沈佺期景雲二年册金城公主文，稱試詹事丞、攝太子贊善大夫沈皓仙爲副使，當即一人。由浩豐誌觀之，似作「浩」者是。

C〔又〕廙生周明琚珂　會要六，代宗女長林公主降沈明，未知是此否，惟時代則相當。

D〔又〕庠監察御史　廣記一四七引定命録，沈庠卒開封縣令。吴興談志一六：「沈庠，監察御史。」

澧州刺史沈萬石，稱彦後；生客卿，陳刑部尚書；生孝澄，隋婺州別駕，授徒五百人，三徵不起。孫虬之，樂平令；生迪，番陽令。迪生竦，大曆六年進士，左庶子，生宗本、師言、師黄、中黄、左黄。宗本，蘇州司倉。師言，沂州録事參軍。師黄，廣州度支使。

A〔岑校〕澧州刺史沈萬石稱彦後　彦亦前文「景生彦」之彦。

B〔又〕生客卿陳刑部尚書生孝澄隋婺州別駕……孫虬之樂平令生迪番陽令迪生竦大曆六年進士左庶子　客卿，南史七七有傳，以開皇九年（五八九）陳平被誅，至大曆六年（七七一）已一百八十三載，其五世孫始舉進士，則或暮年得第，亦未可定，但大書某年進士，在姓纂爲特例，此節叙事，是後人所羼入者。千唐沈中（原誤「師」）黄誌：「六代祖客卿，……爲五禮博士，具載陳書。博士生澄，隱會稽山，詔書五徵不起，封唐高士。高祖諱子山，國子博士。曾祖諱虬之，澧州司馬。祖諱迪，太子通事舍人。皇考諱竦，大理正，贈左庶子。」按澄即此之孝澄，由此知竦之左庶子乃贈官也。師黄誌略同。又吴興談志一六云：「沈孝澄，吴興武康人，學通九經，官至國子博士，子山之，通禮傳訓詁，官至校書郎。山之子豪之，通詩禮，舉孝廉，皆以儒術著名。」依中黄誌，則澄子名「子山」，山之不知是字否。

C〔又〕生宗本師言師黄中黄左黄　師黄、中黄之序應互易，説詳下。中黄誌，大中十二年立，題

「季弟兗海節度判官、登仕郎、侍御史内供奉佐黄撰。」作「佐」不作「左」。師黄誌亦作「仲弟登仕郎、守河南府洛陽縣尉佐黄書」。

D〔又〕師黄廣州度支使　千唐監察御史登封令沈師黄誌，仲兄中黄撰，云：「公即庶子第四子也。」則前文師黄、中黄之序應互易。又誌言曾爲南海盧鈞從事，後轉鄠尉，又爲南鄭王起奏判觀察事，入官監察御史，出潁陽、登封二令，卒大中八年，年六十三，子曰州來。廣州度支使非官，且非其所終之差也。復次，依誌，元和七年時師黄祇廿一歲，盧鈞節度南海在開成元年，故知此節爲羼文。

281 中黄，大理司直，生棲遠、棲逸。左黄，監察御史，生延蔚。棲遠，庶子、知制誥、翰林學士、賓客致仕，梁徵詳定禮儀、户部侍郎。棲逸，拾遺。延蔚，著作郎、國子博士。

A〔岑校〕中黄大理司直生棲遠棲逸　千唐大理司直沈中黄誌：「公即庶子府君第三子也，諱中黄，字中美。」今本姓纂如順雁行序列者，則中黄第四，與誌不符。誌又言，中黄於高鍇下試琴瑟合奏賦，登甲科第三人，卒大中十二年，年六十七，嗣子棲重、棲遠、棲懿，皆年未及冠，無棲逸名。依此，則本節爲羼文，參下條。雲溪友議，開成二年高鍇知貢舉，奏進詩賦，稱與沈黄中第三人，「黄中」字倒，可決其即一人也。

B〔又〕中黄大理司直生棲遠棲逸左黄監察御史生延蔚棲遠庶子知制誥翰林學士賓客致仕梁徵詳定禮儀户部侍郎棲逸拾遺延蔚著作郎國子博士　按「生棲遠、棲逸」之下，不敍歷官，後再分敍，與姓纂一般書例有異。余初讀之，卽疑是後人所加者。又「梁徵」之「梁」，似指後五代之梁，尤足啓疑。因隨翻舊書昭宗紀，冀得一當，果於天祐元年五月下見一文云：「翰林學士、左諫議大夫、知制誥沈棲遠守本官，以病陳乞故也。」天祐元年（九〇四）上去元和七年（八一二）已九十三歲，則知林氏修書時栖遠尚未生。不特栖遠未生（栖遠字子鸞，咸通進士第，見新書六〇），中黄亦未官至大理司直也（據中黄誌，元和七年祇廿一歲）。由是可決此節全非姓纂原文。「詳定禮儀」，庫本「詳」作「祥」，非是。蓋栖遠致仕後，梁復徵之，使詳定禮儀也。栖、棲、同義異寫字。英華三九二有薛廷珪授侍御史沈栖遠右司員外郎制，應是大順後事（參拙著重修學士壁記訂補崔汪條）。

282 正諫議大夫、平章事生君諒。諒六代孫崧，案唐史，君諒相武后，此「平章事」應卽君諒。「生」字衍。崧系諒元孫，此作「六代」，與世系表不合。進士。

A〔岑校〕正諫議大夫平章事生君諒諒六代孫崧　校云：「案唐史，君諒相武后，此『平章事』應卽君諒，『生』字衍。崧系諒元孫，此作『六代』，與世系表不合。」「系」字，庫本作「係」。考新表六一，光宅元年，沈君諒爲正諫大夫同平章事。諫議大夫，龍朔改正諫大夫，「議」字衍。廣記一五〇引朝野僉載，言沈君亮（上元年中）見冥道事，卽此君諒也。

283 【鄞郡内黄】 狀云本吳興人。唐下邳令，生真、怪。案下邳令失名，「怪」字亦疑。怪生佺期、佺交、案唐書作「全交」。字宣。佺期，中書舍人、太子詹事，生之象、東美、唯清。東美，給事中、夏州都督。佺交，濮陽尉。

A〔岑校〕怪生佺期佺交宇宣　新書二〇二云，弟全交、全宇。

B〔又〕生之象東美唯清　「唯」，庫本作「惟」。

C〔又〕東美給事中夏州都督　廣記四四八引紀聞，員外郎東美爲太子詹事佺期之子。工部集九有沈八丈東美除膳部員外詩。全詩二函九册綦毋潛有題沈東美員外山池詩。

D〔又〕佺交濮陽尉　全交，天授二年舉人，見通鑑。廣記二五五引朝野僉載作「全交」，與新書同。

審

284 漢辟陽侯審食其爲右丞相，沛郡人。

A〔岑校〕漢辟陽侯審食其爲右丞相　漢表一九下及通志均作「左丞相」，此訛。

285 【魏郡】　後漢末袁紹將審配。

A〔岑校〕後漢末袁紹將審配　見袁紹等傳。

枕

286 姓苑云，下邳人。

沈尹

287 楚有沈尹戌、沈尹赤、沈尹壽、沈尹射，子孫以官爲氏。

四十八感

昝

288 何氏姓苑云，昝氏，蜀人也。晉中興書云，桓温將昝堅。唐有昝慎盈。

湳

289 晉氏羌有南德氏□□。姓氏急就章。

A〔岑校〕晉氏羌有南德氏□□　洪注謂據姓氏急就章補。按急就章下云：「湳氏見廣韻。水經注，羌人因水以氏之，漢沖帝時羌湳狐奴歸化，湳水出西河美稷。晉氏羌有湳德。」幷未引姓纂，惟其下一姓「洋氏」云：「洋氏見姓纂。」是洪氏誤以湳氏當洋氏也，應删卻。「湳德」作「南德」，亦訛。辯證二八湳姓云：「潘安仁關中詩曰，虛皛南德。德乃狐奴之後。」

昝盧

290 改爲沓

A〔岑校〕改爲沓　官氏志云，沓盧氏後改爲沓。通志則謂沓盧改沓，昝盧改昝。疏證以爲「昝」皆「沓」之譌。

坎氏

291 英賢傳云，宋附庸有坎氏。

A〔岑校〕英賢傳云宋附庸有坎氏　按通志「坎氏」云：「英賢傳云，宋附庸有坎氏。」是姓坎，非姓「坎氏」也。宋本辯證則作複姓，引文無「云」字。余以爲應依通志作單姓，刪「氏」字也。

四十九敢

啖

292 前秦録，將軍啖鐵。

293 【河東】大曆水部郎中啖彥珍。會昌中進士啖鱗，避武帝廟諱改澹。

A〔岑校〕大曆水部郎中啖彥珍　智遠律師塔銘，前進士啖彥珍撰，開元廿五年立，見集古録目。

B〔又〕會昌中進士啖鱗避武帝廟諱改澹　「帝」，通志及類稿四一引均作「宗」。然舊籍（如元龜）

中亦常稱「宗」爲「帝」。登科記考二七云：「按姓纂作於元和，此條疑後人所增。」是也。芒洛四編六澹氏誌，題朝議郎、守太子詹事、柱國、賜緋魚袋澹鱗撰，誌已殘闕，當立於大中已後，氏即鱗之長女也。鱗父昱官至國子博士，殘文有「歷亻郢二州刺史」語，當是鱗自敍所歷官。

五十琰

冉

294 高辛氏之後。一云，大夫叔山冉之後。

A〔岑校〕大夫叔山冉之後　通志作「楚大夫」。辯證二八稱「魯大夫」。按釋例，魯人無叔山冉。

295 【魯國】　仲尼弟子冉耕，字伯牛；冉雍字仲弓；冉求，字子有。又冉孺，並魯人，未詳所出。

A〔岑校〕字子有　庫本作「有子」。按釋例，冉求之下，亦稱有子冉有。

296 【雲安冉氏】　盤瓠後冉髦之種類也，代爲巴東蠻夷酋帥。陳有南康太守、巴東王冉伽軫。軫孫安昌，唐潭州都督。安昌孫實，河州刺史，娶江夏王宗女；生祖雍，刑部侍郎。祖雍生太華。華子愔。

A〔岑校〕冉髦之種類也　「髦」，類稿四一引作「駀」。按冉駹見史記，當「駹」之訛。

B〔又〕陳有南康太守巴東王冉伽軫　說之集一六冉實神道碑：「高祖軫，仕梁太子左内率，荆州刺史。」并未仕陳，與此異。

C〔又〕軫孫安昌唐潭州都督　武德元年招慰使冉安昌，見寰宇記一二二思州。冉實碑：「大父黄國莊公諱安昌，隋啓平城，祚之縠璧，唐分蜀國，瑞以桓珪。其後改封於黄，授信州刺史，歷潭州總管，贈夔州都督。」

D〔又〕安昌孫實河州刺史娶江夏王宗女　冉實碑，實父仁才，婚皇室漢南縣主。又云：「夫人金城郡君，隴西李氏，江夏王道宗之女也。」「宗女」二字可解作宗室之女，要以補入「道」字爲是。今集「夫人」上着「太」字，似是實母，然母爲漢南縣主*，妻爲金城郡君，二名迥異，且下文稱合葬，又云，嗣先姑之徽音，若爲實母，不應如是設辭也。蓋「太」乃「夫」字之誤，當合上文「信矣」爲句。

E〔又〕生祖雍刑部侍郎　實碑稱祖雍景龍初擢給事中、侍御史内供奉，亦見舊書七〇岑羲傳及一八三武氏傳。景雲元年，自饒州刺史流嶺表，見通鑑二〇九。

染

297 石趙録云，石季龍將染閔，魏郡内黄人，或作冉氏，簒石趙，號魏，三年，爲慕容儁所滅。

奄

298 風俗通云，國號也。尚書云，成王既踐奄。左傳，秦大夫奄息，其後也。

斂

299 姚秦録，將軍斂方、斂岐，並南安人，皆羌酋也。

A〔岑校〕姚秦録將軍斂方斂岐　「斂方」上，庫本及通志有「斂憲」二字。憲亦見姓解三及類稿四一。

檢

300 漢末句章尉檢集，見姓苑。

㝛

彡音陜。且，了且反。合二字爲「㝛」，音陜。

301 唐上元中有左金吾大將軍、關西節度使。

A〔岑校〕㝛（彡音陜且了且反）　通志作「彡音陜，且音子且反。」此作「了」，當誤。

B〔又〕關西節度使　依庫本及通志，其下奪「㝛復，弟振貢」五字。唯「振」，通志作「震」。

五十三檻

〔岑校〕五十三檻　按「三」誤，應作「四」。

撖胡感切。

302 今河内懷州多此氏。

A〔岑校〕撖　廣韻、通志同。辯證二八作「橄」，恐非是。

五十五范

范

303 帝堯劉累之後，在周爲唐杜氏。周宣王滅杜，杜伯之子隰叔奔晉，爲士師。曾孫士會，食采于范，遂爲范氏。越有范蠡。魏有范座。項羽謀臣范增，居巢人。

A〔岑校〕杜伯之子隰叔奔晉爲士師　「杜」，庫本作「范」，非也。前文卷六士姓下稱杜伯之子隰叔，爲晉士師；杜姓下，稱杜伯爲宣王所滅，且士會食采于范而後爲范氏，此時尚爲唐杜氏，不得稱曰「范伯」也。

B〔又〕越有范蠡魏有范座　兩「有」字，庫本均無。「座」，史記四四及辯證二八作「痤」，但人表及通志亦作「座」，類稿四一引作「痤」。

304【順陽】南郡屬縣也。漢渡遼將軍、平陵侯范明友之後，居順陽。晉涼州刺史范晷，生廣雅。雅生江，兗州刺史。江生甯，中書侍郎。甯生泰，宋國子祭酒。泰生晏、曄，太子詹事、侍郎。

A〔岑校〕南郡屬縣也　依漢書地志，「南郡」當作「南陽」。

B〔又〕范明友之後　「明」，庫本誤「朋」。

C〔又〕雅生江　羅校云：「案『江』，宋書范泰傳作『汪』。」按汪自有傳，見晉書七五，又同書九〇亦作「汪」，下文燉煌云「范汪之後」，更可證。

305【錢塘】明友裔孫馥，後漢尚書僕射，避董卓亂過江，居錢塘縣。平，吴臨海太守。平五代孫皡之，宋建安太守。五代孫義頵，周王司馬，生弘基、弘頵。弘基，國子博士，生安親、安仁。安親，房州别駕，生怦、惀、愔、憕。怦，大理評事，生傳規。惀，户部員外，生傳慶，太僕少卿。安仁生巨源。源生傳氏。宏頵，祕書少監、博州刺史。

A〔岑校〕明友裔孫馥後漢尚書僕射避董卓亂過江居錢塘縣　羅校云：「案晉書范平傳，其先銍侯馥避王莽之亂，適吴，因家焉。與此不同。」

B〔又〕平吴臨海太守　平與馥之親屬關係未舉出，「平」字上當有奪文。

C〔又〕平五代孫韓之宋建安太守　全文九一八清晝杭州大和尚塔銘：「大師生緣錢塘范氏，……齊信安太守瑝之八葉。」未知是「瑝之」爲名否。「韓」與「瑝」，宋與齊，建安與信安，均多少相近，又同出錢塘，頗疑其有關，惜未得他證。

D〔又〕五代孫義頵周王司馬　會要三三有范頵，顯慶三年爲國子博士，當卽其人。新書五七，太學博士范義頵與修尚書正義。靖邁古今譯經圖紀四，顯慶元年，國子博士范義頵助知翻譯。

E〔又〕生怦倫愔燈　紀事四七有范燈，與鮑防、呂渭等同時，疑卽燈。全文四三七李勉（或作華）廚院新池記，大曆五年八月作，記云：「邑大夫南陽范愔。」咸淳志五一謂是餘杭令。

F〔又〕生傅規倫户部員外生傅慶……源生傅氏　按舊書一八五下范傳正傳，父倫，户部員外郎。新書一七二作「倫」，與此同。其諸從昆皆以「傳」爲排行，凡傅規、傅慶、傅氏之「傅」，俱當作「傳」也。元氏長慶集四八：「前宣武軍節度推官、監察御史裏行范傳規等……傳規可陝州安邑縣令。」可證。全文四九五權德輿畫西方變讚，故户部員外郎、贈給事中范公之孤曰傳正、傳質。按范公當是倫，但其孤無傳慶。全詩三函一册劉長卿有送范倫歸安州詩。又全文三一九李華杭州開元寺新塔碑，廣德三年後作，稱兵部員外郎、兼侍御史范公倫。亦猶徐倫，諸書或作「徐倫」也。

G〔又〕宏遒祕書少監　此作「宏」而前文已作「弘遒」，亦改之未盡者。又「遒」卽「頣」字，見前文賈姓，亦見羅校。全文三一三孫逖韋虛心碑：「國子博士范頣嘗與均禮。」虛心卒開元廿九年，享年七十，則范頤當卽弘頤，或因諱「弘」而省也。後檢嘉慶本，則此節四「弘」字皆作「宏」，乃知從「弘」者爲局本所改。

306 【汝南】　金鄉范式之後。

A〔岑校〕金鄉范式之後　說見下一條。

307 【代郡】　漢博士范滂之後。

A〔岑校〕漢博士范滂之後　據後書一一一，式爲山陽金鄉人，不屬汝南郡。同書九七，范滂，汝南征羌人也，但滂未嘗爲博士。又同書六六，范升，代郡人，光武時遷博士。合三傳以推尋，疑姓纂原文本三條，因殘闕而混併爲二，其一當云山陽金鄉范式之後，其二當云汝南范滂之後，其三當云代郡漢博士范升之後，方與舊史相合。

308 【河內】　狀云滂之後。唐春官尚書范履冰；姪冬芬，宣州刺史。

A〔岑校〕姪冬芬宣州刺史　天寶十五載，平原令范東馥，見舊書一二八。新書一五三、通鑑二一七均作「冬馥」，馥、芬義同，如非同人，亦殆其昆弟也。全文六二二收冬芬對臨宮判一首。

309 【燉煌】　狀云范汪之後。職方郎中范季明，代居懷州，云自燉煌徙焉。晉范宣，陳留人。梁范雲，南陽人。

A〔岑校〕職方郎中范季明　工部集一二有泛江送魏十八倉曹還京因寄岑中允參范郎中季明詩。

B〔又〕梁范雲南陽人　梁書一三作南鄉舞陰人，南史同。按補梁疆域志三，舞陰屬南陽郡，非南鄉；復據梁書、南史，雲爲汪六世孫，祖璩之，宋中書侍郎，則雲似應附前文順陽之後也•。

卷七整理記

35 「天水西縣」，原連前文，今據岑校提行

35 F「或即士茂之上」，「上」當作「父」。據岑氏所考，生脩之演，可能即趙芬父演。

38 B「曾祖」，原作「曾孫」，據曲石藏趙益誌拓本改。

40 「金城」，原連前段空格，今據陳校提行。

46 按「大疑」，文淵閣本作「不疑」。

73 文淵閣、文瀾閣本「鮑叔」均作「敬叔」。

75 C「穆員」，原作「穆質」，今據全唐文七八三改正。

77 A按「隋」，文淵閣本正作「隨」。

90 文淵閣、文瀾閣本「魯」下均無「有」字。

102 按漢章帝乃賈貴人所生，明德馬皇后所養，見後漢書章帝紀、明德馬皇后紀。此云「明德皇后

生章帝」，誤。

103 D按文瀾閣本「匡檢」亦作「匡檢。」

115 F按真定令賈琛，史籍多作賈深，除岑氏所引畿輔通志外，尚見於舊唐書顏杲卿傳、册府元龜卷六八六、資治通鑑卷二一七引肅宗實録、金石録卷二七、全唐文卷三四一顏真卿攝常山郡太守衛尉卿兼御史中丞贈太子太保謚忠節京兆顏公（杲卿）神道碑銘，字並作「深」，不作「琛」。且顏杲卿碑云：杲卿死難後，「楊國忠受通幽詭説，賈深又不證明，竟不蒙恤問。」知真定令賈深並未與杲卿同死，則其在大曆中官至州刺史完全可能。岑氏將真定令賈琛（深）與州刺史賈深，分爲兩人，非。又岑氏所徵引史料多作「賈琛」，考古今姓氏書辯證卷二六賈氏云：「至生係，……係生穜，……穜生昶，……昶生琛，河南密令。」賈至曾孫名琛，斷不至與伯曾祖同名，故賈至兄當作「深」爲是，作「琛」者誤。

118 B文淵閣、文瀾閣本「王」均作「玉」。（一一八）

121 B按全唐詩外編補全唐詩李昂馴鴿篇序有「滎陽主簿賈季良」，當卽此人。

126 按「賈令恩」，文淵閣本作「賈令思」。

又 本段自「水部郎中賈昇」以下，似爲諸郡賈氏，「賈隱」下似奪「某郡人」文字。

128 B按寶刻叢編卷三引復齋碑録：「唐裴觀德政碑，唐賈昇撰……開元八年立，在峴山。」岑氏疑昇、弁爲一人，是。 金石萃編七六御史臺精舍碑四見賈昇題名，字作「昇」是。

134 B按文淵閣本、文瀾閣本「原」作「兼」，知局本「原」字爲「兼」字之誤，非人名。岑說未諦。

147 A按舊書一八五上高智周傳云：「（蔣）捷子冽、涣，並進士及第。」岑氏誤引。

149 F按崔沔卒於開元二十七年，見全唐文三三八顔真卿崔孝公宅陋室銘記，而此文中有「開元天寶聖文神武應道皇帝」文字，乃天寶中作品，必非崔沔之作。

150 按通志氏族略四「掌氏」云：「林閭妻蜀郡掌氏。」此處奪「妻」字。

154 按文淵閣本無「央上聲」三字。

157 「憐」，文淵閣本作「鄰」。

157 C「蒿」，文淵閣本正作「嵩」。

159 C王仲犖元和姓纂四校記書後：「犖按北史長孫道生傳：曾孫幼，幼子子裕，『爲子義貞求官，義貞弟兕』，兕子敞、義莊，敞子義常，一門三世以『義』字爲名行，或北人仿江南，以『僧』、『之』諸字爲名行，凡此者則不避也。」

161 C按文淵閣、文瀾閣本「淑」作「溆」。

164 C按今中華書局點校本不誤，與姓纂同。

168 按新表稱「全緒，寧州刺史」。與此異。

172 「左王魚家後」，意義不明，疑有誤。

180　檢兩唐書上官儀傳及新唐書宰相世系表三下上官氏，均未云上官庭芝有子名怡容（或怡及容）者。舊唐書卷八〇上官儀傳：「子庭芝，歷位周王府屬……庭芝有女，中宗時爲昭容。」證知此處「怡」字乃「昭」字之誤。兩唐書有上官昭容傳。依姓纂體例，此處應作「女爲中宗昭容。」

190　「傅陽侯」，文淵閣本作「博陽侯」。按漢書卷七四丙吉傳謂吉爲博陽侯。

206　B按岑氏徵引書名爲著姓略記及著姓略，非名「中山著姓略」，可知「中山」乃指郡望，下固稱「中山靖延康」也。依姓纂體例，當提行空格。尋源撮引姓纂，似亦不可謂之誤。

218　D按柳河東集卷十二有先侍御府君神道表及故殿中侍御史柳公墓表。侍御府君即柳鎮。殿中侍御史柳公缺名，實即柳鎮，陳景雲柳集點勘已言之。殿中墓表稱其「乃作參謀，出入朔方，陪佐戎車，遷大理評事」。注稱其貞元四年七月在朔方邠寧節度使張獻甫幕中。時李益亦爲侍御史在邠寧幕中（參卞孝萱李益年譜，中華文史論叢第八輯），故孟郊有兼呈李益端公柳鎮評事詩。岑氏誤合兩人爲一人，失考。

222　A王仲犖元和姓纂四校記書後：「犖按姓纂於二字名複言之際，往往省去上一字，誠如岑氏所言。但雄亮一名，易爲人誤析爲二人，故羅校謂奪『雄』字，其意可取。柳雄亮附見隋書四七柳機傳：『從弟雄亮，秦王俊之鎮隴右也，出爲秦州總管府司馬，領山南道行臺左丞，卒官。』是雄亮卒於隋開皇之世，未嘗仕唐，與貞觀政要中之徐州司户柳亮，顯然爲二人，岑氏説誤。」按，貞觀時有柳雄，非柳亮，亦見新唐書魏徵傳，王氏誤記。

226 E「叔珍」，原作「叔真」，據上下文改。

228 D按全唐文卷五〇八權德輿建中二年祭屯田柳郎中文稱：「典校司諫，便著清秩，南宮之拜，詔書三出，中朝虛左，公志不屈。」即祭柳識。唐文拾遺卷二七呂温呂府君（渭）夫人河東郡君柳氏墓誌：「考識，屯田郎中，集賢殿學士。……屯田府君以賢而無後，寓美於夫人。」

232 B按柳芳永泰二年爲太常博士，見册府元龜卷五六〇。

232 C按柳登元和二年七月爲大理少卿，見唐會要卷三九。

233 「濮陽」原連前文，今據岑校提行空格。

256 A按「苟實」，文淵閣本正作「苟賓」。

又 文淵閣、文瀾閣本「柳德又」作「柳德乂」。

261 A「惠伯革」，原作「惠陽華」，據經義述聞改。

262 A按后蒼，漢書入儒林傳，云：「爲博士，至少府。」字又作「倉」。百官公卿表本始二年下云：「博士后倉爲少府。」又見蕭望之傳、儒林孟卿傳，並兩見藝文志，均作「倉」，「會」字誤。

271 「五兵部尚書」，文淵閣本無「部」字，是。

271 C王仲犖元和姓纂四校記書後：「犖按『隋煬帝』爲『陳煬帝』之誤。陳後主叔寶，入隋封長城郡公，薨，謚曰煬。姓纂不名之爲隋長城煬公，而稱之爲陳煬帝。後人不知有陳煬帝，但知有隋煬帝，乃改「陳」作「隋」，以致此誤。」

276 E按沈既濟大曆十四年八月爲協律郎，見資治通鑑卷二二六。全唐詩卷三二六權德輿與沈十九拾遺同遊棲霞寺上方於亮上人院會宿，沈十九即沈既濟。

276 F按沈傳師曾爲宣歙觀察，未嘗爲宣武節度，閩奇録誤。今本太平廣記又誤作「傅師」。

277 B按文淵閣、文瀾閣本諸「映」字均作「暎」。

296 D「漢南縣主」，原作「漢主」，意義欠明。今據冉實碑補。

305 F按岑校謂諸「傅」字俱當作「傳」，是也。然「傅氏」之「氏」亦訛。唐會要卷六五閑廐使：「元和十二年十月敕：……據監察御史范傳式奏」，當即其人。「氏」、「式」音形俱近，故訛。舊唐書張孝忠傳稱傳式爲侍御史，長慶初貶官；又盧商傳稱元和中「范傳式廉察宣歙」，乃「傳正」之訛。新唐書藝文志二：「范傳式寢堂時饗儀一卷。」

309 B按「南陽」，文淵閣本作「西鄉」。

元和姓纂卷八

〔岑校〕卷八　其下庫本注云：「去聲送韻至夬韻。」

一送

仲

1 高辛氏才子八元仲堪、仲熊之後，以王父字爲氏。一云，魯桓公子慶父，子孫號仲氏。又虺爲湯左相，子孫氏焉。

A〔岑校〕一云魯桓公子慶父子孫號仲氏又虺爲湯左相　備要二三作「子孫號仲孫，亦爲仲氏，又仲虺……」類稿四二引同，姓纂此處當有奪文。

2 仲尼弟子有仲由，字子路。（岑補）

A〔岑校〕類稿引文「子孫氏焉」下有此句，兹據補。又姓觿七引姓纂云：「宋大夫仲幾、仲佗之後。」他書引無此文，姑附録之。

3 漢有廷尉仲定、少景。

A〔岑校〕漢有廷尉仲定少景　通志作「漢有廷尉仲定、少府監仲景」，此奪「府監仲」三字。仲定有碑，見金石録一六，卒熹平元年。

4 唐司門員外郎仲子陵，成都人。

A〔岑校〕唐司門員外郎仲子陵成都人　貞元八年官同官縣尉，見會要一三。又十年制科及第，見同書七六。載之集二四仲子陵誌：大曆十三年進士，終主客、司門二員外，貞元十八年卒，年五十九。同人司門員外郎壁記，貞元十七年辛巳六月作，云：「彭城仲子陵……自博士、祠部郎稍遷於茲。」按子陵誌：「曾祖習，始自彭城徙於蜀都。」記舉其舊望，姓纂紀其新居也。

貢

5 仲尼弟子端木賜子貢之後，以王父字爲氏。漢有御史大夫貢禹。

A〔岑校〕仲尼弟子端木賜子貢之後　類稿四二、備要三五引文，「賜」下均有「字」字。

仲孫

6 慶父子孫號仲孫氏。左傳，齊有仲孫湫。韓子有仲孫章。

仲行

7 左傳秦三良仲行之後。世本，宋有仲行寅，晉大夫有仲行氏。

A〔岑校〕世本宋有仲行寅晉大夫有仲行氏　通志同。辯證則云，宋大夫有仲行氏；晉大夫仲行寅。張輯世本云：「皆誤，蓋仲行卽中行。中行寅，中行吴之子，宋無其人也。」又尋源三一云：「按已見中行氏，此宜删。」余按廣韻亦稱「宋有司馬仲行寅」，沈跋謂今本無仲行，蓋失考。

仲梁

8 魯大夫仲梁懷，見左傳。後魯有仲梁閔。

A〔岑校〕後魯有仲梁閔　「魯」誤，庫本及通志均作「語」。

仲顔

9 魯有大夫仲顔莊叔。齊有大夫仲顔據。

仲熊

10 楚公族有仲熊氏。

A〔岑校〕楚公族有仲熊氏　說本潛夫論。

仲叔（岑補）

11 衞大夫之後。（岑補）

A〔岑校〕據姓觿七引。　參附録二中叔。

洞沐

12 漢有洞沐孟陽，治易。

二宋

宋

13 子姓，殷王帝乙長子微子啟，周武王封於宋，傳國三十六世，至君偃爲楚所滅，子孫以國爲氏。

14 楚有宋玉、據祕笈新書增。宋義、宋昌。

A〔岑校〕傳國三十六世　類稿四二、備要一七、新書七引文，「世」均作「代」，蓋唐人原文如此。

A〔岑校〕楚有宋玉　此「宋玉」二字，卽洪據祕笈新書所增者，類稿引文亦有。

B〔又〕宋義宋昌　備要引作「漢有宋義、宋昌」。

15【廣平】昌爲漢中尉，始居西河介休。十二代孫晃，生恭，徙廣平利人。侯。孫藥師，生毓。恭弟畿、給。案唐世系表，「給」作「洽」。恭，前燕河南太守。毓生良，北齊東郡太守。良生乾、子皓。乾生大辯，唐邛州司馬。

A〔岑校〕十二代孫晃生恭　羅校云：「案魏書宋隱傳作祖活，父恭。」余按魏景穆太子名晃，作「活」者豈諱寫歟？

B〔又〕徙廣平利人侯　羅校云：「案『侯』字衍文。」余按魏書三三，恭徙廣平列人，作「利人」誤，「侯」或連下而訛者。

C〔又〕孫藥師生毓　新表七五上以藥師爲恭曾孫，則「侯孫」或「曾孫」之訛。下文有「景孫孝玉」，依新表，景爲毓弟，則「毓」下奪「景」字。又此句全句謂應移在「恭，前燕河南太守」之下，文義更順。

D〔又〕恭弟畿給　庫校引唐世系表，羅校引魏書宋隱傳，「給」均作「洽」。

E〔又〕毓生良　羅校云：「案良，北齊書有傳，作『世良』，此避諱省『世』字。」余按新表亦沿姓纂作「良」。

F〔又〕乾生大辯唐邛州司馬　千唐鄭夫人宋氏誌：「曾祖大辯，皇遂州司馬。」「司馬」，新表作「刺史」，當誤（或與下守儉互易）。

16 大辯生守恭、守慎、守儉。守恭，遂安令；生楚璧，兵部郎中、杭州刺史。守慎，襄陽尉，生庭璬、庭瑜、庭璘。庭璬，庫部員外。庭瑜，度支郎中、司農少卿。庭瑜生顒，常州刺史。庭璘，兵部郎中、深州刺史。守儉，洛州刺史；生鼎，兵部侍郎、案唐世系表，鼎，兵部郎中。荆州長史。鼎生悅，工部員外、郢州刺史。悅生稷。

A〔岑校〕守恭遂安令　宋氏誌：「祖守恭，皇睦州遂安縣令。」

B〔又〕生楚璧兵部郎中杭州刺史　宋氏誌：「父楚璧，大理少卿。」氏卒開元十九年，年廿七。

C〔又〕庭瑜度支郎中司農少卿　舊書一九三：庭瑜，開元中累遷慶州都督，尋轉廣州都督，道病卒。此敍其京職也。

D〔又〕守儉洛州刺史　「刺史」，新表作「司馬」。（參上大辯條。）

E〔又〕生鼎兵部侍郎荆州長史　校云：「案唐世系表，鼎，兵部郎中。」余按石臺孝經，天寶四載立，題名有正議大夫、行兵部侍郎、借紫金魚袋、上柱國臣宋鼎，則新表作「郎中」誤。曲江集二稱襄州刺史宋鼎，乃開元末所官。又集古録目能大師碑，約天寶七載撰，亦稱兵部侍郎宋鼎。元龜四八，開元二十七年，以廣州刺史、持節嶺南經略使宋鼎爲潞州長史。同書一二八，開元二十三年十二月，採訪使舉潞州刺史宋鼎。全文三一五李華崔沔集序，沔權貢舉時，得宋兵部鼎。三一九同人荆州大雲寺和尚碑，稱名臣宋兵部鼎。全文三〇八孫逖制，通議大夫、刑部侍郎、借紫金魚袋宋鼎可守尚書右丞。宋僧傳八慧能傳：「兵部侍郎宋鼎爲碑焉。」宋遥誌，葬天寶七載正月，撰人題「銀青光禄大夫、行兵部侍郎、上柱國宋鼎撰」。

17 子皓孫陽元，洛陽尉。

18 景孫孝玉，北平王文學，撰關東風俗，生俠。

A〔岑校〕景孫孝玉北平王文學撰關東風俗　北齊書四六，世良從子孝王，撰關東風俗傳。依新表，景爲藥師之子。舊書一九一宋俠傳則稱北齊東平王文學孝正之子。王、玉、正，三書不同，未詳孰是。羅校引北齊書、北史及唐表，並作「孝王」。

19 織，後燕衞將軍司馬，生榮國。曾孫丹，案唐世系表，「丹」作「弁」。後魏吏部尚書，生紀。紀生欽道、欽仁。曾孫務本，唐藍田令；生元撫，襄州司户。元撫生璟，侍郎、左丞相、廣平文貞公，生昇、尚、渾、恕、延、華、復、衡。昇，祠部員外、太僕少卿。隨州刺史，生實。渾，駕部郎中、御史中丞。恕，都官郎中；生衮，太常丞。延，太原少尹。華，大理評事，生儼、佶、倚。儼，蘇州刺史。佶，河南尉。倚，虢州刺史。衡，檢校左常侍，生倓。

A〔岑校〕織後燕衞將軍司馬　新表祇云「衞軍司馬」。

B〔又〕生榮國　萃編九七云：「魏書宋弁傳，弁祖愔（世系表作榮國）。」王氏蓋誤讀新表也。新表榮國與弁之間，雖祇隔一格，然「弁」字上明綴「曾孫」二字，王氏不察，遂以爲孫耳。不然，洽生宣，愔爲宣從子（魏書三三），使愔卽榮國，是宣之從昆，非從子也。

C〔又〕曾孫丹　校云：「案唐世系表，『丹』作『弁』。」羅校云：「案作『弁』是。」北齊書宋欽道傳亦作「弁」。」余按魏書六三，弁自有傳，父叔珍，繼父世顯，祖愔。

D〔又〕紀生欽道欽仁　按下文「曾孫務本」，據宋璟碑，乃欽道曾孫，是「欽仁」下應補「道」字，否則世系不明。。

E〔又〕曾孫務本唐藍田令　新表作「櫟陽令」，與宋璟碑同。

F〔又〕生元撫襄州司户　新表作「玄撫，衞州司户」，與璟碑同。元龜一三一亦作「玄撫」。

G〔又〕生昇尚渾恕延華復衡　此與璟碑相符，新表誤「渾」爲「淮」，「恕」爲「恐」。璟碑云：「公有七子。復，同州司功，先公而卒。」又云：「第八子衡。」金石録二八以爲真卿誤書「八」字爲「七」。竹雲題跋云：「公實有八子，存者乃七。」斯言得之。顧蘩跋宋渾制，以宋棠跋稱璟有八子爲與新書不符（説文月刊一卷七四二頁），蓋未檢璟碑。

H〔又〕隨州刺史生實　此文前奪「尚」字。璟碑及舊書九六，尚，漢東太守。漢東卽隨州也。新表，尚生寔。

I〔又〕渾駕部郎中御史中丞　此記開、天間歷官。璟碑又云「太子左諭德」者，廣德年後除官也，新表奪「德」字。全文三〇八孫逖制，朝議大夫、前行駕部郎中、上柱國、襄國縣開國男宋渾可守諫議大夫。又三〇九同人制，自前諫議大夫除喪，起復爲守將作少匠。説文月刊載有勅侍御史大中丞諫議大夫宋渾制一道，謂是光緒乙酉其族孫棠檢得之真蹟。余按唐制無「大中丞」，顧跋反以爲可與開、天間官制沿革互證，實爲所蔽，其非真蹟者一。唐代除詔書等外，凡授官之制，雖宰相亦不稱「卿」，各集可以覆按，今制内有「惟卿内蕴沈敏」語，與制體不符，非真蹟者二。據前引孫逖制，渾係自前駕部郎中轉官，非自侍御史，郎中從五品上階，諫議正五品上階，遷除之階級正合，若侍御史則從六品下，相隔七階矣，非真蹟者三。唐代除制，必敍入散官、勳官、封爵，今逖制中之朝議大夫、上柱國、襄國縣開國男等，彼宋氏子孫所藏遺文，均未之見，非真蹟者四。再取逖制比觀，此制之爲僞益顯，大抵其後人仰慕先德，作此自遣，而不知原有逖文可考也。此等僞古玩足以淆惑視聽，故詳辨之。

J〔又〕華大理評事　　璟碑作登封尉、尉氏令，此亦敍其前官耳。

K「又」儼蘇州刺史　　拓本、故雲麾將軍守左金吾衞大將軍試鴻臚卿上柱國宋公墓誌銘幷序，首著「祖諱仁貴，男長豐縣丞再興，次子太子，次子再榮，府君宋公諱儼，西河郡人也」，下敍建中二年十一月破恆定節度張惟岳（卽李惟岳），又云，「授太原河東節度馬遂（燧）惡奏，先領朔方兵甲，隴右道李懷光領秦兵及殿前兵馬」，蓋朱滔部將，於建中三年與馬燧部戰死者，非此之宋儼。

L〔又〕倚虢州刺史　　新表作「長史」。

M〔又〕衡檢校左常侍　璟碑稱右散騎常侍、兼御史中丞、河西節度行軍司馬。新表亦云檢校左散騎常侍。

20 榮國七代孫慶孫。慶孫，大理正。

A〔岑校〕榮國七代孫慶孫　「慶孫」，新表作「處秀」。

21 給，後魏七兵尚書；孫謨，生欽、瓊。欽曾孫正文，唐祕書郎。瓊生仲羨，燕渤海太守；曾孫延慶，生長威、季緒。長威，北齊御史中丞；孫正言，洛州司馬。季緒生本立。立生卓然，比部員外、益州長史。

A〔岑校〕給後魏七兵尚書孫謨生欽瓊欽曾孫正文唐祕書郎瓊生仲羨燕渤海太守曾孫延慶生長威季緒長威北齊御史中丞　新表七五上亦稱仲羨，後燕渤海太守，惟長威則不記歷官。余按此節錯簡特甚。據魏書三三，洽仕爲慕容垂尚書，太祖平中山，殺之，則未嘗仕魏，不合者一。洽之六代孫正文既已仕唐，其玄孫仲羨斷不能入仕於後燕之世，況燕之有國，爲時極短，洽豈能與其玄孫同仕一朝，不合者二。長威爲洽八代孫，即仲羨玄孫，「仲羨」，魏書三三作「仲美」，云武定末尚書水部郎，則其玄孫不得仍仕北齊，不合者三。以余揣之，尚書及渤海太守，殆爲洽在後燕之歷官，御史中丞或爲仲美在北齊之歷官，如是而後世次可適合也。

B〔又〕季緒生本立　新表以本立爲緒孫。

22 【燉煌】 漢有宋諒。諒裔孫後漢清水公繇，曾孫遊道。繇六代孫壽，唐同州郃陽縣令。

A〔岑校〕諒裔孫後漢清水公繇曾孫遊道　羅校云：「案『後漢』當作『後魏』。繇，魏書有傳。」又云：「案魏書繇傳，子巖，巖子蔭，蔭子超，超弟稚，稚子遊道，是遊道乃繇元孫。」

23 【弘農】 狀云昌後，自西河徙弘農。唐太常丞宋仁回，生果毅。生之問、之望、之悌。之問，戶、考二員外，生昌藻。之望，改名之遜，荊州刺史。之悌，太原尹、益州長史、河南劍南節度；生若水、若恩*，御史中丞。若水，丹徒令。

A〔岑校〕生果毅生之問之望之悌　舊書一九〇中，之問父令文。勞考一〇謂「果毅」之上疑有脫文云。元龜九七九，調露二年十月，遣郎將宋令文往吐蕃會贊普之葬。廣記一九一引朝野僉載，令文有神力，三子，長之問，次之遜，次之悌。同書一九二引御史臺記，稱力士宋令文。又同書二一八引譚賓録，令文於孫思邈執師禮。又元龜九八，稱令文顯慶閒名士。舊書四七著宋令文集十卷。儀鳳四年後，郎將宋令文入蕃會葬，見舊吐蕃傳。

B〔又〕生昌藻　封氏聞見記一〇，昌藻天寶中爲淦(滏)陽尉，刺史房琯常禮之。

C〔又〕之望改名之遜荊州刺史　全文三六五蔡希綜法書論：「父兄子弟相繼其能者……西河宋令文及子之遜。」遜、遜古通。廣記二六三引朝野僉載，洛陽丞宋之遜附張易之，出爲兗州司倉，亡歸，羅織王同皎，授光禄丞，之問鴻臚丞，後長流嶺南。

D〔又〕之悌太原尹益州長史河南劍南節度　會要七八，開元十八年，之悌除河東節度。舊書一九〇中敍其歷官，亦無河南節度，疑卽河東之訛。朝野僉載，之悌後左降朱鳶，會賊破驩州，之悌爲總管，敗之。

E〔又〕生若水若恩御史中丞　勞御考二云，「恩」疑「思」。余按舊紀九，天寶十五載，以監察御史宋若思爲御史中丞，「恩」誤無疑，惟「恩」字應重•。至德二年，採訪使、宣城郡太守宋若思，見寰宇記一〇五。

24【樂陵】　狀云，本望出廣平。唐嶲州都督宋君明，生捷、彌。捷，固安令，生宣遠。彌生考玉，比部員外。

A〔岑校〕唐嶲州都督宋君明　勝州都督宋君明，見元龜九九一貞觀十九年下。

B〔又〕生宣遠　廣記一四八引定命録，明皇在府日，與絳州刺史宋宣遠兄惲有舊。

25君明堂兄渭，河陽令，生思敬。思敬生詢，吏部郎中、左常侍。詢生晦，諫議大夫、同州刺史。晦生泛、泫。泛，汝州刺史。

A〔岑校〕思敬生詢吏部郎中左常侍　元龜一六二，開元廿三年二月，梁州刺史宋詢爲山南西道採訪使。全文二五八蘇頲程行諜碑，稱同郡（廣平）宋詢。三二六王維裴耀卿遺愛碑，開元東封後，分遣御史宋珣等巡按，「珣」乃「詢」之訛。

B〔又〕詢生晦諫議大夫同州刺史　制詔集七有授晦諫議大夫制，稱通議大夫、檢校尚書兵部郎中、兼侍御史、上柱國。舊紀一一，大曆九年八月，以虢州刺史宋晦爲同州刺史。又長安志七引唐實錄，元載敗，貶同州刺史宋晦爲澧州員外司馬。英華三九二賈至制，稱行殿中侍御史宋晦可屯田員外郎。高力士傳，李輔國弄權，御史宋晦外貶。

26【扶風】唐秦州長史，生元爽、元獎*。爽，尚書左丞、秋官侍郎、揚洛二州長史；生述，監察御史。元獎，晉原尉，生遥、适。遥，禮、户、吏侍郎，左丞，魏、汴州刺史。适，左補闕。遥生東里。東里生華。

A〔岑校〕唐秦州長史　「長史」之下，奪去姓名，勞考三亦云「有脱字」。據千唐宋遥誌，曾祖曰懿，滕王記室，祖曰孝恭，贈天水郡長史，則秦州長史是贈官。「長史」下當補「孝恭」字。

B〔又〕生元爽元獎　宋遥誌：「積善于皇考贈禮部郎中，郎中府君曰玄獎。」則兩「元」字皆當作「玄」，下倣此。

C〔又〕爽尚書左丞秋官侍郎揚洛二州長史　聖曆元年，玄爽官文昌左丞，見新突厥傳。神功初，官洛州長史，見舊書八九。舊書與元龜六一九均作「元爽」。又李嶠行制，朝請大夫、守司僕少卿宋元爽可兼檢校司膳少卿，見全文二四二。

D〔又〕遥禮户吏侍郎左丞魏汴州刺史　玄宗初爲密縣尉，見舊書九八。天寶二年，自吏侍貶武當太守，見會要七四。又上黨大都督長史宋遥誌，天寶七載立，宋鼎撰，見藩里遺文目録續編。元龜一六二，李元紘爲相，引遥爲中書舍人。元龜三三七，開元二十三年十道使有禮侍兼魏州刺史宋瑶，應即此人，涉音同而訛。全文三一五李華崔沔集序，沔權貢舉時，得宋上黨遥。據遥誌，天寶六載卒於上黨，年六十五。又云：「擢監察御史、殿中侍御史、侍御史内供奉，遷司勳員外郎、度支郎中，拜中書舍人，除御史中丞……户部、禮部、吏部、再户部四侍郎，左丞，出博平滎陽絳魏陳留襄陽長武當七郡太守，河北、河南、山南三採訪。」

E〔又〕遥生東里東里生華　全詩四函八册，宋華濮陽宰。千唐崔諧誌，開元十三年立，題「右金吾衛録事參軍宋華撰」。此宋華如是遥孫，則與遥之年歲不相應，未知今本姓纂有誤，抑别爲一人也。

27【河南】周廣化令宋道•，狀云本廣平人。曾孫義，桐柏令，生温璡、温瑗、温瑾、温璩。温瑾，户部侍郎、鄭州刺史。温璡，太原少尹，生寂。温瑗，侍郎御史，生蹇。温璩，梓州刺史。

A〔岑校〕曾孫義桐柏令生温璡温瑗温瑾温璩　「桐柏」，庫本作「稠柏」，又無「温瑗」二字。校注云：「案此下疑脱温瑗一人，『稠柏令』亦有誤。」洪本改「桐柏」，是也。周、同字近，往往互訛。（如前文漢書之「左將黄同」，姓纂作「右將萬周」。）洪既改正，故删去原校。

B〔又〕温瑗侍郎御史　按精舍碑，侍御史内有宋温瑗，「郎」字蓋衍文也。勞御考一亦謂「郎」字疑衍。

C〔又〕生蹇　天寶十三載有右金吾冑曹宋謇，見魯公集五，未知卽此否。

D〔又〕温璩梓州刺史　玄宗時人，見全文二九六。

28 【京兆】　後漢侍中宋弘之後，今無聞。晉宋甄、宋琨。

A〔岑校〕後漢侍中宋弘之後今無聞晉宋甄宋琨　今本「宋琨」下接「唐都官郎中宋質」等九人，各不同籍。夫曰「今無聞」，則不應有如許唐人屬於京兆之望也，以是知今本實脱「諸郡宋氏」四字，應提行書之，其下再接「唐都官郎中」云云，方合。

29 唐都官郎中宋質，給事中，生樽，虢州人。

A〔岑校〕唐都官郎中宋質給事中生樽虢州人　「樽」，庫本作「撙」，非。英華四一〇孫逖制，稱朝議大夫、前使持節仙州諸軍事，守仙州刺史、上柱國宋樽。「給事中」三字疑樽之歷官，待證。珠林七九及廣記三八〇引冥報記，唐尚書刑部郎中（冥報記下訛「侍郎」）宋行質，博（冥報記下訛「曹」）陵人，永徽二年五月病死，其下又言尚書都官令史（廣記訛「吏」，珠林及冥報記不訛），似行質卽質，但孫逖行制在開元末，相去已八十餘年，豈樽非質子而姓纂有訛文歟？抑英華之作者姓名，亦嘗誤繫，豈英華之制非逖文歟？材料未充，存疑而已。慈恩傳七，貞觀二十二年，又元龜一六一，貞觀二十年，均有萬年令宋行質，知冥報記之「行」字非衍文。

30 殿中御史宋務先，洛陽人。

A〔岑校〕殿中御史宋務先　據新書一一八，「務先」乃「務光」之訛。神龍元年，務光爲右衛騎曹參軍，見元龜五三二；景龍三年爲監察御史，見同書五四四。廣記二五五及二五九引御史臺記作「務先」，亦誤。山西永寧州志有右臺侍御史宋務光墓碑（據山西通志九一）。

31 司農少卿宋遵貴，中書舍人宋則，並京兆人。

A〔岑校〕司農少卿宋遵貴　武德五年官此，見封氏聞見記二。武德四年太府卿宋遵貴，見廣記二八〇引大業拾遺。

B〔又〕中書舍人宋則　廣記一七六引獨異志，宋則家奴誤殺其子，則不之罪。

C〔又〕並京兆人　遵貴及則，當非弘後，故不附入京兆，乃「京兆人」而非「京兆望」，讀唐史者應善别之。

32 工部郎中宋元昉，江夏安陸人；生之順，户部員外。

A〔岑校〕工部郎中宋元昉江夏安陸人生之順户部員外　今郎官柱户外有之順。駱丞集一靈泉頌，廣平宋思禮，皇朝永州刺史昉之嫡孫，户部員外順之長子，蓋均略其名之上一字，廣平者，以宋姓之著望爲稱也。廣記二五四引御史臺記，之順自侍御史入省。

33 殿中侍御史、貝州刺史宋慶禮，邯鄲人。

A〔岑校〕殿中侍御史貝州刺史宋慶禮邯鄲人　殿中侍御史一官，可屬上、屬下讀。今精舍碑殿中侍御史有慶禮，無之順，新書一三〇慶禮傳，歷監察、殿中侍御史，稍遷貝州刺史，則屬下讀爲是。慶禮官貝州刺史，當開元五年，見元龜九九二。同卷六年六月賜可突干詔有慶禮名，殆即傳所謂俄兼營州都督者。畿輔通志一四八引廣平府志，邯鄲縣有貝州刺史宋慶禮墓誌又有廣州都督府司馬宋慶賓墓誌及石刻勅詞，係開元二年九月授，當即慶禮昆仲。

34 殿中御史虔微，邯鄲人。

A〔岑校〕殿中御史虔微　「御史」下應補「宋」字。長安四年至開元三年間有宋乾微，嘗爲黎州刺史，見寰宇記七七，當即此人。虔、乾未詳孰是。

三用

統

35 見姓苑。

用

36 風俗通，古有用國，見毛詩。漢有高唐令用蚪。名士録有高唐用。案毛詩有用國，未詳。「高唐用」下亦有脱字。

A〔岑校〕風俗通古有用國見毛詩漢有高唐令用蚪名士録有高唐用　校云：「案毛詩有用國，未詳。『高唐用』下亦有脱字。」余按通志無「見毛詩」三字，「蚪」作「虯」（姓解三作「蚪」）。又云：「名士録有高士用羽。」「高唐用」之「唐」，或涉上而訛，「用」下奪「羽」字。類稿四二亦作「虯」及「高士用羽」。

雍

37 風俗通，周文王第十三子雍伯之後，以國爲姓。今或音雍州之「雍」。漢雍齒，沛人。

A〔岑校〕雍　按雍姓已見卷一，此因其或作去聲，故複見也。

B〔又〕風俗通周文王第十三子雍伯之後　按卷一雍姓，文王十二子雍伯。又卷五曹姓下，洪氏據祕笈新書補云：「周文王第十三子振鐸封曹。」此作雍伯第十三子，前後不相照。

四絳

絳

38 絳縣老人之後。

巷

39 毛詩周巷伯之後。

A〔岑校〕毛詩周巷伯之後　國名記戊「巷」下：「姓纂云，巷伯後氏。」

虹（岑補）

40 堯初封禹於虹，後因氏。（岑補）

A〔岑校〕據姓觿七引。

五寘

賜

41 仲尼弟子端木賜之後，以王父名爲氏。

刾

42 左傳，鄭大夫刾張。姓苑云，其先封刾鄉，因氏焉。案左傳，鄭大夫郟張。郟，古洽切。今作「刾」，誤也。刾，俗「刺」字。

義

43 風俗通云，義伯，陽卿也。漢有南陽太守義縱。

A〔岑校〕義伯陽卿也　類稿四二亦訛「陽」。依姓解一，應作「湯」。

44 【河東】義縱代居河東，封岸頭侯。晉有上庸都尉義欽。

A〔岑校〕義縱代居河東封岸頭侯　據漢書九九，縱嘗與張次公爲羣盜，次公後從軍，封岸頭侯。漢表一七同。縱未嘗封侯，林氏誤讀漢書也。

智

45 今有河東智氏。漢有零陵太守智嗣。

〔岑校〕今有河東智氏　尋源三一引云：「今河東有智氏。」「有」字應乙於「河東」下。

戲

46 【潁川】見姓苑。又音僖。魏志有戲才。

A〔岑校〕魏志有戲才　戲志才，見後書一〇〇及三國志一〇荀彧傳。

譬歷辰

47 代人，改爲辰氏。

A〔岑校〕代人改爲辰氏　陳校云：「官氏志無。」通志有

六至

季

48 陸終氏之子季連之後。一云，魯桓公子季友之後，亦爲季氏。漢功臣表，戚圉侯季必，傳封四代。

A〔岑校〕漢功臣表戚圉侯季必　按史記表索隱謂卽灌嬰傳之李必。

49 【壽春】姓苑云，今壽春有季氏。漢河東太守季布，弟心。宋有季高。大曆右常侍季廣琛。

A〔岑校〕大曆右常侍季廣琛　舊書一〇，乾元元年五月，以荆州長史季廣琛赴河南討賊，八月，由青徐等五州節度使兼許州刺史，九月，又爲九節度之一，二年四月，貶宣州刺史（「宣」疑「温」訛），上元二年正月，自温州刺史爲宣州刺史、浙江西道節度。又同書一一，大曆九年十月，自前宣州刺史爲右散騎常侍，亦附見一〇七永王傳。會要七六，開元二十三年智謀將帥科，李廣琛及第，元龜六四五

同，惟御覽六二九正作「季」。哥舒翰鎮西涼時，廣琛爲瓜州刺史，見酉陽雜俎。廣琛亦見廣記三〇三引廣異記。十七史商榷七三：「荆州長史季廣琛。『季』當作『李』，二年同，新紀於乾元元年九節度討安慶緒亦作『季』，恐非。」王氏之誤，舊書校勘記五已辨之。

摯

50 風俗通，摯疇，古諸侯國，毛詩。周有摯荒。案摯荒未見毛詩義疏。

A〔岑校〕摯疇古諸侯國毛詩周有摯荒　校云：「案摯荒未見毛詩義疏。」余按通志及類稿四二作「見毛詩」，此指摯國言，特奪「見」字耳。校注殊未細考。摯荒見左昭二十二年。

51 【京兆】長安。魏太僕少卿摯模，代居京兆；生虞，晉太常卿、光禄勳，晉書有傳。

A〔岑校〕長安　庫本「長安」連上，其下空格。

駟

52 左傳，鄭穆公子騑字子駟之後，以王父字爲姓。漢恩澤侯表，鄔侯駟鈞，齊哀王舅。

A〔岑校〕以王父字爲姓　「姓」，庫本及通志作「氏」，是。

稚

53 商後，見史記。氏族略*。

冀

54 左傳，冀國，今晉州冀氏。又晉大夫郤芮食采冀邑，亦爲冀氏。芮生缺。唐侍御史冀元珪，太原人；子仲輔，職方郎中。案姓氏急就篇，「仲輔」作「仲甫」。

A〔岑校〕今晉州冀氏　「氏」下備要三六、類稿四二引，均有「是也」兩字。

B〔又〕唐侍御史冀元珪　陳伯玉集二有遇冀侍御珪一律。

C〔又〕子仲輔職方郎中　校云：「案姓氏急就篇，『仲輔』作『仲甫』。」余按新書四，長安五年有司刑評事冀仲甫，「輔」字殆訛。

祕

55 漢功臣表，戴侯祕彭祖，傳七代孫*。西秦録有僕射祕宜。案西秦録，「宜」作「宣」。

A〔岑校〕西秦録有僕射祕宜　校云：「案西秦録，『宜』作『宣』。」余按姓解一及通志作「宣」，廣韻及類稿四二作「宣」。

肆

56 風俗通，宋大夫肆臣之後。

A〔岑校〕宋大夫肆臣之後　通志及類稿同，「臣」，辯證作「成」。

57 【漁陽】　漢有漁陽太守肆敏，子孫居之。

A〔岑校〕漢有漁陽太守肆敏子孫居之　廣韻、通志、類稿同。敏因官居漁陽，遂有漁陽一望，事實正合。辯證作「漢陽」，訛。

利

58 漢有利幾。又仙人利真元，漢陽人。風俗通云，漢有利乾，爲中山相。

A〔岑校〕漢有利幾　幾見漢書高紀下。

59 【河南】　官氏志，吒利氏改爲利氏。

A〔岑校〕官氏志吒利氏改爲利氏　今志及通志均作「叱利氏」。

遂

60 左傳有遂國，齊人殲于遂，因氏焉，其後並以遂爲姓。

貳

61 左傳，「楚屈瑕將盟貳、軫」，並小國也，今在隨州之南。漢東。今隋州，有二氏。

A〔岑校〕漢東今隋州有二氏　「二」字誤，庫本作「貳」•。余按「漢東」已下應另行空格。又「隋」，上文作「隨」，此亦應作「隨」，尋源三一引，正作「今隨州有貳氏」。

翠

62 急就章有翠鴛鴦，其先楚景之後，避難，以其祖名氏焉。案顏師古注作「景萃之後改翠氏」。

A〔岑校〕急就章有翠鴛鴦其先楚景之後避難以其祖名氏焉　校云：「案顏師古注作『景萃之後改翠氏』。」余按通志及類稿作「其先楚景翠之後」。既曰「祖名爲氏」，則祖名爲「翠」可知（姓解二亦稱景翠），此奪「翠」字。顏注作「萃」，則涉形近而訛也。

匱

63 見姓苑。

64 【廬江】今廬州有此姓。

備

65 見姓苑。

A〔岑校〕見姓苑　姓解一：「姓苑云，宋封人備之後。」

季孫

66 魯桓公子友之後，子孫號季孫氏，生行父文子。文子生宿武子。武子生紇悼子、公若、公鳥。紇生平子意如。平子生斯桓子、季魴侯、季寤。斯生肥康子。

A〔岑校〕公若公鳥　「鳥」，庫本作「爲」，誤。釋例八作「鳥」。

季連

67 晉有唐邑大夫季連齊，出自陸終第六子季連之後。

A〔岑校〕晉有唐邑大夫季連齊　「唐」，辯證二九引作「堂」，惟廣韻亦作「唐」。

季融

68 世本，楚鬬廉生季融，子孫氏焉。

季隨

69 世本，周八士季隨之後。宋有季隨逢，見左傳

季騧

70 周八士季騧之後。

季夙

71 潛夫論，晉靖公孫季夙之後。

A〔岑校〕潛夫論晉靖公孫季夙之後　潛夫論箋九云：「昭五年左傳疏云，世本，叔向兄弟有季夙。元和姓纂引此書，以季夙氏爲晉靖公孫季夙之後，誤。」余按潛夫論本云：「靖侯之孫欒賓及富氏、游氏、賈氏、狐氏、羊舌氏、季夙氏。」姓纂作季夙氏上承「靖侯之孫」解，故云然。

季嬰

72 世本，晉樓季嬰之後。

季尹

73 楚有季尹然，齊有季尹平。

A〔岑校〕齊有季尹平　「平」，通志作「明」。辨誤二一云：「按鄭夾漈既以「廄尹」訛「莠尹」，又訛「莠尹」爲「季尹」，可謂重忸貽謬。」

四飯

74 四飯缺之後，紂賢人。

A〔岑校〕紂賢人　庫本作「周賢人」。按漢表二〇師古注云：「自師摯以下八人，皆紂時奔走分散而去。」是作「紂」者固有所本。且卷九「亞飯干」亦稱殷末賢人，則作「周」者涉音近而訛也。

地駱枝

75 改爲駱氏。案官氏志作「他駱拔」。

A〔岑校〕改爲駱氏　校云：「案官氏志作「他駱拔」。」余按通志及下文卷十又作「地駱拔」，姓解一作「佗駱拔」，疏證謂「拔」作「枝」者，形近致誤也。

七志

巽

76 今温州白水有此姓。氏族略。

A〔岑校〕今温州白水有此姓　此姓洪氏據氏族略補。考通志「白水」下有「巒」字，故入夷狄類，此奪。

意

77 見姓苑。

侍其

78 漢廣野君酈食其；元孫賜，以「食」爲氏。曾孫武，平帝時爲侍中，改爲侍其氏焉。

A〔岑校〕漢廣野君酈食其元孫賜以食爲氏曾孫武　「元孫」，通志作「曾孫」。又「曾孫武」，通志作「玄孫武」。余按賜爲食其玄孫，見漢表一六，此不誤而通志誤也。唯「以『食』爲氏」，應依通志作「以『食其』爲氏」。尋源四四引無「玄」字，有「其」字，亦正訛各半。

79 【北海】侍其武先元，案漢有侍其元矩，疑卽此人。避王莽亂，家北海。七代孫裔，魏尚書左丞，生邕。邕生仁實，晉廬江太守；孫曼，宋武昌太守。

A〔岑校〕侍其武先元　校云：「案漢有侍其元矩，疑卽此人。」余按「先元」，「生元」之訛也。侍其武見前。

寺人

80 宋寺人惠牆之後。

A〔岑校〕宋寺人惠牆之後　「牆」，庫本作「墻」，羅校引作「嬙」，蓋涉所引辯證而訛也。羅校又謂辯證引作「宋寺人伊戾惠嬙之後」，亦誤。實作「宋寺人惠墻伊戾後」也。

事父

81 宋事父氏，子姓也。

A〔岑校〕子姓也　宋本辯證引云：「子姓之後。」

意如

82 魯季孫意如之後。

八未

魏

83 周文王第十五子畢公高受封于畢•，裔孫萬仕晉，封於魏，至犨、絳、舒，代爲晉卿。後分晉，爲諸侯，稱王。至王假，爲秦所滅，子孫以國爲氏。昭王生公子無忌，忌孫無知，無知五代孫歆。

A〔岑校〕無知五代孫歆　魏書一〇四自序，無知子均，均子恢，恢子彥，彥子歆，則五代者連自身計之。

84【鉅鹿】曲陽侯、漢鉅鹿太守歆，居鉅鹿。五代孫慶，案唐世系表，『慶』作『宣』。漢封北海公。宣孫紞。紞長子儔，爲「東祖」；次子植，爲「西祖」也。

A〔岑校〕五代孫慶　校云：「案唐世系表，『慶』作『宣』。」按唐表七二中，歆生愉，愉生宙，宙生紹，紹曾孫宣，則宣爲歆六代孫。

B〔又〕紞長子儔爲東祖次子植爲西祖也　姓纂以魏收爲「西祖」之後，但據魏書一〇四自序，收乃歆子悅之後，而新表七二中則謂歆子愉之後，分爲「東、西祖」，兩說不符，惜魏書自序，今已殘闕，未能互相質證耳。容齋三筆一二云：「魏收作元魏一朝史……其自序之漢初魏無知封高良侯，子均，均子恢，恢子彥，彥子歆，歆子悅，悅子子建，子建子收，無知於收爲七代祖，而世之相去七百餘年，其妄如是。」余按自序謂歆於成帝時位終鉅鹿太守，歆爲無知玄孫，則成帝者西漢之成帝也，其下又云歆子悦，悦子子建，子建卽收父，仕當魏正光之世，是西漢末人之孫，仕於北魏之末，收自序世系，斷不如是荒謬。辨誤二一云：「是悦乃無知五世孫，而曰李孝伯以女妻之，孝伯在太武之世，隔漢初五百餘年矣。……蓋北齊書魏收傳有闕文，必非自序有誤也。」已略見瓛結。今考北史五六，收本傳敍其先系，正與今自序文同，又知魏書自序之殘闕，唐初延壽見本已然矣。復次，北齊書三七魏收傳末汲古本跋云：「此傳與北史同，但不序世家，又無論贊，疑非正史。」考傳稱收「曾祖緝，祖韶，父子建」，與今自序及北史異，而比自序及北史爲可信，余謂當是百藥舊稿，不過論贊既佚，說者遂疑其非正史耳。惟「韶」，魏書九二魏溥妻傳、九三王椿傳均作「悦」。

85【東祖】　儔孫藪，生儵、意、曁。儵曾孫蘭根，後魏僕射，生少政。政生孝機、孝該、孝液。孝機，唐水部員外；生嵩德，刑部侍郎。嵩德生濬、温、洵。洵，祠部郎中、睦州刺史。孝該元孫瓊，京兆功曹。孝液孫瑟，京兆功曹。

A〔岑校〕政生孝機　羅校引北齊書魏蘭根傳，「孝機」作「孝幾」。

B〔又〕生嵩德刑部侍郎　會要五九，垂拱四年，魏尚德官刑侍。太平廣記一〇五亦作「尚德」。

C〔又〕生濬温洵　「洵」，郎官柱作「詢」，廣記作「恂」。廣記云：魏恂，左庶子尚德之子，神功初爲監門衛大將軍。大周刊定衆經目録，係天册萬歲元年十月成書，今各卷末多署「中大夫、行祠部郎中魏洵」，然亦有署「正議大夫、祠部郎魏詢」者。嚴州圖經一記唐刺史，於景龍二年十月與開元二年三月間，著魏駒一人，「句」旁與「旬」近，疑卽魏洵。

D〔又〕孝液孫慤京兆功曹　全文二五二蘇頲制，朝議郎、前行洛州録事參軍魏慤可太子司議郎。按千唐鄭州長史魏慤誌，「曾士廓，廓（？）隨侍御史，……祖文政，皇朝許州扶溝縣丞，……父玄敏，……遷洛州録事參軍，丁内憂罷職，……服滿，特制拜太子司議郎，□汝州司馬，轉鄭州長史，……以大唐開元六年……終於官第，春秋七十有三，……孤子光乘等」，正是蘇制之魏慤，乃玄同之諸父，鄭州長史慤，據誌亦未歷京兆功曹，則與此姓名偶同也。

86 意七代孫宗敏，刑部郎中；生恆，歸州刺史。

87 洵堂孫皐，改名懿文，邵州刺史，生中庸。

A〔岑校〕洵堂孫皐改名懿文邵州刺史　元龜六七三，懿文爲邵州刺史，貞元十三年，以有善政，加檢校司門郎中。

88 曁生荀臺。六代孫求己，吏部員外郎、中書舍人；生嗣萬，金部郎中。嗣萬生羔。羔生。

A〔岑校〕六代孫求己吏部員外郎中書舍人　全詩一函九册有自御史左授山陽丞詩。

B〔又〕嗣萬生羔羔生　「羔生」二字殆衍。全詩五函四册司空曙送魏季羔遊長沙覲兄，一本無「季」字。

89 鸞景，北齊司農卿。鸞景生彦卿、彦深、彦理、彦元。彦卿元孫承休，壽州刺史。彦深，隋著作郎；孫歸仁，一名克己，吏部侍郎、同州刺史。

A〔岑校〕鸞景生彥卿彥深彥理彥元　據隋書五八，澹字彥深，又舊書一九三云：「隋著作郎彥泉之後也。」唐人常以「泉」代「淵」諱，則知隋書作「深」，亦是代用之字，應稱彥淵爲是。羅校云：「案隋書魏澹傳，祖鸞，魏光州刺史，父季景，大司農卿。北齊書魏蘭根傳亦作『彥卿，魏大司農季景之子』，此誤合鸞與季景爲一人。」按由前文衍「羔生」兩字觀之，今本當有奪誤。

B〔又〕孫歸仁一名克己吏部侍郎同州刺史　舊書一九三云，父克己，有詞學，則天時爲天官侍郎。說之集作吏部侍郎魏仁歸。會要七四，弘道元年十二月，吏侍魏克己貶太子中允，封氏聞見記三則云出爲同州刺史。

80 彥理孫寶言，生智本、光本。智本生亮，虔州刺史。光本生靖，庫部郎中、秦州都督。靖生少賓、少游。少游，刑部尚書、京兆尹，生友讓、友順、友直、友恭、友信。友讓，京兆司録。友順，太常博士。友直，京兆兵曹。

A〔岑校〕光本生靖庫部郎中秦州都督　長壽元年（元龜五四四作長安二年者是），靖官監察御史，見會要四一。芒洛遺文中魏和誌稱靖金吾將軍。全文四〇二云，魏靜，開元時官慶州刺史，按新書五九作慶州刺史魏靖。廣記三八〇引廣異記，魏靖，鉅鹿人，解褐武城尉，載初二年六月，暴卒復生。宋僧傳八玄覺傳：「慶州刺史魏靖都緝綴之，號永嘉集。」

B〔又〕靖生少賓少游　舊書一一五作「少遊」，魏和誌同。

C〔又〕友讓京兆司録　魏和誌：「監察御史大理正讓之子。」讓即友讓。

91 彦元生浦，刑、户二侍郎，生正見、正動。正見，庫部郎中；生杳，太常博士。正動生傳弓，監察御史。

A〔岑校〕彦元生浦刑户二侍郎　芒洛四編五魏氏誌：「曾祖滿行，刑、户二侍郎，贈侍中。」是「浦」字爲誤奪，依誌當作「滿行」也。

B〔又〕正見庫部郎中　魏氏誌：「祖正見，庫部郎中、宣彭等五州牧。……父曨，……終衡州新寧縣丞。」宣州刺史、曲陽男鉅鹿魏正見，見李嶠宣州大雲寺碑（全文二四八）。

C〔又〕生傳弓監察御史　新書一〇九云，「終司農丞」。神龍三年官監察御史，見會要六一。

92 【西祖】植，晉御史中丞，生虔。虔生綏、攀。綏六代孫惇，生彬、文將。彬生之遏，皇州録事參軍，生全恕。全恕生禮。禮生綽、緄、緘。綽生孟馴、叔敖、仲犀、叔虬、季龍。孟馴，左武將軍。叔敖生正臣，兼監察御史。仲犀，比部員外、華州刺史、江陵長史、荆南節度；生正雅，殿中御史。叔虬，京兆户曹，生弘簡、弘遠。弘簡，户部郎中。緄，萬年尉，生叔驥、萬成。萬成，檢校員外。全恕姪欽構，監察御史。文將曾孫連城，左拾遺。

A〔岑校〕彬生之遏皇州録事參軍生全恕全恕生禮禮生綽緄緎　「州」字上奪州名。河東集九魏府君墓誌云：「有聞士諱之遏者，與子及孫，咸舉進士，……涪城尉諱全琙，魏州臨黄主簿諱欽慈，太常主簿諱緄，尚書膳部員外郎兼江陵少尹諱萬成，……生郎中府君諱弘簡。」勞考一一云：「案墓誌……萬成生府君，據姓纂則萬成是宏簡從父。姓纂魏氏人名世系，與誌多不合，詳校證。」按勞氏校證，今不得見，殊爲可惜。依姓纂，則全恕與全琙相當，禮與欽慈相當，然姓纂不舉歷官，是一是二，全恃推測。今假欽慈爲禮之號，斯全恕或全琙之訛，否則要是昆弟而禮爲出嗣，故中間一代名不同，更不然，緄爲出嗣其再從父，故兩代名不同也。又姓纂下文，緄萬年尉，生萬成，檢校員外，緄名同墓誌而官不同，此或各舉一職，未爲殊異，萬成則名、官均同。惟姓纂又稱綽生叔虬，叔虬生弘簡、弘遠，則弘簡應是萬成再從姪。弘簡既自有昆弟而誌稱是萬成之子，苟非姓纂、墓誌任一有誤，固亦可依前出嗣説以解釋，墓誌敍所嗣，姓纂舉所生，理或然矣。

B〔又〕綽生孟馴叔敖仲犀叔虬季龍　全文四五九，季龍，代宗時擢書判拔萃科。

C〔又〕孟馴左武將軍　「武」下或奪「衛」字。

D〔又〕叔敖生正臣兼監察御史　芒洛遺文中崔恕誌：「夫人，皇監察御史諱正臣之女也。」

E〔又〕仲犀比部員外華州刺史江陵長史荆南節度　舊書九，天寶十五載六月，以前華州刺史魏(仲)犀爲梁州長史。又同書一一〇，至德二載正月，將作少監魏仲犀爲山南道節度使。通鑑二一六，天寶十一載十月，仲犀自左藏出納判官遷殿中侍御史。全文三六七賈至十五載七月册漢中王瑀等文，稱御史中丞魏仲犀。困學紀聞一七，魏仲兕，大曆間樂平令，作饒孝女碣。翁元圻注：「『仲兕』或作『仲犀』。」作「犀」者疑誤，否則以其前後官歷考之，亦非此仲犀也。新書列女傳亦作「仲兕」。

F〔又〕叔虬京兆户曹　岑嘉州詩有進士魏叔虹，一作「升卿」，時代相當，諒卽其人。以彼昆仲——仲犀、季龍——等名觀之，則作「虬」者近是。

G〔又〕弘簡户部郎中　貞元元年制科及第，見會要七六。墓誌見河東集九。昌黎集一〇注：「廬山今猶有蕭存、魏弘、李渤同遊大林題名。」點勘云：「『魏弘』下脱『簡』字，白樂天遊大林寺序可證。弘簡卒貞元末，有墓誌在柳子厚集，其游廬山蓋攝官江州刺史時也。又長慶初有樞密内臣魏弘簡，乃姓名偶同者。」

H〔又〕萬成檢校員外　全文三七六任華送魏七秀才序：「況爾兄殿中侍御史萬成，吾友。」全詩三函一册有劉長卿宴魏萬成湘水亭等詩三首。與地碑記目二，黄鶴樓記，唐永泰中魏萬成書，當卽此萬成。

I〔又〕全恕姪欽構　「構」，庫本作「搆」。

93 攀元孫子建，後魏益州刺史；生收，北齊僕射，生人表。收姪曾孫保家，監察御史；生行元，長安尉。

A〔岑校〕攀元孫子建後魏益州刺史　據魏書自序，乃東益州。

B〔又〕生人表　北齊書三七、北史五六均作「仁表」。

94 地官尚書兼納言、鉅鹿公魏元同，稱東祖意之後。生廓，案唐世系表，「廓」作「士廓」。隋禮部侍郎、御史；生乂，唐濮陽令。元同生愔、憕、恬、協。愔，著作郎，生長裕、季隋、季邁。長裕，河南法曹，生充、霓、尤。季隋，膳部郎中。季邁，長安尉。憕，御史主簿，生方回、方進、廣業。方回，淄州刺史。方進，左御史大夫，生允、修。案唐世系表，「允」作「元」，「修」作「循」。允生叔正，兼監察御史。修，郴州刺史。廣業生安昇，荆州刺史，案唐世系表，廣業，昇州刺史，生甫。此「生安」二字疑衍。生甫。恬，給事中、鄭州刺史，生嶠。嶠生黄裳，開州刺史。

A〔岑校〕生廓隋禮部侍郎御史　新表作「隋治書侍御史」，其官比諸曹侍郎尚高一階。

B〔又〕生乂唐濮陽令　千唐宋州録事參軍魏誌：「君曾祖乂，治書侍御史。」與姓纂、新表所記廓官相同。此誌文甚草率，恐不可信。

C〔又〕元同生愔憕恬協　羅校云：「案『憕』，唐表作『懔』。」廣記二五五引朝野僉載，有員外郎魏恬。千唐宋州録事參軍魏（似名防？）誌，貞元十四年立，云：「祖玄同，銀青光禄大夫、户部尚書兼納言，父協，鄭州滎陽縣令。」羅校云：「案唐表，乂生元同。此『元同』上奪『生』字。」余按「元」應作「玄」，前文同。又協，新表不著其仕履及子，得此誌可以補缺。

D〔又〕愔著作郎　神龍二年制科及第，見會要七六。

E〔又〕季邁長安尉　全文四〇六：「季邁，天寶時擢書判拔萃科。」

F〔又〕方進左御史大夫生允修　校云：「案唐世系表，『允』作『元』，『修』作『循』。」余按舊紀九，玄宗西行，「次金城縣，官吏已遁，令魏方進男允招誘」，則作「允」是也。御史大夫魏方進死於馬嵬之難，見舊書一〇六楊國忠傳。又御史大夫魏方進，見廣記三六引逸史。

G〔又〕恬給事中鄭州刺史　恬，見前引朝野僉載。

95 元同堂姪確，案唐世系表，元同五子，其五爲確，此作堂姪，與唐表異。唐司議郎。

A〔岑校〕元同堂姪確　校云：「案唐世系表，元同五子，其五爲確。此作堂姪，與唐表異。」余按新表於堂姪、堂姪孫等，即於表旁別開一行書之，而又不注明是堂姪或堂姪孫，故堂姪與子無異，堂姪孫與孫無異，其例數見，作校注者特未悉新表之例，故誤疑爲玄同之子耳。

96 【清河】無知元孫諶，漢清河太守，因家焉。裔孫充，西魏開府儀同三司。孫進，唐右二府統軍。進堂弟文博，觀州刺史。

97 【宜陽】本居濟陽*，今已絶。

98 【任城】無知曾孫不害，生漢任城太守，案此下有脱名。因家焉。不害孫相，漢丞相、高平侯。裔孫舒，晉司徒。族詠之，宋荆州刺史。今絶。

A〔岑校〕族詠之　「族」下當脫「子」、「孫」等字。

99【宋城】唐中書令、右僕射、齊公魏元忠，生昇、晃。昇，太僕少卿。晃，泗州刺史。

A〔岑校〕唐中書令右僕射齊公魏元忠　廣記二一二引定命録，元忠上書，拜校書，後遷中丞、大夫，自僕射謫南郡卒。

B〔又〕昇太僕少卿　神龍二年，昇官衛王府諮議參軍，見元龜一三〇。景龍元年，太僕少卿升爲亂兵所殺，見通鑑二〇八。

C〔又〕晃泗州刺史　全文一八睿宗褒恤魏元忠制，其子著作郎晃，實封一百户；又三一〇孫逖制，前泗州刺史魏滉可守德州別駕，即其人，作「滉」訛。

費

100 史記，紂幸臣費仲，夏禹之後。楚有費無極，漢有費直。

A〔岑校〕史記紂幸臣費仲夏禹之後　金石録一七：「林寶元和姓纂云，費氏亦音祕。史記，紂幸臣費中，夏禹之後，楚有無極，漢有直，蜀有禕，晉有詩。」沈跋云：「今孫本無『亦音祕』三字，又『中』作『仲』、『詩』作『試』，皆誤。史記殷本紀，費中，正義音仲。今實既引史記，不應竟作『仲』字。」案中、仲古通，尚非不合。又羅校云：「古今姓氏書辯證引『費出姒姓，禹後』，與今本並有異同。」以「夏禹之後」

作「禹後」，是前人略引，「姒姓」二字或鄧氏引申之詞，然亦可爲佚文。史記索隱云：「世本『費』作『弗』。」

B〔又〕楚有費無極　庫本無「費」字，但以前後文例之，則洪本有「費」字是也（通志亦有）。金石録一七引文雖云「楚有無極」，無「費」字，但其下又云，「漢有直，蜀有禕」，而今本姓纂直、禕皆著姓，是知趙氏固略引，不能作證。

101 蜀譜云，益州諸費有名位者多。（岑補）

A〔岑校〕類稿四二引文有此，或當補在「費直」之下。晉孫盛曾著蜀世譜。

102 【江夏】　蜀丞相費禕，巴郡太守費觀*。禕孫晉巴東令穆之，生恬，晉江夏相、魚復侯。恬七代孫弘規，唐主客郎中、合肥男，又居盧。

A〔岑校〕唐主客郎中合肥男又居盧　「盧」疑「廬州」之訛，因所封是合肥男也。

103 費愔，晉西中郎將，五代孫唐辰州刺史允斌。

A〔岑校〕費愔晉西中郎將五代孫唐辰州刺史允斌　按「允斌」，庫本同，芒洛四編三費胤斌誌云：「江夏人也，蜀丞相禕之十二代孫。」依此而計，則愔應爲禕七世孫，但禕死之年（延熙一六）下距東晉末祇一六六年，已有七世，而胤斌生之年（開皇一〇）上去東晉末已百七十年，猶祇五世，則疑五代孫之「五」或有誤，否則愔逮仕劉宋也，惜誌祇舉禕不舉愔，未獲確證。誌又言，胤斌曾祖浩，梁直閤將軍，江夏太守；祖安壽，梁通直散騎常侍；父清，周本州大中正，隨儀同三司、澠池縣開國子、左驍衛武賁郎將，胤斌以顯慶元年除曹王府司馬，遷長史，尋授巴州刺史，轉辰州刺史致仕，咸亨三年卒，年八十三。

104 晉費試，成都人。

A〔岑校〕晉費試成都人 「試」爲「詩」訛，見前引沈跋，惟三國志四一則謂詩爲犍爲南安人。

105 【汝南】後漢費長房之後。

106 【瑯琊】費直之後。

A〔岑校〕費直之後 金石録一七引云：「琅琊費氏，直之後也。」亦是引意。

107 【河南】官氏志，費連氏改爲費氏。

尉

108 鄭有尉止、尉翩。先賢尉繚著書，號尉繚子。

109 【河南】官氏志，北方尉遲部，如中華諸侯也，魏孝文改爲尉氏。尉托奇枝爲庢汗。莫賀弗。案魏書無可考，疑有脱誤。六代孫後周長公侯兜，案周書，長樂郡公俟兜生迥及綱，此「長」字下脱「樂」字，「俟」誤作「侯」。生迥、綱。迥，太師、相州總管、蜀國公，生寬、誼。綱，後周大司空、吴國公，生運、安、允。安允。安生耆福，唐庫部員外*。

A〔岑校〕官氏志北方尉遲部　今志作「西方尉遲氏」，按于闐王姓尉遲，見新書二二一上，其在西方，似有更久遠之歷史，余以爲應從志作「西」。

B〔又〕尉托奇枝爲廍汗莫賀弗　「托奇枝」，卷十尉遲姓下作「託哥拔」，疏證以爲「枝」即「拔」譌。廍汗疑可汗之異譯（字書無「廍」字）。此下之文，羅校以爲與下尉遲複出，然此條不如尉遲條之多誤，幸可互參也。

C〔又〕生寬誼　北史六二迴傳云，子寬，寬兄誼。

貴

110 風俗通云，陸終之後。漢廬江太守貴遷。

111 【常山】晉武帝才人常山貴氏，生東海越王。石趙録有司空中郎將貴霸。

A〔岑校〕生東海越王　「越王」二字，應依庫本及通志乙。

B〔又〕石趙録有司空中郎將貴霸　姓氏篇云：「又漢有司空中郎將貴霸。氏族略作晉人，誤。」以霸爲漢人，未審所據。

既

112 風俗通云，吴夫槩王之後，子孫因避仇改爲既氏。漢有安南長史既涼。

A〔岑校〕吴夫槩王之後　廣韻、姓解、通志均作「吴王夫槩之後」，考釋例九亦稱夫槩王（類稿四二同），語自可通。辨誤二一謂當云「吴王弟夫槩之後」，非是。姓觿七引，「姓纂云，古曁國之後」，或有誤。

B〔又〕漢有安南長史既涼　通志作「漢有南安長既良」，統譜九四作「南安長史」，惟類稿與此同。

緯

113 見姓苑。

A〔岑校〕見姓苑　辯證二九亦引姓苑。

魏强

114 魏武子支孫莊子快，生强，爲魏强氏。

蚩廉

115 史記，秦嬴姓有蜚廉氏。

A〔岑校〕史記秦嬴姓有蜚廉氏　卷二已有飛廉，但其文則義渠之文也。廣韻云，「史記有飛廉氏，古通用『蜚』」，則「蜚」不過「飛」之或寫。本條應删目，移併卷二。

九御

御

116 周禮有御人職，因官氏焉。左傳有御叔。漢有御長倩者，丞相公孫弘故人。

A〔岑校〕漢有御長倩者丞相公孫弘故人　辯證三〇云：「元和姓纂……又云，漢公孫丞相故人御長倩，誤矣。故人乃鄒長倩，事具西京雜記。」余按姓解一御姓：「漢有御長卿，厚遺公孫弘者。」又鄒姓：「西京雜記有鄒長倩。」均不作「鄒」，然御長卿係建平元年司空長史，應别一人。

恕

117 楚大夫恕金。

A〔岑校〕楚大夫恕金　按通志無恕氏，有鑢氏，云：「音慮，又音盧，楚大夫有鑢金。」（亦見類稿四三。）由姓纂見本冒文之多推之，可決「恕金」爲「鑢金」之誤，此五字應入鑢姓之下。若「恕」姓則當爲

「絮」姓之訛，因兩字同是上從「如」也。通志略云：「絮氏，女據切，又女居切。漢書張敞傳有京兆捕賊掾絮舜，謂敞爲『五日京兆』，敞殺之。姓纂有去聲，非是。」洪氏未細考，故於「十遇」下又據通志補絮姓也。參看下文絮姓條。

據

118 見姓苑，云人姓。

鑢

119 見姓苑，云人姓。

A〔岑校〕見姓苑云人姓　按通志「鑢氏」之文（引見前）未云見姓苑。辯證三〇云：「茹出姓苑。」則疑此爲下條茹姓文，否則複冒前據姓或後住姓文也。

茹

120 【河南】官氏志，普陋茹氏改爲茹氏。又蠕蠕入中國，亦爲茹氏•，音去聲。

御龍

121 劉累之後。漢有侍御史御龍君。

A〔岑校〕劉累之後漢有侍御史御龍君　按通志「御龍氏」云：「風俗通，陶唐氏之後有劉累，學擾龍，事夏孔甲，賜氏曰御龍氏。」其下即接「擾龍氏」云：「劉累之後，漢有侍御史擾龍羣。」（姓纂卷七同。）除羣、君字近易訛外，祇易一「御」字。「今本姓纂」之御龍，便同於姓纂、通志之擾龍，是以御龍冒擾龍之文也。顧兩姓在通志中恰相接比，又值得注意者。（參看卷三「蘇農」）。此文複，應删。

庶其

122 邾大夫庶其之後，今沛人。

A〔岑校〕今沛人　羅校據錢氏辯證校記卷中所引，謂應作「今爲沛人」。姓觿「七御」韻複姓收拒邱，引姓纂云：「莒大夫采邑，因氏。」按拒，廣韻收上聲，「九御」無「拒」字。復次，本書二「渠邱」云：「風俗通，莒有渠邱公，因氏焉。」渠、拒音近，疑陳氏據誤本采入，故不取。

庶長

123 秦爵也，因氏焉。左傳，庶長無地。

十遇

遇

124 風俗通，漢有東安太守遇沖。

A〔岑校〕漢有東安太守遇沖　廣韻引風俗通作「河内太守」，漢有東安侯國，無東安郡也。姓解三又作「河南」，二者未詳孰是。

125 【東莞】姓苑云，東莞有遇氏。

樹

126 【河南】姓苑云，今河東有此姓。

A〔岑校〕姓苑云今河東有此姓　按下文别有河南條，則「河南」爲複出。且姓苑祇云「河東」，亦文與題不對，故知「河南」乃「河東」之訛。後檢嘉慶本，則正作「河東」。

127 【河南】官氏志，千氏改爲樹。案魏書，樹洛千氏後改爲樹氏，此脱二字。

A〔岑校〕官氏志千氏改爲樹　校云，「案魏書樹洛千氏」，兩「千」字庫本皆作「干」，廣韻亦作「干」，今官氏志又訛爲「于」。

附

128 後漢段熲將附都。唐監察御史附德意。

A〔岑校〕後漢段熲將附都　通志、宋本辯證及類稿四三同。唯廣韻作「晉書有附都」，姓解二亦謂晉人。

絜

129 姓，去聲。漢書張敞傳有京兆捕賊掾絜舜，謂敞爲「五日京兆」，敞殺之。氏族略。

A〔岑校〕姓去聲漢書張敞傳有京兆捕賊掾絜舜謂敞爲五日京兆敞殺之　此條洪氏據氏族略補。按通志之文，已引見前恝姓，祇駁姓纂去聲之非是，并未聲言引姓纂原文，是洪氏直以私意補入耳，應剔除。又鄭氏謂去聲非是，顧通志又入諸去聲之内，殊難索解，參前恝姓條。

鑄

130 風俗通，鑄國也，堯後也，在濟北虵邱縣。左傳，臧宣叔娶于鑄，後世以國爲氏。

A〔岑校〕鑄國也堯後也　前「也」字衍，可參類稿四三。

務

131 堯有務成子，見易傳。列仙傳，務光，夏時人。

A〔岑校〕列仙傳務光夏時人　按古今人表作「殷人」。列仙傳，湯讓於務光，則謂生夏、殷之交，兩皆可通也。

喻

132 見姓苑，亦音樹。

133 【南昌】姓苑云，南昌有喻氏。東晉有喻歸，撰西河記三卷。

A〔岑校〕東晉有喻歸撰西河記三卷　廣韻作「二卷」。按隋書三三云，西河記二卷，此作「三」，殆誤。

具

134 左傳，晉有具丙。

135 【魏郡】後漢宦者中常侍具瑗。

A〔岑校〕後漢宦者中常侍具瑗　見後書桓帝紀及單超等傳。通鑑考異謂宦者傳作「貝瑗」。

住

136 見姓苑，云人姓。

傅

137 殷相説之後，築於傅巖，因以爲姓，北地人。漢末傅氏居南陽。秘笈新書。

A〔岑校〕殷相説之後築於傅巖因以爲姓北地人漢末傅氏居南陽　此條洪氏據新書補，按類稿四三引文同。羅校云：「案『南陽』當作『泥陽』，見宋書傅弘之傳。」

付（岑補）

138 鄭人史付之後。（岑補）

A〔岑校〕據姓觿七引。

樹機

139 西河鮮卑種魏詰汾長子疋孤，部落徙河西，傳六世，樹機能有涼州。

A〔岑校〕傳六世樹機能有涼州　此與卷十秃髮姓所説相同，參後文。

樹黎

140 後魏有蠕蠕別帥樹黎勿地來降。

A〔岑校〕後魏有蠕蠕別帥樹黎勿地來降　通志作「植黎氏」，餘文全同。「樹黎勿地」作「植黎勿地」，唯宋本辯證引作「樹」，又「後魏」下多一「時」字。

務成

141 呂氏春秋，務成子，堯師也。又新序，子夏曰：舜學于務成附。

A〔岑校〕舜學于務成附　「附」，辯證同，通志作「跗」，荀子又作「舜學於務成昭」。

趣馬

142 英賢傳，楚趣馬厥之後。後漢有南陽郡功曹趣馬思。

A〔岑校〕楚趣馬厥之後　「楚」，通志作「周」。廣言之，則楚亦周也。

B〔又〕後漢有南陽郡功曹趣馬思　「思」，通志作「恩」，字形相肖，未詳孰是。

具封

143 鄭公子具食采開封，因氏焉。鄭大夫具封狐人。

A〔岑校〕鄭公子具食采開封因氏焉鄭大夫具封狐人　此即封具之文，因誤倒其姓，故致析爲兩條，文目均應删卻。參看卷一「封具」。（辯證三〇「具封」下引文全同，無「封具」，然兩書皆輯自大典，不盡可據。）

十一暮

路

144 炎帝之後，黄帝封其支子於路，春秋時路子嬰兒是也。案春秋，路子嬰兒之「路」作「潞」。今上黨路縣。漢大中大夫路温舒。

A〔岑校〕黄帝封其支子於路春秋時路子嬰兒是也　校云：「案春秋，路子嬰兒之『路』作『潞』。」余按通志及類稿四三引姓纂此二句，字均作「潞」。通志又云：「『路』，舊作『潞』。」并「潞」、「路」爲一條。但今本姓纂别有潞姓，見下文。路史後紀四引姓纂云：「黄帝封榆罔支子于路。」與今本異。

B〔又〕今上黨路縣　類稿作「潞」，按上黨之潞縣應從氵。

145 子孫以「路」爲氏。（岑補）

A〔岑校〕類稿引文「今上黨潞縣」下有此六字。按此爲各姓紀原之通例，兹據補。

【平陽】漢扶離侯路博德，始居平陽，今隸貝州。裔孫嘉，晉安東太守*。孫藻，生纂。纂生濤，後魏青州刺史，生綽、神龜。綽，後魏陽平太守，生寄奴、侍愛、案唐世系表，濤生寄奴、侍慶。據此，則寄奴乃濤孫也。「愛」作「慶」。思令。侍愛，安州刺史。思令生君儒，北齊員外。君儒生德準，案唐世系表，「德準」作「德淮」。唐相州刺史，生勵言、勵節。勵言，兵部員外、曹州刺史，生欽正、欽古。勵節，刑部郎中、華州刺史；生欽訓，翬令。案唐世系表，德淮子勵行，翬令。

A〔岑校〕漢扶離侯路博德始居平陽　羅校云：「案當作『陽平』。」余按魏書七二侍慶傳稱陽平清淵人，羅氏殆據此立言。若新表七五下亦云「始居平陽」，則沿姓纂之誤也。博德，漢書一七及五五均作邳離侯。千唐路庭禮誌：「魏郡陽平人也。」亦作「陽平」。

B〔又〕生綽神龜綽後魏陽平太守生寄奴侍愛思令　校云：「案唐世系表，濤生寄奴、侍慶，據此，則寄奴乃濤孫也。『愛』作『慶』。」羅校云：「案魏書路侍慶傳，祖綽，陽平太守，與此及唐表皆不合。北史路侍慶傳亦作祖綽，陽平太守，又唐表作濤生寄奴，寄奴生侍慶。原校謂唐表『濤生寄奴、侍慶』，誤。」余嘗尋繹兩書，以爲新表必是漏綽一代，而姓纂則「生寄奴」之下奪一「生」字也。新表列神龜於第二格，卽纂之子，而文逸爲神龜六代孫，與姓纂下文「五代孫」不合，故知神龜應列第三格，由此可悟第三格應有綽而新表誤脱，遂以寄奴推上一代也。「侍」，魏書、北史均作「恃」，嘉慶本亦然*。

C〔又〕侍愛安州刺史　據魏書七二侍慶傳，官終定州長史，安州刺史乃贈官。「侍」，嘉本作「恃」。

D〔又〕君儒生德準　校云：「案唐世系表，『德準』作『德淮』。」余按「準」省寫作「淮」。

E〔又〕生勵言勵節　下文有「京兆三原，稱與勵行同承藻」，故知「勵節」之下，奪「勵行」二字。

F〔又〕生欽訓翬令　校云：「案唐世系表，德淮子勵行，翬令。」余按上文奪「勵行」，前已言之。今勵言、勵節歷官，均已敍過，此似奪「勵行」二字無疑。但考舊紀，總章二年，路勵行官司珍大夫，即金部郎中，今郎官柱亦有其名。唐世重郎官，其階復高於縣令，是則翬令爲欽訓抑勵行歷官，尚俟攷證，新表未可專據也。勵行嘗任大理丞，見廣記二二五〇引啓顏録。

147 神龜，後魏恆州刺史；五代孫文逸，案唐世系表，當作「六代」。唐中司馬，案「唐中司馬」唐世系表作「中州」。生敬淳、敬澄、敬渾、敬湛、敬潛。敬湛，雍州倉曹，生暢。敬潛，中書舍人，生廣心，大理司直。廣心生常，兼監察御史。

A〔岑校〕五代孫文逸　校云：「案唐世系表，當作『六代』。」按新表誤將神龜推上一代，故爲六代，姓纂不誤，説見前。

B〔又〕唐中司馬　校云：「案『唐中司馬』唐世系表作『中州』。」羅校云：「案舊唐書路敬淳傳及唐表並作『中州司馬』。」余按舊書一八九下及新表七五下均作「中州司馬」，原校及羅校皆誤，唐無「中州」也。

C〔又〕生敬淳　舊、新書有傳。證聖元年官著作佐郎，見會要二六。廣記一四三引廣古今五行記，如意中著作郎路敬淳，數年後坐罪被殺。

D〔又〕敬湛雍州倉曹　「倉曹」，新表作「司馬」。

E〔又〕敬潛中書舍人　洛陽石刻録，垂拱三年有完州都督府曹路敬替造象，「替」殆「潛」之訛，「完州」字亦疑。中宗時，官衞州司馬，見舊書一〇〇。劉穆之滎陽令盧公清德文，稱河南道巡察使、衞州司馬路敬潛（全文二七〇）。廣記一四六引朝野僉載，敬潛初由懷州録事參軍因綦連輝（耀？）事配流，後授睦州遂安令，考滿，選授衞令，除衞州司馬，入爲郎中，位至中書舍人。千唐景龍三年王齊丘誌，題「朝散大夫、行都官員外郎路敬潛詞。」

148 隋青州別駕路元伯，構案此疑有脱誤。藻次子，纂六代孫也；生操，唐東陽令。操生邃元、寂元、真元、隱元。隱元，萬年主簿，生恆、恂、憕、愉。恆，户部郎中、太僕少卿。恂，左補闕，生鈞、銛、鍠。鈞，河南功曹；生惟衡，兼殿中御史；惟明，監察御史。銛生寰，江西觀察兼中丞。

A〔岑校〕隋青州別駕路元伯構藻次子纂六代孫也　千唐路惲（原訛暉）誌：「曾祖□伯，隨兖州別駕。」以下文推之，卽此元伯，惜泐一字，不知「元」字訛否。原校於「構」字下注云：「案此疑有脱誤。」今按藻、纂均見前文，「構」字蓋「稱」之訛。

B〔又〕生操唐棗陽令　路庭禮誌：「祖操，隨唐州棗陽縣令。」似「唐」非國號。但惲誌又云：「祖操，唐隨州棗陽縣令。」按棗陽隋屬昌州，唐屬隨州，前誌蓋倒刻唐、隨兩字。

C〔又〕操生邃元寂元真元隱元　路庭禮卒久視元年，年四十七。誌云：「父玄□，唐定州安喜縣令。」則操子之名作「玄」非「元」，且「玄」字在上不在下，下倣此。「玄」下惜泐一字，但以姓纂記官比之，斷非玄隱矣。庭禮終右肅政臺主簿。路惲誌亦云：「父玄□，唐京兆府二京縣丞*。」則惲與庭禮應是從昆，惲終蒲州桑泉丞，卒開元廿年，春秋未詳。

D〔又〕生恆恂憕愉　考萃編一一五，郎官柱主外有路愉，勞考漏列，以時代核之，正應此人。

E〔又〕惟明監察御史　貞元十七年惟明官雅州經略使，見元龜九八七。

F〔又〕銛生寰江西觀察兼中丞　貞元十一年八月，自楚州刺史爲江西觀察，十三年九月卒官，見舊紀一三，惟十三年下誤「寰」爲「環」。

149【京兆三原*】稱與勵行同承藻。藻子建。建六代孫兗，隋兵部侍郎；案唐世系表，「兗」作「克」。生文昇，唐平、愛、秦三州刺史；生元濬、案唐世系表，「元濬」作「元叡」。元哲。元濬，司勳、吏部二郎中，廣州都督；生幼玉，監察御史。案唐世系表，幼玉生齊暉，齊暉生畿、季登。此作幼玉生季登、畿，中缺一代。「畿」作「幾」。生季登、幾。幾，監察御史，生長輿。季登，諫議大夫，生羣。羣生巖、嶽。叡少子晚金，果州刺史。

A〔岑校〕京兆三原稱與勵行同承藻　「京兆三原」應提行幷空格。

B〔又〕建六代孫兗隋兵部侍郎　按新表，建曾孫慶，慶生彩，彩生兗，則六代者連本身計之。校云：「案唐世系表，『兗』作『克』。」考昌黎集二六路應碑云：「自隋尚書兵部侍郎諱兗，四代而至冀公，冀公諱嗣恭。」集注：「石本『兗』或作『充』，閣、杭本、世表作『兗』。」是世系表宋人見本作「兗」，今本亦非作「克」（見羅校）。又路詮誌，祖彩，陽平郡公，父兗，隋大興縣令、内史舍人、兵部侍郎（文字新編三）。存逸考五云：「又韓昌黎集有襄陽郡王平陽路應碑云，惟路氏遠有代序，自隋尚書兵部侍郎諱袞，四代而至冀公云云，韓文之路袞，即此誌之路兗，韓文之平陽，即此誌之陽平，均當從誌爲正。」全文六二〇獨孤良弼路太一碑：「追於隋也，曾祖襄，位至上儀同三司、大長秋令。」字又訛「襄」。

C〔又〕生文昇唐平愛秦三州刺史　詮誌題泰州刺史，又云：「公諱詮，字文昇，陽平清水人也。」存逸考五云：「表云詮官平、愛、泰三州刺史，元和姓纂作平、愛、秦三州刺史，『秦』字蓋『泰』字之譌。……又表云文昇字文昇，誌云諱詮字文昇，蓋表遺其名，賴誌而其名始彰也。」「秦」作「泰」，亦見羅校引唐表。太一碑：「文皇之建極，大父文昇仕至左光禄大夫、秦州刺史。」字仍訛「秦」。

D〔又〕生元濬元哲　校云：「案唐世系表，『元濬』作『元叡』。」庫本校注則云：「案『元濬』，唐世系表作『元叡』。」按「濬」，舊書八九作「睿」，郎官石柱及新書一一六作「叡」。「哲」，新表作「悊」，唐碑常書「哲」爲「悊」也。太一碑：「中宗之紹復，烈考元哲官至并州榆次縣令。」

E〔又〕生幼玉監察御史　校云：「案唐世系表，幼玉生齊暉，齊暉生畿、季登。此作幼玉生季登、幾，中缺一代。」余按昌黎集二六路應碑：「既其子臨漢縣男貫與其弟賞、貞謀曰，宜有刻也，告於叔父御史大夫、鄜坊丹延觀察使恕，因其族弟進士羣以來請銘。」族弟係就貫言之，貫爲元哲玄孫，斯羣亦爲應元叡玄孫，傳刻蓋脱去齊暉一代無疑。

F〔又〕生季登幾　校云，「『畿』作『幾』」，誤。庫本云，「『幾』當作『畿』」。

G〔又〕生長興　新表作「長輿」。

H〔又〕季登諫議大夫　舊書一七七，季登，大曆六年進士，累辟使府，升朝爲尚書郎，終左諫議大夫。

I〔又〕生羣　昌黎集二六路應碑，元和七年作，稱進士羣。全詩八函一册鮑溶有感路羣侍御訪別。

J〔又〕羣生巖嶽　舊書一七七，稱巖以咸通三年同平章事，年始三十六，是生於大和元年，知此語爲後人所增，非原文也。千唐有路巖誌，時代不同。

150 元哲生太一，太原令。太一生梁客、劍客。梁客，岳州刺史，生黄中。案唐世系表，梁客生忲，忲生黄中，此缺一代。劍客改名嗣恭，户部尚書、廣州都督，生應、恕、憑。應，宣歙觀察。恕，太子詹事、鄜坊節度使；生異，化州刺史。異生楷，司農卿。憑，侍御史。

A〔岑校〕元哲生太一太原令　叢編八引京兆金石録，有唐贈左散騎常侍路太一碑，建中四年立。據碑，太一終太原令，開元五年卒，年五十七。

B〔又〕太一生梁客劍客　太一碑，有子四人：長兼之，撫州司法參軍；次梁客；次羽客，鄭州別駕；季子嗣恭。

C〔又〕梁客岳州刺史生黄中　校云：「案唐世系表，梁客生忞，忞生黄中，此缺一代。」余按新表，梁客不著歷官，忞，岳州刺史。太一碑：「次曰梁客，蘇州海鹽縣令。」則「梁客」下奪「生忞」兩字無疑。元龜七〇〇，路忞爲涪州刺史，貞元十四年，以贓追奪兩官。會稽掇英總集四，元和九年秋，浙東楊於陵登石傘峯詩，黄中有和作，末云：「眷言丘壑士，養節松竹滋。感激旌蓋顧，於以獻貞詞。」是時黄中猶未仕也。

D〔又〕劍客改名嗣恭户部尚書　考舊書紀、傳及昌黎集，均祇言兵部尚書，「户部」誤。

E〔又〕生應恕憑　建中三年，憑稱前祕書省校書郎，見太一碑。

F〔又〕應宣歙觀察　舊紀一四，永貞元年十二月，自常州刺史遷此官。輿地碑記目一，宣州響山新亭記，元和二年冬宣城長帥路應造。建中三年，應稱前祕書省著作郎，見太一碑。又建中三年虔州刺史路應，見寰宇記一〇八。應嘗官廬州刺史，見全文六八八符載謝手詔第二表，據余考證，是貞元十八年除改。

G〔又〕恕太子詹事鄜坊節度使　舊紀一四，元和三年二月，除鄜坊節度，詹事其見官也。九年正月，自太子詹事出吉州刺史，見元龜一五三。昌黎集二六路應碑，元和七年作，稱御史大夫鄜坊丹延觀察使。恕，貞元十一年時爲少府少監，見全文五〇七權德輿馬燧行狀。建中三年，恕官懷州刺史，見太一碑。

H〔又〕生異化州刺史　「化」，新表作「兗」。按唐惟突厥羈縻州乃有化州，作「化」者誤，元和初，異當未任此官。異爲杭州刺史，見慧琳碑（乾道臨安志三），約大和六年以前。

I〔又〕異生楷司農卿　按異於長慶後尚自刑部郎中授杭州刺史，則元和初年，其子楷必未位至司農卿，非姓纂本文也。

151【潁川】　石趙有揚州刺史路水。襄城、陳留、安定並舊望，云温舒之後。

A〔岑校〕石趙有揚州刺史路水　玄林禪師碑，天寶八載立，稱禪師俗姓路氏，豫州刺史永出晉中興書。平津續記云：「元和姓纂，石趙有揚州刺史路永，當卽其人。」然今本實作「路水」，如依洪説，則「水」乃「永」之訛也。

B〔又〕襄城陳留安定並舊望　此處亦似應另行。

152【東陽】　梁天監十八州譜「路氏」一卷，東陽、鉅鹿，譜舊望。

153【河南】　後魏官氏志，設真氏改爲路。

A〔岑校〕後魏官氏志設真氏改爲路　此誤，庫本及通志作「没路真氏」，與志合（疏證説同）。

露

154　露伯，夏、殷侯國也，子孫以國爲氏焉。露氏譜，越王句踐七代孫閩君摇，漢封東甌王，摇别封其子爲露余侯，因氏焉。初居會稽吴郡，涉分會稽爲吴郡，遂爲郡人。

A〔岑校〕按此姓之文，今實祇得一句，即「風俗通，漢有上黨都尉露平」是也。不知何時何人，露、顧互易，遂將顧姓文中之「顧」字，全改爲「露」，而所謂露平者亦改爲「顧平」，遂令後人茫然不覺。庫本校注乃云：「案唐書無琮，又吴志無露雍，或因上路氏家譜牽連及之。」洪本因亦取祕笈新書一節補入顧姓之下，而不知其文固在露姓下也，兹以次釋之。

B〔又〕露伯夏殷侯國也子孫以國爲氏焉露氏譜越王句踐七代孫閩君摇漢封東甌王摇别封其子爲露余侯因氏焉初居會稽吴郡涉分會稽爲吴郡遂爲郡人　按新表七四下云：「顧伯，夏、商侯國也，子孫以國爲氏，初居會稽。」又祕笈新書及類稿四三引姓纂云：「顧伯，夏、殷侯國也，子孫以國氏焉。顧氏譜云，越王句踐七代孫閩君摇，漢封東甌，摇别封其子爲顧余侯，因氏焉，漢初居會稽。」試與上文比讀，即知顧姓誤爲露姓。如「露伯」、「露氏譜」、「露余侯」之「露」字，皆當改爲「顧」無疑。辯證引譜云：「漢初，分會稽爲吴郡。」「涉分」，庫本作「漢分」，是也。但會稽爲郡，吴亦爲郡，且吴郡尚未分，則「初居會稽吴郡」一語爲不文，應改云「初居會稽吴縣」，或「初居會稽吴」而衍「郡」字也。

155 吴丞相露雍；弟徽，侍中，又居鹽官。徽十代孫越，陳黄門侍郎；生允，唐著作郎，撰國史，餘杭公；生琮，尚書左丞、天官侍郎、平章事，生潤、俊。潤，祕書監。俊，齊安太守。

A〔岑校〕吴丞相露雍弟徽侍中又居鹽官　新表云：「吴丞相雍，孫榮，晉司空。雍弟徽，侍中，又居鹽官。」按顧雍，三國志五二有傳，爲相十九年。志注引吴書云：「雍母弟徽，字子歎。」但未言其爲侍中也。由是知「露雍」應改爲「顧雍」。

B〔又〕徽十代孫越陳黄門侍郎生允唐著作郎撰國史餘杭公　新表云：「徽十世孫越，陳黄門侍郎，孫胤。」按顧越，陳書三三有傳；顧胤，舊書七三有傳。胤傳云：「祖越，陳給事黄門侍郎。父覽，隋祕書學士。胤，永徽中歷遷起居郎兼修國史，……封餘杭縣男。」則「生允」之「生」應作「孫」，而餘杭公（新表同）即餘杭男之泛稱也。

C〔又〕生琮尚書左丞天官侍郎平章事生潤俊　胤傳云：「子琮，長安中爲天官侍郎、同鳳閣鸞臺平章事。」「俊」，新表作「浚」，與「潤」均從水旁，疑今作「俊」誤。久視中，琮爲天官侍郎，見封氏聞見記三。武后時曾爲御史，見廣記一二六。又自天官侍郎得三品而卒，見廣記一四三引朝野僉載。爲補闕時罪當死，得門下侍郎薛稷解免，見同書二七七引廣異記。

D〔又〕潤祕書監　新表作「祕書郎」。

156 宋倉部郎中露訓，稱與琮皆周丞相徽後。六代孫纘，鄆州刺史。

A〔岑校〕宋倉部郎中露訓稱與琮皆周丞相徽後六代孫纘鄆州刺史　訓爲徽後，則「露訓」應「顧訓」之訛，徽未爲丞相，知「周丞」乃「同承」之訛（周、同易於互訛，前文已再言之）。「同承」字樣，姓纂屢見，「承」既誤「丞」，因涉「丞」而衍「相」也。應云「皆同承徽後」。

157 又吏部尚書露少連，著作郎露沈，並吴人。案唐書無露琮，又吴志無露雍，或因上路氏家譜牽連及之。

A〔岑校〕又吏部尚書露少連著作郎露沈並吴人　顧少連，新書一六二有傳，云蘇州吴人，曾官吏尚，後徙兵部，爲東都留守。按官吏尚在貞元十七年，翌年改留守，見舊紀一三。又據金石續録三少林寺廚庫記，少連撰，貞元十四年戊寅立，時官吏部侍郎也。記内自稱大曆年嘗吏登封，又見翰苑集一七。全文四七八杜黄裳顧少連碑，凡三踐列曹（户、禮、吏侍郎），再登八座，一爲散騎常侍，一爲左丞，三典賓貢，三掌銓衡，尹京兆，遷吏尚，轉兵尚兼御史大夫、東都留守，卒貞元癸未（十九年）十月四日，春秋六十三。廣記一五一引感定録，貞元九年，少連自户侍權知舉，來年秋拜禮侍，且言「貞元中」少連尚未第進士，登科記考一三謂「貞元中」當作「大曆中」。顧況，舊書一三〇有傳，云蘇州人，曾遷著作郎，後貶饒州司户。讀書志四上，至德二年進士。「沈」，庫、嘉兩本作「沉」，蓋卽「況」之訛。全文六八六皇甫湜唐故著作左（佐）郎顧況集序，字逋翁，嘗佐韓滉幕，入佐著作，出爲江南郡丞卒，年九十，子曰非熊。歷代名畫記一〇，顧況，吴興人，初爲韓晉公江南判官，入爲著作佐郎，久不遷，乃嘲誚宰相，貞元五年，貶饒州司户，居茅山終。侯鯖録六，李泌死，況貶饒州司户。輿地碑記目一湖州刺史題名後記，貞元十六年顧況撰。蘇州集一，稱「州民、朝議郎、行饒州司士參軍員外置同正員顧況」。廣記二一三引尚書故實，況求知新亭監。

步

158 左傳，晉大夫步揚之先，食采於步，因氏焉。又有步昭、步毅，本郤氏。仲尼弟子步叔乘，齊人。

A〔岑校〕晉大夫步揚之先　「揚」，庫本及通志作「陽」，類稿四三亦引作「陽」。

159 【臨淮】吴丞相、臨淮侯步騭；生闡，丞相，吴志有傳。

160 【河南】官氏志，步鹿氏改爲步氏。

A〔岑校〕官氏志步鹿氏改爲步氏　志作「步鹿根」，按通志亦作「步鹿」，疏證謂奪「根」字。

庫

161 風俗通，古守庫大夫，因官命氏。漢文、景時有倉氏、庫氏。後漢竇融傳有庫，輔庫義庫侯。

A〔岑校〕後漢竇融傳有庫輔庫義庫俟　按後書五三融傳，「金城太守庫鈞」下注云：「前書音義曰，庫姓，卽倉庫吏後也，今羌中有姓庫，音舍，云承鈞之後也。後鈞隨融降漢，封爲輔義侯。」又通志云：「後漢竇融傳有輔義侯庫鈞。」（備要二七引文同）是第一「庫」字下應補「鈞」字，餘二「庫」字均衍。讀舍音者康熙字典作「厙」。

162 【河南】官氏志，庫傉後改爲庫氏。

A〔岑校〕官氏志庫傉後改爲庫氏　志作「庫褥官」，廣韻、通志作「庫傉官」，疏證謂奪「官」字，有後文可證。

顧

163 顧伯，夏、殷侯國也，子孫以國氏焉。顧氏譜云，越王句踐七代孫閩君搖，漢封東甌，搖別封其子爲顧余侯，因氏焉。漢初居會稽。祕笈新書。風俗通有上黨都尉顧平。

A〔岑校〕顧伯夏殷侯國也子孫以國氏焉顧氏譜云越王句踐七代孫閩君搖漢封東甌搖別封其子爲顧余侯因氏焉漢初居會稽　此洪氏據祕笈新書所增者，其實則已見前露姓之下，應删卻。又祕笈所引，「漢封東甌」下漏「王」字。

B〔又〕風俗通有上黨都尉顧平　「有」上應依廣韻、通志、姓解補「漢」字。「顧平」乃「露平」之訛。

此是露姓之文而傳誤爲顧姓者。

度

164 古掌度支之官，因以命氏。

A〔岑校〕古掌度支之官　金石録一五及類稿四三引無「支」字。

165 西京雜記，漢成帝時侍郎度安，代居山陽。（岑補）

A〔岑校〕據類稿引。

瓠（岑補）

166 壺邱氏之後。（岑補）

A〔岑校〕據姓觿七引。

潞

167 國語，潞泉、潞備，皆赤狄隗姓也。

慕容

168 高辛少子居東北夷，後徙遼西，號鮮卑，國于昌黎棘城。至涉歸，爲鮮卑單于，自云「慕二儀之德，繼三光之容」。或云，以冠步摇，步摇冠音訛，改爲慕容氏。

A〔岑校〕或云以冠步摇步摇冠音訛改爲慕容氏　按晉書一〇八云：「時燕代多冠步摇冠，……諸部因呼之爲步摇，其後音訛，遂爲慕容焉。」洪本此文固難通，庫本無「步摇冠」三字（類稿五九引亦然），意亦不完。余謂應將第二「冠」字乙於第二「步摇」之上，卽云：「以冠步摇冠，步摇音訛，改爲慕容氏。」如是，則文不增删而意義滿足矣。

169 【昌黎】　涉歸生廆，廆生皝，皝生儁，號前燕，初都棘城。弟垂號後燕，都中山。弟德號南燕，都廣固，徙東郡。三燕七主，共五十餘年。

A〔岑校〕皝生儁　「儁」，庫本作「㑺」誤，余按晉書作「儁」。

170 郢子恪，前燕太原王，生楷、騰、瑾。曾孫恃德，北齊義安王；孫孝幹，唐易州刺史。郁孫紹宗，北齊僕射、武威公；生三藏，隋金紫光禄大夫。孫知廉，侍御史；知晦，兵部郎中、汾州刺史。知晦生珣，吏部侍郎。珣生損，渝州刺史。

A〔岑校〕郢子恪前燕太原王　羅校云：「案晉書慕容恪傳，皝第四子。」「郢」應正作「皝」。

B〔又〕生楷騰瑾　騰見北齊書二〇紹宗傳，未明言是恪子。考芒洛三編慕容知禮誌，「前燕高祖武宣皇帝之十一代孫，……祖叁藏，……父正言」，武宣卽廆，今若依本文及下文校正之世數合計之，知禮祇廆九代孫，連本身亦十代耳，余因是頗疑此句有誤，然如何誤法，尚俟他證也。復次，曲石藏大周洺州洺鄉縣尉慕容昇誌云：「十三代祖前燕武宣皇帝，十二代祖太祖文明皇帝……十一代祖前燕太宰太原王。」按昇父知敬（引見下），昇卽知禮姪，只應差一代，今差兩代者或連本身與不連之異，但如此，則昇誌視姓纂多兩代矣。況慕容昇之合祔誌又云：「十一祖燕太祖文明帝，十代祖恪，燕太原王。」似前誌作「十三」、「十二」、「十一」者爲不信。

C〔又〕曾孫恃德　「恃德」，慕容儼之字，北齊書二〇有傳。

D〔又〕郁孫紹宗　羅校云：「案北齊書慕容紹宗傳，祖都。」余按「都」，北史及三藏誌均作「郁」，傳又稱曾祖騰，則騰之後也，此上殆漏去「騰生郁」之文。

E〔又〕北齊僕射武威公　按千唐慕容曉誌：「五代祖紹宗，後魏特進、尚書左僕射、燕國公、尚書令。」北齊書二〇、北史五三紹宗本傳亦云改封燕郡公，無「武威」之號。然知敬誌尚見「武威王」字，懷固誌亦云：「曾祖，魏光禄大夫、驃騎大將軍、儀同三司、幷州刺史、尚書左僕射，薨贈尚書令，謚曰景惠公，追贈武威郡王。」則贈爵也。

F〔又〕生三藏隋金紫光禄大夫　與隋書六五、北史六三本傳符。千唐慕容曉誌：「高祖三藏，隋上將軍、開府儀同三司、尚書令、右僕射。」僕射非其生前歷官，不知是贈官否。拓本咸亨四年故絳州司户參軍慕容君(知敬)墓誌云:「(上泐)祖紹宗,魏尚書左僕射、東南道大行臺、武威王……(中泐)祖三藏,隨金紫光禄大夫、淮南郡太守(中泐)……父(中泐)長史、兖州都督府司馬。」(知敬卒總章□年,年三十二。)以後引瑾、昇兩誌勘之,知敬亦正言子也。又拓本長安三年大周故相州臨漳縣令慕容府君墓誌銘幷序云:「君諱懷固……祖三藏,隨金紫光禄大夫、河内縣開國公、和州刺史、淮南郡太守、襲爵武威郡王。父正則,隨工部侍郎,唐隴州吴山縣令。」(懷固卒長安二年,不言享齡,嗣子琨。)又知禮誌:「祖叁藏,隨金紫光禄大夫、淮南太守。父正言,唐朝請大夫行兖州都督府司馬。」(禮卒顯慶四年,年六十九。)又慕容昇誌(卒天寶二年,年三十三)云:「曾祖三藏,淮南郡太守、和州刺史。祖正言,唐朝請大夫行、衛州長史、兖州都督府司馬……父知敬,唐絳州司户參軍事。」又曲石藏開元年慕容昇合祔誌,有嗣子孝孫等。千唐更有咸亨四年所立三藏墓誌,引見拙著隋書求是,兹不贅。

G〔又〕孫知廉侍御史　慕容曉誌:「曾祖正言,皇朝衛州刺史。祖知廉,皇朝左臺侍御史。父琦,皇朝殿中御史、鄭州管城令。」曉官亳州成父主簿,卒時年四十二,以乾元元年葬,長子郁。曲石藏大周故左肅政臺侍御史慕容知廉誌,聖曆二年立,云:「前燕高祖武宣皇帝之十一代孫。十代祖燕太祖文明皇帝。九代祖恪,燕太原王。……曾祖紹宗,北齊尚書令、東南道大行臺。……祖三藏,隋金紫光禄大夫、芳疊等七州諸軍事、河内郡公。……父正言,唐朝請大夫、兖州都督府司馬。」又言禮部尚書裴行(儉)引判行軍事,文明元年,擢授殿中侍御史裏行,尋而卽真,後勅攝右肅政監察御史,奉詞五嶺,路次方城卒，春秋五十有九，聖曆二年，遷窆洛陽，弟夏官郎中知晦云云。又三藏誌云：「令孫雍州涇陽縣尉知廉等。」

H〔又〕知晦兵部郎中汾州刺史　曲石藏唐故河南府澠池丞慕容瑾誌，卒開元廿年，年四十九，云：「曾祖三藏，隨大將軍、和州刺史。祖正言，兗州都督府司馬。父知晦，汾州刺史。」河南博物館藏夏官郎中慕容君唐故夫人費氏墓誌銘并序，立於聖曆二年（卒上元三年），即知晦之妻。（參知廉誌。）

I〔又〕知晦生珣吏部侍郎　開元七年，珣爲此官，見會要三九。又景雲中官（殿中）侍御史，見元龜五一五。開元二年，官主爵員外，見同書一〇五。四年末官河東少尹，見同書九七九。全文二五一蘇頲制，檢校主爵郎中慕容珣可吏部郎中。又同人制，朝議郎、行密州司馬員外置同正員慕容珣可朝散大夫、行御史臺侍御史。

J〔又〕珣生損渝州刺史　全詩二函八册王維有走筆贈慕容損詩。

171 三藏再從孫善行，萬年丞。條史。琚生白耀、榮。案此疑有脱文。

A〔岑校〕三藏再從孫善行萬年丞　貞觀初，昌黎慕容善行爲修文學士，見元龜一四九。

B〔又〕條史琚生白耀榮　校云：「案此疑有脱文。」羅校云：「案白耀，魏書有傳，作『白曜』。」余按魏書五〇白曜傳，父琚，惟「條史」二字疑有錯誤。又同卷，曜有弟如意。「榮」是曜弟，抑爲訛文，無考。

172 慕容五代孫沖仲。

A〔岑校〕慕容五代孫沖仲　此文當有奪誤。魏書九五，暐有弟名沖，然與此文殊不適合。

慕利

173 後魏有吐谷渾主慕利賢，與慕容氏同祖也。

A〔岑校〕後魏有吐谷渾主慕利賢　「賢」，通志作「延」。

慕輿

174 鮮卑慕容氏音訛爲慕輿氏。

A〔岑校〕鮮卑慕容氏音訛爲慕輿氏　按魏書五〇云：「初慕容破後，種族仍繁，天賜末頗忌而誅之，時有遺免，不敢復姓，皆以『輿』爲氏。」此亦慕容變爲慕輿之説也。復次，官氏志，莫輿氏後改爲輿氏。莫，本可讀作暮。疏證云：「『莫』當爲『慕』，聲之誤也。」非是，譯音無定字也。

庫狄

175 鮮卑段疋磾之後，避難改姓庫狄，居代北，後遷中夏。

176 【河南】後魏上洛太守庫狄陵，生保真。保真生峙，周宣州刺史，生嶷、徽、崧。徽生璠，益州總管、樂成公。崧生仁志，千牛、郎中。仁志生益利。益利生履温，庫部郎中。。

A〔岑校〕後魏上洛太守庫狄陵生保真　羅校云：「案周書庫狄峙傳，祖淩，父貞。」余按陵淩、貞真，不過同音異寫，惟周書三三，淩武威郡守，貞上洛郡守，與此異。又庫狄，廣韻附「庫」字下，姓解三作「庫狄」，上音舍。

B〔又〕益利生履温庫部郎中庫成　陳校云：「『庫成』字，庫本本提行，前行適到脚，故洪本誤連。庫成乃複姓，應另行提格也。」履温事迹，參勞御考二一。

庫成

177 風俗通云，本亦苦城也，方言音變爲庫城。燉煌實録，廣平太守庫成防，從孫馗。

A〔岑校〕風俗通云本亦苦城也方言音變爲庫城燉煌實録廣平太守庫成防從孫馗　按通志「庫成氏」作：「風俗通云，本苦成，方言音變爲庫成。燉煌實録，石趙奉車都尉庫成述，生濟，大夏令，又郎中庫成佇，廣平太守庫成防，從孫馗。」又上文卷六作「苦成」，兩「城」字均當改作「成」。

素和

178 鮮卑檀石槐之支裔。後魏有尚書素和跋，弟毗，右將軍素和突。後魏書云，以本白部，故號素和，孝文改爲和氏。

A〔岑校〕後魏有尚書素和跋弟毗　魏書二八有傳，作「和跋」。

B〔又〕右將軍素和突　「右」，通志作「又」，於義較順。魏書太祖紀稱材官將軍和突。

C〔又〕以本白路故號素和　東胡民族考上謂「素和」即今蒙語「察罕」之異譯（一三五頁），其説可信。北魏宋雲稱Wakhan爲「鉢和」，今稱「瓦罕」，是和、罕二字可以通變，素、索形類，「索」音更近於「察」，由「索」改「素」，亦許鮮卑種族漢化漸深之過程也。

179 【河南】　大曆太子左學士素和顔。

路洛

180 伯益支孫又以路洛爲氏。晉路洛賈，見史記。

A〔岑校〕伯益支孫又以路洛爲氏　通志目作「路洛」，文作「路浴」，云：「『伯益支孫又以路浴爲氏』者，此『烏浴』之訛也。」「烏」字誤，參卷七烏俗。

步大汗

181 出自塞北，遷中土。河南。周南夏州刺史、新興侯步大汗提，生勢。勢生威，唐蔚州刺

史、安邑男。案北齊書，步大汗薩隨尒朱入洛，齊受禪，改封義陽郡公，後

A〔岑校〕出自塞北遷中土河南　按「河南」二字，應另行空格，猶諸前文庫狄姓下之「居代北，後遷中夏」，亦隨以「河南」另行空格也。尋源三二以「河南」連上讀，誤。

庫傉管

182 改爲庫氏。前燕録有岐山公庫傉管泥*；生律，後燕太師、安定王。又有西河公庫傉管樂，大司農庫傉管紇。

A〔岑校〕庫傉管　志作「庫褥官」。按此姓互見前庫姓下，只云「庫傉」，知彼處奪一字也。廣韻、通志作「庫傉官」，疏證謂「管」爲「官」聲之誤，殊不知管、官同音，亦猶「傉」之或作「辱」、「褥」耳。

B〔又〕前燕録有岐山公庫傉管泥　「岐」，廣韻、姓解、通志及辯證三〇均作「岷」。

C〔又〕生律　「律」，通志作「津」，辯證三〇作「偉」。

D〔又〕又有西河公庫傉管樂大司農庫傉管紇　「樂」，通志作「驥」，「紇」作「乾」。

庫六斤

183 改爲斤氏。

A〔岑校〕改爲斤氏　按姓纂一〇有「宿六斤氏改爲宿氏」，官氏志及廣韻、通志亦祇有宿六斤，此誤，應删卻。疏證説同。

大洛稽

184 改爲稽氏。

A〔岑校〕大洛稽　官氏志作「太洛稽」，廣韻、通志作「大」，應移入「十四泰」。

破六韓

185 其先代人，隨魏南徙。河南。後魏金紫光禄大夫破六韓祥，生常，北齊司徒、平陽。導昇，北齊儀同、林松王；生金藏，唐岐州别駕。後魏又有莫賀侯利嚴破六韓渾，生枝。枝生景，隋東武公。景生蕃，唐宋州刺史、始興男。匡矩。案呼廚貌後爲潘六奚，後又訛爲破六韓。破六韓常乃孔雀之子，此云「祥」，誤。

A〔岑校〕破六韓　「碁韻」無「破」字，應依廣韻移入「三十九過」。

B〔又〕其先代人隨魏南徙河南　按「河南」字應提行空格，與前步大汗姓同例。

C〔又〕生常北齊司徒平陽　羅校云：「案北齊書破六韓常傳，父孔雀，常封平陽公。此奪『公』字，當補。」

D〔又〕導昇北齊儀同　「導昇」之上，當有奪文。

E〔又〕景生蕃唐宋州刺史始興男匡矩　「匡矩」之上，殆奪「生」字。

破也頭

186 與費也頭同。

A〔岑校〕破也頭　應移入「三十九過。」

B〔又〕與費也頭同　通志無「破也頭」，祇云「費也頭氏與費野頭同」，其下卽接破落那氏（注意）。

破落那

187 大宛之後，改爲那氏。

A〔岑校〕破落那　應移入「三十九過」。

B〔又〕大宛之後改爲那氏　官氏志無，通志有。

十二霽

惠

188 周惠王支孫，以謚爲姓。戰國惠施，爲梁相。交阯太守惠乘，太僕惠根。

189 【瑯琊】惠根孫嚣爲北海太守，子孫因居瑯琊。後漢有揚州刺史惠整，吴人。吴侍中惠謙，晉陵太守惠松。宋步兵校尉惠纂。

炅音桂。

190 或作「炅」。漢衞尉香横。彭城。漢上計掾香景雲，見姓苑。

A〔岑校〕彭城漢上計掾香景雲見姓苑　按「彭城」字應提行空格。考廣韻「一先」：「吞，姓也，漢有吞景雲。」姓解三：「吞音天，姓苑云，漢有吞景雲。」又通志「吞氏」云：「音天。漢有吞景雲，望出晉陽，或作『天』者非。」字皆作「吞」。唯晉書七九音義云：「香音桂。風俗通，彭城香景以爲計掾，古有此姓。」辨誤八以爲脱「雲」字，則作「吞」者殆誤。

191 【城陽】後漢陳球碑，城陽炅横被誅，有四子：守墳墓，改姓炅氏；一子居徐州郡，雲之先也，姓香氏；一子居幽州，姓桂氏；一子居華陰，姓炔氏。字皆九畫，以避難也。

A〔岑校〕有四子守墳墓　應依類稿四三，「四子」下補「一子」兩字，方與下文三個「一子」相對。

B〔又〕一子居徐州郡雲之先也　「郡」，庫本作「景」，備要三五引及類稿四三均作「郎」。

C〔又〕字皆九畫　按炅、香之「日」字，桂之「圭」字，炔之「夬」字，皆作五畫計，故云「字皆九畫」。辯證三〇錢注以爲炅、香、炔皆八畫，桂十畫，疑有誤，非也。

192 魏志呂虔傳，胡陸有炅母。

A〔岑校〕魏志呂虔傳胡陸有炅母　「胡陸」，漢書地志及虔傳皆作「湖陸」。「炅母」，虔傳作「炅毋」。

計

193 國語，計然爲越大夫，范蠡師云，本䕫邱濮上人，姓辛，字文子，其先晉國公子也。風俗通，漢計子勳爲司空掾。

A〔岑校〕范蠡師云　「云」訛，應依類稿四三作「之」。

B〔又〕本䕫邱濮上人　通志及類稿作「葵丘」，前文卷六宰氏姓亦然。

薊

194 神仙傳，薊子訓，不知何許人。

A〔岑校〕神仙傳薊子訓不知何許人　陳校云：「後漢書一一二下有傳。」余按神仙傳，薊子訓，齊人也，亦非「不知何許」者。

195 武王封黄帝之後於薊，因氏。（岑補）

A〔岑校〕據姓觿七引。按此姓前文未敍姓源，則當補在神仙傳云云之前。

勵

196 風俗通，後。漢魏郡太守、義陽侯勵温，見功臣表。吴志，以孫秀奔魏，改姓勵氏。

A〔岑校〕勵　應入「十三祭」，此係誤編。

B〔又〕風俗通後漢魏郡太守義陽侯勵温見功臣表　按漢表一七，義陽侯厲温敦，不作「勵温」，彼以五鳳三年封，下距後漢已八十年，斷未必仕東京爲魏郡太守，此處當有誤。繼檢通志厲氏云：「風俗通，齊厲公之後，漢有魏郡太守、義陽侯厲温，見功臣表。」（類稿四三略同）乃知「後」字上奪「齊厲公之」四字，屬上爲句，非云後漢。姓氏篇以通志爲誤脱「敦」字，是也。備要二四云：「風俗通，齊厲公之後，漢有……」益見風俗通下顯奪「齊厲公之」四字矣，應據補。

C〔又〕吴志以孫秀奔魏改姓勵氏　按三國志五一注引江表傳云：「皓大怒，追改秀姓曰厲。」合前條觀之，此姓本作厲，通志云「或作勵」也。又備要及類稿「吴志」下有「孫皓」二字，於文義方完，此殆奪。

稅

197 盛弘之荆州記云，建平信陵縣有稅氏。昔君王巴蜀，案荆州記作「蜀王欒君」，此脱。蜀王見廪君兵强，結好飲宴，以稅氏五十人遺廪君。

A〔岑校〕稅　應入「十三祭」，此亦誤編。

B〔又〕昔君王巴蜀　校云：「案荆州記作『蜀王欒君』，此脱。」按通志亦作「昔蜀王欒君王巴蜀」，類稿四三同。

羿

198 左傳，有窮后羿篡夏后相之位。

秋

199 王莽大司馬秋並，見姓苑。

A〔岑校〕秋　庫本作「杕」，字書無木旁火之字。

B〔又〕王莽大司馬秋並見姓苑　「秋」，庫本亦作「杕」，今廣韻、姓解、通志皆作「棣」。（通志，「並」訛「立」。）考王莽大司馬逯並，見漢書翟方進、王莽二傳及恩澤侯表，師古注云：「逯，姓也。並，名也。逯音録，又音鹿，今東郡有逯姓，二音並得*。」書本『逯』字或作『逮』，今河朔有逮姓，自呼音徒戴反，其義兩通。」是「逯」或作「逮」，因轉而爲「杕」也。古有棣姓，見魯峻碑陰。芒洛四編于景誌，「逯神龜二年」，寫「逮」作「逯」。辯證三六逯姓云：「王莽以同風侯逯並爲大司馬，又有左隊大夫逯並。」全文三五一康子元對參軍鶻子判，「西州人逯鶻子」，名姓雖屬假設，可見當日實有是姓，如郎官柱度支員外經予所補之逯仁傑，其最著者也。

第五

200 出自齊諸田之後。田氏漢初徙奉園陵者故多以次第爲氏。

A〔岑校〕漢初徙奉園陵者故多以次第爲氏　新表七五上云：「齊諸田，漢初多徙奉園陵者，故以次第爲氏。」廣韻、通志均云：「徙園陵者多，故以次第爲氏。」余謂「故多」二字，應依廣韻、通志乙之。後檢類稿五六、備要三〇引姓纂，「多故」兩字，並不倒錯。

201 【京兆長陵】　後漢司空第五倫，字伯魚；生頡，將作大監匠。倫曾孫穜，兗州刺史。又護羌校尉第五訪，亦京兆人。

A〔岑校〕生頡將作大監匠　據後書七一，「監」字衍。

B〔又〕倫曾孫種　後書作「種」。古人童、重往往通寫，如鐘、鍾是也。羣輔録引決録：「與先名種，司空伯魚之孫。」

202 上元黄門侍郎、平章事第五琦，生峰、平、申。峰，台州刺史。平，京兆兵曹。申，兼御史中丞。

A〔岑校〕峰台州刺史　嘉定赤城志八，貞元十一年刺史第五峰。

B〔又〕申兼御史中丞　據新表七五上，申生牟，兼御史中丞。考元龜七〇〇，元和十五年資州刺史第五申貶連州司馬，則其子當修書時未必官至中丞，新表殆誤。

第八

203 【陳留】風俗通，亦齊諸田之後。田廣弟英爲第八門，因氏焉。王莽時講學大夫第八矯。

荔非

204 西羌種類也。隋有荔非雄，涇州人*。唐彭州刺史荔非，案此下脱名。通志亦闕名，曰某。生寶應節度荔非元禮，寧州人。

A〔岑校〕生寶應節度荔非元禮　新書一三六作荔非元禮，云：「上元二年，光弼進收洛陽，軍敗，元禮徙軍翼成，爲麾下所害。」上元二年之翌年爲寶應。舊紀一〇，乾元二年三月，以衞尉卿荔非元禮爲懷州刺史，權鎮西北庭行營節度使。

十三祭

衞

205 周文王第八子康叔封于衞，傳國四十餘代，秦末國滅，子孫以國爲氏。漢丞相、建侯衞綰。

A〔岑校〕周文王第八子康叔　通志作「第九子」，辯證三一同。

B〔又〕漢丞相建侯衞綰　據漢書四六，綰封建陵侯，一七表同，此奪「陵」字。通志有。

206 【河東安邑縣】狀云，晉太保衞瓘生恆。恆生玠，裔孫隋虞州刺史、神泉公盛。盛生孝節，唐左武衞大將軍。

A〔岑校〕盛生孝節　貞觀四年時，衞孝節爲幽州都督，出擊突厥，見通典一九七及舊、新突厥傳。又武德初，孝節爲總管，破尉遲敬德，見元龜三五七。

207 【安邑】後魏步兵校尉衞臥龍，亦稱玠後。五代孫知敏，唐給事中、吏部郎中、汝州刺史，生固損。弘敏三從弟元經，蘄州刺史。户部郎中衞畿道，徙京兆。水部員外衞惟良，亦安邑人。

A〔岑校〕安邑　按前文已有河東安邑縣，此殆重出。

B〔又〕五代孫知敏唐給事中吏部郎中汝州刺史　勞考三云：「案『知敏』，姓纂下文作『弘敏』，疑『弘敏』之誤。」考全文二〇〇，衞宏敏「顯慶元年官豫州刺史，徙吳興，遷右清道府率」，當卽其人。徐避清諱，故改「弘」爲「宏」。吳興談志一四：「衞弘敏，顯慶元年自豫州刺史授，遷右清道府率。統記云，神龍二年汝州刺史授。」卽全文所本。

C〔又〕户部郎中衞畿道徙京兆　「畿」，庫本作「幾」。郎官柱司勳員外亦作衞幾道。

208 虞部員外巴；今陝虢觀察衞次公；御史中丞、循王傅衞晏，子之玄、中立、中行。（整理者按：此六字岑補）中行，今禮部員外；國子司業衞密，子開元衞偡，弟倚，生象，侍御史；並河東安邑人。

A〔岑校〕虞部員外巴　「巴」或是其名，若然，則上必奪「衞」字•。又依舊書一五九，衞次公未嘗任虞部員外，且其時已自尚書右丞拜陝虢觀察，高於員外九階，故亦非連下之文，惜右司郎中柱已佚，不能求證耳。

B〔又〕今陝陝虢察衞次公 集古録目，唐立衞伯玉遺愛頌云：「伯玉裔孫唐陝虢觀察使次公撰……伯玉，河東安邑人，晉惠帝初，以太保録尚書事爲楚王瑋所殺，碑以元和六年立。」此爲次公見官。若伯玉乃晉人，與下文之大曆節度衞伯玉，同名不同時也。

C〔又〕御史中丞循王傅衞晏 建中二年八月，自中書舍人爲御史中丞，見舊紀一二。建中元年，遺禮部員外衞晏巡嶺南五管，見元龜一六二。匋齋藏石記三三武康主簿衞景初誌（卒開成元年，年廿六）云：「曾祖瓘，太子洗馬。祖晏，循王傅，贈太子少保。皇考權，左羽林衞兵曹參軍，充桂府支使。」

D〔又〕子之玄中立（四字補）中行 昌黎集三〇注云：「案元和姓纂，晏三子，長之玄，次中立，次中行。」是今本奪之玄、中立二名也，兹據補。又「中行」字應重。

E〔又〕中行（補）今禮部員外 舊紀一五，元和十四年三月，中行自中書舍人爲華州刺史，此其見官也。昌黎集三〇衞之玄誌注云：「其弟中行，字大受，貞元九年第進士，至是爲兵部郎中，元和十年也。」中行爲中書舍人，見酉陽雜俎。會稽掇英總集四，元和九年九月，楊於陵登石傘峯詩，中行有和作，是時蓋佐浙東幕也。拓本咸通五年王譚誌，有「閩帥衞中行婪穢莫救，遂表其狀以聞」語，係指譚父（名泐）之事。（中行，寶曆二年爲福建觀察，見舊紀。）

F〔又〕國子司業衞密 吕諲祠廟碑，上元二年立，衞密撰，見金石録七。卒贈祕書監，謚獻，見會要七九。

G〔又〕子開元衛偡　姓纂書年號者，率因帶指官職，此無官職而書年號，殊爲特例。但「開元」非人名則可決，密子又非當開元時代，此必有誤。

H〔又〕生象侍御史　長林令衛象，見全詩五函四册司空曙詩。同人又有與衛象同醉（一作「衛長林」）、獨遊寄衛長林、送況上人還荆州因寄衛侍御象、酬衛長林歲日見呈詩，同册又收象詩二首。八册，權德輿有寄荆南衛象端公詩。

209 大曆檢校户部尚書、荆南節度使衛伯玉，三原人。

A〔岑校〕衛伯玉三原人　舊書一一五本傳不著籍，新傳一四一亦云「史失其何所人」，據此可補傳缺。

芮

210 左傳，周司徒芮伯，周姓國也。芮伯萬之後，爲晉所滅。漢鉅鹿太守芮强，吴郡太守芮珍，丹陽人，今望扶風。

A〔岑校〕周姓國也　「周」誤，庫本及通志作「同」。按周、同互訛，前已再三言之，此又一例，類稿四三則作「周同姓國也」，但前文已提周，此處不必再言周。

B〔又〕吴郡太守芮珍　備要二二一、類稿四三均作芮彌，珍、彌兩字易於互訛，可參中亞史地譯叢三——四頁。

C〔又〕今望扶風　辯證三一引「望」下有「出」字。

㲋

211 左傳，士會支子士魴食采於㲋，邑在平陽北，故號恭子。

A〔岑校〕故號恭子　「恭」字之上，似當補「㲋」字。

裔

212 見姓苑。

癸北

213 國名也，女爲舜妃，黄帝史官，子孫因氏焉。馮翊衙縣人。案姓氏辯證引作「癸北」。

A〔岑校〕子孫因氏焉　庫本無「焉」字，補入則詞調較順。校云：「案姓氏辯證引作『癸北』。」余按通志亦作「癸北」，應改正，移入上聲「五旨」。沈跋云：「又（國名記）六卷登北，傳多作『癸北』，注云，姓纂又作『癸比』，今孫本『五旨』無『癸比』姓。」可見羅泌見本作「癸」不訛，沈氏不知今本錯棣，故云無此姓。尋源一九引山海經作「登北」（參附録三）。羅振玉複補於「五旨」。

十四泰

蔡

214 周文王第十四子蔡叔度生蔡仲胡，受封蔡，後爲趙所滅，子孫以國爲氏。晉有蔡墨。秦相蔡澤。漢功臣表，肥如侯蔡演。演元孫義。義元孫勳，後漢爲長安邳長，後徵不起。勳曾孫攜。

A〔岑校〕周文王第十四子蔡叔度　類稿四四引同。按滕侯爲第十四子，見卷五滕姓。庫本祇云第十子，然第十子聃，又見卷七沈姓。通志作第五子，尋源謂一云第四子。

B〔又〕受封蔡　備要二一〇、新書七及類稿引文，「封」下均有「於」字，是也。

C〔又〕後爲趙所滅　「趙」訛，應作「楚」。

D〔又〕漢功臣表肥如侯蔡演　通志亦作「演」，按漢表一六作「肥如侯蔡寅」，類稿引亦作「寅」，「演」字訛，下同。

E〔又〕義元孫勳後漢爲長安邳長　後書九〇下蔡邕傳：「六世祖勳，好黄老，平帝時爲鄿令。」鄿屬右扶風，若奚仲居薛而遷邳，地不在長安也，平帝亦非後漢。復據邕祖攜碑，曾祖父勳，則「六世」者連本身計之。

215【濟陽考城縣】 攜生稜、質。稜生邕。質始居陳留，分爲濟陽，因爲郡人。質元孫克，從祖謨晉永嘉同過江。克六代孫點。梁司空、安豐公。孫秦客，唐金部郎中。客姪真清，蘄州刺史。

A〔岑校〕攜生稜質　後書九〇下邕傳作「父稜」，注引攜碑則云：「長子稜，字伯直。」

B〔又〕質元孫克從祖謨晉永嘉同過江　羅校云：「案據晉書蔡謨傳，曾祖睦，祖德，父克，此誤。」余按據同傳，克未渡江先卒，質之玄孫過江者爲蔡豹，豹祖睦。

C〔又〕克六代孫點梁司空安豐公　周書四八蔡大寶傳：「父點，梁尚書儀曹郎，南兗州別駕。」此云「司空」，相去太遠，驗之周書，乃知「司空安豐公」者，點子大寶也，下文又有大業，則「點」之下約奪「生大寶、大業，大寶」數字，秦客當是大寶之孫，非點之孫。勞考一一云，「『大寶』二字原脱」，是也。

D〔又〕孫秦客唐金部郎中　開元五年二月，遣户中蔡秦客觀察河北，見英華四六一。全文二二五蘇頲制，行右司員外郎、上柱國蔡秦客可行金部郎中。

E〔又〕客姪真清　「姪」，庫本作「侄」，按上文俱從女作「姪」，此特庫本之偶爾異寫耳。

216 大業，後梁左案此下有脱文。户部尚書，生克恭，秦府學士、太子洗馬。

A〔岑校〕大業　此處忽著大業，故知前有脱文。

B〔又〕後梁左户部尚書　原校謂「左」下有脱文，羅校云：「案周書蔡大寶傳，大業官左民尚書，此作『左户尚書』，乃避諱改。『左户』下衍『部』字。」。

C〔又〕生克恭　舊書一九〇上允恭傳：「父大業，後梁左民尚書……貞觀初，除太子洗馬。」此作「克」，訛。大業十一年有允恭撰王袞誌。

217 質元孫克，生晉司徒謨。謨元孫興宗，吏部尚書，生樽。樽孫凝。凝子曷和。

A〔岑校〕謨元孫興宗吏部尚書　拓本唐儀鳳二年定州司馬蔡君長誌（卒年九十六）：「高祖興宗，宋侍中、右僕射、儀同三司。……曾祖磧，齊太尉、録公。……祖該，齊祕書郎、太子舍人、尚書郎。……父徹，梁黄門侍郎，隋相州城安縣令……息行基。」按依後引蔡行基誌，則此之該應即彦高，徹即凝，但彼誌，父君師，涇州刺史、忠武將軍，與君長名字、官歷皆異，意其兼祧歟。

B〔又〕生樽樽孫凝　羅校云：「案樽，梁書有傳，作『撙』。考撙字景節，作『撙』是。」余按撙、樽古可通用，見經義述聞。又曲石藏唐蜀王府記室參軍蔡行基誌，卒景龍二年，年八十一，誌云：「陳留濟陽人也……曾祖彦高，梁太子舍人、尚書郎。……祖凝，陳尚信義長公主，駙馬都尉、黄門侍郎。……父君師，涇州刺史、忠武將軍。」與陳書三四凝傳「父彦高」符，行基父名君師，亦與傳之君知爲聯名也。

C〔又〕凝子曷和　「曷」誤，庫本作「君」，陳書三四作「君知」。和、知二字易於互訛，攷全文三六五蔡希綜法書論，「五世伯祖隋蜀王府記室君知」，似作「知」者是。

218 【南陽】 魏有蔡睦。晉有蔡秀。秀八代孫麗，梁瑯琊太守；元孫杭，唐左武侯長史。

A〔岑校〕唐左武侯長史　「侯」誤，庫本作「候」。

219 【朔方】 漢末丕爲五原太守，因居之。裔孫招；元孫澄，唐左衞郎將。

A〔岑校〕漢末丕爲五原太守　「丕」上應補「蔡」字。

220 【丹陽】 狀云質後。唐司勳郎中希寂。

A〔岑校〕狀云質後唐司勳郎中希寂　「希寂」上應補「蔡」字。新書六〇丹陽集有渭南尉蔡希寂。復考希綜法書論云：「十九代祖東漢左中郎邕。……六世祖陳侍中景歷，五世伯祖隋蜀王府記室君知，……從叔父右衞率府兵曹參軍有鄰，……第四兄緱氏主簿希逸，第七兄洛陽尉希寂。」認是邕後，與此云質後者小異。再與姓纂前文合記之，邕，質之穆也，質玄孫克，克生謨，謨玄孫興宗，生撙，撙孫凝，凝子君知，而君知，希寂之五世伯祖也。由邕起計至希寂，祇十七世（不連本身），連本身亦祇十八。希綜述其祖德，所謂「十九代祖」及「五世伯祖」，無論連或不連本身，似應前後同用一種計法，故希綜之計算與姓纂所列，最少相差一世，難以決其是非所在矣。全文四四七竇臮述書賦下注云：「蔡希寂，濟陽人，金部郎中。」歷代名畫記二：「金部郎中蔡希寂，濟陽人也。」濟陽是舊望。嘉定鎮江志一八：「希寂，希周弟，登進士第。」劉文淇校勘記，依戴守梧據乾隆鎮江志補「終渭南縣尉」五字，蓋誤丹陽集所載爲終官。曲石藏天寶七載李琚誌，題洛陽縣尉蔡希寂書。

艾

221 晏子春秋，齊大夫艾孔之後，卽左傳裔款也。風俗通，龐儉母艾氏。南燕有牙門艾江，又東平太守艾詮。

A〔岑校〕南燕有牙門艾江　通志同，姓解二作「艾汪」。

222 【北平】唐御史大夫艾敬直。

A〔岑校〕唐御史大夫艾敬直　勞御考一云：「通志作『侍郎御史』，『郎』字衍。」

223 【河南】官氏志，俟斤、去斤並改艾。案魏志，俟伏斤氏改伏，俟伏斤改斤。

A〔岑校〕官氏志俟斤去斤並改艾　校云：「案魏志，俟伏斤氏改伏，俟伏斤改斤。」陳校云：「志無『俟伏斤改斤』。」按志有「去斤改艾」。疏證云：「案『俟斤』卽『奇斤』，後改奇氏者。」

賴

224 左傳賴國，爲楚所滅，以國爲氏。漢有交趾太守賴先。蜀零陵太守賴文。唐光祿少卿賴文雅。

A〔岑校〕漢有交趾太守賴先　姓氏篇云，「先」一作「光」，辨誤一二三謂「先」宜作「光」，無據。類稿四四作「先」。

B〔又〕唐光禄少卿賴文雅　「少卿」，通志及宋本辯證同，庫本作「大夫」，恐非是。

225【南康】唐祕書郎棐，本汀州人。後魏虔州*。案此下有脱文。

A〔岑校〕唐祕書郎棐本汀州人　統譜九七云：「賴棐字忱甫，雩都人……乾元中舉進士，拜崇文館校書郎，不就。」「棐」上應補「賴」字*。

大

226 風俗通，大庭氏之後。又大塡、大山稽，黄帝師。大顓爲顓頊師。案古今人表，「顓」作「款」。
禮記曰，大連，東夷之子。

A〔岑校〕大顓爲顓頊師　校云：「案古今人表，「顓」作「款」。」余按姓解、通志、類稿亦作「款」。

會

227 鄶仲之後，避難去「邑」爲會氏。風俗通云，陸終之子乙之後。漢武陽令會相。

A〔岑校〕鄶仲之後　尋源三三引作「檜仲」，訛。如作「檜」，非「去邑爲會」也。

B〔又〕風俗通云陸終之子乙之後　按漢表二〇，陸終四子曰會乙，通志、類稿亦作「會乙之後」，此奪「會」字。姓氏篇引通志作「帝乙」者，見本誤也。姓解三引世本，作「陸終第四子會人之後」，辯證三一引風俗通，作「陸終第六子會人之後」。

C〔又〕漢武陽令會相　廣韻及姓解三同，急就章作「會栩」，通志作「會炳」，羅校引宋本辯證三一作「會栩」。。

太

228 尚書，文王四友太顛之後。今咸陽有太氏。

A〔岑校〕今咸陽有太氏　「有」，宋本辯證引作「多」。

帶

229 六國時有帶他，見姓苑。

兑

230 見姓苑。

鄶（岑補）

231 周武王封求言之後於濟洛洧潁之閒，爲鄶子，後因氏。詩國風作「檜」。（岑補）

A〔岑校〕據姓觿七引。

太傅

232 漢有太子太傅疏廣，曾孫彦則，避王莽亂於太原，因氏焉。

A〔岑校〕因氏焉　宋本辯證三一引作「改爲太傅氏」，見羅校。

太陽

233 風俗通，衛大夫太陽速。晉有太陽狀爲卿。案左傳爲戲陽速。

A〔岑校〕風俗通衛大夫太陽速晉有太陽狀爲卿　校云：「案左傳爲戲陽速。」余按通志「戲陽氏」云：「晉邑也，舊屬衛……衛大夫戲陽速，晉有戲陽扶爲卿。」知此爲戲陽之文，應移入卷二。「狀」乃「扶」之訛。太陽本文，今誤附老陽條下。

太士

234 太士氏，永嘉人。建安太守太士靈秀。今松陽有此氏。

A〔岑校〕太士氏永嘉人建安太守太士靈秀　辨誤二三云：「按僖二十八年傳，衛侯與元咺訟，士桀爲大士。杜注，太（大）士，治獄官也。作「太」誤。」按姓纂著録此姓，初未言卽衞大士之後，今須先問靈秀果姓「太士」否耳，如其然，則張説爲強人改姓，烏乎通？

太師

235 商有太師摯。周有太師疕。案玉篇無「疕」字，疑卽「疵」字。

A〔岑校〕周有太師疕　校云：「案玉篇無「疕」字，疑卽「疵」字。」余按漢表二〇及通志均作「太師庛」，廣韻作「庛」，姓解三及辯證三一作「疵」。

太伯

236 周古公之子吴太伯之後。

太史（岑補）

237 齊太史之後。（岑補）

A〔岑校〕據類稿五六引，參附録二。

太室（岑補）

238 A〔岑校〕姓觿七云「出姓纂」，兹據補目。

大羅

239 周禮，大羅氏掌鳥獸，其後以官爲氏。秦有將軍大羅洪。

A〔岑校〕秦有將軍大羅洪　廣韻同，通志作「弘」，洪、弘音同也。宋本辯證作「淇」，恐非是。

大季

240 世本，鄭穆公生大季子孔志父之後。。案杜預世譜，士子孔生大季。士子孔，穆公子也。此誤。

A〔岑校〕世本鄭穆公生大季子孔志父之後　校云：「案杜預世譜，士子孔生大季。士子孔，穆公子也。此誤。」余按宋本辯證引世本文同。釋例八作「太季氏」，但其下又云「大季子良」。

大臨

241 衞大夫大臨。

A〔岑校〕衞大夫大臨　廣韻、姓解、通志及辯證均無大臨，通志有「臨氏」，云：「八凱大臨之後也。」此作「衞大夫」，當誤，其末有脱文。庫本衹多一「氏」字，意亦未盡。國名記己：「晉邑有臨氏（姓書大臨後，非）。」足見標目「大臨」之「大」字實衍文，應删去，移入下平。臨孝恭，隋書七八有傳。

蔡仲

242 蔡仲胡之後。趙將有蔡仲其。

A〔岑校〕蔡仲胡之後趙將有蔡仲其　按卷二「葵仲*」云：「蔡叔子葵仲胡之後。趙時有蔡仲其。」「葵」實「蔡」之訛文，比此多「蔡叔子」三字，又「將」應作「時」，應併合删正。

會厗氏

243 衞靈公子虺生竈，爲會厗氏。氏族略。

A〔岑校〕衞靈公子虺生竈爲會厗氏　此姓，洪氏據通志補，辯證三一引姓苑作「齊靈公」，據汪校潛夫論，會厗即會雅，衞之姬姓，作「齊」者非。又會厗爲二字複姓，非三字複姓，「氏」字應删。

十五卦

解北

244 改爲解。後魏别帥解北莫弗幡豆建。

A〔岑校〕改爲解　志作「解枇」，廣韻作「解批」。按上文卷六解姓又作「解毗」，通志同。疏證謂「解北」，誤也。「解」下應補「氏」字。又此姓，當依卷六及廣韻入上聲「十二蟹」。

B〔又〕後魏别帥解北莫弗幡豆建　通志作「後魏高車别帥解毗莫弗幡豆建。」

十六怪

祭

音債。

245 左傳，周公第五子祭伯，子孫以國爲氏。鄭有祭仲足，周有祭公謀父。

A〔岑校〕左傳周公第五子祭伯　廣韻及類稿四四引同，通志作「第七子」。又類稿引文下有「鄭大夫祭仲字仲足，始爲祭封人，因以爲氏，王以諸侯師伐鄭，鄭伯禦之，祭足爲左拒」一段，乃章氏敍祭足言行，非林氏原文，輯四庫書者誤忘提行耳。

蒯

246 風俗通云，晉大夫蒯得之後，見左傳。禮記。漢有蒯徹。

A〔岑校〕風俗通云晉大夫蒯得之後見左傳禮記　類稿四四引同。按晉大夫蒯得見左文八、九兩年，不見禮記。氏族略，蒯、蕢同音。姓氏篇引姓纂：「蕢氏，與蒯同音，魯有蕢尚。」張氏謂即檀弓「畫宫于道」者。由此推之，今本「禮記」上蓋奪「魯有蒯（蕢）尚，見」五字，不然，林氏當不至如是疏略，謂蒯得見禮記也。從類稿引文而觀，知南宋見本已奪佚，幸得張氏引文，猶可補完，惜未知彼所據之本耳。

247【涿郡范陽縣】漢書，齊辯士蒯通，本名徹，與漢武帝同名，遂改。又有上庸長蒯躬。後漢末有蒯越，字異度，官至光禄勳。生宗，蘭陵丞。宗生恩。

A〔岑校〕後漢末有蒯越字異度官至光禄勳生宗蘭陵丞宗生恩　按蒯越見後書一〇四下劉表傳。蒯恩，宋書四九有傳。越爲後漢人，其孫何得仕宋？又恩傳云蘭陵承人也。此文當有奪誤。

介

248 左傳有介之推，琴操作介子綏。神仙傳，吳有介琰、介象。

A〔岑校〕左傳有介之推琴操作介子綏　宋本辯證三一引「左傳」下有「晉」字，見羅校。余按類稿四四亦有「晉」字。琴操有介子綏龍蛇歌。

B〔又〕神仙傳吳有介琰介象　神仙傳，介象字元則，吳先主時人。廣記一三四引大業拾遺，稱術人介象。又介琰見搜神記。

十七夬

快

249 漢書，齊人快欽治尚書。

A〔岑校〕漢書齊人快欽治尚書　按漢書八八作「炔欽」，前香姓下亦云「姓炔氏」，此作「快」，誤，字非九畫也。然廣韻、姓解及辯證三一亦作「快」，尋源三三以作「快」者爲誤。

卷八整理記

19 岑校引宋璟碑，即顔真卿撰宋璟神道碑，見全唐文卷三四三。

23 「若思」，文淵閣、文瀾閣本均作「若思」，不誤。

23 E「『恩』字應重」，據岑校，當作「『思』字應重」。

26 「元爽、元奬」，文瀾閣本作「玄爽、玄奬」。

27 「廣化」，文淵閣、文瀾閣本均作「黄化」。

53 文淵閣、文瀾閣本均無此節，當爲洪氏據氏族略補。岑氏失校。

55 按漢功臣表全稱爲「戴敬侯祕彭祖」，其孫蒙嗣侯，坐視祖上腰斬。「孫」下似有奪文。

61 A按文淵閣、文瀾閣本均作「二」，不作「貳」。

79 A「先元」，文淵閣、文瀾閣本均作「生元」。

80 A按左傳襄公二十六年：「寺人惠牆伊戾爲太子内師而無寵。」杜預注：「惠牆，氏；伊戾，名。」

83 文淵閣、文瀾閣本均無「于」字。

91 A「依誌」原作「依碑」，按「誌」即謂岑校前引魏氏誌據改。

97 「濟陽」，文淵閣本作「濟陰」。

102 「巴郡」文淵閣本作「巴蜀」。

109 此處標點參卷十尉遲217 E。

120 「茹氏」，文淵閣本作「茹茹氏」。

126 A「河南」，文淵閣本正作「河東」。

146 「晉安東太守」，文瀾閣本「安東」作「東安」，是。考晉書地理志，晉無安東郡，元康七年，「分東莞置東安郡」，此處「安東」兩字應乙。

146 B「侍愛」，文淵閣、文瀾閣本亦均作「恃愛」。

146 D按今中華書局點校本新唐書宰相世系表作「德惟」。

148 C「二京」，審視拓本路惲誌，實作「三原」。

149 「京兆三原」，原連於前平陽望下，今依岑校提行空格。

150 C舊唐書憲宗紀及楊於陵傳，於陵於永貞元年十月至元和二年爲浙東觀察使。元和九年時於陵在吏部侍郎任，會稽掇英總集之「元和九年」當爲「元和元年」之誤，岑氏失考。

151 A按「路水」，文淵閣本正作「路永」。又按玄林禪師碑，即唐故靈泉寺元林禪師神道碑，陸長源撰，見全唐文卷五一〇。

170 F按曲石藏大周洛州溵鄉縣尉慕容君（昇）墓誌銘并序：「以天授二年六月一日卒於溵鄉縣之館舍，春秋卅三，以聖曆二年八月九日遷葬於邙山大塋。」又按曲石藏慕容昇夫人魚氏祔葬誌謂「以今開元五年十月十九日合葬於洛陽北邙之原」。可知岑氏此處謂慕容昇「卒天寶二年」大誤。「天寶」應正作「天授」。

173 A按文淵閣本亦正作「慕利延」。

176 「庫部郎中」下局本原有「庫成」二字，乃下一姓姓目，文淵閣、文瀾閣本均將「庫成」另行標目作姓，今據以移正。

182 「前燕録有岐山公庫傉管泥」，文淵閣本無「有」字。

199 B「二音並得」，「得」疑當作「行」。

204 按文淵閣本「人」下有「誅」字。

208 A按「巴」乃「包」之訛。新唐書藝文志一：「今文尚書十三卷。……天寶三載，又詔集賢學士衞包改古文從今文。」新唐書王勃傳：天寶中有「集賢學士衞包」。又云：「授……衞包司虞員外郎。楊國忠爲右相，……貶……衞包夜郎尉……。」考舊唐書職官志一，天寶十一載正月，改虞部爲司虞。由此知「虞部員外巴」，即「司虞員外包」。巴、包形近，故訛。又按書史會要五：「衞包，京兆人，官至尚書郎，工八分小篆，且通字學。」載其籍貫與姓纂異。

208 E按會稽掇英總集之「元和九年」當爲「元和元年」之訛，見前150C條整理記。

216 B按文淵閣本正無「部」字。

225 按後魏無虔州，此有訛誤。

225 A按文淵閣、文瀾閣本「棐」字上均有「賴」字。

227 C按文淵閣本亦作「會栩」。

240 「子孔志父之後」，按「志父」二字不解，暫不標號。

242 A「葵仲」，原作「蔡仲」，按卷二標目有「葵仲」，無「蔡仲」，據改。

元和姓纂卷九

〔岑校〕卷九　庫本其下注云：「去聲隊韻至梵韻。」

十八隊

背

1 古鄁國，在今衛州，或作「背」，以國爲姓。

A〔岑校〕古鄁國在今衛州或作背以國爲姓　「鄁」，庫本作「背」，「背」作「臂」。按廣韻，「鄁」與「邶」同，洪刻是，庫本誤。通志云：「邶氏亦作『鄁』，亦作『背』。」宋本辯證、備要一七與此略同。

内史

2 風俗通，周内史叔興之後，因官氏焉。周又有内史過。

十九代

代

3 代君，翟國也，在常山之北，今代州是也，趙襄子所滅，其遺族以「代」爲姓。史記趙有代舉，漢有京兆代武。

A〔岑校〕趙襄子所滅　「趙」上應依類稿四四補「爲」字。

B〔又〕漢有京兆代武　姓解二及通志、類稿均作「京兆尹代武」。

能 音耐。

4 姓苑云，長廣人。狀云，楚熊摯之後，避難改爲能氏。

5 【京兆】唐京兆少尹能延休，鄠縣人。上元中眞州刺史、檢校刑部尚書、河北招討使能元皓，生昱、炅。炅，太僕少卿。

A〔岑校〕唐京兆少尹能延休　開元十三年，延休官京兆少尹，見郇國公主碑（萃編七五）。

B〔又〕上元中眞州刺史檢校刑部尚書河北招討使能元皓　舊紀一〇，乾元元年正月元皓降，用爲河北招討使；九月，自貝州刺史爲齊州刺史、齊兗鄆等州防禦使；上元二年四月下又稱兗州刺史。又制詔集六授能元皓左散騎常侍制，稱太子賓客、兼光禄卿、上柱國、河南郡開國公。唐真州屬劍南，「真」乃「貝」之訛。元氏長慶集五二張奉國碑：「我南陽郡夫人能氏，祖元皓，皇朝禮部尚書、左金吾衛將軍、進國公。」「進」字疑。

C〔又〕生昱炅　昱見舊紀一〇。

佴

如代反。

6 晉山公集有佴湛。

戴

7 宋戴公之後，以謚爲姓。宋大夫戴惡。漢有信都太守戴德，九江太守戴聖。後漢有司徒戴就。晉有戴逵。宋有戴法興。齊有戴僧静*。

A〔岑校〕漢有信都太守戴德　依漢書八八，「太守」應作「太傅」。

B〔又〕後漢有司徒戴就　全文五〇二權德輿戴叔倫誌：「東漢則有司徒涉。」本書下文濟北、河東兩望亦云「戴涉之後」，而敍姓源處反無涉。考涉爲大司徒，見後漢書光武紀下，無司徒「戴就」，「就」顯「涉」之訛。

8 【濟北】 戴涉之後。

A〔岑校〕戴涉之後　按前文無戴涉，通志有之，觀此，知前文之訛也。涉見後書光武紀下，清河人。

9 【譙國】 戴逵之後。逵弟逯，大司農、廣信侯。

A〔岑校〕逵弟逯大司農廣信侯　據晉書六九，逯爲廣陵人，與逵并不同系，且傳未言封侯。英華辨證二云：「權德輿容州刺史戴叔倫誌，西晉則有司農逯，逯字安丘，位至大司農，處士逵之弟也。而集以『逯』爲『逵』。」則「逯」乃「逯」之訛。

10 【吴興長城】 晉有戴洋，入方術傳。

11 【魏郡斥邱】 狀云，戴德之後。裔孫景珍，後魏司州從事。景珍生胄，唐吏部尚書、參知政事、生道國公。仲孫不仕。仲孫生至德，右僕射、道國公，生良紹。

A〔岑校〕景珍生胄唐吏部尚書參知政事生道國公仲孫不仕仲孫生至德　羅校云：「案唐書世系表，胄弟仲孫，仲孫子至德。舊史戴胄傳，胄無子，以兄子至德爲嗣。此以仲孫爲胄子誤。」按舊書七〇，胄追封道國公，則「生」字應衍。依舊、新傳，仲孫爲胄兄（表誤弟），則第二之「仲孫」應乙於「景珍生」之下，末句當云「仲孫不仕，生至德」也。

12 【河東桑泉】 狀云涉後。唐司勳員外郎戴林琁；生頎，水部員外。

A〔岑校〕唐司勳員外郎戴林璇　考郎官柱，司勳員外無此名，惟倉部員外有戴休璇，倉中有戴休璇。復次，元龜一二八，開元二十三年，採訪使舉盩厔令戴休璇。金石録六：「唐江蘇（州？）刺史戴希謙墓誌，從子休璇撰。……開元二十六年十一月。」又玄元靈應頌，天寶元年立，撰序者稱朝散大夫、守倉部郎中、上柱國戴璇。據廣韻，璇、璇同字，當即一人（例如咸廙又題廙咸業），「林」蓋「休」之訛也（參勞考八）。再次，勞考一七以新書一五六之戴休璿爲同人，則大誤。考舊書一四四戴休顔傳，顔卒貞元元年（七八五），年五十九，則生於開元十五年（七二七），距開元二十六年，僅十歲耳，而希謙墓誌立於開元二十六年，已題從子休璇撰，璿爲休顔弟，卽使與休顔異母，亦年十齡耳，焉能撰文？是知休璿之必非休璇也。若占籍不同（顔，夏州人），猶其餘事。

13 【廣陵】（岑補）

14 【清河】（岑補）

A〔岑校〕宋本辯證戴姓云：「元和姓纂有廣陵、譙國、清河三族。」今本有譙國，無廣陵、清河。考戴逸，廣陵人，戴涉，清河人（均引見前），今逸誤附譙國，涉又未特書，是知今本戴姓，比鄧氏見本已有闕佚也，兹據補。

載

15 左傳有載國。漢有載戴。

二十一震

晉

16 周武王第三子叔虞封唐，唐有晉水，因改爲晉。傳國二十代，爲韓趙魏所滅，子孫以國爲姓。魏有晉鄙。漢有晉寶，爲樂安相。

A〔岑校〕爲韓趙魏所滅　庫本奪「趙」字。

17 【平陽】三輔決録，魏有晉文經。漢有晉馮。晉有尚書郎晉灼，註漢書，其先居平陽。十代孫魏瓜州刺史、廣至公暉，居馮翊。平東。隋内史侍郎、建平公。暉孫昶，後周兵部尚書、魏公。衍元孫揆，合州刺史。案「衍」字之上有脱文。

A〔岑校〕三輔決録魏有晉文經　按三輔決録，趙岐著，不應説及魏。又晉文經見後書九八符融傳，是否逮事魏代，今亦無證。若然，則決録注耳。

B〔又〕漢有晉馮　見後書班固傳。

C〔又〕平東隋内史侍郎建平公　「平東」二字，當有奪誤。下文有衍，此處或即奪衍名。

D〔又〕衍元孫撲合州刺史　校云：「案『衍』字之上有脱文。」余則疑前文奪去衍名，「衍」字上未必有奪文，猶之前文既著暉，則「暉孫昶」之上無奪文也。

藺音吝。

18 韓厥元孫康，仕趙，食采於藺，因氏焉。裔孫相如，爲趙上卿，子孫仕秦，隨司馬錯伐蜀，因家成都。

19 【華陰鄭縣】魏末自蜀歸關中，因居鄭縣。裔孫維，晉泰山太守。維八代孫衡；子仁志，殿中監；生嗣忠，户部員外。謩，左武侯大將軍、楊國公。

A〔岑校〕子仁志殿中監　急就篇上，并州長史藺仁基，疑即此人，而後來避唐諱追改者。仁基官并州，是高宗時，見通鑑二〇二。山西通志一一〇誤爲「中宗」。

B〔又〕謩左武侯大將軍楊國公　「侯」誤，應作「候」。「楊」，庫本作「揚」。元龜九九〇，武德五年，謩自太子左衛率爲亳州總管；八年，謩官代州都督，疑亦仁志子。元龜六九七，藺謩爲武候大將軍，坐免，即其人。「藺」，「藺」之訛。謩、謩同字異寫。同書七六六，謩仕隋爲鷹揚郎將，義旗起，授銀青。貞觀初，擬遣將軍藺謩討馮盎，見貞觀政要九。

20 古忝字。案上脱一字。

A〔岑校〕古丞字　洪校云：「案上脱一字。」庫本校注則云：「案上脱一字，不可考。」余按通志「遴氏」云：「古文『吝』字，見纂要。」廣韻，「吝」俗作「丞」，是「古丞字」三字應作夾注，附於下文「遴音吝」之下，其「纂要文云人姓」六字，應爲遴姓本文，因今遴姓之文，實冒慎姓也。易説卦：「爲吝。」釋文云：「京作『遴』。」

21 纂要文云，人姓。

進

22 後漢有進延，爲小黄門令，見華嶠後漢書。

A〔岑校〕後漢有進延爲小黄門令見華嶠後漢書　姓解一作「小黄門進儉」。通志則云：「後漢有進延，爲小黄令，見華嶠後漢書。『延』或作『儉』。」小黄，陳留屬縣，二者未詳孰是。統譜分延、儉爲兩人誤，淩書此類之疎略，固不勝舉也。

遴音吝。

23 風俗通，遴到云韓大夫，著遴子三十篇。晉有東陽太守遴條。

A〔岑校〕風俗通遴到云韓大夫著遴子三十篇晉有東陽太守遴條　按通志，遴氏之後爲慎氏，云：

「風俗通，慎到爲韓大夫，著慎子三十篇。晉有襄陽太守慎脩，望出天水。」（類稿略同）蓋今遡姓之後失其目（見前），故又轉冒慎姓之文也，應改正，移入「二十一震」。「云」字當依庫本乙在「風俗通」之下。又「慎條」（類稿四四同）想亦「慎脩」之訛。

允寅去聲。

24 風俗通，允，夏時侯國，子孫氏焉。

A〔岑校〕允　庫本、廣韻作「肙」，通志作「胤」，此非「允格後」之「允」也，乃洪本追諱所改，

印（岑補）

25 鄭穆公子印之後，以王父字爲氏。（岑補）

A〔岑校〕據類稿四四引，備要二四同。

信都

26 風俗通云，張敖尚魯元公主於信都，因氏焉。一云，本申屠氏，古信、申音同，故爲信都氏。北齊有信都芳。河間。信都芳明算術，爲丞相倉曹。貞元初，李納將信都承慶，

爲青州刺史。

A〔岑校〕張敖尚魯元公主於信都　通志「公主」下有「封」字，是。

B〔又〕河間信都芳　「河間」應另行空格。

C〔又〕貞元初李納將信都承慶爲青州刺史　白氏集二九襄州府君事狀：「建中元年，授彭城縣令，時徐州爲東平所管，屬本道節度使反，……東平遣驍將信都崇敬、石隱金等率勁卒二萬攻徐州。」按此卽李納背叛事。石晉及宋諱「敬」，往往改爲「慶」。又承、崇發音相近，疑承慶卽崇敬也。

二十三問

奮

27 畢奮之後，一云芮伯奮之後，以王父字爲氏。孟軻門人奮章。

28 【扶風】後漢二十八將右將軍、槐里侯奮修。吴志，丞相奮式。前涼有奮寬。開元有奮齊融。案所引人姓名，皆以「萬」爲「奮」。

A〔岑校〕畢奮之後一云芮伯奮之後以王父字爲氏孟軻門人奮章扶風後漢二十八將右將軍槐里侯奮修吴志丞相奮式前涼有奮寬開元有奮齊融　校云：「案所引人姓名，皆以『萬』爲『奮』。」按辯證萬姓下引姓纂云：「畢萬之後，一云芮伯萬之後，孟軻門人有萬章。」備要二〇萬姓文亦同。類稿四四引文有「以王父字爲氏」六字，又「萬章」下多「漢有萬攀」四字，「攀」殆「修」之訛。可見此節純是萬姓之文，應改正，移入「二十五願」。通志「奮氏」云：「高辛氏才子八元伯奮之後。」「伯奮之後」，與「伯萬之後」相類，故至誤冒也。羅振玉複補前節於「二十五願」。

B〔又〕吴志丞相奮式　姓解二：「吴丞相萬彧。」姓氏急就篇上：「吴有萬彧。」此作「式」訛。

C〔又〕開元有奮齊融　集古録目玄儼律師碑，天寶十五載立，前祕書省正字萬齊融撰。又叢編一三阿育王寺常住田記引復齋碑録云，萬齊融撰，元碑乃徐嶠之書。又徑山大師碑（文粹六四）有故涇陽令萬齊融。舊書賀知章傳稱，齊融止崑山令。紀事二二引梁肅越州開元寺僧曇一碑，稱師與涇陽令萬齊融等爲儒釋之遊。紀事又云，齊融，越州人。宋僧傳八道亮傳：「門人慧遠等建塔，萬齊融爲銘紀述。」同書一四玄儼傳：「天寶十五載，歲次景申，萬齊融述頌德碑焉。」

29【河南】官氏志，吐萬氏改爲奮氏。隋有穀成公奮緒；弟纘，唐右武衛將軍。

A〔岑校〕官氏志吐萬氏改爲奮氏隋有穀成公奮緒弟纘唐右武衛將軍　陳校云：「今官氏志無此文，而隋書六五則有吐萬緒傳。」余按卷六「吐萬」有「已見萬氏注」語，此條兩「奮」字，自應照前改正爲「萬」。又「成」字誤，庫本作「城」，與隋傳同。疏證謂「當從吐萬改奮爲是」，誤也。亦有備要二〇萬姓下，「河南，官氏志，吐萬氏改爲萬氏」。類稿「河南，官氏志，吐萬氏改姓萬氏」，可證。

運

30 見姓苑。

二十四焮

靳

31 風俗通，楚大夫。靳歙，案靳尚見史記，楚懷王時人。靳歙見漢書，漢高祖時人。應劭不應錯謬至此。疑當作「楚大夫靳尚，漢有信武侯靳歙，又汾陽侯靳强」，傳寫脱落其文耳。又汾陽侯靳强。後漢末范令靳先。後燕録有太史令鴈門靳安。唐金紫光禄大夫靳孝謨，武功人。吏部郎中靳恆，館陶人，又居汝南。

A〔岑校〕又汾陽侯靳强　「强」，漢表一六作「彊」，備要二二及類稿亦然。

B〔又〕唐金紫光禄大夫靳孝謨　孝謨，金紫光禄大夫，謚忠，見會要七九。元龜七六三，孝謨進位金紫光禄大夫，行至鹽州，爲梁師都所害；同書七六六，仕隋朝邑縣法曹。

C〔又〕吏部郎中靳恆　名見精舍碑及郎官柱吏部郎中。唯勞考三訛「靳」爲「蘄」。元龜一〇七，神龍元年，左拾遺靳嘗*，卽恆之諱改。景龍三年，恆官侍御史，見通鑑二〇九。古靳、蘄可通假，見史記太史公自序集解引徐廣説，亦見弘農家墓遺文。

二十五願

蔓

32 左傳，楚有鬬成然，食采於蔓，後爲蔓氏。

獻

33 風俗通云，晉獻公之後。戰國有獻淵。

A〔岑校〕戰國有獻淵　廣韻、通志、姓解均稱秦大夫獻則，唯宋本辯證作「淵」。按唐人諱「淵」，姓纂似不應犯。今戰國策亦作獻則，楚人，爲芈戎游說者。

建

34 風俗通云，楚太子建之後。漢有建公，見元后傳。

憲

35 周之憲官司寇之屬也。急就章有憲義渠。氏族略。

惟貞生僾、偕、伾。」奉天録四：「續有詔旨謂惟明曰：卿父成節，但諱「成」不須諱「節」，尋加渭北節度、兼觀察處置等使。」

F〔又〕生僾偕伾　「僾」，通志作「傪」，是也。，但以爲皆弓仁之子，當誤（參前引辯證）。元氏長慶集三三有近除寧州刺史論僾，即其人。統譜二三，僾，左衛大將軍。

G〔又〕惟賢右羽林大將軍　惟賢碑，貞元十五年，授驃騎大將軍、行左武威衛將軍，俄以本官致仕，元和四年卒，無「右羽林」之歷官，有子三人，輔鼎、倜、俶。

二十八翰

頓

38 風俗通，頓，子國，今南頓是也，後爲楚所滅，子孫以國爲氏。漢有頓肅。

幹

39 見姓苑。

幹獻

40 晉大夫范皐夷食采幹獻，因氏焉。

A〔岑校〕晉大夫范皐夷食采幹獻因氏焉　按此文已見前卷五函輿姓下，祇增「大夫」二字（通志亦有），應删併。通志「幹獻氏」云：「世本，宋司徒華定爲幹獻氏。」今姓纂之文，誤併於卷五廿士姓内。

二十九換

段

41 鄭武公子共叔段之後，以王父字爲氏。戰國韓相段規。三輔決録云，段氏，李老君之自出，段干木之子隱如入關，去「干」爲段氏。案段干氏，羅泌謂初邑段，後邑干，因邑爲氏。魏世家有段干子，田世家有段干朋。風俗通以爲姓段名干木，蓋以呂氏春秋「干木富於義」、魏都賦「干木之德自解紛」之言誤之。唐表遂謂封段爲「干木大夫」，疎矣。又木子名同，爲趙相，無隱如名，此云「入關爲段氏」，亦屬傅會。且春秋時以「段」名者，如鄭印段、公孫段、宋褚師段，或其後以名爲氏，亦未可知，未必定爲共叔後也。

A〔岑校〕鄭武公子共叔段之後以王父字爲氏　曲石藏段承宗誌，大曆十三年立，云：「其先，鄭武公之子共叔段之後，諸侯以字爲謚，因以爲族。」又別一誌，天寶十三載立，孔崇道撰，云：「命姓之始，肇於魏封，封於段干，因以爲氏。」

B〔又〕李老君之自出　類稿四五引，下多「段木干之後」五字。

42 文帝時，段印爲北地都尉；曾孫招，生會宗、貞。會宗，金城太守。貞，武威太守，子孫始居武威，九代至熲。

A〔岑校〕曾孫招　「招」，庫本作「昭」。

B〔又〕九代至熲　後書九五熲傳云，會宗之從曾孫也。按會宗死成帝末，年七十五（前書七〇），熲仕桓帝，謂是會宗從曾孫，則似傳世過少，然如姓纂作九代，又似傳世過多，疑均有誤。

43 【武威*】西涼建康太守段信，稱太尉熲七代孫也。信生連。連生榮，後魏定、秦二州刺史；生孝先，名詔，案北齊書「紹」作「韶」。北齊大宰、左丞相、平原忠武王。妻大張掖公，案韶傳，封爵無「張掖公」字，且韶三子懿、深、亮，亦無「寶積元」名，當有脫誤。生寶積、元；尚書左丞、刑部侍郎、大理少卿，生嗣元、嗣道、嗣基。嗣元，地官侍郎、鄭州刺史，生崇謙。嗣基，東光令；生崇簡，右衞將軍、鄭州刺史。崇簡生憕、協、怡。憕，少府監。協，太子舍人，生孟嘗、信陵。嗣道，司僕少卿、嶲州刺史。德操，右監門大將軍、案「德操」上有脫文。平原公；五代孫楹，大理司直。

A〔岑校〕武威西涼建康太守段信　「武威」應另行空格。「太」，庫本誤「大」。

B〔又〕信生連　芒洛續編上段濟誌：「曾祖連，魏立節將軍、安北司馬、建康晉昌二郡太守，賜爵姑臧子。」

C〔又〕生孝先名詔　校云：「案北齊書，『紹』作『韶』。」「紹」誤，庫本作「韶」。平津記六云：「右北嶽神廟碑……碑陰又稱段公諱愔，字崇簡，五代祖榮，字子茂，四代祖韶，字孝先，曾王父濟，字德堪。……元和姓纂……唯韶下脱濟一代。」是也。

D〔又〕北齊大宰　「大」誤，庫本作「太」。

E〔又〕妻大張掖公　校云：「案韶傳，封爵無『張掖公』字，且韶三子懿、深、亮，亦無『寶積元』名，當有脱誤。」謂文有脱誤，是也。但考北齊書一六，韶長子懿，第二子深，第三子德舉，第四子德衡，第七子德堪，并不止三子，校注祇舉懿、深、亮，則似僅讀北史者（北齊書不云德堪名亮，唯北史五四言之，然德堪誌固諱濟，與北史異）。然作校注者前文曾引北齊書，豈竟讀不終卷耶？由北齊書之記載，則最少五、六兩子，并未知名，此封張掖公者當是韶子，因北齊書又云懿子寶鼎，寶玄、寶鼎殆從昆行也。

F〔又〕生寶積元尚書左丞刑部侍郎大理少卿生嗣元　按寶元當是嗣元之父，但未必父子同名。新書五八，段寶玄，尚書右丞、大理卿，知前者作「玄」而後者作「元」也。平津記六云：「碑陰又稱段公諱愔，字崇簡。……王父乾，字寶元，唐刑部郎中，遷給事中、刑部侍郎、尚書左右丞、洛州刺史。……又寶元作『寶積元』，皆今本姓纂傳寫之譌。」「積」字是否衍文，抑寶玄兄弟別有名寶積者，尚待考覈。寶玄，貞觀二十年霍王府長史（元龜一六一），永徽元年左丞（同上六二一），二年右丞（會要三九及英華四六四），三年（會要三九）、四年（元龜一五〇）及顯慶元年（同上一六一）大理卿，顯慶二年洛（原誤洛陽）州長史（會要六八），三年七月，自洛州長史改越州都督（全文一四），此作「少卿」，小異。

G〔又〕嗣基東光令生崇簡右衞將軍鄭州刺史　北嶽神廟碑幷陰，開元二十三年立，平津記六云：「碑稱使持節刺史段公字崇簡。新唐書地理志，曲陽縣屬定州，則刺史者定州之刺史也。碑陰又稱……烈考嗣皇，韓王府功曹、潤州司士、滄州東光縣令。……嗣基卽嗣皇。」改「皇」者避玄宗諱。全文九一四釋具大忍寺門樓碑，首稱「唐開元十有八年定之深澤大忍寺」，末言「刺史段公崇簡」。洪氏謂崇簡定州刺史，是也。據南部新書己，開元十九年，段崇簡自將軍授代州都督。廣記二四三引朝野僉載，崇簡自深州刺史拜邠州刺史。同書三八一引廣異記，開元末（卽李適拜相年），崇簡方爲鄭州刺史（按文內言汲縣尉，汲縣應屬衞州，非鄭州）。

H〔又〕嗣道司僕少卿裔州刺史　據舊書四四，太僕寺，光宅改司僕，神龍復，則嗣道仕武后朝；然唐無「裔州」，謂應作「商」，涉形近而訛也。

I〔又〕德操右監門大將軍平原公　校云：「案『德操』上有脱文。」余按舊書五六梁師都傳，「武德二年，高祖遣延州總管段德操討之」，又五年官左武衞將軍，見元龜九九〇，是德操爲唐初人，斷非嗣道之後（參前條）。考韶之諸子，均以「德」爲字（見前引文），韶卒武平二年（五七一），其七子德堪亦卒於大業十一年（芒洛續編上），韶封平原王，操封平原公，爵號相同，余故疑德操乃韶之少子也。說如不誤，則上文韶所生應有其名，此處祇分敍各支，所脱乃在彼不在此矣。後見通鑑一八七云：「德操，孝先之子也。」孝先，韶字，知前疑不謬。廣記四一三引大業拾遺，大業中武賁郎將段文操留守，疑是此人。

44 隋、朔二州刺史段嚴，狀云，信次子後魏平東將軍基後；生達，隋吏部尚書、東京留守。達生璋，唐殷州刺史。璋生懷節，右武將軍；曾孫成象，生平仲，尚書左丞。

A〔岑校〕隋朔二州刺史段嚴狀云　「隨州」，字亦間寫作「隋州」（如劉隋州），則「隋」乃州名，非朝號。隋書八五段達傳云：「父嚴，周朔州刺史。」則「隋朔」上或應補「周」字，否則「隋」應作「周」而衍「二」字。拓本貞觀二十年隋故銀青光禄殷州刺史（段師）誌銘云：「祖嚴，周大將軍、開府儀同三司。」

B〔又〕生達隋吏部尚書　隋書達本傳未言任吏尚。同書五九越王侗傳則稱侗即位，以達攝禮部尚書。同前段師誌：「父達，隋司空、納言。」

C〔又〕達生璋唐殷州刺史　同上段師誌：「君諱師，字大師。……及皇泰嗣興……乃以君爲殷州諸軍事、殷州刺史。……俄而運屬駈除，聖人有作……乃解甲投戈，卜居伊洛。」則「璋」應作「師」，且是隋之殷州刺史，非唐之刺史也。師卒貞觀十九年，年七十五，長子㻋，隋正議大夫、左監門直。又河南博物館藏拓本永徽四年唐右驍衞朔坡府故折衝都尉段公墓誌銘云：「公諱會，字志合，淄州鄒平人也。……祖瑗，齊任郡主簿，……俄遷静境大都督。……父師，皇朝散騎常侍、光禄大夫、贈洪州都督八州諸軍事、益都縣開國公，謚曰信公。」此段師乃志玄之父，非殷州刺史段師也（參拙著貞石證史五一三頁）。

D〔又〕生平仲尚書左丞　舊書一五三稱平仲自給事中轉左丞，又同書一四元和六年六月，平仲尚官給事中，此其見官也。全文六三〇韋夏卿碑，約元和元年撰，稱今右司郎中燉煌段平仲。

45 【齊郡鄒平縣*】 卬十九代孫紛，案唐世系表，「十九代」作「十四代」。後魏晉興太守；五代孫偃師，唐太子家令，今貫河南。偃師生志元，左驍衞大將軍。生懷古、懷藝、懷簡。案唐世系表，志元生瓚、瓘、珪，瓚生懷簡。此作志元生懷簡，中缺一代。懷藝，坊州刺史、少詹事。瓘，符璽郎、朝邑令，生懷昶、懷晏、懷晈。懷昶，德州參軍。生文昌，案唐世系表，懷昶生諤，諤生文昌，此作懷昶生文昌，中缺一代。左補闕、長慶太和中書侍郎、西川淮南京東三節度，生成式。珪，成式，宣州長史；生懷本，洛州太守。禮部郎中、蘇州刺史同，居榮陽中牟*。狀云榮陽少子孝方之後。

A〔岑校〕齊郡鄒平縣　此句應另行空格。段志玄碑云「齊州鄒平縣人也」，與已上所敍武威、姑臧者不同郡望。

B〔又〕卬十九代孫紛　校云：「案唐世系表，『十九代』作『十四代』。」余按卬當漢文時，計至唐初，已七百餘載，依三十年一世計之，似新表誤也。

C〔又〕五代孫偃師　段志玄碑，父名偃師，見石墨鐫華二。舊書六八、新書八九同，昭陵碑録誤「優師」。孔崇道撰承宗誌云：「高祖偃師，皇衞尉卿、左常侍、兼禮部尚書，加光禄大夫，益都縣開國公，謚曰忠信公。」

D〔又〕生志元左驍衞大將軍　羅校云：「案，『左』，唐表作『右』。」今據碑，志玄官終鎮軍大將軍、右衞大將軍，舊傳同。段承宗誌：「皇鎮軍大將軍、行右衞大將軍、上柱國、褒國公、食邑九百户、贈輔國大將軍、揚和滁潤常宣歙七州諸軍事、七州刺史、揚州大都督，謚曰忠壯公諱志玄府君之曾孫。」又孔撰承宗誌云：「曾祖志玄，輔國大將軍、褒國公，食封九百户，謚曰忠烈公，陪葬昭陵。」據志玄碑，實謚「忠壯」，孔誌作「忠烈」訛，孔誌先二十餘年而稱謂反誤矣。

E〔又〕生懷古懷藝懷簡　校云：「案唐世系表，志元生瓚，瓘、珪，瓚生懷簡，此作志元生懷簡，中缺一代。」余按舊書六八，子瓚襲爵，生懷簡，姓纂下文亦有瓘、珪，則此處脱文無疑。廣記二六八引朝野僉載，默啜陷趙、定州，襄公段瓚與楊齊莊同没，瓚先逃歸。字作「瓚」，當即舊、新書之「瓚」，「襄」其謚也，惟會要未載。

F〔又〕懷藝坊州刺史少詹事　舊書，懷簡開元中官至太子詹事。新表七五下又云，懷簡，坊州刺史，此作「懷藝」，疑誤。

G〔又〕瓘符璽郎朝邑令生懷昶懷晏懷皎懷昶德州參軍　按承宗誌：「皇鸞臺符璽郎諱瓘府君之

孫，皇梓州參軍諱懷昶府君之元子。」此可證實前文「志玄」下有脱文，又可證實舊、新文昌傳世系之誤。誌梓州，此德州，亦小異，或曾官兩任也。承宗官至晉陵郡長史，享年六十八，以大曆十三年遷祔，第三子銑，第四子全交，第五子鎮。又別一誌則言天寶十二載卒，年六十八，云：「大父□瓘，朝散大夫、符璽郎，父懷昶，□梓潼郡參軍，……第二子釗（似鋭字）。」

H〔又〕生文昌左補闕　舊書一六七云：「遷補闕，改祠部員外郎，元和十一年，守本官充翰林學士。」此其見官也。校注云：「案唐世系表，懷昶生諤，諤生文昌。此作懷昶生文昌，中缺一代。」羅校引舊文昌傳，祖德皎，父諤。按新書八九段志玄傳云：「三世孫文昌。」沈德潛云：「按文昌，憲宗時人，命改作平淮西碑者，必非三世。」余按舊書一六七文昌傳固云高祖志玄，新書七五下同，如連本身計，文昌乃志玄五世孫，若三世孫，即曾孫，文字罕作如是稱謂，「三」或「五」之訛也。復考元龜一三一，元和十五年，贈文昌祖懷皎給事中，父諤左僕射，是文昌乃懷皎孫，姓纂當有脱文，新表即沿誤本姓纂而訛。廣記一五五引定命録，文昌父鍔，爲支（枝）江宰，後任江陵□，户外韋處厚出任開州刺史時，文昌任都官員外，判鹽鐵。

I〔又〕長慶太和中書侍郎西川淮南京東三節度　「太」誤，庫本作「大」，此爲姓纂成書後事，乃後人續貂者。

J〔又〕生成式　舊書一六七，言咸通初成式出爲江州刺史，新書八九又言爲吉州。宋僧傳一二寰中傳，稱縉雲（處州）太守段成式。

K〔又〕珪成式宣州長史　新表，珪，宣州長史，「成式」二字涉上文而衍。長慶集五八段氏墓誌云：「其四代祖襃國公、揚州都督、贈輔國大將軍，生曾祖宣州長史諱弘珪，生大父鄜州刺史諱懷本。」世系表祇稱「珪」，唐人避高宗太子諱也。

L〔又〕生懷本洛州太守禮部郎中蘇州刺史同居滎陽中牟狀云滎陽少子孝方之後　「洛州」二字有誤，州不稱太守也，但唐人行文亦間見此不合式之稱謂。據勞考一九，懷本曾任鄜州刺史（元微之集五八），鄜州卽洛交郡，則「洛州」乃「洛交」之訛。又新表七五下祇稱懷本禮部郎中，故勞氏讀此文，亦以「生懷本，洛州太守、禮部郎中」斷句。但余初讀此文之時，卽覺「禮部郎中」四字，可以屬上、屬下。新表泰半爲姓纂副產品，余已於編首自序言之，表以屬上讀，故懷本便爲禮部郎中。勞氏未明此項關係，意表確別有所本，故於其所著石柱考一九禮部郎中內，既補段懷本，復補段同泰，是一女而事二夫矣。今考懷本任禮中，除新表誤讀姓纂外，別無他證，而同泰任禮中，則有晁説之段與言墓誌爲質（勞考一九引），故知「禮部郎中」四字應屬下讀，反之，殆可決新表之誤屬上讀矣。「同」字下，「居」字上，應依勞考一九補「泰」字。至姓纂原文，余疑「洛交太守」以上自爲一節，其下則以「滎陽中牟」提行，再接「禮部郎中、蘇州刺史段同泰」，「狀云」兩語，自爲一節。大約北宋見本，業已如見本之錯亂，故新表不得其讀也。再次，段榮有子孝先（見前文）、孝言（北齊書一六），是孝方爲滎少子，係承前武威條言之，「陽」字涉上文而衍，「榮」字亦涉上文而訛「榮」爲「榮」也。同泰，開元三年官太常博士，見會要一九。元龜二二四，開元二十一年，懷本官渝州刺史。吴郡志一一牧守門有段同泰。

46 【汧陽】司農卿、贈太尉、忠烈公段秀實，本武威。嶷，右驍衛將軍、鄜坊州刺史。

A〔岑校〕段秀實本武威嶷右驍衛將軍鄜坊州刺史　舊書一二八，秀實有子伯倫，卒於大和八年之後，終太僕卿。又據新書一五三，秀實孫嶷，仕文宗朝，則「嶷」以下云云，乃續貂之文也，「本武威」下有奪漏。全文七四文宗賜段嶷敕云：「卿統鎮滑臺，肅寧封部，……先奏請歸融書德裕德政碑文，今書畢，專令宣賜。」蓋大和四年李德裕節度鄭滑後事也。唐無「鄜州」，「鄜」字誤。

47 【遼西】鮮卑檀石槐之後。晉有段陸眷，孫務勿座，居遼西令支，生匹磾，受欲廆段。案晉書，段匹磾之父務勿座，勿座死，子疾陸眷嗣，匹磾爲晉假撫軍大將軍，死石勒之難，惟末波存，及末波死，子牙立，牙死，其後從祖就陸眷之孫遼立。此陸眷之孫務勿座云云，舛錯殊甚。八代孫文振，隋兵部尚書、北平侯，又原北海斯原，生確、綸。確，唐御史大夫；生孝機，中書舍人；孝叡，洛州刺史，生庭瑜。機生粹、徵。粹，化州刺史。徵，殿前侍御史。綸，工部尚書、駙馬都尉、紀國公，生孝爽。文振四從姪子榮，周潤州刺史；孫高唐，廬州刺史。

A〔岑校〕晉有段陸眷孫務勿座居遼西令支生匹磾受欲廆段　「令支」，庫本誤「令友」。「受欲廆段」，則不知是匹磾昆弟名否也。庫本校云：「案晉書，段匹磾之父務勿塵，勿塵死，子疾陸眷嗣，匹磾爲晉假撫軍大將軍，死石勒之難，惟末波存，及末波死，子牙立，牙死，其後從祖就陸眷之孫遼立。此陸眷之孫務勿塵云云，舛錯殊甚。」前兩「勿塵」字，局刻均誤「勿座」，嘉本祇後一個訛「勿座」。羅校云：「子牙立，晉書作弟牙立。」余按晉書六三匹磾傳，末杯（卽末波）爲匹磾從弟，則牙亦匹磾從弟，「從祖就陸眷」一語，似就末杯言之。果爾，則末杯之從祖，或卽匹磾之祖。如謂匹磾之兄既名疾陸眷，其祖曾不得名陸眷，殊不知北方命名簡單，吾人所譯，或是其官，原義弗詳，未可援漢俗爲例也。抑晉書一〇四有云：「後遣督護王昌及鮮卑段就六眷、末柸、匹磾等部衆五萬餘以討勒。」此之就六眷，匹磾傳稱疾陸眷，殿本考證云：「『疾陸眷』，石勒載記作『段就六眷』，又作『段疾六眷』，陽裕傳又作『段眷』。」是匹磾之兄，非與祖父同名，要與從祖同名矣。

B〔又〕又原北海斯原　羅校云：「當作『又居北海期原』。隋書段文振傳，北海期原人。」

C〔又〕生確綸　綸，兩唐書無傳，附見隋書六〇文振傳及新書八三高密公主傳。近歲出土有貞觀五年十月十四日隨北平襄公第七息段世弘墓記，拓本未見。

D〔又〕確唐御史大夫　舊紀二，武德二年，散騎常侍段確爲朱粲所殺。元龜一六四，高祖既入關，鄭令段確以縣降，拜御史大夫。

E〔又〕徵殿前侍御史　「前」誤，應作「中」。

F〔又〕綸工部尚書駙馬都尉紀國公　新書八三作「杞國」。叢編九引京兆金石録有駙馬都尉工部尚書杞國公段綸碑。文安縣主誌則云「降姻於工部尚書、駙馬都尉、紀公之世子段儼」，續編四云：「傳作『杞國公』，實『紀國公』之誤字也。」又綸武德初曾任益州刺史，見會要九八；尚高祖女高密公主，見同書六；太宗時卒宗正卿，見元龜六二〇。武德九年工尚段綸，見續僧傳一四三慧傳。武德初，益州總管段倫（綸），見續僧傳二四道會傳。貞觀三年六月，遣工尚段綸祈雨，見元龜一四四。七年，工尚段綸奏進巧人，見政要六。太宗卽位，遷祕書監，見元龜八九七。全文一五一有爲工尚段綸請致仕表。

48【諸郡段氏】　左金吾大將軍、鄜坊節度段奇，京兆人，生岌、嵩、嶨。汾原節度、檢校兵部尚書祐。

A〔岑校〕生岌嵩嶨汾原節度檢校兵部尚書祐　白氏集三七：「四鎮北庭行軍兼涇原等州節度支度營田觀察處置等使、光祿大夫、檢校工部尚書……段祐，……可檢校兵部尚書、右神策軍步軍大將軍知軍事。」據義山文集四居易墓碑，「明日以所試制加段祐兵部尚書領涇州」，此蓋元和二年制也，「汾原」乃「涇原」之訛，「祐」應依庫本作「祐」。至祐是否岌、嵩、嶨任一之子，待考。又元氏長慶集五八段氏誌：「母曰武威段氏，故衢州司田參軍岌之第二女也。……生大父鄜州刺史諱懷本。」則岌爲懷本之子，此處「生岌嵩嶨」句，是否前文「懷本」下所錯簡，抑僅姓名偶同，亦待考。

49【雲南・】　狀云，魏末段延没蠻，代爲渠帥；裔孫憑入朝，拜雲南刺史；孫，左領大將軍，生子光、子游、子英。子光，試太僕卿，長川王；生秀試，太常卿。子英，率府、遂郡王、神營州兵馬使。

A〔岑校〕雲南　此二字應提行。

B〔又〕孫左領大將軍　「孫」下失名，「領」下奪「軍」字。

C〔又〕子英率府遂郡王神營州兵馬使　「率府」二字當有奪文。神營州，新書四三下羈縻州中未著録，蠻書六：「故渭北節度段子英，此（波）州人也。」「神營」或「神策營」之奪，則「州」上亦有奪字。

貫

50 戰國策，齊有貫殊。漢有貫高。儒林傳，貫公、長卿。後漢居延都尉貫友。後趙貫志。姓氏急就章*。

A〔岑校〕戰國策齊有貫殊　按「貫殊」，姓解二作「貫珠」，是也，見戰國策齊策。

B〔又〕儒林傳貫公長卿　漢書八八，貫公子長卿，此「貫公」下奪「生」或「子」字。

C〔又〕後漢居延都尉貫友　見後書四及一一七西羌傳。

D〔又〕後趙貫志　按「後趙」，今本姓氏急就篇作「後魏」。

灌

51 風俗通，斟灌氏，夏諸侯也，子孫以國氏焉。漢丞相潁陰侯灌嬰。嬰孫賢，汝陰侯。案漢書，賢封臨汝侯。神仙傳，灌叔本*。漢太僕卿灌夫，父張孟常爲嬰舍人，易姓灌氏。

52 列仙傳有灌光。

A〔岑校〕列仙傳有灌光　按廣韻「冠」字下：「列仙傳有仙人冠先。」姓解三略同。先、光字肖，往往互訛，此實冠姓之文也，應移正。急就篇上又訛爲「冠仙」*。

爨

53 後漢河南户爨肅，見謝承後漢書。蜀志，交阯刺史爨琛，案廣韻，「琛」作「深」。建寧大姓也。又寧州刺史爨頒。華陽國志，爨習官至領軍，昌寧大姓也。

A〔岑校〕後漢河南户爨肅　「户」誤，庫本及通志正作「尹」。余按金石續編一引姓纂亦作「河南尹」，蓋代爲更正者。爨龍顔碑云：「迺祖肅，魏尚書僕射、河南尹。」則以爲仕魏。宋本辯證作「京兆尹」，非是。

B〔又〕蜀志交阯刺史爨琛　校云：「案廣韻，『琛』作『深』。」金石續編一云：「當是交州刺史爨琛之誤。晉書王遜傳，遜使爨琛距李驤，戰於堂狼。深爲蜀漢時人，琛爲東晉時人，相去六十餘年，諸書往往誤合。」按姓觿七亦作「深」。

C〔又〕又寧州刺史爨頒　金石續編一云：「晉書穆帝紀，永和元年李勢將爨頒來奔。……或即龍顏之祖。」

冠

54 姓苑云，有此姓，云冠高帝之後。

A〔岑校〕姓苑云有此姓云冠高帝之後　按「冠高帝」一名，於史無徵，考冠氏之文，今誤併於灌，說已見前，而今本貫姓一條，全係洪氏據姓氏急就章所補，余因此乃悟「冠高」實「貫高」之訛，「帝」字又涉「高」而衍也。廣韻「貫」字下祇云：「漢有趙相貫高。」而通志則貫、冠兩氏相連，凡此皆可爲冠姓冒貫姓之證，應改正。

55 晉大夫采邑，因氏。（岑補）

A〔岑校〕據姓觿七引冠姓文。

冠軍

56 漢霍去病封冠軍侯，支孫因氏焉。

A〔岑校〕漢霍去病封冠軍侯支孫因氏焉　宋辯證引，「封」作「爲」，無「因」字。

57 【襄陽】漢有太傅東海王參軍冠軍夷。案，句有脱誤。

A〔岑校〕漢有太傅東海王參軍冠軍夷　校云："案句有脱誤。"羅校云："案古今姓氏書辯證引作'晉有太傅參軍冠軍夷'。"余按晉書五九，惠帝西幸，以東海王越爲太傅，通志亦稱晉有太傅東海王參軍冠軍夷，則"東海王"三字非衍文。辯證特節引耳，"漢"當正作"晉"，句并無脱字。

三十諫

諫

58 周禮有司諫，子系以官爲氏。

A〔岑校〕子系以官爲氏　"系"誤，庫本及辯證三二引文均作"孫"。羅願新安志一六引元和姓纂云："周禮有司諫，子孫以官爲氏。"此下尚有錯文，見下晏姓。姓觿七云："姓纂以爲周司諫之後，非也。"

59 今望出歙郡。（岑補）

A〔岑校〕此應依新安志補在"見風俗通"句之下，參下晏姓。

晏

60 左傳，晏桓子名弱，齊公族；生嬰，字平仲。晏父戎、晏父釐，並其族也。據祕笈新書增。漢司隸校尉晏南。

A〔岑校〕生嬰字平仲晏父戎晏父釐並其族也　此十五字，洪氏據祕笈新書增，類稿四五引文同，祇缺「也」字。

B〔又〕漢司隸校尉晏南　通志作「司隸校尉晏稱」，稱見張酺傳，蓋涉下文「南燕」而訛奪也。新書七、備要三六及類稿引，亦作晏稱。

61 漢書御史晏忠，見風俗通。南燕有晏漢。

A〔岑校〕漢書御史晏忠見風俗通　羅校於前文諫姓下引辯證補云：「漢有治書侍御史諫忠，見風俗通。」余謂姓纂此文，卽諫姓之文而錯奪於此者，誤「諫」爲「晏」，猶之誤「顧」爲「露」（見前文），復奪「有治」等字，羅氏蓋未細勘前後文耳。通志「諫氏」下云：「漢有持書御史諫忠，見風俗通。」姓解一云：「漢有治書御史諫忠。」新安志一引元和姓纂云：「漢有治書御史諫忠，見風俗通，今望出歙郡。」更可證類稿四五諫姓下作「持書」，顯抄自姓纂，因唐人諱「治」也。

豢龍

62 古飂叔安裔子。

A〔岑校〕古飂叔安裔子　說本潛夫論。以通志勘之，似下有奪文。

三十一襉

蕑亡莧切。

63 姓苑云，人姓。

A〔岑校〕蕑（亡莧切）　考廣韻，「萺」亦作「蕑」，「萺」已見卷四，則不應復出「蕑」，且音亡莧切，尤非「蕑」之音讀。復考廣韻「三十一襉」「莔」字下云：「人姓，亡莧切。」乃知「蕑」實「莔」之訛也，應改正。辯證錢氏校勘記下補莔姓云：「集韻曰胡莧切，姓也，讀若綻，姓苑又音漏。」注云：「今本脱此條。」余按此條正在卷三二之「三十一襉」，惟誤「莔」爲「蕑」，錢氏失察也。姓解二亦云「莔音漏」，無「蕑」。

三十二霰

燃女見反。

64 見纂要。今同州有此姓。

A〔岑校〕燃（女見反）　今廣韻霰韻無「燃」有「燃」，奴甸切，云「姓也」。辯證三二引姓苑，燃，奴甸切，同州人。通志亦作「燃」。

練

65 見姓苑，云人姓。

見

66 見姓苑，云人姓。

薦

67 見姓苑，云人姓。

縣潘

68 衞大夫有縣潘氏。

A〔岑校〕衞大夫有縣潘氏　「縣潘」非姓，辨誤一四嘗論之。

三十三線

卞

69 出自姬姓，曹叔振鐸之後，支庶食采於卞，因以氏焉。魯有卞莊子。楚卞和。濟陰冤句人案晉書，卞壼之父曰粹，壼之子眕、盰、瞻、眈。眕、盰殉父難，一贈散騎侍郎，一贈奉車都尉。瞻位至廣州刺史，眈尚書郎。姓纂既缺引忠貞，又紊其世次。至濟陰冤句爲忠孝之里，而綴之卞和之下，尤穿鑿不經。魏卞揖，生統，爲晉瑯琊内史；生粹，中書令。子眕、盰、眈、瞻。又桓元長史卞範之•，宋卞彬。

A〔岑校〕支庶食采於卞因以氏焉　宋辯證引「支庶」作「支子」，無「因以」字。類稿四五引則與今本同。

B〔又〕楚卞和濟陰冤句人　宋辯證引「楚」下多「有」字，類稿亦然。校云：「案晉書，卞壼之父曰粹，壼之子眕、盰、瞻、眈。……姓纂既缺引忠貞，又紊其世次，至濟陰冤句爲忠孝之里，而綴之卞和之下，尤穿鑿不經。」「缺引」，庫本作「失引」。余按「忠孝」誤，應作忠貞。忠貞，壼謚也。「濟陰冤句」謂應提行空格，知者因卞範之、卞彬，皆冤句人也，今本誤連「卞和」之下，且衍「人」字。校者不能勘正舊本之失，遽詆林氏，妄極。且如讀作「濟陰冤句人魏卞揖」，文亦可通，安見此五字必上屬「楚卞和」爲句，此則更膠執不通矣。洪氏因仍舊注，是謂無識。羅校云：「案古今姓氏書辯證引作『世爲冤句人』。」亦非是。

C〔又〕魏卞揖生統爲晉瑯琊内史　羅校云：「案金石録載卞統碑，首題『魏故南郡太守卞府君之表』，是統未仕晉。」余按金石録三〇云：「右魏南郡太守卞統碑，在今曹州冤句縣，……又云，嘉平二年十一月己亥，寢疾卒官，而其首題『魏故南郡太守卞府君之表』。按晉書卞壼傳，濟陰冤句人，祖統，琅邪内史，而元和姓纂亦云統爲晉琅邪内史，……統以魏嘉平中卒，姓纂以仕晉者誤也。」

D〔又〕生粹中書令子眕盱眈瞻　庫本無「眈」字。余按「中書令」下當有壼一代，此脱佚，校注謂紊其世次，非林氏咎也。

賤

70 風俗通，漢左北平太守賤瓊。

A〔岑校〕漢左北平太守賤瓊　漢有右北平，無「左北平」，此誤，通志作「右」。

單

71 可單氏改爲單氏。

A〔岑校〕可單氏改爲單氏　按官氏志云：「阿單氏後改爲單氏。」又云：「渴單氏後改爲單氏。」通志同。辯證三二單姓云：「韻譜、廣韻上去聲皆有單氏，而二書主吴音，多以上聲爲正，姓纂亦然。」又同書二六單姓云：「音簞。」可見代北改姓之單，應入平聲，而周卿士後之單，應入上聲「二十八獮」。今代北之單，竟附去聲，而周卿之單，反歸平聲，縱使大典有誤，而大典分韻，未必唐人之舊，亦應更正。

吾讀此，不能不責清室諸臣之疎略矣。急就篇上雖誤附「渴單爲單」於音善者之後，然同書下-亦云「可單之單讀如字」。

卷

72 代北莪眷氏改爲眷氏。

A〔岑校〕代北莪眷氏改爲眷氏　通志同。按卷一「一東」引作改「莪」，此作改「眷」。沈濤云：「當是傳寫者見一本誤作『眷氏』，遂復歧出，非林氏原書互易也。」疏證又謂「志作『茂』者，後人尠見『莪』字，妄改爲『茂』。」其說均是。

變

73 見姓苑，云人姓。

戰

74 後漢初，戰兢爲諫議大夫。

三十五笑

邵

75 邵公奭，周同姓，受封於燕，傳國四十餘代。其支庶爲卿士，邵穆公、武公、邵廖、邵昭公，並其後也。秦有邵不疑。

A〔岑校〕邵公奭　今尚書作「召」，參下文召姓。

B〔又〕其支庶爲卿士　類稿四五引，「爲」下有「周」字，是。

C〔又〕邵穆公武公邵廖邵昭公　「武公」上應補「邵」字。又左傳莊二十七年有召伯廖，當補「伯」字。新書七、備要十七及類稿均誤爲「邵伯邵廖」。

76 【汝南】漢汝南太守邵安。唐都官郎中邵昇，自安陽徙汝南；弟炅，考功員外。

A〔岑校〕唐都官郎中邵昇自安陽徙汝南　全詩二函二册昇有奉和幸太平公主莊應制詩，中宗時作。嘉定赤城志八，開元十三年刺史邵昇。千唐久視(原目誤聖曆)元年嶲州刺史許樞誌，題「雍州萬年縣尉邵昇撰」。又千唐寇洋誌，洋試拔萃出類科，與邵昇、齊澣同時超等。

B〔又〕弟炅考功員外　孫逖父嘉之墓誌，炅久視初登拔萃甲科，神武皇帝卽位，加朝散。廣記二五五引御史臺記，邵景，安陽人，擢第後授汾陰尉，累轉歙州司倉，遷右臺監察、考功員外。語林五引同事作邵炅。

77 【安陽】狀云稱信臣之後。青州刺史邵休，其先避事，加「邑」爲邵氏。晉邵奇，壽春太守，五代孫知新，唐刑部郎中。又殿中御史邵瓊之，相州安陽人，生摯、説。摯，監察御史，生中和。説，吏部侍郎，生潬、滄。

A〔岑校〕狀云稱信臣之後青州刺史邵休　漢書九〇信臣傳、後書一〇九下邵馴傳均作「召」。信臣傳師古注云：「召讀曰邵。」馴孫休，附見馴傳。「云稱」二字應任衍其一。宋本辯證作：「召信臣之後，漢有青州刺史邵休。」

B〔又〕晉邵奇壽春太守五代孫知新唐刑部郎中　按晉人之五代孫，入仕於唐，疑不實不盡。會要三九，景龍元年有刑外邵知與（？），新書五八，太極元年有刑外邵知新（元龜六一二亦作「知與」）。

C〔又〕又殿中御史邵瓊之　邵説讓吏侍表，臣父殿中侍御史瓊之，遇玄宗撥亂興邦，驟歷數四，累登甲乙之第，再踐準繩之任（全文四五二）。

D〔又〕説吏部侍郎　建中元年朱巨川告身，「朝議郎、權知吏部侍郎、賜緋魚袋説」，卽邵説。新書二〇三本傳：「德宗立，擢吏部侍郎。」可證。下文又有「朝議郎、權知吏部侍郎、賜緋魚袋臣詵」（萃編一〇二），「詵」爲「説」字之誤。大曆四年蘄州樂壽縣丞李湍墓誌，又建中元年贈太傅崔祐甫墓誌，均説撰文，惟拓本未見。

E〔又〕生潬滄　「潬」，庫本作「渾」。

少

78 少昊氏之後。一云，少典之後。禮記，少連善居喪，東夷之子。

A〔岑校〕少昊氏之後一云少典之後禮記少連善居喪東夷之子　羅校云：「案古今姓氏書辯證引作『一云黄帝父少典之後』。」余按宋本辯證實引作：「黄帝父少典之後。一云少昊氏後。禮記有少連，善居喪。」

召

79 召公奭之後，或作「召」。齊召忽。漢功臣廣侯召歐。又南陽太守召信臣；生馴，孫休。

案通志，「休」作「材」。

A〔岑校〕召公奭之後或作召　類稿四五引作「邵公」，是也。否則與「或作召」句不相應。

B〔又〕漢功臣廣侯召歐　漢書一六師古注云：「召讀曰邵。」

C〔又〕生馴孫休　校云：「案通志，『休』作『材』。」余按休爲馴孫，見後書一〇九下，前文邵姓亦云「青州刺史邵休」，本是同人，此特複出。通志作「材」，誤。

邵皓

80 世本，惠公族羌子孫憲，爲邵皓氏。

A〔岑校〕世本惠公族羌子孫憲爲邵皓氏　語文欠通，當有錯誤。考潛夫論云：「羌憲氏、邃氏，皆衞姬姓也。」故知惠、衞音類而訛。通志「邵皓氏」：「晉有平陽從事邵皓宜邪。」又「羌憲氏」：「姬姓，衞公族羌子孫憲，爲羌憲氏。」持與姓纂相勘，乃知卷五之羌憲，既冒戴涓濁之文，羌憲之文，遂轉錯邵皓之下，邵皓之文，則又誤併於精縱也。後讀尋源三五云：「姓纂引世本云，惠公族羌之孫憲爲邵皓氏。澍按此引乃羌憲氏，非邵皓。」始知拙說與之相合。

召伯

81 左傳召伯奐氏族略作「奭」*。之後。

A〔岑校〕左傳召伯奐之後　校云：「氏族略作『奭』。」余按辯證三三引文與此同，統譜一三六引作「奭」，「奐」當「奭」之訛*。

少施(岑補)

82 魯惠公子施叔之後。禮記，孔子食於少施氏。(岑補)

A〔岑校〕據姓觿八引。

少室

83 國語，少室周，趙簡子右也。

三十六效

校

84 出自周官校人之後，以官爲姓。天寶河南士曹校傑。

A〔岑校〕出自周官校人之後以官爲姓天寶河南士曹校傑　宋本辯證引無「出自」二字，「天寶」改「唐有」。類稿四五有「出自」兩字。

孝

85 齊孝公支孫，以謚爲姓。

A〔岑校〕齊孝公支孫以謚爲姓　宋本辯證引，「姓」作「氏」。

淖

86 楚將淖齒。氏族略。

A〔岑校〕楚將淖齒　此係洪氏據通志補。辨誤二五以爲應作「齊將」。按呂覽注，卓齒，楚人，爲齊湣王臣，則「楚將」亦通，猶言楚人爲將者。類稿四五，句下多「仕齊湣王」四字，益見作「楚」之不誤。後檢姓觿九「三覺」淖姓引，「姓纂云，楚公族之後，史記，楚有淖齒爲齊相」，文更完全，應據以改補。惟姓觿收入聲，非是。

三十七號

郜

87 國名，在濟陰，以國爲姓。

88 【定安】 唐殿中御史、陝州刺史郜弘基；生貞鉉，虞部員外郎。鉉即中書令張柬之之甥也。

A〔岑校〕定安　應依庫本乙之。

B〔又〕唐殿中御史陝州刺史郜弘基　拓本久視元年吳纘誌：「夫人郜氏，唐陝州桃林縣令師之長女，侍御史弘基之歸妹。」豈誌省「殿中」字歟（夫人卒聖曆三年，年六十五）？

C〔又〕生貞鉉　「鉉」，庫本作「鉉」，嘉本作「鉉」，下同。統譜一〇四，郜貞鉉，光宅登科。

暴

89 暴公，周卿士，見毛詩。應劭風俗通云，暴辛，周諸侯也。漢書，御史大夫暴勝之，字公子，河東人。

A〔岑校〕暴辛周諸侯也　通志引，「辛」下有「公」字，類稿四五引無之。

B〔又〕漢書御史大夫暴勝之　見武帝紀。

浩
音告。

90 今隰州刺史浩聿。狀云，郜氏因避難改爲浩氏。聿子下闕。

A〔岑校〕郜氏　類稿四五作「本郜氏」，文較順。

B〔又〕聿子　洪云：「下闕。」庫本作「聿子虛舟」，不云「下闕」。通志亦稱聿子虛舟。英華稱虛舟長慶二年進士。

漕

91 漢書游俠傳，漕仲叔，西河人；少子游，亦以俠聞。

A〔岑校〕漕仲叔西河人少子游　漢書九二作「中叔」，字通用。唯「子少游」，非「少子游」也，二字乙。

嫪郎到切。

92 秦莊襄太后有嫪人嫪毒。

A〔岑校〕秦莊襄太后有嫪人嫪毒　羅氏於「十八尤」樛姓引古今姓氏書辯證補云：「秦有嫪毒。」實卽此文，字固作「嫪」，不作「樛」也。按辯證一八樛姓云：「元和姓纂曰，秦有嫪毒，誤矣，樛從木，嫪從女，音勞。」而宋本辯證仄聲文則與此相同。考廣韻，嫪固從女，意鄧氏初主從木，故有前説，其後未及改正，致自相矛盾，羅氏又沿誤而複補也。至「嫪毒」之音讀，説詳東方雜誌四二卷三號，茲不贅。

到

93 楚令尹屈到之後，以王父字爲氏。

94 宋、梁間有到彥之、到溉、到洽，望出彭城太原。（羅補）

A〔岑校〕此係羅氏據辯證補。　按宋、梁到氏均出彭城武原，「太」字應「武」之訛。

好大報反。

95 見纂要文。

A〔岑校〕好（大報反）　按字書無此反法，「大」誤，通志作「火」。

三十八箇

賀

96 姜姓，齊公族慶父之後。慶克生慶封，以罪奔吴。漢末，徙會稽山陰。後漢慶儀爲汝陰令，慶普之後也。曾孫純，避漢安帝父諱，始改賀氏；孫齊，吴大將軍。齊孫中書令劭。劭生晉太子太傅修。修十二代唐太子中書舍人德仁*。德仁姪孫彭州刺史默。德仁姪曾孫太子賓客知章，生曾。

A〔岑校〕慶普之後也　普見漢書藝文志及孟卿等傳。

B〔又〕孫齊吴大將軍　按三國志六〇引虞預晉書曰：「齊伯父純，……齊父輔，永寧長。」似「孫」應作「姪」，但考虞預又謂純「漢安帝時爲侍中、江夏太守，……避安帝父孝德皇帝諱，改爲賀氏」，則賀在安帝時，想年已不弱。安帝起西元一〇七，終一二五，齊則建安元年（一九六）始察孝廉，卒魏黄初（二二〇——二二六）末，距賀純爲侍中，總百年已上，是姓纂稱「孫」者幷不誤，今本三國志注之「伯父」，實「祖父」之訛也。復依傳，齊終後將軍。

C〔又〕齊孫中書令劭　齊傳末云：「子達及弟景。」就文面觀之，弟景應就齊立言，然同書六〇賀邵傳注引吴書云：「邵，賀齊之孫，景之子。」又晉書六八賀循傳：「曾祖齊。……祖景。」是「弟景」者達之弟，非齊之弟也。邵、劭古通寫，前已屢言之。

D〔又〕劭生晉太子太傅修　修卽循，二字古人往往混寫，屢見前文，羅校亦引循傳。

E〔又〕修十二代　「代」下奪「孫」字。

F〔又〕唐太子中書舍人德仁　越州賀德仁，少與從兄德基以詞學見稱。拓本河東栖巖道場舍利塔碑，司法書佐賀德仁撰。

G〔又〕德仁姪曾孫太子賓客知章　舊書一九〇中知章傳：「太子洗馬德仁之族孫也。」全文四四七竇臮述書賦下注云：「太子洗馬德仁之孫。」殆有脱字。

H〔又〕生曾　述書賦注又云：「仍拜其子典設郎子（？）曾爲朝散大夫、本郡司馬。」舊傳無第二「子」字。

97 【河南】官氏志，賀蘭氏、賀賴氏並改姓賀。

賀拔

98 與後魏同出陰山，代爲酋長。北人謂地爲拔，謂其總有其地，時人相賀，因氏焉。

99 【河南洛陽】後魏有賀拔爾頭，自武州爲河南人，生拔。拔生允、勝、岳。允，後魏太尉、燕郡王、尚書令。勝，太師、瑯琊公。岳，雍州刺史、關西、清水公。岳曾孫儼，唐右監門將軍，孫延嗣，度支郎中、右金吾將軍。

A〔岑校〕後魏有賀拔爾頭自武州爲河南人　北齊書一九、周書一四均作「爾頭」，唯魏書八〇作「爾逗」。魏書云，家於武川。周書云，以良家子鎮武川，因家焉。「武州」，武川之訛也。

B〔又〕生拔　羅校云：「魏書、周書賀拔勝傳，北齊書賀拔允傳，均作『度拔』，此奪『度』字。」

C〔又〕岳雍州刺史關西清水公　魏書八〇，岳封清水郡公，充關西行臺。「關西」下當補「行臺」字，庫本又誤「清」爲「岳」。

D〔又〕孫延嗣度支郎中右金吾將軍　景雲二年至太極元年，官涼州都督，見會要七八及元龜二五九，或作「廷嗣」，非。

100 爾頭少子生仁，後魏太宰、安定王。孫賀拔一云，給事中；元正，司門郎中。長慶中進士賀拔惎。案賀拔其心與白敏中友善，見唐摭言，此作「惎」，疑誤。

A〔岑校〕爾頭少子　此失其名。

B〔又〕生仁後魏太宰安定王　北史五三祇云，仁無善人•，得此，知仁固爾頭之孫而允之從昆也。北史又祇稱歷太保、太師，贈太尉，未言太宰。

C〔又〕孫賀拔一云給事中　「一云」，庫本作「云一」，均誤。考元龜一六一，貞觀二十年正月有太子中舍人賀拔玄壹，「云」蓋「玄」之訛。

D〔又〕元正司門郎中　此元正似亦仁孫。考山西通志九一引潞安府志，儀鳳三年潞刺賀拔正，時代計相當，或卽同人。

E〔又〕長慶中進士賀拔蕙　校云：「案賀拔其心與白敏中友善，見唐摭言。此作『蕙』，疑誤。」兩「蕙」字，庫本、嘉本均作「葸」。又「其心」誤，庫本正作「惎」。姓解二亦云「又有賀拔惎」，唯此句是羼文，應刪。復次，慶唐觀李寰題記，補正六五以爲建中三年立，題名中有觀察支使、試弘文館校書郎賀拔惎。按唐摭言八，「王相起長慶中再主文柄，志欲以白敏中爲狀元，病其人與賀拔惎爲交友，惎有文而落拓……起曰，我比只得白敏中，今當更取賀拔惎矣。」登科記考一九卽據此認惎爲長慶二年進士。依米芾書史惎似大中時尚存。又李寰隸蔣王房，新書一四八附見牛元翼傳，其題記云：「皇上御宇之三祀，春三月，旬有八日，晉慈等州都團練觀察處置等使……李寰。」試比觀方鎮年表四義昌節度，便知此應是長慶三年，陸氏徒因記文見「大曆十四年」字樣，遂決爲建中之物，疎矣。

賀蘭

101 代居元朔，隨魏南遷河洛，魏以「忠貞」爲「賀蘭」，因命以氏。孝文時代人咸改單姓，唯賀蘭氏不改。遠祖達羅，安樂王。

A〔岑校〕代居元朔隨魏南遷河洛魏以忠貞爲賀蘭因命以氏孝文時代人咸改單姓唯賀蘭氏不改遠

祖達羅安樂王　余初讀此節，卽疑與後節同是賀若氏之文，因舊説謂賀蘭山以駮馬得名，不言「賀蘭」訓「忠貞」也，唯苦無明據，未敢斷定。繼讀通志「賀蘭氏」云：「有紇伏者，與後魏俱起，爲賀蘭莫何弗，因以爲氏。其後鎭武川，因家之，後生庫者。」説略同周書二〇賀蘭祥傳，而與此迥異。「賀若氏」則云：「代居玄朔，隨魏南遷，北俗謂『志正』爲『賀若』，因以命氏。孝文時代人咸改單姓，惟賀若氏不改。遠祖達羅，安樂王。」大致與此全同，始知初疑之不謬。蓋南宋初見本猶未混亂，其後賀蘭文佚，遂以賀若蒙賀蘭之稱也。通志之「志正」，當「忠貞」之訛（廣韻作「忠貞」），忠、志字近，「貞」又因避嫌諱而改「正」也。唯「因命以氏」之「命以」二字，當依通志乙之。復次，今志猶有「奚斗盧氏改索盧氏」，是所存複姓亦不止賀若。羅校則云：「案此説未確，魏書官氏志，賀蘭氏、賀賴氏並改姓賀。」未檢類稿五九「賀若」引姓纂云：「代居玄朔，隨魏南遷，北俗謂『忠貞』爲『賀若』，因以爲氏。……唯賀若氏不改。」字句與通志祇小異，則南宋末見本尚有未錯亂者。平津續記跋賀若誼碑，祇謂「姓纂，賀若作賀蘭」，蓋未明其互冒。

102【河南洛陽】達羅。統生敦，誼*。周金州總管、武都公，生崇、弼、東。崇孫儼，湖州刺史。弼，隋陽州總管、宋公，生懷廓、懷默、懷武。懷廓，唐禮部郎中。懷默，穀州刺史、杞公。東，周榮公，生孝義，唐尚書左丞，生景約、景愼。景約，杞王司馬，生惲、愔。惲生庭芝。愔生誕。誕生寮，給事中。寮生公遂。景愼，兵部郎中，生。誼，隋靈州刺史、海陵公。

A〔岑校〕達羅統生敦誼　按賀若敦、賀若誼姓賀若，不姓賀蘭，則此節斷非賀蘭氏之文，故勞考三於「賀若察」下注云：「原本誤入賀蘭氏注，今校正。」

B〔又〕周金州總管武都公　周書二八，賀若敦爵武都公、金州總管，「周」上奪「敦」字。

C〔又〕生崇弼東　隋書五二，弼兄隆，武都郡公，此避玄宗諱，故改曰「崇」，下同。

D〔又〕弼隋陽州總管宋公　「陽」誤，庫本作「揚」。

E〔又〕生懷廓懷默懷武　全文一三四陳子良爲王季卿與王仁壽書云：「其子懷廓，今任光禄大夫、相府禮曹參軍。次子渠師，相府賓曹參軍。」渠師不審是默、武之一否。千唐白羡言誌：「夫人河南賀若氏，海陵公懷武之孫也。」（氏卒戊戌，年七十六，戊戌疑有誤）

F〔又〕懷廓唐禮部郎中　武德六年，官沙州總管，爲其部下所殺，見新紀一・通鑑一九〇訛「懷廣」。

G〔又〕東周榮公　弼傳，弟東，爲萬榮郡公，此作「周榮」誤。亦見勞考二五引北史改。

H〔又〕生孝義唐尚書左丞　武德三年，孝義官晉州長史，見慶唐觀銘（山右石刻六）。全文九三三杜光庭崇道記作晉州刺史賀君（若）孝義。神龍年立之平真客碑，稱州將襄邑公賀若孝義，循園金石跋尾引姓纂，以孝義爲弼從弟，誤，孝義乃弼胞姪也。

I〔又〕誕生察給事中　元龜一六二，大曆二年，命給事中賀若察宣慰湖南。

J〔又〕生誼隋靈州刺史海陵公　誼爲敦弟，有碑，「生」字編首自序別有説。

賀婁

103 代人，本居漢北，以國爲氏。孝文改爲樓氏。

A〔岑校〕賀婁　「婁」，庫本誤「晏」*，官氏志作「賀樓」，隋書作「賀婁」。疏證云：「婁、樓同聲通用。」

B〔又〕本居漢北　「漢」誤，庫本及通志作「漠」。漢、漠二字常互誤，舊籍中屢見之。類稿五九引，亦訛「漢」。

C〔又〕改爲樓氏　類稿引作「婁」。

104 【河南】後魏鎮西大將軍、廣陵王賀婁伏蓮，生大拔、蒙。曾孫行本，唐鳳州刺史、梁公。泉，武安公。寶，後魏太子太傅、廣平伯；生景賢，陽平公。景賢生詮、詮、子幹，隋鉅鹿公；生積，唐太子舍人。

A〔岑校〕後魏鎮西大將軍廣陵王賀婁伏蓮生大拔蒙　「伏蓮」，魏書三〇作「樓伏連」，北史二〇作「婁伏連」，有傳。。魏書，連子真嗣，真次弟大拔，以後文所敍系次觀之，蒙殆伏連之別子，非「大拔蒙」爲一名也。

B〔又〕曾孫行本唐鳳州刺史梁公　此「曾孫行本」當承「蒙」言之，因下文寶爲大拔孫，有史可證，如先敍大拔曾孫，乃及其孫，與姓纂敍系之通例不合。

C〔又〕泉武安公寶後魏太子太傅廣平伯生景賢陽平公景賢生詮詮子幹隋鉅鹿公　北史二〇伏連傳：「大拔孫寶，字道成。……天子感其壯志，召寶第二子景賢，……後從入關，封廣寧縣伯。……後授國子祭酒、侍中，進儀同三司、兼太子太傅。」是寶爲大拔之孫，中間尚缺一代，意者泉卽大拔之子、寶之父歟。若然，則「泉」上最少奪「大拔生」三字，「寶」上最少奪「生」字矣。史作「廣寧」，此作「廣平」，未詳孰是。羅校云：「案隋書賀婁子幹傳，祖道成，魏侍中、太子太傅，父景賢，古衞大將軍，子幹兄詮，北地太守、泰安公，此誤。」余按道成卽寶字，見前引北史，羅校之意，似以「子幹」之「子」作子孫解，余謂此特誤複「詮」字耳，應云：「生詮、子幹，隋鉅鹿公。」不重言子幹，卽繼敍子幹歷官，類此之書例，今本姓纂固數見之（但原文或不如此耳）。又羅校引隋書，景賢右衞大將軍，誤「古衞」。

D〔又〕生積唐太子舍人　唐初有賀婁善積，見元龜九二二，當卽其人。

賀遂

105 本居元翔，隨魏南徙。孝文改房氏。

A〔岑校〕本居元翔　「翔」誤，庫本作「朔」，前文賀蘭下亦云「代居玄朔」。

106 【河南】唐引仁府統軍賀遂豐，生封，渭源縣公，貫盩厔。案姓氏辯證「屋引」條云，唐雲麾將軍屋引弘，生統軍豐，豐生渭南郡公封。從此有誤。

A〔岑校〕唐引仁府統軍賀遂豐生封渭源縣公貫盩厔　校云：「案姓氏辯證屋引條云，唐雲麾將軍屋引弘，生統軍豐，豐生渭南郡公封。從此有誤。」（「從」字訛，庫本作「疑」）余按，今姓纂卷十，屋引尚別爲一條，内有梁王府統軍，但其名全與此異。又通志「屋引氏」云：「本居玄朔，隨魏南遷，孝文改爲屋氏。唐洪仁府統軍屋引豐，生封，渭源縣公，貫盩厔。」幾全文相同，如「改爲屋氏」，此作「改房氏」，「洪仁府」，此作「引仁府」（洪、弘同音，「弘」可誤「引」），其訛舛之故，皆如蛛絲馬跡之可尋。又通志屋引氏後爲賀遂氏，亦與訛舛原因有相當關係，若賀遂氏之文，今誤析爲仵城，見卷六。疏證徒以賀遂改房爲誤，猶未知其致訛之真因也。

賀悦

107 賀遂氏音訛爲賀悦，今關西有此姓焉。後周柱國、太尉李弼，賜姓賀悦氏*。

賀術

108 魏初賀術祁居賀安山，因以爲氏焉。

A〔岑校〕魏初賀術祁居賀安山　通志作「後魏初，賀術部居賀術山」，宋本辯證作「賀術祁居賀安山」。似以通志爲近是。

賀谷

109 今關中有此姓。氏族略。

A〔岑校〕今關中有此姓　此姓係洪氏據氏族略補。余考通志並無此姓，唯賀悦氏下引姓纂云，「今關西有此姓」，與此祇差一字。余意「賀谷」當是洪氏見本之訛，今此句已見前賀悦姓，是爲複補，目與文均應刪却。尋源三五亦引此立賀谷氏，踵洪而誤也。

三十九過

播

110 風俗通，播鼗武，殷末之賢人。案古今人表注曰，自師摯以下八人，皆殷末人。

夏（羅補）

111 夏后之後。（羅補）

A〔岑校〕羅校據姓氏書辯證補。余按此文已見前卷七夏姓之下，羅誤補。

華士（羅補）

112 晉有隱者華士，太公誅之。（羅補）

A〔岑校〕羅校據姓氏書辯證補。余按卷六士華下已云，「齊隱者士華，太公誅之」，羅氏誤補，以齊爲晉，辯證亦誤，參前文卷七。又夏、華二音，應入「四十禡」，羅氏編入「三十九過」，亦非。

四十禡

華

113 宋戴公子考父説，食采於華，因氏焉。華督、據祕笈新書增。華元、華宣、華亥，並爲宋卿。漢功臣表，華毋害，傳封四代。又華成、華嬰。

A〔岑校〕華督　二字，洪氏據祕笈新書增，類稿四六引文亦有之。

B〔又〕華宣　類稿引，「宣」作「定」，是也。見春秋襄二十九年以後。

C〔又〕又華成華嬰　成見漢書王温舒傳。

114【平源高堂】華嬰元孫魏司徒、博平侯華歆，生表。表生廙、嶠。廙生垣。又華譚爲祕書監。齊華寶。隋孝義傳，汲郡華秋。

A〔岑校〕平源高堂　羅校云：「案『源』當作『原』。」余按漢書地志、三國志一三均作「高唐」，唐、堂古寫通。

B〔又〕廙生垣　羅校云：「案『垣』，晉書華表傳作『恆』。」余按三國志注一三引晉諸公贊，稱廙三子恆，字敬則。

115【沛國譙縣】魏志，華佗。

謝

116 姜姓，炎帝之允。申伯以周宣王舅受封於謝，今汝南謝城是也，後失爵，以國爲氏焉。魯有謝息。據祕笈新書增。

A〔岑校〕炎帝之允　「允」，庫本及通志作「裔」，新書七、備要一三引作「胤」，類稿四六引作「肩」。

B〔又〕以國爲氏焉　庫本無「爲」字，通志及新書、備要、類稿均有。

C〔又〕魯有謝息　四字，洪氏據祕笈新書增，亦見通志及類稿引。

射

117 三輔決録云，後漢末鴻臚射服，天子以服爲將軍，出征，姓射名服，不祥也，改姓謝名咸。子登，授。登，蜀郡太守。授，中郎將。

A〔岑校〕後漢末鴻臚射服天子以服爲將軍出征姓射名服不祥也改姓謝名咸　此文於義不順，且不切題，通志作「鴻臚謝服」，「姓謝名服」，「改姓射（名咸）」（前後兩句，類稿四六同），是也，今本射、謝誤錯。考三國志注引三輔決録云：「始祖謝服爲將軍，出征，天子以謝服非令名，改爲射。」又宋本辯證引姓纂云：「後漢末，大鴻臚謝服，天子以爲將軍，出征，姓射名服不祥，改姓射名威，威子監、援。」辯證姓射之「射」亦誤，作「威」不作「咸」（廣韻作「咸」），未詳孰是；「監援」二字誤，參看下條。漢書補注二一上葉德輝曰：「唐林寶元和姓纂引三輔決録云……三國志注引云，射援其先本姓謝，始祖謝服爲將軍，出征，天子以謝服非令名，改爲射，子孫氏焉。案二説不同，以決録爲是。謝姓，元和姓纂以爲周宣王舅受封于謝，是謝在射前，不當改『謝』爲『射』，且謝服不得謂非令名，明裴注誤引，此射姓又在射服之前。」余按姓纂與三國志注同是引決録，葉所謂「決録爲是」者，專指今本姓纂言之，但類稿引姓纂，固與三國志注無異，葉未知今本之多訛也。抑如葉所論，謝得姓在射前，固無礙乎由「謝」改「射」，且後世改姓，可任取一字，初不必前有其姓，可於魏書官氏志見之。「謝罪而服」，從主觀方面講，實是不祥，儻曰由「射服」改「謝服」，試問「射服」果有何不祥之意耶？

B〔又〕子登授　「登、授」通志作「登、援」，宋本辯證作「監撲」。按三國志注引三輔決録，射援兄堅，字文固，則作「登授」或「監撲」者均誤也，下同。

柘

118 楚大夫，以地爲氏。急就章，漢有柘温舒。

耸案廣韻，音同嗄，姓也。

119 風俗通云，新鄭人，楊耸村在縣西二十五里。

A〔岑校〕校云：「案廣韻，音同嗄，姓也。」庫本無此校注，通志音所嫁切。辨誤三云：「姓纂云新鄭有茸姓，……林氏説誤。」此蓋張據本訛，又未細參今本，故生妄詆。

舍

120 見姓苑。

罶音亞。

121 見纂要。

舍利

122 北蕃酋帥有吐密支頡利後，姓執矢氏；生思力，唐右驍衛大將軍、定襄州都督、駙馬都尉，尚高祖女九江公立，生紹德、紹宗、師仁、歸真也。

A〔岑校〕舍利　余按此條以舍利蒙執失之文，説見前卷三蘇農，茲不贅。

B〔又〕北蕃酋帥有吐密支頡利後　通志作「北蕃酋帥有屈密支頡利發」，後、發二字，草寫相近，「頡利發」爲突厥官稱，「後」字誤無疑。吐、咄字亦肖，如「骨咄禄」等常作「骨吐禄」，通志之「屈」，殆「咄」之轉訛。

C〔又〕姓執矢氏生思力　「執矢」誤，通志正作「執失」，執失思力，新書一一〇有傳。

D〔又〕唐右驍衛大將軍　「右」，通志作「左」，但奪「大」字，舊紀亦作「左」。

E〔又〕尚高祖女九江公立　「立」誤，庫本及通志均作「主」，見會要六及新書一一〇。

F〔又〕生紹德紹宗師仁歸真也　「師仁」，通志作「歸仁」。

謝邱

123 風俗通，周宣王支子食采謝邱，因氏焉。漢書古今人表，魯有謝邱章。

下軍

124 左傳，晉將欒黶爲下軍大夫，子孫氏焉。

亞飯

125 殷末賢人亞飯干之後。

四十一漾

向

126 宋桓公向父肸，肸孫戌爲左師，子孫氏焉。向爲人、向寧、鄭、向宜，並其後。後漢有向長，字子平。

A〔岑校〕宋桓公向父肸肸孫戌　「肸」，左傳疏同。庫本、嘉本及通志作「肹」，義同。急就篇顔注云：「桓公生向父肹。」類稿四六引，「桓公」下有「子」字，此奪。

B〔又〕向寧鄭　類稿引，「寧」下有「向」字，是也。

127 向魋，宋司馬向戌之曾孫。（岑補）

A〔岑校〕類稿引在「子孫氏焉」之下。

128 【河内山陽】 後漢侍中向栩，五代孫秀，黄門侍郎。後漢又有向韶，生雄、琰。雄，晉河南尹。琰生秀，黄門侍郎。宋有向彌，並河内人。案，「琰生秀」，因上文脱誤。

A〔岑校〕五代孫秀黄門侍郎後漢又有向韶生雄琰雄晉河南尹琰生秀黄門侍郎　校云：「案『琰生秀』，因上文脱誤。」按晉書四九秀傳，未言其所自出，若如姓纂所記，韶直栩之孫耳，疑誤。據金石録二〇，晉有向凱，亦山陽人，卒惠帝元康九年四月，嘗爲給事黄門侍郎，累遷河南尹（叢編六誤「尚凱」），不知與此相涉否，惜趙氏未舉其祖先也。又晉書四八，向雄，河内山陽人，爲郡主簿，太守王經被刑，哭之盡哀，後又收葬鍾會，太康初爲河南尹，弟匡。同書四九，秀，河内懷人，不舉其父。

B〔又〕宋有向彌　據宋書四五，彌本名靖。

129 【汲郡】 唐户部尚書向衡，子振、總，向長之後。

A〔岑校〕唐户部尚書向衡子振總向長之後　舊紀一〇，乾元二年三月，以鄆州刺史尚衡爲徐州刺史、兖亳潁等州節度使；四月，以徐州刺史尚衡爲青州刺史、兖青淄密登萊沂海等州節度使；上元元年十月，以兵部侍郎尚衡爲青州刺史、青登等州節度使；二年四月，青州刺史尚衡奏破賊。同書一一，寶應元年九月，迴紇率衆來助討逆，令御史大夫尚衡宣慰之。通鑑二一七，至德元載，濮陽客尚衡起兵討禄山。千唐貞元十二年陽濟誌，濟曾佐故御史大夫尚衡幕。廣記一八九引譚賓録，李光弼未至河南時，尚衡、殷仲卿相攻於兖鄆。又二二二引定命録，御史中丞尚衡初爲濮陽丞，禄山反，不受賊官。文粹四五有尚衡文道元龜一篇，稱天寶初適于平陽云云。此爲尚衡之事迹。復次，後書一一三向長傳，字子平，注云，高士傳「向」作「尚」；廣韻「尚」字下，「後漢高士尚子平」；通志「尚氏」：「後漢高士尚長，字子平，望出汲郡、清河、上黨。」合而觀之，知此條「向衡」應作「尚衡」，「向長」應作「尚長」，姓纂以向姓兼冒尚姓也。唯據吾人所知，尚衡似未爲户部尚書，則疑「唐户部尚書」五字，是暢姓所錯簡（參下暢姓）。或謂前文向姓已稱「漢有向長字子平」，此處尚姓，不應復云「向長之後」，殊不知信臣分見於邵、召兩姓，姓纂此例不少，支庶各爲氏別，同宗一祖，尤事所常有也。又元龜一四〇，元和十四年九月，贈鄆州左司馬尚振刺史，「以嘗謀殺李師道歸國，爲師道所害故也」。此尚振當即尚衡之子，惟唐無「鄆州」，乃鄆州之誤。末檢類稿四六尚姓引文，正云「唐户部尚書衡，生振、總，尚長之後」，惟「户部尚書」四字誤否，尚待考定。

130 姜姓，齊太公之後，號太師尚父，其支孫因氏焉。後漢高士尚長。（岑補）

A〔岑校〕據同前類稿引，備要二六同。

暢

131 陳留風俗傳有暢。悦，河東人。狀云，本望魏郡。瓘子當。悦子偃。又詩人暢諸，汝州人，許昌尉。

A〔岑校〕陳留風俗傳有暢　此七字必不能與下文相連爲句，因陳留風俗傳是唐以前書，而暢悅則唐人也。考廣韻，「陳留風俗傳曰，暢氏出齊」；姓解三，「陳留風俗傳云，暢氏與姜同姓，出於齊也」；通志，「陳留風俗傳有暢氏，不詳所出」。此處脱文，大約其意相同。

B〔又〕悅河東人狀云本望魏郡瓘子當悅子偃　據舊傳一一一，「瓘」字誤，應作「璀」。璀，河東人，大曆五年遷户部尚書。「河東人」之上，可知者殆奪「唐户部尚書暢璀」七字，而「唐户部尚書」五字則錯簡於向姓也。後檢類稿四六暢姓有云：「唐户部尚書暢璀。尚書左丞暢悅。璀子常、當。當，進士擢第，爲太常博士。悅子偃。並河東人。」審其文義，當輯自林書，可據以訂正今本之缺誤。元龜一二，代宗爲元帥，以諫議大夫暢璀（七罪反）等爲副使判官。英華三八一有賈至授暢璀諫議大夫制，稱關内鹽（全文三六六作「監」）河判官暢璀，總目誤「楊璀」。廣記三〇四引戎幕閒談，璀年六十餘，始相衛間一宰，後辟從事，拜殿中侍御史，入爲省郎、諫議大夫，貶辰州司馬，徵爲左丞，終工部尚書。訪碑録有唐左丞暢悅碑，韓秀榮八分書（叢編四）。舊書一二，貞元三年五月，悅自左丞爲湖南觀察。又同書一三，貞元四年四月，自左庶子爲桂管觀察，是年六月卒。全文七八五穆員成都功曹蕭公誌，公貞元八年卒，春秋五十八，「夫人某郡暢氏，故尚書左丞某之子」，即悅女也。又江州集三有寄暢當詩，自注云：「聞以子弟被召從軍。」同集五有答暢校書當詩。紀事二七，當貞元初爲太常博士，後卒果州刺史，與弟諸（?）皆有詩名。才子傳四，當大曆七年及第。全文五二八，顧況有韓滉謚議，云代太博依此解剖，余以爲姓纂士成、上梁兩條，實是一姓之文。尋源三〇「上成氏」云：「按上成，一作『卜成』，見仲長統昌言、抱朴子。」是姓纂、通志之士成，殆由上成訛變而轉冒卜梁之文者。卜、上字近，姓纂之上梁，又由卜梁訛變也。應各還原，移附本韻。

上官

136 楚王子蘭爲上官邑大夫，因氏焉。祕笈新書。

A〔岑校〕楚王子蘭爲上官邑大夫因氏焉　洪氏據祕笈新書增。余按卷七養韻下已有上官，云：「楚懷王子蘭爲上官邑大夫，因氏焉。」洪氏誤補。通志、祕笈均奪「懷」字。

尚方

137 傅餘頠複姓録有尚方氏。

匠麗

138 鄭穆公時匠麗寇之後，著書八篇。

A〔岑校〕鄭穆公時匠麗寇之後著書八篇　此條乍讀之，似無如何舛誤，及一再勘之，乃知其純冒列禦之文也。考通志「匠麗氏」云:「左傳,晉有匠麗氏。漢功臣祝其侯匠麗舒。」與此全異,而姓纂一〇「列禦」云:「鄭穆公時列禦寇之後。」祇以「匠麗」换「列禦」字。又列姓云:「(寇)著書八篇。」兩文合觀,此非匠麗之文甚明,參下卷十祝固條。

唱盆

139 改爲温氏。

A〔岑校〕改爲温氏　官氏志作「唱盆」,余按通志又作「温盆」。「唱」與「唱」相類,疏證以爲唱、温聲通,作「唱」者誤。姓解一固作「唱盆」也,應移正。

相里(羅補)

140 里氏居相城者,爲相里氏。莊子有墨者相里勤。後漢謁者相里斥。(羅補)

A〔岑校〕羅氏據姓氏書辯證補。余按卷五陽韻相里之文,大意相同,羅氏誤補。

四十二宕

伉音抗。

141 晉有漢中大夫伉嘉。

A〔岑校〕晉有漢中大夫伉嘉　按後書七，注引風俗通云：「衞大夫三抗之後，漢有抗喜，爲漢中太守。」廣韻「伉」字下：「漢有伉喜爲漢中大夫，出風俗通。」姓解一略同（姓氏篇引廣韻，作「大中大夫」，誤）。通志云：「漢有中大夫伉喜，晉有漢中太守伉嘉。」（類稿四六祇有下句）辯證又云：「漢有中大夫伉書。案伉喜爲漢中守。」書各不同。以余觀之，大抵由「太守」訛「大夫」，遂有「中大夫」之轉訛，喜、嘉字近，容易傳訛，因又析作兩人也。辨誤一三以大中大夫爲合，亦非是。段朝端云：「漢制官名無『漢中大夫』。」

四十三映

孟

142 魯桓公子慶父之後，號曰孟孫，因以爲氏。又衞襄公長子孟縶之後，亦曰孟氏。齊有孟軻，字子展。祕笈新書作「輿」。秦有孟說。

A〔岑校〕齊有孟軻　庫本無「有」字，類稿四七引作「鄒有」。

B〔又〕字子展　洪校云：「祕笈新書作『輿』。」按王肅聖證論：「子思書孔叢子有孟子居，即是軻也。」（困學紀聞八）文選辨命論李善注引傅子（玄），稱孟子輿。李翰蒙求注引史記云，字子輿。宋莊綽雞肋編謂史記無其文。通志略作「字子車」。居、車音同，車、輿義同，頗疑「展」即「居」字之訛。類稿引作「子輿」，備要一六引則作「子居」，可證（禮部韻略引廣韻，「軻」字下亦作「子居」）。

143【平昌安邱縣】孟敬子生滕伯。伯生廖。廖生軻，居高密，置平昌郡，因爲郡人。漢孟觀，二十二代孫說。說生倕，刑部郎中；孫簡，常州刺史。

A〔岑校〕置平昌郡　按平昌，兩漢爲侯國，宋爲郡，「置」上奪「晉」字，據宋本辯證知之。

B〔又〕漢孟觀二十二代孫説説生倕　按晉書有孟觀，惠帝時人，被夷三族。又舊書一六三孟簡傳：「天后時同州刺史詵之孫。」知「説」爲「詵」訛。但由晉初迄天后時不過四百年，焉能傳二十二代？儻漢别有孟觀，則下文「觀孫珩之十一代孫」（卽觀十三代孫）亦已仕唐，故知「二十二代」之前「二」字爲衍文，實十二代孫也。垂拱四年，台州司馬孟詵，見寰宇記九八。廣記一九七引僉載，詵父曜，詵，進士，解褐長樂尉，累遷鳳閣舍人，左授台州司馬，累遷同州刺史。又二一八引譚賓録，詵於孫思邈執師禮。永昌年，台州司馬孟詵，見廣記三九八引洽聞記。嘉定赤城志三九，稱永昌三年郡司馬孟詵，永昌無三年，當誤。

C〔又〕孫簡常州刺史　舊書簡傳，坐事出爲常州刺史，元和八年，就加金紫光禄大夫，此其見官也。復次，簡傳稱平昌人，同書一五一詵傳稱汝州梁人，蓋一舉其望，一舉其占耳。全詩八函一册，李紳毗陵東山詩引：「東山在毗陵驛，南連水西館，館卽獨孤及在郡所置，荒廢已久，至孟公簡重修，……孟公在郡日，余以校書郎從役，同宴於此。」又同人過吴門詩注：「元和七年，余以校書郎從役，再至蘇州。」是七年孟簡爲常州之證。廣記一七二引逸史，孟尚書簡代李遜爲浙東；又二四三引國史補，稱簡御史中丞，又四六七引戎幕閒談，李公佐元和八年冬，自常州餞送給事中孟簡至朱方。嚴州圖經一：「孟簡，元和十□年□月□日自吉州刺史拜。」據舊傳，係貶吉州司馬同正，非刺史，又量移睦州，在長慶元年大赦後，非元和也。

144 觀孫珩，又居相州。珩十一代孫唐禮部尚書温，子晧、曉、晅、暤。晧，本大令，生遂。曉，左補闕。晅生迢，河陰令。暤，右丞、京兆尹，生通、述、逢、迪、逑。逢，司農少卿。迪，大理少卿。

A〔岑校〕珩十一代孫唐禮部尚書温　按孟温事迹，見勞格讀書雜識六，即郎官柱及精舍碑之孟温禮。元龜一五九，開元九年京兆尹孟温禮。同書一五二，開元十一年京兆尹孟温。同書一四四，開元十四年六月，光禄卿孟温祭風伯。同書二一四，開元十九年河南尹孟温禮（語林五亦作「温禮」）。同書八九九，太子賓客孟温除禮尚致仕。全文三〇九孫逖制，同州刺史、魯國公孟温可太子賓客。千唐司馬望誌稱同州刺史孟温禮，以望之年歲核之，約開元二十年頃事。萃編七五郞國公主碑（開元十三）著録光禄卿孟德，但英華及文粹均作「孟禮」。又英華四二四南郊赦書稱孟温禮。制詔集一一授孟皞京兆尹制云：「勉修先父之職，以繼緇衣之好。」可見此之温嘗爲京兆尹，而長安志九有京兆尹孟温禮宅，兩京新記三又稱「開元元（九？）年孟温禮爲京兆尹」，其爲同人無疑，今姓纂單作「温」，殆奪

「禮」字耳。

B〔又〕晧本大令　「本大」誤，庫本作「奉天」。

C〔又〕皞右丞京兆尹　制詔集一一授孟皞京兆尹制，稱正議大夫、守汝州刺史、兼御史中丞、知本州營田、上柱國、平昌縣開國男、賜紫金魚袋孟皞。舊書一一，大曆四年十月，汝州刺史孟皞爲京兆尹；十年三月，自左常侍爲葉（華）州刺史。同書一二，建中元年八月，自右丞爲涇州刺史；四年二月，自左常侍爲福建觀察。又大曆六年，官左常侍，見元龜一三六。大曆九年，皞以散騎常侍、平昌縣開國子奉敕主祭恆嶽，見金石録補一六。全文四七〇陸贄答論蕭復狀，言德宗緣孟皞年老，欲除復爲福建觀察。全文五二一梁肅李舟誌，「二十餘，以金吾掾假法冠爲孟候（侯）皞湖南從事」，約廣德、永泰間事。同書五二二同人爲雷使君祭孟尚書文，稱故福建觀察使、兵部尚書、贈右僕射孟公，蓋皞卒於閩也。

D〔又〕生通述逢迪逑　庫本作生通、述、逢、通、迪、逑。

E〔又〕迪大理少卿　庫本此下有注云：「按孟子非齊人，『字子展』亦未詳所自。」

145【東海】漢孟卿以學顯名。

146【鉅鹿】後漢孟敏。

147【武威】後梁孟褘。

A〔岑校〕後梁孟禕　後涼之訛。辯證三四：「後涼有昌松太守孟禕。」禕、禕小異，但彼又訛「武威」爲「武康」。

148 【江夏武昌】　吴侍中孟宗。晉孟嘉，弟陋。案晉書，孟陋爲孟宗之曾孫。宋孟昶，封臨淮公；弟顗，兄弟爲僕射。

敬

149 陳厲公子敬仲之後，以謚爲氏。姓苑云，黄帝孫敬康之後。秦有敬丕；子教，爲平陽太守。

A〔岑校〕丕子教爲平陽太守　新表七五上作「河東太守」。

150 【平陽】　敬教子孫因官家焉。裔孫歆，漢末爲揚州刺史。六代孫頫，後魏北平太守；曾孫顯儁，北齊僕射、永安公，弟法明、法筵。曾孫仁綱，生彦琮、山松、仙客。彦琮，唐愛州刺史。山松，澄城令，生暉、晈。暉，右丞、侍中、平陽王，生讓、誠、詢、諲。讓，尚舍奉御。誠，魯郡太守、右威武大將軍。詢，比部員外郎。仙客，蔚州刺史。法明曾孫君弘，右衞將軍、黔昌公，孫昭道。

A〔岑校〕裔孫歆漢末爲揚州刺史　羅校曾舉金石録爲證，然所引甚簡，兹再詳之。金石録一七云：「右漢敬使君碑，在河東平陽，其額題云漢揚州刺史敬君之銘。……略可辨者，嘗辟司隸從事，又爲治書御史，最後云年五十三，光和四年閏月遭疾而卒，其他不復可考。按姓苑載風俗通，有敬歆，漢末爲揚州刺史，元和姓纂亦云歆平陽人，而後周書敬珍傳、唐書宰相世系表，『歆』皆作『韶』，余後得後魏敬曦造像碑亦作『韶』，乃知姓苑、姓纂之謬。」同書二一云：「右東魏敬君像頌，敬君名曦，顯儁從弟也。碑云十世祖漢揚州刺史韶，……而姓苑與元和姓纂皆作『歆』，疑轉寫之誤。又據碑，顯儁乃韶十世孫，而姓纂以爲九世，恐亦誤也。」余按韶、歆二字，舊籍常牽混不清，如王韶之、王歆之是也。十世是否連本身計，待考。千唐敬（原目誤張）昭道誌亦云：「漢揚州刺史歆，晉侍御史雄，即公之遠祖。」是唐人常稱敬歆矣。

B〔又〕六代孫頻後魏北平太守　中州金石記一云：「考宰相世系表，在顯儁上第三格云，頻，後魏北絳太守，乃是顯儁之曾祖，不應于顯儁立碑時列名碑陰，蓋或是族曾祖行，而世系表誤分其格，正直顯儁之上也。」余按主簿、太守，官秩懸殊，此主簿敬頻，特偶與顯儁之曾祖同名耳，合觀姓纂，知畢氏誤分其格之疑，不能成立。又考魏書一〇六上，定州有北平郡，晉州有北絳郡，均孝昌中置，平州北平郡，秦置。頻爲顯儁曾祖，時代應在孝昌以前，則作「北平」者近是。

C〔又〕曾孫顯攜　羅校云：「案『顯攜』當作『顯儁』，北齊書有傳。」余按北齊書二六作「顯儁」，羅刻亦誤。敬史君碑，興和二年立，首云，公名□字顯儁，平陽泰平人。則顯儁乃字而非名也。新表以頻爲韶玄孫，顯儁爲韶七世孫，均誤。

D〔又〕北齊僕射永安公　中州金石記一云：「宰相世系表又云，北齊僕射，史又不載，不知何也。」按敬史君碑立於興和二年，亦未任僕射，唯舊書一八七上言之。羅校云：「案『公』，唐書世系表作『侯』。」余按史君碑亦云「進封永安侯」。

E〔又〕弟法明法筵　庫本、嘉本「明」均作「朗」，下同；「筵」均作「延」。羅校云：「案唐表作『法朗』。」余按今唐表作「法明」，未知羅校何本也。又唐表以法筵爲顯儁子，殆誤。

F〔又〕曾孫仁綱生彦琮山松仙客　「仁」、「仙」二字，唐表同，庫本、嘉本均「仁」作「人」，「仙」作「山」（下同），殆誤。又新表以仙客爲山松子，亦疑不合。

G〔又〕讓尚舍奉御　開元七年官魏州長史，見會要六一。

H〔又〕誠魯郡太守右威武大將軍　開元二十六年，誠官越府都督，見萬齊融戒壇院碑（全文三三五）。「右威武」，新表作「右衛」，按唐無威武衛，此誤。會稽掇英唐太守題名記：「敬誠，開元二十六年自台州刺史授，二十七年改廬州刺史。」杜菊生校記云：「『誠』元作『誠』，會稽志亦作『誠』，皆誤也。上卷戒壇院碑作『誠』是，從之。」嘉定赤城志八：「開元二十六年，敬誠自州授會稽守，見會稽志，壁記不載。」

I〔又〕法明曾孫君弘右衛將軍黔昌公　舊書一八七上稱是顯儁曾孫，封黔昌縣侯，未言任右衛將軍。貞觀政要五，隱太子之死，馮立苦戰，殺屯營將軍敬君弘。

J〔又〕孫昭道　新表列昭道於君弘之下一代，蓋併此之昭道與河東之昭道爲一人也。按君弘死於武德九年，其子未必開元初爲監察御史，則新表之誤無疑。至兩昭道是否同人，下文再詳之。

151【河東】　狀稱望平陽。南涼枹罕太守敬歸。七代孫播，唐給事中、監國使；生非，虞部員外。播三從孫昭道，監察御史；生羽，侍御史。三從兄弟昶，許州司馬；生令則，臨汾令。令則生德、煒。德，祕書郎，生揖、擢、括、撫。揖，太子家令，生寰、寓。括字叔弓，兵部侍郎、御史大夫，生騫、密、寬。寬，京兆尹，生昕、晦、暭、煦。騫，建州刺史；生性安，大理評事。撫，太子舍人。煒，給事中，生挺。

A〔岑校〕南涼枹罕太守敬歸　新表以歸爲韶孫。按韶卒光和，歸仕南涼，相去二百餘年，不合者一。表又以頻爲歸孫，然姓纂上文固云韶「六代孫頻」，不合者二。此皆合兩昭道爲一人所致誤也。

「枹」，庫本誤「抱」。

B〔又〕七代孫播　今新表列作八代孫，亦與下文「三從孫昭道」相迕。

C〔又〕唐給事中監國使　「監國使」疑「修國史」之訛。廣記二四九引啓顏録，播與崔行功同時。

D〔又〕播三從孫昭道監察御史　新表蓋以此昭道與平陽之昭道，併作一人，故通平陽、河東爲一表，且以歸爲顯儁所自出。但平陽之昭道，乃君弘孫，河東之昭道，乃播三從孫，果是一人，則君弘與播同以法明爲曾祖矣，顧姓纂平陽下何以不言歸？河東下又不敍法明，余故謂新表誤也。昭道，開元四年任殺蝗使，見會要四四。英華三九五有授殿中侍御史制（全文三六七作賈至行制，非是），稱朝議郎、行監察御史敬昭道。大唐新語，延和中，昭道爲大理評事，遷監察御史。千唐敬昭道誌，「敬」字甚漫漶，故原目誤「張」，然誌云，「諸侯以字，因謚而命族，公卽陳敬仲之後也」，可見非姓張之誌。誌又云：「烈曾俊，隨任寧州羅川縣令，王父舉，皇朝任鹽州司兵參軍，皇考獎□，皇朝任太常主簿，左遷嘉州平羌縣尉。」則播與舉爲從兄弟。誌又言，上將親征吐蕃，以涼州都督薛訥爲前鋒，昭道請罷巡邊，由評事擢監察御史，俄遷殿中，左轉尉氏令，終太子舍人，卒開元十三，年五十三，嗣子子華等，則監察非其所歷最高之階也。

E〔又〕生羽侍御史　舊書一八六下，上元中擢爲御史中丞，新表稱道州刺史者，終官也，但舊紀一一又稱道州司馬。全文三六六賈至制，稱攝武部員外郎、朔方採訪等使敬羽。

F〔又〕生令則　新表祇稱則。

G〔又〕令則生德煒　「煒」，新表作「悱」，又誤排於播孫之列。

H〔又〕生寰寓　新表同，庫本作「寓」。

I〔又〕寬京兆尹　新表作「太子詹事」。元和元年官度支郎中，見舊紀一四。全文四三五，寬，寶應朝擢書判拔萃科。

J〔又〕生昕晦暭煦　敬昕大和中出守東陽，見廣記三九四引宣室志。吴興談志一四：「敬昕，大和七年自婺州刺史拜，除吏部郎中，續加檢校本官依前湖州刺史，後除常州。」

K〔又〕騫建州刺史　新表同，庫本「建」誤「逮」。集古録目，神女廟詩，荆南節度判官敬騫撰，元和五年刻。英華稱騫，大曆二年進士。德宗時，騫由御史貶高州電白尉，見元龜六一九。

L〔又〕生性安　新表祇稱安，又不列作騫子。

152【廣平】敬歆後，今無聞。

慶

153 姓苑，慶父之後，慶克，慶封。慶封奔吴，子孫徙下邳。漢東平太守普治禮。案陸德明釋文序目，慶普治禮記，漢東平太傅。作「太守」，誤。又陳卿慶餘，案左傳，陳有慶虎、慶寅，慶餘未詳。晉慶鄭。漢末，慶氏自下邳又徙會稽。慶鴻，洛陽人。慶儀，後漢汝陰令；孫慶酺；子侍中賀，諱姓賀氏。案前賀姓姓纂云，賀純避漢安帝諱改賀氏。此云賀，與前不合。

竟

154 見姓苑。有竟氏。

A〔岑校〕見姓苑有竟氏　廣韻竟字下亦云:「又姓,出何氏姓苑。」類稿四七云:「楚人。」疑「有」上奪「楚」字。

慶師

155 見姓苑。

A〔岑校〕見姓苑　廣韻及姓解三亦云,慶師出姓苑。

四十五勁

鄭

156 周厲王少子受封於鄭,是爲桓公,在畿內,今華州鄭縣是也。威公生武公,與晉文公夾輔平王,東遷於洛。鄭徙溱洧之間,謂之新鄭。傳封十三代,至幽公,爲韓所滅。子孫播於陳宋,以國爲氏。幽公六代孫榮,號鄭君;生當時,漢大司農。

A〔岑校〕周厲王少子受封於鄭　「受」,新表七五上及庫本均作「友」,備要八及類稿四七引,「少子友受」,是也。

B〔又〕威公生武公　羅校云:「威公卽桓公,前稱桓公,後稱威公,殊非。」余按備要、類稿引文均無「威公」字。

C〔又〕與晉文公夾輔平王　尚書作「文侯」，此應從尚書，免與重耳混也。備要、類稿及新書七引均作「侯」。

D〔又〕幽公六代孫榮　新表則云幽公生公子魯，魯六世孫榮，通志同。顧通志又稱：「唐志云，魯七代孫鄭君生當時」，是其見本誤也。

157【滎陽開封】當時六代孫稺，漢末自陳徙河南開封，晉置滎陽郡，開封隸焉，遂爲郡人。稺孫興*。興生衆，後漢大司農；曾孫熙，生秦、渾。渾，魏少府；生崇，晉荆州刺史；曾孫略，前趙侍中，生豁、楚。楚生温，燕太子詹事，生三子，曄、恬、蘭。曄號北祖，恬號中祖，蘭號南祖。曄七子，白麟、小白、叔夜、洞林、歸藏、連山、幼麟，因號七房鄭氏。

A〔岑校〕生秦渾　羅校云：「案『秦』，晉書鄭袤傳及唐表作『泰』，此誤。」余按後書一〇〇有傳，曰：「鄭太，……司農衆之曾孫也。」三國志一六稱渾兄泰。太、泰古通用，惟志稱渾高祖父衆者誤。後書六六亦云：「衆曾孫公業。」公業，太之字也。

B〔又〕曾孫略前趙侍中　鄭羲碑云：「高祖略，……屬石氏勃興，……徵給事黄門侍郎持節，遷侍中、尚書。」（續古文苑一六）

C〔又〕生豁楚楚生温燕太子詹事　羅校云：「案唐表，豁生温，温四子濤、曄、簡、恬，魏書鄭羲傳亦作曾祖豁，父曄，此以曄爲楚孫，誤。」余按羲碑：「曾祖豁，……後燕中山尹、太常卿、濟南貞公，祖温，……燕太子詹事，父曄。」第二「楚」字應正作「豁」。

D〔又〕生三子曄恬蘭　「蘭」，新表作「簡」。余按魏書五六鄭羲傳，字幼驎，叔父簡，則作「蘭」者誤。猶于謹九子，一名簡，而周書作「蘭」，二字易於互誤也。

E〔又〕曄七子白驎小白叔夜洞林歸藏連山幼驎　金石録二一云：「右後魏鄭允伯碑，元和姓纂載『滎陽鄭氏』云，華生七子，白驎、小白、叔夜、洞林、歸藏、連山、幼驎，號『七房鄭氏』。允伯，小白子也。按後漢書幼驎傳云，父華，生六子。又云，幼驎五兄，長白驎，次小白，次洞林，次叔夜，次連山，而無歸藏，其次第亦不同。又姓纂云，小白名茂，而史云幼驎名羲，疑自白驎以降，皆其字也。據碑與姓纂，皆云允伯仕至大鴻臚卿，而史言『少卿』者，誤也。」余按允伯，魏書五六、北史三五及新表皆作「胤伯」。白驎之「驎」，魏書、北史作「驎」。幼驎之「驎」，羲碑及魏書亦作「驎」，北史作「麟」，新表同姓纂。「後漢書」乃「後魏書」之訛，「華」乃「曄」之訛，兩「而史」字之「史」，皆指上文後魏書，蓋免複述，録中常用之。黄本驥校金石録，謂「『而史』當作『北史』」，非也。復按新表七五上云：「曄生中書博士茂，一名小白，七子。」以小白爲七子之父，多出一代，而列舉者祇六子，又以胤伯爲六子之一，均誤。據魏傳，羲是渾八世孫，非九世孫也。小白，宋本辯證作「裔伯」，即胤伯之諱改，是鄭氏又誤混父子爲一人矣。

158 小白名茂，生胤伯，大鴻臚卿。（岑補）

A〔岑校〕依前條引金石録，約補姓纂佚文如上，羅校未之及。

盛

159 周同姓國也，爲齊所滅。穆天子傳，盛，姬姓之國也。公羊傳云，成降於齊師。成者，盛也。諱滅同姓，故言「成」也。

A〔岑校〕周同姓國也爲齊所滅穆天子傳盛姬姓之國也公羊傳云成降於齊師成者盛也諱滅同姓故言成也　宋本辯證引文同。唯「同姓國也」無「也」字，「姬姓」無「姓」字，「傳云」作「傳曰」，小異。類稿四七引亦無「姓」字，是。

160 （漢）有司徒盛吉。後漢有盛道。（岑補）

A〔岑校〕類稿引文「故言成也」下，尚有此兩句，惟脱「漢」字。按辯證三四云：「漢有司徒盛吉。」茲幷參補。

161 【廣陵】吳有盛沖。晉有盛彦，事母孝，仕至中書侍郎。又錢唐令疑。唐左驍衞將軍、滄州總管盛彦師。

A〔岑校〕晉有盛彦事母孝仕至中書侍郎　據晉書八八，彦仕吳至中書侍郎，入晉乃卒。

B〔又〕又錢唐令疑 「疑」殆其名，上應補「盛」字。

C〔又〕唐左驍衛將軍滄州總管盛彦師 舊書六九，彦師拜武衛將軍、宋州總管，與此異。惟元龜一六一，武德四年六月，既征王世充，遣驍衛將軍盛彦師安撫河南，傳殆從略也。彦師討斬李密，見舊紀武德元年。廣記一八九引譚賓録，史萬寶遣盛義師躡之，當卽彦師之訛。

162 先姓奭，後改爲盛。（岑據沈跋補）

A〔岑校〕沈跋云：「又（後紀）十卷盛伯子降于齊，有盛氏。注，姓纂云，先姓奭，後改爲盛。今孫本「四十五勁」盛姓下無此文。」兹據補。

聖

163 見姓苑。

正令

164 其先周官儀僕，掌貳車正令，因氏焉。家語有正令赤，秦人，孫子弟子。案，家語無此名，「孫子弟子」，亦有脱誤。

A〔岑校〕其先周官儀僕 辯證三四引亦作「儀僕」，尋源三六引作「太僕」，通志作「太僕」。

B〔又〕家語有正令赤秦人孫子弟子　校云：「案家語無此名，『孫子弟子』，亦有脱誤。」余按通志「壤駟氏」云：「家語，壤駟赤，秦人，仲尼弟子。」蓋今卷七壤駟冒息夫之文，故壤駟本文又誤併於正令之下也。「孫子」乃「孔子」之訛，應更正還原。

四十六徑

甯

165 衞康叔之後，至武公，生季亹，食采於甯。弟頃叔，生跪。跪孫速。速生武子俞。俞生殖。殖生悼子喜。九世卿族。案左傳，魯莊公六年，放甯跪於秦。魯哀公四年，衞甯跪救范氏。春秋有兩甯跪，杜預皆未詳其系。又成公二年，衞侯使甯相聘齊。杜預注：甯相，甯俞子。又成公十四年，衞侯饗苦成叔，甯惠子相，卽甯殖也，杜預不註其系，然則甯相乃甯俞之子，未聞生殖也。又襄公二十五年傳曰：「九世之卿族，一朝而滅之。」杜預注：甯氏出衞武公，至喜九世。姓纂止有七世，皆參差不合。齊有甯戚。周有甯越。

A〔岑校〕至武公生季亹食采於甯弟頃叔生跪　按釋例九：「甯跪文仲，武公曾孫。」此謂跪爲武公孫（宋辯證引同），與釋例異，疑「弟」爲「生」之訛，參下一條。又尋源三六引文「武公」作「成公」者訛，統譜一〇九亦誤「成公」。

B〔又〕跪孫速速生武子俞俞生殖殖生悼子喜九世卿族　校云：「案魯莊公六年，放甯跪於秦。魯哀公四年，衞甯跪救范氏。春秋有兩甯跪，杜預皆未詳其系。又成公二年，衞侯使甯相聘（「侵」之訛）齊。杜預注：甯相，甯俞子。又成公十四年，衞侯饗苦成叔，甯惠子相，卽甯殖也，杜預不註其系。然則甯相乃甯俞之子，未聞生殖也。又襄公二十五年傳曰：『九世之卿族，一朝而滅之。』杜預注：甯氏出衞武公，至喜九世。姓纂止有七世，皆參差不合。」余按釋例九又云：「甯速莊子，甯跪孫，甯俞，武子，甯相，成子，甯殖，惠子，甯喜，悼子。」是武公曾孫之甯跪，杜氏世族譜何嘗不詳敍其系？今本釋例固同時孫星衍參校者，胡於此竟不置一辭耶？甯相生殖，亦有世族譜可據，何謂未聞？依世族譜（通志引稱小公子譜），自武公之子起至甯喜，恰足九世，姓纂僅得七世，則疑前文之「弟頃叔」爲「生頃叔」之訛，又「俞生」之下，殆奪「相相生」三字，如是則甯氏九世，世族譜祇著六世之名，依姓纂又可多補兩世，所未知者跪子之名耳。又「聘齊」，庫校正作「侵齊」。

C〔又〕周有甯越　姓解一云：「古有甯越，爲周成王師。」與宋本辯證作「威王」異。

D〔又〕復次，宋本辯證引姓纂云：「出自姬姓，衞康叔之後，武公生季亹，食采於甯，其地懷州修武縣是也。季亹弟頃叔，生跪，以邑爲氏。跪孫速，謚莊子。莊子生武子俞，俞生惠子殖，殖生悼子喜，代爲衞卿，謂之九世卿族。齊桓公之相有甯戚。周威王之師有甯越。」（引見羅校）前截敍次整齊，迥異今本之粗略（類稿四六引亦然），可信其甚近於林書原文，然唐人諱「世」，作「代爲」是，而下文又作「九世」，則已有改正（類稿引固作「九代」）。又如末兩句「桓公之相」與「威王之師」，勘諸全書書法，亦當是鄧氏所增，類稿引文無此八字。

166 【安平】 魏京兆太守甯康。

A〔岑校〕魏京兆太守甯康　此文余先決是注漢書有名之孟康，後檢辯證三四云：「安平孟氏，魏有京兆太守孟康。」更得證實，應移正。漢書敍録言康弘農、勃海二太守。

167 【洛陽】 晉甯欽。

A〔岑校〕晉甯欽　按孟欽，晉書九五有傳。辯證引姓源韻譜云：「洛陽孟氏，晉孟欽……」可證。應改入孟氏。

168 【華陰】 狀云衵後。唐吏部侍郎甯允忠。

A〔岑校〕狀云衵後唐吏部侍郎甯允忠　上文無衵，余已疑是孟衵，及觀勞考三，即以此爲孟允忠，云：「原本誤入『四十六徑』甯氏注。」勞説是也。又辯證言：「姓源韻譜載孟氏七望，皆詳明可據。」今姓纂前文孟姓，已載平昌、東海、鉅鹿、武威、江夏五望，再益以誤錯甯氏之安平、洛陽、華陰三望，則林書且載八望矣。

169 【河東】 漢太僕甯成，代居河東。又餘杭令武。

A〔岑校〕又餘杭令武　「武」上應補「甯」字。

170 【欽州】 梁有愛州刺史甯達，居欽州。甯頊曾孫師表、師宗。師表，唐領軍大將軍、沈國公。師宗孫愷，諫議大夫，撰國史。

A〔岑校〕梁有愛州刺史甯達　甯贙碑祖逵，梁武皇帝除定州刺史、總督九州諸軍事，陳宣武皇帝又除授安州刺史，不稱愛州。金石續編三云：「元和姓纂，梁受州刺史甯逵居欽州。『逵』與『達』形似而譌。」誤「愛」爲「受」，「達」爲「逵」，不知據何本也。

B〔又〕甯頊曾孫師表師宗　舊書四一，貞觀十二年，欽州首領甯師京。依御覽，「京」乃「宗」之訛。寰宇記一六七亦作師宗。

C〔又〕師宗孫愷諫議大夫撰國史　按會要六八，景雲元年有諫議大夫甯原悌，同書五〇，景雲二年下作「悌原」。唐人往往名字互用，愷、悌意義相關，應即此人。廣州通志列傳三亦云：「是原悌本名愷，原悌當以字行。」元龜一六二，先天元年，諫議大夫甯悌原宣勞嶺南。

四十七證

乘馬

171　漢書溝洫志有諫議大夫乘馬延年。又張掖有乘馬敷。

A〔岑校〕又張掖有乘馬敷　「敷」，通志作「敦」。

四十八嶝

鄧

172 曼姓，殷時侯國也。春秋時，鄧侯吾離朝魯，後爲楚文王所滅，子孫以國爲氏。鄭有鄧祁。

A〔岑校〕鄭有鄧祁　校云：「案左傳鄧析，此作『祁』誤。」余按通志正作「鄧析」。案左傳鄧析，此作「祁」誤。

173 【南陽】後漢太傅、高密侯鄧禹，其先居南陽，子震嗣。次子訓，女和帝皇后，襲封昌安侯。少子珍，封夷安侯。晉永嘉亂，居丹陽；陳亡，入長安。禹裔孫乾，南陽城太守。乾曾孫暠，唐魏州刺史、臨川公。暠孫憚，刑部尚書、淮陽子，生汪、沖、温、洋。洋，比部員外。温，杭州刺史。

A〔岑校〕禹裔孫乾南陽城太守　宋本辯證作「隋安成太守」，但乾之曾孫暠仕唐初，乾本人應不得仕隋，辯證當誤。

B〔又〕乾曾孫暠唐魏州刺史臨川公　隋書六五李景傳，大業末有遼西太守鄧暠，即其人。拓本開元十二年閬州司馬鄧賓誌：「京兆長安人也，漢司徒高密侯禹之二十二代孫。高祖暠，隋開府儀同三司、華州刺史、燕郡襄平二太守、禦衛大將軍，皇家受命，拜金紫光禄大夫、營州總管，累遷散騎常侍、冀魏二州刺史、臨川郡開國公。曾祖弘業，尚衣直長、符璽郎。大父儉，杞王府主簿、平羌富義二縣令。考泰，汾州孝義縣丞。」（賓卒開元十年，年三十二）

C〔又〕暠孫惲刑部尚書淮陽子　宋本辯證作：「暠孫惲，尚書左丞。」勞氏讀書雜識七亦云「惲」疑「惲」。。全文二五九路敬淳懷州河内縣魏夫子祠碑，「秋官尚書、檢校懷州刺史南陽鄧府君」，當即此人。廣記二四二引朝野僉載，稱和州刺史鄧惲。

D〔又〕生汪沖温洋　元龜五二三，延載年，李昭德爲鄧汪所構，即此汪。元龜三三八稱長上果毅鄧注，舊書八七、新書一一七亦作「注」。

174【安定】　騭七代孫晉生武威太守，因居安定，始家焉。子羌，苻秦并州牧、左僕射。羌裔孫表，唐兵部郎中、南陽伯，又居藍田。素子元挺，吏部侍郎；元機，兵部郎中。

A〔岑校〕騭七代孫晉生武威太守　「晉生」二字疑有誤，宋本辯證作「七代孫晉武威太守艾」。按三國末之鄧艾，未嘗仕晉，亦未爲武威太守。考全文二六五李邕鄧天師碣，「晉有武威太守世龍」，依此詳之，「生」字當衍，「太守」下脱「世龍」兩字。

B〔又〕子羌苻秦并州牧左僕射　宋本辯證作「艾孫羌」，然據三國志二八及注引世語，艾孫亦無名羌者，則決非三國末之鄧艾也。「苻」，庫本訛「符」。

C〔又〕羌裔孫表　「表」誤，庫本及宋本辯證作「素」，下文有「素子元挺」，可證。名亦見郎官石柱之勳中，勞考七云：「原本誤『表』，據下文改。」是也。貞觀十七年，素官太常丞，見通鑑一九七。

D〔又〕素子元挺　郎官石柱亦作「元挺」，舊書四七及一九〇上作「玄挺」。弘道元年，中書舍人鄧元挺爲吏侍，見會要七四。後貶壽州，見封氏聞見記三。廣記二五〇引啓顏録，作員外郎鄧玄挺。

E〔又〕元機兵部郎中　盈川集一〇祭郝少保文，有少詹事鄧元機，比郎中尚高六階。少保，郝處俊也，卒於開耀元年。

175 又著作郎鄧行儼，亦云羌後。隲裔孫唐尚書右丞、揚州長史景山，代居洛陽。

A〔岑校〕又著作郎鄧行儼亦云羌後　千唐荆州司馬鄧森誌：「南陽新野人也。……曾祖秉，後魏起居郎，後周贈齊兖殷三州刺史、陳倉縣開國侯。祖陁羅，後周使持節儀同大將軍、開國侯，隨授大都督、開府儀同三司、右領軍衛驃騎將軍。父行儼，皇朝應舉擢第，蒙授松州嘉城縣令，原州都督府倉曹參軍，□密州諸城、蘄州永寧二縣令。」不言行儼官著作郎。森字茂林，登第，授右臺監察裏行，通天二年改左臺，聖曆二年改殿中，又歷右臺侍御及兵、吏二員外，景龍四年，卒荆州司馬，年六十六，有命子延業。今郎官柱吏外曹題名作鄧茂林。

B〔又〕隲裔孫唐尚書右丞揚州長史景山　宋本辯證作「唐尚書左丞景山爲揚州刺史」。余按舊書一一〇亦作「左丞」。乾元中，揚州長史鄧景山，見廣記四〇三引廣異記。

176【平陽】晉右僕射鄧攸，字伯道，亦禹之後，兄子綏。

A〔岑校〕兄子綏　羅校云：「晉書鄧攸傳作『弟子綏』。」

177【長沙】太傅禹後。晉有鄧粲，荆州刺史爲桓沖别駕。

A〔岑校〕晉有鄧粲荆州刺史爲桓沖別駕　據晉書八二，乃荆州刺史桓沖辟粲爲別駕也，此誤，「爲」字應乙於「荆州」之上。宋本辯證亦誤「晉荆州刺史粲爲亘沖別駕」。

178 【陳郡】太傅禹之後。晉有鄧嶽，爲廣州刺史；子遐，號爲名將。

鄧陵

179 楚公子食邑鄧陵，因氏焉。鄧陵子著書，見韓子。

四十九宥

富

180 左傳，周大夫富辰之後。又魯大夫富父終甥之後，亦單姓富。鄭大夫有富子猶。

A〔岑校〕又魯大夫富父終甥之後　亦見下文富父。

B〔又〕鄭大夫有富子猶　庫本、通志及類稿四八、備要二一引，均無「猶」字，釋例八亦衹稱「富子」。

181 【陳留】漢有富留人，爲公田使者，見風俗通。陳留先賢傳有陳留太守富允。又唐晉陽尉富嘉謨。

A〔岑校〕陳留先賢傳有陳留太守富允　宋本辯證作「後秦尚書郎富允」，類稿引爲「前漢韋賢傳有陳留太守富允文」，「文」字殆衍，韋賢傳亦無其人。

B〔又〕又唐晉陽尉富嘉謨　據舊書一九〇中，嘉謨終左臺監察御史。廣記一九八引大唐新語，嘉謨卒於徐堅、張說之前。同書二三五引御史臺記，及第累授晉陽太原尉，拜御史卒。據吴少微祭文，時開元六年。。拓本大曆十三年崔安平公嵦誌，其前段即轉録富、吴二人所爲文也。

182【蘭陵】　魏志，富襲字熙伯，伯生之後也，爲尚書令，著論語解。前燕録，富愷，蘭陵人。

A〔岑校〕魏志富襲字熙伯伯生之後也爲尚書令　此繆氏文而混入富氏者也。據三國志二一注引文章志云：「襲字熙伯。」漢書八八有繆生，「伯生」乃「繆生」之訛。據志，襲官至尚書光禄勳，此作尚書令，不合。辯證三五云：「魏志，繆襲字熙伯，繆生之後，爲尚書郎。」可比證。

B〔又〕前燕録蘭陵富愷蘭陵人　此亦繆姓文。晉書一〇八云：「……蘭陵繆愷以文章才儁，任居樞要。」是也。辯證三五云：「前燕有繆愷，蘭陵人。」

廖力救反。

183　風俗通，古有廖叔安，左傳作「飂」，蓋其後也。漢有廖顗，爲鉅鹿太守。

A〔岑校〕風俗通古有廖叔安左傳作飂蓋其後也　此節洪氏誤補於卷五「蕭韻」之下。

184 【汝南】平輿人漢方士廖狀，生孟舉、仲舉。

A〔岑校〕平輿人漢方士廖狀　據後書一一二上，「狀」爲「扶」之訛。

B〔又〕生孟舉仲舉　今後書作孟舉、偉舉。

185 【襄陽】蜀志有廖化，爲大將軍、中鄉侯，襄陽人。

186 【武陵臨沅】後漢桂陽太守廖祈。又蜀志，廖湛、廖立，廖位至侍中、長水校尉。案蜀志，廖立位至長水校尉。「廖」字係「立」字之誤。

A〔岑校〕後漢桂陽太守廖祈　「祈」，庫本作「祈」，與後書一一六同。

B〔又〕廖位至侍中長水校尉　洪云：「案蜀志，廖立位至長水校尉，『廖』字係『立』字之誤。」庫本，「廖」原作「立」，故無此注*。

副

187 風俗通，周公忌父之後，以王父字爲氏。案魏志，副呂氏改爲副氏，又爲呂氏。此言忌父後爲副氏，當有脱誤。

A〔岑校〕風俗通周公忌父之後以王父字爲氏　校云：「案魏志，副呂氏改爲副氏，又爲呂氏。此言忌父後爲副氏，當有脱誤。」按風俗通此文，乃忌姓之文。通志及類稿四一「忌氏」云：「風俗通：周公忌父之後，以王父字爲氏。」可爲明證。後人不知如何，以忌姓文誤附副姓也，此韻舛錯頗多，再觀後條便見。復按志，叱呂改呂氏，校注謂「又爲呂氏」，亦非。又類稿四八「副氏」云：「河南，後魏官氏志，副呂氏改爲富氏。」似本姓纂。今若將下條「舊氏」「河南，官氏志，菟賴氏改爲舊氏」之「菟賴」、「舊」三文塗去，代入「副呂」、「副」，便是副氏之文矣。依此言之，並非重出，參下條。

舊

188 見姓苑。

189 【河南】官氏志，菟賴氏改爲舊氏。案後魏志，菟賴氏、就賴氏俱改爲就氏，無舊氏。姓纂已載於就氏下，此重出。

A〔岑校〕官氏志菟賴氏改爲舊氏　校云：「案後魏志，菟賴氏、就賴氏俱改爲就氏，無舊氏，姓纂已載於就氏下，此重出。」陳校云：「今志亦無就賴氏。」余按今志作「寃賴」，沈濤以爲字誤，是也。若「就賴」及「舊」，陳毅之意，謂是音通，余説已見前條。

就

190 見姓苑。

191 【河南】後魏官氏志，菟賴氏爲就氏。

A〔岑校〕菟賴氏爲就氏　通志作就賴氏改就，菟賴亦爲就。辯證四亦作「菟賴」。

薔

192 風俗通，齊大夫食采薔邑，因氏焉。

右

193 晉屠擊將右行，因氏焉。

A〔岑校〕晉屠擊將右行因氏焉　通志此文附右行氏，是也，目脱「行」字。辯證三四右姓云：「謹按左公子之後爲左氏，則右氏亦右公子後，姓纂以爲右公氏，故取屠擊爲證。」「右公」殆「右行」之誤，是鄧氏見本作「右行」也。張輯姓氏篇右行氏下引姓纂云：「晉屠擊將右行，因氏焉。」是張據本亦作「右行」。

授

194 見姓苑。

富父

195 魯富父終甥之後，見左傳。魯又有大夫富父槐。

A〔岑校〕魯富父終甥之後　見前富姓。

廄尹

196 楚大夫廄尹然之後。

A〔岑校〕楚大夫廄尹然之後　統譜一三六引同。辨誤二六云，然爲莠尹，見昭二十七年傳，無廄尹然。

五十候

竇

197 姒姓，夏少康之後。帝相遭有窮之難，其妃后緡方娠，逃出自竇，而生少康，支孫以竇爲氏。至周，世爲大夫。竇犨爲晉大夫，仕趙簡子，裔孫漢丞相嬰。

198 【扶風】竇嬰之先，本居清河觀津，後徙扶風平陵。漢章武侯竇廣德；女爲文帝皇后，生景德。兄子彭祖，南皮侯。兄子彭嬰，魏其侯。嬰七代孫融，後漢大司空、安豐侯，生穆。穆生勳。勳生憲，憲，大將軍、武陰侯；女爲安帝皇后。融生固。裔孫武，大將軍、槐里侯，女爲桓帝皇后。魏晉以後，竇氏史傳無聞。

A〔岑校〕漢章武侯竇廣德女爲文帝皇后生景德兄子彭祖　據漢表一八及漢書九七上，彭祖爲廣國兄子，廣國爲文帝皇后之弟，封章武侯。又據新表七一下，廣國二子定、誼，則「廣德」乃「廣國」之訛。「女爲」應正作「女兄爲」，「德」字亦誤，應作「帝」。文后父名充，追封安成侯。

B〔又〕兄子彭嬰魏齊侯　「彭」字衍。

C〔又〕嬰七代孫融後漢大司空　後書五三，融七世祖廣國，此作「嬰」誤。依新表，七代連本身計之。又「大司空」，新表誤「大司馬」。

D〔又〕憲大將軍武陰侯　據後書五三，憲封武陽侯。

E〔又〕女爲安帝皇后　「安帝」乃「章帝」之誤，「女」者對上文勳而言，非憲女也。

F〔又〕融生固　固爲融弟友之子，此誤。

G〔又〕裔孫武　按武爲融玄孫。

199

【河南洛陽】狀稱本扶風人。竇武被誅，後人鴈門太守統北奔鮮卑拓拔部，爲没鹿回部大人，賜姓統豆陵氏，魏孝文改爲竇氏。女爲元帝后。六代孫漏頭，蓬東王。案唐世系表，竇巖從魏孝武徙洛陽，生三子，那、敦、略；略字六頭，生五子，興、拔、岳、善、熾；又竇巖兄竇拓封遼東王。「蓬」

當是「遼」字誤，並有脫文。孫略，生岳。處、毅。岳處。後周大司馬、杞公；女高祖太穆皇后，生太宗。

A〔岑校〕後人鴈門太守統　據新表七一下，統爲竇武從子。周書三〇，章子統，靈帝時鴈門太守。庫本誤「人」爲「入」，又奪「守」字。

B〔又〕北奔鮮卑拓拔部爲没鹿回部大人　文館詞林李百藥洛州都督竇軌碑銘：「十二葉祖統，鴈門太守，大將軍武之從子也。武以大功不遂，爲閹官所誅，統避難亡奔出塞，代爲南部大人。」又拓本開元二十九年忠武將軍豆善富誌：「十八世祖統，漢鴈門太守，避族父武之難，亡于朔野，子孫世居焉。至後魏南遷，賜紇豆陵氏。」

C〔又〕賜姓統豆陵氏　「統」誤，有卷十及前條引文可證。庫本正作「紇」，亦見羅校。余按紇豆陵見官氏志及周書三〇。

D〔又〕女爲元帝后　魏書一三：「神元皇后竇氏，没鹿回部大人賓之女也。」據新表，賓爲統子，則「元」上應補「神」字。

E〔又〕六代孫漏頭蓬東王　校云：「案唐世系表，竇巖從魏孝武徙洛陽，生三子：那、敦、略；略字六頭，生五子，興、拔、岳、善、熾；又竇巖兄竇拓封遼東王。『蓬』當是『遼』字誤，並有脫文。」按新表，統生賓，賓生他，他生勤，勤生子真，子真生朗，朗生祐，遼東公，則祐爲統六世孫；又祐生巖，巖生略，下文亦稱「孫略」，則漏頭應卽祐，漏頭或許祐之字（疏證說同），否者姓纂舛誤矣。又竇軌碑：「七葉祖羽，魏太尉、遼東京公。」依上文統爲十二葉計之，羽卽祐音之轉也。北邊人名字常無定寫，「蓬」是「遼」誤無疑，但依碑則祇「公」而非「王」。

F〔又〕孫略生岳處毅岳處後周大司馬杞公　羅校云：「案唐表作岳生二子，鼦、毅，周書竇毅傳亦作父岳，此誤。」按「處」字當是「鼦」之訛寫，此文應云「生岳、善、熾，岳生鼦、毅，毅，後周大司馬、杞公」也，參看下文。又竇軌碑：「曾祖略，征北大將軍、太保、雍州牧、柱國、建昌孝公。」

200 毅生昭。昭生彥。彥生德明、案，疑脫德素一人。沖、德元、德洽。德明，常州刺史。德素，工部郎中。

A〔岑校〕毅生昭　羅校云：「案『昭』，唐表作『照』。」余按舊書一八三德明傳固作「祖照」。

B〔又〕彥生德明沖　羅校云：「『沖』，唐表作『德沖』，此奪『德』字。」

C〔又〕德元　舊書一八三，德明弟德玄，高宗時爲左相。金石録四，司元太常伯竇德玄碑，乾封元年立。新書九五，威從孫德玄，考異五二云：「按宰相世系表，竇略五子，興、拔、岳、善、熾。岳之子毅，熾之子威，威與毅從兄弟，德玄爲毅之曾孫孫（「孫」字重），則威之從曾孫矣。」廣記一〇三引報應記，竇德玄麟德中爲卿，奉使揚州，鬼使附載，乃追攝德玄者，問將來官爵，告以從此改殿中監，次大司憲，次太子中允，次司元太常伯，次左相，年至六十四云云。同書七一又引玄門靈妙記，竇玄德貞觀中任都水使者，時年五十七，奉使江西，附載鬼使云，往揚州追攝竇都水，後至六十九而卒，其意味全同，蓋倒「德玄」爲「玄德」也。考新書德玄傳（當據碑爲之），卒年六十九，則後説合，以言官歷，則前説爲詳。

D〔又〕德明常州刺史　舊書一八三，德明貞觀初歷常愛二州刺史，新表作「晉陵郡太守」。按德明在隋，仕不至方面，隋末唐初均無晉陵郡之稱，常州則隋末稱毗陵郡，新表誤。

E〔又〕德素工部郎中　新表作「南康郡太守」，亦不合。貞觀十五年，官少府少監，見會要五一，唯「竇」作「豆」。貞觀政要二則謂德素八年爲少府監，所敍是同事。考舊書六五高士廉傳，十二年拜尚書右僕射，十六年解職，今同文有右僕射士廉，似會要作十五年爲合，正監抑少監，則未詳也。

201 沖，陝州刺史；生義節，虢州刺史，生戒盈、戒言。戒言生萱、蘭。案唐世系表，「萱」、「蘭」作「庭蘭」、「庭萱」。蘭，國子司業。萱，衞尉少卿。戒盈，青州刺史，生庭芝、庭華。庭芝，陝州刺史。庭華，中書舍人，生叔展、申、昱。叔展，右拾遺。申，給事中。昱，左司員外。

A〔岑校〕沖陝州刺史　此處亦應依羅校作「德沖」。

B〔又〕生戒盈戒言　羅校云：「『戒』，唐表及唐李邕撰婆羅樹碑並作『誡』。」

C〔又〕蘭國子司業　新表作「衞尉少卿」。千唐天寶四載高偱誌：「前晉陵郡晉陵縣主簿竇蘭撰。」時代相合，不知卽其人否。

D〔又〕萱衞尉少卿　新表作「光禄卿」。

E〔又〕戒盈青州刺史　金石録七有北海太守竇誡盈碑，天寶七載立。

F〔又〕生庭芝庭華　羅校云：「唐表作誡盈生庭芝、庭華、庭蕙、庭芳。」

G〔又〕庭芝陜州刺史　新表作「太府少卿」。通鑑二一七，天寶十四載有陜郡太守竇廷芝，稱刺史者從其常稱也。李泌傳，朱泚之亂，庭芝爲陜府觀察，降賊，事平，以李泌救減死。按泚亂去禄山之亂，幾三十年，謂庭芝復爲陜府觀察，斷不可信，或誤禄山之亂爲朱泚之亂也。繼檢廣記一五〇引感定録，則言肅宗收陜府，獲刺史竇廷芬，因李泌而免，乃知所見不妄，「廷芬」亦「廷芝」之訛。

H〔又〕庭華中書舍人　翰林院故事、重修壁記暨會要五七有竇華，官翰林學士、中書舍人，應即此庭華。按前文「戒言生蘭、萱」，校云：「案唐世系表，『萱』、『蘭』作『庭蘭』、『庭萱』。」由此處庭華稱華觀之，可見唐人名字或增或減，更改無常，讀史時罕能執一而論也。

I〔又〕生叔展申昱　羅校云：「唐表，……庭華生叔展，庭蕙生申，庭芳生昱。」

J〔又〕叔展右拾遺　「右」，新表作「左」。

K〔又〕申給事中　全文四六三陸贄除十縣令詔，申可長安縣令。

L〔又〕昱左司員外　新表作「給事中」。

德元，户部尚書、左相、鉅鹿侯，生懷恪、懷貞、懷讓。懷讓，德州刺史；生思仁，金吾將軍。懷恪，湖州刺史。懷質，左僕射、中山公。姪崇嘉，考功郎中。德洽，工部郎中。

A〔岑校〕生懷恪懷質懷讓　羅校云：「案唐表，德元諸子有懷貞，無懷質，疑『質』乃『貞』字之誤，懷質乃德洽子。」余按舊書一八三固云德玄子懷貞，且任右僕射者别無懷質，「質」爲「貞」訛無疑矣（勞考九云，「貞」原誤「質」，余按此或由宋人諱改）。

B〔又〕懷讓德州刺史　新表作「密州」。

C〔又〕生思仁金吾將軍　新表作「殿中少監」。集古録目有相州刺史竇忠仁碑，云：「忠仁字恕，扶風平陵人，位至相州刺史，碑以開元十一年立。」按新表七一下，「思仁字恕」，是集古之忠仁，即此之思仁也，「忠」字近是。思仁，開元八年爲華州刺史，見元龜一〇五。

D〔又〕懷恪湖州刺史　新表作「天水都督」。吴興談志一四：「竇懷恪，正（貞）觀十七年自户部郎中授，遷揚州刺史。」統記以爲則天時，依其父德玄及其兄弟懷貞歷官推之，統記較可信。貞觀末，懷恪斷未官至户中也。至竇氏世系表所敍歷官，往往與林書異者，林書當日所敍，每人必不止一官，表任取其一，抄傳林書者嫌其繁重，又祇取表所不載之官，此兩書所以常互異也。恐閲者因而疑新表本姓纂之立説未確，故附揭於此。

E〔又〕懷質左僕射中山公　「質」應作「貞」，已見前文，舊傳云，賜爵魏國公。自雍州長史除左臺御史大夫，見廣記二五九引朝野僉載。長安四年，自上方監授越州，後拜揚州長史，見會稽掇英唐太守題名記。

F〔又〕姪崇嘉考功郎中　崇嘉見郎官石柱，新表無，惟懷道子有名崇喜者（即懷貞姪），官衞尉少卿，未知即此人否。廣記一四三引朝野僉載，開元三年後，廣府長史竇崇嘉等相繼而卒。

G〔又〕德洽工部郎中　新表作「將作大匠」。

203 毅少子招賢，隋遷州刺史、神武公；孫德藏，生虛運、虛獎。虛運生恂，華州刺史。虛獎，右屯田將軍，生。

A〔校岑〕毅少子招賢隋遷州刺史神武公　周書三〇稱賢字托賢，襲神武公，新表作杞國公者，唐代追封也。

B〔又〕孫德藏　附見周書三〇。

C〔又〕生虛運虛獎　羅校云：「唐表作『靈運』、『靈獎』。」虛、靈易訛，見前周姓。

D〔又〕虛運生恂　羅校云：「案『恂』，唐表作『珣』。」余按郎官柱，倉部郎中有竇珣，又新表，珣昆弟十人，命名均從玉旁，此誤。

E〔又〕虛獎右屯田將軍生　新表作「信都郡太守」。余按德藏是武德初人，則其子當不能天寶尚存，唐初無「郡太守」之稱，新表誤也。羅校云：「『生』下有奪文，據唐表，虛獎生仙期、仙鶴、仙臺、仙客。」

204 善，西魏華州刺史、永富公。善生榮定，隋冀州刺史、陳公。榮定生抗、慶、璡。抗，納言、陳公，生衍、靖、誕、幹、師綸、師武、師仁。衍，左武侯將軍，生孝儉、孝威、孝忠。孝儉生畢，太僕少卿。孝忠，蘭州刺史。靖，户部尚書，封信都公，生逵、遜、邃。逵，駙馬；生松壽，殿中少監。遜，兵部郎中。邃，蔡州刺史。

A〔岑校〕善西魏華州刺史　此敍善一支，知前文「岳」下奪善名。

B〔又〕生衍靖　羅校云：「案『靖』，唐表作『静』。」余按舊書六一已作「静」。

C〔又〕衍左武侯將軍　「侯」誤，新表同，庫本正作「候」；舊書六一則云官至左武衛將軍。

D〔又〕孝忠蘭州刺史　「蘭」，新表作「簡」，蘭、簡易於互訛，前文已舉出。唐初蘭州稱都督，似新表近是。

E〔又〕逵駙馬　尚太宗女遂安公主，見會要六及舊書六一。

F〔又〕生松壽殿中少監　廣記二四九引啓顔録，韋慶本同時有長安公松壽，殆即此人，非姓「松」名「壽」也，其時代相當。

G〔又〕遜兵部郎中　新表作「侍郎」。按叢編八引京兆金石録，唐司農少卿竇遜墓誌，龍朔二年立，表作「侍郎」，當誤。

205 誕，刑部尚書、莘公，生孝慈、孝立、孝沖、孝臻、孝誠、孝果、孝諶、孝禮。孝慈，工部郎中、德州刺史，生希玠、希璬、敬賓。希玠，禮部尚書、少傅、莘公，生錫、鋭。錫，右衞將軍。希璬，蓬州刺史；生銓，滑州刺史。銓生賓，兵部郎中、河南少尹。

A〔岑校〕誕刑部尚書　舊書六一，誕以光禄大夫還第。此特舉其文職之崇者，非終官也。

B〔又〕生孝慈　舊書六一同，新表誤「孝德」，涉其爲德州刺史而倒錯也。

C〔又〕孝慈工部郎中德州刺史　新表誤爲「孝德，慈州刺史」。

D〔又〕生希玠希璬敬賓……希璬蓬州刺史生銓滑州刺史銓生賓兵部郎中河南少尹　曲江集一二故河南少尹竇府君墓碑銘云：「公諱某，扶風平陵人，自後魏大將軍、侍中、永富公，至烈考瀛州刺史、贈刑部尚書莘國公，六葉矣。」據周書三〇及姓纂，則「後魏大將軍、永富公」者竇善也。碑又言，府君再入尚書郎，遂爲洛陽令。郎中秩從五品上，洛陽令秩正五品上，「再入尚書郎」者，即姓纂之兵部郎中也。由是觀之，府君即賓無疑矣。第如姓纂，希璬之弟名敬賓，其孫又名賓，是名與從祖相同，且新表有敬賓，無賓，可疑者一。希玠開元初尚存（舊書六一），而碑言府君卒於開元九年，春秋五十六，則開元之初已四十八歲，如賓爲希玠弟希璬之孫，玠苟非上壽，殆不可能，可疑者二。「六葉」者，六傳之謂，由善至希璬，恰是六世，如賓爲璬孫，則與碑不合，可疑者三。善之後，據姓纂及新表，無任瀛州刺史者，第蓬、瀛二字，舊典往往連用，保無涉此面傳訛；希璬固蓬州刺史也，可疑者四。綜此四疑，余以爲賓或敬賓，實希璬之子，姓纂之文，應云「生希玠、希璬。……希璬，蓬（瀛？）州刺史，生銓、敬賓。銓，滑州刺史。賓，兵部郎中、河南少尹。」如是，則與集云「六葉」相符。然新表已列敬賓爲希瑊弟，知北宋見本，亦作「生希玠、希瑊、敬賓」，誤不自近世始矣。

E〔又〕希玠禮部尚書少傅莘公　舊書七，景龍四年四月，幸禮部尚書竇希宅，當卽希玠，脱「玠」字，因同卷景雲二年八月以禮尚竇希玠爲太子少傅知之。

F〔又〕錫右衛將軍　全文四四七竇泉述書賦下：「左翊吾兄，業窮幽遠。」注云：「名錫，同州別駕。」

206 孝立孫鎮，左武衛將軍，生顥、項。項，洋州刺史。孝臻，夷州刺史，生瑾。瑾生審言，聞喜尉。審言生譏、權、參。權，著作郎。參，中書侍郎、平章事、吏部尚書；生景伯，兼監察御史。孝誠，溪州刺史。孝果生維鍌，水部郎中。

A〔岑校〕孝立孫鎮左武衛將軍　「左」，新表作「右」。

B〔又〕生顥項項洋州刺史　新表同。庫本「項」皆作「項」。

C〔又〕審言生譏權參　「譏」，新表作「戬」，庫本作「機」。

D〔又〕參中書侍郎平章事吏部尚書　廣記二七五引異聞集，貞元八年參罷相，貶柳州別駕，再流驩州，中道賜自盡。又云，自中丞歷度支、户部、鹽鐵三使至宰相，首尾六年云云。「柳」，下文又作「郴」。據舊書一三六，作「郴」是。同書二七八引宣室志，參自中丞拜中書侍郎、平章事。又廣記三〇五引戎幕閒談，參常爲蒲圻令，惟亦訛「郴」爲「柳」。

E〔又〕孝果生維鍌　庫本誤析「鍌」爲「銑金」二字。按維鍌附見舊書一八三。元龜三三九，睿宗時懷貞族弟詹事司直維鑒金。依舊書，「鑒金」即「鍌」字之訛衍。新志五九，竇維鍌廣古今五行記三十卷。「鍌」疑「鍌」訛，否亦其昆仲行也。

207 孝諶，潤州刺史、贈太尉；女睿宗昭成皇后，生元宗。孝諶生希瑊、希球、希瓌。案，疑脱希琬一人。希瑊，太子少傅、幽公，生鍊、鋼。鍊，司農卿。鋼，將作監同正。希球，太子賓客、冀靖公，生鑑。鑑生榮，虞部郎中。希瓌，開府、太子少傅、畢公，生鍔、濬、沔。鍔，駙馬、祕書監同正，生克恭。濬，涇王傅。沔，濟王傅，生克艮、克溫。克艮，駙馬。希琬，衞尉少卿；生鋒，太僕少卿。鋒生昱、昆。昱，隋州刺史。昆，鳳州刺史。

A〔岑校〕孝諶潤州刺史　見舊書一八三，終於貶官羅州司馬。全文二四四有李嶠代讓官表。

B〔又〕贈太尉　舊書云「太保」。全文一〇〇希瑊碑作「太尉」，同書二九七希球碑又云「贈太保」。

C〔又〕孝諶生希瑊希球希瓌　舊書一八三，希瓘後改名瓌。新表云，希瓌字希瓘，恐非是。

D〔又〕希瑊太子少傅幽公　「幽」誤，庫本作「豳」，亦見羅校引新表。余按舊書一八三固作「豳」。舊紀八，開元二年七月，光祿卿竇希瑊爲太子太傅。集古錄目，贈司空竇希瑊碑，開元六年立，官至太子少傅。舊紀作「太傅」誤。

E〔又〕生鍊鋼　希瑊碑：「嗣子，朝散大夫、行太子典設郎鍊，次子，太子内直郎鋼等。」

F〔又〕希球太子賓客冀靖公　希球碑稱太子賓客、冀靖公，大曆七年立，見叢編八引復齋碑録。然碑爲裴耀卿撰，則是大曆時追立耳。長安志一〇稱太子太師竇希球，據會要七九，是贈官（訛「希珹」）。碑又言希球卒開元二十一年，年七十一。慶唐觀銘碑陰，開元十七年立，稱「太子賓客、上柱（國）、冀國公竇希球」（山右石刻六）。

G〔又〕鑑生榮　榮附見舊書一三六參傳，均誕之玄孫。

H〔又〕希瑊開府太子少傅畢公　會要六一，開元元年官太子左庶子。慶唐觀銘碑陰稱左常侍、上柱國、畢國公。舊紀九，開元二十七年四月，太子少傅竇瑊爲開府儀同三司，天寶十三載十月卒，祇作「瑊」。長安志一〇，工部尚書、畢國公竇瑊，乃莘國公竇誕之訛。新表作「太子少師」，殆誤。

I〔又〕鍔駙馬祕書監同正　尚玄宗女昌樂公主，見會要六。英華三九七有孫逖授竇鍔太僕卿制，即在選尚之前。

J〔又〕沔濟王傅　新表作「壽王」，兩者均玄宗子，未詳孰是。

K〔又〕生克艮克温　「艮」誤（下同），庫本及會要六作「良」，温、良相涉也。亦見羅校引新表。

L〔又〕克艮駙馬　克良尚代宗女壽昌公主，見會要六。

孝禮，涇原令，生瑋、璉、良賓、瑗。瑋，遂州刺史。璉，京兆少尹，生紹、綜、繹、績、纈、級。紹，給事中、荆州長史，生寓。繹，駙馬、衛尉卿。績，奉先令。良賓生林，司封郎中。瑗，光禄卿，生兟。兟生乂，太府卿同正。

A〔岑校〕孝禮涇原令　「涇原」，新表作「良原」。按叢編八引復齋碑録，周宣州涇縣令竇孝禮墓誌，天授三年立，「原」或「縣」之訛，唐無「涇原縣」也（否則涇州良原之奪，待考）。千唐竇寓誌：「曾祖孝禮，太子洗馬。」

B〔又〕璉京兆少尹　同上寓誌：「祖璉，京兆少尹。」

C〔又〕生紹綜繹績纈級　「纈」，庫本作「績」。按新表，纈下有績，共七子。姓纂下文亦著績，蓋庫、洪兩本各奪其一。

D〔又〕紹給事中荆州長史　玄宗幸蜀，以少府監竇紹爲永王傅，見英華四六二、全文三二五，王維有給事中竇紹爲亡弟故駙馬都尉於孝義寺浮圖畫西方阿彌陀變讚序，駙馬即繹也。同書三六七賈至制，永王傅竇紹可江陵防禦使。同書四四七述書賦下注：「族兄紹，給事中。」宋僧傳一七神邕傳言禄山亂後，給事中竇紹在荆南。歷代名畫記二，給事中竇紹。竇寓誌：「父紹，給事中。」

E〔又〕生寓　千唐洛陽尉竇寓誌，歷華原尉、鄱陽令，卒大曆十四年，年四十五。今新表七一下亦不著寓歷官，此爲表本姓纂之一證。

F〔又〕繹駙馬衞尉卿　會要六有竇澤，尚玄宗女常山公主，「澤」乃「繹」之訛。

G〔又〕瑗光祿卿　新表作「光祿大夫」，疑。長安志一〇有光祿少卿竇瑗宅。

H〔又〕生銑銑生乂太府卿同正　新表以銑、乂爲兄弟。建中二年十一月，册竇銑女爲杞王妃，見全文四六四陸贄册文。扶風竇乂，見廣記二四三引乾𦠆子，且稱曰「大郎」，新表殆誤。

209 師綸，太府少卿，生尚義、尚烈。尚義生瓚，道州刺史。尚烈生進，右庶子。進生蒙、泉。案唐世系表，「泉」作「鼎」。蒙，太原令。泉，都官郎中。

A〔岑校〕師綸太府少卿　新書五九，師綸字希言，太宗秦王府諮議、相國録事參軍，封陵陽公。龍朔三年，師綸官坊州刺史，見寰宇記三五。歷代名畫記一〇，竇師綸字希言，陳國公抗之子，初爲太宗秦王府諮議、相國録事參軍，封陵陽公，敕兼益州大行臺檢校修造，官至太府卿、銀坊邛三州刺史。開元釋教録八，麟德元年坊州刺史竇師綸。今慈恩傳一〇作「房州」，冥詳玄奘法師行狀作「師備」，均誤。

B〔又〕生尚義尚烈　全文二〇四，尚義，龍朔中官左崇掖衞長史。

C〔又〕尚義生瓚道州刺史　全文四四七竇㬂述書賦下注云：「家伯諱瓚，邠王司馬。」又歷代名畫記二，開元中邠王司馬竇瓚，潁川人。

D〔又〕進生蒙泉　校云：「案唐世系表，『泉』作『鼎』。」余按此即作述書賦之㬂也。「泉」字猶形近而訛，作「鼎」則相差逾遠矣。

E〔又〕蒙太原令　全文四四七述書賦注稱長兄蒙，又云：「家兄蒙，字子全，司議郎、安南都護。」全文小傳謂蒙「肅宗時試國子司業、兼太原縣令」（見下條）。歷代名畫記三，議郎竇蒙。

F〔又〕泉都官郎中　「泉」乃「臮」之訛，説見前。全文四四七竇蒙題述書賦後云：「吾第四弟尚輦君字靈長。」又卷四九四權德輿太宗飛白書答詔記云：「有都官郎中竇臮者，博古尚藝，貞元初得其書於人間。」歷代名畫記二，建中四年，徐浩侍郎奏用前試國子司業、兼太原縣令竇蒙，蒙弟檢校户部員外郎、汴宋節度參謀臮。同書三，范陽功曹竇臮。

210 師武生孝道、孝約、孝綽。孝綽生景。景生履廷、履信。履廷，梓州刺史，生暄。履信，鴻臚卿。

A〔岑校〕師武生孝道　新表無孝道。

B〔又〕孝綽生景景生履廷　「景」，新表作「憬」，「廷」作「庭」。

C〔又〕履廷梓州刺史　按叢編八引京兆金石録，有唐梓潼太守竇履温碑，天寶四年立，梓潼郡即梓州，想是同人。

211 慶生智純、智弘、智圓。案唐世系表，智仁，蒲州刺史，此脱名。蒲州刺史。智弘生懷玉、懷昶。懷玉，婺州刺史。懷昶生從之、從光、從昭。從之，左司郎。光生靚、覦，户部侍郎、揚府長史。智圓，開州刺史。

A〔岑校〕慶生智純智弘智圓　褚遂良請不窮逐竇智純表，稱智純女爲王妃，又言已出智純爲開州刺史（全文一四九）。永徽五年萬年宮題名，有左武衛將軍、兼太子右衛率、上柱國、永富縣開國公竇智純。校云：「案唐世系表，智仁，蒲州刺史，此脱名。」羅校云：「原校之『智仁』，當爲智純。」換言之，下文「蒲州」上當補「智純」二字。

B〔又〕懷衵生從之從光從昭　全文五〇一權德輿李國貞碑：「夫人扶風郡君竇氏，鴻臚丞光之女。」祇作「光」。

C〔又〕從之左司郎　「郎」下奪「中」字。新表作「右司」。按郎官柱左司有從之名，新表誤。

D〔又〕光生覘覘户部侍郎揚府長史　國貞碑又云：「揚府長史、御史大夫覘之妹也。」「覘」字當重。復次，上文作「從光」，新表同，此略稱也。唯載之集一六祇稱「鴻臚丞光」，舊書一八三覘傳亦云「父光」。

212 璡，禮部尚書、鄧公；生普行，左監門將軍長史、饒州刺史。普行生總，汾州刺史。總生弘儼，屯田員外。

A〔岑校〕璡禮部尚書　新表作「將作大匠」。據舊書六一，禮尚是贈官，亦是武德初歷官。

213 竇熾，周太保、鄧公；生恭，州刺史。軌曾孫克順，將作少監。恭少子琮，晉州刺史；生孝謙，洛州刺史。竇覽孫孝仁，案，唐世系表作「孝永」。濟州刺史；孝鼎，司勳郎中。竇深生襲，右武衞將軍。襲生文表。文表生季爽、季安。季安，湖州刺史，曾孫至柔。爽，開州刺史。竇嶷孫德宗，播州刺史。竇誼孫有意，案唐世系表，誼生有意，此作「誼孫」，不合。熊州刺史；生元誨，諫議大夫。竇威，內史令、延安公；生惲，金部侍郎、岐州刺史。惲生炅。炅生相，棣王傅、覯津公。栩案唐世系表，「炅」作「旻」，「栩」作「詡」。生顒，撫州刺史。

A〔岑校〕竇熾周太保鄧公　熾亦略子，知上文奪其名也。「竇」字應衍。周書三〇熾傳，漢大鴻臚章十一世孫，依姓纂所書，乃連本身計之者。

B〔又〕生恭州刺史　羅校云：「案『恭』下、『刺史』下並有奪文。據唐表，熾生恭，雍州刺史，恭生軌。」按羅校引文，「恭」上奪「生」字。新表祇云恭，後周雍州牧，不作「刺史」。周書三〇，恭除西兗州總管，以罪賜死，不言任雍州牧。又軌碑：「祖熾，魏侍中，周大宗伯，隨太傅、雍州牧、上柱國、鄧恭公。……父某，周大宗伯、襄州亳州總管、上柱國、酇國公。」周書亦言宣政元年熾兼雍州牧，新表殆誤涉熾之謚恭，遂以熾官系其子恭下也。「州」上奪州名無疑。子山集一六紇豆陵氏誌：「祖略，少保、建昌郡公。父織，柱國、大將軍、大宗伯、酇國公。」「織」卽「熾」之訛。復次，姓纂下文歷敍熾五子覽、深、嶷、誼、威，所奪者當不止軌一人。

C〔又〕軌曾孫克順將作少監　新表稱「將作大匠」。

D〔又〕恭少子琮晉州刺史　舊書、會要及元龜九八五、新表七一下均作琮，武德元年右屯衛大將軍，四年左屯衛大將軍。唯竇氏誌作「悰」，云：「曾祖悰，譙國公、駙馬都尉、左衛大將軍，贈特進。」（芒洛四編五）今會要六及新書八三，世祖、高祖之女無尚竇琮者。

E〔又〕生孝謙洛州刺史　新表七一下同。唯竇氏誌云：「祖孝謙，丹、坊、鄜、恆、定、洛六州刺（史）。」「洛」殆「洛」之訛。誌又云：「父宣文，蜀郡大都督府法曹參軍，唐安郡晉原縣令。」（氏卒天寶二載，年二十五）

F〔又〕竇誼孫有意　校云：「案唐世系表，誼生有意，此作『誼孫』，不合。」羅校引「誼生有意」，誤作「誼孫有意」，羅校又云：「案原校誤，表作『誼孫有意』，與此正合。」余按表實作「誼生有意」，原校引不誤，羅校誤。

G〔又〕生惲金部侍郎　勞考一五云：「侍郎疑郎中。」「惲」，今郎官柱作「暉」，惟法苑珠林六四引冥報記，亦作延安公竇惲。

H〔又〕炅生相　庫本正作「生栩」，此作「相」，傳刻之訛也，下有栩，可證，亦見羅校。

I〔又〕栩　校云：「案唐世系表，『炅』作『旻』，『栩』作『詡』。」庫本此注在上文「炅生栩」下，是也。

唐左衛將軍竇善衡，云扶風。　鞏。　水部員外。　牟，洛陽令。　羣，御史中丞，今開州刺史。　庠，潼州刺史。　叔向從父弟彧，廬州刺史，生易直、從直、敬直、興公。　易直，兵部郎中、御史中丞。從直，兼殿中御史。或堂兄子端。房州刺史竇藥師，云略後。

A〔岑校〕唐左衛將軍竇善衡云扶風　據舊書一五五羣傳稱，扶風平陵人，則「扶風」下有奪文。沈炳震云：「新書，京兆金城人。案扶風無平陵，金城本始平，疑爲始平，然不屬扶風。」余按叔向碑尚存「居平陵」殘字（萃編一〇五），扶風舉其望，平陵舉其地也，沈説未諦。又依碑，叔向高祖善衡，曾祖元□（參偃師金石遺文記及潛研堂金石文跋），新表以善衡爲叔向曾祖，顯有奪誤。然姓纂下文著羣父叔向，則羣之上最少脱叔向一代。又昌黎集三三竇牟誌云：「六代祖敬遠，嘗封西河公，大父同昌司馬。……同昌諱胤，生皇考諱叔向，官至左拾遺、溧水令。」牟之六代祖，即叔向五代祖，由是知叔向一系，應爲：「敬遠生善衡，善衡生元□，元□生懷亶，懷亶生胤，胤生叔向。」新表以善衡爲敬遠孫，舊書一五五羣傳，「祖亶，同昌郡司馬」，皆誤。復次，全文七六一褚藏言竇常傳云：「祖亶，同昌郡司馬。」考千唐茂州刺史竇季銓誌：「曾祖懷亶，皇朝洪州刺史、茌平縣公，贈右僕射。祖昌，故彭州九隴長，（贈）工部尚書。父叔彦，故和州烏江丞。」可證羣、常兩傳之「亶」應作「胤」，同昌司馬是胤所官也。顏師古論薛子雲等表，有别將竇善衞，與善衡名近，不知全文一四七所録誤否。

B〔又〕鞏水部員外　鞏諸昆弟歷官，均與新表不合，蓋姓纂記其見官也。據舊傳，元和二年，鞏始第進士。叔向碑，元和三年立，「曰鞏」之下，今已殘闕。竇牟誌云：「公一兄三弟，常、羣、庠、鞏，常進士、水部員外郎、朗夔江撫四州刺史。……鞏亦進士。」集注云：「鞏字友封，元和二年登第。」則「鞏」

爲「生常、牟、羣、庠、鞏」之殘文，而「水部」上又奪「常」字也。元和三年，常官殿中侍御史、湖南都團練判官（補正六八）。褚藏言竇常傳：「元和六年，繇侍御史入爲水部員外郎，亦既二歲，……出爲朗州刺史。」末又云，寶曆元年卒，年七十。廣記一七九引嘉話録，常，潘炎下進士。

C〔又〕牟洛陽令　舊書一五五、新書一七五均未詳。牟誌云：「元和五年，真拜尚書虞部郎中，轉洛陽令、都官郎中、澤州刺史。」洛陽令，其見官也。全文七六一褚藏言竇牟傳，亦失載洛陽令一官。

D〔又〕羣御史中丞今開州刺史　舊傳，元和六年九月，貶開州刺史。

E〔又〕庠潼州刺史　舊傳作「澤州」，新表作「漳州」，三書不同。全文七六一褚藏言竇庠傳：「俄而昌黎移鎮京口，用爲節度副使，……昌黎卻入，公至輦下，遷澤州刺史。」昌黎，皐也，以元和五年秋内召。澤州，庠七年時見官也。

F〔又〕叔向從父弟彧廬州刺史　上元元年謁嶽祠題記，稱鄭縣尉竇彧。全文五二二梁肅有爲杜東都祭竇廬州文，即彧也。據文，彧嘗爲御史、尚書郎及赤縣令。

G〔又〕生易直從直敬直　新表將從直、敬直誤推下一代。按竇叔向碑，元和三年立，書人題第十一姪朝議郎、尚書右司員外郎易直書。中州金石記三云：「碑稱第十一姪，誤上一格，與叔向並列，宜改正。」余按今表，叔向列第四格，易直列第五格，并不誤，畢氏或見本誤也。

H〔又〕易直兵部郎中御史中丞　舊書一六七云：「元和六年，遷御史中丞。」此其見官也。又新表稱易直祖元昌，金石文跋尾八（潛研堂全集）稱叔向曾祖元□，兩説果皆不誤，當一爲「玄」而他爲「元」，否則元昌與其祖同名矣。易直由華陰令擢左拾遺，見全文五一八梁肅送竇拾遺序*。初名祕，德宗幸奉天日，方舉進士，見廣記二二三引因話録。

I〔又〕從直兼殿中御史　盧公夫人崔氏墓誌，元和九年立，撰人竇從直，結銜殿中侍御史、內供奉（石華一六），蓋已不爲兼階矣。

J〔又〕房州刺史竇藥師云略後　藥師時代未詳，季餘誌有子亦名藥師，殆非其人。

寇

215 蘇忿生爲司寇，子孫以官氏焉。又云，衞康叔爲周司寇，支孫以官爲氏。秦滅衞，君角家於上谷，八代孫恂。

A〔岑校〕蘇忿生爲司寇　類稿四八引，上有「周有」兩字。

B〔又〕秦滅衞君角　史記三七亦作「君角」，庫本誤「君甫」。

C〔又〕家於上谷八代孫恂　千唐大中四年寇（原目訛「冠」）章誌云：「至懿侯讓逃秦暴，北適燕，因家上谷，後六代生子明，名仁，仕漢爲臨淮守，……列仙傳所謂朗真先生者是也。朗真孫恂，河內守、雍奴侯。」依世數計之，似稱角爲懿侯，但史記不著。

【上谷昌平】　恂，後漢執金吾、雍奴侯，曾孫榮。榮孫孟，魏馮翊太守，徙家馮翊；元孫循之，生讚。讚生臻。後魏七兵尚書。汝南。生儁，西魏司空，賜姓口引氏。案魏書寇讚傳，讚子臻，官至弘農太守，臻次子祖禮，官廷尉、尚書，贈七兵尚書，昌平男，祖禮弟儁，始賜姓若口引氏。此以臻爲七兵尚書，誤。「汝南」二字亦有脱，「口引氏」脱「若」字。儁曾孫弘，唐户部侍郎、武林公。

A〔岑校〕榮孫孟魏馮翊太守徙家馮翊元孫循之　讚曾孫寇偘誌云「侍中榮十二世之胤」（芒洛四編），又讚子臻誌云「侍中榮十世之胤」，是循之爲榮八世孫，恂十一世孫也。由東漢初至北魏世祖，足四百年，世次應合，若如姓纂，則循之祇榮六世孫、恂九世孫耳，當有誤。羅校云：「案『循之』，魏書寇讚傳作『修之』。」按修、循古籍常混，前屢言之。「循」，衞景初誌寫作「脩」（芒洛遺文中），又寇奉叔誌寫作「脩」（芒洛續編上）。故循、脩二字甚相近。

B〔又〕生讚讚生臻後魏七兵尚書　校云：「案魏書寇讚傳，讚子臻，官至弘農太守，臻次子祖禮，……贈七兵尚書。……此以臻爲七兵尚書，誤。」余按寇臻誌（芒洛三編）亦未言臻官七兵尚書，此處定有錯奪。雪堂金石文字寇臻誌跋云：「誌稱臻，漢相威侯之裔，榮十世之允，榮之子孫，前魏因官，遂寓馮翊，晉武公令之曾孫，魏秦州刺史馮翊哀公之孫，南雍州使君河南宣穆公之少子。考魏書釋老志，道士寇謙之字輔真，南雍州刺史讚之弟，自云寇恂十三世孫，元和姓纂……則自恂至讚十一世，與謙之自言不合，至魏書寇讚傳因難徙馮翊萬年，則與誌及姓纂又異矣。……馮翊哀公爲脩之，姓纂作

『循之』，字之譌也。河南宣穆公爲讚。」

C〔又〕汝南生儁西魏司空賜姓口引氏　校云：「『汝南』二字亦有脱，『口引氏』脱『若』字。」雪堂金石文字寇演誌跋云：「其文當作臻，弘農太守，生祖訓；祖訓弟祖禮；祖禮弟儁；祖禮，七兵尚書；儁，西魏鎮東將軍，賜姓若口引氏。至『汝南』乃演官汝南太守，或姓纂又書讚長子元寶，元寶生祖嘆，祖嘆生靈孫，靈孫弟演，汝南太守，其文今全佚，而闌入『汝南』二字於『七兵尚書』之下耳。……官氏志，若口引氏後改爲寇氏，則傳作『若口引』者是，姓纂奪『若』字，北史寇洛傳奪『口』字。」

217【馮翊】　蘇忿生之後，以官爲氏。魏有散騎常侍寇閱。閱生明，晉河東太守。明生未安。安生邪，後魏建節將軍、夏陽子。曾孫勇，周儀同、通城侯。勇生迪。迪生志覽，唐洛州功曹、歸州刺史。志覽生恩遠，曹州長史。恩遠生毗，兵部郎中。

A〔岑校〕蘇忿生之後以官爲氏　按千唐寇洋誌云：「其先，康叔之後也。昔周王命小子封，蓋賢康叔，爲大司寇，子孫因氏焉。」則自認康叔之後。

B〔又〕勇生迪　據寇洋誌「東漢雍奴侯，……奕世十七而生我公，公之曾王父諱暹，隨襄國郡守、通城閔公」，則「迪」應作「暹」，下同。又拓本天寶二年故河南府告成縣主簿上谷縣開國子寇公（鐈）墓誌銘并序云：「高祖牧楚州府君諱暹。」

C〔又〕迪生志覽唐洛州功曹歸州刺史　洋誌：「王父諱志覽，皇歸州刺史。」又釗誌：「烈曾祖，皇朝太中大夫、歸州刺史諱覽。」又拓本寇處士誌（天寶十三載立，名漫泐不明）：「歸州刺史、歸昌侯覽之曾孫。」又拓本寇鐈誌：「曾祖牧歸州府君諱覽。」

D〔又〕志覽生恩遠曹州長史　洋誌：「烈考諱思遠，曹州長史、上柱國。」則「恩」應作「思」，下同。洋歷吉舒刺史、南陽廣平太守，終恆王府長史，卒天寶七載，年八十四，有弟曰溶，嗣子鉌，姪塤，均見誌文。又千唐寇釗誌：「烈祖皇朝通議大夫、行曹州長史、上柱國諱思遠，朝議郎、見任大理寺主簿、上柱國洋之世嫡也。」（誌立開元十一年）又千唐進士寇堮誌：「宋州之次子，……遷祔大父曹州府君塋次，父泚援翰而敍之云。」曹州卽思遠，宋州卽泚（堮卒開元十四年，年三十）。又拓本寇處士誌：「曹州長史思遠之孫，太原楡次丞澐之元子也。……嗣子倫、份、仲等。」（處士卒天寶十三載，年五十三）又寇鐈誌：「大父題與曹州府君諱遠。」

E〔又〕恩遠生毗兵部郎中　勞考一二云：「『毗』疑『泚』，『郎中』疑『侍郎』。」余按宋本辯證亦作「兵部侍郎寇泚」。泚於長壽三年、神龍二（三）年兩登制科，見會要七六。又景雲（龍）二年官長安尉，見同書七五。開元十二年七月，以中書舍人宣慰河東，見元龜一四四。開元十三年，自兵侍爲宋州刺史，見元龜六七一（惟元龜六四五作「玭」）。拓本唐故孝廉上谷寇君（鈞）墓誌銘幷序云：「隨襄國郡守、通城閔公暹之□孫，曹州長史思遠之孫，宋州刺史上谷□泚之元子也。」鈞卒開元十一年，春秋二十三。若然，則鈞比堮年尚少，何以鈞稱元子，堮稱次子，殊不可明（誌開元十五年立，題「大理寺丞、新除涇州司馬洋文」)。又寇鐈誌：「烈考連率定州府君諱洮。」(鐈卒天寶二年，稟命强仕有二歲，子常、當、賞等)然同誌又云，「初公之下世，元昆右武衛騎曹參軍坦曰」，又似坦爲洮長子。若寇章誌「公諸祖諸父……司戎少常伯洮……司勳郎中鍰，司平大夫錫……蘭臺侍郎繼」，可略見寇氏歷世之簪纓。又千唐景龍四年楊承福誌，題「上谷寇淑字子鏡撰」，疑亦洋、洮之昆仲(「淑」，原目訛「溆」)。

218 【河南】　官氏志，口引氏改爲寇氏。

A〔岑校〕官氏志口引氏改爲寇氏　陳校云：「志作若口引氏。」余按周書三〇同，唯通志作「口引」，參前文。

鬬

219 左傳，楚若敖之後，有鬬般，生伯比。伯比生鬬穀於菟，字子文，代爲楚卿，有此姓。

鏤

220 姓苑云，今遼東有此姓。

鄮

221 越人以郡爲姓，今明州鄮縣是也。氏族略*。

鬬文

222 英賢傳云，鬬伯比之後，支孫鬬文仕晉，因氏焉。氏族略作「楚若敖生鬬文子，因氏焉」。

A〔岑校〕英賢傳云鬬伯比之後支孫鬬文仕晉因氏焉　洪氏校云：「氏族略作『楚若敖生鬬文子，因氏焉』。」（庫本無此注）余按鬬文之條文，今錯於鬬班之下。通志「鬬耆氏」云：「英賢傳云，鬬伯比之孫鬬耆仕晉，因氏焉。」與此文意同，是以鬬文冒鬬耆也，今孫本又訛鬬耆爲「鬬者」，應各更正還原。

參下「鬬者」條。

鬬門

223 世本，陳鬬父之後。楚大夫有鬬門陽。

A〔岑校〕世本陳鬬父之後楚大夫有鬬門陽　宋本辯證文略同。

鬬班

224 楚若敖强生鬬文子，因氏焉。

A〔岑校〕楚若敖强生鬬文子因氏焉　余按通志「鬬文氏」云：「姓纂云，楚若敖生鬬文子，因氏焉。」又「鬬班氏」云：「世本，鬬彊生班，因氏焉。」（辯證三四鬬班文全同，唯「彊」寫作「强」）是知此條實鬬文之條文而衍一「强」字者，應更正還原，鬬班今祇存目。

鬬者

225 世本云，子姓也。

A〔岑校〕鬬者世本云子姓也　「者」誤，庫本正作「耆」。余按鬬耆之文，今誤錯於「鬬文」，説已見前。鬬出芈姓，此云子姓，其爲冒文，絶無疑義。考卷十北殷，「世本云，子姓也」（辯證引世本，北旄，子姓），與此條全同，由是又知鬬耆複冒北旄，應删卻。

豆盧

226 本姓慕容，燕王廆弟西平王慕容運孫北地王精之後。入魏，北人謂「歸義」爲「豆盧」，道武因賜姓豆盧氏。（「北地王」及末十八字岑據類稿沈跋補）

A〔岑校〕燕王廆弟西平王慕容運孫北地王（三字據沈跋補）精之後入魏北人謂歸義爲豆盧道武因賜姓豆盧氏（末十八字參據類稿沈跋補）　沈跋云：「今孫本脱『北地王』三字，又無入魏，道武賜姓之文。」羅校云：「魏道武□姓豆盧氏」，所空格乃「賜」字也。考勞格讀書雜識一云：「案庾信豆盧永恩神道碑云，本姓慕容，燕文帝皝之後。又慕容寧碑云，公，皝之苗裔。考北史僭僞傳，運孫爲慕容永，非慕容精也，此云運孫，其誤一。」余按永雖運孫，但運孫未必止永一人，今勞氏輒謂運孫非精，殊犯語病。或以爲皝非運子，恩、寧皆皝後，則精自然運孫，其言亦似足爲勞氏解嘲；但勞氏不嘗謂豆盧氏爲鍾後乎（説詳下文），鍾何人，德從弟也（晉書一二八），德，皝少子也，然則鍾非皝子可知。姓纂以豆盧氏爲運後，固與碑不合，豈勞以豆盧氏爲鍾後而獨與碑合？是知碑、史尚有一誤而碑未必是也。雜識又云：「案寧碑云，高祖，侍中、使持節都督中外諸軍事、太保、録尚書、北地王，慕容超之世，蕃屏王室，詳之燕録，可得稱焉。……鍾封北地王，見通鑑晉紀隆安五年，據碑，則豆盧氏當是鍾後，非精後也。……北史、周書又云，勝以燕皇始初歸魏，……『燕』字疑是『魏』字之訛。皇始初年，正道武定中山之時也（隋書豆盧勣傳，北地王精後，中山敗，歸魏）。」按豆盧爲鍾後，亦與碑忤，具辨如前。精之被殺，在隆安元年（三九七），正與皇始（三九六——三九七）相當（疏證以爲苻秦之皇始，當永和七年，非是）。若鍾則隆安五年（四〇一）尚仕於燕，與周、隋二書均不合。勞氏定爲鍾後，則不能信周、隋兩書，既信周、隋兩書，卽不應定爲鍾後，勞氏此論，尤相矛盾。余之意，以爲恩、寧武人，或數典忘祖，庾氏操筆，徒見燕録載北地王，不知同時先後有二人，遂至妄引，故勘之史實而種種牴牾，然鍾非皝孫，兩者不能並存，卽此已見碑先自誤，不能據信。但如是解釋，在庾碑則寧爲醜曾孫，在姓纂則寧爲醜玄孫，所差一世。比觀新表，萇是醜孫，似今姓纂之「曾」字爲衍文，而覈之周書，又若庾碑爲不實，遥遥華胄，莫可考矣。抑勞氏之説，本沈炳震，沈云：「南燕録慕容鍾傳，封北地王，降後秦，封歸義侯。是北地王之封歸義侯者，乃南燕之北地王鍾，非後燕之北地王精，且降後秦，非後魏也。」注意在「歸義」字。然新表未言封歸義侯，豆盧、歸義，不過字面偶與後秦封爵同，豈能據此斷爲鍾後乎。末檢類稿五九引文云：「燕王廆弟西平王慕容運孫北地王精，入後魏，北人謂『歸義』爲『豆盧』，道武因賜姓豆盧氏。」按精未入魏，當「之後入魏」之訛奪（參下條金石録引文）。

227【昌黎棘城】精生猶醜。猶醜曾孫萇。永思、寧。寧生勣，勣生毓，周隋並有傳。永思生通。通生寬，唐禮部尚書、芮定公。

A〔岑校〕精生猶醜猶醜曾孫萇永思寧　按「萇」，庾開府集、北周書均作「長」，隋書及豆盧寬碑、豆盧建碑均作「萇」，何焯謂萇、長六朝多通假，故寫法不一（按近年出土豆盧恩碑云，君諱恩，字永恩，昌黎徒何人，祖什伐，左將軍、魏文成皇帝直寢，父萇。羅振玉以爲集誤作「長」，見遼居稿）。豆盧恩碑，諱恩字永恩，寬碑稱祖永恩，「永思」者訛文也。金石録二七：「按元和姓纂云，慕容運孫北地王精之後，魏道武賜姓豆盧氏，精生醜，醜曾孫萇，生寧。而北史寧傳云，寧高祖勝，以皇始初歸魏，授長樂郡守，賜姓焉。……所載不同如此，皆莫可考。」余按北史之文，同於周書，今新表七四下亦云，精二子醜、勝，醜之後爲萇，勝之後爲魯元，與姓纂同，蓋本姓纂而製表者。唯新表醜、萇之間，祇空一格，由新表及金石録觀之，姓纂原文固不作「猶醜」而「萇」下固有「生」字也（沈跋亦云，「醜」上衍一「猶」字，「萇」下脱一「生」字）。 精未降魏，恩碑所云「尚書府君改姓豆盧」，寧碑所云「曾祖尚書府君因魏室之難，改爲豆盧氏」，皆指北史之高祖勝而言，蓋精既被殺，其子歸魏，或謂避難改姓，實文異而義同。 金石録又云：「右唐豆盧建碑云，……九世祖萇，在魏賜姓豆盧氏，封北地王。」余按自建上推至萇，止得七世，九、七字近，勞氏疑碑誤，亦或趙氏轉録之訛也。 又豆盧恩碑：「尚書府君改姓豆盧，筮仕於魏。祖代，左右將軍、魏文皇帝直寢。父長，少以雄略知名，不幸早世。」（子山集一四）合徵周、隋二書，賜姓斷不自萇始，建碑誤矣。 復次，魯元，魏書三四稱盧魯元，勞格讀書雜識一因謂孝文改姓時，何以一改姓盧，一仍舊姓，因疑賜姓之説不足信，然二十二史考異五〇云：「其單稱『盧』者，必是孝文遷洛時改代北複姓，因去『豆』存『盧』，故魏收修史仍之也。 宇文泰據關中，悉復代北氏族之舊，故豆盧寧仍稱本氏。」此文，勞氏亦嘗引之，蓋勞書未經撰定，歿後丁寶書爲編遺稿，故至前後不相照。 古泉山館金石文編云：「元和姓纂志（按『志』字誤衍）云……又止標其望爲昌黎棘城，與勣傳徒何少（小）異，據此志云河南洛陽人，則豆盧在唐時又有洛陽者，爲元和志（按「志」係「姓纂」之誤）所遺。」按豆盧遜誌稱河南洛陽者，祇是敍其占籍，遜固懷讓之子，以姓纂爲遺，瞿氏蓋未明郡望、占籍之有異。

B〔又〕寧生勣　羅校引周書，永恩生勣，寧生讚，似以此爲疑。 余按周書三〇云：「初寧未有子，養弟永恩子勣，……遂以勣爲世子。」是勣固嗣寧者，此不誤也。

C〔又〕通生寬唐禮部尚書芮定公　據寬碑，禮尚非終官，特舉其文職之崇者耳。元龜八九九、竇盧寬爲左衞大將軍、陳縣公，以年老致仕，改封芮國公。「竇」應作「豆」。唐文拾遺六四豆盧遜誌：「祖□，禮部尚書、左衞大將軍、光禄大夫、行岐州刺□、□□□□國公，贈特進、□州都督□。」即寬也。

228 寬生承業、懷讓。承業，領軍將軍，生欽望、欽奭、欽肅。欽望，内長史、左僕射。欽奭，光禄少卿。欽肅生靈昭，宣州刺史。靈昭生參、回、器、友。參，右威衞將軍。回，京兆少尹。友，萬年令。懷讓生貞松，宗正卿、中山公。貞松生光祚。光祚生建，駙馬。

A〔岑校〕寬生承業懷讓　勞格雜識一云：「金石録（目四）有唐右衞將軍豆盧承基墓誌（永徽元年二月），京兆金石録及萬年宮銘碑亦作『承基』，表作『承業』，舊傳作『仁業』，並避玄宗諱改。唐會要載昭陵陪葬人名有仁業，又有承基，亦謬。」余按寬碑，長子□州刺史、上柱國、芮國公仁業，次子右衞將軍、上柱國、盩吾縣開國公承基，承業固是避諱所改，而仁業則并不同人，勞説正得失參半。又寶刻叢編六有大將軍芮國公豆盧行業碑，勘諸寬碑，知襲芮公者應爲仁業，仁、行涉形近而訛也。勞氏謂即承基，亦非（承基墓誌係永徽六年二月立，見金石録四，非元年二月）。又舊書九〇欽望傳：「父仁業，高宗時爲左衞將軍。」筠清館金石記云：「（寬）碑載長子仁業，次子承基，表既以二名合爲一人，……表乃以承業爲欽望之父，皆誤也。」按承基諱作承業，并非合兩人爲一，説已見前，新表以欽望爲承基子，本自姓纂，正不知與舊書孰是。若金石續編四以承業爲承基、仁業之奪，説似可通，但下文復重言承業，況承基犯諱而後人追改，亦應有之義，故姓纂之著承業，究不能斷其奪誤。又金石補正三五謂「懷讓或即仁業之字，以字行」云云，殊不知二人各有遺碑，不能强合也。邃居稿以爲寬殆三子，曰仁業，曰承基，曰懷讓，其説近是。

B〔又〕承業領軍將軍　勞格云：「『領軍』，舊傳作『左衛』，墓誌作『右衛』，未詳孰是。」余按寬碑亦作「右衛」。元龜八四三，盧承業爲揚州長史。

C〔又〕生欽望欽奭　羅校云：「『欽奭』，唐表作『欽爽』。」

D〔又〕欽望内長史　舊書九〇，欽望爲武后内史，「長」字衍。會稽掇英唐太守題名記：「豆盧欽望，如意元年三月自婺州刺史授，拜司農卿。」嘉泰會稽志二作「司賓」，同舊傳。

E〔又〕欽肅生靈昭　新表以靈昭爲欽望子。

F〔又〕參右威衛將軍　新表作「右衛」。

G〔又〕回京兆少尹　元龜三三，天寶十載有河南少尹豆盧回。全詩十一函八册收豆盧回詩一首。

H〔又〕友萬年令　天寶五載，監察御史豆盧友貶富水尉，見舊書一〇五。

I〔又〕懷讓生貞松宗正卿中山公　勞格云：「寶刻叢編（八）有唐金州刺史盧貞松碑，疑即此人也。」若然，則稱「盧」或「豆盧」，似不一致。但考豆盧，唐高祖曾改爲盧氏，貞松時尚未復姓，故稱

「盧」，其孫建已復姓，故曰「豆盧」也。又懷讓尚高祖女萬春公主，故其子得爲宗正卿。叢編九引京兆金石録，駙馬都尉豆盧懷讓碑，永徽元年立。續編五豆盧遜墓誌，父懷讓，駙馬都尉、尚輦奉御、衞□□□太府衞尉少卿。

J〔又〕光祚生建駙馬　勞格云：「錢少詹曰，唐會要作『達』，建平主壻不當名『建』，恐當以『達』爲正。按金石録、通志金石略載建碑，皆作建，錢説未確。」集古録目，駙馬都尉豆盧建碑，天寶三載立，字立言；官至太僕卿，尚玄宗女建平公主。全文三〇九孫逖制，駙馬都尉豆盧建可銀青光禄大夫、太僕卿員外置同正員。

229 通孫方則，生楷。楷生元儼。元儼生志静。志静。

A〔岑校〕通孫方則生楷楷生元儼　今新表方則生玄儼，缺楷一代，以志静時代比之，似表較可信。抑姓纂稱「通孫方則」，易言之，即寬之姪也。新表本自姓纂，不詳方則之父名，故遂以方則附寬諸子之後。金石續編四疑寬有四子，即數方則在内，蓋不知新表表式有此種缺憾而誤解者。筠清館金石記疑「方則爲寬子」爲新表之誤，其見解勝續編一等，而未能理會新表，則與續編無異。

B〔又〕元儼生志静　「志」，新表作「至」，非。英華四一〇李嶠授坊州刺史豆盧志静制，稱太中大夫、坊州刺史、上輕車都尉、郢城郡開國公豆盧志静。

C〔又〕志静　此二字當是後人誤複，説見篇首自序。羅校連下「生魯元」讀，大誤，承趙氏互證之辭也。

230 生魯元，侯魏太宋、襄城公*。五代孫達，唐殿中監、靈壽公，生仁宗。達堂姪曾孫子騫，監察御史。生陸渾，元孫祥，生讓，曾孫挹。挹生鄭、鄁。鄭生静。

A〔岑校〕生魯元　據新表七四下，勝生魯元。魏書三四稱盧魯元。

B〔又〕侯魏太宋襄城公　羅校云：「案『侯魏太宋』，當據唐表改『後魏太保』。」按魯元官太保，見魏書本傳。

C〔又〕五代孫達　按醜之六代孫寬，始仕於唐，勝之六代孫達，亦始仕唐，則兩兩相當。今新表列達爲魯元四世孫，當誤。元龜一七二，武德三年二月，隋殿內少監豆盧達來奔。

D〔又〕達堂姪曾孫子騫　新表祇作「堂姪孫」。

E〔又〕生陸渾　新表列陸渾爲魯元之子。按達已仕唐，如謂此語承上子騫而言，則陸渾之下尚有其十世孫，是達之後已傳十四世，自唐初至林氏修書，猶未足二百年，安能及此？故知新表不誤，而姓纂當日寫本之格式，已被後人移亂，故勞氏讀書雜識猶謂姓纂與表不合也。

F〔又〕曾孫挹　新表祇作「孫挹」。

G〔又〕挹生鄭鄁　姓纂文似二人，新表則以爲一人，且作「鄭鄰」，與此異。

H〔又〕鄭生静　新表作祥生順，順生静，與此迴異。元氏長慶集三三有通州刺史豆盧靖，不審即静否。竊以爲姓纂豆盧姓最末數語，當有舛誤，惜未獲他文相校耳。

五十一幼

繆（岑補）

231 秦繆公之後，以謚爲姓。或音作穆。漢書，楚有穆生，爲元王師。（岑補）

A〔岑校〕據類稿四八引。備要二一同。又繆姓文有兩節爲富姓所冒，説見前。

五十二沁

禁

232 姓苑云，吴興人。

五十四闞

闞

233 齊卿闞止之後。

234 【會稽山陰】闞駰撰十三州志。吴侍中闞澤，字德潤。唐右領軍闞稜。

A〔岑校〕唐右領軍鬭稜　舊書五六作「左領軍將軍」。會稽掇英一八唐太守題名記：「鬭稜，武德四年六月九日自右領軍將軍授。」與姓纂同。嘉泰會稽志二則作「左」，同舊書。

五十六㮇

念

235 西魏太傅、安定公念賢，代人也；子華，台州刺史。

A〔岑校〕西魏太傅安定公念賢　周書一四賢傳，初拜太尉，加太傅，轉太師。宋本辯證及廣韻、通志亦作太傅。羅校云：「『西魏』當作『後周』。」

B〔又〕子華台州刺史　周書一四作「合州」，見羅校引，此誤，北周尚未統一也。通志及宋本辯證正作「合」。

五十九鑑

監

236 風俗通云，衞康叔之後。

鑒（岑補）

237 王子帶之後。（岑補）

A〔岑校〕據姓觿八引。

六十梵

氾

238 漢有氾勝之，爲黄門侍郎。其先，周大夫，食采於氾，因以爲氏。

A〔岑校〕漢有氾勝之　見漢書藝文志。

239 【燉煌】　勝之後。晉有郎中氾騰，張掖太守氾彦。天寶有刑部郎中氾雲、南鄭縣尉氾叔敖，並其後也。

A〔岑校〕天寶有刑部郎中氾雲　「氾雲」下奪「將」字。雲將曾任御史，見精舍碑。勞御考三説同。辨誤一六云：「『林氏•漏「將」字，又以爲官刑部郎中，皆訛。』以刑部郎中爲訛，殊無據。千唐司馬望誌「出納使、殿中侍御史氾雲（下泐）」，當卽雲將。

240 【濟北盧縣】　晉有氾毓，字稚春，七代同居。晉武帝徵爲祕書郎，不就，著書七萬言。

7 按文淵閣、文瀾閣本均無「戴」字。

17 A按文淵閣、文瀾閣本正無「魏」字。

31 C「甞」，原作「當」。按宋人諱「恆」改「常」或「甞」，無改「當」者，今據元龜改。

37 F按文淵閣本正作「傪」。

43 「武威」，原連前段下，今據岑校提行空格。

45 「齊郡鄒平縣」，原連前段下，今據岑校提行空格。

又「滎陽中牟」，文淵閣本作「滎陽，又中牟」。

47 B「原北海斯原」，上「原」字文淵閣本正作「居」。

49 「雲南」，原連前段下，今據岑校提行空格。

50 貫姓全文，文淵閣、文瀾閣本無，當是洪氏據姓氏急就章補。

51 按漢魏叢書本神仙傳卷八：「陳安世，京兆人也，爲權叔本家傭賃。」作「權」，不作「灌」。

52 A按叢書集成本列仙傳作「寇仙」。

69 「桓元」，文瀾閣本作「桓玄」，是。此處乃避諱改名。

77 D按大曆四年十二月甲寅日唐瀛州樂壽縣丞隴西李公（湍）墓誌銘并序，見千唐誌齋藏誌九二三，題「兵部郎中邵説撰」；又建中元年十一月廿四日有唐中書侍郎同中書門下平章事常山縣開國子贈太傅博陵崔公（祐甫）墓誌銘幷序，北京圖書館藏有拓本，題「吏部侍郎邵說撰」。

81 按此校語，文淵閣、文瀾閣本均無，當爲洪校。

81 A岑氏謂「奂」當「奭」之訛。按左傳無「召伯奭」之文。考左傳昭公二十三年有邵伯奂，即召莊公。姓纂卷十石伯亦云：「左傳，伯名伯奂之後。」據岑校，乃以石作冒召伯之文。雖爲冒姓，但亦作「奂」。且卷九邵姓、召姓，卷十奭姓均稱奭爲「召公奭」，無稱「召伯奭」者。故姓纂此處作「奂」當不誤，岑說似未允。

96 唐職官有太子中舍人，無太子中書舍人，「書」字疑衍。

100 B岑校引北史云：「（賀拔）仁，無善人。」按今中華書局點校本北史作「善無人」。考魏書地理志上恆州有善無郡。則岑氏見本誤。

102 「達羅統生敦誼」，據岑校，此節乃賀蘭冒賀若氏之文。前文已云「遠祖達羅，安樂王」，考周書卷二八、北史卷六八賀若敦傳並云「父統」，未及達羅，故知此處「達羅」下當有脫文。

103 A按文淵閣本作「賀婁」，不誤。

104 A按文淵閣本正作「伏連」。

107 按北史卷六〇（周書卷一五）李弼傳云：「廢帝元年，賜姓徒何氏。」又按通志氏族略五「賀悦氏」云：「即賀遂氏之訛也。姓纂云，今關西有此姓。」其後即「徒何氏」，云：「周書、柱國、太尉李弼賜姓徒何氏。」知姓纂此處兼冒徒何氏之文。

114 A按文淵閣本正作「平原」。

157 「稃孫興」，文淵閣本作「稃生興」。

170 A按文淵閣、文瀾閣本「達」均作「逵」。

173 C按「惲」，文淵閣、文瀾閣本均作「惲」。

181 B按全唐詩卷九四吴少微哭富嘉謨序云：「太常少卿徐公、鄜州刺史尹公、中書徐元二舍人、兵部張郎中説(「説」據廣記卷一九八增)未嘗值我不嘆於朝。」少卿徐公乃徐彦伯，神龍元年遷太常少卿，開元二年卒，見舊唐書本傳，餘者爲尹元凱、徐堅、元希聲，與張説、富、吴均預修三教珠英。詩云「遘此敦牂春」，太歲在午曰敦牂，岑氏謂富卒於開元六年戊午，其時徐彦伯已卒，張説亦早不在郎中任，故富當卒於神龍二年丙午。

186 B按文淵閣本亦作「廖位至」，故下有注。知注乃庫本原有，非洪氏所加。

191 「菟賴氏爲就氏」，文淵閣本作「菟賴氏改爲就氏」。

205 D「保無涉此而傳訛」，原文如此，疑「保」上奪一「難」字。

207 「元宗」，文瀾閣本正作「玄宗」。

213 F按今中華書局點校本新唐書宰相世系表實作「誼孫有意」，

214　H岑校引全唐文卷五一八梁肅送竇拾遺序，謂竇易直由華陰令擢左拾遺，大誤。檢兩唐書竇易直傳均未及曾任華陰令、左拾遺二職。舊傳僅云：「舉明經，爲祕書省校書郎，再以判入等，授藍田尉。累歷右司、吏部、兵部三郎中。」又考全唐文卷七六一褚藏言竇牟傳稱竇牟「與從父弟、故相、贈司徒易直」於貞元二年同上第，而梁肅貞元五年即由淮南以監察御史徵入，貞元九年冬卒於長安（見全唐文卷五二三崔元翰右補闕翰林學士梁君墓誌），貞元二年至五年間，易直無可能官至華陰令、左拾遺；貞元五年後，梁肅又無在華陰送易直之可能。考竇叔向曾爲江陰令、左拾遺。金石萃編卷一〇五竇叔向碑猶有「詔□江陰（下闕）……於是徵拜左拾遺內供奉」之殘文。全唐詩卷二一〇皇甫曾有酬竇拾遺秋日見呈，題下注：「時此公自江陰令除諫官。」即爲竇叔向。同書卷二四九皇甫冉亦有送竇十九叔向赴京，卷二〇五包佶有答竇拾遺臥病見寄，卷二〇七李嘉祐有送竇拾遺赴朝因寄中書十七弟。並指叔向。竇叔向爲拾遺，當在大曆末，時梁肅亦在江南。包、李、皇甫諸人，均與梁肅、竇叔向同時而有過從，易直則爲子姪輩，與上述諸人不相及。復檢文苑英華卷七二六梁肅送竇拾遺序，文中「拾遺易直」下注云：「四字，集作『遺直』」；「易直舉矣」則徑作「遺直舉矣」。按遺直爲竇叔向字（見容齋隨筆六），始確知全唐文之「易直」爲「遺直」之誤，宋人所見梁肅集尚不誤。至於「江陰」訛爲「華陰」，則宋人見本已然。

219　「闞般」，文淵閣、文瀾閣本作「闞班」。

221　按此姓文淵閣、文瀾閣本無，當是洪氏據通志氏族略補。

「太宋」，文淵閣、文瀾閣本正作「太保」。

228 按姓氏急就篇上引風俗通云：「衞康叔爲連屬之監，其後氏焉……。」述監氏得氏之由較明白。

239 A「林氏」原作「淩氏」。按林氏謂姓纂作者林寶，岑氏誤書爲「淩氏」，今徑改。

元和姓纂卷十

〔岑校〕卷十　其下庫本注云：「入聲屋韻至乏韻。」

一屋

陸

齊宣王田氏之後。宣王封少子通於平原陸鄉，因氏焉。漢大中大夫陸賈，子孫過江，居吴郡吴縣。陸賈裔孫吴丞相遜，生丞相抗。抗生晏、景、機、雲、耽。遜弟，吴選曹尚書，案陸遜弟名瑁，此脱。生英。英生聘、玩*。玩元孫惠曉、惠徹。自玩至惠曉父子歷晉宋，五代侍中。

A〔岑校〕宣王封少子通　通志、備要二二及新書七作「達」。

B〔又〕漢大中大夫陸賈子孫過江　「大中」，庫本及新書作「太中」。按今漢書四三及新表七三下均作「太」。復依新表，發二子萬、皐，皐生邕，邕生賈，萬官於吴，子孫爲吴人，則非賈之子孫也，疑「陸賈」下有奪文，參下條。

C〔又〕居吴郡吴縣　新書無「居」字。若然，則此應提行。

D〔又〕陸賈裔孫吴丞相遜　説見前文。

E〔又〕抗生晏景機雲耽　依三國志五八，景下尚有玄。

F〔又〕玩元孫惠曉　「惠」，南齊書四六、南史四八均作「慧」。古慧、惠常混，僧號尤屢見之。

G〔又〕自玩至惠曉父子歷晉宋五代侍中　南史四八云：「自玩至慧曉祖萬載，世爲侍中。……慧曉伯父仲元又爲侍中。」若曉則兩欲用爲侍中而不果，此誤。仲元，宋書有傳，新表誤「叔元」。

2 惠徹生閑。閑生厥、完、絳、襄。厥曾孫揩。完生邱公、雲公、令公。邱公生瑾、琛。瑾生遜之、遜之。遜之，都官員外。琛生仁公。仁公生柬之、元之。案唐世系表，琛生柬之、元之，中間無仁公一世。柬之，司諫郎中、崇文侍書學士，生彦遠。元之生元方，天官、鸞臺二侍郎，平章事。

A〔岑校〕厥曾孫揩　吴郡志二一引大業雜記：「隋陸揩，字士紳，吴郡人。祖映，梁侍中，父陟，諮議參軍，世有文集。揩不墜家聲，仁壽中，召補春宫學士，大業中爲燕王記室，唐正〈貞〉觀中，授朝散大夫、魏王府文學。」

B〔又〕琛生仁公仁公生柬之元之　校云：「案唐世系表，琛生柬之、元之，中間無仁公一世。」余按姓纂不誤。依舊書八八元方傳，曾祖琛，可證者一。傳又稱元方從叔餘慶，餘慶爲令公曾孫，玄之亦應爲丘公曾孫，可證者二。新表誤脱。全文四四七竇臮述書賦下注亦云：「陸柬之，吴郡人，仁公子，虞氏之出，官爲著作郎。」廣記二〇八引書斷，柬之嘗爲高正臣書告身。吴郡志二一，柬之，元方伯父，官太子司議郎。

C〔又〕柬之司諫郎中崇文侍書學士　舊書八八，官至太子司議郎，新表亦作「司議郎」。「諫」涉「諫議」而訛，「中」涉「郎中」而衍。陸廣微吴地記稱東宫長史陸柬之。全文一六四李嗣真書品序，稱陸學士柬之受法於虞祕監。法書要録八，柬之官至朝散大夫、太子司議郎，虞世南甥。

D〔又〕元之生元方　「元之」，新表作「玄之」，非父子同名也。

E〔又〕天官鸞臺二侍郎平章事　元方爲鸞臺鳳閣侍郎，居相國，見廣記四九三引御史臺記。

3 元方生象先、景倩、景融、景獻、景裔。象先，中書工部侍郎、平章事、生刑部尚書、少保、兖元貞公兖，生泛、潨、廣、偃。泛，祕書少監。潨，比部郎中。廣，沂州刺史。偃，工部員外。

A〔岑校〕象先中書工部侍郎平章事生刑部尚書少保兖元貞公兖生泛潨廣偃　據舊書八八，象先歷刑部尚書、太子少保，封兖國公，謚文貞。又據新表七三下，象先子泛。由此推之，知「平章事」下之「生」字，「元貞公」下之「兖」字，皆爲衍文，兖「元貞公」乃「兖文貞公」之訛。又新表列潨於泛下一格，亦誤。廣記一七七引國史補，陸象先爲同州刺史。同書四九六引乾𦠆子，兖公象先嘗爲馮翊太守。按馮翊太守卽同州刺史，象先時未改郡太守也。嘉定鎭江志一四：「曾旼類集引李德裕……詩云：『近世二千石，畢公宣化厚。丞相量納川，平陽氣衡斗……』注云：『丞相謂陸兗公。……三賢皆歷此郡。』今考新舊唐書陸象先傳並不言守潤，……前志云史略之，信然。」余按元龜一七二，開元六年，象先自隰州移潤刺，今舊傳當有訛誤。又鎭江志之說，本野客叢書一七。象先原名景初。

B〔又〕滦比部郎中　「比部」，新表作「刑部」。

C〔又〕偃工部員外　新表作「泉州刺史」。

景倩，監察御史；生溥，天水太守、少府監，生康、序、應、庶。康，檢校郎中。庶，福建觀察、中丞。

A〔岑校〕生溥天水太守少府監　新表作「少府少監」。

B〔又〕康檢校郎中　新表作「澤州刺史」。廣記一五〇引前定録，陸康，明經及第（登科記考九以爲在天寶十五年），授祕書省正字，充隴右巡官，府罷，調咸陽尉，遷監察御史、盩厔令、比部員外，連典大郡，歷官二十二考。

C〔又〕庶福建觀察中丞　叢編一三遊石橋記幷詩引復齋碑録，衢州刺史陸庶撰，元和元年立。又白氏集四〇與陸庶詔云：「省所奏，當新開福建陸路四百餘里者。」此其見官也。全文拾遺二七據嘉靖衢州府志收庶爛柯山碑記云：「庶牧於是邦，迨兹五（？）祀……時元和三年三月十八日。」（參方鎭年

表六）

5 景融，吏部侍郎、左丞、工部尚書，父兄三人，繼處銓衡左右丞，生沛、渭。沛，屯田郎中。

A〔岑校〕景融吏部侍郎左丞工部尚書父兄三人繼處銓衡左右丞　全文三〇八有孫逖授滎陽郡太守陸景融尚書右丞制，又有授吏部侍郎制。後制云，守尚書左丞陸景融可守吏部侍郎。廣記二二一引定命録，景融初爲新鄭令，後三十年爲鄭州刺史。又拓本天寶二載孔齊參誌，稱「公外兄今工部尚書陸景融」。

B〔又〕生沛渭　「渭」，庫本作「涓」。按新表沛後有泳、清、涓、漸四人，「渭」字最與「涓」近，即「涓」之訛無疑。新表稱「涓，陽翟令」。大曆二年靖居寺題名有同官主簿陸涓（魯公集六），當即其人。

6 景獻，屯田員外，生包、易。包，工部員外。易，司門員外。

A〔岑校〕景獻屯田員外　曲江集二，景獻嘗任起居舍人，舊書八八未詳。其官屯外，見元龜七八三。新表作「郎中」。

B〔又〕包工部員外　新表作「郎中」。

C〔又〕易司門員外　新表作「徐州刺史」。

7 景裔，兵部員外，生滁。

A〔岑校〕景裔兵部員外　舊書八八及元龜七八三作「庫部郎中」，新表作「光禄卿」

B〔又〕生滌　新表作「修，上元令」。

8 元方弟彦恭，曹州刺史。

A〔岑校〕元方弟彦恭曹州刺史　「曹」，新表作「杭」。按彦恭，開元中任杭州刺史，亦見虞集開元宫碑。

9 雲公生瓊。瓊生從典。從典孫鑑。有集。

A〔岑校〕從典孫鑑有集　「有集」者有文集之謂。陳書三〇，瓊有集二十卷。此未詳就瓊言，抑就鑑言也。

10 令公曾孫餘慶，尚書左丞、太子詹事，生珙、璪。璪，汾州刺史、兵部郎中，生海、長源。海，司門員外。長源，檢校尚書、汴宋節度，生行檢。

A〔岑校〕令公曾孫餘慶尚書左丞　舊書八八未言歷此官，同書一四五著之。先天二年官太子右庶子，見元龜一六二。全文二五一蘇頲制，宗正卿、廣平郡開國公、判尚書左丞陸餘慶可大理卿。開元四年官少府監，見同書二五八蘇頲李乂碑。自右丞轉洛州長史，見廣記二五九引朝野僉載。同書三二八引御史臺記，餘慶，吴郡人，進士擢第，累授長城尉，拜員外監察，久視中，遷鳳閣舍人，歷陝州刺史、洛州長史、大理卿、少府監，主睿宗輼車不精，出爲沂州刺史。

B〔又〕生珙璪　新表誤璪爲珙子。按舊書一四五，長源爲餘慶孫，璪子，參互證八。全文三〇九孫逖制：「守洛陽縣令陸操……宜佐理於汾州，可守太原少尹。」時代正合，「操」當「璪」之訛，參下條。

C〔又〕璪汾州刺史　新表同。舊書一四五、新書一一六均稱西河太守，西河郡卽汾州也。

D〔又〕海司門員外　新表作「湖州刺史」。叢編八引京兆金石録，空寂寺大福和尚碑陰，陸海撰，寶應二年立。紀事三二，海詩爲賀知章所賞，自省郎典潮州，郎官考一六謂「吳興志郡守題名失載」，則正未知潮、湖孰是也。

E〔又〕長源檢校尚書汴宋節度　全詩六函一册歐陽詹益昌行序：「貞元年中，天子以工部郎中、興元少尹吳興陸（一作次）公長源牧利州，其爲政五年。」「陸」乃「沈」之訛，吳興，沈姓望也，陸長源未嘗典利州（按此說董斯張吳興備志三二已發之，謂「英華以『沈』爲『陸』誤」）。全詩十二函二册皎然奉和陸使君長源遊太湖詩注云：「此時公權領湖州。」建中初，爲建州刺史，輿地碑記目婺州引晏公類要，訛爲「達州」。撰汝州臨汝縣廣成子廟碑，見皇甫枚三水小牘下。

F〔又〕生行檢　「檢」，新表作「儉」。全文七一七收行儉代淄青諫伐淮西表一首。

11 陸氏自漢魏至梁陳正傳十五人。惠曉生任、倕。倕字佐公。任六代孫去泰。去泰，起居、集賢學士。

A〔岑校〕六代孫去泰去泰起居集賢學士　按會要六四，開元六年，陸元泰自前江陽尉爲麗正學士，十三年以補闕爲集賢直學士。新書二〇〇作江夏尉陸去泰。又元珪紀德幢，去泰書，開元十三年立，結銜左補闕、集賢院直學士，見金石補正五三。開元十一年麗正殿學士陸去泰，見歷代名畫記九。全詩二函十册儲光羲陸著作挽歌注云：「陸爲起居郎、集賢院直學士，贈著作郎，吴郡人。」時代、官歷均相合，即去泰也。依此，則「起居」下當補「郎」字。玉海四引集賢注記，開元十二年，學士陸去泰。洨廙補陸善經傳，誤以陸著作爲善經（說文月刊二卷），已於唐史餘瀋辨正之。

12 梁給事中陸鎮之，續長子裯後，惠曉七從子也，生晉。晉生雍，陳豫章王諮議。雍生元朗，字德明，秦府學士、國子博士、兼太子中允、吴郡男，撰經典釋文。德明生敬信、敬義。敬義，蓬州刺史，生宣哲、遵楷。遵楷，祕書郎。敬信，兵部東臺二侍郎、左侍御、同三品、檢校左相、嘉興子，生郢客、邠卿、越賓、慶叶。郢客生大鯤，慶州都督。邠卿生大訓、大盈、大均。大訓，右金吾將軍。越賓，陝州刺史。慶叶，屯田郎中、雍州司馬。鈞生湯。

A〔岑校〕梁給事中陸鎮之續長子裯後　「裯」誤，庫本及新表均作「稠」。據新表，續，揚州別駕，三子稠、逢、褒，稠二子肅、謙，肅十世孫鎮之，是鎮之者續十二世孫也。

B〔又〕惠曉七從子也　又據新表，續少子褒，生紆，紆生駿，駿生琩，琩生英，英生玩，玩生始，始生萬載，萬載生真子，真子生惠曉，是惠曉者續十世孫，即鎮之從祖也，此作「七從子」，疑誤。

C〔又〕生晉　羅校云：「唐書世系表作『瑨』。」

D〔又〕雍生元朗字德明　崔倸嘗受詩、書、禮、易於吳國陸德明、魯國孔穎達，見拓本崔安平公𧩃誌。武德五年建觀音寺碣，自題國學助教（見武億金石二跋）。卒貞觀十六年已前，見元龜九七。

E〔又〕德明生敬信　舊書四及一八九上又新表均作「敦信」，郎官柱同，此誤，勞考三已改正，下同。元龜一五一，麟德二年左侍極廉（兼之訛）檢校大司憲陸敦信。

F〔又〕遵楷祕書郎　乾封初有太常博士陸遵，又舊書四七有陸楷集十卷，不審卽此人否。

〔又〕左侍御同三品檢校左相　舊紀及同書一八九上、元龜一五一均作「左侍極」，又舊紀及新宰相表均作「檢校右相」，此誤，勞考三統改正。元氏長慶集五八元氏誌云：「遂歸於吳郡陸翰。翰，國朝左侍極兼右相敦信之玄孫。」（據校本改）

H〔又〕邠卿生大訓大盈大均　「均」，新表及下文皆作「鈞」，此誤。廣記四〇一引紀聞列異，稱執金吾陸大鈞。

I〔又〕慶叶屯田郎中　新表作「員外」。

J〔又〕鈞生湯　鈞卽大鈞，今本多見此類省略，或傳抄者之過。

13 後周大司馬陸通，云玩後。晉侍中萬戴，爲劉義眞長史，從宋武帝入關，没赫連，生僑。僑生政，卽通父也。通生長義、讓。讓，隋光禄少卿；生善宋，駕部郎中、德州刺史。通弟逞，周太子少保、中都元都公。

A〔岑校〕晉侍中萬戴　羅校云：「案『萬戴』，周書陸通傳作『載』。」余按子山集一三步陸逞碑：「曾祖載，爲宋王司馬，留鎮關中，赫連之亂，伏劍魏室。」同集一六步陸孤氏誌：「高祖載，爲劉義真長史，留鎮關中，既没赫連，因即仕魏。」又陸讓碑：「六世祖載……既没赫連，因即事魏。」均衹稱載。尋源五謂載、戴古通用也。又新表，惠曉之祖曰萬載，臨海太守、祕書監、侍中。時代、官歷相當，即同人也。

B〔又〕没赫連生僑僑生政即通父也通生長義讓　周書三二通傳，曾祖載，父政，世代與此同。讓碑云「六世祖載」，即連本身計之，亦差一世。合觀子山集兩碑、誌，恐讓碑非是。又讓碑：「曾祖□，魏冠軍將軍、營州刺史。」依姓纂，則所泐之名應爲僑。又：「祖政，周驃騎大將軍、儀同三司、恆涇二州刺史、□都獻公。」據子山集一三，「都」上所泐乃「中」字，亦即周書三〇通傳所云賜爵中都縣伯。又：「父道，□八柱□、左光禄大夫、侍中、大司馬、□司寇、大司徒、秦襄陝三州總管、綏德定公。」（萃編四五）「父道」乃「父通」之訛。「□八柱□」似爲「周八柱國」，然周書一六及三二均無通爲八柱國之文。「司寇」上應補「大」字，見本傳。大司徒及總管，則或卒後追贈者。至子山集一三步陸逞碑：「高祖冠軍將軍、榮州刺史。」「高」字衍，因前文敍曾祖、後文敍父知之也。魏志有營州，無「榮州」，當因音近而訛（吾鄉營、榮同呼）。千唐陸紹誌：「高祖通，周使持節柱國、大司馬、蒲陜秦襄四州總管、綏德郡開國公，食邑八千户。」

C〔又〕讓隋光禄少卿　碑作「光禄卿」。關於讓之歷官，參看拙著隋書州郡牧守編年表。陸紹誌：

「曾祖讓，顯魯二州刺史、光禄少卿、開府儀同三司、安澤公。」

D〔又〕生善宋駕部郎中德州刺史　元龜一二六，武德四年二月，王世充懷州刺史陸善宗以城降，疑卽其人。　通鑑一八八亦作「宗」。千唐韓王府兵曹陸紹誌，卒顯慶四年，年四十四，云：「祖善宗，皇朝駕部郎中、使持節德光懷三州刺史、洛州長史、上柱國、延陵縣開國公。考仁徽，隨尚衣直長。」則「宋」字顯訛。　讓碑立於貞觀十七年，末有「第□子□□□政縣令」，當非善宗。

E〔又〕通第逞周太子少保中都元都公　羅校云：「「元都」二字衍。」是也。　又周書三二，授太子太保，此作「少保」，小異。　考子山集一三，逞碑題周太子少保步陸碑，而文內又云「乃授太子太保」，亦自矛盾。

14 陳廬陵太守陸之禮，稱後漢潁川太守閎後，生寶、仁先、元士。元士，虞部員外、濟州刺史，生貴愛。

A〔岑校〕稱後漢潁川太守閎後　依新表七三下，閎卽續之祖。

B〔又〕元士虞部員外濟州刺史　會要六三，貞觀二十年著作郎陸元仕，當卽其人。　唐文續拾一○貞觀十四年和羅采睿颿，副使晉王府掾陸元士。

15 陳永王記室陸慶，稱褒後；生士秀，唐太子博士；生謀道，周文王學士，生元感。元感生南金，庫部員外。

A〔岑校〕陳永王記室陸慶　據南史七一慶傳，陳永陽王嘉其名，此奪「陽」字，然祇云「鄱陽晉安王俱以記室徵，不就」。

B〔又〕生士秀唐太子博士　舊書一八八、新書一九五南金傳均稱祖士季。舊書四七又有陸士季集。元感誌：「曾祖慶，梁官至婁令，入陳三辟通直散騎侍郎，皆不就。祖士季，陳桂陽王府左常侍，隋越王府記室，皇朝太學博士、弘文館學士。」（至元嘉禾志二一及石華八）則此之「秀」字顯訛。舊、新傳稱「祖」亦不合。又「太子」誤，應依誌及舊、新傳作「太學」。

C〔又〕生謀道周文王學士　元感誌：「父謀道，皇朝周王府文學詳正學士。」千唐陸氏誌：「曾祖諆道，隨昭王文學詳正學士」。按隋無「昭王」，此誌立於後，當是傳聞之誤，「諆」字亦疑訛。合觀舊書四四，諸王官屬有文學，則「文王」二字應乙，「士」字衍。

D〔又〕生元感　據元感誌，終黃州司馬，神龍三年卒，春秋七十五。又千唐縉雲司馬賈崇璋妻陸氏誌：「祖元感，皇朝散大夫、黃州司馬。父趙璧，馬邑郡長史。」（氏卒天寶十載，春秋三十）

E〔又〕元感生南金庫部員外　舊南金傳云，授庫部員外，以疾辭，轉太子洗馬卒。新書四一，天寶二年鄮令陸南金。

16 齊度支郎中陸匡丞，晉太常卿始後，元孫敬。唐蘇州刺史陸孜兄元孫善敬，國子司業，生鼎，右補闕。

A〔岑校〕唐蘇州刺史陸孜兄元孫善敬國子司業　唐會要一三，開元二十七年有集賢學士陸善經。會稽掇英總集二，天寶三載送賀監致仕，陸善經有和詩。五載刊定月令，集賢直學士陸善經與修撰（石刻及新書五七），其官爲河南府倉曹參軍。元龜一五二，國子司業陸善經。又白氏集二四張誠碑：「夫人陸氏，即國子司業、集賢殿學士善經之女。」（誠卒大曆三，年五十五）是善經與善敬同音、同官、同時，「敬」字訛也。玉海四六引集賢注記，蕭令嵩奏陸善經入院。

B〔又〕生鼎右補闕　制誥集一〇授陸鼎史館知修撰制，稱左補闕陸鼎。

17【嘉興】開元有陸齊望，官至試祕書少監，生渭、澧、澗、瀍、淮。渭，侍御史。澧，殿中御史。澗，祠部員外。瀍，侍御史。望族弟齊政，富平令，生侃如，溧水令。侃如生贊、賞、賡。贊，中書侍郎。

A〔岑校〕官至試祕書少監　新表作「祕書監」，與集古録目同。

B〔又〕生渭澧澗瀍淮　「澧」，庫本作「灃」，新表或作「澧」（百衲本），或作「灃」（殿本）。集古録目、寶華寺碑，齊望子渭等立（永貞二年）。又符載陸侍御宅讌集序（文粹九七）：「荆州從事、監察御史陸澄字深源，洎令弟曰濡，曰潤，曰淮。」是渭、澧比澗、淮爲長，今新表七三所列，蓋不循行序也。元和三年福建觀察陸淮，見寰宇記一〇〇，實陸庶之誤。宋僧傳一七神邕傳，貞元五年祕書省校書郎陸淮。

C〔又〕渭侍御史　新表作「户部侍郎」。

D〔又〕灃殿中御史　新表作「侍御史」。約貞元十六年頃，陸灃官殿中御史，見全文六九一符載蕭存誌。全詩三函一册劉長卿有送陸灃還吳中、送陸灃倉曹西上、送陸灃歸江陰詩，但同函九册李嘉祐下又作「陸澧」，四函七册皇甫冉有送陸灃郭鄖，九册嚴維有自雲陽歸晚泊陸灃宅，五函二册盧綸有同耿湋宿陸灃旅舍，七册朱放有答陸灃，六函一册陳羽若耶溪逢陸灃；十二函二册皎然和塵外上人與陸灃夜集山寺。

E〔又〕澗祠部員外　新表作「潤，左司員外」。勞考二疑「潤」即「澗」訛。按今郎官柱左司員外不見澗名，唯主爵員外有之。

F〔又〕瀍侍御史　新表作「主客郎中」。據文饒別集三，元和十三年瀍爲給事中，主中殆修書後所歷之職也。唐詩紀事五九，瀍，貞元元年進士。白氏集三三有陸瀍賜爵制。

G〔又〕望族弟齊政富平令　新表列贊爲齊望之孫，誤。勞考九亦疑新表誤也。又集古録目唐賀蘭夫人墓誌云：「碑前著侄曾孫贊，……夫人河南人，祕書監陸齊望之妻」，與此差一代。按齊望之子渭等，至元和初尚生，贊卒永貞元年，已五十二，似姓纂可信而「曾」字爲衍文。

H〔又〕生侃如溧水令　權德輿翰苑集序及舊書一三九作「父偘，溧陽令」。溧水、溧陽，同隸一州，未詳孰是。

18 惠陵令陸侍詮，並吳人。詮生亘，太常博士、越宣二觀察，生墉、勳。墉，陝府觀察，生鉅。勳，吏部郎中。

A〔岑校〕惠陵令陸侍詮　舊書一六二亘傳，父侍詮。

B〔又〕詮生亘太常博士越宣二觀察　依舊書亘傳，元和七年時方爲博士，越、宣二觀察乃其後來歷官。舊紀一七下，大和八年九月乙亥，宣州觀察使陸亘卒，去修書時已二十許年矣，太常博士與觀察官位懸殊，不應連敍，即此可覘其羼入之跡也。宋僧傳一一太毓傳，越州刺史陸亘；又普願傳，大和年初，宣使陸公亘，前池陽太守。據傳，亘未刺池，或别指一人，待考。會稽太守題名記：「陸亘，大和三年九月自蘇州刺史授，七年閏七月除宣州觀察使。」

C〔又〕生墉勳墉陝府觀察生鉅勳吏部郎中　此之歷官，由前條觀之，可決其非姓纂原文。據舊紀，咸通十二年，勳尚爲兵部員外。全詩九函七册李郢寄題陸勳校書義興禪居。方鎮年表四引本書作「亘生墉」，蓋校改之文。舊紀，乾符三年十二月，以前陝西(「西」字衍)虢觀察陸墉爲太子賓客。又嚴州圖經，睦州刺史陸墉，咸通五年五月十二日自金部郎中拜。

19 又歙州刺史陸參，司封員外陸震，大理司直陸羽，並吴人。

A〔岑校〕又歙州刺史陸參　李文公集七有與陸傪書；又同集一三陸歙州述稱吴郡陸傪字公佐，卒貞元十八年。載之集二四作浙江東道義勝軍副使、殿中侍御史内供奉、賜緋魚袋陸參(太博舉人自代狀)。昌黎集一一言參貞元中自越州徵拜祠部員外郎；同集一九又言貞元十八年二月，祠部員外郎陸君出刺歙州。全文五〇三陸君誌作「修」，貞元十六年徵拜祠外。

B〔又〕司封員外陸震　貞元四年制科及第，見會要七六。

20 元和初進士陸暢，生懷；姪孫肱，湖州刺史，長城人。

A〔岑校〕元和初進士陸暢生懷姪孫肱湖州刺史　姪孫肱苟非比暢年長或先進，則元和初年位恐不得至刺史。考張司業集六有送陸暢七絕。大典引蘇州府志，陸暢，元和元年登第。紀事三五，鄭注亂時，暢爲少尹，斬注首。雲溪友議，順宗女雲陽公主出降劉氏（士涇），朝士舉暢爲儐相。韓集點勘云：「唐史公主傳無雲陽主，疑非雲安即岐陽之誤。」按會要六，雲安降劉士涇，明是雲安之訛。全文七六〇張次宗薦觀察判官陸暢狀，稱其前任祕書丞。全詩六函五册孟郊有送陸暢歸湖州詩。八函三册姚合有送陸暢侍御歸揚州。廣記二〇四引桂苑叢譚，暢有贈薛陽陶歌。廣記四九六引尚書故實，暢爲蜀道易獻韋皐，及皐卒，朝欲構其罪，暢上疏理之。又全詩九函三册：「陸肱，大中九年登進士第，咸通六年自前振武從事試平判入等，後牧南康郡。」同册崔櫓有酒失於虔州陸郎中肱詩，六册李頻送陸肱尉江夏、送陸肱歸吳興、送友人陸肱往太原；十函六册鄭谷南康郡牧陸肱郎中辟許棠先輩爲郡從事因有寄贈；十二函五册尚顏送陸肱入關。全文六二二收陸肱謙賦等四首。由是知最少自「姪孫肱」以下爲羼文。

21 【河南洛陽】出自代北，代爲郡長大人，號步六孤氏。後魏孝文遷洛，改爲陸氏，與穆、奚、于、賀、劉、婁爲北人八族。征西大將軍、東平王陸俟，生麗、頹、歸、騏、驥。

A〔岑校〕代爲郡長大人　「郡」訛，應作「部」。

B〔又〕改爲陸氏與穆奚于賀劉婁爲北人八族　按魏書一一三官氏志稱穆、陸、賀、劉、樓、于、嵇、尉八姓。賀婁子幹，舊史亦作「賀樓」，則「婁」即「樓」也。官氏志，紇奚氏改嵇氏，姓纂下文紇奚改奚氏，則奚、嵇聲通而混，今本姓纂蓋奪去尉姓也。卷五劉姓下亦稱與穆、陸、賀、婁、于、奚、尉爲北人八族。

C〔又〕征西大將軍東平王陸俟　羅校云：「案東平王，魏書陸俟傳作『東郡王』。」余按魏書四〇俟傳，進爵東平王；又麗傳，其父俟爲東平王，羅校誤。

D〔又〕騏驥　羅校云：「俟傳作『騏、驎』。」

22 麗，司徒、平原王，生定國、叡。定國，殿中尚書、東平郡王，生昕之。叡，尚書令、東平郡王，生希道、希靜、希質。希道生士懋、子彰。案此下疑脫士佩一人。士懋元孫寶積，屯田郎中、冀州刺史，生昭、逵。子彰，中書監，生印、駿、沓、騫、彥師，兄弟五人相繼爲黃門侍郎。士佩五代孫伯玉，中書舍人、晉州刺史。希靜元孫乾迪，嶲州刺史都督。希質生瓘、悉、達。

A〔岑校〕定國殿中尚書東平郡王生昕之　魏書四〇，定國賜封東郡王，不作「東平」。傳又云：「子昕之，字慶始，……襲爵，例降爲公。……景明中，以從叔琇罪免官，尋以主壻除通直散騎常侍。」按比干碑陰有「散騎侍郎、東郡公臣河南郡陸昕」，應即此之昕之，是昕之一名昕，一也。降公而稱東郡公，可見東郡王不作「東平」，二也。碑立於太和十八年，已爲散騎侍郎，傳所未敍，三也。陸杳碑：「曾祖某，司空公、東郡莊王」，此定國也；「祖，冀州刺史東郡惠公」，此昕之也；「父，開府儀同三司、東郡文宣公」，此子彰也。子彰本希道子，出後昕之，碑文蓋據所後言之。

B〔又〕叡尚書令東平郡王生希道希静希質　羅校云：「案魏書俟傳作『鉅鹿郡公』。」余按麗封平原王，見魏傳及前文，傳謂「叡始十餘歲，襲爵撫軍大將軍、平原王」，作「東平王」固非是，若鉅鹿郡公乃降等後之改爵，羅説亦未諦也。傳又云：「叡長子希道……初拜中散，遷通直郎，坐父事，徙於遼西。」叡以太和二十年底坐穆泰事賜死，今比干碑陰有「員外散騎侍郎臣河南郡陸怖道」，以傳之仕履考之，怖道應即希道。怖、希字近，魏碑尤多别體也，史傳勢不能詳敍歷官，其例與前引昕之傳同。曲石藏孫處約夫人陸氏誌，卒天授二年，春秋七十七，誌云：「五代祖叡，後魏平原王。曾祖子瑩，後魏驃騎大將軍、譙州刺史。祖正禮，後魏南青州司馬，周天官都府上士，隨建城令。父孝友，隨朝請大夫、顯州司功，唐貝州清河令。」惜誌漏敍高祖名。

C〔又〕志懋元孫寶積屯田郎中冀州刺史　會要七〇，天授三年來庭令竇績。又舊紀六，萬歲通天元年十月，冀州刺史陸寶積盡節。

D〔又〕生印駿沓騫彥師　按魏書四〇、北齊書三五均言子彰六子，北齊書尚有「第五弟搏」（一作「搏」），合此爲六人，唯騫似不見於正史。「印」，應依羅校正作「卬」，隋書七二彥師傳亦云兄卬也（魏書本或訛「昴」）。廣記二四七引談藪，北齊散騎常侍河南陸乂，黄門郎卬之子。文館詞林四五九李德林秦州都督陸杳碑銘：「公諱杳，字雲邁，清都臨漳人也。」杳、邁相切，魏書、北史亦作「杳」，此作「沓」訛。據碑，武平三年後，卒秦州刺史、開府儀同三司，年五十三，有子玄卿（北史二八略同）。復考，麗玄孫彥昇，北齊以文藝高選，任祕書郎，見說之集一八陸孝斌碑。彥昇與彥師，昇之子玄亮與杳之子玄卿，均排行相同，彥昇其卬子彰六子之一歟。碑又云，「歸殯於滏陽之郭北」，則其所占又是魏郡臨漳也。

E〔又〕士佩五代孫伯玉中書舍人晉州刺史　說之集二二伯玉墓誌，稱爲岐州刺史。

23 歸。歸，太僕卿。曾孫騰，周大司空、生庸定公，庸，生逸、融、冰。逸孫徹，郢州刺史；生欽嗣，左監門將軍、鄆州刺史；欽義，忠州刺史。融，隋洛州刺史；生立素，右庶子。立素生爽，兵部郎中。爽生瞻。瞻生景祥，雒尉。景祥生據，司勳員外。據生士佳、士修。士佳，三原令。士修，殿中御史。冰生義方，營州司法。義方生頌，改名慇，國子監祭酒、右常侍、鄭公；生璟，正卿同正。

A〔岑校〕歸歸太僕卿　陳校云：「『歸』字重衍。」按魏書四〇稱爲東宮舍人、駕部校尉。

B〔又〕生庸定公庸生逸融冰　陳校云："『生庸』，『上庸』之訛。下『庸』字衍。"周書二八，騰卒，謚曰定。平津記四云："騰是融之祖也。"蓋未知姓纂之誤。

C〔又〕融隋洛州刺史　紀國陸先妃碑有「使持節洛州諸軍事、洛州刺史、上柱國、定陵懷公」者即其人（平津記四亦云然），因周書二八言融封定陵縣公也。

D〔又〕生立素右庶子立素生爽兵部郎中　紀國陸妃碑："祖立素，益州大都督府長史、太子右庶子。……父爽，尚書庫部、兵部二曹郎中。"潛研堂金石文跋尾云："隋時有太子洗馬陸爽，其子法言撰切韻，爲後世所宗，與此非一人也。"余按隋之陸爽，開皇十一年卒，此之陸爽仕唐（隋無郎中），彼爲侯四世孫，此爲俟七世孫，迥異。說之集一四稱爽兵部侍郎，殆誤。貞觀政要二："貞觀二年，隋通事舍人鄭仁基女年十六七……太宗乃聘爲充華。……魏徵聞其已許嫁陸氏，……遂停册使。……又陸氏抗表云，某父康在日，與鄭家往還，時相贈遺資財，初無婚姻交涉。……徵曰，……陸爽以爲陛下今雖容之，恐後陰加譴讁，所以反覆自陳。"按陸妃卒麟德二年，年三十有五，是生貞觀五年，得爲此陸爽之女，但政要稱爽父康，與立素異，惜妃碑未記其母，不能定此兩陸爽爲同人否也。

E〔又〕景祥生據司勳員外　全文三一五李華陸騎曹集序，楊極與河南陸據爲道義之交，又三一七同人三賢論，稱河南陸據德鄰。

F〔又〕士佳三原令　廣記一五〇引前定録："某（裴諝）開元七年（按七年誤，當是二十許年，但此之士佳，似未能位至尉官）罷河南府文學時，至大梁，有陸仕佳爲浚儀尉。……仕佳後再受監察御史卒。」全詩十二函二册皎然有送陸侍御士佳赴上京，又同楊使君白蘋洲送陸侍御士佳入朝。

G〔又〕士修殿中御史　大曆九年士修爲嘉興尉，見魯公集七妙喜寺碑銘。

H〔又〕義方生頌改名愻國子監祭酒右常侍鄭公　舊書七，景龍二年「二月辛未，幸左金吾大將軍、陳國公陸頌宅」。當即長安志八所謂韋庶人妹夫之陸頌，彼封陳公，此封鄭公，似非其人，但此陸頌之子，如得爲宗正卿（參下條），則又應唐室姻戚也，待考。廣記一六三引朝野僉載，孝和時，陸頌爲巾子向前踣，未一年而頌殞。

I〔又〕生璟正卿同正　「正卿」，疑當作「宗正卿」。

24 騏孫，隋中書舍人，生法言、正言。法言，隋承奉郎，撰切韻。正言孫大同，遂州刺史。

A〔岑校〕騏孫隋中書舍人生法言　此卽法言之父陸爽。「孫」當作「曾孫」，參看陳著切韻與鮮卑。又隋人諱「中」，爽傳亦非仕爲中書舍人，此誤。羅校云：「案『生法言』上有奪文。隋書陸爽傳，子法言，爽祖順宗，魏南青州刺史，父槩之，齊霍州刺史。」

B〔又〕正言孫大同遂州刺史　全文二七六，大同，中宗朝官雍州司田。

25 馥，後魏太保、建安王。七代孫堅，左右丞相、刑部侍郎、祕書監，生綰、綜、缜。綰，贊善大夫，生酇。綜生邳。缜，檢校郎中，生復禮。復禮，部尚書禮膳部員外。

A〔岑校〕馛後魏太保建安王　以其官爵與魏書四〇勘之，馛卽俟之長子馛也，其名應於前文俟所生下補入。廣記一七四引談藪，東平王陸俟，子馛。雪堂金石文字元固誌跋云：「誌稱妻河南陸氏，父琇，祖拔。……誌書『馛』作『拔』，疑書者之譌。」譯音無定字也。

B〔又〕七代孫堅左右丞相刑部侍郎祕書監　「相」字衍。新書二〇〇堅傳敍其歷官甚略，祇云終祕書監，固在左右丞及侍郎上也。劉長卿張僧繇畫僧記，稱唐故右常侍陸堅。歷代名畫記三，開元五年，宣義郎、行左驍衞率府倉曹參軍陸元悌，後至十一年爲給事中，賜名堅。

C〔又〕綜生邳　平津記八梁守謙功德銘，長慶二年立，陸邳題額。

D〔又〕生復禮復禮部尚書禮膳部員外　文苑英華，陸復禮貞元七年進士。是復禮實一人，非兩人，此文應正作「生復禮。復禮，尚書膳部員外」，蓋唐人稱郎官，應以「尚書」字冠前，不知者妄連上讀，遂衍「部」字，既誤析「復」爲一人，遂又於「膳部」上衍「禮」字也。紀事四〇，貞元八年，復禮弘詞試第一。遂居録河南縣主簿崔程誌，陸復禮撰。

穆

26　宋穆公之後，支孫氏焉。楚元王友有穆生，或作「繆」，音同。

A〔岑校〕宋穆公之後　類稿四九引同。姓觿九引作「魯穆公之後」，當誤。

27 【河南】代人，本姓邱穆陵氏，代爲部落大人，爲北人八族之首。後魏以穆、陸、奚、于比漢金、張、許、史。孝文遷洛陽，改爲陸氏，以位盡王公，勳著當代，下司州，一同四姓。

A〔岑校〕本姓邱穆陵氏　金石録二一後魏比干碑陰云：「按後魏書官氏志，邱穆陵氏後改爲穆氏，今此碑自侍中邱目陵亮以下，同姓者凡三人，字皆作『目』，而元和姓纂所書與此碑正同。」（亦引見羅校）是趙氏見本作「目」，而洛陽石刻録邱穆陵亮夫人造像，太和十九年立，字又作「穆」，則字無定寫也（類稿四九引作「目」，備要一六作「穆」）。沈跋云：「今孫本『十八尤』無邱穆陵姓。『一屋』穆姓下云代人，本姓邱目陵氏，仍作『穆』不作『目』，當是淺人用後魏書改也。」殊不知趙氏所云，可據姓纂穆姓而立言，非必「十八尤」有丘目陵之證，末節必以「穆」爲非，亦泥。蓋由丘穆陵改穆，或取其中間一字也。尋源一一云：「石氏之爲烏石蘭，猶丘（氏）之爲敦丘（丘敦），羅氏之爲叱羅，緜氏之爲爾緜，干氏之爲紇干，竇氏之爲紇豆陵，陳氏之爲侯莫陳也。」穆出邱穆陵，亦同斯例。

B〔又〕後魏以穆陸奚于比漢金張許史　疏證云：「其説非是。通鑑齊紀，建武三年……詔穆、陸、賀、劉、樓、于、嵇、尉八姓一同四姓。胡三省注云，四姓盧、崔、鄭、王，即其明證。」殊不知「比」者比其寵貴之謂，取義於漢書也。盧、崔、鄭、王雖當日衣冠盛族，寵貴固不及穆、陸諸家，何比之有？陳氏此論，失於泥讀古書矣。

C〔又〕改爲陸氏　「陸」誤，庫本正作「穆」。金石録二一云：「又碑自穆崇至亮，皆姓邱目陵氏，姓纂亦云後改爲穆，而史但云姓穆者皆有闕誤。」（亦引見羅校）按碑幷無丘目崇名，金石録謂「又碑自穆崇至亮」者，殊犯語病。

D〔又〕以位盡王公勳著當代下司州一同四姓　此數語見魏書官氏志太和十九年詔。

28 侍中、太尉、宜都王崇，生遂留、觀。遂留生忸頭，比部尚書。忸頭生蒲坂，虞曹尚書。蒲坂生韶，冀州刺史。韶生遵季，北齊東郡太守。遵季生伽，唐殷州刺史。伽生弘遠，隋侍御史。弘遠生固禮、固信。

A〔岑校〕侍中太尉宜都王崇　據魏書二七，崇衹封宜都公，惟全文七八四穆員穆寧誌亦云：「十一代祖崇，元魏宜都王。」松翁近藁、太尉頓丘文獻公穆亮墓誌跋云，誌稱亮高祖崇，侍中、太尉、宜都貞公，與傳作「謚丁」不合。

B〔又〕生遂留觀　松翁近藁穆亮誌跋，誌稱曾祖闥，太尉、宜都文成王，與傳觀字闥拔不合。余按誌當是省稱，闥拔則鮮卑名也。

C〔又〕遂留生忸頭比部尚書　「遂留」，魏書二七同，北史二〇作「逐留」。又「比部」，魏書作「北部」，按同書官氏志，泰常二年置六部大人官，有天、地、東、西、南、北部，同書二九等有「北部尚書」，「比」字誤。

D〔又〕蒲坂生韶冀州刺史　按魏書二七，此是贈官。

E〔又〕韶生遵季北齊東郡太守　魏書二七，韶子遵伯，幽州司馬。遵季或其弟歟？

F〔又〕遵季生伽唐殷州刺史伽生弘遠隋侍御史　父仕唐而子仕終隋，亦非必無之事，然亦不能必信。穆寧誌：「五代祖伽，皇朝殷州安陽令，贈刺史、太常卿。高祖弘遠，水部員外郎。」則「隋」字顯誤。伽之刺史，亦止贈官而已。

29 固禮，綽州刺史；生思恭，稷州録事參軍。思恭生元休，安陽令。元休生寧、審。寧，祕書監致仕，生贄、質、員、賞。贄，御史中丞、宣歙州觀察。質，給事中、撫州刺史。員，御史；生棲梧，泗州刺史，兼丞。賞，太常少卿。審，監察御史；生贄，□部員外。贄生詳、諶。諶改名仁裕，宣武節度、檢校兵部尚書；生延業，諫議大夫。

A〔岑校〕固禮綽州刺史　「綽」誤，庫本作「綿」。穆寧誌云：「曾祖固禮，祕書郎。」刺史亦恐是贈官耳。

B〔又〕生思恭稷州録事參軍　穆寧誌：「祖思恭，稷州録事參軍，贈光禄少卿。」

C〔又〕思恭生元休安陽令　崔祐甫穆氏四子講藝記（文粹七七）云：「又嘗聞迺祖安陽府君，傳洪範九疇。」即元休也。南部新書丙：「穆元休，寧之父也，……開元中，授偃師丞。」（亦見元龜六〇一）開元中，元休上洪範外傳，見封氏聞見記三。穆寧誌：「考元休，相州安陽令，贈同州刺史。」全詩二函九册李頎贈别穆元林詩，是元休之訛。

D〔又〕寧祕書監致仕　穆氏四子講藝記，大曆七年作，文云：「檢校祕書少監、兼和州刺史、侍御史河南穆寧。」全文三七二李暐天寶末拒賊盟詞，稱攝東光縣尉穆寧。全文四〇九崔祐甫廣喪朋友議，稱永泰中，寧守鄂州。穆寧誌，寧卒貞元十年，壽七十九。全文四四〇黄鶴樓記，永泰元年撰，云：「刺史，兼侍御史、淮西租庸使、鄂岳沔等州都團練使河南穆公名寧。」廣記一六七引譚賓録，顔真卿奏穆寧爲河北道支使。

E〔又〕生贊質員賞　同前崔記云：「使君有四子，曰贊，曰質，曰賡，曰賞。」豈員初名賡歟？記又云：「使君第三子字紹古。」今新書一六三，員字與直，字亦不合，何歟？國史補：「穆氏弟兄四人，贊、質、員、賞。」其次序與此同。唐語林三倒爲贊、賞、質、員。「與直」，全文四七九許孟容穆員集序作「輿直」。

F〔又〕贊御史中丞宣歙州觀察　穆員集序，稱伯兄舊御史中丞今常州刺史。曾佐杜佑幕，見廣記二三五引嘉話録•。

G〔又〕質給事中撫州刺史　舊書一五五云，元和五年，出爲開州刺史，未幾卒，與此異。廣記七九引異聞集，韓滉卒之年（貞元三），質官左補闕，又言是歲爲李泌所劾，流崖州，至十五（？）年，憲宗時始召回（參下條，左補闕作「右」）。全文四八一馬總有南海舉給事中穆質自代狀（總以元和八年十二月授嶺南節度)。德宗初卽位,質應直言極諫,自畿尉擢爲左補闕,見白氏集四一。全詩四函十册竇庠有太原送穆質南遊詩,五函三册李益有送穆質兄弟應制詩。

H〔又〕員御史　舊書一五五祇稱檢校員外。呂衡州集六韋夏卿碑則云贊弟侍御史員。貞元二年嗣曹王妃誌,題東都留守判官、監察御史裏行(芒洛續補)。全文四七九,貞元十九年許孟容祭楊郎中文,稱屯田員外郎穆員。全文七八三,貞元六年穆員尊勝幢記云:「先是兩兄郴州刺史贊、前右補闕貶連州司馬質,從官於遠。」又七八四,貞元十年穆寧誌云:「贊以御史中丞,質以右補闕……並罹譴逐。員以侍禦(御)史佐東都留守,……賞以監察御史叫帝閽。」

I〔又〕生栖梧泗州刺史兼丞　以唐官制𢰅之,「丞」上應奪「中」字。金石録補二一唐主簿范隋告:「三行云敕朝散大夫、尚書水部郎中穆栖梧云云。……四行云咸通二年六月十一日。」又今郎官柱金中有栖梧,名次大中諸人後。咸通初上去姓纂修書,歲五十年,此顯是羼文,應删。全文七九三有王鐸加水部郎中穆栖梧等柱國制。

J〔又〕賞太常少卿　據全文六九〇符載杜佑寫真讚,佑自淮南入朝時,賞方爲部從事、殿中侍御史,其事蹟亦略見前文。

K〔又〕生贄□部員外　缺字,庫本作「兵」。按因話録角部:「穆兵部贄事之(僧彥範)最謹。」作「兵」是也。

L〔又〕贇生詳諶諶改名仁裕宣武節度檢校兵部尚書生延業諫議大夫　按贇、質均卒於憲宗初年，與贇爲從兄弟，據舊紀，咸通二年仁裕尚爲司勳員外，其子延業則時代當更後矣。自「諶改名」以下乃羼文，應删。唐方鎮年表二云：「按元和姓纂竟及仁裕，蓋後人竄入，其書似此非一。」廣記四四引神仙拾遺云，穆將符者，唐給事中仁裕之姪也。

30 固信，蘭州刺史，生思順、思泰。思順生子元。子元生準，殿中御史、汾州司馬。思泰生昊、周、昇、昌。昌生寂，著作佐郎。

A〔岑校〕子元生準殿中御史汾州司馬　準與寧爲三從昆弟，則生約同時，華嶽題名有前潞府參軍穆準，當卽此人。

B〔又〕昌生寂著作佐郎　元和三年，寂爲監察御史，見吕衡州集一〇，此其見官也。永樂大典引瑞陽志，貞元九年，寂進士（登科記考一三）。全詩十一函八册收寂詩二首。十二函二册皎然有送穆寂赴舉詩。嘉話録，貞元末寂應科目，因太府卿韋渠牟而得第。

麴

31 鞠氏之後。（岑補）

A〔岑校〕據類稿四九引。

32 漢有麴潭，生閟，避難湟中，因居西平，改姓麴氏。

A〔岑校〕漢有麴潭　尚書令鞫譚，見王嘉傳及下文鞠氏，此作「潭」誤。通志及備要（二二）、類稿引，均作「譚」。

33 【西平】　閟居西平。十一代孫嘉仕沮渠氏，後爲土人所歸，立爲高昌王，後魏授瓜州刺史、金城公。五代公主。案有脱文。其孫麴伯雅，附隋。唐宇文泰叛，貞觀中，侯君集平之。其主麴智茂歸降，拜右金吾大將軍、金城公，敕改名智勇。其弟天山公智諶生崇裕，右監門大將軍、交河郡王。崇裕弟瞻，司農卿、常樂公。

A〔岑校〕五代公主　校云：「案有脱文。」是也。余按舊唐書稱伯雅爲麴嘉六世孫，李光廷氏亦決伯雅非堅子（參拙著麴氏高昌補説三〇頁），此云「五代」，似即謂嘉之後傳五君乃至伯雅而伯雅尚主也。若然，則舊書之説，可多得一證。

B〔又〕唐宇文泰叛　「宇」誤，應作「麴」。

C〔又〕其主麴智茂歸降拜右金吾大將軍　舊書一九八、新書二二一上均作「左武衛將軍」。昭陵石像作「右武衛將軍麴智勇」，從賜名也。高昌麴氏年表云：「『智盛』，元和姓纂作『智茂』。……左武衛將軍，元和姓纂作『右金吾大將軍』。案智茂當是本名，唐書作『智盛』，殆避温王重茂諱改之也。」

D〔又〕其弟天山公智諶　「諶」，舊、新傳均作「湛」，古通寫（如諶氏、湛氏）。麴氏年表云：「舊史又謂智盛弟智湛爲右武衛中郎將、太山縣公。……新史，「太山縣公」作「天山郡公」，元和姓纂亦作「天山公」，舊史誤也。」據會要七三，顯慶三年官西州都督，同書九五，終左驍衛將軍、西州刺史。張懷寂墓誌：「永徽之初，再還故里，都督麴湛以公衣纓望重，才行可嘉。」懷寂，高昌人，湛時爲西州都督也。

E〔又〕生崇裕右監門大將軍　舊傳作「左武衛大將軍」，新傳稱終鎮軍大將軍。垂拱三年，官左豹韜衛大將軍，見會要九五。崇裕爲冀州參軍，見廣記二六〇引朝野僉載。

F〔又〕崇裕弟瞻司農卿　新傳有崇裕兄昭，歷司膳卿。紀事一二有麴瞻慈恩寺九日應制詩，景龍二年作。元龜八四〇：「麴昭祖爲司膳卿，頗以詩詠流譽，有文集二十卷。」昭與昭祖或瞻，未詳孰是。又新書六〇著録麴崇裕集二十卷。按崇裕始終爲武官，未必有如許卷數之文集，今卷數適同而昭祖集未見著録，新志必兄弟誤系無疑。

34 後漢末又有麴演、麴義。

A〔岑校〕後漢末又有麴演麴義　義見後書獻紀及袁紹等傳

35 【金城】晉有左僕射麴允。

祝

36 黃帝祝融之後，周武王封黃帝之允于祝，因氏焉。鄭有祝聃。衞有祝鮀。或以祝史之後，以官爲姓。案世本，祝，任姓。禮記，封帝堯之後于祝。惟唐世系表謂出自姬姓，黃帝之後。若祝聃、祝鮀，則俱以官爲姓，非姬姓也。

A〔岑校〕黃帝祝融之後　類稿四九引無「祝融」二字。

B〔又〕周武王封黃帝之允於祝　「允」，庫本及通志作「胤」，宋人諱改。類稿及備要一八、新書七引，皆作「胤」。

C〔又〕或以祝史之後　「或以」，應依通志作「或云」。類稿、備要及新書作「或謂」。

37 【中山】後漢司徒祝恬，中山人。

A〔岑校〕後漢司徒祝恬　見後書桓紀及黃瓊傳。

38 【長沙】祝恬孫廣，魏始平太守，又家焉。始平。祝廣居始平，九代孫綝，唐陝州司馬。綝生欽明，刑部尚書、同三品、魯公，子莒，兄子駰。

A〔岑校〕祝恬孫廣魏始平太守因家焉　按恬既居中山，廣又徙始平，此忽提長沙，疑其有奪誤也。羅校云：「唐表作恬孫羲，羲生廣。」

B〔又〕始平祝廣居始平　此全複上文，若非衍文，則「始平」字應另行空格。

C〔又〕九代孫綝　新表，廣生仍，仍生諶，諶生偃，偃生瑜，瑜生熙，熙生寶，寶生老，老生俟，俟生昭，昭生統，統生綝，則綝實十一代孫，與此異。

39【河南】官氏志，比廬氏改爲祝氏。

A〔岑校〕官氏志比廬氏改爲祝氏　「比廬」，今志作「叱盧」。疏證以爲此作「比盧」者誤。

伏

40 伏羲之後，子孫氏焉，與任宿、須句、顓項同祖。

A〔岑校〕伏羲之後　類稿四九引，「之後」上多「風姓」兩字，或當乙在「伏羲」之上。

B〔又〕與任宿須句顓項同祖　「項」訛，類稿引作「顓臾」，是也。可參下宿姓條。

41【濟南】漢有伏生，名勝，治尚書。

42【平昌安邱】勝七代孫理，高密太守，生鳳、湛。湛，後漢大司徒。鳳五代孫儀，生大鴻臚策。策曾孫滔，晉遊擊將軍；曾孫曼容，齊率更令。河南。太守伏虔注漢書。案「伏虔」今作「服虔」。

A〔岑校〕勝七代孫理高密太守　後書五六湛傳，九世祖勝，父理。則理應爲勝八代孫，豈後書連計本身而姓纂否歟？太守，後書與前書八八均作「太傅」，此誤。

B〔又〕曾孫曼容齊率更令　梁書四八，曼容仕終梁臨河太守。

C〔又〕河南太守伏虔注漢書　河南太守非曼容所服官，亦非虔所服官，知「河南」二字應另行空格，因虔爲河南人，與曼容出平昌者異也。依此，則「太守」上似應據後書一〇九下補「九江」二字。通志稱後漢九江太守服虔，附服氏下，當是服姓錯文，應移正。

宓

43 風俗通，宓康公之後，以國爲氏。史記，仲尼弟子宓不齊，字子賤，魯人。

鞠

44 后稷生不窋*。生而有文在手曰「鞠」，支孫氏焉。裔孫鞠武，爲燕太子丹傅。風俗通，漢尚書令譚，或爲鞠氏，音訛轉改*。

A〔岑校〕后稷生不窋生而有文在手曰鞠　以姓氏篇引文參諸通志，「不窋」之下，當有奪漏。據古今人表，不窋子鞠，鞠子公劉。後檢備要二八引文，「不窋」下多「不窋生鞠」四字，應據補。類稿四九與備要同，當亦本自林書（參附録二）。

B〔又〕裔孫鞠武爲燕太子丹傅　見戰國策。

C〔又〕或爲鞠氏　「鞠」誤，庫本及通志作「麴」。

45 【平原】鞠譚代居平原。南燕有司空鞠仲，中書侍郎鞠注。

46 【東萊】漢尚書令鞠譚後，支孫又居東萊。唐有冀州刺史鞠稜，女鄭縣祖母也，或亦姓鞠氏。

A〔岑校〕唐有冀州刺史鞠稜　元龜一二六，武德元年六月，隋信都郡丞麴稜以冀州來降。字作「麴」。

B〔又〕或亦姓鞠氏　同前，「鞠」應作「麴」。

鹿

47 趙大夫食采五鹿，因氏焉。漢有巴郡太守鹿旗。

A〔岑校〕趙大夫食采五鹿　姓氏篇謂「趙」宜作「衞」，然風俗通稱五鹿晉邑，尋源二七不復以此爲辨，殆已覺其未安矣。

48 【巴郡】鹿旗子孫因家焉。

49 【濟陰】後梁有樂郡太守鹿藴，見十六國春秋。元孫悆，西魏光禄大夫、河内公，自西平徙濟陰；孫善，隋長春宫監、河内公，生願、裕、注。願，唐司農少卿、定陶公。注，嶲州司功。

A〔岑校〕後梁有樂郡太守鹿蘊見十六國春秋　曰「十六國」，知「後梁」者，「後涼」之訛也。據十六國疆域志一〇，後涼有樂都郡，此外各郡無帶「樂」字者，則「樂郡」爲樂都郡之奪。

B〔又〕元孫悆西魏光禄大夫河内公　魏書七九悆傳，衹封定陶侯，傳言悆終關西，則河内公或關西所封歟？據同傳，悆父生，又據同書八八，生父壽興，沮渠牧犍庫部郎，則壽興，蘊之孫也。

C〔又〕生願裕注願唐司農少卿　「願」誤，應依庫本作「愿」。愿之官歷，參看拙著隋書求是。第二「願」字亦誤，依庫本應爲「裕」字，有下禄氏文可證，且愿卒隋末，未逮事唐也。

50【河南】　後魏官氏志，鹿桓阿氏改爲鹿氏。

A〔岑校〕鹿桓阿氏改爲鹿氏　官氏志作「阿鹿桓」，疏證以此爲誤倒。按通志亦作「阿鹿元」（作「元」者避欽宗諱）。

叔

51 八凱叔達之後。或云晉大夫叔向之後。東觀漢記，將軍叔壽，叔于之後；孫叔仲彭生，亥。案通志，公孫兹生得臣、彭生，得臣爲叔孫氏，彭生爲叔仲氏。亥生帶。帶生仲叔、仲職及寅，代爲魯大夫。

A〔岑校〕將軍叔壽　見後書光武紀上。類稿四九引，上多「光武時壯武」五字。

B〔又〕叔于之後　「于」誤，庫本及通志正作「牙」，但其上有奪文，牙之孫，即下文叔仲彭生也。後檢類稿引文，果多「魯桓公子」四字。

C〔又〕孫叔仲彭生亥亥生帶　校云：「案通志，公孫茲生得臣、彭生，得臣爲叔孫氏，彭生爲叔仲氏。」余按釋例八：「叔仲惠伯，叔牙孫叔仲彭生也。叔仲昭伯，惠伯之孫叔仲帶。」然則亥者彭生之子，而帶之父，彭生下應重「生」字。

木

52 端木賜之後，因避仇改姓木氏。晉文章志，木華字元虛，作海賦，嘗爲太傅楊駿主簿。又有木概，著戰國策春秋三十卷，見七録。

A〔岑校〕木華字元虛　「元」，廣韻及庫本作「玄」，類稿四九亦然。

肅

53 周文王子郕叔之後成肅公，以謚爲姓。案通志曰，郕叔武未聞謚，此當是周卿士成肅公之後。梁吴郡太守、西豐侯肅正德。一云，古肅愼氏之後，歸化中國，改爲肅氏。

A〔岑校〕周文王子郕叔之後成肅公以謚爲姓　校云：「案通志曰，郕叔武未聞謚，此當是周卿士成肅公之後。」余按鄭氏之説，係由於誤讀姓纂。姓纂之文，應以「周文王子郕叔之後成肅公」爲一句，成肅公者郕叔之後，「以謚爲姓」即以「肅」爲姓，非謂郕叔謚成肅公也。鄭既誤會，校注者更習而不察，殊可怪。

B〔又〕梁吴郡太守西豐侯肅正德　「正德」，通志作「正一」，涉下文「一云」而訛。辯證三五云：「正德姓蕭，非肅氏。」余按梁書五九蕭正德傳，封西豐侯，大通四年爲吴郡太守；此必林氏據他書誤本，「蕭」字脱「艹」，故以爲「肅正德」也。

卜

54 周禮卜人，以官爲姓。仲尼弟子商，字子夏，魯人。

A〔岑校〕周禮卜人以官爲姓　「以」，宋本辯證引作「因」，類稿四九引作「氏以官」，應正云「以官爲氏」。

55 【河南】漢卜式，商之後也，以田畜爲事，官至御史大夫。開元中，卜長福獻續文選三十卷，杭州富陽縣尉。

A〔岑校〕開元中卜長福獻續文選三十卷杭州富陽縣尉　新書六〇，卜長福續文選二十卷，開元十七年上，授富陽尉。作「二十卷」，與此異。封氏聞見記三作「三十卷」，與此同，唯訛「卜」爲「卞」。

宿

56 伏義氏風姓之後。左傳云，任宿、須句、顓臾，風姓也。又有宿南國，在東平無鹽縣，以國爲姓。後漢宿仲談，又有宿祥。

A〔岑校〕又有宿南國　通志祇云宿國，類稿四九、備要二四引同。「南」字衍。

B〔又〕又有宿祥　廣韻云：「漢有鴈門太守宿詳。」字作「詳」，姓解一同。

57 【雁門】宿祥，一作禕，爲雁門太守，因家之。前趙有宿簝。

58 【河南】官氏志有宿氏，大姓，宿六斤氏爲宿氏。

谷

59 漢衛司馬谷吉，世居長安；生永，大司農。後魏谷楷，昌黎人。

A〔岑校〕世居長安　「世居」，備要二三、類稿四九引作「代居」，乃林書原文。

60 【魏郡】唐晉陽尉谷倚，狀云谷永之後，詩入正聲集，與吴少微、富嘉謩爲友。

A〔岑校〕唐晉陽尉谷倚狀云　谷倚相，附見新書一九八谷那律傳。載之集一八谷氏碑，四代祖那律，曾祖輔衮，祖倚相，祕書省正字，考崇義，兄從政（按「輔衮」應依同集二七及全文五〇一作「補兖」），但舊書四七又作谷倚集十卷。舊書一九〇中，富嘉謨累轉晉陽尉，吴少微亦累至晉陽尉，同在晉陽，魏郡谷倚時爲太原主簿，元龜七一七及新傳略同。是官晉陽尉者非倚，與此異。

B〔又〕與吴少微　「微」，庫本誤「徵」。

沐

61 漢沐寵爲東平太守。狀云，端木賜之後，避難改爲沐氏。

62 【東平】沐寵之後，因官居焉。

63 【河間】魏略，沐並河間人，孫文流爲護軍。石趙僕射沐堅。

竹

64 孤竹君，姜姓，殷湯封之遼西，至伯夷、叔齊子孫，以竹爲氏。

A〔岑校〕遼西竹氏出自孤竹君本姜姓成湯封之遼西令支縣竹城是也裔孫伯夷叔齊辭國餓死首陽山子孫以國爲孤竹氏亦單稱竹氏（增補）　原文云：「孤竹君，姜姓，殷湯封之遼西，至伯夷、叔齊子孫，以竹爲氏。」兹據辯證四孤竹下引文增補，惟「令支」訛，依類稿四九正作「令支」。

65 【東莞】後漢竹曾爲下邳相，又擬陽侯竹晏，並東莞人。

A〔岑校〕後漢竹曾爲下邳相　後漢有竺曾爲酒泉都尉，見竇融傳，然姓竺，非姓竹，不知是一人否（辨誤二七以爲同人）。「曾」，廣韻、通志皆同，唯姓解二作「魯」，想誤。

服

66 服義之後。仲尼弟子服不齊，字子賤，魯人，今轉爲宓氏，亦作「伏」。

A〔岑校〕服義之後　按服姓，通志及辯證三五均云，周内史叔服之後，且古無「服義」其人，蓋以服冒虙（亦作宓）而又訛「義」爲「羲」也，應更正。類稿四九宓姓文與本條幾全同，「虙」亦作「宓」也。

67 周内史叔服之後，以王父（字）爲氏。漢有江夏太守服（徹）。（岑補）

A〔岑校〕類稿四九引文缺「字」字，又「服」下缺名，兹參據通志及辯證三五補正。又「徹」，通志作「徵」，但姓解一亦作「徹」，不審是否宋人諱改。

禄

68 風俗通云，殷紂遠裔。

A〔岑校〕風俗通云殷紂遠裔　按下文又有「風俗通云，殷紂子武庚子禄父後」。則此兩句爲羨文。

69 悉，西魏光禄大夫、河内公，自西平徙濟陰；孫善，隋長春宫監、河内公，生顒、裕、注。裕，唐司農少卿、定陶公。注，禄州。案注，㠑州司功。此誤。

A〔岑校〕悉西魏光禄大夫河内公自西平徙濟陰孫善隋長春宫監河内公生願裕注裕唐司農少卿定陶公注禄州　校云："「按注，嶲州司功。此誤。」「願」，庫本亦作「愿」。「悉」則「悆」之訛也。余按此節已見前文鹿姓，後人不知因何誤鹿爲禄，致羼入禄姓之下，應删卻。鹿悆、鹿愿，均見正史，不作「禄」也。

70 風俗通云，殷紂子武庚子禄父後，以王父字爲氏。今涇陽有此姓。又吐番酋長有禄東贊。

A〔岑校〕殷紂子武庚子禄父　第二「子」字，備要二七引文及類稿四九均作「字禄父」，是也。此訛。

竺

71 本天竺胡人，後漢入中國而稱竺氏。竺因爲漢侍中。

A〔岑校〕竺因爲漢侍中　下文又作「竺固」，庫本兩文皆作「固」，通志亦作「固」，此誤。

72 【瑯琊莒縣】侍中、西平侯固之後，代居瑯琊，有竺俊、恢、銓、覽，宋竺夔，並云莒人。

A〔岑校〕有竺俊恢銓覽　「銓」，姓解二作「詮」。

鸞

73 祝融之後。周文王師鬻熊，受封于楚，著書子鬻；拳其後，建平，見姓苑。

A〔岑校〕著書子　類稿四九作「著鬻子」，「書」字訛，參下條。

B〔又〕鬻拳其後　拳見左傳莊十九年。今上文熊爲文王師，則拳斷非熊子，「子」字顯誤，參上條。○類稿云：「鬻奉（拳），其後也。」

C〔又〕建平　「建平」上應奪「居」、「徙」等字。通志作：「姓苑云，建平有此姓氏。」

秃

74 國語，祝融後八姓，己、董、彭、秃、妘、斟、曹、芈，周滅之矣。賈逵云，秃，彭姓，别族。

A〔岑校〕姓觿九引姓纂云：「祝融裔，彭祖之後封於秃，因氏。」比今本較略，殆撮引大意之文。

郁

75 見姓苑。國語，魯相郁貢，子孫氏焉。

A〔岑校〕見姓苑國語魯相郁貢子孫氏焉　姓解、通志、類稿均略同。辨誤二一七云：「按國語無此文。」

玉音宿。

76 黃帝時，公玉帶造合宮明堂，見尸子，後改爲玉氏。漢司徒玉光府，字文伯。

A〔岑校〕玉（音宿）　依字書，此字應作「玊」，點在上，不在下也。

B〔又〕後改爲玉氏漢司徒玉光府字文伯　此兩「玉」字應作「玊」，後書五六亦作「玊」，云，玊況字文伯，「光府」二字訛衍。姓解二及宋本辯證均作玊況。

夙

77 古夙沙氏之後，爲氏（二字岑補）。夙沙衞，閹寺之屬。

A〔岑校〕古夙沙氏之後爲氏（二字補）夙沙衞奄寺之屬　夙沙衞，下文又别出夙沙。宋本辯證引，「之後」下有「爲氏」字，兹據補。

瀟

78 漢雁門太守瀟河。

A〔岑校〕漢鴈門太守瀟河　「河」，通志作「何」，古通寫。

牧

79 黃帝臣力牧之後。漢有越巂太守牧根。

A〔岑校〕漢有越嶲太守牧根　「根」，姓解二同，通志作「良」，誤。廣韻作「稂」，參辯誤二七。

鄍

80 於六反，見姓苑。

A〔岑校〕鄍　「鄍」誤，庫本及通志作「鄍」。姓解一音奥，尋源三九亦誤引爲「鄍氏」。

屋盧

81 晉賢人，著書言彭、聃之法。案此脱名。

A〔岑校〕晉賢人著書言彭聃之法　校云：「案此脱名。」余按通志云：「晉賢人屋廬子著書，言彭、聃之法。」今本辯證三五引姓纂同（見羅校），惟「廬」作「盧」，且謂「廬」誤爲「盧」云，蓋見本訛也。

屋南

82 代北複姓。

A〔岑校〕代北複姓　通志亦入代北複姓，宋本辯證引姓纂文同，惟云：「謹按此必屈南氏，誤『屈』爲『屋』。」校注云：「案代北複姓無（屋）南氏，疑或公南、社南氏之訛。」余按公南、社南皆漢姓，不得云

「代北複姓」，校注說非是。「屈南」，廣韻作「屈男」，云是羌複姓，又姓解三有屈男、屈盧、屈引三氏，屈盧、屈引卽屋盧、屋引，是知屈、屋兩字常互訛。

屋引

83 代人，隨魏南徙。河南。後魏行臺右僕射屋引業，生通。通生容。容生浴。浴生永達，唐梁王府統軍。

A〔岑校〕代人隨魏南徙　官氏志，屋引後改房氏。案姓纂卷九「賀遂」云：「本居元朔，隨魏南徙，孝文改房氏。河南，唐引仁府統軍賀遂豐，生封，渭源縣公，貫盩厔。」以通志勘之，「引仁」應作「弘仁」，「賀遂豐」應作「屋引豐」，全條皆屋引氏之錯文也。屋引之解釋，參東胡民族考上一四二頁。辯證三五「屋引」云：「唐雲麾將軍屋引宏，生統軍豐，豐生渭南郡公封。」

B〔又〕河南　應另行空格。

C〔又〕後魏行臺右僕射屋引業生通通生容容生浴浴生永達唐梁王府統軍　此節是否屋引之文，待考。

叔孫

84 魯桓公子叔牙，生茲，號叔孫，亦爲氏，生得臣。得臣生豹。豹生婼。婼生不敢。不敢生舒。漢有叔孫通，爲太子太傅，生稷嗣君*。

85【魯國薛縣】叔孫通，代居。開元大理司直叔孫通元孫觀*，生興。案此有脱誤。

A〔岑校〕叔孫通代居開元大理司直叔孫通元孫觀生興　校云：「案此有脱誤。」余按「代居」之下，當有奪文。全文四四〇收叔孫元觀仲冬時令賦一首，云：「元觀，蕭昕同時人。」考舊書一四六，昕舉開元十九年弘詞，則「通」字、「孫」字皆衍文，應正云「開元大理司直叔孫玄觀」也。全詩十一函八册收叔孫玄觀詩一首。

86【河南】後魏獻帝命叔父之後爲乙旃氏，後改爲叔孫氏。道武時有壽光侯叔孫建，生俊，將軍、安城公。元孫金吡，隋太府少卿；曾孫文懷，唐瀛州刺史。

A〔岑校〕壽光侯叔孫建　據魏書二九，建後封丹陽王。疏證謂卽宋書朱齡石、檀道濟二傳之乙旃眷。

B〔又〕生俊將軍安城公　羅校引同上建傳，謂「將軍」上奪「衛」字。

叔夜

87周八士叔夜之後。楚康王時大夫有叔夜子莊，見國語。

A〔岑校〕周八士叔夜之後楚康王時大夫有叔夜子莊見國語　按宋本辯證引文無「時」、「有」、「見國語」五字。

叔帶

88 英賢傳，趙叔帶之後。齊大夫有帶子莊，爲莊公御。

A〔岑校〕齊大夫有帶子莊　「帶」上，依庫本及通志奪「叔」字，又辯證三五引亦有「叔」字。

叔向

89 世本，晉羊舌肸字叔向*，因氏焉。

A〔岑校〕世本晉羊舌肸字叔向因氏焉　宋本辯證引無「因」字。

叔敖

90 八凱之後。公羊有叔敖段，爲景王大夫。

A〔岑校〕八凱之後公羊有叔敖段爲景王大夫　按此條與下叔達條衹差一「達」字，八凱中有叔達，無「叔敖」，蓋姓纂叔敖條已佚，不知者妄改「叔達」爲「叔敖」而補入也。「凱」，庫本作「愷」，二字通。但前文叔姓、後文叔達姓均作「凱」，此獨作「愷」，殊欠一致。叔敖氏可參看通志氏族略三。

叔達

91 八凱之後。公羊有叔達段，爲景王大夫。

A〔岑校〕八凱之後公羊有叔達段爲景王大夫　辯證三五（參宋本）「叔逵」引姓纂云：「八愷叔達之後，周大夫有叔達，爲景王大夫。」

叔服

92 英賢傳云，周太史叔服之後。晉武公大夫有叔服之要。

A〔岑校〕英賢傳云周太史叔服之後晉武公大夫有叔服之要　按「之要」，通志作「子要」，宋本辯證同。唯「太」作「内」，無「有」字。

叔夙

93 世本，羊舌職生叔夙，爲叔夙氏。

A〔岑校〕世本羊舌職生叔夙爲叔夙氏　辯證三五引同。尋源三九云：「按唐世系表，職生季夙，非叔夙。」余按未有別證，不能據新表斷姓纂之誤也。

叔魚

94 晉大夫羊舌鮒，字叔魚，因氏焉。

獨孤

95 其先本姓劉氏。後魏代北三十六部，有伏留屯，爲部大人，居雲中，和平中，以貴人子弟鎮武川，因家焉。伏留屯之後有俟尼；生庫者，後魏司空。生信，大宗伯、衞國公；第二女唐元貞皇后，生高祖。

A〔岑校〕其先本姓劉氏後魏代北三十六郡有伏留屯爲部大人居雲中和平中以貴人子弟鎮武川因家焉伏留屯之後有俟尼生庫者後魏司空生信大宗伯衞國公第二女唐元貞皇后生高祖　按辯證三五獨孤條末校注云：「案此條，永樂大典原載爲元和姓纂之語，然中引獨孤損，乃昭宗時相，豈可入元和時書？且與通志所引姓纂不合，今改爲古今姓氏辯證，而以通志中所引姓纂文，録入元和姓纂。」是此節本採自通志，顧不予注明，非俟旁參辯證，弗克了然，不合者一。通志所引，事實本同，若詳略互殊，自因各書體裁而別，今「其先本姓劉氏」句及「大宗伯、衞國公」以下數語，均非通志引姓纂之語，是纂輯者直以己意補姓纂，非以通志引文補姓纂，不合者二。校注謂獨孤損不應見元和時書，信矣，然不應見者尚多（見篇首自序），何爲獨汰此節？不合者三。獨孤氏爲開國懿親，姓纂不應遺其詳系，當吾人所公認，鄧書衹志在補正，各姓之下，初無如此繁複世系，强以入諸辯證，是爲未細審兩書內容，不合者四。勞考六獨孤道節下注云：「原本誤入古今姓氏書辯證三十五，今正。」意謂誤附辯證之獨孤一段，仍當依大典原引歸諸姓纂也。兹依勞説，删除此段，據守山閣本辯證，先録其全段，後再以次校之。又原本「大將軍」與「京兆」之間，衹空一格，兹倣今本姓纂，以「京兆」字提行。

96 其先本姓劉氏，當後漢北蕃右賢王劉去卑之先，尚漢公主，因從母姓劉氏。後魏王北三十六部有伏留屯，爲大人，居於雲中，和平中以貴人子弟鎮川，因家焉。（岑補）

A〔岑校〕後魏王北三十六部　「王北」，通志引作「代北」，此誤。

B〔又〕有伏留屯爲大人　通志引作「部大人」，類稿五五引作「部落大人」。自前文「其先本姓劉氏」至下文「居於雲中」止，亦見類稿引文，姓觿九引略同。

C〔又〕以貴人子弟鎮川　依周書一六及通志引文，「川」上奪「武」字。

97 伏留屯之後有俟尼，生庫者，後魏司空，生信，河南洛陽人，周大宗伯、衞公。獨孤信本名如影，唐贈太尉、趙景公，生羅、善、穆、藏、順、陁、宗、整；長女周明帝皇后，第二女唐元貞皇后，生高祖，第四女隨文章獻皇后，生煬帝。（岑補）

A〔岑校〕生庫者後魏司空　通志引文同，惟周書一六不載。

B〔又〕獨孤信本名如影　周書一六作「如願」，願、影一音之轉。

C〔又〕唐贈太尉趙景公　據周書，隋文時已贈趙國公，謚曰景。

D〔又〕生羅善穆藏順陁宗整　隋書七九云，郭氏生子六人，不著宗，豈整或名宗整歟，抑衍文歟？下文亦無宗之一系。

E〔又〕第二女唐元貞皇后　羅校云：「案周書獨孤盛傳作『第四女』。」「盛」誤，應作「信」。

F〔又〕第四女隨文章獻皇后　隋書三六稱文獻獨孤皇后，無「章」字。又周書一六作信第七女。

98 羅，隨封蜀公，生開明、開遠、開徹、武。開明，祕書少監；生璡，金部郎中。開遠，邠州刺史、永平公。開徹，左衛將軍、考城公，生元哲、元同、敬同。元哲，兵部員外。元同，主客郎中。昌，淄州刺史；孫允，主客郎中、陳州刺史，生方皐、方平。方平生邁。敬同，博州刺史。(岑補)

A〔岑校〕生開明開遠開徹武　隋書七九稱庶長子開遠，又羅卒，子纂嗣，纂弟武都，武殆即武都也。武都謀叛王世充歸唐，事覺被殺，子師仁，見元龜一三八。隋末爲河陽郡尉，見通鑑一八四。

B〔又〕開遠邠州刺史　元龜六二六，獨孤遠，貞觀初總領左廂六衛兵馬，殆即開遠。同書三〇三，開遠爲左衛將軍卒，太宗登苑西樓，臨送其葬。同書六九四，劉黑闥擾山東時，開遠爲遼州刺史。

C〔又〕開徹左衛將軍考城公　會要八〇稱獨孤開遠贈左衛將軍、考城縣伯，與姓纂異。考異九引唐實録，武德五年，禄州人殺其刺史獨孤徹，謂地理志無禄州，新書作相州尤誤云云。按開遠，史單稱遠，武都，姓纂單稱武（均見前），則徹即開徹無疑，時代正合。

D〔又〕元哲兵部員外　復齋碑録有獨孤哲祭葉公文，乾封二年立，在葉縣（叢編五），時代相當，不審是此人否。

E〔又〕昌淄州刺史　「昌」上殆奪「生」字。

F〔又〕敬同博州刺史　元龜六一六，徐有功稱准逆人獨孤敬同輩身先殞殁，不許推尋。

99 善，隨河内公。孫暎，司勳郎中、洛州長史；生志儉，郎州刺史。暎孫肅、先。肅，比部郎中、光禄卿。先，絳州刺史。（岑補）

A〔岑校〕生志儉郎州刺史　按郎州爲羈縻州，此疑朗州之訛，參拙著括地志序略新詮一二三頁。

100 藏，隨金州刺史、武平公，生機。機生修法、修本、修德。修德，膳部郎中、同州刺史、滕公；孫慶，右武將軍。修法，通州刺史。修本生訥，桂州都督，生扎。本兄子諶，駙馬、淄州刺史。（岑補）

A〔岑校〕藏隨金州刺史武平公　拓本景龍二年元夫人（上涉）河南獨孤氏墓誌幷序云：「曾祖藏，隨通議大夫、金州刺史、□平郡開國公。」

B〔又〕生機　通鑑一八九，武德四年下，獨孤機之子定州刺史修德。續僧傳一二道判傳，侍郎獨孤機。拓本景龍二年獨孤氏誌：「祖機，皇朝滄州刺史、上柱國、滕國公。」

C〔又〕機生修法修本修德　景龍二年獨孤氏誌："父脩本，朝請大夫行瀛州司馬。"（氏卒景龍二，年七十）字作"脩"。通鑑考異九云："獨孤修德殺世充，舊傳作獨孤修，今從河洛記。"

D〔又〕修德膳部郎中同州刺史　拓本天寶十四載唐隴右節度隨身官昭武校尉守絳郡崇樂府折衝都尉賜緋魚袋上柱國雲公故夫人獨孤氏墓誌銘幷序云："高祖修德，故宗正卿。曾祖惲，鄜州司馬。祖萬石，台州司兵。考温，安陸郡都督府士曹參軍。"（氏卒十四載，年三十七）元龜八九六，武德中，獨孤修德爲宣州刺史，以王世充讎人，請而殺之。畿輔通志二二五據定州志，修德定州刺史，依前引通鑑、或"宣"字誤。

E〔又〕孫慶右武將軍　"武"下非奪"衞"字即"候"字。

F〔又〕本兄子諶　或以"本"字屬上讀，然修本之孫，似不應名"扎本"。余謂"本"者修本之略，猶下文道節亦稱節耳。

G〔又〕駙馬淄州刺史　按會要六，太宗女安康公主降獨孤諶，新書八三同。"諶"乃"諶"之訛也。元龜三〇〇正作"諶"。叢編九引京兆金石録，駙馬都尉獨孤諶碑。諶、諶通寫，説見前。

101　順，武成公；生安成，殿中少監，生賢意。賢意生慶之，左武衞將軍；生充忠，漢州刺史。

（岑補）

A〔岑校〕生安成殿中少監　通典一九七，武德五年有殿内少監獨孤晟，時代相合，當卽此人。

102 陁，隨聞喜公；生延壽，太常少卿、新蔡公；生道節，兵部郎中。節生炫，都官郎中。（岑補）

A〔岑校〕陁隨聞喜公生延壽太常少卿新蔡公　羅校據金石録二三，補「延壽，新蔡公」五字，蓋未知姓纂獨孤一條，誤入辯證也。金石録云：「右唐獨孤使君碑云，君諱某，字延壽。……隋書外戚傳云，陁二子延福、延壽。元和姓纂亦云，陁生延壽，皆不著其名。又姓纂云，延壽封新蔡公，而碑云封新蔡縣開國男，亦當以碑爲正。」（碑貞觀十九年立）余按「公」字亦常泛用，非必五等爵之公也。抑觀趙氏引文，足見大典此段，應屬姓纂，不能因其中略有羼入，强以屬諸辯證矣。千唐獨孤炫誌：「梁王六子諱陁，即公之曾祖，隋上開府、領左右將軍、上大將軍、武喜縣開國公。……烈祖延壽，皇光禄太常卿、澤渝湖三州刺史。」「武喜」之「武」字顯誤。

B〔又〕生道節兵部郎中節生炫都官郎中　千唐故漢州刺史獨孤炫誌，係由炫季子乘所撰。炫卒開元二十四年，年七十。誌云：「皇考諱道恭，皇朝散大夫，洺州邯鄲、瀛州博野二縣令。」未言官兵中，此處當有奪誤。又誌言炫自司門員外轉屯田郎中，亦非都官，乘爲炫子，似不應誤。又據誌，炫有子系、永、采、乘。

103 整，隨平鄉公；生懷恩，唐工部尚書。（岑補）

104 臨川王永嘉房，後魏本迴紇之後，本姓劉氏，代居雲中，正五代孫冀，武安公；生業，北齊司徒、臨川王，周大司寇、襄州總管；生子濳，周儀同，生義恭、義盛、義順。義盛生士

約。士約孫冉，户部郎中；弟恩生華，兵部郎中。（岑補）

A〔岑校〕臨川王永嘉房　據新表七五下，永業臨川郡王，與此作「永嘉」異。下文及仁政碑亦稱業臨川王，此當誤，且應另行空格。

B〔又〕後魏本迴紇之後本姓劉氏代居雲中正五代孫冀　校注云：「按獨孤氏，唐世系表云，出自漢光武子沛獻王輔之後。裔孫進伯敗没，匈奴囚之孤山下，生尸利，單于以爲谷蠡王，號獨孤部。六世孫羅辰，從後魏孝文徙洛陽，羅辰四世孫冀，武安公。此云本迴紇之後，未詳。且冀五世祖名眷，此云『正五代孫』，亦無可考，通志説同。」余按獨孤氏先世，毘陵集一〇獨孤通理靈表言之甚詳，云：「輔生盩王定，定生節王正。」正之十四世孫爲冀，連本身計即十五代，此稱「五代孫」，殆脱「十」字，校注考之未盡也。新表七五下獨孤氏世系，略同毘陵集，唯「正」作「丏」。趙懷玉毘陵集校記云：「本作『丏』，英華同誤，據後漢書沛獻王傳改。」又毘陵集同卷獨孤氏墓版文云：「自獻王十九世至齊行臺尚書令永業。」「十九」應正作「十八」，靈表與新表可覆按也。

C〔又〕生業北齊司徒臨川王周大司寇襄州總管　校注云：「案唐世系表，『業』作『永業』。」余按獨孤仁政碑（萃編六九）及毘陵集一〇均作「永業」，上文有「永嘉」，即「永業」之訛，此顯奪「永」字。又北齊書四一永業傳，不記司徒、大司寇二職，仁政碑敍其歷官甚詳，云：「入周，拜司徒公、行臺尚書令，册臨川王、大司寇、少右弼，謚曰貞。」毘陵集一〇云：「佐齊王入洛定鄴，都督幽洛二州，由行臺尚書令陞司徒，封臨川郡王，語在齊史。」所傳各小異。

D〔又〕生子潛周儀同　校注云：「案世唐系表，『子潛』作『子佳』。」余按仁政碑及毘陵集一〇、全文五二二均作「子佳」，此誤。又錢注云：「按世唐系表作隋淮州刺史。」余按仁政碑云：「曾祖子佳，周柱國、直閤將軍、武安郡開國公、華州刺史、儀同三司，隨大將軍、淮州刺史、應國公。」又毘陵集一〇云：「在齊爲勁弩將軍，在周爲儀同三司，在隋守清遠（英華作「懷朔」）鎮，握節死難，贈幷州刺史。」清遠鎮未詳，惟淮州實滙州之訛（金石萃編六九）。滙州即設於隋之清遠縣，恰足與獨孤仁政碑相發明，知英華作「懷朔」者亦誤。

E〔又〕生義恭義盛義順　義恭歷官及其子孫，姓纂均不詳。考仁政碑云：「祖義恭，隨京兆郡富平縣令，唐秦王府倉曹參軍事、荆王府長史、右衞郎將、左衞中郎將、左監門率、溫汾歸嫛四州諸軍事、嫛州刺史、上柱國、高平縣開國侯。」子士贇，官終行丹州司馬。贇生仁政，終兗州方與縣令，卒景龍二年，春秋七十七，即獨孤及之族祖也。仁政嗣子宗。此可略補姓纂及新表義恭一支之缺略。

F〔又〕士約孫冉户部郎中　校注云：「案唐世系表，『冉』作『册』。」錢注云：「案汲古閣本新唐書作『輔』。」今郎官柱户中有册。勞考一一云：「『册』誤『冉』。」是也。孟浩然與太守河東獨孤册爲忘形交。勞氏云，當是襄陽太守。金石録七，襄州牧獨孤册遺愛頌，李邕撰，天寶中立。集古録目，府君名册，字伯謀，河南人，嘗爲襄州刺史。依此，則前引之「河東」，當「河南」之訛（叢刊本浩然集正作「河南」，但又訛奪爲「守河南獨孤策」)。又全文二四一宋之問餞永昌獨孤少府序，亦稱河南獨孤册。

105 義順，唐兵部侍郎、左丞、洛陽公，生元愷、元慷、元慶。元愷，給事中，生思莊，左金吾大將軍；思行，洋州刺史*。元慷曾孫明，駙馬都尉。元慶生暕，鄠令，生賓庭、含章、易知、通理、通濟。(岑補)

A〔岑校〕義順唐兵部侍郎左丞洛陽公　錢注云：「案唐世系表，義順，虞杭簡三州刺史，與此異。」余按表又作「洛南郡公」。毘陵集一〇獨孤通理靈表云：「并州生義順，武德中歷民(英華作「户」)部侍郎、尚書左丞、光禄大夫，封洛南郡公。」户部即民部，因避太宗諱而改，此作「兵部」及「洛陽」，疑均誤也。全文五二一梁肅獨孤正誌亦云：「皇朝光禄大夫、洛南公諱義順之玄孫。」

B〔又〕生元愷元慷元慶　「慷」，新表作「康」。

C〔又〕生思莊左金吾大將軍　萬歲通天元年，官魏州刺史，見舊書八九。又説之集一八甄亶碑，武后時有定州刺史獨孤莊，當即一人。昇之集七，稱水部員外郎獨孤思莊。朝野僉載，周瀛州刺史獨孤莊左降施州刺史，歲餘卒(廣記二六七)。又廣異記，開元(?)中思莊爲相州刺史。全文三一三孫逖王無競誌：「初天册中，公與故人魏州牧獨孤莊書。」集古録目，獨孤府君頌德碑云：「碑今缺，府君名不可見，其字曰思，「思」下又缺一字，……給事中元愷之子，爲陝州桃林令，入爲水部員外郎，桃林人立此碑以頌德。據唐書表，元愷二子，曰思莊，思行，而亦不著名，此不知其爲誰也。碑以調露二年立。」

按由莊之歷官推之，是思莊無疑。

D〔又〕元慷曾孫明駙馬都尉　尚玄宗女信成公主，見會要六，亦見酉陽雜俎續集六。

E〔又〕元慶生暕　校注云：「案唐世系表，『暕』作『思暕』。」崔祐甫獨孤及神道碑同。　毘陵集一〇作「思陳」，涉形似而訛。

F〔又〕鄠令　新表同。　毘陵集一〇稱朝散大夫、定州（文粹五八作蔡州）長史。

G〔又〕通濟　錢注云：「案唐世系表作『道濟』。」

106 賓庭，左金吾兵曹；生問俗，鄂州刺史、團練觀察；生勉、勛、助、勸。勉，揚子令。助，太子舍人，生申叔、遐叔。申叔，校書郎。（岑補）

A〔岑校〕賓庭左金吾兵曹　錢注云：「案唐世系表作『左補闕』。」余按「庭」，表作「廷」，且以左金吾兵曹參軍爲含章歷官，此殆奪文。

B〔又〕生問俗　新表，問俗爲含章子。　河東集一一獨孤申叔墓碣云：「自其祖贈太子少保諱問俗而上。」惜不舉其曾祖，未得明證。

C〔又〕鄂州刺史團練觀察　制誥集一二授獨孤問俗鄂岳等州團練使制云：「銀青光祿大夫、試祕書監、壽州刺史、兼侍御史本州團練守捉使及諸道營田使知本州營田事、上柱國獨孤問俗……可使持節都督鄂州諸軍事、鄂州刺史、兼御史中丞、充鄂岳沔等三州都團練守捉使。」唐語林六謂問俗嘗爲潭州。全文三一六李華壽州刺史廳壁記：「某年，以兼侍御史、揚州司馬獨孤問俗爲壽州刺史。……公理州三年，遷御史中丞，鎮江夏。」同書三九五李紓朱巨川碑：「沔鄂聯帥獨孤問俗。」又九一七清晝湖州大師塔銘，刺史獨孤公問俗（亦見宋僧傳二六）。吳興談志一四：「獨孤問俗，上元三年自明州刺史授，遷祕書監檢校揚州大都督司馬。統記云，寶應二年。」廣記一五二引嘉話録，趙璟因妻父姚曠與獨孤問俗善，得湖南判官，累奏官至監察，蕭相復代問俗爲潭州。梁肅李史魚墓誌，言史魚充幽州司馬，與問俗密結壯俠，志圖博浪之舉。

D〔又〕助太子舍人　申叔墓碣云：「祔於其父太子舍人諱助之墓之後。」全詩四函九册顧況有黄鵠樓歌送獨孤助詩。

E〔又〕生申叔遐叔　貞元中進士獨孤遐叔，見唐任蕃夢遊録，又見廣記二八一引河東記。

F〔又〕申叔校書郎　爲祕書省校書郎，貞元十八年卒，見河東集墓碣。

107 通理，殿中侍御史、潁州長史，生汜、巨、及、丕。汜，睦州刺史。巨，左驍衛兵曹。及，常州刺史，生朗、郁。朗，協律郎。郁，考功員外、中書舍人，生庠。（岑補）

A〔岑校〕通理殿中侍御史潁州長史　毘陵集一〇，天寶二年，終潁州長史。

B〔又〕生汜巨及丕　毘陵集一〇通理靈表云：「汜、巨、及、正等遭天不弔。」據集同卷，通理第三子憕，天寶元年卒，年二十二，爲及兄；第五子丕，乾元二年卒，年二十三；第六子萬，乾元三（？）年卒，年二(?)十九(按年號及享齡均有誤,當别考之)。崔祐甫常州神道碑謂及爲通理第四子。獨孤正誌:「故殿中侍御史、潁川郡長史、贈祕書監府君諱某之少子。」

C〔又〕汜睦州刺史　崔祐甫獨孤及碑:「厥兄檢校水部員外郎兼侍御史汜,方佐渤河東帥。」乃大曆十二年所官。嘉定赤城志八,貞元六年刺史獨孤汜。注云:「及之弟,見大唐説纂。」「汜」字誤,謂及弟亦誤。

D〔又〕巨左驍衛兵曹　錢注云:「案唐世系表作『右』。」余按毘陵集一〇韋八誌作「左」,表殆誤。

E〔又〕生朗郁朗協律郎　李文公集一四獨孤朗墓誌:「以處士起,佐江西、宣歙、浙東三府,得試校書協律郎,元和九年,拜右拾遺。」協律郎者其見官,後終福州刺史。新表亦稱協律郎,可見其沿襲姓纂之痕跡也。元氏長慶集四七,殿中侍御史充史館修撰獨孤朗授都官員外郎。元和十年官右拾遺,見全文五〇四權德輿亡女誌。自都外授富州刺史,白居易封還詞頭,見白氏集四三(「富」,舊紀作「韶」)。廣記二六一引盧氏雜説,諫議大夫獨孤朗抗論淮南節度王播。

F〔又〕郁考功員外中書舍人　錢注云:「案唐世系表,郁祕書少監,與此異。」余按昌黎集二九獨孤郁墓誌:「五年,……改尚書考功員外郎,復史館職。七年,以考功知制誥入謝。」是姓纂所記,郁之見官也。誌又云:「九年,以疾罷,尋遷祕書少監。」新表所記,其終官也(白氏集三七有考功員外郎史館修撰獨孤郁守本官知制誥制)。新表改郁之歷官,而不改朗之歷官,則以郁誌見昌黎集故,由此可覘修世系表者用功之程度矣。

G〔又〕生庠　據舊傳，庠於大中後官至侍郎。按郁卒於元和十年。昌黎集郁墓誌云：「男子二人，長曰某，早死，次曰天官，始十歲。」集注云：「傳云，子庠字賢府，喪父始十歲。此云天官，豈小字耶？」據此，知姓纂修時，庠已七歲，故得書。

108 通濟，導江丞，生愧、愐。愐，左司郎中，生寂、寔、密。寔，殿中御史。寂，進士。密，海州刺史，生蒙、雲、霖。雲，吏部侍郎、東川節度，生回、損。霖，祕書監。（岑補）

A〔岑校〕生愧愐　「愧」，新表作「曳」，非。全詩五函一册戴叔倫有送獨孤愧還京詩。

B〔又〕愐左司郎中　會要七五，興元元年官右司郎中。新書鮑防傳貞元元年，元龜六三〇貞元二年官同。「左」字殆誤。次山集六朝陽巖銘序：「前刺史獨孤愐爲吾剪闢榛莽。」「前」，萃編九九作「以攝」，補正六〇以新表「不言其爲刺史」爲疑，然歷官豈能畢載耶？大曆十三年辛雲京夫人李氏誌（匋齋藏石記二六）題「朝散大夫、檢校尚書倉部員外郎、兼侍御史、賜魚袋獨孤愐撰」。

C〔又〕寔殿中御史　金石録八有㮇里子墓碣，貞元三年立，獨孤寔撰文（叢編七）。今金石録作獨孤及撰，誤。河東集二三注，實舉貞元七年進士。全詩五函七册，獨孤實，武元衡鎮川時嘗爲僚吏。

D〔又〕密海州刺史　錢注云：「案唐世系表作雲州。」按密爲刺史，未詳時代。存逸考二云：「惟先塋記碑側有□州防禦使獨孤密題字。……獨孤密爲韋皋幕僚，見通鑑唐紀憲宗元和元年。柳柳州文集有送邠寧獨孤書記赴辟命序，稱爲河南獨孤密，卽其人也。」按河東集二二注，密以貞元十一年登第，登科記考一四誤爲「獨孤甯」。唐語林一，高崇文平西川，薦諸朝，除起居郎。

E〔又〕生蒙雲霖雲吏部侍郎東川節度生回損霖祕書監　獨孤損不得見於姓纂，前引校注已言之。據登科記考二一及勞考四，雲以開成二年（八三七）登第，上距修書（八一二）二十六年矣。又據舊懿宗紀，咸通十三年時雲爲吏部侍郎。重修承旨學士壁記，霖以咸通八年十一月遷兵侍，十年九月守本官判户部出院。文粹七四，咸通十二年十二月，霖稱宣州刺史（按此亦見叢編一五引復齋碑録），其遷祕書監當更在後。綜合觀察，「雲吏部侍郎」以下，斷爲後人羼文。全詩八函九册，李商隱有送同年獨孤雲之武昌。廣記二七三引玉泉子，韋保衡既登第，獨孤雲除東川，辟在幕下（「衡」原訛「衢」）。畿輔通志一四四引京畿金石考：「疊障樓碑，獨孤霖書，咸通十二年十二月立。」全文八三七薛廷珪有授中書舍人獨孤損御史中丞制。唐摭言一一，光化三年，西銓獨孤損侍郎。

109　義順兄叔德；孫楷，萬年丞。生嶼、峻。嶼，兼侍御史。峻，浙東節度、右金吾大將軍。

（岑補）

A〔岑校〕義順兄叔德孫楷萬年丞生嶼峻　錢注云：「案唐世系表，楷，潁川郡長史。」按通理爲潁川郡長史，已見前文，是否相涉而訛，容待再考。錢注又云：「案唐世系表，嶼、峻，楷弟，與此異。」按前文言子佳生義恭、義盛、義順，果叔德爲義順胞兄也者，照一般書例，自應幷舉，何爲此處突出「義順兄」三字？故「義順兄」，余以爲應是「義順兄子」之奪（下文當再詳之）。新表，楷與嶼、峻並列，是兄弟行。考毘陵集一〇獨孤嶼墓誌云：「……永業府君五代孫，國朝明威將軍文惠府君第二子，越州都督、浙江東道節度觀察處置使、兼御史中丞、左（英華作「右」）金吾大將軍峻府君之季弟也。」且如堅持叔德爲義順兄之説，則子佳仕周、隋，叔德應唐初人物，而嶼卒大曆九年，春秋五十五，是生開元八祀，上去唐初餘百年，中間祇得文惠一世，揆諸世代勻配之理，亦復不合。峻、嶼爲文惠子，非楷子，「生峻嶼」之上有奪誤，可斷言矣。誌又云：「及敢不以直詞書仲父之美于墓石。其辭曰：叔父懿德，……」又同卷及弟丕墓誌云：「乾元二年，從季父峻爲御史中丞、都督江東軍事，盛選僚佐，表爲剡縣主簿。」據同卷通理靈表，及等爲永業六代孫，今及與丕稱峻爲季父，是嶼、峻爲永業五代孫，嶼誌斷不誤。如依新表，則峻爲及、丕等從叔祖，非叔父也，故知「義順兄」之下，實奪「子」字。新表本自姓纂，顧以叔德、義順同列，是北宋見本，已如是矣。

B〔又〕嶼兼侍御史　據嶼誌，遷大理少卿、兼侍御史，大曆九年卒。乾道臨安志三云：「獨孤嶼，侍御史、杭州刺史，洛陽人。……右見元和姓纂。」考嶼誌并未嘗爲杭州刺史，勞格杭州刺史考亦不著録，臨安志殆誤。

C〔又〕峻浙東節度右金吾大將軍　「右」，英華同，毘陵集一〇及新表作「左」。舊書四〇：「乾元二年越州刺史獨孤嶼。」據嶼誌，應是「峻」訛。宋僧傳一五大義傳，越州中丞獨孤峻。會稽太守題名記：「獨孤峻，自陳州刺史授，充節度採訪使，加御史中丞，改金吾衞大將軍。」全文三三〇云，獨孤峻，開元末爲四鎮節度使夫蒙靈詧判官，蓋據廣記一八九所引譚賓録。

110【京兆】　隋書獨孤楷傳云，不知何許人，姓李氏，父屯，從齊神武戰於沙苑，敗，爲柱國獨孤信所擒，配爲士伍，賜姓獨孤氏，後居京兆。楷弟盛。楷，隋幷州總管、汝陽郡公，生凌雲、平雲、滕雲、卿雲、彦雲。平雲，千牛將軍、安丘公。彦雲，歷陽公。滕雲，荆府長史、廣武公，生奉節，生琬、炎。琬，太僕卿，開元中上表請改姓李氏，名儞。炎，司勳郎中。(岑補)

A〔岑校〕京兆　此二字應依現行本提行空格。

B〔又〕生陵雲平雲滕雲卿雲彦雲　隋書五五有景雲、凌雲、平雲、彦雲，景雲爵西河縣公。

C〔又〕彦雲歷陽公　太原元從，幽州都督，見會要四五。全文二四五李嶠爲獨孤氏請陪昭陵合葬母表：「妾亡祖唐右衞大將軍、溧陽縣公彦雲，……亡父唐某府折衝都尉襲溧陽縣公。」則「歷陽」乃「溧陽」之訛。

D〔又〕滕雲荆府長史廣武公　太白集二九李錫去思碑：「曾祖騰雲，皇朝廣茂二州都督、廣武伯。」此作「滕」誤，上文同。

E〔又〕生奉節　同上碑：「祖立節，起家韓王府記室參軍，襲廣武伯。」疑卽此人，參下文。

F〔又〕生琬炎琬太僕卿開元中上表請改姓李氏名俌　同上碑：「父浦，鄧海淄唐陳五州刺史、魯郡都督、廣平太守，襲廣武伯。」按此碑天寶時立，雖未稱浦任太僕卿，但浦、俌祇偏旁之差，容易轉訛，且又不姓獨孤而姓李，與改姓説符。吾故謂太白集之浦，卽姓纂之俌，特未知二字孰是耳。全詩五函六册劉商有寄李俌詩，時代不合，非此人。

111 卿雲，右屯衞大將軍、汝歸公，生元節。元節生祥之、瓊、珍、瑑。祥之，左羽林將軍。珍生楚、穎、彦、卓。楚生良矩。矩生輔。穎生良佐、良弓、良器、良弼、良史、良儒。良器，通州刺史。良弼，兼御史中丞。良史生瑋，進士，復姓李氏。彦生良裔。卓，少府監，生惠、憖、愿、恕、意、忒。憖生志。（岑補）

A〔岑校〕卿雲右屯衞大將軍　卿雲官左威衞大將軍，見説之集二五。龍朔二年，官荆州都督，見會要六八（誤「雲卿」）。乾封元年，與討高麗，見元龜九八六。龍朔三年，以右武衞將軍防吐蕃，見通鑑二〇一。

B〔又〕祥之左羽林將軍　芒洛續編補獨孤氏誌：「開元初，左羽林大將軍諱禕之親姪孫。」今元節子無禕，就其歷官覘之，卽祥之無疑。復考舊書一〇二馬懷素傳，長安年中有東宮率獨孤禕之，時代相同，然則「禕之」是名，誌文之「之」字，非作虚字讀。由是而推，「祥之」實「禕之」之訛也。景龍元年，左羽林將軍獨孤禕之與誅武三思，被殺，見通鑑二〇八，則前引誌文之「開元初」，亦不確。

C〔又〕珍生楚潁彦卓　獨孤氏誌：「祖左衞郎將知巡諱珍。……父諱楚，贈工部侍郎。」

D〔又〕潁生良佐良弓良器良弼良史良儒　潁即代宗貞懿皇后之父，左威衞録事參軍，見舊書五二，唯字從禾作「穎」。舊書又云，良佐爲后兄，官太子中允，亦見會要三六大曆三年下。是年良佐請復姓獨孤，故下文再有瑋請復姓李一事。

E〔又〕良器通州刺史　良器，貞元五年官右司郎中，見元龜六三六。英華稱大曆十四年進士。

F〔又〕良弼兼御史中丞　叢編八引京兆金石録，路太一碑，獨孤良弼撰，建中四年立，今見全文六二〇。唐詩紀事三三，良弼，貞元進士，爲左司郎中。今郎官柱左中内未見其名，勞氏所補亦不及，殆良器之誤，但良器亦非貞元進士。又紀事五四，良弼嘗居韋臯幕府。千唐殿中侍御史張翔誌，建中元年立，題「朝請郎、守尚書水部員外郎、賜緋魚袋獨孤良弼撰」。

G〔又〕良史生瑋進士　登科記考二七引辯證云，良史生瑋，皆進士，今守山本無「皆」字，然唐詩紀事三三固稱良史登進士第也。

H〔又〕彦生良裔　彦，德宗時人，見宣室志。

I〔又〕卓少府監　自太常少卿爲少府監，見舊書五二獨孤后傳末。

J〔又〕生惠愻愿恕意忳　千唐建中元年張翔誌，題「女聟前同州朝邑縣尉獨孤愿書」。

K〔又〕愻生志　寰宇訪碑録有獨孤愻、韋彪、韋紓題名。

112 楷弟盛，隋右屯衛將軍、紀公，生僧達。僧達生守中，唐右金吾大將軍。（岑補）

A〔岑校〕楷弟盛隋右屯衛將軍紀公　異聞録（廣記三四二），貞元中河南獨孤穆者，隋將獨孤盛八代孫。貞觀政要五，宇文化及弑煬帝，虎賁郎中（？）獨孤盛抗拒而死。

B〔又〕生僧達　貞觀初，瓜州刺史獨孤達，見慈恩傳一，時代相當，未知即一人否。

C〔又〕僧達生守中唐右金吾大將軍　郎官柱作「守忠」。有碑在洛州，韋承慶撰，柳濟物書，見寶刻叢編六引諸道石刻録，亦作「守忠」。守忠嘗爲杭州參軍，見廣記二六〇引朝野僉載。

祝其

113 風俗通，宋戴公子祝其爲司寇，因氏焉，見世本。漢有清河都尉祝其承先。

A〔岑校〕宋戴公子祝其爲司寇　姓氏篇引作「大司寇」。

祝固

114 左傳，晉有祝固氏。漢功臣祝其侯祝固舒。

A〔岑校〕左傳晉有祝固氏漢功臣祝其侯祝固舒　卷九匠麗冒列禦之文，余已言之，今通志「匠麗氏」云：「左傳，晉有匠麗氏。漢功臣祝其侯匠麗舒。」與此條文全同，所差者特姓不同耳。通志匠麗之後，即爲祝圉，云：「衞祝圉之後，漢侍御史祝圉遥。」無祝固氏。以卷三蘇農之例例之，知祝固乃祝圉之訛而上冒匠麗之文，若祝圉本條，今見辯證三五祝姓之下。至姓纂各條所以相冒之故，已於篇首自序發其凡，兹不贅。又羅校亦引辯證，但不知「固」爲「圉」訛。

祝史

115 衞有祝史揮，因官姓焉。下邳今有此姓。

A〔岑校〕衞有祝史揮因官姓焉　羅校云：「辯證引作『衞祝史揮之後』。」余按辯證引文尚有「因官爲氏」四字，此文「姓」應正作「氏」。祝史非古之姓也，可從林書全部體例見之。

B〔又〕下邳今有此姓　依文則「下邳」似應另行，唯通志引文作「今下邳有此姓」，然亦許鄭氏引文之變更其字句也。

穀梁

116 魯有穀梁赤，治春秋傳，子夏門人也。尸子云，穀梁俶傳春秋十五卷。案顔師古説，穀梁名喜。今下邳有穀梁氏。據氏族略增。

A〔岑校〕尸子云穀梁俶傳春秋十五卷　校云：「案顔師古説，穀梁名喜。」據杜鋼百氏考證，此外尚有四説：(一)錢大昭漢書辨疑引閩本漢書作「嘉」；(二)桓譚新論(御覽引)、蔡邕正交論及經典釋文敍録引麋信注作「赤」；(三)論衡案書作「寘」；(四)穀梁疏作「淑」，唯阮孝緒七録與此同作「俶」(文哲季刊三卷一號)。余按通志略率本姓纂，而其書作「淑」，則「俶」、「淑」當一字之轉訛。「喜」、「嘉」字近，閩本又無他證，當不能成立。「赤」、「寘」疑不過方言之變。由是言之，實不過「赤」、「喜」、「淑」三名而已，杜氏未免過言之。

B〔又〕今下邳有穀梁氏　此七字洪氏據氏族略增。

濮陽

117 【陳留】後漢外黄令牛述，以濮陽潛爲主簿。吴長沙太守濮陽逸，生興，孫休時，爲衛將軍、平章軍國事、丞相、外黄侯。吴書，張紘從外黄濮陽闓受詩禮春秋。大曆嶺南判官、檢校刑部員外濮陽灌。大曆進士濮陽守*。

A〔岑校〕以濮陽潛爲主簿　見後書七八爰延傳。

B〔又〕外黄侯　三國志六四濮陽興傳同，宋本辯證作「内黄」，非是。

C〔又〕吴書張紘從外黄濮陽闓受詩禮春秋　見三國志五三注。

D〔又〕大曆嶺南判官檢校刑部員外濮陽灌　全詩十一函八册收濮陽瓘詩一首，當即其人，惟灌、瓘小異。

斛律

118 代人，代爲部落統帥，號斛律部，因爲氏焉。

119 【河南】後魏武川公斛律千*；孫舉，滑州刺史、下邳公。孝卿，隋户部尚書、武陽子，生弘義、禮本、禮備、禮文。禮備，唐吏部員外，生觀國。禮文，蔡州司馬，生貽慶，庫部郎中、少府監。

A〔岑校〕孫舉滑州刺史下邳公　羅校云：「案舉，北齊書有傳，作羌舉。」余按北齊書二〇，舉清州刺史，封密縣侯，轉東夏州刺史卒，不言封下邳公，又北齊無清州，「清」或「滑」之訛。

B〔又〕孝卿　羅校引同上傳，謂「孝卿」上奪「生」字，是也。

C〔又〕生貽慶　名見郎官柱司勳員外。

120 後魏又有斛律倍利侯，案北齊書作「倍侯利」。朔州刺史，勅勒部人，率衆内附。生那瓌，案北齊書，倍侯利生幡地斤，幡地斤生那瓌。此闕一代。爲第一領人酋長；生金，北齊大司馬、右丞相、咸陽王，生光、羨。武都。案武都乃光之子，詳下文，此二字衍。光字明月，左太尉、左丞相、咸陽王；長子武都，太保。羨，生豐洛，州刺史、荆王。案本傳，羨字豐樂，荆山郡王，五子，世達、世遷、世辨、世茜、伏護。此作「羡生豐」，誤。

A〔岑校〕朔州刺史勑勒部人　羅校云：「『刺史』二字衍文。北齊書斛律金傳，朔州勑勒人。」

B〔又〕光字明月左太尉　「左」字衍，北齊書一七祇云太尉。

C〔又〕羡生豐洛州刺史　校云：「案本傳，羡字豐樂。」余按「豐洛」即「豐樂」之轉，羡嘗爲幽州刺史，「州」上蓋奪「幽」字。

斛斯

121 其先居廣漢，代襲莫弗大人，號斛斯部，因氏焉。

A〔岑校〕其先居廣漢　「漢」誤，庫本作「漠」，涉蜀有廣漢而誤也。要以通志及類稿五九引作「廣牧」者爲是。

122 【河南】後魏比部尚書斛斯延，生郭。郭生椿，尚書令、太傅、常山文宣公，生徵。徵生，周齊州刺史、岐國公；孫成，生道仲、道濟。道仲，唐蘄州刺史。

A〔岑校〕後魏比部尚書斛斯延　「比」應作「北」，説見前。「延」，姓解二作「延濟」。

B〔又〕生郭郭生椿　羅校云：「案魏書斛斯椿傳，父敦，此作『郭』，誤。」考北史四九椿傳：「父足，一名敦。」集古録目有斛斯疋碑云：「疋字貸敦，河南洛陽人，仕後魏至驃騎大將軍，贈侍中、司徒，謚武昭，碑以永熙二年立。」余嘗勘合之，知斛斯疋者實椿之父也。何以言之，椿父足一名敦，疋名貸敦，足、疋字類易訛(北史，「足」當作「疋」)，北魏人名兩音者往往省稱一音，如素連祇稱連，倍斤祇稱斤，前文已嘗舉其例，則敦即貸敦之省，此名字相合也。魏書八〇雖稱椿爲廣牧富昌人，然北族南徙，均籍洛陽，太和以還，早有成規，此籍貫非不合也。魏書，敦嘗除車騎將軍、揚州刺史，與碑之驃騎大將軍相近，敦無專傳，故史不盡詳，此官位非相背也。北史，孝武帝立，拜椿侍中，入關而後，歷位司徒，史稱爾朱孝隆之世，或傳敦死，椿請減己階以贈父，今疋贈侍中、司徒，均是椿所歷之官，此贈卹相合也。疋謚武昭，椿謚文宣，遥遥相對，此賜謚尤有痕跡可尋也。據北史，孝武帝立，椿父亦加開府，則永熙之初尚生，殆入關後旋卒者，今碑立永熙二年，更足徵信，惜碑在何處，歐録弗著，南宋亦不知(通志及叢編，通志訛爲斛律斯碑)，尚差一證耳。

C〔又〕徵生周齊州刺史岐國公　「周」字似當爲朝號，果爾，則「生」下奪名。按周書二六，徵子諺，北史四九則云子該，均未著歷官。

禿髮

123 河西鮮卑也，與後魏同出聖武帝詰汾長子疋孤，神元時率其部衆徙河西，六代孫樹機能立，盡有涼州之地。子思復鞬，生烏孤，僭號西平王，稱南涼，都廣武。弟利鹿孤、傉檀，三主十八年，爲乞伏熾盤所滅。傉檀生賀，歸後魏，太武賜姓源氏。

A〔岑校〕與後魏同出聖武帝詰汾長子疋孤神元時率其部衆徙河西六代孫樹機能立　晉書一二六，烏孤八世祖匹孤，生壽闐，卒，孫樹機能立，卒，從弟務凡立，死，孫推斤立，死，子思復鞬立，生烏孤，則所云「八世」，應連本身計。魏書九九云，烏孤八世祖匹孤，五世祖樹機能，亦連本身計。復考魏書一，神元卽疋孤弟，神元之四十二年，與魏景元二年（二六一）相當；同書九九，樹機能盛時，與晉泰始、咸寧（二六五——二七九）相當。其時代果不誤，樹機能斷非疋孤六代孫，明矣。

B〔又〕子思復鞬　此作「子」，與史不合（參上條），通志作「族孫」者近是。

C〔又〕傉檀生賀歸後魏　傉檀少子賀奔後魏，見魏書九九，卽同書四一之源賀也。

夙沙

124 英賢傳，炎帝時侯國也，因氏焉。左傳，齊宦者夙沙衛。

A〔岑校〕左傳齊宦者夙沙衛　見上夙姓。

夙繇（岑補）

125 中山族。（岑補）

A〔岑校〕姓觿九：「呂覽有夙繇氏。姓纂云，中山族。」

角里

126 漢「商山四皓」綺里季之後。案「四皓」有角里先生，疑里季乃角里先生之誤。

A〔岑校〕漢商山四皓綺里季之後　校云：「案『四皓』有角里先生，疑里季乃角里先生之誤。」庫本校注「里季」上有「綺」字，洪本奪。余按此文與通志「綺里氏」全同，乃誤錯者。角里之文今已佚，參看前卷六校記。又廣韻「一屋」「角」字云：「角里先生，漢時『四皓』名，又音覺。」辯證云：「角本音祿，後世乃妄造角字。」「角」應正作「角」。又綺里、禄里兩姓，路史發揮四曾引林書，禄里即角里也。

陸終

127 祝融子陸終之後。

福子

128 齊大夫福子丹，見國語。

A〔岑校〕齊大夫福子丹見國語　辯證三五引此文同，云：「謹按國語無此人也。」

牧師

129 漢禮依周禮，令主養馬，後世因以爲氏。

A〔岑校〕漢禮依周禮令主養馬後世因以爲氏　辯證三五引同。余謂應依通志及尋源引文，於「周禮」下補「置牧師」三字，否則姓源不明也。

宿勤

130 後魏帥宿勤名達。

A〔岑校〕後魏帥宿勤名達　見魏書九正光五年十月及同書八〇，「名」作「明」，通志同。廣韻及辯證七誤「勤宿」。

木蘭

131 姓苑，木蘭氏，任城人。

宿六氏

132 改爲宿氏。

A〔岑校〕宿六氏　陳校云:「庫本作『宿六斤』。」按前文宿姓下固云宿六斤氏爲宿氏。

獨孤渾

133 改爲杜氏。

二沃

沃

134 風俗通,殷太甲子沃丁之後。

135 【吴郡】神仙傳,沃焦,吴人。

督

136 宋大夫之後,以王父字爲氏。漢督瓚,見風俗通。

A〔岑校〕宋大夫之後以王父字爲氏　「宋大夫」下,應參通志及類稿四九引文,補「華父督」三字,否則「王父字」一語,失所承也。

B〔又〕漢督瓚見風俗通　通志「督氏」云:「漢有督瓚,見風俗通。又五原太守督瓊。」廣韻:「風俗通云，漢有五原太守督瓚。」姓解一云：「漢有五原太守督瓊，一名瓚。」是瓚、瓊、瓆、瓚，實一人而展轉傳訛耳。

137 【巴郡】 後漢巴郡蠻酋有督氏，同羅、朴、鄂、度、夕、龔爲七姓•。

A〔岑校〕同羅朴鄂度夕龔爲七姓 尋源四三以「龔」一作「龔」爲誤。按今殿本後書一一六板楯蠻傳作「龔」，不作「龔」，參下鵠姓。

僕

138 周禮僕人後。匈奴降者僕多，封渾梁侯。

A〔岑校〕周禮僕人後 通志及類稿同。姓觿九引姓纂云：「左傳，鄭大夫僕展之後。」與此異。

B〔又〕匈奴降者僕多封渾梁侯 按漢表一七作「煇渠侯僕朋」，渾、梁、多與煇、渠、朋，皆涉字形之相類也。通志與漢表同。急就篇上云：「風俗通，漢功臣表有僕明，史記僕多。」「明」字亦類「朋」。

139 【河南】 官氏志，僕蘭氏改爲僕。

A〔岑校〕官氏志僕蘭氏改爲僕 「蘭」，通志同，今官氏志作「闌」。「僕」下應補「氏」字。

褥

140 廣信郡多此姓，云本姓陸，避事改姓褥。

A〔岑校〕搙　辯證三六及通志作「槈」，下同。

鵠

141 後漢巴郡蠻酋羅、朴、都、鄂、度、夕、龔，凡七姓。案後漢書，巴蠻七姓，「都」作「督」，「龔」作「龔」，無鵠氏。惟姓氏急就篇及通志俱作姓出姓苑，東海人。

A〔岑校〕後漢巴郡蠻酋羅朴都鄂度夕龔凡七姓　校云：「案後漢書，巴蠻七姓，『都』作『督』，『龔』作『龔』，無鵠氏。惟姓氏急就篇及通志俱作姓出姓苑，東海人。」庫本，「都」正作「督」，「龔」正作「龔」，故校注無「都作督龔作龔」六字，又「俱作」下無「姓」字。余按前文督姓下固作「督、龔」，「都、龔」乃傳寫之訛耳。此節乃朴姓之文所錯簡，鵠姓文又互錯於朴姓下，故致文不對題也。

三燭

續

142 晉大夫狐鞫居，食采於續，又姓續氏，是爲續簡。一云，舜七友續牙之後。漢初功臣表，續相如封丞文侯。

A〔岑校〕是爲續簡　通志作「故謂之續簡伯」，此奪「伯」字。

B〔又〕漢初功臣表續相如封丞文侯　漢表一七作「承父侯續相如」，「丞文」字誤。通志同漢表。

143 【上黨】石趙有太子少保續咸。又河東、襄陽並有此姓。

束

144 晉書云，疎廣之後。孫孟達避王莽亂，自東海徙沙鹿山南田，因去「疋」爲束氏。

A〔岑校〕孫孟達　通志及類稿四九引文，均作「曾孫孟達」，與晉書五一同。羅校亦引晉書。

B〔又〕自東海徙沙鹿山南田因去疋爲束氏　晉書五一云：「自東海徙居沙鹿山南，因去疎之「疋」，遂改姓焉。」「田」字衍。宋本辯證亦訛「南田」。

145 【陽平元城】漢隴西太守束混。子龕，爲馮翊太守；生晳，字廣微，晉尚書郎。兄璆，亦知名。

曲

146 晉穆公封少子成師爲曲沃，支孫氏焉。漢代郡太守曲澄。

A〔岑校〕晉穆公封少子成師爲曲沃　此句義不可通。依通志，「爲」字應正作「於」，後檢類稿四九，亦引作「於」。

B〔又〕漢代郡太守曲澄　「澄」，廣韻、姓解、通志均作「謙」，類稿引作「證」。考中州遺文曲系誌：「自烈祖巽以道茂經綸，爲代州牧伯，皇考謙以才光佐國，拜襄府郡丞。」所謂巽，殆指曲謙，特系父既名謙，與遠祖同諱，於文難安，故曰「巽」也。

147【陝郡】　貞元中陳許節度曲環，陳許人。

A〔岑校〕陳許節度曲環陳許人　舊書一二二環傳，陝州安邑人，父彬，家隴右。「陳許人」誤，應云安邑人或隴西人。通志作陝州人。貞元元年，環官陳州刺史，見寰宇記一〇。拓本唐故留守李大使□夫人曲氏墓誌銘幷序云：「其先祖環，赫有武功。」昌黎集二七劉昌裔碑注：「貞元二年七月，環自邠隴行營節度拜陳許節度使。」河南博物館藏拓本會昌二年唐故河南府河清縣丞曲府君墓誌幷序云：「公諱元鎮，字知柔，陝府安邑人也。曾祖彬，皇太僕寺南史七正監、懷州刺史，……贈工部尚書。祖環，皇檢校左僕射、陳許等州節度觀察處置等使，……贈太師。考良翰，皇左領衛上將軍，……贈潞州大都督。公卽都督第四子也。」（卒會昌元年，年四十八。同館又藏大中五年唐故隴西郡夫人墓誌銘幷序，卽元鎮妻誌）

粟

148 漢治粟都尉，因官爲姓。魏志，袁紹魏郡太守粟舉。

A〔岑校〕漢治粟都尉　尋源四〇云：「按史記，孝景更命治粟内史爲大農。是漢有治粟内史，無治粟都尉也，有搜粟都尉。」余按「治」字唐人或諱避，此許本作「搜」而後人訛改耳。

B〔又〕魏志袁紹魏郡太守粟舉　辨誤二七云：「按今魏志作『魏郡太守粟攀』，疑林氏誤。」余按魏志六注云：「聞魏郡兵反，與黑山賊于毒共覆鄴城，遂殺太守栗成。」不作「栗攀」，待考（姓解三、通志、宋本辯證及類稿四九亦作「舉」）。

蒒

149 風俗通，蒒收之後。

項

150 風俗通，顓項之後。

A〔岑校〕風俗通顓項之後　姓解一項姓云：「高陽之後，著姓。」宋本辯證亦有，題云廟諱。

蜀（岑補）

151 蜀山氏之後。（岑補）

A〔岑校〕據姓觿九引。

續祁

152 晉祁奚舉子自代，父子相續，因爲氏焉。

A〔岑校〕續祁　「祁」，尋源四〇引作「祈」。

153 漢有續祁孟陽，善易。

A〔岑校〕漢有續祁孟陽善易　「續祁」，庫本倒作「祁續」。按上文卷八「洞沐」云：「漢有洞沐孟陽，善易。」亦見通志洞沐氏下，此實續祁複冒洞沐之文也，應删卻。

四覺

樂

154 宋微子之後，戴公生子衎，字樂父，子孫以王父字爲氏。曾孫樂呂。呂孫喜，字子罕。燕有樂毅。毅孫臣叔，高祖封爲華成君。裔孫恢。

A〔岑校〕宋微子之後　千唐調露樂玉誌：「昔在重華，命夔典樂，官以功族，因氏樂焉。」與此異。

B〔又〕戴公生子衎　類稿五〇引作「生公子衎」。述聞名字解詁上云：「檀弓下篇鄭注及正義引世本，並作樂甫術，文七年、十八年正義引世本同。唐書宰相世系表及通志氏族略，「術」作「衎」，非也。「衎」與「罕」同，子罕爲樂甫五世孫，不應與其祖同名。」余按新唐、鄭略，多本姓纂，亦許沿林書而誤。然依爾雅釋詁，「衎」固訓樂，視訓術爲樂，更覺直捷。至五世不同名之斷定，滋難言也。

C〔又〕曾孫樂呂呂孫喜　兩「呂」字，通志皆作「莒」，此訛。

D〔又〕字子罕　羅校云：「唐書世系表作喜生司城子罕。」

155【南陽淯陽】　悏子乾，自趙徙南陽。五代孫方。方生廣，字彥輔，晉尚書令、信陵公；生凱，益州刺史。六代孫運，隋咸陽令，撰諫苑；生質，禮部、户部二尚書。

A〔岑校〕五代孫方　新表七三下，乾孫仁，生平，平生方，則是連本身乃五代也。

B〔又〕晉尚書令信陵公生凱益州刺史　信陵公及益州刺史，晉書四三均不詳。

C〔又〕六代孫運隋咸陽令　周書四〇運傳，廣八世孫。依此，則七世耳，連本身乃八世。考梁書一九樂藹傳，廣六世孫，則運爲八世，時代亦非不合。復次，運傳云：「遂左遷運爲廣州滍陽令，開皇五年，轉毛州高唐令。」此作「咸陽」，疑是「滍陽」之誤。

D〔又〕生質禮部户部二尚書　庫本，「禮部」上有「唐」字，原文當作「皇」。法苑珠林五五，言大業季年巴西縣令樂世質，當卽其人，蓋諱「世」，故單名質也。

156【京兆】　狀云廣後。唐御史大夫、同三品樂彥瑋；子思晦，中書侍郎。

A〔岑校〕唐御史大夫同三品樂彦瑋　廣記二五〇引啓顔録，樂彦偉，卽其人。

B〔又〕子思晦中書侍郎　鳳閣侍郎樂思誨，見廣記二六七引御史臺記。

卓

157 史記，蜀郡卓氏，本趙人，以鐵冶致富，徙臨邛，卽鐵山鼓鑄，至僮千人，田池射獵之樂擬于人君。據祕笈新書增。後漢太傅卓茂，南陽宛人。

A〔岑校〕史記……卽鐵山鼓鑄至僮千人田池射獵之樂擬于人君　此二十一字，洪氏據祕笈新書增，類稿五〇引文亦有。

角

158 後漢角善叔。梁將軍角念。姓氏急就章。

學

159 見姓苑。

朔

160 姓苑云，南陽人。

朴

161 見姓苑，云東海人。

A〔岑校〕見姓苑云東海人　此條實與鵠姓之文互錯，可於前鵠姓校記見之，應各移正還原。姓觿九鵠姓引姓纂云：「東海族。」

岳（岑補）

162 泰岳之後。（岑補）

A〔岑校〕據姓觿九引。

樂正

163 周禮樂正，因官氏焉。孟子。魯有樂正子春，曾子弟子。案樂正子春，曾子弟子，見禮記。孟子弟子乃樂正子克，此脱。

A〔岑校〕孟子魯有樂正子春曾子弟子　校云：「案樂正子春，曾子弟子，見禮記。孟子弟子乃樂正子克，此脱。」按通志文與姓纂同，參附録四。

樂王

164 左傳，晉大夫樂王鮒之後。漢有郎中樂王幾。

A〔岑校〕漢有郎中樂王幾　「幾」，辯證三六同，通志作「茂」。

樂尹

165 楚昭王以鍾建爲樂尹。

A〔岑校〕楚昭王以鍾建爲樂尹　此下應依尋源四〇所引，補「後氏焉」三字。

樂利

166 齊胡公支子，爲樂利氏。

A〔岑校〕齊胡公支子爲樂利氏　統譜一三七引文同。

五質

畢

167 周文王第十五子畢公高之後，以國爲氏。晉有畢萬。漢繆侯畢。案漢書，「繆侯」作「瞭侯」。

A〔岑校〕漢繆侯畢　「畢」下奪「取」字，庫本有。校云：「案漢書，『繆侯』作『瞭侯』。」通志亦作「瞭侯畢取」。

168【東平】後漢末兗州別駕畢諶，見魏志。元孫衆慶，宋兗、案唐世系表，「宋兗」下有「州大中正」四字，脱。東征將軍。五代孫憬，唐衛尉少卿、許州刺史，生構、栩、椅。構，户部、吏部二尚書；生抗，兵部員外、吴郡太守、江南採訪使。栩，大理正、工部郎中；生曜，御史。

A〔岑校〕後漢末兗州別駕畢諶　辨誤二八引作「魏兗州刺史畢諶，世居東平」。且云：「按魏志，曹操爲兗州，以畢諶爲別駕。……是諶爲兗州別駕，未嘗爲兗州刺史也。林説誤。」此蓋張據本訛而又未契勘於今本也。

B〔又〕元孫衆慶宋兗　校云：「案唐世系表，『宋兗』下有『州大中正』四字，脱。」辨誤二八引作「五世孫衆愛，宋本州大中正」。「本州」即兗州也，是張據本不訛。以世代核之，作五代爲可信（新表七五下作五世孫衆慶。又本書郭善慶，新表作「善愛」）。蓋曹操之末，距宋初已餘二百年矣。但魏書六一，衆敬弟衆愛，今下文稱衆慶弟敬，與史不符。慶，依魏書應作「愛」，然可知北宋見本亦訛也（又敬、慶亦嘗轉訛，如石刻尉遲興敬，北齊書作「興慶」，未知於晉、宋諱敬，有無相關）。

C〔又〕五代孫憬唐衛尉少卿　舊書一〇〇及新表作「司衛少卿」。據舊書四四，衛尉寺，龍朔改爲司衛寺，咸亨復。昌黎集二五亦作「司衛」。

D〔又〕構户部吏部二尚書　昌黎集二五，注云：「新、舊史有畢構傳，終於户部尚書，世系表亦作户部，然舊史畢誠傳乃稱吏部。」按構傳固謂再遷吏尚，玄宗立，進户尚，何注家竟未之見耶？廣記一八六引朝野僉載，御史大夫畢構當睿宗踐祚，奏停斜封人官。李德裕北固懷古詩注：「畢構政事，爲開元第一。」野客叢書一七云：「畢構，中宗景龍初爲潤州，政有惠愛，景龍末，召爲御史大夫，謂政事爲景龍間第一，可也。」

E〔又〕生抗兵部員外吴郡太守江南採訪使　羅校云：「案『抗』，新唐書畢構傳作『炕』，世系表作『抗』。」余按郎官柱作「炕」。新書一二八云：「終廣平太守」，與昌黎集二五畢坰誌同。廣記四四〇引廣異記，天寶末，御史中丞畢杭爲魏州刺史，陷禄山，被害。「杭」字亦訛。吴郡志一一：「畢炕，兵部員外郎，江南採訪使。」大唐郊祀録八，天寶十載，范陽司馬畢杭。「杭」字訛，元龜三三又訛「悦」。

F〔又〕栩大理正工部郎中　舊書一七七作「鄷王府司馬」，新表作「曹王府司馬」，新書一二八稱終荆州司馬。

G〔又〕生曜御史　新表作「侍御史」。東方畫像碑陰記有司經正字畢燿。授堂金石跋云：「畢燿見酷吏敬羽傳，與毛若虚、裴昇、畢曜同時爲御史。又叛臣喬琳傳，……與聯舍畢曜相掉訐。……今碑作

「燿」，不從日。按唐書畢構傳，子炕，世系表炕與曜爲一格，疑皆從火，碑所書爲正。杜集存没口號：「畢曜仍傳舊小詩。」「曜」一作「燿」，亦「燿」之轉。」余按唐詩紀事二六正作畢燿，與碑同，引杜甫喜燿除監察詩。今杜集從日者，傳刻訛耳。全詩三函三册孟浩然有畢太祝曜見尋詩。同書四函五册錢起白石枕詩序：「起與監察御史畢公燿交之厚矣。」同函七册獨孤及有醉後寄畢四燿詩，又詶畢燿問病見贈詩。

169 衆慶弟敬，魏兖州刺史。六代孫君威，唐遊擊將軍。

A〔岑校〕衆慶弟敬　畢衆敬，魏書六一有傳，此奪「衆」字。「慶」應作「愛」，説見前。唯魏書以愛爲弟，與此異。

170【太原】　狀稱畢諶之後。唐滁州刺史畢誠，生操。操生正表、正則、正義。正表生重華，鄜州刺史，生彦雄。正義，大理正。

A〔岑校〕唐滁州刺史畢誠　此與舊書一七七之畢誠不同人。彼之畢誠，大和中始擢進士。

B〔又〕生操　嘉定赤城志八，正（貞）觀八年，畢操爲刺史，時代相合。

C〔又〕操生正表正則正義正表生重華鄜州刺史生彦雄　大唐利州刺史畢公柏堂寺菩提瑞象頌之畢利州，余於貞石證史曾有説。序云：「粤若季父銀青光禄大夫、使持節利州（缺）太守、度支尚書、兖州刺史府君、……公之曾祖（缺）大父，皇朝尚舍奉御、蜀虢二王府長史、台鄂滁三州刺史府君。」

依殘文推測，蜀號均唐初親王，又嘗刺滁州，此畢利州之大父，得爲畢誠。撰人之畢彦，乃利州姪，得爲誠之曾孫。今姓纂之彦雄，如是重華子，則爲誠之玄孫，計差一代，豈「生彦雄」上漏去「正則」兩字耶？又姓纂之正表、正則、正義，如順行序排列，正義應是季父，亦卽畢利州。碑文猶見「天后聖帝」字，其石殆刻於武后時，舊説以爲中宗時，未必可信。當顯慶元年正義官大理正，至武后朝而躋升銀青、刺史，時代亦合。惟姓纂祇列正義大理正一官，殘文又不見有「大理」字樣，正義是否畢利州，猶待他證也。又由赤城志觀之，利州之大父，亦得爲操，而姓纂之世次與碑合（志之「操」字，似不至誤），但父子前後同守一州，事雖時有，而同守台滁兩州，則其可能性極小，故以利州爲操孫，亦難於置信。

D〔又〕生彦雄　平津記五，淨業法師塔銘，開元十二年立，正字畢彦雄撰。

E〔又〕正義大理正　顯慶元年官大理丞，見會要六一。

171【新蔡】晉吏部郎中畢卓。

172【漁陽】大曆右庶子畢弘，狀云畢諶之後。

A〔岑校〕大曆右庶子畢弘狀云　弘見郎官柱吏部郎中。廣記二一二引名畫記，宏大曆二年爲給事中，改京兆少尹，轉右庶子。

173【洛陽】畢萬之後。

174【河南】官氏志云，出連氏改爲畢。

A〔岑校〕出連氏改爲畢　「畢」下應補「氏」字。東胡民族考上謂「出連」卽「畢」之漢譯云。

吉

175 黄帝之允伯儵之後*。一云，尹吉甫之後，以王父字爲氏。漢有太守恪。魏志，吉茂。晉魏興太守吉挹。宋將軍吉幹。

A〔岑校〕黄帝之允伯儵之後　「允」，庫本及通志作「裔」。類稿五〇引作「胤」，是也。

B〔又〕一云尹吉甫之後以王父字爲氏　類稿引同。唯辯證三六引姓纂云：「一云，周卿士尹吉甫後，以王父字爲氏。」

C〔又〕漢有太守恪　「恪」上應補「吉」字。通志云：「漢有漢中太守吉恪。」廣韻同。

D〔又〕宋將軍吉幹　「幹」，宋書六五作「翰」，姓解一同。通志作「幹」。

176 【馮翊】漢同州刺史吉瞻。瞻元孫琰，唐絳、華二州刺史。

A〔岑校〕漢同州刺史吉瞻　「漢」字誤。漢人之玄孫，不能逮仕於唐也。依南史五五，此應是梁吉士瞻之誤奪。但士瞻祇爲秦梁二州刺史，後出爲西陽武昌二太守，今作同州，亦與史不合。

177 【洛陽】唐易州刺史吉哲；生頊，天官侍郎、平章事。司勳郎中。頊弟琚，鄠縣令。温，武部侍郎。

A〔岑校〕唐易州刺史吉哲　丙寅稿吉渾誌跋云："「兩史稱頊爲洛州河南人，誌作馮翊人，殆舉其舊望歟。」按渾誌（千唐）："「曾祖謙，驃騎大將軍、襄州刺史。祖哲，忠歸易三州刺史。」「歸」原寫作「𠱃」，丙寅稿誤作「虢」。廣記二四〇，天后時太博吉頊，父哲，易州刺史，坐贓死，頊進二妹於內史武承嗣而免，進頊籠馬監，俄遷中丞、吏部侍郎。同書二七一引朝野僉載，頊父冀州長史吉懋。「懋」字訛。南部新書庚固作「哲」，因「哲」常寫作「悊」，字形近也。

B〔又〕生頊天官侍郎平章事　廣記二六八引朝野僉載，明堂尉吉頊除中丞，賜緋，授天官侍郎平章事，出爲温州司馬，卒。渾誌："「父頊，吏部侍郎、同中書門下平章事，贈御史大夫。」

C〔又〕司勳郎中　依郎官柱及新表七四下，此乃頊子渾所歷官也，其上應補「生渾」二字。司勳郎中吉渾誌，開元十五年立，見萬里遺文目録續編。據誌，渾官終司勳郎中，年四十九。又云："「有令弟濬、深付其喪，有才子遵、遐奉其遺。」

D〔又〕頊弟琚鄠縣令温武部侍郎　羅校云："「案温乃琚子。舊唐書吉温傳，父琚。世系表亦作琚生温。」

178【淮陰】　狀云挹後。貞元户部侍郎吉中孚。

A〔岑校〕貞元户部侍郎吉中孚　舊書一二，興元元年六月，以封中知制誥爲諫議大夫，貞元二年正月爲户侍。同書一三，貞元四年八月，自吏侍爲中書舍人。新書六〇，中孚，楚州人，始爲道士，後官校書郎，登宏辭，諫議大夫、翰林學士、户部侍郎判度支，貞元初卒。全文五四三令狐楚白楊神廟碑，建中初，中孚以萬年尉爲黜陟判官。全詩三函七册韋應物有燕萬年吉少府中孚南館、寄萬年吉少府中孚詩。同函九册李嘉祐有送吉校書中孚歸楚州詩。五函二册盧綸送吉中孚校書歸楚州舊山（中孚自仙官入仕）、同吉中孚夢桃源、綸與侍郎吉中孚、洛陽早春憶吉中孚校書……等作。

乙

179 殷王帝乙，支孫以王父字爲氏。

A〔岑校〕殷王帝乙　庫本作「殷湯字乙」，羅校引辯證作「成湯字天乙」。按史記，湯名天乙，通志，商湯字天乙，則庫本亦奪「天」字。唯類稿五〇引，正作「殷湯字天乙」。

180 【襄陽】今襄陽有乙氏。又燕鴻臚乙歸，揚威將軍乙愛，皆代北種類也。

181 【河南】官氏志，乙弗氏改爲乙氏。或云，望出平原。案北魏乙瓌傳，其先代人，世統部落，瓌父匹知，遣瓌入貢，遂仕魏，爲都督，贈太尉，進爵爲王。子乾歸，孫海，曾孫瑗，皆襲爵，位通顯。

帥

182 狀云，本姓師氏，避晉景王諱，改爲帥氏。

A〔岑校〕避晉景王諱　「王」應依廣韻、通志作「帝」。

183【南陽涅陽】宋有帥覺授，一云名昺，著孝子傳，臨川王義慶辟爲州祭酒，不就，入宋書孝義傳。案南史作「師覺授」，宋書不載。

184【范陽】開元中幽州人帥夜光，上三元異義三十卷，集賢院試三元策十道，及第，詔直國子監。

A〔岑校〕開元中幽州人帥夜光上三元異義三十卷　此爲開元二十年事，見新書五九。「三元」即「三玄」諱改。廣記一二一引宣室志作「師夜光」，薊門人，拜四門博士。南部新書己亦作「師」（唐人常寫「帥」作「師」，二字甚易混）。

郅音質。

185 風俗通云，有時國也，子孫氏焉，見毛詩。漢有濟南太守郅惲。案毛詩郅國，未詳。

A〔岑校〕有時國也　「有」誤，庫本作「殷」，通志作「商」。類稿五〇引作「殷時侯國也」。

B〔又〕見毛詩　校云：「案毛詩郅國，未詳。」余按通志亦作「見毛詩」。潛夫論云：「及漢河東有郅都，汝南有郅君章，姓音與古姞同，而書其字異。」今詩大雅有韓姞，所謂「見毛詩」者或指此。

C〔又〕漢有濟南太守郅惲　後書五九惲傳，惲未嘗爲濟南太守，況下文又云，長沙太守郅惲，則此作「惲」者誤。考漢書九〇，郅都爲濟南守，故下河東條承言「郅都之後」，「惲」應正作「都」，方合。通志正作「郅都」。

186 【河東】 郅都之後。

187 【汝南西平】 後漢長沙太守郅惲，著書八篇；子壽，尚書令。

栗

188 栗陸氏之後。漢有高士栗融，字客卿。

A〔岑校〕栗陸氏之後　羅校云：「辯證引作『古帝栗陸氏之後，或爲栗氏，趙將有栗服』。」余按辯證下文尚有「唐裴休父肅，平浙東劇賊栗鍠」（貞元末事），或亦節採姓纂之文。姓解二：「史記樂毅傳有趙相栗腹。」殆即辯證之栗服，今史記作「腹」。

B〔又〕漢有高士栗融字客卿　見漢書七二鮑宣傳。「客」或作「容」，通志同。

189 【長安】 漢有富民栗氏，長安人。漢景帝栗夫人，生臨江王。

A〔岑校〕漢有富民栗氏　此處用「民」字未洽，況唐人固諱「民」耶？廣韻、辯證作「富室」，通志作「富人」，「民」字應訛。

漆

180 魯相漆雕之後，單姓漆氏。

A〔岑校〕魯相漆雕之後　類稿五〇：「魯相漆雕開之後。」

佚（岑補）

191 鄭大夫采邑，後以國（邑）爲氏。（岑補）

A〔岑校〕姓觿九引文作「國」，但既是采邑，應云「以邑爲氏」。

實

192 實沈之後。

帙

193 纂要云•，人姓。

漆雕

194 漢功臣昔侯漆雕胡害，魯人。昭帝時將軍。

A〔岑校〕漢功臣昔侯漆雕胡害魯人昭帝時將軍　按今功臣表無漆雕胡害其人，惟一六高祖功臣有貰齊侯合傅胡害。通志「漆雕氏」云：「史記，漆雕徒父、漆雕開、漆雕哆，並仲尼弟子。」與此文全異。惟其前條「合博氏」云：「漢功臣昔侯合博胡害，曾孫興，昭帝時將軍。」則大致相同，乃知通志之合博，即漢表合傅，博、傅形近，「昔」即「貰」之訛，而姓纂漆雕原文，誤附赤張（見下），今本所載，實冒合博，至其所以訛冒之故，純因合博之後爲漆雕，業於篇首自序言之（近人兩漢不列傳人名韻編，以合傳胡害入傳姓，非也）。溫廷敬氏廣東通志列傳兼採王先謙補注之説，疑應作「吕博胡害」，足備一解。

室中

195 漢書藝文志有室中周，著書十篇。王莽時，室中公避地漢中。漢功臣表，清簡侯室中同。

A〔岑校〕室中　羅振玉璽印姓氏徵序：「如廣韻載複姓有室中氏，邵氏姓解、王氏急就篇並同，而徵之漢人印文，則是窒中而非「室中」。印文又有窒仲，知中、仲古今字，窒仲即窒中。」按窒孫既一作室孫（見下文），則窒中改室中，想同一例，未得爲訛。

B〔又〕漢書藝文志有室中周著書十篇　洪頤煊讀書叢録謂志無室中周，應是高祖功臣表室中同之訛。

室孫氏

196 今棣州有室孫氏。氏族略。

A〔岑校〕室孫氏　此條是洪氏據通志氏族略補，但姓纂之目，向不著「氏」字，蓋沿通志而衍，應刪。羅振玉璽印姓氏徵序：「又窒孫一姓，印文凡十五見，其十三皆作『窒孫』，其作『室孫』者才二見，知『室』爲『窒』之省，元和姓纂及姓解亦作『室孫』，與廣韻同，均由『窒』而譌也。」按古姓亦常改字，印文既見室孫，不得爲訛，衹可謂其不注明「室一作窒」耳。

乙弗

197 前燕有高麗王乙弗利。後魏書云，代統部落，太武時乙弗疋隨魏南遷，遂爲河南人，孝文改爲乙氏。又有乙弗相。周有乙弗鳳。河南。疋之子瓌，定州刺史、西平王；生乾歸，秦州刺史；孫瑷，西兗州刺史，生子文。文生遺恩，隋右庶子。遺恩生武，唐金州刺史、義昌令。

A〔岑校〕太武時乙弗疋　魏書四四衹稱乙匹知，從其改定之姓也。通志作「乙弗疋知」，此奪

「知」字，下文作「之」。

B〔又〕又有乙弗相　「相」，通志作「根」，當卽周書一四之乙弗庫根。

C〔又〕周有乙弗鳳　據北史四九，鳳卽下文乙弗朗之子。

D〔又〕河南　陳校云：「應另行。」

E〔又〕定州刺史西平王　魏書四四作「西平公」。

198 後魏又有屯騎校尉乙弗朗。西魏車騎大將軍、中書令乙弗繪，女弟爲文帝皇后。

A〔岑校〕後魏又有屯騎校尉乙弗朗　「屯騎」二字，庫本誤倒。北史四九云，終岐州刺史，未著此官。

B〔又〕中書令乙弗繪　北史八〇作「中書監」。

乙千

199 代人。後魏獻帝弟姓爲乙千氏，居武川。

A〔岑校〕乙千　庫本「千」均作「干」，姓解、通志亦作「干」。

B〔又〕後魏獻帝弟姓爲乙千氏　官氏志無，惟云「叔父之胤曰乙旃氏，後改叔孫氏」（旃、千音近）。

200 【河南】隋儀同乙千慶，生定貴，郭王府統軍。又後魏靈州刺史乙千若，生暉。暉生達、宗。達生法、通。宗生端、威。乙千赤沙代，别將。

A〔岑校〕郭王府統軍　父仕於隋，則其子當仕唐初，唐初無郭王，疑誤。又本條内三「千」字，嘉本均作「干」。

疋婁

201 改爲婁氏。後魏疋婁内千爲齊神武王高歡武明皇后，生文宣、孝昭，具婁氏。

A〔岑校〕疋婁　前卷五作「匹婁」，匹、疋通用。

B〔又〕後魏疋婁内千　「千」，庫本、嘉本及通志作「干」，亦見羅校引北齊書。陳校云：「千」下奪「女」字。通志有「女」字。

C〔又〕爲齊神武王高歡武明皇后　「王」似是「帝」訛，因其配亦稱皇后也。

叱奴

202 改爲狼氏。西魏開府叱奴興。周文帝叱奴后生武帝。又有光禄大夫叱奴祐。

A〔岑校〕改爲狼氏　參東胡民族考上一三四頁。

B〔又〕西魏開府叱奴興　興見周書二一尉遲迥傳。

悉君

203 古西掖國人。

A〔岑校〕古西掖國人　「掖」應作「夜」，見漢書。羅氏引姓氏書辯證補云：「悉居，西域人姓。」余謂此實同文也。居、君字涉相近而訛，一云古西夜國人，一云西域人姓，西夜卽西域之國，特引者變文耳。通志云：「悉居氏，古西夜國人也。」可證。復次，「君」字誤，應從辯證作「居」。悉居卽Saka，亦卽釋迦，作「居」者譯音較古。

密革

204 見姓苑。

A〔岑校〕見姓苑　廣韻及姓解一說同。姓觿九云：「出姓纂。」

叱伏列

205 周書云，代郡西部人，其先第一領酋長*。周侍中、恆州刺史、長安龜，生椿，大將軍。案叱伏列龜，周封長樂縣公。此「長安」字脱誤。

A〔岑校〕叱伏列　今周書二〇作「叱列伏」，廣韻、姓解、通志作「叱伏列」。疏證謂叱列伏即叱列，非三字姓，其説尚待研考。

B〔又〕長安龜　校云：「案叱伏列龜，周封長樂縣公，此『長安』字脱誤。」按通志作「長樂公叱伏列龜」。

C〔又〕生椿　庫本作「春」，非是。周書二〇作「椿」，字千年。通志亦作「椿」。

一斗眷

206 改爲明氏。

A〔岑校〕一斗眷　「一」，官氏志及廣韻、通志均作「壹」，但姓解三亦作「一」，字可通寫。疏證以作「一」爲非，失之執。參東胡民族考上一三七頁。

乙速孤

207 代人，隨魏南徙。河南。後魏儀同乙速孤明；生臺，梁郡太守；生貴，北齊和仁公、隋左庶子。貴生安。晟。安。晟生神慶，唐衛率左領將軍。神慶生行均、行儼、行方。

A〔岑校〕乙速孤　寰宇記四九：「乙速狐，隋圖經云，乙速狐，代郡之浸名也，源出馬邑郡南。」狐、孤同從瓜得聲，乙速孤氏殆因水而名歟？今中亞有 Issik kul (Issiq köl)，即西域記之熱海，與乙速孤切韻 ·jět suk kuo 甚相近，突厥語之 i，常與我國之 u 爲互轉。

B〔又〕代人隨魏南徙　應以「南徙」斷句，「河南」字另提行。集古録跋云：「元和姓纂但云代人，隨魏南徙而已。」可見「河南」字非連上也。

C〔又〕後魏儀同乙速孤明　神慶碑：「五代祖顯，後魏拜驃騎大將軍。」作「明」者避中宗諱，如稱法顯爲法明，桑顯和爲桑明和，是也。

D〔又〕生貴北齊和仁公隋右庶子　神慶碑，曾祖貴，太子□庶子，和仁郡開國公。集古録跋云：「曾祖貴，隨河州刺史、和仁郡公。」按貴在齊已任儀同三司、右衛大將軍，則其和仁郡公殆肇封於齊，沿周、隋不改，故此云北齊和仁公也。平津記四譏之，殊未諦。

E〔又〕貴生安晟安晟生神慶　神慶碑，祖安，父晟。行儼碑，曾祖安，祖晟，則當云貴生安，安生晟，此處殆後人傳録之訛耳。

208 行儼，唐廣州都督、右武侯大將軍。行均，岐陽折衝；生令從，萬年令。行方，桂州司馬。

A〔岑校〕行儼唐廣州都督右武侯大將軍　「侯」誤，庫本正作「候」。按行儼碑，位祇至右武衛將軍，此作「右武侯大將軍」，疑誤。

B〔又〕行均岐陽折衝　行均任此官，見神慶碑。碑載初二年立。

C〔又〕生令從萬年令　行儼碑，以昆弟子令從爲嗣，得此，知令從爲行均子也（平津記五）。據碑，令從嘗爲太子通事舍人，坐累，左除溱州扶驩縣令（約景龍二年前），開元十三年，自曹州濟陰令秩滿。元龜一二八，開元二十三年，採訪使舉長水令乙速孤令從。寶刻叢編一〇有三原令乙速孤令從清政頌，開元二十六年建，其爲萬年令，未詳何時。

D〔又〕行方桂州司馬　神慶碑，行方爲甘泉府左果毅。綜上各條觀之，如神慶高祖名臺，梁郡太守，令從爲行均出，行方官至桂州司馬，均碑所未載或未及載，合之而後乙速孤之世系乃益詳。集古録竟云：「其敍神慶世次，又多闕謬。」蓋未嘗細讀姓纂者之言，且未知傳録有訛也。

六術

術

209 見姓苑。

肥

210 古聿字，見纂要文，云人姓。案今廣韻無此字。

A〔岑校〕古聿字見纂要文云人姓　校云：「案今廣韻無此字。」余按通志作「肮」，廣韻作「朒」，云居聿切，音橘，姓也，出姓譜；姓解一亦作「朒」，云出姓苑，此作「肥」誤，校者殊失考。尋源四一云：「伩氏，姓苑云伩音八。」澍按字韻諸書均無此字，廣韻亦不載，而鄧氏辯證引之，疑即「伩」字之訛，音與八同，今附入黠韻。」余按今尋源不收朒氏，「伩」亦疑卽「朒」之訛體耳。辯證三六，朒亦收入「六術」。

八物

屈

211 楚公族羋姓之後。楚武王子瑕食采于屈，因氏焉。屈重，屈建，屈到，三閭大夫屈平字原，屈正，並其後也。漢有屈燕。汝南先賢傳有屈霸。苻秦有屈伯產，河南人。吳尚書僕射屈晃。大曆中職方郎中屈無易，晉州刺史。櫟陽尉屈同僊，洛陽人。

A〔岑校〕大曆中職方郎中屈無易晉州刺史　高力士傳，李輔國弄權，御史屈無易外貶。按「晉州刺史」似亦屬上「無易」讀，不然，下文爲「櫟陽尉屈同僊」，尉與刺史懸差，苟同僊爲刺史者，不應再敍其尉官也。

B〔又〕櫟陽尉屈同僊洛陽人　全詩三函九册：「屈同仙，千牛兵曹。」

212 【河南】官氏志，屈六友氏改爲屈氏。案魏志，「屈六友氏」作「屈突氏」。

A〔岑校〕屈六友氏改爲屈氏　校云："案魏志，『屈六友氏』作『屈突氏』。"尋源四一云："姓纂作『屈六友氏』，尤訛。殆以『穴』爲『六』，『犬』爲『友』耳。"疏證云："『六友』係『突』隸作『𥨍』之譌形。"案通志正作「屈突」。民族考上謂「尸」爲「户」訛，殊未深考。

茀

213 左傳有茀翰胡。禮記，恤由之喪，哀公使孺悲之孔子，學士喪禮。案恤由，哀公子，此人茀姓下，當有脱誤。

A〔岑校〕左傳有茀翰胡　辨誤二八云："林氏脱『胡』字非。"蓋張據本脱也。

B〔又〕禮記恤由之喪哀公使孺悲之孔子學士喪禮　校云："案恤由，哀公子。此人茀姓下，當有脱誤。""此人"，庫本作"此入"，洪本訛。按恤爲人姓，此節乃恤姓之文，傳抄誤脱子目，故混入茀姓下也。通志「茀氏」云："音弼，左傳有茀翰胡。論語，佛肸以中牟叛，古今人表作『茀肸』。"又「恤氏」云："恤由之後也。恤由之喪，哀公使孺悲弔，之孔子，學士喪禮。"兩本比勘，便確證姓纂之茀，冒兩姓之文，其所以冒之之故，又因通志之茀後爲恤也。今姓纂應補子目「恤」及「恤由之後」四字。

郝

214 漢有九江太守鄬修。

A〔岑校〕漢有九江太守鄬修　沈跋云：「又（國名記四）弗，費也，一作「鄬」。姓纂有鄬氏，今孫本「八物」無鄬姓。」有「鄬」而謂無「鄬」，沈氏之疎也。

鬱

215 見姓苑。

尉遲

216 與後魏同起，號尉遲部，如中華之諸侯。至孝文時，改爲尉遲氏。

A〔岑校〕與後魏同起號尉遲部　類稿五六引，訛「部」爲「館」，Konow 氏謂尉遲於藏語爲 Bidzaya，古于闐文作 Vis'a。

B〔又〕至孝文時改爲尉遲氏　通志略同。按前文卷八尉姓云：「魏孝文改爲尉氏。」孝文用單姓，應衍「遲」字。

217 【河南洛陽】後有託哥拔。五代孫乙紇豆生俟兜。祐。兜樂生迥、綱。案北周書、尉遲俟兜生迥、綱。北史亦無尉遲兜樂名。安、允。迥，周太師、大司馬、蜀公，生寬、順。安，隋鴻臚卿，生耆壽。綱，大司空、吴。案綱爵吴國公，此脱。生運。運，盧國公。允生壽，庫部員外。案尉遲迥傳有從孫耆福，官庫部員外，當卽允子。安子名壽，重出，疑誤。

A〔岑校〕後有託哥拔五代孫乙紇豆　「託」，庫本、嘉本均作「托」。按卷八尉姓作「尉托奇枝」，哥拔、奇枝，皆涉相似，未詳孰是。前云六代孫俟兜，此云五代孫乙紇豆，世次相符。

B〔又〕生俟兜祐兜樂生迥綱　洪校云：「案北周書，尉遲俟兜生迥、綱。北史亦無尉遲兜樂名。」庫本校注則云：「按北周書，尉遲俟兜封長樂郡公，生迥、綱，此有脱誤。」羅校亦云：「俟案（案俟）兜，周書尉遲迥傳作俟兜。」余按尉遲迥廟碑，父俟兜，長樂郡公。尉姓下後周長公俟兜，校注亦謂「長」下脱「樂」字，知「樂」卽長樂公之脱簡。迥有子名祐，見周書，祐又下文所錯簡也。疏證以「樂」爲「兜」訛，説尚未諦。

C〔又〕安允迥周太師大司馬蜀公　迥遷大司馬，册太師，見廟碑。安爲綱子，與「允」字均應是下文所錯簡。

D〔又〕生寬順　北史六二，迥有子寬、誼、順、惇、祐，周書祇著惇、祐，卷八尉姓祇著寬、誼，合觀之，知上文之「祐」字，應移於「生寬、順」之下。

E〔又〕安隋鴻臚卿生耆壽綱大司空吴生運運盧國公允生壽庫部員外　校注以爲「吴」下脱「國公」字，是也。考周書，綱有子安、運、勤、敬，北史六二同，不著允。北史謂安入隋歷鴻臚卿。周書四

○，運進封盧國公。又迴從孫庫部員外郎耆福，校注云：「當卽允子。安子名壽，重出，疑誤。」余按福、壽字不同，則許一爲安子，一爲允子，今無他證，難以斷定。但本文錯簡殊甚，其大致當云「綱，大司空、英國公，生安、允、運。安，鴻臚卿，生耆壽。運，盧國公。允生壽（耆福？），庫部員外」也（允、運音甚近，亦許同是一人。北朝人名，常重音不重字也）。尉富娘墓誌，曾祖兜，祖綱，周大司空、吴國公；父安，隋左光禄大夫、左武衞大將軍（六朝菁華四）。又兩京新記三，安尚周昌樂公主。

218 又司空、長樂公尉遲長命，生破侯、相貴。破侯，北齊尚書令，周汴州刺史、黄源公。相貴，左僕射、海昌王。

A〔岑校〕又司空長樂公尉遲長命生破侯相貴　金石録二二云：「廣業王者，尉萇命之子破侯也。碑云，魏末離亂，萇命嘗營護此寺，其後破侯與其弟興敬復加營葺，故立此碑。按北史及北齊書有尉長命傳，今碑乃作萇命。」何焯謂六朝碑中「長」與「萇」多通用，是長命、萇命，確卽一人。據史與碑，祇知長命有子破侯及興敬（北齊書二作「興慶」），且未聞封爵。又北齊書一九，尉標封海昌王，子相貴、相顯，則尉長命與尉標，殊難斷爲同人。勞格讀書雜識一徒因姓纂長命生破侯、相貴之語，遂謂「標與長命當卽一人無疑」，未免斷得太易。蓋吾人既讀前文，知姓纂此處，訛舛頗多，長樂公恰是侯兜封爵，已著錯簡之迹，不能遽謂是長命之封爵也。縱許是長命之爵，而與海昌王等差要別矣。北齊書一九，武定元年，興慶將戰没，「神武勉之曰，事濟，以爾爲懷州，若死，則用爾子。興慶曰，兒小，願用兄。許之」。不請用父而請用兄。合觀長命本傳，長命之卒，似在興慶前（本傳年份可考者，討平樊子鵠在天平元年），而標封海昌王在太寧初，去興慶之卒，又幾二十年矣。故知勞氏標即長命之説，不能據姓纂以立論也。復次，沈炳震云：「北齊書尉長命傳，長命子興敬，封集中侯，謚閔莊。按北史尉長命傳，長命子名興，字敬興，無封謚；綦連猛傳，尉興慶，不言何所人，謚閔莊。蓋興慶别是一人。北齊書興慶無傳，而慶、敬以音似而訛，遂以爲長命子，當從北史爲正。」不信先出之北齊書，而信後出之北史，殊無的據。況長命子名興敬，有碑可證，是北史之「興字敬興」，已先示人以訛舛之跡。趙氏既比較碑傳，亦不聞辨北齊書之非，吾故謂沈説未足憑也。重藏舍利記（會昌六年九月立）云：「寺爲後魏元象中幽州刺史尉萇命所造，號尉使君寺，後改爲智果寺，唐則天時改爲大雲寺，開元中又改爲龍興寺。」（據金石録二〇引）

219 又後魏平東將軍尉遲説。六代孫孟都，生羅、迦。羅，隋代州西鎮將軍。生運，運。生紹宗，左屯田將軍、油江伯。孫瓌，邛州刺史。迦，隋烏程鎮將軍；生敬德，唐右武侯大將軍、同州刺史、鄂州忠公；生寶林，司衛卿、右衛將軍，生修寂、修儼。

A〔岑校〕又後魏平東將軍尉遲説　宋僧傳四窺基傳：「姓尉遲氏，……魏平東將軍説。」

B〔又〕六代孫孟都生羅迦羅隋代州西鎮將軍　窺基傳：「六代孫孟都，生羅迦，爲隋代州西鎮將，乃基祖焉。」以羅迦爲一人，與姓纂羅、迦兩人異，疑姓纂近是。

C〔又〕生運運生紹宗左屯田將軍油江伯　窺基傳：「考諱宗，唐左金吾將軍、松州都督、江油縣開國公，其鄂國公德，則諸父也。」宗卽此之紹宗。依今本姓纂，窺基應羅之曾孫，卽敬德姪孫，與僧傳差一代，蓋今本「生運運」三字，是涉前文尉遲迥後而衍，應刪卻，如此，則兩書脗合矣。十六衛有屯衛，無屯田衛。江油屬龍州，此作「油江」，應乙正。　慈恩傳七，貞觀二十二年，皇太子遣率尉遲紹宗領兵。

D〔又〕孫瓌邛州刺史　元龜九七九，開元二年十月，命左驍衞郎將尉遲環使吐蕃。舊籍瓌、環二字常互訛，此時代相合，卽其人無疑。通鑑二一一正作「瓌」。復次，全文四二二楊炎杜鵬舉碑云：「夫人河南郡君，尉遲鄂國公之孫邛州刺史瓌之女也。」「孫」字屬瓌言，是瓌乃敬德孫，此一句應移在下文「生修寂、修儼」之下，非紹宗孫也。

E〔又〕唐右武侯大將軍　「侯」誤，庫本作「候」。

F〔又〕鄂州忠公　據舊書六八，「鄂州」乃「鄂國」之訛。

G〔又〕生寶林司衞卿　「林」，舊書、會要、御覽二二七、文苑英華、集古録目均作「琳」。司衞卽衞尉改名，説見前。琳碑以咸亨元年立（亦見金石録四）。拓本景龍元年大唐故□國公嫡孫許州鄢陵縣丞秦府君（利見）墓誌云：「外祖尉遲琳，衞尉卿。」

屈突

220 本居元朔，徙昌黎，孝文改爲屈氏，西魏復本姓。

A〔岑校〕本居元朔徙昌黎　「元」，類稿五六引作「玄」，是；又「徙」上多「後」字。

B〔又〕孝文改爲屈氏　官氏志云：「尸突氏後改爲屈氏。」今觀姓纂，知「尸」乃「屈」之破文。

C〔又〕西魏復本姓　類稿引作「至西魏又復本姓」。

221 【昌黎】　後魏中書令、下蔡子屈突遵；生須，右僕射。須生恆，右僕射、濟北公。曾孫長卿，邛州刺史；生通，唐兵吏二尚書、蔣公，生壽、韓、幹、詮、倫、延。

A〔岑校〕屈突遵生須右僕射　魏書三三稱屈遵，從其改姓也，惟未言須爲右僕射。

B〔又〕須生恆右僕射濟北公　千唐屈突通誌：「高祖恆，中領軍，隨魏氏遷于洛□，永熙之季，公大父又徙關中。」

C〔又〕曾孫長卿邛州刺史　通誌：「大父慶尚，魏黄門侍郎，周邑川公。……父長卿，周開府儀同三司、邛州刺史。」

D〔又〕生通唐兵吏二尚書　舊書五九，通祇爲兵、刑、工三部尚書，通誌同。

E〔又〕生壽韓幹詮倫延　壽及少子詮，見舊通傳。通誌亦稱世子壽。

222 壽，駕部員外、夏州都督，生仲翔、叔齊、季將。仲翔，豳州都督，生漪、浩、淑、潾。漪生藏用。淑生鄂、準。潾生郇、鄖。鄖生鉉、錡。季將，婺相二州刺史。倫，工部侍郎；生琦、俊，右監門郎中。俊生紹先，虢州刺史。延曾孫陝，監察御史。

A〔岑校〕生仲翔叔齊季將　舊傳稱詮子仲翔。廣記一〇〇引紀聞，記開元二十三年事，謂屈突仲任自言即仲將、季將兄弟，「仲將」當「仲翔」之誤。全文四〇一，開元時，叔齊擢書判拔萃科。

B〔又〕仲翔幽州都督　舊傳，仲翔，神龍中爲瀛州刺史。按幽州未嘗設都督，當是幽州之訛。唐語林三，則天末，令宋璟往按幽州都督屈突仲翔贓污，可證。

C〔又〕生琦俊右監門郎中俊生紹先　下一「俊」應乙在「右監門」之上。監門衞祇稱「中郎將」，不稱「郎中」，應乙補。

D〔又〕曾孫陝監察御史　全詩三函一册劉長卿有酬屈突陝詩。

223 通弟蓋，隋長安令，生逵、操。

A〔岑校〕通弟蓋隋長安令　長安志一〇「經行寺」云：「本隋長安令屈突蓋宅，開皇十年，邑人張緒市之，立爲寺。」蓋爲長安令，以嚴整知名，見舊書通傳。

屈侯

224 風俗通，魏賢人屈侯。史記，漢有郎中屈侯豫。

A〔岑校〕魏賢人屈侯　廣韻、姓解、通志及辯證三七均作「屈侯鮒」，此奪。

B〔又〕漢有郎中屈侯豫　通志作「郎中令」，辯證作「郎中」。

屈南

225 屈原裔孫仕後魏，魏重複姓，以自南來，乃加「南」字。或作屈男。

不更

226 英賢傳，秦公子不更之後。或云，秦大夫爵爲不更，因氏焉。齊簡公時，不更苗爲執法也。潛夫論，宋大夫不更氏，子姓之氏*。

A〔岑校〕齊簡公時不更苗爲執法也　「齊」，通志作「秦」。按此是秦氏，作「秦」爲是。

B〔又〕潛夫論宋大夫不更氏　潛夫論箋九「不第氏」云：「元和姓纂引潛夫論不更氏。後紀十注云，不更、不茅，見潛夫論。又别有不夷氏，云見世本、姓纂，以爲不夷甫須之後。按本書無不更、不茅、不夷，第、夷聲相近，『第』誤爲『茅』，『夷』誤爲『更』。史記魯世家，煬公築茅闕門。徐廣曰，茅一作第，一作夷。正與此同。」可參下不夷姓。

C〔又〕子姓之氏　「氏」，庫本作「後」。

不蒙

227 音夢，西羌人。後漢書，不蒙娥使內附。

A〔岑校〕音夢　辯證三七引姓纂云：「下音夢。」當補「下」字。

B〔又〕後漢書不蒙娥使內附　通志作「後魏書不夢蛾」。

不夷

228 世本，宋不夷甫須之後。

A〔岑校〕世本宋不夷甫須之後　按廣韻「六脂」「夷」字注云：「世本云，宋襄公子墨夷須爲大司馬，其後有墨夷皐。」姓解一略同。通志「墨夷氏」云：「風俗通，宋大夫有墨夷須、墨夷皐。」然則「不夷」者，墨夷之訛也。「甫」者，尊稱之辭也。應移入「二十五德」。路史有「不夷」，亦沿姓纂之訛文。

佛圖

229 晉書，佛圖澄，天竺高僧也，本姓白氏，永嘉中至洛。

A〔岑校〕本姓白氏　羅校云：「晉書佛圖澄傳作『本姓帛』。」譯音無定寫也。

弗忌

230 晉大夫欒弗忌之後。

A〔岑校〕晉大夫欒弗忌之後　辯證三七引無「之」字。

勿忸于

231 官氏志云，改于氏。疑與勿紐于同。

A〔岑校〕疑與勿紐于同　忸、紐祇偏旁之差，似不應致疑。通志作「万紐于」者近是。

九迄

乞扶

232 改爲扶氏。

乞伏(岑補)

233 乞伏國仁，本鮮卑乞伏部首帥也。晉孝武時僭號西秦王、大單于。(岑補)

A〔岑校〕據類稿五九引。

十月

越

234 夏少康之後，姒姓。越王句踐裔孫王無疆，爲楚所滅，子孫以國爲姓氏。

A〔岑校〕夏少康之後　庫本奪「少」字。

B〔又〕子孫以國爲姓氏　「姓氏」二字，當任衍其一。備要二七無「姓」字，是也。

235 【河南】官氏志，越勒氏、越彊氏並改姓越。

A〔岑校〕越勒氏越彊氏並改姓越　「彊」，庫本及通志作「疆」。今官氏志無越彊。疏證以爲「勒」當作「勤」，勤、彊古韻相通也。

閼

236 風俗通云，古閼者，官爲姓。王僧孺語云，蕭遠娶下邳閼氏之女。

A〔岑校〕風俗通云古閼者官爲姓　姓解一云：「古有閽者之官，寺人也，後以爲氏。」通志閽氏云：「風俗通云，古有閽者官，因以爲氏。」合觀之，乃知此閼姓兼冒閽姓之文也。「閼」應正作「閽」，「古」下可補「有」字，「官」上可補「以」字。

B〔又〕王僧孺語云　「語」誤，庫本及通志作「譜」。

越椒

237 楚令尹公子嬰齊子重之後。

A〔岑校〕楚令尹公子嬰齊子重之後　按通志「越椒氏」云：「芈姓，楚大夫鬭越椒之後也。」文雖與此迥異，但謂越椒爲鬭越椒之後，説自可信。復考通志，越椒氏之後爲嬰齊氏，云：「芈姓，楚穆王之子公子嬰齊之後也，嬰齊字子重，爲令尹。」又姓纂卷五「嬰齊」云：「出芈姓，楚令尹子重曰公子嬰齊，後氏焉。」與此條意義無異，然則直冒嬰齊之文耳。在姓纂爲越椒冒嬰齊，而在通志則嬰齊適繼越椒之後，其中關係，又大可注意者也。嬰齊已見卷五，應删，參附録三。

越勒

238 後魏有越勒部，因氏焉。

越質詰

239 後秦録有北梁州刺史、平襄公越質詰歸。

A〔岑校〕後秦録有北梁州刺史平襄公越質詰歸　廣韻、通志均以爲三字姓。辯證三七「越質」云：「西秦乞伏國仁破鮮卑越質叱黎于平襄，獲其子詰歸，弟子復半，詰歸後爲北凉州刺史。」以爲兩字姓，非三字姓，但「梁」作「涼」，訛。

十一沒

兀

240 後魏改安樂王元鑒曰兀氏。

A〔岑校〕後魏改安樂王元鑒曰兀氏　魏書二〇鑒傳云：「詔改其元氏。」造語殊晦，覼此乃明。

杌

241 左傳檮杌之後。

紇干

242 代人，孝文帝改爲干氏。

A〔岑校〕代人孝文帝改爲干氏　千唐紇干濬撰女紇干氏誌云：「初官氏志有紇干，與後魏同出於武川，孝文南遷洛陽，改爲干氏。逮周室之賜，則與彼殊塗，實以司空（弘）才冠一時，盡忠王業。虜言『紇干』，夏言『依倚』，爲國家之依倚。」

243 【河南】貞觀有紇干承基，貞元僕寺丞，紇干遂，其後也；生俞，渭南縣尉。

A〔岑校〕貞觀有紇干承基　按周書二七田弘傳亦賜姓紇干。千唐李夫人紇干氏誌卽認弘爲十二代祖。貞觀中，紇干承基告侯君集反，見元龜一五二。近年出土有顯慶五年番禺府折衝都尉平棘縣公紇干承基誌，未見。

B〔又〕貞元僕寺丞紇干遂其後也生俞渭南縣尉　紇干氏誌，咸通十二年立，云：「高祖植，皇任潁王友。曾祖著，皇僕寺丞，累贈禮部尚書。」此作「遂」，殆誤。誌又云：「祖鼎，皇河陽節度使，封鴈門公，贈吏部尚書。父濬，見任工部員外兼侍御史，封鴈門縣男，食邑三百户，賜緋，充魏博節度掌書記。」「俞」爲「鼎」訛。渭南尉，元和七年鼎之見官也。鼎亦見樊川集。

紇骨

244 後魏獻帝兄爲紇骨氏，居代北。

245 【河南】後魏太府卿、義山公紇骨容，生預邱公静。静生貴。紇骨大威，唐利州侍中。

A〔岑校〕唐利州侍中　「侍中」乃「治中」之訛。貞觀二十三年，始改治中曰司馬。

紇單

246 改爲紇氏。今有日者紇單琉。

A〔岑校〕改爲紇氏　今官氏志無之。通志有，但云「改爲單」，亦與此異。疏證謂紇單卽志之渴單，作「改紇」者誤。

紇奚

247 改爲奚氏。

A〔岑校〕改爲奚氏　卷三作紇奚氏改嵇氏，與官氏志同，此又云紇奚改奚，誤也。據官氏志，達奚氏改奚氏。大抵嵇、奚兩字，舊籍常混，可於疏證引文見之。通志又誤紇奚改紇氏。

没鹿回

248 紇豆陵氏，本没鹿氏代人，爲没鹿氏，孝文帝改爲竇氏。

A〔岑校〕本没鹿氏代人爲没鹿氏　此顯有誤。庫本作「本没鹿回部，或爲没鹿氏」。通志作「本没鹿回部大人，或爲没鹿氏」。則「氏代」應改爲「回部大」，「爲」上當補「或」字。疏證亦謂應云本没鹿回部大人。

B〔又〕孝文帝改爲竇氏　庫本無「帝」字。

骨咄禄

249 改爲禄氏。

突黎人

250 西域人氏。

紇豆陵

251 代人，孝文改爲竇氏。

吐谷渾案金壺字義，吐谷渾音突欲魂。

252 吐谷渾歸化，因氏焉。

253 【河南】唐右將軍吐谷渾景順。

A〔岑校〕吐谷渾歸化因氏焉河南唐右將軍吐谷渾景順　「吐谷渾」下注云：「案金壺字義，吐谷渾音突欲魂。」當是清臣校注。余按吐谷渾已見前卷六，廣韻亦入上聲，雖謂讀吐如突，可别見入韻，但究嫌複出，蓋苟應讀入聲，似不必分載於上聲韻内也。今通志吐谷渾氏之文，與上聲者同，又不著吐谷渾景順，是否冒他姓之文，尚待研考。

十二葛

葛

254 風俗通，葛天氏之允，子孫氏焉。夏時葛伯，嬴姓國也，亦爲葛氏。漢有潁川太守葛興。後漢有汾葛令襲，梁國，葛興之後。

A〔岑校〕葛天氏之允　「允」，庫本及通志作「裔」，新書七、備要一四引作「胤」。

B〔又〕漢有潁川太守葛興　見後書七五韓稜傳。

C〔又〕後漢有汾葛令襲　通志云：「後漢有汾陰令葛襲。」按後書一一〇上葛龔傳，嘗爲蕩陰、臨汾二令，鄭略作「汾陰」，亦誤。此文之「汾葛令」，乃「臨汾令葛」之脱倒。説之集一七葛威德碑：「龔則績稱二縣。」亦作「龔」不作「龔」，意唐人見本固有作「龔」者。

D〔又〕梁國葛興之後　據後書，龔爲梁國人，則「梁國」下當補「人」字。

255 【丹陽句容】吴有葛奚爲鴻臚。神仙傳有葛元。元從孫洪，字稚川，晉散騎常侍，領大著作，抱朴子一百一十六篇。又晉有葛由。

A〔岑校〕神仙傳有葛元元從孫洪　「元」，庫本同，姓解二作「玄」。

B〔又〕領大著作抱朴子一百一十六篇 「作」字應重，此奪。

256 【河南】官氏志，賀葛氏改爲葛。

A〔岑校〕賀葛氏改爲葛 當云「改爲葛氏」，新書及備要有「氏」字。

達

257 八凱叔達之後，以王父字爲氏。

A〔岑校〕八凱叔達之後 「叔」，庫本、嘉本均作「仲」，亦見羅校引辯證，非也。八凱中無仲達，通志作「叔達」。

B〔又〕以王父字爲氏 宋本辯證引，祇作「爲氏」。

葛伯

258 夏時諸侯，爲殷所滅，以葛伯爲氏。

達奚

259 後魏獻帝第五弟之後，爲十姓。遠祖長寧公革，生司空斤，亦單姓奚氏，與穆、于、陸、婁、賀、劉、尉爲北人八族。案魏官氏志，八姓中有稽氏，非奚氏。達奚以獻帝弟始改爲氏。八姓乃太祖舊勳，在達奚得氏先，當以史爲正，惟穆、陵、奚、于四姓有之。斤元孫武，後周太保、大冢宰、鄭公也。

A〔岑校〕後魏獻帝第五弟之後爲十姓　丙寅稿徵士奚智墓誌跋：「誌稱智始與大魏同先僕膾可汗之後裔，中古遷移，分領部衆，遂因所居，改爲達奚氏焉。……序紀，獻帝考曰威皇帝，諱儈。誌所謂僕膾可汗，即儈也。」

B〔又〕遠祖長寧公革生司空斤　「革」，魏書一一九奚斤傳作「簞」，通志同姓纂作「革」，類稿五八引作「蕈」，當訛。

C〔又〕亦單姓奚氏　員半千達奚思敬碑：「豫鄰之代，分爲諸國，兄弟七人，各統一部，天倫之盛，達奚居上。高祖遷洛，……故達奚於後使姓奚焉。」（全文一六五）

D〔又〕與穆于陸婁賀劉尉爲北人八族　校云：「案魏官氏志，八姓中有稽氏，非奚氏。達奚以獻帝弟始改爲氏。八姓乃太祖舊勳，在達奚得氏先，當以史爲正，惟穆、陵、奚、于四姓有之。」「稽」誤，庫本作「嵇」，「陵」誤，庫本作「陸」，是也。又官氏志之「官」，余所有者是光緒初印局本，字并不誤，後印者或中斷爲「宮」矣。按北人八族之說，一詳於劉姓，再詳於陸姓，穆姓下亦略引及，校注者至此始提異議，已嫌失序。若獻帝更在太祖前十餘世，論達奚得姓，固時代在先（達奚後改奚），校者乃以爲在太祖後，疏陋之極，蓋誤獻帝爲獻文帝也。參看前劉、陸兩姓。

E〔又〕斤元孫武後周太保大冢宰鄭公也　周書一九達奚武傳不言其爲斤玄孫，祇云祖春，父長，得此可以聯其世系。然斤有數十子，不知爲何子所出矣。武本傳，未嘗爲大冢宰。

達步

260 周文帝妃達步氏，生齊王憲，茹茹人。

達勃

261 改爲袁。

A〔岑校〕改爲袁　當補「氏」字。「袁」，志作「褒」，疏證謂古一字也。

鶡冠

262 風俗通，楚賢人，以鶡爲冠，因氏焉。鶡冠子著書。

A〔岑校〕風俗通楚賢人以鶡爲冠因氏焉鶡冠子著書　不先提賢人之名而敍在「因氏」之後，於義不順。應依尋源四一引文，將「鶡冠子」三字乙在「楚賢人」之上。

褐餘

263 潛夫論云，典沃桓叔之後。

A〔岑校〕潛夫論云曲沃桓叔之後　今漢魏叢書本或作「禍餘氏」，通志同姓纂作「褐餘」。

渴單

264 改爲單氏。

A〔岑校〕改爲單氏　官氏志作可單改爲單。

十三末

末

265 本姓秣氏，避仇改焉，今秣陵是其後。

A〔岑校〕今秣陵是其後　通志同。然秣陵是地名，語殊費解，疑當補「人」字。

脱

266 姓苑云，人姓。

拔略

267 後魏官氏志，拔略改爲蘇氏。賀拔勝傳有都督拔略昶。

A〔岑校〕後魏官氏志拔略改爲蘇氏　陳校云：「今官氏志作撥略氏後改爲略氏。」按通志文同姓纂。

B〔又〕賀拔勝傳有都督拔略昶　見周書一四勝傳。

末那樓

268 後燕録有襄城公末那樓富。

A〔岑校〕後燕録有襄城公末那樓富　通志同。廣韻「十三末」及姓解三作「末那樓雷」。疏證以爲卽莫那婁，云：「末莫、樓婁，亦以聲轉。序紀，昭帝四年，東部未耐樓大人倍斤入居遼東。『未』係『末』譌，『耐』由『能』轉，莫那婁氏蓋卽出於末耐樓部也。」余按比干碑陰有「監御令臣河南郡莫耐婁悦」，足知當日譯華之姓無定寫也。

十四黠

滑

269 滑伯，周同姓國也，爲晉所滅，以國氏焉。案僖公十三年經，書秦人入滑，傳稱滅滑而還。成公十三年，呂相絶秦，云「殄滅我費、滑」，則滑爲秦所滅甚明。此云晉滅，疑有誤矣。左傳，鄭大夫滑羅。

A〔岑校〕滑伯周同姓國也爲晉所滅以國氏焉　姓觿九又引云：「黄帝庶子箴姓，封滑。」附識於此。

270 【京兆】大曆有萬年尉滑廣。

察

271 見姓苑。

滑伯

272 英賢傳曰，姬姓，因氏焉。

A〔岑校〕英賢傳曰姬姓因氏焉　此條語意不完，當有奪漏。尋源四一：「英賢傳云，周同姓國，爲晉滅，子孫以國爲氏。」

273 【陳留】漢有滑伯堪，爲齊悼王中尉。

A〔岑校〕漢有滑伯堪爲齊悼王中尉　辯證三七云：「誤矣。是人氏滑而名伯堪，非複姓也。」

十六屑

齧

274 莊子，齧缺，堯時賢人，學于王倪，既通，許由師之。

A〔岑校〕莊子齧缺堯時賢人　辯證三七云：「誤矣。『齧缺』非姓名。」按古今人表已列齧缺，不自林氏始。

B〔又〕學于王倪　通志同。辯證三七引有「道」字，姓解一亦云「學道」。

節

275 周禮掌節上士，子孫以官爲氏。

蔑（岑補）

276 魯大夫，食采於蔑，後因氏。（岑補）

A〔岑校〕據姓觿九引。

鐵伐

277 赫連勃勃以其本宗支庶非正統者並爲鐵伐氏。

鐵弗

278 改爲弗氏。

A〔岑校〕改爲弗氏　今官氏志無。

十七薛

薛

279 黄帝二十五子，一爲任姓，裔孫奚仲居薛。至仲虺，爲湯左相，代爲侯伯，歷三代，凡六十四世＊，周末爲楚所滅。公子登仕楚，懷王賜邮邑爲大夫，以國爲氏。曾孫卬生薛公鑒，案唐世系表，卬生倪，倪生翁，翁生鑒，與此世數不合。漢初獻滅黥布策，受封千户。孫廣德，御史大夫。元孫永漢，千乘太守。案唐世系表，卬元孫漢，字公子，官千乘太守。此作「永」字，不合。八代子蘭，徐州别駕，爲曹公所害，生永，遂歸于蜀先主，官至蜀郡太守。齊歸晉＊，爲光禄大夫。齊生懿，晉光禄、河東太守。懿生三子，恢一名開，號「薛苞」。

A〔岑校〕凡六十四世　「世」，備要一五、新書七、類稿五三引作「葉」。

B〔又〕賜師邑爲大夫　「師」誤，庫本及尋源四二又備要、新書、類稿引，均作「沛」。又新表七三下云：「仕楚懷王爲沛公。」通志云：「楚懷王賜沛邑爲大夫。」

C〔又〕曾孫卬　新表，登生雲，雲生卬，卬生倪。通志亦云「曾孫倪」，此誤。

D〔又〕孫廣德　羅校引新表，廣德爲鑒五代孫，通志作「玄孫廣德」，亦差一代。

E〔又〕元孫永漢千乘太守　校云：「案唐世系表，卬元孫漢，字公子，官千乘太守。此作『永』字，不合。」校注稱「卬玄孫」誤，應作「廣德玄孫」。通志亦記廣德玄孫爲漢，「永」則涉下文之永而衍也。

F〔又〕八代子蘭　「子」誤，應如羅校作「孫」。新表，漢至蘭爲八代，通志作「六代」者訛。

G〔又〕徐州別駕　「徐」，新表作「兗」。

H〔又〕齊歸晉爲光禄大夫齊生懿晉光禄河東太守　新表祇云懿，北地太守，子恢，河東太守，通志亦謂齊歸晉爲光禄大夫、河東太守，但姓纂下文又云「河東太守懿」也。羅校云：「『齊』上奪『子』字。」

I〔又〕號薛苞　三字庫本無，此顯誤，或當云「號北祖」，參下文。

280 【河東汾陰】　河東太守懿生三子：一名開，號「北祖」；雕，號「南祖」；興，號「西祖」。元孫謹五子，又號爲五房。西祖大房洪祚，絶。

A「岑校」元孫謹五子又號爲五房　全文四九七權德輿薛苹先廟碑：「從廣德十三葉至後魏安西

將軍、涪陵侯謹，乃分五房。」世數與此不合。

B〔又〕西祖大房洪祚絶　「祚」，庫本作「祖」誤。洪祚見魏書四二。

281 順先生莘。（岑補）

A〔岑校〕金石録二九云：「右唐薛莘碑。唐史列傳云，莘父順爲奉先尉，而此碑及元和姓纂皆云名順先，蓋史誤也。」

282 自勸，司勳員外郎、餘杭太守。（岑補）

A〔岑校〕乾道臨安志三：「薛自勉，司勳員外郎、餘杭太守，河東汾陰人。……右見元和姓纂。」勞考八云：「據表，自勉乃自勸之兄，官餘杭太守，亦正相合，蓋皆誤移自勸官位於自勉下耳。」由臨安志引文觀之，則新表又沿姓纂之訛，亦其本自姓纂之一據。

283 瑩，杭州刺史。（岑補）

A〔岑校〕乾道臨安志三：「薛瑩，杭州刺史，河東汾陰人。……右見元和姓纂。」茲據補。

列

284 風俗通，古帝王列山氏之後，子孫氏焉。鄭有隱者列御寇，著書八篇，號列子。

A〔岑校〕鄭有隱者列御寇　「御」，庫本及通志作「禦」。下文又別出列禦。

悦

285 後燕録云，左僕射悦真；生壽，南燕尚書。

A〔岑校〕左僕射悦真　「真」誤，應依宋本辯證及通志作「綰」，故下文承言悦綰也。類稿五三亦稱左僕射悦綰。

B〔又〕生壽南燕尚書　「南」，通志及宋本辯證同。庫本作「昌」，非是。

286 【昌黎】　悦綰，鮮卑人。清泉侯悦真，亦其族也。

説

音悦。

287 姓苑云，傅説之後，以王父字爲氏。

舌

288 左傳，越大夫舌庸。

A〔岑校〕左傳越大夫舌庸　廣韻同，越絶書作「曳庸」，石經作「后庸」，宋本辯證引作「越大夫舌庸之後」，無「左傳」字，羅校引今本辯證有。又羅振玉璽印姓氏徵序：「鄧氏辯證謂……世無舌氏，今印文有舌高，六朝人書『后』字别作『𠯑』，與『舌』相亂，越大夫之名爲舌庸爲后庸，雖不能遽定，而舌則實有是姓。」

别

289 姓苑云，京兆人。

A〔岑校〕姓苑云京兆人　通志同。廣韻作「揚州人」。

雪（岑補）

290 楚雄（熊）嚴子仲雪之後。（岑補）

A〔岑校〕據姓觿九引。

薛孤

291 代人，隨魏南徙。河南。北齊恆農王薛孤康；生買，開府儀同三司、新平王；孫吴仁，唐右金吾將軍、朔方公，生知素、知檢、知機、知福。知素，桂州刺史。知福，靈州都督，生元暹、元憲。

A〔岑校〕河南　此應提行空格。

B〔又〕北齊恆農王　「恆」，庫本作「宏」。

C〔又〕孫吴仁　薛孤吴仁，或作「薩孤吴仁」，由「薛」轉寫爲「薩」也。

D〔又〕唐右金吾將軍朔方公　龍朔二年，官右金吾衛將軍，見會要三七。

揭揚

292 漢功臣安道侯揭陽定之後，今因官氏焉。

A〔岑校〕漢功臣安道侯揭陽定之後　庫本此「陽」字與前標目同作「揚」。按漢表一七作「陽」，兩「揚」字均應作「陽」也。

列禦

293 鄭穆公時列禦寇之後。

A〔岑校〕鄭穆公時列禦寇之後　禦寇亦見上列姓。羅校云：「案古今姓氏書辯證引作鄭穆公時列禦寇著書八篇。」余按「著書八篇」一語，業見前文列姓，鄧氏或括引耳。至辨誤二九力辨列禦寇非複姓列禦，自具理由，但姓纂固云「之後」，非必謂禦寇姓列禦。古固有以名氏爲氏者，則禦寇之後，可氏列禦，今祇應問後世果有列禦姓否耳。

列宗

294 潛夫論，楚公族列宗氏，羋姓。

啜刺*

295 突騎施首領、開元左武候大將軍、燕山王啜刺右失畢；子歸仁，襲燕山王。突厥首領長壽中司僕卿同正、榆林伯啜刺庶真，寀通志作「啜刺真」，無「庶」字。生元崇，左威衛將軍同正、樓煩男；生懷，尚衣奉御。

A〔岑校〕突騎施首領開元左武候大將軍燕山王啜刺右失畢子歸仁襲燕山王　「候」誤，庫本作「侯」。按舊紀八，開元二年，火拔頡利發石失畢來奔，封燕山郡王，同書一〇三作「石阿失畢」，「右」應「石」之訛（說見拙著突厥集史）。又舊書一〇四有火拔歸仁，均稱火拔，不稱啜刺。試以通志勘之，乃知火（原誤大）拔之後，繼以啜刺，此節應屬火拔，已下乃屬啜刺。觀此而姓纂今本之錯簡，與通志之各氏排列，有多少關係，更得一證。又「左武候」，通志作「左武衛」；「右失畢」，作「石失畢」。又元龜一二八，天寶十三年，以隴右十將特進兼右金吾衛員外大將軍、兼大（火）拔州都督、燕王（山）郡王火拔歸仁加驃騎大將軍。

B〔又〕突厥首領　已下乃爲啜刺本文。宋本辯證云：「啜刺，唐突厥首領姓。」

C〔又〕生元崇左威衛將軍同正　「威」，通志同，庫本作「武」。舊書九六姚崇傳：「時突厥叱利元崇構逆，則天不欲元崇與之同名，乃改爲元之。」不知卽此人否。

D〔又〕生懷　「懷」，通志作「瓌」，近是。

E〔又〕尚衣奉御　通志作「尚永壽奉御」，誤。

悦力

296 後魏初有悦力延。

渴燭渾

297 改爲朱氏。

A〔岑校〕改爲朱氏　見上卷二朱姓，今志作「改爲味氏」，殆誤。又此姓當改收葛韻。

十八藥

藥

298 見姓苑。

299 【河内】後漢南陽太守藥崧，又有太尉掾藥穆。蜀録，晉有，藥崙，牙門藥仲。大曆有殿中監、閑廏使、兼御史大夫藥子昂。

A〔岑校〕後漢南陽太守藥崧　見後書七一鍾離意傳。

B〔又〕蜀録晉有藥崙牙門藥仲　通志作「蜀録，晉有牙門藥沖」，其藥崙則爲子昂之子，見下條。

C〔又〕大曆有殿中監閑廏使兼御史大夫藥子昂　「昴」誤，庫本及姓解、通志作「昂」。通志下文又云，生峯、崙。寶應元年子昂官殿中監，見會要五九；又官閑廏使，見同書六五。會要常訛「藥」作「樂」，唯卷七八正作「藥」。芒洛遺文中李鼎誌，稱廣陵藥氏，關内節度、御史夫人(大夫)子昂。新書二〇八，以右武衛大將軍藥子昂代判元帥行軍司馬。

約

300 韓子云，古賢人約續。馬融妾約氏。

若干

301 出自代北，以國爲氏。

302 【河南】後魏荆州刺史、晉陽公勸；生猛，周莒州刺史、臨清公；生端整，殿中少監、瀛洲刺史、金明男，生弼。勸次子導，生則，唐左武衛將軍。

A〔岑校〕瀛洲刺史　「洲」誤，庫本作「州」。

B〔又〕勸次子導生則唐左武衛將軍　通鑑一九〇，武德五年下有洪州總管若干則，即此。

矍相

303 魯大夫食采矍相，因氏。姓苑云，沛人。

十九鐸

鐸

304 左傳，晉大夫鐸遏寇。楚將鐸椒。案漢書，楚太傅鐸椒，卽著鐸氏微者。漢書藝文志，春秋鐸氏微三篇。風俗通，廷尉鐸政。

A〔岑校〕左傳晉大夫鐸遏寇　下文別出鐸遏。

B〔又〕廷尉鐸政　辨誤二九云：「考漢長樂衛尉，乃鐔政也，見班勇傳，不姓鐸。」余按班勇傳有鐔顯，非鐔政，作「政」者唐人避諱改之。前卷五亦稱「漢有廷尉鐔政」。辨誤說可信，例如今急就篇鐔氏下有鐸長生，卽鐔、鐸易訛之證。

305 【絳郡】 姓苑云，今絳州有此姓。

郭

306 周文王季弟虢叔，受封于虢，或曰郭公，因以爲氏。公羊傳云，虢謂之郭，聲之轉也。左傳，齊有郭最。燕有郭隗。後漢司徒郭丹，郭泰字林宗。

A〔岑校〕周文王季弟虢叔受封于虢或曰郭公因以爲氏　説之集一七郭知道碑：「本平文王之弟，是爲虢叔，虢或云郭，因而氏焉。」

B〔又〕燕有郭隗　類稿五一引文「隗」下空一格，接云：「郭隗，燕昭王築宮而師事之，致士先從隗始。」此乃章定敍隗之言行，非引林書，編類稿者誤耳。

307 【太原陽曲】 漢末大司農郭全，代居陽曲，生緼。緼生準、配、鎮。準，魏雍州刺史，生奕。配，城陽太守，裴秀、賈充並其聟也。

A〔岑校〕漢末大司農郭全　三國志二六注：「按郭氏譜，淮祖全，大司農。」

B〔又〕生緼　同上注稱，淮父緼，鴈門太守。羅校引唐表作「藴」。

C〔又〕緼生準配鎮　「準」，新表同，三國志二六作「淮」，古之「準」字也。配、鎮均見傳注引晉諸公贊。

D〔又〕生奕　晉諸公贊云，鎮子奕，與此作準子異。

E〔又〕配城陽太守裴秀賈充並其登也　見晉諸公贊。

308 鎮，尚書郎、謁者僕射、昌平侯。鎮七代孫祚，後魏左僕射、東光文貞公，曾孫士謙、士倫。士謙元孫佃，駙馬。士倫，唐倉部員外、贈深州刺史；曾孫珍，桂州都督。

A〔岑校〕鎮尚書郎謁者僕射　晉諸公贊，鎮，謁者僕射。

B〔又〕鎮七代孫祚後魏左僕射東光文貞公　魏書六四祚傳作「右僕射」。傳又云：「過郭淮廟，問祚曰，是卿祖宗所承耶？祚曰，是臣七世伯祖。」惟謂是淮弟亮後，則與此不符。祚止封東光伯，此曰「公」，通稱也。

C〔又〕士謙元孫佃駙馬　會要六，各公主無降郭佃者，唯玄宗女臨晉公主降郭潛曜。

309 【馮翊】魏雍州刺史準；孫正，因官馮翊，居焉。裔孫彥，周兵部尚書；孫福始，唐綏州刺史、虁城男。

310 【京兆】西魏右僕射郭嵩，雍州刺史準八代孫也；生衍，隋左衞大將軍、洪州刺史、武山公，生贇、嗣本、儉。贇，隋武强公，生依宗。依宗生襲慶、襲業。襲業生昧邱，申州刺史。昧邱生液，駙馬都尉、祕書監。液生岫、峋。襲慶，台州刺史，生昧先、昧賢。昧先生景華。昧賢，陳州司户，生雄、儒華。雄，吏部郎中。儒華，校書郎。

A〔岑校〕西魏右僕射郭嵩　隋書六一衍傳止云，父位至侍中，不著其名，此可補史傳之闕。

B〔又〕生衍隋左衞大將軍　隋傳作「左武衞」，卒贈「左衞」。

C〔又〕生賫嗣本儉　衍傳，長子臻，次子嗣本。

D〔又〕味邱生液駙馬都尉　尚玄宗女壽光公主，見會要六。

E〔又〕味賢陳州司户　全文四〇八有郭休賢，云「玄宗時擢書判拔萃科」。味、休字頗近，未審卽其人否。味賢昆仲以「味」爲連名，「味」字當不訛也。

F〔又〕雄吏部郎中　奉天録一，建中末有駕部郎中郭雄。又元龜一三九，興元元年四月，贈故吏部郎中郭雄同州刺史，因遇害故。全文五一一雄小傳作「比部郎中」。

311 嗣本，職方郎中、司農卿、懷仁公，生紹宗、齊宗。紹宗，徐州刺史。齊宗，司農郎中、懷州刺史。曾孫。商州刺史。求，校書郎。儉生敬宗、肅宗。敬宗，濮州刺史；曾孫南金，硤州刺史。肅宗孫涣，滎州刺史，生佐殷、曙。佐殷，劍州刺史。曙，兼殿中御史。肅宗少子襲徵，左拾遺。

A〔岑校〕嗣本職方郎中司農卿懷仁公　嗣本，貞觀中官司農卿，見通典一九七。會要七九稱鴻臚卿、懷仁縣公，謚靖。

B〔又〕齊宗司農郎中懷州刺史　通鑑二〇三，弘道元年末有右千牛將軍郭齊宗，時代相合，當卽其人。惟高宗所改尚書各曹，無名「司農」者，以言司農寺，又無「郎中」之官，此處當有舛誤。廣記一八九引盧氏雜説，高宗問齊宗何謂天地人陣。唐太守題名記：「郭齊宗，光宅元年十月自右衛大將軍授。」（會稽掇英）嘉泰會稽志二作「左衛」。

C〔又〕曾孫商州刺史求校書郎　勞氏讀書雜識六引此，略去「商州刺史」四字，而不言其略之之故，所徵求之事迹，亦無商州刺史之歷官。按求（球）以元和二（三？）年制科及第（會要七六及御覽六二九），十一年，自藍田尉史館修撰充學士（重修承旨學士壁記），則謂元和六七年間，彼方充正九品上之校書郎，歷階正合。復次，嗣本官貞觀中，其玄孫似非遲至元和初始入仕，知「曾孫」之下，「求」之上，均有奪文也。又登科記考一七引元龜，以郭球爲元和三年制科及第。岑輯舊書逸文八云：「據憲宗紀上云，元和三年夏四月，乙丑，貶翰林學士王涯虢州司馬，時涯甥皇甫湜與牛僧孺、李宗閔並登賢良方正科第三等，則作『二年』與『四年』者皆誤。」

D〔又〕肅宗少子襲徵左拾遺　紀事八言陳子昂與郭襲微等號「方外十友」。陳氏別傳稱處士太原郭襲微。紀事作「微」，殆宋人諱同音字之故。

312【潁川】　北齊黄門侍郎。平章事舉，案唐世系表，郭待舉相高宗，生二子，秦初、秦方。此作北齊相，未詳。生秦方。兄子秦初，生潤、納。潤，起居舍人。納，給事中、陳留採訪使，生賁、謨、霸。納兄孫，監察御史。涼州都督、陽翟公郭孝恪，潁川陽翟人；生待封，左衛將軍；待聘，宋州刺史。

A〔岑校〕北齊黄門侍郎平章事舉　校云：「案唐世系表，郭待舉相高宗，生二子，秦初、秦方。此作北齊相，未詳。」余按新表七四上，育，北齊黄門侍郎；生處範，諸城丞；生待舉，相高宗。又舊紀五，永淳元年四月，黄門侍郎郭待舉同中書門下平章事。大約姓纂原文當云：「北齊黄門侍郎郭育，孫待舉，黄門侍郎、平章事。」因兩「黄門侍郎」相承，故脱去數字，且訛「待舉」爲「舉」也。

B〔又〕生秦方兄子秦初　羅校云：「案『秦初、秦方』，唐表作『泰初、泰方』。」余按原校謂新表以泰初、泰方爲待舉二子（見前引），此在一般讀新表者均無異辭。殊不知新表調製無法，泰初爲待舉兄子抑待舉子，在表上幾無分别（參篇首自序），故吾人讀此世系，應依姓纂之敍述讀之。新表本自姓纂，兩者初無異致，試觀下文「納兄孫」一條，在新表看來，固與納孫無異，比觀卽可以恍然矣。

C〔又〕納給事中陳留採訪使　元龜稱郭納舉開元二十六年文詞雅麗科。舊書二〇〇上，天寶十四載，陳留太守郭納降禄山。千唐孫嬰誌：「父造，天寶初應文詞清麗舉，與郭納同登甲科。」與元龜異。

D〔又〕生賁謨霸　按武后時殘害宗支情狀尤重者有郭霸，籍舒州同安縣（通典一七〇）。廣記一二六，天后問張元一在外有何事，元一曰，外有「三慶」，郭霸身死，百姓皆歡，三慶也。今姓纂之霸爲待舉曾姪孫，時代顯不合，非爲同人。拓本大曆十三年汝州司馬李華字士諶誌，題「堂内弟朝散郎、前行絳州稷山縣主簿郭霸撰」，疑是此人。

E〔又〕納兄孫監察御史　「兄孫」之下奪名，依新表七四下，知爲冏也。以今人之眼光讀新表，則冏爲納孫而缺其父，但依姓纂之敍述讀之，則冏爲納兄孫而缺其父、祖也。不善讀書者輒謂新表與姓纂異，豈其然。

F〔又〕生待封左衞將軍　新書一一一作「左豹韜衞將軍」。

313【華陰】隋大將軍、蒲城公郭榮，稱本太原人，後居華州；生福善，唐兵部侍郎。榮弟弘道，同州刺史、郜公，生敬君、廣慶。案唐世系表，「廣慶」作「廣敬」。敬君生依仁。廣慶，左威衞大將軍、禮部尚書；生昶，慶州刺史，云本尉氏。

A〔岑校〕隋大將軍蒲城公郭榮　羅校云：「案『蒲城公』，唐表作『浦城公』。隋書郭榮傳作『安城公』。」余見本兩書均作「蒲城」。隋書五〇，封安城縣公者乃榮父徽耳，羅校誤。

B〔又〕生福善唐兵部侍郎　集古録目云：「福善字福善，太原晉陽人，唐初官至益州都督府長史，謚曰慎，碑以貞觀十二年立。」

C〔又〕榮弟弘道同州刺史郜公　武德三年官同州刺史，見會要四五。後徵拜衞尉卿，見元龜一七二。仕隋時，歷通事舍人、滄州長史、尚食奉御，見御覽七三一。

D〔又〕生敬君廣慶　校云：「案唐世系表，『廣慶』作『廣敬』。」余按萬年宫銘碑陰有左衞將軍、兼太子左衛率、上柱國、郜國公臣郭廣敬，則作「敬」者是，「慶」殆宋人諱改也，下同。貞觀二十一年，遣廣敬徵車鼻可汗，見舊突厥傳。元龜九三三，郜國公郭廣敬爲隰州刺史，坐與上官儀交遊故也。

E〔又〕生昶慶州刺史　羅校云：「案唐表，履球生昶，此以昶爲廣慶子，疑誤。」昶見家廟碑，但姓纂下文言「進曾孫通」，顯未敘及昶之一代，且彼之昶爲涼州法曹，與慶州刺史亦異，豈姓名相同者歟？又虛己之高祖亦名昶，見魯公集八，云「隋驃騎大將軍、開府儀同三司」。

F〔又〕云本尉氏　「氏」下當補「人」字。

314 太尉、中書令、汾陽王子儀，云榮父叔進之後。進曾孫通，美原尉；生敬之，天寶中渭吉壽三州刺史，生子琇、子儀、子瑛、幼賢、幼儒、幼明、幼沖。案唐世系表，敬之十一子，尚有子雲、子琄、幼謙、子珪四人。

A〔岑校〕云榮父叔進之後　就字面解釋，應爲榮父之叔名進，但據新表七四上，進與徽同格，似進爲榮之從叔，然新表之格式，有時不可盡據，且姓纂謂進曾孫通，而表列通爲進玄孫，如將進推下一格，而信新表同格爲同世，則進又祇榮之從弟。平津記七引文，乙「父叔」爲「叔父」，又以新表進下空一格爲誤，其意似主張履球已下，應各推上一代者，惜郭氏家廟碑祇自履球敍起，故進爲通之或高或曾，已是難決，進與榮之一支，世次如何，又更無從揣定矣。全文三五三苗晉卿壽州刺史郭公神道碑云：「曾祖廣意，光禄大夫。……烈祖履球，金州司倉。大父昶，涼州司法。……皇考通，美原主簿。」

所謂烈祖者卽曾祖，而「曾祖廣意」之「曾」，與曾門（卽層門）之「曾」同解，比觀家廟碑自知之。

B〔又〕進曾孫通美原尉　「曾孫」與新表不合，説見前條。「尉」，家廟碑作「主簿」（萃編九二），苗晉卿郭公碑同。

C〔又〕渭吉壽三州刺史　家廟碑略云，遷扶州刺史，未上，除渭吉二州刺史，又授綏州，遷壽州，新表作吉渭壽綏憲五州，誤（參授堂金石跋）。苗晉卿郭敬之碑止云，「除吉渭綏壽刺史共四州」，不言扶，或因未上之故，先吉後渭，亦與家廟碑小異。敬之卒天寶三年，壽七十八，見苗碑。

D〔又〕生子琇子儀子暎幼賢幼儒幼明幼沖　校云：「案唐世系表，敬之十一子，尚有子雲、子瑁、幼謙、子珪四人。」「瑁」誤，庫本作「琄」，是。余按下文敍子雲歷官，則此處當脱子雲名。又節末稱子珪、幼謙早亡，是姓纂比新表少敍者，衹子琄一人耳。新表稱子琄，渭北節度使、檢校右僕射，歷官不小，卽使其卒在前，家廟碑不應不敍（旰、昢均贈開府，是卒在前者），新表所書，未審何據也。「幼儒」，廟碑同，新表訛「幼孺」。

315 子琇生曄。

316 子儀生曜、旰、晞、昢、晤、曖、曙、映。曜，太子少保，生鋭、鋒。鋒，光禄少卿。旰，鴻臚卿同正。晞，工部尚書，生鈞、鋼、鍊、鉷、錡、錸、鑲。鈞，兵部員外。鋼，兼監察御史。鍊，太常丞。錡，京兆倉録。昢，試鴻臚卿。晤，兵部郎中，生鏑、鋗、鈃、鐍。曖，駙馬、右軍常侍，生鑄、釗、鏦、銛。鑄，右庶子。釗，衞尉少卿。鏦，駙馬、殿中監。曙，左金吾將軍。映，右庶子。

A〔岑校〕子儀生曜旰晞昢晤曖曙映　「旰」誤，廟碑及兩唐書作「旰」，下同。「昢」，廟碑、兩傳同，新表訛「朏」。全文三三一楊綰汾陽王妻王氏碑，約大曆十二年作，云：「有子六人，長曰銀青光祿大夫、太子詹事、上柱國、太原郡開國公曜，次曰開府儀三司、行左散騎常侍、趙國公晞，次曰開府儀同三司、行尚書吏部司封郎中、上柱國、樂平郡開國公晤，次曰銀青光祿大夫、試殿中監、駙馬都尉曖，次曰銀青光祿大夫、守殿中少監曙，幼曰朝散大夫、守祕書省著作佐郎映。」不著旰、昢，非王出也。

B〔又〕鋒光祿少卿　貞元五年，以鴻臚卿弔祭回紇，見會要九八（舊書一三，貞元六年下訛爲「郭降」）。十七年七月，在鱗州刺史任内，爲吐蕃所殺，見舊書一三。

C〔又〕晞工部尚書　全文五〇德宗優卹子儀諸子詔，稱曖兄檢校工部尚書、守太子賓客、趙國公晞。

D〔又〕生鈞鋼鍊鉷錡銶鑲　羅校云：「案唐表無錡有鏶。」庫本重「鑲」字，亦非是。

E〔又〕鈞兵部員外　新表作「工部侍郎」。

F〔又〕晤兵部郎中　叢編八引京兆金石録，唐兵部郎中郭晤碑，長慶四年立。

G〔又〕曖駙馬右軍常侍　舊傳一二〇及新表、又全文五〇，皆稱左散騎常侍，「右軍」字誤。尚代宗女昇平公主，見舊書一一永泰元年。元龜五五三云：「（貞元）十六年九月，贈左散騎常侍、駙馬都尉郭曖工部尚書。曖大曆十四年授左常侍，建中二年以憂罷，興元元年二月授太常卿同正，以至于終，今詔書言『常侍』，誤也。」

H〔又〕生鑄釗鏦銛　「鏦」，兩唐傳同，新表訛「縱」。叢編八引京兆金石録，唐宫苑閑廄使駙馬都尉郭銛墓誌，長慶二年立。全文七三八沈亞之駙馬郭公誌，銛也。略云，自邠州刺史入爲殿中監，尚西河公主，改宫苑閑廄使，長慶二年卒，年三十七。

I〔又〕鑄右庶子　羅校云：「『右』，唐表作『左』。」

J〔又〕釗衛尉少卿　舊書一五，元和九年十一月，除邠州刺史，此其見官也。廣記四三七引宣室志，郭司空釗，大和中自梓潼移鎮西涼府。

K〔又〕鏦駙馬殿中監　新表稱檢校户部尚書，穆宗時所官也。尚順宗女漢陽公主，見舊傳。金石録九：「唐贈左僕射郭公碑，李宗閔撰，……長慶三年八月。」以舊傳考之，鏦之碑也。

L〔又〕曙左金吾將軍　羅校云：「案『左』，唐表作『右』。」余按舊書一二〇作「左金吾衛大將軍」。奉天録一，建中末有郭曙從駕，即此子儀之子，與前京兆下者同姓名，據元龜二六九，時官司農少卿。又德宗優卹詔，稱右金吾將軍曙。

M〔又〕暎右庶子　「暎」，廟碑及舊、新傳同，新表及庫本、嘉本作「暵」，非是，因子儀之弟有子暎也。德宗優卹詔，稱左諭德映。

317 子雲，左領軍將軍；生昕，檢校左僕射、磧西節度。子瑛，延州司法，生晛。幼賢，單于副都護，生昉、曉。幼儒，成都少尹，生旿、暄、晠、暉。暄，河南丞。幼明，少府監、太原公，生煦、晒、暤、晧、晫。煦，鴻臚少卿。晧，兼殿中御史。幼沖，太僕卿、太子詹事，生暐、晦。子珪、幼謙，早亡。

A〔岑校〕子雲左領軍將軍　此有子雲，前文奪。

B〔又〕生昕　舊傳、新表皆謂幼明子，然表亦稱「譜云，子雲子」。

C〔又〕生煦晒暤晧晫　新表以暤爲幼儒子。舊書一三，貞元十二年五月，郭暄貶官。會要二三作前南郭縣尉郭晅，柳州安置。余初疑卽幼儒子之暄，及檢元龜三〇七云，「前南鄭縣尉郭晒於柳州安置」，始決舊紀、會要作暄、晅者均誤。又唐無「南郭縣」，「郭」，「鄭」之訛。

D〔又〕煦鴻臚少卿　貞元十二年五月，前邠州長史郭煦袁州安置，見舊紀一三。會要二三、元龜三〇七、全文五二作「汾州」，誤。

318 【中山彭城】唐中書侍郎、平章事、潁川男郭正一；生忠，通事舍人。

A〔岑校〕中山彭城　庫本作「鼓城」，與舊書一九〇中、新書一〇六及新表同，「彭」字誤。

B〔又〕唐中書侍郎平章事潁川男郭正一　廣記一七一引朝野僉載：「中書舍人郭正一破平壤，得一高麗婢。」武后囚正一，見伯玉集九。

319【館陶】　唐齊州刺史致仕郭善慶，狀稱林宗之後；生元振，兵禮刑三尚書、平章事、代國公；生晟、鴻臚卿。左驍衞將軍；生瑊，膳兵二員外。

A〔岑校〕唐齊州刺史郭善慶狀　羅校云：「案『善慶』，唐表作『善愛』。」余按舊書九七，祇云父愛。又新表作「濟州」誤，唐無「濟州」。

B〔又〕生元振兵禮刑三尚書　舊傳祇充吏、兵二尚書。

C〔又〕生晟鴻臚卿左驍衞將軍生瑊　羅校云：「案唐表，鵬生瑊。此作晟生瑊，疑誤。」余按新表，元振生晟、鴻、鵬及仲翔；鵬，左驍衞將軍。舊傳亦稱元振子鴻，則疑「鴻臚卿」三字乃涉「鴻」而訛，原文殆作「生晟、鴻、鵬；鵬，左驍衞將軍」也。果若是，則姓纂與新表幷無二致。

320【曲沃】　鎮後。唐蒲州刺史子賤。

A〔岑校〕唐蒲州刺史子賤　「子賤」上應補「郭」字。

321【河內】　晉郭黔。今無聞。

A〔岑校〕晉郭黔今無聞　按「黔」乃「默」之訛。默爲河內懷人，晉書六三有傳。

322【武昌】　晉有郭訥，弟察，生翻。

323【略陽】　後漢有郭整，六代孫荷。

A〔岑校〕後漢有郭整六代孫荷　晉書九四荷傳：「六世祖整，漢安、順之世，公府八辟，公車五徵，皆不就。」考後書一一三逸民傳，法真有友人郭正，恰生安、順之世，正、整音近，郭整其即郭正歟。郭正亦見三輔决録注。

324【廣平邯鄲】漢有郭縱，以鐵冶富埒王公。

A〔岑校〕漢有郭縱　見漢書九一貨殖傳。

325【河東聞喜】晉建平太守郭瑗，生璞，著作郎，生驁。

326【燉煌】晉太傅左長史郭瑀。

A〔岑校〕晉太傅左長史郭瑀　羅校云：「『太傅』，晉書郭瑀傳作『太府』。」

327【諸郡郭氏】唐左武將軍、太原公郭知運，生英傑、彦、英、協。狀云，本太原，徙居晉昌。協生嘉，將作少監。彦英。檢校僕射、劍南節度。

A〔岑校〕唐左武將軍太原公郭知運　據説之集一七，應作「左武衛大將軍」。開元中，知運卒於涼州節度，見廣記三三〇引廣異記。

B〔又〕生英傑彦英協　下文有英彦，「彦」上奪「英」字，參下文。

C〔又〕協生嘉將作少監　按元載郭英乂碑：「嗣子將作少監嘉珍，憤積嘗膽，哀纏泣血。」同是將作少監，似即一人，或以協子而出後英乂，亦未可定。今縱讓是兩人，此「嘉」要與「嘉珍」爲從昆，殆未必一名嘉而一名嘉珍也，故知「協生嘉」下當奪一字。

D〔又〕彦英檢校僕射劍南節度　「彦英」乃「英彦」之倒。舊、新傳祇言知運子英傑、英乂。說之集一七則有英傑、英奇、英協、英彦（參金石録二六）。復考舊書一一七英乂傳，拜尚書右僕射，充劍南節度，官歷與此恰合，則知「英彦」下有奪文，而前文知運所生，亦脱英乂名也。全文三六九元載郭英乂碑：「公名英乂，字元武，贈伊州刺史旰，公之烈祖也。隴右節度、攝御史中丞，贈太子太傅知運，公之皇考也。」乾元元年，鄯州都督郭英乂，見寰宇記一五一。

328　光禄少卿郭仁勖，馮翊人；或云，本党氏，生茂褘。茂褘生崇禮、崇默、崇嗣。崇禮，濟州刺史，生震、觀、豫。震，左司員外郎。觀，拾遺。豫生圖。圖生降。降，鴻臚卿，生同知、同節。崇默，襄州刺史，生恆。崇嗣生損，庫部員外。

A〔岑校〕光禄少卿郭仁勖　制詔集二〇作「驃騎將軍、光禄卿仁最」。勖、最二字形近。考元龜六九四，郭仁勗爲同州留守，則作「勗」者是。

B〔又〕茂褘生崇禮崇默崇嗣崇禮濟州刺史生震觀豫震左司員外郎觀拾遺豫生圖圖生降降鴻臚卿　按制詔集二〇咸陽縣丞郭君墓誌銘云：「祖，汝州司馬茂褘。父，濟州刺史崇禮。……公卽濟州府君之長子也。……季父崇默。……嗣子大理丞縱，侍御史絳。」誌祇云「公諱某」，不著其名，但誌之絳，當卽此之降。由此以推，蓋郭豫墓誌也。姓纂書例，恆不循行序，故豫雖長子而居最後。絳兄名縱，固從糸旁，姓纂作「降」，訛也。顧姓纂以降爲豫孫，似與誌絳爲豫子不合，殊不知絳、降同聲，則豫孫不應與從父同名。就讓一步言之，載制詔集者非豫誌（震、覲之歷官，均與誌異，是必須設想崇禮尚有他子耳），亦不應與再從父同名。故余謂姓纂以降爲豫孫者必有誤也。再據誌，豫卒開元十八年，年三十六，誌稱葬永泰二年，則距豫生纔七十二載。由唐代仕進歷資測之，豫孫當未能官至侍御史，故絳爲豫子，非豫孫，亦無庸疑。震，玄宗初爲殿中侍御史，見元龜五二〇，與前文郭元振初名震者非同人。

C〔又〕降鴻臚卿　舊紀一三，貞元六年十月有鴻臚卿郭降，但據舊、新回紇傳及會要，此實郭鋒，非郭降也。又元龜四九七，貞元初，以京兆少尹郭隆充渠堰使，「隆」爲玄宗諱，似不應以命名，未知即郭絳否。

329 工部郎中郭虛己，京兆人，生昶、弼、彥、樞。昶，少府少監。彥，緜州刺史。樞，京兆兵曹。

A〔岑校〕工部郎中郭虛己　精舍考一云：「『郎中』當作『尚書』。」全文二五二蘇頲（孫逖之誤）制，守駕部員外郎、兼御史中丞、朔方節度行軍司馬、關內道採訪處置使、賜紫金魚袋郭虛己，可守左庶子、兼御史中丞。三〇八孫逖制，工部侍郎、上輕車都尉郭虛己，可戶部侍郎。千唐開元二十一年國子司業開休元誌，題「朝請郎、前行侍御史太原郭虛己文」。天寶四載孝經序，題「中散大夫、守戶部侍郎、上輕車都尉臣郭虛己」(萃編八七)。魯公集八郭揆碑：「太原人也，……五代祖昶，隋驃騎大將軍、開府儀同三司；高祖澄，皇朝朔方道大總管、涇鄜坊慶丹延夏七州刺史，贈荊州都督，謚曰忠；曾祖某，朝散大夫、太子洗馬；祖義，朝議大夫，贈鄭州刺史；父虛己，銀青光禄大夫、守工部尚書、兼御史大夫、蜀郡大都督府長史、持節充劍南節度支度營田副大使、本道幷山南西道採訪處置使、上柱國，贈太子太師，謚曰獻。」揆卒天寶八載，年二十四，終河南府參軍。

B〔又〕彥緐州刺史　全文五二三有楊於陵爲判官郭彥郎中謝手詔表，殆卽其人。

330 右驍衛將軍、北庭都護郭虔，齊州歷城人。給事中郭鄰，浚儀人。主客郎中郭奇，洛陽人。兵部員外郭詮，櫟陽人。司勳郎中知制誥郭愼徵，秋官郎中郭奉，萬年人。倉部員外郭文簡，建興高平人；生叔暢，右拾遺。刑部員外郭洽，祕書郎郭翰，晉陵人。邠州刺史郭懷，魏郡貴鄉人，生偲；兄遹、遠，生修。

A〔岑校〕北庭都護郭虔齊州歷城人　舊書一〇三郭虔瓘傳：「齊州歷城人也，開元初，累遷右驍衛將軍兼北庭都護。」卽其人，此奪「瓘」字。

B〔又〕給事中郭鄰　勞考一一引會要及緯略作「璘」。郎官柱作「潾」，云，「鄰」疑「潾」。余按元龜六四五作「郭隆」，殆避玄宗諱改。然會要先天元年制科及第者又有郭璘之，不審爲一人否。

C〔又〕主客郎中郭奇　「主」，庫本誤「生」。

D〔又〕兵部員外郭詮　嘉定赤城志八，會昌五年刺史郭詮，殆非同人，否則必任一書有誤。

E〔又〕司勳郎中知制誥郭慎徵　「徵」郎官柱勳中作「徽」，舊書林甫傳作「徵」，郎官柱金中、新書林甫傳、金石録一〇、寶刻叢編八均作「微」，其碑，天寶中立。「微」，唐碑率作「徵」，如郎官柱金中之劉體微，金外之鄭少微、吴通微，倉外閻知微，主外趙廣微，是也。亦或作「嵌」，如户外權慎微，不過寫法稍異。又如洛州思順坊造像記，「微」作「嵌」（平津記四），咸通四年程修己誌，「思入微冥」作「徵」，顧貞元十六年張氏誌，「積善無徵」之「徵」又作「微」。會稽掇英總集二（北宋熙寧中孔延之纂），天寶三載送賀知章致仕，郭慎微有和詩。全詩二函九册祖詠有家園夜坐寄郭微。同函十册王昌齡有淇上酬薛據兼寄郭微（一作高適詩，又云郭少府微）。

F〔又〕秋官郎中郭奉萬年人　按元龜六一六，則天時有（司刑？）少卿郭奉一，當即此人。

G〔又〕倉部員外郭文簡建興高平人　萬歲通天二年，右補闕郭文簡，見寰宇記八五，亦見廣記三九九引陵州圖經。晉宋齊時，建興、高平同爲邵陵郡屬縣，北魏建州有高平郡，此稱建興高平，未詳。

H〔又〕祕書郎郭翰晉陵人　通鑑二〇三，垂拱二年，翰以監察御史巡察隴右。同書二〇四，垂拱三年，自麟臺郎降巫州司法。靈怪録有太原郭翰，官至侍御史，不知指此否。

I〔又〕兄遹遠　全文六二一收郭遹賦兩首。

霍

331 周文王第六子霍叔之後。今河東有霍邑，是其國也，後爲晉所滅，子孫以國爲氏。

A〔岑校〕周文王第六子霍叔之後　類稿五一引，「叔」下有「處」字。通志作「第八」，辯證亦然。

332 【河東】漢霍仲孺，平陽人；生去病、光，並爲大將軍。去病，冠軍侯。霍光，博陸侯。

唐澧州刺史霍德信，駕部員外霍栖梧，並平陽人。

A〔岑校〕駕部員外霍栖梧　元龜一二八，開元二十三年，採訪使舉趙州平棘縣令霍栖梧。

333 【魏郡貴鄉】狀云光後。唐御史中丞霍獻可。

A〔岑校〕唐御史中丞霍獻可　天授二年，由懷州録事參軍授侍御史，見會要六七（考異一一作「御史」）。聖曆元年官御史中丞，見新突厥傳，亦見舊書八九。長安二年，魏靖理寃濫疏：「霍獻可臨終，膝拳於項。」（年份據元龜五四四，文據全文二〇八）會要四一訛爲「崔獻可」。廣記一四六引定命録，狄仁傑之貶，獻可時爲開封令，及作相，已爲郎中，狄薦爲御史中丞。同書二五八引御史臺記，獻可爲侍御史。同書二五九引御史臺記，獻可，貴鄉人，父毓，岐州司法，獻可累遷侍御史、左（？）司員外。

334 【蜀郡新繁】唐河南尹霍廷玉。

A〔岑校〕唐河南尹霍廷玉　「廷」，精舍碑作「庭」。精舍考一引四川成都志，開元十年，以左驍騎

（勉按有奪誤，參下文）霍廷玉充劍南節度、益州長史，又引兖公頌碑末，文林郎守主簿平陽霍庭玉，以爲同人。余按兖公之頌，立於天寶元年，彼廷玉既以開元十年躋益府長史，豈有二十年後尚守主簿之理？至一稱平陽，一稱蜀郡，雖許著其舊望，但由前節觀之，此兩庭玉當非同人也。復考元龜六二六，「開元十年……又以江南道按察使、宣州刺史霍廷玉爲右驍騎將軍、山（南）道按察使、梁州都督」。是廷玉此年所任，非劍南節度。成都志既誤，勞亦失察。元龜一六二，開元八年，宣州刺史霍廷玉充淮南西按察。山右石刻六，開元十七年慶唐觀銘碑陰，稱「河南尹、上柱國霍庭玉」。

郝

335 出于郝省氏，太昊氏之佐也•。帝乙時，子期封太原郝鄉，因氏焉。漢上谷太守郝夔。後漢郝蘭。

A〔岑校〕出于郝省氏　「郝省」訛（宋本辯證同），據通志，乃赫胥也。備要一五及類稿五一引作「赫𦙍」，「𦙍」即「胥」字之訛，應作「𦙶」。

B〔又〕帝乙時子期　類稿引作「殷帝乙時王子期」。

C〔又〕漢上谷太守郝夔　「夔」誤，應作「賢」，見漢表一七。通志同。

336 【太原】　後梁太傅郝潔，後燕從事中郎郝略，桓温參軍郝隆，唐太原尉郝昕，並太原人。

A〔岑校〕後梁太傅郝潔　按後漢有太原郝絜，當即其人。「後梁」乃「後漢」之訛，「太傅」二字衍。

337 【安陸】　梁江夏太守郝迴，自丹陽居安陸；生破敵，後周沔州刺史、新吴伯。敵孫相貴，唐滁州刺史，生處俊、處傑。處俊，中書令、甑山公；子北叟，司議郎；南容，祕書郎。處傑，鄜州刺史。

A〔岑校〕子北叟　「叟」，古文，庫本作「叟」，附見處俊傳。

B〔又〕南容祕書郎　南容見廣記二五八引朝野僉載，云，郝象賢，侍中處俊孫，頓丘令南容子也。

C〔又〕處傑鄜州刺史　太宗朝曾任宿衞，見會要六三。

338 【京兆】　盩厔有此姓。

駱

339 姜姓，齊太公之後有公子駱，以王父字爲氏。吴駱絡，東陽人，又居會稽。統曾孫就。案通志，「就」作「勍」。

A〔岑校〕姜姓齊太公之後有公子駱以王父字爲氏　類稿五一引同，姓觿十引云，「鄭大夫王孫駱之後」，姑附於此。

B〔又〕吴駱絡　「絡」誤，庫本及姓解、通志皆作「統」。

340【梁泉】就，晉秦州刺史，因家上邽。裔孫德，後魏集州刺史，又居梁泉。五代孫知義，唐亮州刺史。

A〔岑校〕五代孫知義唐亮州刺史　元龜三六六，永徽三年，駱弘義爲處州刺史。弘、知字相近，「知」殆「弘」之訛。唐亦無「亮州」，弘義是時官西北（參元龜文便見），「處」乃「庭」之訛。

341【河南】官氏志，地駱拔氏改爲駱氏。

A〔岑校〕官氏志地駱拔氏改爲駱氏　通志同。官氏志作「他駱拔」，見前卷八。尋源一五謂「地」爲「他」訛。

閣

342 周之閣人，永樂大典作「閣」，據氏族略作「閽」。守王宫者。所以止扇闔扉，謂之「閣」，以爲氏。急就章有閣弁訢。漢有閣弁儒者，太守田延年使部汾北，後至廣陵相，有治名。案爾雅，衖門謂之閎。注云：左傳，盟諸僖閎。所以止扉謂之閎。又左傳曰，高其閈閎。閎，長杙，即門橜也。左傳釋文云：爾雅，本止扉之名。顔師古急就章注「閎氏」引此，則當爲「閎」無疑。廣韻亦有閎氏，惟「閎弁訢」尚作「閣弁訢」，則因諸本之訛也。

A〔岑校〕周之閽人　洪校云：「永樂大典作『閽』，據氏族略作『閹』。」按庫本，「閹人」原作「閽人」，故無此注。洪氏據通志改正，故附此注。又姓解一作「閽」，宋本辯證作「閹」。

B〔又〕守王宮者所以止扇閽扉　通志引姓纂亦作「止扇」，但無「閽扉」二字，姓解一同。「扇」，庫本作「扉」，與急就章顔注同。

C〔又〕以爲氏　通志引姓纂，作「因以爲氏」，尋源四二同。

D〔又〕急就章有閽并訢　庫本無「有」字，通志引有。

E〔又〕漢有閽并儒者太守田延年使部汾北後至廣陵相有治名　「儒」誤，通志引作「孺」（姓解一同），是也。又庫本無「有」、「并」二字，通志有「并」字，蓋涉上閽并訢而衍也。校注「則因諸本之訛也」句後，庫本尚多五十五字，云：「閹人，周禮無其官。王應麟曰，周閎夭之後。又漢佞幸傳閎孺，惠帝時人，田延年昭帝時人，不同時，必無使部汾北之事，以『閎』爲『閹』，舛謬殊甚。」按姓纂以「閹人」解釋閹氏（此就庫注見本言之），祇可謂是解釋姓源之誤，斷不能因「止扉爲閎」，遂并強姓纂之「閹人」，亦依顔注改作「閎人」，此庫注之線索不清者一。漢有兩閎孺，庫注所舉者佞幸傳之閎孺，又一閎孺，附見七六尹翁歸傳，田延年使部汾北，事確有徵，此庫本之考據未盡者二。洪氏既據通志引文，改「閹人」爲「閽人」，宜其删去庫注此節矣。復考急就篇「閎并訢」注，「閎」一作「閽」，顔氏主從「閎」，故其注云：「閎氏之先，本周之閎人，閎所以止扉，今之門枎是也，職典其事，遂爲姓焉。漢有閎孺。」并引閎孺爲釋。後人如姓纂等，既從「閤」讀，本應將閤孺一名剔出，顧讀則從「閤」，解又引「閎」，所以糾葛幾不可理也。

索

343 殷人七族索氏之後。

344 【燉煌】晉索湛爲北地太守；生靖，尚書、後將軍、安樂亭侯；生綝，侍中、吏部尚書。

A〔岑校〕生靖尚書　宋本辯證同。據晉書六〇靖傳，曾爲尚書郎，未爲尚書。

鄂

345 晉鄂侯之後，子孫以邑氏焉。漢初功臣，安平侯鄂千秋，沛人。

A〔岑校〕漢初功臣安平侯鄂千秋　漢表一六作「鄂秋」，蕭何傳作「鄂千秋」。

薄

346 風俗通，衞賢人薄疑。沒高帝薄太后，生文帝；弟薄昭，封軹侯，官至車騎將軍。子戍奴嗣，子梁嗣。天寶中大理評事薄芬，樂陽人。案漢書，「戍奴」作「戎奴」，孫梁。此作「子」誤。

A〔岑校〕衞賢人薄疑　見呂氏春秋。古今人表作「蕩疑」。讀書雜識三據姓纂，以爲「蕩」乃「薄」之訛，且引通志、通鑑注同作「薄」以證，然通志純姓纂化身，通鑑注又或上承林、鄭之説，薄、蕩孰正，不能據鄭、胡以見姓纂之必是也。

B〔又〕没高帝薄太后　「没」誤，庫本及通志、備要二四均作「漢」。

C〔又〕子戎奴嗣子梁嗣　校云：「案漢書，『戎奴』作『戎奴』，孫梁。此作『子』誤。」按通志亦作「戎奴」，又「子梁」之「子」，乃承戎奴言之，校注謂應作「孫」，非也。

莫

347 漢富人莫氏，見游俠傳。大曆中比部員外莫藏用。案通志，莫氏爲幕氏。

A〔岑校〕漢富人莫氏見游俠傳　辨誤二九云：「按漢平陵富人苴氏，非莫也。」平陵如氏、苴氏，見漢書九一貨殖傳，非游俠傳。

B〔又〕大曆中比部員外莫藏用　制詔集九授比部員外郎制，稱朝議郎、檢校尚書倉部員外郎、兼侍御史、充税青苗錢使判官、賜緋魚袋莫藏用。元龜一六二大曆二年，命比部員外莫藏用宣慰嶺南。

348 【河南】官氏志，邢莫氏改爲莫氏。（岑補）

A〔岑校〕據類稿五一引。校云：「案通志，莫氏爲幕氏。」余按通志「莫氏」云：「官氏志，邢莫氏改爲莫氏。」校注引誤。。但今官氏志及通志之代北複姓中，均無邢莫。

幕

349 風俗通，舜祖幕，支孫以王父字爲氏，見左傳。案左傳昭公八年，楚滅陳。晉平公以問，史趙對曰：自幕至于瞽瞍，無違命。杜預、鄭衆皆曰：幕，舜之先。賈逵曰：幕，舜後虞思。裴駰陳世家註以國語賈義爲長。

作

350 周公之子胙侯，子因避地改爲作氏。風俗通云，後漢涿郡太守作顯。

A〔岑校〕子因避地　應依通志及類稿五一，「子」下補「孫」字。

落

351 風俗通云，皐落氏，翟國也，以國爲姓，見左傳。漢有落下閎，巴郡人，撰太初曆。

A〔岑校〕漢有落下閎　見漢書律曆志。

錯

352 今温州有此姓。氏族略。

A〔岑校〕今温州有此姓　此係洪氏據氏族略引文所補。尋源四二既據姓苑立錯氏，云宋太宰後，又據路史立䥝氏，云滕後有䥝姓，去聲，且引世本作「錯」。余按廣韻，錯、厝同音，是䥝卽錯也，況張氏錯下引姓纂云：「今温州多此姓。」䥝下引姓纂云：「温、泉多此姓。」尤爲錯、䥝無別之證，蓋一姓而誤析爲二也。沈跋云：「又（後紀）十卷注云，䥝，去聲，姓纂云，温、泉多此姓，今孫本『二十一震』無䥝姓。」余按廣韻震韻及今字書均無「䥝」字，沈氏見本之「䥝」，實「䥝」（卽「錯」）之訛體，今姓纂附入聲，沈氏祇據路史讀去聲，致失考也。錯，通志分附去、入二聲，但廣韻入聲之錯，不云人姓。路史亦稱去聲，應移附「十一暮」。

絡

353　見姓苑。

A〔岑校〕見姓苑　今通志氏族略五，誤爲「洛氏」，與下一條複。氏族略二別有洛氏也。

洛

354　落下閎，或作「洛」。

A〔岑校〕落下閎或作洛　庫本作「洛下閎或作『落』」。余按落下閎已別見，以文義言，洪本爲合。

類稿五一同洪本。

恪

355 晉有郎中令恪啓。

356 陳大夫之後。（岑補）

A〔岑校〕據姓觿十引。

鐸遏

357 晉軍尉鐸遏寇之後。宋襄公下大夫鐸遏章。

A〔岑校〕晉軍尉鐸遏寇之後宋襄公下大夫鐸遏章　辯證三八引同。

莫者

358 西秦録有衛將軍莫者羖羝，西安太守莫者幼春，尚書郎中莫者阿胡。

A〔岑校〕西秦録有衛將軍莫者羖羝　通志作「右衛將軍莫者羖羝」，廣韻及姓解二作「左衛將軍莫者羖羝」。

B〔又〕尚書郎中莫者阿胡　通志無「中」字。

莫折

359 本羌姓，代居渭州襄城縣。

A〔岑校〕代居渭州襄城縣　「城」誤，通志作「武」。按元和郡縣志三九，渭州有襄武，無「襄城」。

360 【襄城】後魏秦州刺史莫折大題；孫輝，襄城公；生恭，陳虞部員外郎，生昆。輝次子捍，隋貝州刺史、鍾離；生謙，直監門校尉。

A〔岑校〕襄城　陳虞部員外郎　「城」字亦誤。「陳」，庫本作「隋」，是也。此爲北人，不應仕陳。

B〔又〕隋貝州刺史鍾離　「鍾離」當是其封爵，奪去爵等之字也。

索盧

361 呂氏春秋，禽滑釐門人索盧參。後漢淮陽令索盧放。

A〔岑校〕呂氏春秋禽滑釐門人索盧參後漢淮陽令索盧放　通志文全同。宋本辯證略同。類稿五七祇引前句。放，後漢書一一一有傳，但云爲洛陽令，非淮陽。

362 【山陽】蕭景融娶山陽索盧氏。

363 【東郡】 索盧放代居東郡，後拜諫議大夫。

落下

364 魯大夫食采落下，因氏焉。漢博士落下仲異。

A〔岑校〕魯大夫食采落下因氏焉漢博士落下仲異　按通志「落下氏」云：「漢武帝時落下閎，善天文、地理、曆數，巴郡閬中人。神仙傳有落下公。」與此迴異。唯「落姑氏」則云：「魯大夫食采於落姑，因氏焉。漢博士落姑仲異。」（辯證三八略同）所差者祇一可有可無之「於」字，由是知姓纂之落下，確誤錯於卷五皐落，姓纂之落姑，又有其文而佚目也。

拓王

365 狀云，本姓王，樂浪人。祖羆，後魏伏波將軍，鎮武川，賜姓拓王氏焉。

A〔岑校〕拓王　「拓」，通志作「柘」，下同。

B〔又〕狀云本姓王樂浪人祖羆後魏伏波將軍鎮武川賜姓拓王氏焉　疏證云：「王盟傳：其先樂浪人，魏賜拓王氏（北史作「拓拔」）。」余按今局本周書二〇亦作拓拔。傳又云：「父羆，伏波將軍，以良家子鎮武川，因家焉。」此王羆與周書一八之王羆，并非同人。傳又稱盟於大統中賜姓，非羆已賜姓，亦小異。

363 【武川】羆生懋，後魏少司寇、安寧公；孫伯益，隋大府卿、略陽卿；孫奉，嶲州都督、永寧公。

A〔岑校〕羆生懋後魏少司寇安寧公　周書二〇，盟弟懋，拜小司寇。北史六一同。此作「少」誤。

B〔又〕隋大府卿略陽卿　下「卿」字誤。庫本作「公」，是。

C〔又〕孫奉嶲州都督永寧公　舊書一九六上，儀鳳三年，令嶲州都督拓王奉等禦吐蕃。

拓跋

367 後魏書云，黄帝子昌意之後，受封北土，黄帝土德王，北人爲拓后跋氏，後拓后跋氏從省文爲拓跋氏。孝文帝遷洛陽，改爲元氏。開元後右監門大將軍、西平公、静邊州都督拓跋守寂，亦東北番也；孫乾暉，銀州刺史；姪澄峴，今任銀州刺史。

A〔岑校〕黄帝土德王北人爲拓后跋氏後拓后跋氏從省文爲拓跋氏　按通志拓跋氏之文，與姓纂拓跋，幾完全相同，所不同者惟此數語，今姓纂訛舛既多，上舉數語，又文義難曉，是不可不與通志比勘也。志云：「黄帝土德王，北人以『上』（土誤）爲『拓后』，『受』爲『跋』，號拓后跋氏，後從省爲托跋。」（類稿五八正作「土」，「號」上多「故」字，餘同）就一般推測，通志此節，當亦録自姓纂，故知上舉姓纂數語，顯有奪文。復次，魏書一云：「黄帝以土德王，北俗謂「土」爲「托」，謂「后」爲「跋」，故以爲氏。」與通志或姓纂土爲托后、受爲跋，解釋略異。東胡民族考上云：「蒙古語謂泥土曰tôhon，toghosun，托跋之「托」，殆卽tôhon或togho之同語也。」（一二八頁）按togho恰與「托后」相對，是兩種解釋中，通志或姓纂比魏書爲適當。魏收之書，固多謬誤，然亦早已殘缺，又安知今本之「謂后爲跋」非後來傳訛（昌黎集二五注又作「謂石爲跋」，可以概見），而林寶所見，尚爲完本耶？至跋之訓受，余於北荒語未窺門徑，不能尋出若干證例，但如華夷譯語，蒙人呼拿爲把里，西域水道記，回人呼有爲巴爾（bar），東胡民族考，蒙人呼擴張增殖爲badara，滿人呼張大爲bada（上一三八及下七二頁），皆與「受」之義相聯繫，音亦無殊（跋，切韻b'uât）。吾故謂托跋之全譯，應從通志或姓纂作托后跋，其托后爲土，受爲跋，義并不訛，惜白鳥氏之文，猶未參及通志，沿魏書「后曰跋」之訛文，致未能盡發其藴耳。又庫本，兩「后」字均誤「石」。

B〔又〕開元後右監門大將軍西平公静邊州都督拓跋守寂　守寂贈靈州都督，謚勇，見會要八〇。全文一六，中宗贈拓跋思泰特進制：「党項大首領、故右監門衛將軍員外置同正員、使持節達洫等一十二州諸軍事兼静邊州都督仍充防禦部落使拓跋思泰，……可贈特進，……仍以其子守寂襲其官爵。」

C〔又〕亦東北番也　通志無「東」字。

D〔又〕孫乾暉銀州刺史　會要九七，貞元二年有夏州刺史拓跋乾曜。據舊吐蕃傳下，實乾暉之訛。

諸護

368 後魏西河胡諸護于内附。

A〔岑校〕後魏西河胡諸護于内附　通志文全同，但均作「護諸」，不作「諸護」。考護諸于内附，見魏書二天興二年。辯證三〇引此作「護諸」，云「姓纂以爲護諸氏」。作「諸護」者傳本之訛，應改正，移入去聲。

莫且婁

369 代人。

莫侯婁

370 代人。

A〔岑校〕莫侯婁　「婁」，通志作「盧」，尋源四二引作「蔞」。

莫多婁

371 代人，隨魏遷洛陽。

372 【河南】 北齊有晉州刺史、石城公莫多婁貸文；生敬顯，北齊司徒。

A〔岑校〕北齊有晉州刺史石城公莫多婁貸文　羅校云：「案『石城公』，北齊書莫多婁貸文傳作『石城侯』。」余按「公」字可作泛稱，前屢言之，且貸文傳有贈尚書右僕射、司徒公之語，則又似追贈爲公，傳從省文耳。

莫胡盧

373 代人，孝文改爲陽氏。

A〔岑校〕代人孝文改爲陽氏　今官氏志無，廣韻、姓解、通志有。疏證以爲「胡」即「那」聲之轉，然改氏不同，未可據信。

莫多那

374 代人。後魏中山太守、高邑公莫多那題。今無聞。

A〔岑校〕代人後魏中山太守高邑公莫多那題今無聞　通志文殆全同，唯「莫多那」均作「莫那婁」。考官氏志，莫那婁氏後改莫氏，今姓纂訛也。疏證説同。題，魏書二八有傳，稱莫題。

二十陌

柏

375 風俗通，柏皇氏之後。又柏亮父爲顓頊師，柏招爲帝嚳師，柏同爲周太僕。左丞。柏國在汝南西平縣，爲楚所滅，子孫以國爲氏。漢有柏英，爲大鴻臚。秦大將軍柏直。晉武帝柏夫人生趙王倫。

A〔岑校〕柏同爲周太僕左丞　通志作「柏景爲周太僕」，「左丞」二字殆衍文。宋本辯證作「周太僕正」。備要一三引及類稿五二均作「柏冏」，亦無「左丞」二字。

B〔又〕秦大將軍柏直　柏直，魏將，見漢書高紀上及韓王信傳。通志，「秦」作「魏」，是也。

C〔又〕晉武帝柏夫人生趙王倫　「武」誤，通志正作「宣」。

376 【濟陰】　王孫孺譜云，蕭元益娶濟陰柏氏；益兄子泉，娶濟陰柏齊女。貞元左威衞大將軍柏良器，濟陰人；生耆，諫議大夫；元封，進士。婺州刺史●。

A〔岑校〕王孫孺譜云　「孫」誤，庫本作「僧」。

B〔又〕貞元左威衞大將軍柏良器濟陰人　據李文公集一三，季纂生敬仁，敬仁生蓍，蓍生造，即良器之父，是良器爲季纂玄孫。今姓纂以季纂列魏郡下，良器列濟陰下，又未加以説明，誤矣。復據同集，良器終左領軍大將軍，新書一三六同，此作「左威衛」亦疑誤。柏耆父良器，贈太子少保，見白氏集三四。

C〔又〕生耆諫議大夫　　舊書一五四耆傳：「乃自處士授左拾遺。……元和十五年……轉兵部郎中，太（大）和初遷諫議大夫。」（據岑刻校記）則耆爲諫議大夫，遠在修書之後，乃後人所增入者。全文六九三李虞仲制，前使持節婺州刺史、上柱國、騎都尉、賜紫金魚袋柏耆，可守尚書兵部郎中。

D〔又〕元封進士婺州刺史　　「進士」而承以「婺州刺史」，非姓纂書例，末四字亦後人所增。李文公集一三云：「有子曰元封，爲蔡州刺史。……大和元年，翺自廬以諫議大夫徵，路出于蔡，元封泣拜。」則大和元年時元封方在蔡任，林氏修書時未得爲刺史。

377【魏郡】柏子之後。柏懷，後漢魏郡太守，因居斥邱。十代孫季纂，唐司農卿、汝遂宜虞四州刺史、武陽公。

A〔岑校〕柏子之後柏懷後漢魏郡太守因居斥邱　　李文公集一七：「及漢有鴻者，由議郎爲魏郡守，子孫家焉，故爲魏郡也。」與此作「柏懷」異，鴻或懷，後書均無考。

B〔又〕十代孫季纂唐司農卿汝遂宜虞四州刺史武陽公　　李文公集云：「有季纂者，入唐爲工部尚書。」不舉餘官。會要八〇，季纂贈工尚、武陵郡公，謚敬，武陵與武陽亦小異。元龜六二〇：「武德中，歷屯田農圃監，再爲司農少卿。」同書七六六，季纂，隋末爲祁縣長，從平京城，以功累至上柱國。同書八九九，爲司農卿，乞骸骨，拜虞州刺史致仕。

378【蜀郡】狀云柏子之後。大曆中同州刺史柏貞節。

A〔岑校〕大曆中同州刺史柏貞節　制詔集一三：「開府儀同三司、試太常卿、使持節邛州諸軍事兼邛州刺史、御史中丞、劍南防禦使及邛南招討使、上柱國、鉅鹿縣開國子柏貞節……可使持節都督夔州諸軍事兼夔州刺史、依前兼御史中丞充夔忠萬歸涪等州都防禦使。」又元龜一七六，大曆初，杜鴻漸奏邛州兵馬使柏貞節爲邛州刺史。

翟

379 黄帝之後，代居翟地。國語云，爲晉所滅。齊翟僂新。魏翟璜。漢文帝廷尉翟公，下邳人。

A〔岑校〕齊翟僂新　「齊」，通志作「秦」，按急就篇注作「齊」。

B〔又〕漢文帝廷尉翟公下邳人　見漢書百官公卿表及鄭當時傳。「邳」誤，應作「邽」，通志及備要三五、類稿五二引，均正作「下邽」。

380【汝南上蔡】漢丞相、高陽侯翟方進，生義，東郡太守。後漢尚書翟舟，會稽人。晉翟陽，潯陽人，五徵不起。陽六代孫晉林，見隋書孝義傳。大曆檢校工部員外翟立言。唐有功臣殿中監、汝南公翟無言。

A〔岑校〕漢丞相高陽侯翟方進　按琅邪有高陵、高陽二縣，皆爲侯國（漢地志）。據漢表一八，方進乃高陵侯，非高陽侯。

B〔又〕晉翟陽　「陽」應作「揚」，下同，晉書九四有傳。但全文七三二長孫修翟公重建碑表亦作「晉處士陽」。

C〔又〕陽六代孫晉林見隋書孝義傳　「晉」誤，隋書七二及庫本均作「普」。

D〔又〕唐有功臣殿中監汝南公翟無言　無言嘗官閑廄使，見會要六五。新唐書，長安五年檢校司農少卿兼知總監翟世言。考異四二云：「李憕傳末功臣有殿中監兼知總監、汝南郡公翟無言，卽其人也。唐人諱『世』字，當作無言爲是。」沈跋云：「又（後紀）十卷『成王侯次子于翟爲翟氏注，姓纂云『少子』非，今孫本『二十陌』翟姓下無『成王少子』之文。」按今本既云「翟，黃帝之後」，卽不應再綴「成王之後」一語，否則當冠「一云」二字，說乃相通也，姑闕疑待考。

郤

381 晉大夫郤文，生豹，豹生芮，芮生缺，缺生克，克生錡，代爲晉卿。又郤犨、郤至，並其族也。案晉語，郤叔虎朝公。高誘註，郤芮之父。則郤芮父名虎不名豹，或因避唐諱故。世本云，郤豹生義，義生步揚，步揚生蒲城鵲居，居生至。案世本步揚，卽傳所稱「步揚御戎」，至卽郤至，晉語作郤昭子，傳又稱溫季。杜預注，至，郤克族子也。成公十一年，晉侯使郤犨來聘。杜預注，郤克從父兄弟。傳又稱苦成叔。十三年傳，郤毅御戎。杜預注，郤至弟也。傳又有郤稱、郤乞、郤溱，杜預皆不詳其系。姓纂記載，缺失良多。又原本俱誤「郤」作「郄」，今改正。漢有侍中郤珙。

A〔岑校〕晉大夫郤文　「文」下應依通志及姓解補「子」字。校云：「又原本俱誤『郤』作『郄』，今改正。」按「郄」爲「郤」之古寫，通志亦作「郄」，校注竟以爲誤，妄也。又校注謂姓纂記載，缺失良多，缺誠有之，然林氏非爲郄姓作族譜，豈能一一臚列？此吾人應爲林氏諒者也。

B〔又〕漢有侍中郤珙　後漢有郤巡，官侍中，附見後書一一二上樊英傳，不知姓纂是指此否。

382【濟陰】　單父人晉尚書左丞、雍州刺史郤詵，子登。

A〔岑校〕子登　羅校云：「晉書郤詵傳，子延登。」

格

383 出自允格之後。漢侍御史格班，裔孫明，案唐世系表，「明」作「顯」。仕後魏，官至青州刺史。

A〔岑校〕漢侍御史格班　丙寅稿虞仁誌跋云：「據誌，則七葉祖班，晉時爲侍御史，非漢也。」

B〔又〕裔孫明　校云：「案唐世系表，『明』作『顯』。」稱「明」者避中宗諱也。通志亦作「顯」。丙寅稿虡仁誌跋：「世系表作『顯』，與誌合，姓纂乃避中宗諱。」

384【陳留】明曾孫處仁。處仁生希元、輔元。希元，洛州司法。輔元，官尚書、平章事、梁縣男，生遵，殿中御史。

A〔岑校〕明曾孫處仁　蒿里遺文目録續編有洛州司户參軍事格虡仁墓誌，垂拱元年立。按唐人碑誌，往往寫「處」爲「虡」，當卽其人。丙寅稿疑「虡」非「處」之別字，非也（抱經堂集一九答錢辛楣詹事書云：「然如據之爲據，泰之爲泰，又不得以古碑刻有之爲解矣。」可參閲）。虡仁誌跋云：「曾祖通，祖顯，父瓘。諸書既失書虡仁之曾祖通及父瓘，而誤以虡仁爲顯之曾孫，誤之甚矣。」

B〔又〕處仁生希元　元龜一二五八及新表七四上作「希玄」，舊書七〇作「希元」，虡仁誌跋云：「誌則不載希元，使希元果爲輔元母兄，寧有書次子而舍元子之理？意希仁（按應作希元）爲處仁（按應作輔元）從兄，或是德仁之子耶。」

C〔又〕希元洛州司法　舊書七〇誤「洛川司法」。按會要三六，後漢書注，儀鳳元年上，與注事者有洛州司户參軍格希元。新書五八作「格希玄」，郡齋志五誤爲「革希元」。虡仁墓誌，垂拱元年立，洛、洛字相似易訛，豈虡仁、希玄皆嘗官是職歟（唯姓纂、舊書、新表作「司法」異）？況舊書三八，顯慶二年，已改洛州爲東都，則儀鳳元年不得稱洛州。會要雖著「初」字，然賢立爲太子，不過上元二年事，洛州之稱久廢矣。若謂預注事者爲康仁，則其誌似應提及（拓本余未見，丙寅稿有跋，唯未之及，則似誌無此事），此猶懸而未決之疑問也。

D〔又〕輔元官尚書平章事　依舊傳，「官」上應補「地」字。輔元拜監察，遷殿中充使，見廣記二五五引御史臺記。

E〔又〕梁縣男　康仁誌跋云：「誌稱有子輔元，朝請大夫、守洛陽縣令、上柱國、梁縣開國男。輔元傳不載封爵，姓纂有之，正與誌合。」

F〔又〕生遵殿中御史　新書一〇二，遵擢累贊善大夫。

劇

385 齊大夫食采于劇，因地爲姓。燕將劇辛。漢游俠傳，劇孟，洛陽人。藝文志，劇子著書。

伯

386 風俗通云，嬴姓，伯益之後。晉大夫伯宗，生州犂，仕楚。

嚇

387 風俗通，赫昦氏之後。

A〔岑校〕風俗通赫昦氏之後　「嚇」字誤，庫本及通志均作「赫」，故云「赫胥氏之後」也。「胥」，古寫作「昛」，與骨、省字相類，故前文郝氏「出于郝省氏，太昊氏之佐也」，新表七五下及宋本辯證同，而通志則作「赫胥氏」，漢書二〇，太昊氏之佐有郝胥氏*，無郝省氏，可證。沈跋云：「又後紀一卷『太昊帝弟郝骨氏後有郝氏』，『郝骨氏』注云，元和姓纂作『郝骨氏』，唐書(世)系表又作『郝省氏』，云太昊之佐也，今孫本『十九鐸』無郝骨姓，郝姓下云，出於郝省氏，太昊之佐也，轉與唐書世系表同。」自注云：「案『郝骨』、『郝省』，皆『郝胥』之誤。」按如沈注，則「郝骨」、「郝省」，特羅氏見本不同，羅氏所云「元和姓纂作」者，非一定姓纂內有郝骨專條之謂，沈氏不必以「無郝骨姓」爲疑也。總之，「郝省」、「郝骨」，實均「赫胥」之舛變，尋源四二又謂元和姓纂作「郭骨」，足證此兩字之傳寫多訛。張氏既於尋源四三立赫胥氏，又於同書四二立郝骨氏，初無非踵路史之訛，析一而二耳。羅氏別出郝骨，殆因其於前紀卷七已出赫胥，先有成見而然。「赫」易訛「郝」，如勳外赫連梵，英華四九七訛郝連梵(登科記考一同)；又急就篇下云，「趙將賁郝，漢賁赫」，實是一人。「胥」易訛「骨」，如七發「通厲骨母之場」，文選注以「骨母」爲「胥母」之訛。復次，金樓子一：「栗陸，驪連之後，有赫蘇氏。」按左傳申包胥，戰國策作「勃蘇」。吳師道云，勃蘇、包胥聲相近。依此求之，赫胥，切韻 xbk sįwo，當譯自外語，通志固以入夷狄姓也。

白（岑補）

388 黄帝之後。風俗通，秦大夫白乙丙，嬴姓，又有白起。楚有白公勝，楚平王太子建之子也。周白圭，漢白生。（岑參據白文公年譜及類稿五二補）

A〔岑校〕陳振孫白文公年譜云：「元和姓纂載風俗通，以白乙爲嬴姓，蓋亦以其爲秦人意之爾。姓纂復泛舉秦白起、楚白勝、周白圭、漢白生等數人，而皆不能言其自出。」陳氏非照引原文。又類稿引云：「黄帝之後。秦大夫白乙丙，楚有白公勝，楚平王太子建之子也。」備要二四同，故約其意參補如上。

帛（岑補）

389 吴郡人。神仙傳有帛和。（岑補）

A〔岑校〕據類稿五二引。

澤（岑補）

390 〔岑校〕據沈跋補目。說見卷二皐徐條。宋本辯證「二十陌」云：「澤出姓苑。」廣韻同。

伯成

391 風俗通，伯成昪渠，晉隱士。諫議大夫伯成衡。功臣表，吾侯伯成延，傳封六代，「成」或作「城」。王莽時，伯成修獻符命。

A〔岑校〕風俗通伯成昪渠　徵諸通志及漢書，「伯」皆「陽」之訛，蓋全條皆以伯成（一作「柏成」）冒陽成之文也，應改正移入卷五。復次，辯證三九「伯成」云：「莊子，伯成子高，辭爲諸侯而耕。亦作『柏成』。」又姓氏篇引姓纂：「柏成氏，堯時諸侯柏成子高。」與姓纂下文柏侯之辭略同，殆即伯成本條之佚文矣。

B〔又〕諫議大夫伯成衡　通志作「漢有諫議大夫陽成公衡」。桓譚新論，陽成子張名衡，則「公」字可衍。

C〔又〕功臣表吾侯伯成延　「吾」，漢書一六及通志作「梧」。又「伯成延」，漢書「陽城延」，通志「陽成延」，故下云「『成』或作『城』」也。

D〔又〕王莽時伯成修獻符命　陽城脩見漢書莽傳下。

伯比

392 楚鬭伯比之後。至懷王時，有伯比仲華。

伯昬

393 列子有伯昬無人。「無」或作「瞀」。

A〔岑校〕列子有伯昬無人無或作瞀　宋本辯證略同。

伯夫

394 韓子云，伯夫氏，墨家流也。

A〔岑校〕韓子云伯夫氏墨家流也　廣韻及宋本辯證略同。辨誤三〇云：「按莊子、淮南子均作相夫氏之墨。」此作「伯夫」，當是見本不同。

伯夏

395 畢公高之後。

A〔岑校〕畢公高之後　宋本辯證引同。

伯宗

396 世本，晉孫伯起，生伯宗，因氏焉。

A〔岑校〕世本晉孫伯起生伯宗因氏焉　　辯證三九「伯宗」云：「謹按此謂伯氏所自起也。姓纂以爲『伯宗』複姓，誤矣。」

伯高(羅補)

397 列子友伯高子。進。(羅補)

A〔岑校〕列子友伯高子進　　此係羅氏據辯證三九補。辯證云：「此校勘之誤也。伯高合爲複姓，然『進』字乃下文曰『進二子之道』，姓纂誤斷一句，觀者詳之。」

柏侯

398 柏成子高，堯時諸侯，因氏焉*。漢有尚書柏侯雋。管寧從柏侯子安受春秋。

A〔岑校〕漢有尚書柏侯雋管寧從柏侯子安受春秋　　廣韻，尚書郎柏侯儁。姓解二，尚書郎柏侯雋。此奪「郎」字。通志作「尚書令柏侯奮」，殆誤。又宋本辯證引「管寧從南柏侯子安受春秋，漢有尚書郎柏侯雋」。「南」下蓋奪「陽」字，下文云「子安居南陽」也。

399 【南陽】柏侯子安居南陽。

柏常（岑補）

400 黄帝地官柏常之後。（岑補）

A〔岑校〕據姓觽十引。

白馬

401 風俗通，微子乘白馬朝周，因氏。一云，漢公孫瓚在幽州，常乘白馬，因氏焉。

白石

402 神仙傳，白石生，中黄大夫弟子，常煮白石爲糧。

白狄

403 左傳白狄子之後。神異記，白狄先生，馮翊人。

白鹿

404 風俗通，白鹿先生，古賢人，著書。

虢射

405 晉大夫虢射叔之後。漢桓帝時羽林左監虢射鏘。

A〔岑校〕晉大夫虢射叔之後漢桓帝時羽林左監虢射鏘 通志無「叔」字，「左」作「右」。辯證三九又引云：「晉大夫虢射之後。漢昭烈帝時有羽林監虢射鏘。」

百里（岑補）

406 秦大夫百里奚，其先虞人，家於百里，因氏焉。（岑補）

A〔岑校〕據類稿五七引。

白楊提

407 後魏有白楊堤度汗，吐谷渾別帥，率户附魏。

A〔岑校〕白楊堤 通志文全同，惟「楊堤」作「揚提」。

二十一麥

麥

408 見姓苑，云高要始興有此姓。隋麥鐵杖，始興人，自周入隋，官至萊州刺史、右衛大將軍、宿國公。

A〔岑校〕官至萊州刺史右衛大將軍　隋書六四及通志均作「右屯衛」，此奪「屯」字。

獲

409 風俗通云，宋大夫猛獲之後，子孫以王父字爲氏。

A〔岑校〕宋大夫猛獲之後　通志及類稿五二同。廣韻及姓解二均作「尹獲」。

革

410 漢功臣棗陽侯革朱漢功臣表作煮棗端侯革朱。

A〔岑校〕漢功臣棗陽侯　革朱　校云：「漢功臣表作煮棗端侯革朱。」余按廣韻、通志亦作「煮棗侯」，唯宋本辯證與此同。

麥邱

411 英賢傳，齊桓公時賢人麥邱老人。

二十二昔

412 衛大夫石碏之後。又石駘仲，衛大夫，生石祁子，見左傳。禮記，楚有石奢*。鄭石癸，癸字甲父。周石速。漢石商、石奮。奮生建、慶，號「萬石君」。

A〔岑校〕又石駘仲衛大夫生石祁子　庫本無「又」及「生石祁子」五字，類稿五二引文有。

B〔又〕鄭石癸癸字甲父　通志云：「鄭有石申父、石癸。」誤。石甲父即石癸，見釋例八。

C〔又〕周石速漢石商石奮　通志作「周有石速、石張、石尚，漢有石奮」。

413 【渤海】　奮裔孫苞，晉司徒、樂陵公，生喬、統、越、峻、儁、嵩。統孫瑛，趙司空，五代孫卷。卷五代孫晷，唐虞部郎中。

A〔岑校〕生喬統越峻儁嵩　羅校云：「案晉書石苞傳，六子，越、喬、統、浚、儁、崇。」按石崇之名，人所熟知，「嵩」字之訛無疑，作「儁」亦非是。

414 【平原】　厭次人，奮後，晉司徒石鑒。又駕部郎中石仲覽，宣州人，今居廣陵。

A〔岑校〕又駕部郎中石仲覽　唐初人，附見新書一〇六高智周傳及一〇五來濟傳。

415 【上黨】　晉石勒，上黨武鄉羯胡也，晉元時僭位稱王，都襄國，今荆州也；子弘爲從兄季龍所殺自立，子鑒、遵並爲冉閔所殺。後趙六王三十四年。案石趙起晉太興元年，終永和七年，凡七主，共三十三年。

A〔岑校〕僭位稱王　庫本奪「王」字。

416【河南】後魏官氏志，烏石蘭氏改姓石。魏司徒、蘭陵公石猛。猛生銓。銓生真素、初平。素生萇。萇生儁、遠、詢。石儁生士濟，唐原州總管。詢生金剛，左司衛率。初平元孫抱忠，天官侍郎，今居虢州。

A〔岑校〕烏石蘭氏改姓石　參看上文卷三烏石蘭或嗢石蘭。白鳥氏謂是 arslan 之對語，其名在唐、宋、元史中常見之。

B〔又〕魏司徒蘭陵公石猛　昌黎集二五石洪誌云：「九代祖猛，始從拓拔氏入夏，居河南，遂去『烏』與『蘭』，獨姓石氏，而官號大司空。」與此作「司徒」異。

C〔又〕萇生儁遠詢石儁生士濟　「石」字應衍。

D〔又〕初平元孫抱忠天官侍郎　天官侍郎石抱忠爲武懿宗、吉頊所構陷，見舊書一八六上。又石抱忠以文章顯，見盈川集一庭菊賦序。抱忠檢校天官郎中，後棄市，見廣記二五五引御史臺記。唐石拓本有萬歲登封元年大周天官石侍郎第二息所生故馬夫人墓誌銘并序，侍郎當即抱忠（夫人卒年三十五）。

席

417 本姓籍，晉大夫籍談之後也。談十三代孫瓌，避項羽名改爲席氏。漢初，徙關東豪族，席氏後徙安定臨涇。

A〔岑校〕本姓籍晉大夫籍談之後也談十三代孫瓌避項羽名改爲席氏　潛夫論云：「籍氏及襄公之孫孫黶。」又云：「晉大夫孫伯黶實司典籍，故姓籍氏。」席泰誌（丙寅稿）則云，虞以握文啓藩，偃以司籍命氏，劇秦之政，自北徂南，避羽之名，改「籍」爲「席」。「瓌」字，備要一八作「懷」，類稿五二引作「瓌」。

B〔又〕漢初徙關東豪族席氏後徙安定臨涇　席泰誌，漢初豪傑西遷，遂爲關中望族。

418【安定臨涇】瓌十代孫廣，後漢光祿勳；元孫允，魏酒泉郡守*。允元孫保，苻秦尚書左丞；生衡，晉建威將軍，寓居襄陽，仕南朝。四代衡孫固，歸後魏，湖州刺史、靖安公；元孫君懿，唐侍御史。懿曾孫建、渙、異、晉。建，禮部尚書、襄陽文公，孫咎、夔。夔，中書舍人，生鴻。又席法，與裴叔業自南歸後魏，拜并州。缺。

A〔岑校〕瓌十代孫廣　廣附見後書陰興傳。

B〔又〕四代衡孫固　周書四四固傳，高祖衡，則「衡」字應乙於「四代」之上。

C〔又〕湖州刺史靖安公　輿地碑記目三襄陽府：「後周席肅公神道，保定四年卒。」羅校云：「案『靖安公』，周書席固傳作『静安公』。」又丙寅稿席泰誌跋云：「誌作『安靖』爲異。」

D〔又〕懿曾孫建涣異晋　舊書一九〇中，席豫，湖州刺史固七世孫。又新書一二八，豫字建侯。今精舍碑稱豫或建侯，郎官柱均稱建侯，蓋後來避諱，用其字也，此稱建不合，應補「侯」字，下同。全文二七〇收席晉文兩篇。開元中，右補闕席異，安定人，見歷代名畫記二。

E〔又〕建禮部尚書襄陽文公　舊傳封襄陽縣子，「公」者泛稱也。開元初，豫以監察御史按覆河西，見廣記一一五引廣異記。豫爲户侍，見廣記三八六引廣異記。

F〔又〕夔中書舍人　昌黎集一〇注云：「按諱行録，席夔行八，貞元十年進士。」全文六三一吕温祭座主顧公文，貞元二十年作，稱渭南縣尉席夔。輿地碑記目四資州三仙磨崖題名云，貞元四年十月十日，杜錫、崔熊、席夔三人同遊。夔又見全文六〇四劉禹錫答薛郎中書及廣記二一三引畫斷。全文六三三：「夔，貞元十二年弘詞及第，元和初，官吏部員外郎。」

G〔又〕又席法與裴叔業自南歸後魏拜幷州　「幷州」下注「缺」字，庫本無。羅校云：「案『席法』下脱『友』字。席法友，魏書有傳，官幷州刺史，此『幷州』下脱『刺史』二字。」

昔

案昔姓應在「二十二昔」之首。

419 風俗通，周大夫封昔，因氏焉。漢昔登爲烏傷令。開元昔安仁生豐，大理評事，汝州人。

易

420 左傳，齊大夫易牙之後。魏雍州刺史易愷，魏郡人。晉春陵令易雄，長沙人。前涼將軍易挺。

A〔岑校〕後魏雍州刺史易愷　通志同，宋本辯證作「荆州」。

B〔又〕前涼將軍易挺　「挺」，通志作「捷」。

籍

421 晉文侯仇弟陽叔，生伯黶，司晉典籍，爲籍氏。元孫籍談，代爲晉大夫。晉爲趙、魏所滅，籍氏播遷宋。漢有倖臣籍端，又諫議大夫籍禋。石趙侍中籍羆。唐太常博士籍知微，云其後也。

A〔岑校〕生伯黶司晉典籍爲籍氏元孫籍談　按杜預云：「孫伯黶，晉正卿籍談九世祖。」程公說春秋分紀云，「黶生頡，頡生叔子，叔子生官正，官正生司徒公，司徒公生少襄，少襄生太伯，太伯生季，季生偃，偃生談」。此作「玄孫」訛。

B〔又〕籍氏播遷宋　「宋」上當依通志補「於」字。備要二四引作「于宋」。

C〔又〕漢有倖臣籍端　「端」誤，通志作「孺」，見漢書佞倖傳序。

D〔又〕石趙侍中籍羆　「羆」，通志作「羆」。

E〔又〕唐太常博士籍知微　庫本無「籍」字，非是。「微」，通志作「幾」。

射

422 晉大夫號射之後，見左傳。漢大鴻臚射咸。吴中書侍郎射慈，善禮喪服。又音社。

A〔岑校〕漢大鴻臚射咸　參前卷九射姓。

B〔又〕吴中書侍郎射慈　廣韻、姓解三及類稿五二均作「中書郎」，「侍」字衍。

奭

423 召公奭之後，以王父字爲氏。

A〔岑校〕召公奭之後以王父字爲氏　宋本辯證引云：「召公奭，後爲氏。」

赤

424 風俗通，帝佶帝赤松子之後，見神仙傳。

A〔岑校〕帝佶帝赤松子之後　通志及類稿文全同，唯「佶帝」作「嚳師」，庫本亦然，此誤。

夕

425 後漢巴中渠帥夕氏。蜀志，尚書令夕斌。

益（岑補）

426 伯益之後。（岑補）

A〔岑校〕據姓觿十引。

適

427 見姓苑。

釋

428 内典云，悉達太子成道，姓釋氏。

辟閭

429 衞文公支孫，以居楚邱，嘗辟閭里，因爲辟閭氏。漢書儒林傳，太子少傅辟閭曾；孫失名，爲昌邑王太傅。

A〔岑校〕衞文公支孫以居楚邱營辟閭里因爲辟閭氏　辯證三九引作「衞文公曾孫，以居楚丘，營辟閭里，後世因爲辟閭氏」。

石駘

430 駘仲之後，亦作石駘氏。

A〔岑校〕駘仲之後亦作石駘氏　辯證三九引同。尋源四三引作「石駘仲之後」。

石之

431 左傳，齊有石之紛如。

A〔岑校〕左傳齊有石之紛如　辯證三九引同。庫本奪「石之」字。

石伯

432 左傳，伯名伯奂之後*。案左傳有召伯奂，此疑誤。

A〔岑校〕左傳伯名伯奂之後　校云：「案左傳有召伯奂，此疑誤。」余按前卷九有召伯，云：「左傳，召伯奐之後。」今試將此條之第一「伯」字衍去，則兩條恰相對照，蓋「召」字之草寫或漫滅，近於「石」或「名」，故目誤「石伯」而文誤「名伯」也。文既複出，應全條刪卻。路史謂衞後有石伯氏，意亦沿訛，應闕疑。考辯證三九「石作」云：「孔子弟子石作蜀，字子明，英賢傳曰，姓石作名蜀，未知何據。」又通志「石作氏」云：「姓氏英賢傳，石作蜀，仲尼弟子，見史記。」廣韻亦以石作爲複姓。「伯」與「作」僅差一豎，亦許以石作冒召伯之文矣。

赤張

433 史記，赤張徒父、赤張開、赤張哆，並孔子弟子。案莊子有赤張滿稽若，孔子弟子。史記、家語俱無赤張氏，惟漆雕徒父、漆雕哆，三人名同，開漆雕，疑因此誤。

A〔岑校〕史記赤張徒父赤張開赤張哆並孔子弟子　校云：「案莊子有赤張滿稽若，孔子弟子。史記、家語俱無赤張氏，惟漆雕徒父，漆雕哆三人名同，開漆雕，疑因此誤。」「開漆雕」三字應乙於第二「漆雕」字下，洪本誤錯。余按漆雕冒合博之文，前已言之，今試將此條內所有三「赤張」字，全以漆雕代入，便與前引通志漆雕氏之文（類稿五五同）絲毫無異，是知此處又以赤張冒漆雕之文，赤張本條則誤附卷五填潰下也。

赤章

434 韓子，赤章蔓枝，智伯臣也。

A〔岑校〕韓子赤章蔓枝智伯臣也　説苑作「曼支」，寰宇記四〇引韓子同，廣韻引韓子脱「蔓」字，姓解三同，辯證三九有「蔓」字。

二十三錫

錫

435 吴志，漢末交趾太守錫光，仙人錫壽之後。梁錫休儒爲益州刺史。

A〔岑校〕梁錫休儒爲益州刺史　姓解二及通志均作「後梁有錫休」，無「儒」字，但「後梁」之「後」字應衍。

狄

436 周成王封少子於狄城，因氏焉。魯大夫狄虒彌。古賢人狄儀。仲尼弟子狄黑；衞人；裔孫，漢博士狄山。

A〔岑校〕周成王封少子於狄城因氏焉　羅校云：「案唐表作周成王母弟孝伯，封於狄城，因以爲氏。」余按通志「狄氏」云：「周文王封少子于狄城，因氏焉。或言成王封母弟孝伯於狄城。」然則姓纂之「成王」乃「文王」之訛，新表與姓纂各持一説耳。但類稿五二引，亦作「周成」。沈跋據路史，謂今翟姓無周成王少子之文，蓋未明翟、狄之通用，説詳附録三（路史作周成王次子）。

B〔又〕古賢人狄儀　「古」，庫本作「先」，惟通志、類稿亦稱「古賢人」。

C〔又〕裔孫漢博士狄山　山見漢書張湯傳。

437【天水】狄山子孫，代居天水。姚秦録，狄伯文官至中書令、樂平侯。將軍狄廣、狄建義、狄柴、狄雄齊。伯文裔孫，又居太原；曾孫孝緒，唐尚書左丞、右常侍、臨潁男；生知遜，夔州刺史；案知遜官越州刺史，此作「夔」，不合。生仁傑，納言、内史令、梁國公文惠公，生光嗣、光遠、景昭。光嗣，户部郎中，孫博通、博濟。博通生元範。光遠，袁州司馬。景昭，職方員外。

A〔岑校〕伯文裔孫又居太原　辯證三九作「伯又裔孫恭，居太原；生湛，東魏帳内正都督、臨邑子，孫孝緒」。羅校云：「『伯文』，唐表作『伯支』。」

B〔又〕生知遜夔州刺史　校云：「案知遜官越州刺史，此作『夔』，不合。」蓋據新表七四下立言。羅校云：「案舊唐書狄仁傑傳，知遜夔州長史。」余按邛州刺史狄公碑：「俄除越（下缺）州鄭縣令，……即除夔州都督府長史。」（萃編六九）「越」字當是越州，但在鄭縣令之前，中間苟未降謫，斷非刺史。據萃編所釋，其文乃「俄除越州剡縣令、華州鄭縣令」，正與碑銘「剡本吴縣、鄭稱京輔」相符，王氏以爲表誤，信矣。「知遜」，金石録四作「知愻」，二字唐人常通用。

C〔又〕生仁傑納言内史令梁國公文惠公　上「公」字可衍。仁傑爲魏州刺史，見廣記三一三引玉堂閒話；又爲寧州，見同書三二九；垂拱四年爲安撫大使，見同書三一五引吴興掌故集，爲代州都督，見同書三九三。

D〔又〕生光嗣光遠景昭　羅校云：「按『景昭』，唐表作『光昭』。」余按開元七年闕里孔廟碑：「司馬天水狄光昭，字子亮，相門克開，雅道踵武。」（山左金石志一二）亦作「光昭」。

E〔又〕光嗣户部郎中　據舊書八九，光嗣終歙州别駕，此舉其京職之崇者，唐人貴郎官也。廣記四二七引廣異記，開元中光嗣爲費州刺史，孫博望，生于官舍。

F〔又〕孫博通博濟　杜工部集有寄狄明府博濟詩「梁公曾孫我姨弟」云云，朱鶴齡注以爲大曆二年作，未知任何縣令也。太白集九又有東魯見狄博通詩。元龜一三一，貞元九年詔稱，「前利州刺史狄博濟，惟乃曾祖梁文惠公，……可衛尉少卿」。

G〔又〕博通生元範　舊紀一四，元和二年七月，狄仁傑後玄範爲右拾遺。「右」，會要四五作「左」，又稱曰「仁傑孫」，泛言之也。岑刊舊書校記七云：「聞本『後』作『桓』，沈本作『曾孫』。張氏宗泰云，『桓』當作『孫』，他本作『曾孫』，俟考。」今合杜甫詩及姓纂觀之，玄範顯是仁傑玄孫，舊書作「後」不誤。

龔道耕舊唐書札迻一謂沈本作「曾孫」爲臆改，是也，但混言曰「裔孫」，亦考之未盡。

H〔又〕光遠袁州司馬　新表七四下奪「袁」字。廣記二六七引御史臺記，仁傑被羅織，光遠告變。

酈

438 黄帝之後，支孫食采于酈，因氏焉。漢有廣野君酈食其，沛人。弟商，爲賈，後爲丞相；生寄，一名況。其子疥封高梁侯，傳封三代。孫魏酈道元字善長，注水經，官至御史中尉。

A〔岑校〕其子疥　「其」上應依通志補「食」字。後人誤「其」作如字讀也。

B〔又〕孫魏酈道元　「孫」誤，庫本作「後」。

戚

439 衞大夫食采於戚，因氏焉。先賢戚子，著書。漢高祖戚夫人，生趙王如意。功臣表，臨堅侯戚鰓，傳封八代。

A〔岑校〕先賢戚子著書　類稿五二引作「古賢人有戚子，著書」。

B〔又〕功臣表臨堅侯戚鰓傳封八代　廣韻、通志及類稿、備要一三引，均作「臨轅侯」。按漢表一六作「臨轅堅侯」，「堅」者謚也，此應補「轅」字。又「八代」，通志、類稿、備要作「七代」，漢書僅敍至七世止，此作「八」訛。

休

440 古溺字，見纂要。

羅

441 左傳，晉大夫羅茷。

A〔岑校〕左傳晉大夫羅茷　見成公十年。庫本，「茷」訛「茂」。

析

442 左傳，齊大夫析歸父。衛大夫析朱鉏，公子黑其後也。後漢析像，通京氏易，廣漢雒縣人。析國爲鬱林太守，生像，入後漢方術傳。案後漢書，析像乃「折」字，从手，此訛爲「析」，未詳。

A〔岑校〕衛大夫析朱鉏公子黑其後也　按通志「析氏」云：「朱鉏，公子黑背之孫，以王父字爲氏。」又云：「今析朱鉏，乃公子黑之子（？）。」「其後」之「其」，疑應作「背」，類稿五二引作「公子黑背孫也」，參附録二。

B〔又〕後漢析像　校云：「案後漢書，析像乃『折』字，從手，此訛爲『析』，未詳。」庫本作「後漢書折像」。余按顏氏家訓及通志亦作「析像」。又隋書之「浙州」，今訛「淅州」。姓解一：「後漢書方術傳有折象，本是『析』，史誤書。」辨誤三〇引華陽國志，張江封南陽縣析侯，因以爲氏，謂「析」應從木不從扌，今刊本作「折」者誤。

析成

443 齊大夫析成鮒。

A〔岑校〕齊大夫析成鮒　「鮒」，通志誤「鉏」，辯證四〇引作「鮒」，云：「誤矣。謹案春秋，魯定公十四年，析成鮒、小王桃甲率狄師襲晉，不克，士鮒奔周，小王桃甲入于朝歌。則鮒姓士氏。」

二十四職

職

444 周禮職方氏，因官爲姓。山陽令職洪，因官居焉。開元有職南金，蔡州人，民史記。

A〔岑校〕山陽令職洪　廣韻及姓解一、類稿五二同，宋本辯證作「供」，疑誤。

B〔又〕開元有職南金　宋本辯證云：「唐亦有直館職南金。」

C〔又〕民史記　「民」誤，庫本作「明」，類稿五二亦作「明」。

稷

445 稷氏，后稷之後，子孫氏焉，見姓苑。漢稷嗣君叔孫通，支孫亦爲稷氏。

A〔岑校〕稷氏后稷之後子孫氏焉　「稷氏」二字是羡文。

446 【魯郡】　今兖州有稷氏。

力

447 黄帝臣力牧之後。

448 【魯郡】　漢有魯郡相力題，因居焉。

A〔岑校〕漢有魯郡相力題因居焉　姓解一、通志及類稿五二亦作「題」，唯宋僧傳二五神智傳：「力氏之先，黄帝臣牧之後。漢有魯郡相力歸，因官居兖，遂爲魯人也。」與此異。

棘

449 衛大夫棘子成之後，見論語。文士傳曰，棘祇本姓棘，避仇改爲棗，潁州長社人。

A〔岑校〕衛大夫棘子成之後　姓觿十又引云：「楚大夫采邑，後因氏。」姑附此。

息

450 息，嬀姓侯國，爲楚所滅，子孫以國爲氏。今新息縣，卽其故地也。

451 【襄陽】　今襄州。案此下似有脫文。

A〔岑校〕今襄州　校云：「案此下似有脫文。」庫本無「似」字。

植

452 南越有此姓。氏族略。

A〔岑校〕南越有此姓　此目及文，均洪氏據氏族略所補，殊不知此文今誤附勒姓，特佚其目耳。文應删卻，以免複出。

翼

453 見姓苑。

454 【河東】 今蒲州有翼氏。晉翼侯居翼城，因以氏焉。

455 【東海下邳】 漢諫議大夫翼奉。

弋

456 今蒲州有弋氏，望出河南。氏族略。

A〔岑校〕今蒲州有弋氏望出河南　此是洪氏據氏族略補，但考通志實作「望出河東」，廣韻、姓解二及辯證四〇同。蒲州，河東也。「南」字訛。

457 夏禹之後封於弋，因氏。（岑補）

A〔岑校〕據姓觿十引。

食

458 見姓苑。

459 【河南】 風俗通，漢有博士食子公。

A〔岑校〕漢有博士食子公　食子公，見漢書八八韓嬰傳，河內人。宋祁云，音嗣，與此異。通志亦作入聲。「南」字訛。

460 【遼東】後燕合浦公食勃，東夷人。

A〔岑校〕後燕合浦公食勃東夷人　按通志食氏之後爲敕氏，云：「音棘，望出遼東，後燕合浦公敕勃，東夷人。」與此條相同，乃知姓纂食姓兼冒敕姓之文而脱去其目也。在通志爲兩姓相連，而在今本姓纂則兩姓相冒，其關係已於自序言之。類稿五二敕姓亦云：「後燕合浦公敕勃，東夷人。」

嗇

461 風俗通云，古嗇夫，子孫因氏焉。

卽

462 風俗通，漢單父令卽費，其先食采卽墨，因以命氏。

卽利

463 韓子，宋戴公時大夫卽利渠彌。

A〔岑校〕韓子宋戴公時大夫卽利渠彌　宋本辯證同。

稷邱

464 英賢傳曰，漢稷邱子得仙。

A〔岑校〕漢稷邱子得仙　宋本辯證同，唯庫本及通志，「仙」下均有「道」字。

弋門

465 姓苑云，漁陽人。

A〔岑校〕漁陽人　「漁」，廣韻及辯證四〇同。通志作「漢」，誤。

二十五德

國

466 左傳，齊卿族國氏，代爲上卿。國共伯元孫歸父，生綽。綽生夏。夏生聿及書，並其族。又鄭穆公子發，字子國；生輒，字子耳；生僑，字子産，以王父字爲氏，生參。

A〔岑校〕以王父字爲氏　類稿五二引，此下有「亦爲國氏焉」一句，當是意引。

467 【樂安】　漢魏郡太守國泉，字子尼。晉鎮南將軍、王歆騎督國滿，討張昌於隋郡。案晉書，新野王歆遣騎督靳滿討張昌，非國氏也。國滿未詳。

A〔岑校〕漢魏郡太守國泉字子尼　三國志一一，國淵字子尼。此曰「泉」，避唐諱也。

B〔又〕晉鎮南將軍王歆騎督國滿討張昌於隋郡　校云：「案晉書，新野王歆遣騎督靳滿討張昌，非國氏也。國滿未詳。」依此，則「王歆」上應補「新野」字，非姓「王」名「歆」也。復考晉書一〇〇張昌傳：「鎮南大將軍新野王歆遣騎督靳滿討昌於隨郡西。」則「隋」應作「隨」。又通志「勒氏」云：「晉鎮南將軍王歆騎督勒蒲討張昌於隨郡。」類稿五二同（辯證四〇亦作晉王歆有騎督勒滿），與姓纂國姓樂安望下後半截全符。勒、靳、蒲、滿（如金蒲、金滿，前已言之），字皆易訛，知唐宋見本晉書殆作「勒」，非作「靳」，而今姓纂以國氏兼冒勒氏，故庫注謂「國滿未詳」也。茲既考出其誤，則此十五字應移入後文勒姓之下。

墨

468 孤竹君之後，本墨台氏，後改爲墨氏。望出梁郡。戰國時宋人墨翟著書，號墨子。氏族略。

A〔岑校〕孤竹君之後本墨台氏　此姓全係洪氏據氏族略補。辨誤三〇「墨台氏」云：「林寶云，墨音眉，台音怡。國名記，墨台一曰墨怡，怡音台。按林氏音墨爲眉，音台爲怡，其説無據。」顧其下又云：「周書怡峯傳云，本姓默台，避難改焉。則『台』卽『怡』字。」夫張氏既謂「台」卽「怡」字，是林氏音台爲怡，非盡無據也，語殊費解。

塞

469 姓苑云，人姓。或天竺胡人之釋後，即釋種也。

勒

470 南越有此姓。

A〔岑校〕南越有此姓　按勒姓之文，今誤入國氏。通志勒氏之後爲植氏，云：「南越有此姓。」其文正與此同，知勒姓之文，既被冒於國，而勒又冒植姓文也。今應將「晉鎮南將軍、〔新野〕王歆騎督勒蒲討張昌於隨郡」一節，移附勒姓之下，又於此文之前，補植姓子目，便合。洪氏不知勒姓文即植姓文，故於息姓後補植姓，是爲複出，應删卻。

北人

471 英賢傳，古有劉河北人，因氏焉。莊子。吴大夫有北人子高。案通志引英賢傳，古有劉河者，處于北海，其後以爲氏。又云，凋有吴大夫北海子高。此云「莊子」誤，「北人」又誤。

A〔岑校〕英賢傳古有劉河北人因氏焉莊子吳大夫有北人子高　校云：「案通志引英賢傳，古有劉河者，處於北海，其後以爲氏。又云，周有吳大夫北海子高。此云『莊子』誤，『北人』又誤。」依此，則「人」字均應改作「海」，又劉河下可依尋源引文補「者處於」三字。但通志祇云「吳大夫有北海子高」，非云「周有吳大夫北海子高」也。至北人之文，今誤入北郭條。復次，姓解三云：「莊子有北海若。」則「莊子」之下，尚有奪文，參下文北郭。

北宮

472 衞公族。頃子生去疾，孫括生遺。遺生貞子喜。喜生結及肱。左傳有北宮奢。漢書有北宮伯子。晉有西河太守北宮協。前涼有護軍北宮萌。

A〔岑校〕衞公族頃子生去疾孫括生遺遺生貞子喜喜生結及肱　據文，則括爲頃子曾孫。考釋例九，「北宮括，北宮懿子，成公曾孫；北宮遺，成子；北宮佗，文子；北宮喜，貞子；北宮結」，是杜氏以括爲成公曾孫，然頃子與成公，固斷不能爲同人也。復考尋源四四引姓纂云：「衞成公曾孫括。」是張據本所見姓纂，其敍北宮世系，與杜氏同，可決今本必有訛舛。「孫括」之「孫」，似應作「生」。如是，則不特與釋例合，且與張據本所見合矣。又次，釋例，遺生佗，佗生喜，此作遺生喜，亦脱一世。

B〔又〕左傳有北宮奢　「左傳」，姓解三作「莊子」。

C〔又〕漢書有北宮伯子　見佞倖傳敍及趙談傳。

北鄉

473 左傳，齊大夫北鄉啓、北鄉子車。說苑，齊人有北鄉騂，與晏子爲友。案左傳，北郭啓、北郭子車，齊人北郭騂與晏子爲友。此俱誤。

A〔岑校〕左傳齊大夫北鄉啓北鄉子車說苑齊人有北鄉騂與晏子爲友　校云：「案左傳，北郭啓、北郭子車，齊人北郭騂與晏子爲友。此俱誤。」「騂」誤，庫本注正作「騷」。余按通志「北鄉氏」云：「見姓苑。」「北郭氏」云：「左傳，齊大夫北郭子車之後也。子車名佐，生北郭啓。說苑，齊人有北郭騷，與晏子爲友。」庫校蓋本自通志，是姓纂之北鄉，實冒北郭，凡「鄉」字均應正作「郭」，又「騂」字正作「騷」。

北郭

474 莊子，舜友北郭亡擇。晏子云，古有北郭無擇，清身潔己，疾世之濁，自投清泠之淵也。案莊子有北人無擇。此條當採入北人之下，又誤爲北郭。

A〔岑校〕莊子舜友北郭亡擇晏子云古有北郭無擇清身潔己疾世之濁自投清泠之淵也　校云：「案莊子有北人無擇。此條當採入北人之下，又誤爲北郭。」余按通志北郭之文，已引見前條，其北人氏之文，與此祇差三字，卽「亡擇」作「無擇」，「疾世之濁」作「疾世人濁」，又缺煞尾「也」字。蓋前文北人既冒北海，北鄉復冒北郭，故此處北郭冒北人也。

北唐

475 英賢傳曰，晉有高人越者，隱於北唐，因氏焉。漢有北唐子真，治京氏易者。

北門

476 左傳有北門騆。尸子有北門子。莊子有北門成。

北髮

477 漢書，燕遣北髮長路遺公主。

A〔岑校〕漢書燕遣北髮長路遺公主　按此乃卷七壽西之文。漢書七昭帝紀云：「燕王遣壽西長、孫縱之等賂遺長公主……。」蘇林曰：「壽西，姓也。長，名也。」復次，姓解三有北旄，尋源四四謂卽北髦，髦與髮近，則北髮或北旄之訛。但北發，釋者或以爲國名，發、髮音同，亦得爲北發之異寫，姑闕疑待考。

北殷

478 世本云，子姓也。

A〔岑校〕世本云子姓也　按辯證四〇北殷引姓纂云：「史記，湯後。」羅氏已據補入，與此意義相同。但既引世本，殆可不再引史記，余頗以爲疑。繼檢辯證四〇「北旄」云：「世本曰，子姓。」與此條無異致，然則北殷冒北旄之文也無疑。姓解三亦有北殷及北旄。

北野

479 見姓苑。

A〔岑校〕見姓苑　姓觽十云：「北野出姓纂。」

万俟

480 後魏獻帝季弟之後，爲十姓。官氏志稱，万俟氏中間失譜●●

481 【河南】後魏夏州刺史、樂寧公万俟禮；生雅，周安城公。孫元道，唐秦府車騎將軍、靈公；生肅，殿中監、虢州刺史、靈公，生齊莊、庭玉。肅曾孫著、元。元生遜、造。案北史有万俟普，子洛，字受洛干。普封河西郡公。洛，太師、大司馬、太尉，録尚書。尒朱時有万俟醜奴。

A〔岑校〕周安城公　「城」，宋本辯證作「成」。

B〔又〕孫元道唐秦府車騎將軍靈公生肅殿中監虢州刺史靈公　千唐洪府法曹鄭夫人万俟氏誌，卒天寶三載，年四十九，誌云：「曾祖玄道，皇左車騎將軍、靈丘縣開國侯，贈汝州刺史。祖肅，皇銀青光祿大夫、夫（衍文）殿中監，襲靈丘縣開國侯。父仲將，不仕。」知元道之「元」字，係後人諱改。又「靈」是惡號，會要八〇謚此者祇朱忠亮一人，尤不得父子同謚「靈」也，依誌，知兩「靈」字下均奪「丘」字。

C〔又〕生齊莊庭玉　前引万俟氏誌有仲將，不知是二人之一否。

D〔又〕肅曾孫著元　辯證四〇云：「唐朱泚有殿中侍御史万俟著。」當即此著。

E〔又〕元生遜造　全詩十一函八册收万俟造詩一首。

黑齒

482 百濟西郡人也。唐右衛大將軍、燕國公黑齒常之。

A〔岑校〕百濟西郡人也　「郡」誤，舊書一〇九、通志及庫本、又類稿五九引，均作「部」。

B〔又〕唐右衛大將軍燕國公黑齒常之　「右衛」訛，舊書一〇九及通志均作「左武衛」。

黑肱

483 楚中公黑肱之後。

二十六緝

習

484 風俗通云，習，國名也。漢習響爲陳相。

485 【襄陽】晉衡陽太守習鑿齒，著漢晉春秋五十四卷。

A〔岑校〕晉衡陽太守習鑿齒 通志同。羅校云：「案晉書習鑿齒傳作『滎陽太守』。」余按隋書三古史類亦作「滎陽」。

486 左傳，齊大夫習明。史記，齊習虛，田成子時人。

A〔岑校〕左傳齊大夫習明史記齊習虛田成子時人 余按廣韻「隰」：「齊有大夫隰朋。」又類稿五三「隰」：「左傳，齊大夫隰朋。史記，齊有隰靈，田成子時人。」明、朋字肖，虛、靈亦常互訛（見前文），是今本以習兼冒隰也，應剔出補目。

汲

487 風俗通，衞宣公太子伋之後，居汲，因爲氏焉。

488 【濮陽】漢淮昜太守汲黯，其先七代爲衞卿大夫；弟汲仁，亦至九卿；偃，諸侯相。

A〔岑校〕漢淮易太守汲黯　「易」當作「陽」。

B〔又〕其先七代爲衞卿大夫　漢書五〇云：「至黯十世，世爲卿大夫。」按衞滅於秦末，豈此處專指衞卿大夫，故作「七世」歟？但類稿五三汲黯下固作「至黯七世」，姓解一亦作「七世」。

C〔又〕偃諸侯相　「偃」上當補「子」字。

縶（岑補）

489 嬴秦之後。（岑補）

A〔岑校〕據姓觿十引。

邑裘

490 衞大夫柳莊卒，公與之邑裘氏與縣潘氏，故衞有邑裘氏，見禮記。

A〔岑校〕衞大夫柳莊卒　羅校云：「案『大夫』，古今姓氏書辯證引作『太史』。」余按通志文同姓纂。又辯證四〇「邑裘」云：「謹按禮記注曰，裘與縣潘皆邑名，則『邑裘』本非複姓，林氏誤矣。」

二十七合

合

491 左傳，宋大夫合左師之後，向戌也。

二十八盍

蓋

492 漢蓋公，又司隸校尉蓋寬饒。後漢二十八將左馮翊、安平侯蓋延。

A〔岑校〕漢蓋公　見漢書曹參傳及司馬遷傳。

B〔又〕又司隸校尉蓋寬饒　「校尉」，庫本訛「檢校」。

493 【漁陽】蓋延代居漁陽。唐國子博士蓋文懿，宋州人，云其後也。秦府學士、諫議大夫蓋文達，冀州人。

A〔岑校〕唐國子博士蓋文懿宋州人　舊書一八九上云，貝州宋城人。

B〔又〕秦府學士諫議大夫蓋文達　據碑（萃編四六），文達終正議大夫、崇賢館學士，此非終官。若就實官言，亦嘗任國子司業，比諫議大夫高一階云。又據王頌蔚寫禮廎讀碑記，文達碑立於貞觀二十三年，碑陰敍文達後裔，計有子弘式、弘亨、弘鐸、弘濟、弘旦，弘旦之下，尚有一名，已泐。

494【洛陽】後漢蓋勳。

495【河南】官氏志云，蓋樓氏改爲蓋氏。

二十九葉

葉

496 風俗通，楚沈尹戌*，生諸梁，字子高，食采于葉，因氏焉。吴志有都郡葉雄。據祕笈新書增。

A〔岑校〕因氏焉　庫本無「焉」字，通志有。

B〔又〕吴志有都郡葉雄　七字洪氏據祕笈新書增。「都郡」誤，應從廣韻、姓解、通志及類稿五三、備要二四作「都尉」。

聶

497 衞大夫食采于聶，因氏焉。史記，軹人聶政，殺韓相俠累。漢潁川太守聶良，護羌校尉聶尚，又有聶壹。吴志，將軍聶友。石趙梁閔中書舍人聶熊，清河人。

A〔岑校〕衛大夫食采于聶　通志及新安志一同作「衛」，廣韻及姓解一作「楚」，辯證四〇亦引作「楚」，但類稿五三又引作「衛」。

B〔又〕因氏焉　辯證四〇引作「因以爲氏」，新安志同。

C〔又〕護羌校尉聶尚　見後書西羌滇良傳。

D〔又〕又有聶壹　見漢書韓安國傳。

E〔又〕石趙梁閔中書舍人聶熊清河人　通志云：「石趙録，冉閔有中書令聶熊，望出河東，又新安。」「梁」應是「染」訛。備要二七、類稿及宋本辯證亦作「中書令」，「舍人」殆訛。

輒

498 風俗通，衛出公輒之後，以王父字爲氏。漢有輒終古。

A〔岑校〕漢有輒終古　通志同，參下條。

499 【錢塘】　史記，錢塘輒終古，封禦兒侯。案史記作「轅終古」。

A〔岑校〕史記錢塘輒終古封禦兒侯　校云：「案史記作『轅終古』。」余按卷四轅姓已著轅終古，此之輒終古，望出錢塘，顯同一人。蓋林氏雜據舊史料而成書，其中或有訛「轅」爲「輒」者，不及校正，鄭氏失察，并沿其誤也。辯證四〇云：「謹案姓書有轅終古，恐誤作『輒』字。」

捷

500 漢書藝文志有捷子三篇，云齊人。案漢書藝文志作「二卷」。風俗通云，郲公子捷菑之後，以王父字爲氏。

A〔岑校〕漢書藝文志有捷子三篇　校云：「案漢書藝文志作『二卷』。」余按宋本辯證、通志及類稿五三亦作「二篇」，「三」字訛。

接

501 三輔決録，接子昕著書十篇。

A〔岑校〕接子昕　通志作「接子名昕」，廣韻及姓解一作「接昕子」。

葉陽

502 秦太后弟葉陽君，子孫氏焉。漢有諫議大夫葉陽通。案史記，秦太后弟華陽君，通志亦有華陽通，此俱誤。

A〔岑校〕秦太后弟葉陽君子孫氏焉漢有諫議大夫葉陽通　校云：「案史記，秦太后弟華陽君，通志亦有華陽通，此俱誤。」余按通志「華陽氏」云：「秦宣太后弟封華陽君，子孫氏焉。漢有諫議大夫華陽通。」與此祇差兩字，然今廣韻及姓解二均有「葉陽」，無「華陽」，「華」字漫漶類乎「葉」，所以訛爲「葉陽」也。尋源四五仍據姓纂立「葉陽氏」，非是。因姓纂之「葉陽」，確爲訛文也，祇應據國策言之。

接輿

503 論語，楚狂接輿，隱者也，其後爲氏。

A〔岑校〕論語楚狂接輿隱者也其後爲氏　辯證四〇引同。按卷五「蒼頡」云：「論語，楚隱者也，其後爲氏。」即此文奪去三字而複錯於彼者。

䟢趹

504 開元左威衛大將軍、赤水軍副使、武威公䟢趹舒。

A〔岑校〕開元左威衛大將軍赤水軍副使武威公䟢趹舒　按通志「䟢趹氏」祇云：「北蕃首領。」其前之似和氏，則文與此全同，惟䟢趹易作似和而已。蓋卷六似和既冒蘇農，故䟢趹又冒似和。䟢趹本文，則誤錯於卷七火拔姓下，辯證四〇「䟢趹」云「北蕃首領之姓」，亦可證也。開元四年正月制，有左衛大將軍似和舒（英華四五九）。

三十帖

莢

505 音夾，韓相俠累之後。急就章，莢却敵。案急就章作「俠却敵」，若莢氏，見世本，晉有大夫莢成僖子。

A〔岑校〕音夾韓相俠累之後急就章莢却敵　校云：「案急就章作『俠却敵』，若莢氏，見世本，晉有大夫莢成僖子。」余按通志莢氏之後爲俠氏，云：「即莢氏，音夾，韓俠累之後。急就章有俠却敵。」又姓觿十俠姓：「姓纂云，韓相俠累之後。」此標目之「莢」與莢却敵之「莢」，皆「俠」之訛，由「俠累之後」一語可見之。若將此兩字改正，則餘並不誤。大約後人因通志有「即莢氏」之言，故遂改「俠」爲「莢」歟（辯證四〇莢氏文與此同，惟無「音夾」二字）？

牒云

506 北齊營州刺史、漢中山令牒云樂。

A〔岑校〕北齊營州刺史漢中山令牒云樂　據通志，「山」字衍，「令」乃「公」之訛。北齊書一九作牒舍樂封漢中郡公。

牒（羅補）

507 後魏牒云氏改爲牒氏。（羅補）

A〔岑校〕後魏牒云氏改爲牒氏　此姓及文，係羅校據古今姓氏書辯證所補。余按卷三云姓有云："「官氏志，牒云氏改爲云氏。」辯證所引，當卽其文，非姓纂必有牒姓一目也，應删去。至改牒或改云一節，可參官氏志疏證。

涉其（岑補）

508 楚大夫涉其帑之後。（岑補）

A〔岑校〕據姓觿十引，廣韻謂說出世本。辯證四〇云："「按春秋定五年傳，……然則藍尹亹自以舟送其妻子濟水，非有人姓『涉其』名『帑』者，請削此姓，以正其誤。」

三十二狎

甲

509 風俗通，太甲之後。　一云，鄭大夫石甲父之後，以王父字爲氏。

A〔岑校〕太甲之後　辯證四〇引作「出自商王太甲之後」。

甲父

510 古諸侯，以國爲姓。周甲父氏，見釋例。漢有侍御史甲父沮。

A〔岑校〕古諸侯以國爲姓　國名記己引，「姓」作「氏」，是也。

三十四乏

法

511 本嬀姓，田氏之裔。齊襄王子法章，支孫以名爲姓。

A〔岑校〕田氏之裔　「裔」，類稿五三引作「胤」。

B〔又〕齊襄王子法章　宋本辯證同。按史記四六，法章立爲襄王。後漢書六八法雄傳，齊襄王法章之後。通志及類稿引，亦作「齊襄王名法章」，「子」字訛。尋源四五引廣韻「齊襄王法章之後」，乃云：「然法章，湣王子，非襄王子。」然廣韻固謂法章卽襄王，未謂法章爲襄王子也，所辨失其的。

512 【扶風郿縣】 後漢南郡太守法雄。雄子真，順帝四徵不起，號元德先生。真生衍，司徒掾。衍生正，字孝直，蜀尚書令、郡太守；生邈，漢陽太守。

A〔岑校〕號元德先生　「元」字諱改，後漢書一一三真傳作「玄德」。

B〔又〕真生衍司徒掾　三國志三七注引三輔決録注云：「正父衍，字季謀，司徒掾、廷尉左監。」

「正」者法正，非注上文之郭正也。

C〔又〕蜀尚書令郡太守　正爲蜀郡太守，「郡」上應補「蜀」字，首「蜀」字不能貫稱於「郡」也。

卷十整理記

1 按今中華書局點校本新唐書宰相世系表三下陸氏：「瑁……六子：滂、喜、穎、英、偉、顔。穎第三子海隅縣令濯，生漢公。漢公生冽。冽生晉本郡從事元之，……生英，字季子，……六子：術、舉、曄、玩、粹、瓘。」姓纂之「聘」當即新表之「曄」，唯新表「生英」之「生」字疑衍。

5 B按金石萃編卷七七華嶽題名大曆六年二月有「前同官主簿陸涓，前王屋縣令陸永，前華州參軍陸漸」。永，疑即泳。

10 D按陸海永泰元年正月爲京兆户曹，賦詩美竇昇朝二女，見册府元龜卷一三九，又見舊唐書列女傳。自朝議郎、侍御史内供奉爲主客員外郎，見全唐文卷四一一常袞制。

12 H按「均」，文淵閣本正作「鈞」。

29 F按太平廣記引嘉話録但云贊爲臺丞時，司徒杜佑視之如子弟，並未稱其佐杜佑幕，岑氏誤解。佐杜佑幕者爲穆賞，見本段J條岑校引文。

29 H按穆氏昆弟名形近易訛，官屯田員外郎者乃穆質，非穆員。全唐文卷四七九許孟容穆公集序：「吾友河南穆員字興直……年逾四十，用止幕畫。」岑校徵引穆員事蹟，最高官職僅爲侍御史。舊唐書本傳亦云其早卒，由此知穆員未曾官屯田員外。全唐詩卷三五四劉禹錫送湘陽熊判官孺登府罷歸鍾陵因呈江西裴中丞二十三兄詩自注：「初中丞（指裴堪）自屯田員外郎出守，踵其武者，今給事中穆公。代給事者，右丞段公。予不佞，繼二公之後。」按穆質元和時爲給事中（參見岑校引馬總南海舉給事中穆質自代狀），與元和七年爲江西觀察使之裴堪同時。段平仲貞元末爲屯田員外郎，元和中爲尚書右丞，見舊唐書段平仲傳。劉禹錫永貞元年四月爲屯田員外郎，是裴堪、穆質、段平仲、劉禹錫相繼爲屯田員外郎甚明。由此證知許孟容祭楊郎中（凝）文中之「屯田員外郎穆員」必穆質之訛無疑。

32 A按「麴潭」之「麴」亦誤，當作「鞫」或「鞠」，否則不得云「改姓麴氏」。

40 B按文淵閣本正作「顓臾」。

44 「不窋」，文淵閣本作「不窟」。又「改」，文淵閣本作「繆」。

66 A按文淵閣本「義」正作「羲」。

73 B岑校先以「子」字屬上讀，謂「書」字訛；繼以「子」字屬下讀，謂「子」字顯誤。今按「子驁」二字應乙，讀作「著書驁子，拳，其後」。或改「書」爲「驁」，讀爲「著驁子；驁拳，其後」。均無窒礙。兩讀中無論何種讀法，「子」乃「驁子」之「子」，決非「子孫」之子，姓纂不誤。

84「生稷嗣君」。按漢書叔孫通傳：「漢王拜通爲博士，號稷嗣君。」知稷嗣君即叔孫通，岑氏失校。

85「元孫觀」，文瀾閣本「元」正作「玄」。

89 按文淵閣、文瀾閣本均作「晉羊肸字叔向」，無「舌」字。

104 D「子潛」，岑校謂當作子佳，是。按解放後出土之獨孤思貞、獨孤思敬二誌（見一九八〇年文物出版社版唐長安城郊隋唐墓）均作子佳，思貞誌稱其歷官爲「齊直閣將軍、太州刺史、吏部侍郎、武安郡公」，思敬誌稱其爲「北齊直閣將軍、假都督華州刺史、武安郡公、儀同大將軍，隨淮州刺史」。

105 按「洛陽」當爲「洛南」之誤。思貞誌：「祖義順，唐右光禄大夫、太僕卿、涼州都督、虞杭簡三州刺史、上柱國、洛南郡公。」思敬誌：「祖義順，皇朝義旗初，授大將軍司兵參軍，户部侍郎、太僕卿、光禄大夫。」又思敬誌：「（父）元愷，皇朝尚書主客、度支、吏部三曹郎中，給事中，大理少卿。」則元愷尚有子思敬。據誌，思敬歷慶州司户參軍、宣州溧水縣丞、蜀州司倉參軍、皇孫府主簿、宋州楚丘縣令、定王府掾，加朝散大夫，景龍三年八月卒，有子前雍州始平尉烜等，又思貞誌：「父元康，唐左金吾郎將、右衞中郎、左清道率。」則「元慷」當作「元康」。據誌，思貞官太子進馬、左監門兵曹、隆州録事參軍、同州司士、雍州司户、稷州奉天令，萬歲通天二年正月卒，有子籍。

108 C 按武元衡元和二年至八年鎮西川，殿中侍御史當即獨孤寔在西川幕之銜，亦即元和七年見官。全唐詩三三二羊士諤西川獨孤侍御見寄七言四韻，即寔。

117 按傳璇琮等唐五代人物傳記資料綜合索引據徐松登科記考卷二七濮陽宁名下有「或疑『宁』爲『守』之訛」一語，遂合兩人爲一人。然徐考二七已云：「按濮陽守爲大曆進士，此記（指寶刻叢編濮陽宁撰唐閬遷新社記）立於大中十年，知其非誤。」則徐氏並未以濮陽守爲濮陽宁甚明，索引誤解徐考。

119 文淵閣本斛律千之「千」字作「干」。

122 C王仲犖元和姓纂四校記書後：「犖按姓纂衍『生』字，北史四九斛律椿傳：『子徵，建德六年，除司宗中大夫，進封岐國公。』隋書趙煚傳：周宣帝即位，『斛斯徵出爲齊州刺史，坐事下獄』。則齊州刺史岐國公即斛斯徵，非徵之子。」整理者按：文淵閣本「徵」下無「生」字，是。

123 文淵閣本「詰汾」作「詰汾」。

137 按文淵閣、文淵閣本「龔」作「襲」。

154 D按左傳襄公九年：「宋災，樂喜爲司城以爲政。」杜預注：「樂喜，子罕也。」禮記檀弓下鄭玄注亦云：「子罕，戴公子樂甫術之後，樂喜也。」證知司城子罕即樂喜。新表作喜生司城子罕，大誤。

156 「思晦」，舊唐書本傳作「思誨」。

158 文淵閣本無此目及文，當爲洪氏據姓氏急就章增補。

175 「傑」，文淵閣本作「傑」。

193 「纂要」，文淵閣本作「纂要文」。

202 文淵閣、文瀾閣本「有」均作「右」。

205 按周書卷二十叱列伏龜傳：「遂世爲第一領民酋長。」北史卷六一叱列伏龜傳及通志氏族略五叱列伏氏均作「爲第一領人酋長」，此處當補「爲」、「人」二字，正作「爲第一領人酋長」。

217 E王仲犖元和姓纂四校記書後：「犖按周書尉遲迥傳：『父俟兜，尚〔周〕太祖姊昌樂大長公主。』尉遲安爲尉遲迥弟尉遲綱之第三子，而昌樂公主者，則安之祖母也。辨正論十代奉佛篇：『周太保、柱國大將軍、吳武公尉遲安，父柱國大將軍長樂公，尚長樂大長公主。』吳武公尉遲安，實吳武公尉遲綱之誤。長樂公者，尉遲俟兜也。辨正論譌尉遲綱作尉遲安，子冒父爵，相差一世。兩京新記作尉遲安尚昌樂公主，則孫娶祖母，相差二世。緇流記載，往往不可深信如此。尉遲安，綱第三子，以嫡嗣綱爵，周隋之世，捨宅爲寺，故辨正論稱述其事，而兩京新記又轉録之也。安弟敬，尚周明帝女河南公主，安未嘗有尚主之事。」

226 按通志氏族略五「不第氏」：「子姓，潛夫論，宋不第氏。」則此處「不更」冒「不第」。

231 A「勿紐于」，文淵閣本作「勿忸于」。

243 A按紇干承基誌見千唐誌齋藏誌一四九，云：「公諱承基，字嗣先，鄴人也。……曾祖良，齊征南大將軍、開府儀同三司、相州刺史。……祖雄，隋隴東王府司馬，兼司州刺史。」未及其父。誌謂承基武德末以邊功授祐川府折衝都尉、上柱國、平棘縣開國公，永徽之初，改授廣州番禺府折衝都尉，未叙告侯君集反事，蓋承基原與侯君集同謀不軌，事不足書也。

243 B按岑氏據千唐誌咸通十二年唐故李氏夫人河南紇干氏墓誌銘，謂姓纂中之「遂」爲「著」之訛，「俞」爲「㬊」之訛，渭南縣尉爲元和七年㬊之見官。大誤。首先，紇干㬊乃元和十年崔羣下進士，見登科記考卷十八；大和三年自西川節度判官貶郢州長史，見兩唐書杜元穎傳；會昌元年爲庫部郎中知制誥，遷中書舍人，見舊唐書刑法志、新唐書柳仲郢傳；大中時爲江西觀察使，見唐方鎮年表五；焉能於元和七年尚未及第時官渭南尉？且入仕後又無爲渭南尉之記載。其次，紇干遂確有其人。舊唐書卷一九六吐蕃傳下：「（貞元）九年二月，詔城鹽州。……又詔兼御史大夫紇干遂統兵五千與兼御史中丞杜彦光（先）之衆成之。」新唐書吐蕃傳同。由此知姓纂此處必有脱訛。復檢古今姓氏書辯證卷三七「紇干」云：「唐御史大夫紇干遂，江西觀察使紇干㬊，望出雁門。」知姓纂此處當爲「貞觀有紇干承基，貞元僕寺丞（紇干著，御史大夫）紇干遂，其後也。（遂）生俞，渭南縣尉」。至於紇干㬊，姓纂成書時尚未登科，恐不得書。又紇干著建中時爲録事參軍，見全唐文卷五一一郭雄忠孝寺碑銘。

255 B按文淵閣本「作」下有「著」字，是。

279 按文淵閣本「凡六十四世」無「凡」字。又按文淵閣本「齊」上有「生」字，是。

279 C按今中華書局點校本新表「邛」作「卬」。

291 C按薛孤吴仁龍朔二年官右金吾衛將軍，見舊唐書卷二六李博乂奏議。新唐書突厥傳下稱右武衛將軍，回鶻傳下稱左武候大將軍，高昌傳稱左屯衛大將軍，吐谷渾傳稱貞觀九年爲李靖將，均作「薩孤吳仁」。

292 按揭陽非官名，安得云「今因官氏焉」？考漢書西南夷等傳云：「揭陽令史定降漢，爲安道侯。」通志氏族略三「揭陽氏」云：「漢功臣安道侯揭陽定爲南海揭陽令，因氏焉。」則史定因官於揭陽而改姓。

293 文淵閣本「啜剌」作「啜刺」，下同。岑氏校文已改「剌」。

312 C按舊唐書刑法志，處置西京陷賊文武官員，郭納等七人於大理寺賜自盡。

316 D按文淵閣本作「生鈞、鋼、鍊、鉷、錡、鉥、鏁、鑲」。既有「錡」，亦有「鉥」。又按新表：曜子錡，京兆倉曹參軍。即此錡也。羅校非。又按姓纂稱「錡，京兆倉録」，奪「曹」「事參軍」等字。倉曹參軍，可略爲「倉曹」或「參軍」，然不可略爲「倉録」。

316 M按子儀弟名子瑛，非「子暎」，岑說誤。

319 A按傅璇琮等唐五代人物傳記資料綜合索引：「姓纂作『郭善慶』，云館陶人，齊州刺史致仕。按新表載郭善愛，元振父，濟州刺史。舊唐書郭元振傳載元振於睿宗時封館陶縣男，其父愛年老在鄉，就拜濟州刺史，仍聽致仕。新表與舊傳一作『善愛』，一單作『愛』，有歧異，但均有『愛』字。其事迹與姓纂之郭善慶同（姓纂之『齊州』顯係『濟州』之誤），則姓纂之『慶』當係『愛』字之誤。」其說甚是。岑氏謂唐無濟州，尤謬，唐天寶前有濟州，見元和郡縣圖志卷一〇鄆州盧縣。

321 A按「黔」，文淵閣、文瀾閣本正作「默」。

327 D岑校前云「彥」上奪「英」字，此處乃云「彥英乃英彥之倒」，讀者將不知所從。按下文有「協生嘉」及「彥英檢校僕射」之文，則當依岑氏後文所説讀爲「生英傑、彥英、協」爲是。至於文字有脱倒，則如岑氏所校，當作「生英傑、英彥、英協、英乂」。

330 H按靈怪録敍郭翰事見太平廣記卷六八。

332 按文淵閣、文瀾閣本均作「博陵侯」。漢書霍光傳作「博陸侯」。

335 「太昊」，文淵閣本作「太皡」。

348 A按通志氏族略四：「莫氏，即幕氏省文。」「省文」二字，不可省也。岑校但引「邢莫氏改爲莫氏」之文，遂云「校注引誤」，亦疏。

365 B按今中華書局點校本周書王盟傳作「拓王」，校勘記云：「諸本『拔』都作『王』，……殿本乃據北史改，今回改。」

376 按婺州刺史乃柏耆歷官，應乙於「元封」之上。

379 B按文淵閣本正作「下邽」。

387 A「郝胥氏」，按漢書作「赫胥氏」。

398 「柏成子高……氏焉」，此乃「柏成」條佚文，見前「伯成」下岑氏校文。

412 按禮記無石奢，史記循吏列傳有楚昭王相石奢，疑「禮」爲「史」訛。

418 「郡守」，文淵閣本作「太守」。

421 B「當」，原無，據文意增。

421 C「端」，文淵閣本正作「瑞」。

432 文淵閣本無「左傳」二字。

432 A據岑氏校文，此疑當作「亦許以石作冒石伯之文矣」。

433 A文淵閣、文瀾閣本正作「惟漆雕徒父、漆雕開、漆雕多三人名同」。

480 按通志氏族略五万俟氏同，惟「稱」字作「云」。今魏書官氏志無此文。

488 A文淵閣本「易」正作「陽」。

491 按通志氏族略四「合氏」："「子姓，宋向戌食采於合，爲宋左師，謂之合左師。」

496 「沈尹戌」，文淵閣本無「沈」字，「戌」作「戍」。

506 A文淵閣、文瀾閣本均作「漢中山公牒云樂」。

511 A文淵閣本「裔」作「允」。

512 A文瀾閣本「元德」正作「玄德」。

元和姓纂四校記卷末

附録一　古今萬姓統譜之姓纂引文

明淩迪知著萬姓統譜，複訛百出，張氏辨誤屢糾之，未得其什一也。統譜之首，列所引各家書目，無元和姓纂（祇有錢明逸之姓纂六卷，據通志，實名熙寧姓纂），知未嘗見林氏原書，顧書内稱「姓纂」者，則指元和姓纂無疑，蓋據類書轉販而來耳。唯有此因，故所徵不可盡信，今將其見於今本或宋代鄭、鄧諸家曾徵及者除外，餘別彙爲一篇，幷綴以私説云。順德岑仲勉識。

上平聲三鍾

顒

姓纂云，人姓。（卷二）

此疑誤，説見姓纂一𤻪姓校記。

十虞

迂見姓纂。（卷一三）

按廣韻、姓解、通志均無迂姓，尋源亦未徵及，闕疑。

蔓，姓纂云，人姓。官氏志，那蔓氏改爲蔓氏。（卷一三）

按廣韻「蔓」云：「又虜姓，官氏志云，一那蔓氏後爲蔓氏。」統譜所引，乃姓纂蔓之佚文而誤奪「一」字者，尋源七引文有「一」字。

二十文

芸本雲姓，春秋時，從草改爲芸，見姓纂。（卷二〇）

按廣韻、姓解、通志均無芸姓，類稿、姓觿有之，今姓纂雖著芸姓之目，實冒芬氏，尋源一一引云：「本雲姓，春秋時改芸。」此殆卽姓纂芸姓之佚文歟？

下平聲四宵

超見元和姓纂。（卷三〇）

按廣韻、姓解、通志均有超姓，姓纂之佚此姓，應在意中。

上聲五旨

妚，姓纂云，陳留人。（卷五）

統譜妚入四支，按廣韻無「妚」字，唯姓纂「五旨」有「姡」，云：「方几反，見纂要文，云人姓。」廣韻、姓解、通志亦收，此之「妚」，卽姓纂之「姡」也，但無「陳留人」之文。尋源四云：「妚氏，説文云，商有姺、妚，澍按路史云，仲虺之後有邳氏，即邳也。纂要音方几切，姓苑音鄙，一音缶，篇海音彼，皆誤，字又作「䣊」，姓纂云，陳留人有此姓。」但今姓纂、廣韻均邳、䣊各收，前者入平聲，參「五旨」䣊姓校記。

去聲十三祭

藝見姓纂。（卷九六）

廣韻、通志均收，云出姓苑，亦見姓解二，姓纂當佚此姓。

三十七號

鄵，邑名，見姓纂。（卷一〇四）

按廣韻，「鄵，鄭地名」，不云姓，通志亦不收。尋源三五引姓纂云：「鄵姓，以邑爲氏。」

入聲二十四職

識，設聰切，姓纂云，人姓。（卷一一二三）

按廣韻、通志均不收識姓，唯姓解有之，「設聰」之「聰」訛，當是設職切也。

附録二　張氏四書姓纂引文之檢討

武威張澍氏著姓氏五書，傳刻於今者，祇姓氏尋源、姓氏辨誤二種，合其早年所輯世本及風俗通姓氏篇，即余所謂張氏四書也。四書徵姓纂，常出今本外，剔去趙、鄭、鄧、羅、淩諸家所引而後，其姓全不爲今本著録者餘百條，著録而詞義差異者數十。孫氏校序有云：「此外有宋謝維新合璧事類類姓門亦引古今姓纂，按其詞有引通鑑云云，則不盡林氏原書。」然則張氏所據，豈爲宋末類書歟？（尋源凡例有「若林寶之姓纂」一句，又引姓纂之下，往往稱「林氏」，惟「松氏」下曾引稱「古今姓纂」，參卷首自序。）閒嘗裒而次之，審而辨之，則覺大概可分爲十類：

（一）可信爲佚文者（非必字句全同之謂），如東宮、中叔、終葵、風、紅、翁、隨、郟、瞿曇、開、鼓、韓餘、安陵、端木、焉耆、聊、和、巴、桑、投、南鄉、子泉、苑、典、廣武、黨、雍丘、利、棄疾、步叔、厲、太史、鄯善、慶忌、孟獲、鄐、目夷、續祁、若敖、伯有、郤州、籍丘、激、北宮等姓。

（二）可證今本之冒文及補闕者，如熊相、公成、樗里、鄔、孫陽、倉頡、三州、倚相、御龍、奮、北海等姓。

（三）可證今本之訛奪或删略者，如桐門、雍、諸梁、環、連尹、羌師、將具、子家、仲孫、巷、華陽、寧、鞠、牧師、樂尹、畢等姓。

(四)真僞混雜者,如洪、王等姓。

(五)爲後人轉録之訛者,如公正、公建、顛、丘、會、鄶、謝丘、相熊、相沂、相京、鄧、晝、祝、肅、屈六友、鷊冠、郭骨、北人等姓。

(六)姓纂本無專條,殆後人誤會而析立者,如宗伯、知、稽山、京城、子駟、鼓、五鹿、尹、左丘、有巢、寺、眷、陸、列山等姓。

(七)似後人根據姓纂而引申或附釋者,如中行、蒙、夷門、資、無懷、陘、傀、王官、邢、箴、紀、叔向、叔魚、蒒等姓。

(八)疑與通志相混者,如肥、淮夷、林、頓、杌等姓。

(九)可疑者,如公旗、祁成、元、韓信、鍼、咸丘、小臣、侍、慎、孟孫、麥等姓。

(十)斷爲僞文者,如衷姓。

其他更有屬於意引者,難以評定者,就中存疑一項,復深淺不齊。大抵清儒輯佚,往往側重量的方面而不側重整理,真僞糅合,流弊無窮,故必全部搜入,則贋鼎滋虞,將摘要删除,又鴻溝難畫,爰本孫氏慎重之始意,識張氏輯纂之苦功,别録爲篇,并陳鄙見。其必與通志比勘者,則因林、鄭兩書確具直接或間接之密切關係。但須附帶聲明者,今姓纂所見之姓,不見通志者猶六七十條,吾人不能因通志所無,遂卽斷爲非姓纂之佚耳。竊綜合觀察,約得結論兩項:(甲)今存姓纂,有經宋人删節之處。(乙)宋末人間有將姓纂、通志相混之可能。若夫張氏引文，在宋末類書如事類備要、言行類稿中，或全條未見，或章句迴異，彼究何所本據，曾未揭出。況孫本刻於嘉慶七年，遠在張刻諸書前二十至四十載（二酉堂叢書，道光元年刻，姓氏尋源，道光十八年），張氏必當見及，顧於引文與孫本異同之處，絶無一語比勘，此尤吾人對張氏引文，不得不暫持懷疑態度者也。民二十六年四月順德岑仲勉識於潼關。

張氏曾見孫本，可於尋源卷三封貝，卷四期引、尸逐、弜，一一奔水、屯渾，二四是賁、是奴，二七甫奚、古野、仵城，三〇爽鳩，三二步大汗、具封、慕利，三三邵，三五賀谷各姓下所引姓纂，其條文或錯誤全同而知之。尤著者，如步大汗云，「出自塞北，遷中土河南」，原文本「遷中土」句，因孫本「中土」下不空格或提行，或張氏遂誤連下「河南」字爲句。又賀谷云，「今關中有此姓」，按此句是洪氏據氏族略賀悦姓文誤補，并非出自大典，其引據孫本，更屬顯然。但如姓氏篇蕢姓引文云，「與蒯同音，魯有蕢尚」，則恰足以補今姓纂之誤奪。通志雖言蒯、蕢同音而不提蕢尚，辯證謂蕢尚之「蕢」音快，別出一條，類稿引文誤奪，更與今本無異，是知張氏別據之本，亦有獨得之處。余初頗疑是已佚之宋本辯證，顧據錢氏所見宋本，文并不如是，惜乎此X本之不克傳也。仲勉再識。

上平聲

一東

東宮

齊大夫東宮得臣之後。（尋源一）

按辯證二云：「姓纂又云，齊大夫東宮得臣，誤矣。」通志亦云：「東宮得臣，齊大夫也。」則此當是姓纂佚文。

東樓

夏禹後東樓公封於杞，因以爲氏。（尋源一）

按今姓纂一云：「夏禹後有杞東樓公，支孫氏焉。」

童

出顓頊子老童之後。（尋源一）

按今姓纂一云：「顓頊生老童，子孫以王父字爲氏。」張氏引文中「之後」等字，往往以意增入，試觀其引春秋公子譜便見，後倣此。

桐門

宋北城門名也，樂大心爲右師，居桐門，後爲氏。（尋源一）

按今姓纂一祇云「宋人氏」，通志則云：「左傳，宋樂大心爲右師，食采桐門，因氏焉」，今本應有佚奪。

中

呂氏春秋，中尚，魏公子牟之後，魏得中山，以邑與之，子孫因以爲氏。（尋源一）

按今姓纂中姓無此文，廣韻、通志等亦無是説，唯見於姓觿一。

中行

出自荀氏，晉公族逝遨生林父，晉文公作三行，林父將中行，謂之「中行桓子」，以官爲氏。（尋源一）

按今姓纂一云：「世本，晉荀游（逝）遨生桓子林父，將中行，爲中行氏。」張氏之引文，殆後人據林氏意而引申其辭耳。又世本三引云：「晉大夫逝遨生桓伯林父及莊子首，本姓荀，自林父將中行，改爲中行氏。」與此字句亦多異。温校衹引張輯世本，未引尋源，又謂張氏所見姓纂有兩本，尤非是，姓纂自明已不傳也。

中叔

中叔圍之後。（尋源一）

按通志中叔氏云：「中叔圍之後，晉有中叔無忌，漢光武時侍御史中叔僚。」此條殆是姓纂佚文，姓觿七作「仲叔」，參卷七補文。

衷

漢哀帝之後，哀愉仕南唐，賜改姓衷，官至檢校禮部尚書。（尋源一）

按此姓通志亦不收，姓纂唐時書，何由記南唐事？此必非林氏之文也。

終葵

商時諸侯，後有終葵氏。（尋源一）

按終葵亦見通志，此可是姓纂佚文。

彤

本彤氏，周卿士彤伯之後，裔孫避難，改焉。（尋源三）

此條原係辯證一所引，羅氏校記祇謂其與今本不合。余按今姓纂一彤姓云：「尚書，彤伯，周同姓，爲氏，成王宗伯。」校云：「案周書彤伯，非『肜』也，通志，肜氏本彤氏，避仇改爲肜氏，疑爲近之。」又肜姓云：「本姓彤氏，避仇改姓肜，今道士肜也。」校云：「案彤伯，周同姓國，爲成王宗伯者是也，又肜（彤）氏本彤（肜）氏，避仇改爲『彤』（肜），姓纂前既以『彤』爲『肜』，此又誤以『肜』改『彤』，『道士』句亦有脱文。」合觀辯證此條引文，乃知今姓纂彤、肜兩姓，實經後世傳刻之訛，彼此互冒，試將彤姓條之「彤伯」改作「肜伯」，便是肜姓之文，將肜姓條彤、肜互易，便可移歸彤姓之下，庫校多所疑議，且歸咎林氏，論殊不諦矣。「今道士彤也」，猶云今道士彤某而隱其名，語可通。

熊相

楚大夫熊相宜僚、熊相禖。（辨誤一）

按今姓纂一云：「楚左史熊相之後，威王時有熊相季文爲士官。」實冒倚相。通志熊相氏則云：「英賢傳，楚熊相宜僚之後，懷王時將軍熊相祁。」此條可是姓纂佚文也。（熊相禖見左昭二五）

辨誤二五相熊氏云："見複姓録，按楚有熊相氏，無相熊，係姓纂引傳餘頎之訛。"此應是後世傳刻之訛，非林書之誤。

風

風姓，伏羲氏之後。左傳，任、宿、須句、顓臾四國皆風姓，實司大皞之祀。魯僖公母成風。（尋源二）

通志風氏，大意略同，此可是佚文。

公

姬姓。（尋源二）

今本無此二字。

公正

周宫正，其後氏焉。（尋源二）

按今姓纂一云："古官也，其後氏焉。"通志同。宫、公異解，不應以"宫"釋"公"，此當是後人轉録之訛。

公成

晉穆公子成師之後。（尋源二）

按今姓纂一雖有公成之目，實冒成公之文，通志亦不收公成，而廣韻則云，"功臣表有公師壹，晉穆公子成師之後"，與此異，但功臣表祇有工師喜，無公師壹，故此條應存疑。

公建

楚有公建氏。（尋源二）

按潛夫論有公建氏，汪箋云：「『公』疑是『子』。」今姓纂、通志均有子建氏，作「公」者殆傳訛。

公息

吕覽云，郈大夫公息忘。（辨誤二）

按通志無公息氏。姓觿一：「吕氏春秋有郈大夫公息忌。」

公荆

衞大夫公子荆之後。（尋源二）

按通志無公荆氏。

公旗

戰國策，齊威王時左執法公旗蕃，左傳齊悼子公旗之後。（姓氏篇）

按通志無公旗氏，此條引文，與廣韻幾全同，是否姓纂佚文，可疑。

蒙

高陽後，封以爲蒙雙，有蒙氏、雙氏。（姓氏篇及尋源一）

按今姓纂一雙姓云：「顓頊之後，封於蒙城，因以命氏。」（蒙城，通志作「雙蒙城」）又蒙姓云：「風俗通，東蒙主，以蒙山爲氏。」唯國名記丙：「姓纂云，高陽後，封以爲蒙雙。」殆後人據雙姓文而衍申雙、蒙兩姓之説。

洪

共工氏之後，本姓共，後推本水德之緒，加水於左。一云，避仇改。豫章有弘氏，避唐明皇諱，亦改爲洪。望出敦煌、豫章，又出宣城。（尋源二）

按引文前截，與今姓纂一「共工氏之後，本姓共氏，因避仇改洪氏」大意相同，今本殆經宋人一度删削，故詞句較略。又據姓纂，唐代弘氏改洪者，乃毗陵洪氏，此云豫章有弘氏改洪，正與通志所云「豫章有弘氏，因避宋朝諱亦改爲洪」者同，乃誤混宋事於唐事，非姓纂文也。訛孝敬爲明皇，庫校已辨之。「望出敦煌」二句，當是引意，但今本祇列宣城、舒城、毗陵三望，無敦煌也，應存疑。

紅

出自劉氏，漢楚元王交子紅侯富之後，曾孫無子，國絶，支姓或以國爲氏。（尋源二）

今姓纂一祇云，「出自劉氏，漢楚元王子紅侯富之後」，殆佚去下截也。

翁

周昭王庶子食采於翁，因氏。（尋源二）

今姓纂一翁姓缺姓源，通志亦然，此或是佚文。又辨誤二云：「林寶以漢之翁仲孺爲唐人，亦錯。」是否傳刻之訛，無從懸測。

二冬

宗伯

周卿宗伯之後，以官爲氏。（尋源三）

按今姓纂一宗姓云：「周大夫宗伯之後，以官命氏。」上文所引，實宗姓文，後人因「宗伯」字，遂別立宗伯氏耳，非佚文。

三鍾

雍

宋之雍氏，本姞姓。（姓氏篇）

按今姓纂一雍姓云：「又宋有雍氏，本子姓也。」通志則云：「又宋有雍氏，姞姓也。」潛夫論，姞氏之別有雍氏，今本作子姓，當是淺人妄改。又國名記甲引姓纂云：「宋之雝氏，本姞姓。」張氏謂「雝」同「雍」。

從

漢將軍從成公之後。（尋源三）

按今姓纂一云：「漢有將軍從成公。」「之後」字常是引意，說見前，以後不一一舉。

五支

隨

周同姓隨國，子孫以爲氏。（尋源四）

按今姓纂二隨姓祇云：「周同姓國也。」唯通志有「子孫以國爲氏」語，末句想是佚文。

郊

周文王封支子于郊，因以爲氏。（尋源五）

張氏云：「按『郊』即『岐』字。」按通志有岐姓，説略同。又類稿四岐姓云：「安化，唐萬福府統軍岐才，慶州人。」（通志亦云，望出安化、趙郡）記唐時折衝府官兼及郡望，似亦林氏遺文而非唐以後類書所有，故并附記於此。

知

左傳，晉有知季，即荀首也，别食知邑，又爲知氏。（尋源五）

張氏云：「知又作智，入聲。」（入聲乃去聲之訛）余按今姓纂、通志無平聲知姓，唯通志「智氏」云：「即荀氏，荀首别食智邑，又爲智氏。」上所引當是「五寘」中智姓之佚文，張氏以入平聲，非是。（參下「五寘」引文）

六脂

夷門

侯嬴爲夷門抱關卒，因氏焉。夷門，大梁門也。（尋源四）

按今姓纂二云：「史記，魏隱士侯嬴爲夷門監者，因氏焉。」「夷門，大梁門也」一句，或後人附釋之辭，非必林氏原文。

資

益州資中，今資州資陽有資水江。（尋源四）

按今姓纂二資姓云：「食采益州資中，因以爲氏。」末句想亦後人疏明語耳，參校記本條。

祁成

晉隰叔後有祁成氏。（尋源六）

按通志不收祁成，潛夫論堯後亦無此姓。

七之

箕

商之圻内，在太原，晉敗狄於箕者。（尋源五）

國名記四引略同。通志箕氏云：「箕子之國，商畿内諸侯。」參卷二箕姓補文。

八微

肥

漢有肥詔，英布將肥赫。（姓氏篇）

按今姓纂二肥姓云：「漢有黥布將肥赫，又仁恕掾肥親。」又賁姓云：「漢功臣表，賁赫擊黥布（賁亦音肥）。」是賁赫當非附入肥姓，唯通志則有「英布將肥赫」一語，殆後人誤以通志混入姓纂耳。「肥詔」應肥銖之訛。

九魚

樗里

樗里子名疾，秦惠王之弟，居渭南陰鄉之樗里，故號「樗里子」。（尋源六）

按今姓纂二樗里之文，實冒京相。通志「樗里氏」云：「名疾，秦惠文王弟。」惠文王，史記五亦省稱惠王，參卷二所補類稿引文。

徐

出顓頊之後，春秋時，徐偃王行仁義，爲楚文王所滅，其後氏焉。（尋源六）

按今姓纂二云：「顓頊之後，……至偃王爲楚所滅，以國爲氏。」

諸梁

楚文王庶子有食邑諸梁，因以爲氏。（尋源六）

按今姓纂二云：「楚文子食邑諸梁，因氏焉。」當有奪文。

十虞

無懷

無懷氏之後，有懷氏、無懷氏。（尋源七）

按路史前紀九及姓觿二無懷下均引姓纂。

瞿曇

西國姓。（尋源七）

通志亦有此姓，今姓纂佚去無疑。

鄔

出自晉大夫司馬彌牟，帥師平周亂，納恭王有功，食采于鄔爲大夫，其地太原鄔縣是也，子孫以邑爲氏。（尋源八）

廣韻「十虞」稱鄔爲「鄔郡太守司馬牟之後」，辨誤六據此，謂應作鄔大夫司馬彌牟（姓觿五已辨集韻鄔郡太守之謬），今姓纂已失鄔姓之目，唯卷六扈姓末有一條云，「南昌，唐扈臧之後，元昌，倉部員外」，經勞考一八訂爲鄔姓之文，此今本必佚去鄔姓姓源之證也。復考通志云，「鄔氏，晉大夫鄔臧之後也」，以臧爲晉大夫，則鄭氏見本姓纂中之鄔姓，亦當殘缺，此條是姓纂佚文，甚可信。

尋源又謂「鄔」集韻音烏，宜爲平聲，余按廣韻鄔縣入平聲，鄔姓入上聲，今鄔姓者亦自讀上音，宜從習慣爲合。

十二齊

犂比

莒後有犂比氏。（尋源九）

按莒犂比公見左襄三一，姓觿二引姓考作「黎比」。

稽山

少康封少子于會稽，爲會稽氏，漢初徙稽山，爲稽山氏。（尋源九）

按今姓纂嵇氏云：「夏少康封少子季杼於會稽，遂爲會稽氏，漢初徙譙嵇山，改爲嵇氏。」乃徙嵇山而改嵇氏，非改嵇山氏，此必傳録者誤加「山」字爲複姓，應删卻。

十四皆

淮夷

淮夷小國，入周因氏焉，其地今淮甸。（尋源九）

今姓纂三作「周有淮夷，小國，後世氏焉」，而通志之文，反與此全同，此亦今本姓纂或經一度删削且與通志相混之證。

十五灰

匽

古有匽傀氏，後有傀氏、匽氏。（尋源一〇）

傀

出自匽傀氏。（尋源一〇）

按路史前紀四，匽傀氏後有匽氏、傀氏，注云，見元和姓纂，余曾據沈跋補匽、傀二目，但路史所引者其意，非引其文也。張氏上舉兩條，當本自路史，是亦衍申之辭耳，未得謂之佚文。

裴

漢有敦煌太守裴遵。（姓氏篇）

按洪氏據祕笈新書所補有遵名，但未云爲敦煌太守，類稿引文亦無之，遵爲此官，見後漢書莎車傳，或是後人所增。

十六哈

開

衞公子開方之後。（尋源一〇）

敳

通志文同，此當姓纂所佚者。

出自高陽才子八愷隤敳，其後以字爲氏。（尋源一〇）

按通志「敳氏」云：「八愷隤敳之後，以王父字爲氏。」此應是姓纂所佚。

十七真

申公

楚有申公氏，門克字子儀，謂之申公子儀，後以爲氏。（尋源一〇）

按通志不收此姓，廣韻則云：「申公子福，楚申公巫臣之後。」

二十二元

元

魏武侯公子元之邑，其後以爲氏。　一云，元氏出衞元咺之後。（姓氏篇）

按今姓纂四袛云：「左傳，衞大夫元咺之後，其先食采於元，因氏焉。」通志、廣韻亦無「衞武侯公子元」之説，存疑。

軒轅

軒轅之後。（尋源一一）

按今姓纂四無軒轅，有軒，云：「風俗通，軒轅之後。」通志則軒轅及軒均有之。

二十三魂

孫陽

秦穆公時孫陽伯樂之後，漢有御史孫陽敖。（尋源一一及辨誤八）

尋源一一引文奪「公」字。按今姓纂四，孫陽實冒櫟陽，而卷二「戲陽」云：「英賢傳曰，秦穆公時有戲陽伯樂，善相馬，漢有侍御史戲陽放。」試將兩「戲」字改「孫」，便與上條意同，可見今姓纂實以戲陽冒孫陽也，「敖」字涉形近而訛，廣韻、通志均作「放」，姓觿二孫陽文同尋源所，引但「放」字不誤。

二十五寒

韓信

韓王信之後，有韓信氏。（尋源一二）

今通志及姓解三都無韓信氏，豈韓言氏之傳訛，解者因以爲韓王信後與？

韓餘

韓宣子餘子之後，因氏焉。（世本三）

按通志韓餘氏文全同，此可爲佚文。

安金（尋源一二）

尋源云「見姓纂」，通志無之。

安陵（辨誤八）

辨誤云：「元和姓纂以安陵纏是楚王妃，以爲女子，蓋忘國策有『之父』二字。」按通志「安陵氏」云：「戰國策，安陵，小國侯也，其後氏之。安陵纏，楚王妃。」則姓纂蓋有安陵一姓，通志卽沿姓纂而訛者也。

但

漢有巴郡太守但望，字伯闔，太山人。（姓氏篇）

按今姓纂四及通志但姓，均未舉但望。

二十六桓

端木

孔子弟子端木賜之後。（尋源一二）

通志亦收端木，云：「端木賜，仲尼弟子。」其文實同，應是佚文。

二十七删

環

出楚環列之尹，後以爲氏。楚有賢者環淵，著書上下篇。漢河東太守環餘，朱寵友人環玉都。（姓氏篇）

按今姓纂四環姓云：「楚有環列之尹，子孫氏焉。楚有環泉。漢有太守環饒。晉環濟撰要略。」環泉，通志同，蓋猶沿唐人諱改也。環饒，姓解同，通志則與張据本同作環餘，未審孰是。又今姓纂「太守」上奪「河東」字，依此勘之，「環玉都」一語，亦想是佚文矣。

下平聲

一先

田

出自嬀姓，陳公子完避禦寇之亂，奔齊，以國爲陳氏。齊桓公使爲工正，食采于田，八世孫常擅齊政，爲强家，始稱田氏。（尋源一三）

今姓纂無田氏，但類稿引文與此異。

顛

周臣太顛之後。（尋源一三）

按今姓纂八太姓云：「尚書，文王四友太顛之後。」廣韻等顛姓亦不舉太顛，此疑引者誤太姓爲顛姓耳。

二仙

鮮虞

本子姓國，以處姬姓，春秋時鮮虞小國，晉伐滅之，子孫以國爲氏。（尋源一三）

通志「鮮虞氏」云：「楚申鮮虞之後也。」說與此異，首句疑與鮮于相混。

連尹

芈姓，楚屈氏之後，有連尹襄老。（尋源一三）

按今姓纂五「連尹」云：「楚大夫連尹襄老之後。」通志則云：「芈姓，楚屈氏之後也，連尹襄老。」今本始有削略。

焉耆

本焉耆部，爲國，後以國爲姓。（尋源一三）

通志亦有焉耆氏，云「西域人」，此許是佚文。

三蕭

聊

聊，齊地，大夫食采，子孫以邑爲氏。（尋源一四）

通志亦有聊氏，此條當是佚文。

四宵

繇

漢有西部督郵繇延。（姓氏篇）

按通志無繇姓，廣韻亦不著録，姓觿三有之。延見後漢書郅惲傳。

橋

尋源一四云：「急就篇注、姓纂並云，黄帝葬橋山，羣臣（一作支孫）追慕守冢不去者，因爲橋氏。」按此所引，與路史後紀引文略同，當本自路史，參卷五補文。

八戈

和

出自羲和掌天地之官，堯時和仲、和叔之後。一云卞和之後。（尋源一五）

通志「和氏」亦云：「羲和，堯時掌天地之官，和仲、和叔，因以爲氏。」是前截可信爲姓纂佚文，但與類稿二一引略異。

九麻

巴

漢有巴茂爲太常卿，魏有巴寧。（辨誤一七）

辨誤引此，「巴」均作「已」，且云：「按今漢書作『巴茂』，巴寧姓巴，乃戰國時魏臣。」余按通志亦收巴氏，作「已」者特張所見據本訛耳，類稿二一引文無此節。

十陽

羌師

尋源一六云：「按姓纂引作『魏有羌師氏』，訛。」按今姓纂二「差師」云：「世本，魏公族有差師氏。」「羌」既可訛「差」，則「衞」亦可訛「魏」（如隋書「衞王」訛「魏王」），合辯證觀之，可確證差師爲羌師之訛也。

將具

齊太公子將具之後，見國語。漢藝文志，六國時將具子彰著書五篇。漢章帝時有謁者將具彌。（姓氏篇）

姓氏篇張注云：「按『太公子』一引作『齊公子，見英賢傳』，今藝文志作『將鉅子』。」是張據本所引姓纂作「將具」，而張氏謂藝文志作「將鉅」也。其後張著尋源一六又云：「按姓纂引藝文志云，六國時將鉅彰著子書五篇，今藝文志作『將具子』，……蓋誤以『將具』爲『將鉅』也。」蓋張引今本姓纂而謂藝文志作「將具」也。考今殿本藝文志作「將鉅」，非「將具」，無論孰正，張説未免自相矛盾。通志兼收將具、將鉅兩氏，唯將鉅氏下云：「卽將具氏之訛也。」似鄭氏見本姓纂亦作「將鉅」，故將具後復出將鉅也。今姓纂五將鉅下無「齊太公子」二句（通志有）。又「將鉅彰著子書五篇」與「將具子彰著書五篇」，所異者「子」字或上或下，唯就藝文志言之，「子」字在上者近是。

匡

尋源一六云：「姓纂引家語匡簡子，舛錯，乃匡人簡子，非姓匡也。」按今通志匡氏不引匡簡子，類稿二六引姓纂亦無之。

王

太原王氏，始自周平王孫赤，赤奔晉，用爲幷州牧。自赤至龜，八代牧幷州，至文釗封晉陽侯，元孫卓，歷魏、晉爲河東太守，封猗氏侯，死葬河東，此太原王氏之所自出也。（尋源一七）

按末句當是引文者結束之語，非姓纂文。

王官

出自晉御戎大夫王官無地之後。（尋源一七）

按今姓纂五云：「晉有王官無地。」通志同。無地御戎，非有「御戎大夫」之稱，此四字定後人所加。

十一唐

倉頡

倉頡之後。（尋源一七）

通志「倉頡氏」云：「黄帝史官，子孫氏焉，馮翊縣人。」今姓纂卷五雖有蒼頡之目，實冒接輿、白象，本條殆卽姓纂倉頡姓之佚文也。

桑

尋源一七桑氏下云：「姓苑、姓纂皆云秦穆公時公孫枝字子桑，其孫以王父字爲氏。」按今姓纂六子桑云：「秦公孫枝字子桑，其後氏焉。」又通志桑氏云：「秦大夫子桑之後也。公孫枝字子桑，以字爲氏。」姓纂當佚去桑姓矣，惟類稿二七尚有引文。

十二庚

京城

鄭京城太叔之後，爲京城氏。（尋源一八）

按通志京氏云：「鄭武公少子段封於京，謂之『京城太叔』，因氏焉。」類稿二八京姓引姓纂略同，所謂「因氏」者氏京，非氏京城也，此蓋後人誤讀古書而立之姓，林氏書當有京氏，諒無京城氏。

鳴

趙賢人竇犨字鳴犢，非罪被殺，子孫以字爲氏。（尋源一八）

按通志亦無鳴氏，廣韻有之。

十五青

邢

周公第四子靖淵封邢侯，僖二十五年，爲衞所滅，後遂氏焉。（尋源一九）

今本卷五，洪氏據祕笈新書補邢姓，祇云：「周公第四子封於邢，後爲衞所滅，子孫以國爲氏。」類稿二九引同，通志邢氏文與張據本略同，但亦無靖淵名，唐世諱「淵」，此當後人追改耳。

陘

魯大夫有陘氏之後。一云，魯公孫有陘氏之後。（尋源一九）

今姓纂五陘姓文與上句同，通志陘氏則與下句同，「大夫」、「公孫」，殆見本不同而異歟？

十七登

弘

唐避諱改李氏，又改洪氏。（尋源一九）

按今姓纂五祇有改洪氏者，無改李氏者，尋源則引唐書，江都道士李含光本姓弘也。（新書五九）

十八尤

丘

齊大夫封于齊營丘，支孫以地爲姓。（尋源二〇）

今姓纂五作「齊太公封於營邱，支孫以地爲姓」，通志亦稱齊太公，此作「大夫」，張據本訛也。

十九侯

投

郇伯，周畿内侯，桓王伐鄭，投先驅以策，其後氏焉。漢有光禄卿投調。（姓氏篇）

按通志及類稿三二投氏説略同，當是佚文。

句

邾文公遷於句繹，後氏焉。（辨誤一五）

按今姓纂五句姓云「句芒氏之後」（類稿三二同），與此異，辨誤以爲此音朐不音鉤云。

二十一侵

林

周平王世(一作庶，又作次)子林開之後，開生林英，英生茂及慶，望出南安。(尋源二二)

按今姓纂五林姓無此文，而通志有之，且云：「……而譜家謂王子比干爲紂所戮，其子堅逃長林之山，遂爲氏。按古人受氏之義，無此義也。」又云：「林氏在唐末爲昌宗而特詳著，豈林寶作元和姓纂故爾，然林氏出比干之子堅之説，由寶傳之也。」其氏族序則云：「林寶作元和姓纂，而自姓不知所由來。」使鄭氏見本果有如上所引一條，何爲妄詆？觀於此，知後人頗混通志於姓纂(肥姓之肥赫，亦其一例)，吾人讀林書時值得注意者也。

斟灌

姒姓，見左傳、世本。(尋源二二)

按今姓纂九有灌姓。通志云：「灌氏亦作斟灌氏。」

箴

衞大夫箴莊子之後。(姓氏篇)

張氏云：「按一引云，衞有大夫箴莊子。」余按今姓纂五箴姓云：「楚大夫箴尹闘克黄之後。」無此句。

二十二覃

南鄉

漢羽林左監南鄉槐。（姓氏篇）

南鄉槐亦見通志，當是佚文。

二十三談

三州

孝子傳有三州昏。（姓氏篇）

按今姓纂五三邱姓云：「孝子傳有三邱氏。」觀此，可確證三丘冒三州矣，「氏」與「昏」，字相類而訛。

二十四鹽

鍼

出陳僖公之孫鍼子，以所食邑爲氏。其孫莊子爲衞大夫，八世孫宜咎，奔楚爲箴尹。（尋源一二三）

按今姓纂五鍼姓云：「左傳，魯大夫鍼巫、鍼季。」通志同，疑後人混箴於鍼耳。

二十六咸

咸丘

魯大夫食邑於咸丘，因以爲氏。其地，鉅野縣東咸亭是。（尋源一二三）

按今姓纂五「咸丘」衹云：「齊有隱士咸丘蒙，見孟子。」通志同。

上聲

四紙

倚相

楚左史倚相之後。（尋源二四）

楚威王時有倚相季文爲士官。（辨誤一七）

按今姓纂一熊相，實冒倚相之文，若將「熊」字改「倚」字，恰與上引兩條暨通志倚相氏相合，此可證拙説之不謬。

六止

紀

出姜姓，炎帝之後，封爲紀侯，東莞劇縣是。紀侯常譖齊哀公于周，周烹之，齊襄公復九世之仇，滅紀，紀侯義不下齊，大去其國，君子善之，子孫以國爲氏。（尋源二四）

按今姓纂六紀姓祇云：「姜姓，炎帝之後，封紀，爲齊所滅，以國爲姓。」類稿二四引同，此殆經後人引申者。

子車

秦大夫奄息、仲行、鍼虎，殉穆公葬，子孫以王父字爲氏。（尋源二五）

按通志亦無子車氏。

子服

桓公之子公子慶父，玄孫孟懿伯，字子服，其後以爲氏。（尋源二五）

按通志子服氏説同。

子南

出鄭穆公子游之子曰楚，字子南，别爲子南氏。又楚莊王子追舒字子南，其後亦爲子南氏。（尋源二五）

按通志「子南氏」説同，唯尚有衞靈公子郢一支。

子家

出自姬姓，魯莊公曾孫公孫歸父，字子家，其孫以王父字爲氏。（尋源二五）

按今姓纂六「子家」祇云：「魯公族子家氏，魯大夫子家霸（羈）懿伯。」其説姓源處，當經後人删削。通志則云：「魯莊公之孫公孫歸父字子家。」考釋例八：「子家文伯，歸父子，莊公曾孫析；子家懿伯，莊公玄孫子家子，子家羈。」是通志稱歸父爲莊公孫者正合，張據本作「曾孫」，乃傳録之訛。

子高

左傳，衞大夫子高魴之後。（尋源二五）

按通志不收子高氏，姓觿五有。

子皙

出鄭穆公孫駟氏之子曰駟黑，字子晳，别以字爲氏。或云，楚共王子公子黑字子晳，乾谿之難，子干爲君，子晳爲司馬，棄疾殺之，其孫氏焉。（尋源二五）

按通志有子晳氏，惟不載或説。

子淵（泉）（尋源二五）

尋源云：「林寶作『泉』者避唐諱。」通志亦沿姓纂作子泉，云：「姜姓。世本，齊頃公之子公子湫字子泉（淵）之後也。又子泉（淵）捷，齊大夫，見新序。」今姓觿五乃兼收子淵、子泉。

子禽

陳僖子生惠子得，爲子禽氏。（尋源二五）

按通志亦有子禽氏，惟作「惠子子得」，重「子」字。

子駟

鄭穆公子騑字子駟之後。（尋源二五）

辯證云：「駟氏本無『子』字。」按今姓纂八駟姓云，「左傳，鄭穆公子騑字子駟之後」，文正與此同，似鄧氏見本姓纂無子駟一姓，但通志則駟與子駟並收。

十姥

魯陽

出自魯陽公之後。（尋源二七）

今姓纂六祗云：「潛夫論，芈姓，楚公族有魯陽氏。」通志亦無此語。

鼓

鼓方叔之後。（尋源二七）

按今姓纂六鼓姓云：「左傳，鼓子鳶鞮之後。」通志同，惟姓纂五方叔云：「鼓方叔之後。」文與此同，疑後人誤以當鼓姓。

五鹿

趙大夫食采五鹿，因氏焉。（尋源二七）

按今姓纂以五鹿誤附卷五之三伉姓下，稱五鹿爲舅犯後，與此迥異。又卷六之五鹿，實冒五鳩，惟卷十鹿姓云：「趙大夫食采五鹿，因氏焉。」知引者誤以鹿姓之姓源，當五鹿姓源也。

十五海

宰

周卿士宰孔之後，有宰周公閱，亦周太宰，以官爲氏也。孔子弟子宰予字子我。（姓氏篇）

按今姓纂六宰姓云：「周太夫宰周公孔之後，以官爲姓。仲尼弟子宰予字子我。」而通志則云：「周卿士宰周公之後，又有宰孔者，皆周太宰，以官爲氏。仲尼弟子宰予。」與上引文更相近，可參本條校記。

十七準

尹

尹吉甫之後，以王父字爲氏。（尋源二八）

尋源於尹姓下引此。按今姓纂六尹姓云：「少昊之子，封于尹城，因氏焉。」通志同，是尹以邑爲氏，非以字爲氏也，且「尹」亦不得謂之字。唯姓纂一〇吉姓有「一云，尹吉甫之後，以王父字爲氏」等語，足見張據本實以吉姓文混入尹姓矣。

二十五潸

赧

出長安、沛二望。（尋源二八）

通志無，廣韻亦不言姓，按此殆是引意者。

二十七銑

典

黄帝父大昊娶少典，襲封者有典氏。（姓氏篇及尋源二八）

少典爲炎帝妃，生黄帝，見古今人表，姓氏篇引云「黄帝父少典」，非也，兹參據尋源改之。按今姓纂七典姓祇云「見風俗通」，通志稱「風俗通，魏志有校尉典韋」，更妄，應劭不能引魏志也。此條或是佚文。

三十小

小臣。（尋源二九）

尋源云：「見姓纂。」按通志不收，辨誤一九又祇引統譜，未引姓纂，應存疑。

三十一巧

絞

左傳有絞國，在隨、唐之南，楚伐絞，取之，以國爲氏。（尋源二九）

按今姓纂七絞姓無「楚伐絞，取之」五字，通志、類稿亦無。

三十三哿

我

六國時有我子著書，爲墨子之學。（姓氏篇）

按今姓纂七我姓：「風俗通云，我子，六國時人，著書，號我子。」無末句，通志、類稿亦然。

左丘

尋源二九左丘氏下引元和姓纂云：「齊國臨淄縣有左丘明之後。」按今姓纂七左姓云：「齊國臨淄縣，邱明之後。」此第就左姓言之，非謂有「左丘」姓也，後人斷章取義，引其文於「左丘」之下耳。

三十四果

果

出古巴子國。（尋源二九）

按通志不收果姓。

三十六養

壤

本自堯時壤父之後。（尋源三〇）

按通志不收此姓，姓觿有。

上官

出芈姓，楚莊王少子子蘭爲上官大夫，後以爲氏。秦滅楚，上官氏徙隴西之上邽。一云，漢徙大姓實關中，上官徙隴西。（尋源三〇）

按今姓纂七「上官」云：「楚懷王子蘭爲上官邑大夫，因氏焉。秦滅楚，徙隴西之上邽。」通志亦無末節。

三十七蕩

廣武

出自廣武君李左車之後。（尋源三〇）

通志「廣武氏」云：「漢廣武君李左車，因封氏焉。」此當是佚文。

黨

魯大夫有黨氏，周公族之後，見左氏釋例周世族譜。（尋源三〇）

按通志黨氏云：「公族，見釋例周世族譜。」此當是佚文，今釋例八周譜有公族黨氏也，可參卷七黨姓補文。

四十四有

有巢

古帝者有巢氏後。（尋源三〇）

按今姓纂七有姓云：「風俗通，有巢氏之後。」無有巢姓，通志亦然，則疑後人以有姓之文，别衍爲有巢一姓。

阜

大庭氏居曲阜，後有阜氏、曲阜氏。（尋源三〇）

按通志不收此姓。

去聲

一送

仲孫

出自姬姓，魯桓公四子，長子莊公同，次慶父，次叔牙，次季友，慶父卒，謚共仲，生穆伯公孫敖，敖生文伯穀、惠叔難，穀生孟獻子蔑，始以仲孫爲氏。（尋源三一）

按今姓纂八「仲孫」祇云「慶父子孫號仲孫氏」，殆經後人删削也。

三用

雍丘

蓋其先以所居爲氏。（尋源三一）

按通志有此姓。

四絳

巷

周寺人巷伯之後。（尋源三一）

今姓纂八無「寺人」字，通志有。

五寘

智

出自荀林父之弟荀首，食邑於知（智），謂之智莊子，以邑爲氏。知（智）莊子生武子罃，罃生朔，朔生盈，盈字伯夙，爲卿，是爲知（智）悼子，生文子躒，躒生文子（？）荀瑶，號智伯，又智起、智徐吾爲塗水大夫，皆其族。瑶貪而愎，爲韓、趙、魏所滅，智氏遂亡，智果别姓爲輔氏，獨存。（尋源三一）

按智姓文亦見前「五支」，與此字句略異，則由前人引文，往往非盡依原本也。文中忽「智」忽「知」，亦傳録者之誤，原書當無如是差謬。

六至

利

楚公子食采於利，因以爲氏，其地今利州，即葭萌。（尋源三一）

按今姓纂八利姓不著姓源，通志有，此當是佚文。

棄疾

出自芈姓，楚平王初名棄疾，即位改名熊居，子孫以爲氏。（尋源三一）

通志説姓源同，當是佚文。

冀

晉大夫冀芮食采於冀，其子缺亦曰郤缺，蓋氏郤，其子孫後以冀爲氏。（尋源三一）

按今姓纂八冀姓云：「又晉大夫郤芮食采冀邑，亦爲冀氏，芮生缺。」

七志

寺

古寺人之後，有寺氏，有寺人氏。（尋源三一）

此當是引意，但今姓纂、通志均祇有寺人姓，無寺姓，蓋後人衍言之者。

嗣

漢有嗣居仁。（姓氏篇）

通志不著録此人，姓解三作「嗣居」。

異奇斤

高車十二姓，有異奇斤氏。（尋源三一）

見魏書，通志不著録。

侍

侍其氏之後，改侍氏。（尋源三一）

按通志、廣韻均無侍姓，應存疑。

八未

費

出姒姓，禹後，字本作粊。（尋源三二）

按今姓纂八費姓無首末兩句，金石録引衹云「亦音祕」，類稿費姓下亦注「亦音祕」三字。

費聽

党項以部爲姓，有費聽氏，八姓之一也。（尋源三二）

通志不著録，此氏見通典一九〇党項。

九御

御龍

陶唐之後有劉累，學擾龍，事夏孔甲，賜氏曰御龍氏。（姓氏篇）

按今姓纂五劉姓云：「陶唐之後，受封於劉，裔孫劉累，事夏后孔甲，在夏爲御龍氏。」其意相同，通志御龍氏之文，更與此無異，姓纂八雖有御龍之目，其文已佚，得此可以補闕。

著丘

出自己姓，莒丘公之後，莒夷國，無謚而有號，故以號爲氏。著丘，莒别邑也。（尋源三二）

按今姓纂二有渠丘，通志謂「渠丘」亦作「著丘」，「莒丘公」當作「莒著丘公」，方合。

十遇

具

晉大夫具丙之後。（姓氏篇）

通志同，今姓纂八則云：「左傳，晉有具丙。」

十一暮

路

黄帝封榆罔支子于路。（姓氏篇）

今姓纂八路姓袛云：「黄帝封其支子於路。」通志、類稿引姓纂亦同，均無「榆罔」字。「路」，通志、類稿作「潞」，但姓纂又别出潞姓。

步叔

孔子弟子步叔乘，字子車，齊人，後以爲氏。（尋源三二一）

通志亦收步叔氏。按步叔乘雖見今姓纂八步姓之下，但同人而分見於單、複兩姓者，林氏書常見之，此可是佚文也。

十二霽

第二

田廣之孫田登，爲第二氏。（姓氏篇）

第三

田廣之孫田癸，爲第三氏。（姓氏篇）

通志有第二氏，無第三氏，今姓纂第二爲五里所冒，文略同。

第五

漢高祖徙諸田，而有第一至第八氏，漢第五倫，其後也。（姓氏篇）

按今姓纂八第五姓云：「出自齊諸田之後，田氏漢初徙奉園陵者多，故以次第爲氏。」通志略同，此殆是意引者。

十三祭

厲（尋源三三）

按尋源云：「風俗通云，齊厲公之後，姓纂亦云。」今姓纂有勵無厲，通志則云：「厲氏，或作『勵』，姜姓。風俗通，齊厲公之後。」此即今勵姓所佚文也，參本條。

世

漢有九江都尉世寵。（姓氏篇）

通志及類稿均有世姓，亦著録世寵。

十四泰

太史

齊太史子餘之後。（尋源三三）

吳有東萊太守太史慈。（辨誤二三）

通志「太史氏」祇云「齊太史子餘之後」，未著録太史慈。辨誤云，慈東萊人，未嘗爲東萊太守。參卷八補文。

大食

大食國王之後。（尋源三三）

通志無。

大彭

彭祖爲虞夏諸侯，號大彭氏。（尋源三三）

通志無大彭氏。

會鄶

辨誤二三「會鄶氏」云：「按姓纂有此姓，所言乃鄶氏事，誤衍一『會』字，宜删。」此特見本訛耳。今姓纂八有會姓，云：「鄶仲之後，避難去『邑』爲會氏。」此即張氏所謂「所言乃鄶氏事」，而後人誤將「會」、「鄶」相連爲姓者也，「鄶」字應衍，「會」字非衍。

蔡

出周文王第五子蔡叔度之後，一云第四子。蔡叔遷而死，子仲胡率德改行，周公舉以爲魯卿士，魯國治，于是言于成王，後封蔡以奉叔祀，今上蔡縣西南故蔡城是也。後平侯徙居新蔡，今蔡州新蔡縣是也。至昭侯衰微，服役于楚，徙州來，九江下蔡是也。相承二十六世，爲楚所滅，子孫以國爲氏。（尋源三三）

今姓纂八蔡姓所敍姓源甚簡，通志者與上引文略同。

蔡丘（尋源三三）

尋源云：「蔡丘氏見姓纂，澍按廣韻宜（此字衍）作『葵丘』，此姓宜删。」余按張刻廣韻作「蔡丘」，是見本不同也。又今姓纂葵丘之文，爲甫奚（爽）所冒，不知作「葵」抑「蔡」，但通志固作「葵丘」，似張據本所見者訛耳。

十六怪

祭

宣帝時祭癸，邯鄲人，以言便宜，官至弘農太守。（辨誤二三）

辨誤二三云：「按此蔡都尉也，名癸，齊民要術引其書。林氏作『祭癸』，荀悦紀作『葵揆』，均譌。」余按蔡癸見漢書藝文、食貨兩志，嘗官好農使，今姓纂八祭姓無此文，通志亦然。

蒯

與蒯同音，魯有蒯尚。（姓氏篇）

今姓纂八有蒯無蒯，通志蒯氏附蒯氏下，亦云同音，説見校記。

十七夬

瑲

音快，亦作「殨」。（尋源三四）

通志不收此姓，廣韻、姓解有之，「瑲」非姓，可參廣韻校記。

十九代

戴

宋戴公之後，以謚爲氏。孟子有戴不勝、戴盈之，皆宋大夫。（尋源三四）

辨誤二四云：「風俗通云，宋有戴惡、不勝、盈之。按不勝字盈之，宋王偃時臣，見孟子正義，應氏説謌，姓纂亦沿之。」余按今姓纂九戴姓云：「宋戴公之後，以謚爲姓，宋大夫戴惡。」（類稿引同）無不勝、盈之，通志亦然。

二十一震

愼

禽滑釐字愼子，以字爲氏。（辨誤二四）

辨誤云：「按林説妄，禽滑釐未聞有字，魯與楚皆有愼子也。」余按今姓纂九愼姓之文，爲遴姓所冒，祇言著愼子者爲韓大夫，通志同。又通志禽氏下收禽滑釐，亦未舉其字，此存疑。

印

出鄭大夫印段之後，穆公子睔字子印，其孫印段，以王父字爲氏。（尋源三四）

通志説同，「睔」作「踚」，釋例八亦然，莊氏校注云：「此『踚』字似誤，永樂大典底本作『倫』。」參卷九補文。

二十三問

奮

高辛氏才子八元伯奮之後。（尋源三四）

按今姓纂九奮姓實冒萬姓，通志及類稿奮氏，説與此同，可以補闕。

二十六慁

頓

子爵，頓子牂之國。（尋源三四）

今姓纂九頓姓云：「風俗通，頓，子國。」惟通志文與此同，亦疑姓纂、通志相混。

三十三線

鄯善

西域國人，以國爲氏。（尋源三五）

通志有此姓，當是佚文。

膳

掌膳羞之官，其後爲氏。（尋源三五）

此姓通志不收。

卷

代北，茂眷氏改爲眷氏。（尋源三五）

尋源於眷氏下引此。案今姓纂一莪姓云：「後魏官氏志，莪眷氏改爲莪氏。」魏志作「茂眷氏改爲茂氏」，又姓纂九眷姓云：「代北，莪眷氏改爲眷氏。」可參卷九校記。

三十五笑

少師

殷少師陽、少師彊之後。（尋源三五）

通志「少師氏」云：「英賢傳，魯有少師彊，又有少師慶。」與此異。

三十七號

謝丘

周宣王支子食采於謝丘，因以爲氏。古今人表，漢有謝丘章，魯人。（姓氏篇）

張氏云：「按一引無『丘』字，『支子』作『第三子』，氏族略引云，魯有謝丘章，又引『古今人表』上有『漢書』二字。」余按今姓纂九「謝丘」云：「風俗通，周宣王支子食采謝丘，因氏焉。漢書古今人表，魯有謝丘章。」與張引異，且古今人表不載漢人，林氏豈竟無知，此特張據本訛耳。

下門

周景王大夫下門子之後，因氏焉。（尋源三五）

按通志無下門氏，廣韻及姓解三有之。

華陽

秦宣太后弟封華陽君，子孫氏焉。（尋源三五）

按今姓纂一〇「葉陽」云：「秦太后弟葉陽君，子孫氏焉。漢有諫議大夫葉陽通。」校云：「案史記，秦太后弟華陽君，通志亦有華陽通，此俱誤。」合觀此條，益證葉陽實華陽之訛。

四十一漾

相沂（辨誤二五）

辨誤云：「見複姓録。英賢傳，沂相氏，魯沂大夫爲相，因氏焉。亦姓纂引傳餘頠之訛。」按通志有此氏，固作相沂，張氏未見姓纂原本，竟屢屢決爲姓纂引書之訛，未免令人齒冷。

相京（辨誤二五）

辨誤云：「見複姓録。按有京相氏，晉京相璠是也，無『相京』，是姓纂引傅餘頠之訛。」按今姓纂五有京相之目，此亦張據本誤倒耳，非林氏之訛。

四十三映

慶忌

吴王子慶忌之後，爲氏。（尋源三六）

通志説同，「王子」作「公子」，此許是佚文。

孟孫

魯桓公之子慶父之後。（尋源三六）

按今姓纂九孟姓云：「魯桓公子慶父之後，號曰『孟孫』，因以爲氏。」原本是否别標孟孫一姓，存疑。

孟獲

齊力人孟獲，後有孟獲氏。（尋源三九）

通志亦有孟獲氏，説同，許是佚文。

四十八嶝

鄧

殷時鄧侯吾離曼之國，以國爲氏。（尋源三六）

尋源云：「按鄧侯吾離朝魯，在莊公十六年，何得云殷時乎？」余按曼是姓，亦不應與吾離相綴爲名。今姓纂九鄧姓云：「曼姓，殷時侯國也，春秋時，鄧侯吾離朝魯。」引者欲簡略其辭，遂致連「吾離」於「曼」爲名，又置「吾離」於「殷時」之下，此皆張據本之誤，非林書之誤，然張竟未比較孫本，何耶？

四十九宥

晝

姓氏篇引廣韻晝氏，又云：「按姓纂、氏族略引云，齊大夫食邑於晝邑，因氏焉。」按今姓纂九及廣韻、氏族略皆作「晝」，此乃張刻之訛。

入聲

一屋

穀

嬴姓，穀伯綏之後，望出襄城。（尋源三八）

廣陵箸姓。（同上）

「箸」訛，應作「著」。通志有穀氏，與前引一條說同，惟未舉廣陵之望。

伏

本風姓，伏羲之後。（尋源三八）

今姓纂一〇無「風姓」字，類稿四九引文有。

陸

本自羋姓，古天子陸終之後。（尋源三八）

按今姓纂一〇陸姓無此説，惟「陸終」云：「祝融子陸終之後。」引者誤以陸終姓源當陸姓姓源也。

鞠

后稷之孫鞠陶，生而有文在手曰「鞠」，因以名之，支裔氏焉。（姓氏篇）

按今姓纂一〇鞠姓云：「后稷生不窋，生而有文在手曰「鞠」，支孫氏焉。」顯有奪文。得此可與備要引文相證，因鞠爲不窋子也。

祝

鄭大夫祝聃之後。漢有司徒祝恬。（姓氏篇）

古有巫、史、祝之官，其子孫因以爲姓。（尋源三九）

按今姓纂一〇祝姓云：「黄帝祝融之後，周武王封黄帝之允（胤）于祝，因氏焉。鄭有祝聃，衛有祝鮀。或以（云）祝史之後，以官爲姓。」祝聃特列舉之一人，引者乃斷章取義，增「之後」二字，非也。又今姓纂稱後漢司徒祝恬，引文衹作「漢」，亦奪一「後」字。

叔向

晉羊舌大夫之後，羊舌肸字叔向，後以字爲氏。（尋源三九）

按今姓纂一〇叔向云：「世本，晉羊舌肸字叔向，因氏焉。」宋辯證引更無「因」字，此條疑後人衍申之耳。

叔魚

晉羊舌大夫後，羊舌鮒字叔魚，後以字爲氏。（尋源三九）

今姓纂一〇祇云：「晉大夫羊舌鮒字叔魚，因氏焉。」引文之異，疑亦與前叔向條同。

鄐

即畜氏，音旭。（尋源三九）

通志有此姓，當是佚文。

肅

周卿士成肅公之後，以謚爲氏。（尋源三八）

按今姓纂一〇云：「周文王子郕叔之後成肅公，以謚爲姓。」此條特後人參照通志説，省去郕叔字耳，餘詳姓纂一〇校記。

目夷

出自子姓，宋公子目夷爲左師，聽宋國之政，子孫別爲目夷氏。（尋源三八）

按通志有目夷氏，此條大意，當是佚文。

牧師

漢依周禮置牧師，令主養馬，後世因以爲氏。（姓氏篇）

按今姓纂一〇祇云：「漢禮依周禮，令主養馬，後世因以爲氏。」令何人主養馬，文殊不明，應依此補「置牧師」三字，通志亦有。

繆

音木，秦繆公之後，以謚爲氏，或作「穆」。（尋源三九）

通志有繆氏，説同。

三燭

蓐

蓐收後有蓐國，少昊氏之子該也。（尋源四〇）

今姓纂一〇祇云：「風俗通，蓐收之後。」通志同，該爲蓐收，末句殆後人附釋之辭。

曲阜（尋源四〇）

引見前阜姓下，通志不收此姓。

續祁

姬姓，晉隰叔之後，與士氏同族，奚祁（二字乙）舉子午自代，父子相續爲政，因氏焉。（尋源四〇）

按「祁奚」已下一節，與今姓纂一〇略同，「姬姓」三句，今本所無，通志有之，許是佚文。

四覺

樂尹

楚昭王以鍾建爲樂尹，後氏焉。（尋源四〇）

今姓纂一〇無「後氏焉」三字，當據補。

五質

畢

魏兖州刺史畢諶世居東平，五世孫衆愛，宋本州大中正。（辨誤二八）

説詳姓纂一〇校記。

乙

漢有南郡太守乙世。（姓氏篇）

今姓纂一〇及通志均未著録乙世，姓解三有之。

八物

屈六友（尋源四一）

今本正作「屈突」，此張據本訛耳。

弗

音弼。左傳有弗翰，曹大夫也。（辨誤二八）

今姓纂一〇無「音弼」二字，「弗翰」下有「胡」字，張據本奪也。

十一没

杌

左傳楚檮杌之後，檮杌惡獸，後以爲氏。（尋源四一）

尋源四一云：「按當爲高陽不才子檮杌之後，林氏説誤。」余按今姓纂一〇祇云「左傳檮杌之後」，無「楚」字，此之引文，反與通志相同，夫左傳檮杌，卽高陽氏不才子也，張説實卽林説，林説何嘗有誤？

觀此，益疑後人混通志於姓纂矣。

十二曷

鶡冠

鶡冠子，楚人，居深山，以鶡爲冠，箸（著）書，見姓苑。（尋源四一）

按今姓纂一〇云：「風俗通，楚賢人，以鶡爲冠，因氏焉，鶡冠子著書。」引風俗通，非引姓苑，通志亦然（唯訛「鶡冠」爲「褐冠」），此引文當有誤。

十三末

适

南宫适之後，以名爲氏。（尋源四一）

此姓，通志等均不收。

十七薛

列山

古列山氏之後，一曰厲山氏，即連山氏。鄭有列禦寇，著書十八篇。（姓氏篇）

按今姓纂一〇列姓云：「風俗通，古帝王列山氏之後，子孫氏焉。鄭有隱者列禦寇，著書八篇，號列子。」通志略同，幷無「厲山」、「連山」之説，且禦寇姓列，非姓列山，更見後人以列姓文當列山也，「十八篇」之「十」字亦衍。

十八藥

略

姜姓，太公之後，望出武陵。（尋源四二）

通志雖有略氏，但其文云：「姜姓，吴志有略統，望出武陵。」是誤駱統爲「略統」也，廣韻則稱「何氏姓苑云，零陵人」。

若敖

出芈姓，楚子熊鄂生熊儀，謂之若敖，後以爲氏。（尋源四二）

通志説同，唯「熊儀」作「熊義」，此可是佚文。

十九鐸

郭骨（尋源四二）

此爲訛文，説見姓纂一〇𧮬姓校記。

二十陌

伯有

鄭穆公玄孫良霄字伯有，子孫氏焉。伯有爲良氏，復爲伯有氏，所以别族。（尋源四三）

通志説全同，此可爲佚文。

百里

奚子視以「百里」爲氏，謂之百里視，字孟明。或云奚字百里。（尋源四三）

通志有百里氏，但此文與類稿五七所引迥異。

柏成

堯時諸侯柏成子高。（姓氏篇）

「柏」亦作「伯」，當卽伯成之佚文，説見校記。

郤州

晉郤豹生揚，揚生郤州，因氏焉。（世本三）

通志文同，唯與左傳僖十五年疏及辯證，均以步揚爲豹孫，「生」字當誤，此可爲佚文。

二十一麥

麥

出麥丘老人之後，漢有麥侯。（尋源四三）

按今姓纂一〇及通志均無此説，疑混麥丘於麥耳，應存疑。

二十二昔

籍丘

左傳，齊大夫籍丘子鉏之後。（尋源四三）

通志同，此當是佚文。

射

漢有大鴻臚射咸、大典星射姓。（姓氏篇）

按今姓纂一〇及通志均祇著録射咸。

二十三錫

析

衛穆公生公析黑臀，其孫武子朱鉏，以王父字爲氏。（尋源四四）

按今姓纂一〇析姓云：「左傳，齊大夫析歸父，衛大夫析朱鉏，公子黑其後也。」合觀通志、類稿，當有奪誤。又釋例九，穆公子子叔黑背，不作「臀」。

激

齊太史激之後。（尋源四四）

通志同，當是佚文。

二十四職

力

黄帝臣力牧之後。漢有魯相力題，漢末有力子都爲盜。（姓氏篇）

今姓纂一〇無末句，唯通志有之。

二十五德

特

望出昌平、鉅鹿。（尋源四四）

此乃意引，今通志有此姓，云「望出平昌」，「昌平」二字乙。

墨台

墨音眉，台音怡。（尋源四四及辨誤三〇）

孤竹之國君，姓墨胎氏。（姓氏篇）

按通志「墨氏」引姓纂云：「孤竹君之後，本墨台氏。」又今姓纂二怡姓云：「本姓墨台，孤竹君之後。」作「胎」者傳寫之訛也，兩音固不誤，而尋源辨之，反從路史「怡音眉」之訛説，傎矣。

万俟

拓跋氏後有万俟氏。（尋源四四）

與今本不同，殆意引者。

北人

漢桓帝時四門博士比人交。（辨誤一七）

辨誤一七云：「按當是北人，堯時有北人無擇也，林氏引誤。且四門博士起於後魏太和中，漢無之。」按今姓纂一〇及通志均不著録北人交。

北宫

出自姬姓。衞成公曾孫括，世爲衞卿，别以所居爲北宫氏。（尋源四四）

以今本勘之，「衛成公」一句，殆係括引，末句當是佚文。

北海

古有劉河者處於北海，其後以爲氏。田和有大夫北海子高。（姓氏篇）

觀此，可決今姓纂北人之誤冒北海，「田和」乃「吴」之訛，參姓纂一〇校記。

二十六緝

汲

漢有中尉汲黯，爲淮陽太守。（姓氏篇）

今姓纂一〇云：「漢淮陽太守汲黯。」

三十一洽

郟

周成王定鼎于郟，居此者以爲氏，望出滎陽、武陵。（尋源四五）

與通志所説郟氏姓源不同，唯姓觿十載此一説。

辨誤二〇云：「猶林寶合李傕、郭汜之名而云『漢有傕、汜』也。」意似謂姓纂有傕姓，并附於此。

附録三　沈濤書元和姓纂後

右林寶元和姓纂十卷，見唐書藝文志，今已失傳。孫淵如觀察從永樂大典中採輯成書，復用鄭樵通志氏族略、王應麟姓氏急就篇、謝枋得祕笈新書所引校補之，然猶有未備者。偶閲趙明誠金石録及羅泌路史並注中引元和姓纂，與今本異同者甚多，孫氏皆未之採。如金石録跋尾第七卷漢梁相費汎碑，林寶元和姓纂云，費氏亦音祕，史記，紂幸臣費中，夏禹之後，楚有無極，漢有直，蜀有禕，晉有詩。今孫本無「亦音祕」三字，又「中」作「仲」，「詩」作「試」，皆誤。史記殷本紀，費中，正義音仲，今寶既引史記，不應竟作「仲」字。漢安平相孫根碑，按姓苑、姓纂諸書皆云，孫氏，周文王子衞康叔之後，衞武公子耳爲衞上卿，因氏焉。今孫本無「爲衞上卿」之語。十一卷後衞比干碑陰，按後魏書官氏志，丘穆陵氏後改爲穆氏，今此碑自侍中丘目陵亮以下，同姓者凡三人，字皆作「目」，而元和姓纂所書，與此碑正同，又碑自穆崇至亮，皆姓丘目陵氏，姓纂亦云後改爲穆。今孫本「十八尤」無丘穆陵姓，「一屋」穆姓下云，代人，本姓丘目（此應作穆）陵氏，仍作「穆」不作「目」，當是淺人用後魏書改也。十二卷後周延壽公碑頌，太師、燕國公于謹，後魏新安公于洛拔之後，姓纂及唐書宰相世系表皆云，謹，洛拔五世孫也。今孫本「十虞」于姓下並無此文。後周温州刺史烏丸僧修墓誌，僧修本姓王氏，梁南城侯神念之子，元和姓纂及唐史宰相世系表皆云，神念父冏，爲護烏丸校尉，因號烏丸王氏。今孫本「十陽」王姓下引祕笈新書補，並無此文，亦不著烏丸族望。十四卷唐清河公主碑，公主，太宗女也，碑云，下嫁程知節之子處亮，知節碑及唐史列傳、元和姓纂所載皆同。今孫本「十四清」程姓下引祕笈新書補，並無此文。唐阿史那忠碑，元和姓纂云，阿史那氏，開元中改爲史。今孫本脱「中」字。唐高士廉兆塋記，唐史及元和姓纂皆云，士廉父名勵。今孫本「六豪」高姓下引祕笈新書補，並無此文。十五卷周崔敬嗣墓誌云，祖咸，考表，而元和姓纂以「咸」爲「誠」，「表」爲「儀表」，唐兵部侍(郎)崔兢墓誌，公諱兢，字明慎，祖敦禮，父守業，案舊唐書敦禮列傳云，孫貞慎，神龍初爲兵部侍郎，元和姓纂所書亦同。今孫本「十五灰」崔姓下引祕笈新書補，並無此文。十六卷唐嶲州都督姚懿碑，據碑及唐書宰相世系表，皆云公諱懿，字善意，而崇子奕碑與元和姓纂乃云，名善意。今孫本「三蕭」姚姓下引祕笈新書補，並無此文。唐贈兖州都督裴守真碑，新唐書宰相世系表，景生正，正生脊，字歸厚，而元和姓纂乃云，正生歸厚，歸厚生脊。今孫本「十五灰」裴姓下並無此文。唐屯留令邢義碑，元和姓纂云，和璞父名思表，爲豐州都督，又云，後魏光禄卿邢虬，虬生臧，臧生元功，元功生思孝，思孝生和璞。今孫本「十五清」邢姓下引祕笈新書補，並無此文。十七卷唐駙馬都尉豆盧建碑，元和姓纂云，慕容運孫北地王精之後，入魏，道武賜姓豆盧氏，精生醜，醜曾孫萇，生寧。今孫本脱「北地王」三字，又無「入魏」、「道武賜姓」之文，並云精生猶醜，猶醜曾孫萇、永思、寧，寧生勣，永思生通，「醜」上衍一「猶」字，「萇」下脱一「生」字，竟似寧與萇皆爲猶醜之曾孫矣。十九卷唐西平王李晟碑，碑載西平子十二人，愿、聰、揔、愻、憑、恕、憲、愬、懿、聽、惎、慇，元和姓纂載西平子十人，以碑校之，姓纂闕聰、摠、憑、懿四人，而憝、應二子，墓碑無之。（案憝已見墓碑，不應云無，余所見明歸太僕抄本金石録作愻、應二子，當從之，歸本係震川手寫，後有題跋，字畫甚精，可據以校盧、謝諸本之誤。）今孫本李姓下引祕笈新書補，並無西平十子之文。十三卷唐襄州刺史侯莫陳肅碑，元和姓纂云，其先後魏別部，居庫斛真水。今孫本作「別郡」，尤誤字之顯然者也。又二十卷唐義陽郡王苻璘碑，唐書列傳，璘姓符，而碑作苻，以姓氏書考之，琅邪符氏出於魯頃公之後，公雅爲秦符節令，因以爲氏，而武都苻氏，出於有扈之後，爲啓所滅，奔西戎，代爲氐酋，本姓蒲，至苻堅以背有文，改焉云云。此所云姓氏書，當卽姓纂，今孫本符姓下「符節令」作「符璽令」，案漢書百官公卿志，少府，秦官，屬官有符節令，續漢書百官志，符節令主符節事，尚符璽郎中主璽，漢書霍光傳亦有尚符璽郎，是符節令領符璽郎，漢因秦制，本書必應作「節」，通志氏族略亦作「爲秦符節令」，足證今本作「璽」之誤，廣韻「十虞」「符」字注，魯頃公之孫雅，仕秦爲符璽令，通典職官云，秦符璽令，漢因之，置符節令丞，皆非是，苻姓下語略相同，惟云蒲洪以孫堅背上有艸付文，改「苻」爲「武都」，孫云，「武都」二字有脱文。濤按此並無脱文，「改苻爲」三字乙作「改爲苻」，「武都」二字乃是族望，提行另起，則不誤矣。又九卷漢荆州刺史苑鎮碑，姓氏書皆云，苑氏出於左傳所載齊大夫苑何忌之後。今孫本「二十阮」無苑姓，疑亦脱文。又如路史前紀第四卷，偃傀氏後有偃氏、傀氏，注云，見元和姓纂。今孫本「十五灰」無偃、傀二姓。又六卷注引姓纂，倉頡氏，馮翊人。今孫本「十一唐」倉頡姓下無此文。九卷「陰康氏之後有陰氏」注，見姓纂。今孫本「二十一侵」陰姓下無陰康後之文。又後紀一卷，「太昊帝弟郝骨氏後有郝氏、郝骨氏」，注云，元和姓纂作「郝骨氏」，唐書世系表又作「郝省氏」，云太昊之佐也。今孫本「十九鐸」無郝骨姓，郝姓下云，出於郝省氏，太昊之佐也，轉與唐書世系表同。（案「郝骨」、「郝省」，皆「赫胥」字之誤。）四卷注引姓纂，共、龔爲共工氏後，今孫本「三鍾」共姓下有之，龔姓下無「共工氏後」之文。五卷「黄帝後有橋氏」注，姓纂橋山支孫守家者爲氏。今孫本「四宵」無橋姓。六卷注云，范曄西羌傳謂西羌本出三苗，姜姓之別，炎帝之後，姓纂從之。今孫本「十陽」無羌姓。七卷注引姓纂云，允格後，金天氏之裔。今歲（孫）本「十七準」允姓下但云允格之後，脱「金天」以下五字。七卷，逍氏後有叔帶、中衍、戎胥、冬日之氏，注云，四姓見姓纂、姓苑等。今孫本「一屋」下有叔帶，「二冬」下有冬日，無中衍、戎胥二姓。又七卷注云，姓纂以簡出狐鞫居。今孫本「二十六産」簡姓下云，周大夫簡師父之後，無「出狐鞫居」之文。八卷注云，姓纂謂顓頊帝風姓。今孫本「一東」無風姓。又卷八注云，又有鄋氏，出姓纂。今孫本「二十一侵」無鄋姓。又八卷注云，姓纂有彭祖孫子爲周錢府大夫。今孫本「二仙」錢姓下引祕笈新書補云，彭祖孫孚，周錢上氏。案路史注，「子」字當是「孚」字之誤，古未聞以「錢上」命官，而周禮有泉府，泉、錢古通字，則新書「上」字必「府」字之誤也。又八卷注云，茅夷、卑徐、鉏邱、茅地、蘧、澤，皆以附邑爲氏，見姓纂。今孫本「五肴」有茅夷，「九魚」有蘧，而無卑徐、鉏邱、茅地、澤四姓。又十卷注云，縉、去聲，姓纂云，温泉多此姓。今孫本「二十一震」無縉姓。又十卷中行氏注云，姓纂引世本作「仲行」。今孫本仍作「中」。又十卷韓籍、韓嬰、韓信，注云，籍、嬰，信三韓，見姓纂。今孫本「二十五寒」韓姓下有嬰，信，無籍。又十卷，成王侯次子于翟爲翟氏，注，姓纂云「少子」非。今孫本「二十陌」翟姓下無「成王少子」之文。又十卷，盛伯子降于齊，有盛氏，注，姓纂云，先姓奭，後改爲盛。今孫本「四十五勁」盛姓下無此文。十一卷注云，姓纂，丹朱居陶邱，爲氏。今孫本「六豪」陶邱下但云帝堯子居陶邱，因氏焉，無「丹朱居」之文。十二卷，帝舜後有陳氏，注云，姓纂，出武南、東海者胡公後，出武當者太邱長後，出長城晉中郎將逵（今刊本作「達」，誤），十世爲陳武帝。今孫本「十七真」陳姓下但云東海，無武南，又「中郎將」作「長城令」（案陳書、南史亦但云「出長城令」），無「爲中郎將」之文），則其微有不同也。又國名記四卷箕，姓纂云，商之圻内。今孫本「七之」無箕姓。又弗，費也，一作「鄪」，姓纂有鄪氏。今孫本「八物」無鄪姓。又五卷瑕邱注云，項羽紀有瑕邱申陽，孟康以爲瑕邱人，姓申名陽，姓纂自爲一姓，因文穎之誤。今孫本「十麻」無瑕邱姓。六卷妚傳云，商有姺妚，姓纂、纂要，方九切。今孫本「四十四有」無妚姓。六卷鄁，姓纂以爲出伯縈，在虞、芮間，今孫本「十五灰」無鄁姓。又六卷登北，傳多作「癸北」，注云，姓纂又作「癸比」，今孫本「五旨」無癸比姓。凡此，皆足訂今本之闕誤，余故詳著其説於簡末，俾後之讀是書者覽觀焉。

去歲秋從校姓纂，陳前輩援庵以抄本十德齋文集卷四寄示，亟將此文録出，涉誦乙過，知近人羅振玉氏據金石録所補佚文，前此數十年，沈氏多已拈出，其用功致足敬也。篇中略有訛奪，如後魏比干碑作「後衛比干碑」，「唐兵部侍郎崔兢」漏「郎」字，「和璞父名思孝」作「思表」，今「孫本十七準」作「今歲本」，陳氏出路史十一卷，非十二卷，「出長城者」，訛「者」爲「晋」，「國在虞芮間」，漏「國」字，當皆傳録之誤。「因文潁之誤」，或作「因文潁之説」。「癸比」本作「癸北」，則由見本之不同。所校姓纂，如謂「曾孫萇」下脱一「生」字，「後魏別郡」應爲「別部」，「改苻爲」應乙作「改爲苻」，「武都」二字乃是族望，須提行另起，論均甚的，已分別採入校記。顧其中有尚俟商量者，如謂「丘目陵」仍作「穆」爲淺人用後魏書改，則不知魏代金石，目、穆並行，譯音無定字，且由「丘穆陵」改「穆」，文字上更有連系，趙氏所引，乃穆姓文，非必林書別闕邱目陵一條也。謂于姓下無謹爲洛拔五世孫之文，則不知趙氏合引二書，隱括其意，今新書世系表亦何嘗有「謹，洛拔五世孫」之字樣，吾人能因是而疑新表有佚文耶？「符璽令」應作「符節令」，立説固合，然姓解固稱符璽郎，則猶未知「節」之訛「璽」，抑「郎」之訛「令」。今「二十一侵」陰姓下有「又云康氏之後」，偶奪「陰」字，非無「陰康後」之文。「郝骨」實「赫胥」之訛，説詳卷十嚇姓校記，路史多誤文，不可盡據。龔爲共工後，亦得爲路史衍申之辭（説見校記）。西羌本出三苗，乃指三苗言之，今姓纂三苗本條，誤附三烏之下，云「姜姓，炎帝之後」，正與羅氏引文同，沈氏泥而求之，故失諸交臂。辯證二五，「允格，金天氏之裔」，以下文驗之，直鄧氏附釋語，疑羅泌誤讀爲林氏原文矣。後紀稱叔帶、中衍、戎胥、冬日四姓見姓纂、姓苑等，今姓纂既有叔帶、冬日，則其餘兩姓，未必盡出姓纂，然中衍、戎胥，亦不爲廣韻、姓解著録，路史所徵，尚當存疑。簡姓一條，已詳羅氏佚文删定記中，難保路史不以通志混姓纂也。林書卷一江姓云，「嬴姓，顓頊玄孫伯益之後」，卷三秦姓云，「顓項嬴姓，秦後」，與舊説同，似未必又謂顓項風姓，自相矛盾，則疑羅氏見本，訛「顓臾」爲「顓項」耳。（卷二臾姓，云「顓臾，風姓之後」。） 抑風姓佚文，張氏所引有之，不及顓項，蓋謂某某風姓者，固不必其文即附風姓下，試觀卷二須姓、臾姓下均有風姓之文，前引江姓、秦姓，均有顓項嬴姓之文，即知沈氏據路史以斷姓纂有風姓，事實雖偶合，理論究不完矣。 瞬氏，廣韻、姓解均祇有瞬姓，尋源二二謂瞬氏出纂文，瞬氏見纂要，然纂文、纂要，元卽一書，知路史從「目」者訛，而尋源兩姓並列之非。「周錢上氏」，苟依沈説作「周錢府氏」，語仍不可通，勘諸通志，謂應正作「周錢府上士」也。字書無「鐠」字，乃「錯」字之訛，洪氏已據氏族略補入「十九鐸」中，沈氏乃求諸「二十一震」，宜乎其不得。 姓纂兼有中行、仲行，沈氏不參諸去聲，是爲失考。 韓籍、韓嬰、韓信，「信」應作「言」，張、沈兩家均沿路史而誤者。廣韻翟姓有兩讀，一入「二十陌」，一入「二十三錫」，通志合而一之，今輯本以翟方進之「翟」，入「二十陌」，與廣韻異，且今本既稱翟黄帝之後，通志稱翟祁姓，則不得爲成王之後，案國名記己「狄，翟也」，是羅氏認狄、翟通用，今「二十三錫」狄姓云，「周成王封少子於狄城」，如換「狄」爲「翟」，正與路史引同，沈氏之辨，失諸草率。又今卷三陳姓，汝南爲胡公後，説甚彰著，路史引作「武南」者訛（據余見本路史，「出長城晉」作「出長城者」），沈氏不爲細核，遂云微有不同，且以作「達」爲誤。「八物」明明著郴姓，而沈氏云無有。妳一作婗，方儿反，舊姓書皆如是，而沈求諸「四十四有」。癸北訛「祭北」，今誤入「十三祭」，校注已提出，辯證引作「癸北」，而沈氏祇求諸「五旨」，均其疎也。 若羅泌曾徵而沈氏漏引者，如後紀一三下注：「姓纂，杞若辟（避）董卓難改爲『杞』。」路史發揮四：「又元和姓纂亦有夏里、綺里、禄里三姓。」國名記甲：「姓纂云，宋之雎氏本姞姓。」記乙「阮國」注云：「姓纂謂在岐、渭之間。」記丙：「姓纂云，高陽後，封以爲蒙雙。」記戊卷下：「姓纂云，巷伯，後氏。」記己容成下：「有容氏，姓纂，容成氏。」又平林下：「史記有平林老（引見姓纂）。」又甲父下：「姓纂云，古諸侯，以國爲氏。」凡九條，皆足與今本參修訂補，別於拙校記詳之。民國二十六年順德岑仲勉識。

附録四　羅輯姓纂佚文删定補正記

羅振玉姓纂校勘記後附佚文一篇，蓋其文與今本相連系者，於校勘記内詳之，否者别録於後也，然廣言之，亦同是佚文耳。所徵金石録，除李、崔、臧、叱門四條外，餘已全見沈跋，羅從事校勘時曾見十德齋文集否，今姑不問，兹唯以時代先後論，去沈氏所舉者。又隻辭單義不能自成句讀者，亦不録。複補者凡十四條，如河南有綦氏，即今本卷七訛爲纂氏者是也。鮮陽，今本作上讀，入「二十八獮」；嫪，原音郎到切，入「三十七號」；夏，今本從上讀，入「三十五馬」；相里，今本從平讀，入「十陽」，羅氏所讀既異，未嘗細勘，故致複出。癸北，今訛「祭北」，入「十三祭」，校注已明言，辯證作「癸北」，羅反據辯證補「癸北」；「二十三問」之奮，校注亦謂所引人姓名，皆以「萬」爲「奮」，而羅反補萬，則若熟視無覩者焉。爽鳩之文，今誤附舒鳩，諫姓一條，今本即誤附其下之晏姓，華士，今本倒爲「士華」，入「六止」，陸終，今本别訛「陵終」，入「十六蒸」，遬僕，今本誤附於安都，獨孤全姓，庫本誤收入姓氏書辯證，勞氏郎官石柱考已屢言之，悉居即今本之悉君，叱門改門，今爲卷三盆姓所冒，牒氏之文，見卷三云姓下，此皆其所複補者也。毛姓「延壽」二語，就辯證原文觀之，并非轉引姓纂，此又其濫補者也。他如漏補者，應補不補者，今均一一爲補正之。輯佚之風，清代最盛，然流波所扇，厥弊有二，唯求量豐，故瑌玦不分，唯欲功速，故淘汰不力，須知古今人引文，有時爲行文便利計，非必據本搬録，試就辯證所引姓纂馮氏「出潁川者漢征西大將軍異之後，出上黨者左將軍奉世之後……」持與今本比觀，即知「出某某」云者是概括其意矣。又如郗婁，宋本辯證引姓纂稱「曹姓，郗婁子後」，今本辯證引稱「曹姓國，郗婁子之後」，是字句略異者，傳世既久，往往然矣。凡斯之類，皆輯佚者所當隨時留心，據理審定，誠如是，雖未必復其原，要不至失諸濫也。民二十六年四月順德岑仲勉識。

李

恪，吴王，生琨，嗣吴王。琨生褘，信安郡王。褘生峴。（金石録二一八）

羅氏原文作「吴王恪生琨」云云，按金石録二一八云「曾祖恪，封吴王，……元和姓纂所載亦同」，將「吴王恪」三字乙之，似更與金石録之言及姓纂書例相近。

上平聲

馮

弘農　弘孫西魏寧州刺史寧之後。（辯證一）

羅氏原作「出弘農者弘孫」云云，但試將辯證全段引文，與今本比讀，便知「出某郡者」字樣，係屬意引，兹删「出」「者」二字，期與他節文體一律。又依鄧氏所引次序，此條佚文，應次京兆望後，河間望前。復考魏書八三上，弘生朗，朗生熙，熙生誕，誕生穆，穆生冏，冏生峭，至峭而後入於北齊，今此馮寧者仕於西魏，以世代比之，殆弘之裔孫，非其孫也。

同官

出姓苑。（辯證一）

公子

春秋，列國公子之後。（辯證一）

五支

宜

隋西南夷有宜繒、宜林。（辯證三）

羅氏原文作「隋西南地」云云，兹據通志改正。

七之

貍

以王父字爲氏。（辯證四）

十虞

廚人

宋有廚人濮，見釋例。（辯證四）

十二齊

西周

武公世子稱爲西周氏。（辯證四）

十五灰

崔

清河東武城後有齊郡、高密、藍田三崔氏門户，魏大和中，定清河崔爲山東五姓甲門。（辯證五）

按其下尚有「又大和姓族品，滎陽四姓」云云，如謂「魏大和中」兩句是姓纂文，則此兩句亦應是姓纂文也。「大」誤，應正作「太」。

諴生儀表，儀表生敬嗣，敬嗣生悦，悦生光遠。（金石録二一五）

按金石録二一五云：「而元和姓纂以『咸』爲『諴』，『表』爲『儀表』，……而姓纂亦云悦生光遠。」今沈跋祇引前一節，漏去後一節，羅氏補此，純就趙氏引文以意搆成之，諸人當各有歷官，非如是簡敍也。

二十三魂

賁

魯縣賁父之後。晉有賁浦，漢有郎中賁光，晉又有汝南賁嵩，清操之士。又庾琛女適汝南賁氏，又有長水校尉賁顗。（辯證七）

羅氏原文，「縣」訛「孫」，茲訂正。

二十五寒

丹

漢有長安富人丹玉君。（辯證八）

羅氏原文「玉君」二字倒，茲乙正。

下平聲

二仙

鮮

蜀李壽司空有鮮司明。（辯證九）

顓

出自顓帝之後，或顓臾之後，以國爲氏。（辯證九）

四宵

椒

椒鳴。（辯證一〇）

按類稿一八云：「左傳，楚大夫椒舉之後，子鳴。」比較近是。

七歌

何

望出廬江、丹陽、東海、齊郡。（辯證一二）

按此當是撮引之文，易言之，即姓纂原文，殆分列四望而各附以世系也。

九麻

華原

後周鳳州刺史拓義華原鼎，生威，周豐利公；生韓，皇右四府驃騎將軍，生善惠。（辯證一二）

參卷五校記。

十陽

章

吴興　陳司空章昭達，唐右驍衛將軍章承嗣，梓州刺史章彝，湖州人。循王府長史章延珪，杭州人。（辯證一三）

按羅氏原文尚引「二族皆望出吴興」一句，但考下文又有「事見元和姓纂」語，蓋鄧氏爲行文利便，故以「二族皆出吴興」代之，依姓纂文例，「吴興」二字應冠於節首也。

張

安定、范陽、太原、南陽、燉煌、修武、上谷、沛國、梁國、榮陽、平原、京兆。（辯證一三）

辯證引云：「唐有安定、……京兆等四十三望，大抵皆留侯遠裔。」由今本觀之，知林書每望之下，殆必各舉所出，且列敍其世系、人物，鄧氏特撮引大意耳，末「大抵皆留侯遠裔」一語，尤明示括舉之辭，非林書原文也，故删存之如上。

章仇

齊公族羌姓之後，本章氏，漢有章弁，其後避仇，遂加「仇」字爲章仇氏。長安元年右史知貢舉張說下進士章仇嘉昂。（辯證一四）

按羅氏據辯證補，無「氏漢有章」四字，又「張說」下無「下」字，義不可通，茲依通志補之。「嘉昂」，通志作「嘉勉」（參卷五校記），「實」應作「昻」。

十一唐

皇

吴青州刺史皇象居江都，後裔徙吴郡。（辯證一五）

臧

懷亮生希讓，渭北節度使。（金石録二六）

十二庚

行人

左傳，陳行人儀之後，衞有行人燭過，皆以官爲氏。（辯證一六）

十七登

登

後漢有左馮翊登道、將作大匠登豹。蜀有關中流人登定。舊望出始平，今望出南陽。（辯證一七）

按「南陽」，原文作「南海」，羅氏沿之，兹據通志改正。

滕叔

楚考烈王時有大夫滕叔肅。（辯證一七）

參卷五校記。

十八尤

菒

音浮。（宋辯證）

羅氏誤「菒」爲「巻」。

二十三談

三飯

繚適蔡，干適楚，缺適秦，後皆氏焉。（辯證二〇）

上聲

九麌

楀

詩曰，楀維師氏。寵臣之族也，後氏焉。（辯證二三）

主父

子孫以爲氏，漢有主父偃。（辯證二三）

羅補漏末五字，以余審之，亦引姓纂文也，已見前補。

二十六産

簡

晉大夫狐鞫居食采續邑，號爲簡伯。（辯證二五）

按通志「簡氏」云：「晉大夫狐鞫居之後也，狐鞫居號續簡伯。」又尋源二八簡伯亦引姓纂「出于狐鞫居續簡伯」，似均可作辯證引文之旁證。但考今姓纂七簡姓已云「周大夫簡師父之後」，不應又謂鞫居之後，否則應著「一云」等字方合也。復次，今姓纂一〇續姓有云：「晉大夫狐鞫居食采於續，又姓續氏，是爲續簡伯。」甚與辯證引文相類，余頗疑此條乃宋人混續於簡，尚應存疑。辯證又云：「師父、鞫居，皆春秋時人，而師父在前，已爲簡氏。」揣其語意，似所見姓纂亦曾謂簡爲師父之後也，參卷七校記。

三十八梗

邴意

望出千乘、博昌。（辯證二七）

邴意爲希姓，則「望出」二字，或是原文。

去聲

三十七號

到

宋、梁間有到彦之、到溉、到洽，望出彭城、武原。（辯證三三）

按辯證原文訛「太原」，羅氏沿之，兹訂正爲「武原」。

四十禡

斥

音拓，又充夜切，今蔡州有此姓，出爾雅，斥山。（宋辯證及辯證三三）

羅氏原文漏「音拓又」三字，兹據補足。又此姓應入「四十禡」，羅氏以入「三十九過」，亦誤。正字通，斥，「又之夜切，音柘，姓也，見姓纂」。又通志「去聲」，「斥氏，音柘，蔡州有此姓」。

四十三映

競

楚大夫，以所食邑爲競氏。（宋辯證三四）

「竟氏」亦曰「楚人」，但宋辯證竟、競並收。

四十六徑

甯

出自姬姓，衞康叔之後，武公生季亹，食采於甯，其地懷州修武縣是也。季亹弟頃叔，生跪，以邑爲氏。跪孫速，謚莊子。莊子生武子俞，俞生惠子殖，殖生悼子喜，代爲衞卿，謂之九世卿族。齊桓公之相有甯戚，周威王之師有甯越。（宋辯證）

按今姓纂卷九，此段衹得四十八字，宋辯證所引，乃有八十六字，計多三十八字，此亦今本似經宋人一度削略之證也。羅引「至武公」多「至」字，又「以邑爲氏」四字與「弟頃叔生跪」五字互倒，兹據正之，餘參姓纂卷九校記。

四十九宥

廖叔

古廖叔安之後，秦惠王有大夫廖叔翹。（宋辯證）

羅氏原文，據今辯證，「惠王」作「惠公」，「有」字在「大夫」下，茲依宋辯證正之。

五十九鑑

監

衛康叔（之後）爲連屬監，因以爲氏。（辯證三四）

今卷九祇作「衛康叔之後」。

入聲

一屋

牧

孟子有牧皮、牧仲。（辯證三五）

祝圉

衛祝圉之後，漢有御史祝圉遥。（辯證三五）

辯證原訛「祝固」，羅氏沿之，茲依通志正作「祝圉」，説詳姓纂卷十校記。又羅氏引此，未知是佚文，今既證明祝圉冒匠麗，而辯證此引，正與通志祝圉文同，則其爲姓纂佚文無疑矣，故仍歸入羅氏補佚之數。

四覺

樂正

魯人樂正子春師曾子，樂正子克師孟子，樂正裘師孟獻子。（宋辯證）

按今本訛奪爲「孟子，魯有樂正子春，曾子弟子」。

五質

栗

或爲栗氏，趙將有栗服。（辯證三六）

參卷十校記。

十月

越椒

楚大夫越椒之後，爲氏。（辯證三七）

羅氏引此，未知定是佚文，今既證明姓纂一〇之越椒，實冒嬰齊，則此正越椒姓下所佚矣，故仍歸入羅氏補佚之數。又「越椒」上應依尋源四一引文補「鬭」字。

十二曷

妲

紂妃妲己之後。（辯證三七）

二十陌

伯高

列子友伯高子進。（辯證三九）

參卷十校記。

二十二昔

奭

漢元帝時避諱改爲盛。（宋辯證）

二十五德

北殷

史記，湯後。（辯證四〇）

附録五　羅振玉唐書宰相世系表補正之采正

是書於民二十六年刻七經堪叢刊内，得之稍遲，時涉姓纂考據部分，多已成稿，不欲屢易，乃決別成一篇，擇其可者采之，其錯誤或當存疑者正之，但以與姓纂或余之校記有關者爲限，證文或意義相同，則不再贅及。羅書原依世系表先後而敘次，茲取便對勘，改依姓纂排比之。抑羅著引文，常有譌舛，晚近出土石刻，不盡得原本相校，姑據所引著録，留待他時之比定耳。

卷一

封

德輿隋南田令　「湖州刺史封泰墓誌，父德輿，齊著作郎，隋扶風南由令。案作『由』是。」

踐一　「『無遺』殆即『無遺』之譌，而誤以爲踐福子。」按此斷尚無確證。

鍾

子威弟山操　「元和姓纂引鍾山操行狀，言弟子威，則山操爲兄，表與行狀不合。」

卷二

韋

師孫弘敏仁爽素立　「元和姓纂，弘敏從兄仁爽、素立，與表不同。」「從兄」誤，應作「從父」。

項生鐬太子少保駙馬都尉　「韋項夫人河東裴覺墓誌，第二子太僕少卿、駙馬都尉、彭城縣開國男（項誌作「彭城郡公」）鐬。」按「郡公」應是後來晉封。

友信生縝繕繢緩　「韋氏小女子墓誌，……祖緩，……贈左僕射，父洙，見任尚書主客員外郎、東渭橋給納使，君有兄三人，長曰隗，次曰粲，季曰烏。」按校記引遼居稿，「左僕射」作「右」，與舊傳符，又「給納」作「結納」，未見拓本，尚待勘定。

纁吏部郎中　「元和姓纂作『纁，吏部員外、衢州刺史』。」按表作「纁」是，衢刺非纁之歷官，均見校記。

福獎孫寡尤　按表，福獎子寡尤，與姓纂同，羅誤。

璀字世恭　「又安國寺大德惠隱禪師塔銘，外祖韋氏，字孝基，皇中書舍人人逍遥公孫。孝基、仁基，殆兄弟行，誌謂爲逍遥公孫，世次正合。」按唐韋嗣立亦封逍遥公，待考。

徐

恆之……二子孝規孝嗣　「但宋書徐湛之傳，湛之三子，聿之、謙之爲元凶所殺，恆之嗣侯，無子，聿之子孝嗣紹封。知孝嗣本聿之子，出嗣恆之，故表以爲恆之子，惟恆之既無子而嗣兄弟之子，不得更有一子名孝規者，則孝規殆亦聿之子也。」按前截爲新表解脱，尚足備一説，若謂孝規亦聿之子，則苦無憑證。

卷三

盧

度世字子遷……生陽烏敏昶尚之　「澧州刺史盧昂墓誌，度世四子，淵、敏、敞、尚，淵卽陽烏。表作陽烏字伯源。案魏書盧玄傳，陽烏名淵字伯源，小名陽烏，蓋因避唐高祖諱，以小名代之。又永王府録事參軍盧自省墓誌亦作祖諱淵，後魏吏部尚書。」按姓纂作「生四子，陽烏、敏、昶、尚之」。敞卽昶，因音近而訛，魏書作「昶」。

蘇

威隋……房公　「蘇瓌碑作『威，邳國公』。」按隋書四一威傳：「及受禪，……追贈其父爲邳國公，……以威襲焉。」新表作「房」，則同姓纂。

夔隋鴻臚少卿　「蘇瓌碑及舊書本傳均作『鴻臚卿』。」按表同姓纂，似依隋書及蘇昱德政碑，有「少」字爲是，引見校記。

齊

玘生昭汶映暭照煦　「又元和姓纂載齊映狀云，兄昭、晈，弟暭、照、煦，亦失書玘，『汶』作『晈』，與表不合。」按「照」實「玘」訛，「晈」字不誤，均見校記。

陳

伯義　「文州刺史陳察墓誌，父伯義，江夏郡王、宣惠將軍、東揚州刺史，入爲侍中、忠武將軍，在隋授蘭州刺史。」（按誌見千唐）

曇瑱高宗孝宣皇帝　「沈校，陳書本紀名頊，案河南縣丞陳希望墓誌亦作祖頊，陳孝宣皇帝」。按姓纂亦作頊，參校記。

莊字承肅隋昌陽令　「盧全壽夫人陳氏墓誌，夫人，陳後主叔寶之玄孫也，曾祖莊，陳會稽王、揚州牧。」

叔明字子昭　「隋禮部侍郎陳叔明墓誌，君諱叔明，字慈尚，……孝宣皇帝第六子。不作『字子昭』。」

叔達　「陳希望墓誌，高祖叔達，義陽王兼侍中，……曾祖弼，皇朝柘城縣令。……表載叔達子政德、元德、賢德、紹德四人而不及弼。」按政、玄、紹三人，表均缺歷官，則未知是弼之别名否。

希烈　「近洛陽出土左相許國公陳希烈墓誌，稱希烈字子明，曾祖沖用，皇陳州刺史，祖許州刺史（誌失其名），父瑾，皇贈工部尚書，希烈第二子前太僕少卿、少府少監汭。」

卷四

元

景穆子天錫禎　「魏書景穆十二王傳，『天錫』作『天賜』，『禎』作『楨』。」按姓纂與魏書同。

袁

眈生質　「宋書袁湛傳，祖眈，父文質。不作『質』。」按晉書及姓纂作「質」，見校記，或唐人省其上一字歟？

昂生君正敬泌　「又北齊書袁奭傳，祖司空昂，父君方，則君方尚有子奭。」餘參拙著貞石證史（五一五頁）。

敬字子恭陳特進謚靖德　「韓愈袁滋先廟碑，始居華陽，爲拓拔魏鴻臚，鴻臚諱恭，生周梁州刺史、新（此間有脱字）縣孝侯諱穎。……案表稱敬字子恭，碑徑作『恭』，穎爲恭子，表誤作『君正子』，由穎以降八葉，遂均錯列君正系，應據韓文改正。又元和姓纂稱君正生樞、憲，雖未明言穎爲敬子，亦不以穎爲君正子。」按姓纂載袁温狀，祇稱涣後，且別出華陰新望，可見「魏鴻臚袁恭」祇偶與「陳特進袁敬」之字「子恭」，相同一字，並非同人（敬既卒陳賜謚，不得入魏爲鴻臚），新表合華陰袁氏於陽夏袁氏，已是大誤，羅指出穎非君正子，不爲無見，但謂袁温之一支，應附陳特進袁敬下，則誤中復誤也。

源

光裕　「宋本作『光俗』。」按「俗」字是，見校記引光乘誌。

悬司刑太常丞　「沈校，乾曜傳作『直心』。案宋本及元和姓纂正作『直心』，又并州孟縣令崔君妻源氏墓誌亦作『父直心』。」

生復弼潔清　引源夫人誌作「同州別駕廣建」，是否尚待別拓本勘定（誌已引見校記）。

行莊　引源杲及源氏誌而斷云：「案行莊爲子恭之孫，文舉之子。」按「孫」應作「曾孫」，「子」應作「孫」，羅誤，餘見校記。

孫

蔚字伯華　「沈校，魏書本傳名惠蔚，案孫景商墓誌亦作『惠蔚』。」可參校記。

微仲　「守登州刺史孫方紹墓誌，大王父諱成，烈考諱微仲」。

遘亳州刺史　「滑州白馬縣令孫起墓誌，左補闕、亳州長史諱遘之第三子。是遘官左補闕、亳州長史，非刺史。」

温

瓚生焯煒炫　「温府君李夫人墓誌，……又云，夫人四子，子喬外繼伯燁，……又據誌，知瓚尚有子燁，乃焯兄，表亦失書。」按表同姓纂，亦不知「焯」是否「燁」之譌也。

韓

褒生紹仲良　「沈校，瑗傳，仲良，紹子，非弟。」

垂生弘　「韓愈……韓弘神道碑，公之父曰海，官至游擊將軍，贈太師。表作弘父垂，與碑不合。」可參校記。

安

脩仁鄅國公　「案抱真曾封倪國公（見新書抱真傳），疑因彼而致誤。」

卷五

阿趹（跌）

本河曲部落稽阿趹之族　「李程李光進碑，公之先，本阿跌氏。」

令狐

德棻國子祭酒生修己　「令狐德棻碑，棻字季卿，長子太子右司議郎、朝散大夫、上□軍修□。」按「軍」上之缺文是「護」字。

周

靈超梁桂州刺史襃城侯　「又周紹業妻趙夫人墓誌，曾祖靈起，齊桂州刺史、保城侯。」餘參校記。

鳳曾孫應　「元和姓纂作鳳玄孫應。」按表亦作「玄孫」，羅誤。

法尚　「又隋書周法尚傳，有子六人，長紹基，少子紹範。紹業殆即紹基，避玄宗諱改名。」余按隋書六五：「長子紹基，靈壽令。」此敍隋時所官，紹業大業十年始生，何由官至縣令，況紹業誌固云未仕耶？紹範（即孝範）於大業三年已起家爲官，尤不能爲紹業之弟，羅説太過疏略，餘參校記。

劉

知柔　「劉知柔墓誌，……考宋州司馬、贈徐州刺史藏器。表稱知柔祖務本，隋留縣長。（當是陳留縣長，脱「陳」字）」按此之知柔誌，即校記所引知柔碑，餘參校記。

令植禮部尚書　「河南府福昌縣丞李君夫人劉氏墓誌及唐書劉從一傳，均作『禮部侍郎』，表作『尚書』誤。」可參校記。

卷六

孔

霸四子福振喜光福生房房生均　「隋孔神通墓誌，霸子光，封博山侯，光子吣、襲，漢平帝改封吣男均爲褒成侯。與表不合。」按姓纂衹云霸曾孫均，未言均所自出。

戣給事中　「又右拾遺孔紓墓誌，稱戣官禮部尚書致仕，贈司徒。」按表同姓纂，蓋記元和七年見官。

戢　「沈校，舊書巢父傳，戣兄，新書戢，戣弟，字勝始。案韓愈……孔君墓誌，君諱戢，字君勝，兄戣。……是戣兄、戢弟，與表合，舊書誤。」按姓纂亦先戣後戢。

許

弘周生法光　「舊書許紹傳，字嗣立，祖弘，父法光，與表不合。」按表云：「弘，周楚州刺史；法光，後周岳州刺史。」其實父子同仕北周，表前作「周」，後作「後周」，遂令讀者誤斷「弘周」爲二字名。羅之讀法，與庫校姓纂同，可參校記。

武

克己生居常　「沈校舊書外戚傳，克己，居常子。案新書武后傳，追贈五世祖後魏散騎常侍克己爲魯國公，高祖齊殷州司馬居常爲太尉、北平郡王，與表世次同，但舊書武崇（承訛）嗣傳又稱天授元年，追封五代祖贈太原靖王居常爲嚴祖成皇帝，高祖贈肅恭王克己爲肅祖章（敬）皇帝，則與表異。」按今姓纂雖未舉居常之父，但明著居常子儉，則表同林書，舊傳殆兩名互换也。

攸暨生崇敏崇行　「舊書武承嗣傳，攸暨子崇行、崇敏、崇簡三人，表失書崇簡。」按舊書言「公主薛氏二男二女，武氏二男一女，並食實封」。崇簡當公主與薛紹所生，非攸暨之子，可參拙著唐史餘瀋太平公主諸子條，羅殊失考。

弘度孫勝勝生克　「『克』，宋本作『充』，案宋本是。符載……武君墓誌，君諱充，……九江王弘度之曾孫，納言、司徒同中書門下平章事定王攸暨之孫，……表稱攸暨爲懷道子，非弘度所生，與誌不合，……又表稱充子典、異、愿，誌稱嗣子異、典而無愿。」涉上項問題，可參卷首再序。

士逸贊國節公　「『贊』，宋本作『鄮』。」按新表殆據武就碑而書，可參校記。

懿宗河間王生震益　「兩書承嗣傳及姓纂並作『懿宗，河内王』，大雲寺聖祚碑同，均不作『河間』，姓纂懿宗生瑾、瓌，不作震、益，表以瓌爲懿宗弟嗣宗子，與姓纂不合。」按今姓纂此處，殆有脱簡，可參校記。又殿本，表列益爲懿宗孫，非其子，羅引係據宋本。

嗣宗蒲州刺史管公　「大雲寺聖祚碑，前刺史臨□郡王諱嗣宗。新書武承嗣傳作『嗣宗臨川王，則『臨』

下乃「川」字。」按今姓纂嗣宗仕歷已脱佚。

宇文

離惑曾孫庭立庭立生邈　「李君（郴）夫人宇文氏墓誌，高祖遠惑，……曾祖成器，……祖邈，任御史中丞。……邈以上數世，與表不合，元和姓纂，離惑生庭立，不言離惑下尚有二世，與表不合，意離惑與遠惑殆兄弟行，儻如姓纂以離惑直接庭立，則與誌世次正合，惟邈爲遠惑孫，非祖離惑，表有誤耳。」按羅引離惑曾孫庭立，係據宋本，即今百衲本，但殿本固作離惑生庭立，與姓纂同。殿本刊於乾隆四年，姓纂尚未自大典輯出，斷非據以校改（否則考證亦將言之）。殿本據何本翻雕，雖不確知，然其祖若禰仍應是宋、元之本，宋本不一，固不能據百衲以證殿本之誤。況依殿本，宇文泰至邈共九世，自六世紀初至代宗中葉，恰約二百七十年，若認衲本「曾孫」爲合，則已十一世，反而生殖過速。根上兩項理由，余認殿本更可信。若新表置邈於庭立左側下一格，並未錯誤（説見校記），羅特未知新表之體裁耳。宇文氏誌非修表者所見，故不能上溯遠惑也。

杜

徽字曄生吒淹吒生如晦楚客　「又晉安縣令唐君夫人杜淑墓誌，曾祖曄，祖吒，父楚客，亦與表合，足正如晦傳誤。」可參校記。

崇懿　「沈校，佑傳名懿。案宋本作『崇殻』，『殻』殆『懿』之誤。……元和姓纂作『崇懿』，誤與表同。」可參校記。

淪水部郎中　「『淪』，宋本作『倫』。」參校記。

義寬　「表書義寬子無忝、慎行、承志（不作「惟志」），承志生暹，與（義寬神道）碑不合。」按所謂「不合」者，祇承志、惟志之異，碑固未明舉暹父何人也。舊書九八暹本傳：「父承志，則天初爲監察御史。」表作「承志」，蓋從舊傳及姓纂，郎官柱亦作「承志」，今碑文作「惟」，當訛。

卷七

趙

鑒後魏太常卿　「處州刺史趙璜墓誌，九代祖静，封晉陵公于元魏，八代祖鑒，襲爵于高齊。」

慎己告城丞生駟京兆士曹參軍　「『城』，宋本作『成』是。……又趙瑾墓誌，高王父慎己，相州内黄主簿，曾王父駟，扶風郡長史。表作『駟』，與誌不合。」參校記。

涉弟渾渾生伉伉生璘璡璜　「趙璜墓誌，王父涉，朝散大夫、檢校著作郎、兼侍御史；先君諱伉，自建中至元和，伯仲五人登進士第；璜兄璘，弟珪，子輻，再從兄璡；璘，中大夫守衢州刺史。表誤以涉子伉爲弟渾子，又誤以再從兄璡爲璜親兄。」按姓纂亦誤璡爲伉子，余據趙珪誌，已有所疑，今得羅引璜誌，則璡、珪並非同人，依誌曰「再從」計之，璡或渾之後歟？

璡字幾類　「宋本作『字幾顔』。」

長孫

子裕 「隋書長孫覽傳……作『裕』。」

敞宗正少卿平原安男 「表，『平原公』作『平原男』，與（長孫氏）誌不合。」按舊書一八三作「平原郡公」，與誌合。又舊新（一〇五）本傳及會要八〇均作「謚良」，表作「安」，亦異。

安世生祥 「長孫仁墓誌，君諱仁，字安世（通事舍人長孫府君陸夫人墓誌同）。」按前誌已引見校記，後誌未見。又長孫祥誌，安世，陝縣令，羅引訛爲「□陵縣令」。

義莊 「敞尚有子義常，表但書敞生无虎而無義莊、義常。」涉此問題，可參校記。

柳

祚隋司勳郎中 「薛君夫人柳氏墓誌，祖祚，隋司勳、主爵、水部三司侍郎（疑「郎中」之譌）。」按隋諱「中」（忠），故無郎中，羅殊誤疑。隋書二八，尚書省設三十六侍郎，即唐之郎中，表特迴改耳。

楷生子敬子敬生繹繹生遺愛遺愛生開侍御史寬字存諒判南永安軍判官 「柳宗元故大理評事柳開墓誌，楷生夏縣令諱繹，繹生遺愛，遺愛生開。表與誌世次不合。又表稱開官侍御史，亦與誌不合。」按羅謂世次不合，是也，但此誌誌主是柳開之子寬，羅以爲開誌，大誤。新表自繹至寬四世，係據柳河東文插補，比觀自見。柳文云：「魏相之嗣曰旦，其小宗曰楷。」又銘云：「中書之世，實曰蘭州（注，「蘭州謂楷」），夏縣政良，司議德優，營營御史，乃佐元侯，惟君是嗣，其政克脩。」是楷、繹、遺愛、開、寬，相傳五世，誌未有漏奪，表誤降繹爲楷孫也。唯表稱開侍御史，并不誤，羅自誤讀耳。又「中書」指奭，「世」猶云「世父」，非時世之「世」。

楷生融子敬子夏徐州長史　「柳宗元亡妹裴君夫人墓誌，柳氏至於唐，其著者中書令諱奭，中書之弟之子曰徐州府君諱子夏，……是子夏爲奭從孫（勉案「孫」應作「姪」），表乃書子夏高於奭一格爲奭叔父，……則表之世次，錯亂甚矣，元和姓纂作融生子敬、子夏，則世次適合。」按「亡妹」，河東集一三作「亡姊」，夫人卒貞元十六年，年三十，比宗元長兩歲，「姊」字不誤。又今表書子夏於第四格，亦非高於奭一格，羅文粗率，大抵類此。至涉宗元先世，則柳集一二先侍御史府君神道表：「先君諱鎮，字某，六代祖諱慶，……五代祖諱旦，……高祖諱楷，……曾（伯）祖諱奭，……曾祖諱子夏，……祖諱從裕，……皇考諱察躬。」蟬聯而下，絶不能疑其有誤，而楷爲旦子，亦得趙明誠所見旦誌爲證，正如羅云，「宗元敍先世，不應有誤」，是子夏明明楷子無疑，換言之，卽奭從弟（非從孫），然則將何以解於裴夫人誌歟？余細思之，今本誌文實誤衍「之子」兩字，祇應云「中書之弟曰徐州府君」，如是，則毫無衝突矣，羅不檢對神道，遽詆表誤，尤爲疏忽。

慈明　羅引柳真召誌（見校記），謂「□銀青光禄大夫』之□，當是『唐』字」，余按應是「皇」字，唐人罕書「唐」也。又引柳懿「朝散大夫」，同人山右遺文補則作「朝請」，未見拓本，不審孰正。

括　「宋本作『恬』，……南史柳元景傳，祖恬，父憑。作『括』者誤。」參校記。

惔生昞昞生裘　「隋書柳裘傳，『昞』作『明』，避唐諱改。又周書柳洋傳，祖惔，父昭（梁書惔傳又作「照」）。表，惔三子昞、暉、映，（元和姓纂同）而無昭，疑昭卽昞避諱改，猶裘傳之改『明』也。」

尚素江寧丞　「柳宗元……柳渾行狀作『祖尚素，潤州曲阿令』，不作『江寧丞』。」按「江寧」與衡州集同（引見校記），但「丞」與「令」又小異。

卷八

路

文昇平愛泰三州刺史　「『泰』，宋本作『秦』。案元和姓纂及路太一神道碑均作『秦』，與宋本合。」按「秦」字訛，見校記。

卷九

戴

胄弟仲孫仲孫生至德　「沈校，本傳，兄子至德爲後，則仲孫非弟。案僞周千牛備身戴希晉墓誌，曾祖胄，唐户部尚書，贈尚書右僕射，封道國公；祖至德，唐户部尚書、尚書右僕射，襲道國公；考良紹，皇朝水部員外郎、顯義陵署令，誌不言至德以兄子嗣胄。」按墓誌帶敍高、曾，罕有明提入嗣之例，不必以此專疑舊史也。

段

偃師　可參校記及拙著貞石證史五一三頁。隋、唐間人常以兩字名省爲一字，故偃師與師並行。

竇

德素南康郡太守　「蘭陵公主碑作『銀青光禄大夫、少府監』。」

善永富縣男　「沈校，周書竇熾傳『縣公』，案元和姓纂亦作『善，永富公』，裴耀卿太子賓客竇希球神道碑同。」

弘儼屯田員外郎　「崔公後夫人竇氏墓誌，皇尚書屯田員外郎儼之孫，皇寧州真寧縣令少廣之長女。弘儼作『儼』，乃避孝敬諱省。」

孝謙洛州刺史　「宋本，『洛作洺』。」參校記。

懷亶洪州都督生胥同昌郡司馬　「沈校，常傳單名亶，又無胥一世，亶爲常祖，同昌司馬乃亶官。案沈校是也，竇氏聯珠集序，祖亶，同昌郡司馬。……韓愈國子司業竇牟墓誌則云，同昌諱胥，生考叔向，然則亶與胥爲一人，或稱亶，或稱胥者，殆一爲初名、一爲改名耶？抑亶其名而胥其字耶？雖未能斷定，然其非有二人，則可知也。」余按懷亶省稱亶，乃唐人數見之例，懷亶與胥是父子，非爲一人，具詳校記，況有叔向碑、季銓誌作證耶。洪州都督與同昌司馬，官位顯已不同，詎能强合？韓文作於五竇同時，應屬可信。若聯珠集序及竇常傳，則後人追撰，宜其易誤也。沈、羅兩校皆失之。

鞏生景餘師裕　「褚藏言竇鞏傳，有子六人，長曰景餘，次師裕，現任晉陽令，但不載其他四人名，當是此表所本。」是新表除姓纂外，或參他書，羅氏亦已見及。

豆盧

醜生萇萇生永恩永恩生通　「沈校，周書豆盧寧傳，寧高祖勝，父萇，北史作萇弟永恩，則萇乃勝之曾孫，非醜之孫，永恩乃萇之弟，非子。案元和姓纂，醜曾孫萇，與表作醜孫萇差一代，然亦謂萇出於醜，非勝出也。至北史寧傳作寧弟永恩，非萇弟也，沈校非是。又證之豆盧寬碑，言曾祖萇，魏少保、柱國□□公，祖永恩，魏車騎大將軍、儀同三司、侍中、□州刺史，周鄀、利、沙、文四州刺史，父通，周車騎大將軍、驃騎大將軍、開府儀同三司、襄沃野縣公（豆盧遜墓誌，曾祖通，洪州總管、沃野公，謚曰安），所敍世次，與表正合。」可參校記。

寬生承業　「沈校，『承』，欽望傳作『仁』。案豆盧寬碑，……表作承業，乃後來避玄宗諱追改，至沈氏謂『承』當作『仁』，殊誤，由於但知寬子有仁業，不知尚有承基也。」參校記。

卷十

陸

餘慶生珙珙生璪　「沈校，元方傳，璪，餘慶子，非孫。」參校記。

畢

抗兵部員外郎吴郡太守江南採訪使　「韓愈王屋縣尉畢君墓誌，抗爲廣平太守。……表載抗官，與誌不合。」按表同姓纂，記內官及外官之著者，誌則言其終官死事，非有異也。

吉

渾　羅引渾誌，誤「歸州」爲「虢州」，又謂渾有子遠，亦非。

郭

子琇生曄　「表失書子琇、曄官職。郭敬之家廟碑，子琇，昭武校尉、守絳州萬泉府折衝都尉、上柱國，曄，守通州別駕、騎都尉。」按表同姓纂。

銳嘉王府長史　「郭氏家廟碑作『行匠作丞』。」按家廟碑建於廣德二年，當非終官，下倣此。

旰鴻臚卿同正　「家廟碑，贈荊州大都督、上柱國。」按碑作「特進、兼鴻臚卿、贈開府……」。

晞　「家廟碑，太原縣公。」按後進趙國公，見校記。

昢試鴻臚卿　「家廟碑，贈開府、太常卿、清源縣開國男。」

晤兵部郎中　「家廟碑，行少府少監、樂平縣男。」按晤終兵中，見校記。

曖左散騎常侍駙馬都尉　「家廟碑，試殿中監、駙馬都尉、廣陽縣男。」按曖之終官，可參校記。

曙右金吾將軍祁國公　「家廟碑，試祕書監、太原縣男。」按表所載是後來晉官，可參校記。

暎右庶子壽陽尹　「『尹』，宋本作『男』。案作『尹』誤，郭氏家廟碑亦作『壽陽縣開國男』。」

銑試太常主簿　「家廟碑，守太府少卿。」按碑當有誤，廣德二年，子儀孫斷未官至少卿也，亦可由其同輩鋭、鋒之官職見之。

子雲左領軍將軍　「家廟碑，游擊將軍、左武衛將軍。」按表同姓纂。

子珪　「家廟碑作『行衢州盈川縣尉』。」按姓纂云，早亡。

幼賢副都護　「家廟碑作『衛尉卿、單于副都護、振武軍使、朔方左廂兵馬使、上柱國，贈太子少保』。」

幼明少府監太原公　「家廟碑作『太府卿、太原郡公』。」按表同姓纂。

煦鴻臚少卿　「家廟碑作『晌，太原縣開國男』。」按表同姓纂。

晒　「家廟碑作『試太常寺協律郎』。」按姓纂亦闕晒官。

幼沖太子詹事　「家廟碑作『試鴻臚卿』。」按表同姓纂。

元和姓纂（附四校記）新增附録

四庫全書總目提要

紀昀

【元和姓纂十八卷】永樂大典本　唐林寶撰。寶濟南人，官朝議郎、太常博士。序稱元和壬辰歲，蓋憲宗七年也。寶唐書無傳，其名見於藝文志。諸家書目，所載並同。惟唐會要稱王涯撰，蓋以涯曾作序而譌。鄭樵通志又稱李林寶撰，則因李吉甫命寶作是書，當日二名連書，傳寫脱去「吉甫」字，遂併爲一人。觀樵姓氏略中譏寶作姓纂而不知林姓所自出，則藝文略中本作林寶可知也。焦竑國史經籍志亦因之作李林寶，誤之甚矣。其論得姓受氏之初，多原本於世本風俗通，其他如世本族姓記、三輔決録以及百家譜、英賢傳、姓源韻譜、姓苑諸書不傳於今者，賴其徵引，亦皆班班可見。鄭樵作氏族略，全祖其文，蓋亦服其該博也。但寶以二十旬而成書，援引間有譌謬。且當矜尚門第之時，各據其譜牒所陳，附會攀援，均所不免。觀白居易集，自敍家世，以白乙丙爲祖，而云「出自白公勝」，顛倒時代，悖謬顯然，其他可知。洪邁容齋隨筆稱元和姓纂誕妄最多，蓋有由也。然於唐人世系，則詳且核矣。

書至宋已頗散佚，故黄伯思東觀餘論稱得富弼家本，已闕數卷。陳振孫書録解題亦稱絶無善本，僅存七八。此本在永樂大典中，皆割裂其文，分載於太祖御製千家姓下，又非其舊第，幸原序猶存，可以考見其體例。今仍依唐韻，以四聲二百六部次其後先，又以宋鄧名世古今姓氏辯證所引各條，補其闕佚，仍釐爲一十八卷。其字句之譌謬，則參校諸書，詳加訂正，各附案語於下方。至原序稱「皇族之外各以四聲類集」，則李姓必居首卷，今獨無一字之存，殆修永樂大典時已佚其第一册歟。然殘編斷簡，究爲文獻之所徵也。

四庫提要辯證

余嘉錫

元和姓纂十八卷

唐林寶撰。寶，濟南人，官朝議郎、太常博士。序稱元和壬辰歲，蓋憲宗七年也。寶，唐書無傳，其名見於藝文志。諸家書目，所載並同。惟唐會要稱王涯撰，蓋以涯曾作序而譌。鄭樵通志又稱李林寶撰，則因李吉甫命寶作是書，二名連寫，傳寫脱去「吉甫」字，遂併爲一人。觀樵姓氏略中譏寶作姓纂而不知林姓所自出，則藝文略中本作林寶可知也。焦竑國史經籍志亦因之作李林寶，誤之甚矣。

嘉錫案：林寶，新唐書雖無傳，然其名見於舊書，不獨載於新書藝文志也。舊唐書卷一百十三裴遵慶傳云：「子向，建中初，李紓爲同州刺史，奏向爲從事。朱泚反，李懷光又叛河中，使其將趙貴先築壘于同州，紓來奔奉天，向領州務。貴先脅縣尉林寶役徒板築，不及期，將斬之，吏人百姓齊竄。向卽詣貴先，以逆順之理責之，貴先遂來降。」考資治通鑑卷二百三十，李懷光遣趙貴先築壘於同州，事在興元元年，下距元和元年祇二十八年，撰姓纂之林寶，與爲同州縣尉者必係一人無疑。唐同州治馮翊縣，寶蓋先爲馮翊尉，逮元和中，乃入爲太常博士耳。又考李肇國史補卷下云：「大曆以後，專學者曆算則董和，天文則徐澤，姓氏則林寶。」由大曆元年至元和七年，凡經四十八年，則寶之以姓氏學名家久矣。若夫王涯作序稱濟南林寶，而書録解題卷八乃稱三原林寶者，則亦有說焉。考本書卷三二十一侵，林氏本有五望，其濟南鄒縣一望，出於林登，爲唐清苑、博野二令，以二子官居高陸，入關居三源縣，是爲寶之太高祖，故寶以三原自署，原、源古字通用。洪瑩刻板時，孫星衍爲之作序，乃以爲疑，知其於本書未嘗過目矣。洪氏所刻，即庫本也，但於卷六之廿八頁及廿九頁均脱去庫本半頁耳。至於據僞本秘笈新書於一東熊字下，增熊克家譜，於二十鹽詹字下，增詹大卿體仁家譜，而忘考其何代人，尤爲可笑。二人均南宋時人，體仁與於慶元黨禁，宋史卷三百九十三有傳。熊克即作中興小曆者，宋史文苑傳亦有傳。洪瑩在有清中葉，號稱名狀元，即其學可知矣。以姓纂在今日盛行洪氏本，故附糾之如此，其以之與庫本校出脱誤者，吾友陳援庵也。

書至宋已頗散佚，故黃伯思東觀餘論稱得富弼家本，已闕數卷。陳振孫書録解題亦稱絶無善本，僅存七八。此本在永樂大典中皆割裂其文，分載於太祖御製千家姓下，又非其舊第，幸原序猶存，可以考見其體例。今仍依唐韻以四聲二百六部，次其後先，又以鄧名世古今姓氏辯證所引各條補其闕佚，仍釐爲一十八卷，其字句之譌謬，則參校諸書，詳加訂正，各附案語於下方。

案：庫本極爲潦草，僅取材於永樂大典，雅號稱以古今姓氏書辯證所引補其闕佚，今加以覆檢，輒多所遺漏。羅叔言振玉曾取姓氏書以校姓纂，亦不能盡也。又如章定名賢氏族言行類稿於每一大姓之下，歷代名人言行之前必先引姓纂云云，往往出今本之外，其或僻陋小姓，無名人言行可紀，則或逕引姓苑及百家譜等書，以明其得姓之所自始，其實亦卽姓纂文也。卽如一東融姓下引代本云云，明係林寶避唐太宗之諱。九魚於姓下稱大唐初宇文化及部將於士澄云云，尤爲林氏書之明證。類稿著録，四庫中館臣曾未一檢以補姓纂之闕佚，亦太疎略矣。又據姓氏書辯證之例推之，凡複姓應收入下一字韻中，譬如東里氏，應收入紙韻里字下，而今本收入東字下，此大誤也。北京大學藏有舊鈔本古今姓氏遥華韻一部，從甲至癸，凡九十六卷，係巴陵方氏碧琳琅館所捐，署臨川布衣洪景修進可編，序題至大元年。序中自言參用章定類稿，其書爲四庫所未收，以校姓纂，時有創獲。其所引用頗有出類稿外者，卽同引姓纂，亦有異同出入，足以互相參訂。惟其引書，往往改易原文，如姓纂言某朝有某官某人，必改曰某人某官，又每氏之下或連引姓氏典故數條，而於首條題曰姓纂，或於末條注曰姓纂，然諦審其文，有似全取姓纂者，有似取他書羼入者，余嘗再三慎擇而取之，不敢苟也。往時羅仲言丈嘗以姓氏書校姓纂，亦尚有遺漏。余於庚申歲，曾取名賢氏族言行類稿、古今姓氏遥華韻、古今姓氏書辯證、翰苑新書僞本謝枋得秘笈新書即純取自此編。以輯姓纂佚文，凡得四百五十餘條。近見今人岑仲勉所校姓纂，其所引書與余同，惟未引遥華韻耳，然岑氏意在校讎，非爲輯佚耳。其洪瑩校本，詹大卿、熊克二條之謬，岑氏亦已摘及之，熊在岑校卷一，詹在卷五。其於林寶仕履，則據唐會要卷八十，知其官太常博士。又據册府元龜五百五十四及新唐書卷五十八，知其以太常博士曾與蔣乂、樊紳、韋處厚、獨孤郁等同修德宗實録。元龜無獨孤郁。又引會要卷三十九云：「元和十三年八月，鳳翔節度使鄭餘慶等詳定格後敕三十卷，左司郎中崔郾、國子博士林寶同修。」同誤作用。又據新唐書五十八云：「皇唐玉牒一百一十卷，開成二年，李衢、林寶譔。」岑氏於林寶之官品著述，考之甚詳，而獨於舊書裴延慶傳中寶之事蹟未之及，其殆千慮之一失歟！岑氏又引元龜卷六百二十一云：「開成元年，召宗正卿李弘澤問圖譜，弘澤對臣已請追林贊、鄭覃與李固言。林贊實有氏族學，時論以爲不公。癸卯，敕追分司東都林贊同修七聖玉牒，從宗正寺之請也。」請原誤謂。岑氏以爲修玉牒爲林寶，引玉海五十一引新志皇唐玉牒下注云：「册府元龜云，舊史作一百五十卷，屯田郎中李衢、沔王府長史林寶等□開成元年閏六月乙未，召宗正卿李弘澤問圖譜，對以祖宗已來，並未修續。癸卯，敕㳽王府長史林寶同修七聖玉牒。」岑氏云，知應麟所見舊紀卷一十七下、元龜卷五百六十及六百二十一均作林寶，不作林贇，今本爲傳寫之訛無疑。則知寶又嘗爲㳽王府長史，岑氏以林贇爲林寶之誤，以玉海爲之證，當不誣也。余所爲元和姓纂校補八卷，自謂用力頗勤，蠅頭細字，行間幾滿，既無力顧鈔胥别繕清本，又不能覓刻工付之棗木，將來不知何人以之覆醬瓿，抑或以蠟以蔽車頂，則數年心血付諸流水矣。

後記

陶敏

一九八二年三月，當時任中華書局副總編的傅璇琮先生函約南京師大郁賢皓先生對元和姓纂一書進行整理。由於在研究工作中深感姓纂及姓纂四校記對研治唐代文史的重要性，郁兄欣然接受了這個任務，但考慮到工作難度很大，遂請他的業師孫望先生負責審訂把關，並根據中華方面的意見，起草了整理緣起與凡例。就在這一年秋天，在中華作出肯定答覆後不久，「元和姓纂（附岑氏四校記）整理」的課題列入了經國務院批准的全國古籍整理出版規劃。此後，郁兄曾在滬、杭等地以姓纂文瀾閣本、文淵閣本、嘉慶刊本與金陵書局本對校，整理出第一卷樣稿，作了大量基礎工作。

一九八三年，我在當時的湘潭師專工作，經卞孝萱先生介紹，始與郁兄通訊聯繫。我們那時正分別從事全唐詩人名考證與唐刺史考的撰寫，方向相近，興趣相同，頻繁的書信往來使我們互相了解，成爲莫逆之交。一九八六年，中華方面要求加快姓纂整理工作，時孫先生年事已高，身體欠佳，郁兄自己的教學科研任務十分繁重，所以他希望我能與他合作，共同完成這一任務。經中華書局同意後，我們作了如下分工：郁兄負責一至五卷整理，我負責六至十卷整理及索引編製，全稿審訂仍由孫先生負責。由於郁兄已做完了大量前期準備，工作進行得較爲順利。經過近兩年的努力，終於在一九八八年五月將全稿完成並送交中華書局。一九九〇年六月，我們又應中華書局的要求，在北京對稿子作了局部修訂。就在那一年的五月，孫望先生與世長辭了。孫先生生前十分關注這項工作，扶病閱稿，對我們進行了具體的幫助和指導，但是他終於未得親見此書的出版，這不能不是一件十分令人遺憾和痛心的事。

姓纂一書原文脱訛衍倒甚多。由於它幾乎全由官名、人名組成，文中錯誤無法根據文意推求，祇能依據史料來判斷，校讀整理難度很大。根據中華書局的要求，此次整理，主要提供一個供研究者用的本子，儘量保存原貌，不增删改正，這更給文字的句讀標點增加了許多困難。這些一千多年甚至兩千年以前的人名世系，弄得我們頭昏腦脹。有時，由於對一處文字的懷疑而遍查史籍及姓氏諸書，結果却是一無所獲。有時，一些至爲明顯的錯誤，又竟失諸眉睫。例如卷六武安一姓有云：「漢將白起封武安君，因氏焉。」白起爲秦昭王時名將，見史記，「漢將」顯爲「秦將」之誤。這一段話我們看過至少十遍，居然在此次閱校樣時才發現它的錯誤。又如卷七馬姓臨安一望，有馬燧，但據全唐文卷五〇七權德輿馬燧行狀，馬燧爲臨汝人，「安」乃「汝」之形訛。類似的問題還有不少，由於版面的原因，已無法糾正，這是使我們深感愧咎並要向讀者致歉的。

岑仲勉先生的四校記，早以其引證該博，考訂精審蜚聲學林，素爲我們所敬服。他不僅糾正了姓纂原文大量的訛誤，提供了極爲豐富的史料，並且揭出了新唐書宰相世系表本於姓纂的秘密，對於文獻學和史學的發展作出了巨大的、影響深遠的貢獻。但由於此書作於抗戰時期，受歷史條件的限制，難免有美中不足之處。例如卷二元姓中韋顗條的校語，將景雲年間被殺的韋璿從兄弟韋顗與元和中韋顗誤爲一人，在卷五劉姓中劉滔一條的校語，將長慶中司門員外郎劉約（當爲劉滋之子）與劉濟之子劉約混爲一人。又如卷七趙姓中趙驊一條的校語，誤將李華寄趙七侍御引作顏真卿詩。又如卷七范姓中范燈條校文，引全唐文卷四三七李勉厨院新池記，據道藏大滌洞天記實爲李玄卿作，等等。此外，由於建國已來大量碑誌的出土，文獻珍籍的廣泛刊行流布，在人物事跡與世系源流方面可補之處甚多。但由於中華書局要求我們充分尊重原作，不作改動，少加整理記，所以我們祇將岑氏四校記改用新式標點，改正了引書卷數和引文中個別明顯錯誤。整理記寫得很少，體例也未能完全統一。這是我們深感遺憾並要請讀者諒解的。

總之，由於我們學識淺薄，可能原書中的許多問題尚未發現，也可能因我們的失誤而增加了原書的錯誤，我們誠懇地期待着讀者的批評。

目　録

五、人名下所列數碼，前者是卷數，後者是該卷條數，其後所附ＡＢＣＤ……拉丁字母，則表示岑氏校語之次第，如：

魏彦　　8/83
　　　　8/84Ｂ

即魏彦見於《姓纂》卷八第 83 條，又見於同卷第 84 條岑氏Ｂ條校語。數碼前如有一“整”字即表示該人見於該條之整理記。

六、本索引按四角號碼排列，後附筆劃檢字與四角號碼對照表，以便查檢。

姓氏索引

崔

崔 3/135

2221_7嵐

嵐 3/116

2222_7僑

僑 1/44

嵩

嵩 1/44

2223_0伙

伙 10/440

2223_4僕

僕 10/138

2224_2將

將匠 5/177
將閭 5/178
將鉅 5/179

2224_7後

後 7/264

變

變 9/73

2225_3幾

幾 2/229

2229_3繇

繇 5/25

2265_3畿

畿 2/230

2277_0山

山 4/248

2290_0利

利 8/58

糾

糾 7/267

2290_1崇

崇 1/43

2290_4巢

巢 5/57

樂

樂 10/154
樂正 10/163
樂王 10/164
樂尹 10/165
樂利 10/166

欒

欒 4/220

2294_0紙

紙 6/23

2294_7稱

稱 5/283

2300_0卜

卜 10/54
卜梁 6/120
9/135

2320_2參

參 5/554

2321_0允

允 6/355
9/24

2322_7偏

偏 5/26

2323_4伏

伏 10/40

俟

俟 6/64
俟呂鄰 6/129

獻

獻 9/33

2324_0代

代 9/3

2324_2傅

傅 8/137

2325_0臧

臧 5/219
臧文 5/235
臧孫 5/234
臧會 5/236

戲

戲 2/16
8/46
戲陽 2/40
8/233

2350_0牟

牟 5/449

2355_0我

我 7/93

2396_1稽

稽 3/97

2397_2嵇

嵇 3/98

2409_4牒

牒 10/507
牒云 10/506

2420_0付

付 8/138

射

射 9/117
10/422

斛

斛律 10/118
斛斯 10/121
斛瑟羅 6/333

2421_1先

先穀 4/14
先縠 4/14

2421_7仇

仇 5/432
仇尼 5/457

2422_1倚

倚 6/23
6/28
倚相 1/121

2422_2備

備 8/65

2423_8俠

俠 10/505

2424_1侍

侍其 8/78

儔

儔 5/442

2426_0儲

儲 2/285

2428_1徒

徒人 3/81

2431_4鮭

鮭 3/112
鮭陽 3/112
7/70

2472_7帥

帥 10/182

2491_1繞

繞 7/67

2492_1綺

綺 6/28

2495_6緯

緯 8/113

2498_6續

續 10/142

2728_1俱

俱　2/376

2728_2歜

歜　5/30

2729_4條

條　5/43

2730_3冬

冬日　1/125

2731_2鮑

鮑　7/73

2732_7烏

烏　3/49
烏蘭　3/84
烏石蘭　3/85
烏那羅　3/86
烏洛蘭　3/87

鳥

鳥俗　7/32

鄔

鄔　6/294

2733_6魚

魚　2/238
魚孫　2/292

2741_6免

免　7/25

2742_7芻

芻　2/360

鄓

鄓　10/80

鄅

鄅　6/209

鄒

鄒　5/428

2744_0舟

舟相　5/460

2760_3魯

魯　6/282
魯陽　6/318

2760_4督

督　10/136

2762_0句

句　5/484
句龍　5/494

2762_7郇

郇　3/242

郜

郜　9/87

鴰

鴰　10/141
　10/160

2771_1彘

彘　8/211

2771_2包

包　5/54

2780_9灸

灸　7/236

2790_1祭

祭　8/245
祭北　8/213

2791_7紀

紀　6/57

2792_0約

約　10/300

2792_2繆

繆　9/182
　9/231

2792_7移

移　2/38

3010_1空

空相 5/248

3010_4室

室孫 10/196
室中 10/195

窒

窒孫 10/196
窒中 10/195

塞

塞 10/469

3010_6宣

宣 5/19

3010_7宜

宜 2/36

3011_4淮

淮夷 3/131

3014_7淳

淳于 3/245

3020_1寧

寧 5/265

3021_2宛

宛 6/364

3021_4寇

寇 9/215

3021_7扈

扈 6/291

3022_7房

房 5/164

肩

肩吾 5/15

甯

甯 9/165

3023_2永

永 7/201

3026_1宿

宿 10/56
宿勤 10/130
宿六斤 10/132
宿六氏 10/132

3030_1進

進 9/22

3030_2適

適 3/105

適

適 10/427

3030_3寒

寒 4/147

3033_2宓

宓 10/43

3033_6憲

憲 9/35

3040_1宇

宇文 6/210

宰

宰 6/342
宰氏 6/343
宰父 6/344

3040_4安

安 4/179
安平 4/199
安都 4/200
安期 4/198
安是 4/201
6/227

3043_0突

突黎人 10/250

3060_6宮

宮 1/48

富

富　9/180
　9/189
富父　9/195

3060_{8}容

容　1/158

3060_{9}審

審　7/284

3077_{2}密

密革　10/204

3080_{1}蹇

蹇　7/22

3080_{6}賓

賓　3/223
賓牟　3/235

賨

賨　1/28

實

實　10/192

寶

寶　9/197

3090_{1}宗

宗　1/123
宗正　1/126

察

察　10/271

3090_{4}宋

宋　8/13

3111_{0}江

江　1/178

3111_{1}涇

涇陽　7/203

3111_{4}汪

汪　5/223

3112_{1}涉

涉其　10/508

3112_{7}馮

馮　1/8

3114_{6}淖

淖　9/86

3116_{0}酒

酒　7/240

3116_{1}潛

潛　5/596

3119_{6}源

源　4/82

3122_{7}禰

禰　6/329

3124_{3}褥

褥　10/140

3126_{6}福

福子　10/128

3128_{6}顧

顧　8/154
　8/163

3190_{4}渠

渠　2/274
渠複　2/304
渠丘（渠邱）　2/302
渠邱　見渠丘

3200_{0}州

州　5/436

3213_{4}沃

沃　10/134

濮

濮陽　10/117

3214_7浮

浮丘(浮邱)　5/452
浮邱　見浮丘

3216_9潘

潘　4/208

3311_1涳

涳　1/201

3312_7浦

浦　6/300

3316_0治

治　2/87

3320_0祕

祕　8/55

3322_7補

補　6/301
補禄　6/320

3390_4梁

梁　5/117
梁于　5/187
梁可　5/191
梁其　5/189
梁由　5/190
梁成　5/188
梁丘(梁邱)　5/185
梁邱　見梁丘
梁餘　5/187

3411_1洗

洗　7/19

湛

湛　5/535
湛師　6/366

3411_2沈

沈　7/268
沈尹　7/287
沈猶　5/551

池

池　2/32

3411_4洼

洼　3/113

灌

灌　9/51

3412_7湳

湳　7/289

滿

滿　7/10

3413_1法

法　10/511

3413_2溒

溒　4/94

漆

漆　10/190
漆雕　10/194
　10/433

3414_0汝

汝　6/167

3414_7波

波斯　5/95

凌

凌　5/277

3416_1浩

浩　9/90
浩生　7/85
浩星　7/84

3418_1洪

洪　1/27

3419_0沐

沐　10/61

3421_0社

社北　6/319
　7/139

社南 6/319

3426_0褚

褚 6/147

3430_3蓮

蓮 6/32

3430_5達

達 10/258
達奚 10/259
達步 10/260
達勃 10/261

3440_4婆

婆衍 5/96

3490_4染

染 7/297

3512_7清

清尹 5/266

3512_7瀟

瀟 10/78

3516_6漕

漕 9/91

3520_6神

神 3/219

3521_8禮

禮 6/325

3530_0連

連 5/24
連尹 5/37

3611_7温

温 4/119
温孤 4/136
温伯 4/137

3612_7涓

涓濁 5/16
5/198

渴

渴單 10/264
渴燭渾 10/297

3614_1澤

澤 10/390

3621_0祝

祝 10/36
祝其 10/113
祝史 10/115
祝圉 10/114
祝固 10/114

3622_7褐

褐餘 10/263

3624_0裨

裨 2/30

3630_0迦

迦葉 5/111

3630_2遇

遇 8/124

邊

邊 5/12

3711_0沮

沮 2/290
沮渠 2/301

3711_2氾

氾 9/238

3712_0洞

洞沐 8/12

3712_7滑

滑 10/269
滑伯 10/272

鴻

鴻 1/57

3714_7汲

汲 10/487

3930_5遴

遴 9/20
9/23

3930_9迷

迷 3/117

4001_4雄

雄 1/50

4001_7九

九方 7/251

4002_7力

力 10/447

4003_0大

大 8/226
大季 8/240
大羅 8/239
大臨 8/241
大洛稽 8/184

太

太 8/228
太師 8/235
大傅 8/232
太伯 8/236
太室 8/238
太士 8/234
太史 8/237
太陽 8/233

4003_4爽

爽鳩 2/309
7/178

4003_6奭

奭 10/423

4010_0士

士 6/60
士丐 6/118
士孫 6/115
士弱 6/121
士季 6/123
士吉 6/119
士蔿 6/116
士華 6/122
士成 6/120
士思 6/117

4010_1左

左 7/90
左尹 7/97
左史 7/95
左人 7/94
左公 7/96

4010_4臺

臺 3/149

4010_6查

查 5/103

4010_7壺

壺 3/55
壺丘(壺邱) 3/78
壺邱 見壺丘

4013_2壤

壤駟 7/177

斯引 2/119

4292_1析

析 10/442
析成 10/443

4292_7橋

橋 5/50

4299_4櫟

櫟陽 4/139

4300_0弋

弋 10/456
弋門 10/465

4313_2求

求 5/445

4355_0載

載 9/15

4373_2裘

裘 5/430

4380_0貳

貳 8/61

4380_5越

越 10/234
越勒 10/238
越椒 10/237
越質詰 10/239

4385_0戴

戴 9/7

4390_0朴

朴 10/141
10/161

4395_3棧

棧 7/14

4410_0封

封 1/134
封具 1/170
2/70
8/143
封人 1/172
封父 1/171

4410_4堇

堇 3/222

董

董 6/1

4140_7蓋

蓋 10/492

藍

藍尹 5/568

4411_2地

地駱枝 8/75

范

范 7/303

4412_7蒲

蒲 3/48
蒲盧 3/70
蒲姑 3/71
蒲圃 3/72

4414_2薄

薄 10/346

4414_7鼓

鼓 6/299

4416_0堵

堵 6/296

4416_4落

落 10/351
落下 5/78
10/364
落姑 10/364

4418_1塡

塡瀆 5/17

4420_2蓼

蓼 7/31

10/470

4453_0英

英 5/243

4460_0苗

苗 5/53

茵

茵 3/226

4460_1昔

昔 10/419

耆

耆門 2/78

4460_3菑

菑 2/86

4460_4若

若干 10/301

苦

苦 6/298
苦久 6/316
苦成 6/315

4460_6莒

莒 6/175
莒子 6/181

4460_7蒼

蒼頡 5/237

4460_9蕃

蕃 2/35

4462_7苟

苟 7/255

荀

荀 3/239

4470_0斟

斟 5/545
斟戈 5/552

4471_1老

老 7/80
老城 7/89
老萊 2/403
7/87
老成 7/86
老陽 5/256
7/88

4471_2巷

巷 5/446

4471_7巷

巷 8/39

4472_2鬱

鬱 10/215

4472_7葛

葛 10/254
葛伯 10/258

4473_1芸

芸 3/257

4473_2茲

茲 2/67
茲毋 2/122

萇

萇 5/166

4474_1薛

薛 10/279
薛孤 10/291

4477_0甘

甘 5/569
甘士 5/567

4477_7菅

菅 4/243

舊

舊 9/188

4793_2根

根　4/133
　4/145
根水　4/146
　4/201

4794_0椒

椒　5/47

4794_7穀

穀梁　10/116

4796_4格

格　10/383

4840_0姒

姒　6/29
　6/56

4844_1幹

幹　9/39
幹獻　5/567
　9/40

4864_0敬

敬　9/149

4893_0松

松　1/159

4894_0枚

枚　3/146

4895_5梅

梅　3/132

4898_6檢

檢　7/300

4928_0狄

狄　10/436

4980_2趙

趙　7/34
趙陽　7/71

4998_0秋

秋　8/199

5000_6中

中　1/42
中行　1/107
中英　1/108
中黄　1/111
中壘　1/110
中野　1/109

史

史　6/49
史華　6/124
史葉　6/124
史晁　6/125

申

申　3/215
申徒　3/231
申鮮　3/233
申屠　3/228

車

車　5/104

5000_7事

事父　8/81

5001_7抗

抗　5/214

5003_0夫

夫蒙　2/410

夫餘　2/407

5003$_2$夷

夷鼓　2/74
夷門　2/74

5004$_4$接

接　10/501
接輿　5/237
　10/503

5010$_6$晝

晝　9/192

5022$_7$青

青尹　5/266
青牛　5/267

肅

肅　10/53

5023$_0$本

本　7/1

5033$_3$惠

惠　8/188

5040$_4$婁

婁　5/469

5044$_7$冉

冉　7/294
冉相　5/460

5050$_5$毒

毒　3/115

5060$_0$由

由吾　5/450

5060$_3$春

春　3/244

5071$_7$屯

屯　4/130
　4/145
屯渾　4/143

5073$_2$表

表黎　7/72

5080$_6$貴

貴　8/110

5090$_0$末

末　10/265
末那樓　10/268

5090$_2$棗

棗　7/79

5090$_3$素

素和　8/178
素黎　7/71

5090$_4$秦

秦　3/180

5090$_6$束

束　10/144

東

東方　1/67
東郭　1/71
　5/34
東樓　1/70
東里　1/65
東丘　1/75
東陽　1/74
東公　1/76

5101$_0$軋

軋　10/498

5103$_2$據

據　8/118

5104$_0$軒

軒　4/98

5104$_7$擾

擾龍　8/121

5106$_0$拓

拓王　10/365
拓跋　10/367

揭陽 10/292

暢

暢 9/131

5612_7蜎

蜎 7/27

5692_7耦

耦 7/259

5701_2抱

抱 7/83

5702_7鄅

鄅 10/214

5777_2齧

齧 10/274

5802_2軫

軫 6/346

5804_0撖

撖 7/302

5810_1鏊

鏊 7/209

5821_4釐

釐子 2/121

5894_0敕

敕 10/460

6000_0口

口 7/258

6010_4里

里 6/67

壘

壘 6/46

墨

墨 10/468

墨夷 10/228

6011_3晁

晁 5/51

6012_7蜀

蜀 10/151

蜀

蜀 3/114

蜀

蜀 3/114

6013_2暴

暴 9/89

6015_3國

國 10/466

6385_3賤

賤 9/70

6401_0叱

叱利 6/36
叱奴 10/202
叱伏列 10/205

吐

吐奚 6/308
吐突 6/310
吐難 6/311
吐萬 6/306
吐賀 6/309
吐谷渾 6/322
10/252

6401_4睦

睦 2/6
2/33

6403_1嚇

嚇 10/387

6404_1時

時 2/79

疇

疇 5/443

6413_8跌

跌 10/504

6601_7嗢

嗢盆 9/139

6606_0唱

唱盆 9/139

6621_4瞿

瞿 2/365

6624_8嚴

嚴 5/609

6640_4嬰

嬰齊 5/255
10/237

6640_7夔

夔相 10/303

6650_6單

單 4/171
9/71

6682_7賜

賜 8/41

6702_0明

明 5/244

6704_7啜

啜刺 10/295

6706_1瞻

瞻葛 5/199
5/604

6716_4路

路 8/144
路洛 8/180

6722_7鄂

鄂 10/345

6772_7鶡

鶡冠 10/262

6802_1喻

喻 8/132

6832_7黔

黔 5/598
黔婁 5/553

6908_9啖

啖 7/292

7060_1譬

譬歷辰　8/47

7064_1辟

辟閭　10/429

7121_1阮

阮　6/358

肥

肥　10/210

陘

陘　5/263

7122_0阿

阿蹊　5/88
阿跌　5/88
阿單　5/89
阿丘(阿邱)　5/90
阿邱　見阿丘
阿伏干　5/93
阿史那　5/91
阿史德　5/92

7122_7厲

厲　8/196

7129_6原

原　4/79
原仲　4/100

7131_1驪

驪　2/19

7132_7馬

馬　7/101
馬師　7/128
馬適　7/129
馬矢　7/130
馬服　7/129

7134_0馯

馯　4/245

7171_1匡

匡　5/168

7171_2匠

匠麗　9/138
10/114

7171_4既

既　8/112

7171_7甌

甌　5/480

7171_8匱

匱　8/62

7173_2長

長孫　7/157
長盧　5/202
長仲　5/200
長梧　5/204
長狄　5/203

7210_0劉

劉　5/330

7210_1丘

丘(邱)　5/416
丘敦(邱敦)　5/455

7222_1所

所　6/172

7222_2彤

彤　1/52
1/122

7223_0瓜

瓜田　5/112

7224_7阪

阪上　7/11

7226_1后

后　7/262

7230_0馴

馴　7/156

7242_2彤

彤　1/52

屋引 9/106
10/83
屋南 10/82

7721_7兒

兒 3/106

肥

肥 2/227

7722_0用

用 8/36

周

周 5/303
周史 5/459
周陽 5/462

陶

陶 5/69
陶叔 5/75
陶丘(陶邱) 5/76
5/77
陶邱 見陶丘

7722_2膠

膠 5/59

7722_7郈

郈 7/261

骨

骨咄禄 10/249

閒

閒 4/251

鬭

鬭 6/31

7723_2展

展 7/20
展輿 7/30

7724_6膞

膞 5/546

7724_7服

服 10/66

屦

屦 6/44

7725_3犀

犀 3/111

7726_4居

居 2/273

屠

屠 3/53
屠住 3/74
屠羊 3/73

7727_0尸

尸 2/60
尸逐 2/76
尸遂 2/76

7727_2屈

屈 10/211
屈侯 10/224
屈突 10/220
屈南 10/225

7733_1熙

熙氏 2/120

7736_4駱

駱 10/339

7740_0闵

闵 6/347

7740_1聞

聞 3/264

7740_7殳

殳 2/366

學

學 10/159

7743_0閦

閦 10/342

7743_7臾

臾 2/372

7744₀丹

丹 4/185

7744₇段

段 9/41

7748₂闕

闕 10/236

7750₅毋

毋丘(毋邱) 7/265
毋邱 見毋丘

7755₀毌

毌 2/361
毌終 2/399
毌將 2/399

7760₂留

留 5/439

7760₄閣

閣 10/342

7760₆閭

閭 2/268
閭丘 2/299

7770₇巳

巳氏 6/128

巴

巴 5/106

7771₅毌

毌 7/265
毌丘(毌邱) 7/265
毌邱 見毌丘

7772₀即

即 10/462
即利 10/463

7777₀臼

臼季 7/253

7777₂關

關 4/222
關龍 4/246

7777₇門

門 4/132
4/135
門尹 4/142

閻

閻 5/578

7778₂歐

歐 5/479
歐陽 5/486

7780₁具

具 8/134
具封 8/143

輿

輿 2/279

7780₆貫

貫 9/50
9/54

7780₉爨

爨 9/52

7782₇鄖

鄖 9/221

7790₄桑

桑 5/224
桑丘(桑邱) 3/80
5/240
桑邱 見桑丘

7810₇監

監 9/236

7810₉鑒

鑒 9/237

7821₆脱

脱 10/266

8771$_0$飢

飢 2/59

8791$_4$繩

繩 10/441

8810$_1$竺

竺 10/71

8822$_0$竹

竹 10/64

8822$_7$第

第二 6/304
第五 8/200
第八 8/203

簡

簡 7/16

8824$_3$符

符 2/367

8825$_3$箴

箴 5/540
箴尹 5/550

8857$_5$箝

箝耳 5/600

8872$_7$節

節 10/275

8874$_6$罇

罇 4/129

8877$_7$管

管 7/4

8879$_4$餘

餘 2/278

8880$_1$箕

箕 2/91

8884$_0$斂

斂 7/299

8890$_3$纂

纂 7/7

8896$_1$籍

籍 10/421

9000$_0$小

小施 7/69
小王 7/68

9003$_2$懷

懷 3/130

9010$_4$堂

堂邑 5/604

9020$_0$少

少 9/78
少施 7/68
9/82
少室 9/83

9021$_1$光

光 5/222

9021$_6$党

党 7/181

9022$_7$尚

尚 9/129
9/130
尚方 9/137

常

常 5/135
常壽 5/199

9023_{2}豢

豢龍　9/62

9033_{1}黨

黨　7/184

9050_{2}掌

掌　7/150

9060_{3}眷

眷　9/72

9071_{2}卷

卷　6/362

9080_{0}火

火拔　7/100
10/295
10/500

9080_{6}賞

賞　9/155

9090_{4}米

米　6/328

棠

棠谿　5/238

9101_{7}恒

恒　5/294

9202_{1}忻

忻　4/101

9306_{0}怡

怡　2/82

9383_{3}燃

燃　9/64

9404_{1}恃

恃　6/69

9408_{1}慎

慎　9/23

慎潰　5/17
5/460

9503_{0}快

快　8/249

9592_{7}精

精縱　5/254

9701_{0}恤

恤　10/213

9706_{4}恪

恪　10/355

9801_{6}悦

悦　10/285

悦力　10/296

9942_{7}勞

勞　5/70

9990_{4}榮

榮　5/247

榮叔　5/249

人名索引

鹿善(禄善)
10/49
10/69
10/69A

龐

00龐廊
1/197
08龐説
1/194
1/194B
10龐玉
1/197
1/197A
整1/197
14龐琳
1/197
17龐承訓
1/191
1/191B
龐承宗
1/191
1/192
1/192A
21龐貞素
1/198
1/198C
23龐參
1/197
25龐仲惲　見龐卿惲
26龐伯
1/197
整1/197
27龐詧
1/193
1/193A
整2/270A
28龐儉
1/199
8/221
36龐涓
1/188
1/199
44龐茂
1/189
龐樹
1/189
1/189A
46龐相壽
1/198
1/198B
48龐敬
8/188A
龐敬嗣
1/190
50龐夷遠
2/361A
52龐虬　(龐凨)
1/198
1/198A
60龐晃
1/198
龐景亮
1/189

龐景高
1/192
1/193
龐景喬
1/192
龐景良
1/192
龐景昭
1/192
1/195
龐景劄
1/192
1/194
66龐嚴
1/196
1/196 A
70龐雅
1/198
71龐長壽
1/198 B
77龐風　見龐虬
龐同福
1/189
1/191
1/191 A
龐同本
1/189
1/195
龐同善
1/189
1/190
1/190 A
龐履温
1/189 B
1/191 A
1/191 B
龐卿惲（龐仲惲）
1/189
1/189 B
80龐羨（龐美）
1/200
1/200 A
龐美　見龐羨
88龐範
1/193
92龐煖（龐煥）
1/188
1/188 B
97龐煥　見龐煖

0021_3充

10充石　見皇父

0021_4麃

17麃尹然　見蔿尹然

0022_2廖

00廖立
9/186
9/186 B
17廖孟舉
9/184
9/184 B
21廖頵

9/183
23廖狀 見廖扶
24廖化
9/185
廖偉擧 見廖仲擧
25廖仲擧(廖偉擧)
9/184
9/184 B
27廖叔安 見飂叔安
32廖祈 見廖祁
34廖湛
9/186
37廖祁(廖祈)
9/186
9/186 A
55廖扶(廖狀)
9/184
9/184 A

0022₃齊

00齊文襄帝(澄)
5/473
齊文宣帝(文宣、洋)
5/473
10/201
齊文公(赤)
3/1
3/128
5/61
齊哀王
8/52
齊襄王(法章)
10/511
10/511 B
齊襄公
3/118
08齊説(齊悦)
3/92
3/92 B
10齊靈公
8/243 A
齊丁公 見丁公伋
齊惡
3/88
齊晉
3/88
3/88 A
11齊璿
3/91
3/91 A
12齊癸公
5/61 A
13齊武成帝(孝昭、湛)
4/209 D
5/473
齊武成帝胡后
整3/11 A
齊武公
5/61 A
17齊珝
3/92 D
3/92 G
齊珣
3/89

68齊旼 見齊旼
71齊厲公
5/61A
8/196B
72齊氏侯績妻
3/90C
3/90D
齊氏嬰女
3/92D
80齊令
3/90
齊善行(齊若行)
3/93
3/93A
5/407B
85齊餗
3/90
3/90C
86齊知玄(齊知元)
3/90
3/90A
齊知元 見齊知玄
88齊簡公
6/82
10/226
齊餘敬
3/92D
90齊光乂(是光乂、是光又)
6/24
6/24A
齊粹
3/90
91齊悼王
10/273
98齊悦 見齊說

0022$_7$方

10方雷氏
5/169
27方叔
5/169
方叔無咎
5/197

市

40市南熊宜僚 見市南宜僚
市南宜僚(市南熊宜僚、壽西宜僚)
6/127
6/127A
7/252
7/252A

帝

17帝乙
6/8
8/13
10/179
10/335
10/335B
24帝佶 見帝嚳
46帝相
9/197
77帝嚳(高辛、高辛氏、帝佶)
1/44A
2/22
2/89A

10/418 F
90席懷　見席瓌

商

24商紂　見殷紂
36商湯　見殷湯
45商鞅(衛鞅)
5/159
5/160
47商均　見虞商均
66商瞿
5/160
72商丘子胥
5/195
商丘成
5/194

高

高　見公子高
00高帝　見漢高祖
高帝薄太后　見漢高祖薄太后
高辛　見帝嚳
高辛氏　見帝嚳
高哀
3/215 A
10高正臣
1/35 B
7/168 C
10/2 B
11高彊
3/215 A
20高奚(高傒)
3/128
5/61
21高上智
6/260 B
高柴
3/128
22高傒　見高奚
高崇文
2/130 K
10/108 D
23高參(岑參)
5/517 A
高脩
9/201 C
27高紹義
1/142 A
30高湝
1/189 B
高適
2/108 A
4/241 D
高密公主
7/168 G
9/47 F
高宗　見唐高宗
32高祈　見子高祈
37高祖　見唐高祖
高祖　見漢高祖
高祖太穆皇后　見唐高祖太穆皇后
40高力士
1/17 A
6/165

6/165B
高士廉
5/62
5/62A
9/200E
高克
3/215A
44高勱(高勵)
5/62
5/62A
48高歡 見齊神武帝
高敬仲
5/72
50高車解如(高車惑如)
5/73
5/73A
高車惑如 見高車解如
60高景安 見元景安
67高郢
4/241D
74高勵 見高勱
高陵顯
5/71
76高陽 見顓頊
81高鍇
7/281A
86高智周
7/146A
7/149E
96高惕(高煬)
6/319
6/319A
高煬 見高惕

裔

47裔款 見艾孔

庸

25庸生
1/161
90庸光
1/161

0023₀卞

20卞統
9/69
9/69C
26卞和
9/69
9/69B
40卞壼
9/69
9/69B
9/69D
42卞彬
9/69
9/69B
44卞莊子
9/69
56卞揖
9/69
9/69B
61卞旴
9/69

9/69 B
64卞眈
9/69
9/69 B
9/69 D
67卞瞻
9/69
9/69 B
68卞畛
9/69
9/69 B
71卞長福　見卜長福
88卞範之
9/69
9/69 B
90卞粹
9/69
9/69 B

0023_1應

17應邵
9/89
27應侯
5/284

0023_2康

康
5/117
10康王　見周康王
27康叔　見衛康叔

0023_7庚

77庚桑楚(庚采楚)
6/232
6/232 A

庶

44庶其
8/122

庚

00庚立　見庚立真
庚立真(庚立)
6/198
6/198 B
庚亮
6/196
庚齊人
6/198
庚方
6/197
6/197 A
庚廓之
6/196 D
01庚襲
6/196 D
04庚詵
6/197
6/197 A
06庚譯
6/198
14庚瑋
6/197 A
6/198
17庚孟

6/197
庾琛
4/134
6/196
6/196C
庾承慶
6/198
庾承師
6/198
庾承邕
6/198
庾承宣
6/198
6/198F
6/199F
庾承初
6/198
庾承恭
6/198
庾承歡
6/198
庾翼
6/196
整4/182
庾柔
6/196D
20庾信
6/198
庾季才
6/197
6/197A
庾乘
6/196
6/196A
庾采楚 見庾桑楚
21庾伾
6/198
庾何(庾河)
6/199
6/199B
6/199C
庾倬
6/199
6/199C
6/199E
庾衡
6/198
庾師度
6/197
庾師敬
6/197
22庾侹(庾鋌)
6/198
6/198E
24庾先 見庾光先
庾告雲
6/197
25庾倩
6/196D
26庾侶
6/198
庾穆之
6/196
27庾衆

6/198A
72庾氏苗紳妻
6/199D
80庾會
6/197
庾公差
6/195
82庾鋌　見庾侹
88庾餚休
6/199
6/199E
6/199F
90庾光烈
6/198
6/198C
6/199
6/199A
庾光先(庾先)
6/198
6/198C

廉

00廉方實
5/593
5/593A
廉褒
5/592
14廉璀
5/593
15廉璉
5/593B
27廉叔度　見廉范
41廉頗
5/590
44廉范(廉叔度)
5/592
5/592A
5/593
67廉昭
5/592
77廉丹
5/589
5/592
5/592A

0024_0廚

80廚人濮
2/405
2/405A

0024_7度

30度安
8/165

慶

13慶酺
9/153
21慶虎
3/215A
9/153
25慶純　見賀純
28慶儀
9/96
9/153
30慶寅

0025₆庫

庫狄陵(庫狄淩)
8/176
8/176 A
庫狄履温
8/176
8/176 B
庫狄莶刊
8/176
53庫成佇
8/177 A
庫成濟
8/177 A
庫成述
8/177 A
庫成楯
8/177
8/177 A
庫成防
8/177
8/177 A
87庫鈞
6/298 B
8/161 A

0026_7唐

00唐高宗(高宗、李治)
3/178 A
6/186 C
6/237 C
7/223 A
10/312
10/312 A
唐高宗則天皇后(武后、天后、則天皇后、則天、大周無上孝明皇帝、金輪聖神皇帝)
2/269 C
2/373
3/13 A
5/523 A
6/10 G
6/182 A
6/183 C
6/183 D
6/190 B
6/192
6/192 C
7/113 C
7/282
7/282 A
10/295 C
10/312
10/318 B
唐高祖(高祖、李淵)
1/4
1/4 A
1/17 E
1/141 B
3/30 B
4/123 G
5/385 A
5/407 D
5/530 C
6/55 C
6/196 F

0028_0亥

0028_6廣

0029_4麻

30麻察
5/97
5/99A
34麻達
5/97
5/99A
44麻藏珍　見李藏珍
60麻嬰
5/97
67麻嗣宗　見李延昌
90麻光
5/97
5/99A

糜

20糜信　見麋信

廩

17廩君
8/197
72廩丘意茲(廩丘子尚)
6/86
6/86A
廩丘子尚　見廩丘意茲

麋

20麋信(糜信)
2/64
2/64B
44麋芳
2/64
2/64A
48麋敬
2/64
60麋勗之
2/64
88麋竺
2/64
2/64A

0040$_0$文

00文帝　見漢文帝
10文王　見周文王
文元忠
3/250
15文聘
3/250
21文穎
3/250
23文獻獨孤皇后　見隋文帝文獻皇后
24文德皇后　見唐太宗文德皇后
26文皇　見唐太宗
27文叔
6/133
30文宣　見齊文宣帝
文之無畏
6/74A
文安縣主
9/47F
50文鴦
3/250
67文明太后　見魏文成皇后
72文后　見漢文帝竇太后
80文翁

3/250
87文欽
3/250

0040₁辛

00辛亶(項亶、須亶)
3/209
3/209A
6/22
整3/209
整6/22
辛亮
3/193
辛彦　見辛彦之
辛彦之(辛彦)
3/191
3/191A
辛廖(辛相)
3/234
3/234A
辛廖通(辛相通)
3/234
3/234A
辛慶忌
3/187
3/187A
3/203
3/205
3/207
3/207A
辛慶之
3/189
辛廣嗣
3/195
辛文子　見計然
辛文粲
3/190
3/190B
辛文陵
3/205
3/205A
辛言
3/207
3/207B
辛玄道(辛元道)
3/195
3/195D
辛玄馭(辛元馭、辛丘馭、辛驥)
3/198
3/198C
辛京升
3/207
辛京杲(辛雲杲、辛杲京、辛杲、辛雲果)
3/207
3/207B
3/207E
01辛顔
3/188
07辛諝
3/190
3/190E
10辛正臣
3/198C

辛靈寶
3/193
3/193D
辛元廒
3/195
辛元道　見辛玄道
辛元忠
3/189
辛元同
3/195
辛元馭　見辛玄馭
辛平
3/202
辛晉
3/195
辛雲京(辛雲景)
3/207
3/207B
3/207C
5/107A
10/108B
辛雲晁
3/207
3/207F
辛雲果　見辛京杲
辛雲果　見辛京杲
辛雲景　見辛雲京
12辛弘亮(辛宏亮)
3/203
3/203B
辛烈
3/198
13辛武賢
3/186
3/187
15辛融
3/193
17辛孟孫
3/187A
辛孟興
3/187
3/187A
辛琛
3/193
辛胥
3/199
3/199A
3/201
辛承業
3/208
辛承嗣
4/49B
辛子産
3/187A
辛子焉
3/188
3/199
3/199A
辛子幾
3/201
辛子馥
3/198
3/198A
辛君昌

辛普
3/200
辛公義
3/193
3/193D
3/193E
辛餋
3/206
3/206A
81辛鉼　見計然
83辛猷
3/188
3/189
3/190A
86辛知微
3/204
88辛纂
3/201
90辛懷節
3/206A
3/207
3/207B
辛光嗣
3/205
91辛恒
3/195
93辛怡諫
3/195
3/195B
97辛惲
3/202
99辛瑩(辛塋)
3/197
整3/197
辛塋　見辛瑩

0040_6章

00章帝　見漢章帝
17章子
5/119
24章仇湛
5/206
5/206A
章仇大翼　見盧大翼
章仇嘉勉　見章仇嘉勗
章仇嘉勗(章仇嘉勉、章仇嘉昂)
5/205
5/205A
章仇嘉昂　見章仇嘉勗
章仇兼瓊
1/22A
5/206
5/206A
47章邯
5/205A
48章敬皇太后　見唐肅宗章敬皇后
80章弇
5/205
5/205A

0060_1言

21言偃
4/99

0063_1譙

60譙國夫人
7/38A
77譙隆
5/52

0069_6諒

諒　見楊諒
53諒輔
9/132
9/132A

0071_4雍

00雍廪
1/156
17雍子
1/156
21雍齒
1/156
8/37
22雍糾
1/156
26雍伯
1/155
8/37
8/37B
30雍寧
1/157
40雍希顔(雍希顒)
1/157
1/157B
雍希顒　見雍希顔
80雍人高檀
1/175
1/175A
整1/175A
90雍惟良
1/157
1/157A

0073_2玄

24玄奘(奘)
1/16C
26玄儼
9/28C
30玄宗　見唐玄宗
37玄冥(元冥、元明)
2/120
5/453
5/453A
整2/120
44玄菟
1/44A
玄林
8/151A
整8/151A
46玄枵　見玄囂
52玄静先生　見李含光
66玄囂(玄枵、元囂)
1/44A
3/134
77玄覽
2/265A
6/150B

哀

80哀公　見魯哀公

襄

25襄仲　見公子遂
80襄公　見晉襄公

0080₀六

27六終　見陸終

0090₆京

43京城太叔　見共叔段
46京相璠(樗里璠)
2/313
2/313A
京相機　見空相機

0121₁龍

龍
1/153
37龍沮　見龍且
50龍未央
1/154
72龍丘萇　見龍丘長
龍丘長(龍丘萇)
1/174
1/174A
77龍且(龍沮)
1/154
整1/154

0128₆顏

顏　見邾武公
00顏育德
4/229A
4/235
顏高(顏子驕、顏驕)
4/225
4/225A
顏庶
4/230
顏辛(顏幸、顏韋、顏柳)
4/225
4/225A
顏交
4/231
01顏証
4/233
4/233C
03顏竣
4/226
04顏謨有(顏有謨)
4/239
4/239B
10顏丁
4/225
顏元孫
4/232
4/233
4/233A
5/349B
顏元勝　見顏勝
顏晉
4/225

11顏碩
4/238A
顏頵
4/238
4/238A
12顏弘式
4/233D
顏延年
4/226
17顏子何 見顏何
顏子相 見顏祖
顏子驕 見顏高
20顏喬卿
4/234C
21顏何(顏子何)
4/225
4/225A
顏頫
4/238
4/238A
顏師伯
4/226
顏師古
4/229
4/230A
4/230B
4/239
顏貞
4/225
顏頲
4/234
4/234C
23顏允臧
4/234
4/234C
4/238A
顏允南
4/234
顏偰(顏之偰)
4/225
4/225A
24顏幼輿(幼輿)
4/4I
顏緘
4/226
4/239
26顏息
4/225
27顏鷁 見顏涿聚
顏奐 見顏奐
顏奐(顏奐)
4/226
4/226D
顏魯公 見顏真卿
顏約
4/226
顏叔子
4/225
28顏從賢 見顏從覽
顏從覽(顏從賢、顏縱覽)
4/233
4/233D
顏縱覽 見顏從覽
30顏之偰 見顏偰

0161$_6$謳

0164$_9$謼

0180$_1$龔

0212$_7$端

0292$_1$新

2/296
諸葛珪(諸葛圭)
2/296
2/296 B
諸葛瑾
2/296
諸葛喬
2/296
諸葛潁(諸葛穎)
2/297
2/297 B
諸葛穎　見諸葛潁
諸葛豐
2/296
諸葛鼦
2/296
諸葛圭　見諸葛珪
諸葛嘉會(諸葛會)
2/297
2/297 B
諸葛茂道
2/297
諸葛攀
2/296
2/296 C
諸葛規
2/297 A
諸葛靚
2/296
諸葛顯(諸葛顥)
2/296
2/296 C
諸葛顥　見諸葛顯
諸葛瞻
2/296
2/296 C
諸葛會　見諸葛嘉會
諸葛銓
2/297
2/297 A
諸葛恢
2/296
諸葛恪
2/296

諾

04諾護于　見護諾于

0512₇靖

07靖郭君(靖郎君)
7/206
7/206 A
12靖延
7/206 C
靖延康
7/206
7/206 C
17靖君亮　見靖德玄
靖君亮
7/207 A
24靖德玄(靖德立、靖君亮)
7/207
7/207 A
靖德立　見靖德玄

26靖伯庚　見陳庚
28靖徹
7/206A
32靖淵
5/258A
37靖郎君　見靖郭君
88靖策
7/207A

0569_6諫

50諫忠(晏忠)
9/61
9/61C

0690_4親

55親弗
3/227A

0742_7郭

00郭亮
10/308B
郭彦周兵部尚書
10/309
郭彦唐綿州刺史
10/329
10/329B
郭彦英　見郭英彦
郭齊宗
10/311
10/311B
郭育
10/312A
郭廣慶　見郭廣敬
郭廣意
10/314A
郭廣敬(郭廣慶)
10/313
10/313D
10/313E
郭文簡
10/330
10/330G
郭奕
10/307
01郭襲慶
10/310
郭襲徵(郭襲微)
10/311
10/311D
郭襲微　見郭襲徵
郭襲業
10/310
03郭贇
10/310
04郭訥
10/322
郭謨
10/312
08郭詮兵部員外
10/330
10/230D
郭詮會昌台州刺史
10/330D
10郭正東漢人、法真友

10/512B
郭正魏人
10/309
郭正　見郭整
郭正一
1/35A
10/318
10/318B
郭元武　見郭英乂
郭元振(郭震)
10/319
10/319C
10/328B
郭震　見郭元振
郭震
10/328
10/328B
郭霸納子
10/312
10/312D
郭霸武后時酷吏
10/312D
12郭瑀
10/326
10/326A
郭璞
10/325
郭瑗
10/325
郭弘道
10/313
10/313C
13郭球(郭求)
10/311
10/311C
郭瑊
10/319
10/319C
15郭臻
10/310C
17郭弼
10/329
郭豫
10/328
10/328B
郭子雲
10/314
10/314D
10/317
10/317A
10/317B
郭子琇
10/314
10/315
郭子珪
10/314
10/314D
10/317
郭子瑛(郭子暎)
10/314
10/316M
10/317
整10/316M
郭子瑁(郭子瑁)

郭待聘
10/312
郭待封
10/312
郭待舉(郭舉)
10/312
10/312A
10/312B
10/312D
郭休賢
10/310E
郭幼謙
10/314
10/314D
10/317
郭幼孺 見郭幼儒
郭幼儒(郭幼孺)
10/314
10/314D
10/317
10/317C
郭幼沖
10/314
10/317
郭幼明
10/314
10/317
10/317B
郭幼賢
10/314
10/317
郭納
10/312
10/312B
10/312C
10/312E
整10/312C
25郭仲翔
10/319C
郭伷
10/308
10/308C
郭岫
10/310
26郭偲
10/330
郭緼(郭藴)
10/307
10/307B
27郭翻
10/322
郭峋
10/310
郭叔暢
10/330
郭絳(郭降)
10/328
10/328B
郭紹宗
10/311
28郭微 見郭慎微
郭徽
10/313A

10/308
10/308 B
39郭滸(郭璘、郭隆、郭鄰)
10/330
10/330 B
40郭雄
10/310
10/310 F
郭士謙
10/308
郭士倫
10/308
郭南金
10/311
郭嘉
10/327
10/327 C
郭嘉珍
10/327 C
郭奇
10/330
郭賁
10/312
41郭樞
10/329
43郭求 見郭球
44郭協 見郭英協
郭荷
10/323
郭茂禕
10/328
10/328 B
郭孝恪
10/312
郭英彦(彦英)
10/327
10/327 B
10/327 D
整10/327 D
郭英傑
10/327
10/327 D
整10/327 D
郭英乂(郭元武)
10/327 C
10/327 D
整10/327 D
郭英奇
10/327 D
郭英協(郭協)
10/327
10/327 C
10/327 D
整10/327 D
郭藴 見郭組
郭林宗 見郭泰
46郭覩
10/328
10/328 B
郭恕
10/329
48郭翰晉陵人
10/330
10/330 H

整10/330H
郭翰太原人
10/330H
郭敬君
10/313
郭敬之
10/314
10/314C
10/314D
郭敬宗
10/311
50郭泰(郭林宗)
6/361A
10/306
10/319
郭泰方(郭秦方)
10/312
10/312A
10/312B
郭泰初(郭秦初)
10/312
10/312A
10/312B
郭肅宗
10/311
郭忠
10/318
郭奉 見郭奉一
郭奉一(郭奉)
10/330
10/330F
郭秦方 見郭泰方
郭秦初 見郭泰初
52郭揆
10/329A
56郭損
10/328
58郭整(郭正)
10/323
10/323A
郭鷘
10/325
60郭昉
10/317
郭最
3/215A
10/306
郭晟
10/319
10/319C
郭圖
10/328
郭景華
10/310
61郭晅 見郭晅
郭晅(郭晅、郭暄)
10/317
10/317C
郭旰(郭旴)
10/314D
10/316
10/316A
郭旴 見郭旰
郭旴

67郭曜
10/316
10/316A
整10/316D
郭暉
10/317
郭嗣本
10/310
10/310C
10/311
10/311A
10/311C
郭煦
10/317
10/317D
68郭晦
10/317
郭黔　見郭默
72郭朏　見郭昢
76郭隗
10/306
10/306B
77郭隆　見郭潾
郭隆
10/328C
郭同知
10/328
郭同節
10/328
郭冏
10/312E
郭鵬
10/319C
郭履球
10/313E
10/314A
郭降　見郭絳
郭降　見郭鋒
郭丹
10/306
郭舉　見郭待舉
80郭全
10/307
10/307A
郭鑲
10/316
郭鏶
10/316D
郭義
10/329A
郭善慶　見郭善愛
郭善愛(郭善慶、郭愛)
10/168B
10/319
10/319A
整10/319A
郭公　見虢叔
81郭鉟
10/316
郭頒
7/65
82郭釗
10/316
10/316J

10/314A

0768$_2$歆

歆　見司馬歆

0821$_2$施

17施子常　見施子恒
20施讎(施長卿)
2/37
2/37A
整2/37
26施伯
2/37
整2/37
27施叔　見施父尾
30施之恒(施子常)
整2/37
44施孝叔
2/37
整2/37
71施長卿　見施讎
80施父　見施父尾
施父尾(施叔、施父)
2/37
7/69
9/82

0823$_2$旅

60旅罷師
6/166
77旅卿
6/166
6/166A

0823$_3$於

72於丘略
2/306

0828$_1$旗

36旗况　見期光
37旗汎　見期光
90旗光　見期光

0861$_6$説

説　見南宫縚

0862$_7$論

03論誠節　見論成節
17論弓仁(論躬仁)
9/37
9/37A
9/37B
9/37C
9/37F
21論盧
9/37C
論伾
9/37
9/37E
論偕
9/37
9/37E
23論傪(論慘)
9/37

0864₀許

14許劭　見許邵
16許聖卿
6/143
6/144A
17許孟客　見許孟容
許孟容(許孟客)
3/51B
6/144
6/144B
6/144C
6/144D
整6/144D
許珣　見許詢
許瑕
6/133
6/133B
許子端
6/139
許子儒(許文舉)
6/143
6/143B
許子房
6/139
許子餘
6/139
許君孝昌公、冀州刺史
6/141A
許君明
6/137
6/137A
許邵(許劭)
6/136
6/136A
6/146
20許季良　見許惇
許季同
2/336E
6/144
6/144D
6/144E
許季常　見許孝常
許季常
6/139
21許偃
6/133
6/133B
許行師
6/145B
6/145D
許行本(許本行)唐給事中
6/135
6/135C
許行本(許奉先、許本)唐東光令
6/145B
6/145D
22許彪
6/145
6/145B
許皈(許販)
6/134
許崇烈
6/141A
許崇述
6/141A

90許惇(許季良)
6/135
6/135B
94許慎
6/136
6/136B
97許恂(許絢)
6/135
6/135B

1010_0工

17工尹商陽(上尹商陽)
9/133
9/133A
工尹壽(上尹壽)
9/133
9/133A

1010_1三

20三伉充宗 見五鹿充宗
27三烏羣(社北郡)
5/573A
7/140
7/140A
32三州昏(三丘氏)
5/574
5/574A
44三苗務 見三丘務
72三丘務(三苗務)
5/575
5/575A
三丘氏 見三州昏
82三飯繚
5/577

正

44正考父
5/428
6/8
80正令赤 見壤駟赤

1010_3 玉

00玉文伯　見王況
77玉屑　見子玉霄
90玉光府　見王況

1010_4 王

00王充　見王世充
王齊丘
8/147D
王方慶
4/52B
王方翼
7/38E
王慶
5/425A
王文泊　見王泊
王袞
8/216C
01王譚
8/208E
02王端
5/584E
07王韶之　見王歆之
王歆之(王韶之)
9/150A
08王敦
7/269A
7/276A
10王正卿
4/78A
王元
6/377
12王弘義
3/13A
王孫謀
5/173
王孫賈
5/173
6/314
王孫儒　見王僧孺
王孫强牟　見公孫彌牟
王孫滿
5/173
王孫滑　見王孫骨
王孫大卿
5/173
王孫由于
5/173
王孫氏
5/173
王孫骨(王孫滑)
5/173
王孫駱
10/339A
13王武陵
2/383C
17王子仲　見王同
王子狐
5/174
整5/174
王子城父　見王子成父
王子帶　見甘昭公

王令基
1/35A
王無競
10/105C
王無疆
10/234
王無邺 見王良
84王鉷
2/204C
86王鍔
3/207E
王知敬
5/28A
88王敏
1/124A
90王光晊
5/232C
93王怡
1/157A

王

00王文伯 見王况
36王况(玉文伯、玉光府、王文伯)
10/76
10/76B

1010_6亘

35亘沖 見桓沖

1010_7五

00五鹿充宗(三优充宗)
5/570
5/570A
五鹿盧 見五鳩盧
五裔 見五胤
22五胤(五裔、五允)
6/295
6/295A
23五参 見伍参
五參蹇 見伍參蹇
五允 見五胤
33五梁
6/295
47五鳩盧(五鹿盧)
6/303A
6/305
五鳩蹇 見伍參蹇

亞

82亞飯干
8/74A
9/125

盂

10盂丙
2/387

1010_8巫

17巫子都 見巫炎
巫子期 見巫馬施
47巫都 見巫炎
53巫咸
2/362
55巫捷

豆盧勣
9/227
9/227 B
豆盧挹
9/230
9/230 F
豆盧恩(豆盧永恩、豆盧永思)
9/226 A
9/227
9/227 A
9/227 B
豆盧回
9/228
9/228 G
豆盧器
9/228
豆盧長 見豆盧萇
豆盧陸渾
9/230
9/230 E
豆盧勝(慕容勝)
9/226 A
9/227 A
9/230 A
9/230 C
豆盧毓
9/227
豆盧欽望
9/228
9/228 A
9/228 D
9/228 E
豆盧欽爽 見豆盧欽奭
豆盧欽奭(豆盧欽爽)
9/228
9/228 C
豆盧欽肅
9/228
豆盧鄭(豆盧鄭麟)
9/230
9/230 G
豆盧鄭麟 見豆盧鄭、豆盧鄎
豆盧懷讓
9/227 A
9/228
9/228 A
9/228 I
豆盧光祚
9/228
24豆德素 見竇德素
40豆真折 見丘敦折
80豆善富 見竇善富

靈

03靈識
7/62 F
40靈太后 見魏宣武帝靈太后
靈壽光 見泠壽光

1010_9丕

27丕豹 見平豹
87丕鄭 見平鄭

1011_3疏

00疏彥則 見太傅彥則

疏廣(疎廣)
2/283
8/232
10/144
20疏受
2/283

1014₁聶

18聶政
10/497
21聶熊
10/497
10/497 E
30聶良
10/497
40聶友
10/497
聶壹
10/497
90聶尚
10/497

1016₄露

00露雍 見顧雍
02露訓 見顧訓
10露平(顧平)
8/154 A
8/163
8/163 B
13露琮 見顧琮
23露允 見顧胤
露俊 見顧浚
24露纘 見顧纘
28露徽 見顧徽
34露沈 見顧況
37露潤 見顧潤
43露越 見顧越
80露余侯 見顧余侯
90露少連 見顧少連

1020₀丁

44丁若謀 見丁若賢
丁若弘固 見丁若賢
丁若某 見丁若賢
丁若懿伯
5/270
5/270 A
丁若堅 見丁若賢
丁若堅固 見丁若賢
丁若賢(丁若謀、丁若弘固、丁若某、丁若堅、丁若堅固)
5/270
5/270 A
50丁貴寧 見于貴寧
80丁公伋(齊丁公)
3/135
3/135 A
5/61 A
5/260
5/270
5/270 A

1021_0兀

78兀鑒(元鑒)
10/240

1021_1元

00元亶
4/19
4/19 B
元充
4/40 G
元彦(元世彦、元景略)
4/44 A
元彦將　見元彦沖
元彦仲　見元彦沖
元彦沖(元彦將、元彦仲)
4/14
4/14 F
4/16
4/16 A
元彦英
4/46
元帝　見晉元帝
元帝　見魏神元帝
元康
4/46
4/46 C
元夜叉　見元乂
元意烈
4/27
元意勁　見元意勃
元意勃(元意勁、元勃)
4/27
4/27 A
元文豪
4/19
元文俊
4/44
元文儼
4/44
元文遥
4/10
4/10 A
元文都
4/35 B
元章
4/40 G
元諒
4/22 E
元雍
4/48
4/48 A
元玄(元元)
4/20
4/20 B
元玄度　見元秬
元玄慶
4/46 H
4/46 I
4/46 J
元玄敬(元元敬)
4/46
4/46 J
元褏(元孝整)

4/32
4/32D
整4/32D
元永(元永壽)
4/25
4/25B
元永壽　見元永
元永全　見元思譽
元之　見姚崇
元守一
4/40F
元守真
4/22
元宰
4/10
元安新成子
4/40
元安休子
4/40A
元安樂　見元衎
元安壽
4/40A
元寓
4/10
4/10H
元寄
4/28
4/28C
元良
4/46
4/46A
元宏　見魏孝文帝
元寔
4/10
元寔　見魏獻明帝
元寔君　見元實君
元實　見魏獻明帝
元實君(元寔君)
4/8A
整4/8A
元寶
4/54
元寶琳　見元寶緣
元寶緣(元寶琳)
4/50
4/50B
整4/50
整4/50B
元寶藏
4/22
4/22B
元寶林
4/22
元寶矩(西魏文帝)
10/198
元宗　見唐玄宗
元宗簡
4/40
4/40H
4/40I
元察微
4/46E
31元江乘
4/27

元泚
4/40
元汪 見元注
元涉
4/40
元潭 見元貞
元濬
4/47C
元濬 見魏文成帝
元濬長
4/40F
4/40G
元福慶
2/176B
5/523D
元福果
4/27
元禎 見元楨
元禎 見元楨
元顧道
4/50
整4/50
32元澄大曆虞部員外
4/22
4/22D
4/22F
元澄開元涼州都督屬官
4/22D
元澄魏任城王
4/54
元兆
4/54
元沂
4/32C
元遜
2/349D
4/11
4/12
4/12A
33元邃
4/11
4/11C
元述古
4/20
34元湛守真子
4/22
元湛武榮曾孫
4/23
元法顯 見元昌
元法益
4/46
元洪
4/33
4/33A
4/33B
整4/33A
元褘
4/46
4/46C
4/46E
元褘
4/46E
元祐 見元佑
元祐詮子

元志儉
4/46
元燾　見魏太武帝
元吉　見李元吉
元壽　見元武壽
元壽
4/52
元壽安　見元修義
元壽鳩(元受久)
4/8
4/8A
4/9
4/9A
元壽興　見元昺
元真(元深)
4/40G
元真樂　見元樂真
41元楨　見元積
元楨(元禎)
4/34
4/43
4/43A
43元博古
4/20
元載
2/249C
4/55
4/55A
4/55C
4/55D
4/164D
5/397A
7/56H
8/25A
44元芝　見元恒芝
元鷙(元贄)
4/51
4/51D
元慈
4/21
元慈政
4/25
元恭　見元義恭
元恭　見魏閔節帝
元懋
4/11
4/11A
元孝方　見元雅
元孝政
4/51
元孝綽
4/17
元孝直
4/36
元孝規　見元則
元孝整　見元褒
元孝則　見元則
元孝矩
4/35
4/35A
元孝節
4/27D
4/28
4/28A

元知讓
4/10
4/10E
元知敬
4/10
元知默
4/10
元知人　見元思哲
87元鈞　見蓮章
元銅
4/40
元鋸(元琚)
4/40H
元欽
4/46
元欽微
4/51
元欽俗(元欽裕)
4/51
4/51C
元欽裕　見元欽俗
元舒温
4/46E
88元銓　見元子銓
元範
4/46
90元懷季良子
4/51
元懷(元宣義)魏孝文帝子
4/50
4/50A
整4/50
元懷貞　見元懷景
元懷式
4/36
元懷景(元懷貞)
4/14
4/14B
4/14D
4/14E
元懷簡
4/14
4/14D
元懷節
4/14
4/18
4/18A
元光謙(元光嫌)
4/24
4/24A
元光賓
4/36
4/38
元光嫌　見元光謙
90元倠　見元倠
元恒　見元恒芝
元恒芝(元芝、元恒)
4/36
4/36A
4/36B
92元愷
4/30
元忻
4/46

元怡

4/31

93元烨

4/14

4/18A

94元慎

4/46

4/46C

元煒

4/14

4/18A

97元恂(恂)

5/508

元焕

4/11

98元悌

4/50A

整4/50

99元燮

4/42

4/42A

元榮

4/46

1021_4霍

00霍庭玉(霍廷玉)開元中河南尹

10/334

10/334A

霍庭玉天寶初主簿

10/334A

12霍廷玉　見霍庭玉

23霍獻可(崔獻可)

10/333

10/333A

24霍德信

10/332

25霍仲孺

10/332

27霍叔

10/331

40霍去病

9/56

10/332

41霍栖梧

10/332

10/332A

80霍毓

10/333A

90霍光

10/332

10/333

1022_7万

23万俟齊莊

10/481

万俟庭玉

10/481

万俟玄道(万俟元道)

10/481

10/481B

万俟元

10/481

万俟元道　見万俟玄道

万俟醜奴

10/481
万俟受洛干　見万俟洛
万俟仲將
10/481B
10/481C
万俟遥
10/481
万俟造
10/481
10/481E
万俟禮
10/481
万俟洛(万俟受洛干)
10/481
万俟著
10/481
10/481D
万俟肅
10/481
10/481B
万俟雅
10/481
万俟氏仲將女
10/481B
10/481C
万俟普
10/481

丙

00丙意兹(邴意兹)
7/190
7/198
7/204
10丙元緘　見李元緘
丙元綜　見李元綜
丙元紘　見李元紘
丙元繹　見李元繹
17丙承業　見李承業
丙承嘉　見李承嘉
丙豫(邴豫)
7/190
7/197
7/197A
27丙粲　見李粲
30丙寬　見李寬
38丙道廣　見李道廣
40丙有功　見李有功
丙有孚　見李有孚
丙有容　見李有容
丙吉(邴吉)
7/190
7/190A
整7/190
44丙孝旻　見李孝旻
丙莒　見李莒
45丙猜
7/188
47丙根矩　見邴原
67丙明
7/191
丙歇
7/188
71丙原　見邴原
77丙丹　見邴丹

87丙舒　見李舒

爾

25爾朱羽健　見尒朱羽健
爾朱孝隆　見尒朱世隆
爾朱世隆　見尒朱世隆

1024_7夏

12夏孔甲
5/330
8/121A
20夏禹(禹)
1/70
2/107
2/107A
2/114
3/52
5/552A
6/29A
6/62
6/152
6/205
6/208A
6/209
6/209A
7/69
7/69A
7/73
7/132A
7/137
7/268A
8/40
8/100
8/100A
10/457
25夏桀(桀)
1/119
2/246
27夏御叔
7/127
夏侯亶
7/133D
夏侯六　見夏侯雄
夏侯端　見夏侯審端
夏侯端禮　見夏侯審端
夏侯譒
7/133D
夏侯誼
7/133D
夏侯譔(夏侯夔譔)
7/133D
夏侯詳(夏侯祥)
7/133
7/133D
夏侯玅才　見夏侯淵
夏侯妙才　見夏侯淵
夏侯霸
7/133
夏侯建
7/133
7/133A
7/133B
夏侯季龍　見夏侯夔
夏侯維(南郭維)

夏侯昇　見鮮于昇
夏侯嬰
7/133
7/133A
夏侯嗣本(南郭嗣本)
5/562
7/134A
夏侯興皇(南郭興皇)
5/563
7/135
7/135A
夏侯翁慶(南郭翁慶)
5/562
5/562B
7/134A
夏侯夔(夏侯季龍、夏侯夔諆)
5/537B
7/133
7/133D
夏侯夔諆　見夏侯夔、夏侯諆
夏侯銛(南郭銛)
5/563
5/563A
7/135
28夏徵舒
3/193D
7/127
38夏啟(啟、夏后啟)
2/367A
2/369
3/186
3/248
6/327
7/242
40夏南　見子夏子南
60夏里黄公
7/138
72夏后啟　見夏啟
夏后相
8/193
80夏父徵
7/136
夏父弗忌
7/136

1040_0干

14干瓚
4/182
整4/182
17干己衎(干己術)
4/202
4/202A
干己術　見干己衎
20干犨
4/182
4/183
整4/182
23干獻(千獻)
4/182
4/182A
28干徵師
4/182
4/182A
4/202

53于拔　見于洛拔

56于提　見于子提

57于抱誠

2/343

2/343C

58于敖

2/350

2/350G

2/350H

60于曠(于廣)

2/328

2/328B

于思言

2/338

2/338A

于果

2/327

2/327E

整2/327

于景

2/327C

2/327E

8/199B

61于顒

2/336

63于默成

2/350

2/350C

67于郢

2/343

2/344

2/344E

2/345

68于畛

2/336

于晦　見于德晦

71于頎

2/328B

2/336

72于氏孫備妻

2/350G

2/350H

于氏處直女

2/351A

80于人文(于人聞)

2/344

2/344B

2/344E

于人聞　見于人文

于益

2/350

2/350E

于夔　見于夐

于義

2/328

2/328B

2/346

2/351C

2/352A

2/352B

于曾

2/327

于公

2/326

于當
2/336
94于愼言
2/348
2/350
97于惲
2/329
2/332

1040₆覃

20覃季子
5/555 A

1040₉平

40平眞客
5/184 B
5/242 A
5/347 E
9/102 H
44平婼
5/242
5/242 A
平林老　見平陵老
71平原君　見趙勝
74平陵老(平林老)
5/250
5/250 A

丕

丕　見公孫玆
27丕豹(邳豹、丕豹)
2/65
2/65 A
2/66
2/66 A
80丕無還　見玆無還
87丕鄭(邳鄭、丕鄭、丕鄭父)
2/65
2/65 A
2/66
2/66 A
丕鄭父　見丕鄭

1043₀天

17天乙　見殷湯
30天官　見獨孤庠
44天老
整5/3
47天根(虔天根)
5/3
5/3 A
整5/3
72天后　見唐高宗則天皇后

1050₆更

46更始　見劉玄

1060₀石

石　見共叔堅
石　見褚師段
00石商
10/412
石慶
10/412
07石詢
10/416

10/416
90石尚
3/215A
10/412C
石眷
10/413

百

60百里奚(井伯)
5/244
7/208
百里術(西乞)
3/122

西

00西方武　見西方虔
西方虔(西方武)
3/120
3/120A
西方罔
3/120
10西于王
7/250A
26西伯　見周文王
西魏文帝　見元寶矩
27西鄉士曹
2/109A
31西河公主
7/275F
10/316H
74西陵羔
3/125
77西門子
3/121
西門君惠(西門惠、西門思)
3/121
西門豹
3/110
3/121
西門惠　見西門君惠
西門思　見西門君惠
西門思恭
3/121
80西乞　見百里術
87西鉏語　見西鉏虛
西鉏吾　見西鉏虛
西鉏吾
3/123
3/123A
西鉏虛(西鉏語、西鉏吾)
3/123
3/123A
整3/123A

1060₁吾

00吾彥
3/56
吾離
9/172
30吾扈
3/56
72吾丘象
3/76
吾丘壽王(虞丘壽王)
2/389

3/77

晉

晉　見太子晉
00晉高祖　見晉宣帝
晉康帝
6/148
晉文經
9/17
9/17A
晉文侯(晉文公、仇)
9/156
9/156C
10/421
晉文公　見晉文侯
晉文公(重耳)
5/75
5/570
9/156C
晉襄公(襄公)
1/45A
10/417A
05晉靖侯
4/220
5/207
晉靖公
8/71
8/71A
10晉靈公
1/45
晉元　見晉元帝
晉元帝(元帝、晉元)
6/258
10/415
晉平公
6/285
10/349
13晉武帝
8/111
9/240
晉武帝柏夫人　見晉宣帝柏夫人
晉武公
10/92
整3/239
17晉翼侯
10/454
21晉衍
9/17
9/17C
9/17D
22晉出公
5/115
5/115A
23晉獻公
9/33
26晉穆帝
6/148
晉穆侯
4/149
晉穆公
5/242A
10/146
27晉侯緡
5/463

1060₃雷

1062₀可

12可沓振
7/98
20可悉陵　見元羽鄰
25可朱渾元　見可朱渾道元
可朱渾君招
6/335
可朱渾定遠
6/335
可朱渾道元(可朱渾元)
6/335
6/335 B
可朱渾孝裕
6/335
可朱渾貴公
6/335
可朱渾昌
6/335
可朱渾長威
6/335
6/335 B
可朱渾長舉
6/335
6/335 B
可朱渾懷儼
6/335
可朱渾懷敏
6/335
30可突干
8/33 A
60可足渾譚
6/334
可足渾健
6/334
可足渾氏慕容儁皇后
6/334
可足渾恆
6/334

1062₁哥

87哥舒峘(哥舒垣、哥舒恒)
5/87
5/87 F
哥舒皓
5/87
5/87 D
5/87 F
哥舒沮
5/87
哥舒道元
5/87
5/87 B
哥舒垣　見哥舒峘
哥舒翰
4/234 B
5/87
5/87 F
8/49 A
哥舒晃
5/87
5/87 D
6/160 A
哥舒曄

5/87
5/87E
5/87F
哥舒曜
5/87
5/87E
5/87F
哥舒恒　見哥舒峘

1073_1云

98云敞
3/260

雲

12雲弘允　見雲弘胤
雲弘胤(雲弘允、雲弘嗣、雲洪嗣)
3/253
3/253F
雲弘業
3/253
雲弘暕(雲暕)
3/253
3/253D
雲弘嗣　見雲弘胤
雲弘善
3/253
21雲師端
3/253
3/253E
雲師德
3/253
3/253B
26雲得臣
3/253B
30雲安公主(雲陽公主)
5/402A
10/20A
整5/402A
雲定興
3/253
3/253A
34雲洪嗣　見雲弘胤
35雲袖(赫連袖)
3/252
3/253A
60雲昌
3/253
65雲暕　見雲弘暕
76雲陽公主　見雲安公主
90雲光祿
3/252
3/253A

1080_6貢

20貢禹
8/5
87貢錫　見員錫

賈

00賈充
10/307
賈彥璋
7/125
7/125C
賈彥璿

賈伯饒
7/119
賈崥
7/120 B
27賈躬之
7/122 B
賈夐
7/115A
賈彝
7/116A
賈島
7/118 B
賈叔願　見賈禎
28賈收
7/123D
30賈宜譽
7/118
賈憲
7/120
7/120C
賈寅　見賈演
賈賓
7/123 B
賈寂
7/120 B
31賈潭
7/115E
7/115G
7/115H
賈禎(賈叔願)
7/116
7/116A
賈遡　見賈敦頤
32賈淵
7/115A
33賈演(賈寅)晉尚書
7/118
7/118 B
賈演隋太學博士
7/123C
7/123D
34賈汭
7/115A
賈逵
10/74
36賈昶
7/115H
整7/115F
37賈潤
7/116A
賈深(賈琛)
7/115
7/115F
整7/115F
賈通理
7/119
40賈大隱
7/123
7/123C
7/123E
賈希鏡(賈希鑑)
7/122
7/122 B
7/122C

10/473A
北郭騷(北郭駱、北鄉駱)
10/473
10/473A
北郭駱　見北郭騷
北郭無擇　見北人無擇
27北鄉子車　見北郭佐
北鄉啟　見北郭啟
北鄉駱　見北郭騷
30北宫文子　見北宫佗
北宫頃子
10/472
10/472A
北宫貞子　見北宫喜
北宫佗(北宫文子)
10/472A
北宫結
10/472
10/472A
北宫伯子
10/472
北宫遺(北宫成子)
10/472
10/472A
北宫奢
10/472
北宫喜(北宫貞子)
10/472
10/472A
北宫去疾
10/472
北宫協
10/472
北宫萌
10/472
北宫懿子　見北宫括
北宫括(北宫懿子)
10/472
10/472A
北宫成子　見北宫遺
北宫肱
10/472
38北海子高(北人子高)
10/471
10/471A
北海若
10/471A
72北髮長　見壽西長
77北門子
10/476
北門成
10/476
北門駟
10/476
80北人子高　見北海子高
北人無擇(北郭亡擇、北郭無擇)
10/474
10/474A

1111_1非

17非子
2/226
2/234
3/139

3/180

1111_4班

10班震
4/241
4/241D
11班孺
4/240
12班弘 見班宏
20班稚(班穉)
4/240
4/240B
21班顗
4/241
22班彪
4/240
4/241
27班穉 見班稚
30班宏(班弘)
4/241
4/241D
32班澄
4/241
36班況
4/240
4/241
37班渙
4/241
40班壹
4/240
班杭
4/241
50班肅
4/241
4/241D
52班挺(班投)
4/241
4/241A
57班投 見班挺
60班恩簡
4/241
4/241B
班回
4/240
班固
4/241
班景倩
4/241
4/241C
65班映
4/241
71班長
2/240
72班懸
4/241
87班鈞
4/241
99班榮
4/241

1111_7甄

00甄立言
3/213
甄玄成(甄元成)

1118₆項

1140_0斐

1142_7孺

1143_0裴

1144_0幵

6/8G
整6/8G

1150_0芈

00芈端
6/34
40芈雄
6/34
53芈戎
9/33A

1173_2裴

00裴康
3/140A
3/140B
裴度
1/24A
2/130K
5/362B
5/398A
6/199C
裴文秀 見裴徽
裴文季 見裴徽
03裴誼
6/254F
07裴諝
3/109A
6/187D
10/23F
10裴正
3/141
3/141A
裴丕
3/140A
裴天明 見裴爵
裴爵(裴天明)
3/140A
12裴延齡
整2/270A
14裴瓘
裴瓚(裴攢)
3/140B
17裴承章
2/336H
裴子明 見裴徽
20裴秀
3/140A
10/307
21裴行儉
6/156D
8/170G
裴處璡
7/58A
裴頠
3/140B
裴綽
3/140A
3/140B
22裴邕
3/140A
24裴休
10/188A
27裴歸厚 見裴脊
裴黎

3/141A
67裴明 見裴徽
裴嗣
3/140A
72裴氏李某妻
4/37A
74裴陵
3/139
3/140
80裴鏡及
4/4C
6/234D
6/236A
裴公績
7/206
88裴策
3/140A
90裴光庭
2/103B
裴常棣
3/142
3/142A
裴炎
2/253B
7/214G
裴粹
3/140A
97裴耀卿
5/340E
8/25A
9/207F

1180_1冀

10冀元珪(冀珪)
8/54
8/54B
14冀珪 見冀元珪
25冀仲甫(冀仲輔)
8/54
8/54C
冀仲輔 見冀仲甫
85冀缺(郤缺)
8/54

1210_0到

00到彥之
9/94
31到溉
9/94
38到洽
9/94

1210_8登

27登豹
5/300
5/300A
30登定
5/300
5/300A
38登道
5/300
5/300A

1220_0列

17列子　見列禦寇
22列山氏
10/284
27列御寇　見列禦寇
列禦寇(列子、列御寇、匠麗寇)
3/79
9/138
9/138 A
10/284
10/284 A
10/293
10/293 A
10/397

1223_0水

72水丘岑　見水丘崇
水丘崇(水丘岑)
6/47 A

弘

弘　見李弘
17弘璆
5/298
弘琚
5/298
24弘化長公主
5/33 D
30弘演
5/297
弘寮　見洪寮
37弘咨
5/297
44弘恭(弘執恭)
5/297
5/299
5/299 A
弘執恭　見弘恭
80弘含光　見李含光

1224_7發

發　見公子發

麬

30麬戾
1/60
44麬蔑
1/60
50麬夷氏
1/60

1233_0烈

22烈山
整2/82

1240_1延

76延陵正　見延陵生
延陵玉　見延陵生
延陵生(延陵正、延陵玉)
5/35
5/35 A

1241_0孔

00孔立言
6/14
孔齊參

8/158
9/82
9/164
9/164 B
10/43
10/54
10/66
10/194 A
10/213
10/213 B
10/432 A
10/436
整2/37
孔隱之
6/13 B
76孔陽(孔揚)
6/14
6/14 A
77孔熙先
6/13 B
孔闇
6/10
79孔騰(孔襄、孔子襄)
6/9
6/9 B
6/9 C
80孔全禎
6/12 B
孔羨
6/13 B
6/13 C
孔令斌
6/16
孔父　見孔父嘉
孔父嘉(孔父)
3/215 A
6/8
6/18
88孔竺
6/9
6/10
6/10 A
6/12
6/12 A
孔箭
6/11
6/11 A
孔敏行
6/12
6/12 C
孔箕
6/9 A
90孔惟微　見孔至
孔惟晊
6/13 G
孔惟昉
6/13 G
孔光
6/9
92孔恬
6/10
6/10 A
94孔慎言(孔眘言)
6/14

6/14D
96孔悝
6/27
98孔愉
6/10
6/10A
6/17

1241_3飛

00飛廉安國 見義渠安國

1243_0孤

72孤丘封人 見狐丘封人
孤丘林 見狐丘子林
88孤竹君
2/82
10/64
10/64A
10/468

1249_3孫

00孫亮
4/111
孫彥高
4/111
4/111B
孫文子 見孫林父
07孫詢 見孫會宗
孫韶
7/234
7/234C
08孫詮 見孫佺
孫謙
4/110
4/110A
09孫讜
4/107C
10孫二十九女
4/106C
4/109A
4/109B
孫靈懷
4/114
4/114A
孫元亨(孫元享)
4/116
4/116A
孫元享 見孫元亨
12孫璃明
4/113
孫弘
4/104
13孫武(孫武子)
3/215A
4/103
4/105
4/111
4/112
4/114
4/118
孫武子 見孫武
孫武仲
4/102
4/102B
14孫耽(孫躭)

4/111
8/196C
孫幼實
4/107B
4/107C
25孫仲將
4/106B
26孫伯海　見孫河
孫伯華　見孫惠蔚
孫伯起
10/396
孫伯黶　見伯黶
孫保衡
4/105B
4/106D
4/107E
孫穆　見孫稷
孫稷(孫穆)
4/108A
27孫叔敖
2/388
3/215A
4/103
孫級(孫莊子)
4/102B
孫絳
4/107
28孫佺(張佺、孫詮)
4/114
4/114C
4/114E
孫微仲
4/107E
孫儆
4/114
4/114C
孫徽
4/107C
孫牧
4/110
孫縱
10/477A
30孫濟
4/117
4/117C
孫宿
4/107
4/107B
孫客卿
4/109
4/109B
孫審象
4/107E
孫良夫(孫良父、孫桓子)
4/102
4/102B
孫良父　見孫良夫
孫宏
整4/104
孫賓石　見孫嵩
孫賓碩　見孫嵩
孫寶
4/103
31孫河(孫伯海、俞河、俞河)

4/106 A
4/106 B
4/107 F
9/76 B
整4/106 C
孫貢父　見縣貢父
41孫桓子　見孫良夫
44孫莊子　見孫紇
孫苑
4/106
4/106 A
孫蔚　見孫惠蔚
孫茂道　見孫處約
孫孝敏
4/106 B
孫楚
4/104
孫權
4/111
4/213 A
5/297
孫林父(孫文子)
4/102
4/102 B
47孫起
4/109
4/109 B
整4/109 A
50孫惠蔚(孫伯華、孫蔚)
4/106
4/106 A
4/106 B
孫奉伯
4/110
孫書
3/215 A
4/105 B
52孫拙
4/108 A
53孫盛
4/104
4/104 B
8/101 A
孫成(孫晟)
4/107
4/107 E
4/108 A
整4/107 E
55孫替丕
4/107
4/107 F
56孫揚
4/110
60孫晟　見孫成
孫思邈
4/117
4/117 A
8/23 A
9/143 B
孫景
4/118
孫景商
整4/109 A
孫景裕

97武惲

6/194

1315₀職

24職供　見職洪

34職洪(職供)

10/444

10/444A

40職南金

10/444

10/444B

1464₇破

00破六韓孔雀

8/185

8/185C

破六韓渾

8/185

破六韓祥

8/185

破六韓導昇

8/185

8/185D

破六韓蕃

8/185

破六韓枝

8/185

破六韓景

8/185

破六韓匡矩

8/185

8/185E

破六韓金藏

8/185

破六韓常

8/185

1514₇聃

聃　見聃叔季

20聃季　見聃叔季

27聃叔季(聃、聃季)

7/268

7/268A

8/214A

1519₆疎

00疎廣　見疏廣

17疎孟達　見束孟達

1521₃虺

虺　見仲虺

虺　見公子虺

21虺貞　見李貞

1540₀建

建　見太子建

10建平公主

9/228J

24建德　見竇建德

53建成　見李建成

80建公

9/34

1610₄聖

26聖伯順　見陳順

1611_4理

22理利貞　見李利貞
25理仲師　見里仲師
28理微　見理徵
理徵(理微)
1/2
5/180
5/180A
6/68
6/68A

1613_2環

26環泉　見環淵
30環濟
4/242
32環淵(環泉)
4/242
4/242A
84環饒(環餘)
4/242
4/242B
88環餘　見環饒

1623_6强

00强玄英　見强偉
12强瑗(强援)
5/158A
5/158B
18强琂質　見强寶質
22强循(强修)
5/158
5/158B
强樂
5/158A
24强偉(强玄英)
5/158A
5/158B
26强帛
5/157
27强修　見强循
30强永
5/157
强寶質(强琂質)
5/158
5/158A
5/158B
33强梁
5/192
强梁皋
5/192
47强起斌
5/157
52强援　見强瑗
60强晷
5/158A
强景
5/157
66强嬰
5/158A
5/158B
82强矯
5/158A
5/158B

整5/158A

1710₂孟

00孟廖
9/143
孟康(甯康)
9/166
9/166A
04孟詵(孟說)
9/143
9/143B
08孟說
9/142
孟說 見孟詵
11孟珩
9/143B
9/144
17孟子 見孟軻
孟子車 見孟軻
孟子展 見孟軻
孟子居 見孟軻
孟子輿 見孟軻
21孟頵
9/146
22孟倕
9/143
孟利貞
6/149A
23孟允忠(甯允忠)
9/168
9/168A
孟獻子
5/558
5/558C
24孟德 見孟温禮
孟僖子
5/556
5/558
5/558C
26孟皞(孟暭)
9/144
9/144A
9/144C
30孟宗
9/148
33孟逑
9/144
9/144D
孟述
9/144
9/144D
34孟浩然
10/104F
孟禕 見孟褘
孟褘(孟禕)
9/147
9/147A
35孟迪
9/144
9/144D
36孟温 見孟温禮
孟温禮(孟温、孟德)
9/144
9/144A

90孟嘗君　見田文

1712_0刁

00刁雍
整2/62A
28刁攸
整2/62A
34刁逵(刁達)
2/62
2/62A
整2/62A
刁達　見刁逵
44刁協
整2/62A
刁勃
5/45
56刁暢
整2/62A
77刁間
5/45

1712_7邛

27邛叔
1/177

邳

27邳豹　見丕豹
72邳彤
2/66
87邳鄭　見丕鄭

郢

17郢君章
10/185B
40郢壽
10/187
47郢都(郢惲)
10/185
10/185B
10/185C
10/186
97郢惲　見郢都
郢惲
10/185C
10/187

鄧

00鄧玄挺　見鄧元挺
02鄧訓
9/173
10鄧元機
9/174
9/174E
鄧元挺(鄧玄挺)
9/174
9/174C
9/174D
鄧震
9/173
12鄧弘業
9/173B
鄧延業
9/175A
18鄧珍
9/173

1714₇瑕

1720₇弓

1721$_0$ 飄

1721$_4$ 翟

1722$_0$ 羽

1722$_7$ 胥

80胥午
2/281

邴

00邴意兹　見丙意兹
17邴豫　見丙豫
40邴吉　見丙吉
71邴原(丙原、丙根矩)
7/191
7/191A
27邴丹(丙丹)
7/190
7/190A

務

27務勿座　見段務勿座
務勿塵　見段務勿塵
53務成子
8/131
8/141
務成跗　見務成附
務成昭　見務成附
務成附(務成跗、務成昭)
8/141
8/141A
90務光
8/131
8/131A

酈

00酈疥
10/438
酈商
10/438
30酈寄(酈況)
10/438
36酈況　見酈寄
38酈道元(酈善長)
10/438
80酈善長　見酈道元
酈食其
8/78
10/438

鬻

21鬻熊
1/36
1/36A
6/174
6/360
10/73
10/73B
50鬻奉　見鬻拳
90鬻拳(鬻奉)
10/73
10/73B
整10/73A

1723_2承

12承璀　見吐突承璀
48承乾　見李承乾
承乾太子　見李承乾
53承成
5/285

1732_7郡

78郡肹　見郡肸
郡肸(郡肹)
5/544
5/544A

1734_6尋

17尋子夏　見尋曾
尋子貢　見尋曾
26尋穆
5/541A
27尋魯　見尋曾
46尋相
5/541A
80尋曾(尋子夏、尋子貢、尋魯)
5/541
5/541A

1740_7子

00子產
1/65
2/21A
5/180A
子高祈　見子高祁
子高祁(子高祈)
6/95
6/95A
子庚　見公子午
子庭　見公子午
子言　見季孫寤
08子旅
6/166
子旗　見欒施
10子工(子公)
6/108
子玉霄(玉屑)
6/71
6/71A
子玉房
6/71
子夏　見卜商
子夏　見公孫寵
子夏
6/75
6/75A
子夏晉(子夏惠子)
6/75
子夏子南(夏南、子夏南、子夏徵舒)
6/75
6/75B
子夏己師　見子夏御叔
子夏御叔(子夏己師、御叔)
3/193D
6/75
6/75A
子夏御寇(子夏定子)
6/75
子夏徵舒　見子夏子南
子夏定子　見子夏御寇
子夏南　見子夏子南
子夏惠子　見子夏晉
子耳　見公孫輒
子干叔彭便　見子成叔彭侯

子石　見褚師段
子石難
6/90
子貢　見端木賜
11子張　見琴牢
12子孔　見公子嘉
子孔　見士子孔
15子建叔子
6/83
17子孟卿
6/82
子羽　見韓子羽
子羽
6/93A
20子重　見公子嬰齊
子乘
5/280
21子衎　見公子衎
子師將(子師碁、子師磐、師子將)
2/71
2/71A
子師碁　見子師將
子師僕(師子濮)
2/71
2/71A
子師磐　見子師將
23子獻陳桓子孫
6/99
6/99A
子獻齊大夫
6/99
子獻遫
6/99
子然　見仲幾
子我　見宰予
子我羽人(子我封人)
6/73
6/73B
子我封人　見子我羽人
26子伯季
6/84
子伯先
6/84
子穆安　見陳安
27子魚　見目夷
子叔　見子叔叔老
子叔伯張
6/74
子叔穆伯
6/74
子叔叔弓
6/74
子叔叔老(子叔)
6/74
子叔叔肸(子叔惠伯)
6/74
子叔定伯
6/74
子叔聲伯　見子叔嬰齊
子叔惠伯　見子叔叔肸
子叔嬰齊(子叔聲伯)
6/74
28子儀　見郭子儀
30子扁子

6/107
子家霸　見子家羈
子家懿伯　見子家羈
子家羈　見子家羈
子家羈(子家霸、子家羈、子家懿伯)
6/79
6/79A
整6/79A
32子州支伯
6/81
子州支父
6/81
37子罕(喜、公子喜)
7/2
38子游　見公子偃
40子太叔　見游吉
子有　見有若
子有恭叔
6/76
子南　見公子郢
子皮　見罕虎
44子蕩
6/104
子華子
6/101
子革
6/80
子芒盈　見陳盈
子楚
6/106
47子期　見郝子期
50子夷　見陳僖子
子囊帶
6/78
53子成叔彭侯(子干叔彭便)
6/91
6/91A
60子國　見公子發
子思　見孔伋
子罕　見公子衎
66子嬰
3/180
67子郢　見公子郢
子路　見仲由
70子雅　見公孫竈
子雅　見季孫竈
子雅胥
6/77
71子牙　見齊太公
76子陽
6/94
子駟　見公子騑
77子尾　見公子施父
子尾　見公孫蠆
子尾蠆　見公孫蠆
子展
7/2
子服何
6/66C
子開　見琴牢
子輿　見士蔿
子桑　見公孫枝
子桑伯子
6/72

子桑樗
6/72
80子人九
6/66
6/66C
子午明
6/97
子公　見子工
87子鉏商(鉏商)
6/66
6/66B
90子尚伯父
6/86
整6/86

1740₈翠

27翠鴛鴦
8/62

1742₇邗

27邗叔
2/325
2/363

邢

10邢元功
5/259
5/259A
17邢子良　見邢臧
22邢綏
5/258A
23邢臧(邢子良)
5/259
5/259A
26邢和璞
5/259
5/259A
邢穆
1/124A
30邢宇
5/258A
37邢涣思
5/258A
44邢世宗
5/258A
46邢恕
5/259A
47邢超
3/195B
52邢虬
5/259
5/259A
60邢思孝　見邢義
邢思義　見邢義
61邢顒
5/258A
80邢義(邢思孝、邢思義)
5/259
5/259A

勇

勇　見楊勇

1750₆鞏

00鞏玄敏

6/20A
12鞏弘武
6/20
6/20A
28鞏攸
6/19
30鞏寧
6/20A
35鞏禮
6/20A
72鞏氏禮女
6/20A
87鞏朔
6/19
88鞏簡公
6/19

1750_7尹

00尹齊
6/348
尹文憲
6/354
6/354B
10尹正理
6/353
尹正義
6/353
6/353A
6/353B
尹元貞
6/352
6/352A
尹元備
6/351
尹元繹
6/352
尹元凱(尹鹹)
6/352
6/352A
6/352B
整6/352B
尹元叔
6/352
尹元徽
6/352
尹元超
6/352
17尹子羽
6/352
尹玫
6/350
尹子產
6/352
尹翼
6/353
18尹珍
6/354
21尹仁弘
6/352
尹仁德
6/352
尹虚
6/352
24尹先生

6/357
86尹知章
6/354
88尹斂
6/348
6/352
87尹錟
6/353A
6/353B
90尹賞
6/348

1760_2召

20召信臣　見邵信臣
24召休　見邵休
26召伯廖　見邵伯廖
召伯奂(召伯奭)
9/81
9/81A
10/432
10/432A
整9/81A
召伯奭　見召伯奂
27召忽
9/79
44召材　見邵林
72召馴　見邵馴
77召歐
9/79
9/79B
80召公奭　見邵公奭

習

21習虛　見隰靈
27習響
10/484
36習温
4/213A
37習鑿齒
10/485
67習明　見隰朋

1760_7君

21君偃　見宋康王

1762_0司

10司工錡
2/111B
2/113
14司功佗(司功景子、司功他)
2/111
2/111A
司功他　見司功佗
司功景子　見司功佗
司功騎
2/111
24司徒襲　見司空襲禮
司徒發
2/106
2/107
司徒季子　見胥臣
司徒肅
2/106

1762₇邵

38邵滄
9/77
40邵奇
9/77
44邵摯
9/77
50邵中和
9/77
60邵昪
9/76
9/76A
邵炅(邵景)
2/181B
9/76
9/76B
邵景　見邵炅
67邵昭公
9/75
71邵馴(召馴)
9/77A
9/79
9/79C
80邵公奭(召公奭)
5/2
9/75
9/75A
9/79
9/79A
10/423
10/423A
整9/81A
86邵知新
9/77
9/77B
邵知與
9/77B

1771₀乙

乙　見殷湯
乙　見會乙
08乙旃眷　見叔孫建
10乙瓌(乙弗瓌)
10/181
10/197
乙干慶(乙千慶)
10/200
乙干端(乙千端)
10/200
乙干定貴(乙千定貴)
10/200
乙干宗(乙千宗)
10/200
乙干法(乙千法)
10/200
乙干達(乙千達)
10/200
乙干通(乙千通)
10/200
乙干赤沙代(乙千赤沙代)
10/200
乙干若(乙千若)
10/200
乙干威(乙千威)
10/200

2010_4垂

垂
2/366A

重

10重耳 見晉文公
27重黎
1/162
2/93
5/251
31重福 見李重福
44重茂 見李重茂
重華 見虞舜

2010_7直

10直震賁 見直振賁
28直復
7/301B
51直振賁(直震賁)
7/301B

2021_4僮

26僮和
1/41

2021_7伉

40伉嘉 見伉喜
伉喜(伉嘉、伉書、抗喜)
9/141
9/141A
50伉書 見伉喜

禿

72禿髮務凡
10/123A
禿髮傉檀
4/82
4/83B
10/123
10/123C
禿髮利鹿孤
10/123
禿髮烏孤
3/64
10/123
10/123A
禿髮壽闐
10/123A
禿髮樹機能
10/123
10/123A
禿髮賀 見源賀
禿髮推斤
10/123A
禿髮思復鞬
3/64
10/123
10/123A

2022_7雋

10雋不疑
7/24

爲

60爲昆(嬀昆、奇琨)
2/12B
2/13
2/13A

2025₂舜

舜　見虞舜

2026₁倍

23倍俟利　見斛律倍俟利

信

30信安縣主
4/40D
47信都承慶
9/26
9/26C
信都崇敬
9/26C
信都芳
9/26
53信成公主
10/105D
74信陵君　見魏無忌
80信義長公主
8/217B

2033₉悉

34悉達太子
10/428

2040₀千

23千猷　見干猷
80千金公主
4/123G

2040₇雙

11雙彌
1/203
1/203B
2/352A
16雙瑒(雙陽)
1/203
1/203B
17雙子符
1/204
21雙上洛
1/203
1/203A
40雙士洛
1/203B
1/203C
1/203D
44雙萬弘
1/203
1/203D
雙萬壽
1/203
1/203D
76雙陽　見雙瑒

受

受　見鄭恒公

季

季　見齊季
00季亹
9/165
9/165D
季高
8/49
季廣琛(李廣琛)
8/49
8/49A
季文伯　見季歇
10季平　見季孫意如
季平子　見季孫意如
12季孫康子　見季孫肥
季孫意如(季平、季平子、季孫平子)
6/80
6/89A
6/91
6/91A
6/102
8/66
8/82
整6/102
季孫文子　見季孫行父
季孫平子　見季孫意如
季孫武子　見季孫宿
季孫武叔　見季孫竈
季孫子雅　見季孫竈
季孫魴侯(季魴侯)
8/66
季孫行父(季孫文子)
8/66
季孫紇(季孫悼子、季紇、季悼子)
1/90
1/90A
1/102
8/66
季孫宿(季孫武子、季武子)
1/90
1/90A
1/105
8/66
季孫寤(季寤、季昭伯、子言)
6/102
8/66
整6/102
季孫竈(季孫武叔、季孫子雅)
6/77
6/77A
季孫桓子　見季孫斯
季孫斯(季孫桓子、季恒子)
6/77
6/110
8/66
季孫肥(季孫康子)
8/66
季孫公鳥
8/66

1/90
74季隨
8/69
季隨逢
8/69
77季夙
8/71
10/93A
季郈　見后昭伯
季騧
8/70
80季公沮
1/105
90季悼子　見季孫紇

2042_7禹

禹　見夏禹

2043_0奚

20奚千柏
3/103
3/103A
25奚仲
2/65A
2/66
3/101
5/519
5/519A
8/214E
10/259
34奚淩澤　見奚乾繹
36奚涓
3/101
3/102
3/103
48奚乾繹(奚淩澤)
3/103
3/103A
71奚陟
3/103
3/103A
77奚熙
3/102
87奚智
10/259A

2044_7爰

04爰諸　見陳諸
12爰延
4/92
17爰子幹
4/93
爰邵
4/93
4/93A
26爰伯諸　見陳諸
34爰濤塗　見轅濤塗
50爰盎　見袁盎
88爰節
4/92
4/93A

2060_3吞

60吞景雲　見香景雲

香

44香横(炅横)
8/190
8/191
60香景　見香景雲
香景雲(香景、吞景雲)
5/3A
8/190
8/190A
8/191

2060_4舌

00舌高
10/288A
舌庸(曳庸、后庸)
10/288
10/288A

2060_9番

番(潘)
4/208
4/208B

2061_4雒

77雒陶　見雄陶

2071_4毛

12毛延壽
5/66A
26毛伯(毛公)
5/63
毛伯得
5/63
毛伯過
5/63
37毛渾　見陸終
38毛遂
5/63
44毛莫如　見乇莫如
毛若虚
10/168G
毛萇
5/63
80毛公　見毛伯
毛公
5/63

2090_1乘

60乘雎
5/280
乘昌
5/280
5/280A
71乘馬敦　見乘馬敷
乘馬延年
9/171
乘馬敷(乘馬敦)
9/171
9/171A
72乘丘子(壺丘子)
3/79
3/79B
5/240A

2090_4采

00采庭芝
6/341
16采强
6/341
19采耿
6/341
24采皓
6/341
30采宣明
6/341
6/341B
44采蘭芝
6/341
50采泰眷
6/341
80采公敏
6/341
90采懷敬
6/341
6/341C

2090_7秉

30秉寬
7/199

2091_4維

78維鑒金 見竇維鍌

2108_6順

30順宗 見唐順宗

2110_0上

17上尹工陽 見工尹商陽
上尹壽 見工尹壽
30上官庭璋
7/176
7/176C
上官庭芝
5/541A
7/176
整7/176
上官韶 見上官沼
上官霽
7/175
上官弘
7/176
7/176A
7/176B
上官翼 見上官翼伯
上官翼伯(上官翼)
7/175
7/175D
上官政(上官匡濟)
7/175
7/175A
7/175B
7/175D
上官經緯
7/176
上官經國
7/176
上官經野

7/176
7/176D
上官先
7/174
7/176
上官桀
7/173
上官儀
7/176
7/176B
10/313D
上官安
7/173
上官宗素
7/175
上官沼(上官韶)
7/176
7/176E
上官迥
7/174
7/176
上官裕
7/175
7/175D
上官大夫　見靳尚
上官式
7/175
上官蘭　見令尹子蘭
上官茂
7/174
7/175
上官思慎
7/175
7/175A
上官昇
7/175
7/175A
上官昭容(上官怡容)
7/176
整7/176
上官匡濟　見上官政
上官勝
7/173
7/174
上官義同
7/175
7/175D
上官懷仁
7/175
7/175C
上官怡容　見上官昭容
33上梁倚　見卜梁倚
53上成公
9/134

2120_1步

07步毅
8/158
27步叔乘
8/158
40步大汗薩
8/181
步大汗勢
8/181

步大汗威
8/181
步大汗提
8/181
56步揚(步陽)
8/158
8/158A
67步昭
8/158
71步騭
8/159
74步陸孤氏宇文儉妻
10/13A
步陸逞　見陸逞
76步陽　見步揚
77步闡
8/159

2121₁徑

22徑山
2/256C
4/163F
5/340C
5/388A
9/28C

能

10能元皓
9/5
9/5B
12能延休
9/5
9/5A
60能昱
9/5
9/5C
能炅
9/5
72能氏張奉明妻
9/5B

2121₄偃

偃　見東郭偃
偃　見籍偃
21偃師(悼太子)
6/366
6/366A
整6/366

2121₇伍

17伍子胥　見伍員
23伍參(伍恭、五參)
6/302
6/302A
6/303A
伍參蹇(五鳩蹇、五參蹇)
6/303
6/303A
40伍奢
6/302
44伍恭　見伍參
60伍員(伍子胥)
3/255
6/302

2122₀何

2122_7衛

45衛鞅　見商鞅
50衛中立
8/208D
衛中行(衛大受)
8/208
8/208D
8/208E
衛惠孫
4/102
4/102B
衛惠叔　見公孫蘭
53衛盛
8/206
衛成公(衛公成、成公)
1/91
1/91A
10/472A
60衛晏
8/208
8/208C
衛固損
8/207
衛景初
8/208C
9/216A
67衛昭子　見公子郢
73衛卧龍
8/207
77衛巴　見衛包
80衛曾耳　見衛耳
衛會(衛真子、衛慎子)
5/192
整5/192
衛公成　見衛成公
86衛知敏　見衛弘敏
90衛惟良
8/207
91衛恒
2/55A
8/206
94衛慎子　見衛會

2123_4虞

虞　見唐叔虞
虞　見虞舜
00虞商均(商均)
2/321
3/152
虞慶則
2/324
虞意
2/322
07虞歆
2/322
08虞詳　見虞祥
12虞延
1/124A
20虞舜(舜、虞、重華)
1/50
1/153
1/158
2/12
2/106
2/321

70虞驥
2/322
72虞丘子　見虞丘書
虞丘子
2/388
虞丘進(東丘進)
1/75
1/75A
虞丘壽王　見吾丘壽王
虞丘書(虞丘子)
2/388
2/388A
虞氏陸仁公妻
10/2B
77虞卿
2/322
90虞當
整2/322C

2124_0 佴

34佴湛
9/6

虔

10虔天根　見天根

2124_1 處

03處就
6/170
17處子
6/169
41處枉(處桂)
6/170
6/170A
44處桂　見處枉
60處羅可汗(阿史那處羅)
5/91
6/55B
6/55C
7/131A
72處氏周馥母
6/171
77處興
6/169
6/169B

2124_7 優

17優孟
5/438
5/438A

2128_6 須

10須賈
2/357
27須句
10/40
10/56
77須朐
2/403
80須無
2/357
2/357C

頻

56頻暢(頻陽)

3/224
3/224 A
76頻陽　見頻暢

顓

00顓帝　見顓頊
11顓頊　見顓臾
顓頊(高陽、高陽氏、顓帝、顓頊氏)
1/1
1/38
1/38 A
1/178
1/202
1/202 A
2/89
2/89 A
2/123
2/241
2/377
3/29
3/29 A
3/180
4/224
5/18
5/23
5/69
5/74
5/251
5/589
5/591
6/1 B
7/34
7/66
7/80
7/242
8/226
10/150
10/150 A
10/375
顓頊氏　見顓頊
12顓孫
5/30
5/30 A
77顓臾(顓頊)
2/372
10/40
10/40 B
10/56
整10/40 B

2131₇虢

24虢射(虢射叔)
10/405
10/405 A
10/422
虢射叔　見虢射
虢射錙
10/405
10/405 A
25虢仲
5/561
27虢叔(郭公)
3/215 A
10/306

10/306 A

2133_1熊

00熊率且比
1/120
26熊繹
1/36
5/245
28熊僧循
1/36
1/36 A
34熊遠
1/37
44熊執易
1/37
1/37 B
整1/37 B
熊摯
9/4
46熊相季文　見倚相季文
熊相宜僚
1/121 A
熊相祁
1/121 A
64熊睦(熊睦乂)
1/36
1/36 A
熊睦乂　見熊睦
66熊嚴(雄嚴)
10/290
67熊曜(熊躍)
1/37
1/37 A
整1/37 A
熊躍　見熊曜

2140_6卓

21卓齒　見淖齒
44卓茂
10/157
72卓氏
10/157

2160_0占

17占尹應堅
5/605
占尹德
5/605

2160_1訾

21訾順
2/22
34訾祐
6/116 A
44訾荒
整2/32

2160_8睿

16睿聖皇后　見唐代宗睿真皇后
21睿貞皇太后　見唐代宗睿真皇后
30睿宗　見唐睿宗
睿宗昭成皇后　見唐睿宗昭成皇后

2171_0比

10比干

5/137
5/501
5/501B

2172₇師

00師夜光　見帥夜光
師度　見姜師度
17師子將　見子師將
師子濮　見子師濮
師乙
2/53
26師觸
2/53
30師宜官
2/55
2/55A
2/73
2/73A
32師祈犂(師祁黎)
2/72
2/72A
師祈光(師祁番)
2/72
2/72A
37師祁黎　見師祈犂
師祁番　見師祈光
44師摯
8/74A
9/110
47師歡　見師懽
53師成
整2/53B
60師曠
2/53
77師覺授　見帥覺授
師服
2/54
師丹
2/55
整2/55
86師蠲
2/53
整2/53B
94師懽(師歡)
2/55
2/55B
96師悝
2/53

2178₆頃

27頃叔
整2/37

2180₆貞

21貞順皇后　見唐玄宗武惠妃
76貞陽公主
3/40E

2190₄柴

00柴文
3/128
3/129
13柴武

3/128
77柴舉
3/128

2198$_6$穎

40穎士　見蕭穎士

2210$_8$豐

豐　見公子豐
08豐施
1/64
21豐衍
1/64
61豐點
1/64
90豐卷
1/64

2213$_6$蚩

43蚩尤
2/88

2220$_0$劇

00劇辛
10/385
17劇孟
10/385
劇子
10/385

2220$_7$岑

00岑廣成
5/518
岑文叔
5/515
5/515B
5/518
岑文本
5/515
5/515A
5/515B
5/516B
岑文昭
5/515B
10岑靈　見岑炅
岑靈源(岑虚源)
5/518
5/518B
17岑子輿
5/516B
21岑虚源　見岑靈源
23岑參　見高參
岑參
5/517
5/517A
岑獻
5/516
5/516B
5/516C
24岑佐公
5/517A
岑休　見岑仲休
岑贊
5/516

25岑仲休(岑休、岑仲林)
5/516
5/516 B
5/516 E
整5/516 B
岑仲林　見岑仲休
岑仲翔(岑翔)
5/516
5/516 B
5/516 D
30岑之元
5/515 B
岑之利
5/515 B
岑之象
5/515
5/515 A
5/515 B
岑定義
5/516
42岑彭
5/515
44岑植
5/514 A
5/515 A
5/515 B
5/516 B
5/205 B
51岑軻
5/515
60岑曼倩
5/515
5/515 B
5/516
5/516 B
岑景倩
5/515
5/515 B
5/517
岑炅(岑靈)
5/516
5/516 F
61岑晊(岑公孝)
5/515
71岑長倩
5/516 B
5/517 A
5/518
5/518 A
5/518 B
80岑羲(岑義)
2/256 C
5/516
5/516 B
岑義　見岑羲
岑善方
5/515
5/515 A
5/515 B
岑公孝　見岑晊
87岑翔　見岑仲翔

2221₄任

00任座

崔

2221₇嵬

2222₇僑

嵩

2223₄僕

78僕膾可汗　見魏威帝

2224_2將

71將匠進
5/177
將匠道秀
5/177
將匠或　見將匠彧
將匠彧(將匠或)
5/177
5/177 A
將匠熙
5/177
77將閭菟　見蔣閭菟
81將鉅彰(將鉅子)
5/179
5/179 A
將鉅彌
5/179
將鉅子　見將鉅彰

2229_3緜

24緜他拔尒緜　見尒緜他拔

2277_0山

17山子渾
4/250
山子深
4/250
山君真
4/249
21山儒
4/249
24山偉
4/250
37山濤(山巨源)
4/249
4/249 C
山遐
4/249
44山若公
4/249
60山昱
4/248
4/248 A
4/249
61山顒　見山顆
山顆(山顒)
4/250
整4/250
67山曜　見山輝
71山巨源　見山濤
88山簡
4/249
97山輝(山曜)
4/249
4/249 B

2290_0利

22利幾
8/58
8/58 A
40利真元

8/58

48利乾

8/58

2290_1崇

27崇侯虎

1/43

2290_4巢

25巢牛臣

5/57

44巢堪

5/57

80巢父

5/57

樂

00樂彦瑋(樂彦偉)

10/156

10/156A

樂彦偉　見樂彦瑋

樂彦輔　見樂廣

樂方

10/155

10/155A

樂廣(樂彦輔)

10/155

10/155C

10/156

07樂毅

10/154

10樂正子克

10/163

10/163A

樂正子春

10/163

10/163A

樂玉

10/154A

樂王鮒(樂王茂)

10/164

10/164A

樂王鮒

10/164

樂王茂　見樂王鮒

樂平

10/155A

17樂子罕　見樂喜

21樂仁

10/155A

27樂凱

10/155

樂叔

整5/39

37樂運

10/155

10/155C

40樂大心

整1/113A

樂喜(樂子罕、子罕)

2/109

2/109A

10/154

10/154D

欒

2294_7稱

2300_0卜

10/55
10/55 A

2320_2参

47参胡(胡)
5/554
5/554 A

2321_0允

允 見魯桓公
47允格(尹格)
6/354
6/354 C
6/355
6/355 A
9/24 A
10/383

2322_7偏

60偏吕張
5/26 A

2323_4伏

16伏理
10/42
10/42 A
21伏虔 見服虔
23伏戲 見伏羲
25伏生 見伏勝
28伏儀
10/43
32伏滔
10/42
34伏湛
10/42
60伏曼容
10/42
10/42 B
10/42 C
77伏凰
10/42
79伏勝(伏生)
10/41
10/42
10/42 A
80伏羲(伏戲、伏羲氏、宓羲、服羲)
1/67
2/16
2/16 A
7/178
7/178 A
10/40
10/40 A
10/56
10/66
10/66 A
整10/66 A
伏羲氏 見伏羲
88伏策
10/42

俟

00俟文福
6/65 A

5/219
5/219 B
臧希晏
4/167 B
64臧疇
5/236
5/236 A
67臧昭伯
5/236
71臧辰(臧文仲)
5/234
5/235
77臧堅
5/236
80臧會(臧須伯、臧頃伯)
5/236
5/236 A
81臧瓶(臧伯氏)
5/234
90臧懷亮
5/219
5/219 B
臧懷恪
5/219 B

戲

40戲才(戲志才)
8/46
8/46 A
戲志才　見戲才
76戲陽放　見孫陽放
戲陽伯樂　見孫陽伯樂
戲陽連(太陽連)
2/40 A
8/233
8/233 A
戲陽扶(太陽狀)
2/40 A
8/233
8/233 A

2350₀牟

15牟融
5/449

2355₀我

17我子
7/93

2390₃絫

37絫祖　見嫘祖

2396₁稽

38稽遂通同　見箝耳通同
44稽黄
3/97
3/97 B

2397₂嵇

00嵇康
3/99
3/99 A
3/99 B
27嵇紹
3/99
40嵇喜

斛律豐樂　見斛律羨
斛律豐洛　見斛律羨
斛律伏護
10/120
斛律禮文
10/119
斛律禮備
10/119
斛律禮本
10/119
斛律幡地斤
10/120
斛律孝卿
10/119
10/119B
斛律世辨
10/120
斛律世遷
10/120
斛律世達
10/120
斛律世酋
10/120
斛律覲國
10/119
斛律貽慶
10/119
10/119C
斛律明月　見斛律光
斛律舉(斛律羌舉)
10/119
10/119A
斛律金
6/345
10/120
斛律羨(斛律豐樂、斛律豐洛)
10/120
10/120C
斛律羌舉　見斛律舉
斛律光(斛律明月)
10/120
42斛斯諺
10/122C
斛斯該
10/122C
斛斯郭　見斛斯疋
斛斯敦　見斛斯疋
斛斯延(斛斯延濟)
10/122
10/122A
斛斯延濟　見斛斯延
斛斯疋(斛斯郭、斛斯敦、斛斯貸敦、斛斯足)
10/122
10/122B
斛斯貸敦　見斛斯疋
斛斯徵
10/122
10/122C
整10/122C
斛斯道仲
10/122
斛斯道濟
10/122

斛斯椿
10/122
10/122 B
斛斯成
10/122
斛斯足 見斛斯疋

2421₁先

47先穀 見先縠
先(縠先縠)
5/14
5/14 A
5/36 A
77先且居
2/273

2421₄鮭

76鮭陽鴻 見鮭陽鴻

2421₇仇

仇 見晉文侯
12仇延
5/432
5/432 B
20仇香(仇覽)
5/433
21仇儒
5/434
28仇牧
5/432
40仇克義
5/434
5/434 A
77仇尼歸
5/458
仇尼倪
5/457
仇尼遂
5/458
78仇覽 見仇香

2422₁倚

46倚相季文(熊相季文)
1/121
1/121 A
60倚里先生 見綺里季

2423₆德

30德宗 見唐德宗

2423₈俠

俠 見郲俠
47俠却敵(莢却敵)
10/504
10/504 A
60俠累
10/497
10/505
10/505 A

2424₁侍

44侍其裔
8/79
侍其元
8/79

8/79A
整8/79
侍其元矩
8/79
8/79A
侍其武(食其武、食武)
8/78
8/78A
8/79
8/79A
侍其仁實
8/79
侍其邕
8/79
侍其曼
8/78

2426_4儲

10儲石
2/286
2/286C
33儲溶
2/286B
40儲太伯
2/285
44儲燕客
2/286
2/286C
儲姹
2/285
67儲嗣宗
2/286
2/286C
72儲隱
2/286
90儲光羲
2/286
2/286A

僖

27僖叔　見公子牙

2428_1徒

21徒何弼　見李弼
80徒人費　見寺人費
徒人回　見寺人回

2429_0休

77休屠王
5/532

2430_0鮒

17鮒乙　見付里乙
60鮒里乙　見付里乙

2431_4鮭

76鮭陽鴻(鮭陽鴻、漁陽鴻、趙陽鴻)
3/112
3/112A
7/71
7/71A
77鮭丹　見洼丹

2441_2勉

60勉昂　見免乙

2443_0奘

奘　見玄奘

2472_7幼

77幼輿　見顏幼輿

帥

00帥夜光(師夜光)
10/184
10/184 A
60帥昺　見帥覺授
77帥覺授(帥昺、師覺授)
10/183

2474_7岐

76岐陽公主
6/249 B
6/249 C

2490_0科

60科羅汗(科羅次汗)
6/55
6/55 B
科羅次汗　見科羅汗

紂

紂　見殷紂

2491_1繞

47繞朝
7/67

2492_1綺

60綺里季(倚里先生)
6/28
6/28 A
10/126

2498_6續

37續祈孟陽　見洞沐孟陽
46續相如
10/142
10/142 A
53續咸
10/143
71續牙
10/142
88續簡　見續簡伯
續簡伯(續簡、狐鞫居、狐鞠居)
7/16 A
10/142
10/142 A

2500_0牛

00牛方裕
5/413
5/413 B
牛方大
5/413

牛方智
5/413
牛哀　見公牛哀
牛衰　見公牛哀
10牛元亮
5/412
牛元璋
5/412
牛霸
5/411
12牛弘
5/413
5/414A
20牛雙(牛犨)
5/411
牛犨　見牛雙
21牛上士
5/412
22牛仙客
5/379D
5/415
牛崇
5/411
5/411A
5/414
5/414A
23牛允(遼允、寮允)
5/413
24牛休克
5/414A
28牛僧孺
2/130K
5/414
5/414A
10/311C
牛聳
5/412
5/412C
30牛容
5/412
33牛述
10/117
38牛遵
5/412
40牛嘉
5/411
牛真
5/411
47牛邯
5/411
5/412
50牛肅
5/412
5/412B
71牛臣
整5/57
77牛鳳　見牛鳳及
牛鳳及(牛鳳)
5/414
5/414A
牛輿
5/412
80牛金
5/411

5/411 B
5/413
5/414
5/414 A
牛蒯
5/410
牛父
5/410
5/411 B
85牛缺
5/410

2520_6仲

仲
5/31
5/31 B
00仲奕
5/578
仲雍
3/21
5/199 A
01仲顏莊叔
8/9
仲顏據
8/9
10仲雪
10/290
仲爾金父 見陳金父
11仲甄
3/210
12仲孫章
8/6
仲孫湫
8/6
仲孫閱 見南宫縚
15仲虺(虺)
8/1
8/1 A
10/279
17仲子陵
8/4
8/4 A
仲晳
8/4 A
21仲衍
7/33 A
仲行
8/7
仲行寅 見中行寅
仲行氏
8/7
8/7 A
仲熊
8/1
整2/85
22仲幾(子然)
2/229
8/2 A
整2/229
仲山甫
1/61
整4/71
23仲佗
8/2 A

2522_7佛

2523_0佚

2524_4僂

2590_0朱

60朱異
2/378
朱買臣
2/378
68朱畛 見朱軫
71朱巨川
2/383
2/383B
2/383C
9/77D
10/106C
朱長仁
2/379B
朱長通 見朱放
72朱氏崔夫人
2/379B
77朱巽 見朱遜之
80朱前疑
2/384
2/384B

2590_0种

14种劭 見种邵
17种邵(种劭)
1/62
1/62A
55种拂
1/62
60种暠
1/61
1/62

2590_4桀

桀 見夏桀

2592_7繡

67繡明皇后 見唐睿宗肅明皇后

2600_0白

00白鹿先生
10/404
10白石生
10/402
17白乙 見白乙丙
白乙丙(白乙)
10/388
10/388A
25白生
10/388
10/388A
27白象先生
5/238
5/238A
白侯子張 見白侯子安
白侯子安(白侯子張、尾勺子)
6/132
6/132A
白侯儁(尾勺擕)
6/132
6/132A
30白永貴 見陳永貴
38白道生
2/350E

2610_4皇

皇甫珪(皇甫德卿、皇甫煥)
5/231
5/231F
皇甫瑾(皇甫瑒)
5/229
5/229A
皇甫瑒　見皇甫瑾
皇甫瑒
5/229
5/229A
皇甫瓊　見皇甫伯瓊
皇甫异度(皇甫屛度)
5/228
5/228D
皇甫君和　見皇甫恂
皇甫翼
5/231
5/231F
皇甫珍義
5/231A
皇甫政(皇甫公理)
5/232
5/232F
皇甫重華
5/227B
皇甫顗
5/227E
皇甫棨
5/231
皇甫彪
5/226
5/227
皇甫儁　見皇甫攜
皇甫侁(皇甫銑)
5/232
5/232D
5/232E
皇甫德參
5/232
5/232B
5/232C
皇甫德驥
5/230
皇甫德卿　見皇甫珪
皇甫稜
5/226
5/227A
5/229
皇甫仲玉
5/232
5/232D
皇甫伯瓊(皇甫瓊)
5/232
5/232D
整5/232
皇甫和軌四代孫、雍州贊治
5/227A
5/227B
5/228B
皇甫和軌五代孫、海陵太守
5/228
5/228B
皇甫价
5/227E

2620_0伯

2621₀但

貌

2622₇帛

2623₂泉

泉元隱　見泉玄隱
17泉子遊
5/28A
21泉毖
5/28A
23泉獻誠(泉實)
5/28
5/28A
30泉實　見泉獻誠
40泉太祚
5/28A
44泉蓋金
5/28A
60泉男生(泉元德)
5/28A
5/489C
67泉暉(全暉)
5/27
72泉隱　見泉玄隱
80泉企
5/27

2629_4保

50保申(保甲)
7/81
7/81A
60保甲　見保申

2633_0息

50息夫躬(壤駟射)
7/177
7/177A
息夫邊(公子邊)
7/177
7/177A

2640_3皋

44皋落閔　見落下閎
50皋夷　見睪夷父
77皋陶(咎繇)
1/1
2/366
2/366A
2/391
2/391A
3/210
5/180
5/243
6/68
6/359
7/31
7/32
7/244
整2/272

2640_0卑

21卑衎(卑術)
2/21
2/21B
卑術　見卑衎
27卑躬
2/20
58卑整(卑螯)
2/21
2/21A

卑鼈　見卑鼇

2641₃魏

00魏充唐人
8/94
魏充西魏開府儀同三司
8/96
魏亮
8/90
魏彦
8/83 A
8/84 B
魏彦元
8/89
8/91
魏彦理
8/89
8/90
魏彦泉　見魏彦淵
魏彦淵(魏彦深、魏彦泉、魏澹)
8/89
8/89 A
魏彦深　見魏彦淵
魏彦卿
8/89
8/89 A
魏方進
8/94
8/94 F
魏方回
8/94
魏廓　見魏士廓
魏慶　見魏宣
魏廢帝
4/43 A
魏廣業
8/94
魏意
8/85
8/86
8/94
魏文帝　見魏平文帝
魏文帝
3/211
魏文帝甄后(甄后)
3/211 B
魏文政
8/85 D
魏文將
8/92
魏文侯
1/71
3/121
5/117 A
魏文博
8/96
魏文成帝(元濬)
4/21 A
4/49 A
魏文成皇后(文明太后)
1/13
1/13 A
魏讓　見魏友讓
魏玄忠　見魏元忠

魏惆帝 見魏節閔帝
98魏悅
8/84 B
魏愉
8/84 B

2643₀吳

02吳訢(吳訴)
3/26
3/26 A
吳訴 見吳訢
10吳元濟
5/276 B
吳震
3/26
3/26 B
17吳及
3/25
吳子臧
3/28
20吳季子 見季札
21吳師道 見吳道師
吳經綸 見洪經綸
吳繢
4/163 A
9/188 B
24吳納
3/27
25吳仲孺
5/389 A
27吳嚮
3/28
30吳安慶
3/27
吳安誕
3/27
32吳澄(吳澄江)
3/22
3/24
3/24 B
吳澄江 見吳澄
吳灣
3/22
34吳漢
3/22
吳祐
3/28
35吳溱
3/22
3/25
3/25 A
37吳通微
10/330 E
38吳溆
3/22
3/23
吳遵
3/22
吳道師(吳師道、吳道古)
3/27
3/27 A
吳道古 見吳道師
40吳太伯 見太伯
吳士彥(吳士度)

2690₀和

25和仲
5/94
27和組父(和紐父)
5/94
5/94A
和紐父　見和組父
和叔
5/94
30和突　見素和突
60和思皇后　見唐中宗和思皇后
63和跋　見素和跋

2691₄程

21程行謀
8/25A
程處亮
5/252
5/252A
26程伯休(程伯休父)
2/93
5/251
程伯休父　見程伯休
27程修已
10/330E
44程楚賓
整6/157A
86程知節
5/252
5/252A
5/327B

2692₂穆

00穆亮(丘穆陵亮、丘目陵亮)
10/27A
10/27C
10/28A
10/28B
穆亮妻丘陵穆亮夫人
10/26A
穆賡　見穆員
04穆諶　見穆仁裕
07穆韶
10/28
10/28D
10/28E
08穆詳
10/29
10穆元休(穆元林)
6/145F
10/29
10/29C
穆元林　見穆元休
12穆弘遠
10/28
10/28F
穆延業
10/29
10/29C
17穆子元
10/30
穆子安　見陳安
21穆仁裕
10/29
10/29L
22穆將符

10/30
穆思恭
10/29
10/29 B
穆思泰
10/30
穆昊
10/30
穆昪
10/30
穆昌
10/30
穆固信
10/28
10/30
穆固禮
10/28
10/29
10/29 A
穆員(穆與直、穆輿直、穆賡)
10/29
10/29 E
10/29 H
整10/29 F
整10/29 H
72穆質
10/29
10/29 E
10/29 G
10/29 H
整10/29 H
77穆周
10/30
穆闒 見穆覿
穆闒拔 見穆覿
穆與直 見穆員
穆輿直 見穆員
90穆賞
10/29
10/29 E
10/29 H
10/29 J
整10/29 F
97穆忸頭
10/28

2694₇稷

67稷嗣君 見叔孫通
72稷丘子
10/464

2710₇盤

00盤庚
5/558 A
42盤瓠(槃瓠、盤匏)
4/218 A
4/218 A
5/55
5/55 A
7/296
47盤匏 見盤瓠

2712₇�

71郵長倩 見鄉長倩

歸

12歸登(歸澄)
2/232
2/232B
15歸融
2/232
2/232C
9/46A
22歸崇敬
2/232
2/232A
32歸澄 見歸登

鄳

27鄳侯
1/54
3/239A

2713_2黎

11黎彌(黎彌且)
3/94
3/95A
整3/94
黎彌且 見黎彌、黎且
17黎瑠瓈
3/95C
21黎貞固 見黎幹
36黎逈 見黎迥
37黎迥(黎逈)
3/95
38黎道弘
3/95C
44黎埴(黎植)
3/95
3/95E
黎植 見黎埴
47黎均
3/95D
48黎幹(黎貞固)
3/95
3/95C
3/95D
6/212D
整3/95C
62黎昕
3/95
3/95A
77黎且(黎彌且)
3/94
3/95A
整3/94
80黎義玄
3/95C
黎善通
3/95D
90黎常
3/95
黎焴 見黎煖
91黎炬
3/95
3/95D
92黎烑
3/95

2720_0夕

2721_0仉

2721_7倪

2722_0角

向

05向靖　見向彌

07向韶

9/128

9/128 A

11向彌(向靖)

9/128

9/128 B

17向子平　見向長

19向琰

9/128

20向魋

4/203

9/127

向秀

9/128

9/128 A

向爲人

9/126

21向衡　見尚衡

26向總　見尚總

27向凱(尚凱)

9/128 A

30向宜

9/126

向寧

9/126

40向雄

9/128

9/128 A

47向栩

9/128

9/128 A

51向振　見尚振

53向戌(合左師)

9/126

9/127

10/491

整10/491

71向匡

9/128 A

向長(向子平、尚子平、尚長)

9/126

9/129

9/129 A

9/130

80向父肦　見向父肸

向父肸(向父肦)

9/126

9/126 A

87向鄭

9/126

9/126 B

侗

侗　見楊侗

御

17御龍君　見擾龍羣

27御叔　見子夏御叔

御叔

8/116

71御長倩　見鄭長倩

御長卿　見鄒長倩

2722_2修

72修氏　見脩

2722_7角

60角里先生　見甪里先生
80角念
10/158
角善叔
10/158

脩

脩(修氏)
5/453
5/453A

鄬

26鄬伯𦈡(伯𦈡)
3/145
3/145A

2723_4侯

00侯嬴
2/75
2/75A
5/463
10侯霸
5/465
侯雲章
5/467
5/467E
侯雲長
5/467
5/467E
14侯瑱
5/465
17侯羽(侯多羽)
5/463
5/463A
侯君集
5/466
7/35C
10/33
10/243A
18侯瓛節
5/467
21侯師　見侯師仁
侯師仁(侯師)
5/467
5/467A
22侯嶠國子祭酒
5/467
侯嶠金部員外
5/467
5/467C
23侯臧
5/418F
25侯績
3/90C
3/90D
27侯多羽　見侯羽
侯叔夏
5/463

30侯宣多
5/463
5/463A
侯安都
5/465
5/467
38侯遵
5/465
5/465B
40侯喜業　見侯善業
44侯莫陳應
5/497
侯莫陳文鶱
5/496
侯莫陳奕
5/496
侯莫陳詮
5/499
侯莫陳元(侯莫陳允)
5/496
5/496A
整5/496
侯莫陳璀
5/496
侯莫陳瑟
5/497
侯莫陳延
5/496
侯莫陳瑋
5/496
侯莫陳瓊
5/496
侯莫陳順
5/496
5/499
侯莫陳虔會　見侯莫陳肅
侯莫陳頻　見侯莫陳穎
侯莫陳穎(侯莫陳頻)
5/496
5/496D
5/497A
侯莫陳豐
5/496A
侯莫陳恁
5/497
侯莫陳崇(侯莫陳從)
5/496
5/496A
5/496B
5/496D
5/499
侯莫陳允　見侯莫陳元
侯莫陳俊
5/498
侯莫陳忲
5/497
5/497D
侯莫陳傑
5/498
侯莫陳白
5/496
侯莫陳凱
5/496
侯莫陳從　見侯莫陳崇

侯莫陳濟
5/498
侯莫陳進
5/497
侯莫陳涉
5/496A
5/497
5/497A
5/497G
5/497H
侯莫陳逌
5/497
侯莫陳澄
5/497
侯莫陳遥
5/497
侯莫陳涣
5/497
5/497F
侯莫陳越
5/497
侯莫陳協
5/497
侯莫陳芮
5/496
侯莫陳恕
5/497
侯莫陳起
5/497
侯莫陳超
5/497
5/497B
侯莫陳乾會 見侯莫陳肅
侯莫陳肅（侯莫陳虔會、侯莫陳乾會）
5/496
5/496A
5/496D
5/497A
侯莫陳夫人嗣丹女
5/496E
侯莫陳提
5/496
侯莫陳矞
5/497
侯莫陳晏
5/497C
侯莫陳昇
5/497
5/497C
侯莫陳昌
5/497
侯莫陳曇
5/497
侯莫陳嗣 見侯莫陳嗣忠
侯莫陳嗣忠(侯莫陳嗣)
5/496
5/496E
侯莫陳嗣丹
5/496E
侯莫陳愿
5/497
侯莫陳興
5/496

侯莫陳知道
5/496
5/498
侯莫陳知節
5/496
5/497
侯莫陳懍
5/497
侯植(賀屯植)
5/466
47侯犯
5/463
侯朝
5/463
50侯史吳
5/491
5/491A
侯史乾
5/491
侯史光
5/491
60侯昇
5/464
侯景
1/132
62侯則
5/465
65侯味虛　見侯昧虛
侯昧虛(侯味虛、侯昧處)
5/467
5/467B
整5/467B
侯昧處　見侯昧虛
72侯劉　見侯釗
77侯鳳
5/465
80侯金儀　見侯令儀
侯令儀(侯金儀)
5/464
5/464C
侯令表
5/464
侯善業(侯喜業)
5/464
5/464A
82侯釗(侯劉)
5/467
5/467D
86侯知一
5/464
5/464B

2724_7役

役　見太子役

殷

00殷亮
4/4
4/4J
殷高宗(武丁)
6/365
殷高明
4/2
殷玄祚(殷祚)

4/4
4/4A
4/4B
4/4C
4/4D
殷開山(殷嶠)
4/3
4/3A
4/4C
4/4D
80殷羨
4/6A
殷令宫
4/4
4/4A
殷令德
4/4
4/4F
殷令名
4/4
4/4B
4/4C
4/4D
殷令威
4/4
87殷鈞
4/6
4/6B
98殷敞
4/2

2725₂解

08解旆
6/331
11解北莫弗幡豆建(解毗莫弗幡豆建)
8/244
8/244B
12解延年
8/330
8/330B
13解琬
6/331
6/331B
20解系
6/331
24解結
6/331
42解狐
6/330
6/330A
50解忠順
6/331
6/331C
56解揚
6/330A
61解毗莫弗幡豆建 見解北莫弗幡豆建
72解氏路基妻
6/330A
90解光
6/330
6/330B

2725₇伊

17伊尹(伊摯)

2/43
27伊侯
1/2
28伊馥(伊婁馛、伊樓拔)
2/46
2/46B
30伊戾惠嬙　見惠牆伊戾
37伊祁氏　見唐堯
40伊嘉(伊喜嘉)
2/44
2/44B
伊喜嘉　見伊嘉
44伊摯　見伊尹
伊耆氏　見唐堯
45伊樓拔　見伊馥
50伊推
2/44
2/44A
伊婁彥恭
2/69
2/69A
伊婁靈(伊婁公)
2/69
2/69A
伊婁信
2/69
伊婁馛　見伊馥
伊婁傑(伊婁明傑)
2/69
2/69A
伊婁大辯
2/69
伊婁大昌
2/69
伊婁明傑　見伊婁傑
伊婁公　見伊婁靈
71伊陟之　見伊陟奮
伊陟奮(伊陟之)
2/43
2/43B
88伊籍
2/45
2/45B
94伊慎
2/45
2/45A
2/45B
2/46B
5/401B

2726₁詹

21詹何
5/594
5/594A
40詹嘉
5/594
41詹桓伯
5/594
80詹父
5/594

2728₁俱

00俱康辟　見俱匡辟
12俱延(俱起延)

2/376
2/376A
47俱起延 見俱延
71俱匡辟(俱康辟)
2/376
2/376B

2729₄偹

16偹理
5/44
27偹假
5/44
30偹定
5/44

2731₂鮑

01鮑諲 見鮑標
21鮑仁爽
7/75B
24鮑德
7/74
26鮑泉
7/74
7/74A
27鮑叔 見鮑敬叔
鮑叔牙
7/73
30鮑宣
7/75
7/75A
鮑安仁
7/74
7/74B
鮑宏
7/74A
鮑宗參
7/75C
鮑宗由
7/75C
41鮑標(鮑諲)
7/75B
44鮑敬叔(鮑叔)
7/73
7/73A
整7/73A
60鮑昱
1/124A
7/74
鮑國
7/73
鮑思遠(鮑思溫)
7/75
7/75B
鮑思溫 見鮑思遠
71鮑防
5/323A
7/75
7/75B
7/75C
7/119D
7/305E

2732₇烏

10烏石蘭猛 見石猛

11烏玭　見烏承玼
17烏承玭　見烏承玼
烏承玼(烏玭、烏承玭)
3/51
3/51B
6/144C
烏承恩
3/51B
烏那羅受九代　見烏那羅受工伐
烏那羅受工伐(烏那羅受九代)
3/86
3/86A
20烏重胤(烏重允、烏從裔)
3/51
3/51B
3/51C
烏重允　見烏重胤
28烏從裔　見烏重胤
38烏洽
3/51
3/51B
40烏存
3/49
3/49A
44烏獲
3/49
3/49A
烏枝鳴
3/49
3/49A
88烏餘
3/49
3/49A

鄔

10鄔元旦　見鄔元昌
鄔元昌(鄔元旦、扈元昌)
6/294
6/294A
53鄔臧(扈臧)
6/294
6/294A
整2/51
60鄔國公主
9/5B

郻

60郻國公主
9/144A

2733₆魚

00魚讓
2/240
10魚石
2/292
12魚孫登
2/293
魚孫瑋
2/294
魚孫瑜
2/294
魚孫和
2/294
魚孫邈之

2/294
魚孫翹
2/294
魚孫静
2/293
魚孫晦
2/293
魚孫欽
2/293
17魚承曦(魚曦)
2/240
2/240A
魚承暐 見魚承曄
魚承曄(魚曄、魚承暐)
2/240
2/240A
21魚經
2/239
23魚代略 見魚世略
魚俊
2/239
2/240
24魚備
2/240
26魚儼
2/240
魚保家 見魚保宗
魚保宗(魚保家)
2/240A
27魚俱羅
2/240
魚叔攢
2/240
28魚徽
2/239
38魚遵
2/239
44魚世略(魚代略)
2/239
2/239B
2/240
64魚曦 見魚承曦
魚曄 見魚承曄
80魚翁俶 見魚翁叔
魚翁叔(魚翁俶)
2/238
2/238A
90魚懷節
2/240

2741₆免

17免乙(勉昂)
7/25
7/25A
88免餘
7/25
7/25A

2742₀翺

翺 見李翺

2742₇鄒

00鄒彦先
5/429

2744_0舟

2760_3魯

2760_4督

11督瓆　見督瓚
14督瓚(督瓆、督瓉、督瓊)
10/136
10/136 B
15督瓉　見督瓚
17督瓊　見督瓚

2762_0句

01句龍吾斯
5/494
11句疆　見句井疆
16句强　見句井疆
44句芒氏
5/484
55句井疆(句疆、句强)
5/484
5/484 A
63句踐
5/486
8/154
8/154 B
8/163
10/234

2762_7郇

27郇侯
3/239
3/242
整3/239

郜

12郜弘基
9/88
9/88 B
21郜師
9/88 B
郜貞鉉　見郜貞鋐
郜貞鈜　見郜貞鋐
郜貞鋐(郜貞鉉、郜貞鈜)
9/88
9/88 C
72郜氏吴續妻
9/88 B

鄱

76鄱陽王
10/15 A

2771_1彘

44彘恭子(士魴)
8/211
8/211 A

2790_1祭

25祭仲(祭仲足)
8/245
8/245 A
祭仲足　見祭仲
26祭伯
8/245
80祭公謀父

5/435
8/245

2790_4槃

42槃瓠 見盤瓠

2791_7紀

00紀亮
6/58A
08紀謙
6/59
6/59D
12紀弘整(紀和整)
6/59
6/59A
15紀融
6/59A
17紀及
6/59
20紀信
6/57
21紀仁卿
6/59A
紀處訥
6/59
紀經 見紀全經
24紀先知
6/59
6/59C
6/59D
26紀儼
6/59
6/59D
紀和整 見紀弘整
33紀逡
6/59
6/59D
37紀通
6/57
6/57A
40紀士膽
6/59
43紀城 見紀成
44紀茂重
6/59A
紀黃石 見紀黃中
紀黃中(紀黃石)
6/59
6/59D
53紀成(紀城)
6/57
6/57A
紀咸
6/59
6/59D
67紀瞻
6/58
71紀陟 見紀騭
紀騭(紀陟)
6/58
6/58A
80紀全經(紀經)
6/59
6/59D

2792₀約

2792₂繆

2792₇移

郳

2793₃終

2793₄緱

5/482

2794₀叔

00叔齊
10/64
10/64A
叔夜
10/87
叔夜子莊
10/87
10叔于　見叔牙
12叔孫　見公孫玆
叔孫文懷
10/86
叔孫玄觀(叔孫元觀、叔孫觀)
10/85
10/85A
整10/85
叔孫元觀　見叔孫玄觀
叔孫不敢(叔孫成子)
6/73
10/84
叔孫建(乙旃眷)
10/86
10/86A
叔孫子我　見叔孫申
叔孫俊
10/86
10/86B
叔孫得臣
10/51
10/51C
10/84
叔孫豹
10/84
叔孫宣伯
5/19
5/20
叔孫通(稷嗣君)
10/84
10/85
10/445
整10/84
叔孫婼
10/84
叔孫玆　見公孫玆
叔孫觀　見叔孫玄觀
叔孫申(叔孫子我)
6/73
整6/73
叔孫成子　見叔孫不敢
叔孫興
10/85
叔孫金毗
10/86
叔孫舒
10/84
17叔弓
1/31
叔乙
3/135
3/135A
21叔虞　見唐叔虞
22叔山冉

叔興

9/2

2795₄絳

62絳縣老人

8/38

2820₀似

26似和泥熱　見蘇農泥熱

似和舒(䟦跌舒)

6/126

6/126A

10/504

10/504A

2821₁作

61作顒

10/350

2822₇倫

倫　見司馬倫

2823₇伶

28伶倫　見泠淪氏

2824₀仵

43仵城勒　見賀遂勒

攸

37攸遨　見攸邁

34攸邁(攸遨)

5/440

5/440A

微

17微子　見宋微子

微子仲衍　見微仲衍

微子啟　見宋微子

25微生高　見尾生

微生畝

2/233

微仲衍(微子仲衍)

6/8

7/28

徵

22徵側

2/92

43徵貳

2/92

2825₃儀

21儀行父

2/17A

44儀封人

2/17

整2/17

儀楚(義楚)

2/17

2/17A

整2/17A

71儀長孺

2/18

2826₆僧

僧　見魏威帝

2828_1從

50從史　見盧從史
53從成公
1/165

2829_4徐

00徐充
2/250
徐彦伯
2/261
徐齊聃
2/256
徐方貴
2/256
徐慶
2/253
2/253B
徐廣
2/254
徐廣之
2/256
徐文伯(徐成伯)
2/253A
徐文遠
2/245
徐玄之(徐元之)
2/264
2/264A
5/586B
03徐謐
2/247
07徐毅
2/245E
徐詡
2/247
08徐放(徐達夫)
2/256C
2/262
2/262A
徐謙之
2/244B
10徐正則
2/260
徐元度
2/252
徐元弼
2/264
2/264A
徐元之　見徐玄之
徐元揮
2/260
徐元固　見徐堅
徐焉　見卷焉
徐吾犯
2/315
徐雲
2/260
11徐項浚子
2/267
2/267F
徐項漢子
2/267E
12徐瑞

2835₁鮮

7/29A

2854₀牧

23牧稂 見牧根
30牧良 見牧根
47牧根(牧稂、牧良)
10/79
10/79A

2860₄咎

咎 見狐偃
22咎繇 見皋陶
66咎單
7/235

昝

77昝堅
7/288
94昝愼盈
7/288

2891₇紇

紇 見孔叔梁紇
10紇于弘(田弘)
10/242A
10/243A
紇干承基(紇干嗣先)
10/243
10/243A
整10/243A
紇干臬
10/243B
整10/243B
紇干良
整10/243A
紇干濬
10/242A
10/243B
紇干遂
10/243
10/243B
整2/243A
紇干雄
整10/243A
紇干著
10/243B
整10/243B
紇干植
10/243B
紇干嗣先 見紇干承基
紇干氏濬女
10/242A
10/243A
10/243B
整10/243B
紇干俞
10/243
10/243B
整10/243B
66紇單瑝
10/246
77紇骨紹 見元紹
紇骨容
10/245
紇骨大威

10/245
紇骨貴
10/245
紇骨静
10/245
紇骨匹麟
4/53

3010_2空

46空相機(京相機)
5/248
5/248 A

3010_4室

50室中同(室中周)
10/195
10/195 B
室中周 見室中同
室中公
10/195

3010_6宣

00宣帝 見漢宣帝
10宣王 見周宣王
25宣仲濤塗 見轅濤塗
27宣鄤
5/20
30宣宗 見唐宣宗
77宣尼父 見孔丘

3010_7宜

28宜緍
2/36
44宜林
2/36
50宜春公主
5/510

3011_4淮

40淮南公主

1/141B

3014_7淳

10淳于意
3/246
淳于叔孫　見淳于斟
淳于難
3/246
3/246C
淳于越
3/246
淳于恭(淳于泰)
3/246
3/246A
淳于斟(淳于叔孫)
3/247
淳于泰　見淳于恭
淳于長
3/246
淳于智
3/246
3/246B

3019_6涼

60涼國公主
4/123C
4/123D

3021_1完

完　見陳完

3021_2宛

00宛方
6/364
24宛射犬
6/364
36宛遷
6/364
50宛春
6/364

3021_4寇

00寇章
9/215C
9/217E
04寇讚
9/216
9/216A
9/216B
9/216C
08寇謙之(寇輔真)
9/216B
10寇靈孫
9/216C
寇元寶
9/216C
11寇玭　見寇洮
12寇弘
9/216
15寇臻
9/216
9/216A
9/216B
9/216C
17寇孟

3021_7扈

6/291 B
10扈元昌　見鄔元昌
23扈臧　見鄔臧
51扈輒
6/291
6/291 A
69扈累
6/292
90扈懷
6/292

3022$_7$房

00房玄齡
整6/290
04房諶
5/164
11房孺復
5/165
5/165 A
13房武　見房式
房琯
2/50 A
5/338 H
8/23 B
17房豫
5/164
30房安禹
3/109 A
38房遂
5/164
43房式(房武)
2/178 D
46房坦
5/164
70房雅
5/164
74房陵
5/164
77房熙
5/164

肩

10肩吾
5/15
肩吾氏　見肩吾民
肩吾民(肩吾氏)
5/15
5/15 A

甯

00甯康　見孟康
甯文仲　見甯跪
13甯武
9/169
甯武子　見甯俞
14甯殖(甯惠子)
9/165
9/165 B
9/165 D
21甯師宗(甯師京)
9/170
9/170 B
甯師京　見甯師宗
甯師表

9/170
甯頃
9/170
甯頃叔
9/165
9/165B
9/165D
甯𧥣
9/170A
23甯允忠　見孟允忠
34甯逵　見甯達
甯達(甯逵)
9/170
9/170A
整9/170A
35甯速(甯莊子)
9/165
9/165B
9/165D
36甯昶　見孟昶
40甯喜(甯悼子)
9/165
9/165B
9/165D
43甯越
9/165
9/165C
9/165D
44甯莊子　見甯速
46甯相(甯成子)
9/165
9/165B
50甯惠子　見甯殖
53甯成
9/169
甯成子　見甯相
甯戚
9/165
9/165D
67甯跪(甯文仲)
9/165
9/165A
9/165B
9/165D
71甯原悌(甯愷、甯悌原)
9/170
9/170C
80甯俞(甯武子)
9/165
9/165B
9/165D
87甯欽　見孟欽
91甯悼子　見甯喜
92甯愷　見甯原悌
98甯悌原　見甯原悌

3023₂永

10永王　見永陽王
50永泰公主
2/192H
6/194C
76永陽王(永王)
10/15
10/15A

3023_4戾

40戾太子　見劉據

3026_1宿

08宿詳　見宿祥

25宿仲談

10/56

30宿察

10/57

34宿禕　見宿祥

38宿祥(宿禕、宿詳)

10/56

10/56 B

10/57

44宿勤名達(宿勤明達、勤宿名達)

10/130

10/130 A

宿勤明達　見宿勤名達

3030_1進

12進延(進儉)

9/22

9/22 A

28進儉　見進延

67進明　見賀蘭進明

3033_2宓

00宓康公

10/43

10宓不齊(宓子賤、服不齊、服子賤)

10/43

10/66

10/66 A

17宓子賤　見宓不齊

80宓羲　見伏羲

3033_3寒

36寒浞

4/147

37寒朗(騫朗)

4/148

4/148 A

3033_6憲

憲　見宇文憲

30憲宗　見唐憲宗

80憲義渠

9/35

9/35 B

3040_1宇

00宇文充

整6/211

宇文康

6/211

宇文庭立

6/212

6/212 C

6/212 D

宇文廣

6/211

宇文文　見宇文元

宇文離惑

6/212

6/212 C

安永昌
4/181
35安清(安高、安世高)
4/179
4/179B
37安禄山
10/107E
10/311C
40安難陁
4/180
44安世高　見安清
安其先生　見安期先生
47安都多　見僕多
安期先生(安其先生)
4/198
4/198A
安期生
4/198
48安敬忠　見安忠敬
50安忠敬(安敬忠)
4/180
4/180A
4/180D
4/180E
4/180F
53安成
4/179
整4/179
57安抱玉　見李抱玉
安抱真　見李抱真
60安是叔施(甫奚叔施)
4/200A
6/227
6/227A
77安興貴(李興貴)
4/180
4/180B
4/180D
80安羲仲
4/181
安羲穆
4/181
4/181F
90安懷洛　見安懷恪
安懷恪(安懷洛、李懷恪)
4/181
4/181D
91安恒安
4/180
整4/180D

3051_6窺

44窺基(基)
1/16C
10/219A
10/219B
10/219C

3060_6宮

11宮項
1/49
14宮琦
1/48
40宮志惲

1/48
1/48 B

富

01富襲　見繆襲
17富子　見富子猶
富子猶(富子)
9/180
9/180 B
23富允(富允文)
9/181
9/181 A
富允文　見富允
40富嘉謨
9/181
9/181 B
10/60
10/60 A
整9/181 B
71富辰
9/180
77富熙伯　見繆襲
富留人
9/181
80富父終甥
9/180
9/195
富父槐
3/147
9/195
92富愷　見繆愷

3060₈容

53容成
1/158

3060₉審

17審配
7/285
80審食其
7/285

3071₂謇

37謇朗　見寒朗

3080₁定

30定安公主
2/204 C
4/123 G

蹇

10蹇石(蹇碩)
7/22
7/22 A
11蹇碩　見蹇石
27蹇叔
7/22

3080₆賓

21賓須無
3/223
23賓牟賈
3/235
47賓起
3/223

賨

竇

竇誡盈　見竇戒盈
05竇靖　見竇静
07竇毅
9/199
9/199F
9/200
9/200C
9/203
竇詡　見竇栩
08竇敦
9/199
9/199E
10竇至柔
9/213
竇靈獎(竇虛獎)
9/203
9/203C
9/203E
竇靈運(竇虛運)
9/203
9/203C
竇靈長　見竇臯
竇璡
9/204
9/212
9/212A
竇元誨
9/213
竇元昌
9/214H
竇元□懷寶文
9/214A
9/214H
11竇頊(竇項)
9/206
9/206B
竇項　見竇頊
12竇瑗
9/208
9/208G
竇弘儼
9/212
竇廷芬　見竇庭芝
竇廷芝　見竇庭芝
13竇武
9/198
9/198G
9/199
9/199A
9/199B
竇琮(竇悰)
9/213
9/213D
竇戢　見竇璣
14竇瑾
9/206
竇瑋
9/208
竇瓚
9/209
9/209C
15竇瑰　見竇希瑰
竇璉
9/208

28竇從之
9/211
9/211C
竇從直
9/214
9/214G
9/214I
竇從昭
9/211
竇從光(竇光)
9/211
9/211B
9/211D
30竇宜文
9/213E
竇進
9/209
竇憲
9/198
9/198D
9/198E
竇寓
9/208
9/208A
9/208D
9/208E
竇審言
9/206
竇良賓
9/208
竇定
9/198A
竇賓　見竇敬賓
竇賓
9/199D
9/199E
31竇沔
9/207
9/207J
竇濬
9/207
32竇遜
9/204
9/204G
33竇竗　見竇易直
竇邃
9/204
34竇祐(竇羽、竇漏頭)
9/199
9/199E
竇逵
9/204
9/204E
35竇沖　見竇德沖
竇遺直　見竇叔向
36竇澤　見竇譯
37竇漏頭　見竇祐
竇深
9/213
9/213B
竇朗
9/199E
40竇乂
9/208

9/209
9/209 E
9/209 F
竇恭
9/213
9/213 B
竇孝立
9/205
9/206
竇孝誠
9/205
9/206
竇孝諶
9/205
9/207
9/207 A
竇孝謙
9/213
9/213 E
竇孝臻
9/205
9/206
竇孝仁(竇孝永)
9/213
竇孝緯
9/210
竇孝鼎
9/213
竇孝德 見竇孝慈
竇孝約
9/210
竇孝儉
9/204
竇孝永 見竇孝仁
竇孝沖
9/205
竇孝禮
9/205
9/208
9/208 A
竇孝道
9/210
9/210 A
竇孝忠
9/204
9/204 C
竇孝威
9/204
竇孝果
9/205
9/206
竇孝慈(竇孝德)
9/205
9/205 B
9/205 C
竇華 見竇庭華
竇藥師竇略後人，房州刺史
9/214
9/214 J
竇藥師季餘子
9/214 J
竇權
9/206
竇林

9/207
9/207G
竇榮定
9/204

3090$_1$宗

宗 見李道宗
00宗意
1/124A
1/124B
宗京
1/124A
10宗正辯
1/127
宗正珍孫 見宗正稱
宗正稱(宗正珍孫)
1/126
1/126A
17宗瓊
1/124
1/124D
26宗伯周大夫
1/123
1/124
宗伯後漢五官中郎將
1/124A
27宗躬
1/124
宗俱
1/124
1/124A
1/124B
宗叔都 見宗資
37宗資(宗叔都)
1/124A
45宗樓
1/123
47宗均(宋均)
1/124
1/124A
1/124B
1/124C
53宗成
整4/89A
80宗羲仲 見宗義仲
宗慈
1/124
1/124C
宗義仲(宗羲仲)
1/124
1/124A
整1/124

3090$_4$宋

00宋高祖 見宋武帝
宋康王(君偃)
8/13
宋庭瑜
8/16
8/16C
宋庭璬
8/16
宋庭璘
8/16

33宋述
8/26
36宋温璡
8/27
宋温璩
8/27
8/27D
宋温瑗
8/27
8/27A
8/27B
宋温瑾
8/27
宋渭
8/25
37宋渾(宋淮)
1/37
8/19
8/19G
8/19I
宋湣公(宋閔公、宋愍公)
5/428
5/428A
6/8
6/8B
6/8C
38宋洽(宋給)
8/15
8/15D
8/19B
8/21
8/21A
宋遊道
8/22
8/22A
宋遵道
8/31
8/31A
8/31C
宋道
8/27
40宋大辯
8/15
8/15F
8/16
8/16D
宋太子
8/19K
宋壽
8/22
41宋桓公
1/129
2/238
4/203
9/126
9/126A
43宋戴公
2/109
2/109A
5/226
5/226A
5/226B
9/7
9/113

3111_2江

1/10
馮芫
1/19
1/19A
馮世基(馮業)
1/16
1/16A
馮劫
1/8
馮著
1/18
1/18A
馮藥(馮葯)
1/19
1/19A
馮葯 見馮藥
47馮懿(馮承美)
1/13B
1/14B
50馮盎(馮益)
1/25
1/25A
3/93A
5/407B
9/19B
馮本
1/17C
馮奉世
1/9
1/9A
1/11A
1/12
55馮捷
1/15
56馮摠
1/15
57馮擲
1/15
60馮思
1/15C
馮思雍(馮思邕)
1/15
1/15C
馮思邕 見馮思雍
馮異
1/11
1/11A
63馮跋
1/13
1/13A
1/13B
1/14D
67馮昭泰(馮昭奏)
1/16
1/16A
1/16D
1/17A
1/17B
馮昭奏 見馮昭泰
馮野王
1/9
1/9A
整1/9
71馮長命

1/14 B
96馮煜
1/26
98馮悦
1/17 C

3114_6淖

21淖齒(卓齒)
9/86
9/86 A

3119_6源

00源廣潔
4/85 D
源文舉
4/87 A
源玄緯 見源褘
源玄褘 見源褘
03源誠心
4/83
4/83 C
4/86
4/86 A
10源晉
4/84 F
源晉賓
4/86 A
17源弼
4/85
4/85 F
源子雍 見源子邕
源子邕(源子雍、源邕)
4/83
4/83 A
4/83 B
5/333 A
源子恭
4/83
4/83 B
4/84 F
4/87 A
21源行守(源守)
4/87
4/87 A
源行莊(源莊)
4/87
4/87 A
源師 見源師民
源師民(源師)
4/83
4/83 B
4/84 F
4/85
4/85 C
4/87
4/87 A
22源彪
4/83 B
4/84 F
源侹
4/84 E
源循業 見源修業
源崑玉
4/83

3122₇禰

3126₆福

3128₆顧

8/155 B
23顧俊　見顧浚
24顧纘(露纘)
8/156
28顧徽(露徽、顧子歎)
8/155
8/155 A
8/155 B
8/156
8/156 A
33顧浚(顧俊、露俊)
8/155
8/155 C
顧逋翁　見顧況
36顧況(顧逋翁、露沈)
6/157 A
8/157
整6/157 A
37顧潤(露潤)
8/155
8/155 D
43顧越(露越)
8/155
8/155 B
70顧防　見顏防
78顧覽
8/155 B
80顧余侯(露余侯)
8/154
8/154 B
8/163
90顧少連(露少連)
8/157
8/157 A
99顧榮
8/155 A

3190_4渠

渠
5/514
5/514 A
12渠孔
2/274
整2/274
23渠参　見渠復纍
26渠伯
2/274
2/274 A
28渠復纍(渠参、渠複纍)
2/274
2/274 B
2/304
2/304 A
38渠複纍　見渠復纍
72渠丘公
2/302
8/122 A

3200_0州

21州綽
5/436
22州犂　見伯州犂
47州鳩　見泠州鳩
50州泰(州秦)

5/436
5/436A
州秦 見州泰
53州輔
5/436
5/436B
61州吁 見公子州吁

3211₈澄

澄 見齊文襄帝

3213₄沃

10沃丁
10/134
20沃焦
10/135

濮

76濮陽瓘(濮陽灌)
10/117
10/117D
濮陽休時
10/117
濮陽宁
整10/117
濮陽守
10/117
整10/117
濮陽潛
10/117
10/117A
濮陽灌 見濮陽瓘
濮陽逸
10/117
濮陽闓
10/117
10/117C
濮陽興
10/117
10/117B

3214₇浮

72浮丘伯
5/452
5/452A

3215₇淨

32浄業
10/170D

3216₉潘

潘 見番
00潘高陽
4/217
4/217E
潘文龍 見潘燾
01潘龍興
4/216
整4/216
10潘元茂 見潘勗
11潘厓
4/208
14潘瑾
4/208
4/208C
4/209B

3300₀心

3312₇浦

3318₆演

3320₀祕

祕宣(祕宣)
8/55
8/55A
42祕彭祖
8/55
整8/55

3322_7補

37補祿廷 見補祿彪
補祿子 見游棣子
補祿彪(補祿廷)
6/320A

3390_4梁

10梁王紹
5/117A
梁五
5/187B
梁丙
5/187B
梁可頭
5/191
梁可浪
5/191
12梁弘
5/117
13梁武帝
2/49
4/43
5/537B
9/170A
21梁師都
9/31B
44梁其
5/189
梁其踁
5/189
50梁由靡
5/117
5/187B
5/190
梁由先
5/190
53梁成恢
5/188
5/188A
72梁丘賀
5/186A
梁丘據 見梁丘賜
梁丘據
5/185
整5/185
梁丘賜(梁丘據)
5/186A
整5/186
77梁閔 見染閔
80梁益耳
5/117
5/187B
梁令直
5/117A
梁公 見狄仁傑
梁養(梁餘子)
5/187

5/187 B

88梁餘子 見梁養

3411_1湛

湛 見齊武成帝

00湛方

5/537

湛方生

5/537

20湛重

5/536

5/536 A

28湛僧智

5/537

5/537 B

40湛賁

5/537

5/537 C

72湛氏(諶氏)陶侃母

5/536 A

5/537

5/537 A

3411_2池

12池瑗

2/32

25池仲魚

2/32

沈

00沈充(沈衮)

7/269

7/269 E

7/276 A

7/276 B

沈産 見沈彦

沈彦(沈産)

7/269

7/269 F

7/276 A

7/278 A

7/279

7/279 A

7/280

7/280 A

沈齊

7/277

7/277 A

7/277 C

沈齊家

7/276

7/276 C

沈高

7/277 A

沈膺期

7/275 D

沈豪之

7/280 B

沈慶之

7/269

7/270

7/270 A

7/271

7/271 A

7/271F
7/271H
7/274A
7/277A
沈庠
7/279
7/279D
沈廙
7/279
沈文秀(沈仲遠)
7/271
7/271F
7/271H
沈文季
7/271
7/271F
7/271H
沈文叔(沈文昭)
7/271
7/271A
7/271F
7/271H
7/274A
沈文明　見沈郢
沈文昭　見沈文叔、沈昭明
沈袞　見沈充
02沈訓之
7/274
04沈諸梁(沈子高、葉公、葉諸梁、葉子高)
2/298A
10/496
05沈靖
7/268D
沈竦
7/280
7/280D
07沈毅
7/271
7/271A
7/274A
沈詢
7/276
7/276F
08沈旋
7/277
7/277B
沈謙奮孫、恪子
7/268D
沈謙晃孫
7/269
7/272A
沈許　見沈滸
10沈平
7/268D
沈震
7/275
7/275D
沈不害
7/276
11沈珂
7/279
12沈璞
7/277

7/277 B
沈弘（沈泓）勉七代孫
7/268 D
沈弘（沈弘周）盤七代孫
7/275
7/275 A
沈弘師（沈宏師）
7/276
7/276 G
沈弘爽
7/279 A
沈弘周　見沈弘
沈發
7/273
7/273 A
沈延
7/277 A
沈延蔚
7/281
14沈勁（沈郢）
7/269 E
7/276
7/276 A
7/276 B
沈瑱嶷子，諫議大夫
7/271
7/271 E
沈瑱庠子，比部郎中
7/271 E
7/279
沈瓚
7/271
沈琳（沈綝）
7/269 E
7/275 B
沈劭之　見沈邵之
15沈建
7/278
16沈璟
7/271
17沈郢　見沈勁
沈琚
7/279
沈琛
7/269
7/270
7/274
沈務本
7/278
7/278 A
沈忌（沈志）
7/278
7/278 A
7/278 B
沈子高　見沈諸梁
沈子鸞　見沈栖遠
沈子山（沈山之）
7/280 B
沈翬
7/275
7/275 F
沈尹射
7/287
沈尹赤

7/287
沈尹壽
7/287
沈尹戌
7/287
10/496
整10/496
沈君亮　見沈君諒
沈君高
7/271
7/271D
7/274A
沈君諒(沈君亮)
7/282
7/282A
沈君理
7/271
7/271C
7/271D
7/274A
沈君攸(沈君游)
7/271
7/271B
7/274
7/274A
沈君游　見沈君攸
沈邵之(沈劭之)
7/270
7/270A
7/271F
21沈仁衛　見沈仁偉
沈仁偉(沈仁衛)
7/276
7/276F
沈虔之
7/275D
沈師言
7/280
沈師黄
1/7A
7/280
7/280B
7/280C
7/280D
22沈嵩之
7/274
沈黨
7/277A
沈嶷
7/271
沈山之　見沈子山
沈利賓
7/278
7/278A
沈崧
7/282
23沈倧　見沈保
24沈佐黄(沈左黄)
7/280
7/280C
7/281
沈勉
7/269
7/272

沈栖遠(沈棲遠、沈子鷟)
7/281
7/281A
7/281B
沈栖逸
7/281
7/281A
7/281B
沈栖懿
7/281A
43沈越賓
7/272
7/272C
44沈恭
7/277A
7/277C
沈孝澄(沈澄)
7/280
7/280B
沈萬石
7/269F
7/280
沈華
7/275
沈楚
7/270
7/274
7/274A
沈黄中 見沈中黄
沈林子
7/277
7/277A
7/277B
45沈棲遠 見沈栖遠
46沈賀
7/277A
47沈懿
7/277A
7/277C
沈朝 見沈朝宗
沈朝宗(沈朝)
7/276
7/276D
沈格 見沈恪
48沈猶氏
5/551
沈乾
7/268D
沈警
7/277A
50沈中黄(沈黄中、沈中美)
7/280
7/280B
7/280C
7/280D
7/281
7/281A
7/281B
沈中美 見沈中黄
沈東美
7/283
7/283C
52沈挺
7/278

98沈悦
7/271
7/271D

3411_4洼

77洼丹(鮭丹)
3/113
3/113A

3411_5灌

17灌孟(張孟)
9/51
27灌叔本(權叔本)
9/51
整9/51
50灌夫
9/51
66灌嬰
9/51
77灌賢
9/51
90灌光 見冠先

3412_7湳

24湳德(南德)
7/289A
42湳孤奴(南孤奴)
7/289A

滿

60滿昌
7/10
7/10A

3413_1法

00法高卿 見法真
法章 見齊襄王
10法正(法孝直)
10/512
10/512B
10/512C
法雲
3/216B
3/216C
20法喬卿 見法真
法季謀 見法衍
21法衍(法季謀)
10/512
10/512B
36法邈
10/512
40法雄
10/512
法真(法高卿、法喬卿)
1/44A
10/323A
10/512
10/512A
44法孝直 見法正
61法顯(法明)
10/207C
67法明 見法顯

3413_2漆

70漆雕

10/190
漆雕徒父(赤張徒父)
10/194A
10/433
10/433A
整10/433A
漆雕胡害 見合博胡害
漆雕哆(赤張哆)
10/194A
10/433
10/433A
整10/433A
漆雕開(赤張開)
9/190A
10/194A
10/433
10/433A
整10/433A

3413₄漢

00漢高帝 見漢高祖
漢高帝薄太后
10/346
10/346B
漢高祖(漢高帝、高帝、高祖)
5/330
5/331
5/353
5/364
6/152
6/166
9/168
9/198A
10/154
10/346
10/379
漢高祖戚夫人
10/439
漢文帝(文帝)
2/295
5/370A
9/198
9/198A
10/346
漢文帝竇太后(文后)
9/198A
漢章帝(章帝、安帝)
5/179
5/356
5/373
7/102
9/198
9/198E
整7/102
10漢靈帝
7/35A
7/83A
漢元帝
5/283
漢平帝
5/417
6/13A
13漢武帝(武帝)
5/79

10/194
10/194A
漢昭烈帝 見劉備
90漢光武帝(光武、光祖)
3/140
4/72
5/330
5/330G
5/363
5/367
5/369
5/528
5/528A
6/234B
6/337
7/307A
10/51A
10/104B

3414_0汝

00汝齊(女齊)
6/167
6/167A
汝方
6/167
30汝寬(女寬)
6/167
6/167A
47汝鳩
6/167
汝郁
6/168
74汝隨
6/167

3414_7淩

12淩烈
5/278
20淩統(凌統)
5/277
5/277A
5/278
5/279
22淩嵩
5/277
5/278
30淩凖
5/278
5/278A
44淩封
5/278
48淩敬
5/279
5/279A

淩

20淩統 見淩統

3416_1浩

21浩虛舟
9/90B
25浩生不害
7/85
7/85A
50浩聿

9/90
9/90 B
55浩豊　見沈浩豊
60浩星賜
7/84
浩星公(晧星公)
7/84

3418_1洪

17洪子輿　見洪子輿
洪子與　見洪子輿
洪子輿(洪子輿、洪子輿、洪輿)
1/30
1/30 B
1/30 C
4/163 C
21洪經綸(吴經綸)
1/30
1/30 C
1/30 D
30洪察(弘察)
1/30
1/30 A
44洪孝昌
1/29
1/29 A
1/30 B
71洪厚
1/29
1/30 A
1/30 B
77洪輿　見洪子輿
81洪矩
1/28
1/29

3419_0沐

00沐文流
10/63
30沐寵
10/61
10/62
77沐堅
10/63
80沐並
10/63

3421_0社

11社北郡　見三烏羣

3426_0褚

00褚亮
6/148
褚彦季(褚彦李)
6/149
6/149 D
褚彦沖
6/149
褚彦李　見褚彦季
褚彦甫
6/149
褚彦回　見褚淵
褚庭訓(褚廷訓)
6/150
6/150 D

褚庭詢(褚廷詢、褚廷珣)
6/150
6/150D
6/150E
褚庭誨(褚廷誨)
6/150
6/150D
6/150F
褚庭賓
6/150D
褚裒(褚褎)
6/148
6/148A
6/148B
褚褎 見褚裒
07褚歆
6/148B
10褚元方
6/149
12褚琇
6/149
6/149C
褚廷訓 見褚庭訓
褚廷詢 見褚庭詢
褚廷誨 見褚庭誨
褚廷珣 見褚庭詢
17褚珣
6/149
褚璆(褚伯玉)
6/149
6/149B
18褚玠
6/148
20褚重
6/148
褚秀之
6/148
6/148B
21褚師段(石、子石、段)
6/147
6/147A
9/41
22褚僑
6/149
24褚先生 見褚少孫
褚休
6/149
26褚伯玉 見褚璆
褚儼
6/149
27褚叔度 見褚裕之
28褚倫
6/149
30褚宗 見褚義宗
32褚淵(褚彦回)
6/148
6/148C
34褚湛之
6/148
6/148B
褚法顯
6/148
37褚逢年 見褚遂年
38褚洽

6/150 B
90褚少孫(褚先生)
6/147
褚光 見褚思光
褚炫
6/148
褚粹之
6/148 B

3430₃蘧

00蘧章
6/32
17蘧子馮
6/32
54蘧掩
6/32

3430₅達

20達奚覃 見達奚革
達奚武
10/259
10/259 E
達奚珣
4/78 A
達奚革(達奚覃、達奚簞)
10/259
10/259 B
達奚春
10/259 E
達奚思敬
10/259
達奚長
10/259 E
達奚斤
10/259
10/259 E
達奚簞 見達奚革
21達步氏 見周文帝妃達步氏

3430₆造

80造父
7/34

3430₉遼

23遼允 見牛允

3490₄染

72染閔(冉閔、梁閔)
5/44
7/297
10/415
10/497
10/497 E

3512₇清

17清尹渠(青尹渠)
5/266
5/266 A
清尹弗忌(青尹弗忌)
5/266
5/266 A
31清河公主
5/252 A

3512₇濡

21濡何 見濡河

31滹河(滹何)
10/78
10/78A

3516_6漕

25漕仲叔(漕中叔)
9/91
9/91A
38漕游 見漕少游
50漕中叔 見漕仲叔
90漕少游(漕游)
9/91
9/91A

3520_6神

10神元 見魏神元帝
神元皇后竇氏 見魏元皇后竇氏
13神武 見齊神武帝
55神農 見炎帝
神農氏 見炎帝
67神曜
3/219

3521_8禮

10禮至
6/325
禮震
6/326
12禮孔
6/325
整6/124
71禮長(禮賢)
6/325
6/325A
整6/325A
77禮賢 見禮長

3530_0連

17連尹襄老
5/37
22連稱
5/24

3611_1湼

24湼皓(沮皓)
2/291
2/291A

3611_7温

00温疥
4/120
4/120A
温序
4/121
温彥將
4/121
4/124
4/124A
温彥博
4/121
4/123
4/123A
4/123C
4/123G
4/124A
6/272A

3612_7涓

湯

湯　見殷湯

3621_0祝

00祝產
7/12
祝廣
10/38
10/38A
10/38C
04祝諶
10/38C
15祝聃
10/36
祝融(祝融氏)
3/29
3/259
4/138
5/82
5/82A
5/83
5/83A
5/288B
5/449
6/33
6/318A
10/36
10/36A
10/73
10/74
10/74A
10/127
祝融氏　見祝融
13祝瑜
10/38C
20祝統
10/38C
21祝偃
10/38C
23祝俟
10/38C
祝鮀
10/36
24祝緤
10/38
10/38C
27祝仍
10/38C
30祝寶
10/38C
44祝老
10/38C
祝莤
10/38
祝其
10/113
祝其承先
10/113
50祝史揮
10/115
10/115A
60祝圉
10/114A

祝圉遥
10/114A
祝固舒　見匠麗舒
67祝昭
10/38C
76祝駰
10/38
77祝熙
10/38C
80祝羲
10/38A
87祝欽明
10/38
92祝恬
10/37
10/38
10/38A

3624_0裨

30裨竈(馳竈)
2/30
2/30A
34裨湛(馳湛)
2/30
2/30A

3630_0迦

44迦葉濟
5/111

3630_2遇

35遇沖
8/124
8/124A

遏

80遏父　見陳胡公

邊

邊　見公子邊
22邊鸞
2/141D
77邊卬
2/106
2/106A
整2/106A

3711_0沮

07沮誦
2/290
24沮皓　見浮皓
31沮渠牧犍
10/49B
沮渠蒙遜
2/301
2/301C
沮渠萬(沮渠萬年)
2/301
2/301B
沮渠萬年　見沮渠萬
52沮授
2/291

3711_2氾

00氾彥
9/239

10氾雲　見氾雲將

氾雲將(氾雲)

9/239

9/239A

20氾稚春　見氾毓

27氾叔敖

9/239

79氾勝之

9/238

9/238A

9/239

氾騰

9/239

80氾毓(氾稚春)

9/240

3712_0洞

34洞沐孟陽(續祁孟陽)

8/12

10/153

10/153A

3712_7滑

00滑廣

10/270

26滑伯堪

10/273

10/273A

60滑羅

10/269

鴻

17鴻聊魋

1/57

3713_6漁

76漁陽鴻　見鮭陽鴻

3714_7汲

21汲仁

10/488

汲偃

10/488

10/488C

60汲黯

10/488

10/488B

3715_6渾

13渾瑊

3/178D

4/126A

25渾沌氏(屯渾氏)

4/130

4/143

4/143A

5/82A

30渾良夫

4/125

3716_1澹

29澹鱗(啖鱗)

7/293

7/293B

60澹昱

7/293B

72澹氏鱗女
7/293 B

3716_4洛

10洛下閎　見落下閎

潞

17潞子嬰兒　見路子嬰兒
24潞備
8/167
26潞泉
8/167

3721_0祖

00祖慶
6/289
03祖詠
6/290
6/290 D
整6/290
04祖訥　見祖納
07祖詢
6/289
6/289 D
10祖丁
6/288
祖元穎(祖穎)
6/290
6/290 A
6/290 B
祖元軏
6/290
6/290 A
祖元規
6/290
6/290 A
祖平
6/290
17祖耶
6/289
6/289 D
祖君彦
6/289
祖乙
6/288
6/288 A
7/205
祖己
6/288
6/288 A
20祖季真
6/289
6/289 I
21祖順
6/289
6/289 H
祖價
6/290 D
祖穎　見祖元穎
22祖所　見祖沂
祖嶷
6/289 I
祖崇儒
6/289
6/289 F

50祖忠
6/289E
60祖曠
6/289
祖甲
6/288
72祖氏義臣女
6/289G
77祖夙成
6/290
80祖義臣
6/289G
88祖斂
6/289
6/289H
6/289I
90祖愔
6/290
祖光
6/289
99祖瑩
6/289

3721_4冠

00冠高帝　見貫高
22冠仙　見冠先
24冠先(冠仙、灌光、寇僊)
9/52
9/52A
整9/52A
37冠軍夷
9/57
9/57A

3722_7祁

00祁夜豐
1/170A
祁夜狐　見封具狐人
17祁盈
2/51
整2/51
20祁奚
2/51
10/152
21祁順　見祁順之
祁順之(祁順)
2/51
2/51A
2/52
2/52A
79祁勝
2/51
整2/51
80祁午
2/51
整2/51

3723_2禄

20禄悉　見鹿悆
30禄注　見鹿注
38禄裕　見鹿裕
50禄東贊　見論禄東贊
71禄願　見鹿愿
80禄父　見武庚

禄善　見鹿善

3730₃逯

21逯仁傑
2/384 B
8/199 B
77逯鶡子
8/199 B
80逯並(秋並)
8/199
8/199 B

3730₅逢

12逢弘敏
1/206
逢孫
1/168
逢孫依
1/168
16逢碧
1/206
17逢丑父
1/205
20逢信
1/206
26逢伯陵
1/189 B
77逢門子
1/169
逢門子豹
1/169
80逢公伯陵
1/205

3740₁罕

17罕子皮　見罕虎
21罕虎(子皮、罕子皮)
7/2
50罕夷
7/3
80罕父黑　見宰父黑

3772₀朗

23朗然
7/228 D

3780₆資

53資成
2/58
2/58 A

3812₇冷

30冷安義　見冷道
38冷道(冷安義)
5/262
40冷壽光　見冷壽光
47冷朝陽
5/262
5/262 B
整5/262 B

3813₇泠

32泠州鳩(州鳩)
5/269
整5/269

38泠淪氏(伶倫)
5/261
5/261A
5/268
5/268A
40泠壽光(冷壽光、靈壽光)
5/262
5/262A
整5/261

3814_4游

00游庶祖 見游述
08游詳 見游祥
17游尋
5/426
游子騫
5/427
5/427D
21游仁宗
5/427
27游殷(游固)
5/426
30游良
5/426A
33游述(游庶祖、游迷)
5/427
5/427A
35游速
5/426
5/426A
6/114
38游祥(游詳)
5/427
5/427B
游肇
5/427
39游迷 見游述
40游吉(子太叔)
5/426
5/426A
游奇
5/427
游梓子 見游棣子
44游楚(公孫楚)
5/426A
45游棣子 見游棣子
游棣子(游梓子、游棣子、補禄子)
6/320
6/320A
50游中台
5/427
60游因 見游殷
67游明根
5/427
5/427A
5/427C
70游雅
5/427
5/427C

3815_1洋

洋 見齊文宣帝

3826_8裕

21裕處仁 見格處仁

3830_3遂

遂　見公子遂
30遂安公主
9/204 E

3830_4遨

22遨僕多　見僕多

3830_6道

13道武　見魏道武帝
30道安
5/503
53道感
4/3 B

3864_0敨

敨　見夏敨
22敨崙(敨倫、敨籥)
6/327
6/327 A
28敨倫　見敨崙
88敨籥　見敨崙

3912_0沙

00沙廣
5/100
62沙吒澄　見舍利澄
沙吒葛旃　見李奉國
沙吒忠義(沙陀忠義、沙陀忠儀、沙陀義)
3/69 A
5/108
5/108 A
5/108 B
沙吒阿博　見舍利阿博
73沙陀盡忠(蘇農盡忠)
3/69
3/69 A
沙陀忠儀　見沙吒忠義
沙陀忠義　見沙吒忠義
沙陀輔國(蘇農輔國)
3/69
3/69 A
3/69 C
5/108 B
沙陀金山(蘇農金山)
3/69
3/69 A
5/108 B
沙陀義　見沙吒忠義
85沙缽略可汗
6/55 B

3930_5遴

12遴到　見慎到
27遴條　見慎脩

3930_9迷

10迷吾
3/117

4001_4雄

66雄嚴　見熊嚴
77雄陶(雒陶)
1/50
1/50A

4001_7九

00九方甄　見九方皐
九方歅　見九方皐
九方皐(九方甄、九方歅)
7/251
7/251A
31九江公主(九江公立)
9/122
9/122E
九江公立　見九江公主

4002_7力

27力歸　見力題
28力牧
10/79
10/447
10/448A
61力題(力歸)
10/448
10/448A

4003_0大

00大廉　見太廉
大庭氏
8/226
20大季
8/240
8/240A
21大穎　見大款
22大山稽(太山稽)
3/97
3/97A
8/226
30大宗　見唐太宗
31大福
10/10D
32大業
1/1
整1/1
35大連
8/226
37大鴻
1/57
42大彭　見彭祖
大彭氏　見彭祖
44大填
8/226
47大款(大穎)
8/226
8/226A
55大費
7/33
整1/1A
60大羅弘　見大羅洪
大羅洪(大羅弘、大羅淇)
8/239
8/239A
大羅淇　見大羅洪

67大野慶　見閻慶
74大陸子方　見東郭賈
77大周無上孝明皇帝　見唐高宗則天皇后
78大臨
8/241
8/241A
86大智
6/268E

太

00太廉(大廉)
5/589
7/33
10太王　見周太王
太丁
5/501
太平公主
6/186C
13太武　見魏太武帝
17太子巫　見曾巫
太子晉(晉)
5/137
5/452
太子建(建)
6/83
9/34
10/388
10/388A
太子伋(伋)
10/487
太子兼　見公子兼
21太師庇(太師疵)
8/235
8/235A
太師疵　見太師庇
太師摯
8/235
22太山稽　見大山稽
23太傅彦則(疏彦則)
8/232
26太白
5/523B
太伯　見太狐伯
太伯(吳太伯)
3/21
5/578
8/236
30太宗　見唐太宗
太宗文德皇后　見唐太宗文德皇后
37太祖　見魏道武帝
太祖　見周文帝
40太士靈秀
8/234
41太姬
3/152
太顛
8/228
42太狐伯(太伯)
3/52
3/52A
60太昊(太昊氏)
2/357
3/151

4/143
4/143A
4/144
5/82A
7/82A
10/335
10/387A
太昊氏　見太昊
太甲
10/334
10/509
10/509A
76太陽子(老陽子)
7/88
7/88A
太陽狀　見戲陽扶
太陽速　見戲陽速
80太公　見齊太公
太公望　見齊太公

4003_4爽

47爽鳩氏
7/179

4004_7友

友　見季友
友　見鄭桓公
20友受　見鄭桓公

4010_0士

10士丐(士匄)
2/111
2/111A
6/118
整3/239
12士孫充
6/115
士孫文始　見士孫萌
士孫張
6/115
6/115A
士孫瑞
6/115
6/115D
士孫穎
6/115
士孫仲徹
6/115
士孫奮
6/115
6/115B
士孫萌(士孫文始)
6/115
6/115E
士孫苞
6/115
士孫眭
6/115
士孫賢
6/115
17士子孔(子孔)
8/240
8/240A
20士魴　見彘恭子
士季會　見士會

24士鮒(析成鮒)
10/443
10/443A
27士匄 見士丐
40士吉
6/119
44士莊子弱
6/121
士蔿(子輿、士輿、蔿伯)
2/107
2/107A
2/114
5/330D
6/30
6/30A
6/60
6/116
6/116A
6/119
整2/4
士華 見華士
53士成綺 見卜梁綺
60士思癸
6/117
整6/117
士思卜
6/117
整6/117
士思穆
6/117
整6/117
77士輿 見士蔿
80士義總(士義惣)
6/61
6/61A
6/61B
士義惣 見士義總
士會(士季會、范武子、隋會)
2/4
2/4A
5/330
5/330D
6/60
6/60B
6/123
7/303
7/303A
8/211
整2/4
99士燮後漢交阯太守
6/60
6/61A
士燮隋刑部侍郎
6/61
6/61A
士榮
8/234

4010_1左

00左雍
7/91
17左尹子息
7/97
22左將黃同(右將萬周)

7/250
7/250 A
左紙相 見左史倚相
40左雄
7/92
7/92 A
左難當
4/209 E
7/92
7/92 B
44左慈
7/91
50左史熊相 見左史倚相
左史倚相(左紙相、左史熊相)
1/121
1/121 A
6/23
6/23 A
6/23 A
7/90
7/95
60左思
7/91
72左丘明
7/90
7/91
80左人郢
7/94
左公子洩
7/96

4010_4臺

00臺彥高
3/149
22臺崇
3/149
27臺佟
3/149
73臺駘
3/149
3/149 A

4010_6查

38查祥
5/103
5/103 A

4010_7壺

38壺遂
3/55
60壺黯
3/55
72壺丘子 見乘丘子
壺丘子林 見狐丘子林
80壺公
3/55

4013_2壞

76壞駟射 見息夫躬
壞駟赤(正令赤)
7/177
7/177 A
9/164
9/164 B

4020₇麥

72麥丘老人

10/411

83麥鐵杖

10/408

4021₁堯

堯　見唐堯

17堯君素

7/38B

4021₆克

44克黄　見闞克黄

4022₇内

50内史過

9/2

有

17有子　見冉求

21有偃子皐

7/244

有熊氏　見黄帝

22有巢氏

5/57

7/210

30有扈氏

5/302A

有窮　見后羿

37有禄　見有光

44有若(子有)

6/76

7/210

整6/76

90有光(有禄)

7/210

7/210A

南

00南康公主

3/30B

07南郭子綦

5/34C

5/562

5/564A

南郭維　見夏侯維

南郭締　見夏侯締

南郭偃(鮮于偃)

5/34

5/34C

5/562

5/562A

南郭處讓　見夏侯處讓

南郭處信　見夏侯處信

南郭處節　見夏侯處節

南郭綴　見夏侯綴

南郭紳　見夏侯紳

南郭收　見夏侯收

南郭澧　見夏侯澧

南郭昶文　見夏侯昶文

南郭道遷　見夏侯道謙

南郭雄　見夏侯雄

南郭嗣本　見夏侯嗣本

南郭且于　見南郭鉏于

南郭興皇　見夏侯興皇

南郭翁慶　見夏侯翁慶
南郭銛　見夏侯銛
南郭鉏　見南郭鉏于
南郭鉏于(鮮于且于、南郭且于、南郭鉏)
5/34
5/34C
5/562
5/562A
10南霽雲
5/558A
南平公主
5/404D
17南承嗣
5/558A
南子絛
5/558A
南邵
5/558A
20南季春秋周大夫
5/558A
南季漢人
5/558A
24南德　見湳德
25南仲周宣王時人
5/556
南仲殷紂將
5/558A
26南伯
5/558A
南伯子葵(南伯之葵)
5/564
5/564A
整5/564
南伯之葵　見南伯子葵
30南宮
5/558A
南宮説
5/559
5/559A
南宮子容　見南宮縚
南宮虔
5/558
南宮縚(南宮子容、南宮敬叔、説、仲孫閲、閲)
5/556
5/558
5/558C
整5/556
南宮傅(南宮僔)
5/559
5/559A
南宮牛
5/558B
南宮僔　見南宮傅
南宮适(南宮括)
5/558
5/558A
南宮萬
整5/39
南宮極
5/558
南宮敬叔　見南宮縚
南宮括　見南宮适

南宫嚣
5/558
南宫路
5/558
南宫長萬
5/558 B
南宫會
5/558
35南遺
5/556
5/558 A
40南赤龍
5/558 A
42南蒯
5/556
5/558 A
南狐奴　見湳狐奴
60南昌公主
3/30 B
71南巨川
5/558 A
80南公
5/179 A
5/560
南公子
5/560

4024₇皮

04皮諶(皮湛)
2/11
2/11 A
12皮延年
2/11
17皮瑕叔　見皮遐叔
皮子信
2/11
2/11 E
21皮仁
2/11
25皮仲固
2/11
27皮豹子
2/11
2/11 D
30皮究　見皮容
皮容(皮究)
2/10
2/10 C
34皮湛　見皮諶
37皮遐叔(皮瑕叔)
2/11
2/11 F
60皮日休
2/10 C
2/11 F
90皮尚
2/10 B

4033₁赤

赤　見齊文公
00赤章蔓枝(赤章枝、赤章曼支)
10/434
10/434 A
赤章枝　見赤章蔓枝

赤章曼支　見赤章蔓枝
11赤張徒父　見漆雕徒父
赤張滿　見赤張滿稽若
赤張滿稽　見赤張滿稽若
赤張滿稽若(赤張滿、赤張滿稽)
5/17
5/17A
10/433
10/433A
赤張哆　見漆雕哆
赤張開　見漆雕開
48赤松子
10/424

4034_1寺

80寺人費(徒人費)
3/81
3/81A
寺人回(徒人回)
3/81
3/81A

4040_0女

00女齊　見汝齊
30女寬　見汝寬
44女莘(女華)
1/1
1/1A
整1/1A
女華　見女莘

4040_7支

32支遁(支道林)
2/3
37支逸文　見眭逸文
38支道林　見支遁
40支雄
2/3
2/3B
77支屈六
整2/3
90支光
1/3B

李

00李立節　見獨孤立節
李齊運
5/333H
李齊管　見安齊管
李應元和蘇、湖二州刺史
1/7A
李應鴻臚少卿
1/7
1/7A
李庭訓
6/267B
李廣
1/4
李廣琛　見季廣琛
李文通
4/22E
李文成　見安文成
李辨
1/3A
01李襲譽

李有功(丙有功)
7/192
李有孚(丙有孚、李有季)
7/192
7/192C
李有季　見李有孚
李有容(丙有容)
7/192
李希言
2/108A
李吉甫(吉甫)
5/362B
7/147C
7/225H
41李栖筠(李棲筠)
4/73D
5/497D
44李蒙
6/51C
李藏珍(麻藏珍)
5/99
李巷(李甚)
1/7
1/7A
李孝伯
8/84B
李孝旻(丙孝旻、李旻)
7/191
7/191D
李勢
9/53C
李華(李士謀)大曆汝州司馬
10/312D
李華中唐古文家
5/338H
李莒(丙莒)
7/192
李老君　見李耳
李甚　見李巷
45李棲筠　見李栖筠
46李恕
1/6
1/7A
47李懿
1/7A
李郴
6/212C
50李史魚
10/106C
李肅(李正言)
3/165A
李忠臣(董秦)
6/7
6/7C
李奉國(沙吒葛旃、舍利葛旃)
3/69A
5/107
5/107A
李屯　見獨孤屯
李素
6/161B
李素規
2/354B
李素節

10/108 B
李氏王某妻
6/235 F
李氏于頔妻
2/336 H
李氏裴迴妻
7/146 B
7/146 C
李氏孫造妻
4/106 D
李氏温煒妻
4/124 A
李氏封無待妻
1/144 C
1/144 D
李氏賀蘭某妻
7/149 E
李氏冉實妻
7/296 D
74李陵
4/8
整4/8
77李鳳昇
7/206 B
李隆基　見唐玄宗
李同　見李沖
李巽
3/17 A
6/158 C
整2/270 A
李興族
整1/3 A
李興貴　見安興貴
79李騰雲　見獨孤騰雲
80李全昚
3/42 A
李無慮
7/126 A
李義府
4/66 A
李含光(玄静先生、弘含光)
1/30 A
5/506 C
7/228 D
李公佐
9/143 C
84李錡
2/81 A
86李錫
10/110 D
87李懃
1/7
1/7 A
李舒(丙舒)
7/192
7/192 A
88李範(範)
5/349 B
90李惟岳(張惟岳)
8/19 K
李懷光
8/19 K
李懷恪　見安懷恪
李光顔(李光遠、阿䟫光顔、阿跌光

顔）
5/88
5/88D
李光弼（光弼）
8/204
8/244A
9/129A
李光進（阿跌光進、阿跌光進）
4/167C
5/88
5/88D
李光遠　見李光顔
李光嗣（阿跌光嗣、阿跌光嗣）
5/88
5/88D
李尚
1/4
李常容　見李虚中

4044_4奔

12奔水氏
4/141A
4/146
4/146A

4050_6韋

00韋庇
2/148
2/148I
韋競（韋兢）
2/222
2/222A
韋彦方
2/135
2/135A
韋彦師
2/135
2/135A
韋齊　見韋霽
韋方直
2/198
韋方質
1/33B
2/191C
2/198
韋育
2/124A
韋商伯
2/133G
韋鷹　見韋薦
韋應物
2/141
2/141E
2/141F
韋康　見韋世康
韋庶人　見唐中宗韋庶人
韋廉
2/159
2/159A
韋慶
2/148
2/148I
韋慶競　見韋兢
韋慶儼　見韋兢
韋慶復

2/168
韋倜
2/172
2/172 E
韋豹
2/124 A
韋翻
2/223
韋修業
2/166
2/166 A
韋象先
2/137
韋夐(韋瓊)旭子
2/128
2/128 B
2/133 A
2/133 B
2/135 F
2/141 E
2/141 F
2/146 A
韋夐(韋奂)昕子
2/152
2/152 B
韋奂 見韋夐
韋奥
2/209
2/209 E
韋彝
2/186
韋部
2/148 F
韋敘
2/205
2/205 B
韋屺
2/127
韋嶼
2/135
2/135 E
韋岷
2/198
韋嶼
2/135
2/135 E
韋粲
2/205
2/205 B
韋紀
2/148
韋繩
2/179 A
韋約(韋世約)
2/128
2/133 A
2/146
2/146 A
韋綱榮亮子
2/164
韋綱(韋紹)知人子
2/175
2/179
2/179 A

2/132 B
韋密
2/220
韋宗禮
2/126
韋宗卿
2/215
2/215 A
韋寂
2/135
2/135 E
31韋沘　見韋泚
韋泚(韋沘)
2/204
2/204 J
韋汪
2/200
韋涉　見韋陟
韋涉
2/204
韋潛曹子
2/124
2/125
2/125 A
2/170 A
韋潛愼行子
2/149
韋濬　見韋璿
韋濬玄昭子
2/204
2/211 A
韋濬奉先子
2/211
2/211 A
韋福
2/201
2/203
韋福子
2/129 A
韋福奬
2/129
2/129 A
2/131
韋福嗣
2/129
2/129 A
2/130
韋禎(韋積、韋禛、韋楨)
2/132
2/132 C
2/132 D
整2/132 C
韋逌(韋迌)
2/187
2/187 B
韋渠牟
2/183 A
2/185 B
2/187
2/187 I
2/214 D
10/30 B
32韋州平(韋平)
2/187

2/187C
韋澄
2/188C
2/189
2/189A
2/190
2/190A
2/191C
2/197
韋漸顥曾孫
2/126
2/126B
韋漸岳子子
2/186
2/217A
韋漸伯詳子
2/217
2/217A
韋冰(韋達)景駿子
2/187
2/187H
韋冰堅弟
2/187H
韋滔 見韋縚
韋巡
2/187
韋遥光
2/146
33韋必復(韋安和)
2/193A
韋浚
2/124A
韋演
2/160
韋述景駿子
2/164M
2/185C
2/187
6/151A
7/125A
7/232B
韋述瓚從祖弟子
2/181
整2/181A
34韋灌 見韋淮
韋灌
2/204
2/204B
韋淹(韋奄)
2/189
2/191C
2/197
整2/197
韋汭
2/130
2/130J
韋法儁(韋法儁)
2/163
2/163B
2/164
韋法儁 見韋法儁
韋法保
2/127
韋浩

2/204
韋祐
2/164
韋禛　見韋禎
韋逵(韋達)
2/128A
2/189
2/189B
整2/163
韋邁
2/152
韋遠　見韋義遠
韋達　見韋冰
韋達　見韋逵
韋造
2/214
2/214A
35韋沖
2/128
2/133A
2/139
韋津
2/147
2/151
2/151A
2/151B
2/159A
韋清
2/179
2/179A
韋湊
2/170B
2/171B
2/172
2/172A
2/172B
韋洙
2/192L
韋迪烈子
2/152
韋迪景駿子
2/187
2/187E
36韋況(韋士儀)
2/158
2/158G
韋温唐中宗時宰相
2/204
2/204B
韋温唐文宗時人
2/130C
2/130G
韋澤
2/160J
韋滉(韋鴻)
2/148
2/148F
韋逞
2/148
37韋汎令悌孫
2/143
韋汎叔昂子
2/217
2/217E

2/195 B
韋滯展孫
2/143 A
2/160
2/160 F
韋治
2/126
韋裕 見韋叔裕
韋裕
2/164 J
韋遵
2/224
2/224 A
韋道諧
2/164
韋道珍 見韋秦寶
韋肇貢子
2/186
2/186 I
韋肇希元子
2/130
2/130 C
2/130 E
2/186 I
韋啟
2/130
2/130 D
韋啟强
2/187
39韋洸
2/128
2/132
2/133 A
韋淡
2/126 B
40韋雄 見韋翃
韋大冏
2/155
韋太真(韋真泰)
2/166
2/166 A
韋爽
2/148
2/148 D
韋友諒
2/138
韋友清
2/138
2/138 A
整2/138 A
韋友直
2/138
2/138 A
韋友觀 見韋閬
韋士文 見韋士伋
韋士讓
2/165
韋士經 見韋建
韋士伋(韋士文、韋士宗)
2/155
2/155 C
韋士儀 見韋況
韋士宗 見韋士伋
韋士南

93韋愃
2/164
韋悰
2/130
2/130A
94韋愼行
2/149
韋愼名
2/149
韋愼惑
2/149
96韋憬
2/130
2/130B
97韋惲
2/168
韋憺
2/152
韋恪 見韋孝恪
韋鄉
2/138A
98韋悅金璧子
2/152
2/152A
韋悅元甫子
2/152A
2/164
99韋瑩
2/192
韋榮亮
2/164

4060₀古

17古弼(古筆、吐奚華、吐奚筆)
6/308
6/308A
20古乘
6/285
28古牧
6/285
33古冶(古野)
6/313A
38古道 見古道子
古道子(古道)
6/285
6/285A
47古起
6/285
6/285A
53古成㐬 見古成彪
古成詵 見古成說
古成說(古成詵)
6/312
6/312C
古成雲
6/312
6/312B
古成彪(古成㐬)
6/312
6/312D
6/320A
古成和 見古成知
古成夔

6/312
古成知(古成和)
6/312
6/312C
古咸 見苦成
67古野 見古冶
80古公 見古公亶父
古公亶父(古公)
6/285
8/236
88古筆 見古弼

右

21右師譚
7/245
7/245B
右師戊 見右師戌
右師戌(右師戊)
7/246A
22右將萬同 見左將黄同
30右宰穀
7/249
50右史武 見右史戍
右史戍(右史武)
7/248
7/248A

4060₁吉

08吉謙
10/177A
11吉項
2/350A
10/177
10/177A
10/177B
10/177C
10/416D
17吉琚
10/177
10/177D
19吉琰
10/176
31吉潛
10/177C
36吉温
2/50A
10/177
10/177D
37吉渾
10/177A
10/177B
10/177C
吉深
10/177C
吉遐
10/177C
38吉遵
10/177C
40吉士瞻(吉瞻)
10/176
10/176A
44吉茂
10/175
吉懋 見吉哲

48吉輸　見吉幹
吉幹(吉輸)
10/175
10/175D
50吉中孚
10/178
10/178A
52吉哲(吉懋)
10/177
10/177A
53吉甫　見李吉甫
56吉挹
10/175
10/178
60吉旼
6/144E
67吉瞻　見吉士瞻
96吉恪
10/175
10/175C

奮

00奮齊融　見萬齊融
奮章　見萬章
24奮緒　見萬緒
奮纘　見萬纘
27奮修　見萬修
30奮寬　見萬寬
43奮式　見萬彧

4060_5喜

喜　見子罕
喜　見燕王喜

4062_1奇

奇　見公子奇
16奇琨　見爲昆

4064_1壽

10壽西宜僚　見市南宜僚
壽西長(北髮長)
10/477
10/477A
30壽安公主
3/34B
44壽夢
3/21A
50壽春公主
3/22A
60壽昌公主
9/207L
72壽丘
7/254
90壽光公主
10/310D

4071_6奄

26奄息
7/298

4073_2袁

00袁高
4/65
4/65A
4/65B

4080₁真

4080₆賁

4090_0木

4090_3索

4090_6椉

4090_8來

4091_6檀

9/47
17檀弓
4/177
檀子
4/177
26檀伯達
4/177
整4/177
30檀袨(檀祇)
4/178
4/178B
檀憲之
4/178
31檀憑之
4/178C
32檀祇　見檀袨
38檀道鸞
4/178
檀道濟
4/178
4/178C
40檀喜
4/178
52檀播
4/178

4091_7杭

28杭徐　見抗徐

4094_1梓

00梓慶
6/70
94梓慎
6/70

4094_8校

25校傑
9/84

4111_6垣

04垣護之
4/90
4/91
07垣詢　見垣詢之
垣詢之(垣詢)
4/90
4/90C
12垣副
整4/89A
22垣崇祖
4/91
24垣齮
整4/89A
38垣遵
4/90
44垣恭
4/89
整4/89A
垣苗
4/90
98垣敞
4/90
4/91
99垣榮祖

4/206C
桓修(桓循)
4/204
4/205A
桓伊(桓尹)
4/205
4/205A
桓彝
4/204
4/205A
33桓祕
4/204
34桓法嗣
4/206
4/206A
4/206C
35桓沖(亘沖)
4/204
9/177
9/177A
36桓温
4/204
7/288
10/336
38桓豁
4/204
50桓肅之
4/205A
60桓思敬
4/206C
桓思敏
4/206
桓景
4/205A
67桓嗣
4/204
4/205A
71桓臣彦範 見桓臣範
桓臣範(桓臣彦範)
4/206
4/206D
99桓榮
4/203
4/204
4/204B
整4/203

4192₇樗

60樗里疾(樗里子)
2/284
2/313A
2/314
樗里璠 見京相璠
樗里子 見樗里疾

4194₆梗

76梗陽巫皋
7/203
梗陽君 見涇陽君
梗陽犨 見涇陽犨
梗陽貞
7/203

4196₀柘

10柘王伯益 見拓王伯益

柘王懋　見拓王懋
柘王奉　見拓王奉
柘王羆　見拓王羆
柘王盟　見拓王盟
36柘温舒
9/118

4200₀�

11刾張　見郟張

4212₂彭

20彭伉
5/537C
37彭祖(大彭、大彭氏、老彭)
2/123
2/319
5/18
5/18A
5/101A
5/241
7/80
10/74A

4220₀蒯

26蒯得
8/246
8/246A
27蒯躬
8/247
28蒯徹　見蒯通
30蒯宗
8/247
37蒯通(蒯徹)
4/198
8/246
8/247
43蒯越(蒯異度)
8/247
8/247A
60蒯恩
8/247
8/247A
蒯異度　見蒯越
90蒯尚　見蕢尚

4223₀狐

20狐毛
3/52
21狐偃(咎、舅犯)
3/52
5/570
7/235
24狐射姑(賈季)
3/52
3/215A
30狐突
3/52
35狐溱
3/55
47狐鞫居　見續簡伯
狐鞫居　見續簡伯
72狐丘子林(孤丘林、壺丘子林)
3/79
3/82

3/82A
狐丘封人(孤丘封人)
3/82
88狐篤
3/52

4241₃姚

00姚意　見姚懿
姚奕
5/42A
10姚元崇　見姚崇
姚元之　見姚崇
姚平
5/41
22姚崇(元崇、元之、姚元崇、姚元之)
4/163A
5/42A
10/295C
27姚句耳
5/41
44姚萇
5/411
47姚懿(姚意、姚善意)
2/267A
3/15A
3/166B
5/42
5/42A
58姚敷
5/41
60姚曠
10/106C
72姚氏陳正觀妻
3/166B
77姚興
2/370
4/153
6/312
80姚善懿　見姚懿
94姚恢
5/41
7/269B

4242₇嬀

24嬀皓(嬀鵠)
2/12
2/12B
2/13B
27嬀鵠　見嬀皓
60嬀昆　見爲昆
78嬀覽
2/12
94嬀恢
5/42

4252₁靳

11靳彊(靳强)
9/31
9/31A
16靳强　見靳彊
24靳先
9/31
30靳安
9/31

34靳滿　見勒滿
44靳孝謨
9/31
9/31 B
87靳歙
9/31
90靳尚(上官大夫)
7/173 A
9/31
靳訾　見靳恒
91靳恒(靳訾、蘄恒)
9/31
9/31 C

4282_1斯

12斯引烏堡　見斯引烏塱
斯引烏塱(斯引烏堡)
2/119
2/119 A
28斯從
2/24

4292_1析

25析朱鉏
10/442
10/442 A
27析歸父
10/442
析像(折像、折象)
10/442
10/442 B
53析成鮒　見士鮒
60析國
10/442

4299_4櫟

76櫟陽汾(孫陽汾、景汾)
4/139
4/139 A

4313_2求

00求言
6/318 A
8/231
25求仲
5/431

4315_0城

76城陽公主
6/237 C

4323_2狼

34狼薳(琅過)
5/216
5/216 A

4355_0載

43載戴
9/15
60載國
9/15

4380_5越

越　見北唐越
越　見司馬越
47越椒

5/47
72越質詰歸
10/239
10/239A
越質咄黎
10/239A

4385₀戴

03戴就 見戴涉
10戴惡
9/7
戴至德
9/11
9/11A
16戴聖
9/7
18戴璇 見戴休璇
24戴德
9/7
9/7A
9/11
戴休顏
9/12A
戴休璿
9/12A
戴休珽 見戴休璇
戴休琁 見戴休璇
戴休璇(戴璇、戴休珽、戴休琁、戴林琁)
9/12
9/12A
25戴仲孫
9/11
9/11A
26戴伯 見公孫兹
27戴叔倫
9/7B
9/9A
28戴僧静
9/7
30戴安丘 見戴逯
戴良紹
9/11
31戴涉(戴就)
9/7
9/7B
9/8
9/8A
9/12
9/14
34戴法興
9/7
戴逵
9/7
9/9
9/9A
36戴邈 見戴逯
戴邈
9/9A
9/14A
37戴逯(戴安丘、戴邈)
9/9
9/9A
38戴洋

9/10
40戴希謙
9/12A
44戴林琁　見戴休琁
50戴胄
7/222A
9/11
9/11A
60戴景珍
9/11
9/11A
71戴頎
9/12
80戴羲
整4/182

4395₃棧

31棧潛
7/15

4410₀封

00封亮
1/144
1/144E
封彥明
1/146
封磨奴(封君明)
1/140A
1/147
1/147A
封廣城　見封廣成
封廣成(封廣城)
1/140
1/140B
封奕(封弈)
1/136
1/136A
1/136B
1/146A
1/147
封弈　見封奕
封言道(封道言)
1/141
1/141B
封玄慶
1/139A
封玄震
1/139A
封玄之
1/147A
封玄景
1/139A
封玄明
1/139A
封玄節
1/139A
04封謀
1/148
07封望卿
1/144
1/144F
封詢(封景文)
1/148
1/148B

1/140
1/140 B
封希奭
1/144
1/144 D
44封猗
1/140 B
封勸
1/136 B
1/146
1/146 A
1/147
封孝璋
1/142
封孝琬
1/137
1/142
1/142 A
封孝瑜
1/140 A
封孝琰
1/142
1/142 B
整1/142 B
封孝綽
1/145
封孝纂 見封纂
封蘄
1/136
1/136 B
1/147
封若水
1/146
封若虛
1/146
封若沖
1/146
封若愚
1/146
47封懿
1/147 A
1/148
1/148 A
48封松年
1/150
50封泰(封安壽)
1/139 A
54封軌
1/148
1/148 A
封措
1/143 A
57封抱
1/140 A
58封敖
1/144
1/144 F
60封勗
1/147
1/147 A
封思業
1/149
1/149 B
封思敏

86封智瞻　見封智贍
封智贍(封智瞻)
1/138
1/138A
88封纂(封孝纂)
1/149
1/149A
90封愔
1/143
1/143A
封常清
1/151
93封悛
1/135
1/136A
1/147
98封悅
1/135
1/136
封悌
1/143

4410₄基

基　見窺基

堇

10堇丕茲　見秦商
80堇父　見秦堇父

董

00董庭琰
6/5
董慶
6/5
董京
6/1
10董玉
6/4B
董元珍
6/3
董元質
6/3
董晉
6/6
6/6A
6/6B
11董瑨
6/3
13董琬
6/3
6/3D
17董珣
6/3
18董瑜
6/8
21董卓
7/70
7/83
7/83A
7/305
22董繇
6/3
23董代
6/1B
24董德林

80董全道
6/6
董全素
6/6
董父
1/153
6/1
6/1B
6/2A
董養
6/1
87董鈞
6/1
6/1E
91董恒
6/3
94董忱
6/3
董慎
6/3
董恢(童恢)
1/39
1/39A
96董懁
6/3
97董惲
6/3

4410₇苴

72苴氏(莫氏)
10/347
10/347A

蓋

00蓋文達
10/493
10/493B
蓋文懿
10/493
12蓋弘亨
10/493B
蓋弘濟
10/493B
蓋弘式
10/493B
蓋弘旦
10/493B
蓋弘鐸
10/493B
蓋延
10/492
10/493
24蓋勳
10/494
30蓋寬饒
10/492
44蓋蘇文
5/28A
80蓋公
10/492

藍

17藍尹亹
5/568

10/508A

4411₂范

00范痤　見范座
范座(范痤)
7/303
7/303B
范廣雅
7/304
10范平
7/305
7/305B
范雲
7/309
7/309B
11范璩之
7/309B
范頵　見范義頵
12范弘邇(范弘頤、范宏邇、范頤)
7/305
7/305G
范弘基
7/305
范弘頤　見范弘邇
13范武子　見士會
16范瑝之
7/305C
20范季明
7/309
7/309A
23范傅慶　見范傳慶
范傅規　見范傳規
范傅氏　見范傳式
24范升
7/307A
25范傳慶(范傅慶)
7/305
7/305F
范傳正
7/305F
整7/305F
范傳式(范傳氏、范傅氏)
7/305
7/305F
整7/305F
范傳規(范傅規)
7/305
7/305F
范傳氏　見范傳式
范傳質
7/305F
26范皞之
7/305
7/305C
范皐夷
5/608
9/40
27范蠡(陶朱公)
6/343
7/303
8/193
范冬馥(范東馥)
7/308A
范冬芬

7/305
92范憕(范燈)
7/305
7/305E
范燈　見范憕
98范惀(范倫)
7/305
7/305F

4412_7蒲

21蒲盧胥
3/70
34蒲洪　見苻洪
38蒲遵
3/48
46蒲姑
3/71
60蒲昌
3/48
77蒲堅　見苻堅

蕩

27蕩疑　見薄疑

勤

30勤宿名達　見宿勤名達
35勤禮　見顔勤禮

4414_2薄

27薄疑(蕩疑)
10/346
10/346A
33薄梁
10/346
10/346C
44薄芬
10/346
53薄戍奴(薄戎奴)
10/346
10/346C
薄戎奴　見薄戍奴
67薄昭
10/346

4414_7鼓

00鼓方叔
5/197
17鼓子鳶鞮
6/299

4416_0堵

27堵叔
6/296
30堵寇
6/296
34堵汝父
6/296
40堵燕　見張燕
80堵俞彌
6/296

4416_4落

10落下仲異　見落姑仲異
落下閎(阜落閔、洛下閎)
5/79
5/79A

5/80A
10/351
10/354
10/354A
10/364A
落下公
5/80A
10/364A
44落姑仲異(落下仲異)
10/364
10/364A

4420₂蓼

22蓼崇業
7/32

4420₇考

43考城子　見老成子
80考父説
9/113

4421₂苑

21苑何忌(菀何忌)
6/365
6/365A
84苑鎮
6/365A

菀

21菀何忌　見苑何忌

4421₄莊

00莊辛
5/167
10莊賈
5/167
莊不識　見嚴不識
17莊忌　見嚴忌
25莊生　見莊周
50莊青翟　見嚴青翟
74莊助　見嚴助
77莊周(莊生、嚴周)
5/167
5/609
90莊光　見嚴光

薩

12薩孤吴仁　見薛孤吴仁

4422₁猗

51猗頓
2/28
2/29

4422₂茅

17茅盈
5/58
20茅焦
5/58
27茅叔
5/58
44茅地
5/58
5/60A
50茅夷鴻

5/56
5/58

4422_7芮

11芮彌　見芮珍
16芮强
8/210
18芮珍(芮彌)
8/210
8/210B
26芮伯
8/210
芮伯奮　見芮伯萬
芮伯萬(芮伯奮)
8/210
9/27
9/28A

芬

72芬質(芸質、芸賢)
3/257
3/257A

莠

17莠尹然(厖尹然)
9/196
9/196A

帶

17帶子莊　見叔帶子莊
24帶他
8/229

蔿

00蔿章　見薳章
26蔿伯　見士蔿

幕

幕　見虞思

蕭

10蕭正德(肅正德)
10/53
10/53B
蕭元益
10/376
蕭不疑
5/39
5/39A
21蕭穎士(穎士)
2/214B
5/405D
5/429B
7/214D
7/214G
22蕭嵩
2/181B
5/227E
6/151A
7/125A
10/16A
26蕭泉
10/376
27蕭叔大心

藺

蘭

4/176

4424_0苻

10苻丕
2/370
苻璋　見苻子璋
12苻登
2/370
17苻子璋(苻璋)
2/371
苻子珪(符子珪)
2/371
2/371A
整2/371
25苻健
2/369
2/370
2/370A
31苻遷敵
2/371
2/371A
34苻洪(蒲洪)
2/369
2/370
2/370A
3/48
38苻澈(符澈)
4/244A
43苻載
2/370A
47苻猛
2/371
2/371A
77苻堅(蒲堅)
2/367A
2/369
2/370
2/370B
6/258B
98苻敞
2/370B

4424_2蔣

05蔣諫　見蔣鍊
07蔣詡
7/141
7/141B
7/142
7/142C
7/144
7/144A
10蔣至　見蔣志
蔣瓌
7/147B
蔣元遜
7/141B
7/144
7/144B
7/147
12蔣列　見蔣洌
13蔣武　見蔣乂
蔣武
7/147C
17蔣郅

4430₃蘧

3/243A
6/32
17蓮子馮
6/32
54蓮掩
6/32

蓮

10蓮正 見蓮政
12蓮瑗(蓮伯玉)
2/275
18蓮政(蓮正、蓮止)
2/275
2/275A
整2/275A
21蓮止 見蓮政
26蓮伯玉 見蓮瑗

4432₀薊

17薊子訓
8/194
8/194A

4433₁赫

17赫胥氏(郝胥氏、郝骨氏、郝省氏)
10/335
10/335A
10/387
10/387A
35赫連璝
3/252
赫連袖 見雲袖
赫連梵(郝連梵)
10/387A
赫連勃勃
10/277
赫連敖雲
3/252
44赫蘇氏
10/387A

燕

10燕王喜(喜)
5/2
12燕瑗
5/2
5/2A
40燕太子丹
10/44
67燕昭王
10/306
燕昭成皇帝 見馮弘
燕照文皇帝 見馮弘
80燕倉
5/2

4433₃慕

22慕利延 見慕利賢
慕利賢(慕利延)
8/173
8/173A
整8/173A
30慕容廆(前燕高祖武宣皇帝)
1/136A
1/200A

3/120
6/322
8/169
8/170 B
8/170 G
9/226
9/226 A
慕容三藏(慕容叁藏)
8/170
8/170 B
8/170 F
8/170 G
8/170 H
8/171
慕容正言(慕容㽁言)
8/170 B
8/170 F
8/170 G
8/170 H
慕容正見
8/170 F
慕容正則
8/170 F
慕容㽁言　見慕容正言
慕容瑾恪子
8/170
慕容瑾知晦子
8/170 F
8/170 H
慕容琦
8/170 G
慕容琨
8/170 F
慕容珣
8/170
8/170 I
慕容琚
8/171
8/171 B
慕容垂
2/189
6/257 C
8/21 A
8/169
慕容儁(慕容嶲、慕容雋)
6/334
7/297
8/169
8/169 A
慕容嶲　見慕容儁
慕容雋　見慕容儁
慕容叁藏　見慕容三藏
慕容德
4/90
5/164
8/169
9/226 A
慕容白曜(慕容白臞)
8/171
8/171 B
慕容白臞　見慕容白曜
慕容儼(慕容恃德)
8/170
8/170 C

3/36
蘇珦(蘇洵)
3/42
3/42A
蘇珣
3/47E
蘇琛
3/31
3/38
蘇務廉(蘇廉)
3/40
整3/40
蘇務寂
3/40
蘇務昇
3/40
18蘇政 見蘇敞
蘇瓛 見蘇瓛
20蘇儁
3/30
蘇季(蘇季子)
3/29
3/39
蘇季子 見蘇季
21蘇順
3/47
蘇虔(蘇執儀)
3/33B
3/34
3/34A
3/34B
蘇潁(蘇頲)
3/32
3/32A
3/36
3/36A
整3/32A
蘇紘(蘇丕)
3/39
3/39B
蘇綽
3/29
3/30B
蘇穎 見蘇頲
22蘇循
3/44
3/44E
23蘇俛
3/43
3/43C
蘇獻
3/30
3/30D
蘇弁
3/44
3/44A
3/44C
蘇峻
2/94B
蘇綰
3/39
3/39B
24蘇佐
3/41

4440₀艾

葓

莫

4450₆革

荀

荀遂
3/240
荀遊敖 見荀游敖
40荀爽
2/116
3/240
3/240B
荀燾
3/240
3/240B
41荀桓子 見荀林父
44荀瀋
3/240
荀林父(荀桓子)
1/107
3/239
48荀敬侯 見荀彧
50荀肅
3/240
3/240B
荀專 見荀尃
51荀軻
3/241
3/241A
53荀彧(荀敬侯)
3/240
3/240C
3/241
整3/240
荀尃(荀專)
3/210
3/240B
60荀勗
3/240
77荀卿 見荀況
80荀羨
3/241
90荀尚
3/241
3/241A
97荀惲
3/240
98荀悦
3/240

4470₀斟

17斟尋氏
5/541
5/541A
5/544
5/545
5/545A
34湛灌
5/545
5/545A

4471₀芒

17芒子盈 見陳盈

4471₁老

00老童
1/38
1/40
4/146
4/146A

4/201
7/80
15老聃　見李耳
17老子　見李耳
24老佐
7/80
42老彭　見彭祖
43老城子　見老成子
44老萊子
2/403 A
7/80
7/87
53老成方
7/86
老成子(考城子、老城子)
7/86
7/89
7/89 A
76老陽子　見太陽子
老陽子(成陽子)
5/256
5/256 A

4471_2也

61也咥
7/131 A

4471_7世

00世充　見王世充
37世祖　見魏太武帝
40世南　見虞世南
80世父勝
6/8

巷

26巷伯
8/39
8/39 A

4472_7葛

00葛玄(葛元)
10/255
10/255 A
葛玄暉
2/256 A
01葛襲　見葛龔
葛龔(葛襲)
10/254
10/254 C
10/254 D
10葛元　見葛玄
葛天氏
10/254
20葛奚
10/255
葛稚川　見葛洪
26葛伯
2/295
葛伯嬰　見葛嬰
34葛洪(葛稚川)
4/224
4/224 A
10/255

50葛由
10/255
53葛威德
10/254C
60葛嬰(葛伯嬰)
2/295
2/295E
77葛興
10/254

4473_1芸

72芸質 見芬質
77芸賢 見芬質

4473_2茲

茲 見公孫茲
77茲毋還 見茲無還
茲毋恒
2/122
2/122A
80茲無還(平無還、茲毋還)
2/67
2/67A
2/122
2/122A

萇

12萇弘
5/166
26萇總
5/166

4474_1薛

00薛齊
10/279
10/279H
薛廣德
10/279
10/279D
10/279E
10/280A
04薛謹
10/280
10/280A
薛訥
9/151D
10薛元曖
5/506C
薛雲
10/279C
12薛登(公子登)
10/279
10/279C
薛孤康
10/291
薛孤元憲
10/291
薛孤元邏
10/291
薛孤吳仁(薩孤吳仁)
10/291
10/291C
整10/291C

薛苹
10/280A
10/281
10/281A
47薛懿
10/279
10/279H
10/280
52薛播
5/506C
70薛雕
10/280
77薛開　見薛恢
薛興
10/280
80薛翁
10/279
薛公子　見薛漢
薛公鑒
10/279
10/279D
87薛舒
2/176B
94薛恢(薛開)
10/279
10/279H
10/280
99薛瑩
10/283
10/283A

4477₀甘

10甘平公
5/567
5/567A
26甘伯桓公(甘伯恒公)
5/569
5/569A
甘伯恒公　見甘伯桓公
27甘盤
5/569
5/569A
44甘茂
5/569
60甘羅
5/569
5/569A
67甘昭公(王子帶)
5/569
9/237

4477₇菅

01菅襲　見管襲
22菅崇嗣　見管崇嗣
25菅仲　見管夷吾

4480₁共

10共工氏
1/27
1/164A
1/166
27共叔堅(堅石、公石)
1/77
1/77A
共叔段(京城太叔、段)

4480_6黄

蕢

4490₀樹

4490₁蔡

22蔡邕(伯喈)
4/83A
8/214E
8/215
8/220
23蔡允恭(蔡克恭)
8/216
8/216C
24蔡德
8/215B
蔡勳
8/214
8/214E
蔡稜(蔡伯直、蔡棱)
8/215
8/215A
25蔡仲其(葵仲其)
2/77
2/77A
8/242
8/242A
蔡仲胡(葵仲胡)
2/77
2/77A
8/214
8/242
8/242A
26蔡伯直　見蔡稜
27蔡豹
8/215B
蔡叔
2/77
8/242A
蔡叔度
8/214
28蔡徹
8/217A
30蔡寅(蔡演)
8/214
8/214D
32蔡澄
8/219
33蔡演　見蔡寅
36蔡澤
8/214
37蔡凝
8/217
8/217A
8/217B
8/220A
40蔡大寶
8/215C
蔡大業
8/215C
8/216
8/216A
8/216B
8/216C
蔡克
8/215
8/215B
8/217
8/220A
蔡克恭　見蔡允恭

2/116
綦毋張
2/115
綦毋子
2/115
綦毋珍之
2/116
綦毋參
2/115
綦毋俊
2/116
綦毋倪
2/116
綦毋潛(綦毋孝通)
2/117
2/117A
2/117B
2/286A
綦毋達
2/116
綦毋邃
2/116
綦毋孝通　見綦毋潛
綦毋闇
2/116
綦毋懷文
2/117
2/117C

4490₄葉

04葉諸梁　見沈諸梁
17葉子高　見沈諸梁
21葉貞
1/58A
40葉雄
10/496
55葉慧明
4/167A
76葉陽君　見華陽君
葉陽通　見華陽通
80葉公　見沈諸梁

藥

17藥子昂(藥子昻)
10/299
10/299B
10/299C
藥子昻　見藥子昂
22藥崙
10/299
10/299B
10/299C
藥峯
10/299C
藥崧
10/299
25藥仲(藥沖)
10/299
10/299B
26藥穆
10/299
35藥沖　見藥仲
72藥氏李鼎妻
10/299C

4491。杜

72林氏　見魏孝文皇后
林氏薛元曖妻
5/506C
77林堅
5/501
林開
5/501
5/501B
林閭(林閭翁孺、林翁孺)
5/512
5/549
5/549A
7/150
林閭翁孺　見林閭
79林勝北齊散騎侍郎
5/503
5/504
林勝(林遯)後魏平凉太守
5/508
5/508A
80林益
5/506
5/506D
林翁孺　見林閭
林尊　見林遵
90林少良
5/505
林賞
5/506
91林類
5/501
97林恂
5/509

4510₆坤

23坤牟子　見根牟子
80坤年子　見根牟子

4594₄樓

00樓玄(樓元)
5/476
5/476A
04樓護(樓君卿)
5/475
07樓望
5/476
10樓元　見樓玄
16樓瑝(樓蝗)
5/474
5/474B
17樓君卿　見樓護
20樓季嬰
8/72
22樓緩
5/474
23樓伏連　見賀婁伏連
25樓仲興
5/477
50樓秦
5/477
56樓蝗　見樓瑝

4622₇獨

12獨孤立節(李立節、獨孤奉節)

10/110
10/110E
獨孤充忠
10/101
獨孤彦
10/111
10/111H
獨孤彦雲
10/110
10/110B
10/110C
獨孤方平
10/98
獨孤方皐
10/98
獨孤慶
10/100
獨孤慶之
10/101
獨孤庠(獨孤天官、獨孤賢府)
10/107
10/107G
獨孤庫者
10/95
10/97
獨孤意
10/111
獨孤文惠
10/109A
獨孤諶(獨孤諆、獨孤湛)
10/100
10/100G
獨孤訥
10/100
獨孤諆　見獨孤諶
獨孤正　見劉正
獨孤正
10/105A
10/107B
獨孤丕
10/107
10/107B
10/109A
獨孤琟
10/98
獨孤元康　見獨孤元慷
獨孤元慶
10/105
獨孤元哲
10/98
10/98D
獨孤元同
10/98
獨孤元節
10/111
10/111B
獨孤元慷(獨孤元康)
10/105
10/105B
整10/105
獨孤元愷
10/105
10/105C

10/111B
10/111C
獨孤氏陳諸妻
3/170C
獨孤助
10/106
10/106D
獨孤尸利
10/104B
獨孤册(獨孤伯謀、獨孤冉、獨孤輔、獨孤策)
10/104
10/104F
獨孤開徹(獨孤徹)
10/98
10/98C
獨孤開遠(獨孤遠)
10/98
10/98A
10/98B
10/98C
獨孤開明
10/98
獨孤問俗
10/106
10/106B
10/106C
獨孤卿雲(獨孤雲卿)
10/110
10/111
10/111A
獨孤賢府 見獨孤庠
獨孤賢意
10/101
獨孤陁
10/97
10/102
10/102A
獨孤騰雲(李騰雲、獨孤滕雲)
10/110
10/110D
獨孤滕雲 見獨孤騰雲
獨孤義順
10/104
10/105
10/105A
10/109
10/109A
整10/105
獨孤義恭
10/104
10/104E
10/109A
獨孤義盛
10/104
10/109A
獨孤含章
10/105
10/106A
10/106B
獨孤善
10/97
10/99
獨孤節 見獨孤道節

獨孤策 見獨孤册
獨孤纂
10/98A
獨孤籍
整10/105
獨孤懷恩
10/103
獨孤眷 見劉眷
獨孤炎
10/110
獨孤炫
10/102
10/102A
10/102B
獨孤愐
10/108
10/108B
獨孤烜
整10/105
獨孤憕
10/107B
獨孤愧(獨孤曳)
10/108
10/108A
獨孤惲
10/100D

4630_0 恕

80恕金 見鑢金

4640_0 如

10如元擢 見茹元曜
如元曜 見茹元曜
17如子禮
2/287
30如淳
2/288
2/288A
72如氏
2/287
10/347A
80如善可汗
5/92

4649_3 嫘

37嫘祖(絫祖)
2/61
2/61A

4680_6 賀

10賀齊
9/96
9/96B
9/96C
14賀劭(賀邵)
9/96
9/96C
17賀邵 見賀劭
21賀術祁
9/108
9/108A
22賀循(賀修)
9/96
9/96D
24賀德仁

伏連)
9/104
9/104A
整9/104A
賀婁積　見賀婁善積
賀婁泉
9/104
9/104C
賀婁寶(賀婁道成)
9/104
9/104B
9/104C
賀婁道成　見賀婁寶
賀婁大拔
9/104
9/104A
9/104B
9/104C
賀婁真
9/104A
賀婁蒙
9/104
9/104A
9/104B
9/104C
賀婁景賢
9/104
9/104C
賀婁善積(賀婁積)
9/104
9/104D
賀屯植　見侯植
53賀輔
9/96B
賀拔度拔(賀拔拔)
2/280
9/99
9/99B
賀拔玄壹(賀拔一云、賀拔云一)
9/100
9/100C
賀拔一云　見賀拔玄壹
賀拔正　見賀拔元正
賀拔元正(賀拔正)
9/100
9/100D
賀拔爾頭(賀拔爾逗)
9/99
9/99A
9/100
9/100B
賀拔爾逗　見賀拔爾頭
賀拔云一　見賀拔玄壹
賀拔廷嗣　見賀拔延嗣
賀拔延嗣(賀拔廷嗣)
9/99
9/99D
賀拔仁
9/100
9/100B
9/100D
整9/100B
賀拔允
9/99

4690。柏

相

4690_3 絮

4692_7 楊

4702_7�

鳩

鳩摩炎
5/456

4713$_8$懿

懿　見公子懿
30懿宗　見唐懿宗

4721$_7$猛

44猛獲(猛足、尹獲)
7/201
10/409
10/409A
60猛足　見猛獲

4722$_0$麴

00麴文泰(宇文泰)
10/33
10/33B
01麴譚　見鞠譚
22麴崇裕
10/33
10/33E
10/33F
23麴允
10/35
24麴稜　見鞠稜
26麴伯雅
10/33
10/33A
31麴潭　見鞠譚
33麴演
10/34
34麴湛　見麴智湛
40麴嘉
10/33
10/33A
67麴瞻(麴昭、麴昭祖)
10/33
10/33F
麴昭　見麴瞻
麴昭祖　見麴瞻
77麴堅
10/33A
麴閎(鞠閎、鞫閎)
10/32
10/33
80麴義
10/34
86麴智諶　見麴智湛
麴智勇　見麴智茂
麴智湛(麴湛、麴智諶)
10/33
10/33D
麴智茂(麴智勇、麴智盛)
10/33
10/33C
10/33D
麴智盛　見麴智茂

4722$_7$郗

00郗疵　見郗疵
郗疵(郗疵)
2/47
2/47B

郗高卿　見郗昂
10郗正　見郤正
15郗融
2/49B
12郗慮
2/49
25郗純　見郗昂
35郗沖
2/49B
40郗士美
2/50
2/50A
2/50B
47郗超
2/49
2/49B
60郗昂(郗高卿、郗純、郄昂、都昂)
2/48A
2/50
2/50A
郗曇
2/49B
64郗曄　見郗燁
78郗鑒(郄鑒)
2/49
2/49A
2/49B
90郗愔
2/49
94郗燁
2/49
2/49C

郁

10郁貢
10/75

4732₇郝

10郝玉
4/167C
11郝北㚇　見郝北叟
郝北叟(郝北㚇)
10/377
10/377A
14郝破敵
10/337
17郝胥氏　見赫胥氏
郝子期(王子期、子期)
10/335
10/335B
21郝處俊
6/139A
6/141B
9/174E
10/337
10/337B
郝處傑
10/337
24郝德
2/168G
27郝象賢
10/337B
35郝連梵　見赫連梵
36郝迴

10/337
37郝潔　見郝絜
40郝南容
10/337
10/337B
44郝蘭
10/335
46郝相貴
10/337
57郝絜(郝潔)
10/336
10/336A
62郝昕
10/336
67郝略
10/336
77郝隆
10/336
郝骨氏　見赫胥氏
郝賢(郝夔)
10/335
10/335C
80郝夔　見郝賢
90郝省氏　見赫胥氏

4742_0朝

71朝臣大父
5/49
5/49A
朝臣真人
5/49

4742_2嫪

40嫪毐(樛毐)
9/92
9/92A

4742_7郄

27郄紹　見郟紹先
60郄昂　見郗昂
78郄鑒　見郗鑒

4752_0鞠

鞠
10/44A
01鞠譚(麴譚、麴潭、鞫譚)
10/32
10/32A
10/44
10/45
10/46
整10/32A
13鞠武
10/44
10/44B
24鞠稜(麴稜)
10/46
10/46A
25鞠仲
10/45
30鞠注
10/45
77鞠闕　見麴闕

鞠

01鞠譚　見鞫譚

77鞠閦　見麴閦

4762₀胡

胡　見參胡

00胡廣

3/9

胡文同

3/11

整3/11A

胡諒

3/19

3/19B

01胡証(胡諤)

3/19

整3/19

02胡誕　見胡延

06胡諤　見胡証

10胡元禮

3/13

3/13A

胡元範

3/14

3/14B

11胡非子

3/63

3/63A

12胡延(胡延之、胡誕、胡厶)

3/11

3/11A

3/11B

整3/11A

胡延之　見胡延

14胡瑱

3/19

3/19A

整3/19

15胡建

3/9

17胡玘

3/19

胡珦(胡潤博、胡垧)

3/17

3/17A

胡玖(胡玫)

3/19A

整3/19

胡君瑋

整3/11A

胡君瑜

整3/11A

胡君璧

整3/11A

18胡瑜

3/19

整3/19

胡珍

3/11

胡玫　見胡玖

20胡厶　見胡延

21胡虔(胡僧敬)

整3/11A

3/11B
整3/11A
胡長穆
3/11
整3/11A
胡長粲
整3/11A
胡長安　見胡長仁
胡長洪(胡洪)
3/11
整3/11A
胡長咸
3/11
整3/11A
胡長興
3/11
整3/11A
胡長懷
3/11
整3/11A
72胡后　見齊後主胡后
胡質
3/9
77胡母彦國　見胡母輔之
胡母謙之
3/62
胡母班
3/62
3/62A
胡母子都
3/62
胡母生
6/147B
胡母敬
3/61
3/61B
整3/61B
胡母輔之(胡母彦國)
3/62
胡母原
3/62A
80胡公　見陳胡公
胡公滿　見陳胡公
90胡裳吉
3/19

4762_7都

60都昂　見郗昂

4772_7邯

67邯鄲商
4/190
4/190B
邯鄲旃
4/189
4/189A
邯鄲綽
4/190
4/190A
邯鄲稷
4/189
邯鄲淳
4/190
邯鄲穿　見趙穿

7/219
柳子升　見柳遐
柳子房
7/217
柳子寶
7/217
柳子溫
7/225
7/225G
柳子華
7/225
7/225E
7/225F
柳子敬
7/218
7/218A
柳子昇　見柳遐
柳子陽
7/219
柳子金
7/225
柳子兼
7/225
7/225E
柳翼之
7/233
20柳伉
7/233
7/233B
柳秀誠(柳季誠)
7/231
7/231B
柳季誠　見柳秀誠
柳季貞
7/231
柳季和
7/231
7/231F
柳季遠
7/226E
7/229
7/230
7/230A
柳季華
7/226
柳雙虬
7/231
21柳順
7/227G
7/227H
柳止戈
7/221
7/221B
7/221J
柳仁秀
7/221E
柳偃(柳彥游、柳郾)
7/228
7/228E
柳行滿(柳滿)
7/229
7/229E
柳儒
7/215

整7/218D
柳續
7/213
7/213B
7/215
25柳仲仁
7/231
柳仲禮
7/229
7/229C
柳仲矩
7/226
柳傑
7/226
7/231
柳紳
7/223
柳純
7/212
7/212C
7/223A
7/223B
7/224A
7/226A
26柳自然
7/229F
柳伯存　見柳并
柳偘(柳承茂)
6/242F
7/216A
7/216B
7/216D
柳保隆
7/221
柳緝(柳縃)
7/212
7/212C
27柳約顧言子，隋義鄉令
7/227H
柳約子敬子，唐房州刺史
7/218
柳縃　見柳緝
柳叔瑞(柳叔璘)
7/216
柳叔珍(柳淑珍)
7/226
7/226E
7/229
7/229A
柳叔璘　見柳叔瑞
柳叔宗(柳淑宗)
7/226
7/226E
7/227
7/229A
柳紹
7/229
7/229G
28柳仵臣　見柳五臣
柳僧習
7/212
7/212C
7/212D
7/232

7/217
7/217A
7/218
7/218A
42柳機
7/216
7/216B
7/222A
43柳鷟
7/212
柳裘
7/227
44柳莊衛大夫
5/431
10/490
柳莊映子，南朝陳人
7/228
7/228A
柳莊遐子，隋黄門侍郎
7/228A
7/230
柳芳 見柳并
柳芳
2/164M
4/84A
7/214E
7/232
7/232B
整7/232B
柳帶韋
7/213
7/213A
7/221E
柳恭
7/212
7/212C
7/223A
柳孝斌
7/222A
7/225
柳勃
7/216
柳萬齒
7/233
柳莽
7/216
柳耆(柳貢)
7/212
7/212C
7/223
7/223A
柳世隆(柳彦緒)
7/227
7/227A
7/227B
柳楚賢
7/230
柳蔡年
7/221
7/221H
45柳婕妤
7/214B
46柳如芝
7/229

96柳憬
7/221 J
97柳惲(柳渾)
7/215
7/215 A
7/227 B
7/228
7/228 E
99柳悦
7/227 B
99柳惔
7/227
7/227 B
7/227 C
柳燮
7/217
7/217 A
7/217 B

桐

60桐里儒　見相里儒
桐里斤　見相里斥

4792_2樛

40樛毒　見嫪毒

4792_7郴

30郴寶
5/538
5/539

4793_2根

00根度　見屯度
12根水氏
4/146
4/146 A
23根牟子(坤牟子、坤年子)
4/133
4/133 A

4794_7穀

33穀梁俶(穀梁淑)
10/116
10/116 A
穀梁寘　見穀梁赤
穀梁淑　見穀梁俶
穀梁赤(穀梁寘)
10/116
10/116 A
穀梁嘉　見穀梁喜
穀梁喜(穀梁嘉)
10/116
10/116 A

4796_4格

11格班
10/383
10/383 A
15格瓘
10/384 A
21格處仁(裕處仁、格處仁)
7/207
7/207 A
10/383 A
10/383 B
10/384

10/384 B
10/384 C
10/384 E
格處仁　見格康仁
24格德仁
7/207 A
10/384 B
37格通
10/384 A
38格遵
10/384
10/384 F
40格希玄　見格希元
格希元(革希玄、格希玄、格希仁)
10/384
10/384 B
10/384 C
格希仁　見格希元
53格輔元
6/261 C
10/384
10/384 B
10/384 E
61格顯(格明)
10/383
10/383 B
10/384
10/384 A
67格明　見格顯

4840_0姒

22姒豐
6/29 A

4864_0敬

00敬彥琮
9/150
敬康
9/149
敬讓
9/150
9/150 G
01敬譚
9/150
03敬誠(敬諴)
9/150
9/150 H
敬諴　見敬誠
07敬詢
9/150
敬韶　見敬歆
敬歆(敬韶)
9/150
9/150 A
9/150 C
9/151 A
9/152
10敬丕
9/149
11敬非
9/151
17敬羽
9/151
9/151 E

77敬皋
9/151D
80敬人綱　見敬仁綱
敬令則(敬則)
9/151
9/151F
91敬悱　見敬煒
敬煒(敬悱)
9/151
9/151G
95敬性安(敬安)
9/151
9/151L

4892₁楡

77楡罔
8/144A

4894₀枚

34枚被
3/146
3/146A

4895₇梅

26梅伯
3/132
40梅嘉(梅喜)
3/133
3/133A
梅喜　見梅嘉
86梅鋗
3/133

4896₆檜

25檜仲　見鄶仲

4898₆檢

29檢集
7/300

4928₀狄

00狄廣
10/437
狄玄範(狄元範)
10/437
10/437G
10狄元範　見狄玄範
15狄建義
10/437
17狄子亮　見狄光昭
21狄仁傑(梁公、狄梁公)
4/28B
10/333A
10/437
10/437C
10/437F
10/437G
10/437H
狄柴
10/437
22狄山
10/436
10/436C
10/437

26狄伯文(狄伯支)
10/437
10/437A
狄伯支　見狄伯文
28狄儀
10/436
33狄梁公　見狄仁傑
34狄湛
10/437A
40狄雄齊
10/437
43狄博望
10/437E
狄博濟
10/437
10/437F
狄博通
10/437
10/437F
44狄恭
10/437A
狄孝緒
10/437
10/437A
60狄黑
10/436
狄景昭　見狄光昭
71狄虒彌
10/436
86狄知悉　見狄知遜
狄知遜(狄知悉)
10/437
10/437B
90狄光遠
10/437
10/437H
狄光昭(狄子亮、狄景昭)
10/437
10/437D
狄光嗣
10/437
10/437E

4980_2趙

00趙主匜
7/48A
趙充國(元國)
7/84
趙彦琛(趙彦深)
7/42
7/42B
7/42C
趙彦深　見趙彦琛
趙方
7/36
7/36C
趙方改
7/36
7/36C
趙方改
7/53B
趙方湊
7/53B
趙裔

4998_0秋

5000₆中

史

6/50
6/50 B
史道元　見史元道
40史九
整6/55 F
史大柰
6/55
6/55 A
6/55 B
6/55 C
6/55 D
44史恭
6/49
6/49 A
6/49 B
史萬歲
6/53
6/53 A
史萬寶
6/53
6/53 A
9/161 C
史華　見史華龍滑
史華龍滑(史華)
6/124
整6/124
史苞
6/50
6/50 A
47史均
6/51
史朝(史晁)
5/51
6/125
6/125 A
整6/125
史朝朱駒
6/125 A
49史趙
10/349
50史泰
6/55
史忠(阿史那忠)
5/91
6/55
6/55 C
整5/91
53史威
6/50 C
60史晁　見史朝
史思元
6/55
史思明
6/140 B
史曇
6/52
6/52 A
63史晡
6/55
65史暕
6/55
6/55 E
74史附里　見附里乙
77史丹

申鮮虞
3/215A
3/233
申鮮恤
3/233
30申寗　見申世寗
32申巡
3/215
41申根
3/215A
44申世寗(申寗)
3/216
3/216B
3/216C
3/217A
50申書
3/215A
52申静(申靖)
3/216
3/216B
60申禺
3/217
72申氏周幽王后
3/228
76申陽　見瑕丘申陽
77申屠子龍　見申屠蟠
申屠瑒　見申屠錫
申屠嘉
3/229
申屠場　見申屠錫
申屠蟠(申屠子龍)
3/230
申屠剛
3/229
申屠錫(申屠瑒、申屠場)
3/230
3/230A
80申鐘　見申鍾
申無宇
6/43
申公
5/452
申公巫臣　見屈申
申公黑肱
10/483
82申鍾(申鐘)
3/215
3/215C
3/216
90申堂構
3/217
3/217A
3/217B

曳

00曳庸　見舌庸

車

11車非搖　見周搖
20車千秋　見田千秋
26車鼻可汗
10/313D

5001_7抗

26抗伯徐　見抗徐

5003_0夫

5003_2夷

5004_4接

5013_2泰

5022_7青

肅

67肅明皇后　見唐睿宗肅明皇后

5033₃惠

08惠施
8/188
惠謙
8/189
20惠乘
8/188
惠集
5/304H
24惠牆　見惠牆伊戾
惠牆伊戾(惠牆、惠墻、惠嬙、伊戾惠嬙)
8/80
8/80A
整8/80A
26惠伯革
7/261A
27惠叔
1/77
32惠澄
5/387A
44惠墻　見惠牆伊戾
惠嬙　見惠牆伊戾
47惠根
8/188
8/189
48惠松
8/189
58惠整
8/189
66惠嚣
8/189
88惠敏
4/33A
惠纂
8/189

5040₄婁

10婁元穎
5/472A
13婁武徹(匹婁武徹)
5/473
5/473D
20婁季略
5/473
21婁師德
5/472
5/472C
23婁伏連　見賀婁伏連
25婁仲達
5/473
5/473C
31婁裎　見婁堙
40婁圭
5/471
婁内干(婁内千、匹婁内千、疋婁内千)
5/473
5/473A
10/201
10/201B

婁内干　見婁內干
婁志學
5/472
整5/472
41婁埡(僂埡、婁裡)
5/469
5/469A
5/478
5/478A
整5/469A
48婁敬　見劉敬
50婁夫人
5/304B
5/312B
5/312C
5/315A
60婁思穎(婁思潁)
5/472
5/472A
婁思潁　見婁思穎
婁圖南
5/472
5/472C
67婁昭
5/473
5/473B
5/473D

5044_7冉

00冉雍　見冉祖雍
冉雍(冉仲弓)
7/295
11冉孺
7/295
17冉子有　見冉求
21冉仁才
7/296D
25冉仲弓　見冉雍
26冉伯牛　見冉耕
冉伽軫(冉軫)
7/296
7/296B
30冉安昌
7/296
7/296C
冉寔　見冉實
冉實(冉寔)
7/296
7/296B
7/296C
7/296D
7/296E
37冉祖雍(冉雍)
7/296
7/296E
40冉太華
7/296
冉有　見冉求
43冉求(冉子有、冉有、有子)
5/187B
7/295
7/295A
46冉相氏(舟相氏)

5/460
5/460 A
55冉耕(冉伯牛)
7/295
58冉畛　見冉伽畛
72冉髦　見冉駹
73冉駹(冉髦、冉駀)
7/296
7/296 A
74冉駀　見冉駹
77冉閔　見染閔
90冉愔
7/296

5060_0由

10由吾道營　見由吾道榮
由吾道榮(由吾道營)
5/451
5/451 B
80由余
2/276
5/450

5060_3春

50春申君(黄歇、申君)
3/244
5/39
5/39 A

5071_7屯

00屯度(根度)
4/145
4/145 A
37屯渾氏　見渾沌氏
44屯莫如(屯英、毛莫如)
4/130
4/130 A
屯英　見屯莫如

5080_6貴

10貴霸
8/111
8/111 B
31貴遷
8/110
72貴氏晉武帝才人
8/111

5090_0未

14未耐樓倍斤　見末耐樓倍斤

末

14末耐樓倍斤(未耐樓倍斤)
10/268 A
17末那樓雷　見末那樓富
末那樓富(末那樓雷)
10/268
10/268 A

5090_2棗

00棗高　見棗嵩
22棗嵩(棗高)
7/79
7/79 B
27棗叔禕　見棗趙
32棗祗(棘祗)

7/79
10/449
38棗道彥　見棗據
49棗趙(棗叔禕)
7/79
7/79 B
51棗據(棗道彥)
7/79
7/79 B
75棗腆
7/79
7/79 B

5090_3素

26素和顔
8/179
素和突(和突)
8/178
8/178 B
素和毗
8/178
素和跋(和跋)
8/178
8/178 A

5090_4秦

00秦商(堇丕兹、秦丕慈、秦丕兹、秦子丕)
3/181
3/181 A
3/222
3/222 A
10秦丕兹　見秦商
秦丕慈　見秦商
11秦非(秦子之)
3/181
3/181 A
12秦瑶之
3/183
17秦子丕　見秦商
秦子之　見秦非
秦子南　見秦祖
20秦秀
3/182
3/182 A
秦舜昌　見秦昌舜
秦系
3/173 D
21秦行師
3/182
3/182 F
秦行其
3/182
22秦利見
10/219 G
25秦仲
5/117
26秦穆公(秦繆公)
2/40
2/40 A
6/71
7/251
9/231
27秦脩

秦無害
3/182
秦善丕
3/185
90秦懷洛 見秦懷恪
秦懷恪(秦懷洛)
3/184
3/184B

5090_6束

00束廣微 見束皙
17束孟達(疎孟達)
10/144
10/144A
束璆
10/145
36束混
10/145
42束皙(束廣微)
10/145
80束龕
10/145

東

00東方老
1/69
東方虬
1/68
1/68A
整1/68A
東方曼倩 見東方朔
東方顥 見東方顥
東方顥(東方顥)
1/68
1/68B
整1/68B
東方舉
6/61A
東方朔(東方曼倩)
1/68
07東郭賈(東郭子方、大陸子方)
1/71
整1/71
東郭延 見東郭延年
東郭延年(東郭延)
1/73
1/73A
整1/73
東郭子
1/71
東郭子方 見東郭賈
東郭子惠(鮮于惠子)
1/71
1/71A
5/34
5/34C
東郭偃(匽)
1/71
整1/71
東郭先生
1/72
東郭書
1/71
整1/71

27東鄉克
2/109
2/109 A
整2/109 A
30東宫棄疾
1/76
東宫得臣
1/76 A
整1/76 A
37東禄讃 見論禄東讃
38東海王 見司馬越
東海越王 見司馬越
45東樓羽
1/70
東樓公 見杞東樓公
50東婁公 見杞東樓公
60東里衮(東里褒)
1/66
1/66 B
整1/66 B
東里褒 見東里衮
東里冕
1/66
1/66 B
東里昆
1/66
1/66 B
東園公(園公)
4/95
72東丘進 見虞丘進
東昏
7/271 F
76東陽元旋 見東陽无疑
東陽元疑 見東陽无疑
東陽无疑(東陽元旋、東陽元疑、東無疑、東陽無疑)
1/74
1/74 A
東陽無疑 見東陽无疑
80東無疑 見東陽无疑

5101_0輒

輒 見衛出公
輒 見公孫輒
27輒終古 見轅終古

5103_2振

86振鐸
5/67
8/37 B
9/69
整5/67

5104_0軒

26軒和
4/98
54軒轅 見黄帝

5104_7擾

01擾龍羣(御龍君)
7/70
8/121
8/121 A
擾龍宗
7/70

5106_0拓

10拓王伯益(柘王伯益)
　10/366
拓王懋(柘王懋)
　10/366
　10/366A
拓王奉(柘王奉)
　10/366
　10/366C
拓王羆(王羆、柘王羆)
　10/365
　10/365B
　10/366
拓王盟(王盟、柘王盟)
　10/365B
　10/366A
63拓跋詰汾　見魏聖武帝
拓跋疋孤(疋孤、匹孤)
　4/82
　4/82B
　8/139
　10/123
　10/123A
拓跋什翼犍　見魏昭成帝
拓跋守寂
　10/367
　10/367B
拓跋澄峴
　10/367
拓跋鬱律　見魏平文帝
拓跋乾曜　見拓跋乾暉
拓跋乾暉(拓跋乾曜)
　10/367
　10/367D
拓跋晃　見魏景穆帝
拓跋思泰
　10/367B
拓跋與憐　見魏獻帝
拓跋與鄰　見魏獻帝

5178_6頓

50頓肅
　9/38

5202_1折

27折象　見析像
折像　見析像

5206_9播

32播彂武
　9/110

5212_7蟜

25蟜牛
　7/66
　7/66A
47蟜極　見僑極
60蟜固
　7/66
94蟜慎　見嬌慎

5302_7輔

10輔元弼　見輔果
27輔很(輔狠、輔粮)

6/200
6/200 B
47輔狠　見輔很
00輔果(輔元弼)
6/201
62輔躁
6/200
78輔鑒
6/201
80輔公祐
7/92 B
90輔光
6/201
93輔粮　見輔很

5304₇拔

53拔拔臻
7/157 B
拔拔嵩　見長孫嵩
拔拔陵陵
7/157 B
60拔略昶
10/267

5310₇盛

00盛彦
9/161
9/161 A
盛彦師(盛義師)
6/53 A
9/161
9/161 C
12盛弘之
8/197
26盛伯
9/162 A
27盛疑
9/161
9/161 B
35盛沖
9/161
38盛道
9/160
40盛吉
9/160
9/160 A
80盛義師　見盛彦師

5311₂蛇

72蛇丘重(星重)
5/110
5/110 B
蛇丘彧　見蛇丘惑
蛇丘惑(蛇丘彧)
5/110
5/110 A
蛇丘炳　見余丘炳

5320₀成

00成帝　見漢成帝
10成王　見周成王
成王弼(威王弼)
5/257
5/257 A

17成子朱鉏
1/94
21成熊
5/253
成師 見曲沃成師
26成伯缺 見伯成缺
成得臣
5/253
30成安公主
2/204H
36成湯 見殷湯
40成大心
5/253
41成桓公
5/253
50成肅公
5/253
10/53
10/53A
76成陽子 見老陽子
成陽昇
5/256A
成陽恢
5/256A
80成公 見衛成公
成公子安 見成公綏
成公綏(成公子安、公成綏、公成子安)
1/92
1/92A
成公氏張某妻
1/91A
成公輿(公成輿)
1/92
1/92B

威

10威王 見周威王
威王 見楚威王
威王弼 見成王弼
26威皇帝 見魏威帝

戚

17戚子
10/439
10/439A
26戚鰓
10/439
10/439A

咸

00咸廣 見咸廣業
咸廣業(咸廣)
9/12A
72咸丘蒙
5/607

5322₇甫

20甫奚叔施 見安是叔施
甫奚置 見葵丘直
40甫爽
6/227A

5340₀戎

1/115
85戎津(莪律)
1/45
1/45A

5401_7軌

軌　見魯桓公

5403_2轅

18轅政　見袁政
22轅僑
4/56D
24轅告
4/56F
25轅生　見袁生
27轅終古(輒終古)
4/97
10/498
10/499
10/499A
34轅濤塗(爰濤塗、宣仲濤塗)
4/56
4/56D
4/96
37轅選
4/56D
41轅頗
4/56
4/56D
4/56F
60轅固生
整5/81

5404_7技

44技也説誠　見叱列説誠
技也爾歸　見叱列爾歸
技也平　見叱列平
技也寶倫　見叱列寶倫
技也恭　見叱列孝中
技也旻　見叱列旻
技也長文義　見叱列長叉
技也鍮石　見叱列鍮石

5492_7勅

44勅勃　見敕勃

5500_0井

22井利
7/208
26井伯　見百里奚
30井宗
7/208
80井公
7/208

5502_7弗

53弗甫何　見弗父何
80弗父何(弗甫何)
6/8
6/8C

5503_0扶

40夫嘉
2/374

88扶餘文宣(夫餘文宣)
2/408
2/408E
扶餘璋(夫餘璋)
2/408
2/408A
2/408D
扶餘寬(夫餘寬)
2/408
扶餘隆(夫餘隆)
2/408
2/408A
2/408B
2/408D
扶餘義慈(夫餘義慈)
2/408
2/408B
2/408C
2/408D

5533_7慧

34慧遠
9/28C

5560_0曲

02曲證　見曲謙
08曲謙(曲證、曲澄、曲巽)漢代郡太守
10/146
10/146B
曲謙唐襄府郡丞
10/146B
10曲元縝(曲知柔)
10/147A
12曲烈
5/289
16曲環
10/147
20曲系
10/146B
30曲良翰
10/147A
32曲澄　見曲謙
曲沃成師(成師)
4/149
4/149B
10/146
曲沃桓叔
10/263
42曲彬
10/147A
72曲氏李士素妻
5/403A
10/147A
77曲巽　見曲謙
86曲知柔　見曲元縝

5560_6曹

10曹元理　見曹元禮
曹元禮(曹元理)
1/44A
5/558A
49曹植(植)
4/190
54曹挾　見郟俠

56曹操(曹公)
10/118A
10/279
72曹丘(曹丘生)
5/81
整5/81
曹丘生　見曹丘
80曹公　見曹操

5580_1典

34典滿
7/18
40典韋
7/18
7/18A

5580_6費

03費試　見費詩
04費詩(費試)
8/100A
8/100B
8/102
8/104
12費弘規
8/102
22費胤斌(費允斌)
5/541A
8/103
8/103A
23費允斌　見費胤斌
25費仲(費中)
8/100
8/100A
26費伯
5/220
費穆之
8/102
30費安壽
8/103A
34費浩
8/103A
費褘
8/100A
8/100B
8/102
8/103A
35費清
8/103A
40費直
8/100
8/100A
8/100B
8/101A
8/106
8/106A
46費覼
8/102
50費中　見費仲
71費長房
8/105
72費氏慕容知晦妻
8/107H
80費無極
8/100

5701_7把

5702_7郝

5705_6揮

5722_7郲

5743_0契

5777_2齧

5798_6賴

5821_4釐

5824_0敖

5894_0敕

44敕勃(勑勃、食勃)
10/460
10/460A

6001_4唯

28唯徐盧 見徐盧

睢

28睢徐盧 見徐盧

6010_1目

50目夷(子魚)
2/238

6010_4里

25里仲師(理仲師)
5/180
40里克
5/180
6/67
42里析
6/67
44里華(里革)
6/67
6/67A
整6/67A
里革 見里華

星

20星重 見蛇丘重

墨

17墨翟
10/468
50墨夷須(不夷甫須)

10/226 B
10/228
10/228 A
壘夷皐
10/228 A

壘

32壘澄(裴澄)
6/46

6011₃晁

30晁良貞
1/157 A

6012₇蜀

77蜀闔(嵐毒)
3/116
3/116 A

蜀

22蜀山氏
10/151
24蜀先主　見劉備

6013₂暴

00暴辛(暴辛公)
9/89
9/89 A
暴辛公　見暴辛
79暴勝之(暴公子)
9/89
9/89 B
80暴公
9/89
暴公子　見暴勝之

6015₃國

10國夏
10/466
17國子産　見國僑
國子尼　見國淵
21國綽
10/466
22國僑(國子産)
10/466
23國參
3/215 A
10/466
26國泉　見國淵
27國歸父
10/466
32國淵(國子尼、國泉)
10/467
10/467 A
34國滿　見勒滿
44國共伯
10/466
50國聿
10/466
國書
10/466

6021₀四

82四飯缺

8/74

6022₇易

40易雄
10/420
52易挺(易揵)
10/420
10/420B
55易揵　見易挺
71易牙
10/420
92易愷
10/420

6033₁黑

21黑齒常之
10/482

6033₂愚

80愚公
2/358

6039₆黥

40黥布(英布)
2/227
2/227A
2/228
10/279

6040₀田

00田市
5/5
田廣
5/5
6/304
6/304A
8/203
田文(孟嘗君)
6/180
12田登
6/304
6/304A
田弘　見紇干弘
田延年
10/342
10/342E
15田建
5/5
20田千秋(車千秋)
4/56E
5/104
田季安
5/418F
22田豐
5/41
24田緒
4/22E
5/418F
26田和
5/5
5/120
5/137
27田假
5/5

6040₁罼

6040₄晏

6040₇曼

6042₇禺

6043₀昊

7/82

吴

同吳 2643₀

6044₀ 昇

10昇平公主
10/316G

6050₀ 甲

80甲父沮
10/510
甲父氏
10/510

6050₄ 畢

畢 5/117A
00畢彦
10/170C
畢彦雄
10/170
10/170C
10/170D
03畢誠唐滁州刺史
10/170
10/170A
10/170C
畢誠唐大和進士,栩曾孫
10/170A
04畢諶
10/168
10/168A
10/170
10/172
10畢正表
10/170
10/170C
畢正則
10/170
10/170C
畢正義
10/170
10/170C
10/170E
12畢弘(畢宏)
10/172
10/172A
17畢取
10/167
10/167A
畢君威
10/169
20畢重華
10/170
10/170C
21畢卓
10/171
22畢利州
10/170C
27畢衆慶 見畢衆愛
畢衆愛(畢衆慶)
10/168
10/168B
10/169
10/169A

畢衆敬(畢敬)
10/168B
10/169
10/169A
30畢宏　見畢弘
40畢奮　見魏萬
畢杭　見畢炕
44畢萬　見魏萬
畢椅
10/168
45畢構
3/90C
10/168
10/168D
47畢垌
10/168E
畢栩
10/168
10/168F
48畢敬　見畢衆敬
50畢抗　見畢炕
56畢操
10/170
10/170B
10/170C
67畢曜　見畢燿
80畢公　見畢公高
畢公高(畢公)
1/8
1/188
3/237
3/237A
4/208
5/117A
5/137
5/271
8/83
10/167
10/395
90畢炕(畢杭、畢抗、畢倪)
10/168
10/168E
10/168G
96畢憬
10/168
10/168C
97畢耀　見畢燿
畢燿(畢曜、畢耀)
10/168
10/168G
98畢倪　見畢炕

6060₀呂

00呂亢膺　見呂元膺
呂方毅
6/162
呂廣休琳子、太子舍人
6/156
6/156E
呂廣向子、監察御史
6/156E
呂讓
6/158D
整6/158A

6/161
6/161 B
88吕管次祖
6/177
6/177 A
90吕懷人
6/155
吕炫
整6/158 A
吕粹崇　見吕崇粹
91吕烜
整6/158 A
吕焯
6/153
6/153 D
96吕煜
整6/158 A
吕焜
整6/158 A
97吕炯　見吕焴
吕烱　見吕焴
吕焴(吕炯、吕烱)
6/153
6/153 C
吕焕
整6/158 A
98吕敞
6/161
6/161 C
99吕榮
6/161

昌

00昌意
4/8
10/367
10昌平公主
4/123 D
22昌樂公主北周人
10/217 E
整10/217 E
昌樂公主唐玄宗女
9/207 I
60昌邑王
10/429

6071_1 昆

00昆辨　見昆辯
昆辯(貌辯、昆辨)
4/127
4/127 A
整4/127
10昆吾
3/29
3/29 A
3/56

6071_2 圈

00圈文　見圈文生
圈文生(圈文、圈文宜)
6/361
6/361 A
圈文宜　見圈文生
10圈焉　見卷焉

21圈稱(圈幼舉)
4/224
4/224A
6/361
24圈幼舉　見圈稱
30圈宣明
6/361

6073_1曇

10曇一
6/150F
9/28C
72曇剛
2/164M

6073_2園

80園公　見東園公

6080_0貝

12貝瑗　見具瑗

6080_1是

10是云寶
6/41A
28是儀(氏儀)
6/24
50是婁盧　見賀賴盧
90是光乂　見齊光乂
是光又　見齊光乂

6080_6員

10員平
3/254
22員嶷
3/256
24員結
3/256
3/256D
3/256E
26員峴
3/256
3/256E
27員俶(員叔)
3/256
3/256F
員叔　見員俶
員叔儼
3/256
30員寓(員寓)
3/256
3/256D
3/256E
員寓　見員寓
37員凝　見員懷遠
員凝之　見員懷遠
40員太一　見員太乙
員太乙(員太一)
3/256
整3/256
員嘉靖　見員嘉靜
員嘉靜(員嘉靖)
3/254
3/254C
60員景(員倉景)
3/254

3/254 B
80員倉(員倉景)
3/254
3/254 B
員倉景　見員倉、員景
86員錫(貢錫)
3/256
3/256 C
3/256 D
整3/256 C
87員餘慶　見員半千
90員懷遠(員凝、員凝之、劉凝之)
3/255
3/255 A
3/256
3/256 A
員半千(員餘慶)
3/255
3/256
3/256 A
3/256 B
3/256 F
98員敞(員敝)
3/254
3/254 A
員敝　見員敞

6080₀ 炅

44炅横　見香横
60炅景雲　見香景雲
77炅毋　見炅母
炅母(炅毋)
8/192
8/192 A

6090₀ 景

00景帝　見漢景帝
景帝　見魏景穆帝
10景王　見周景王
12景延廣　見景延之
景延廣
7/196
7/196 A
景延之(景延廣)
7/196
7/196 A
17景翠(景萃)
8/62
8/62 A
22景彎　見景鸞
景鸞(景彎)
7/194
7/194 A
24景德皇帝　見漢景帝
景升　見元昇
26景穆　見魏景穆帝
30景安
7/195
38景汾　見櫟陽汾
42景彬
7/196
44景萃　見景翠
48景敬同
4/55

4/55A
60景畀 見元昪
景昪 見元昪
77景風
7/193
7/193B
景丹(景母)
4/139
4/139A
景母 見景丹
80景差
7/193B
景養
7/193

6091₄羅

27羅象
5/83
5/83A
90羅懷
5/83

6138₆顯

37顯祖 見魏獻文帝

6204₉呼

00呼廚貌
8/185
12呼延章
3/66B
7/103E
呼延族
3/66
呼延冀 見呼延翼
呼延翼(呼延冀)
3/66
3/66A
呼延叔歸
3/66
3/66B
呼延裕
3/66B
呼延勒 見賀遂勒
呼延黄
3/66
呼延貴
3/66B
呼延昉
3/66
呼延皓
3/66
呼延昭
3/66
呼延曦
3/66
呼延纂
3/66B
呼延恃龍
3/66B
50呼毒尼(諱毒尼、呼毋盧)
3/67
3/67A
77呼毋盧 見呼毒尼

6280₀則

10則天　見唐高宗則天皇后

則天皇后　見唐高宗則天皇后

6299₃縣

00縣亶父(縣子象、縣豐父)

5/4

5/4 B

17縣子象　見縣亶父

縣子祺　見縣成

縣子横　見縣成

縣子成　見縣成

22縣豐父　見縣亶父

40縣賁父(孫賁父)

4/134

4/134 A

44縣芝

5/4

50縣成(縣子祺、縣子横、縣子成、縣成父)

5/4

5/4 B

縣成父　見縣成

61縣點(縣默)

5/4

5/4 C

63縣默　見縣點

6333₄默

67默啜

5/108 B

6/139 A

6355₀戰

44戰競

9/74

6385₃賤

17賤瓊

9/70

6401₀叱

12叱列説詖(技也説詖)

6/36

叱列爾歸(技也爾歸)

6/36

叱列平(技也平)

6/36

6/36 B

叱列延慶

6/36 B

叱列千年　見叱伏列椿

叱列伏龜(叱伏列龜)

10/205

10/205 B

整10/205

叱列實倫(技也實倫)

6/36

叱列孝沖　見叱列孝中

叱列孝中(技也恭、叱列孝沖)

6/36

6/36 C

叱列旻(技也旻)

6/36

叱列長乂　見叱列長叉

吒列長叉（技也長文義、吒列長乂、吒李長叉）
6/36
6/36C
6/36D
吒列鍮石（技也鍮石）
6/36
6/36A
22吒利元崇
10/295C
23吒伏列龜　見吒列伏龜
吒伏列椿（吒列千年）
10/205
10/205C
40吒李長叉　見吒列長叉
47吒奴祐
10/202
吒奴興
10/202
10/202B

吐

20吐奚華　見古弼
吐奚筆　見古弼
30吐突承璀（承璀）
3/51C
6/310
10/310A
44吐萬緒　見萬緒
吐萬纘　見萬纘
吐萬通　見萬通
46吐賀真
6/309A
80吐谷渾
6/322
6/322A
10/252
吐谷渾奕洛韓
6/322A
吐谷渾璣
6/322A
吐谷渾葉延
6/322A
吐谷渾景順
10/253
10/253A

6401₄眭

00眭彥通（枝彥通）
2/6
10眭孟　見眭弘
12眭弘（眭孟、枝弘、枝孟）
2/6
2/6A
2/6B
2/33
2/33A
2/34
2/367A
25眭仲讓（枝仲讓）
2/6
34眭邁（枝邁）
2/6
2/6B

6624₈嚴

5/616 B
94嚴憕
5/613
98嚴愉
5/613

6650_8單

00單襄公
4/171
05單靖公
4/171
7/206
10單西游
4/174
單不先
4/173
15單臻
4/171
21單頊
4/174
26單穆公
4/171
30單究
4/172
31單顧
4/174
38單海藏
4/174
單道真
4/173
40單雄信
4/173
單左車 見單右車
單有鄰
4/173
4/173 C
單南容
4/174
單右 見單右車
單右車(單左車、單右)
4/172
4/172 A
60單思遠
4/173
4/173 B
單思禮
4/173
單思敬
4/173
71單匡
4/173
76單颺
4/174
77單熙
4/174
90單光業
4/173

6666_8嚣

17嚣尹午(敖尹午)
6/356
6/356 A

6702_0明

明 見李明

00明帝　見漢明帝
24明德皇后　見漢明帝明德皇后
26明皇　見唐玄宗

6704_7啜

52啜刺庶真(啜刺真)
10/295
啜刺瓌(啜刺懷)
10/295
10/295D
啜刺元崇
10/295
10/295C
啜刺歸仁　見火拔歸仁
啜刺右失畢　見火拔頡利啜石矢畢
啜刺真　見啜刺庶真
啜刺懷　見啜刺瓌

6705_6暉

44暉鼓　見揮

6706_1瞻

44瞻葛祁(常壽邦)
5/199
5/199A

6706_2昭

00昭帝　見漢昭帝
昭文帝　見馮弘
13昭武帝　見馮弘
17昭子郢　見公子郢
26昭伯寤
6/69A
6/102
47昭懿公主
5/231F
53昭成　見魏昭成帝

6712_7郢

郢　見公子郢

6716_4路

00路兗(路襄、路袞、路克)
8/149
8/149B
路齊暉
8/149
8/149E
路應
8/149B
8/149E
8/149I
8/150
8/150F
8/150G
路庭禮
8/146A
8/148B
8/148C
路慶
8/149B
路廣心
8/147
路文逸
8/146B
8/147

71路長興(路長興)

8/149

8/149G

路長興 見路長興

72路隱元 見路玄隱

74路隋

6/239C

路勵言

8/146

8/146F

路勵行

8/146

8/146E

8/146F

8/149

路勵節

8/146

8/146E

8/146F

77路貫

8/149E

80路兼之

8/150B

82路銛

8/148

路劍客 見路嗣恭

86路鍠

8/148

87路鈞

8/148

路鈞訓

8/146

8/146F

路欽正

8/146

路欽古

8/146

88路纂

8/146

8/146B

8/148

8/148A

90路惟衡

8/148

路惟明

8/148

8/148E

路常

8/147

路賞

8/149E

91路恒

8/148

92路憕

8/148

94路恃慶(路侍慶、路侍愛)

8/146

8/146B

8/146C

整8/146B

97路恂

8/148

路惲

8/148A

8/148B
8/148C
98路愉
8/148
8/148D

6722_7鄂

20鄂千秋(鄂秋)
10/345
10/345A
29鄂秋　見鄂千秋

6772_7鷃

37鷃冠子
10/262
10/262A

6802_1喻

27喻歸
8/133

6832_7黔

50黔婁
5/553A
黔婁先生
5/553A
5/598
58黔敖
5/598

6908_9啖

00啖彥珍
7/293
7/293A
29啖鱗　見澹鱗
83啖鐵
7/292

7064_1辟

7121_1阮

7122_0阿

7124₀牙

牙　見公子牙

7124₇阪

21阪上嚻
　7/11

厚

67厚昭伯　見后昭伯

7129₆原

20原季
　4/81
25原仲
　4/79
　4/100
原仲蔑
　4/100
26原伯
　4/79
原伯佼
　7/78
28原復　見源復
30原憲
　4/80
　4/80A
31原涉
　4/81
40原壤
　4/79
44原莊公
　4/79
58原軫
　4/79
60原黯　見荀叔

7131₁騑

騑　見公子騑

驪

35驪連
　10/387A

7132₇馬

00馬亮
　7/105
馬廖
　7/102
馬府君　見馬克忠
馬慶
　7/102B
馬文舉
　7/113
　7/113A
馬該(馬侅、馬矩該)
　7/107
　7/107C
馬玄素(馬元素)
　7/111
　7/111A
馬襄
　7/102B
07馬翊
　7/111
　7/111C

7/129A
馬適求
7/129A
馬宮
7/130A
馬賓
7/102B
32馬迦
7/111
36馬況(馬混)
7/102
7/102B
馬混 見馬況
馬暹北齊人
7/109
馬暹唐人
7/105
37馬淑
7/108
馬通
7/102
7/102B
馬逢(馬縫)
7/103
7/103K
38馬祚
7/103
7/103B
7/103C
馬遂 見馬燧
40馬大通
7/108
馬大均
7/108
馬士儒
7/107A
馬士幹
7/103C
馬克忠(馬府君)
7/103
7/103A
7/103B
7/103C
7/103D
7/103F
7/103H
馬吉甫(馮吉甫)
2/269C
7/113
7/113C
馬真
7/107
43馬載(馬戴)
7/109
7/109D
馬戴 見馬載
馬戴
7/109D
44馬昔 見馬著
馬著(馬昔)
7/103
7/103J
7/103K
馬檖

7/110E

馬權

7/102

45馬構　見馬搆

46馬觀載子

7/109

馬觀懷素子

7/112

馬觀國

7/107

47馬懿

7/104

7/104B

馬敦　見馬敖

馬穀　見馬敖

48馬赦

7/110E

50馬秦客

7/113

7/113D

51馬摅　見馬措

52馬援

7/102

7/102B

54馬措(馬摅)

7/103

7/103G

馬擠　見馬搆

55馬搆(馬構、馬擠)

7/103

7/103G

7/103H

56馬暢

7/110

7/110D

7/110E

馬擇

7/103

7/103G

7/103I

58馬敖(馬敦、馬穀)

7/110E

馬敷　見馬敦

60馬四達

7/113

馬晃

7/108

馬晁

7/105E

馬晟

7/105

7/105B

馬思歡(馬歸歡)

7/103

7/103A

馬昌

7/102

7/102B

馬固

7/102B

馬署

7/103

7/103J

馬昂

86馬錫
7/108
7/108C
馬知廉
7/106
88馬鋭
7/108
90馬懷素
2/240A
4/67D
7/112
馬光淑
7/107
7/107E
馬光嗣
7/113
馬光粹
7/107
7/107B
馬當
7/110
馬炫
7/110
7/110B
91馬炬
7/110
96馬煜
7/105C
97馬恂
7/109
馬恪
7/103E
98馬燧(馬遂)
6/274A
7/75C
7/110
7/110A
7/110E
8/19K
8/150G
99馬滎之
7/105

7134_0�

17馯子弓　見馯臂
70馯臂(馯子弓)
4/245

7171_1匹

12匹孤　見拓跋疋孤
50匹婁武徹　見婁武徹
匹婁子產　見匹婁孝育
匹婁睿(匹婁叡)
5/473D
匹婁德臣
5/473C
匹婁叡　見匹婁睿
匹婁內干　見婁內干
匹婁孝育(匹婁子產)
5/473D
匹婁氏
5/473D
匹婁普樂
5/473C

匩

27匩旬須

5/168

38匩裕先生

5/168

7171₂匠

11匠麗寇　見列禦寇

匠麗舒(祝固舒)

9/138A

10/114

10/114A

7171₄既

30既涼(既良)

8/112

8/112B

既良　見既涼

7171₆區

34區達(區連)

4/9B

35區連　見區達

7173₂長

00長廣公主(桂陽公主)

7/38B

12長孫庶幾

7/164C

7/165

長孫慶明　見長孫儉

長孫文則

7/171

7/171B

長孫讓

7/171

長孫端　見長孫揣

長孫誼

7/167

7/167C

長孫詠(長孫永、長孫泳)

7/167

7/167D

長孫訥言

7/171

7/171D

長孫旃　見長孫抗

長孫敦

7/171

7/171C

長孫詮(長孫銓)

7/167

7/167E

長孫詳　見長孫祥

長孫正隱　見長孫貞隱

長孫巫

7/158

7/170

7/170A

長孫元翼

7/161

7/161E

長孫平

7/171

7/171A

長沙公主
1/17E
41長梧子(馬矢子)
5/204
7/130
7/130A
44長林公主
7/279C

7210₀劉

00劉亮北朝冀州刺史
5/382A
劉亮西魏雍州刺史
5/356
劉彥方
5/381
劉彥貞
5/381
劉彥英 見劉禕
劉齊敬
5/361F
劉齊賢(劉景山、劉景先)
5/361
5/361D
5/361F
5/361G
劉方平
5/405
5/405D
劉方譽
5/385A
劉育
5/351
劉商(劉子夏)
5/340
5/340M
劉應道
5/28A
5/361
5/362A
劉康祖
5/352
5/352A
劉康公
5/330
劉庭琇
5/349
5/349B
劉庭琦(劉廷琦)
5/349
5/349B
劉庭璥
5/349
劉慶西漢東平侯
5/365A
劉慶晉徐州刺史
5/333
5/333A
5/339
5/339A
劉慶約
5/389
劉慶道
5/361

5/340 L
5/419 C
劉爲翼
5/340
劉爲鱗 見劉爲麟
劉爲輔
5/340
5/340 L
劉爲範
5/340
劉千秋
5/355
劉禹錫
2/135 G
5/382
5/382 A
5/382 B
5/382 C
劉秉
5/351
21劉順(劉稱)
5/386
5/386 A
劉順之
5/355
3/355 B
劉仁端
5/333
劉仁行
5/381
劉仁實
5/381 B
劉仁宗
5/333
劉仁軌
4/66 A
5/379
5/379 A
5/379 C
劉仁景
5/381
5/381 B
劉偃 見劉琨
劉行瑜
5/355 A
劉行之
5/335
5/335 C
劉行實
5/355
5/355 A
劉行感
5/355 A
劉行昌
5/382
5/382 A
劉行敏
5/357 A
6/271 A
劉儒之 見劉孺之
劉虞
5/33
5/33 B
劉虔

劉迺
5/362
5/362A
32劉澄瀾
5/399
劉灣(劉靈源)
5/333
5/333G
劉滔
5/379
5/379D
整5/379
劉遜之
5/333A
34劉法琮
5/407
劉滋
5/338
劉禕(劉彦英、劉偉、劉禕之)
5/334
5/334A
5/334B
5/334C
5/340K
整5/334A
劉禕之　見劉禕
劉禕之
5/367
35劉津
5/363
劉禮
5/352
36劉洎
5/359
劉況　見劉貺
劉温玉
5/340
5/340H
劉袒
5/384
5/384A
劉迴　見劉迥
37劉溆　見劉溆
劉溆(劉緒、劉溆)
5/382
5/382B
5/382C
劉凝之　見員懐遠
劉深(劉環)居簡子
5/335
5/335F
劉深元寮子
5/333
劉迅
5/338
5/338H
劉逸　見劉全諒
劉逸準　見劉全諒
劉逸民(劉逸人)
5/333
5/333B
劉逸人　見劉逸民
劉迥(劉迴、劉逈)
5/336B

5/361
5/361 I
5/362 A
劉無擘　見劉寂
劉美　見劉羨
劉鏞
5/348
劉義西漢清河剛王
5/370
5/370 A
劉義後漢河南尹
5/365
劉義慶(義慶)
10/183
劉義真
10/13
10/13 A
劉義節　見劉龍
劉曾
5/333
劉會周濮陽太守
5/361 D
劉會祕書監
5/404 B
劉倉
5/382
5/382 A
劉公彥(劉翁彥)
5/349
5/349 A
劉公濟
5/407
劉公輿
5/379 F
81劉頌
5/347
5/347 F
82劉矯
3/161
85劉餗
5/338
5/338 D
86劉鍠禹錫祖
5/382 C
劉鍠穆子
5/392 A
劉知章
5/336
劉知璿　見劉如璿
劉知柔
5/334 B
5/334 C
5/336
5/336 A
5/336 B
5/337
5/337 A
5/497 F
87劉欽
5/346
5/346 A
劉欽忠
5/354
88劉銓

劉敞
5/354
99劉惔(劉琰、劉真長)
5/347
5/347 B
5/347 C

7210$_1$丘

00丘度
5/421 C
丘文堂
5/425
02丘烇
5/424
08丘敦折(豆真折)
5/419
5/419B
09丘鱗 見丘鏻
10丘鞠靈
5/418
元丘穎
5/425
5/425 D
丘元楚
5/425
17丘弱
5/416
5/416 B
丘承福
5/425
丘承業
5/425
丘承嗣
5/425
丘及
5/421
丘子游
5/424
丘子期
5/424
5/424 D
丘子路
5/424
19丘璘
5/425
20丘爲
5/418
5/418 C
21丘行淹
5/419
5/424
5/424 A
丘行恭
5/419
5/422
5/422 A
丘行本
5/419
5/421
丘行鏨
5/419
丘師利
5/419
5/420

5/422
36丘遇運
5/425
37丘鴻漸(丘馮漸)
5/418
5/418E
整5/418E
丘遹運
5/425
丘遲
5/418
38丘道讓
5/418
丘啟期
5/424D
40丘大干(丘大千)
5/419
整5/419
丘大千　見丘大干
丘直方
5/425
丘堆
5/419
丘壽
5/419
5/419D
44丘莊
5/424
丘孝恭
5/419
5/423
丘孝忠
5/419
5/425
5/425A
丘贊方
5/425
50丘抃
5/421
51丘據
5/421
5/421B
5/421D
52丘揆
5/421
54丘攢
5/421
丘拱
5/421
5/421B
57丘抒　見丘紓
60丘目陵亮　見穆亮
丘昂
5/575A
63丘跋
5/419
72丘彤
5/424
76丘隍
5/425
77丘丹
5/418
5/418D
79丘騰

5/417A
80丘義
5/420B
丘義餘
5/420
5/420B
86丘知幾
5/424C
98丘悦
5/418
5/418B

7222₁所

60所忠
6/172
6/172B
所奉
6/173
53所輔
6/173

7222₂肜

26肜伯 見彤伯

7223₀瓜

60瓜田儀
5/112

7223₇隱

40隱太子 見李建成

7226₁后

00后庸 見舌庸
10后惡 見后昭伯
17后羿(有窮)
8/198
9/197
26后稷
5/303
10/44
10/445
27后緡
9/197
40后土
7/262
44后蒼(后倉、后會)
7/262
7/262A
整7/262A
67后昭伯(厚昭伯、后惡、季郈、郈孫、郈昭伯)
7/261
7/261A
80后會 見后蒼
后倉 見后蒼

7242₂彤

26彤伯(肜伯)
1/52
1/52A
1/122
1/122A

7274₀氐

28氐儀 見是儀

7336₀駘

25駘仲　見石駘仲

7420₀附

24附德意
8/128
47附都
8/128
8/128 A

尉

03尉誼　見尉遲誼
21尉止
8/108
23尉允　見尉遲允
尉俟兜　見尉遲俟兜
24尉繚
8/108
27尉候兜　見尉遲俟兜
尉綱　見尉遲綱
30尉寬　見尉遲寬
尉安　見尉遲安
尉富娘
10/217 E
37尉翻
8/108
尉迥　見尉遲迥
尉運　見尉遲運
尉遲託哥拔（尉遲托哥拔、尉托奇枝）
8/109
8/109 B
10/217
10/217 A
尉遲誼（尉誼）
8/109
8/109 C
10/217 D
尉遲説
10/219
10/219 A
尉遲瓌（尉遲環）
10/219
10/219 D
尉遲琳　見尉遲寶琳
尉遲破侯
10/218
10/218 A
尉遲環　見尉遲瓌
尉遲孟都
10/219
10/219 B
尉遲乙紇豆
10/217
10/217 A
尉遲順
10/217
10/217 D
尉遲允（尉允）
8/109
10/217
10/217 C
10/217 E
尉遲俟兜（尉俟兜、尉候兜、尉遲侯

7421₄陸

7422₇隋

勵

7423₂隨

3/152
5/5
5/41
9/149
9/151D
陳永貴該父
3/177A
陳永貴(白永貴)隋利州總管
3/177
3/177A
陳騫
3/161
陳騫之(陳蹇之)
3/165
3/165C
陳準
3/153
3/153A
3/153B
陳安(子穆安、穆子安、陳穆子)
6/105
6/105A
整6/105A
陳安世
整9/51
陳審
3/169
3/169B
陳蹇之 見陳騫之
31陳涉
2/295
3/151
6/9
33陳述
3/166
34陳汭希烈子,少府少監
3/170
3/170C
陳汭處士
3/170C
3/173A
陳滿 見陳胡公
陳法會 見陳德會
陳逵 見陳世達
陳達 見陳世達
36陳洳
3/170
37陳潤 見陳澗
陳潤
3/170D
陳澗(陳潤)
3/170
3/170D
陳深
3/155
陳逸(陳子游)
2/35
整2/35
38陳道譚(陳談先、陳茂先)
3/153
3/153E
3/153F
40陳雄 見陳翃
陳九言

陳臣
3/153B
72陳氏李肅妻
3/165A
77陳周子
3/173A
陳履華
3/156
3/156A
陳賢德
3/159
80陳金父(仲爾金父)
4/56C
陳令英
3/177
3/177C
陳令哲
3/177
陳無宇 見陳桓子
陳兼
3/172
3/172A
3/172B
3/172C
陳毓(陳大德)
3/166
3/166D
陳義少府少監
3/159
3/159A
陳義左驍衛將軍
3/159A
陳義方
3/166
陳義感
3/167
82陳鋋 見陳鍵
83陳鉞
3/176
85陳鍵(陳鋋)
3/176
3/176B
86陳知略 見陳智略
陳智略(陳賀略、陳知略)
3/179
3/179A
87陳鄭叔
4/56C
88陳簡子 見陳齒
90陳懷古
3/178
陳懷公(柳)
7/211B
陳少游(陳少遊)
3/174
3/174A
4/223A
陳少遊 見陳少游
陳光
3/171
3/171A
陳常 見田常
陳當(陳璫)
3/172

3/172B
96陳煬帝(隋煬帝)
7/271
整7/271C
97陳惛(季子惛)
4/56
4/56B
4/56D
98陳憎
3/178

7570_7肆

53肆成　見肆臣
71肆臣(肆成)
8/56
8/56A
88肆敏
8/57
8/57A

7621_3隗

22隗崔
6/337
25隗純
6/337
27隗紹(隗炤)
6/338
6/338A
66隗囂
6/337
6/337A
6/338A
80隗義
6/337
97隗炤　見隗紹

7622_7陽

00陽雍
5/162
10陽石公主
整1/86
陽丐
3/215A
21陽虎
3/215A
陽處父
3/215A
5/161
24陽貨
5/161
27陽叔
10/421
30陽濟
5/340H
5/340K
5/340L
9/129A
43陽城
3/172B
陽城延　見陽成延
53陽成延(伯成延、陽城延)
3/60
10/391
10/391C

陽成胥渠(伯成胥渠)
10/391
陽成子張 見陽成衡
陽成衡(陽成子張、陽成公衡、伯成衡)
10/391
10/391B
陽成修(伯成修、陽成脩)
10/391
10/391D
陽成脩 見陽成修
陽成公衡 見陽成衡
80陽翁伯
5/162

7623_3隰

10隰蠹(習虛)
10/486
10/486A
27隰叔
2/107
2/107A
2/114
5/330
5/330D
6/60
6/116
6/116A
7/303
7/303A
蟄2/4
77隰朋(習明)
10/486
10/486A

7630_0駟

87駟鈞
8/52

7710_4堅

10堅叔 見共叔堅
23堅峻
5/13
81堅鐔
5/13

7710_7闓

77闓閭
5/239

7710_8豎

11豎頭須
6/206
17豎刁
5/45
6/206
27豎侯息
6/228
6/228A
豎侯獳
6/228
6/228A
54豎拊
6/206

7712_1鬭

00鬭廉

8/68

鬭文 見鬭文子

鬭文子(鬭文)

9/222

9/222A

9/224

9/224A

11鬭班(鬭般)

9/219

9/224A

整9/219

鬭彊(鬭强)

9/224A

16鬭强 見鬭彊

17鬭子文 見鬭穀於菟

26鬭伯比

4/240

9/219

9/222

9/222A

10/392

27鬭般 見鬭班

鬭緡

5/22

5/23

40鬭克黄(克黄)

5/540

5/550

43鬭越椒

10/237A

44鬭者

9/222A

47鬭穀於菟(鬭子文)

4/240

9/219

53鬭成然

9/32

60鬭圍龜

2/237

77鬭門陽

9/223

80鬭父

9/223

7713_6閩

17閩君揺

8/154

8/154B

8/163

7714_8闞

21闞止

9/233

24闞德潤 見闞澤

闞稜

9/234

9/234A

36闞澤(闞德潤)

9/234

76闞駰

9/234

7721₀凡

26凡伯
　5/621

夙

39夙沙衛
　10/77
　10/77A
　10/124

7721₂䶊

27䶊叔安(廖叔安、飂叔安)
　5/40
　6/1
　6/1A
　9/62
　9/183

7721₄尾

25尾生(微生高)
　2/233
　6/130
　6/130A
　整6/130A
27尾勺子　見白侯子安
尾勺攜　見白侯儶

屋

00屋廬子
　10/81A
12屋引弘(屋引宏)
　9/106
　9/106A
　10/83A
屋引豐(賀遂豐)
　9/106
　9/106A
　10/83A
屋引宏　見屋引弘
屋引永達
　10/83
　10/83C
屋引容
　10/83
　10/83C
屋引業
　10/83
　10/83C
屋引通
　10/83
　10/83C
屋引浴
　10/83
　10/83C
屋引封(賀遂封)
　9/106
　9/106A
　10/83A

7721₆閲

閲　見南宮縚

7721₇兒

30兒寬
　3/107
兒良

3/106
整3/106

肥

06肥親
2/227
2/227A
整2/227
07肥韶 見肥銖
44肥赫 見賁赫
80肥義
2/227
85肥銖(肥韶)
2/227
2/227A
2/227B

7722₀用

17用羽
8/36A
52用虯 見用蚪
用虬 見用蚪
54用蚪(用虬、用虯)
8/36
8/36A

周

00周彥雲
3/32A
周高祖 見周武帝
周裔 見周裴
周應鳳玄孫
5/303A
5/313
周應球子
5/304
5/304C
5/304D
周康王(康王)
7/114
周文帝(宇文泰、太祖)
2/328
6/211
6/211A
6/211B
6/211H
9/227A
整6/221
周文帝妃達步氏(達步氏)
10/259
周文帝叱奴后
10/202
周文王(文王、西伯)
1/8
1/8A
1/36
1/43
1/54
1/155
1/163
1/188
3/94
3/186
3/239
3/239A

3/242
3/249
4/102
4/102A
4/208
5/63
5/67
5/253
5/271
5/291
5/303
5/514
5/514A
5/527
5/558
5/558A
5/578
6/182A
6/358
7/4
7/4A
7/268
8/37
8/37A
8/37B
8/83
8/205
8/214
8/228
10/53
10/53A
10/73
10/73B
10/167
10/306
10/306A
10/331
10/436A
整5/67
周文王　見周太王
周文雄
5/303A
5/324
周文昭　見周炅
周訪
5/303A
5/307
周玄珪(周元珪)
5/303A
5/318
周玄達(周元達)國子博士
5/303A
5/319
5/319D
周玄達户部尚書
5/319D
周玄式(周元式)
5/303A
5/319
02周譒(周潘)
5/303A
5/313
5/313D
04周訥言(周納言)

5/303A
5/304
5/304K
周謨
5/303A
5/318
周護仁　見周仁護
06周謂　見周渭
07周毅
5/303A
5/307B
10周靈王
5/137
周靈起(周靈超、周虚超)
5/303A
5/312
5/312B
5/312C
5/314A
周靈超　見周靈起
周元珪　見周玄珪
周元達　見周玄達
周元式　見周玄式
周平王(周安平王)
4/195
5/117
5/254
5/303A
5/304
5/304B
5/304C
5/501
5/501B
6/182
6/182A
9/56
周震　見周浚
11周斐(周裔、周裴)
5/303A
5/304
5/304D
周裴　見周斐
12周瑶　見周摇
周弘讓
5/303A
5/304
5/304G
周弘毅
5/303A
5/308
周弘正
5/303A
5/304
5/304F
5/304G
5/304H
周弘信
5/304G
周弘直
5/303A
5/304
5/304G
周弘義
5/304G

周烈
5/304B
13周球
5/304
5/304C
5/304D
周武　見周成
周武帝(宇文邕、周高祖)
4/2B
6/22
6/211
10/202
整6/211
周武王(武王)
1/161
2/321
2/325
2/377A
3/151
3/151A
3/152
4/56D
4/147
4/224
5/31B
5/67
5/115
5/115A
5/242A
5/284
5/303
5/514A
5/569
5/578
6/62
6/133
8/13
8/195
9/16
10/36
周琮　見周悰
14周確(周礭)
5/303A
5/304
5/304J
周礭　見周確
17周孟循　見周仲隱
周瓊
5/307
周子諒
5/303A
5/323
整5/323
周子褒
5/303A
5/308
周子恭　見周子敬
周子敬(周子恭)
5/303A
5/319
5/319A
周君謨(周君模)
5/303A
5/328

5/308
周處智(周虔智)
5/303A
5/327
周衡
5/322B
周頃王
5/173A
22周嵩
5/303A
5/304
周幽王
3/228
周利貞
5/303A
5/309
5/309A
周利涉
5/303A
5/309
周糾嗣 見周紹嗣
23周佖(周泌)
5/303A
5/321
5/321C
周允元
5/303A
5/317
5/317B
24周先義(周光義)
5/303A
5/314
甃5/314
周僖王
3/139
周皓
5/303A
5/321
5/321D
周納言 見周訥言
周纘祖
5/307B
周緤
5/303A
5/305
5/305C
25周仲隱(周孟脩)
5/303A
5/307
5/307B
周續
5/303A
5/309
26周伯瑜(周瑜)
5/303A
5/314
5/314F
周穆王
7/34
周釋否
5/319D
周釋從 見周擇從
27周約
5/304

5/119
5/161
10/90
10/91
10/91A
整5/269
周羅睺
5/303A
5/307
5/307A
5/307B
61周顯
5/303A
5/304
5/304F
5/304G
67周明帝(宇文毓)
6/211
10/97
整6/211
整10/217E
周昭王
3/186
70周防
5/312
5/312B
71周厲 見周萬
周厲言 見周勵言
周厲王
9/156
周顧(姬顧)
5/303A
5/326
5/326A
5/326C
整5/326A
74周勵言(周厲言)
5/303A
5/314
5/314E
5/314H
76周陽由
5/462
77周鳳
5/303A
5/313
周履順
5/303A
5/318
周居巢 見周君巢
周閔帝(宇文覺)
6/211
整6/211
80周含恩(周舍恩)
5/303A
5/316
5/316B
周舍恩 見周含恩
周公
5/58
5/258
5/258A
5/621
6/282

7/141
7/141B
7/142
7/211
8/245
10/350
周公忌父
9/187
9/187A
周公巢　見周君巢
81周頌
5/303A
5/323
5/323A
86周智度
5/327B
88周敏道
5/303A
5/321A
周範　見周紹範
90周少卿　見周燕
周光義　見周先義
93周悰(周琮)
5/303A
5/325
5/325A
97周惲
5/314A

陶

00陶唐氏　見唐堯
25陶朱公　見范蠡
26陶侃
5/536A
5/537
27陶叔
5/69
5/75
整5/75
陶叔孤
5/75
陶叔真
5/75
陶叔卷
5/75
43陶戴
4/85D
5/355D
48陶翰
5/405B
50陶青
5/65
72陶丘子林　見陶丘洪
陶丘仁
5/78
5/78A
陶丘德
5/78
5/78A
陶丘洪(陶丘子林)
5/76A
5/78
5/78A
80陶舍

5/69

7722₂膠

10膠鬲
5/59

7722₇邱

12邱孫　見后昭伯
67邱昭伯　見后昭伯

骨

62骨咄禄
5/92B

郰

27郰黎來
3/106
3/108

闖

40闖大夫
6/31

7723₁爬

20爬秀　見抱秀

7723₂展

展　見公子展
17展子虔(展子乾、展見乾)
7/20
7/20A
展子乾　見展子虔
40展喜
7/20
44展莊叔
7/20
60展見乾　見展子虔
77展輿
7/30
80展無駭
7/20
7/211
7/211A
展禽　見柳禽

7724₇服

10服不齊　見宓不齊
17服子賤　見宓不齊
21服虔(伏虔)
10/42
10/42C
28服徵　見服徵
服徵(服徵)
10/67
10/67A
80服義　見伏羲

7725₃犀

80犀首
3/111

7726₄居

27居般　見居股
77居股(居般)
2/273
2/273A

層

22層岸賈

3/53

42層蒯(杜蒯、杜蕢)

3/53

3/53A

57層擘

9/193

9/193A

60層景先

3/53

80層羊說

3/53

3/53B

3/73

7727$_0$尸

17尸子 見尸佼

20尸佼(尸子)

2/60

2/60A

31尸逐(尸遂)

2/76

2/76A

整2/76

尸逐鞮(尸遂鞮)

2/76

2/76A

整2/76

38尸遂 見尸逐

尸遂鞮 見尸逐鞮

71尸臣

2/60

7727$_2$屈

10屈正

10/211

屈平(屈原)

5/571A

5/572

10/211

10/225

屈霸

10/211

12屈到

9/93

10/211

15屈建

10/211

17屈瑕

6/346

8/61

10/211

屈子乘

6/100

20屈重

10/211

26屈伯彦

10/211

27屈侯 見屈侯鮒

屈侯豫

10/224

屈侯鮒(屈侯)

屈突蓋
10/223
10/223A
屈突藏用
10/222
屈突韓
10/221
屈突幹
10/221
屈突操
10/223
屈突鄂
10/222
屈突長卿
10/221
10/221C
屈突陜
10/222
10/222D
屈突鄖
10/222
屈突鉉
10/222
屈突錡
10/222
屈突恒
10/221
10/221B
36屈湯　見屈蕩
38屈遵　見屈突遵
44屈蕩(屈湯)
2/392
2/392A
6/100
6/100A
屈燕
10/211
50屈申(巫臣、申公巫臣)
2/392
2/392A
2/393
3/215
3/215A
60屈晃
10/211
71屈原　見屈平
77屈同僊(屈同仙)
10/211
10/211A
10/211B
屈同仙　見屈同僊
80屈無易
10/211
10/211A

7733_1熙

72熙氏
2/120

7736_4駱

03駱就(駱劾)
10/339
10/340
04駱劾　見駱就

7740_0閔

7740_1聞

7740_7殳

7742_7舅

鄋

7743_0�

7743₇臾

78臾駢
2/372

7744₀丹

10丹玉君 見王君房
丹王君 見王君房
17丹君玉 見王君房
25丹朱
2/380
4/185
5/77A
5/164

7744₁開

24開休元
10/329A

7744₇段

段 見褚師段
段 見共叔段
00段疾六眷 見段就六眷
段疾陸眷 見段就六眷
段亮
9/43
9/43E
段高唐
9/47
段庭瑜
9/47
段文振
9/47
段文操
9/43I
段文昌
2/126B
5/362B
9/45
9/45H
03段就六眷(就六眷、就陸眷、疾陸眷、段疾六眷、段疾陸眷、段就陸眷、陸眷、段眷)
9/47
9/47A
段就陸眷 見段就六眷
06段諤(段鍔)
9/45
9/45H
07段韶 見段韶
段韶(段韶、段紹、段孝先)
9/43
9/43C
9/43E
9/43I
9/45L
10段元 見段寶玄
段干子
9/41
段干木(段木干)
9/41
9/41B
段干隱如 見段隱如
段干朋
9/41

82段釓
9/45G
84段銑
9/45G
段鎮
9/45G
86段鍔 見段諤
88段鋭
9/45G
90段懷昶
9/45
9/45G
9/45H
段懷古
9/45
段懷藝
9/45
9/45F
段懷本
9/45
9/45K
9/45L
9/48A
段懷皎(段德皎)
9/45
9/45H
段懷晏
9/45
段懷簡
9/45
9/45E
9/45F
段懷節
9/44
段愔(段崇簡)
9/43
9/43C
9/43F
9/43G
段眷 見段就六眷
段粹
9/47
92段憕
9/43
93段怡
9/43
99段滎陽 見段榮
段榮(段子茂、段滎陽)
9/43
9/43C
9/45L

7748₂闞

72闞氏
10/236

7750₀母

72母丘旬 見毌丘旬
母丘儉 見毌丘儉
母丘興 見毌丘興

7755₀毌

22毌將衣 見毌將永
毌將永(毌將衣)
2/400

2/400 A
毋將隆
2/400
27毋終子嘉父　見無終子嘉父
31毋渠　見毋煚
60毋炅　見毋煚
毋景　見毋煚
61毋煛　見毋煚
66毋煚(毋渠、毋炅、毋景、毋煛、毋照、毋炤)
2/361
2/361 A
67毋照　見毋煚
97毋炤　見毋煚

7760_2留

02留誕　見劉誕
44留封人
5/439

7760_4閣

80閣并訢　見閡并訢
閣并儒　見閡孺

7760_6閭

10閭雲　見盧雲
24閭德興　見閭法興
32閭澄
2/269
34閭法興(閭德興)
2/269
2/269 B
47閭均　見盧珣
60閭曇　見盧曇
61閭毗
2/271
72閭丘產
2/299
閭丘施
2/299
閭丘雲　見盧雲
閭丘邛
2/300
2/300 B
閭丘珦　見盧珦
閭丘勳
2/300
閭丘仲　見閭丘沖
閭丘息
2/300
閭丘沖(閭丘仲)
2/300
2/300 D
閭丘決　見閭丘快
閭丘遵
2/300
2/300 C
閭丘莖
2/299
閭丘均
2/270 A
3/7 A
整2/270 A
整3/7 A
閭丘曇　見盧曇

閭丘嬰
2/270
2/299
2/300
2/300A
閭丘明
2/300
2/300A
閭丘歐
2/299
閭丘羨(閭丘羨士)
2/300
2/300E
閭丘羨士 見閭丘羨
閭丘光
2/300
2/300B
閭丘快(閭丘決)
2/300
2/300A
86閭知微(閭知微)
2/269
2/269C

7771$_5$母

72毌丘子邦 見毌丘甸
毌丘甸(毌丘子邦、母丘甸)
7/266
7/266A
毌丘儉(母丘儉)
7/266
7/266A
毌丘興(母丘興)
7/266

7771$_7$巴

00巴康 見抱匡
32巴祇
5/106

7772$_0$印

印 見公子印
77印段
9/41

即

22即利渠彌
10/463
55即費
10/462

7777$_0$臼

20臼季 見胥臣
臼季宣孟
7/253

7777$_3$關

01關龍逢
4/222
4/222A
4/246
10關雲長 見關羽
17關羽(關雲長)
4/222
4/222C

4/223
闞子陽 見闞並
52闞播
4/223
76闞陽 見闞並
77闞興
4/223
80闞並(闞子陽、闞陽)
4/222
4/222B
闞令尹喜
4/222

7777₇門

17門尹般
4/142
門尹且渠
4/142
5/266A
44門其
4/132A
80門無鬼
4/132A

閻

00閻立行
5/585
5/587
閻立德
5/585
5/585B
5/586
5/586A
5/586B
閻立本
5/585
5/586A
5/588
5/588A
閻慶(大野慶)
5/585
5/585B
閻文逸
5/583
閻章
5/580A
5/581
5/583
閻交禮
5/584
閻訪 見閻防
閻玄邃(閻元邃、閻元通、閻邃)
5/586
5/586B
5/586D
10閻至言
5/584
閻至爲
5/584
5/584B
閻元秀
5/587
閻元邃 見閻玄邃
閻元通 見閻玄邃

5/583B
閻好問
5/582A
48閻敬言
5/581
閻敬受　見閻敬愛
閻敬愛(閻敬受、閻欽愛)
5/581
5/581B
閻敬仲
5/581
50閻春
5/584
56閻暢
5/581
5/581A
60閻晏
5/581
閻昂
5/584
閻景
5/581
61閻毗
5/585
5/585C
閻顒
5/581
70閻防(閻訪)
5/584
5/584C
71閻陟(閻涉)
5/581
5/581C
閻巨源唐肅宗時卒
5/586
5/586D
閻巨源唐憲宗時卒
5/586D
72閻氏伯璵女
5/584D
5/584E
77閻用之
5/585A
5/586
5/586B
5/586D
5/586E
80閻善
5/585
86閻知微　見閻知微
閻知微
2/269C
5/586
5/586C
10/330E
87閻鈞　見閻伯均
閻欽愛　見閻敬愛
88閻竺　見閻芝

7778_2歐

33歐冶子
5/479
76歐陽高
5/486

5/486A
5/487
5/503
歐陽畜 見歐陽胤
歐陽諶
5/489A
歐陽詢
5/489
5/489B
歐陽琟
5/486A
5/489A
5/489D
歐陽建(歐陽堅石)
5/488
5/488A
5/489
歐陽何價
5/489
歐陽頠
5/489
歐陽胤(歐陽畜、歐陽允)
5/489
5/489D
歐陽允 見歐陽胤
歐陽生 見歐陽和伯
歐陽伯和 見歐陽和伯
歐陽和伯(歐陽生、歐陽伯和)
5/486
5/486A
5/487
5/487B
歐陽約
5/489
5/489D
歐陽紇
5/489
5/489D
歐陽通
5/489
5/489C
歐陽地餘(歐陽也餘)
5/486
5/486B
歐陽也餘 見歐陽地餘
歐陽質
5/488
5/488A
5/489
歐陽堅石 見歐陽建
歐陽歙
5/487
5/487B
6/326

7780_1具

10具丙
8/134
12具瑗(貝瑗)
1/170A
8/135
8/135A
44具封狐人 見封具狐人

與

57與鄭　見魏獻帝

輿

18輿珍

2/280

2/280A

7780₆貫

00貫高(冠高帝)

9/50

9/54

9/54A

15貫珠(貫殊)

9/50

9/50A

貫殊　見貫珠

40貫友

9/50

9/50C

貫志

9/50

9/50D

71貫長卿

9/50

9/50B

80貫公

9/50

9/50B

7780₉爨

01爨龍顏

9/53A

9/53C

17爨琛　見爨深

爨琛

9/53B

爨習

9/53

21爨頠

9/53

9/53C

37爨深(爨琛)

9/53

9/53B

50爨肅

9/53

9/53A

7790₄桑

12桑弘羊

5/491

5/491A

31桑遷

5/491

61桑顯和(桑明和)

10/207C

67桑明和　見桑顯和

72桑丘子

3/80A

7821₁胙

27胙侯

10/350

7823₁陰

00陰康氏

8010_4全

13全琮
5/27
67全暉 見泉暉

8010_7盆

03盆謐
4/132 A
43盆城子
4/132 A
53盆成括
4/140

8010_9金

公 見公子金
08金族
5/533
10金天氏 見少昊
27金稺(金穉)
5/533
5/533 A
金穉 見金稺
28金倫
5/532
30金安上
5/532
43金城公主
7/278 B
58金輪聖神皇帝 見唐高宗則天皇后
60金日磾
5/532
90金賞
5/532

8012_1俞

28俞縱 見俞縱
31俞河 見孫河
50俞東 見俞連

8012_7翁

48翁敬玄 見翁義恪
80翁義 見翁義恪
翁義恪(翁敬玄、翁義)
1/58
1/58 A

8013_6蚉

60蚉冒
2/397

8021_1羌

17羌子
5/198 A
9/80
30羌憲
5/198 A
9/80 A
羌憲梁善 見涓濁梁善

8022_0介

10介元則 見介象
17介子綏 見介之推
19介琰

8/248
8/248A
27介象(介元則)
8/248
8/248B
30介之推(介子綏)
8/248
8/248B

8022_1俞

00俞文俊
2/373
28俞縱(俞縱)
7/234
7/234D
30俞容
2/373
31俞河　見孫河
34俞達　見俞運
35俞連　見俞運
37俞運(俞東、俞達、俞連)
7/234
7/234C
72俞氏
2/373

前

44前燕高祖武宣皇帝　見慕容廆
前燕太祖文明皇帝　見慕容皝

8025_3羲

25羲仲
整2/15
26羲和
2/15
5/94

8030_2令

17令尹子蘭(上官蘭)
7/173
7/173A
9/136
9/136A
42令狐文軌(令狐元軌)
5/273
5/273A
令狐章　見令狐彰
令狐彰(令狐章、令狐伯陽)
5/272B
5/276
5/276A
令狐亞
5/272A
令狐元軌　見令狐文軌
令狐建
5/276
5/276B
令狐子儒
5/274A
令狐儒
5/274
5/274A
令狐峘
5/275

令狐循己(令狐修己)
5/272
5/272B
整5/272
令狐稱
5/271
5/272
令狐俊
5/274
令狐德棻
5/272
5/272B
6/272A
令狐伯陽 見令狐彰
令狐伯陽
5/272
5/272B
整5/272
令狐峴
5/275
令狐嵲
5/275
令狐修己 見令狐循己
令狐滔
5/275
令狐溥
5/272
令狐邁
5/271
令狐滈
5/272B
5/276A
令狐通
5/276
5/276B
令狐運
5/276
5/276B
令狐頡
5/271
令狐楚
5/405D
令狐罄
5/272
5/272A
5/273
令狐虯
5/272A
令狐整(宇文整)
5/272
5/272A
令狐思拯
5/273A
令狐思挹
5/273
5/273B
令狐思撫
5/273
5/273B
令狐氏同袥女
5/273A
令狐同袥
5/273A
令狐熙

8033_1無

8033_2念

8034_6尊

8040_4姜

8042_7禽

8051_1羊

5/163
10/94
羊舌大夫
5/163
羊舌赤(伯華)
5/163
羊舌肸(叔向、羊肸)
5/163
8/71A
10/51
10/89
整10/89
羊舌食我
5/163
24羊續(楊續)
5/110
5/110B
78羊肸　見羊舌肸

8055₃義

00義帝　見楚懷王
義慶　見劉義慶
26義伯
8/43
28義縱
8/43
8/44
8/44A
31義渠安國(飛廉安國)
2/236
2/236A
35義清公主
7/223F
44義楚　見儀楚
87義欽
8/44

8060₁合

23合傅胡害　見合博胡害
40合左師　見向戌
43合博胡害(漆雕胡害、吕博胡害、合傅胡害)
10/194
10/194A

普

00普六茹忠　見楊忠
30普寧公主
2/336I
3/22B
普安公主
6/55C

8060₄舍

22舍利澄(沙吒澄)
3/69A
5/107
5/107A
舍利葛旃　見李奉國
舍利吐密支　見執失吐密支
舍利阿博(沙吒阿博)
3/169A
5/107

8060_5善

90善卷
7/26

8060_6曾

10曾巫(太子巫)
5/289
曾元申
5/289
17曾子 見曾參
曾子晳 見曾點
曾子輿 見曾參
22曾崇穎(曾崇頴)
5/290
整5/290
曾崇頴 見曾崇穎
23曾參(曾子、曾子輿)
5/281A
5/289
5/290
10/163
10/163A
24曾倳
5/289
27曾阜
5/289
曾叔政
5/290
44曾恭
5/290
61曾點(曾子晳)
5/289

會

00會庌寵
8/243
17會乙(乙、會人)
8/227
8/227B
23會稽公主
2/244
46會相(會栩、會炳)
8/227
8/227C
47會栩 見會相
80會人 見會乙
91會炳 見會相

8060_7倉

41倉頡
5/221
5/237
5/237A
44倉葛
5/221

8060_8谷

17谷那律
10/60A
22谷崇義
10/60A
24谷倚 見谷倚相
谷倚相(谷倚)

10/60
10/60A
28谷從政
10/60A
30谷永
10/59
10/60
33谷補袞(谷輔袞)
10/60A
40谷吉
10/59
41谷楷
10/59
53谷輔袞　見谷補袞

8071₇乞

23乞伏延
2/119A
乞伏國仁
2/119
2/119A
10/233
10/239A
乞伏熾盤
10/123

8073₀公

00公齊定
1/93
1/93A
10公正範
1/101
1/101B
公玉帶　見公王帶
公王帶(公玉帶)
10/76
公石　見共叔堅
12公孫彦藻
1/82
1/82A
公孫康
1/83
公孫度延子,東漢遼東太守
1/83
2/21
公孫度弘子,西漢山陽太守
1/85
公孫文懿
1/83
公孫龍
2/115
公孫斌
1/83B
公孫正
1/83
公孫彌　見公孫彌牟
公孫彌牟(公孫彌、王孫强牟)
2/26
2/26A
5/193
5/193A
公孫弘
1/85
5/437A

8/116
8/116A
公孫延
1/83
公孫武孫達 見公孫武達
公孫武達(公孫武孫達)
1/84
1/84A
公孫瓚
1/87
10/401
公孫孟(公子孟)
6/82
6/82A
公孫虞
1/85
1/85C
公孫倡
1/85
公孫叡
1/83
1/83B
公孫微
1/82
公孫安
1/82
1/82A
公孫竈(子夏、子雅)
6/77
6/77A
公孫淵
2/21B
公孫邃(公孫遂)
1/83
1/83B
公孫混邪(公孫昆邪)
1/86
1/86A
公孫遂 見公孫邃
公孫木(木、衛文子)
2/110A
公孫蠆(子尾、子尾蠆)
3/215A
6/95A
公孫蘭(蘭、衛惠叔)
2/110A
公孫兹(平、兹、叔孫、叔孫兹、戴伯)
2/67
2/67A
10/51
10/51C
10/84
公孫楚 見游楚
公孫枝(子桑)
2/5
5/224
6/72
公孫賀
1/86
1/86A
整1/86
公孫敬聲
1/86
整1/86

公孫表
1/83
1/83B
公孫輒(輒、子耳)
10/466
公孫軌
1/83B
公孫揮
6/203
公孫昆邪　見公孫渾邪
公孫景茂
1/85
1/85A
公孫雅靖
1/84
1/84A
公孫長儒
1/83
1/83B
公孫氏元善妻
1/85A
1/85B
1/85C
公孫質
1/83B
公孫凬　見公孫鳳
公孫鳳(公孫凬)
1/88
1/88A
公孫同慶
1/83B
公孫同始
1/83B
公孫段
9/41
公孫善政
1/85
1/85B
公孫欽
1/82
1/82A
17公孟縶
1/98
公孟丹
1/98
公子高(高
3/1
3/126
5/61
5/61A
公子辛
7/247
公子雍
2/38
公子施父(子尾)
6/95A
整2/37
公子不更
10/226
公子非
3/63
公子登　見薛登
公子發(發、子國)
3/215A

公子嬰齊(子重、公子重)
5/255
5/255A
6/96
10/237
10/237A
整6/96
公子郢(郢、昭子郢、子郢、子南)
2/110
2/110A
6/87
6/87A
6/88
公子牙(牙、僖叔)
2/67A
公子騑(騑、子駟)
8/52
公子且 見公子具
公子展(展)
7/20
7/211
7/211A
公子居
3/74
公子駱
10/339
公子印(印)
9/25
公子白季
7/253
7/253A
公子具(公子且)
1/170A
2/70
8/143
公子金(金)
1/106
公子無忌 見魏無忌
公子無婁
2/394A
公子兼(太子兼)
5/606
5/606A
公子午(子庭、子庚)
6/85
6/85A
6/85B
6/97
20公爲
1/53
2/13A
公乘不害 見公上不害
21公上廣德
1/103A
公上不害(公乘不害、公士不害)
1/103
1/103B
公衍
1/53
22公山不擾 見公山不忸
公山不忸(公山不擾)
1/79
整1/79
24公休哀

1/94A
公休勝
1/96
1/96A
25公牛哀(牛哀、牛衰)
2/360
2/360A
26公伯寮
1/89
整1/89
28公儉
1/53
30公肩子中　見公肩定
公肩定(公肩子中)
1/93A
公賓庚
整1/100
公賓就
1/100
32公祈哀
1/94A
37公祖句茲
1/96
40公士不害　見公上不害
42公皙哀　見公析哀
公析哀(公皙哀)
1/94
整1/94
公析黑背(公析黑臀)
1/94
1/94A
公析黑臀　見公析黑背
53公成子安　見成公綏
公成綏　見成公綏
公成輿　見成公輿
67公明
7/114
公明賈
1/99
公明儀
整1/99
70公雅
2/367
2/367A
72公劉
10/44A
80公父頊(季頊)
1/90

8073_2食

13食武　見侍其武
17食子公
10/459
10/459A
44食勃　見敕勃
食其武　見侍其武
食其賜　(食賜)
8/78
8/78A
66食賜　見食其賜

養

50養由基
7/180

8090₀尒

8090₄余

8113₆鑪

8114₆鐔

8141₇瓶

8152₇羺

8171₇瓴

8211₃銚

8211₄鍾

1/131 B
1/133 A
40鍾嘉謌
1/133 C
鍾嘉羣
1/133
鍾嘉偉
1/133 C
鍾嘉璧
1/133 C
42鍾韜(鍾蹈)
1/131
1/131 B
1/131 C
1/132
45鍾樓　見鍾接
50鍾接(鍾離樓、鍾樓)
1/130
1/130 B
1/131
62鍾蹈　見鍾韜
64鍾曄
1/131 B
70鍾雅
1/131
1/131 B
1/131 C
73鍾駿
1/131 B
80鍾毓
1/131
1/131 B
鍾會
1/131
9/128 A

8242₇矯

00矯應
7/65
07矯望
7/63
80矯父
7/63
7/63 A
94矯慎(蟜慎)
7/63 B
7/64
7/64 A

8315₀鍼

10鍼巫
5/599
20鍼季
5/599

8315₃錢

00錢産
5/18
20錢孚
5/18
5/18 A
28錢徽
7/168 D
47錢起

10/168G
77錢丹
5/18
87錢鏐
6/249C

8412_1 錡

22錡嵩
6/27
44錡華
6/27
6/27A

8612_7 錫

24錫休(錫休儒)
10/435
10/435A
錫休儒　見錫休
40錫壽
10/435
90錫光
10/435

8614_1 鐸

18鐸政　見鐔顯
36鐸遏章
10/357
鐸遏寇
10/304
10/357
47鐸椒
10/304
71鐸長生　見鐔長生

8660_0 智

26智伯
6/200
10/434
34智遠
7/293A
60智果
6/200
67智嗣
8/45

8711_0 鉏

00鉏商　見子鉏商

8711_5 鈕

32鈕滔
6/47A

8712_0 鉤

43鉤弋君
5/492
鉤弋夫人(趙氏)
5/492

銅

46銅鞮伯華
3/104
整1/114

8742_7 鄭

00鄭齊舟

7/149 C
53鄭威公 見鄭桓公
60鄭易
5/618 B
鄭杲
4/28 D
4/163 A
61鄭顥
7/51 G
64鄭曄(鄭華)
4/212
9/157
9/157 C
9/157 E
67鄭瞻
1/141 B
鄭略
9/157
9/157 B
71鄭長裕
2/208 C
鄭氏元子上妻
4/16 B
鄭氏元寬妻
4/32 C
77鄭同林 見鄭洞林
鄭熙
9/157
鄭興
9/157
整9/157
80鄭羲(鄭幼麟、鄭幼林、鄭幼驎)
4/212
9/157
9/157 B
9/157 C
9/157 D
9/157 E
鄭公業 見鄭泰
88鄭簡(鄭蘭)
9/157
9/157 C
9/157 D
鄭簡公
2/71 A
鄭餘慶
3/5 A
6/190 J
90鄭小白(鄭茂)
4/212
9/157
9/157 E
9/158
鄭少微
1/157 A
10/330 E
鄭當時
9/156
9/156 E
9/157
92鄭恬
9/157
9/157 C
99鄭榮(鄭君)

9/156
9/156 D

8762_2舒

00舒庸
6/359
17舒子平
2/121 A
整2/272
27舒鮑無終
2/307
2/307 A
47舒鳩
6/359
77舒堅文叔
2/308
2/308 A

8762_7郤

00郤文　見郤文子
郤文子(郤文)
10/381
10/381 A
04郤詵
10/382
07郤縠
10/381
10郤正(郤正)
2/48
2/48 A
郤至(郤昭子、温季)
4/119
4/119 B
10/381
12郤登　見郤延登
郤延登(郤登)
10/382
10/382 A
15郤瑍
10/381
20郤犨　見郤犫
郤犫(郤犨、苦成叔)
5/441
6/298
6/298 A
6/315
9/165
9/165 B
10/381
21郤步揚
10/381
郤虎(郤叔虎、郤豹)
10/381
郤稱
10/381
27郤豹　見郤虎
郤叔虎　見郤虎
30郤宛
7/97
32郤巡
10/381 B
35郤溱
10/381
40郤克

10/381

44郤蒲城鵲居

10/381

郤芮

8/54

10/381

67郤昭子　見郤至

80郤義

10/381

郤乞

10/381

84郤錡

10/381

85郤缺

10/381

鄫

44鄫鼓父

整5/281

鄶

25鄶仲（檜仲）

8/227

8/227A

8791$_4$ 罹

44罹茂　見罹筏

罹筏（罹茂）

10/441

10/441A

8810$_1$ 竺

00竺詮　見竺銓

23竺俊

10/72

60竺因　見竺固

竺固（竺因）

10/71

10/71A

10/72

78竺覽

10/72

80竺夔

10/72

竺曾

10/65

88竺銓（竺詮）

10/72

10/72A

94竺恢

10/72

8822$_0$ 竹

26竹魯　見竹曾

60竹晏

10/65

80竹曾（竹魯）

10/65

10/65A

8822$_7$ 第

10第五訪

8/201

第五平

8/202

簡

8824_3符

8825_3箴

8851_7範

8857_5箝

簕耳䴏丹
5/603
簕耳德
5/603
簕耳進
5/602
簕耳宗　見王宗
簕耳通同(稽遂通同)
5/602
簕耳茂實
5/603
簕耳期凌(簕耳期陵)
5/600
5/600C
簕耳期陵　見簕耳期凌
簕耳幹　見王幹
簕耳静
5/601
簕耳同
5/600
簕耳光
5/600
簕耳恪
5/602
簕耳愉
5/601

8872₇節

78節愍太子　見李重俊

8877₇管

00管廬(管莊子)
7/4
管彦
7/5
管襄子　見管武
01管襲(菅襲)
4/244
4/244A
整4/244
10管至父
7/4
11管孺(管成子)
7/4
13管武(管襄子)
7/4
管武子　見管鳴
14管耐步(管景子)
7/4
20管統
7/6
22管崇嗣(菅崇嗣)
4/244
4/244A
25管仲　見管夷吾
27管修　見陰修
管叔鮮
5/527
7/4
7/4A
28管微
7/4
30管寧
2/116

7/4 B
7/5
10/398
10/398 A
38管敀方(管桓子)
7/4
41管桓子 見管敀方
44管莊子 見管廬
管其夷(管悼子)
7/4
48管敬仲 見管夷吾
50管夷吾(菅仲、管仲、管敬仲)
4/244 A
5/527
6/69
6/69 A
7/4
53管成子 見管孺
57管輅(管公明)
7/6
60管景子 見管耐步
67管鳴(管武子)
7/4
80管公明 見管輅
90管少卿
7/4
7/4 B
7/5
91管悼子 見管其夷

8879_4 餘

00餘玄(餘元)
2/278
10餘元 見餘玄
21餘頠 見傅餘頠
26餘和
2/278

8880_1 箕

17箕子
2/91
5/31
5/31 B
35箕遺
2/91
37箕澹 見姬澹
44箕堪
2/91
87箕鄭
2/91

8884_0 斂

00斂方
7/299
7/299 A
24斂岐
7/299
30斂憲
7/299 A

8890_3 繁

21繁師玄
7/207 A

纂

66纂嚴
7/8A

8896_1籍

02籍端　見籍孺
09籍談
10/417
10/421
10/421A
10籍瓌　見席瓌
11籍孺(籍端)
10/421
10/421C
整10/421C
17籍司徒公
10/421A
20籍季
10/421A
21籍偃(偃)
10/417A
10/421A
籍虞
10/417A
27籍叔子
10/421A
30籍官正
10/421A
31籍禋
10/421
40籍太伯
10/421A
41籍頡
10/421A
60籍罷(籍羆)
10/421
10/421D
籍羆　見籍罷
86籍知幾　見籍知微
籍知微(籍知幾)
10/421
10/421E
90籍少襄
10/421A

9000₀小

10小王桃甲
7/68
10/443A

9010₄堂

28堂谿惠　見棠谿惠
堂谿典　見棠谿典

9020₀少

00少康
2/123A
3/98
5/289
5/474
9/197
10/234
10少正卯
3/264
26少皥氏　見少昊
30少室周
9/83
35少連
9/78
9/78A
55少典
9/78
9/78A
整1/1A
60少昊(青陽、青陽氏、金天氏、少皥氏、少昊氏)
1/108
1/162
2/309
2/309A
3/119
3/215A
5/122
5/122A
5/453A
5/531
6/303A
6/305
6/348
6/355
6/359
7/82
7/178A
7/179
9/78
9/78A
少昊氏　見少昊

9021₁光

13光武　見漢光武帝
17光弼　見李光弼
37光祖　見漢光武帝

9021₆党

12党弘
7/182
党弘仁　見党仁弘
14党耐虎(党删、甞耐虎)

7/181
7/181 A
21党仁弘(党弘仁)
7/182
7/182 A
43党娥
7/181
44党茂宗　見党曅
党孝安
7/182
党敬元
7/182
53党成
7/183
64党曅(党茂宗)
7/182
7/182 B
72党删　見党耐虎

9022$_7$尚

17尚子平　見向長
21尚衡(向衡)
9/129
9/129 A
26尚總(向總)
9/129
9/129 A
27尚凱　見向凱
53尚振(向振)
9/129
9/129 A
80尚父
5/115 B
90尚長　見向長

常

11常璩　見掌摅
21常何
7/109 C
22常山公主
9/208 F
24常先
5/135
5/135 B
25常仲孺
整6/156
28常儀
5/135 B
30常寂
5/581 D
40常壽過
5/199 A
常壽邦　見瞻葛祁

9023$_2$豢

01豢龍
6/2

9050$_2$掌

11掌璩(張璩、常璩、掌摅)
7/152
7/152 A
28掌徹
7/150 A
51掌摅　見掌璩

72掌氏林閭妻
7/150
77掌同
7/151

9060_6 當

76當陽侯　見杜預

9071_2 卷

10卷焉(徐焉、圈焉、卷基)
6/362
6/362A
44卷基　見卷焉

9071_7 瓽

14瓽耐虎　見党耐虎

9080_0 火

53火拔歸仁(啜刺歸仁)
10/295
10/295A
火拔頡利發石矢畢(啜刺右失畢)
10/295
10/295A

9080_9 炎

00炎帝(神農、神農氏)
1/134
3/88
3/215
3/219
4/141A
4/146
4/146A
5/120
5/120A
5/573
5/573A
6/57
6/133
6/133A
6/152
6/176
6/210
8/144
9/116
10/124

9090_4 棠

28棠谿惠(堂谿惠)
5/239
5/239A
棠谿典(唐谿典、堂谿典)
5/239
5/239A

9101_7 恆

00恆奕　見恆裴
11恆裴(恆奕)
5/275
5/275A
60恆思公
5/274

9104_6 悼

40悼太子　見偃師

9306_0怡

00怡文
2/82B
22怡峯
2/82
2/82B
30怡寬
2/82
2/82B
60怡昂
1/82A
2/82
2/82C
90怡光
1/82A
2/82
2/82C

9400_0忖

17忖己　見付里乙

9404_1恃

17恃乙　見付里乙
恃己　見付里乙

9408_1慎

12慎到(遴到)
9/23
9/23A
27慎脩(遴條、慎條)
9/23
9/23A
慎條　見慎脩

9503_0快

87快欽　見炔欽

9583_0炔

87炔欽(快欽)
8/249
8/249A

9592_7精

精　見王子精
28精縱宣邪　見邵皓宣邪

9682_7燭

30燭之武
6/74A

煬

00煬帝　見隋煬帝
80煬公　見魯煬公

9701_0恤

50恤由
10/213
10/213A

9702_0恂

恂　見元恂

9706_4恪

38恪啟

10/355

9721_4燿

燿(輝)

5/514

5/514A

9722_7鄰

鄰 見魏獻帝

9725_6輝

輝 見燿

9801_6悦

23悦綰(悦真)

10/285

10/285A

10/286

40悦力延

10/296

悦壽

10/285

悦真 見悦綰

悦真

10/286

9905_9憐

憐 見魏獻帝

9990_4榮

27榮叔

5/247

5/249

榮叔遥(榮叔遇)

5/249

5/249A

榮叔遇 見榮叔遥

50榮夷分 見榮夷公

榮夷公(榮夷分)

5/247

5/247A

四角號碼檢字法

第一條　筆畫分為十種，用0到9十個號碼來代表：

號碼	筆名	筆形	舉例	說明	注意
0	頭	亠	言主广疒	獨立的點和獨立的橫相結合	1 2 3 都是單筆，0 4 5 6 7 8 9 都由二以上的單筆合為一複筆。凡能成為複筆的，切勿誤作單筆；如亠應作0不作3，扌應作4不作2，厂應作7不作2，𠆢應作8不作3、2，小應作9不作3、3。
1	橫	一㇀乚	天土地 江元風	包括橫、挑(㇀)和右鈎	
2	垂	丨丿亅	山月千則	包括直、撇和左鈎	
3	點	丶㇏	宀礻冖 厶之衣	包括點和捺	
4	叉	十乂	草杏皮 刈大對	兩筆相交	
5	插	扌	扌戈申史	一筆通過兩筆以上	
6	方	口	國鳴目 四甲由	四邊齊整的方形	
7	角	㇕厂亅 ㄴ丆乛	羽門灰陰 雪衣學罕	橫和垂的鋒頭相接處	
8	八	八丷 人𠆢	分頁羊余 災乑足午	八字形和它的變形	
9	小	小⺌⺍ 个忄	尖糸粦果惟	小字形和它的變形	

第二條　每字只取四角的筆形，順序如下：

(一)左上角　(二)右上角　(三)左下角　(四)右下角

(例)　(一)左上角……端……(二)右上角

(三)左下角……端……(四)右下角

檢查時照四角的筆形和順序，每字得四碼：

(例) 顔=0128　截=4325　燴=9786

第三條　字的上部或下部，只有一筆或一複筆時，無論在何地位，都作左角，它的右角作0，

(例) 宣 直 首 冬 軍 宗 母

每筆用過後，如再充他角，也作0．

(例) 干 之 持 掛 犬 十 車 時

第四條　由整個囗門鬥行所成的字，它們的下角改取內部的筆形，但上下左右有其它的筆形時，不在此例．

(例) 圈=6043　閉=7724　鬭=7712　衡=2143

菌=4460　瀾=3712　荇=4422

附　則

I 字體寫法都照楷書如下表：

正	宀	住	匕	反	礻	戶	安	心	卜	斥	刃	业	亦	草	真	執	禺	衣
誤	宀	住	匕	反	礻	戶	安	心	卜	斥	刄	业	亦	草	眞	執	禺	衣

II 取筆形時應注意的幾點：

(1)宀户等字，凡點下的橫，右方和它筆相連的，都作3，不作0．

(2)戶㗊門等字，方形的筆頭延長在外的，都作7，不作6．

(3)角筆起落的兩頭，不作7，如丂．

(4)筆形"八"和它筆交叉時不作8，如美．

(5)业𡶀中有二筆，水小旁有二筆，都不作小形．

Ⅲ取角時應注意的幾點：

(1)獨立或平行的筆，不問高低，一律以最左或最右的筆形作角。

(例)　非　肯　疾　浦　帝

(2)最左或最右的筆形，有它筆蓋在上面或托在下面時，取蓋在上面的一筆作上角，托在下面的一筆作下角。

(例)　宗　幸　寧　共

(3)有兩複筆可取時，在上角應取較高的複筆，在下角應取較低的複筆。

(例)　功　盛　頗　鴨　奄

(4)撇為下面它筆所托時，取它筆作下角。

(例)　春　奎　碎　衣　辟　石

(5)左上的撇作左角，它的右角取作右筆。

(例)　勾　鈎　侔　鳴

Ⅳ四角同碼字較多時，以右下角上方最貼近而露鋒芒的一筆作附角，如該筆已經用過，便將附角作0。

(例)　芒=44710　元　拼　是　疝　歆　畜　殘　儀　難　達　毯　禧　繕　鑾　軍　覽　功　郭　瘦　癥　愁　金　速　仁　見

附角仍有同碼字時，再照各該字所含橫筆(即第一種筆形，包括橫挑(䟦)和右鈎)的數目順序排列。

例如"市""帝"二字的四角和附角都相同，但市字含有二橫，帝字含有三橫，所以市字在前，帝字在後。

筆畫與四角號碼對照表

本檢字表爲便利習慣於使用筆畫順序檢字者查檢本索引之用。凡索引中的第一字，依筆畫多少順序排列；同筆畫的，再依點起、橫起、直起、撇起排列，每字後注明四角號碼，讀者可憑此以檢索引字頭。

一畫

橫起

一 1000_0
乙 1771_0

二畫

橫起

丁 1020_0
九 4001_7
力 4002_7
刁 1712_0

直起

卜 2300_0

三畫

橫起

三 1010_2
兀 1021_0
万 1022_7
下 1023_0
于 1040_0
工 1010_0
弋 4300_0
士 4010_0
大 4003_0
子 1740_7
尸 7727_0
干 1040_0
弓 1720_7
巳 7771_7
也 4471_2

直起

口 6000_0
上 2110_0
小 9000_0
山 2277_0

撇起

夕 2720_0
女 4040_0
乞 8071_7
千 2040_0
凡 7721_0

四畫

點起

六 0080_0
卞 0023_0
心 3300_0
文 0040_0
方 0022_7
火 9080_0

橫起

不 1090_0
五 1010_7
元 1021_1
友 4004_7
天 1043_0
太 4003_0
夫 5003_0
孔 1241_0
尹 1750_7
支 4040_7
匹 7171_7
木 4090_0
王 1010_4
云 1073_1
牙 7124_0
巴 7771_7
屯 5071_7
井 5500_0

直起

中 5000_6
内 4022_7
少 9020_0
毋 7755_5
毌 7771_5
比 2171_0
水 1223_0

撇起

丹 7744_0
仁 2121_0
什 2420_0
仇 2421_7
仉 2721_0
介 8022_0
允 2321_0
勿 2722_0
公 8073_0
毛 2071_4
氏 7274_0
牛 2500_0
殳 7740_7

五畫

點起

主 0010$_4$
市 0022$_7$
永 3023$_2$
氾 3711$_2$
玄 0073$_2$

橫起

丙 1022$_7$
世 4471$_7$
可 1062$_0$
司 1762$_0$
古 4060$_0$
右 4060$_0$
左 4010$_1$
召 1760$_2$
平 1040$_9$
弘 1223$_0$
本 5023$_0$
未 5090$_0$
末 5090$_0$
正 1010$_1$
玉 1010$_3$
王 1010$_4$
丕 1010$_9$
皮 4024$_7$
石 1060$_0$
疋 1780$_1$
弗 5502$_7$
甘 4477$_0$

直起

冉 5044$_7$
北 1011$_0$
占 2160$_0$
史 5000$_6$
叱 6401$_0$
四 6021$_0$
甲 6050$_0$
申 5000$_6$
由 5060$_0$
田 6040$_0$
目 6010$_1$
母 7750$_6$

撇起

丘 7210$_1$
代 2324$_0$
付 2420$_0$
令 8030$_7$
冬 2730$_3$
包 2771$_2$
印 7772$_0$
句 2762$_0$
尒 8090$_0$
幼 2472$_7$
用 7722$_0$
白 2600$_0$
瓜 7223$_0$

六畫

點起

充 0021$_3$
亥 0028$_0$
字 3040$_1$
安 3040$_4$
江 3111$_0$
汝 3414$_0$
池 3411$_2$
米 9090$_4$
羊 8050$_1$

橫起

匠 7171$_2$
匡 7171$_1$
吉 4060$_1$
地 4411$_2$
夷 5003$_2$
成 5320$_0$
戎 5340$_0$
有 4022$_7$
朴 4390$_0$
百 1060$_0$
羽 1712$_0$
考 4420$_7$
老 4471$_1$
艾 4440$_0$
西 1060$_0$
亙 1010$_6$
平 1040$_9$
幵 1144$_0$
列 1220$_0$
邛 1712$_7$
邢 1742$_7$
刕 1712$_7$
寺 4034$_1$
共 4480$_1$
華 5550$_7$

直起

光 9021$_1$
吕 6060$_0$
吐 6401$_0$
忖 9400$_0$
曳 5000$_6$
曲 5560$_0$

撇起

先 2421$_1$
伍 2121$_7$
伉 2021$_7$
任 2221$_4$
伏 2323$_4$
休 2429$_0$
仲 2520$_6$
伊 2725$_7$
伙 2223$_0$
仵 2824$_0$
全 8010$_4$
向 2722$_0$
合 8060$_1$
如 4640$_0$
好 4744$_7$
朱 2590$_0$
牟 2325$_0$
竹 8822$_0$
舟 2744$_0$
舌 2060$_4$
甪 2722$_0$
后 7226$_1$
夙 7721$_0$
臼 7777$_0$
州 3200$_0$

七畫

點起

冷 3813$_7$
宋 3090$_4$
完 3021$_1$
兌 8021$_6$
汪 3111$_4$
沈 3411$_2$
没 3714$_7$
沙 3912$_0$
沃 3213$_4$
沐 3419$_0$
汲 3714$_7$
汻 3814$_0$
罕 3740$_1$
言 0060$_1$
辛 0040$_1$

横起

克 4021$_6$
君 1760$_7$
吾 1060$_1$
坎 4718$_2$
即 7772$_0$
忌 1733$_1$
李 4040$_7$
杏 4060$_9$
杞 4791$_7$
杜 4491$_0$
束 5090$_6$
折 5202$_1$
技 5404$_7$
扶 5503$_0$
抗 5001$_7$
把 5701$_7$
尾 7721$_4$
巫 1010$_8$
更 1050$_6$
求 4313$_2$
甫 5322$_7$
芒 4471$_0$
豆 1010$_8$
赤 4033$_1$
車 5000$_6$
邢 1742$_7$
阮 7121$_1$
阪 7224$_7$

直起

吳 2643$_0$
別 6240$_0$
吴 6043$_0$
岑 2220$_7$
岐 2474$_7$
步 2120$_1$
忻 9202$_1$
快 9503$_0$
芈 1150$_0$
見 6021$_0$
貝 6080$_0$
里 6010$_4$
邑 6071$_7$

撇起

住 2021$_4$
何 2122$_0$
佛 2522$_7$
伯 2620$_0$
似 2820$_0$
佚 2523$_0$
但 2621$_0$
作 2821$_1$
伶 2823$_7$
余 8090$_4$
佘 8090$_1$
利 2290$_0$
吞 2060$_3$
形 7222$_2$
形 7242$_2$
灸 2780$_9$
延 1240$_1$
攸 2824$_0$
狄 4928$_0$
谷 8060$_8$
我 2355$_0$
角 2722$_7$
免 2471$_6$
禿 2021$_7$

八畫

點起

京 0090$_6$
庚 0023$_7$
宜 3010$_7$
宗 3090$_1$
宛 3021$_2$
宓 3033$_2$
房 3022$_7$
戾 3023$_4$
法 3413$_1$
波 3414$_7$
河 3112$_0$
泠 3813$_7$
治 3316$_0$
沮 3711$_0$
炎 9080$_9$
炔 9583$_0$
祁 3722$_7$
社 3421$_0$
於 0823$_3$
空 3010$_1$
肩 3022$_7$
羌 8021$_1$
卷 9071$_2$

横起

亞 1010$_7$
到 1210$_0$
來 4090$_8$
坤 4510$_6$
取 1714$_0$
孤 1243$_0$
居 7726$_4$
屈 7727$_2$
承 1723$_2$
拓 5106$_0$
抗 5001$_7$
拔 5304$_7$
抱 5701$_2$
昔 4460$_2$
武 1314$_0$

九 畫

點 起

栢 4196$_0$
相 4690$_0$
柏 4690$_0$
柳 4792$_0$
苴 4410$_7$
范 4411$_2$
苑 4421$_2$
苻 4424$_0$
英 4453$_0$
苗 4460$_0$
若 4460$_4$
苟 4462$_7$
茅 4422$_2$
苹 4440$_9$
茀 4452$_7$
苦 4460$_4$
巷 4471$_7$
胡 4762$_0$
函 1077$_2$
癸 1243$_0$
迦 3630$_0$
郁 4722$_7$
郅 1712$_7$
郕 5722$_7$
虺 1521$_3$
胥 1722$_7$
羿 1744$_2$
毒 5050$_5$
軌 5401$_7$
革 4450$_6$
韋 4050$_6$
飛 1241$_3$

直　起

則 6280$_0$
是 6080$_1$
昭 6706$_2$
星 6010$_4$
恃 9404$_1$
恤 9701$_0$
恪 9706$_4$
恂 9702$_0$
虹 5111$_0$
虵 5411$_2$
背 1122$_7$
貞 2180$_6$
禺 6042$_7$

撇　起

信 2026$_1$
俟 2323$_4$
保 2629$_4$
修 2722$_2$
侯 2723$_4$
便 2124$_6$
俠 2423$_8$
侵 2724$_7$
俞 8022$_1$
兪 8012$_1$
勉 2441$_2$
姚 4241$_3$
姺 4441$_1$
帥 2472$_7$
後 2224$_7$
昝 2360$_4$
段 7744$_7$
泉 2623$_2$
爰 2044$_7$
盆 8010$_7$
皇 2610$_4$
禹 2042$_7$
科 2490$_0$
种 2590$_6$
紅 2191$_0$
紀 2791$_7$
約 2792$_7$
紇 2891$_7$
紂 2490$_0$
胤 2201$_0$
衍 2110$_3$
郇 2762$_7$
郄 4742$_7$
郈 7722$_2$
郛 2792$_7$
肰 7328$_2$
胙 7821$_1$
重 2010$_4$
食 8073$_2$

十　畫

點　起

唐 0026$_7$
容 3060$_8$
宰 3040$_1$
席 0022$_7$
庫 0025$_6$
旅 0823$_2$
酒 3116$_0$
浮 3214$_7$
凌 3414$_7$
浩 3416$_1$
涅 3611$_1$
海 3815$_7$
涇 3111$_1$
涉 3112$_1$
浦 3312$_7$
涓 3612$_7$
益 8010$_7$
祕 3320$_0$
神 3520$_6$
祝 3621$_0$
祖 3721$_0$
疾 0013$_4$
兼 8033$_7$
瓶 8141$_7$
朔 8742$_0$
迷 3930$_9$
郎 3772$_7$
高 0022$_7$

橫　起

原 7129$_6$
務 1722$_7$
展 7723$_2$
哥 1062$_1$
城 4315$_0$
夏 1024$_7$
孫 1249$_3$
恭 4433$_8$
振 5103$_2$
敖 5824$_0$

十一畫

點　起

接 5004_0
授 5204_7
敕 5894_0
屠 7726_4
區 7171_6
曹 5560_6
梅 4895_7
梓 4094_1
梗 4194_6
爽 4003_4
理 1611_4
琅 1313_2
習 1760_2
莊 4421_4
莫 4443_0
莞 4421_1
莠 4422_7
莘 4440_1
莢 4443_8
莽 4444_3
麥 4020_7
聃 1514_7
晝 5010_6
盛 5310_7
堇 4410_4
巷 4471_2
瓠 4223_0
匏 4721_2
匭 7171_6
連 3530_0
通 3730_2
陸 7421_4
陳 7529_6
都 4762_7
郴 4792_7
陶 7722_0
陰 7823_1
陵 7424_7
雪 1017_7
黄 4480_6

直　起

唯 6001_4
啜 6704_7
啖 6908_9
唱 6606_0
國 6015_3
圈 6071_2
婁 5040_4
崔 2221_4
崇 2290_1
嵐 2221_7
堂 9010_4
常 9022_7
斐 1143_0
悼 9104_6
曼 6040_7
晧 6406_1
將 2224_2
畢 6050_4
異 6080_1
眭 6401_4
蛇 5311_2
處 2124_1
貫 7780_6

撇　起

偏 2322_7
偃 2121_4
偪 2126_6
參 2320_2
巢 2290_4
從 2828_1
悉 2033_9
猗 4422_1
猛 4721_7
移 2792_7
祭 2790_1
術 2190_4
第 8822_7
符 8824_0
脫 7821_6
終 2793_3
逢 3730_4
造 3430_6
郪 2712_7
郳 2722_7
頃 2178_6
飢 8771_0
鳥 2732_7
魚 2733_6

十二畫

點　起

馮 3112_7
勞 9942_7
善 8060_5
寒 3030_3
甯 3022_7
富 3060_6
尊 8034_6
就 0391_4
庾 0023_7
廐 0021_4
普 8060_1
曾 8060_6
湛 3411_1
温 3611_7
湯 3612_7
渾 3715_6
游 3814_7
湳 3412_7
渴 3712_7
童 0010_4

横　起

喜 4060_5
堯 4021_1
壺 4010_7
尋 1734_6
强 1623_6
寮 4090_6
堵 4416_0
彭 4212_2
惠 5033_3
揚 5602_7
揭 5602_7
揮 5705_6
晉 1060_1
琴 1120_7

斯 4282_1
朝 4742_0
期 4782_0
植 4491_7
棸 1790_4
棧 4395_3
椒 4794_0
棘 5599_2
棗 5090_2
琯 1317_7
登 1210_8
發 1224_7
疎 1519_6
疏 1011_3
喪 4073_2
華 4450_4
菅 4477_7
菀 4421_2
菑 4460_2
萇 4473_2
覃 1040_6
賀 4680_6
費 5580_6
賁 4080_6
貳 4380_0
犀 7725_3
辜 4040_1
軯 5204_9
軫 5802_2
閒 7722_7
閔 7740_0
開 7744_1
閎 7743_0
隋 7422_7
陽 7622_7
雄 4001_4
雲 1073_1
項 1118_6

直　起

單 6650_6
喻 6802_1
嗢 6601_7
圍 6050_6
掌 9050_2
景 6090_6
棠 9090_4
斐 1140_0
悲 1171_7
蜀 6012_7
貴 5080_6
鄂 6722_7
黑 6033_1

撇　起

傅 2324_2
備 2422_7
傀 2621_3
御 2722_0
勝 2922_7
智 8660_0
嵇 2397_2
稅 2891_6
幾 2225_3
無 8033_1
爲 2022_7
雋 2022_7
㲋 2711_1
程 2691_4
統 2091_3
絞 2490_8
絫 2390_3
絳 2795_4
絡 2796_4
絮 4690_3
舒 8762_2
舜 2025_2
進 3030_1
鄒 2742_7
鈕 8711_5
鉅 8111_7
鈞 8712_0
順 2108_6
須 2128_6

十三畫

點　起

廉 0023_7
慈 8033_3
意 0033_6
塞 3010_4
蹇 3071_7
歆 0768_2
新 0292_1
源 3119_6
滑 3712_7
漆 3413_2
煬 9682_7
靖 0512_7
裔 0022_7
義 8055_3
補 3322_7
裕 3826_8
詩 0464_1
詰 0466_1
豢 9023_2
資 3780_6
遂 3830_3
道 3830_6
適 3030_2
運 3730_5
雍 0071_4

橫　起

勤 4412_7
填 4418_1
幹 4844_1
敬 4864_0
梧 4196_1
楡 4892_1
楚 4480_1
葉 4490_4
楊 4692_7
熙 7733_1
鼓 4414_7
斟 4470_0
瑕 1714_7
禁 4490_1
落 4416_4
萬 4442_7
葵 4443_0

節 8872_7
管 8877_7
箕 8880_1
維 2091_4
綺 2492_1
貌 2621_0
貍 2621_4
雒 2061_4
銅 8712_0
銚 8211_3

十五畫

審 3060_9
慶 0024_7
廚 0024_0
潛 3116_1
澄 3211_8
潘 3216_9
褐 3622_7
諸 0466_0
諾 0466_4
論 0862_7
諒 0069_6
賓 3080_6
適 3030_2
鄭 8742_7
鄰 9722_7
鄫 8762_7
養 8073_2

横 起

厲 7122_7
奭 4003_6
履 7724_7
慧 5533_7
慕 4433_3
摯 4450_2
播 5206_9
撤 5804_0
樊 4443_0
樓 4594_4
樛 4792_2
樗 4192_7
歐 7778_2
毅 4794_7
甌 7171_7
蔣 4424_2
蔓 4440_7
蔡 4490_1
蓼 4420_2
蔑 4425_3
蔄 4422_7
遨 3830_4
趣 4780_4
豎 7710_8
耦 5692_7
鄧 1712_7
鄒 1732_7
隨 7423_2
閲 7721_6
翬 1750_6
頡 4168_6
駟 7630_0
駘 7336_0

直 起

劇 2220_0
壘 6010_4
憐 9905_9
暴 6013_2
輝 9725_6
賤 6385_3
賜 6682_7
賞 9080_6

撇 起

儀 2825_3
儈 2826_6
劉 7210_0
德 2423_1
徵 2824_0
嫣 4242_7
膠 7722_2
滕 7923_2
樂 2290_4
稽 2396_1
稷 2694_7
黎 2713_2
盤 2710_7
範 8851_2
箴 8825_3
緯 2495_6
緱 2793_4
緜 2229_3
練 2599_6
虢 2131_7
鄱 2762_7
鄮 7782_7
魯 2760_3

十六畫

點 起

廩 0029_4
憲 3033_6
澤 3614_1
澹 3716_1
潚 3512_7
潞 3716_4
燃 9383_3
窺 3051_6
褥 3124_3
羲 8025_3
謀 0469_4
諶 0461_1
諫 0569_6
謁 0662_7
親 0691_0
遴 3930_5
龍 0121_1

横 起

奮 4060_1
樹 4490_0
橋 4292_7
燕 4433_1
據 5103_2
整 5810_1
蕭 4422_7
蕑 4422_7
蕢 4480_6
蕃 4460_9
蕩 4412_7

賴 5798$_6$
遼 3430$_9$
霍 1021$_4$
駱 7736$_4$

直起

冀 1180$_1$
戰 6355$_0$
曇 6073$_1$
盧 2121$_7$
縣 6299$_3$
閻 7777$_7$
穎 2198$_6$
頻 2128$_6$
默 6333$_4$
黔 6832$_7$

撇起

儔 2424$_1$
學 7740$_7$
獨 4622$_7$
穆 2692$_2$
畿 2265$_3$
衛 2122$_7$
翱 2742$_0$
膊 7724$_6$
鄶 8762$_7$
錢 8315$_3$
錫 8612$_7$
錡 8412$_1$
錯 8416$_1$
餘 8879$_4$
鮑 2731$_2$
鮒 2430$_0$

十七畫

點起

濮 3213$_4$
應 0023$_1$
燭 9682$_7$
襄 0073$_2$
蹇 3080$_1$
謝 0460$_0$
糜 0029$_4$
鴻 3712$_7$
麋 0029$_4$

橫起

勵 7422$_7$
孺 1142$_7$
彌 1122$_7$
戴 4385$_0$
檀 4091$_6$
檜 4896$_6$
檢 4898$_6$
環 1613$_2$
翼 1780$_1$
臨 7876$_6$
薄 4414$_2$
薦 4422$_7$
薛 4474$_1$
薊 4432$_0$
蓮 4430$_3$
蘩 4490$_3$
隱 7223$_7$
隰 7623$_3$
轅 5403$_2$
霧 1012$_7$
鬴 1322$_7$
韓 4445$_6$

直起

嚇 6403$_1$
嚚 6666$_8$
嬰 6640$_4$
戲 2325$_0$

撇起

儲 2426$_0$
優 2124$_7$
斂 8884$_0$
獲 4424$_7$
膾 7826$_6$
矯 8242$_7$
繆 2792$_2$
繁 8890$_3$
輿 7780$_1$
鍾 8211$_4$
鍼 8315$_0$
鮮 2835$_1$
鮭 2431$_4$

十八畫

點起

禮 3521$_8$
譙 0063$_1$
謳 0161$_6$
譚 0164$_9$
顏 0128$_6$

橫起

檮 4494$_1$
擾 5104$_7$
聶 1014$_1$
職 1315$_0$
瞽 4460$_4$
薰 4433$_1$
舊 4477$_7$
薳 4430$_3$
薩 4421$_4$
藍 4410$_7$
釐 5821$_4$
闕 7748$_2$
闔 7710$_7$
鞮 4658$_1$
鞠 4752$_0$
鞫 4752$_0$
騑 7131$_1$

直起

瞿 6621$_4$
瞻 6706$_1$
蟜 5212$_7$
豐 2210$_8$
顓 2128$_6$

撇起

儵 2723$_1$
歸 2712$_7$
餺 8874$_6$
簡 8822$_7$
繞 2491$_1$
雙 2040$_7$
魏 2641$_3$
鵠 2762$_7$

十九畫

點起

龐 0021_1
禰 3122_7
譚 0164_6

橫起

櫟 4299_4
藥 4490_4
麴 4722_0
醱 1224_7

直起

懷 9003_2
羅 6091_4
疇 6404_1
關 7777_2

撇起

繡 2592_7
邊 3630_2
鏤 8514_4

二十畫

點起

竇 3080_6
羺 8152_7

橫起

壤 4013_2
蘆 4421_7
蘧 4430_3
藺 4422_7
蘇 4439_4
蘄 4452_1
譬 7060_1
闖 7722_7
飄 1721_0

直起

嚴 6624_8
耀 9721_4
獻 2323_4
闞 7714_8
黨 9033_1
黥 6039_6
鶡 6772_7

撇起

犨 2050_1
繻 2192_7
籍 8896_1
纂 8890_3
嬰 6640_7
釋 2694_1
鐔 8114_6
騰 7922_7
飆 7721_2

二十一畫

點起

灌 3411_4
護 0464_7
顧 3128_6

橫起

蘭 4422_7
露 1016_4
齧 5777_2

直起

酆 2712_7

撇起

續 2498_6
鐵 8315_0
鐸 8614_1

二十二畫

點起

龔 0180_1
變 2224_7

橫起

懿 4713_8
權 4491_4
酈 1722_7
鑒 7810_9
鬻 1722_7

撇起

糴 8791_4
鑄 8414_1

二十三畫

橫起

劚 7230_0

直起

顯 6138_0
體 7521_8

撇起

欒 2290_4
鑣 8113_6

二十四畫

橫起

鬭 7712_1
靈 1010_8

二十九畫

橫起

鬱 4472_2
驪 7131_1